检索手册

科米 编

新星出版社 NEW STAR PRESS

使用说明

《澄衷蒙学堂字课图说》是一部晚清出版的发蒙读物，是以分类百科方式编纂的识字字典，因形式新颖、内容丰富而风行中国，成为一代代学子的必备工具书。历史剧变，它使用的正体字笔画检索，让习惯简化字的当代读者颇感不便。为此，我们特意编制了这册新式检索手册。手册分汉字部首检字和汉语拼音检字两部分，读者可以选择任何一种查找字义。

部首检字表采用通行部首分类原则，略有变动。查找步骤如下：

1. 在部首目录里找到所查找汉字的部首；

2. 按照该部首后面标示的页码打开，依笔画检索，即可迅速找到目标字在书中的位置；

3. 字头前标注的笔画数，指的是部首外总笔画；

4. 凡有简化字的正体字，都会在该字前面标注简化字，便于认知；若无，则以正体字为字头。

汉语拼音检字表依照字母排序，对每个汉字都标注了读音，查找方便。需要说明的是，汉字读音变化迅疾，原书以反切法标注的许多读音已经悄然改变，因此我们选择依据现代读音标注；一字多音的，也都可在相应读音下找到。

此为尝试，请各位批评指正。

编　者

目　录

汉字部首检字表......1
　　部首目录......1
　　检字表......4
　　难检字笔画索引......53
汉语拼音检字表......57

汉字部首检字表

部首目录

（部首左边的号码为部首序号，右边的号码为《检字表》的页码。）

1画

1 一 4
2 丨 5
3 丿 5
4 丶 6
5 乛（𠃌乁乚乙） 6

2画

6 十 6
7 厂 7
8 匚 7
[9]（⺊） 7
[22]（刂） 12
9 卜 7
10 冂 7
[12]（亻） 8
[7]（⺁） 7
11 八 8
12 人 8
[12]（入） 10
[22]（⺈） 12
[10]（⺆） 8
13 勹 10
[16]（⺇） 10
14 儿 10
15 匕 10
16 几 10
17 亠 10
18 冫 11
[11]（丷） 8
19 冖 11
[166]（讠/言） 48
20 凵 11
21 卩 11
[175]（阝左） 50
[159]（阝右） 47
22 刀 11
23 力 12
24 又 12
25 厶 13
26 廴 13
[21]（㔾） 11

3画

27 干 13
28 工 13
29 土 13
[29]（士） 14
[80]（扌） 31
30 艹 14
31 寸 15
32 廾 15
33 大 16
[34]（兀） 16
34 尢 16
35 弋 16
36 小 16
[36]（⺌） 16
37 口 16
38 囗 17
39 山 18
40 巾 18
41 彳 18
42 彡 19
[66]（犭） 26
43 夕 19
44 夂 19
[185]（饣） 51
45 丬 19
46 广 19
47 门（門） 19
[77]（氵） 29
[98]（忄） 35
48 宀 20
49 辶 20
50 彐 21
[50]（⺕） 21
51 尸 21
52 己 21
[52]（已） 21
[52]（巳） 21
53 弓 21
54 子 22
55 屮 22
[55]（屮） 22
56 女 22

57 飞（飛） 23
58 马（馬） 23
［50］（彑） 21
［148］（纟/糸） 45
59 幺 23
60 巛 23

4画

61 王 23
62 无 24
63 韦（韋） 24
［123］（耂） 40
64 木 24
［64］（朩） 25
65 支 25
66 犬 25
67 歹 26
68 车（車） 26
69 牙 26
70 戈 26
［62］（旡） 24
71 比 27
72 瓦 27
73 止 27
74 攴 27
［98］（⺗） 36
［75］（冃） 28
75 日（曰） 27
［88］（⺼） 33
76 贝（貝） 28
77 水 29
78 见（見） 30
79 牛（牜） 31
80 手 31
［80］（龵） 32
81 气 32
82 毛 32
［74］（攵） 27
83 长（長） 32
84 片 32
85 斤 32
86 爪 32
87 父 33
［86］（爫） 32
88 月 33
89 氏 33
90 欠 33
91 风（風） 34
92 殳 34
93 文 34
94 方 34
95 火 34
96 斗 35
［95］（灬） 34
97 户 35
［100］（礻） 36
98 心 35
［145］（肀） 44
［45］（爿） 19
99 毋（母） 36

5画

［61］（玉） 24
100 示 36
101 甘 37
102 石 37
103 龙（龍） 37
［67］（歺） 26
104 业 37
［77］（氺） 30
105 目 37
106 田 37
107 罒 38
108 皿 38
［176］（钅/金） 50
109 生 38
110 矢 38
111 禾 38
112 白 39
113 瓜 39
114 鸟（鳥） 39
115 疒 39
116 立 39
117 穴 40
［142］（衤） 44
［145］（⺻） 44
［118］（⺪） 40
118 疋 40
119 皮 40
120 癶 40
121 矛 40

6画

122 耒 40
123 老 40
124 耳 40
125 臣 41
126 覀（西） 41
127 而 41
128 页（頁） 41
129 至 41
130 虍 41
131 虫 41
132 肉 42
133 缶 42
134 舌 42
135 竹（⺮） 42
136 臼 43
137 自 43
138 血 43
139 舟 43
140 色 43
141 齐（齊） 43
142 衣 43
143 羊 44
［143］（⺶） 44
［143］（⺷） 44
144 米 44
145 聿 44
［145］（⺻） 44
146 艮 44
147 羽 44
148 糸 45

7画

149 麦（麥） 46
［83］（镸） 32
150 走 46
151 赤 46
152 豆 46
153 酉 46
154 辰 46
155 豕 46
156 卤（鹵） 46
157 里 46
［158］（⻊） 47

158 足 47
159 邑 47
160 身 47
161 釆 47
162 谷 47
163 豸 47
164 龟（龜） 47
165 角 47
166 言 47
167 辛 49

8画

168 青 49
169 𠦝 49
170 雨（⻗） 49
171 非 49
172 齿（齒） 49
［130］（虎） 41
173 黾（黽） 49
174 隹 49
175 阜 50
176 金 50
［185］（飠） 51
177 鱼（魚） 51
178 隶 51

9画

179 革 51
180 面 51
181 韭 51
182 骨 51
183 香 51
184 鬼 51
185 食 51
186 音 52
187 首 52

10画

188 髟 52
189 鬲 52
190 鬥 52
191 高 52

11画

192 黄 52
193 麻 52
194 鹿 52

12画

195 鼎 52
196 黑 52
197 黍 52

13画

198 鼓 52
199 鼠 52

14画

200 鼻 52

检字表

笔画	部首	
	1 一部	
	一	卷三 2
1	丁	卷一 25
	七	卷三 3
	二	卷三 2
2	三	卷三 3
	干	卷二 85
	才	卷二 73
	亏（虧）	卷四 139
	下	卷一 29
	丈	卷三 8
	万（萬）	卷三 4
	与（與）	卷四 66
3	丰	卷四 3
	卄	卷二 114
	开（開）	卷一 142
	井	卷一 89
	天	卷一 1
	元	卷二 97
	夫	卷二 60
	无（無）	卷四 156
	专（專）	卷四 36
	廿	卷三 7
	币（幣）	卷三 31

笔画	部首	
3	五	卷三 3
	卅	卷三 7
	不	卷四 167
	友	卷二 65
	丑	卷一 27
	牙	卷二 151
	互	卷四 143
	长（長）	卷四 121
4	未	卷一 28
	末	卷三 137
	击（擊）	卷四 70
	正	卷一 30
	甘	卷一 50
	世	卷一 17
	本	卷三 137
	可	卷四 164
	且	卷四 153
	册	卷二 27
	丙	卷一 25
	左	卷一 29
	右	卷一 29
	布	卷三 32
	平	卷二 139
	丝（絲）	卷三 33
	再	卷三 2
	吏	卷二 97
	亚（亞）	卷一 61
	男	卷二 57

笔画	部首	
5	老	卷二 66
	共	卷四 112
	在	卷四 11
	百	卷三 4
	而	卷四 165
	有	卷四 156
	存	卷四 99
	死	卷二 166
	至	卷四 86
	丞	卷二 96
6	求	卷四 104
	严（嚴）	卷二 79
	更	卷四 160
	丽（麗）	卷三 18
	两（兩）	卷三 9
	巫	卷二 110
	来（來）	卷四 85
	甫	卷四 152
7	忝	卷四 163
	武	卷二 33
	表	卷一 31
	奉	卷一 38
	事	卷四 95
	枣（棗）	卷三 134
	画（畫）	卷二 108

笔画	部首	
8	奏	卷二 3
	毒	卷二 91
	韭	卷三 108
	甚	卷四 161
	面	卷二 138
	昼（晝）	卷一 24
9	泰	卷一 103
	恭	卷二 76
	哥	卷二 61
	夏	卷一 19
10	爽	卷四 138
11	焉	卷四 172
	棘	卷三 134
12	赖（賴）	卷四 110
13	爾（尔）	卷四 150
	暨	卷四 157
14	憂（忧）	卷四 22
15	賴（赖）	卷四 110
	整	卷四 135
	橐	卷三 56
21	囊	卷三 55
	2 丨部	
1	卜	卷二 109
2	上	卷一 29
	也	卷四 171
3	丰	卷四 3
	中	卷一 30
	弔	卷二 169
	内	卷一 30
	引	卷四 76
	书（書）	卷二 24
4	北	卷一 32
	卡	卷一 126

笔画	部首	
4	旧（舊）	卷四 148
	归（歸）	卷四 85
	半	卷三 1
	字	卷二 23
	央	卷一 30
	冉	卷二 51
	且	卷四 153
	由	卷四 169
	申	卷一 28
	甲	卷一 25
	出	卷四 84
	凹	卷二 135
	凸	卷二 135
5	师（師）	卷二 65
	曲	卷四 134
	肉	卷二 144
6	县（縣）	卷一 86
	串	卷四 118
7	非	卷一 63
	畅（暢）	卷四 138
	肃（肅）	卷一 50
8	韭	卷三 108
	临（臨）	卷四 18
	将（將）	卷四 158
9	幽	卷四 124
11	鼎	卷二 8
16	[illegible]	卷二 54
	3 丿部	
1	入	卷四 84
	乂	卷二 74
	九	卷三 4
	乃	卷四 165

笔画	部首	
2	千	卷三 4
	乞	卷四 105
	川	卷一 52
	义（義）	卷一 78
	丸	卷二 43
	久	卷一 21
	及	卷四 157
3	午	卷一 28
	壬	卷一 26
	夭	卷二 92
	反	卷四 144
	升	卷三 8
	乏	卷四 117
	夊	卷二 25
	丹	卷一 81
	氏	卷二 47
	乌（烏）	卷三 159
4	失	卷四 115
	乍	卷一 22
	乎	卷四 171
	冬	卷一 19
	务（務）	卷四 95
	处（處）	卷四 17
	氐	卷一 100
	册	卷二 27
	乐（樂）	卷二 11
	用	卷四 110
	史	卷二 25
	帅（帥）	卷二 33
	归（歸）	卷四 85

笔画	部首	
5	先	卷四 96
	后	卷二 55
	兆	卷三 5
	杀（殺）	卷二 22
	色	卷三 15
	各	卷四 160
6	我	卷四 149
	每	卷四 159
	希	卷一 71
	龜	卷三 189
	系	卷二 57
	卵	卷三 161
7	乖	卷二 89
	垂	卷四 82
	秉	卷二 189
	卑	卷四 122
	阜	卷一 110
	籴（糴）	卷二 103
	肴	卷二 177
	所	卷四 156
	周	卷二 48
8	重	卷二 129
	禹	卷二 50
	為（为）	卷四 95
9	甠	卷三 165
	乘	卷二 142
	烏（乌）	卷三 159
11	甥	卷二 62
	粤（粵）	卷一 53
13	毓	卷四 16
	舞	卷二 16
14	靠	卷四 9

笔画	部首	
29	爨	卷三 104
	4 丶部	
2	义（義）	卷一 78
	丸	卷二 43
	之	卷四 171
3	丹	卷一 81
	为（為）	卷四 95
4	主	卷四 152
	半	卷三 1
	头（頭）	卷二 146
	必	卷四 168
	永	卷四 128
5	州	卷一 86
	农（農）	卷二 181
6	求	卷四 104
	良	卷二 74
7	並	卷四 81
8	亲（親）	卷二 63
	举（舉）	卷四 76
9	益	卷四 139
	5 乛（𠃌乀乚乙）部	
	乙	卷一 25
1	刁	卷二 89
	了	卷四 120
	九	卷三 4
2	丸	卷二 43
	卫（衛）	卷二 48
	也	卷四 171
	飞（飛）	卷三 164
	乞	卷四 105
	刃	卷二 40
	习（習）	卷三 164
	乡（鄉）	卷一 87

笔画	部首	
3	尹	卷二 95
	巴	卷一 84
	孔	卷二 51
	丑	卷一 27
	以	卷四 156
	予	卷四 149
4	司	卷二 96
	民	卷二 70
	电（電）	卷一 9
	出	卷四 84
5	艮	卷四 87
	丞	卷二 96
	买（買）	卷二 101
6	即	卷四 162
	君	卷二 55
	乱（亂）	卷二 92
7	隶（隸）	卷二 30
	函	卷二 27
	承	卷四 65
	乳	卷二 162
8	既	卷四 169
	矜	卷四 35
	癸	卷一 26
10	乾	卷一 13
13	暨	卷四 157
15	豫	卷一 46
	6 十部	
	十	卷三 4
1	千	卷三 4
2	午	卷一 28
	支	卷一 25

笔画	部首	
3	卉	卷三 118
	古	卷一 59
	叶（葉）	卷三 113
4	早	卷一 22
	毕（畢）	卷四 120
	男	卷二 57
	华（華）	卷一 104
	协（協）	卷四 113
5	孝	卷二 75
	阜	卷二 72
	克	卷二 35
	孛	卷一 5
6	幸	卷四 21
	卓	卷四 125
	直	卷一 37
	卑	卷四 122
	阜	卷一 110
	卒	卷二 34
	丧（喪）	卷二 168
	卖（賣）	卷二 101
7	南	卷一 32
8	真	卷二 193
	索	卷三 56
9	章	卷一 41
	率	卷四 97
	乾	卷一 13
10	博	卷二 104
	韩（韓）	卷一 66
11	献（獻）	卷四 103
	準	卷三 60
	斡	卷一 25
12	兢	卷四 126

笔画	部首	
14	翰	卷二 29
	7 厂部	
	厂（廠）	卷一 125
2	厅（廳）	卷一 86
	仄	卷四 145
4	压（壓）	卷二 126
6	厕（廁）	卷一 134
7	厚	卷四 122
8	原	卷一 92
9	厢（廂）	卷一 128
10	厨（廚）	卷一 136
	厥	卷四 168
	雁	卷三 153
12	歷	卷一 18
	愿（願）	卷四 22
13	餍（饜）	卷二 180
	[7] 厂部	
2	斤	卷三 9
	反	卷四 144
3	斥	卷四 56
6	质（質）	卷二 73
7	盾	卷二 44
	8 匚部	
2	区（區）	卷一 87
	匹	卷三 11
	巨	卷四 122
4	匡	卷四 100
	匠	卷二 111
5	匣	卷三 51
	医（醫）	卷二 109

笔画	部首	
8	匿	卷四 17
	匪	卷二 92
9	匾	卷三 43
11	匯（汇）	卷三 100
13	匳	卷三 51
	9 卜部	
	卜	卷二 109
1	下	卷一 29
3	外	卷一 30
	处（處）	卷四 17
6	卦	卷二 25
	卧	卷四 10
	[9] ⺊部	
1	上	卷一 29
3	卡	卷一 126
	占	卷二 109
	卢（盧）	卷三 17
4	贞（貞）	卷二 76
5	卤（鹵）	卷二 178
6	卓	卷四 125
8	桌	卷三 44
	10 冂部	
2	冈（岡）	卷一 101
	内	卷一 30
3	冉	卷二 51
4	再	卷三 2
	同	卷四 112
	网（網）	卷三 82
	肉	卷二 144
6	罔	卷四 168

笔画	部首	
	[10] 冂部	
2	丹	卷一 81
3	用	卷四 110
	册	卷二 27
6	周	卷二 48
	11 八部	
	八	卷三 3
2	兮	卷四 172
	六	卷三 3
	公	卷二 94
	分	卷二 141
3	只	卷四 171
4	共	卷四 112
	兴（興）	卷四 10
5	兵	卷二 34
	谷	卷一 110
6	具	卷四 99
	典	卷二 24
8	真	卷二 193
9	黄	卷三 16
11	與（与）	卷四 66
12	輿（舆）	卷三 76
	[11] 丷部	
3	兰（蘭）	卷三 124
	半	卷三 1
4	并	卷四 158
	关（關）	卷一 98
5	兑	卷二 102
	弟	卷二 60

笔画	部首	
6	卷	卷二 27
	並	卷四 81
	单（單）	卷三2
7	差	卷二 99
	养（養）	卷二 113
8	前	卷一 29
	首	卷二 147
	酋	卷二 69
	益	卷四 139
	兼	卷四 112
9	兽（獸）	卷三 165
10	尊	卷四 152
	曾	卷二 56
	12 人部	
	人	卷四 149
2	仄	卷四 145
	从（從）	卷四 18
	介	卷二 79
	今	卷一 21
	仓（倉）	卷一 135
3	丛（叢）	卷三 139
	令	卷二 3
4	全	卷二 141
	会（會）	卷四 12
	合	卷一 82
	企	卷四 81
	众（衆）	卷一 82
5	巫	卷二 110
	含	卷四 61

笔画	部首	
6	舍	卷一 123
	命	卷二 3
	贪（貪）	卷二 87
7	俞	卷二 54
	俎	卷二 9
8	衾	卷三 28
9	盒	卷三 61
10	舒	卷四 8
	禽	卷三 151
14	龠	卷一 131
	[12] 亻部	
1	亿（億）	卷三 4
2	仁	卷二 75
	什	卷三 6
	仆（僕）	卷二 71
	仇	卷二 86
	化	卷二 113
	仍	卷四 164
	仅（僅）	卷四 155
3	仕	卷二 93
	仗	卷四 106
	付	卷四 108
	代	卷一 17
	仙	卷二 193
	仪（儀）	卷一 15
4	传（傳）	卷二 126
	伟（偉）	卷四 3
	优（優）	卷二 112
	休	卷四 15
	伎	卷二 112
	伍	卷三 5
	伐	卷二 35
	伏	卷一 18

笔画	部　首	
4	仲	卷四 152
	伦（倫）	卷二 63
	价（價）	卷二 105
	件	卷三 13
	任	卷四 16
	伤（傷）	卷四 23
	仰	卷四 13
	仿	卷四 98
	伪（僞）	卷二 84
	似	卷四 166
	伊	卷四 151
5	佞	卷四 57
	体（體）	卷二 143
	何	卷四 170
	佐	卷四 100
	佑	卷四 105
	攸	卷四 170
	但	卷四 155
	伸	卷四 13
	伶	卷二 112
	作	卷四 95
	伯	卷二 58
	低	卷一 31
	你	卷四 150
	佗	卷四 151
	位	卷二 94
	住	卷四 17
	伴	卷四 18
	伺	卷四 107
	佛	卷二 194
6	侠（俠）	卷二 70
	佳	卷二 74
	侍	卷四 91

笔画	部　首	
6	供	卷四 109
	使	卷二 96
	例	卷二 17
	姪	卷二 62
	侧	卷一 30
	佾	卷二 16
	侩（儈）	卷二 70
	侈	卷二 87
	佩	卷三 29
	依	卷四 9
	佯	卷四 8
	侔	卷四 122
7	俦（儔）	卷四 18
	俨（儼）	卷四 121
	便	卷四 163
	保	卷四 101
	促	卷四 108
	修	卷四 5
	俭（儉）	卷二 76
	俗	卷二 72
	俄	卷一 72
	侮	卷二 85
	信	卷二 77
	俑	卷二 171
	俟	卷四 107
	侵	卷二 36
	侯	卷二 94
8	脩	卷二 177
	俸	卷二 99
	债（債）	卷二 105
	幸	卷四 21
	借	卷二 103
	值	卷二 105

笔画	部　首	
8	倚	卷四 9
	倒	卷四 14
	倾（傾）	卷四 14
	倡	卷二 112
	條（条）	卷三 138
	候	卷一 21
	倭	卷一 66
	俾	卷一 69
	倍	卷二 141
	健	卷四 3
9	偃	卷四 14
	偕	卷四 12
	偿（償）	卷二 103
	偶	卷二 142
	侧	卷一 30
	偷	卷二 90
	停	卷四 116
	偏	卷四 145
	假	卷二 84
10	傲	卷二 86
	備（备）	卷四 99
	傅	卷二 65
	傥（儻）	卷四 154
	傑	卷二 69
	傍	卷四 11
	储（儲）	卷二 57
11	催	卷四 108
	傭	卷二 71
	像	卷二 133
12	僚	卷二 94
	僭	卷二 86
	僮	卷二 72
	僧	卷二 194

笔画	部首	
13	僻	卷二 88
14	儒	卷二 69
	［12］入部	
	入	卷四 84
6	汆（糴）	卷二 103
	13 勹部	
1	勺	卷三 63
2	勿	卷四 168
	匀	卷四 135
3	句	卷二 140
4	旬	卷一 21
8	芻（刍）	卷三 128
9	匏	卷三 65
	14 儿部	
	儿（兒）	卷二 67
2	元	卷二 97
	允	卷四 58
3	兄	卷二 60
	呪	卷四 56
4	尧（堯）	卷二 50
	光	卷二 133
	先	卷四 96
	兆	卷三 5
	充	卷四 138
5	克	卷二 35
	兕	卷三 167
	免	卷四 117
	兑	卷二 102
	完	卷四 120

笔画	部首	
6	兔	卷三 172
	兖	卷一 47
8	党（黨）	卷一 87
	竞（競）	卷四 118
9	兜	卷三 35
	竟	卷四 165
12	兢	卷四 126
	15 匕部	
3	北	卷一 32
4	死	卷二 166
	此	卷四 151
	旨	卷三 20
6	顷（頃）	卷一 22
12	疑	卷四 30
	16 几部	
	几	卷三 43
1	凡	卷四 153
2	亢	卷四 122
4	肌	卷二 144
	凫（鳧）	卷三 155
5	秃	卷四 6
6	凭（憑）	卷四 9
7	亮	卷四 41
12	凳	卷三 45
	［16］⺇部	
2	风（風）	卷一 10
	凤（鳳）	卷三 151
4	夙	卷一 23
9	凰	卷三 151

笔画	部首	
	17 亠部	
1	亡	卷二 167
2	六	卷三 3
	方	卷二 139
	亢	卷四 122
3	市	卷一 89
	玄	卷三 17
4	交	卷四 143
	齐（齊）	卷一 47
	亦	卷四 154
	产（產）	卷四 1
	充	卷四 138
	亥	卷一 28
	妄	卷二 83
5	亨	卷四 113
	亩（畝）	卷一 92
	弃（棄）	卷四 116
	忘	卷四 29
6	变（變）	卷四 97
	京	卷一 36
	享	卷二 6
	卒	卷二 34
	夜	卷一 23
	盲	卷四 41
	育	卷四 1
	氓	卷二 70
7	哀	卷四 22
	亭	卷一 129
	弯（彎）	卷三 94
	弈	卷二 108
	帝	卷二55
	彦（彥）	卷二 69

笔画	部　首	
8	衰	卷二 172
	衷	卷四 20
	高	卷一 31
	斋（齋）	卷一 131
	衮	卷三 23
	离（離）	卷二 127
	畜	卷三 168
9	鸾（鸞）	卷三 151
	毫	卷三 10
	裦	卷四 64
	孰	卷四 170
	商	卷二 47
	率	卷四 97
	牽（牵）	卷四 76
10	亵（褻）	卷三 24
	就	卷四 17
	蛮（蠻）	卷一 100
	啻	卷四 166
11	禀	卷二 29
	雍	卷二 78
	裏	卷一 31
12	豪	卷二 80
	膏	卷二 146
	銮（鑾）	卷二 7
	裹	卷四 110
	褎	卷三 26
13	齑（齏）	卷二 174
14	壅	卷三 99
15	襄	卷四 100
	嬴（嬴）	卷二 106
17	蠃（螺）	卷二 132

笔画	部　首	
19	齎	卷四 103
20	饔	卷二 174
21	驘	卷三 176
	18 冫部	
1	习（習）	卷三 164
3	冯（馮）	卷二 53
4	冰	卷一 118
	次	卷三 12
5	冷	卷一 16
	冶	卷三 83
6	净（淨）	卷四 131
7	将（將）	卷四 158
8	凄（淒）	卷四 146
	凋	卷四 146
	弱	卷四 4
14	凝	卷三 99
	19 冖部	
3	写（寫）	卷二 32
4	军（軍）	卷二 33
	农（農）	卷二 181
7	冠	卷三 21
8	冢	卷二 172
	冥	卷二 171
	冤	卷二 17
	20 凵部	
2	凶	卷二 89
3	凸	卷二 135
	出	卷四 84
	凹	卷二 135

笔画	部　首	
6	函	卷二 27
7	幽	卷四 124
15	豳	卷二 54
	21 卩部	
3	印	卷一 68
	卯	卷一 27
4	爷（爺）	卷二 59
5	却（卻）	卷四 117
	卵	卷三 161
	即	卷四 162
7	卸	卷四 108
8	卿	卷二 94
9	脚（腳）	卷二 160
10	禦	卷二 108
	[21] 㔾部	
6	卷	卷二 27
	22 刀部	
	刀	卷二 38
1	刁	卷二 89
	刃	卷二 40
2	切	卷四 119
	分	卷二 141
3	叨	卷四 163
	召	卷四 47
6	券	卷二 106
13	劈	卷二 132

笔画	部首	
	[22] 刂部	
3	刊	卷三 84
4	刑	卷二 17
	列	卷四 16
	刚（剛）	卷二 79
	则（則）	卷四 165
	创（創）	卷四 96
	刘（劉）	卷二 52
5	别	卷四 118
	删	卷三 84
	利	卷二 105
	判	卷二 19
6	刺	卷三 84
	到	卷四 86
	制	卷二 1
	例	卷二 17
	剂（劑）	卷三 84
	刻	卷二 90
7	荆	卷三 128
	削	卷三 84
	剑（劍）	卷二 38
	前	卷一 29
8	剖	卷三 85
	剧（劇）	卷四 148
	剥（剝）	卷三 85
9	副	卷二 97
10	喇	卷二 195
	割	卷四 118
12	製	卷三 83

笔画	部首	
	[22] ⺈部	
3	刍（芻）	卷三 128
4	负（負）	卷二 85
	争（爭）	卷二 91
	色	卷三 15
5	龜	卷三 189
	免	卷四 117
6	兔	卷三 172
7	急	卷四 30
9	象	卷三 167
11	赖（賴）	卷四 110
13	豫	卷一 46
14	餤	卷二 196
	23 力部	
	力	卷二 124
2	办（辦）	卷四 109
	劝（勸）	卷四 58
3	功	卷二 33
	加	卷二 142
	务（務）	卷四 95
4	动（動）	卷二 124
	劣	卷二 82
	胁（脅）	卷二 157
5	劫	卷二 91
	劳（勞）	卷四 114
	助	卷二 125
	男	卷二 57
	劲（勁）	卷四 145
	努	卷四 16
6	协（協）	卷四 113
	势（勢）	卷四 5

笔画	部首	
7	勃	卷四 144
	勋（勳）	卷二 33
	勉	卷四 114
	勇	卷二 33
9	勘	卷三 83
	勒	卷三 78
10	募	卷四 111
	甥	卷二 62
	勝（胜）	卷 34
11	勤	卷四 114
	24 又部	
	又	卷四 161
1	叉	卷三 81
2	支	卷一 25
	劝（勸）	卷四 58
	友	卷二 65
	反	卷四 144
	双（雙）	卷三 2
3	圣（聖）	卷二 73
	对（對）	卷四 47
4	观（觀）	卷一 121
	戏（戲）	卷二 111
	欢（歡）	卷四 53
5	鸡（雞）	卷三 162
6	取	卷四 66
	叔	卷二 58
	贤（賢）	卷二 73
	受	卷四 66
	艰（艱）	卷四 137
7	竖（豎）	卷四 132
	叜	卷二 67

笔画	部首	
7	爰	卷四 153
8	隻	卷三 2
	难（難）	卷四 137
	桑	卷三 149
9	敍	卷四 59
12	聚	卷三 12
	25 厶部	
2	云	卷四 43
	允	卷四 58
3	去	卷四 85
	弁	卷三 21
	台	卷四 149
4	牟	卷二 186
5	县（縣）	卷一 86
	矣	卷四 172
	私	卷四 31
6	参（參）	卷三 5
7	垒（壘）	卷二 42
8	能	卷二 127
	26 廴部	
4	廷	卷一119
	延	卷四 142
6	建	卷一 43
	27 干部	
	干	卷二 85
2	刊	卷三 84
	平	卷二 139
	28 工部	
	工	卷二 70
2	左	卷一 29
	巧	卷四 147
	功	卷二 33
4	巫	卷二 110
	攻	卷二 35
6	缸	卷三 67
	项（項）	卷二 147
	差	卷二 99
12	湏	卷二 116
	29 土部	
	土	卷一 71
2	去	卷四 85
	圣（聖）	卷二 73
3	圭	卷二 7
	寺	卷一 130
	在	卷四 11
	至	卷四 86
	尘（塵）	卷一 94
	老	卷二 68
	考	卷二 58
	地	卷一 33
	场（場）	卷一 93
4	坛（壇)	卷一 121
	坏（壞）	卷三 86
	址	卷一 141
	坚（堅）	卷四 133
	坐	卷四 10
	均	卷四 134
	坎	卷一 107
4	坟（墳）	卷二 172
	块（塊）	卷一 94
	坠（墜）	卷二 129
	灶（竈）	卷一 136
5	坦	卷四 135
	坤	卷一 85
	幸	卷四 21
	坡	卷一 102
6	垣	卷一 139
	城	卷一 88
	垫（墊）	卷三 96
	垢	卷二 88
	垦（墾）	卷二 182
7	埋	卷二 171
	袁	卷二 54
	埃	卷一 72
8	域	卷一 85
	基	卷一 141
	堂	卷一 127
	堆	卷一 95
	培	卷二 182
	埽	卷四 74
9	堪	卷四 164
	塔	卷一 130
	報（报）	卷四 60
	壻	卷二 62
10	墓	卷二 172
	填	卷三 96
	塗（涂）	卷一93
	塞	卷一 98
	塘	卷一 116

笔画	部首	
11	墻（牆）	卷一 139
	墟	卷一 93
	境	卷一 85
	塾	卷一 123
12	臺	卷一 129
	墨	卷一 83
	增	卷四 139
13	壅	卷三 99
14	壓	卷二 126
	壑	卷一 110
16	疆	卷一 51
21	壩	卷一 95
	[29] 士部	
	士	卷二 69
1	壬	卷一 26
3	吉	卷一 57
	壮（壯）	卷四 3
4	志	卷四 19
	声（聲）	卷二 136
7	壶（壺）	卷三 62
9	喜	卷二 114
	壹	卷三 5
10	鼓	卷二 15
	壽（寿）	卷二 80
11	臺	卷一 129
	誌	卷二 170
	嘉	卷二 80
12	賣（卖）	卷二 101
17	馨	卷三 115
18	鼙	卷二 16
19	懿	卷二 75
	30 艹部	
1	艺（藝）	卷二 107

笔画	部首	
2	艾	卷三 124
	节（節）	卷二 76
3	芋	卷三 135
	芍	卷三 117
	芝	卷三 123
4	芙	卷三 117
	芜（蕪）	卷三 119
	芸	卷三 123
	苇（葦）	卷三 122
	芽	卷三 113
	苋（莧）	卷三 109
	芥	卷三 107
	苍（蒼）	卷三 15
	花	卷三 113
	芹	卷三 111
	芳	卷三 115
	劳（勞）	卷四 114
	芦（蘆）	卷三 121
	苏（蘇）	卷一 39
5	苦	卷三 19
	若	卷四 167
	茂	卷三 118
	苗	卷二 184
	英	卷一 74
	苓	卷三 125
	苑	卷一 133
	苟	卷四 167
	苞	卷三 115
	范	卷二 52
	茎（莖）	卷三 113
	苔	卷三 120
	茅	卷三 128
	茄	卷三 109

笔画	部首	
6	荆	卷三 128
	巷	卷一 89
	荐（薦）	卷四 100
	草	卷三 118
	茧（繭）	卷二 191
	茶	卷三 112
	茗	卷三 112
	荠（薺）	卷三 136
	荒	卷二 190
	荣（榮）	卷二 80
	荦（犖）	卷三 20
	荫（蔭）	卷三 139
	茹	卷三 112
	荔	卷三 132
	药（藥）	卷三 117
	荡（蕩）	卷四 131
	荷	卷一 79
7	華（华）	卷一 104
	莽	卷三 118
	莲（蓮）	卷三 116
	莫	卷四 157
	莠	卷三 127
	莸（蕕）	卷三 123
	荻	卷三 122
	莺（鶯）	卷三 159
	莼（蒓）	卷三 110
8	著	卷二 32
	菽	卷二 188
	菲	卷三 119
	萝（蘿）	卷三 126
	莱	卷三 107
	萎	卷三 122
	菊（蘜）	卷三 116
	萄	卷三 132
	萍	卷三 120

笔画	部首	
8	菀	卷三 139
	营（營）	卷二 42
	萤（螢）	卷三 199
	萨（薩）	卷二 194
	萧（蕭）	卷三 122
9	葉（叶）	卷三 113
	葬	卷二 171
	募	卷四 111
	萬（万）	卷三 4
	葛	卷三 34
	葶	卷三 113
	董	卷二 54
	葆	卷三 119
	葡	卷一 80
	葱（蔥）	卷三 108
	落	卷三 115
	萱	卷三 127
	蒋（蔣）	卷二 52
	葵	卷三 116
10	蒜	卷三 108
	蓍	卷三 127
	蓋（盖）	卷四 153
	莲（蓮）	卷三 116
	蓝（藍）	卷三 15
	墓	卷二 172
	幕	卷一 128
	蓬	卷三 110
	蒲	卷三 121
	蓉	卷三 117
	蓑	卷三 26
	蒿	卷三 110
	蓄	卷四 110
	蒙（冡）	卷一 59
	摹	卷四 73
	夢（梦）	卷四 12

笔画	部首	
11	慕	卷四 21
	蔓	卷三 118
	甍	卷二 167
	蔑	卷四 157
	蔡	卷二 48
	蔗	卷三 135
	蔽	卷四 142
	蔼（藹）	卷四 126
	蓼	卷三 121
	蔆	卷三 136
12	蕙	卷三 124
	蕈	卷三 112
	蕉	卷三 126
	蔬	卷三 107
	蕴	卷四 32
13	薑	卷三 107
	薨	卷二 167
	薙	卷三 119
	薮（藪）	卷一 94
	薛	卷二 49
	薇	卷三 109
	薄	卷四 122
	薪	卷三 128
	薏	卷三 134
14	藉	卷四 143
	藏	卷一 60
	藐	卷四 123
	薰	卷三 123
	舊（旧）	卷四 148
15	藁	卷三 118
	藕	卷三 136
	藝（艺）	卷二 107

笔画	部首	
15	蠆	卷三 202
	藜	卷三 111
	藤	卷三 126
	藩	卷二 95
16	蘂	卷三 115
	藻	卷三 120
17	蘭（兰）	卷三 124
21	虁	卷三 173
	31 寸部	
	寸	卷三 7
2	对（對）	卷四 47
3	寺	卷一 130
	导（導）	卷四 18
	寻（尋）	卷四 107
4	寿（壽）	卷二 80
	时（時）	卷一 17
	肘	卷二 159
6	封	卷二 99
	耐	卷四 32
	将（將）	卷四 158
7	辱	卷四 27
	射	卷二 107
8	尉	卷二 96
14	爵	卷二 98
	32 廾部	
2	卉	卷三 118
3	异（異）	卷四 126
4	弄	卷四 79
	弃（棄）	卷四 116
6	弈	卷二 108

笔画	部首	
9	葬	卷二 171
15	彝	卷二 8
	33 大部	
	大	卷一 35
1	夫	卷二 60
	天	卷一 1
	太	卷四 128
2	央	卷一 30
	失	卷四 115
	头（頭）	卷二 146
3	夸	卷四 50
	夹（夾）	卷四 73
	夺（奪）	卷四 68
	尖	卷四 132
	夷	卷一 99
	买（買）	卷二 101
5	奉	卷一 38
	忝	卷四 163
	卖（賣）	卷二 101
	奔	卷四 89
	奇	卷二 142
	奋（奮）	卷四 144
6	契	卷二 28
	奏	卷二 3
	牵（牽）	卷四 76
	美	卷一 64
	类（類）	卷三 1
	癸	卷一 26
7	套	卷三 13
	奚	卷四 170
8	匏	卷三 65
	奢	卷二 87
	爽	卷四 138
9	奠	卷二 179
	奥（奧）	卷一 77
11	樊	卷一 133
	34 尢部	
1	尤	卷四 160
2	龙（龍）	卷三 183
3	优（優）	卷二 112
4	忧（憂）	卷四 22
9	就	卷四 17
	［34］ 兀部	
1	元	卷二 97
3	尧（堯）	卷二 50
	光	卷二 133
6	虺	卷三 206
	35 弋部	
	弋	卷二 107
2	贰（貳）	卷三 5
3	式	卷三 13
5	武	卷二 33
	鸢（鳶）	卷三 157
	36 小部	
	小	卷四 123
1	少	卷三 1
2	尔（爾）	卷四 150
3	尘（塵）	卷一 94
	尖	卷四 132
	劣	卷二 82
	孙（孫）	卷二 63
6	省	卷一 58
8	雀	卷三 152
	［36］ ⺌部	
3	光	卷二 133
	当（當）	卷四 163
4	肖	卷四 121
5	尚	卷四 161
6	尝（嘗）	卷四 62
7	党（黨）	卷一 87
8	堂	卷一 127
	常	卷四 170
	棠	卷三 147
	掌	卷二 159
11	裳	卷三 26
	37 口部	
	口	卷二 150
1	中	卷一 30
2	叶（葉）	卷三 113
	古	卷一 59
	台	卷四 149
	右	卷一 29
	号（號）	卷四 47
	可	卷四 164
	只	卷四 171
	史	卷二 25
	兄	卷二 60
	句	卷二 140
	叱	卷四 56
	司	卷二 96
	叫	卷四 54
	叨	卷四 163
	召	卷四 47

笔画	部　首	
3	吁	卷四 55
	吐	卷四 61
	吉	卷一 57
	吕（呂）	卷二 11
	同	卷四 112
	合	卷一 82
	吃	卷四 62
	向	卷二 127
	舌	卷二 152
	各	卷四 160
	名	卷四 151
	吸	卷二 129
4	呈	卷四 103
	吴（吳）	卷一 39
	吞	卷四 61
	杏	卷三 130
	吾	卷四 149
	呕（嘔）	卷四 62
	否	卷四 58
	吨（噸）	卷三 9
	员（員）	卷二 93
	吟	卷四 53
	含	卷四 61
	谷	卷一 110
	告	卷四 46
	听（聽）	卷四 37
	吹	卷四 60
	吝	卷二 87
	启（啟）	卷四 59
	君	卷二 55
	邑	卷一 86

笔画	部　首	
5	味	卷三 20
	咒	卷四 56
	命	卷二 3
	呼	卷四 48
	知	卷四 34
	和	卷二 141
	咎	卷二 84
	鸣（鳴）	卷三 163
	周	卷二 48
	黾（黽）	卷三 191
6	哉	卷四 172
	哂	卷四 52
	咸	卷四 112
	虽（雖）	卷四 167
	品	卷二 93
	咽	卷四 61
	响（響）	卷四 38
	哀	卷四 22
	咨	卷四 55
7	哥	卷二 61
	哲	卷二 74
	哭	卷四 54
	唤（喚）	卷四 48
	唁	卷二 169
	唐	卷二 47
	唇（脣）	卷二 151
8	啧（嘖）	卷四 49
	营（營）	卷二 42
	啄	卷四 61
	啭（囀）	卷四 54
	唱	卷四 53
	唾	卷四 56
	唯	卷四 48

笔画	部　首	
8	售	卷二 102
	商	卷二 47
	兽（獸）	卷三 165
	啸（嘯）	卷四 54
9	喜	卷二 114
	丧（喪）	卷二 168
	喇	卷二 195
	喻	卷四 46
	喉	卷二 152
	喧	卷四 48
	啻	卷四 166
	善	卷二 73
	嗟	卷四 55
10	嗜	卷四 29
	嗁	卷四 54
	嗣	卷二 57
	辔（轡）	卷三 77
11	嘉	卷二 80
12	嘶	卷四 54
	嘲	卷四 52
13	器	卷三 43
	噬	卷四 61
	噫	卷四 55
15	嚣（囂）	卷四 49
19	囊	卷三 55
	38 囗部	
2	囚	卷二 20
	四	卷三 3
3	因	卷四 165
	团（團）	卷四 132
	回	卷二 134

笔画	部首	
4	园（園）	卷一 134
	围（圍）	卷二 36
	困	卷四 4
5	国（國）	卷一 85
	固	卷二 79
	图（圖）	卷二 28
6	囿	卷一 133
	圃	卷一 134
8	圈	卷一 34
13	圜	卷二 139
	39 山部	
	山	卷一 101
2	出	卷四 84
3	屿（嶼）	卷一 102
	岁（歲）	卷一 17
	岂（豈）	卷四 154
4	岛（島）	卷一 102
	岚（嵐）	卷一 101
5	岸	卷一 91
	岩（巖）	卷一 102
	冈（岡）	卷一 101
	岭（嶺）	卷一 101
	岱	卷一 104
	岷	卷一 105
6	峡（峽）	卷一 109
	炭	卷二 120
	幽	卷四 124
7	峯（峰）	卷一 109
	峻	卷四 130
8	崩	卷二 167
	崇	卷四 129
9	嵌	卷三 89

笔画	部首	
10	嵩	卷一104
14	豳	卷二 54
	嶽	卷一 101
15	豐	卷四 128
17	巍	卷四 130
	40 巾部	
	巾	卷三 29
1	币（幣）	卷三 31
2	布	卷三 32
	帅（帥）	卷二 33
	市	卷一 89
3	师（師）	卷二 65
	帆	卷三 75
4	希	卷一 71
	帐（帳）	卷三 47
5	帖	卷二 27
	帕	卷三 29
	帛	卷三 31
	帚	卷三 56
	帑	卷二 5
6	带（帶）	卷一 34
	帝	卷二55
7	帨	卷三 29
	席	卷三 46
8	常	卷四 170
	帷	卷三 47
9	幅	卷三 26
	帽	卷三 22
	幄	卷三 47
10	幕	卷一 128
11	幔	卷三 47
12	緜（绵）	卷三 33

笔画	部首	
	41 彳部	
3	行	卷四 88
4	彻（徹）	卷四 113
	役	卷二 100
5	征	卷二 35
	往	卷四 84
	彼	卷四 150
6	徇	卷二 171
	衍	卷四 111
	律	卷二 136
	後	卷一 29
7	徒	卷四 155
	徐	卷四 136
8	術	卷二 107
	徙	卷四 86
	得	卷四 115
	衔（銜）	卷二 98
9	街	卷一 89
	御	卷二 108
	復	卷四 85
	循	卷四 143
	徧	卷四 115
10	衙	卷一 125
	微	卷四 123
11	德	卷一 76
12	衝	卷一 93
	衛（卫）	卷二 48
	徵	卷四 101
13	徼	卷一 99
	衡	卷一 104
14	徽	卷一 40
	禦	卷二 36

笔画	部首	
15	覆	卷四 144
	42 彡部	
4	形	卷二 138
	杉	卷三 146
6	须（須）	卷二 163
	彦（彥）	卷二 69
8	彬	卷四 129
9	彭	卷二 53
11	彰	卷四 140
12	影	卷二 133
	43 夕部	
	夕	卷一 23
2	外	卷一 30
3	名	卷四 151
	岁（歲）	卷一 17
	多	卷三 1
4	夜	卷一 23
6	怨	卷四 23
7	鸳（鴛）	卷三 161
8	梦（夢）	卷四 12
9	飧	卷二 174
11	夥	卷二 71
	舞	卷二 16
	44 夊部	
2	处（處）	卷四 17
	务（務）	卷四 95
3	各	卷四 160
	条（條）	卷三 138
5	昝	卷二 84
	备（備）	卷四 99

笔画	部首	
6	覆	卷四 144
7	夏	卷一 19
9	復	卷四 85
11	複	卷四 142
14	螽	卷三 196
	45 丬部	
3	壮（壯）	卷四 3
	妆（妝）	卷四 8
4	状（狀）	卷四 121
6	将（將）	卷四 158
	[45] 爿部	
4	牀（床）	卷三 45
9	装（裝）	卷三 95
13	牆（墙）	卷一 139
	46 广部	
	广（廣）	卷一 54
3	庄（莊）	卷二 77
	庆（慶）	卷二 6
4	庑（廡）	卷一 124
	库（庫）	卷一 135
	庇	卷一 141
	应（應）	卷四 163
	庐（廬）	卷一 131
	序	卷一 122
	床（牀）	卷三 45
5	店	卷一 132
	庙（廟）	卷一 121
	府	卷一 86
	庖	卷一 136
	底	卷四 148

笔画	部首	
5	废（廢）	卷四 115
	庚	卷一 26
6	度	卷三 7
	庭	卷一 140
	庠	卷一 122
7	席	卷三 46
	座	卷一 141
	唐	卷二 47
8	庶	卷四 162
	麻	卷二 190
	廊	卷一 124
	庸	卷四 147
	康	卷二 80
	鹿	卷三 170
9	廂（厢）	卷一 128
	廁（厕）	卷一 134
	廐（厩）	卷一 135
10	廉	卷二 76
11	腐	卷二 177
12	麾	卷二 45
	摩	卷四 72
	廛	卷一 131
13	廪	卷一 135
14	膺	卷二 152
15	鹰（鷹）	卷三 153
22	廳（厅）	卷一 86
30	麤	卷四 125
	47 门(門)部	
	门（門）	卷一 137
2	闪（閃）	卷二 136
3	闭（閉）	卷一 142
	问（問）	卷四 46

笔画	部首	
4	闰（閏）	卷一 18
	闲（閑）	卷一 142
	闱（闈）	卷一 128
	開（开）	卷一 142
	间（間）	卷一 141
	闵（閔）	卷二 51
	闷（悶）	卷四 24
5	闹（鬧）	卷四 119
6	闺（閨）	卷一 128
	闻（聞）	卷四 37
	闽（閩）	卷一 43
	间（間）	卷一 131
	阁（閣）	卷一 129
7	阃（閫）	卷一 128
	阅（閱）	卷一 137
8	阍（閽）	卷二 72
9	阑（闌）	卷一 140
	阔（闊）	卷四 124
10	阙（闕）	卷一 121
11	關（关）	卷一 98
13	闢	卷一 142
	48 宀部	
3	宇	卷一 32
	守	卷二 35
	宅	卷一 126
	安	卷一 67
	字	卷二 23
4	完	卷四 120
	宋	卷二 49
	宏	卷四 129
	牢	卷二 19
	灾（災）	卷三 103
5	宠（寵）	卷四 32
	宝（寶）	卷三 37
	宗	卷二 56
	定	卷四 11
	宜	卷四 95
	官	卷二 93
	审（審）	卷四 34
	宙	卷一 32
	宛	卷四 121
	实（實）	卷四 133
6	宣	卷四 45
	宦	卷二 93
	宥	卷二 18
	室	卷一 127
	宫	卷一 120
	宪（憲）	卷二 95
	客	卷四 152
7	害	卷二 91
	宽（寬）	卷二 78
	家	卷一 126
	宵	卷一 24
	宴	卷二 6
	容	卷四 1
	宾（賓）	卷二 65
	宰	卷二 97
	案	卷三 44
8	寇	卷二 37
	寅	卷一 27
	寄	卷四 108
	寂	卷四 124
	宿	卷一 6
	密	卷四 124
9	寒	卷一 18
	富	卷二 101
	寓	卷一 132
	甯	卷四 11
	寐	卷四 12
10	塞	卷一 98
	寝（寢）	卷一 124
	赛（賽）	卷二 104
11	寡	卷二 66
	察	卷四 33
	蜜	卷三 198
12	寫（写）	卷二 32
13	寰	卷一 87
14	蹇	卷四 93
	49 辶部	
2	辽（遼）	卷一 38
	边（邊）	卷一 99
3	迂	卷一 97
	达（達）	卷一 97
	过（過）	卷二 17
	迁（遷）	卷四 86
	迅	卷四 136
	巡	卷四 106
4	进（進）	卷四 84
	远（遠）	卷一 96
	违（違）	卷四 89
	运（運）	卷四 92
	还（還）	卷四 85
	连（連）	卷四 142
	迓	卷四 87
	近	卷一 97
	返	卷四 85

笔画	部首	
4	迎	卷四 86
	迟（遲）	卷四 87
5	述	卷四 59
	迭	卷四 112
	迫	卷四 136
	迩（邇）	卷一 96
6	逃	卷四 88
	适（適）	卷四 91
	选（選）	卷四 100
	追	卷四 90
	迹	卷四 94
	送	卷四 87
	迷	卷四 94
	逆	卷四 87
	退	卷四 84
7	逝	卷四 89
	速	卷二 125
	逐	卷四 90
	逍	卷四 94
	造	卷四 91
	透	卷四 141
	逢	卷四 90
	递（遞）	卷四 92
	通	卷一 97
8	逸	卷四 11
	逮	卷四 157
9	逼	卷四 15
	遇	卷四 90
	遗（遺）	卷四 104
	遑	卷四 11
	道	卷一 34
	遂	卷四 162
	遐	卷一 97

笔画	部首	
10	遣	卷四 107
	遥	卷一 97
	遮	卷四 15
11	遭	卷四 90
12	遲	卷一 67
	遵	卷四 91
13	遽	卷四 94
	邀	卷四 90
	避	卷四 89
14	邈	卷四 124
	50 彐部	
2	归（歸）	卷四 85
	刍（芻）	卷三 128
3	寻（尋）	卷四 107
4	灵（靈）	卷二 193
5	帚	卷三 56
8	彗	卷一 5
	雪	卷一 8
	[50] ⺕部	
5	录（錄）	卷二 26
	[50] 彑部	
9	彘	卷三 178
15	彝	卷二 8
	51 尸部	
	尸	卷二 168
1	尺	卷三 7
2	尼	卷二 195
4	层（層）	卷三 12
	尾	卷三 180
	局	卷一 125

笔画	部首	
5	屆	卷四 169
	居	卷一 141
	屈	卷四 14
6	屋	卷一 126
	屏	卷一 136
7	展	卷四 78
	屑	卷三 94
	屐	卷三 28
8	屠	卷二 111
9	犀	卷三 167
	属（屬）	卷二 97
	屡（屢）	卷四 159
12	履	卷三 27
	屦（屨）	卷三 27
	52 己部	
	己	卷一 26
4	忌	卷四 30
	[52] 已部	
	已	卷四 172
	[52] 巳部	
	巳	卷一 27
1	巴	卷一 84
2	包	卷三 95
3	导（導）	卷四 18
	异（異）	卷四 126
6	巷	卷一 89
	53 弓部	
	弓	卷二 41
1	引	卷四 76
	弔	卷二 169

笔画	部首	
2	弗	卷二 113
4	张（張）	卷四 78
	弟	卷二 60
5	弧	卷二 41
	弥（彌）	卷四 160
	弦	卷一 20
	弩	卷二 41
6	弯（彎）	卷三 94
7	躬	卷二 143
	弱	卷四 4
8	弹（彈）	卷二 43
9	强	卷二 114
	粥	卷二 173
10	彀	卷二 41
16	疆	卷一 51
19	鬻	卷二 102
	54 子部	
	子	卷一 27
1	孔	卷二 51
2	孕	卷四 1
3	存	卷四 99
	字	卷二 23
	孙（孫）	卷二 63
4	李	卷三 130
	孛	卷一 5
	孝	卷二 75
	孚	卷二 77
5	孟	卷二 51
	季	卷一 17
	孤	卷二 66
	享	卷二 6
	学（學）	卷一 122
	孥	卷二 63
6	孩	卷二 68
8	孰	卷四 170
14	孺	卷二 67
16	孽	卷二 63
	55 屮部	
2	出	卷四 84
8	粜（糶）	卷二 104
	[55] 屮部	
7	刍（芻）	卷三 128
	56 女部	
	女	卷二 57
2	奴	卷二 71
3	奸	卷二 89
	如	卷四 166
	妆（妝）	卷四 8
	妄	卷二 83
	妇（婦）	卷二 60
	妃	卷二 56
	好	卷二 74
4	妍	卷四 2
	妓	卷二 112
	姊	卷二 61
	妪（嫗）	卷二 60
	妣	卷二 58
	妙	卷四 147
	妥	卷四 134
	妖	卷二 92
	妨	卷四 116
	妒	卷二 86
	姒	卷二 52
5	妹	卷二 61
	妻	卷二 61
	姑	卷二 59
	姓	卷二 47
	委	卷四 108
	妾	卷二 61
	始	卷四 97
6	要	卷四 164
	威	卷四 5
	姪	卷二 62
	姨	卷二 62
	姻	卷二 64
	娇（嬌）	卷四 2
	姿	卷四 2
	姜	卷二 52
7	姬	卷二 51
	娱（娛）	卷四 114
	娣	卷二 62
	宴	卷二 6
	娘	卷二 59
8	娶	卷四 102
	婴（嬰）	卷二 68
	婢	卷二 71
	婚	卷四 102
	婆	卷二 59
	婶（嬸）	卷二 59
	婉	卷四 2
9	媒	卷二 70
	嫂	卷二 61
	媚	卷四 2
10	媳	卷二 62
	嫁	卷四 102

笔画	部首	
11	嫠	卷二 66
	嫩	卷四 147
	嫡	卷二 64
12	嬉	卷四 15
13	嬖	卷四 30
16	嬾	卷四 5
17	孀	卷二 66
	57 飞（飛）部	
	飞（飛）	卷三 164
	58 马(馬)部	
	马（馬）	卷三 174
2	冯（馮）	卷二 53
	驭（馭）	卷三 181
4	驯（馴）	卷三 180
	驰（馳）	卷三 182
	驱（驅）	卷三 182
	驳（駁）	卷三 180
	驴（驢）	卷三 176
5	驶（駛）	卷三 182
	驷（駟）	卷三 179
	驹（駒）	卷三 174
	驼（駝）	卷三 169
	驻（駐）	卷三 181
	驿（驛）	卷一 91
	驽（駑）	卷三 174
	驾（駕）	卷三 181
6	骄（驕）	卷二 86
	骂（罵）	卷四 56
	骆（駱）	卷三 169
	骇（駭）	卷三 180
	骈（駢）	卷三 179

笔画	部首	
7	骊（驪）	卷三 174
	骋（騁）	卷三 182
	验（驗）	卷四 109
	骏（駿）	卷三 173
8	骑（騎）	卷三 181
	骖（驂）	卷三 179
9	骚（騷）	卷二 23
10	骝（騮）	卷三 174
12	驚（惊）	卷四 25
13	羸	卷三 176
14	骤（驟）	卷三 182
16	骥（驥）	卷三 173
	59 幺部	
1	幻	卷二 135
2	玄	卷三 17
6	幽	卷四 124
9	幾	卷四 162
12	樂（乐）	卷二 11
	畿	卷一 85
	60 巛部	
4	災（灾）	卷三 103
8	巢	卷一 142
	61 王部	
	王	卷二 55
1	主	卷四 152
	玉	卷三 38
2	全	卷二 141
	玑（璣）	卷三 38
3	呈	卷四 103
	弄	卷四 79
	玖	卷三 6

笔画	部首	
4	玩	卷四 79
	环（環）	卷三 37
	玦	卷三 36
5	珑（瓏）	卷四 132
	玷	卷三 41
	玲	卷四 132
	珍	卷三 39
	珀	卷二 115
	皇	卷二 55
	珊	卷三 40
	玻	卷二 122
6	珠	卷三 38
	班	卷一 80
7	球	卷一 33
	琐（瑣）	卷四 137
	理	卷二 17
	望（朢）	卷一 20
	琉	卷三 39
8	琴	卷二 12
	琶	卷二 13
	琢	卷三 89
	斑	卷三 17
9	瑟	卷二 13
	聖（圣）	卷二 73
	瑚	卷三 40
	瑞	卷一 78
	瑜	卷三 40
	瑕	卷三 40
	瑙	卷二 122
10	瑶（瑤）	卷三 38
11	璋	卷三 39
12	璞	卷三 38
14	瓊	卷一 53

笔画	部首	
	［61］ 玉部	
	玉	卷三 38
5	玺（璽）	卷二 7
14	璧	卷三 39
	62 无部	
	无（無）	卷四 156
	［62］ 旡部	
4	既	卷四 169
10	暨	卷四 157
20	蠶（蚕）	卷三 201
	63 韦(韋)部	
8	韩（韓）	卷一 66
10	韬（韜）	卷三 51
	64 木部	
	木	卷三 137
1	本	卷三 137
	未	卷一 28
	末	卷三 137
	术	卷三 125
2	朽	卷三 86
	朴（樸）	卷三 146
	朱	卷三 16
	机（機）	卷二 132
	朵	卷三 115
	权（權）	卷三 9
3	杆	卷二 130
	杜	卷三 125
	杖	卷三 71
	杏	卷三 130

笔画	部首	
3	束	卷三 88
	杉	卷三 146
	极（極）	卷一 34
	杨（楊）	卷三 148
	杞	卷三 148
	李	卷三 130
	牀（床）	卷三 45
4	枉	卷二 84
	林	卷一 57
	枝	卷三 138
	枢（樞）	卷一 128
	杯	卷三 61
	杪	卷三 139
	東（东）	卷一 32
	杳	卷四 123
	枣（棗）	卷三 134
	果	卷三 129
	采	卷三 18
	松	卷三 140
	杵	卷三 58
	枚	卷三 138
	析	卷三 85
	板	卷三 70
	枍	卷三 131
	枭（梟）	卷三 154
	枫（楓）	卷三 149
	枕	卷三 46
	杼	卷三 54
	杷	卷三 131
	枏	卷三 145
5	标（標）	卷三 94
	栈（棧）	卷一 132
	柰	卷四 170
	荣（榮）	卷二 80

笔画	部首	
5	某	卷四 151
	柑	卷三 132
	枯	卷三 139
	栉（櫛）	卷三 52
	柯	卷三 138
	柄	卷三 70
	栋（棟）	卷一 138
	柩	卷二 168
	柬	卷二 28
	槎	卷三 76
	相	卷四 40
	栅	卷一 126
	柏	卷三 140
	柝	卷三 58
	柢	卷三 137
	栎（櫟）	卷三 144
	柳	卷三 148
	柒	卷三 6
	染	卷三 18
	柁	卷三 74
	柱	卷一 139
	树（樹）	卷三 137
	柔	卷四 145
	枷	卷二 21
	架	卷三 59
6	桂	卷一 54
	栽	卷二 182
	桓	卷二 79
	栖（棲）	卷四 10
	栗	卷三 142
	柴	卷三 139
	桌	卷三 44
	桐	卷三 141

笔画	部首	
6	桃	卷三 129
	株	卷三 138
	桥（橋）	卷一 89
	臬	卷二 95
	桀	卷二 54
	格	卷三 13
	桨（槳）	卷三 74
	校	卷一 122
	核	卷三 129
	样（樣）	卷三 14
	桑	卷三 149
	根	卷三 137
7	彬	卷四 129
	梗	卷三 138
	梧	卷三 141
	械	卷二 20
	梏	卷二 21
	检（檢）	卷二 30
	梅	卷三 145
	桼	卷三 143
	渠	卷一 91
	梨	卷三 130
	梁	卷一 55
	梓	卷三 141
	梳	卷三 53
	梯	卷一 138
	桶	卷三 55
	梭	卷三 53
8	棄（弃）	卷四 116
	棋	卷三 50
	葉（叶）	卷三 113
	植	卷二 182
	焚	卷三 103
	森	卷四 147
	棫	卷三146

笔画	部首	
8	椅	卷三 44
	棠	卷三 147
	椒	卷三 146
	棍	卷三 71
	棘	卷三 134
	椎	卷三 70
	集	卷二 28
	棉	卷三 34
	椀	卷三 62
	棺	卷二 168
	棣	卷三 147
	椭（橢）	卷二 140
9	椿	卷三 144
	業（业）	卷四 95
	椶	卷三 142
	楝	卷三 147
	禁	卷二 2
	楚	卷一 44
	楷	卷二 30
	榄（欖）	卷三 132
	楫	卷三 74
	榆	卷三 143
	楹	卷一 139
	槐	卷三 147
	楼（樓）	卷一 129
	概	卷四 159
	楣	卷一 138
	椽	卷一 138
10	榛	卷三 142
	槚（檟）	卷三 144
	榦	卷一 25
	模	卷三 13
	榻	卷三 45

笔画	部首	
10	槛（檻）	卷一 140
	榴	卷三 131
	椈	卷三 73
11	樗	卷三 144
	横	卷一 31
	槽	卷三 80
	樱（櫻）	卷三 129
	樊	卷一 133
	樂（乐）	卷二 11
	橡	卷三 145
	樟	卷三 143
12	橐	卷三 56
	築	卷三 96
	樵	卷二 110
	橙	卷三 133
	橘	卷三 133
13	檜	卷一 138
	檀	卷三 140
15	藥	卷三 115
25	鬱	卷三 119
	[64] 朩部	
2	杀（殺）	卷二 22
	杂（雜）	卷四 137
3	条（條）	卷三 138
5	亲（親）	卷二 63
	65 支部	
	支	卷一 25
6	𢻫	卷三 163
9	鼓	卷二 15
	66 犬部	
	犬	卷三 176

笔画	部首	
3	状（狀）	卷四 121
4	戾	卷二 89
5	狱（獄）	卷二 20
6	哭	卷四 54
	臭	卷三 20
9	献（獻）	卷四 103
10	獒	卷三 177
12	器	卷三 43
	[66] 犭部	
2	犯	卷二 18
4	狂	卷二 87
	犹（猶）	卷四 161
	狄	卷一 100
5	狎	卷二 85
	狐	卷三 172
	狗	卷三 177
6	狭（狹）	卷四 125
	狮（獅）	卷三 166
	独（獨）	卷四 155
	狩	卷二 46
	狡	卷二 87
	狱（獄）	卷二 20
7	狸（貍）	卷三 171
	狼	卷三 171
8	猜	卷四 30
	猎（獵）	卷二 46
	猫（貓）	卷三 178
	猝	卷四 136
	猛	卷四 145
9	猩	卷三 171
	猴	卷三 168
	猨	卷三 168

笔画	部首	
13	獭（獺）	卷三 169
	獲	卷二 37
	67 歹部	
2	死	卷二 166
	夙	卷一 23
5	残（殘）	卷二 90
	殇（殤）	卷二 168
	殆	卷四 166
6	殊	卷四 166
7	殓（殮）	卷二 169
10	殡（殯）	卷二 169
	[67] 歺部	
8	粲	卷二 185
11	餐	卷二 174
	68 车(車)部	
	车（車）	卷二 131
2	轨（軌）	卷三 77
	军（軍）	卷二 33
3	轩（軒）	卷一 127
	库（庫）	卷一 135
4	转（轉）	卷三 95
	斩（斬）	卷二 22
	轮（輪）	卷二 131
	轰（轟）	卷四 141
5	荤（葷）	卷三 20
	轲（軻）	卷二 51
	轴（軸）	卷二 130
	轺（軺）	卷三 76
	轻（輕）	卷二 113

笔画	部首	
6	晕（暈）	卷一 12
	晖（暉）	卷一 13
	轼（軾）	卷三 77
	载（載）	卷三 95
	轿（轎）	卷三 80
	较（較）	卷二 141
7	辄（輒）	卷四 162
	毂（轂）	卷三 77
	辅（輔）	卷四 100
8	辇（輦）	卷二 8
	辈（輩）	卷四 152
	暂（暫）	卷一 21
	辍（輟）	卷四 116
9	输（輸）	卷三 95
	辔（轡）	卷三 77
10	辕（轅）	卷三 76
	舆（輿）	卷三 76
	興（兴）	卷四 10
12	辙（轍）	卷三 77
	69 牙部	
	牙	卷二 151
2	邪	卷二 88
8	雅	卷三 160
	70 戈部	
	戈	卷二 39
1	戊	卷一26
2	戎	卷一 100
	戌	卷一 28
	戍	卷二 36
	成	卷四 113
	戏（戲）	卷二 111

笔画	部首	
3	戒	卷四 31
	我	卷四 149
4	或	卷四 167
5	哉	卷四 172
	战（戰）	卷二 36
	咸	卷四 112
	威	卷四 5
6	栽	卷二 182
	载（載）	卷三 95
7	域	卷一 85
	戚	卷二 64
	盛	卷四 129
8	戟	卷二 40
	幾	卷四 162
	惑	卷四 30
9	盏（盞）	卷三 63
11	戮	卷二 20
	畿	卷一 85
13	戴	卷四 16
16	鹹	卷三 19
	71 比部	
	比	卷一 79
2	毕（畢）	卷四 120
4	昆	卷二 60
5	皆	卷四 159
	72 瓦部	
	瓦	卷三 66
6	瓷	卷三 67
	瓶	卷三 65
9	甄	卷三 83

笔画	部首	
11	甎	卷三 67
13	甕	卷三 66
	73 止部	
	止	卷四 116
1	正	卷一 30
2	此	卷四 151
3	步	卷四 88
4	武	卷二 33
	歧	卷一 96
	肯	卷四 22
	齿（齒）	卷二 151
7	徙	卷四 86
10	歷	卷一 18
12	整	卷四 135
14	歸（归）	卷四 85
17	[illegible]（[illegible]）	卷二 164
	74 攴部	
7	敍	卷四 59
10	敲	卷四 71
	［74］ 攵部	
2	收	卷四 66
3	攻	卷二 35
	攸	卷四 170
	改	卷四 97
4	败（敗）	卷二 38
	牧	卷二 111
	放	卷四 80
5	政	卷二 1
	故	卷四 156
6	致	卷四 101
	敌（敵）	卷二 37
	效	卷四 98

笔画	部首	
7	敕	卷二 18
	教	卷二 1
	救	卷二 36
	敝	卷三 86
	啟（启）	卷四 59
	敛（斂）	卷四 148
	敏	卷二 78
	敢	卷四 163
8	敬	卷二 77
	散	卷四 135
	敞	卷四 138
	敦	卷二 75
9	数（數）	卷三 1
10	嫠	卷二 66
11	敷	卷四 99
12	整	卷四 135
	75 日(曰)部	
	日	卷一 2
	曰	卷四 43
1	旦	卷一 24
	旧（舊）	卷四 148
	申	卷一 28
2	早	卷一 22
	旬	卷一 21
	旭	卷一 15
	旨	卷三 20
3	旱	卷一 14
	时（時）	卷一 17
	旷（曠）	卷四 115
4	昙（曇）	卷一 8
	者	卷四 171
	昔	卷一 21
	杳	卷四 123

笔画	部首	
4	昆	卷二 60
	昃	卷一 24
	昌	卷二 81
	明	卷一 15
	昏	卷一 23
	婚	卷四 102
	易	卷二 25
	昂	卷四 8
5	春	卷一 19
	昧	卷二 83
	是	卷四 168
	显（顯）	卷四 140
	星	卷一 3
	昨	卷一 22
	音	卷二 136
	昭	卷一 13
	曷	卷四 169
6	者	卷二 66
	晋（晉）	卷一 48
	晓（曉）	卷一 24
	晏	卷一 24
	晕（暈）	卷一 12
	晖（暉）	卷一 13
	書（书）	卷二 24
7	晤	卷四 12
	晨	卷一 23
	晦	卷一 20
	晚	卷一 22
	曹	卷二 96
8	晴	卷一 13
	暂（暫）	卷一 21
	暑	卷一 18
	晶	卷二 123
	晷	卷一 15

笔画	部首	
8	景	卷一 14
	普	卷四 128
	曾	卷二 56
	替	卷四 15
	最	卷四 160
	量	卷三8
9	暖（煖）	卷一 16
	暗	卷一 15
	暇	卷四 114
	會（会）	卷四 12
10	嘗（尝）	卷四 62
	暱	卷四 15
	暢（畅）	卷四 138
11	暴	卷二 89
	题（題）	卷二 30
14	簪	卷三 36
	曜	卷一 13
	疊（叠）	卷三 12
17	囊	卷一 22
	[75] 冃部	
4	冒	卷四 118
7	冕	卷三 21
	76 贝(貝)部	
	贝（貝）	卷三 41
2	贞（貞）	卷二 76
	则（則）	卷四 165
3	员（員）	卷二 93
	财（財）	卷三 42
4	贤（賢）	卷二 73
	贪（貪）	卷二 87
	贬（貶）	卷二 100
	贫（貧）	卷二 101

笔画	部首	
4	败（敗）	卷二 38
	货（貨）	卷三 41
	质（質）	卷二 73
	贩（販）	卷二 101
	购（購）	卷二 102
	贯（貫）	卷二 106
5	贰（貳）	卷三 5
	贱（賤）	卷二 99
	贴（貼）	卷四 113
	贵（貴）	卷一 56
	買（买）	卷二 101
	贶（貺）	卷四 104
	贷（貸）	卷二 103
	贸（貿）	卷二 102
	[illegible]（[illegible]）	卷四 24
	贻（貽）	卷四 103
	费（費）	卷四 110
	贺（賀）	卷二 6
6	贽（贄）	卷二 6
	贾（賈）	卷二 101
	贼（賊）	卷二 92
	贿（賄）	卷三 42
	赂（賂）	卷三 42
	赁（賃）	卷四 111
	赃（贓）	卷二 100
	资（資）	卷二 73
7	赉（賚）	卷四 104
	赈(賑）	卷二 4
	婴（嬰）	卷二 68
	赊（賒）	卷二 103
	賓（宾）	卷二 65
8	赋（賦）	卷二 23
	賣（卖）	卷二 101
	赌（賭）	卷二 112

笔画	部首	
8	赎（贖）	卷二 19
	赏（賞）	卷二 4
	赐（賜）	卷二 4
9	赖（賴）	卷四 110
10	購（购）	卷二 102
	赘（贅）	卷四 7
	赛（賽）	卷二 104
12	赞（贊）	卷四 50
	赠（贈）	卷四 103
13	赡（贍）	卷四 138
	羸（羸）	卷二 106
14	寶（宝）	卷三 37
17	赣（贛）	卷一 41
	77 水部	
	水	卷一 107
1	永	卷四 128
5	泉	卷一 114
6	浆（漿）	卷二 175
8	颍（潁）	卷一 112
	[77] 氵部	
2	汁	卷二 176
	汇（滙）	卷三 100
	汉（漢）	卷一 111
3	汗	卷二 163
	汙	卷二 88
	江	卷一 108
	汛	卷一 114
	汐	卷一 115
	汎	卷三 97
	汲	卷三 91
	冲	卷四 131
	汤（湯）	卷二 50
	池	卷一 117
	汝	卷四 150

笔画	部首	
4	汪	卷四 130
	沅	卷一 45
	沐	卷四 7
	沙	卷一 98
	汾	卷一 48
	沧（滄）	卷一 108
	沂	卷一 113
	没	卷三 101
	沟（溝）	卷一 91
	汴	卷一 46
	汶	卷一 113
	沪（滬）	卷一 114
	沈	卷三 101
	决	卷四 33
5	浅（淺）	卷三 97
	法	卷一 75
	沽	卷二 102
	河	卷一 108
	沾	卷三 93
	况	卷四 161
	油	卷二 175
	泗	卷一 111
	泊	卷三 100
	沿	卷三 100
	泡	卷一 118
	泣	卷四 42
	注	卷三 102
	泮	卷一 123
	泻（瀉）	卷三 98
	泼（潑）	卷三 99
	泾（涇）	卷一 112
	治	卷二 2
	泽（澤）	卷一 116

笔画	部首	
5	沸	卷三 98
	泥	卷一 94
	沼	卷一 117
	波	卷一 70
6	洁（潔）	卷四 5
	浇（澆）	卷三 92
	洪	卷四 130
	洒	卷三 93
	浊（濁）	卷三 97
	洞	卷一 103
	测（測）	卷三 91
	洗	卷三 93
	活	卷四 1
	派	卷一 114
	洛	卷一 112
	济（濟）	卷一 111
	浓（濃）	卷二 134
	洲	卷一 87
	洋	卷一 108
	浑（渾）	卷三 101
	津	卷一 93
7	浦	卷一 113
	浙	卷一 42
	酒	卷二 175
	涛（濤）	卷一 114
	消	卷三 100
	涉	卷四 92
	浮	卷三 98
	涂（塗）	卷一93
	浴	卷四 7
	浩	卷四 130
	海	卷一 60
	涤（滌）	卷四 7

笔画	部首	
7	流	卷三 98
	润（潤）	卷三 102
	涧（澗）	卷一 110
	涕	卷四 42
	浪	卷二 134
	湧	卷三 98
	涨（漲）	卷二 125
	浸	卷三 102
8	淚	卷四 42
	清	卷一 35
	渚	卷一 116
	鸿（鴻）	卷三 153
	渎（瀆）	卷一116
	淇	卷一 112
	淞	卷一 113
	淹	卷三 101
	涯	卷一 107
	淒	卷四 146
	渠	卷一 91
	渐（漸）	卷四 158
	添	卷四 112
	淑	卷二 74
	淛	卷三 99
	淫	卷二 88
	渊（淵）	卷一116
	淮	卷一 111
	渔（漁）	卷二 110
	淳	卷一 16
	液	卷二 163
	淤	卷三 99
	淡	卷二 113
	深	卷三 97
	涵	卷三 101
9	減	卷二 142
	港	卷一 106
	滞（滯）	卷四 137
	湖	卷一 111
	湘	卷一 45
	渺	卷四 123
	温	卷一 16
	渴	卷四 62
	渭	卷一 112
	滑	卷四 131
	渡	卷一 91
	游	卷三 100
	湾（灣）	卷一 107
	滋	卷三 102
	渥	卷四 131
10	漠	卷一 98
	溥	卷四 130
	滇	卷一 55
	滅（灭）	卷二 38
	源	卷一 114
	滥（濫）	卷三 97
	滔	卷四 131
	溪	卷一 118
	準	卷三 60
	溜	卷一 115
	溯	卷三 100
	溢	卷三 98
	滩（灘）	卷一 106
	溺	卷三 101
	溼	卷一 118
11	漕	卷二 4
	漱	卷四 62
	漫	卷三 99
	演	卷四 118
	漳	卷一 112
	滴	卷一 117
	漏	卷三 49
12	潮	卷一 115
	潦	卷一 115
	澒	卷二 116
	澂	卷三 97
	潘	卷二 53
	澳	卷一 65
	潼	卷一 113
	澜（瀾）	卷一 117
13	濒（瀕）	卷一 107
	澣	卷三 93
	潞	卷一 113
	激	卷四 31
14	濬	卷三 102
	濯	卷三 92
16	瀑	卷一 103
	瀛	卷一 108
17	灌	卷三 102
	［77］ 氺部	
2	求	卷四 104
10	黎	卷三 17
	滕	卷二 49
	78 见(見)部	
	见（見）	卷四 38

笔画	部首	
2	观（觀）	卷一 121
4	规（規）	卷三 71
	觅（覓）	卷四 80
	视（視）	卷四 38
5	砚（硯）	卷二 31
	览（覽）	卷四 39
	觉（覺）	卷四 34
6	舰（艦）	卷三 73
8	覩	卷四 40
9	親（亲）	卷二 63
11	觐（覲）	卷二 5
	79 牛(牜)部	
	牛	卷三 175
2	牝	卷三 178
	牟	卷二 186
3	牡	卷三 179
	告	卷四 46
	牢	卷二 19
4	牧	卷二 111
	物	卷三 43
5	牵（牽）	卷四 76
	牲	卷三 165
6	特	卷四 155
	牺（犧）	卷三 165
7	牾	卷二 86
	犁	卷二 183
8	犊（犢）	卷三 175
	犀	卷三 167
10	犒	卷二 37
11	靠	卷四 9

笔画	部首	
	80 手部	
	手	卷二 158
5	拏	卷四 69
6	挈	卷四 68
	拳	卷二 162
8	掌	卷二 159
	掣	卷四 77
10	摹	卷四 73
11	摩	卷四 72
15	攀	卷四 75
	[80] 扌部	
2	打	卷四 71
3	扣	卷二 104
	扬（揚）	卷四 78
4	扶	卷四 64
	抚（撫）	卷二 95
	技	卷二 107
	扰（擾）	卷四 36
	拒	卷四 70
	批	卷二 104
	抢（搶）	卷四 69
	折	卷二 134
	投	卷四 80
	抑	卷四 155
	抛	卷二 128
	护（護）	卷四 107
	把	卷四 67
	拟（擬）	卷四 33
	报（報）	卷四 60
5	拓	卷四 78
	拔	卷四 78

笔画	部首	
5	拣（揀）	卷四 72
	担（擔）	卷三 96
	押	卷二 103
	抽	卷四 76
	拖	卷四 74
	拍	卷四 71
	拥（擁）	卷四 65
	抵	卷二 126
	拘	卷四 69
	拂	卷四 75
	拙	卷二 82
	招	卷二 104
	披	卷四 79
	择（擇）	卷四 72
6	挟（挾）	卷四 65
	持	卷四 67
	拱	卷四 63
	挞（撻）	卷四 70
	拾	卷三 6
	挑	卷四 75
	挺	卷四 126
	括	卷四 142
	指	卷二 158
	按	卷四 73
	挥（揮）	卷四 73
7	振	卷四 96
	捕	卷二 18
	捏	卷四 73
	捉	卷四 69
	捐	卷四 111
	损（損）	卷四 139
	捌	卷三 6
	换（換）	卷二 105

笔画	部首	
8	措	卷四 98
	描	卷三 89
	掩	卷四 79
	捷	卷二 34
	排	卷四 73
	授	卷四 66
	推	卷四 77
	控	卷二 18
	接	卷四 17
	掠	卷四 71
	掷（擲）	卷四 80
	探	卷四 79
	据（據）	卷二 106
	掘	卷三 91
9	提	卷四 68
	揖	卷四 63
	揣	卷四 72
	援	卷四 64
	插	卷四 75
	揆	卷四 69
	搔	卷四 72
	握	卷四 67
10	摄（攝）	卷四 77
	搏	卷四 70
	摆（擺）	卷二 128
	摇（搖）	卷四 77
	携（攜）	卷四 68
	摈（擯）	卷四 64
	摊（攤）	卷三 95
11	摧	卷四 72
	摘	卷四 15
	摺	卷二 106
	⿰扌耆	卷二 127

笔画	部首	
12	撑（撐）	卷四 74
	擒	卷四 69
	播	卷四 77
	撞	卷四 70
	撤	卷四 80
	撰	卷二 32
13	操	卷四 67
	擅	卷四 97
17	攘	卷四 68
	［80］ 龵部	
5	拜	卷四 63
	看	卷四 38
	81 气部	
	气（氣）	卷一 1
	82 毛部	
	毛	卷二 146
6	笔（筆）	卷二 31
7	毫	卷三 10
8	毯	卷三 48
11	麾	卷二 45
13	氈	卷三 48
	83 长(長)部	
	长（長）	卷四 121
	［83］ 镸部	
6	肆	卷三 5
	84 片部	
	片	卷三 11

笔画	部首	
8	牍（牘）	卷二 27
	牌	卷三 70
10	牖	卷一 137
	85 斤部	
	斤	卷三 9
1	斥	卷四 56
3	摺	卷二 106
	折	卷二 134
	听（聽）	卷四 37
4	斩（斬）	卷二 22
	所	卷四 156
	欣	卷四 21
	斧	卷二 39
	祈	卷四 104
7	断（斷）	卷三 86
8	斯	卷四 168
9	新	卷一 51
10	斲	卷三 84
11	質（质）	卷二 73
	86 爪部	
	爪	卷二 162
	［86］ 爫部	
3	孚	卷二 77
	妥	卷四 134
4	采	卷三 18
	觅（覓）	卷四 80
	受	卷四 66
	爭（争）	卷二 91
	乳	卷二 162
5	爰	卷四 153

笔画	部首	
6	爱（愛）	卷一 69
	奚	卷四 170
8	舜	卷二 50
13	爵	卷二 98
	87 父部	
	父	卷二 58
2	爷（爺）	卷二 59
4	斧	卷二 39
	88 月部	
	月	卷一 2
2	肌	卷二 144
3	肝	卷二 155
	肘	卷二 159
	肠（腸）	卷二 156
4	肤（膚）	卷二 144
	肢	卷二 157
	肺	卷二 154
	肱	卷二 159
	肿（腫）	卷二 166
	朋	卷二 65
	股	卷二 160
	肥	卷四 3
	服	卷三 22
	胁（脅）	卷二 157
5	胡	卷二 53
	胆（膽）	卷二 156
	胜（勝）	卷 34
	胞	卷二 157
	胎	卷二 157
6	脍（膾）	卷二 177
	脈	卷二 145
	胸	卷二 154
	脂	卷二 145
	脐（臍）	卷二 157
	脑（腦）	卷二 147
	朕	卷四 150
	朔	卷一 20
	朗	卷一 13
7	脚（腳）	卷二 160
	脯	卷二 177
	豚	卷三 177
	脱	卷四 143
	朢（望）	卷一 20
8	期	卷一 23
	腊（臘）	卷一 18
	朝	卷一 119
	脾	卷二 155
	腕	卷二 161
	腑	卷二 162
9	腰	卷二 153
	腥	卷三 20
	腹	卷二 153
	鹏（鵬）	卷三 152
	媵	卷二 64
	腾（騰）	卷三 181
10	膜	卷二 144
11	膝	卷二 161
	滕	卷二 49
12	膳	卷二 177
13	臢	卷四 119
	誊（謄）	卷四 79
	臆	卷四 8
13	嬴（羸）	卷二 106
	骽	卷二 161
14	臟	卷二 152
15	羸	卷二 132
19	臝	卷三 176
	[88] 月部	
2	有	卷四 156
3	肖	卷四 121
4	肯	卷四 22
	肾（腎）	卷二 155
	肴	卷二 177
	育	卷四 1
	肩	卷二 158
5	背	卷二 153
	胄	卷二 44
	胃	卷二 156
	胥	卷二 100
6	脊	卷二 153
	脅（胁）	卷二 157
	能	卷二 127
7	脣（唇）	卷二 151
10	膏	卷二 146
11	膚（肤）	卷二 144
13	膺	卷二 152
	臀	卷二 153
	臂	卷二159
	89 氏部	
	氏	卷二 47
1	氐	卷一 100
4	昏	卷一 23
	90 欠部	
	欠	卷四 117

笔画	部首	
2	次	卷三 12
	欢（歡）	卷四 53
3	吹	卷四 60
4	欧（歐）	卷一 62
	欣	卷四 21
6	欬	卷四 62
7	欲	卷四 29
8	款	卷二 105
	欺	卷二 85
9	歇	卷四 120
10	歌	卷二 32
	歉	卷四 31
11	歎	卷四 55
	91 风(風)部	
3	飏（颺）	卷一 10
8	飓（颶）	卷一 10
11	飘（飄）	卷一 14
	92 殳部	
3	投	卷四 80
4	殴（毆）	卷四 70
	股	卷二 160
5	段	卷三 11
6	殷	卷二 47
	殺（杀）	卷二 22
	般	卷三 12
8	彀	卷二 41
	毂（轂）	卷三 77
9	殿	卷一 120
11	毅	卷二 79
	穀	卷二 183

笔画	部首	
	93 文部	
	文	卷二 23
2	刘（劉）	卷二 52
	齐（齊）	卷一 47
3	坟（墳）	卷二 172
	吝	卷二 87
6	斋（齋）	卷一 131
	虔	卷四 32
8	斑	卷三 17
11	齑（齏）	卷二 174
	94 方部	
	方	卷二 139
4	於	卷四 154
	放	卷四 80
5	施	卷四 99
6	舫	卷三 72
	旅	卷二34
	旆	卷二 45
7	旌	卷二 45
	族	卷二 56
	旋	卷四 18
9	旒	卷三 21
10	旗	卷二44
	95 火部	
	火	卷三 103
1	灭（滅）	卷二 38
2	灰	卷二 120
3	灶（竈）	卷一 136
	灿（燦）	卷四 127
	灾（災）	卷三 103
	灵（靈）	卷二 193

笔画	部首	
4	炙	卷三 103
	炊	卷三 104
	炕	卷三 46
5	炳	卷四 129
	炭	卷二 120
	炽（熾）	卷三 106
	秋	卷一 19
	炷	卷三 106
	烂（爛）	卷三 86
6	烘	卷三 104
	烦（煩）	卷四 37
	烧（燒）	卷三 103
	烛（燭）	卷三 49
	烟（煙）	卷一 12
	烬（燼）	卷三 106
7	烽	卷三 106
8	焚	卷三 103
9	煤	卷二 115
	煖	卷一 16
10	榮（荣）	卷二 80
12	燐	卷二 124
	燄	卷二 196
	營（营）	卷二 42
13	燥	卷三 105
17	鶯（莺）	卷三 159
	[95] 灬部	
5	点（點）	卷二 138
6	烈	卷三 106
	热（熱）	卷三 105
	烏（乌）	卷三 159
	羔	卷三 175
	烝	卷三 103

笔画	部首	
7	焉	卷四 172
	烹	卷三 104
8	煮	卷三 105
	無（无）	卷四 156
	然	卷四 165
	焦	卷三 105
	烏	卷三 27
9	照	卷一 14
	煎	卷三 105
10	熙	卷四 129
	熏	卷三 104
	熊	卷三 168
11	蕉	卷三 126
	熟	卷三 105
	寫（写）	卷二 32
12	燕	卷三 160
	96 斗部	
	斗	卷一 5
5	科	卷三 204
6	料	卷四 33
7	斜	卷二 131
	斛	卷三 8
9	斟	卷三 94
	97 户部	
	户	卷一 137
3	护（護）	卷四 107
	启（啟）	卷四 59
4	戾	卷二 89
	肩	卷二 158
	房	卷一 127
5	扁	卷四 132

笔画	部首	
6	扇	卷三 50
11	鳸	卷三 156
	98 心部	
	心	卷二 154
1	必	卷四 168
3	志	卷四 19
	忘	卷四 29
	忌	卷四 30
	忍	卷二 90
	态（態）	卷四 2
	忠	卷二 76
4	念	卷四 19
	忿	卷四 28
	忽	卷三 10
5	思	卷四 19
	怨	卷四 23
	急	卷四 30
	总（總）	卷三 14
	怠	卷四 28
	怒	卷四 27
6	恶（惡）	卷二 81
	恥	卷四 27
	恐	卷四 25
	虑（慮）	卷四 22
	恩	卷四 105
	息	卷四 14
	恋（戀）	卷四 29
	恣	卷四 28
	恙	卷二 165
	恳（懇）	卷四 32
	恕	卷四 36

笔画	部首	
7	患	卷四 24
	悉	卷四 159
	悠	卷四 127
8	蔥（蕙）	卷三 108
	惑	卷四 30
	惠	卷四 105
	悲	卷四 23
	惩（懲）	卷二 17
9	想	卷四 19
	感	卷四 24
	愚	卷二 82
	愈	卷四 160
	愁	卷四 23
	愆	卷二 83
	意	卷四 19
	慈	卷四 36
10	誌	卷二 170
	愿（願）	卷四 22
11	慧	卷二 78
	憂（忧）	卷四 22
	慶（庆）	卷二 6
	慰	卷四 21
	慙	卷四 26
12	蕙	卷三 134
	憲（宪）	卷二 95
	憑（凭）	卷四 9
13	懋	卷四 113
	應（应）	卷四 163
18	懿	卷二 75
	[98] 忄部	
1	忆（憶）	卷四 19
3	忏（懺）	卷二 196
	忙	卷四 36

笔画	部首	
4	忧（憂）	卷四 22
	怀（懷）	卷四 20
	忤	卷二 86
	怅（悵）	卷四 24
	快	卷四 21
5	怯	卷四 26
	怜（憐）	卷四 35
	性	卷四 20
	怕	卷四 25
	怪	卷二 195
	怡	卷四 20
6	恃	卷四 33
	恆	卷一 104
	恻	卷四 24
	恰	卷四 164
	恤	卷四 35
	恼（惱）	卷四 37
	恨	卷四 23
7	悖	卷二 83
	悟	卷四 34
	悚	卷四 26
	悍	卷四 145
	悔	卷四 35
	悦	卷四 20
8	惬（愜）	卷四 22
	情	卷四 20
	惜	卷四 35
	悼	卷四 24
	惧（懼）	卷四 25
	惕	卷四 31
	惟	卷四 154

笔画	部首	
8	惊（驚）	卷四 25
	悴	卷四 4
	惮（憚）	卷四 26
	惨（慘）	卷四 23
	惯（慣）	卷四 33
9	愦（憒）	卷四 27
	惰	卷四 29
	愠	卷四 28
	恻	卷四 24
	慨	卷四 25
10	慎	卷四 36
11	慢	卷四 28
12	憔	卷四 4
	憎	卷四 27
13	憾	卷四 28
	懈	卷四 29
	懔	卷四 31
14	懦	卷四 26
	［98］⺌部	
4	忝	卷四 163
6	恭	卷二 76
10	慕	卷四 21
	99 毋（母）部	
	毋	卷四 156
	母	卷二 58
2	每	卷四 159
4	毒	卷二 91
9	毓	卷四 16
20	纛	卷二 45

笔画	部首	
	100 示部	
	示	卷二 3
3	宗	卷二 56
4	柰	卷四 170
	标（標）	卷三 94
5	祟	卷二 196
6	票	卷二 106
	祭	卷二 5
8	禁	卷二 2
12	隸（隶）	卷二 30
	禦	卷二 36
	［100］礻部	
1	礼（禮）	卷二 1
3	社	卷一 124
	祀	卷二 5
4	祉	卷二 81
	祇	卷二 193
	视（視）	卷四 38
	祈	卷四 104
5	祕	卷一 84
	祖	卷二 56
	神	卷二 193
	祝	卷二 5
	祠	卷一 124
6	祥	卷二 81
7	祷（禱）	卷二 5
	祸（禍）	卷二 91
8	禅（禪）	卷二 194
	禄（祿）	卷二 99
9	福	卷二 80

笔画	部首	
	101 甘部	
	甘	卷一 50
4	某	卷四 151
	102 石部	
	石	卷一 105
3	矾（礬）	卷二 122
4	砒（磇）	卷二 124
	砌	卷一 140
	砚（硯）	卷二 31
5	砺（礪）	卷一 106
	砥	卷一 105
	破	卷三 85
6	硕（碩）	卷四128
7	硬	卷四 133
	硝	卷二 121
	确（確）	卷四 133
	硫	卷二 120
8	碍（礙）	卷四 116
	碑	卷二 28
	硼	卷二 122
	碎	卷三 85
9	碧	卷三 16
	磋	卷三 89
	磁	卷一 105
	碯	卷二 123
	碱（鹻）	卷二 121
11	磬	卷二 12
	磨	卷三 90
16	礅	卷二 43

笔画	部首	
	103 龙(龍)部	
	龙（龍）	卷三 183
2	陇（隴）	卷一 92
3	宠（寵）	卷四 32
4	珑（瓏）	卷四 132
6	聋（聾）	卷四 38
	龚（龔）	卷二 53
	笼（籠）	卷三 52
	袭（襲）	卷三 24
	104 业部	
	业（業）	卷四 95
4	显（顯）	卷四 140
6	虚	卷四 139
7	凿（鑿）	卷三 68
12	黻	卷三 30
13	叢（从）	卷三 139
14	黼	卷三 30
	105 目部	
	目	卷二 149
1	自	卷四 150
3	盲	卷四 41
4	相	卷四 40
	眇	卷四 41
	省	卷一 58
	冒	卷四 118
	首	卷二 147
	盼	卷四 39
	看	卷四 38
	盾	卷二 44
	眉	卷二 150

笔画	部首	
5	眠	卷四 42
6	眷	卷二 64
	眼	卷二 150
	眸	卷二 150
7	鼎	卷二 8
8	睛	卷二 150
	睦	卷四 114
	督	卷二 95
	睡	卷四 42
10	瞎	卷四 41
12	瞬	卷四 40
	瞳	卷二 150
13	瞽	卷四 41
	106 田部	
	田	卷一 91
	由	卷四 169
	甲	卷一 25
	申	卷一 28
	电（電）	卷一 9
2	亩（畝）	卷一 92
	男	卷二 57
3	画（畫）	卷二 108
	备（備）	卷四 99
4	畏	卷四 25
	胃	卷二 156
	界	卷一 99
	思	卷四 19
5	留	卷四 17
	畜	卷三 168
	畔	卷一 96

笔画	部首	
6	畢（毕）	卷四 120
	異（异）	卷四 126
	略	卷四 125
7	疇（疇）	卷二 108
	番	卷三 13
8	蓄	卷四 110
	雷	卷一 9
	當（当）	卷四 163
9	畿	卷一 85
13	壘（垒）	卷二 42
	107 罒部	
3	罗（羅）	卷三 31
4	罚（罰）	卷二 19
5	罢（罷）	卷四 120
7	買（买）	卷二 101
8	署	卷一 125
	置	卷四 98
	罪	卷二 22
	蜀	卷一 52
9	罵（骂）	卷四 56
10	罶	卷三 82
12	羁（羈）	卷三 78
	108 皿部	
	皿	卷三 63
3	盂	卷三 64
	孟	卷二 51
4	盆	卷三 64
	盈	卷三 14
5	盐（鹽）	卷二 121
	盍	卷四 169
	盏（盞）	卷三 63
	监（監）	卷四 40
	益	卷四 139

笔画	部首	
6	蛊（蠱）	卷三 203
	盛	卷四 129
	盒	卷三 61
	盘（盤）	卷三 64
	盗（盜）	卷二 92
	盖（蓋）	卷四 153
8	盟	卷二 6
9	盡	卷四 140
11	盥	卷三 92
	盧（卢）	卷三 17
	盦	卷一 131
12	簋	卷二 10
13	簠	卷二10
23	豔	卷四 147
	109 生部	
	生	卷四 1
6	產（产）	卷四 1
7	甥	卷二 62
	110 矢部	
	矢	卷二 42
2	医（醫）	卷二 109
	矣	卷四 172
3	知	卷四 34
4	矩	卷三 72
6	矫（矯）	卷四 126
7	短	卷四 121
8	矮	卷四 146
	雉	卷三 157
	肄	卷四 98
9	疑	卷四 30

笔画	部首	
	111 禾部	
	禾	卷二184
2	利	卷二 105
	秃	卷四 6
	秀	卷二 184
	私	卷四 31
3	和	卷二 141
	秈	卷二 185
	秉	卷二 189
	季	卷一 17
	委	卷四 108
4	秒	卷三 10
	香	卷三 48
	种（種）	卷二 181
	科	卷三 204
	秔	卷二 185
	秋	卷一 19
5	秦	卷一 49
	秫	卷二 188
	乘	卷二 142
	租	卷二 4
	积（積）	卷二 138
	秧	卷二 184
	秩	卷二 99
	称（稱）	卷三 9
6	秽（穢）	卷二 88
	移	卷四 86
7	稍	卷四 158
	程	卷二 1
	稀	卷四 124
	黍	卷二 186
	税	卷二 4

笔画	部首	
8	稚	卷二 68
	稗	卷二 188
	颖（穎）	卷二 184
	稟	卷二 29
9	稳（穩）	卷四 134
10	稽	卷四 98
	稷	卷二 186
	稻	卷二 185
	黎	卷三 17
	稼	卷二 181
	穀	卷二 183
11	穑（穡）	卷二 182
	穆	卷四 127
	穅	卷二 189
12	黏	卷二 125
13	穫	卷二 182
	112 白部	
	白	卷三 15
1	百	卷三 4
2	皁	卷二 72
3	帛	卷三 31
	的	卷四 164
4	皇	卷二 55
	皆	卷四 159
	泉	卷一 114
5	皋	卷一 94
6	習（习）	卷三 164
7	皖	卷一 40
8	皙	卷三 16
9	魄	卷二 164
10	緜（绵）	卷三 3
	樂（乐）	卷二 11

笔画	部首	
	113 瓜部	
	瓜	卷三 135
11	瓢	卷三 65
14	瓣	卷三 113
	114 鸟(鳥)部	
	鸟（鳥）	卷三 152
2	鸠（鳩）	卷三 156
	凫（鳧）	卷三 155
	鸡（雞）	卷三 162
3	枭（梟）	卷三 154
	鸢（鳶）	卷三 157
	鸣（鳴）	卷三 163
	鳳（凤）	卷三 151
4	鸥（鷗）	卷三 156
	鳸	卷三 156
	鸨（鴇）	卷三 153
5	莺（鶯）	卷三 159
	鸭（鴨）	卷三 162
	鸮（鴞）	卷三 154
	鸯（鴦）	卷三 161
	鸳（鴛）	卷三 161
	鸱（鴟）	卷三 154
6	鸷（鷙）	卷三 159
	鸽（鴿）	卷三 157
	鸿（鴻）	卷三 153
	鸾（鸞）	卷三 151
7	鹂（鸝）	卷三 159
	鹄（鵠）	卷三 155
	鹅（鵝）	卷三 162

笔画	部首	
8	鹉（鵡）	卷三 158
	鹊（鵲）	卷三 160
	鹏（鵬）	卷三 152
	鹑（鶉）	卷三 158
10	鹤（鶴）	卷三 152
	鹭（鷺）	卷三 155
	鹰（鷹）	卷三 153
11	鹦（鸚）	卷三 158
	115 疒部	
2	疗（療）	卷二 166
3	疟（瘧）	卷二 165
4	疫	卷二 166
5	病	卷二 165
	疾	卷二 165
	疲	卷四 5
6	痊	卷二 166
	痒	卷一 122
	痕	卷四140
7	痢	卷二 165
	痛	卷二 165
9	瘦	卷四 4
10	瘠	卷四 3
11	瘴	卷二 166
14	癡	卷二 82
	116 立部	
	立	卷四 81
1	产（產）	卷四 1
2	辛	卷一 26
3	妾	卷二 61

笔画	部　首	
4	亲（親）	卷二 63
	竖（豎）	卷四 132
	音	卷二 136
	彦（彥）	卷二 69
5	站	卷四 81
	竞（競）	卷四 118
6	章	卷一 41
	竟	卷四 165
7	童	卷二 68
8	靖	卷四 126
	新	卷一 51
	意	卷四 19
9	竭	卷四 140
	韶	卷二 16
	端	卷二 77
10	毅	卷二 79
16	赣（贛）	卷一 41
	117 穴部	
	穴	卷一 103
2	究	卷二 19
	穷（窮）	卷四 117
3	空	卷四 139
4	窃（竊）	卷二 90
	穿	卷三 85
	突	卷四 142
	窆	卷二 168
5	窍（竅）	卷二 163
6	窒	卷四 137
7	窜（竄）	卷四 88
	窗	卷一 137
	窘	卷四 117

笔画	部　首	
8	窥（窺）	卷四 39
	窟	卷一 94
11	窥（窺）	卷四 39
15	竈（灶）	卷一 136
	118 疋部	
4	胥	卷二 100
6	旋	卷四 18
8	楚	卷一 44
9	疑	卷四 30
	[118] ⺪部	
7	疏	卷二 63
	119 皮部	
	皮	卷二 145
4	玻	卷二 123
5	皱（皺）	卷四 6
6	颇（頗）	卷四 158
7	跛	卷四 93
	120 癶部	
4	癸	卷一 26
7	登	卷四 83
	發	卷四 99
9	凳	卷三 45
	121 矛部	
	矛	卷二 40
4	柔	卷四 145
	矜	卷四 35
5	務（务）	卷四 95

笔画	部　首	
	122 耒部	
	耒	卷三 81
4	耕	卷二 181
	耘	卷二 181
6	耜	卷三 81
9	耦	卷二 183
	123 老部	
	老	卷二 66
2	考	卷二 58
4	耆	卷二 66
	[123] 耂部	
2	老	卷二 66
	考	卷二 58
3	孝	卷二 75
4	者	卷四 171
7	覩	卷四 40
8	煮	卷三 105
10	翥	卷三 164
	124 耳部	
	耳	卷二 149
2	取	卷四 66
	耶	卷四 171
4	耻	卷四 27
5	聋（聾）	卷四 38
	职（職）	卷二 94
	聊	卷四 162
6	联（聯）	卷三 87
7	聖（圣）	卷二 73
	聘	卷二 97

笔画	部　首	
8	聚	卷三 12
9	聪（聰）	卷四 37
11	聲（声）	卷二 136
16	聽（听）	卷四 37
	125 臣部	
	臣	卷二 56
2	卧	卷四 10
8	朢（望）	卷一 20
9	豎	卷四 132
	賢（贤）	卷二 73
11	臨（临）	卷四 18
18	鹽（盐）	卷二 121
	126 覀(西)部	
	西	卷一 32
3	要	卷四 164
4	栗	卷三 142
5	票	卷二 106
6	粟	卷二 187
12	覆	卷四 144
	127 而部	
	而	卷四 165
3	耐	卷四 32
	128 页(頁)部	
2	顶（頂）	卷二 98
	顷（頃）	卷一 22
3	项（項）	卷二147
	顺（順）	卷一 37
	须（須）	卷二 163
4	顾（顧）	卷四 39
	顽（頑）	卷二 82

笔画	部　首	
4	顿（頓）	卷四 4
	颁（頒）	卷二 3
	颂（頌）	卷二 23
	烦（煩）	卷四 37
	预（預）	卷四 110
5	硕（碩）	卷四128
	领（領）	卷二 147
	颈（頸）	卷二 145
	颇（頗）	卷四 158
6	颊（頰）	卷二 148
	𫖯（頫）	卷四 13
	颍（潁）	卷一 112
7	頭（头）	卷二 146
	颐（頤）	卷二 148
	频（頻）	卷四 159
	颖（穎）	卷二 184
8	颗（顆）	卷三 11
9	题（題）	卷二 30
	额（額）	卷二 147
	颜（顏）	卷二 164
10	颠（顛）	卷四 14
	願（愿）	卷四 22
	類（类）	卷三 1
12	嚣（囂）	卷四 49
14	顯（显）	卷四 140
15	颦（顰）	卷二 164
	129 至部	
	至	卷四 86
2	到	卷四 86
4	致	卷四 101

笔画	部　首	
	130 虍部	
2	虎	卷三 166
	虏（虜）	卷二 37
3	虐	卷二 90
4	虔	卷四 32
	虑（慮）	卷四 22
5	虚	卷四 139
	處（处）	卷四 17
7	虞	卷二 47
	號（号）	卷四 47
9	膚（肤）	卷二 144
10	盧（卢）	卷三 17
11	戲（戏）	卷二 111
	虧（亏）	卷四 139
13	獻（献）	卷四 103
	[130] 虎部	
	虎	卷三 166
5	號（号）	卷四 47
	131 虫部	
	虫（蟲）	卷三 195
2	虬	卷三 183
3	虹	卷一 11
	茧（繭）	卷二 191
	虺	卷三 206
	虿（蠆）	卷三 202
	虽（雖）	卷四 167
	蚁（蟻）	卷三 206
	禹	卷二 50
	蚤（蝨）	卷三205

笔画	部首	
4	蚌	卷三 192
	蚨	卷三 205
	蚕（蠶）	卷三 201
	蚣	卷三 201
	蚓	卷三 202
5	萤（螢）	卷三 199
	蛎（蠣）	卷三 193
	蛆	卷三 203
	蛇	卷三 184
	蛀	卷三 206
	蛏（蟶）	卷三 194
	蛊（蠱）	卷三 203
6	蛰（蟄）	卷三 206
	蛩	卷三 197
	蛤	卷三 193
	蛛	卷三 204
	蛟	卷三 183
	蛮（蠻）	卷一 100
7	蜃	卷三 193
	蜗（蝸）	卷三 194
	蜈	卷三 201
	蜀	卷一 52
	蜉	卷三 200
	蛾	卷三 199
	蜋	卷三 196
	蛹	卷三 200
8	蜻	卷三 196
	蜡（蠟）	卷三 198
	蜨（蝶）	卷三 197
	蝇（蠅）	卷三 199
	蜚	卷三 202
	蝉（蟬）	卷三 197

笔画	部首	
9	蝠	卷三 195
	蝎（蠍）	卷三 202
	蝗	卷三 197
	蝙	卷三 195
	蝨	卷三 205
10	蟒	卷三 184
	融	卷四 134
	蠓	卷三 200
11	螳	卷三 195
	蟁	卷三 200
	螽	卷三 196
	蟀	卷三 204
13	蠃	卷二 132
	蟾	卷三 192
	蟹	卷三 191
15	蠢	卷二 82
	蠡	卷三 194
16	蠭	卷三 198
18	蠹	卷三 203
	132 肉部	
	肉	卷二 144
	133 缶部	
	缶	卷三 66
3	缸	卷三 67
4	缺	卷四 134
6	瓶	卷三 65
	134 舌部	
	舌	卷二 152
1	乱（亂）	卷二 92
5	甜	卷三 19
6	舒	卷四 8

笔画	部首	
7	辞（辭）	卷四 59
	135 竹（⺮）部	
	竹	卷三 149
3	竿	卷三 82
	竽	卷二 15
	笃（篤）	卷二 75
4	笄	卷三 35
	笔（筆）	卷二 31
	笑	卷四 52
	笏	卷二 10
5	笺（箋）	卷二 29
	笼（籠）	卷三 52
	笛	卷二 14
	笙	卷二 15
	符	卷三 60
	笠	卷三 22
	第	卷三 14
	笾（籩）	卷二 9
	笳	卷二 14
	笤	卷二 21
6	筐	卷三 54
	等	卷二 141
	策	卷二 26
	筒	卷三 55
	筛（篩）	卷三 59
	答	卷四 48
	筵	卷二 8
	筋	卷二 148
	筝（箏）	卷二 13
	筍	卷三 111

笔画	部　首	
7	筹（籌）	卷三 60
	箹	卷三 150
	筮	卷二 109
	简（簡）	卷二 26
	節（节）	卷二 76
8	箸	卷三 62
	箕	卷三 56
	箍	卷三 150
	箨（籜）	卷三 150
	箬	卷三 123
	算	卷二 137
	箇	卷三 11
	管	卷二 137
	箓（籙）	卷二 193
	箫（簫）	卷二 14
9	範	卷三 72
	箱	卷三 52
	箴	卷二 29
	篁	卷三150
	篇	卷二 30
	箭	卷二 42
	篆	卷二 30
10	篡	卷二 91
	築	卷三 96
	篷	卷三 75
	篙	卷三 75
	篱（籬）	卷一 133
	篮（籃）	卷三 54
	篠	卷三 150
11	簧	卷二 137
	篾	卷三 150

笔画	部　首	
12	簋	卷二 10
	簪	卷三 36
	簠	卷二 10
13	簿	卷二 26
	簾	卷三 48
14	籍	卷二 26
17	籤	卷三 61
	136 臼部	
	臼	卷三 59
2	兒（儿）	卷二 67
5	舂	卷二 189
6	舄	卷三 27
7	舅	卷二 59
11	舊（旧）	卷四 148
	137 自部	
	自	卷四 150
3	首	卷二 147
4	臭	卷三 20
	息	卷四 14
8	鼻	卷二 151
	138 血部	
	血	卷二 146
3	恤	卷四 35
6	衆（众）	卷一 82
	139 舟部	
	舟	卷三 72
4	舰（艦）	卷三 73
	般	卷三 12
	航	卷三 73
	舫	卷三 72

笔画	部　首	
5	盘（盤）	卷三 64
	船	卷三 72
6	艇	卷三 73
	140 色部	
	色	卷三 15
	141 齐（齊）部	
	齐（齊）	卷一 47
2	剂（劑）	卷三 84
9	齑（齏）	卷二 174
	142 衣部	
	衣	卷三 22
2	表	卷一 31
	依	卷四 9
3	哀	卷四 22
4	衰	卷二 172
	衷	卷四 20
	衾	卷三 28
	衮	卷三 23
5	袭（襲）	卷三 24
	袤	卷四 64
6	亵（褻）	卷三 24
	裂	卷四 141
	装（裝）	卷三 95
7	裘	卷三 23
	裠	卷三 27
	裏	卷一 31
	裔	卷二 57
8	裳	卷三 26
	製	卷三 83
	裹	卷四 110
9	褒	卷三 26
11	襄	卷四 100

笔画	部首	
	[142] 衤部	
2	补（補）	卷二 192
	初	卷四 96
3	衬（襯）	卷三 24
	衫	卷三 24
4	衲	卷三25
	衽	卷三 25
	袂	卷三 25
5	袒	卷四 65
	袍	卷三 23
	被	卷三 28
6	袷	卷三 24
7	裕	卷四 127
8	裸	卷四 6
9	褐	卷三 25
	複	卷四 142
10	褥	卷三 29
13	襟	卷三 25
	143 羊部	
	羊	卷三 175
6	善	卷二 73
7	羣	卷三 14
11	犧（牺）	卷三 165
	[143] ⺶部	
1	羌	卷一 100
3	差	卷二 99
	养（養）	卷二 113
4	羞	卷四 26
6	翔	卷三 164

笔画	部首	
	[143] ⺷部	
3	美	卷一 64
	姜	卷二 52
4	羔	卷三 175
	恙	卷二 165
5	盖（蓋）	卷四 153
7	羨	卷四 21
	義（义）	卷一 78
13	羹	卷二 174
	144 米部	
	米	卷二 185
2	籴（糴）	卷二 103
3	类（類）	卷三 1
4	粉	卷二 189
	料	卷四 33
5	粒	卷二 189
6	粜（糶）	卷二 104
	粪（糞）	卷二 183
	粟	卷二 187
	粤（粵）	卷一 53
	粥	卷二 173
7	粲	卷二 185
	粱	卷二 187
	粮（糧）	卷二 183
8	精	卷四 125
11	糟	卷二 176
16	糴	卷二 102
	145 聿部	
	聿	卷四 153
7	肆	卷三 5
	肄	卷四 98
8	肇	卷四 96

笔画	部首	
	[145] 肀部	
4	肃（肅）	卷一 50
	[145] ⺻部	
9	盡	卷四 140
	[145] ⺻部	
4	書（书）	卷二 24
5	晝（昼）	卷一 24
6	畫（画）	卷二 108
	146 艮部	
	艮	卷四 87
1	良	卷二 74
2	即	卷四 162
	限	卷一 99
	艰（艱）	卷四 137
3	垦（墾）	卷二 182
4	恳（懇）	卷四 32
5	眼	卷二 150
	147 羽部	
	羽	卷三 163
4	翄	卷三 163
	翁	卷二 67
5	翎	卷二 98
	習（习）	卷三 164
6	翘（翹）	卷三 164
	翔	卷三 164
8	翥	卷三 164
	翠	卷三 161
9	翦	卷三 90
	翩	卷四 144

笔画	部首	
10	翮	卷三 163
	翰	卷二 29
11	翼	卷三 164
12	翻	卷四 144
	曜	卷一 13
16	糴（籴）	卷二 103
19	糶（粜）	卷二 104
	148 糸部	
1	系	卷二 57
4	素	卷三 17
	索	卷三 56
	紧（緊）	卷四 136
5	紮	卷三 12
6	紫	卷三 15
	絮	卷三 34
8	綦	卷四 157
9	緜（绵）	卷三 3
10	縣（县）	卷一 86
11	繁	卷四 138
	繫（系）	卷三 87
18	纛	卷二 45
	［148］ 纟(糹)部	
3	红（紅）	卷三 15
	纣（紂）	卷二 54
	约（約）	卷四 101
	级（級）	卷二 93
	纩（纊）	卷三 34
	纪（紀）	卷二 1
4	纬（緯）	卷一 34
	纭（紜）	卷四 135

笔画	部首	
4	纯（純）	卷二 75
	纲（綱）	卷二 2
	纳（納）	卷四 102
	纱（紗）	卷三 32
	纵（縱）	卷一 31
	纷（紛）	卷四 135
	纶（綸）	卷三 33
	纸（紙）	卷二 31
	纹（紋）	卷三 18
	纺（紡）	卷二 191
5	线（綫）	卷二 138
	织（織）	卷二 192
	组（組）	卷三 30
	绅（紳）	卷三 30
	细（細）	卷四 123
	终（終）	卷四 97
	绉（縐）	卷三 32
	紘	卷二 136
	经（經）	卷一 34
	绍（紹）	卷三 87
6	结（結）	卷二 129
	绒（絨）	卷三 33
	绕（繞）	卷三 88
	给（給）	卷四 109
	绛（絳）	卷三 18
	络（絡）	卷三 87
	绘（繪）	卷二 29
	绝（絕）	卷三 86
	绚（絢）	卷三 19
	绞（絞）	卷二 22
	统（統）	卷二 2
	絲（丝）	卷三 33

笔画	部首	
7	莼（蓴）	卷三 110
	绢（絹）	卷三 32
	绥（綏）	卷二 81
	绣（繡）	卷二 190
	继（繼）	卷四 96
8	绩（績）	卷二 190
	绫（綾）	卷三 31
	绪（緒）	卷二 2
	续（續）	卷三 87
	绰（綽）	卷四 127
	網（网）	卷三 82
	绳（繩）	卷三 57
	绶（綬）	卷三 30
	绸（綢）	卷三 32
	维（維）	卷三 87
	緜（綿）	卷三 3
	绿（綠）	卷二 113
	缁（緇）	卷三 19
	缀（綴）	卷二 192
9	缄（緘）	卷三 88
	缅（緬）	卷一 68
	缆（纜）	卷三 57
	缉（緝）	卷二 190
	缌（緦）	卷二 172
	缓（緩）	卷四 136
	缔（締）	卷三 88
	缕（縷）	卷三 33
	编（編）	卷二 29
	缘（緣）	卷三 31
	缗（緡）	卷三 33

笔画	部首	
10	缚（縛）	卷三 88
	辔（轡）	卷三 77
	缝（縫）	卷二 192
	缟（縞）	卷三 17
	缢（縊）	卷二 167
	缠（纏）	卷三 88
11	缨（纓）	卷三 21
	總（总）	卷三 14
	缩（縮）	卷二 125
	缫（繅）	卷二 191
12	缮（繕）	卷二 192
	繖	卷三 58
13	缰（繮）	卷三 78
16	彎（弯）	卷三 94
17	變（变）	卷四 97
	纔	卷四 158
	149 麦(麥)部	
	麦（麥）	卷二 187
4	麸	卷二 173
8	麹（麴）	卷二 175
	150 走部	
	走	卷四 88
2	赵（趙）	卷二 49
3	起	卷四 82
5	越	卷一 42
	趁	卷四 89
	趋（趨）	卷四 88
	超	卷四 92
8	趣	卷四 35

笔画	部首	
	151 赤部	
	赤	卷三 15
4	赦	卷二 18
	赧	卷四 27
7	赫	卷四 127
	152 豆部	
	豆	卷二 9
3	豈（岂）	卷四 154
5	壹	卷三 5
	登	卷四 83
8	豎（竖）	卷四 132
9	頭（头）	卷二 146
11	豐	卷四 128
21	豔	卷四 147
	153 酉部	
	酉	卷一 28
2	酋	卷二 69
3	酌	卷二 178
	配	卷二 64
4	酖	卷二 178
5	酣	卷二 178
	酢	卷三 94
6	酪	卷二 176
	酱（醬）	卷二 176
	酬	卷三 93
7	酵	卷二 114
	酷	卷四 146
	酿（釀）	卷二 179
	酸	卷二 114
8	醋	卷二 176
	醉	卷二 178

笔画	部首	
9	醒	卷二 179
10	醢	卷二 178
11	醫（医）	卷二 109
13	醴	卷二 179
	154 辰部	
	辰	卷一 27
3	辱	卷四 27
	脣（唇）	卷二 151
4	晨	卷一 23
6	蜃	卷三 193
	農（农）	卷二 181
	155 豕部	
	豕	卷三 177
3	家	卷一 126
4	豚	卷三 177
5	象	卷三 167
7	豪	卷二 80
8	豬	卷三 177
9	豫	卷一 46
10	豳	卷二 54
	156 卤（鹵）部	
	卤（鹵）	卷二 178
9	鹹	卷三 19
10	鹻	卷二 121
13	鹽（盐）	卷二 121
	157 里部	
	里	卷一 87
2	重	卷二 129
4	理	卷二 17
	野	卷一 92

笔画	部　首	
5	量	卷三8
	童	卷二 68
9	釐	卷三 10
	158 足部	
	足	卷二 160
10	蹇	卷四 93
	［158］⻊部	
4	距	卷四 94
	趾	卷二 162
	跃（躍）	卷二 128
5	践（踐）	卷四 82
	跌	卷四 93
	跛	卷四 93
6	跸（蹕）	卷二 8
	跳	卷四 92
	路	卷一 89
	跪	卷四 83
9	踵	卷二 162
	踰	卷四 83
10	蹋	卷四 82
	蹈	卷四 82
	蹏	卷三 180
11	蹤	卷四 94
15	躐	卷四 84
	159 邑部	
	邑	卷一 86
	［159］阝右部	
2	邓（鄧）	卷二 50

笔画	部　首	
4	邦	卷一 85
	邨	卷一 90
	邪	卷二 88
	那	卷一 81
5	邮（郵）	卷一 93
	邻（鄰）	卷一 132
	邹（鄒）	卷二 50
	邱	卷一 109
	邸	卷一 132
6	耶	卷四 171
	郊	卷一92
	郑（鄭）	卷二 49
	郎	卷二 67
7	郡	卷一 86
8	都	卷一 36
	部	卷二 96
	郭	卷一 88
9	鄂	卷一 44
	鄉（乡）	卷一 87
11	鄙	卷一 96
18	響（响）	卷四 38
	160 身部	
	身	卷二 143
3	射	卷二 107
	躬	卷二 143
	161 采部	
4	悉	卷四 159
5	番	卷三 13
	释（釋）	卷四 80

笔画	部　首	
	162 谷部	
	谷	卷一 110
2	卻（却）	卷四 117
	163 豸部	
	豸	卷三 173
3	豺	卷三 171
	豹	卷三 166
5	貂	卷三 172
6	貉	卷一 100
7	貌	卷二 164
	貍（狸）	卷三 171
8	貓（猫）	卷三 178
	164 龟(龜)部	
	龟（龜）	卷三 189
	165 角部	
	角	卷二 140
4	斛	卷三 8
5	觞（觴）	卷三 63
6	触（觸）	卷四 141
	解	卷四 34
	166 言部	
	言	卷四 43
5	註	卷二 32
6	誉（譽）	卷四 50
	誊（謄）	卷四 79
7	誓	卷四 46
11	謦	卷四 50
13	譬	卷四 46
15	彎（弯）	卷三 94

笔画	部首	
16	變（变）	卷四 97
	戀（恋）	卷四 29
	[166] 讠(言)部	
2	计（計）	卷四 45
	讣（訃）	卷二 169
	认（認）	卷四 40
	讥（譏）	卷四 51
3	讦（訐）	卷四 51
	讨（討）	卷二 35
	让（讓）	卷二 78
	讯（訊）	卷四 47
	议（議）	卷四 45
	讫（訖）	卷四 120
	讬（託）	卷二 130
	训（訓）	卷二 24
	记（記）	卷四 59
4	讲（講）	卷四 44
	讵（詎）	卷四 154
	讳（諱）	卷二 170
	讴（謳）	卷四 53
	讶（訝）	卷四 55
	讷（訥）	卷四 49
	讼（訟）	卷二 19
	论（論）	卷四 44
	许（許）	卷四 58
	讹（訛）	卷四 57
	讽（諷）	卷四 50
	设（設）	卷四 166
	詠	卷四 60
	访（訪）	卷四 47
	诀（訣）	卷四 59
5	评（評）	卷四 45
	证（證）	卷四 45
	诂（詁）	卷二 31
	识（識）	卷四 34
	诈（詐）	卷二 84
	诉（訴）	卷四 46
	译（譯）	卷四 60
	词（詞）	卷四 43
	诏（詔）	卷二 2
6	诔（誄）	卷二 179
	试（試）	卷四 109
	诗（詩）	卷二 23
	诘（詰）	卷四 47
	诚（誠）	卷二 77
	诛（誅）	卷二 20
	话（話）	卷四 44
	该（該）	卷四 153
	详（詳）	卷四 125
	诣（詣）	卷四 91
7	语（語）	卷四 43
	誌	卷二 170
	诬（誣）	卷二 84
	诮（誚）	卷四 51
	误（誤）	卷二 83
	诰（誥）	卷二 24
	诱（誘）	卷四 57
	诲（誨）	卷四 51
	诳（誑）	卷四 57
	说（說）	卷四 43
	诵（誦）	卷四 60
	狱（獄）	卷二 20
8	请（請）	卷四 58
	诺（諾）	卷四 48
	诸（諸）	卷四 172
	读（讀）	卷四 60
	课（課）	卷二 32
	谁（誰）	卷四 151
	谀（諛）	卷四 57
	调（調）	卷四 52
	谄（諂）	卷二 85
	谆（諄）	卷四 51
	谅（諒）	卷四 161
	谈（談）	卷四 44
9	谋（謀）	卷四 44
	谍（諜）	卷二 37
	谏（諫）	卷四 50
	谑（謔）	卷四 57
	谒（謁）	卷四 101
	谓（謂）	卷四 44
	谕（諭）	卷二 3
	諡	卷二 170
	谗（讒）	卷四52
	谚（諺）	卷四 53
10	譁	卷四 49
	谟（謨）	卷二 24
	謠	卷四 53
	谢（謝）	卷四 58
	谤（謗）	卷四 51
	谦（謙）	卷二 78
11	谨（謹）	卷四 49
	谪（謫）	卷二 100
	谬（謬）	卷二 83

笔画	部首	
12	谮（譖）	卷四 52
	谱（譜）	卷二 25
13	護（护）	卷四 107
16	雠（讎）	卷四 56
	167 辛部	
	辛	卷一 26
3	宰	卷二 97
6	辞（辭）	卷四 59
	辟	卷二 55
7	辢	卷三 20
9	辨	卷四 45
	辦（办）	卷四 109
10	辫（辮）	卷二 149
	闢	卷一 142
	168 青部	
	青	卷三 16
3	猜	卷四 30
5	睛	卷二 150
	靖	卷四 126
6	静（靜）	卷二 127
	精	卷四 124
	169 𠦝部	
3	乾	卷一 13
4	韩（韓）	卷一 66
	戟	卷二 40
	朝	卷一 119
6	斡	卷一 25
8	翰	卷二 29

笔画	部首	
	170 雨（⻗）部	
	雨	卷一 6
3	雪	卷一 8
4	雲	卷一 7
5	雷	卷一 9
	電（电）	卷一 9
	零	卷三 1
	雹	卷一 11
	雾（霧）	卷一 7
6	需	卷四 109
	霆	卷一 9
	霁（霽）	卷一14
7	震	卷一 9
	霄	卷一 12
8	霖	卷一 14
	霍	卷一 104
	霓	卷一 12
9	霜	卷一 8
	霞	卷一 7
11	霭（靄）	卷一 11
12	霰	卷一 8
13	霸	卷二 69
	露	卷一6
14	霾	卷一 11
16	靈（灵）	卷二 193
	171 非部	
	非	卷一 63
1	韭	卷三 108
4	辈（輩）	卷四 152
	悲	卷四 23
6	蜚	卷三 202

笔画	部首	
7	靠	卷四 9
11	靡	卷四 167
	172 齿（齒）部	
	齿（齒）	卷二 151
5	龄（齡）	卷二 164
	173 黾（黽）部	
	黾（黽）	卷三 191
4	鼋（黿）	卷三 190
6	鼂	卷三 192
8	鼍（鼉）	卷三 190
10	鼇	卷三 190
	174 隹部	
2	隻	卷三 2
	难（難）	卷四 137
3	售	卷二 102
4	椎	卷三 70
	集	卷二 28
	雅	卷二 160
	雁	卷三 153
	雄	卷三 163
	雀	卷三 152
5	焦	卷三 105
	雉	卷三 157
	稚	卷二 68
	雍	卷二 78
	準	卷三 60
6	雌	卷三 163
8	霍	卷一 104
	雕	卷三 154
9	雖（虽）	卷四 167
	虧（亏）	卷四 139

笔画	部首	
10	雞（鸡）	卷三 162
	雙（双）	卷三 2
	雜（杂）	卷四 137
	離（离）	卷二 127
	雠（讎）	卷四 56
12	曜	卷一 13
17	糶（粜）	卷二 104
	175 阜部	
	阜	卷一 110
	［175］ 阝左部	
2	队（隊）	卷二 34
4	阮	卷二 53
	阳（陽）	卷一 16
	阴（陰）	卷一 16
	阶（階）	卷一 120
	防	卷一 130
	阬	卷一 107
5	陆（陸）	卷三 6
	际（際）	卷四 105
	阿	卷一 70
	陇（隴）	卷一 92
	陈（陳）	卷二 48
	阻	卷二 125
	附	卷四 111
6	陕（陜）	卷一 49
	陋	卷二 81
	降	卷四 83
	限	卷一 99
7	陟	卷四 83
	陨（隕）	卷二 167
	险（險）	卷一 99
	除	卷二 142

笔画	部首	
7	院	卷一 130
	陛	卷一 120
8	陵	卷一 109
	陶	卷二 52
	陷	卷四 93
	陪	卷四 12
9	隋	卷二 48
	随（隨）	卷四 91
	隄	卷一 95
	隅	卷一 95
	隆	卷四 128
	隐（隱）	卷四 140
10	隔	卷四 143
	隙	卷一 142
	隘	卷一 96
14	隰	卷一 92
	176 金部	
	金	卷二 115
6	銮（鑾）	卷二 7
14	鑑	卷三 51
20	鑿（凿）	卷三 68
	［176］ 钅（釒）部	
2	钉（釘）	卷三 69
3	钏（釧）	卷三 36
	钓（釣）	卷二 110
	钗（釵）	卷三 36
4	钝（鈍）	卷四 133
	钞（鈔）	卷三 42
	钢（鋼）	卷二 117
	钧（鈞）	卷三 11
	钥（鑰）	卷三 57

笔画	部首	
4	钦（欽）	卷四 32
	钩（鉤）	卷三 53
	钮（鈕）	卷三 31
5	钱（錢）	卷三 41
	钵（鉢）	卷三 66
	钺（鉞）	卷二 39
	钻（鑽）	卷三 90
	钾（鉀）	卷二 119
	铃（鈴）	卷三 80
	铁（鐵）	卷二 117
	铂（鉑）	卷二 119
	铅（鉛）	卷二 118
	铎（鐸）	卷二 11
6	铜（銅）	卷二 116
	铢（銖）	卷三 10
	铭（銘）	卷二 26
	银（銀）	卷二 116
7	锁（鎖）	卷三 57
	锅（鍋）	卷三 68
	锄（鋤）	卷三 81
	锋（鋒）	卷二 40
	锌（鋅）	卷二 118
	锐（鋭）	卷四 133
	锑（銻）	卷二 118
	铸（鑄）	卷三 83
8	错（錯）	卷三 42
	锡（錫）	卷二 117
	锣（鑼）	卷二 12
	锥（錐）	卷三 69
	锦（錦）	卷三 32
	锯（鋸）	卷三 69
	锰（錳）	卷二 119
	錄（录）	卷二 26
	锱（錙）	卷三 10

笔画	部　首	
9	镊（鑷）	卷三 69
	镇（鎮）	卷一 90
	镑（鎊）	卷三 8
	镒（鎰）	卷三 42
	镂（鏤）	卷三 89
	镜（鏡）	卷三 50
	鍼	卷三 53
	鍾	卷三 63
	镯（鐲）	卷三 37
	鍊	卷三 83
10	鎗	卷二 43
12	鐘	卷二 11
	镫（鐙）	卷三 49
14	鑑	卷三 51
16	鑪	卷三 68
17	镶（鑲）	卷三 89
	177 鱼（魚）部	
	鱼（魚）	卷三 185
4	鲁（魯）	卷二 48
5	鲈（鱸）	卷三 186
	鲋（鮒）	卷三 185
	鲍（鮑）	卷三 186
	鲎（鱟）	卷三 194
6	鲜（鮮）	卷三 18
	鲞（鯗）	卷三 187
7	鲠（鯁）	卷三 183
	鲢（鰱）	卷三 186
	鲥（鰣）	卷三 186
	鲤（鯉）	卷三 185
	鲨（鯊）	卷三 185
	鲫（鯽）	卷三 188
8	鲲（鯤）	卷三 190
	鲵（鯢）	卷三 190
	鲸（鯨）	卷三 184

笔画	部　首	
9	鰌	卷三 188
	鯿	卷三 187
	鰕	卷三 191
10	鳔（鰾）	卷二 65
12	鳜（鱖）	卷三 187
	鱓	卷三 188
	鳞（鱗）	卷三 183
16	鱷	卷三 189
	178 隶部	
9	隶（隸）	卷二 30
	179 革部	
	革	卷三 67
2	勒	卷三 78
5	鞅	卷三 78
6	鞍	卷三 78
9	鞭	卷三 78
10	鞵	卷三 28
	鞾	卷三 28
11	蘜（菊）	卷三 116
	180 面部	
	面	卷二 138
	181 韭部	
	韭	卷三 108
6	齑（齏）	卷二 174
	182 骨部	
	骨	卷二 143
7	骸	卷二 161
12	髓	卷二 146

笔画	部　首	
13	體（体）	卷二 143
	183 香部	
	香	卷三 48
11	馨	卷三 115
	184 鬼部	
	鬼	卷二 195
4	魂	卷二 164
	魁	卷一 6
5	魅	卷二 195
	魄	卷二 164
8	魏	卷二 49
11	魔	卷二 196
	185 食部	
	食	卷二 173
3	飧	卷二 174
6	餍（饜）	卷二 180
7	餐	卷二 174
14	饔	卷二 174
	[185] 饣(食)部	
2	饥（飢）	卷二 179
4	饬（飭）	卷四 107
	饭（飯）	卷二 173
	饮（飲）	卷二 173
5	饯（餞）	卷二 180
	饰（飾）	卷三 35
	饱（飽）	卷二 180
6	蚀（蝕）	卷一 2
	饷（餉）	卷二 175
	饼（餅）	卷二 173

笔画	部首	
7	馁（餒）	卷二 179
	馀（餘）	卷三 14
	余	卷四 149
	饿（餓）	卷二 179
8	馆（館）	卷一 123
9	餬	卷二 175
	馈（饋）	卷二 180
10	餻	卷二 174
	餹	卷二 176
	馑（饉）	卷二 180
12	饑	卷二 180
	186 音部	
	音	卷二 136
5	韶	卷二 16
10	韻	卷四 38
11	響（响）	卷四 38
	187 首部	
	首	卷二 147
	188 髟部	
4	髯	卷二 163
5	髮	卷二 163
6	髻	卷三 35
10	鬓（鬢）	卷二 158
13	鬟	卷二149
15	鬣	卷三 180
	189 鬲部	
6	融	卷四 134
	鬷	卷三 163

笔画	部首	
12	鬻	卷二 102
	190 門部	
	鬬	卷四 119
5	鬧（闹）	卷四 119
	191 高部	
	高	卷一 31
4	敲	卷四 71
	膏	卷二 146
	192 黄部	
	黄	卷三 16
	193 麻部	
	麻	卷二 190
4	麾	卷二 45
5	磨	卷三 90
8	靡	卷四 167
9	魔	卷二 196
	194 鹿部	
	鹿	卷三 170
3	塵（尘）	卷一 94
6	麋	卷三 170
8	麗（丽）	卷三 18
	麒	卷三 165
9	麝	卷三 170
12	麟	卷三 165
22	麤	卷四 124
	195 鼎部	
	鼎	卷二 8

笔画	部首	
	196 黑部	
	黑	卷一 58
3	墨	卷一 83
4	默	卷四 49
	黔	卷一 56
5	點（点）	卷二 138
	黛	卷三 19
	黜	卷二 100
8	黨（党）	卷一 87
	197 黍部	
	黍	卷二 186
5	黏	卷二 125
	198 鼓部	
	鼓	卷二 15
5	鼛	卷四 41
8	鼙	卷二 16
	199 鼠部	
	鼠	卷三 178
	200 鼻部	
	鼻	卷二 151

难检字笔画索引

笔画	难检字	
2	几	卷三 43
	乃	卷四 165
	刁	卷二 89
	了	卷四 120
3	干	卷二 85
	才	卷二 73
	丈	卷三 8
	与（與）	卷四 66
	丸	卷二 43
	及	卷四 157
	义（義）	卷一 78
	亡	卷二167
	卫（衛）	卷二 48
	习（習）	卷三 164
	已	卷四 172
	巳	卷一 27
	也	卷四 171
	乡（鄉）	卷一 87
	飞（飛）	卷三 164
	亏（虧）	卷四 139
4	丰	卷四 3
	卝	卷二 114
	夫	卷二 60
	开（開）	卷一 142
	井	卷一 89
	无（無）	卷四 156
	专（專）	卷四 36
4	廿	卷三 7
	支	卷一 25
	牙	卷二 151
	中	卷一 30
	内	卷一 30
	邱	卷一 109
	爻	卷二 25
	午	卷一 28
	升	卷三 8
	长（長）	卷四 121
	丹	卷一 81
	氏	卷二 47
	为（為）	卷四 95
	以	卷四 156
	予	卷四 149
	尹	卷二 95
	尺	卷三 7
	弔	卷二 169
	丑	卷一 27
	巴	卷一 84
	书（書）	卷二 24
5	平	卷二 139
	未	卷一 28
	末	卷三 137
	击（擊）	卷四 70
	世	卷一 17
5	本	卷三 137
	戉	卷一26
	卡	卷一 126
	北	卷一 32
	凸	卷二 135
	且	卷四 153
	甲	卷一 25
	申	卷一 28
	电（電）	卷一 9
	由	卷四 169
	冉	卷二 51
	史	卷二 25
	央	卷一 30
	册	卷二 27
	凹	卷二 135
	生	卷四 1
	乍	卷一 22
	氐	卷一 100
	乐（樂）	卷二 11
	头（頭）	卷二 146
	玄	卷三 17
	半	卷三 1
	司	卷二 96
	民	卷二 70
	弗	卷二 113

笔画	难检字	
5	出	卷四 84
	丝（絲）	卷三 33
	号（號）	卷四 47
	汇（匯）	卷三 100
	丛（叢）	卷三 139
	归（歸）	卷四 85
6	夹（夾）	卷四 73
	老	卷二 66
	考	卷二 58
	亚（亞）	卷一 61
	再	卷三 2
	吏	卷二 97
	戌	卷一 28
	戍	卷二 36
	死	卷二 166
	成	卷四 113
	至	卷四 86
	夷	卷一 99
	尧（堯）	卷二 50
	曲	卷四 134
	网（網）	卷三 82
	肉	卷二 144
	兆	卷三 5
	年	卷一 17
	朱	卷三 16
	行	卷四 88
	州	卷一 86
	农（農）	卷二 181
	毕（畢）	卷四 120

笔画	难检字	
6	师（師）	卷二 65
	执（執）	卷四 67
7	来（來）	卷四 85
	求	卷四 104
	严（嚴）	卷二 79
	巫	卷二 110
	甫	卷四 152
	串	卷四 118
	邑	卷一 86
	卵	卷三 161
8	表	卷一 31
	武	卷二 33
	丧（喪）	卷二 168
	其	卷四 169
	直	卷一 37
	事	卷四 95
	枣（棗）	卷三 134
	非	卷一 63
	畅（暢）	卷四 138
	垂	卷四 82
	乖	卷二 89
	卑	卷四 122
	阜	卷一 110
	周	卷二 48
	氓	卷二 70
	隶（隸）	卷二 30
	承	卷四 65
9	奏	卷二 3
	甚	卷四 161
	巷	卷一 89

笔画	难检字	
9	威	卷四 5
	临（臨）	卷四 18
	幽	卷四 124
	俎	卷二 9
	拜	卷四 63
	禹	卷二 50
	举（舉）	卷四 76
	将（將）	卷四 158
	癸	卷一 26
	畅（暢）	卷四 138
10	哥	卷二 61
	乘	卷二 142
	玺（璽）	卷二 7
	高	卷一 31
11	匏	卷三 65
	爽	卷四 138
	戚	卷二 64
	冕	卷三 21
	孰	卷四 170
12	棘	卷三 134
	鼎	卷二 8
	舒	卷四 8
	黍	卷二 186
	粤（粵）	卷一 53
	就	卷四 17
	發	卷四 99
	毳	卷三 178
	铺（鋪）	卷四 111
13	鼓	卷二 15
	赖（賴）	卷四 110
	嗣	卷二 57
	彀	卷二 41

笔画	难检字	
14	兢	卷四 126
	爾（尔）	卷四 150
	夥	卷二 71
	斡	卷一 25
	舞	卷二 16
	毓	卷四 16
	疑	卷四 30

笔画	难检字	
15	靠	卷四 9
	豫	卷一 46
16	整	卷四 135
17	龜	卷三 189
	戴	卷四 16
	豳	卷二 54
	黻	卷三 30

笔画	难检字	
18	豐	卷四 128
	鼇	卷三 10
19	黼	卷三 30
21	鼙	卷二 16
22	囊	卷三 55
24	豔	卷四 147

汉语拼音检字表

A

ā 阿 卷一 70
āi 哀 卷四 22
āi 埃 卷一 72
ǎi 矮 卷四 146
ǎi 蔼（藹） 卷四 126
ǎi 霭（靄） 卷一 11
ài 艾 卷三 124
ài 爱（愛） 卷一 69
ài 隘 卷一 96
ài 碍（礙） 卷四 116
ān 安 卷一 67
ān 盦 卷一 131
ān 鞍 卷三 78
àn 岸 卷一 91
àn 按 卷四 73
àn 案 卷三 44
àn 暗 卷一 15
áng 昂 卷四 8
āo 凹 卷二 135
áo 獒 卷三 177
áo 鳌 卷三 190
ào 傲 卷二 86
ào 奥（奧） 卷一 77
ào 澳 卷一 65

B

ba 罢（罷） 卷四 120
bā 八 卷三 3
bā 巴 卷一 84
bā 捌 卷三 6
bá 拔 卷四 78
bǎ 把 卷四 67
bà 把 卷四 67
bà 壩 卷一 95
bà 罢（罷） 卷四 120
bà 伯 卷二 58
bà 霸 卷二 69
bái 白 卷三 15
bǎi 伯 卷二 58
bǎi 百 卷三 4
bǎi 柏 卷三 140
bǎi 摆（擺） 卷二 128
bài 败（敗） 卷二 38
bài 拜 卷四 63
bài 稗 卷二 188
bān 班 卷一 80
bān 般 卷三 12
bān 颁（頒） 卷二 3
bān 斑 卷三 17
bǎn 板 卷三 70
bàn 办（辦） 卷四 109
bàn 半 卷三 1
bàn 伴 卷四 18
bàn 瓣 卷三 113
bāng 邦 卷一 85
bāng 彭 卷二 53
bǎng 榜 卷三 73
bàng 蚌 卷三 192
bàng 傍 卷四 11
bàng 谤（謗） 卷四 51
bàng 榜 卷三 73
bàng 镑（鎊） 卷三 8
bāo 苞 卷三 115
bāo 胞 卷二 157
báo 雹 卷一 11
bāo 剥（剝） 卷三 85
báo 薄 卷四 122
bǎo 饱（飽） 卷二 180
bǎo 宝（寶） 卷三 37
bǎo 保 卷四 101
bǎo 鸨（鴇） 卷三 153
bǎo 葆 卷三 119
bào 报（報） 卷四 60
bào 豹 卷三 166
bào 袌 卷四 64
bào 鲍（鮑） 卷三 186
bào 暴 卷二 89
bēi 杯 卷三 61
bēi 卑 卷四 122
bēi 背 卷二 153
bēi 悲 卷四 23
bēi 碑 卷二 28
běi 北 卷一 32
bèi 贝（貝） 卷三 41
bèi 孛 卷一 5
bèi 备（備） 卷四 99
bèi 背 卷二 153
bèi 倍 卷二 141
bèi 悖 卷二 83
bèi 被 卷三 28
bèi 辈（輩） 卷四 152
bēn 奔 卷四 89
běn 本 卷三 137
bēng 崩 卷二 167
bī 逼 卷四 15
bí 鼻 卷二 151
bǐ 比 卷一 79
bǐ 妣 卷二 58
bǐ 彼 卷四 150
bǐ 笔（筆） 卷二 31
bǐ 俾 卷一 69
bǐ 鄙 卷一 96
bì 币（幣） 卷三 31
bì 辟 卷二 55
bì 必 卷四 168
bì 毕（畢） 卷四 120
bì 闭（閉） 卷一 142
bì 祕 卷一 84

bì 庇 卷一 141
bì 陛 卷一 120
bì 敝 卷三 86
bì 婢 卷二 71
bì 跸（蹕） 卷二 8
bì 碧 卷三 16
bì 蔽 卷四 142
bì 獘 卷四 115
bì 避 卷四 89
bì 嬖 卷四 30
bì 臂 卷二 159
bì 璧 卷三 39
biān 边（邊） 卷一 99
biān 笾（籩） 卷二 9
biān 编（編） 卷二 29
biān 蝙 卷三 195
biān 鳊（鯿） 卷三 187
biān 鞭 卷三 78
biǎn 贬（貶） 卷二 100
biǎn 窆 卷二 168
biǎn 扁 卷四 132
biǎn 匾 卷三 43
biàn 弁 卷三 21
biàn 汴 卷一 46
biàn 变（變） 卷四 97
biàn 便 卷四 163
biàn 徧 卷四 115
biàn 辨 卷四 45
biàn 辫（辮） 卷二 149
biāo 标（標） 卷三 94
biǎo 表 卷一 31
biē 鳖 卷三 189
bié 别 卷四 118
biè 别 卷四 118
bīn 宾（賓） 卷二 65
bīn 彬 卷四 129
bīn 濒（瀕） 卷一 107
bīn 豳 卷二 54
bìn 摈（擯） 卷四 64
bìn 殡（殯） 卷二 169
bìn 鬓（鬢） 卷二 158
bīng 冰 卷一 118
bīng 兵 卷二 34
bǐng 丙 卷一 25
bǐng 秉 卷二 189
bǐng 柄 卷三 70
bǐng 屏 卷一 136
bǐng 饼（餅） 卷二 173
bǐng 炳 卷四 129
bǐng 禀 卷二 29
bìng 並 卷四 81
bìng 并 卷四 158
bìng 病 卷二 165
bō 波 卷一 70
bō 玻 卷二 122
bō 剥（剝） 卷三 85
bō 钵（鉢） 卷三 66
bō 播 卷四 77
bó 伯 卷二 58
bó 驳（駁） 卷三 180
bó 帛 卷三 31
bó 泊 卷三 100
bó 勃 卷四 144
bó 铂（鉑） 卷二 119
bó 博 卷二 104
bó 搏 卷四 70
bó 薄 卷四 122
bǒ 跛 卷四 93
bò 薄 卷四 122
bǔ 卜 卷二 109
bǔ 补（補） 卷二 192
bǔ 捕 卷二 18
bù 不 卷四 167
bù 布 卷三 32
bù 步 卷四 88
bù 部 卷二 96
bù 簿 卷二 26

C

cāi 猜 卷四 30
cái 才 卷二 73
cái 财（財） 卷三 42
cái 纔 卷四 158
cǎi 采 卷三 18
cài 采 卷三 18
cài 菜 卷三 107
cài 蔡 卷二 48
cān 参 卷三 5
cān 骖（驂） 卷三 179
cān 餐 卷二 174
cán 残（殘） 卷二 90
cán 蚕（蠶） 卷三 201
cán 慙 卷四 26
cǎn 惨（慘） 卷四 23
càn 灿（燦） 卷四 127
càn 粲 卷二 185
cāng 仓（倉） 卷一 135
cāng 苍（蒼） 卷三 15
cāng 沧（滄） 卷一 108
cáng 藏 卷一 60
cāo 操 卷四 67
cáo 曹 卷二 96
cáo 漕 卷二 4
cáo 槽 卷三 80
cǎo 草 卷三 118
cè 册 卷二 27
cè 厕（厠） 卷一 134
cè 侧 卷一 30
cè 测（測） 卷三 91
cè 恻 卷四 24
cè 策 卷二 26
cēn 参 卷三 5
céng 层（層） 卷三 12
céng 曾 卷二 56
chā 叉 卷三 81
chà 差 卷二 99
chā 插 卷四 75
chá 茶 卷三 112
chá 楂 卷三 76
chá 察 卷四 33
chāi 差 卷二 99
chāi 钗（釵） 卷三 36
chái 柴 卷三 139
chái 豺 卷三 171
chài 虿（蠆） 卷三 202
chán 谗（讒） 卷四52
chán 禅（禪） 卷二 194
chán 缠（纏） 卷三 88
chán 蝉（蟬） 卷三 197
chán 单（單） 卷三2
chán 廛 卷一 131
chán 蟾 卷三 192
chǎn 產（产） 卷四 1
chǎn 谄（諂） 卷二 85
chàn 忏（懺） 卷二 196
chāng 昌 卷二 81

chāng 倡 卷二 112
cháng 肠(腸)卷二 156
cháng 场(場)卷一 93
cháng 尝(嘗)卷四 62
cháng 常 卷四 170
cháng 长(長)卷四 121
cháng 偿(償)卷二 103
chǎng 厂(廠)卷一 125
chǎng 场(場)卷一 93
chǎng 敞 卷四 138
chàng 怅(悵)卷四 24
chàng 畅(暢)卷四 138
chàng 倡 卷二 112
chàng 唱 卷四 53
chāo 钞(鈔)卷三 42
chāo 绰(綽)卷四 127
chāo 超 卷四 92
cháo 巢 卷一 142
cháo 朝 卷一 119
cháo 嘲 卷四 52
cháo 潮 卷一 115
chē 车(車)卷二 131
chě 撦 卷二 127
chè 彻(徹)卷四 113
chè 掣 卷四 77
chè 撤 卷四 80
chén 臣 卷二 56
chén 尘(塵)卷一 94
chén 辰 卷一 27
chén 沈(沉)卷三 101
chén 陈(陳)卷二 48
chén 晨 卷一 23
chèn 衬(襯)卷三 24
chèn 趁 卷四 89
chēng 称(稱)卷三 9
chēng 蛏(蟶)卷三 194
chēng 撑(撐)卷四 74
chéng 成 卷四 113
chéng 盛 卷四 129
chéng 丞 卷二 96
chéng 呈 卷四 103
chéng 诚(誠)卷二 77
chéng 承 卷四 65
chéng 城 卷一 88
chéng 乘 卷二 142
chéng 程 卷二 1
chéng 惩(懲)卷二 17
chéng 澂 卷三 97
chéng 橙 卷三 133
chěng 骋(騁)卷三 182
chèng 称(稱)卷三 9
chī 吃 卷四 62
chī 鸱(鴟)卷三 154
chī 笞 卷二 21
chī 癡 卷二 82
chí 池 卷一 117
chí 驰(馳)卷三 182
chí 迟(遲)卷四 87
chí 持 卷四 67
chǐ 尺 卷三 7
chǐ 齿(齒)卷二 151
chǐ 侈 卷二 87
chǐ 耻 卷四 27
chì 叱 卷四 56
chì 斥 卷四 56
chì 赤 卷三 15
chì 饬(飭)卷四 107
chì 炽(熾)卷三 106
chì 翄 卷三 163
chì 啻 卷四 166
chōng 衝 卷一 93
chōng 冲 卷四 131
chōng 充 卷四 138
chōng 舂 卷二 189
chóng 虫(蟲)卷三 195
chóng 重 卷二 129
chóng 崇 卷四 129
chǒng 宠(寵)卷四 32
chòng 衝 卷一 93
chōu 抽 卷四 76
chóu 仇 卷二 86
chóu 俦(儔)卷四 18
chóu 绸(綢)卷三 32
chóu 畴(疇)卷二 108
chóu 酬 卷三 93
chóu 愁 卷四 23
chóu 筹(籌)卷三 60
chóu 雠(讎)卷四 56
chǒu 丑 卷一 27
chòu 臭 卷三 20
chū 出 卷四 84
chū 初 卷四 96
chū 樗 卷三 144
chú 刍(芻)卷三 128
chú 除 卷二 142
chú 厨(廚)卷一 136
chú 锄(鋤)卷三 81
chǔ 杵 卷三 58
chǔ 储(儲)卷二 57
chǔ 楚 卷一 44
chǔ 处(處)卷四 17
chù 处(處)卷四 17
chù 畜 卷三 168
chù 触(觸)卷四 141
chù 黜 卷二 100
chuāi 揣 卷四 72
chuān 川 卷一 52
chuān 穿 卷三 85
chuán 传(傳)卷二 126
chuán 船 卷三 72
chuán 椽 卷一 138
chuàn 串 卷四 118
chuàn 钏(釧)卷三 36
chuāng 窗 卷一 137
chuāng 创(創)卷四 96
chuáng 牀(床)卷三 45
chuàng 创(創)卷四 96
chuī 吹 卷四 60
chuī 炊 卷三 104
chuí 垂 卷四 82
chūn 春 卷一 19
chūn 椿 卷三 144
chún 唇 卷二 151
chún 纯(純)卷二 75
chún 莼(蒓)卷三 110
chún 唇(脣)卷二 151
chún 鹑(鶉)卷三 158
chǔn 蠢 卷二 82
chuò 辍(輟)卷四 116
chuò 绰(綽)卷四 127
cī 差 卷二 99
cí 词(詞)卷四 43
cí 祠 卷一 124
cí 瓷 卷三 67
cí 辞(辭)卷四 59
cí 慈 卷四 36

cí 磁 卷一 105
cí 雌 卷三 163
cǐ 此 卷四 151
cì 次 卷三 12
cì 刺 卷三 84
cì 赐（賜）卷二 4
cì 伺 卷四 107
cōng 葱（蔥）卷三 108
cōng 聪（聰）卷四 37
cóng 从（從）卷四 18
cóng 丛（叢）卷三 139
cū 麤 卷四 125
cù 促 卷四 108
cù 卒 卷二 34
cù 猝 卷四 136
cù 醋 卷二 176
cuàn 窜（竄）卷四 88
cuàn 篡 卷二 91
cuàn 爨 卷三 104
cuì 催 卷四 108
cuī 衰 卷二 172
cuī 摧 卷四 72
cuì 悴 卷四 4
cuì 翠 卷三 161
cūn 邨 卷一 90
cún 存 卷四 99
cùn 寸 卷三 7
cuō 磋 卷三 89
cuò 措 卷四 98
cuò 错（錯）卷三 42

D

dá 达（達）卷一 97
dá 答 卷四 48
dǎ 打 卷四 71
dà 大 卷一 35
dǎi 逮 卷四 157
dài 逮 卷四 157
dài 代 卷一 17
dài 岱 卷一 104
dài 带（帶）卷一 34
dài 殆 卷四 166
dài 贷（貸）卷二 103
dài 怠 卷四 28
dài 戴 卷四 16
dài 黛 卷三 19
dān 丹 卷一 81
dān 担（擔）卷三 96
dān 酖 卷二 178
dān 单（單）卷三2
dǎn 胆（膽）卷二 156
dàn 旦 卷一 24
dàn 但 卷四 155
dàn 淡 卷二 113
dàn 惮（憚）卷四 26
dàn 弹（彈）卷二 43
dàn 担（擔）卷三96
dàn 石 卷一 105
dāng 當（当）卷四163
dǎng 党（黨）卷一 87
dàng 荡（蕩）卷四131
dàng 當（当）卷四163
dāo 刀 卷二 38
dāo 叨 卷四 163
dǎo 导（導）卷四 18
dǎo 岛（島）卷一 102
dǎo 倒 卷四 14
dǎo 祷（禱）卷二 5
dǎo 蹈 卷四 82
dào 到 卷四 86
dào 盗 卷二 92
dào 悼 卷四 24
dào 道 卷一 34
dào 稻 卷二 185
dào 纛 卷二 45
dào 倒 卷四 14
de 得 卷四 115
de 的 卷四 164
dé 得 卷四 115
dé 德 卷一 76
děi 得 卷四 115
dēng 镫（鐙）卷三 49
dēng 登 卷四 83
děng 等 卷二 141
dèng 邓（鄧）卷二 50
dèng 凳 卷三 45
dī 氐 卷一 100
dī 低 卷一 31
dī 隄 卷一 95
dī 滴 卷一 117
dī 提 卷四 68
dí 狄 卷一 100
dí 籴（糴）卷二 103
dí 荻 卷三 122
dí 敌（敵）卷二 37
dí 涤（滌）卷四 7
dí 笛 卷二 14
dí 嫡 卷二 64
dí 的 卷四 164
dǐ 氐 卷一 100
dǐ 邸 卷一 132
dǐ 抵 卷二 126
dǐ 提 卷四 68
dǐ 底 卷四 148
dǐ 柢 卷三 137
dǐ 砥 卷一 105
dì 地 卷一 33
dì 弟 卷二 60
dì 帝 卷二55
dì 递（遞）卷四 92
dì 娣 卷二 62
dì 第 卷三 14
dì 棣 卷三 147
dì 缔（締）卷三 88
dì 的 卷四 164
diān 滇 卷一 55
diān 颠（顛）卷四 14
diǎn 典 卷二 24
diǎn 点（點）卷二 138
diàn 电（電）卷一 9
diàn 店 卷一 132
diàn 玷 卷三 41
diàn 垫（墊）卷三 96
diàn 奠 卷二 179
diàn 殿 卷一 120
diāo 刁 卷二 89
diāo 凋 卷四 146
diāo 貂 卷三 172
diāo 雕 卷三 154
diào 弔 卷二 169
diào 调（調）卷四 52
diào 钓（釣）卷二 110
diē 跌 卷四 93
dié 迭 卷四 112
dié 谍（諜）卷二 37
dié 曡 卷三 12

dié 蜨 卷三 197
dīng 丁 卷一 25
dǐng 顶（頂）卷二 98
dǐng 鼎 卷二 8
dīng 钉（釘）卷三 69
dìng 钉（釘）卷三 69
dìng 定 卷四 11
dōng 东（東）卷一 32
dōng 冬 卷一 19
dǒng 董 卷二 54
dòng 动（動）卷二 124
dòng 栋（棟）卷一 138
dòng 洞 卷一 103
dōu 都 卷一 36
dōu 兜 卷三 35
dǒu 斗 卷一 5
dòu 鬬 卷四 119
dòu 读（讀）卷四 60
dòu 豆 卷二 9
dū 都 卷一 36
dū 督 卷二 95
dú 毒 卷二 91
dú 独（獨）卷四 155
dú 读（讀）卷四 60
dú 渎（瀆）卷一 116
dú 犊（犢）卷三 175
dú 牍（牘）卷二 27
dǔ 笃（篤）卷二 75
dǔ 赌（賭）卷二 112
dǔ 覩 卷四 40
dù 杜 卷三 125
dù 妒 卷二 86
dù 度 卷三 7
dù 渡 卷一 91
dù 蠹 卷三 203
duān 端 卷二 77
duǎn 短 卷四 121
duàn 段 卷三 11
duàn 断（斷）卷三 86
duī 堆 卷一 95
duì 队（隊）卷二 34
duì 对（對）卷四 47
duì 敦 卷二 75
duì 兑 卷二 102
dūn 吨（噸）卷三 9
dūn 敦 卷二 75
dùn 钝（鈍）卷四 133
dùn 盾 卷二 44
dùn 顿（頓）卷四 4
duō 多 卷三 1
duó 夺（奪）卷四 68
duó 度 卷三 7
duó 铎（鐸）卷二 11
duǒ 朵 卷三 115
duò 柁 卷三 74
duò 惰 卷四 29
duò 隋 卷二 48

E

ē 阿 卷一 70
é 讹（訛）卷四 57
é 俄 卷一 72
é 鹅（鵝）卷三 162
é 蛾 卷三 199
é 额（額）卷二 147
è 恶（惡）卷二 81
è 饿（餓）卷二 179
è 鄂 卷一 44
è 萼 卷三 113
è 鳄 卷三 189
ēn 恩 卷四 105
ér 儿（兒）卷二 67
ér 而 卷四 165
ěr 尔（爾）卷四 150
ěr 耳 卷二 149
ěr 迩（邇）卷一 96
èr 二 卷三 2
èr 贰（貳）卷三 5

F

fā 發 卷四 99
fá 乏 卷四 117
fá 伐 卷二 35
fá 罚（罰）卷二 19
fǎ 法 卷一 75
fà 髮 卷二 163
fān 帆 卷三 75
fān 番 卷三 13
fān 藩 卷二 95
fān 翻 卷四 144
fán 凡 卷四 153
fán 矾（礬）卷二 122
fán 烦（煩）卷四 37
fán 樊 卷一 133
fán 繁 卷四 138
fǎn 反 卷四 144
fàn 返 卷四 85
fàn 犯 卷二 18
fàn 饭（飯）卷二 173
fàn 汎 卷三 97
fàn 范 卷二 52
fàn 範 卷三 72
fàn 贩（販）卷二 101
fāng 方 卷二 139
fāng 芳 卷三 115
fáng 防 卷一 130
fáng 妨 卷四 116
fáng 房 卷一 127
fǎng 仿 卷四 98
fǎng 访（訪）卷四 47
fǎng 纺（紡）卷二 191
fǎng 舫 卷三 72
fàng 放 卷四 80
fēi 飞（飛）卷三 164
fēi 妃 卷二 56
fēi 非 卷一 63
fēi 菲 卷三 119
fēi 蜚 卷三 202
féi 肥 卷四 3
fěi 匪 卷二 92
fěi 菲 卷三 119
fěi 蜚 卷三 202
fèi 肺 卷二 154
fèi 废（廢）卷四 115
fèi 沸 卷三 98
fèi 费（費）卷四 110
fēn 分 卷二 141
fēn 纷（紛）卷四 135
fén 坟（墳）卷二 172
fén 汾 卷一 48
fén 焚 卷三 103
fěn 粉 卷二 189
fèn 奋（奮）卷四 144
fèn 忿 卷四 28
fèn 分 卷二 141
fèn 粪（糞）卷二 183

fèn 愤（憤） 卷四 27
fēng 丰 卷四 3
fēng 豐 卷四 128
fēng 风（風） 卷一 10
fēng 枫（楓） 卷三 149
fēng 封 卷二 99
fēng 峯（峰） 卷一 109
fēng 烽 卷三 106
fēng 锋（鋒） 卷二 40
fēng 蠭 卷三 198
féng 冯（馮） 卷二 53
féng 逢 卷四 90
féng 缝（縫） 卷二 192
fěng 讽（諷） 卷四 50
fèng 凤（鳳） 卷三 151
fèng 缝（縫） 卷二 192
fèng 奉 卷一 38
fèng 俸 卷二 99
fó 佛 卷二 194
fǒu 缶 卷三 66
fǒu 否 卷四 58
fǒu 不 卷四 167
fū 夫 卷二 60
fū 肤（膚） 卷二 144
fū 敷 卷四 99
fú 黻 卷三 30
fú 弗 卷二 113
fú 佛 卷二 194
fú 伏 卷一 18
fú 凫（鳧） 卷三 155
fú 扶 卷四 64
fú 夫 卷二 60
fú 芙 卷三 117
fú 孚 卷二 77
fú 拂 卷四 75
fú 服 卷三 22
fú 蚨 卷三 205
fú 浮 卷三 98
fú 符 卷三 60
fú 幅 卷三 26
fú 蜉 卷三 200
fú 福 卷二 80
fú 蝠 卷三 195
fǔ 抚（撫） 卷二 95
fǔ 甫 卷四 152
fǔ 斧 卷二 39
fǔ 府 卷一 86
fǔ 頫 卷四 13
fǔ 辅 卷四 100
fǔ 父 卷二 58
fǔ 腑 卷二 162
fǔ 腐 卷二 177
fǔ 簠 卷二10
fǔ 黼 卷三 30
fù 父 卷二 58
fù 讣（訃） 卷二 169
fù 付 卷四 108
fù 负（負） 卷二 85
fù 妇（婦） 卷二 60
fù 附 卷四 111
fù 阜 卷一 110
fù 復 卷四 85
fù 複 卷四 142
fù 副 卷二 97
fù 赋（賦） 卷二 23
fù 傅 卷二 65
fù 富 卷二 101
fù 腹 卷二 153
fù 鲋（鮒） 卷三 185
fù 缚（縛） 卷三 88
fù 覆 卷四 144

G

gāi 该（該） 卷四 153
gǎi 改 卷四 97
gài 盖（蓋） 卷四 153
gài 概 卷四 159
gān 甘 卷一 50
gān 肝 卷二 155
gān 柑 卷三 132
gān 竿 卷三 82
gān 杆 卷二 130
gān 榦 卷一 25
gǎn 杆 卷二 130
gǎn 敢 卷四 163
gǎn 感 卷四 24
gàn 榦 卷一25
gàn 干 卷二 85
gān 乾 卷一 13
gàn 赣（贛） 卷一 41
gāng 冈（岡） 卷一 101
gāng 刚（剛） 卷二 79
gāng 纲（綱） 卷二 2
gāng 钢（鋼） 卷二 117
gāng 缸 卷三 67
gǎng 港 卷一 106
gāo 皋 卷一 94
gāo 高 卷一 31
gāo 羔 卷三 175
gāo 膏 卷二 146
gāo 篙 卷三 75
gāo 餻 卷二 174
gǎo 缟（縞） 卷三 17
gǎo 藁 卷三 118
gào 膏 卷二 146
gào 告 卷四 46
gào 诰（誥） 卷二 24
gē 戈 卷二 39
gē 哥 卷二 61
gē 鴿 卷三 157
gē 割 卷四 118
gē 歌 卷二 32
gé 阁（閣） 卷一 129
gé 格 卷三 13
gé 隔 卷四 143
gé 蛤 卷三 193
gé 革 卷三 67
gě 合 卷一 82
gě 葛 卷三 34
gè 各 卷四 160
gè 箇 卷三 11
gěi 给（給） 卷四 109
gēn 根 卷三 137
gèn 艮 卷四 87
gēng 庚 卷一 26
gēng 更 卷四 160
gēng 耕 卷二 181
gēng 羹 卷二 174
gěng 梗 卷三 138
gěng 鲠（鯁）卷三 183
gèng 更 卷四 160
gōng 工 卷二 70
gōng 弓 卷二 41
gōng 公 卷二 94
gōng 红（紅）卷三 15
gōng 功 卷二 33

gōng 攻 卷二 35
gōng 共 卷四 112
gōng 肱 卷二 159
gōng 宫 卷一 120
gōng 恭 卷二 76
gōng 蚣 卷三 201
gōng 躬 卷二 143
gōng 龚（龔）卷二 53
gǒng 澒 卷二 116
gǒng 拱 卷四 63
gǒng 共 卷四 112
gòng 共 卷四 112
gòng 供 卷四 109
gōu 沟（溝）卷一 91
gōu 钩（鉤）卷三 53
gōu 句 卷二 140
gǒu 苟 卷四 167
gǒu 狗 卷三 177
gòu 购（購）卷二 102
gòu 垢 卷二 88
gòu 彀 卷二 41
gū 沽 卷二 102
gū 孤 卷二 66
gū 姑 卷二 59
gū 毂（轂）卷三 77
gū 箍 卷三 150
gǔ 古 卷一 59
gǔ 贾（賈）卷二 101
gǔ 谷 卷一 110
gǔ 穀 卷二 183
gǔ 沽 卷二 102
gǔ 诂（詁）卷二 31
gǔ 股 卷二 160
gǔ 骨 卷二 143
gǔ 鹄（鵠）卷三 155
gǔ 蛊（蠱）卷三 203
gǔ 鼓 卷二 15
gǔ 瞽 卷四 41
gù 固 卷二 79
gù 故 卷四 156
gù 顾（顧）卷四 39
gù 梏 卷二 21
guā 瓜 卷三 135
guǎ 寡 卷二 66
guà 卦 卷二 25
guāi 乖 卷二 89
guài 怪 卷二 195
guān 关（關）卷一 98
guān 纶（綸）卷三 33
guān 观（觀）卷一 121
guān 官 卷二 93
guān 棺 卷二 168
guān 冠 卷三 21
guān 鳏（鰥）卷二 65
guǎn 馆（館）卷一 123
guǎn 管 卷二 137
guàn 贯（貫）卷二 106
guàn 冠 卷三 21
guàn 惯（慣）卷四 33
guàn 盥 卷三 92
guàn 灌 卷三 102
guàn 观（觀）卷一 121
guāng 光 卷二 133
guǎng 广（廣）卷一 54
guī 归（歸）卷四 85
guī 圭 卷二 7
guī 龜 卷三 189
guī 规（規）卷三 71
guī 闺（閨）卷一 128
guǐ 轨（軌）卷三 77
guǐ 鬼 卷二 195
guǐ 癸 卷一 26
guǐ 晷 卷一 15
guǐ 簋 卷二 10
guì 贵（貴）卷一 56
guì 桂 卷一 54
guì 跪 卷四 83
guì 鳜（鱖）卷三 187
gǔn 衮 卷三 23
gùn 棍 卷三 71
guō 郭 卷一 88
guō 锅（鍋）卷三 68
guó 国（國）卷一 85
guǒ 果 卷三 129
guǒ 裹 卷四 110
guò 过（過）卷二 17

H

há 蛤 卷三 193
hái 还（還）卷四 85
hái 孩 卷二 68
hǎi 海 卷一 60
hǎi 醢 卷二 178
hài 亥 卷一 28
hài 骇（駭）卷三 180
hài 害 卷二 91
hān 酣 卷二 178
hán 含 卷四 61
hán 函 卷二 27
hán 涵 卷三 101
hán 韩（韓）卷一 66
hán 寒 卷一 18
hàn 汉（漢）卷一 111
hàn 汗 卷二 163
hàn 旱 卷一 14
hàn 悍 卷四 145
hàn 翰 卷二 29
hàn 憾 卷四 28
háng 行 卷四 88
háng 航 卷三 73
hāo 蒿 卷三 110
háo 毫 卷三 10
háo 豪 卷二 80
háo 号（號）卷四 47
hǎo 好 卷二 74
hào 好 卷二 74
hào 号（號）卷四 47
hào 浩 卷四 130
hé 禾 卷二184
hé 何 卷四 170
hé 合 卷一 82
hé 和 卷二 141
hé 河 卷一 108
hé 曷 卷四 169
hé 盍 卷四 169
hé 荷 卷一 79
hé 核 卷三 129
hé 盒 卷三 61
hé 涸 卷三 99
hé 翮 卷三 163
hè 贺（賀）卷二 6
hè 赫 卷四 127
hè 褐 卷三 25
hè 和 卷二 141
hè 鹤（鶴）卷三 152
hè 壑 卷一 110

hēi 黑 卷一 58
hén 痕 卷四140
hèn 恨 卷四 23
hēng 亨 卷四 113
héng 恆 卷一 104
héng 横 卷一 31
héng 衡 卷一 104
hèng 横 卷一 31
hōng 轰（轟）卷四 141
hōng 烘 卷三 104
hōng 薨 卷二 167
hóng 红（紅）卷三 15
hóng 宏 卷四 129
hóng 虹 卷一 11
hóng 洪 卷四 130
hóng 鸿（鴻）卷三 153
hóu 侯 卷二 94
hóu 喉 卷二 152
hóu 猴 卷三 168
hòu 後 卷一 29
hòu 后 卷二 55
hòu 厚 卷四 122
hòu 候 卷一 21
hòu 鲎（鱟）卷三 194
hū 乎 卷四 171
hū 呼 卷四 48
hū 忽 卷三 10
hú 狐 卷三 172
hú 弧 卷二 41
hú 胡 卷二 53
hú 核 卷三 129
hú 壶（壺） 卷三 62
hú 斛 卷三 8
hú 鹄（鵠） 卷三 155
hú 和 卷二 141
hú 湖 卷一 111
hú 瑚 卷三 40
hú 餬 卷二 175
hǔ 虎 卷三 166
hù 互 卷四 143
hù 户 卷一 137
hù 护（護） 卷四 107
hù 沪（滬） 卷一 114
hù 笏 卷二 10
hù 鳸 卷三 156
huā 花 卷三 113
huá 华（華）卷一 104
huá 譁 卷四 49
huá 滑 卷四 131
huà 化 卷二 113
huà 畫（画）卷二 108
huà 话（話） 卷四 44
huà 华（華）卷一 104
huái 怀（懷） 卷四 20
huái 淮 卷一 111
huái 槐 卷三 147
huài 坏（壞） 卷三 86
huān 欢（歡） 卷四 53
huán 环（環）卷三 37
huán 还（還）卷四 85
huán 桓 卷二 79
huán 寰 卷一 87
huán 鬟 卷二149
huǎn 缓（緩）卷四 136
huàn 幻 卷二 135
huàn 宦 卷二 93
huàn 换（換）卷二 105
huàn 唤（喚）卷四 48
huàn 澣 卷三 93
huàn 患 卷四 24
huāng 荒 卷二 190
huáng 皇 卷二 55
huáng 黄 卷三 16
huáng 凰 卷三 151
huáng 遑 卷四 11
huáng 蝗 卷三 197
huáng 篁 卷三150
huáng 簧 卷二 137
huī 灰 卷二 120
huī 挥（揮） 卷四 73
huī 虺 卷三 206
huī 晖（暉） 卷一 13
huī 麾 卷二 45
huī 徽 卷一 40
huí 回 卷二 134
huǐ 悔 卷四 35
huì 卉 卷三 118
huì 汇（匯）卷三 100
huì 会（會） 卷四 12
huì 讳（諱）卷二 170
huì 诲（誨） 卷四 51
huì 绘（繪） 卷二 29
huì 贿（賄） 卷三 42
huì 彗 卷一 5
huì 晦 卷一 20
huì 穢（秽） 卷二 88
huì 惠 卷四 105
huì 慧 卷二 78
huì 蕙 卷三 124
hūn 昏 卷一 23
hūn 荤（葷） 卷三 20
hūn 阍（閽） 卷二 72
hūn 婚 卷四 102
hún 浑（渾）卷三 101
hún 魂 卷二 164
huó 和 卷二 141
huó 活 卷四 1
huǒ 火 卷三 103
huǒ 夥 卷二 71
huò 或 卷四 167
huò 和 卷二 141
huò 货（貨） 卷三 41
huò 獲 卷二 37
huò 穫 卷二 182
huò 祸（禍） 卷二 91
huò 惑 卷四 30
huò 霍 卷一 104

J

jī 讥（譏） 卷四 51
jī 击（擊） 卷四 70
jī 饥（飢） 卷二 179
jī 饑 卷二 180
jī 玑（璣） 卷三 38
jī 机（機） 卷二 132
jī 肌 卷二 144
jī 鸡（雞） 卷三 162
jī 积（積） 卷二 138
jī 几 卷三 43
jī 其 卷四 169
jī 笄 卷三 35
jī 屐 卷三 28
jī 姬 卷二 51
jī 基 卷一 141
jī 奇 卷二 142
jī 期 卷一 23

jī 齎 卷四 103
jī 缉（緝） 卷二 190
jī 箕 卷三 56
jī 稽 卷四 98
jī 齑（齏） 卷二 174
jī 畿 卷一 85
jī 激 卷四 31
jī 羁（羈） 卷三 78
jí 及 卷四 157
jí 吉 卷一 57
jí 汲 卷三 91
jí 级（級） 卷二 93
jí 极（極） 卷一 34
jí 革 卷三 67
jí 即 卷四 162
jí 急 卷四 30
jí 疾 卷二 165
jí 棘 卷三 134
jí 集 卷二 28
jí 楫 卷三 74
jí 瘠 卷四 3
jí 藉 卷四 143
jí 籍 卷二 26
jǐ 己 卷一 26
jǐ 脊 卷二 153
jǐ 戟 卷二 40
jǐ 纪（紀） 卷二 1
jǐ 济（濟） 卷一 111
jǐ 幾 卷四 162
jì 繫（系） 卷三 87
jì 计（計） 卷四 45
jì 记（記） 卷四 59
jì 纪（紀） 卷二 1
jì 荠（薺） 卷三 136
jì 技 卷二 107
jì 忌 卷四 30
jì 际（際） 卷四 105
jì 妓 卷二 112
jì 季 卷一 17
jì 系 卷二 57
jì 剂（劑） 卷三 84
jì 迹 卷四 94
jì 济（濟） 卷一 111
jì 既 卷四 169
jì 继（繼） 卷四 96
jì 祭 卷二 5
jì 骑（騎） 卷三 181
jì 寄 卷四 108
jì 寂 卷四 124
jì 绩（績） 卷二 190
jì 霁（霽） 卷一14
jì 暨 卷四 157
jì 稷 卷二 186
jì 鲫（鯽） 卷三 188
jì 髻 卷三 35
jì 骥（驥） 卷三 173
jiā 加 卷二 142
jiā 佳 卷二 74
jiā 茄 卷三 109
jiā 挟（挾） 卷四 65
jiā 枷 卷二 21
jiā 家 卷一 126
jiā 笳 卷二 14
jiā 嘉 卷二 80
jiā 夹（夾） 卷四 73
jiá 袷 卷三 24
jiá 颊（頰） 卷二 148
jiá 夹（夾） 卷四 73
jiǎ 甲 卷一 25
jiǎ 钾（鉀） 卷二 119
jiǎ 假 卷二 84
jiǎ 槚（檟） 卷三 144
jià 价（價） 卷二 105
jià 驾（駕） 卷三 181
jià 架 卷三 59
jià 嫁 卷四 102
jià 稼 卷二 181
jiān 尖 卷四 132
jiān 奸 卷二 89
jiān 坚（堅） 卷四 133
jiān 间（間） 卷一 141
jiān 肩 卷二 158
jiān 艰（艱） 卷四 137
jiān 监（監） 卷四 40
jiān 兼 卷四 112
jiān 笺（箋） 卷二 29
jiān 缄（緘） 卷三 88
jiān 煎 卷三 105
jiǎn 拣（揀） 卷四 72
jiǎn 茧（繭） 卷二 191
jiǎn 柬 卷二 28
jiǎn 俭（儉） 卷二 76
jiǎn 检（檢） 卷二 30
jiǎn 减 卷二 142
jiǎn 翦 卷三 90
jiǎn 简（簡） 卷二 26
jiǎn 鹻 卷二 121
jiǎn 蹇 卷四 93
jiàn 见（見） 卷四 38
jiàn 间（間） 卷一 141
jiàn 件 卷三 13
jiàn 饯（餞） 卷二 180
jiàn 建 卷一 43
jiàn 监（監） 卷四 40
jiàn 荐（薦） 卷四 100
jiàn 贱（賤） 卷二 99
jiàn 剑（劍） 卷二 38
jiàn 健 卷四 3
jiàn 舰（艦） 卷三 73
jiàn 涧（澗） 卷一 110
jiàn 渐（漸） 卷四 158
jiàn 谏（諫） 卷四 50
jiàn 践（踐） 卷四 82
jiàn 鑑 卷三 51
jiàn 僭 卷二 86
jiàn 箭 卷二 42
jiāng 江 卷一 108
jiāng 将（將） 卷四 158
jiāng 姜 卷二 52
jiāng 薑 卷三 107
jiāng 浆（漿） 卷二 175
jiāng 缰（韁） 卷三 78
jiāng 疆 卷一 51
jiǎng 讲（講） 卷四 44
jiǎng 桨（槳） 卷三 74
jiǎng 蒋（蔣） 卷二 52
jiàng 匠 卷二 111
jiàng 降 卷四 83
jiàng 绛（絳） 卷三 18
jiàng 将（將） 卷四 158
jiàng 酱（醬） 卷二 176
jiàng 强 卷二 114
jiāo 交 卷四 143
jiāo 郊 卷一92
jiāo 浇（澆） 卷三 92
jiāo 娇（嬌） 卷四 2

jiāo 骄（驕） 卷二 86
jiāo 教 卷二 1
jiāo 椒 卷三 146
jiāo 蛟 卷三 183
jiāo 焦 卷三 105
jiāo 蕉 卷三 126
jiǎo 角 卷二 140
jiǎo 狡 卷二 87
jiǎo 绞（絞） 卷二 22
jiǎo 矫（矯） 卷四 126
jiǎo 脚（腳） 卷二 160
jiǎo 徼 卷一 99
jiào 叫 卷四 54
jiào 觉（覺） 卷四 34
jiào 校 卷一 122
jiào 轿（轎） 卷三 80
jiào 较（較） 卷二 141
jiào 教 卷二 1
jiào 酵 卷二 114
jiē 阶（階） 卷一 120
jiē 皆 卷四 159
jiē 楷 卷二 30
jiē 接 卷四 17
jiē 嗟 卷四 55
jiē 街 卷一 89
jié 节（節） 卷二 76
jié 讦（訐） 卷四 51
jié 劫 卷二 91
jié 傑 卷二 69
jié 袷 卷三 24
jié 诘（詰） 卷四 47
jié 洁（潔） 卷四 5
jié 结（結） 卷二 129
jié 桀 卷二 54
jié 捷 卷二 34
jié 竭 卷四 140
jiě 解 卷四 34
jiè 介 卷二 79
jiè 戒 卷四 31
jiè 芥 卷三 107
jiè 届 卷四 169
jiè 界 卷一 99
jiè 借 卷二 103
jiè 藉 卷四 143
jìn 巾 卷三 29
jīn 斤 卷三 9
jīn 今 卷一 21
jīn 金 卷二 115
jīn 津 卷一 93
jīn 襟 卷三 25
jīn 矜 卷四 35
jīn 禁 卷二 2
jīn 筋 卷二 148
jǐn 仅（僅） 卷四 155
jǐn 紧（緊） 卷四 136
jǐn 锦（錦） 卷三 32
jǐn 谨（謹） 卷四 49
jǐn 馑（饉） 卷二 180
jìn 盡 卷四 140
jìn 进（進） 卷四 84
jìn 近 卷一 97
jìn 劲（勁） 卷四 145
jìn 晋（晉） 卷一 48
jìn 烬（燼） 卷三 106
jìn 浸 卷三 102
jìn 禁 卷二 2
jìn 觐（覲） 卷二 5
jīng 茎（莖） 卷三 113
jīng 京 卷一 36
jīng 泾（涇） 卷一 112
jīng 经（經） 卷一 34
jīng 荆 卷三 128
jīng 旌 卷二 45
jīng 惊（驚） 卷四 25
jīng 晶 卷二 123
jīng 睛 卷二 150
jīng 秔 卷二 185
jīng 兢 卷四 126
jīng 精 卷四 125
jīng 鲸（鯨） 卷三 184
jǐng 井 卷一 89
jǐng 颈（頸） 卷二 145
jǐng 景 卷一 14
jǐng 警 卷四 50
jìng 净（淨） 卷四 131
jìng 竞（競） 卷四 118
jìng 竟 卷四 165
jìng 敬 卷二 77
jìng 靖 卷四 126
jìng 静（靜） 卷二 127
jìng 境 卷一 85
jìng 镜（鏡） 卷三 50
jiǒng 窘 卷四 117
jiū 鸠（鳩） 卷三 156
jiū 究 卷二 19
jiǔ 九 卷三 4
jiǔ 久 卷一 21
jiǔ 玖 卷三 6
jiǔ 韭 卷三 108
jiǔ 酒 卷二 175
jiù 旧（舊） 卷四 148
jiù 臼 卷三 59
jiù 咎 卷二 84
jiù 柩 卷二 168
jiù 救 卷二 36
jiù 就 卷四 17
jiù 厩 卷一 135
jiù 舅 卷二 59
jū 拘 卷四 69
jū 车（車） 卷二 131
jū 居 卷一 141
jū 且 卷四 153
jū 驹（駒） 卷三 174
jū 蛆 卷三 203
jú 局 卷一 125
jú 蘜 卷三 116
jú 橘 卷三 133
jǔ 矩 卷三 72
jǔ 举（舉） 卷四 76
jù 巨 卷四 122
jù 句 卷二 140
jù 讵（詎） 卷四 154
jù 拒 卷四 70
jù 具 卷四 99
jù 剧（劇） 卷四 148
jù 据（據） 卷二 106
jù 距 卷四 94
jù 惧（懼） 卷四 25
jù 飓（颶） 卷一 10
jù 锯（鋸） 卷三 69
jù 聚 卷三 12
jù 屦（屨） 卷三 27
jù 遽 卷四 94
juān 捐 卷四 111
juǎn 卷 卷二 27
juàn 卷 卷二 27

juàn 圈 卷一 34
juàn 绢（絹）卷三 32
juàn 眷 卷二 64
jué 決 卷四 33
jué 诀（訣）卷四 59
jué 玦 卷三 36
jué 绝（絶）卷三 86
jué 角 卷二 140
jué 觉（覺）卷四 34
jué 较（較）卷二 141
jué 掘 卷三 91
jué 厥 卷四 168
jué 爵 卷二 98
jūn 军（軍）卷二 33
jūn 均 卷四 134
jūn 君 卷二 55
jūn 钧（鈞）卷三 11
jūn 筠 卷三 150
jùn 郡 卷一 86
jùn 峻 卷四 130
jùn 濬 卷三 102
jùn 骏（駿）卷三 173

K

kǎ 卡 卷一 126
kāi 开（開）卷一 142
kǎi 慨 卷四 25
kǎi 楷 卷二 30
kài 欬 卷四 62
kān 刊 卷三 84
kān 勘 卷三 83
kān 看 卷四 38
kān 堪 卷四 164
kǎn 坎 卷一 107
kǎn 槛（檻）卷一 140
kàn 看 卷四 38
kāng 康 卷二 80
kāng 穅 卷二 189
kàng 亢 卷四 122
kàng 炕 卷三 46
kǎo 考 卷二 58
kào 犒 卷二 37
kào 靠 卷四 9
kē 柯 卷三 138
kē 轲（軻）卷二 51
kē 科 卷三 204
kē 颗（顆）卷三 11
ké 欬 卷四 62
kě 可 卷四 164
kě 渴 卷四 62
kè 克 卷二 35
kè 刻 卷二 90
kè 客 卷四 152
kè 课（課）卷二 32
kěn 肯 卷四 22
kěn 垦（墾）卷二 182
kěn 恳（懇）卷四 32
kēng 阬 卷一 107
kōng 空 卷四 139
kǒng 孔 卷二 51
kǒng 恐 卷四 25
kòng 空 卷四 139
kòng 控 卷二 18
kǒu 口 卷二 150
kòu 扣 卷二 104
kòu 寇 卷二 37
kū 枯 卷三 139
kū 哭 卷四 54
kū 窟 卷一 94
kǔ 苦 卷三 19
kù 库（庫）卷一 135
kù 酷 卷四 146
kuā 夸 卷四 50
kuài 块（塊）卷一 94
kuài 快 卷四 21
kuài 会（會）卷四 12
kuài 侩（儈）卷二 70
kuài 脍（膾）卷二 177
kuān 宽（寬）卷二 78
kuǎn 款 卷二 105
kuāng 匡 卷四 100
kuāng 筐 卷三 54
kuáng 狂 卷二 87
kuáng 诳（誑）卷四 57
kuàng 纩（纊）卷三 34
kuàng 旷（曠）卷四 115
kuàng 况 卷四 161
kuàng 卝 卷二 114
kuàng 贶（貺）卷四 104
kuī 亏（虧）卷四 139
kuī 窥（窺）卷四 39
kuí 葵 卷三 116
kuí 魁 卷一 6
kuí 夔 卷三 173
kuì 馈（饋）卷二 180
kūn 坤 卷一 85
kūn 昆 卷二 60
kūn 鲲（鯤）卷三 190
kǔn 阃（閫）卷一 128
kùn 困 卷四 4
kuò 括 卷四 142
kuò 阔（闊）卷四 124

L

lǎ 喇 卷二 195
là 腊（臘）卷一 18
là 蜡（蠟）卷三 198
là 辢 卷三 20
lái 来（來）卷四 85
lài 赉（賚）卷四 104
lài 赖（賴）卷四 110
lán 兰（蘭）卷三 124
lán 岚（嵐）卷一 101
lán 阑（闌）卷一 140
lán 蓝（藍）卷三 15
lán 澜（瀾）卷一 117
lán 篮（籃）卷三 54
lǎn 览（覽）卷四 39
lǎn 缆（纜）卷三 57
lǎn 榄（欖）卷三 132
lǎn 嬾 卷四 5
làn 烂（爛）卷三 86
làn 滥（濫）卷三 97
láng 郎 卷二 67
láng 狼 卷三 171
láng 廊 卷一 124
láng 蜋 卷三 196
láng 浪 卷二 134
lǎng 朗 卷一 13
làng 浪 卷二 134
láo 劳（勞）卷四 114
láo 牢 卷二 19
lǎo 老 卷二 66
lào 酪 卷二 176
le 了 卷四 120
lè 乐（樂）卷二 11

lè 勒 卷三 78
léi 雷 卷一 9
léi 絫 卷三 12
lěi 耒 卷三 81
lěi 诔（誄）卷二 179
lěi 垒（壘）卷二 42
lěi 絫 卷三 12
lèi 淚 卷四 42
lèi 类（類）卷三 1
lèi 絫 卷三 12
lěng 冷 卷一 16
lí 釐 卷三 10
lí 貍（狸）卷三 171
lí 离（離）卷二 127
lí 骊（驪）卷三 174
lí 梨 卷三 130
lí 犁（犂）卷二 183
lí 鹂（鸝）卷三 159
lí 蔾 卷二 66
lí 黎 卷三 17
lí 篱（籬）卷一 133
lí 藜 卷三 111
lǐ 蠡 卷三 194
lǐ 礼（禮）卷二 1
lǐ 李 卷三 130
lǐ 裏 卷一 31
lǐ 里 卷一 87
lǐ 理 卷二 17
lǐ 鲤（鯉）卷三 185
lǐ 醴 卷二 179
lì 力 卷二 124
lì 歷 卷一 18
lì 立 卷四 81
lì 吏 卷二 97
lì 丽（麗）卷三 18
lì 利 卷二 105
lì 例 卷二 17
lì 戾 卷二 89
lì 隶（隸）卷二 30
lì 荔 卷三 132
lì 栎（櫟）卷三 144
lì 栗 卷三 142
lì 砺（礪）卷一 106
lì 蛎（蠣）卷三 193
lì 笠 卷三 22
lì 粒 卷二 189
lì 痢 卷二 165
lián 奩 卷三 51
lián 连（連）卷四 142
lián 怜（憐）卷四 35
lián 簾 卷三 48
lián 莲（蓮）卷三 116
lián 联（聯）卷三 87
lián 廉 卷二 76
lián 鲢（鰱）卷三 186
liǎn 敛（斂）卷四 148
liàn 鍊 卷三 83
liàn 恋（戀）卷四 29
liàn 殓（殮）卷二 169
liàn 楝 卷三 147
liáng 良 卷二 74
liáng 量 卷三 8
liáng 凉 卷一 16
liáng 梁 卷一 55
liáng 粮（糧）卷二 183
liáng 粱 卷二 187
liǎng 两（兩）卷三 9
liàng 亮 卷四 41
liàng 谅（諒）卷四 161
liàng 量 卷三 8
liáo 辽（遼）卷一 38
liáo 疗（療）卷二 166
liáo 聊 卷四 162
liáo 僚 卷二 94
liáo 潦 卷一 115
liǎo 了 卷四 120
liǎo 蓼 卷三 121
liào 料 卷四 33
liè 列 卷四 16
liè 劣 卷二 82
liè 烈 卷三 106
liè 猎（獵）卷二 46
liè 裂 卷四 141
liè 躐 卷四 84
liè 鬣 卷三 180
lín 邻（鄰）卷一 132
lín 林 卷一 57
lín 临（臨）卷四 18
lín 霖 卷一 14
lín 燐 卷二 124
lín 鳞（鱗）卷三 183
lín 麟 卷三 165
lǐn 廪 卷一 135
lǐn 懔 卷四 31
lìn 吝 卷二 87
lìn 赁（賃）卷四 111
líng 伶 卷二 112
líng 灵（靈）卷二 193
líng 苓 卷三 125
líng 玲 卷四 132
líng 铃（鈴）卷三 80
líng 陵 卷一 109
líng 菱 卷三 136
líng 翎 卷二 98
líng 绫（綾）卷三 31
líng 零 卷三 1
líng 龄（齡）卷二 164
lǐng 岭（嶺）卷一 101
lǐng 领（領）卷二 147
lìng 令 卷二 3
liū 溜 卷一 115
liú 刘（劉）卷二 52
liú 留 卷四 17
liú 流 卷三 98
liú 琉 卷三 39
liú 硫 卷二 120
liú 骝（騮）卷三 174
liú 榴 卷三 131
liú 旒 卷三 21
liǔ 柳 卷三 148
liǔ 罶 卷三 82
liù 六 卷三 3
liù 陆（陸）卷三 6
liù 溜 卷一 115
lóng 龙（龍）卷三 183
lóng 珑（瓏）卷四 132
lóng 聋（聾）卷四 38
lóng 笼（籠）卷三 52
lǒng 笼（籠）卷三 52
lóng 隆 卷四 128
lǒng 陇（隴）卷一 92
lòng 弄 卷四 79
lóu 楼（樓）卷一 129
lòu 陋 卷二 81
lòu 镂（鏤）卷三 89
lòu 漏 卷三 49

lú 卢（盧） 卷三 17
lú 芦（蘆） 卷三 121
lú 庐（廬） 卷一 131
lú 鑪 卷三 68
lú 鲈（鱸） 卷三 186
lǔ 卤（鹵） 卷二 178
lǔ 虏（虜） 卷二 37
lǔ 鲁（魯） 卷二 48
lù 陆（陸） 卷三 6
lù 蓼 卷三 121
lù 录（錄） 卷二 26
lù 赂（賂） 卷三 42
lù 鹿 卷三 170
lù 禄（祿） 卷二 99
lù 路 卷一 89
lù 箓（籙） 卷二 193
lù 戮 卷二 20
lù 潞 卷一 113
lù 鹭（鷺） 卷三 155
lù 露 卷一 6
lǘ 驴（驢） 卷三 176
lǘ 闾（閭） 卷一 131
lǚ 吕（呂） 卷二 11
lǚ 旅 卷二 34
lǚ 屡（屢） 卷四 159
lǚ 缕（縷） 卷三 33
lǚ 履 卷三 27
lǜ 律 卷二 136
lǜ 虑（慮） 卷四 22
lǜ 率 卷四 97
lǜ 绿（綠） 卷二 113
luán 鸾（鸞） 卷三 151
luán 銮（鑾） 卷二 7
luǎn 卵 卷三 161
luàn 乱（亂） 卷二 92
lüè 掠 卷四 71
lüè 略 卷四 125
lún 伦（倫） 卷二 63
lún 纶（綸） 卷三 33
lún 轮（輪） 卷二 131
lún 论（論） 卷四 44
lùn 论（論） 卷四 44
luó 罗（羅） 卷三 31
luó 萝（蘿） 卷三 126
luó 锣（鑼） 卷二 12
luó 蠃 卷三 176
luǒ 裸 卷四 6
luǒ 蠃 卷二 132
luò 洛 卷一 112
luò 络（絡） 卷三 87
luò 骆（駱） 卷三 169
luò 落 卷三 115

M

má 麻 卷二 190
mǎ 马（馬） 卷三 174
mà 駡（骂） 卷四 56
mái 埋 卷二 171
mái 霾 卷一 11
mǎi 买（買） 卷二 101
mài 麦（麥） 卷二 187
mài 卖（賣） 卷二 101
mài 脈 卷二 145
mán 蛮（蠻） 卷一 100
màn 蔓 卷三 118
màn 幔 卷三 47
màn 漫 卷三 99
màn 慢 卷四 28
máng 忙 卷四 36
máng 盲 卷四 41
máng 氓 卷二 70
mǎng 莽 卷三 118
mǎng 蟒 卷三 184
māo 猫（貓） 卷三 178
máo 毛 卷二 146
máo 矛 卷二 40
máo 茅 卷三 128
mǎo 卯 卷一 27
mào 茂 卷三 118
mào 冒 卷四 118
mào 贸（貿） 卷二 102
mào 帽 卷三 22
mào 貌 卷二 164
mào 懋 卷四 113
méi 没 卷三 101
méi 枚 卷三 138
méi 眉 卷二 150
méi 梅 卷三 145
méi 媒 卷二 70
méi 楣 卷一 138
méi 煤 卷二 115
měi 每 卷四 159
měi 美 卷一 64
meì 妹 卷二 61
mèi 昧 卷二 83
mèi 袂 卷三 25
mèi 寐 卷四 12
mèi 媚 卷四 2
mèi 魅 卷二 195
mēn 闷（悶） 卷四 24
mén 门（門） 卷一 137
mèn 闷（悶） 卷四 24
méng 蒙（懞） 卷一 59
méng 盟 卷二 6
měng 猛 卷四 145
měng 锰（錳） 卷二 119
měng 蠓 卷三 200
měng 黾（黽） 卷三 191
mèng 孟 卷二 51
mèng 梦（夢） 卷四 12
mí 弥（彌） 卷四 160
mí 迷 卷四 94
mí 麋 卷三 170
mí 靡 卷四 167
mǐ 靡 卷四 167
mǐ 米 卷二 185
mì 觅（覓） 卷四 80
mì 祕 卷一 84
mì 密 卷四 124
mì 蜜 卷三 198
mián 眠 卷四 42
mián 棉 卷三 34
mián 緜（綿） 卷三 3
miǎn 免 卷四 117
miǎn 勉 卷四 114
miǎn 冕 卷三 21
miǎn 缅（緬） 卷一 68
miǎn 黾（黽） 卷三 191
miàn 面 卷二 138
miàn 麪 卷二 173
miáo 苗 卷二 184
miáo 描 卷三 89
miǎo 杪 卷三 139
miǎo 眇 卷四 41
miǎo 秒 卷三 10
miǎo 渺 卷四 123

miǎo 藐 卷四 123
miǎo 邈 卷四 124
miào 妙 卷四 147
miào 庙（廟）卷一 121
miè 灭（滅） 卷二 38
miè 蔑 卷四 157
miè 篾 卷三 150
mín 民 卷二 70
mín 岷 卷一 105
mín 缗（緡） 卷三 33
mǐn 皿 卷三 63
mǐn 闵（閔） 卷二 51
mǐn 闽（閩） 卷一 43
mǐn 敏 卷二 78
mǐn 黾（黽）卷三 191
míng 名 卷四 151
míng 明 卷一 15
míng 鸣（鳴）卷三 163
míng 茗 卷三 112
míng 冥 卷二 171
míng 铭（銘）卷二 26
mìng 命 卷二 3
miù 谬（謬） 卷二 83
mō 摹 卷四 73
mó 谟（謨） 卷二 24
mó 摹 卷四 73
mó 模 卷三 13
mó 膜 卷二 144
mó 摩 卷四 72
mó 磨 卷三 90
mó 魔 卷二 196
mò 末 卷三 137
mò 墨 卷一 83
mò 莫 卷四 157
mò 貉 卷一 100
mò 漠 卷一 98
mò 磨 卷三 90
mò 默 卷四 49
mò 没 卷三 101
móu 牟 卷二 186
móu 侔 卷四 122
móu 眸 卷二 150
móu 谋（謀） 卷四 44
mǒu 某 卷四 151
mú 模 卷三 13
mǔ 母 卷二 58
mǔ 牡 卷三 179
mǔ 亩（畝） 卷一 92
mù 木 卷三 137
mù 目 卷二 149
mù 沐 卷四 7
mù 牧 卷二 111
mù 募 卷四 111
mù 墓 卷二 172
mù 幕 卷一 128
mù 睦 卷四 114
mù 慕 卷四 21
mù 穆 卷四 127

N

ná 拏 卷四 69
nà 那 卷一 81
nà 纳（納） 卷四 102
nà 衲 卷三25
nǎi 乃 卷四 165
nài 柰 卷四 170
nài 耐 卷四 32
nán 男 卷二 57
nán 南 卷一 32
nán 难（難）卷四 137
nán 柟 卷三 145
nǎn 赧 卷四 27
nàn 难（難）卷四 137
náng 囊 卷三 55
nǎng 曩 卷一 22
nǎo 恼（惱） 卷四 37
nǎo 脑（腦）卷二 147
nǎo 瑙 卷二 122
nǎo 碯 卷二 123
nào 闹（鬧）卷四 119
nè 讷（訥） 卷四 49
něi 馁（餒） 卷二 179
nèi 内 卷一 30
nèn 嫩 卷四 147
néng 能 卷二 127
ní 尼 卷二 195
ní 泥 卷一 94
ní 霓 卷一 12
ní 鲵（鯢） 卷三 190
nǐ 拟（擬） 卷四 33
nǐ 你 卷四 150
nì 暱 卷四 15
nì 逆 卷四 87
nì 匿 卷四 17
nì 溺 卷三 101
nì 尼 卷二 195
nì 泥 卷一 94
nián 年 卷一 17
nián 黏 卷二 125
niǎn 辇（輦） 卷二 8
niàn 廿 卷三 7
niàn 念 卷四 19
niáng 娘（孃）卷二 59
niàng 酿（釀）卷二179
niǎo 鸟（鳥）卷三 159
niē 捏 卷四 73
niè 臬 卷二 95
niè 镊（鑷） 卷三 69
niè 孽 卷二 63
níng 甯 卷四 11
níng 凝 卷三 99
nìng 甯 卷四 11
nìng 佞 卷四 57
niú 牛 卷三 175
niǔ 钮（鈕） 卷三 31
nóng 农（農）卷二 181
nóng 浓（濃）卷二 134
nòng 弄 卷四 79
nú 奴 卷二 71
nú 孥 卷二 63
nú 帑 卷二 5
nú 驽（駑） 卷三 174
nǔ 努 卷四 16
nǔ 弩 卷二 41
nù 怒 卷四 27
nǚ 女 卷二 57
nuǎn 煖 卷一 16
nüè 疟（瘧）卷二 165
nüè 虐 卷二 90
nuò 诺（諾） 卷四 48
nuò 懦 卷四 26

O

ōu 讴（謳） 卷四 53
ōu 欧（歐） 卷一 62
ōu 殴（毆） 卷四 70

ōu 鸥（鷗） 卷三 156
ǒu 呕（嘔） 卷四 62
ǒu 偶 卷二 142
ǒu 耦 卷二 183
ǒu 藕 卷三 136

P

pá 杷 卷三 131
pá 琶 卷二 13
pà 帕 卷三 29
pà 怕 卷四 25
pāi 拍 卷四 71
pái 排 卷四 73
pái 牌 卷三 70
pài 派 卷一 114
pān 番 卷三 13
pān 潘 卷二 53
pān 攀 卷四 75
pán 盘（盤） 卷三 64
pàn 判 卷二 19
pàn 泮 卷一 123
pàn 盼 卷四 39
pàn 畔 卷一 96
pāo 抛 卷二 128
pāo 泡 卷一 118
páo 庖 卷一 136
páo 裒 卷四 64
pào 裒 卷四 64
páo 袍 卷三 23
páo 匏 卷三 65
pào 泡 卷一 118
pào 礮 卷二 43
péi 陪 卷四 12
péi 培 卷二 182
pèi 佩 卷三 29
pèi 配 卷二 64
pèi 旆 卷二 45
pèi 辔（轡） 卷三 77
pén 盆 卷三 64
pēng 烹 卷三 104
pēng 亨 卷四 113
péng 朋 卷二 65
péng 彭 卷二 53
péng 蓬 卷三 110
péng 硼 卷二 122
péng 鹏（鵬） 卷三 152
péng 篷 卷三 75
pī 批 卷二 104
pī 披 卷四 79
pī 被 卷三 28
pī 砒（磇） 卷二 124
pī 劈 卷二 132
pí 皮 卷二 145
pí 疲 卷四 5
pí 罢（罷） 卷四 120
pí 脾 卷二 155
pí 鼙 卷二 16
pǐ 匹 卷三 11
pǐ 否 卷四 58
pì 闢 卷一 142
pì 辟 卷二 55
pì 僻 卷二 88
pì 譬 卷四 46
piān 扁 卷四 132
piān 偏 卷四 145
piān 片 卷三 11
piān 篇 卷二 30
piān 翩 卷四 144
pián 骈（駢） 卷三 179
pián 便 卷四 163
piàn 片 卷三 11
piāo 飘（飄） 卷一 14
piáo 瓢 卷三 65
piào 票 卷二 106
pín 贫（貧） 卷二 101
pín 频（頻） 卷四 159
pín 颦（顰） 卷二 164
pǐn 品 卷二 93
pìn 牝 卷三 178
pìn 聘 卷二 97
píng 平 卷二 139
píng 评（評） 卷四 45
píng 凭（憑） 卷四 9
píng 冯（馮） 卷二 53
píng 屏 卷一 136
píng 萍 卷三 120
píng 瓶 卷三 65
pō 坡 卷一 102
pō 泼（潑） 卷三 99
pō 颇（頗） 卷四 158
pó 婆 卷二 59
pó 霸 卷二 69
pò 迫 卷四 136
pò 珀 卷二 115
pò 破 卷三 85
pò 魄 卷二 164
pōu 剖 卷三 85
pū 铺（鋪） 卷四 111
pú 仆（僕） 卷二 71
pú 脯 卷二 177
pú 葡 卷一 80
pú 蒲 卷三 121
pú 璞 卷三 38
pǔ 朴（樸） 卷三 146
pǔ 圃 卷一 134
pǔ 浦 卷一 113
pǔ 普 卷四 128
pǔ 溥 卷四 130
pǔ 谱（譜） 卷二 25
pù 瀑 卷一 103
pù 暴 卷二 89
pù 铺（鋪） 卷四 111

Q

qī 七 卷三 3
qī 妻 卷二 61
qī 柒 卷三 6
qī 栖（棲） 卷四 10
qī 凄 卷四 146
qī 戚 卷二 64
qī 期 卷一 23
qī 欺 卷二 85
qī 桼 卷三 143
qí 齐（齊） 卷一 47
qí 其 卷四 169
qí 奇 卷二 142
qí 歧 卷一 96
qí 祈 卷四 104
qí 祇 卷二 193
qí 荠（薺） 卷三 136
qí 耆 卷二 66
qí 脐（臍） 卷二 157
qí 淇 卷一 112
qí 骑（騎） 卷三 181
qí 棋 卷三 50
qí 綦 卷四 157

qí 旗 卷二44
qí 麒 卷三165
qǐ 乞 卷四105
qǐ 稽 卷四98
qǐ 岂（豈） 卷四154
qǐ 企 卷四81
qǐ 杞 卷三148
qǐ 启（啟） 卷四59
qǐ 起 卷四82
qì 气（氣） 卷一1
qì 妻 卷二61
qì 讫（訖） 卷四120
qì 弃（棄） 卷四116
qì 泣 卷四42
qì 契 卷二28
qì 砌 卷一140
qì 器 卷三43
qiǎ 卡 卷一126
qià 恰 卷四164
qiān 千 卷三4
qiān 迁（遷） 卷四86
qiān 牵（牽） 卷四76
qiān 铅（鉛）卷二118
qiān 谦（謙） 卷二78
qiān 籤 卷三61
qiān 愆 卷二83
qián 前 卷一29
qián 虔 卷四32
qián 钱（錢） 卷三41
qián 乾 卷一13
qián 黔 卷一56
qiǎn 浅（淺） 卷三97
qiǎn 遣 卷四107
qiàn 欠 卷四117
qiàn 嵌 卷三89
qiàn 歉 卷四31
qiāng 羌 卷一100
qiāng 鎗 卷二43
qiāng 将（將）卷四158
qiáng 强 卷二114
qiáng 墙（牆）卷一139
qiǎng 抢（搶）卷四69
qiǎng 强 卷二114
qiáo 敲 卷四71
qiáo 桥（橋） 卷一89
qiáo 憔 卷四4
qiáo 樵 卷二110
qiǎo 巧 卷四147
qiào 诮（誚） 卷四51
qiào 窍（竅）卷二163
qiào 翘（翹）卷三164
qiē 切 卷四119
qié 茄 卷三109
qiě 且 卷四153
qiè 妾 卷二61
qiè 怯 卷四26
qiè 窃（竊） 卷二90
qiè 挈 卷四68
qiè 惬（愜） 卷四22
qīn 钦（欽） 卷四32
qīn 侵 卷二36
qīn 亲（親） 卷二63
qīn 衾 卷三28
qín 芹 卷三111
qín 秦 卷一49
qín 琴 卷二12
qín 禽 卷三151
qín 勤 卷四114
qín 擒 卷四69
qǐn 寝（寢） 卷一124
qīng 青 卷三16
qīng 轻（輕）卷二113
qīng 倾（傾） 卷四14
qīng 卿 卷二94
qīng 清 卷一35
qīng 蜻 卷三196
qíng 情 卷四20
qíng 晴 卷一13
qǐng 顷（頃） 卷一22
qǐng 请（請） 卷四58
qìng 庆（慶） 卷二6
qìng 罄 卷二12
qióng 穷（窮）卷四117
qióng 瓊 卷一53
qióng 蛩 卷三197
qīu 邱 卷一109
qiū 秋 卷一19
qiū 鳝（鰌） 卷三188
qiú 囚 卷二20
qiú 求 卷四104
qiú 仇 卷二86
qiú 虬 卷三183
qiú 酋 卷二69
qiú 球 卷一33
qiú 裘 卷三23
qū 区（區） 卷一87
qū 驱（驅） 卷三182
qū 屈 卷四14
qū 蛆 卷三203
qū 趋（趨） 卷四88
qū 麴（麯） 卷二175
qú 渠 卷一91
qū 曲 卷四134
qǔ 取 卷四66
qǔ 娶 卷四102
qǔ 曲 卷四134
qù 去 卷四85
qù 趣 卷四35
quān 圈 卷一34
quán 权（權） 卷三9
quán 全 卷二141
quán 卷 卷二27
quán 泉 卷一114
quán 拳 卷二162
quán 痊 卷二166
quǎn 犬 卷三176
quàn 劝（勸）卷四58
quàn 券 卷二106
quē 缺 卷四134
què 却（卻）卷四117
què 雀 卷三152
què 确（確）卷四133
què 鹊（鵲）卷三160
què 阙（闕）卷一121
qún 裠 卷三27
qún 羣 卷三14

R

rán 然 卷四165
rán 髥 卷二163
rǎn 冉 卷二51
rǎn 染 卷三18
rǎng 攘 卷四68
ràng 让（讓） 卷二78
rǎo 扰（擾） 卷四36
rào 绕（繞） 卷三88

rè 热（熱） 卷三 105
rén 人 卷四 149
rén 壬 卷一 26
rén 仁 卷二 75
rěn 忍 卷二 90
rèn 刃 卷二 40
rèn 认（認） 卷四 40
rèn 任 卷四 16
rèn 衽 卷三 25
réng 仍 卷四 164
rì 日 卷一 2
róng 戎 卷一 100
róng 荣（榮） 卷二 80
róng 绒（絨） 卷三 33
róng 容 卷四 1
róng 蓉 卷三 117
róng 融 卷四 134
róu 柔 卷四 145
ròu 肉 卷二 144
rú 如 卷四 166
rú 茹 卷三 112
rú 儒 卷二 69
rú 孺 卷二 67
rǔ 汝 卷四 150
rǔ 女 卷二 57
rǔ 乳 卷二 162
rǔ 辱 卷四 27
rù 入 卷四 84
rù 褥 卷三 29
ruǎn 阮 卷二 53
ruǐ 蘂 卷三 115
ruì 锐（鋭） 卷四 133
ruì 瑞 卷一 78
rùn 闰（閏） 卷一 18
rùn 润（潤） 卷三 102
ruò 若 卷四 167
ruò 弱 卷四 4
ruò 箬 卷三 123

S

sǎ 洒（灑） 卷三 93
sà 卅 卷三 7
sà 萨（薩） 卷二 194
sāi 塞 卷一 98
sài 赛（賽） 卷二 104
sān 三 卷三 3
sān 参 卷三 5
sǎn 繖 卷三 58
sǎn 散 卷四 135
sàn 散 卷四 135
sāng 丧（喪） 卷二 168
sāng 桑 卷三 149
sàng 丧（喪） 卷二 168
sāo 搔 卷四 72
sāo 骚（騷） 卷二 23
sāo 缫（繅） 卷二 191
sǎo 埽 卷四 74
sǎo 嫂 卷二 61
sào 埽 卷四 74
sào 燥 卷三 105
sè 色 卷三 15
sè 塞 卷一 98
sè 瑟 卷二 13
sè 穑（穡） 卷二 182
sēn 森 卷四 147
sēng 僧 卷二 194
shā 杀（殺） 卷二 22
shā 沙 卷一 98
shā 纱（紗） 卷三 32
shā 鲨（鯊） 卷三 185
shāi 筛（篩） 卷三 59
shǎi 色 卷三 15
shān 山 卷一 101
shān 栅 卷一 126
shān 杉 卷三 146
shān 删 卷三 84
shān 衫 卷三 24
shān 珊 卷三 40
shǎn 闪（閃） 卷二 136
shǎn 陕（陜） 卷一 49
shàn 扇 卷三 50
shàn 善 卷二 73
shàn 缮（繕） 卷二 192
shàn 单（單） 卷三 2
shàn 禅（禪） 卷二 194
shàn 擅 卷四 97
shàn 膳 卷二 177
shàn 赡（贍） 卷四 138
shàn 鳣 卷三 188
shāng 伤（傷） 卷四 23
shāng 殇（殤） 卷二 168
shāng 商 卷二 47
shāng 觞（觴） 卷三 63
shǎng 赏（賞） 卷二 4
shàng 上 卷一 29
shàng 尚 卷四 161
shang 裳 卷三 26
shāo 烧（燒） 卷三 103
shāo 稍 卷四 158
sháo 勺 卷三 63
sháo 芍 卷三 117
sháo 韶 卷二 16
shǎo 少 卷三 1
shào 少 卷三 1
shào 绍（紹） 卷三 87
shē 奢 卷二 87
shē 赊（賒） 卷二 103
shé 舌 卷二 152
shé 折 卷二 134
shé 蛇 卷三 184
shě 舍 卷一 123
shè 舍 卷一 123
shè 设（設） 卷四 166
shè 社 卷一 124
shè 拾 卷三 6
shè 射 卷二 107
shè 涉 卷四 92
shè 赦 卷二 18
shè 摄（攝） 卷四 77
shè 麝 卷三 170
shēn 申 卷一 28
shēn 伸 卷四 13
shēn 参 卷三 5
shēn 身 卷二 143
shēn 绅（紳） 卷三 30
shēn 深 卷三 97
shēn 信 卷二 77
shén 什 卷三 6
shén 神 卷二 193
shěn 审（審） 卷四 34
shěn 哂 卷四 52
shěn 婶（嬸） 卷二 59
shěn 沈 卷三 101
shèn 肾（腎） 卷二 155
shèn 甚 卷四 161
shèn 蜃 卷三 193

shèn 慎 卷四 36
shēng 升 卷三 8
shēng 生 卷四 1
shēng 声(聲)卷二 136
shēng 牲 卷三 165
shēng 笙 卷二 15
shēng 甥 卷二 62
shéng 绳(繩)卷三 57
shěng 省 卷一 58
shèng 圣(聖)卷二 73
shèng 乘 卷二 142
shèng 胜(勝) 卷 34
shèng 盛 卷四 129
shèng 賸 卷四 119
shī 尸 卷二 168
shī 失 卷四 115
shī 师(師) 卷二 65
shī 诗(詩) 卷二 23
shī 蝨 卷三 205
shī 狮(獅) 卷三 166
shī 施 卷四 99
shī 溼 卷一 118
shī 蓍 卷三 127
shí 十 卷三 4
shí 什 卷三 6
shí 石 卷一 105
shí 时(時) 卷一 17
shí 识(識) 卷四 34
shí 实(實) 卷四 133
shí 拾 卷三 6
shí 食 卷二 173
shí 蚀(蝕) 卷一 2
shí 鲥(鰣) 卷三 186
shǐ 史 卷二 25
shǐ 矢 卷二 42
shǐ 豕 卷三 177
shǐ 使 卷二 96
shǐ 始 卷四 97
shǐ 驶(駛) 卷三 182
shì 士 卷二 69
shì 氏 卷二 47
shì 示 卷二 3
shì 世 卷一 17
shì 仕 卷二 93
shì 市 卷一 89
shì 式 卷三 13
shì 势(勢) 卷四 5
shì 事 卷四 95
shì 侍 卷四 91
shì 饰(飾) 卷三 35
shì 试(試) 卷四 109
shì 视(視) 卷四 38
shì 柹 卷三 131
shì 是 卷四 168
shì 适(適) 卷四 91
shì 恃 卷四 33
shì 室 卷一 127
shì 逝 卷四 89
shì 轼(軾) 卷三 77
shì 释(釋) 卷四 80
shì 謚 卷二 170
shì 嗜 卷四 29
shì 筮 卷二 109
shì 誓 卷四 46
shì 噬 卷四 61
shōu 收 卷四 66
shóu 熟 卷三 105
shǒu 手 卷二 158
shǒu 守 卷二 35
shǒu 首 卷二 147
shòu 寿(壽)卷二 80
shòu 受 卷四 66
shòu 狩 卷二 46
shòu 授 卷四 66
shòu 售 卷二 102
shòu 兽(獸)卷三 165
shòu 绶(綬)卷三 30
shòu 瘦 卷四 4
shū 书(書) 卷二 24
shū 枢(樞)卷一 128
shū 叔 卷二 58
shū 殊 卷四 166
shū 菽 卷二 188
shū 梳 卷三 53
shū 淑 卷二 74
shū 舒 卷四 8
shū 疏 卷二 63
shū 输(輸) 卷三 95
shū 蔬 卷三 107
shú 秫 卷二 188
shú 孰 卷四 170
shú 赎(贖) 卷二 19
shú 塾 卷一 123
shú 熟 卷三 105
shǔ 暑 卷一 18
shǔ 黍 卷二 186
shǔ 属(屬) 卷二 97
shǔ 署 卷一 125
shǔ 蜀 卷一 52
shǔ 数(數) 卷三 1
shǔ 鼠 卷三 178
shǔ 疏 卷二 63
shù 術 卷二 107
shù 戍 卷二 36
shù 束 卷三 88
shù 述 卷四 59
shù 树(樹)卷三 137
shù 豎(竖)卷四 132
shù 恕 卷四 36
shù 庶 卷四 162
shù 数(數) 卷三 1
shù 漱 卷四 62
shuāi 衰 卷二 172
shuài 帅(帥)卷二 33
shuài 率 卷四 97
shuài 蟀 卷三 204
shuāng 双(雙)卷三 2
shuāng 霜 卷一 8
shuāng 孀 卷二 66
shuǎng 爽 卷四 138
shuí 谁(誰)卷四 151
shuǐ 水 卷一 107
shuì 帨 卷三 29
shuì 税 卷二 4
shuì 睡 卷四 42
shuì 说(說) 卷四 43
shùn 顺(順) 卷一 37
shùn 舜 卷二 50
shùn 瞬 卷四 40
shuō 说(說)卷四 43
shuò 朔 卷一 20
shuò 数(數) 卷三 1
shuò 硕(碩)卷四128
sī 司 卷二 96
sī 丝(絲) 卷三 33
sī 私 卷四 31

sī 思 卷四 19
sī 斯 卷四 168
sī 缌（緦） 卷二 172
sī 嘶 卷四 54
sǐ 死 卷二 166
sì 巳 卷一 27
sì 四 卷三 3
sì 寺 卷一 130
sì 似 卷四 166
sì 兕 卷三 167
sì 伺 卷四 107
sì 食 卷二 173
sì 祀 卷二 5
sì 姒 卷二 52
sì 泗 卷一 111
sì 驷（駟） 卷三 179
sì 俟 卷四 107
sì 耜 卷三 81
sì 肆 卷三 5
sì 嗣 卷二 57
sōng 松 卷三 140
sōng 淞 卷一 113
sōng 嵩 卷一104
sǒng 悚 卷四 26
sòng 讼（訟） 卷二 19
sòng 宋 卷二 49
sòng 送 卷四 87
sòng 诵（誦） 卷四 60
sòng 颂（頌） 卷二 23
sōu 搜 卷四 69
sǒu 叟 卷二 67
sǒu 薮（藪） 卷一 94
sū 苏（蘇） 卷一 39
sú 俗 卷二 72
sù 夙 卷一 23
sù 诉（訴） 卷四 46
sù 肃（肅） 卷一 50
sù 素 卷三 17
sù 宿 卷一 6
sù 速 卷二 125
sù 粟 卷二 187
sù 溯 卷三 100
suān 酸 卷二 114
suàn 蒜 卷三 108
suàn 算 卷二 137
suī 虽（雖） 卷四 167
suí 绥（綏） 卷二 81
suí 隋 卷二 48
suí 随（隨） 卷四 91
suí 遂 卷四 162
suǐ 髓 卷二 146
suì 岁（歲） 卷一 17
suì 祟 卷二 196
suì 遂 卷四 162
suì 碎 卷三 85
sūn 孙（孫） 卷二 63
sūn 飧 卷二 174
sǔn 损（損） 卷四 139
sǔn 笋 卷三 111
suō 梭 卷三 53
suō 衰 卷二 172
suō 蓑 卷三 26
suō 缩（縮） 卷二 125
suǒ 所 卷四 156
suǒ 索 卷三 56
suǒ 琐（瑣） 卷四 137
suǒ 锁（鎖） 卷三 57

T

tǎ 塔 卷一 130
tǎ 獭（獺） 卷三 169
tà 挞（撻） 卷四 70
tà 榻 卷三 45
tà 蹋 卷四 82
tà 拓 卷四 78
tāi 胎 卷二 157
tāi 台 卷四 149
tái 台 卷四 149
tái 臺 卷一 129
tái 苔 卷三 120
tài 太 卷四 128
tài 态（態） 卷四 2
tài 泰 卷一 103
tān 贪（貪） 卷二 87
tān 摊（攤） 卷三 95
tān 滩（灘） 卷一 106
tán 坛（壇) 卷一 121
tán 昙（曇） 卷一8
tán 谈（談） 卷四 44
tán 弹（彈） 卷二 43
tán 檀 卷三 140
tǎn 坦 卷四 135
tǎn 袒 卷四 65
tǎn 毯 卷三 48
tàn 歎 卷四 55
tàn 炭 卷二 120
tàn 探 卷四 79
tāng 汤（湯） 卷二 50
táng 唐 卷二 47
táng 堂 卷一 127
táng 棠 卷三 147
táng 塘 卷一 116
táng 餹 卷二 176
táng 螳 卷三 195
tǎng 帑 卷二 5
tǎng 傥（儻）卷四 154
tāo 涛（濤） 卷一 114
tāo 滔 卷四 131
tāo 韬（韜） 卷三 51
táo 逃 卷四 88
táo 桃 卷三 129
táo 陶 卷二 52
táo 萄 卷三 132
tǎo 讨（討） 卷二 35
tào 套 卷三 13
tè 特 卷四 155
téng 滕 卷二 49
téng 腾（騰）卷三 181
téng 誊（謄） 卷四 79
téng 藤 卷三 126
tī 梯 卷一 138
tī 锑（銻） 卷二 118
tí 提 卷四 68
tí 嗁 卷四 54
tí 题（題） 卷二 30
tí 蹏 卷三 180
tǐ 体（體） 卷二 143
tì 薙 卷三 119
tì 涕 卷四 42
tì 弟 卷二 60
tì 惕 卷四 31
tì 替 卷四 15
tiān 天 卷一 1
tiān 添 卷四 112
tián 田 卷一 91

tián 填 卷三 96
tiǎn 忝 卷四 163
tián 甜 卷三 19
tiāo 挑 卷四 75
tiáo 条（條）卷三 138
tiáo 调（調）卷四 52
tiǎo 挑 卷四 75
tiào 粜（糶）卷二 104
tiào 跳 卷四 92
tiē 帖 卷二 27
tiē 贴（貼）卷四 113
tiě 铁（鐵）卷二 117
tiě 帖 卷二 27
tiè 帖 卷二 27
tīng 厅（廳）卷一 86
tīng 听（聽）卷四 37
tíng 廷 卷一 119
tíng 亭 卷一 129
tíng 庭 卷一 140
tíng 停 卷四 116
tíng 霆 卷一 9
tǐng 挺 卷四 126
tǐng 艇 卷三 73
tōng 通 卷一 97
tóng 同 卷四 112
tóng 桐 卷三 141
tóng 铜（銅）卷二 116
tóng 童 卷二 68
tóng 僮 卷二 72
tóng 潼 卷一 113
tóng 瞳 卷二 150
tǒng 统（統）卷二 2
tǒng 桶 卷三 55
tǒng 筒 卷三 55
tòng 痛 卷二 165
tōu 偷 卷二 90
tóu 头（頭）卷二 146
tóu 投 卷四 80
tòu 透 卷四 141
tū 凸 卷二 135
tū 秃 卷四 6
tū 突 卷四 142
tú 图（圖）卷二 28
tú 徒 卷四 155
tú 涂（塗）卷一 93
tú 屠 卷二 111
tǔ 土 卷一 71
tǔ 吐 卷四 61
tù 吐 卷四 61
tù 兔 卷三 172
tuán 团（團）卷四 132
tuó 佗 卷四 151
tuī 推 卷四 77
tuǐ 骽 卷二 161
tuì 退 卷四 84
tūn 吞 卷四 61
tún 豚 卷三 177
tún 臀 卷二 153
tuō 讬（託）卷二 130
tuō 拖 卷四 74
tuō 脱 卷四 143
tuó 驼（駝）卷三 169
tuó 橐 卷三 56
tuó 鼍（鼉）卷三 190
tuǒ 妥 卷四 134
tuǒ 椭（橢）卷二 140
tuò 拓 卷四 78
tuò 柝 卷三 58
tuò 唾 卷四 56
tuò 箨（籜）卷三 150

W

wā 鼃 卷三 192
wǎ 瓦 卷三 66
wài 外 卷一 30
wān 弯（彎）卷三 94
wān 湾（灣）卷一 107
wán 丸 卷二 43
wán 完 卷四 120
wán 玩 卷四 79
wán 顽（頑）卷二 82
wǎn 宛 卷四 121
wǎn 菀 卷三 139
wǎn 晚 卷一 22
wǎn 婉 卷四 2
wǎn 皖 卷一 40
wǎn 椀 卷三 62
wàn 万（萬）卷三 4
wàn 腕 卷二 161
wāng 汪 卷四 130
wáng 亡 卷二 167
wáng 王 卷二 55
wǎng 网（網）卷三 82
wǎng 枉 卷二 84
wǎng 罔 卷四 168
wǎng 往 卷四 84
wàng 妄 卷二 83
wàng 忘 卷四 29
wàng 王 卷二 55
wàng 朢（望）卷一 20
wēi 威 卷四 5
wēi 委 卷四 108
wēi 微 卷四 123
wēi 薇 卷三 109
wēi 巍 卷四 130
wéi 为（為）卷四 95
wéi 违（違）卷四 89
wéi 围（圍）卷二 36
wéi 闱（闈）卷一 128
wéi 唯 卷四 48
wéi 帷 卷三 47
wéi 惟 卷四 154
wéi 维（維）卷三 87
wěi 伟（偉）卷四 3
wěi 伪（偽）卷二 84
wěi 苇（葦）卷三 122
wěi 尾 卷三 180
wěi 纬（緯）卷一 34
wěi 委 卷四 108
wěi 萎 卷三 122
wèi 卫（衛）卷二 48
wèi 未 卷一 28
wèi 位 卷二 94
wèi 为（為）卷四 95
wèi 味 卷三 20
wèi 畏 卷四 25
weì 遗（遺）卷四 104
wèi 胃 卷二 156
wèi 谓（謂）卷四 44
wèi 尉 卷二 96
wèi 渭 卷一 112
wèi 慰 卷四 21
wèi 魏 卷二 49
wēn 温 卷一 16
wén 文 卷二 23
wén 纹（紋）卷三 18

wén 闻（聞）卷四 37
wén 蟁 卷三 200
wěn 稳（穩）卷四 134
wèn 问（問）卷四 46
wèn 汶 卷一 113
wēng 翁 卷二 67
wèng 甕 卷三 66
wō 倭 卷一 66
wō 蜗（蝸）卷三 194
wǒ 我 卷四 149
wò 卧 卷四 10
wò 握 卷四 67
wò 幄 卷三 47
wò 渥 卷四 131
wū 乌（烏）卷三 159
wū 恶（惡）卷二 81
wū 于（於）卷四 154
wū 汙 卷二 88
wū 巫 卷二 110
wū 诬（誣）卷二 84
wū 屋 卷一 126
wú 无（無）卷四 156
wú 毋 卷四 156
wú 芜（蕪）卷三 119
wú 吾 卷四 149
wú 吴（吳）卷一 39
wú 梧 卷三 141
wú 蜈 卷三 201
wǔ 五 卷三 3
wǔ 伍 卷三 5
wǔ 庑（廡）卷一 124
wǔ 忤 卷二 86
wǔ 武 卷二 33
wǔ 午 卷一 28
wǔ 侮 卷二 85
wǔ 鹉（鵡）卷三 158
wǔ 舞 卷二 16
wù 勿 卷四 168
wù 戊 卷一26
wù 务（務）卷四 95
wù 恶（惡）卷二 81
wù 物 卷三 43
wù 误（誤）卷二 83
wù 悟 卷四 34
wù 晤 卷四 12
wù 雾（霧）卷一 7

X

xī 夕 卷一 23
xī 兮 卷四 172
xī 西 卷一 32
xī 吸 卷二 129
xī 汐 卷一 115
xī 希 卷一 71
xī 昔 卷一 21
xī 析 卷三 85
xī 牺（犧）卷三 165
xī 息 卷四 14
xī 奚 卷四 170
xī 悉 卷四 159
xī 惜 卷四 35
xī 稀 卷四 124
xī 犀 卷三 167
xī 晳 卷三 16
xī 锡（錫）卷二 117
xī 溪 卷一 118
xī 熙 卷四 129
xī 膝 卷二 161
xǐ 嬉 卷四 15
xí 习（習）卷三 164
xí 席 卷三 46
xí 袭（襲）卷三 24
xí 媳 卷二 62
xí 隰 卷一 92
xǐ 洗 卷三 93
xǐ 玺（璽）卷二 7
xǐ 徙 卷四 86
xǐ 喜 卷二 114
xì 戏（戲）卷二 111
xì 系 卷二 57
xì 繫（系）卷三 87
xì 细（細）卷四 123
xì 舄 卷三 27
xì 隙 卷一 142
xiā 鰕 卷三191
xiā 瞎 卷四 41
xiá 匣 卷三 51
xiá 侠（俠）卷二 70
xiá 狎 卷二 85
xiá 峡（峽）卷一 109
xiá 狭（狹）卷四 125
xiá 遐 卷一 97
xiá 瑕 卷三 40
xiá 暇 卷四 114
xiá 霞 卷一 7
xià 下 卷一 29
xià 夏 卷一 19
xiān 仙 卷二 193
xiān 先 卷四 96
xiān 秈 卷二 185
xiān 鲜（鮮）卷三 18
xiān 暹 卷一 67
xián 闲（閑）卷一 142
xián 贤（賢）卷二 73
xián 弦 卷一 20
xián 絃 卷二 136
xián 鹹 卷三 19
xián 咸 卷四 112
xián 衔（銜）卷二 98
xiǎn 显（顯）卷四 140
xiǎn 鲜（鮮）卷三 18
xiǎn 险（險）卷一 99
xiàn 苋（莧）卷三 109
xiàn 县（縣）卷一 86
xiàn 限 卷一 99
xiàn 线（綫）卷二 138
xiàn 宪（憲）卷二 95
xiàn 陷 卷四 93
xiàn 羡 卷四 21
xiàn 献（獻）卷四 103
xiàn 见（見）卷四 38
xiàn 霰 卷一 8
xiāng 乡（鄉）卷一 87
xiāng 相 卷四 40
xiāng 香 卷三 48
xiāng 厢（廂）卷一128
xiāng 湘 卷一 45
xiāng 箱 卷三 52
xiāng 襄 卷四 100
xiāng 镶（鑲）卷三 89
xiáng 详（詳）卷四125
xiáng 降 卷四 83
xiáng 祥 卷二 81
xiáng 庠 卷一 122
xiáng 翔 卷三 164
xiǎng 享 卷二 6

xiǎng 响（響）卷四 38
xiǎng 饷（餉）卷二 175
xiǎng 想 卷四 19
xiǎng 鲞 卷三 187
xiàng 向 卷二 127
xiàng 相 卷四 40
xiàng 项（項）卷二 147
xiàng 巷 卷一 89
xiàng 象 卷三 167
xiàng 像 卷二 133
xiàng 橡 卷三 145
xiāo 肖 卷四 121
xiāo 削 卷三 84
xiāo 枭（梟）卷三 154
xiāo 逍 卷四 94
xiāo 鸮（鴞）卷三 154
xiāo 消 卷三 100
xiāo 宵 卷一 24
xiāo 萧（蕭）卷三 122
xiāo 硝 卷二 121
xiāo 箫（簫）卷二 14
xiāo 霄 卷一 12
xiāo 嚣（囂）卷四 49
xiǎo 小 卷四 123
xiǎo 晓（曉）卷一 24
xiǎo 篠 卷三 150
xiào 孝 卷二 75
xiào 校 卷一 122
xiào 笑 卷四 52
xiào 效 卷四 98
xiào 啸（嘯）卷四 54
xiē 歇 卷四 120
xiē 蠍 卷三 202
xié 协（協）卷四 113
xié 邪 卷二 88
xié 胁（脅）卷二 157
xié 偕 卷四 12
xié 斜 卷二 131
xié 挟（挾）卷四 65
xié 携（攜）卷四 68
xié 鞵 卷三 28
xiě 写（寫）卷二 32
xiè 泻（瀉）卷三 98
xiè 卸 卷四 108
xiè 屑 卷三 94
xiè 械 卷二 20
xiè 亵（褻）卷三 24
xiè 解 卷四 34
xiè 谢（謝）卷四 58
xiè 懈 卷四 29
xiè 蟹 卷三 191
xīn 心 卷二 154
xīn 辛 卷一 26
xīn 欣 卷四 21
xīn 锌（鋅）卷二 118
xīn 新 卷一 51
xīn 薪 卷三 128
xīn 馨 卷三 115
xìn 信 卷二 77
xīng 星 卷一 3
xīng 猩 卷三 171
xīng 腥 卷三 20
xīng 兴（興）卷四 10
xíng 行 卷四 88
xíng 刑 卷二 17
xíng 形 卷二 138
xǐng 醒 卷二 179
xìng 兴（興）卷四 10
xìng 杏 卷三 130
xìng 幸 卷四 21
xìng 性 卷四 20
xìng 姓 卷二 47
xiōng 凶 卷二 89
xiōng 兄 卷二 60
xiōng 胸 卷二 154
xióng 雄 卷三 163
xióng 熊 卷三 168
xiū 休 卷四 15
xiū 修 卷四 5
xiū 脩 卷二 177
xiū 羞 卷四 26
xiǔ 朽 卷三 86
xiù 宿 卷一 6
xiù 秀 卷二 184
xiù 褎 卷三 26
xiù 绣（繡）卷二 190
xū 戌 卷一 28
xū 吁 卷四 55
xū 须（須）卷二 163
xū 胥 卷二 100
xū 虚 卷四 139
xū 墟 卷一 93
xū 需 卷四 109
xú 徐 卷四 136
xǔ 许（許）卷四 58
xù 旭 卷一 15
xù 序 卷一 122
xù 敍 卷四 59
xù 恤（卹）卷四 35
xù 绪（緒）卷二 2
xù 续（續）卷三 87
xù 絮 卷三 34
xù 壻 卷二 62
xù 畜 卷三 168
xù 蓄 卷四 110
xuān 轩（軒）卷一 127
xuān 宣 卷四 45
xuān 萱 卷三 127
xuān 喧 卷四 48
xuān 煖 卷一 16
xuán 玄 卷三 17
xuán 旋 卷四 18
xuǎn 选（選）卷四 100
xuàn 绚（絢）卷三 19
xuàn 旋 卷四 18
xuē 削 卷三 84
xuē 鞾 卷三 28
xuē 薛 卷二 49
xué 穴 卷一 103
xué 学（學）卷一 122
xuě 雪 卷一 8
xuè 血 卷二 146
xuè 谑（謔）卷四 57
xūn 勳（勋）卷二 33
xūn 熏 卷三 104
xūn 薰 卷三 123
xún 旬 卷一 21
xún 寻（尋）卷四 107
xún 巡 卷四 106
xún 循 卷四 143
xùn 训（訓）卷二 24
xùn 讯（訊）卷四 47
xùn 孙（孫）卷二 63
xùn 汛 卷一 114
xùn 迅 卷四 136
xùn 驯（馴）卷三 180

xùn 徇 卷二 171
xùn 蕈 卷三 112

Y

yā 压（壓） 卷二 126
yā 押 卷二 103
yā 雅 卷三 160
ya 鸭（鴨） 卷三 162
yá 牙 卷二 151
yá 芽 卷三 113
yá 涯 卷一 107
yá 衙 卷一 125
yǎ 雅 卷三 160
yà 亚（亞） 卷一 61
yà 讶（訝） 卷四 55
yà 迓 卷四 87
yān 咽 卷四 61
yān 烟（煙） 卷一 12
yān 焉 卷四 172
yān 殷 卷二 47
yān 淹 卷三 101
yān 燕 卷三 160
yán 延 卷四 142
yán 严（嚴） 卷二 79
yán 言 卷四 43
yán 妍 卷四 2
yán 巖 卷一 102
yán 沿 卷三 100
yán 盐（鹽） 卷二 121
yán 筵 卷二 8
yán 顏（颜） 卷二 164
yán 檐 卷一 138
yǎn 兖 卷一 47
yǎn 俨（儼） 卷四 121
yǎn 衍 卷四 111
yǎn 掩 卷四 79
yǎn 眼 卷二 150
yǎn 偃 卷四 14
yǎn 演 卷四 118
yàn 砚（硯） 卷二 31
yàn 彦（彥） 卷二 69
yàn 豔 卷四 147
yàn 晏 卷一 24
yàn 唁 卷二 169
yàn 宴 卷二 6
yàn 咽 卷四 61
yàn 验（驗） 卷四 109
yàn 谚（諺） 卷四 53
yàn 雁 卷三 153
yàn 餤 卷二 196
yàn 餍（饜） 卷二 180
yàn 燕 卷三 160
yāng 央 卷一 30
yāng 鸯（鴦） 卷三 161
yāng 秧 卷二 184
yāng 鞅 卷三 78
yāng 扬（揚） 卷四 78
yáng 羊 卷三 175
yáng 阳（陽） 卷一 16
yáng 杨（楊） 卷三 148
yáng 飏（颺） 卷一 10
yáng 佯 卷四 8
yáng 洋 卷一 108
yǎng 仰 卷四 13
yǎng 养（養） 卷二 113
yàng 样（樣） 卷三 14
yàng 恙 卷二 165
yāo 夭 卷二 92
yāo 妖 卷二 92
yāo 要 卷四 164
yāo 腰 卷二 153
yāo 邀 卷四 90
yáo 爻 卷二 25
yáo 尧（堯） 卷二 50
yáo 肴 卷二 177
yáo 轺（軺） 卷三 76
yáo 謠 卷四 53
yáo 摇（搖） 卷四 77
yáo 遥 卷一 97
yáo 陶 卷二 52
yáo 瑶（瑤） 卷三 38
yǎo 杳 卷四 123
yào 藥（葯） 卷三 117
yào 要 卷四 164
yào 钥（鑰） 卷三 57
yào 曜 卷一 13
yē 耶 卷四 171
yé 耶 卷四 171
yé 爷（爺） 卷二 59
yě 也 卷四 171
yě 冶 卷三 83
yě 野 卷一 92
yè 业（業） 卷四 95
yè 叶（葉） 卷三 113
yè 夜 卷一 23
yè 液 卷二 163
yè 谒（謁） 卷四 101
yī 一 卷三 2
yī 伊 卷四 151
yī 椅 卷三 44
yī 衣 卷三 22
yī 医（醫） 卷二 109
yī 依 卷四 9
yī 揖 卷四 63
yī 壹 卷三 5
yī 噫 卷四 55
yí 仪（儀） 卷一 15
yí 夷 卷一 99
yí 沂 卷一 113
yí 怡 卷四 20
yí 宜 卷四 95
yí 贻（貽） 卷四 103
yí 姨 卷二 62
yí 移 卷四 86
yí 蛇 卷三 184
yí 遗（遺） 卷四 104
yí 颐（頤） 卷二 148
yí 疑 卷四 30
yí 彝 卷二 8
yǐ 乙 卷一 25
yǐ 已 卷四 172
yǐ 以 卷四 156
yǐ 矣 卷四 172
yǐ 蚁（蟻） 卷三 206
yǐ 倚 卷四 9
yǐ 椅 卷三 44
yì 乂 卷二 74
yì 弋 卷二 107
yì 亿（億） 卷三 4
yì 义（義） 卷一 78
yì 艺（藝） 卷二 107
yì 艾 卷三 124
yì 衣 卷三 22
yì 忆（憶） 卷四 19
yì 议（議） 卷四 45
yì 亦 卷四 154

yì	异（異）	卷四 126
yì	抑	卷四 155
yì	邑	卷一 86
yì	役	卷二 100
yì	译（譯）	卷四 60
yì	易	卷二 25
yì	佾	卷二 16
yì	诣（詣）	卷四 91
yì	驿（驛）	卷一 91
yì	弈	卷二 108
yì	疫	卷二 166
yì	益	卷四 139
yì	逸	卷四 11
yì	肄	卷四 98
yì	裔	卷二 57
yì	意	卷四 19
yì	溢	卷三 98
yì	缢（縊）	卷二 167
yì	镒（鎰）	卷三 42
yì	毅	卷二 79
yì	薏	卷三 134
yì	臆	卷四 8
yì	翼	卷三 164
yì	懿	卷二 75
yīn	因	卷四 165
yīn	阴（陰）	卷一 16
yīn	荫（蔭）	卷三 139
yīn	音	卷二 136
yīn	姻	卷二 64
yīn	殷	卷二 47
yín	吟	卷四 53
yín	银（銀）	卷二 116
yín	淫	卷二 88
yín	寅	卷一 27
yǐn	尹	卷二 95
yǐn	引	卷四 76
yǐn	饮（飲）	卷二 173
yǐn	蚓	卷三 202
yǐn	隐（隱）	卷四 140
yìn	印	卷一 68
yìn	荫（蔭）	卷三 139
yìn	饮（飲）	卷二 173
yīng	英	卷一 74
yīng	应（應）	卷四 163
yīng	莺（鶯）	卷三 159
yīng	婴（嬰）	卷二 68
yīng	缨（纓）	卷三 21
yīng	樱（櫻）	卷三 129
yīng	鹦（鸚）	卷三 158
yīng	膺	卷二 152
yīng	鹰（鷹）	卷三 153
yíng	迎	卷四 86
yíng	盈	卷三 14
yíng	萤（螢）	卷三 199
yíng	营（營）	卷二 42
yíng	楹	卷一 139
yíng	蝇（蠅）	卷三 199
yíng	赢（贏）	卷二 106
yíng	瀛	卷一 108
yǐng	颍（潁）	卷一 112
yǐng	颖（穎）	卷二 184
yǐng	影	卷二 133
yìng	应（應）	卷四 163
yìng	硬	卷四 133
yìng	媵	卷二 64
yōng	傭	卷二 71
yōng	拥（擁）	卷四 65
yōng	庸	卷四 147
yōng	雍	卷二 78
yōng	壅	卷三 99
yōng	饔	卷二 174
yǒng	永	卷四 128
yǒng	詠	卷四 60
yǒng	俑	卷二 171
yǒng	勇	卷二 33
yǒng	湧	卷三 98
yǒng	蛹	卷三 200
yòng	用	卷四 110
yōu	优（優）	卷二 112
yōu	攸	卷四 170
yōu	忧（憂）	卷四 22
yōu	幽	卷四 124
yōu	悠	卷四 127
yóu	尤	卷四 160
yóu	由	卷四 169
yóu	邮（郵）	卷一 93
yóu	犹（猶）	卷四 161
yóu	油	卷二 175
yóu	莸（蕕）	卷三 123
yóu	游	卷三 100
yǒu	友	卷二 65
yǒu	有	卷四 156
yǒu	酉	卷一 28
yǒu	莠	卷三 127
yǒu	牖	卷一 137
yòu	又	卷四 161
yòu	右	卷一 29
yòu	佑	卷四 105
yòu	囿	卷一 133
yòu	宥	卷二 18
yòu	诱（誘）	卷四 57
yū	迂	卷一 97
yū	吁	卷四 55
yū	淤	卷三 99
yú	於	卷四 154
yú	馀（餘）	卷三 14
yú	余	卷四 149
yú	盂	卷三 64
yú	鱼（魚）	卷三 185
yú	竽	卷二 15
yú	俞	卷二 54
yú	谀（諛）	卷四 57
yú	娱（娛）	卷四 114
yú	渔（漁）	卷二 110
yú	隅	卷一 95
yú	与（與）	卷四 66
yú	瑜	卷三 40
yú	榆	卷三 143
yú	虞	卷二 47
yú	愚	卷二 82
yú	舆（輿）	卷三 76
yú	踰	卷四 83
yú	予	卷四 149
yǔ	与（與）	卷四 66
yǔ	予	卷四 149
yǔ	屿（嶼）	卷一 102
yǔ	宇	卷一 32
yǔ	羽	卷三 163
yǔ	雨	卷一 6
yǔ	禹	卷二 50
yǔ	语（語）	卷四 43
yǔ	妪（嫗）	卷二 60
yù	语（語）	卷四 43
yù	玉	卷三 38
yù	驭（馭）	卷三 181
yù	芋	卷三 135

yù 与（與） 卷四 66
yù 聿 卷四 153
yù 妪（嫗） 卷二 60
yù 鬱 卷三 119
yù 育 卷四 1
yù 吁 卷四 55
yù 菀 卷三 139
yù 狱（獄） 卷二 20
yù 浴 卷四 7
yù 预（預） 卷四 110
yù 域 卷一 85
yù 欲 卷四 29
yù 谕（諭） 卷二 3
yù 棫 卷三146
yù 遇 卷四 90
yù 喻 卷四 46
yù 禦 卷二 36
yù 御 卷二 108
yù 寓 卷一 132
yù 裕 卷四 127
yù 愈 卷四 160
yù 誉（譽） 卷四 50
yù 毓 卷四 16
yù 豫 卷一 46
yù 雨 卷一 6
yù 鬻 卷二 102
yuān 鸢（鳶）卷三157
yuān 鸳（鴛）卷三161
yuān 冤 卷二 17
yuān 渊（淵）卷一116
yuān 宛 卷四 121
yuán 元 卷二 97
yuán 园（園）卷一 134
yuán 员（員）卷二 93
yuán 沅 卷一 45
yuán 垣 卷一 139
yuán 爰 卷四 153
yuán 袁 卷二 54
yuán 原 卷一 92
yuán 圜 卷二 139
yuán 鼋（黿）卷三 190
yuán 援 卷四 64
yuán 缘（緣）卷三 31
yuán 猨 卷三 168
yuán 源 卷一 114
yuán 辕（轅）卷三 76
yuǎn 远（遠）卷一 96
yuàn 苑 卷一 133
yuàn 怨 卷四 23
yuàn 院 卷一 130
yuàn 愿（願）卷四 22
yuē 曰 卷四 43
yuē 约（約）卷四 101
yuè 月 卷一 2
yuè 嶽 卷一 101
yuè 钺（鉞） 卷二 39
yuè 阅（閱）卷一 137
yuè 悦 卷四 20
yuè 乐（樂） 卷二 11
yuè 跃（躍）卷二 128
yuè 越 卷一 42
yuè 说（說） 卷四 43
yuè 粤（粵） 卷一 53
yùn 晕（暈） 卷一 12
yún 雲 卷一 7
yún 云 卷四 43
yún 筠 卷三 150
yún 匀 卷四 135
yún 芸 卷三 123
yún 纭（紜）卷四 135
yún 耘 卷二 181
yǔn 允 卷四 58
yǔn 陨（隕）卷二 167
yùn 孕 卷四 1
yùn 运（運） 卷四 92
yùn 愠 卷四 28
yùn 韻 卷四 38
yùn 蕴 卷四 32
yùn 菀 卷三 139

Z

zá 杂（雜） 卷四 137
zāi 灾（災） 卷三 103
zāi 哉 卷四 172
zāi 栽 卷二 182
zǎi 载（載） 卷三 95
zǎi 宰 卷二 97
zài 再 卷三 2
zài 载（載） 卷三 95
zài 在 卷四 11
zān 簪 卷三 36
zàn 暂（暫） 卷一 21
zàn 赞（贊） 卷四 50
zāng 赃（贓）卷二 100
zàng 臓 卷二 152
zàng 葬 卷二 171
zàng 藏 卷一 60
zāo 遭 卷四 90
zāo 糟 卷二 176
záo 凿（鑿） 卷三 68
zǎo 早 卷一 22
zǎo 枣（棗） 卷三 134
zǎo 蚤 卷三205
zǎo 藻 卷三 120
zào 皁 卷二 72
zào 灶（竈）卷一 136
zào 造 卷四 91
zào 燥 卷三 105
zé 则（則） 卷四 165
zé 择（擇） 卷四 72
zé 泽（澤） 卷一 116
zé 啧（嘖） 卷四 49
zè 仄 卷四 145
zè 昃 卷一 24
zéi 贼（賊） 卷二 92
zèn 谮（譖） 卷四 52
zēng 曾 卷二 56
zēng 增 卷四 139
zēng 憎 卷四 27
zèng 赠（贈）卷四103
zhà 乍 卷一 22
zhà 诈（詐） 卷二 84
zhà 栅 卷一 126
zhāi 斋（齋）卷一 131
zhāi 摘 卷四 15
zhái 宅 卷一 126
zhài 债（債）卷二 105
zhān 黏 卷二 125
zhān 沾 卷三 93
zhān 氈 卷三 48
zhǎn 斩（斬）卷二 22
zhǎn 盏（盞）卷三 63
zhǎn 展 卷四 78
zhàn 占 卷二 109
zhàn 栈（棧）卷一 132
zhàn 战（戰） 卷二 36

zhàn	站	卷四 81
zhāng	张（張）	卷四 78
zhāng	章	卷一 41
zhāng	彰	卷四 140
zhāng	漳	卷一 112
zhāng	璋	卷三 39
zhāng	樟	卷三 143
zhǎng	长(長)	卷四 121
zhǎng	涨(漲)	卷二 125
zhǎng	掌	卷二 159
zhàng	丈	卷三 8
zhàng	仗	卷四 106
zhàng	杖	卷三 71
zhàng	涨(漲)	卷二 125
zhàng	帐（帳）	卷三 47
zhàng	瘴	卷二 166
zhāo	招	卷二 104
zhāo	朝	卷一 119
zhāo	昭	卷一 13
zhǎo	爪	卷二 162
zhǎo	沼	卷一 117
zhào	召	卷四 47
zhào	兆	卷三 5
zhào	诏（詔）	卷二 2
zhào	赵（趙）	卷二 49
zhào	照	卷一 14
zhào	肇	卷四 96
zhē	遮	卷四 15
zhē	折	卷二 134
zhé	摺	卷二 106
zhé	折	卷二 134
zhé	哲	卷二 74
zhé	辄（輒）	卷四 162
zhé	蛰（蟄）	卷三 206
zhé	谪（謫）	卷二 100
zhé	辙（轍）	卷三 77
zhě	者	卷四 171
zhè	浙	卷一 42
zhè	蔗	卷三 135
zhēn	贞（貞）	卷二 76
zhēn	珍	卷三 39
zhēn	真	卷二 193
zhēn	鍼	卷三 53
zhēn	斟	卷三 94
zhēn	甄	卷三 83
zhēn	榛	卷三 142
zhēn	箴	卷二 29
zhěn	枕	卷三 46
zhèn	酖	卷二 178
zhèn	振	卷四 96
zhèn	朕	卷四 150
zhèn	赈（賑）	卷二 4
zhèn	震	卷一 9
zhèn	镇（鎮）	卷一 90
zhēng	争（爭）	卷二 91
zhēng	正	卷一 30
zhēng	征	卷二 35
zhēng	徵	卷四 101
zhēng	筝（箏）	卷二 13
zhēng	烝	卷三 103
zhěng	整	卷四 135
zhèng	正	卷一 30
zhèng	证（證）	卷四 45
zhèng	争（爭）	卷二 91
zhèng	郑（鄭）	卷二 49
zhèng	政	卷二 1
zhī	之	卷四 171
zhī	支	卷一 25
zhī	隻	卷三 2
zhī	只	卷四 171
zhī	汁	卷二 176
zhī	芝	卷三 123
zhī	枝	卷三 138
zhī	知	卷四 34
zhī	肢	卷二 157
zhī	织（織）	卷二 192
zhī	脂	卷二 145
shí	执（執）	卷四 67
zhí	直	卷一 37
zhí	姪	卷二 62
zhí	值	卷二 105
zhí	职（職）	卷二 94
zhí	植	卷二 182
zhí	拓	卷四 78
zhǐ	只	卷四 171
zhǐ	止	卷四 116
zhǐ	旨	卷三 20
zhǐ	址	卷一 141
zhǐ	纸（紙）	卷二 31
zhǐ	祉	卷二 81
zhǐ	指	卷二 158
zhǐ	趾	卷二 162
zhǐ	祇	卷二 193
zhǐ	徵	卷四 101
zhì	至	卷四 86
zhì	誌	卷二 170
zhì	志	卷四 19
zhì	识（識）	卷四 34
zhì	豸	卷三 173
zhì	制	卷二 1
zhì	製	卷三 83
zhì	质（質）	卷二 73
zhì	炙	卷三 103
zhì	治	卷二 2
zhì	栉（櫛）	卷三 52
zhì	陟	卷四 83
zhì	贽（贄）	卷二 6
zhì	致	卷四 101
zhì	秩	卷二 99
zhì	鸷（鷙）	卷三 159
zhì	掷（擲）	卷四 80
zhì	窒	卷四 137
zhì	滞（滯）	卷四 137
zhì	彘	卷三 178
zhì	置	卷四 98
zhì	雉	卷三 157
zhì	稚	卷二 68
zhōng	中	卷一 30
zhōng	忠	卷二 76
zhōng	蚣	卷三 201
zhōng	终（終）	卷四 97
zhōng	鐘	卷二 11
zhōng	鍾	卷三 63
zhōng	衷	卷四 20
zhōng	螽	卷三 196
zhǒng	肿（腫）	卷二 166
zhǒng	种（種）	卷二 181
zhǒng	冢	卷二 172
zhǒng	踵	卷二 162
zhòng	仲	卷四 152
zhòng	衆（众）	卷一 82
zhòng	重	卷二 129
zhòng	种（種）	卷二 181
zhòng	中	卷一 30
zhōu	舟	卷三 72
zhōu	州	卷一 86

zhōu 周 卷二 48
zhōu 洲 卷一 87
zhōu 粥 卷二 173
zhóu 轴（軸）卷二 130
zhǒu 肘 卷二 159
zhòu 纣（紂）卷二 54
zhòu 呪 卷四 56
zhòu 宙 卷一 32
zhòu 绉（縐）卷三 32
zhòu 胄 卷二 44
zhòu 昼（晝）卷一 24
zhòu 皱（皺）卷四 6
zhòu 骤（驟）卷三 182
zhǒu 帚 卷三 56
zhū 朱 卷三 16
zhū 诛（誅）卷二 20
zhū 珠 卷三 38
zhū 株 卷三 138
zhū 诸（諸）卷四 172
zhū 铢（銖）卷三 10
zhū 豬 卷三 177
zhū 蛛 卷三 204
zhú 竹 卷三 149
zhú 术 卷三 125
zhú 逐 卷四 90
zhú 烛（燭）卷三 49
zhǔ 主 卷四 152
zhǔ 属（屬）卷二 97
zhǔ 渚 卷一 116
zhǔ 煮 卷三 105
zhǔ 麈 卷三 170
zhù 助 卷二 125
zhù 住 卷四 17
zhù 杼 卷三 54
zhù 註 卷二 32
zhù 注 卷三 102
zhù 驻（駐）卷三 181
zhù 柱 卷一 139
zhù 炷 卷三 106
zhù 祝 卷二 5
zhù 著 卷二 32
zhù 蛀 卷三 206
zhù 铸（鑄）卷三 83
zhù 築 卷三 96
zhù 翥 卷三 164
zhù 箸 卷三 62
zhuǎ 爪 卷二 162
zhuān 专（專）卷四 36
zhuān 甎 卷三 67
zhuǎn 转（轉）卷三 95
zhuàn 啭（囀）卷四 54
zhuàn 传（傳）卷二126
zhuàn 撰 卷二 32
zhuàn 篆 卷二 30
zhuàn 转（轉）卷三 95
zhuāng 妆（妝）卷四 8
zhuāng 庄（莊）卷二 77
zhuāng 装（裝）卷三 95
zhuàng 壮（壯）卷四 3
zhuàng 状(狀)卷四 121
zhuàng 撞 卷四 70
zhuī 追 卷四 90
zhuī 椎 卷三 70
zhuī 锥（錐）卷三 69
zhuì 坠（墜）卷二 129
zhuì 缀（綴）卷二 192
zhuì 赘（贅）卷四 7
zhūn 谆（諄）卷四 51
zhǔn 準 卷三 60
zhuō 拙 卷二 82
zhuō 捉 卷四 69
zhuō 桌 卷三 44
zhuó 卓 卷四 125
zhuó 斲 卷三 84
zhuó 浊（濁）卷三 97
zhuó 酌 卷二 178
zhuó 著 卷二 32
zhuó 啄 卷四 61
zhuó 琢 卷三 89
zhuó 濯 卷三 92
zhuó 镯（鐲）卷三 37
zī 咨 卷四 55
zī 姿 卷四 2
zī 资（資）卷二 73
zī 缁（緇）卷三 19
zī 滋 卷三 102
zī 锱（錙）卷三 10
zǐ 子 卷一 27
zǐ 姊 卷二 61
zǐ 梓 卷三 141
zǐ 紫 卷三 15
zì 自 卷四 150
zì 字 卷二 23
zì 恣 卷四 28
zōng 宗 卷二 56
zōng 椶 卷三 142
zōng 蹤 卷四 94
zǒng 总（總）卷三 14
zòng 纵（縱）卷一 31
zōu 邹（鄒）卷二 50
zǒu 走 卷四 88
zòu 奏 卷二 3
zū 租 卷二 4
zú 足 卷二 160
zú 卒 卷二 34
zú 族 卷二 56
zǔ 阻 卷二 125
zǔ 组（組）卷三 30
zǔ 俎 卷二 9
zǔ 祖 卷二 56
zuān 钻（鑽）卷三 90
zuàn 钻（鑽）卷三 90
zuì 最 卷四 160
zuì 罪 卷二 22
zuì 醉 卷二 178
zūn 尊 卷四 152
zūn 遵 卷四 91
zuó 昨 卷一 22
zuǒ 左 卷一 29
zuǒ 佐 卷四 100
zuò 作 卷四 95
zuò 坐 卷四 10
zuò 座 卷一 141
zuò 酢 卷三 94

天 平

腆平聲。至高無上曰天。　天地。青天。

他前切。天積氣也。氣包乎地。近地者氣濃。離地愈遠則愈薄。以風雨表測之。高千尺氣輕三十之一。高萬有六百尺輕三之一。高萬八千尺輕二之一。高至二百餘里而氣盡。氣盡則空。故曰天空。

氣 去

气

音器。陰陽呼吸為氣。　天氣。氣數。

邱旣切。氣乃餼之古字也。雲氣之氣本作气。今以氣字代气。生物在天地中。如魚在水。其所呼吸皆空氣也。靜則曰氣。動則曰風。　氣無質而有質。今化學家有養氣淡氣水氣炭氣等名。

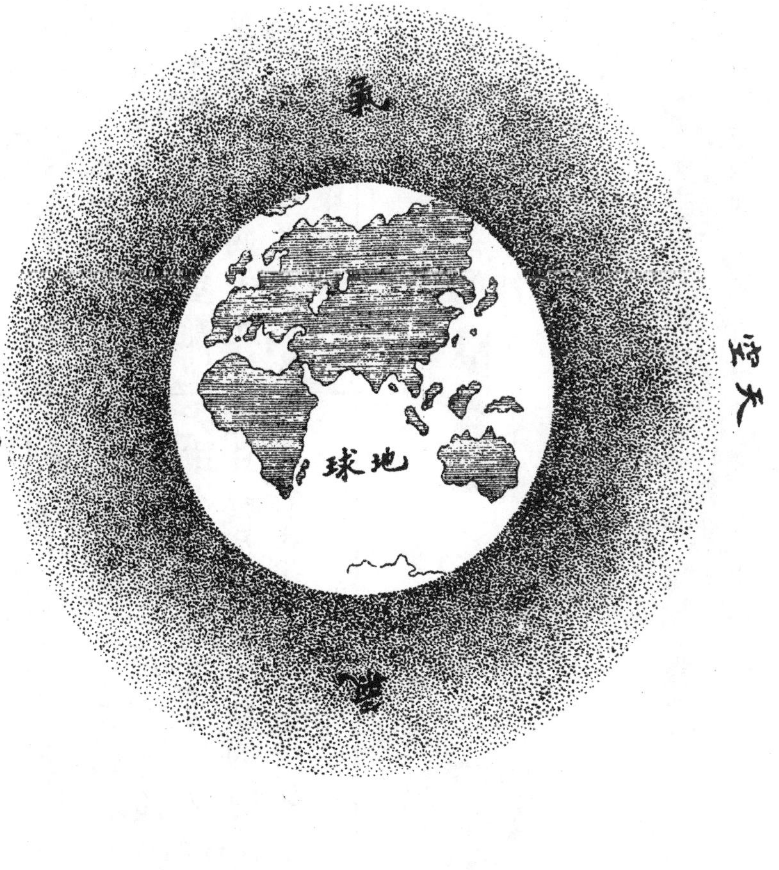

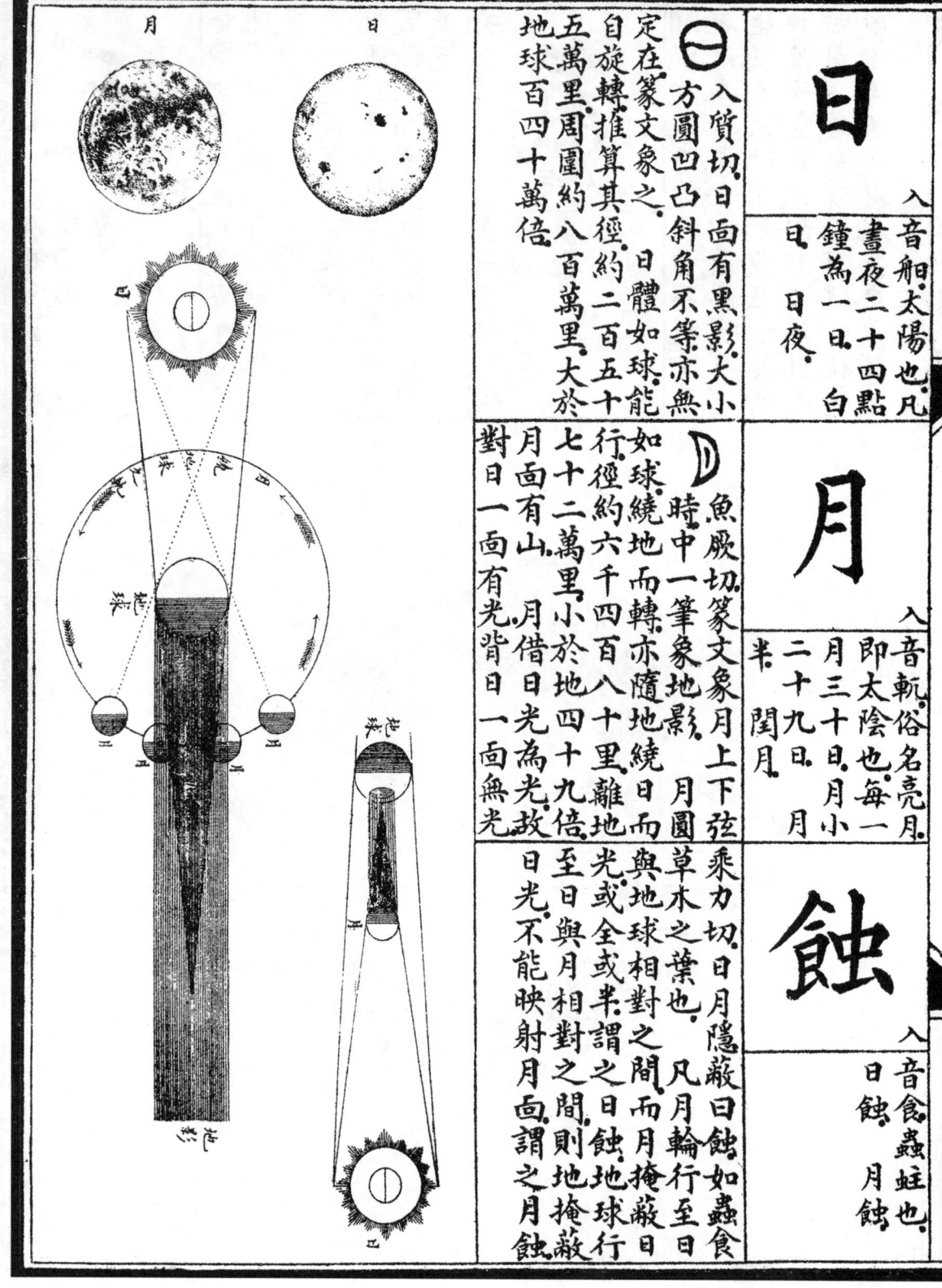

日 入

音舳。太陽也。凡晝夜二十四點鐘為一日。白日。日夜。

日 入質切。日面有黑影。大小方圓凹凸斜角不等。亦無定在。篆文象之。 日體如球。能自旋轉。推算其徑。約二百五十五萬里。周圍約八百萬里。大於地球百四十萬倍。

月 入

音軏。俗名亮月。即太陰也。每一月三十日。月小二十九日。月半。閏月。

月 魚厥切。篆文象月上下弦時。中一筆象地影。 月圓如球。繞地而轉。亦隨地繞日而行。徑約六千四百八十里。離地七十二萬里。小於地四十九倍。 月面有山。 月借日光為光。故對日一面有光。背日一面無光。

蝕 入

音食。蟲蛀也。 日蝕。 月蝕。

乘力切。日月隱蔽曰蝕。如蟲食草木之葉也。 凡月輪行至日與地球相對之間。而月掩蔽日光。或全或半。謂之日蝕。地球行至日與月相對之間。則地掩蔽日光。不能映射月面。謂之月蝕。

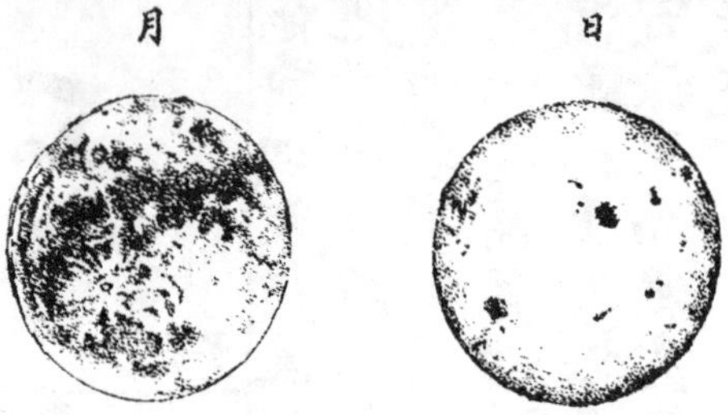

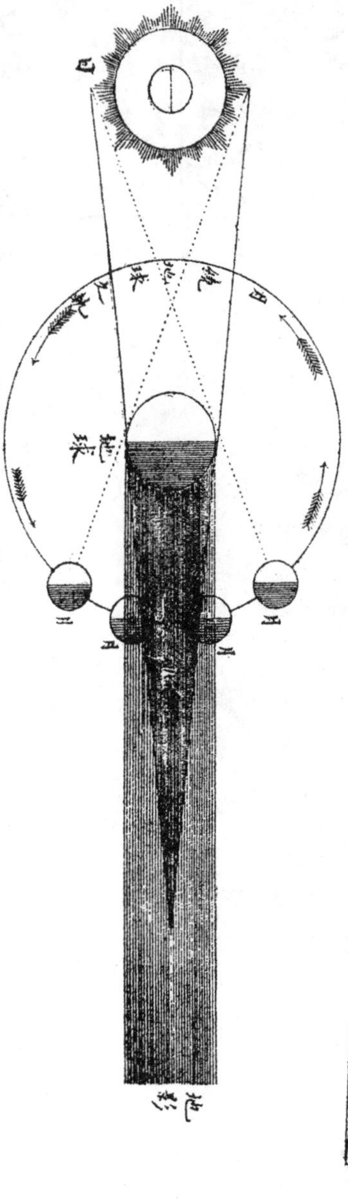

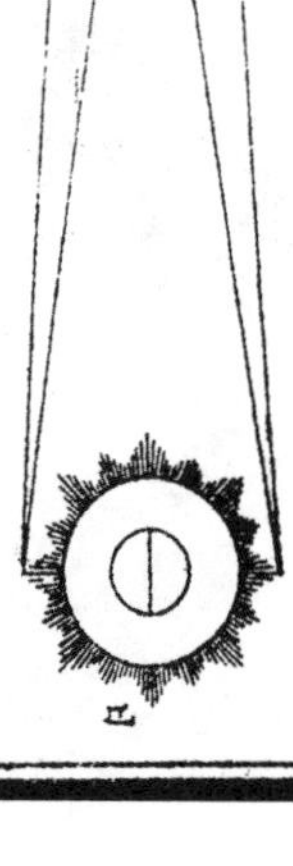

行星軌道

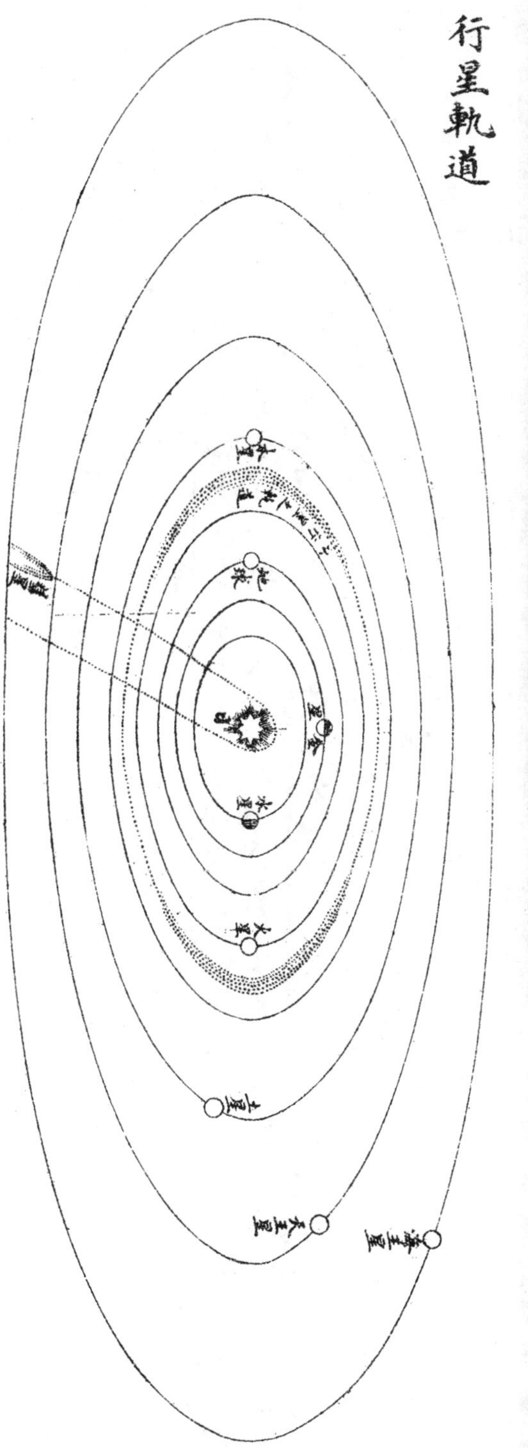

星

平

音腥。天空諸曜曰星。星宿。壽星。

先青切。動者為行星。不動者為恒星。行星各依軌道環日而行。小者百餘。大者水星金星地球火星木星土星天王海王凡八。恒星散佈天空。大小不等。目能見者有四五千之多。恒星有光。行星無光。借日光以為光。

水星

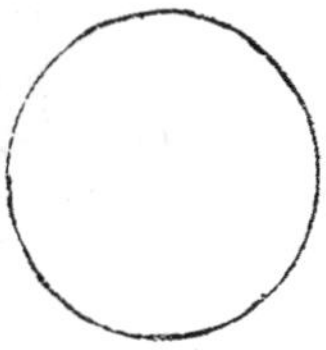

水星即辰星也。距日一萬一千一百萬里。其全體小於地球十九倍。繞日一周。須八十八日。

金星

金星即太白星也。夜見西方曰長庚。朝見東方曰啟明。其軌道距日約十九千八百萬里。其全體小於地球十分之一。繞日一周。須二百二十五日。其星面有光多光少之時。一如月之盈缺。

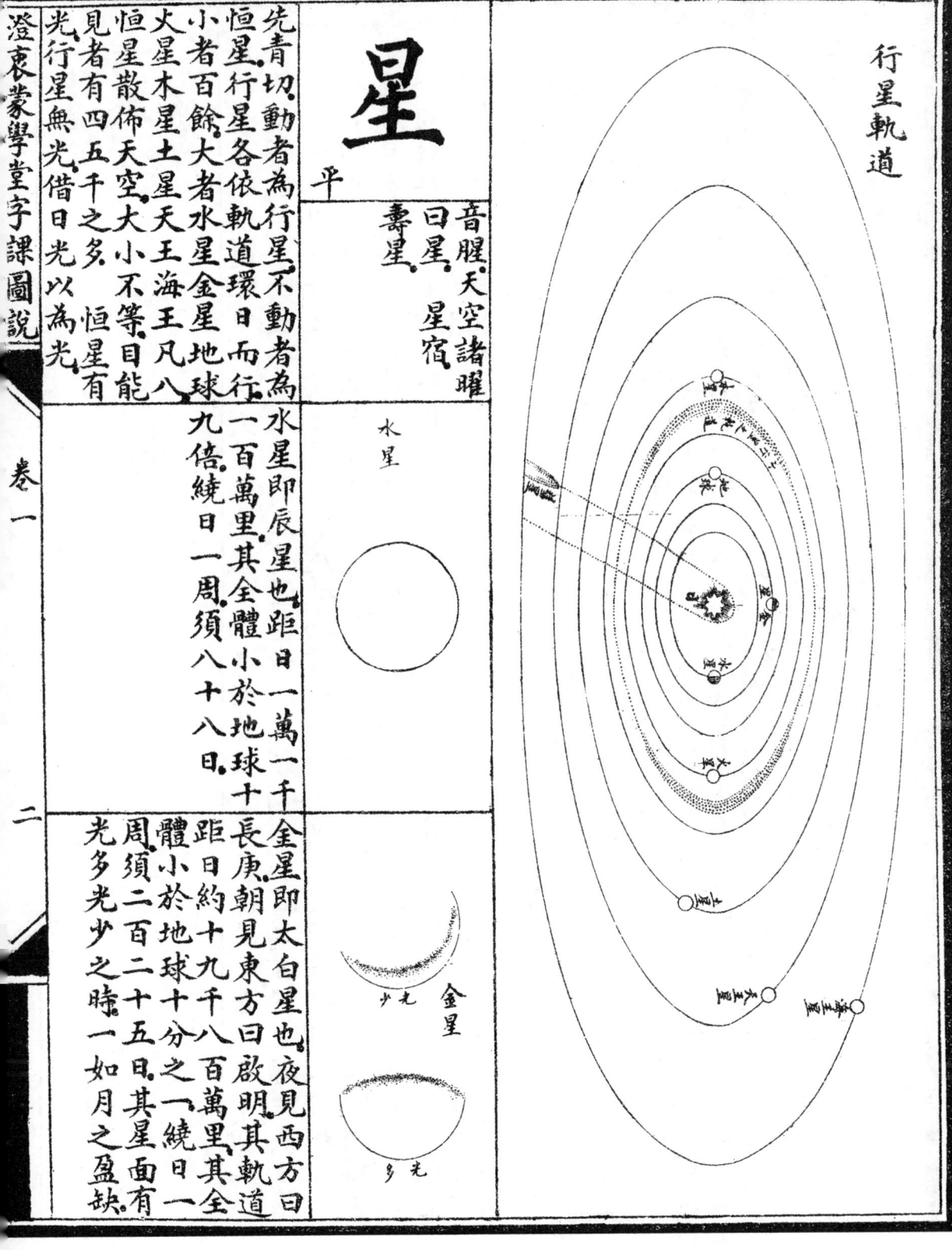

地球亦行星也。軌道距日約二十七千四百萬里。東西徑二萬二千九百十八里。南北徑二萬二千八百四十一里。周圍七萬二千里。繞日一周為一年。自轉本軸一周計二十四小時為一日。凡一點鐘為一小時。

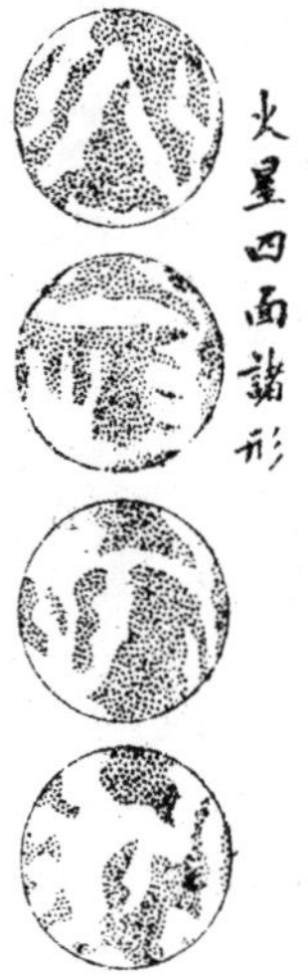

火星即熒惑也。距日四萬三千五百萬里。其星甚微。以遠鏡測之。其紅色處疑為陸地。其綠色處疑是海洋。其全體小於地球七倍。繞日一周須一年十一個月。

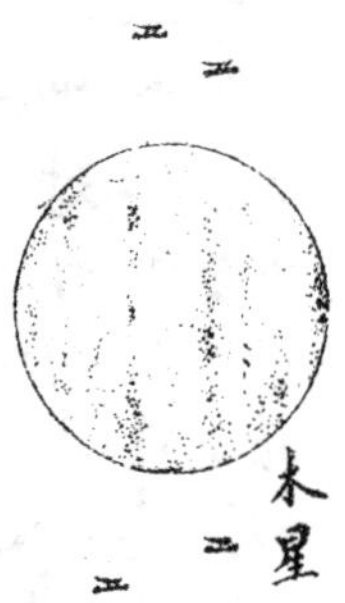

木星即歲星也。距日十四萬八千八百萬里。其光頗大。其面有黑斑縷縷。其全體大於地球千四百倍。外有四月輪繞之。繞日一周須十一年零三百十七日。其在本軌道一小時能行九萬里。自轉本軸約十小時一周。

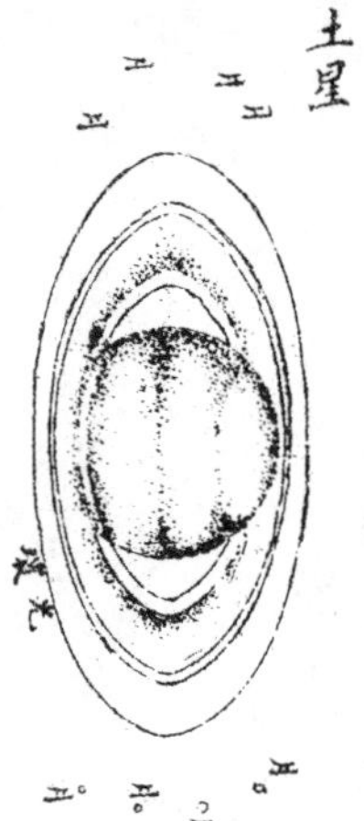

土星即填星也。距日二十七萬二千六百萬里。其全體大於地球千倍。繞日一周須二十九年半。自轉一周約十小時有半。星面有光環三匝。旋繞四周。環之左右有八月輪繞之。

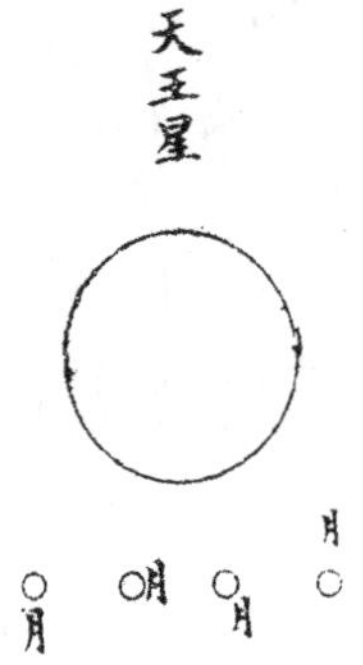

天王星離日五十四萬萬里。繞日一周約八十四年。其旁有四月繞之。其全體大於地球九十倍。於乾隆四十六年測出。此星離地甚遠。非用大遠鏡清夜無雲不能測見。

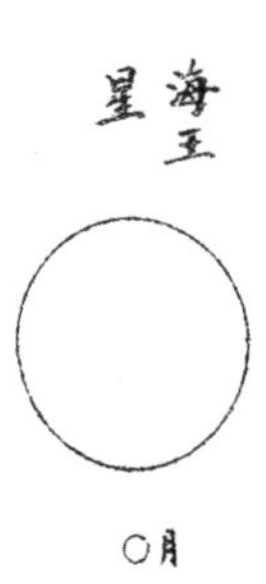

西士測出天王星後。又測得海王星。其軌道離日八十五萬八千六百萬里。繞日一周約一百六十四年。全體大於地球六十倍。旁有一月繞之。此星離地更遠。最難測見。

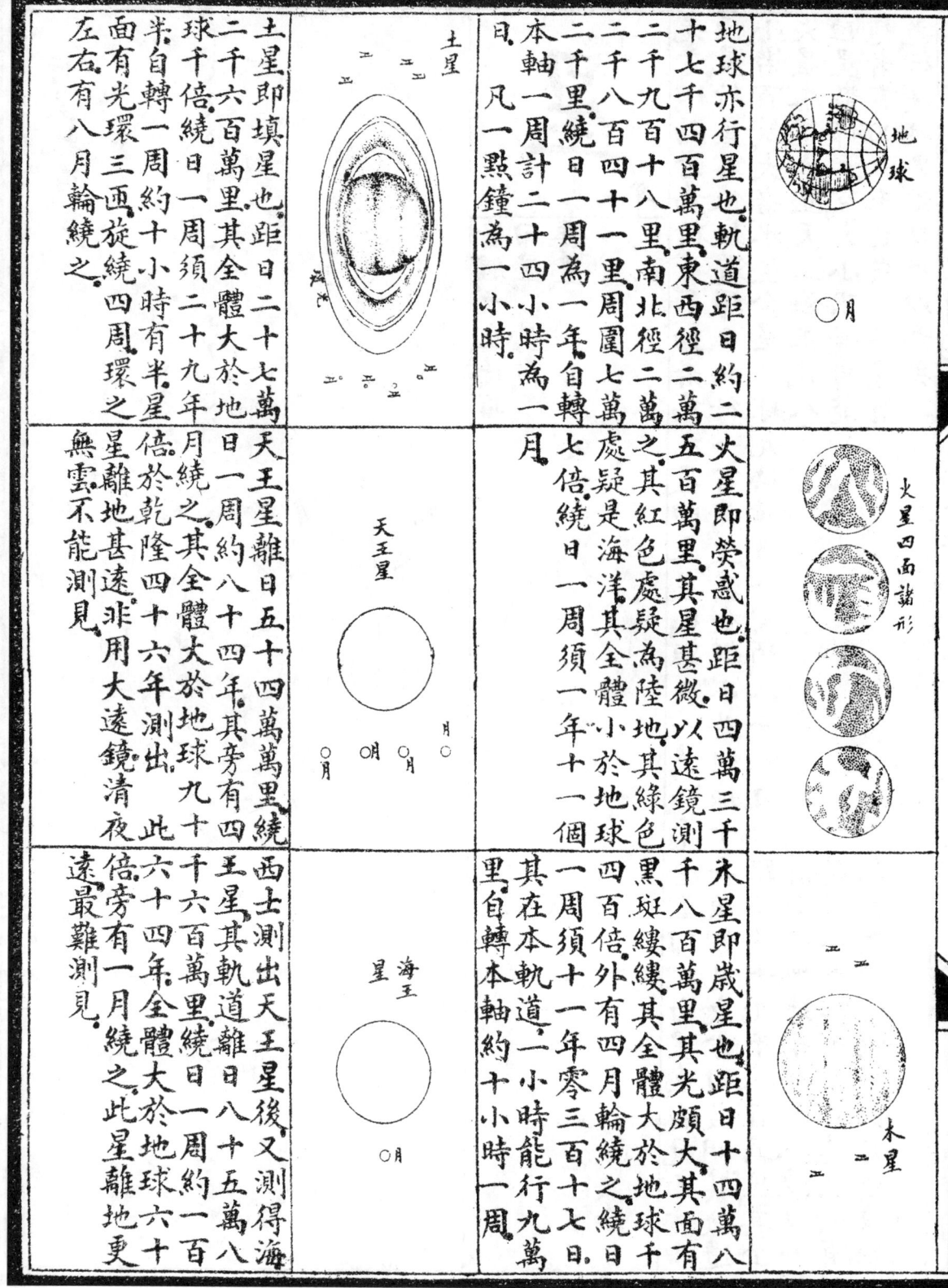

去

彗

音篲。彗俗名掃帚星。　彗孛。

祥歲切。帚也。又彗星為欃槍。亦稱長星。亦謂之孛。　彗星軌道有短長。繞日而行。亦有遲速。其質輕浮如白雲。其狀有首有尾。多者或數尾。首常向日。尾常背日。其隱見無定時。中國指為妖星。西人則否。

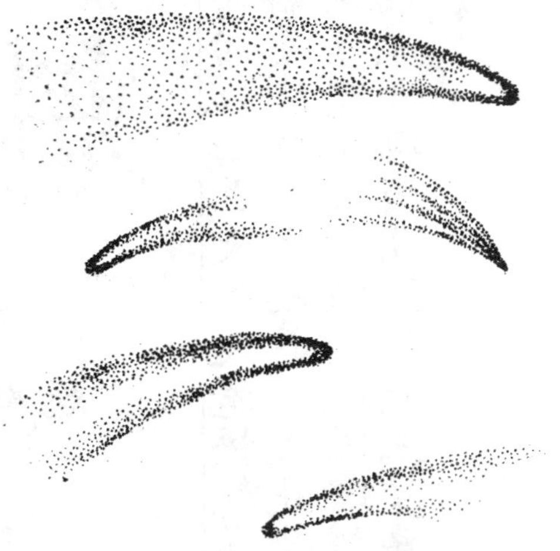

入

孛

音勃。孛掃帚星之小者。　彗孛。

蒲沒切。彗星也。　孛彗長三星其形小異。孛星芒短。其光四出。蓬蓬孛孛也。彗星尾長。參參如掃帚。長星則光芒竟天。西人測見嘉慶十六年所見之彗。長三萬萬里。咸豐十年所見之彗。長六千萬里。

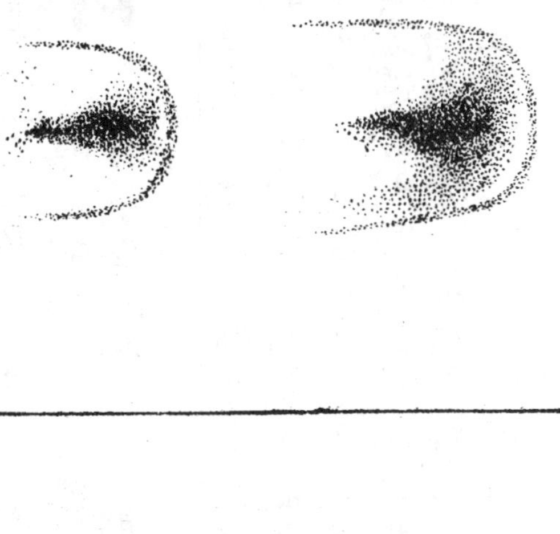

上

斗

音陡。凡十升為一斗。　北斗七星。

當口切。星名。北斗七星。南斗六星。天市垣小斗五星。皆似斗形。北斗內四星成四角形。外三星略成三角形。西人名為大熊。亦名車。亦名耒。　科斗蝦蟆子也。亦名活東。頭大尾小。古文似之。故稱蝌蚪書。

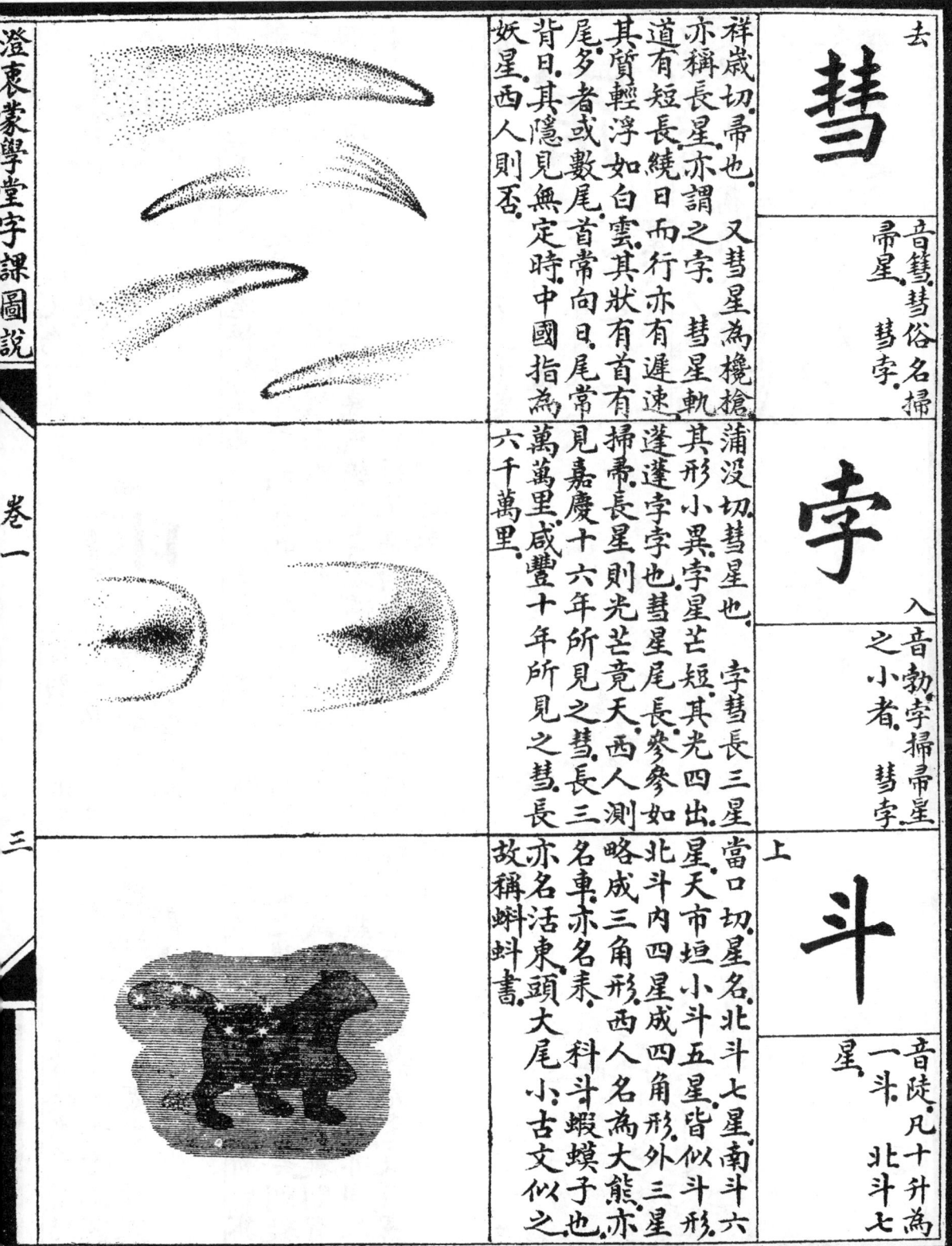

魁 平

音恢。凡為首者皆曰魁。 魁星。經魁。

苦回切。壯也。大也。凡魁梧魁岸魁壘。皆取壯大之義。 又北斗七星。魁為身。杓為柄。樞璇璣權四星為魁。衡開陽搖光三星為杓。

宿 去 入

音夙。夜止其處曰宿。 住宿。

音秀。日月五星交會之所也。星宿。

息六切。一宿曰宿。 又息救切。史記二十八宿。角亢氐房心尾箕為東方之宿。井鬼柳星張翼軫為南方之宿。奎婁胃昴畢觜參為西方之宿。斗牛女虛危室壁為北方之宿。

雨 去 上

音羽。雲中水气下垂為雨。 風雨。雨點。

音芋。降雨也。

王矩切。一象天。丨地氣上騰也。冂則天氣下降也。陰陽和而後雨。點則雨形。 水氣經日光曬熱。騰入雲表。遇冷則凝。漸凝漸重。復化為雨而下降。 詩雨我公田之雨。王遇切。

露 去

音路。水氣凝結於地面者為露。 甘露。露水。

魯故切。日光既西。地熱漸散。其水氣之騰佈地面者。遇冷則凝為露。試以口向玻璃呵氣。則有小珠點凝成。地面之露。亦同此理。草木枝葉散熱尤速。故成露較多。

雲 平

音云。地氣上騰為雲。風雲。雲烟。

于分切。凡山氣水氣烝為烟霧。在高處愈積愈厚。則合成雲。或輕如羅。或重如峯巒。或層層倚疊如魚鱗。覘其狀可以知晴雨。又雲漢天河也。朗夜見天空有白光一帶。橫亙如河。實乃無數小星簇聚一處。

霞 平

音遐。赤雲氣也。雲霞。霞光。

何加切。雲氣受日光返照。則映為霞。或雲與日東西正照。亦映為霞。

霧 去

音務。水氣迷漫於地面者為霧。雲霧。霧氣。

亡遇切。水氣不特能凝為露。倘早晚為天空涼氣所縮。亦能賸而為霧。縱目空際。白氣迷漫。宛如雨後炊煙。籠罩屋頂。重者至咫尺莫辨。航海者有戒心焉。風日開明。自能解散。

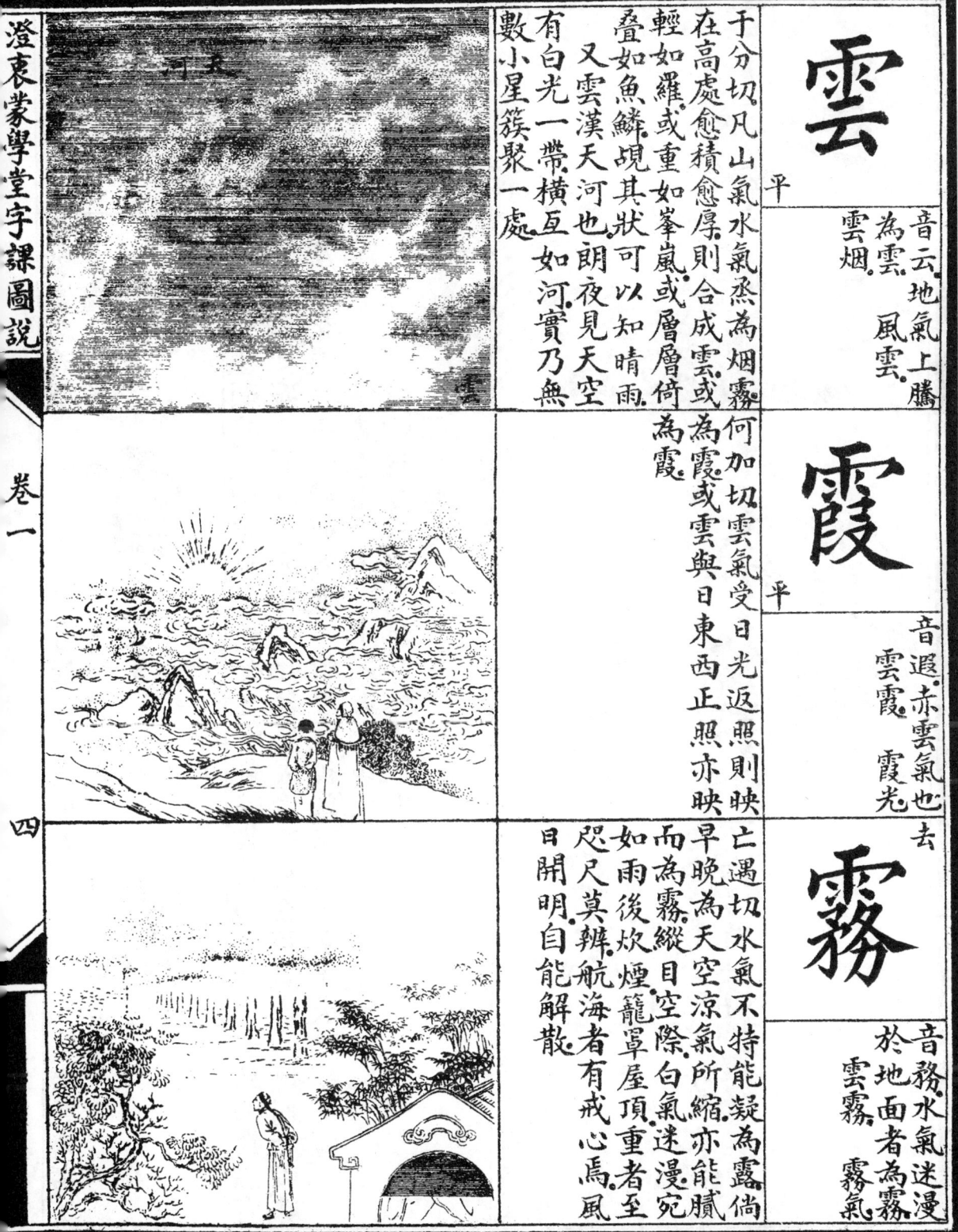

霜 平

音驦。露結為霜。 風霜。 霜降。

師莊切。時屆深秋。冷度加甚。則露之流質凝為定質。是謂之霜。其色潔白。有如細屑冰花。遇日則解。

雪 入

音憏。雨下遇嚴寒。凝而為雪。 大雪。 雪花。

蘇絕切。空氣中所含之水氣。遇冷則結為冰花。彼此輻輳。成六出之形。則為雪。 臘雪能殺諸蟲。春雪則否。 中國五臺山之雪。經夏不消。南北二極及寒帶間皆如是。

霰 去

先去聲。俗名雪珠。

蘇甸切。天將雨雪。始必微溫。雪飄空際。遇溫氣而摶。則結成珠顆。又似空中撒鹽。謂之霰。

曇 平

音覃。雲布曰曇。 曇雲。 曇花。

徒含切。曇曇。黑雲環聚之貌。又西方呼世尊為瞿曇。

去

電

音殿。陰陽激燿也。電報。電燈。摩電。溼電。

堂練切。陰陽二氣薄而生熱。熱而發光曰電。設相薄之際。有他物阻乎其間。則薄力愈大。於是迸而為火。震而為雷。電速三倍於光。每秒約行五十七萬英里。動植及金類多有含之者。今所用則人造之電也。

平

雷

音罍。電之聲為雷。響雷。雷擊。

盧回切。陰陽二電。摩盪空際。鼓擊而成聲者為雷。雷聲必在電後者。光行較速於聲。如施放大炮。先見火後聞聲也。避雷之法。勿近鐵器。勿著濕衣。勿倚高牆。勿開窗戶。屋高者設防雷桿。可以引電入地。

平

霆

音庭。雷之餘聲曰霆。雷霆。霆震。

唐丁切。雷聲隆隆。久而不絕者為霆。急擊者為霹靂。

去

震

音振。雷之烈者曰震。震怒。地震。

章刃切。霹靂也。地下陽氣破地面之陰氣而出。其聲霹靂。足以振物。故曰震。易震為雷䷲。又地動曰地震。又震澤太湖也。今分跨江浙蘇州常州湖州三府。

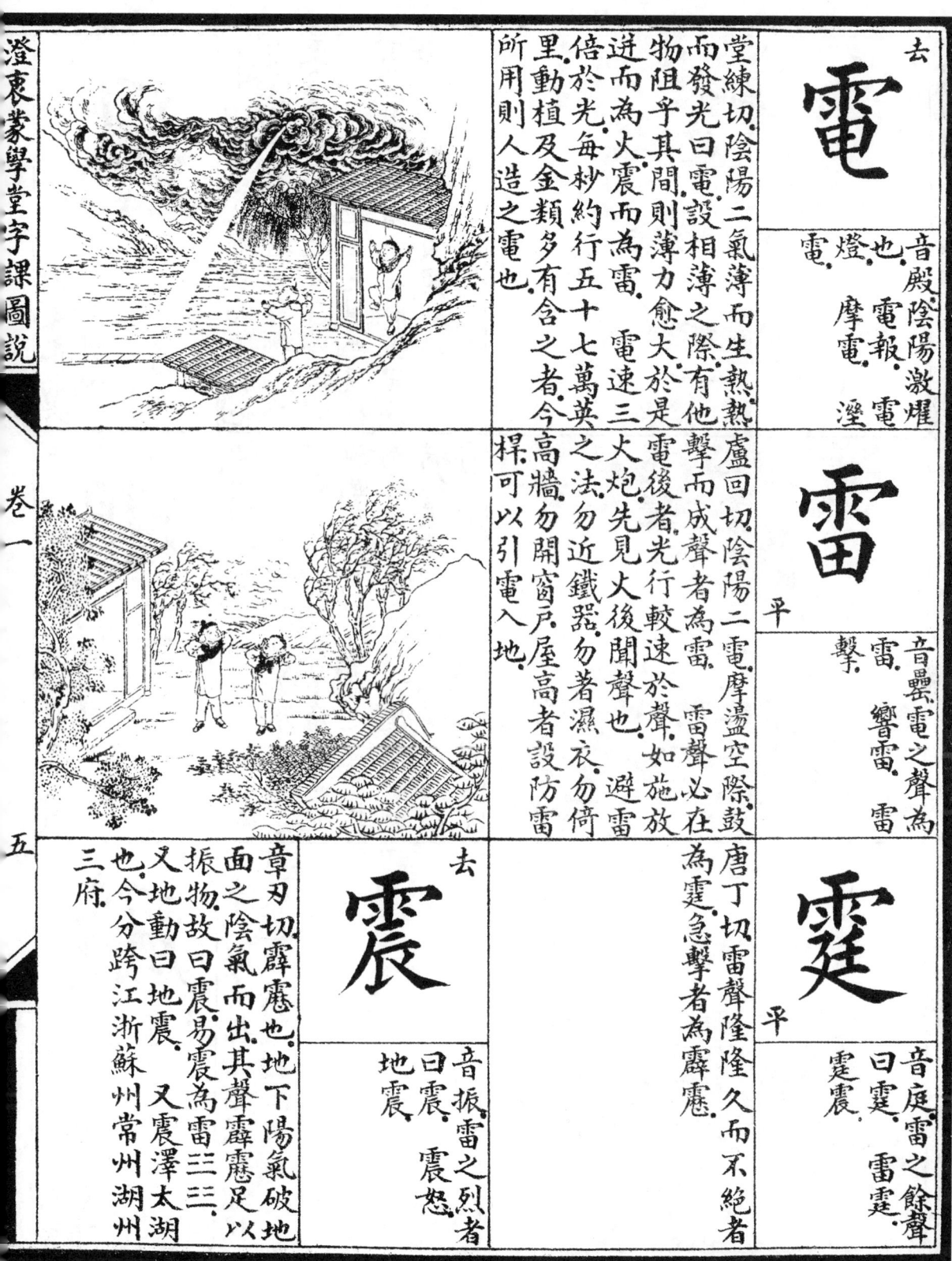

風 平

音楓。氣之動者為風。風雨。大風。

方中切。地氣熱則漲而上騰。他處冷氣流來補之。其自熱處吹至冷處者。高層之風。自冷處補入熱處者。近地面之風也。風行有徐有疾。徐者一小時五里。疾者一小時三四百里。

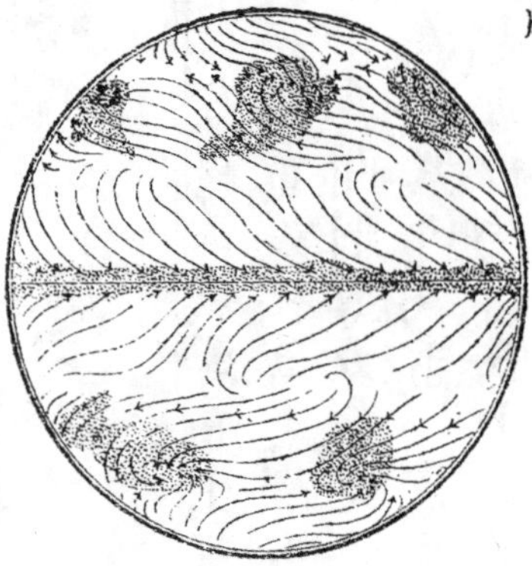

颶 去

音懼。海中大風曰颶風。

衢遇切。颶者具四方之風也。兩風相鬬則成旋風。如水溜過急。鬬成旋渦之理。即羊角風是也。旋風大者為颶風。颶之旋轉。其圈甚大。有徑二三千里者。颶之將作。黑雲下垂。形似龍尾。海水即湧起而迎之。俗謂海龍吸水。

颺 平

音陽。風起曰颺。悠颺。颺拜。

移章切。颺者揚也。謂風之飄揚有致也。假借為颺言之颺。

雹

入

音撮。雨冰曰雹。

𩂣弼角切。雹之古文也。从雨。晶象形。急雨入冷氣界。驟結為冰顆。初尚輕小。下墜時被冷風旋轉數次。愈併愈大。有如豆如卵如石者。剖之其層數歷歷可辨。

霾

平

音埋。落沙天也。風霾。

莫皆切。風而雨土為霾。謂大風揚塵土從上下也。又晦也。物經塵霾。其色則晦。

靄

去

音藹。雲之狀也。靄然。和靄。

於蓋切。雲氣淒迷曰靄。月色朦朧。亦曰靄。

虹

平

音洪。長虹。俗名鱟。虹霓。

戶公切。螮蝀也。日光映照空中雨氣。折而成環形。類懸梁。分為七彩。有現一道者。有現二道三道者。猶之三棱玻璃分日光為數色也。

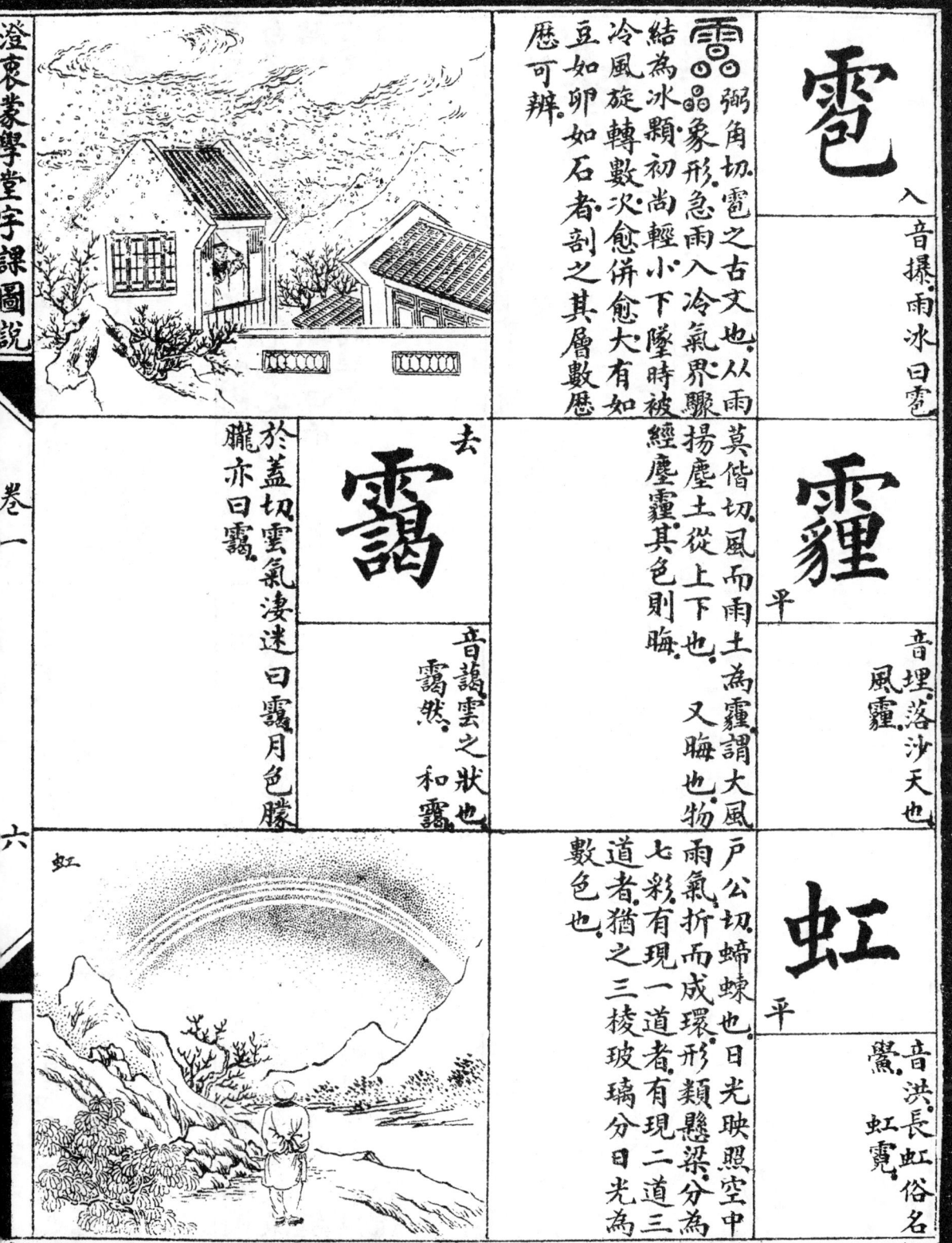

霓

入 音倪。虹也。雲霓。

平 音齧義同

研奚切。日光入雨。屈折而成色。白者為虹。色青赤者為霓。又倪結切。義同。俗稱雄曰虹。雌曰霓。又稱海中鱟魚噴氣為虹霓。均不可信。

暈

去 音運。日月旁氣也。月暈。

禹慍切。氣圍日月之光。相映成環。有似兵圍軍壘。故曰暈。皆風雨之先象也。

煙

平 音焉。火之氣也。香煙。煙筒。

烏前切。凡中含水氣。濛濛如雨布於空際者為霧。中含炭氣。滾滾如雲布於空際者為煙。朝煙見日即散。炊煙遇風即散。惟火山之巔常有白煙。亙古不散。

霄

平 音宵。雨霰為霄。九霄。

思邀切。凡冰雪雜下者謂之霄。又日旁雲氣曰霄。

乾

平

音虔。健也。乾坤。乾音干。燥也。乾溼。

渠焉切。達於上者為乾。凡上達者莫若氣。惟天積氣。故易乾為天☰　又古寒切。左傳外强中乾。乾者溼之對也。

曜

去

燿　耀

音鷂。光明所照曰曜。曜眼。

弋笑切。日月五星謂之七曜。五星者。指東方歲星。南方熒惑。西方太白。北方辰星。中央鎮星言之也。　又與耀同。熠耀。螢火也。

晴

平

音情。雨止無雲也。陰晴。晴天。

慈盈切。

朗

上

郎上聲。光之明者曰朗。聲之高者亦曰朗。高朗。朗誦。

盧黨切。

昭

平

音招。光明也。昭彰。昭昭。

止遙切。明之顯者曰昭。為其昭然共見也。廟祧之位。左昭右穆。父為昭。子為穆。

暉

平

煇　輝

音揮。光之暈也。光暉。

吁韋切。

景 上

音警。日光也。風景。景致。

舉影切。光之所照有界限也。古影作景。如周禮正日景是。又景有光大之義。故屬於天者曰景星曰景雲曰景風。屬於地者曰景山曰景行。屬於人者曰景福。

霽 去

音擠。雨止也。晴霽。霽月。

子計切。

照 去

音詔。光之所燭曰照。照耀。心照。

之笑切。

飄 平

音標。回風曰飄。飄飖。飄泊。

卑遙切。飄風疾風也。其勢扶搖而起。近於羊角。亦曰回風。又御風而行。暢然意滿者為飄飖。

霖 平

音林。雨自三日以往為霖。甘霖。霖雨。

力尋切。

旱 去

音翰。不得雨曰旱。二穀不熟曰旱。乾旱。旱魃。

候旰切。

儀

平

音宜。有儀可像謂之儀。威儀。儀器。

魚羈切。儀者萬物之程式也。易以乾坤為兩儀。太元經以天地人為三儀。又測天之器古曰渾儀。今有子午儀經緯儀紀限儀之屬。

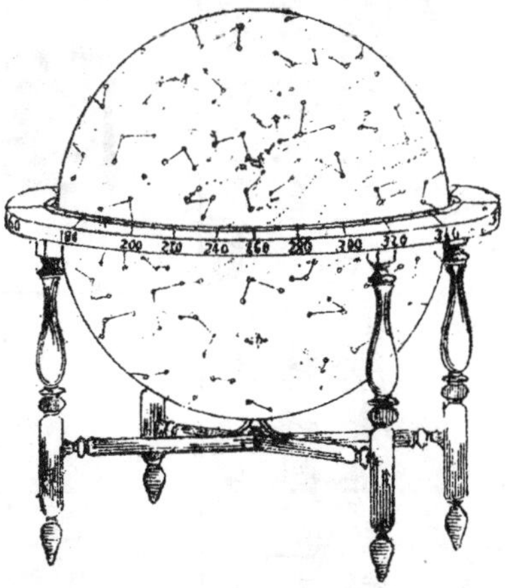

晷

上

音軌。日景也。日晷。晷影。

居洧切。以表度日謂之晷。其法望高處為體。立長短二竿為用。二竿與高齊等。度三物兩間修短。句股而求之。寒暑短長瞭然自見。

旭

入

音勗。日旦出貌。朝旭。旭旦。

許玉切。旭者明著之名。東方日升。明著天下。故曰旭。

明

平

音鳴。無幽不燭曰明。聰明。明白。

眉兵切。天下最明者莫如日月。故古文以日月為明。凡都曰明都。堂曰明堂。皆取明照之意。水曰明水。粢曰明粢。衣曰明衣。皆取明潔之意。又代名。繼元而有天下。

暗

去

闇

諳去聲。日無光曰暗。黑暗。暗室。

烏紺切。

陰 平

音音。闇也。太陰。　陰陰天。

於今切。水之南，山之北也。又詩以陰以雨。陰者晴之對也。易一陰一陽之為道。陰者陽之對也。

陽 平

音羊。明也。太陽。　陽氣。

移章切。山南水北謂之陽。山東曰朝陽，山西曰夕陽，隨日所照名之也。　日面光熱最大，離地二十七千四百萬里，猶能令地球温暖，故日為太陽。

温 平

音蕰。氣煖曰温。色和曰温。　温飽。　温柔。

烏魂切。温水出今四川合江縣至涪州入黔江，一名煖水。　又郡名。浙江有温州府。　又距赤道南北二十三度半之帶為温帶。　凡火山附近必多硫石，其下常有温泉，浴之可已癬疥。

涼 平

音良。微寒也。　清涼。　涼氣。

呂張切。北風曰涼風。時至孟秋則涼風至。　又漢武帝改雍州曰涼州，亦以地處西邊氣候寒涼之意。

冷 上

令上聲。涼之甚者曰冷。　冰冷。　冷熱。

魯打切。天氣最冷，其近於南北極者尤冷。地受日光，故氣煖，其近於赤道者尤煖。煖氣上騰，則冷氣自下流來補之。一冷一煖，旋相為用。

煖 上

煗 暄 暖 平

音萱。温也。　寒煖。　飽煖。　音餪，義同。

許元切。本作暄。　又乃管切。亦作暖。又與煗同。

世

去

音勢。終一人之身曰世。　世界。　時世。

𠁥舒制切。世从卅而曳長之。故三十年為一世。　父子相繼為世。凡世卿世家世父世子。皆準是義。　梵書以過去見在未來為三世。

代

去

音岱。以彼易此以後續前曰代。　替代。　年代。

度耐切。王者有天下則易代。夏商周為三代。晉宋齊梁陳隋為六代。梁唐晉漢周為五代。　又國名。古代國在今山西大同府。

年

平

撚平聲。穀熟為年。　年紀。　流年。

奴顛切。凡五穀一年一熟。故說文以穀熟為年。　年即歲也。夏曰歲。殷曰祀。周曰年。唐虞曰載。歲取星行一次。祀取四時一終。年取禾穀一熟。載取物終更始。

歲

去

音帨。四時一終曰歲。　年歲。　歲星。

須銳切。歲星即木星。為八大行星之一。二十八宿分十二次。歲星十二歲而周天。是為歲行一次。　又星家以太歲為凶星。漢王充論衡。已斥其妄。

時

平

音蒔。春夏秋冬為四時。　時令。　歲時

市之切。每年四時。每日十二時。今西人以一點鐘為一小時。

季

去

音記。少者為季。春夏秋冬為四季。

居悸切。季為幼穉之稱。故其序在伯仲叔之後。引而伸之。凡季世季父及四時之季。皆同此義。

歷 厤 入

音櫪。事之身經者曰歷。閱歷。歷數。

狼狄切。黃帝之臣容成始作歷。自漢迄明。歷法屢變。國朝製歷兼採中西。御製歷象考成一書。法尤精密。

閏 去

音潤。中國曰閏月。西人曰閏日。

儒順切。閏月王居門中。故門王為閏。歲實以三百六十五日六小時為一年。中歷每年三百五十四日。其餘日積而為閏。故三年一閏。五年再閏。西歷以三百六十五日為一年。餘六小時積四年而成一日。故四年一閏。

伏 入

音服。偃覆曰伏。屈伏。伏臘。

房六切。伏以伺為本義。凡伺人者必於隱。故潛伏。俯伏。伏莽。伏兎。皆取隱伏之意。秦德公定三伏之節。以夏至後三庚為初伏。四庚為中伏。立秋後初庚為末伏。

臘 臈 入

音蠟。祭名。十二月為臘月。伏臘。臘梅。

落合切。祭也。歲終臘祭百神也。夏曰嘉平。殷曰清祀。周曰大蠟。漢曰臘。臘祭之期。夏在丑月。殷在子月。周在亥月。秦漢皆與夏制同。而漢獨用冬至後三戌。

寒 平

音韓。涼之甚者曰寒。寒暑。大寒。

河干切。凍也。从人在宀下。以艸上下薦覆之。下有仌也。地球以南北極為最寒。故距兩極二十三度半之帶為寒帶。

暑 上

音鼠。煮也。熱如煮物也。暑氣。避暑。

舒呂切。暑與熱同而異。熱近燥。如火之烘。暑近溼。如水之烝。節令有大暑。小暑。處暑。

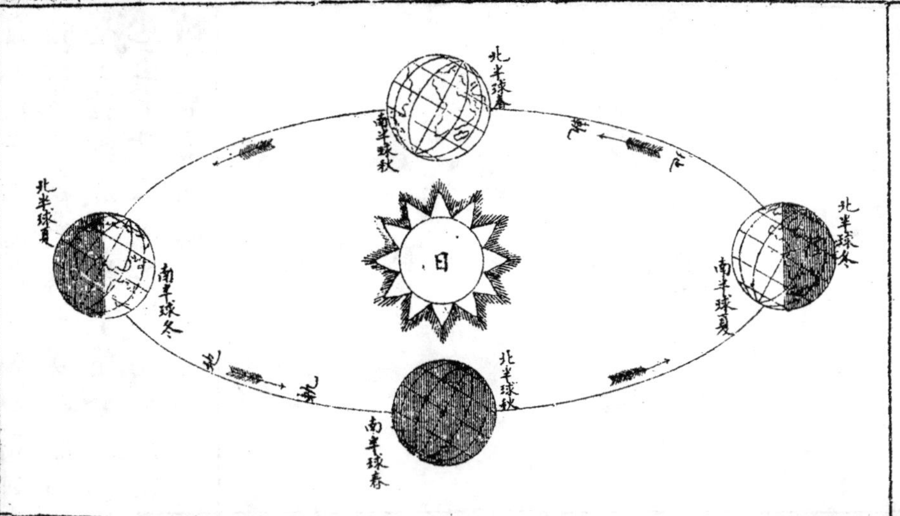

地球行至赤道直對日光之時為春秋。晝長圈直對日光之時為夏。晝短圈直對日光之時為冬。居赤道南者反之。

春 平

𦾔 樞倫切。从艸从日。百艸皆以春時生也。屯聲。春者蠢也。萬物在土中蠢然欲動也。

蠢平聲。春者歲之始也。 三春。 春天。

夏 上 去

𡕥 胡雅切。中國之人也。从頁。首也。臼兩臂也。夊兩足也。禹受舜禪易虞為夏。即取中夏之義。 又大屋曰夏。 又亥駕切。四時二曰夏。 夏者假也。大也。寬假萬物使長大也。

下上聲。中華曰中夏。 音暇。繼春曰夏。 夏天。

秋 平

七由切。四時三曰秋。 秋者遒也。天高氣肅。有遒斂之義。 又禾穀熟也。百穀以初生為春。成熟為秋。故麥以孟夏為秋。

音鰍。繼夏曰秋。 三秋。 秋天。

冬 平

都宗切。終也。四時盡也。天地不通。則閉塞成冬。

篤平聲。繼秋為冬。 三冬。 冬天。

月本無光，借日光以為光，而倒映於地。月初光祇一綫如蛾眉，至上弦則成半輪，至望全輪畢見，至下弦又成半輪，而漸減如蛾眉，至晦則無光矣。

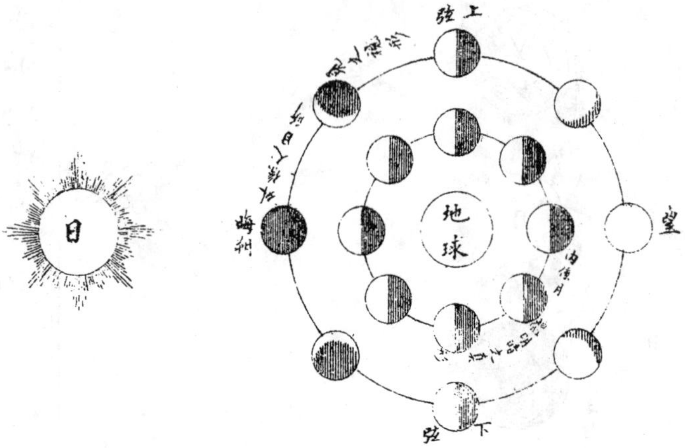

朔

入

音槊。每月初一日為朔。朔望。

色角切，蘇也。月死而復蘇也。凡月與日同經度又同緯度則為日食，同經度不同緯度則為月朔。初月曰朔，故禮記皆從其朔，即本初字之義。又北方曰朔方。

弦

平

音賢。每月初七八日為上弦，廿二三日為下弦。弓弦。琴弦。

户千切，以絲為弦也。亦作絃。令以施於弓弩者為弦，施於琴瑟者為絃，非是。又半月曰弦，其形一旁曲一旁直，若張弓而施弦也。又算術如三邊形，以最長邊綫為弦，其次為股，又次為句。又醫家以脈數為弦。

朢 望

去

音誒。每月十五日為望。仰望。

巫放切，月滿與日相望，似臣朝君，从月从臣从壬，壬，朝廷也。望日，日月東西相對，地球在中而不正衝，是以月光全映地面。又遠視曰望，為人所仰亦曰望。又祭名，凡祭山川皆望而祭之，故曰望。

晦

去

音誨。每月三十日為晦。晦氣。養晦。

荒內切，月盡為晦。天冥亦為晦。晦朔乃日月交會之期，月輪在中，地日東西相對，人在地球只見月背日之面，不見月向日之面，故無光。

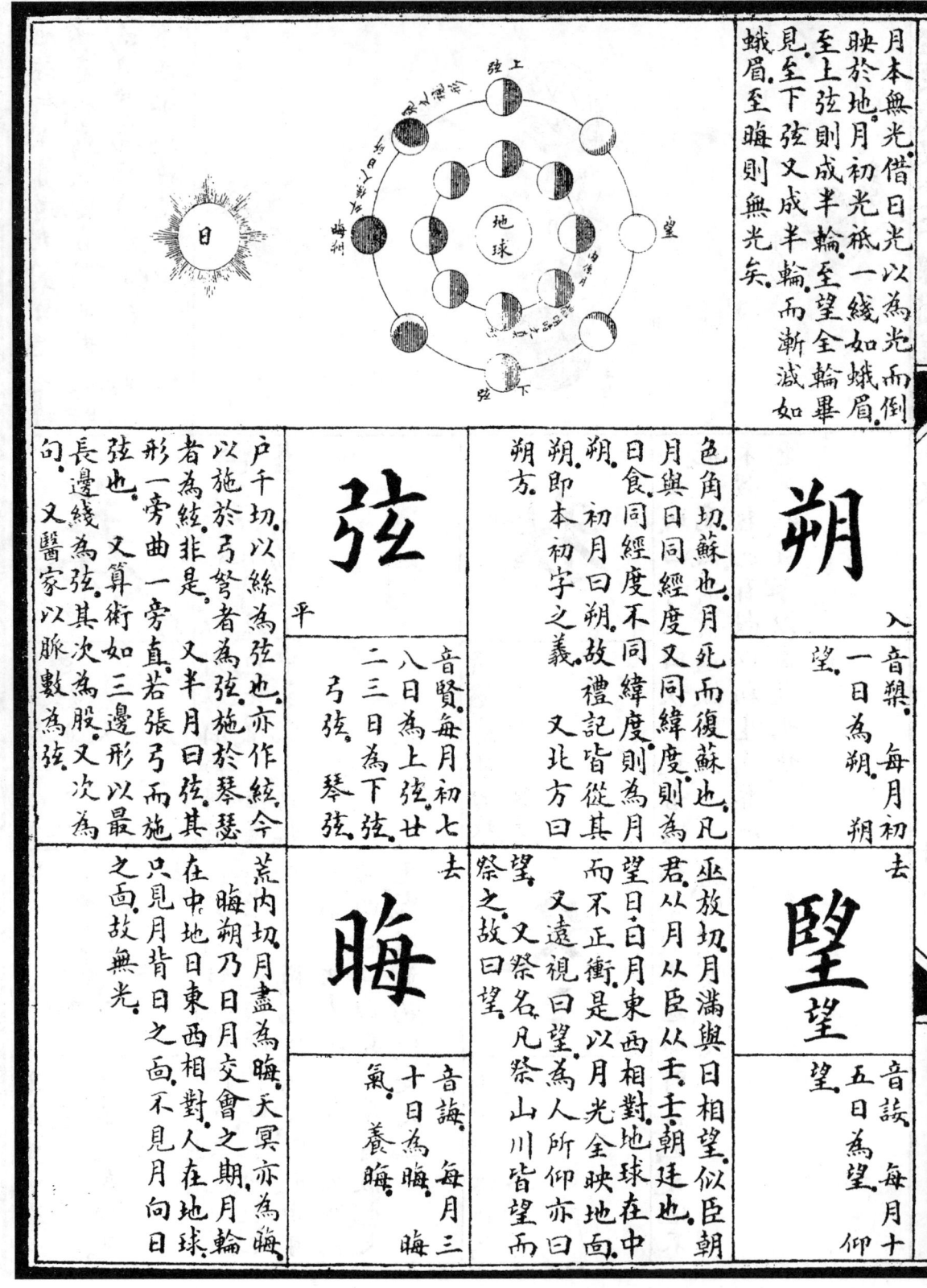

去

候

音後。約期相待曰候。 伺候。 時候。

下遘切。伺望曰候。故賓客所居曰候館。道路迎送之官曰候人。轉為占候。又轉為氣候。為節候。

平

旬

音紃。十日為旬。 上旬。 中旬。 下旬。

詳倫切。

平

今

音金。今者古之對也。 如今。 今日。

居吟切。見在曰今。梵書無去來今。即過去未來見在之說也。

入

昔

腊

音惜。據今而稱前日謂之昔。 昔日。 古昔。

思積切。乾肉也。與腊同。 又昔者前日也。 又日入至於星出謂之昔。故昔昔訓為夜夜。

上

久

灸

音九。暫之反也。 長久。 久要。

舉有切。常於其處曰久。蓋遲留之辭。 說文本作鍼灸之灸。

去

暫

音鏨。不久也。 暫時。 暫記。

藏濫切。須臾曰暫。

頃 上

傾上聲。瞬息之間曰頃。頃刻。頃間。

犬頴切。頭不正也。又田百畝為頃。又暫也。久之對也。凡少頃。俄頃。皆有暫意

乍 去

槎去聲。暫也。倉猝之辭也。乍見。乍晴。乍雨。

助駕切。

昨 入

乍入聲。時隔一宵曰昨。昨日。昨夜。

疾各切。

早 上 蚤

遭上聲。舉首見日曰早。早起。清早。

子皓切。日初出也。通作蚤。

曩 上

囊上聲。在今而道既往謂之曩。曩時。

乃朗切。曩者與向者之義同。

晚 上

音挽。暮也。早晚。晚生。

武遠切。漢書以衰周為晚周。史記以末世為晚。近世皆取暮意

夙 入

音宿。早為戒備曰夙。夙夜。夙興。

息六切。

夜 去

邪去聲。日入為夜。黑夜。夜半。

寅謝切。夜者自昏至旦之總名。漢制晝漏夜漏均分為五晝有朝禺中晡夕。夜有甲乙丙丁戊

晨 平

音辰。昧爽曰晨。晨昏。鄉晨。

丞真切。

昏 平 婚

音閽。日入後漏三刻為昏。黃昏。昏昧。

呼昆切。从日。从氐省。氐古低字。日低則昏。淮南子日至於虞淵。是謂黃昏。日至於蒙谷是謂定昏。昏以闇為義故昏墊昏亂昏昧皆曰昏。又與婚通妻父曰昏。重昏曰媾。

期 平 朞

音其。事前之約曰期。定期。到期。音姬。匝歲曰朞。朞年。

渠之切。會也期門漢時宿衛之名。武帝將出常與北地良家子期於殿門。故曰期門。又居之切。同朞凡三百有六旬有六日。

夕 入

音席。初昏為夕。七夕。夕陽。

祥易切。暮也晡時至黃昏為日之夕。下旬為月之夕。自九月盡十二月為歲之夕。又朝見曰朝。夕見曰夕。

曉 上

囂上聲。清晨曰曉。曉日。破曉。

馨鳥切。曙也。引申為曉諭之曉。

晏 去

音嚥。入夜曰晏。晏安。

於諫切。天清無雲謂之晏。假為晏安之晏。又晚也。淮南子曰至於桑野。是為晏食。

宵 平

音消。定昏曰宵。中宵。元宵。

先彫切。

旦 去

丹去聲。日方出曰旦。元旦。旦暮。

得爛切。从日見一上。一地也。日入後漏三刻為昏。日出後漏三刻為旦。淮南子曰日至於曲阿。是為旦明。又震旦。梵書以蔥河以東為震旦。

晝 去

音呪。夜之對也。晝夜。白晝。

涉救切。明也。日之出入與夜為界。地球中有晝短晝長圈。南北兩極率以半年為晝。半年為夜。

昃 入

音側。日在西方曰昃。盈昃。

扎色切。昃亦名昳。言日蹉跌而下。謂未時也。

榦

去

幹

干去聲。木之材者曰楨榦。人之材者曰才榦。又自甲至癸為十榦。天榦。

古案切。築牆木也。植於兩端者曰楨。植於兩邊者曰榦。又樹木旁生曰枝。本根曰榦。又大撓作甲乙以名日謂之榦。作子丑以名辰謂之支。榦即爾雅所謂歲陽也。

支

平

音卮。持之以手曰支。支撑。又自子至亥曰十二支。地支。

旨而切。竹葉下垂也。人有四支。猶竹有葉。故以手足為四支。又假為支庶之支。古稱長嫡為宗子。庶昆弟為支子。又十二支辰名。爾雅所謂歲陰也。

甲

入

音夾。十榦之首。五行屬木。甲子。鎧甲。鐵甲。甲船。

古狎切。木初生戴孚甲也。葉裏白皮謂之孚甲。歲在甲曰閼逢。月在甲曰畢。又甲冑皆鎧也。鎧之護首者為冑。其護身者為甲。

乙

入

音軋。幹名。五行屬木。鈎乙。

億結切。象草木寃曲而出也。歲在乙曰旃蒙。月在乙曰橘。又凡讀書以筆志其止處曰乙。又魚腸謂之乙。

丙

上

音炳。榦名。五行屬火。

兵永切。萬物成炳然也。歲在丙曰柔兆。月在丙曰修。又魚尾謂之丙。

丁

平

音玎。榦名。五行屬火。丁壯。地丁。

當經切。壯也。物體皆壯健也。歲在丁曰彊圉。月在丁曰圉。又魚枕謂之丁。在頭骨中。形肖篆文个字。

戊 去

音茂。榦名。五行屬土。

莫候切。茂也。萬物皆茂盛也。歲在戊曰著雍。月在戊曰厲。

己 上

音紀。榦名。五行屬土。又對物而言曰彼己。自己。人己。

居里切。紀也。有定形可紀識也。歲在己曰屠維。月在己曰則。

庚 平

音賡。榦名。五行屬金。同庚。庚帖。

居行切。言物堅强有實也。歲在庚曰上章。月在庚曰窒。又長庚太白金星也。又道也。萬物由其道曰由庚。

辛 平

音新。榦名。五行屬金。酸辛。辛苦。

斯鄰切。新也。萬物成熟。新穀始登也。歲在辛曰重光。月在辛曰塞。又辛金味可以養筋。

壬 平

音任。榦名。五行屬水。僉壬。

如林切。任也。此字宜橫觀。上下物也。中象人擔荷之形。歲在壬曰元黓。月在壬曰終。又佞人亦曰壬人。

癸 上

音規上聲。榦名。五行屬水。

古委切。揆也。冬時水土平可揆度也。歲在癸曰昭陽。月在癸曰極。

子

上

音梓。十二支之首也。十一月為子月。五行屬水。其蟲鼠。 又繼父曰子。 子孫。

祖似切。孳也。萬物孳生於下也。上象首，中象臂，小兒之手不能下垂，故上揚也。下象股。一而不兩者，在襁中也。歲在子曰困敦。十一月為辜。

丑

上

音醜。支名。十二月為丑月。五行屬土。其蟲牛。

敕久切。紐也。萬物屈紐未敢出也。歲在丑曰赤奮若。十二月為涂。

寅

平

音夤。支名。正月為寅月。五行屬木。其蟲虎。 寅恭。

弋真切。萬物始生螾然也。歲在寅曰攝提格。正月為陬。 又敬也。在官以敬為義，故同僚亦曰同寅。

卯

上

音昴。支名。二月為卯月。五行屬木。其蟲兔。 點卯。

丣 莫飽切。冒也。萬物冒地而出也。从二户，象開闢之形。門从二户相向，丣从二户相背。歲在卯曰關單。二月為如。

辰

平

音晨。支名。三月為辰月。五行屬土。其蟲龍。 時辰。

植鄰切。震也。三月陽氣動，雷電振也。歲在辰曰執徐。三月為寎。 又北極謂之北辰。日月五星交會謂之三辰。

巳

上

音似。支名。四月為巳月。五行屬火。其蟲蛇。

詳子切。已也。言陽氣已畢布也。篆體巳與它字形近，故傳會為蛇。歲在巳曰大荒落。四月為余。

午 上

音五。支名。五月曰午月。五行屬火。其蟲馬。端午。

疑古切。忤也。陰氣從下上與陽相忤逆也。歲在午曰敦牂。五月為皋。

未 去

音味。支名。六月為未月。五行屬土。其蟲羊。未來。

無沸切。味也。萬物皆成有滋味也。歲在未曰協洽。六月為且。又與不同。未有即不有也。

申 平

音身。支名。七月為申月。五行屬金。其蟲猴。申報。申江。

失人切。電之古文也。說文訓為神。七月陰氣成。體自申東也。引之為屈申之申。歲在申曰涒灘。七月為相。又國名。在今河南南陽府。又春申江。在江蘇上海縣。

酉 上

音牖。支名。八月為酉月。五行屬金。其蟲雞。

酉 以九切。就也。八月黍成可為酎酒也。酉即酒字。象釀器形中有實也。歲在酉曰作噩。八月為壯。

戌 入

音恤。支名。九月為戌月。五行屬土。其蟲犬。

雪律切。恤也。物當收斂矜恤之也。歲在戌曰閹茂。九月為元。

亥 去

音頦。十二支之末。十月為亥月。五行屬水。其蟲豕。

亥 下改切。荄也。从二。古上字也。从二人。一人男一人女也。从乙。象裹子咳咳之形。歲在亥曰大淵獻。十月為陽。

去 上

上

音尚。尊位所在曰上。上座。商上聲。自下而上曰上。上樓。

時亮切。高也。从一从丨。丨在一上。引而上行之義也。凡卑所戴者。皆以上稱。如太上君上長上之類。又引申為上升之上。讀時掌切。又與尚通。如上賢上貴。皆有尚義。

去 上

下

遐上聲。卑位所在曰下。天下。遐去聲。自上而下曰下。下樓。

亥雅切。底也。从一从丨。丨在一下。引而下行之義也。凡居於下者。皆以下稱。如下民下土之類。又引申為下降之下。讀亥駕切。

平

前

音錢。列於先者曰前。前輩。席前。

才先切。進也。古文从止在舟上。會意。人在舟則不行自進也。引申之。凡已往者皆得曰前。

去 上

後

音厚。有先之者謂之後。後生。嗣後。厚去聲。退處於後也。

很口切。遲也。彳小步也。幺小也。夂行曳杖也。三者均有遲留之意。故曰後。引申之為前後之後。又轉為為人後者之後。又胡茂切。不敢先而後之也。

上

左

音佐。以首面北。則西為左。左手。左班。

子我切。手相左助也。故上右而下左。如左遷之左是。又手足以右為便。以左為僻。故凡幽猥皆曰僻左。

去

右

音宥。以首面北。則東為右。右手。右堂。

爰救切。佑也。導也。有所引導而又左右之也。故尊右而卑左。凡室之南向者。入則右在東。出則右在西。又手足便右而不便左。故以右為強。如豪右之右。即有強義。

去 **中** 平

音忠。不偏之謂中。中國。居中。音妕。恰得其中曰中。中舉。

陟隆切。和也。从口从丨。口象四方。而丨界其中。中者得四方中和之氣。故訓作和。又陟仲切。矢著其中曰中。亦象形也。

平 **央**

音秧。四方之中曰央。中央。未央。

於良切。中也。从大在冂内。取其正中之義。又中者正當其半也。故轉為夜未央之央。

去 **正** 平

音征。正鵠。音政。守一不偏之謂正。正直。端正。

之盈切。鵠中也。轉注為中正之正。讀子盛切。假借為正名之正。引以命官。又為樂正司正之正。

側 入

音昃。偏而在旁曰側。側廂。側陋。

札色切。不正曰矢。不中曰側。故旁階為側階。旁室為側室。又假借為反側之側。

去 **内**

餒去聲。藏於裏者曰内。内外。分内。

奴對切。入也。从冂从入。自外而入也。轉注為内外之内。房室宮禁皆曰内。又五中亦曰五内。

去 **外**

歪去聲。見於表者曰外。外國。格外。

五會切。出乎内之界曰外。如外戚外邦之外是。又遠之也。如見外之外是。

表 上

音莜。見於外者曰表。 表裏。 鐘表。

[篆] 彼小切。上衣也。从衣从毛。古者衣裘皆外毛。禮服必加裼衣其上。論語必表而出之是也。故引申為表裏之表。又假借為表準之表。如日表鐘表風雨寒暑表。皆有表準之義。又下言於上亦曰表。如陳情表是也。

裏 上

音里。藏於內者曰裏。 裏外。 巷裏。

兩耳切。衣外曰表。衣內曰裏。引申為裏外之裏。

縱 去 平

蹤去聲。恣意曰縱。 容縱。 縱橫。 音蹤。

子用切。舍也。亂也。从糸。凡絲舍之則亂。如人寬之則肆也。故引申為放縱之縱。 又借為從。從者順也。故南與北合亦謂之縱。讀將容切。

橫 去 平

音黌。不順曰橫。 橫木。 縱橫。 衡去聲。 橫行。

胡盲切。闌木也。又東西曰橫。亦曰廣。又借為獷。如橫民橫議橫政。皆有獷悍之義。讀戶孟切。

高 平

音羔。不可攀者曰高。 高廳。 高大。

[篆] 古勞切。从古从冋。以古為臺觀之形。冋者其基址也。故引申為崇高之高。又轉為高明高蹈之高。

低 平

底平聲。高之對也。 低聲。 高低。

都黎切。卑下也。又引申為低徊之低。

宇 上

音禹。上下四方。去

曰宇。 廟宇。 宇宙。

于矩切。宇羽也。如鳥羽翼自覆蔽也。引申之屋以四簷為宇。國以四垂為宇。

宙

音胄。往古來今

曰宙。 宇宙。

直祐切。舟車所極覆也。引申之屋之棟梁為宙。

東 平

音蝀。得日先處

曰東。 東洋。 東風。

德紅切。東方者。日出之所。得氣最先。而萬物賴以生動者也。故訓東為動。於時為春。五行屬木。若援西說。地球南北兩極。憑樞旋轉。則東西本無定向。東家之西。實即西家之東也。

西 平

音粞。東之對也。

秦西。 西洋。

先齊切。象鳥在巢上也。日在西方而鳥棲。故引申為東西之西。又西方為日入之所。陽氣已衰。陰氣漸盛。萬物俱因以遷落。故訓西為遷。於時為秋。五行屬金。

南 平

音男。以首面東。則右為南。

南洋。 南斗六星。

那含切。南方者。日光旺照之所。得氣最甚。而萬物賴以孳妊者也。妊古作任。故訓南為任。於時為夏。五行屬火。

北 入

音繃入聲。以首面東。則左為北。

北闕。 敗北。

必墨切。象二人相背也。凡人坐立多面明背暗。故以背為北。又北方為日光偏照之所。陽閉而陰甚。萬物皆因以伏藏。故訓北為伏。於時為冬。五行屬水。

地

去

音弟。人物所附者曰地。

天地。地球。

徒利切

地體如球。故謂之地球。渾圓而稍扁。赤道徑為長徑。兩極徑為短徑。人物附其外膜。賴地心之吸力以不墜。地之外殼。皆為堅石。分十二層。最外則為土與水。地殼之內。烈火蘊焉。故入地愈深則愈熱。而火山時有噴裂之患。

球

平

音求。渾圓之體曰球。又玉之美者。

地球。球琳。

渠尤切

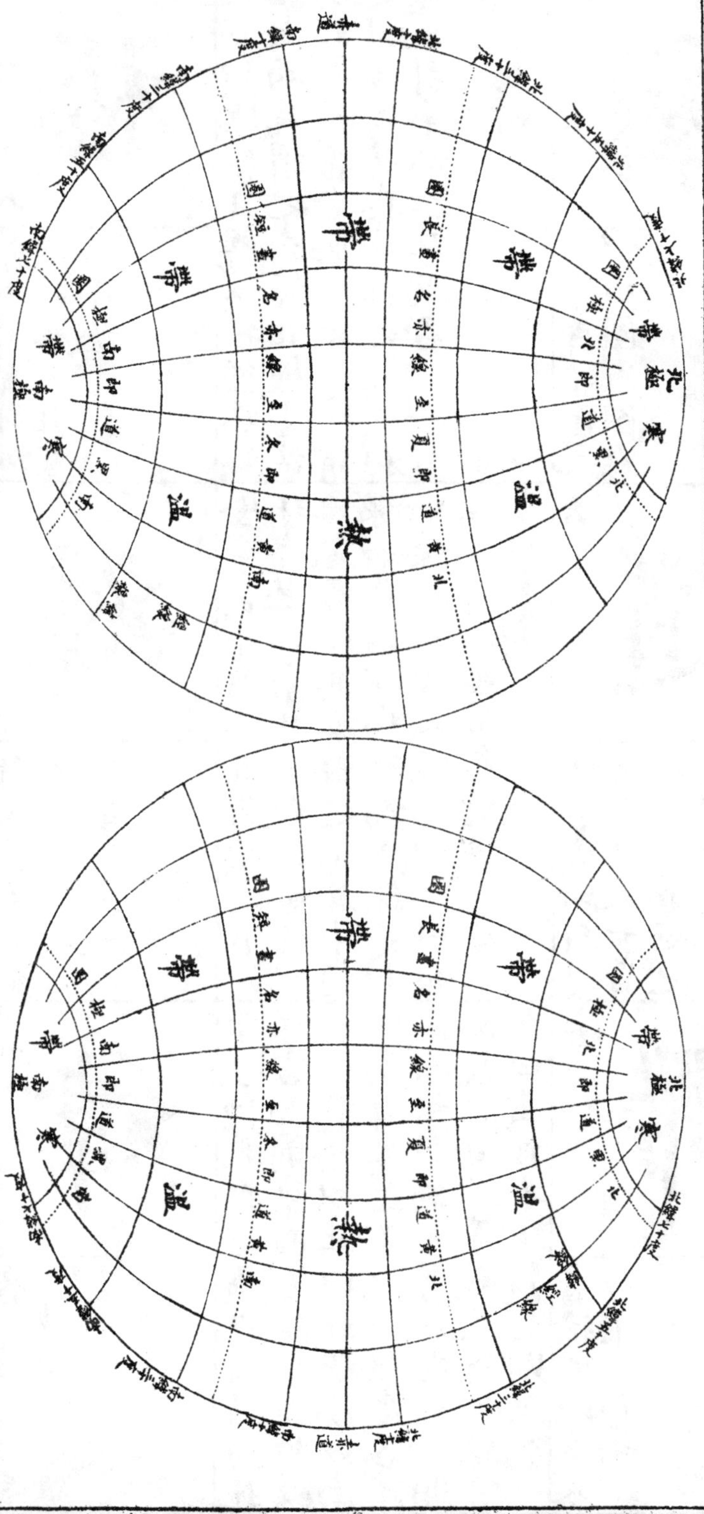

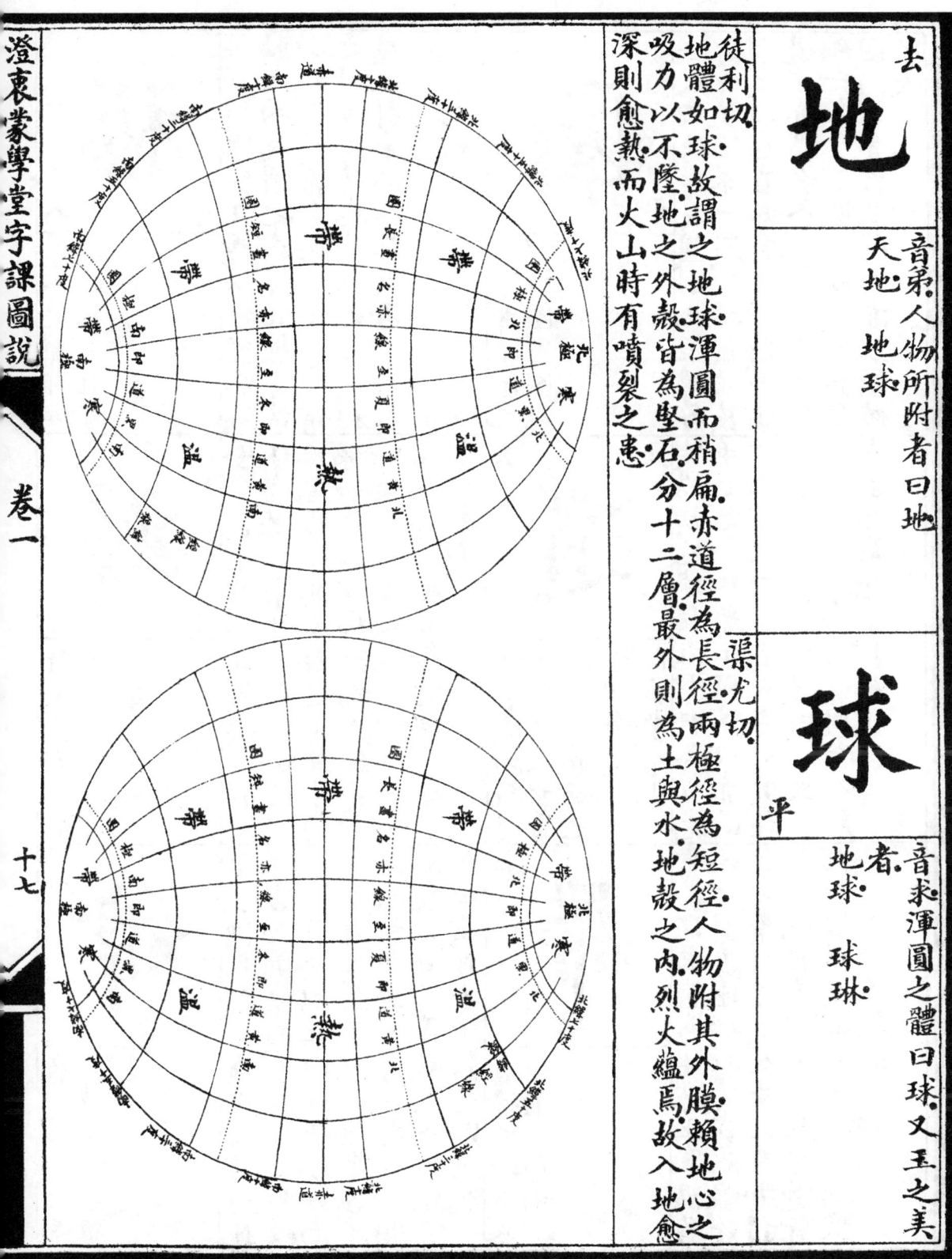

極 入

禁入聲。無可加之謂極。南極。北極。

渠力切。地球自轉。以短徑為軸。軸之兩端。謂之南極北極。言為南北之極盡處也。又北斗謂之北極。以其與地軸之北極相應也。引申為標準之名。

經 平

音涇。縱線曰經。又常也。經線。五經。

堅靈切。布帛之直絲曰經。自地球言之。則南北之線曰經。經線無定。各以其本國之都為中經線。如我國以北京為中線是也。中線以東曰東經度。以西曰西經度。凡經傳經權等字。皆本常字之義。

去 **緯**

音胃。橫線曰緯。緯帽。經緯。

于位切。布帛之橫絲曰緯。自地球言之。則東西之線曰緯。緯線自赤道起。以北曰北緯度。以南曰南緯度。緯線之周徑度各不同。而相距無不等。與經線正相反。故亦曰距等圈。蓋統全球言之曰圈。自半球觀之則線也。

圈 平

犬平聲。平圓之線曰圈。圈點。去

去爰切。地形既圓。則凡經緯各線。皆繞地球一周。如環無端。故謂之圈。有晝短晝長二圈。即黃道限。亦謂之冬至夏至線。又經線一名子午圈。緯線一名距等圈。又養畜之閑也。亦取圍繞之義。

上 **道**

陶上聲。所行之路曰道。又一省分為數道。巡道之者曰道員。陶去聲。言也。

徒皓切。地球諸道。謂行於日光中之路也。日光正照處曰赤道。其南其北曰黃道。尤南北近極受日光最少處曰黑道。又大道道德等字。其義亦同。謂人所當由之路也。杜到切。

去 **帶**

音襶。所以束衣曰帶。卸帶。帶領。

當蓋切。衣帶也。地球上寒溫各地。皆圍繞地球。以其寬於線。故謂之帶。自赤道至南北黃道。謂之熱帶。自兩黃道至兩黑道。皆謂之溫帶。兩極之四周。各稱寒帶。又假為攜物之稱。

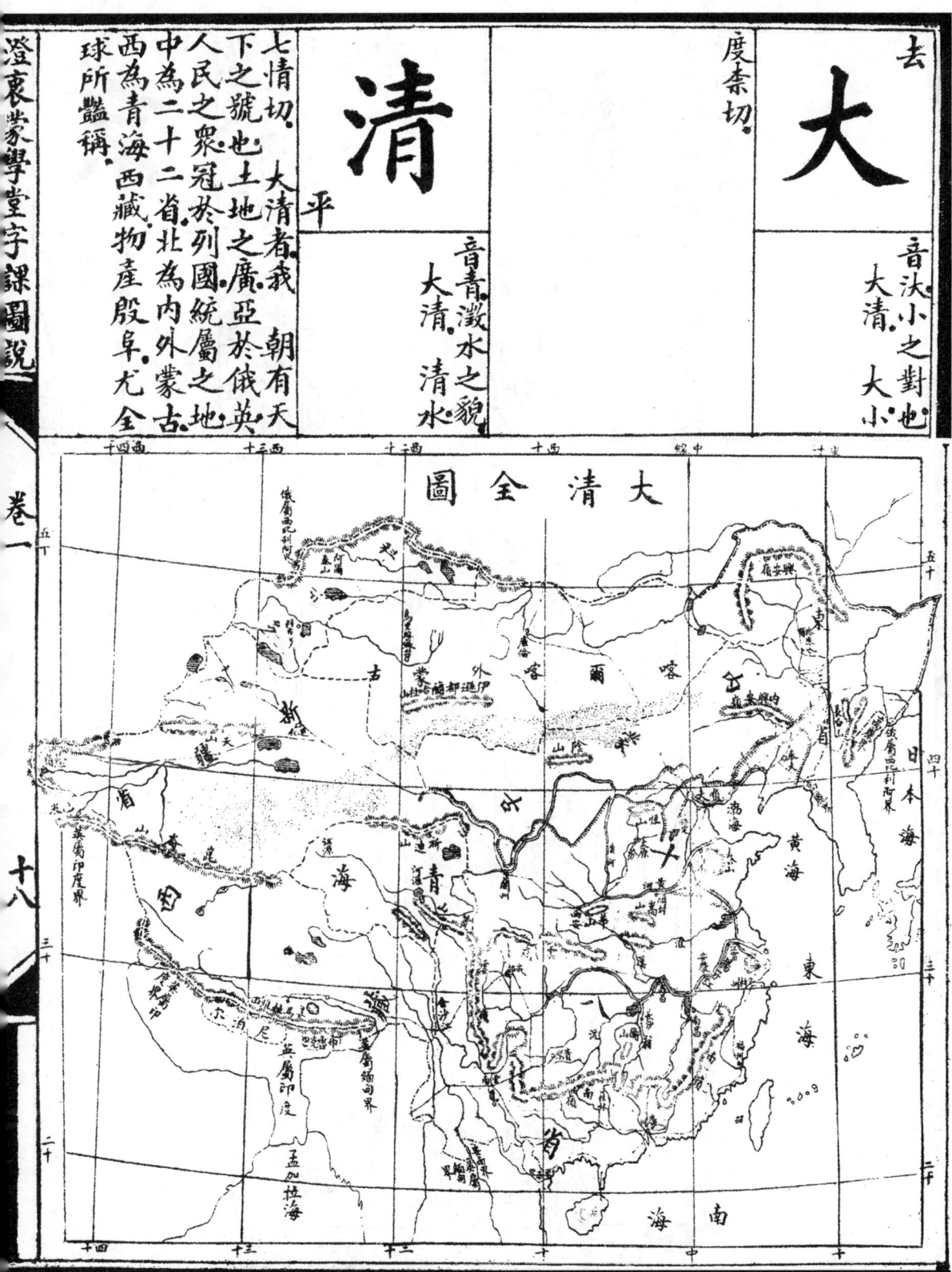

大 去

度柰切。

音汏。小之對也。大清。大小。

清 平

七情切。大清者。我朝有天下之號也。土地之廣。亞於俄英。人民之衆。冠於列國。統屬之地。中為二十二省。北為內外蒙古。西為青海西藏。物產殷阜。尤全球所豔稱。

音青。澂水之貌。大清。清水。

京 平

居卿切，大也。京為天子所居，故大之。國朝因前代之舊，以順天府為京師，為城三重，宮闕壯麗，居民二百萬人，烟稠密，冠絕各省。

音驚。首善之區曰京。北京。京都。

都 平

東徒切，總也，美盛也，故以為天子所宮之名。

音闍。天子所宮曰都。大都。都門。

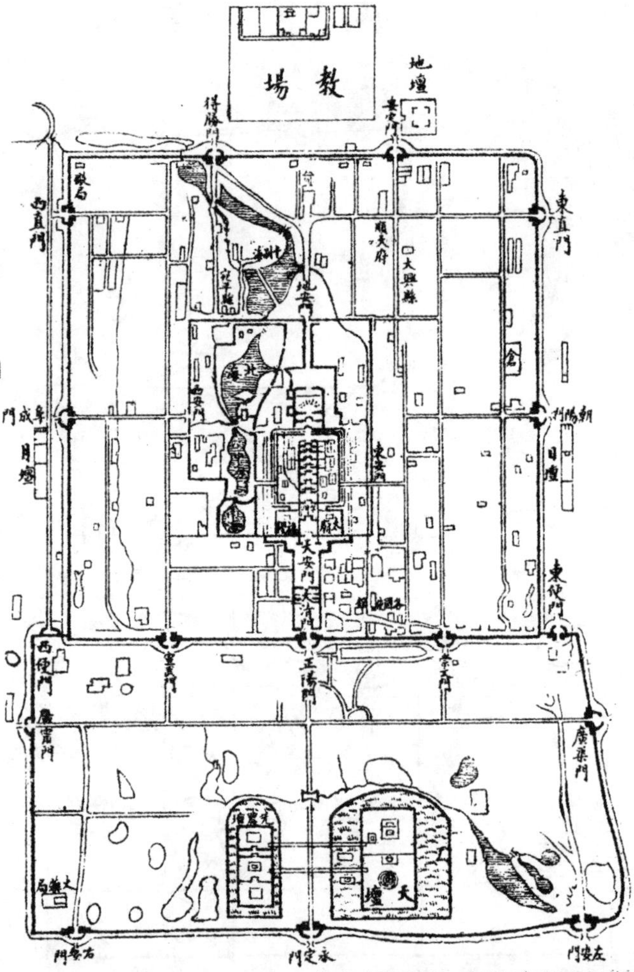

京都圖

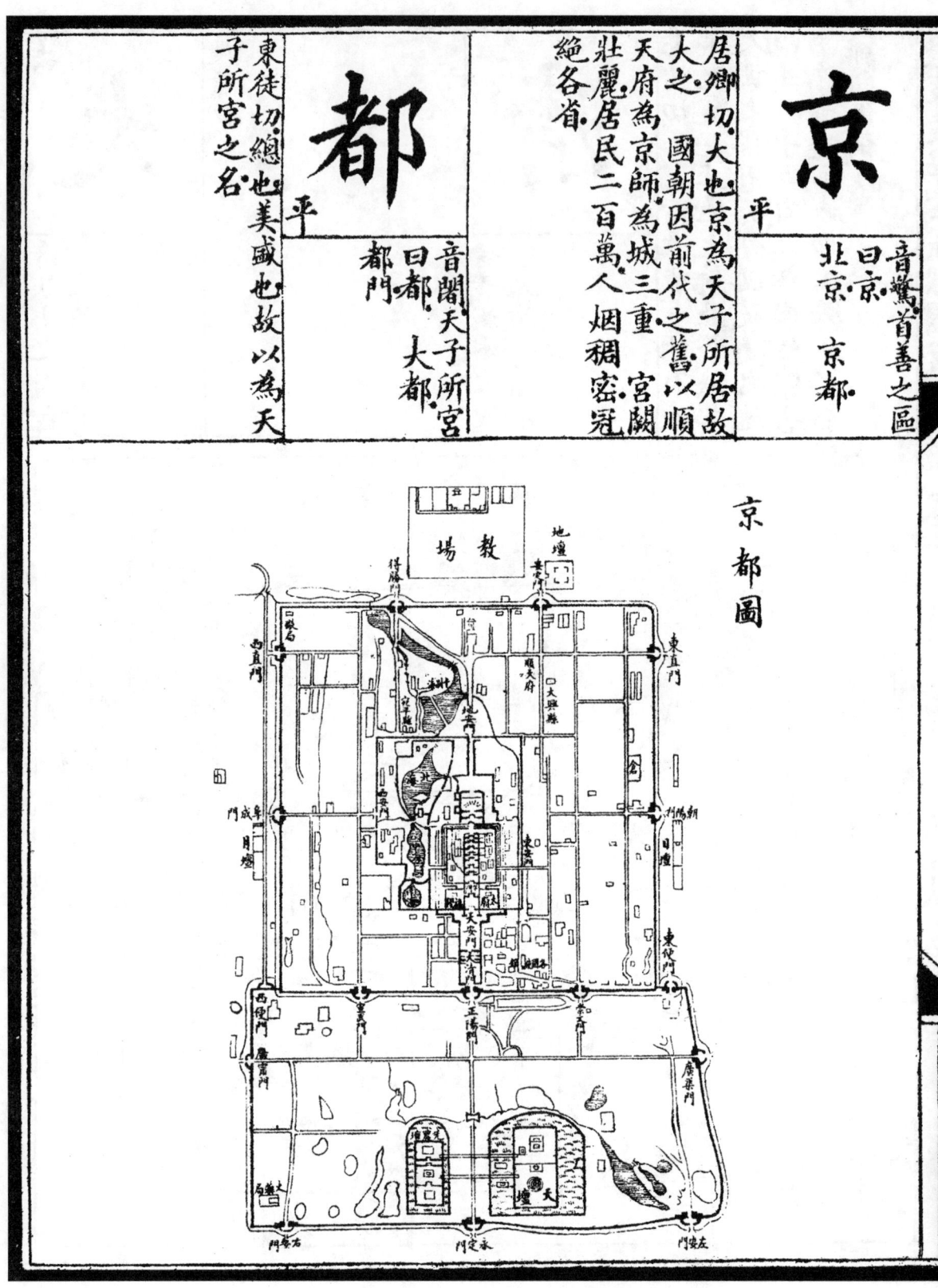

去

順

盾去聲。無違曰順。順天府。和順。

食閏切。從也。今　京都曰順天府。言從天之道也。其地居直隸全省之中。分為五州十九縣。北倚長城。南通鐵路。一至保定府。一由天津山海關以入盛京省。

直

入

音值。正曲曰直。直隸省。曲直。

除力切。今　京都所在曰直隸省。言徑屬於　天子也。南控三齊。北極沙漠。東扼渤海。西阻太行。以臨天下。猶坐堂皇而俯視庭宇焉。地勢西北高而東南下。沿海有通商口二。長城以外。其人民半與蒙古雜居。

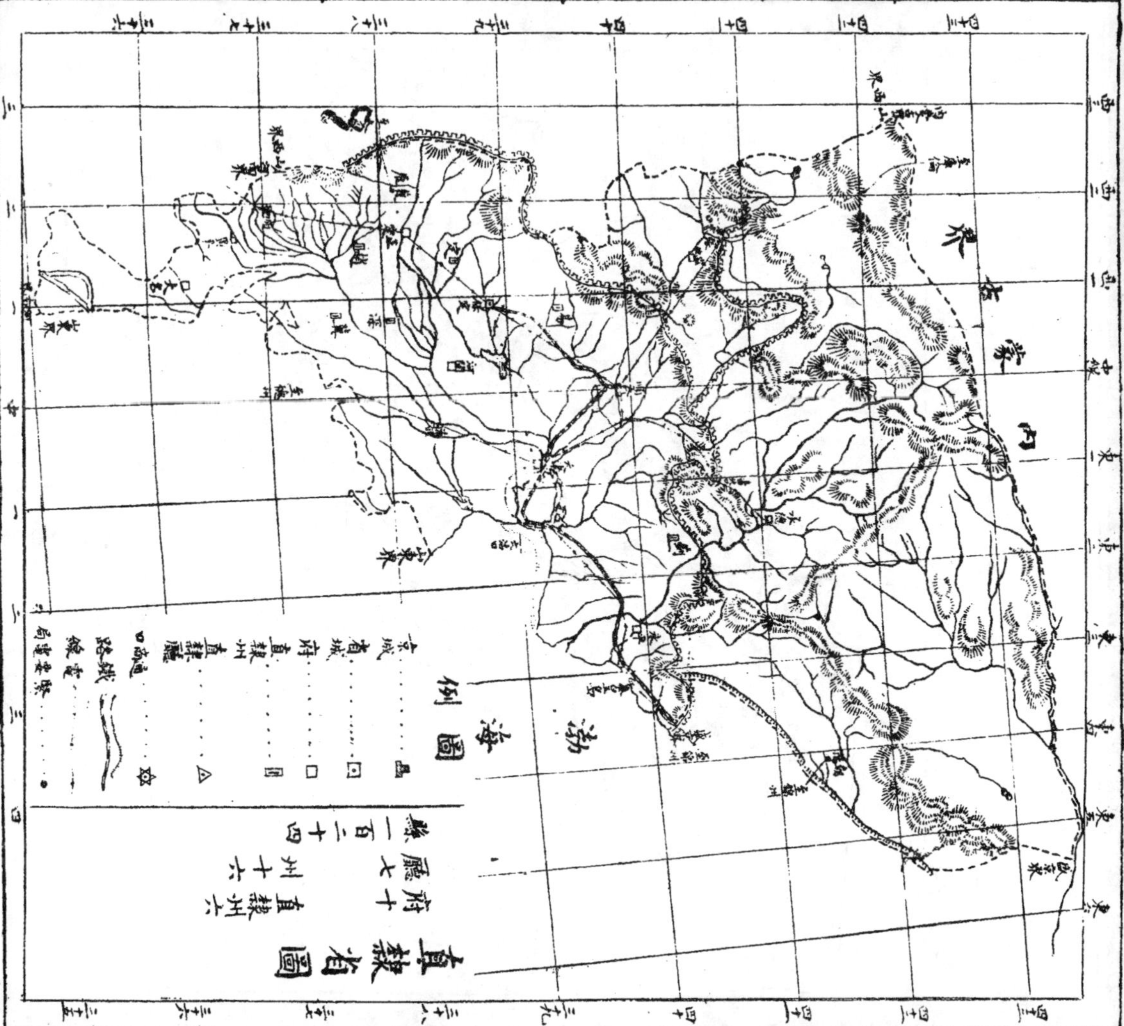

奉 上

音唪。捧而呈之曰奉。奉天府。供奉。

父勇切。承也。盛京為 國朝龍興之地。其省城曰奉天府。示奉承天命之意。所屬四廳三州四縣。地濱渤海。遼河貫其中。為商務之孔道。境有鐵路二。自榆關至牛莊者。為中國所造。自旅順至吉林者。為俄國所造。

遼 平

音僚。遼貌。又水名。遼東。遼遠。

憐蕭切。盛京省有遼河。因通稱曰遼。外扼三韓之背。內握渤海之喉。北洋之左衛也。其地山嶺叢雜。而中部平衍。形如裩兩足向西南。左為旅順。右為山海關。皆稱形勝。旅順今為俄國租地。其襠則牛莊通商口也。

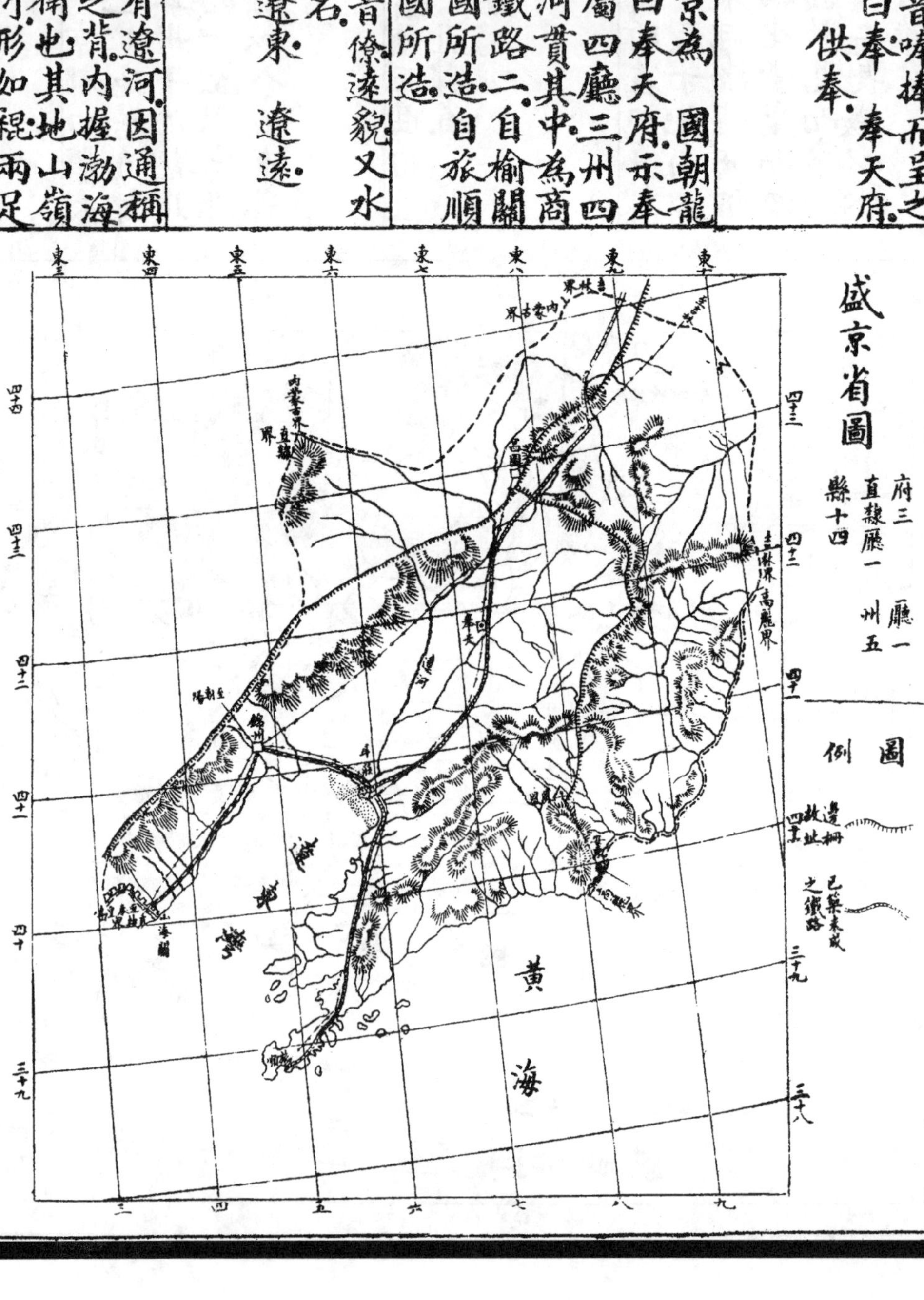

吴

平

音吾。國名。吴門。東吴。

午胡切。古以吴郡吴興會稽為三吴。江蘇省即吴郡地也。扼大江之門戶。當南洋之要衝。物産沃饒。財賦半天下。其通商口岸沿海者一。長江二。內地一。有鐵路自上海至吴淞。運河自浙江來。絶大江而北。入山東境。

蘇

平

音穌。藥名。又宛而更生曰蘇。紫蘇。江蘇。

素姑切。蘇州府。古吴都。有姑蘇山。今為江蘇省會之一。光緒甲午以後。闢為內地通商口岸。人稠地沃。世所豔稱。

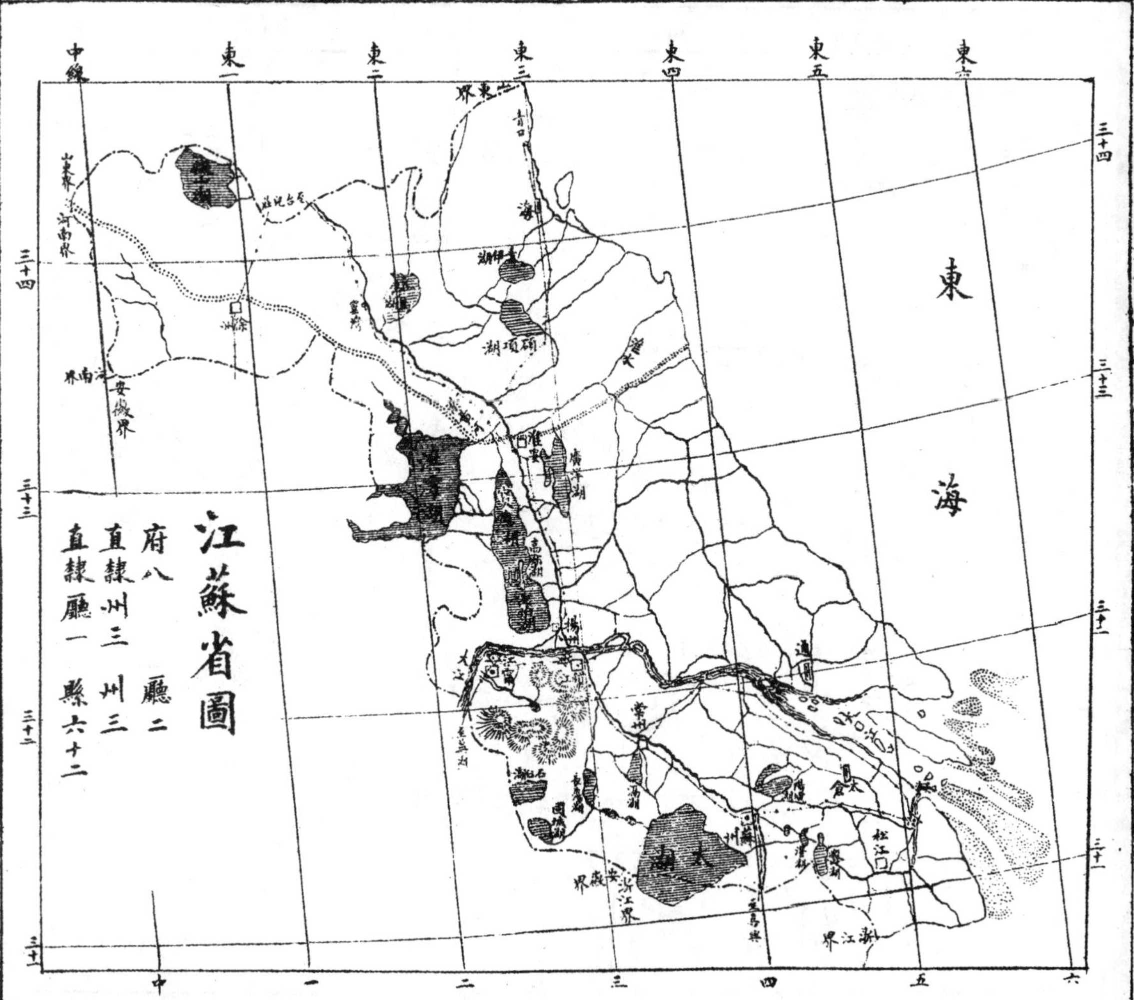

皖 平

音桓。地名。皖南。皖北。

胡官切。古皖國在今安徽境。故通稱安徽省曰皖。省會在安慶府。地處吳楚之交。而長淮南北為中原形勝所係。尤有事所必爭。境内險隘多山。而大江以南物產饒衍。有長江通商口岸一。

徽 平

音揮。美也。各國旗號曰國徽。又州名。徽號。安徽。

許歸切。徽州在安徽全省之東南。省稱安徽者。安慶府與徽州府之合稱也。

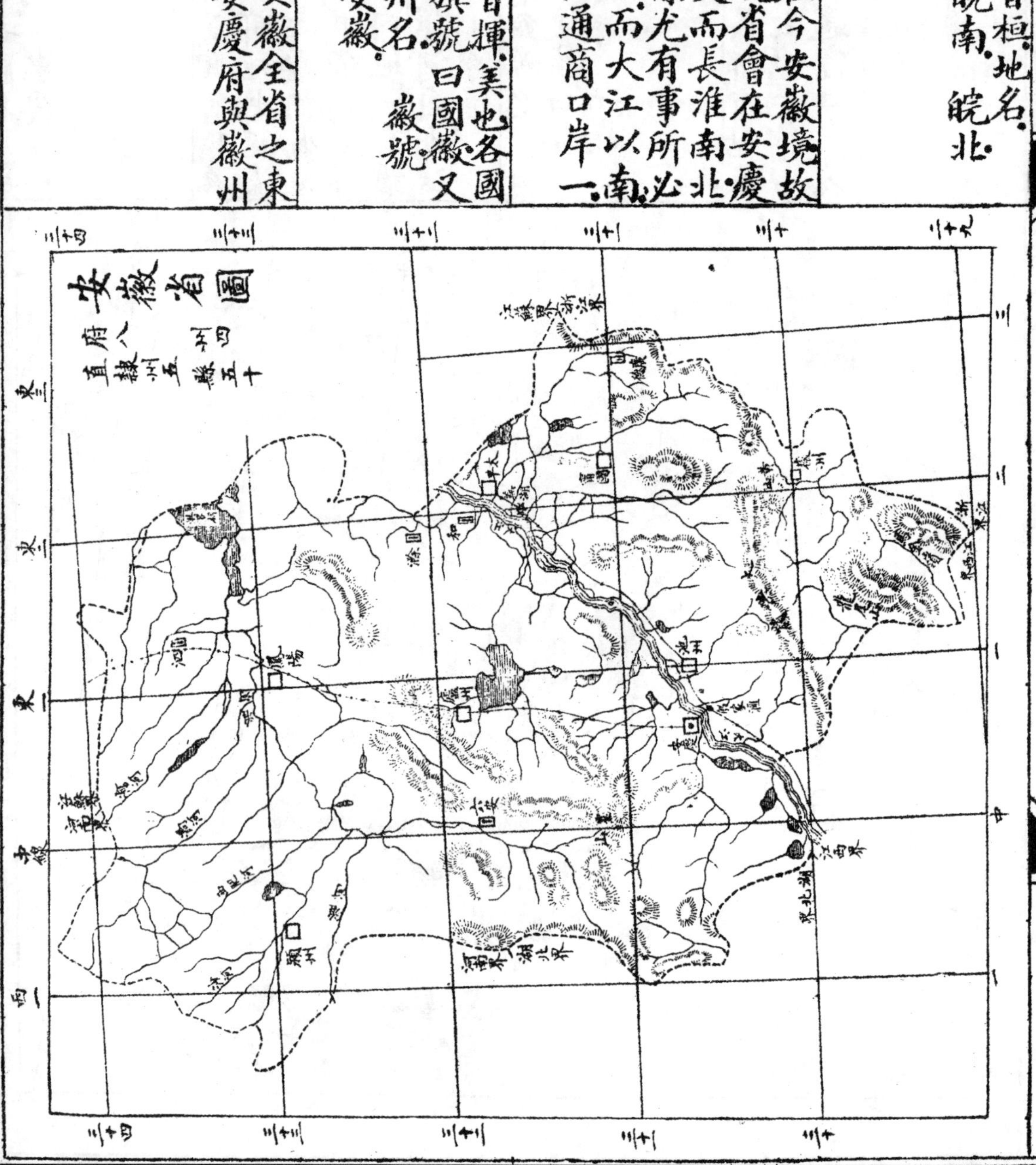

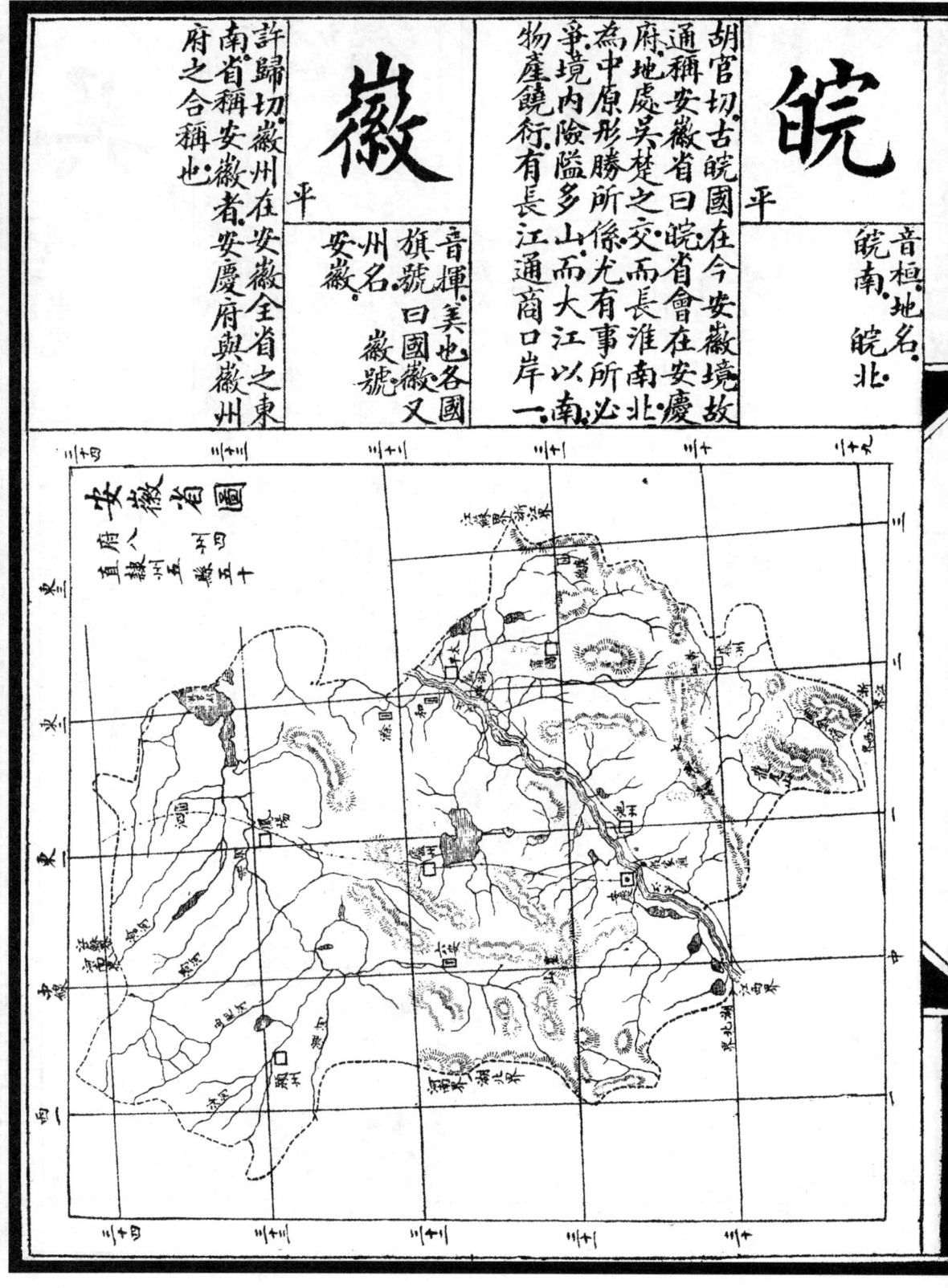

章 平

音彰。斐然有文曰章。文章。章門。

諸良切。樂竟為一章。因假為章句之章。古豫章郡。即今江西省。南扼五嶺之脊。西銜衡湘之腰。山嶺四環。大川中貫。北滙為鄱陽湖。復北入江。湖之南為省城南昌府。湖之北則其通商口岸也。

贛 去 貢

音貢。水名。亦作贛江。貢。獻也。進貢。

古送切。贛江出豫章郡。今江西南境贛州府也。水有二源。東曰貢江。西曰章江。合而北流。是謂贛江。此江首尾不出一省。而支派幾及全境。故江西以章贛並稱。

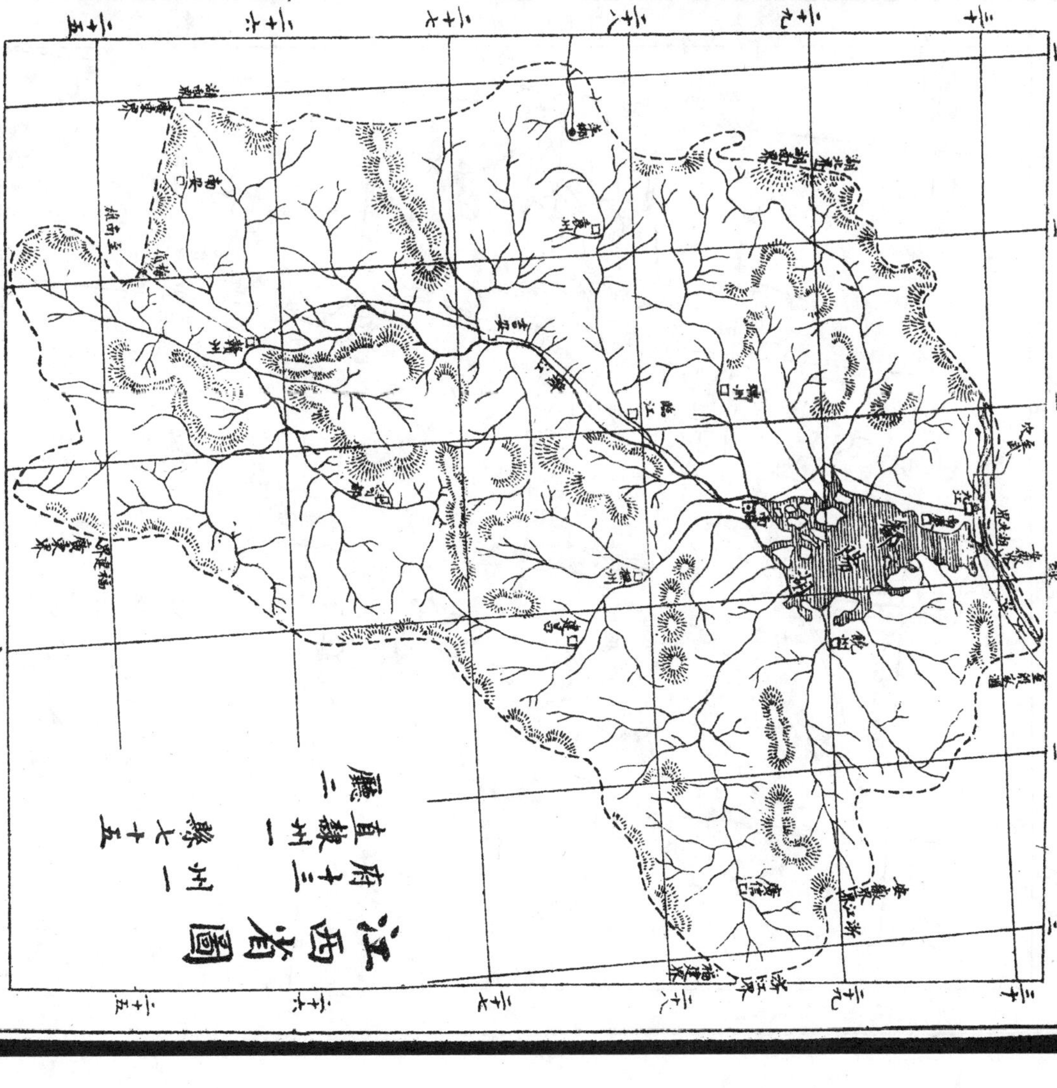

浙

入 音折。水名。俗名錢塘江。閩浙浙江。

之列切。因其江流曲折。故謂之浙江。今因以名省。沿海島嶼棋布。港湊深通。衢州當三省之衝。水陸設防。均極重要。迤南諸地頗稱山瘠。餘則蠶桑之利甲於天下。有通商口三。沿海者二。內地一。即省城杭州府也。

越

入 音粵。躐而過之曰越。又國名。僭越。越東。

王伐切。今浙江境多係越王句踐故地。故浙江亦稱越。紹興府其故都也。

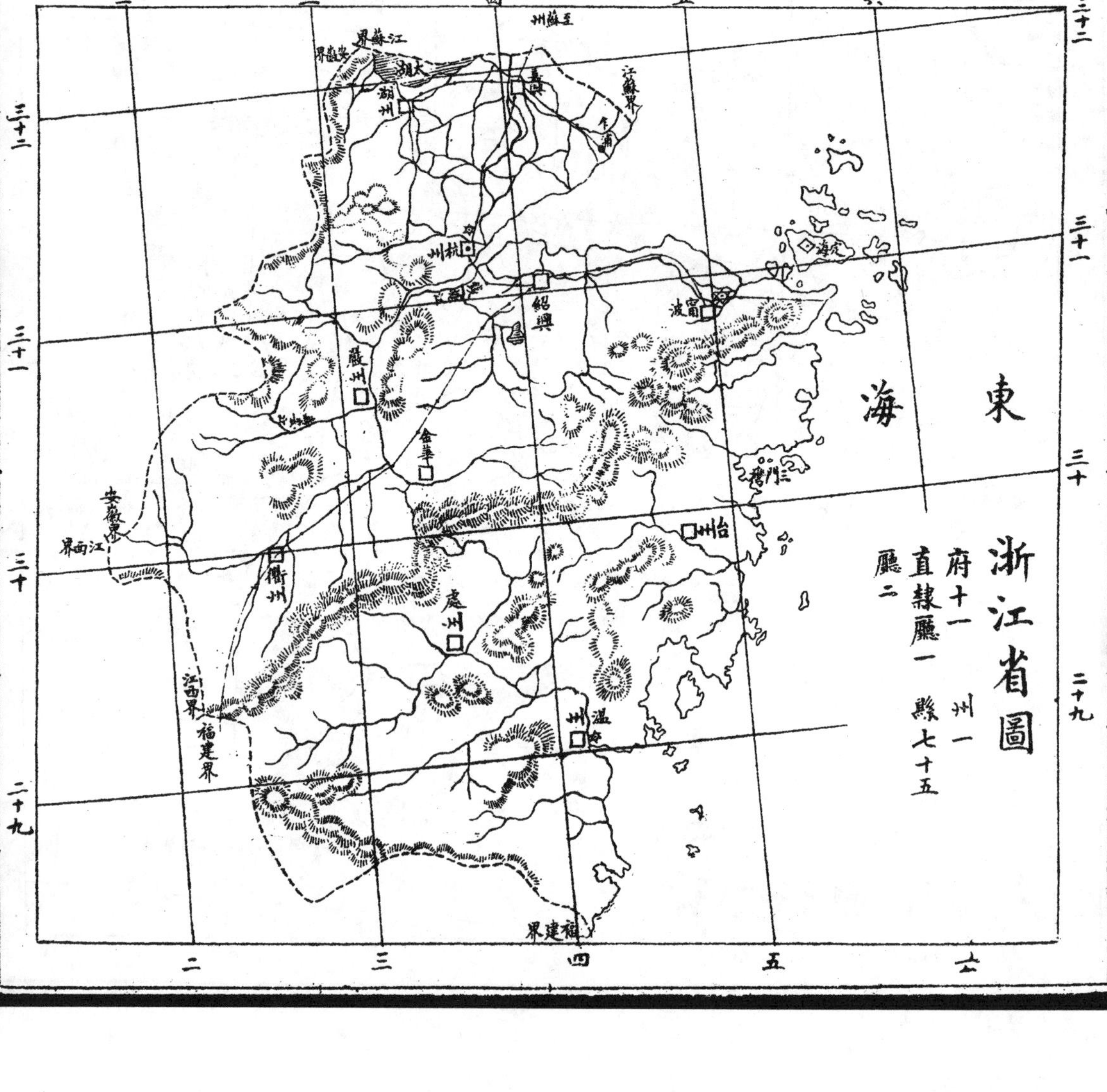

閩 平

音珉。地名。閩浙。八閩。

眉貧切。東越人種族之名。其地即今福建省。握南洋之中權。聯浙粵為指臂。內地萬山稠疊。當南嶺之尾。沿海諸地氣候平和。有通商口三。逾海而東即臺灣及澎湖羣島也。

建 去

鍵去聲。人力所創曰建。又地名。建立。福建。

居萬切。福建古附浙東。繼設建安郡於此。後省稱建州。今稱福建省者。以省城福州府合建寧府而名之也。建寧即古建州地。

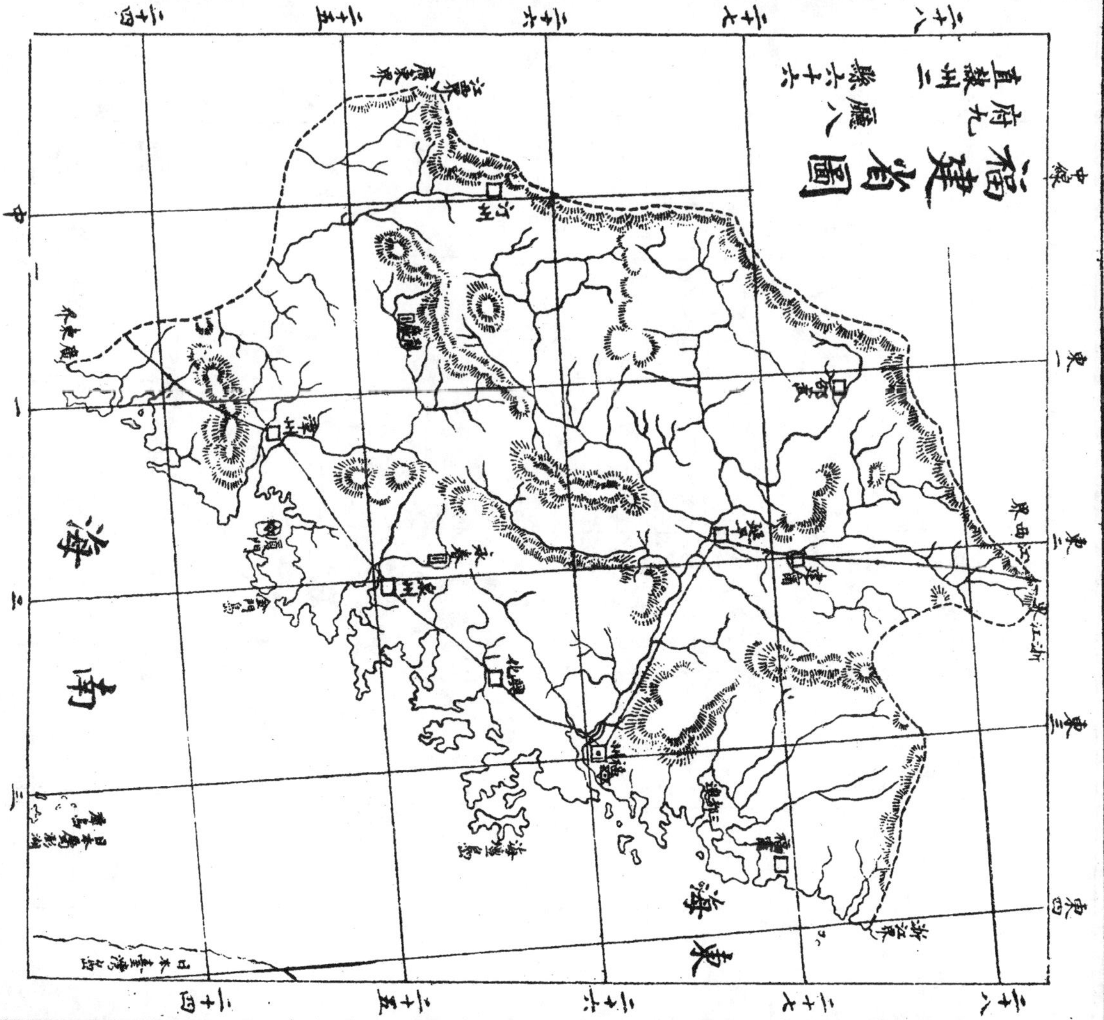

楚

上

粗上聲。叢木也。又國名。

楚漢 吳楚

創阻切。湖北省古皆楚地。西扼巫歸之天險。東據吳皖之上游。荆襄隨鄖。北臨中原。自古為用兵之地。南洋之後勁。天下之中樞也。地形四圍多山。礦產甚富。馬鞍山之煤。興國大冶之鐵。其著者也。所屬有通商口岸三。

鄂

入

音諤。地名。

鄂渚

五各切。今湖北省城武昌府。即楚之鄂也。武昌當江漢滙流之口。與漢陽府及漢口鎮。夾江對峙。陸當七省之衝衢。水為大江之鎖鑰。自古稱險要。漢口一埠。商務要津。長江上下游第一大口岸也。

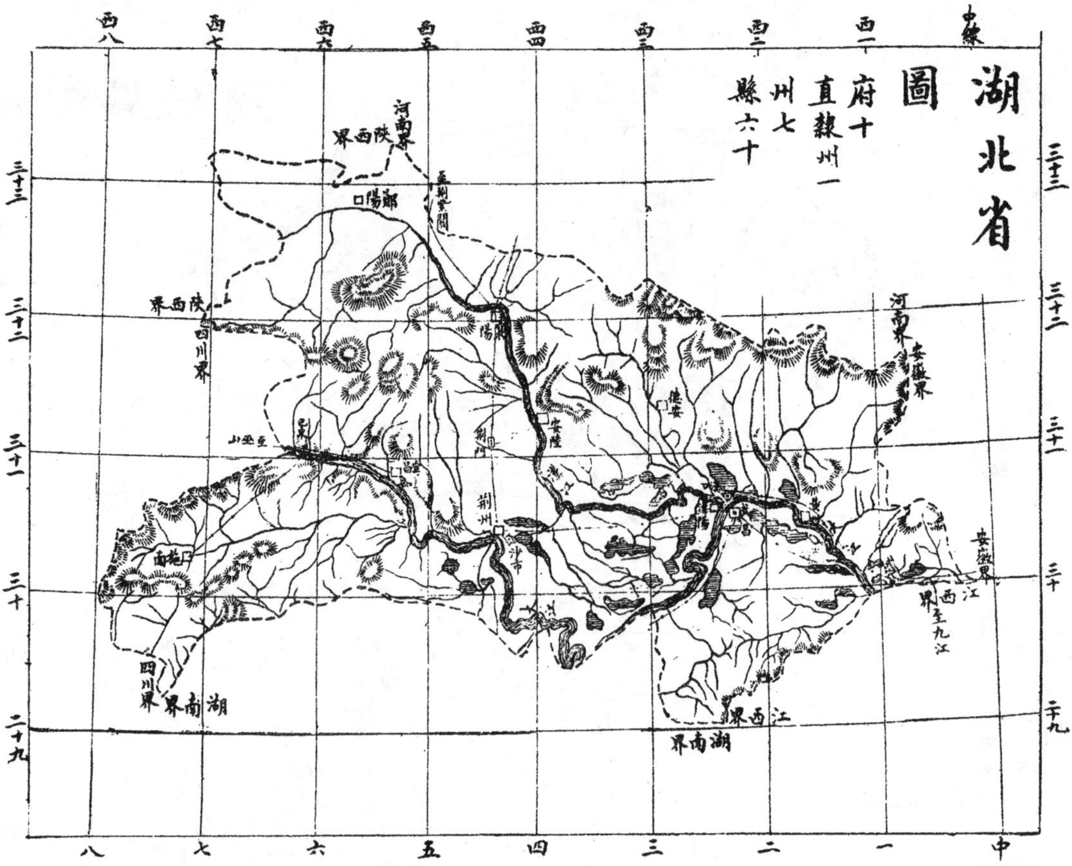

湘 平

音襄。水名。湘蓮。湘省。

息良切。今湖南省城長沙府古湘州也。西扼黔滇之喉。南拊兩廣之背。衡山中峙。洞庭北趨。洞庭自岳州府入江處即新關之通商口也。

沅 平 上

音元。又音阮。水名。沅江。

愚袁切。又五遠切。沅水貫湖南全省之西北。其西苗猺雜居。湖南未列行省時。設偏沅巡撫於此。其地山嶺險峻。箐林叢密。古稱險地。今則民情安謐。防務解嚴矣。

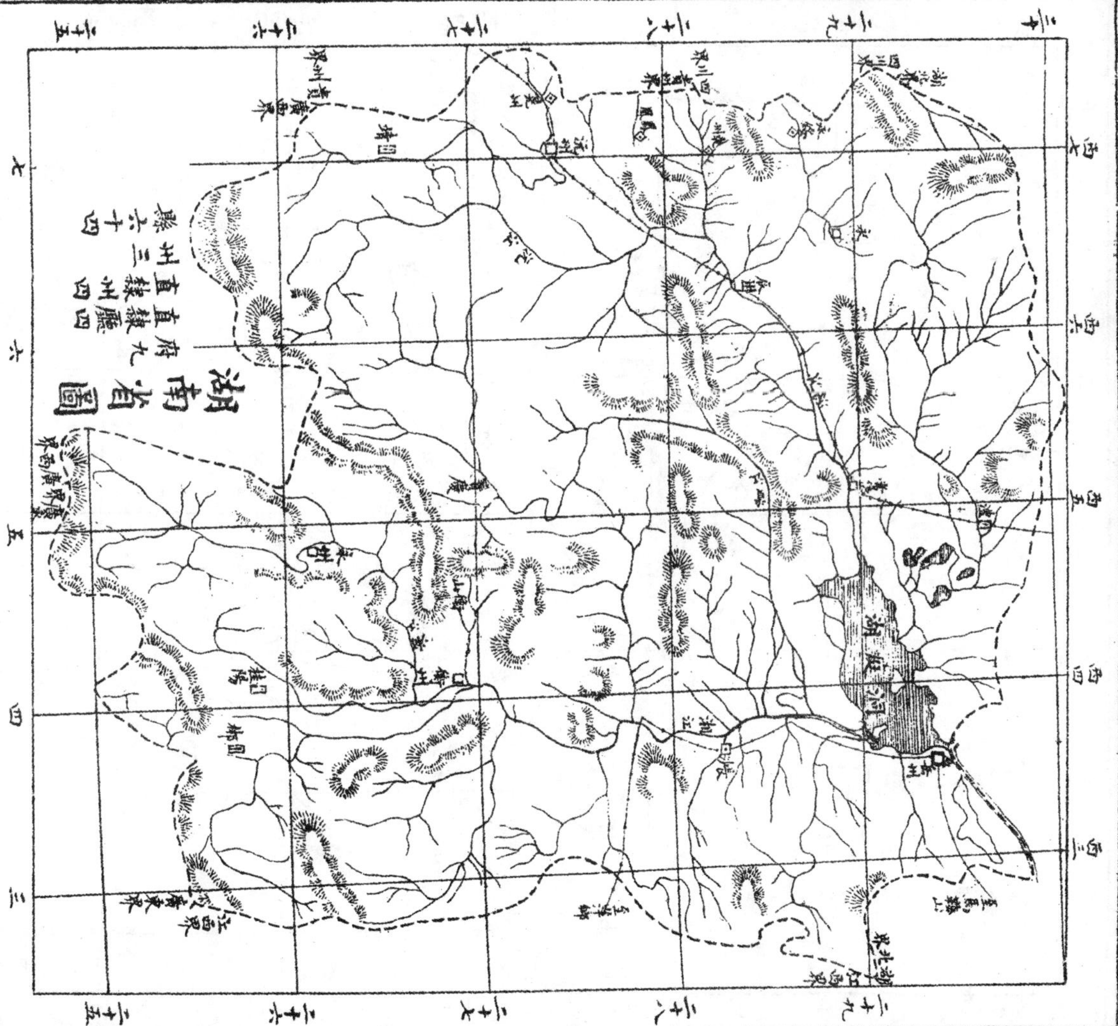

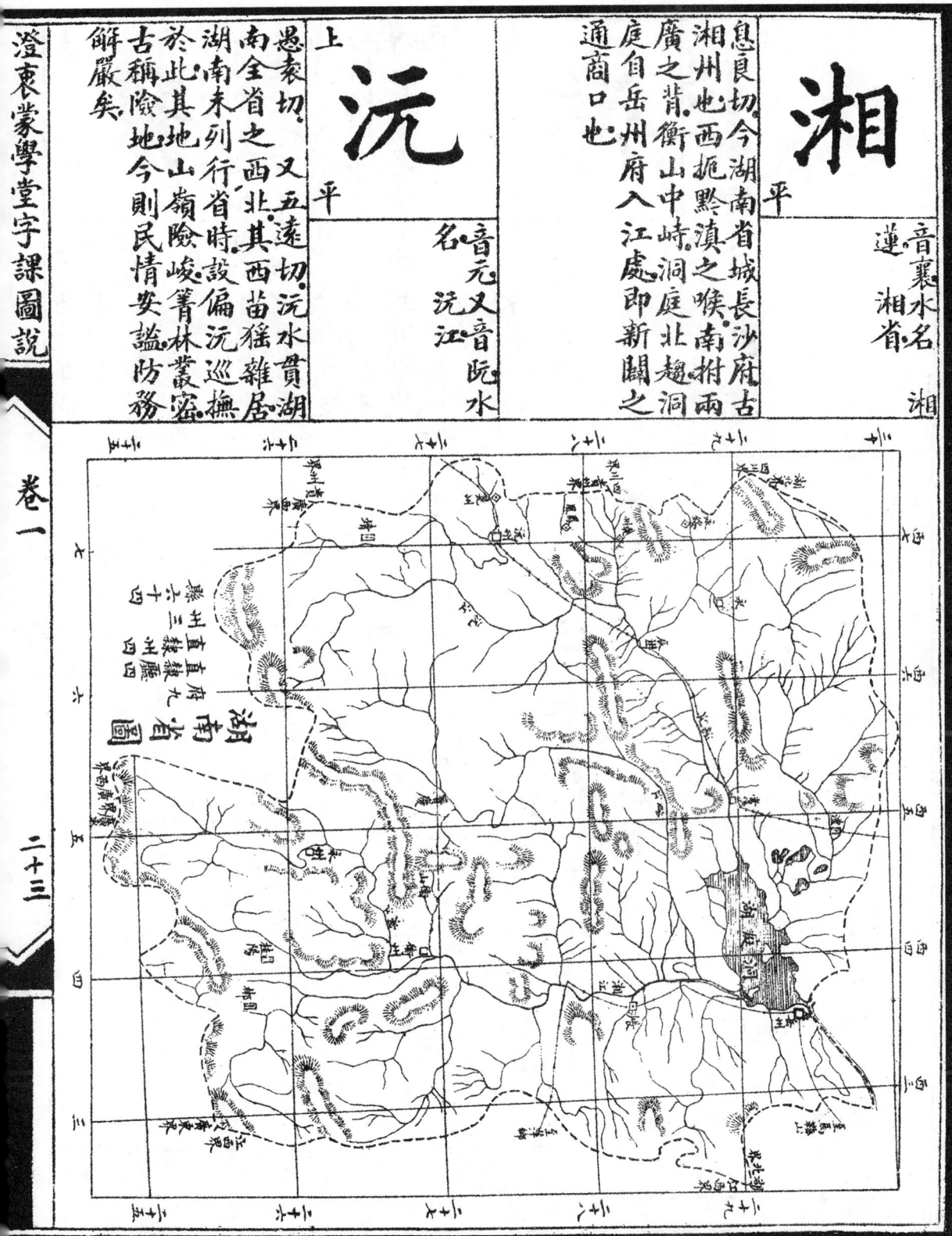

豫

去

音預。凡先事而籌之者曰豫。豫備。悦豫。

羊茹切。古豫州為今河南省地。北阻太行。西扼崤函。大河東西橫貫之。古稱諸夏。為羣雄角逐之地。地形迤東較平。而物產不阜。以地處各省之中。故亦稱中州。

汴

去

音卞。水名。汴渠。

皮變切。古之大梁。亦曰汴州。即今河南省城開封府也。故名汴梁。

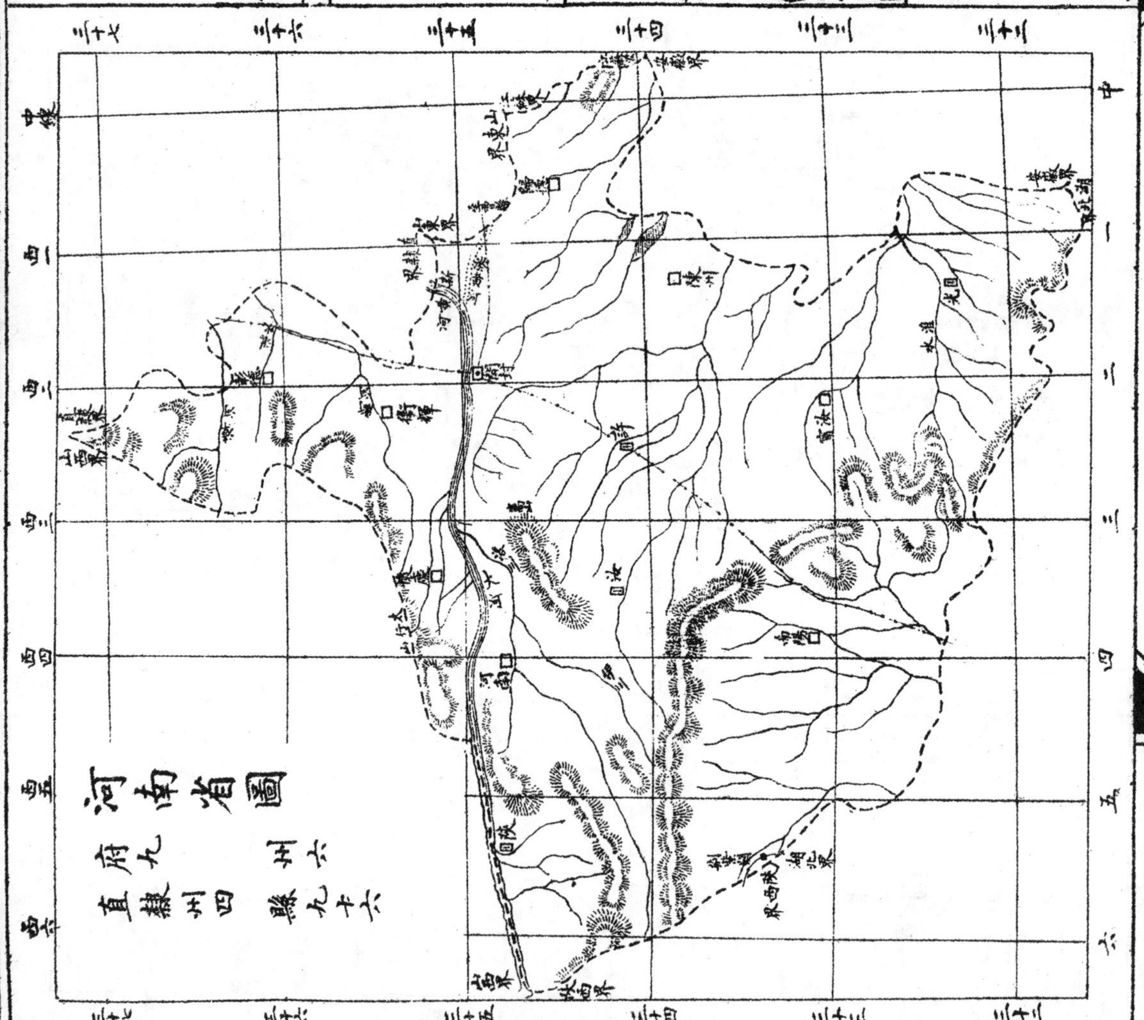

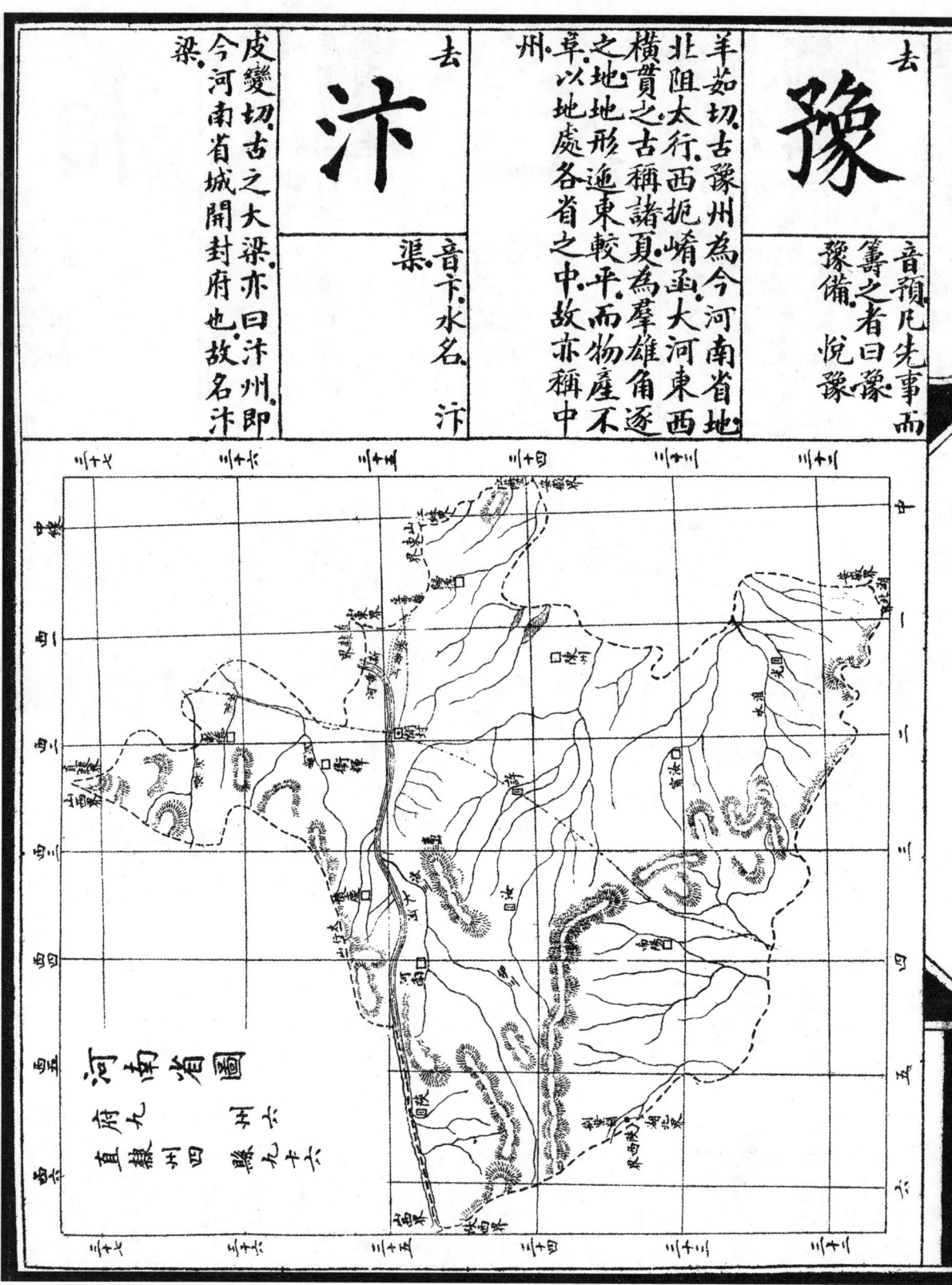

齊

平

音臍。整飭曰齊。又國名。齊東 整齊。

祖今切。齊國在今山東省境。故通稱山東曰齊。東半陸入海中。登州府城。斜對盛京之旅順。而有羣島以聯絡之。遼海之門戶。北洋之右衛也。沿海有通商口一。登州府之威海衛。萊州府之膠州灣。為英德二國租地。

兗

上

沿上聲。州名。兗州

以淺切。今山東省地。皆古兗州境也。黃河自西南來。斜貫全省以入海。兗地夙稱卑下。常以潰決為患。又兗州府之曲阜縣。為至聖先師孔子故里。有孔林。則孔子之墓也。

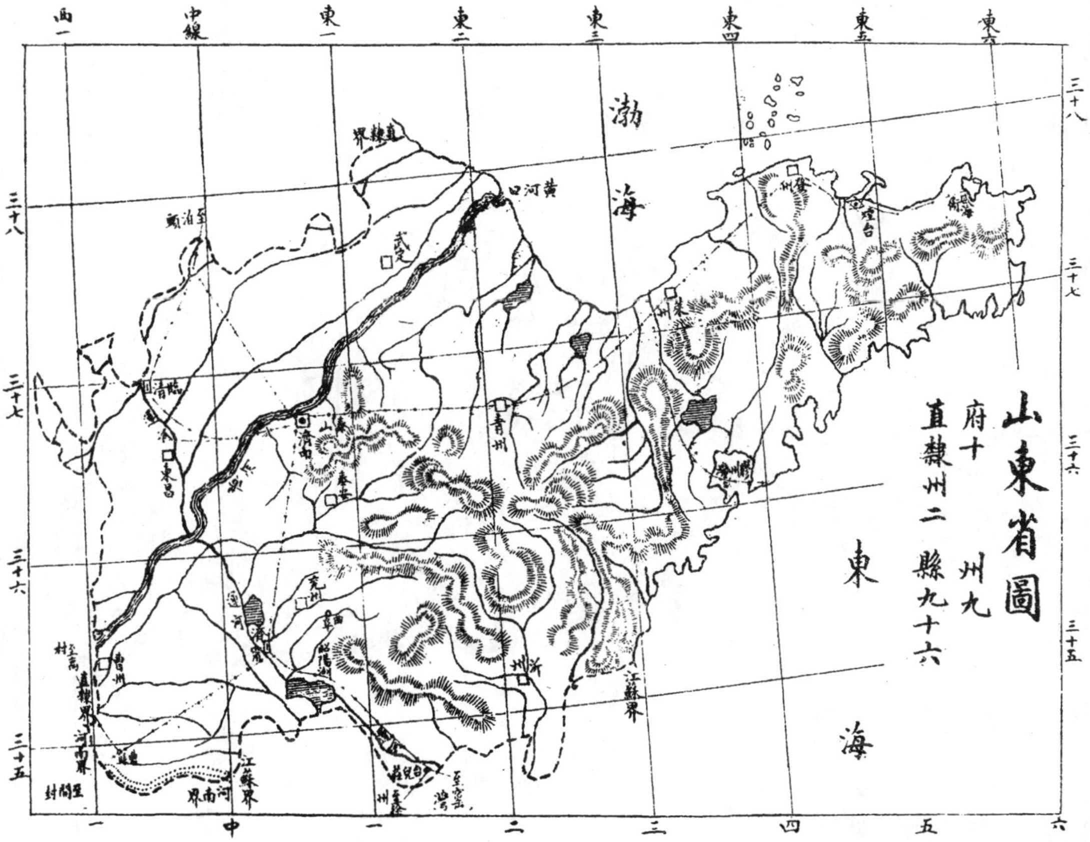

去

晉

音進。進也。又國名。晉陽。三晉。

即刃切。古晉國。在今山西省境。北以雲代控朔漠。南以太行扼中原。左山右河。古號雄都。境內迤東迤南。背連山峻坂。因省地在羣山之西。故稱山西。民俗殷厚。誠奧區也。

平

汾

音濆。水名。汾酒。汾陽。

符分切。汾水發源於山西省之北境。經省城太原府。西南入河。為山西境內之大川。其支幹所經。皆成沃壤。

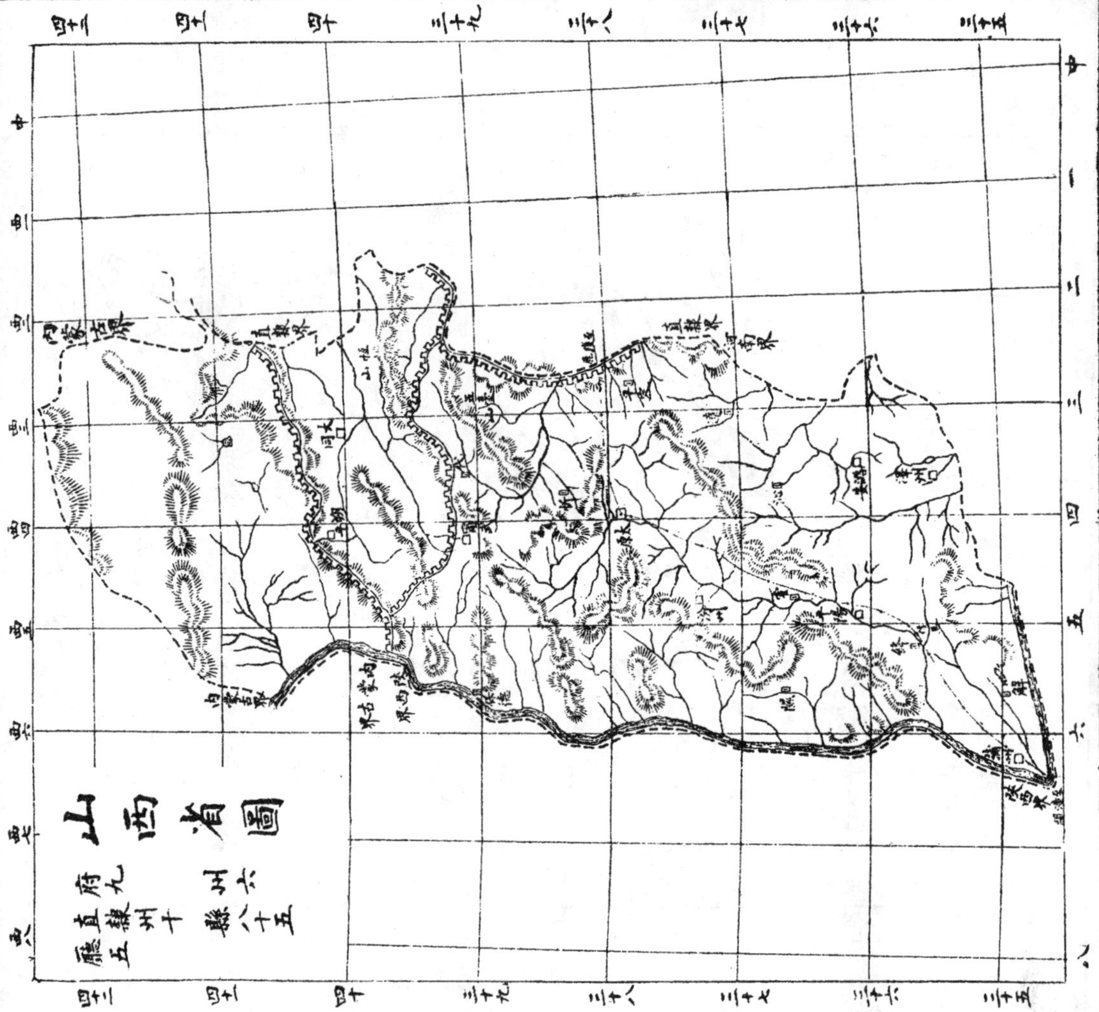

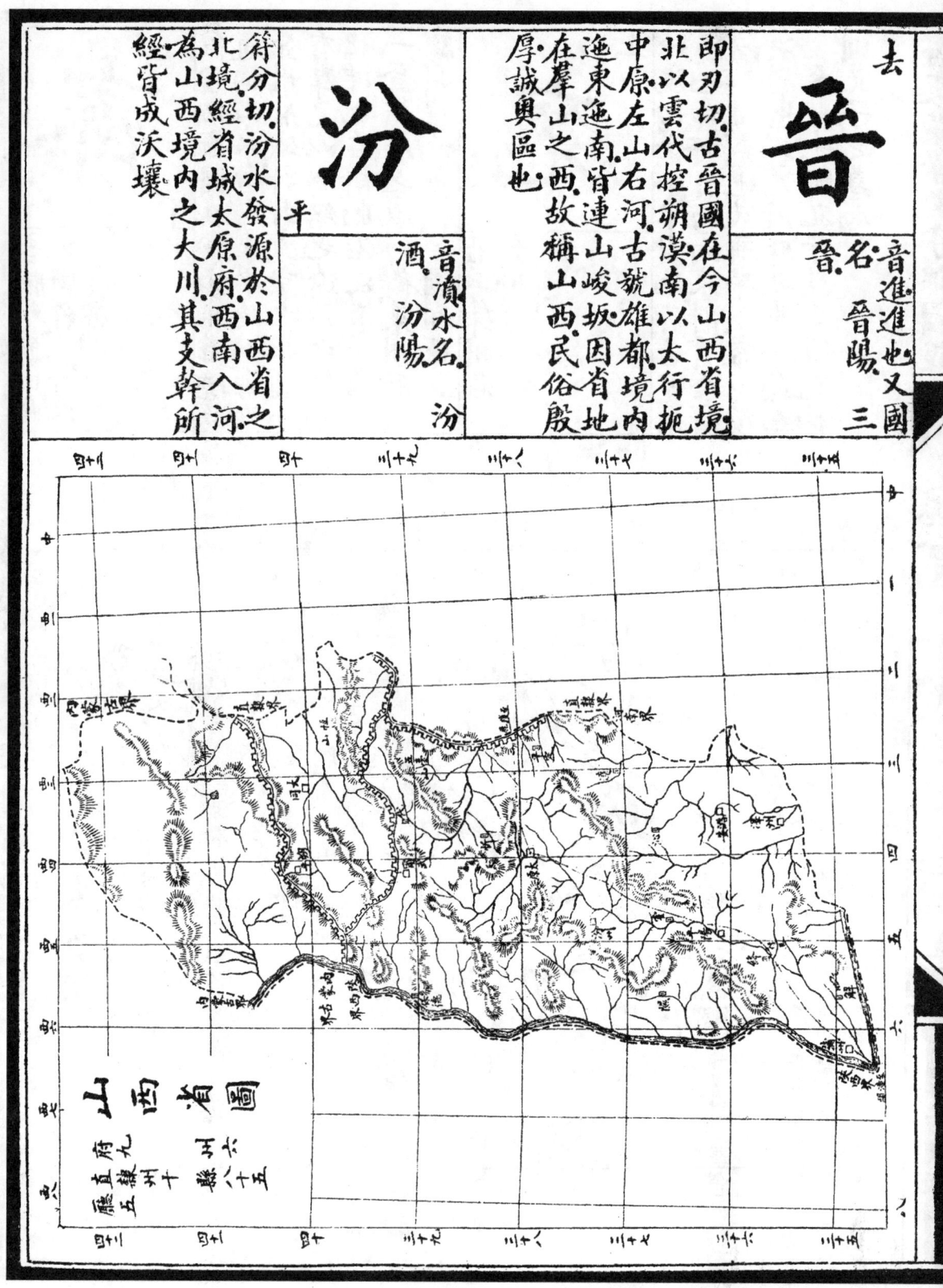

陝 上

音閃。地名。陝西。川陝。

失冉切。周成王時。周公治陝以東。召公治陝以西。蓋以陝為分界處。今省稱陝西。即召公所治也。其地自古為帝王之宅。周以龍興。秦以虎視。自漢以後皆稱關中。誠天府之雄也。而新疆隴蜀尤必以此為咽喉。

秦 平

音秦。國名。秦晉。三秦。

慈鄰切。今陝西省皆秦國地。地宜禾。故字從禾。古稱上腴。歷代都之長安。繁富甲於天下。今省城西安府。即長安也。

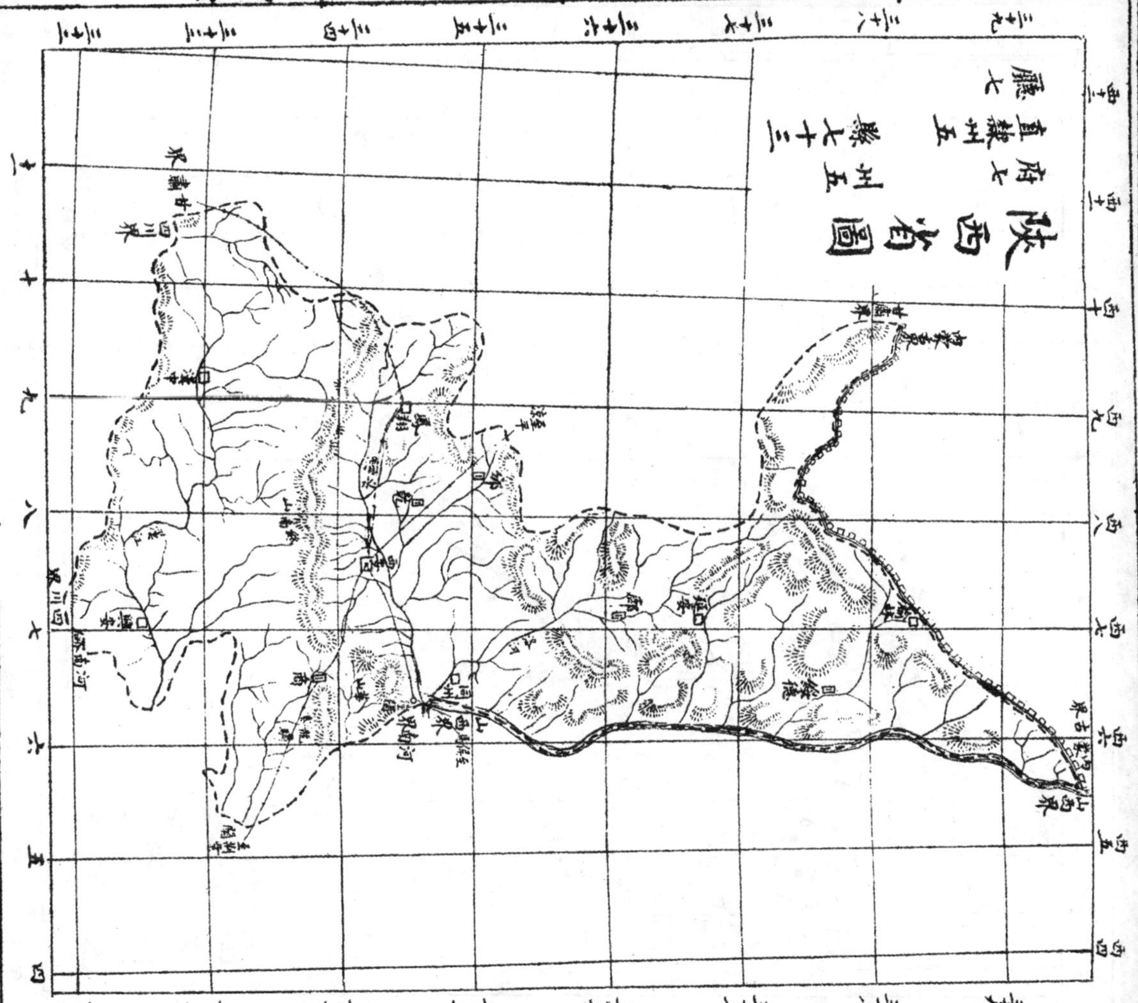

甘 平

感平聲，甜也。甘蔗 甘肅。

古三切。今甘肅省以古有甘州名。北鄰大漠，西控羣番，蒙回雜居，撫治不易。境內人稀地瘠，民食不敷。其西之西寧府，為控馭青海之要地。東境與陝西分界處有隴山，故亦稱隴西。

肅 入

音宿。嚴敬曰肅。肅靜。又州名。甘肅。

蘇谷切。今省稱甘肅者，合甘州府與肅州以名之也。肅州在省之西北，當嘉峪關進口之衝，為中俄陸路通商處。

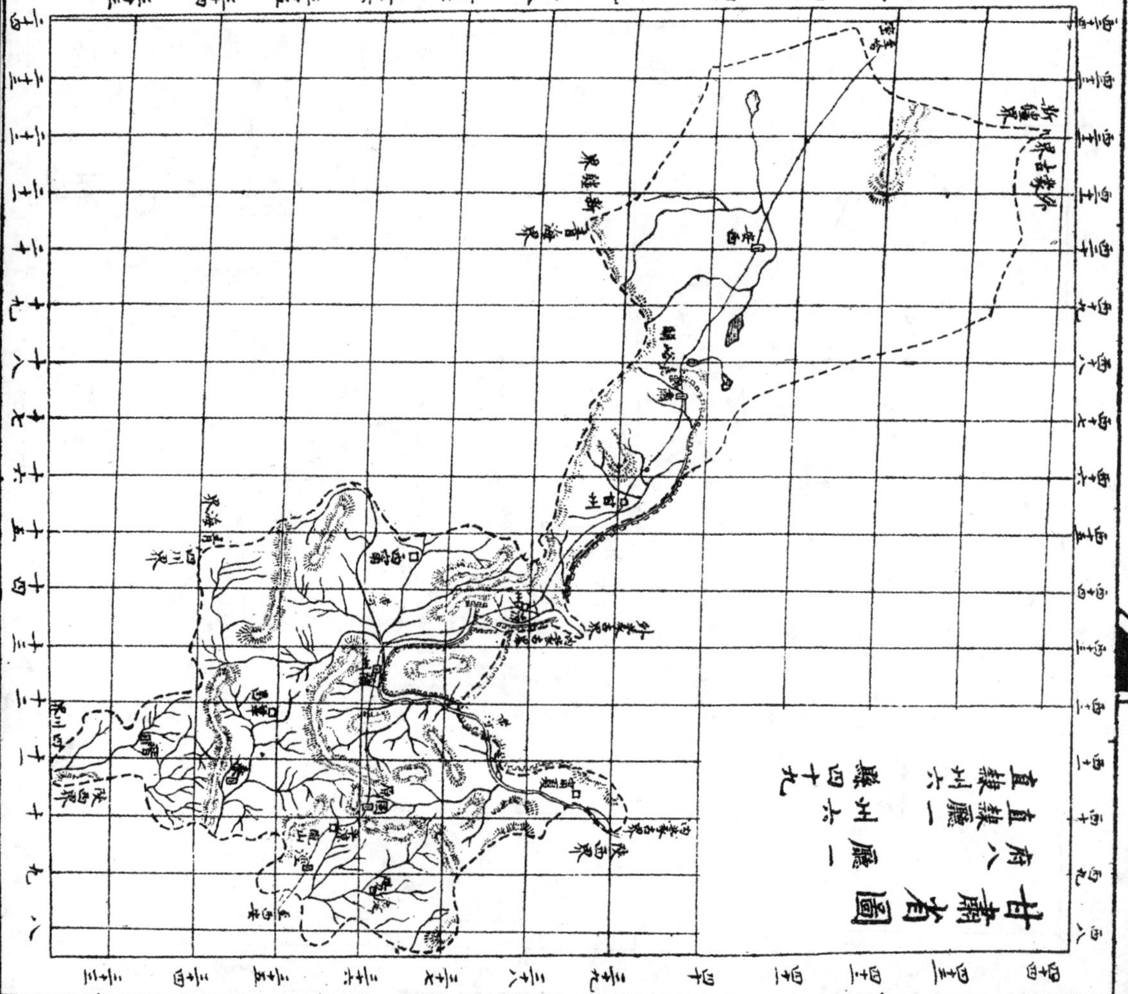

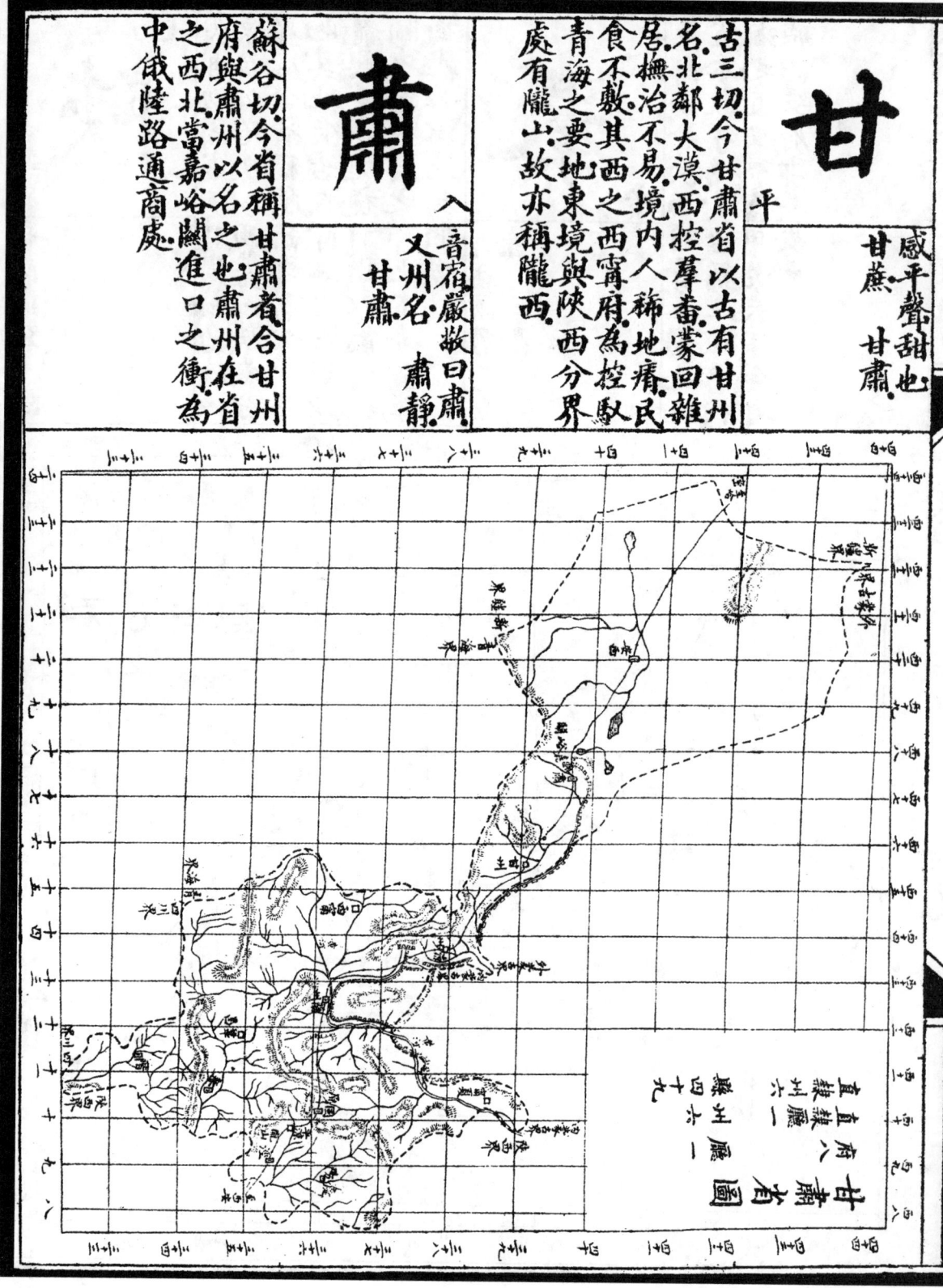

新 平

音辛。舊之對也。新疆。翻新。

息鄰切。甘肅之西北曰新疆省。西北距俄。東北控制蒙古。南鄰衛藏。東南包青海。與甘肅省一綫相通。其地迤東多沙漠。天山南北則皆上腴。南境之和闐州產玉最著。省會在迪化府。而伊犁府為極西北之重鎮。

疆 平

音薑。邊界曰疆。疆界。邊疆。

居良切。新疆一省。夙稱化外。國朝乾隆時。始撫有其地。光緒十一年。始列行省。故稱新疆。其地本蒙古厄魯特部。而迤南則回教人所居。自立省會後。華人紛至。日見繁盛。

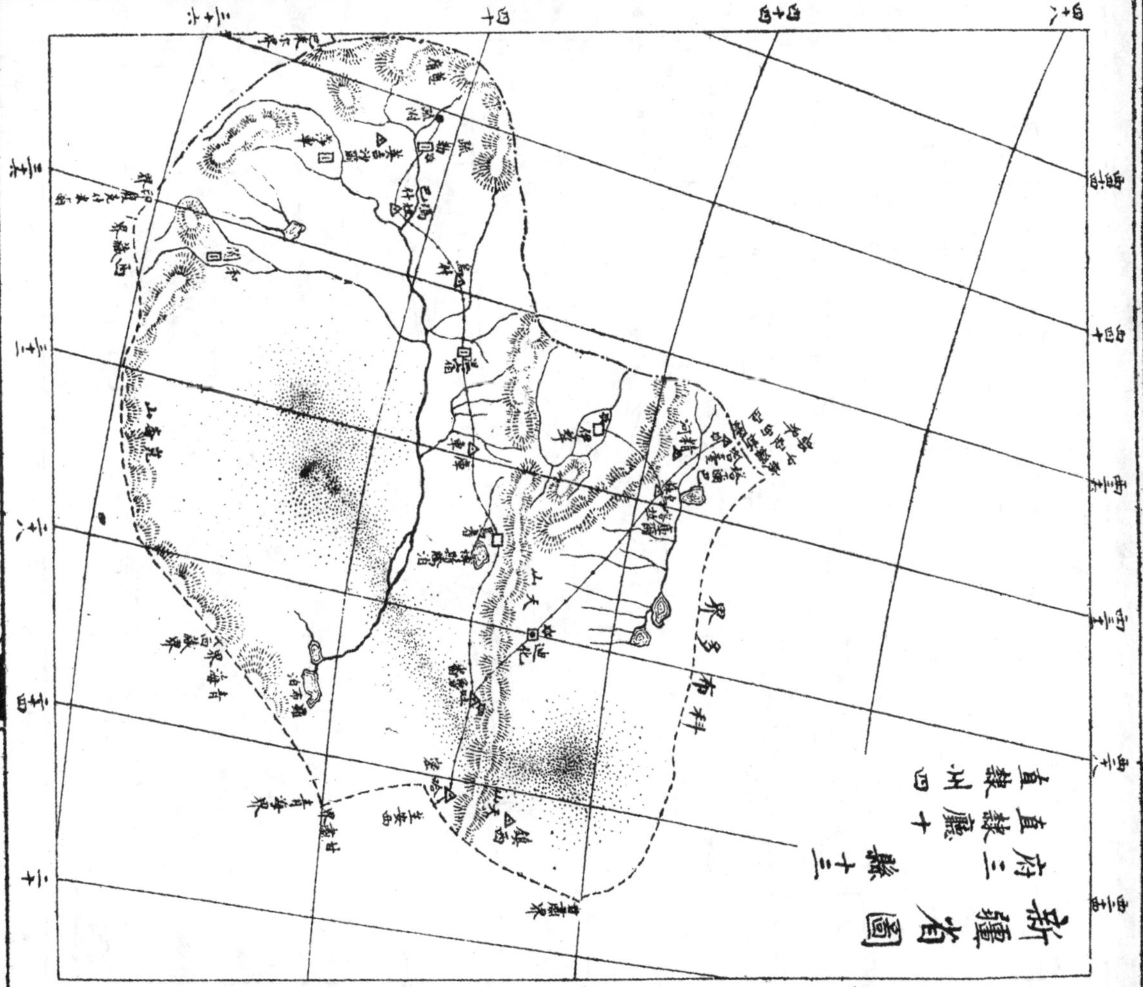

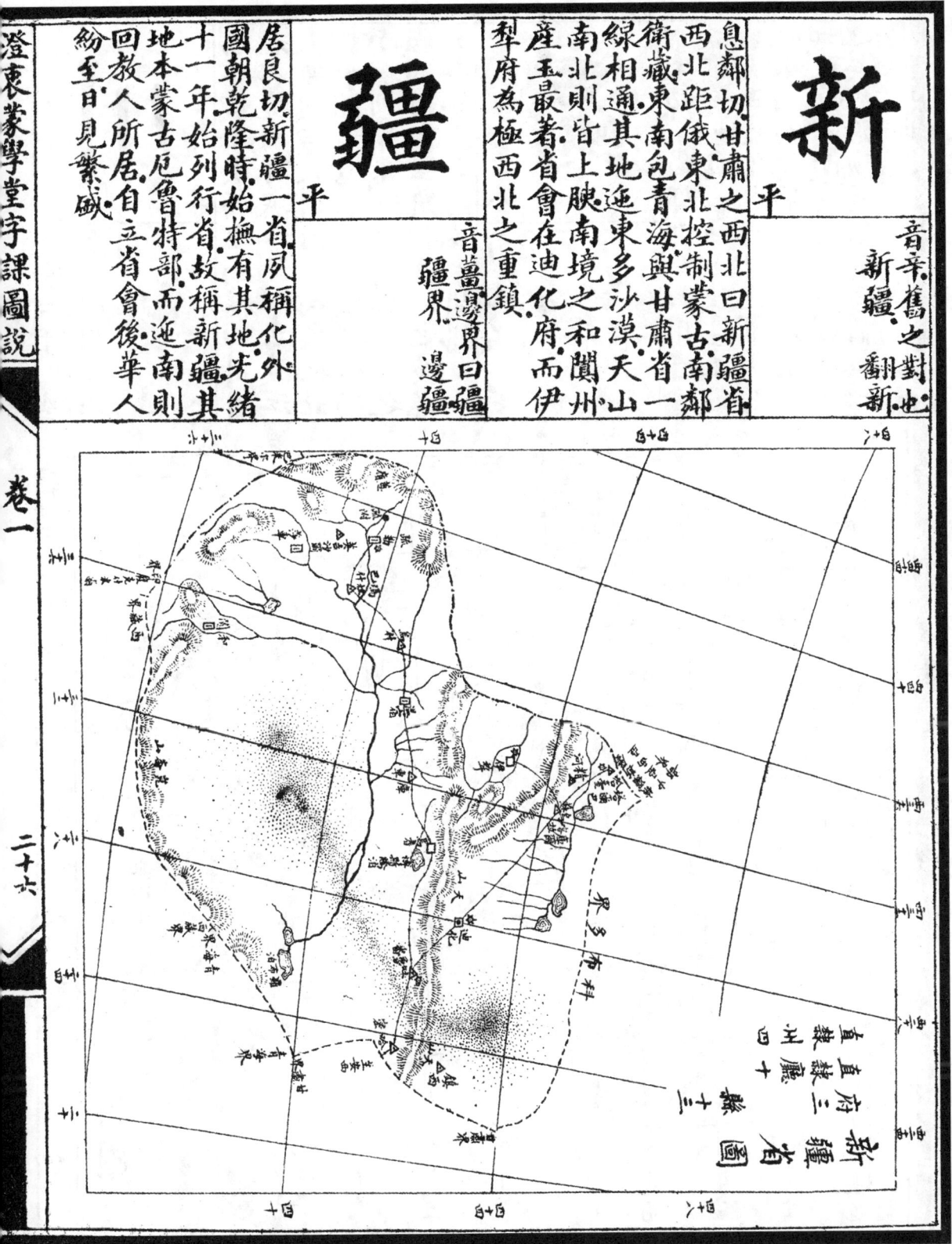

川 平

音穿。江河之總名。四川。山川。

昌緣切。今陝西之南稱四川省者。以境內有岷江沱江嘉陵江大渡河四大川。因以為名也。北據劍閣之險。東扼三峽之衝。西南控制羣番。遙應衛藏。四塞之國。西陲之重鎮也。轄地之廣。冠於各省。惟邊西多未開闢。

蜀 入

音屬。地名。蜀中。西蜀。

市玉切。漢蜀郡。即今四川省會成都府也。自古稱上腴。產米最盛。大江發源於省北之岷山。經成都而南。與金沙江合。始稱大江。大江以南。產鹽於井。汲水煎之。異於沿海所屬有通商口一。

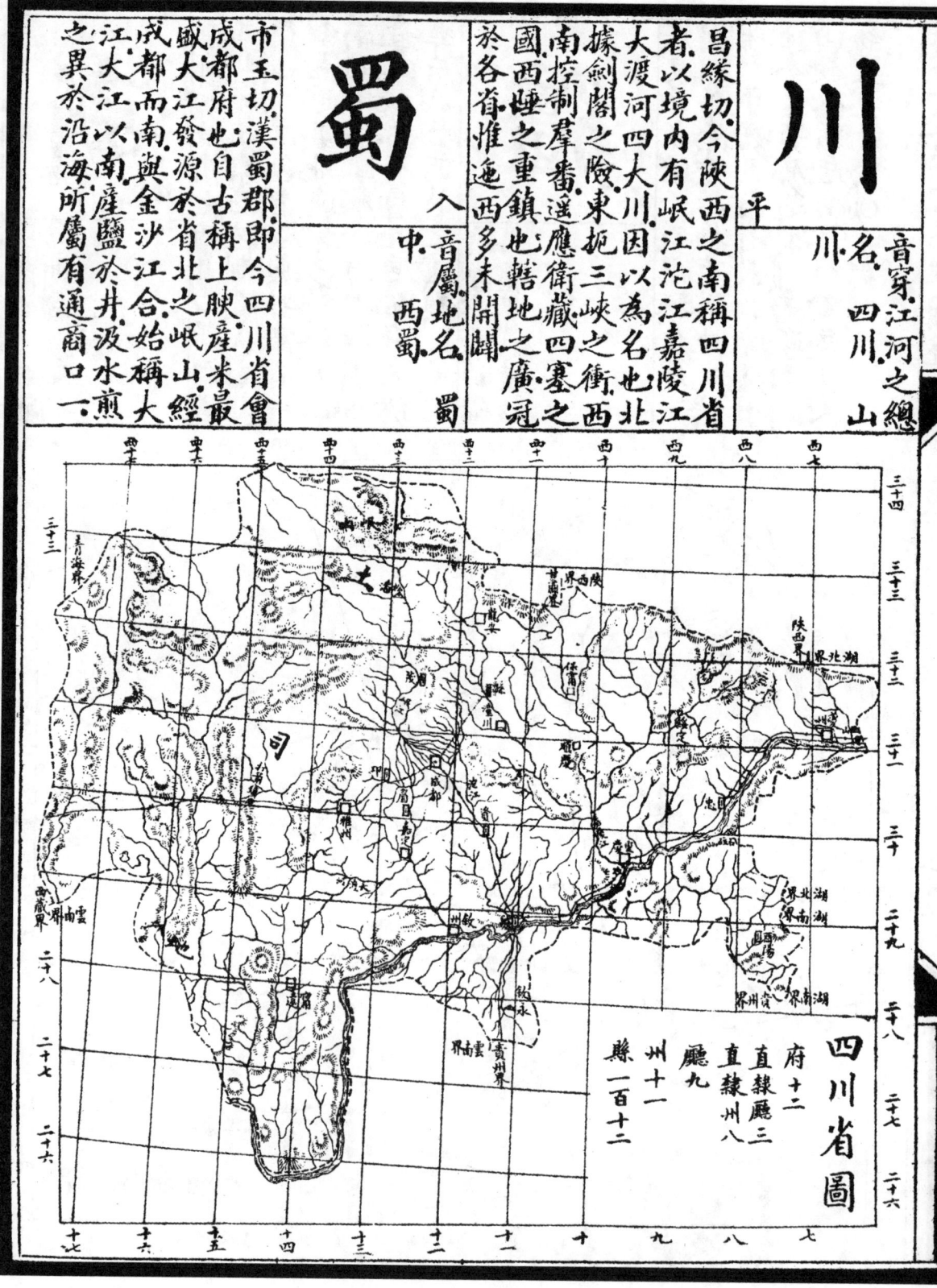

粵

入

音越，發語辭，又地名，粵東，閩粵。

王伐切，廣東省為古百粵之地，北倚五嶺，南臨大洋，地形單薄，延長為逈南各省之屏障，去南洋諸島最近，通商最先，所屬有通商口六，廣州之澳門，惠州之香港，今為葡英兩國屬地，廉州之廣州灣，為法國租地。

瓊

平

音焭，玉之紅色者，又島名，瓊瑤，瓊州。

渠瑩切，唐州名，今仍之，為廣東通商口岸之一，全境孤懸海中，合赤溪廳為一島，沿海皆沃壤，中境則峙以大山，峰嶺峻削，人迹罕至，有黎人居其間，亦苗猺番族之類，而無土司。

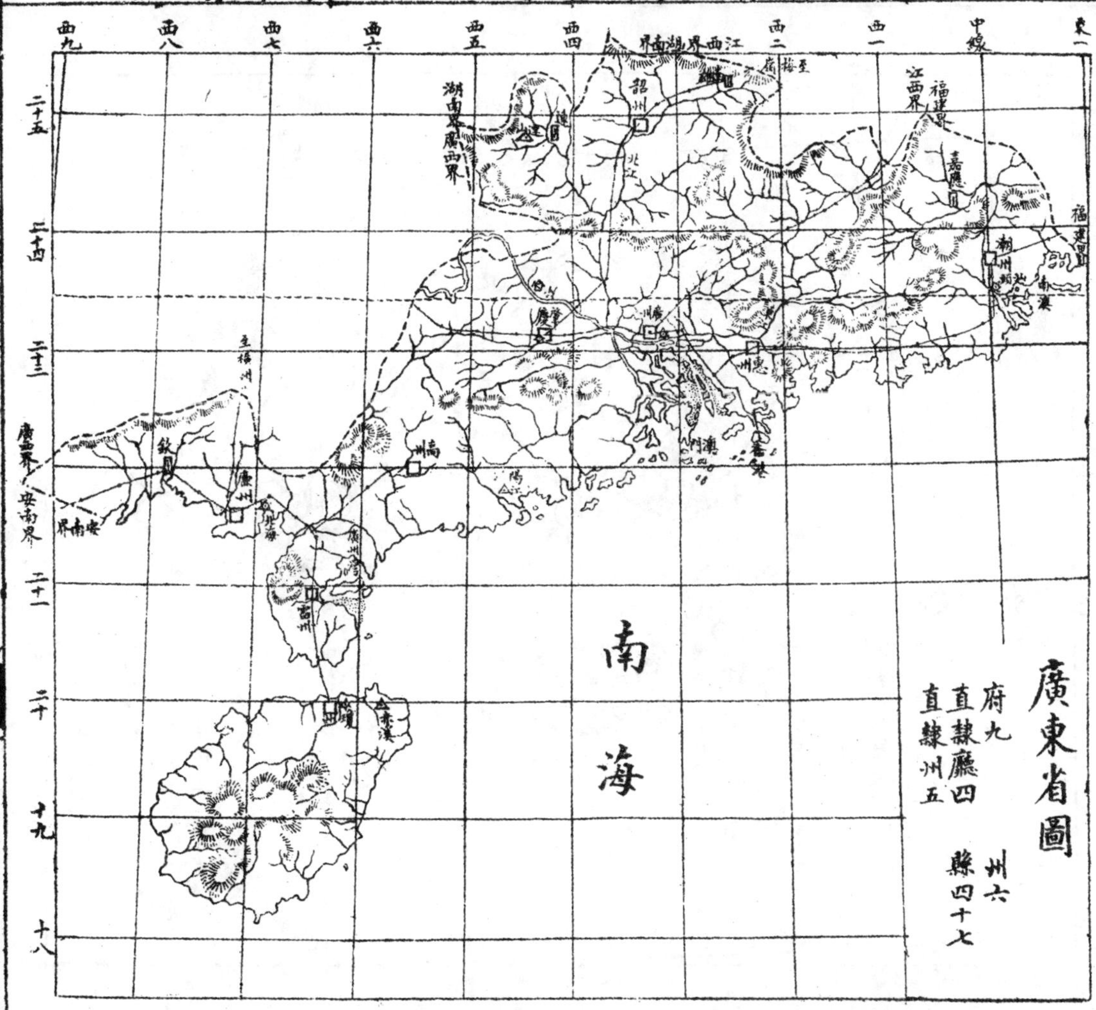

去 **桂**

古惠切。桂木產於廣西。故省城稱曰桂林。全省通稱曰桂。西北鄰滇黔。東北扼湘楚。左臨東粵之上游。南瞰法屬之安南。境內苗猺雜居。土司林立。蓋厥性獷悍。不能治以流官。故官其渠魁以鈐轄之也。所屬有通商處二。

圭去聲。冬榮之樹也。其花俗名木樨。桂花。

桂林。桂

上 **廣**

古晃切。古稱兩廣為廣南。後分為二。曰廣南東道。廣南西道。今謂廣東廣西者。其省文也。

光上聲。濶大貌。

又地名。兩廣。

廣狹。

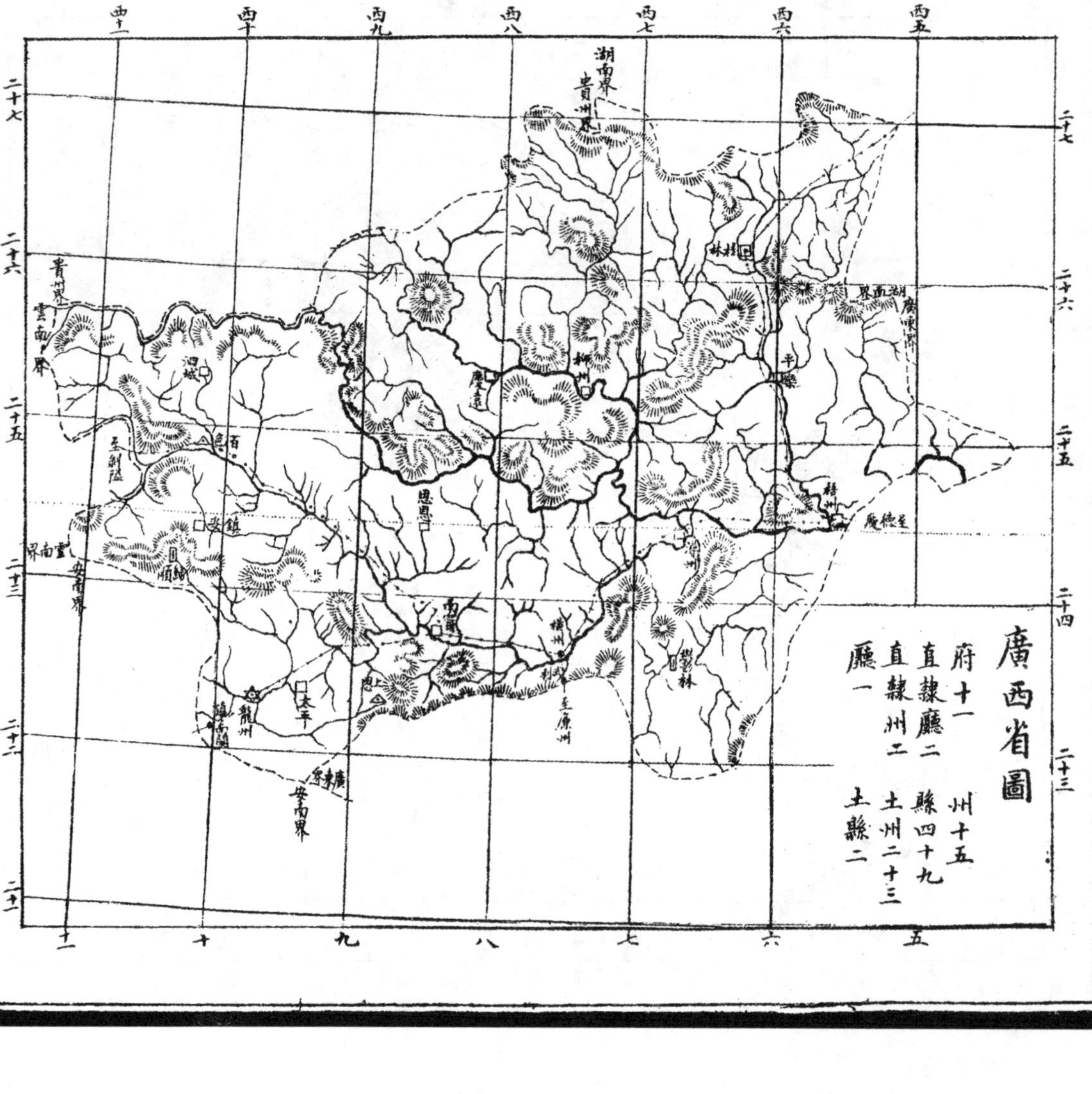

滇 平

音顛。池名。滇南。黔滇。

都年切。滇池在雲南，因以名省。西南界英屬之緬甸，東南距法屬之安南，控制三邊，鎮攝蠻族。疆域之廣，亞於四川。省會曰雲南府。所屬有通商之地三。楚雄府屬有鹽井，產鹽甚富，略同川省。

梁 平

音良。水上之橋曰梁。又承屋之橫木也。橋梁。棟梁。

呂張切。雲南本禹貢梁州之境。漢武帝時，有慶雲見於梁州，在今省之北境，始稱其地曰雲南。

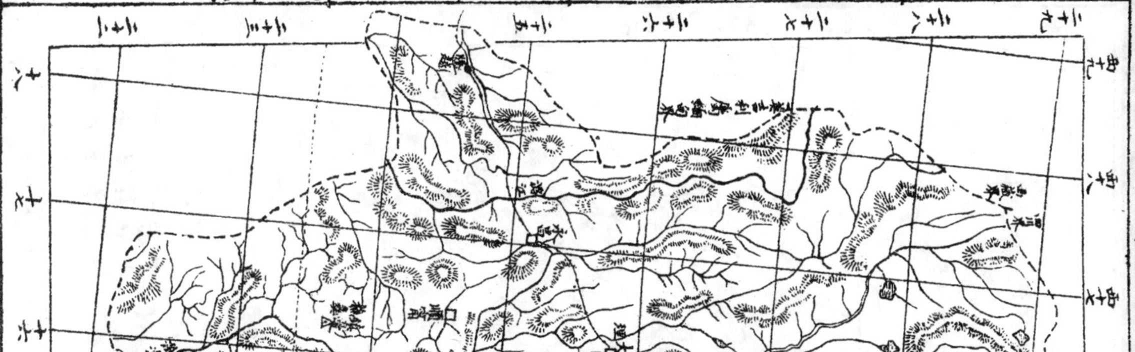

去 **貴**

音餽賤之對也 富貴 貴州

居胃切唐有貴州今因以名省南倚滇粤北控巴東羣苗所宅土壤瘠薄兵鑲民食仰給鄰封境内多鉛礦然開採亦未盛也

平 **黔**

音箝黑色也 黔首 黔南

其淹切貴州北境古為楚國黔中地故貴州亦稱黔南

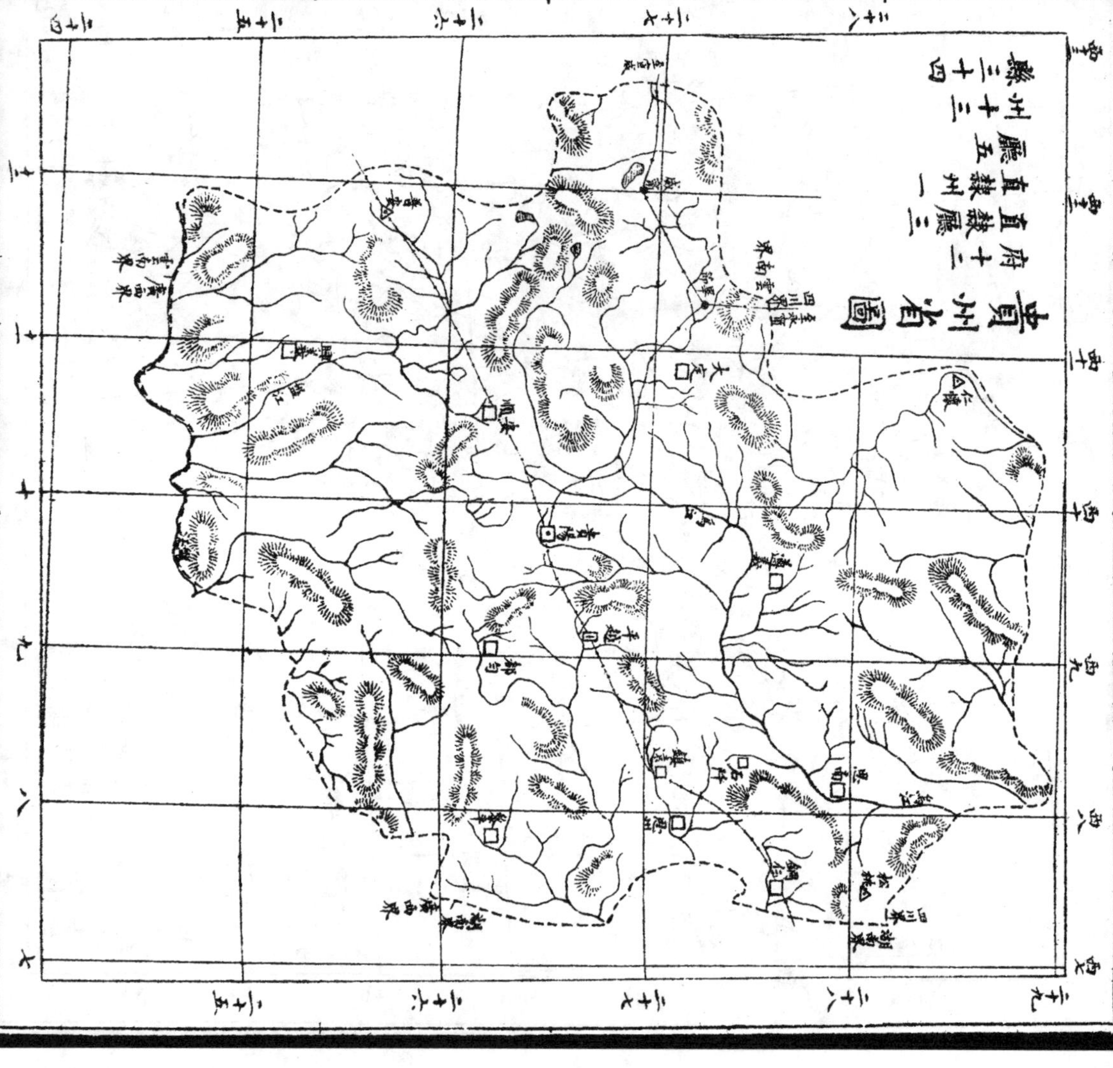

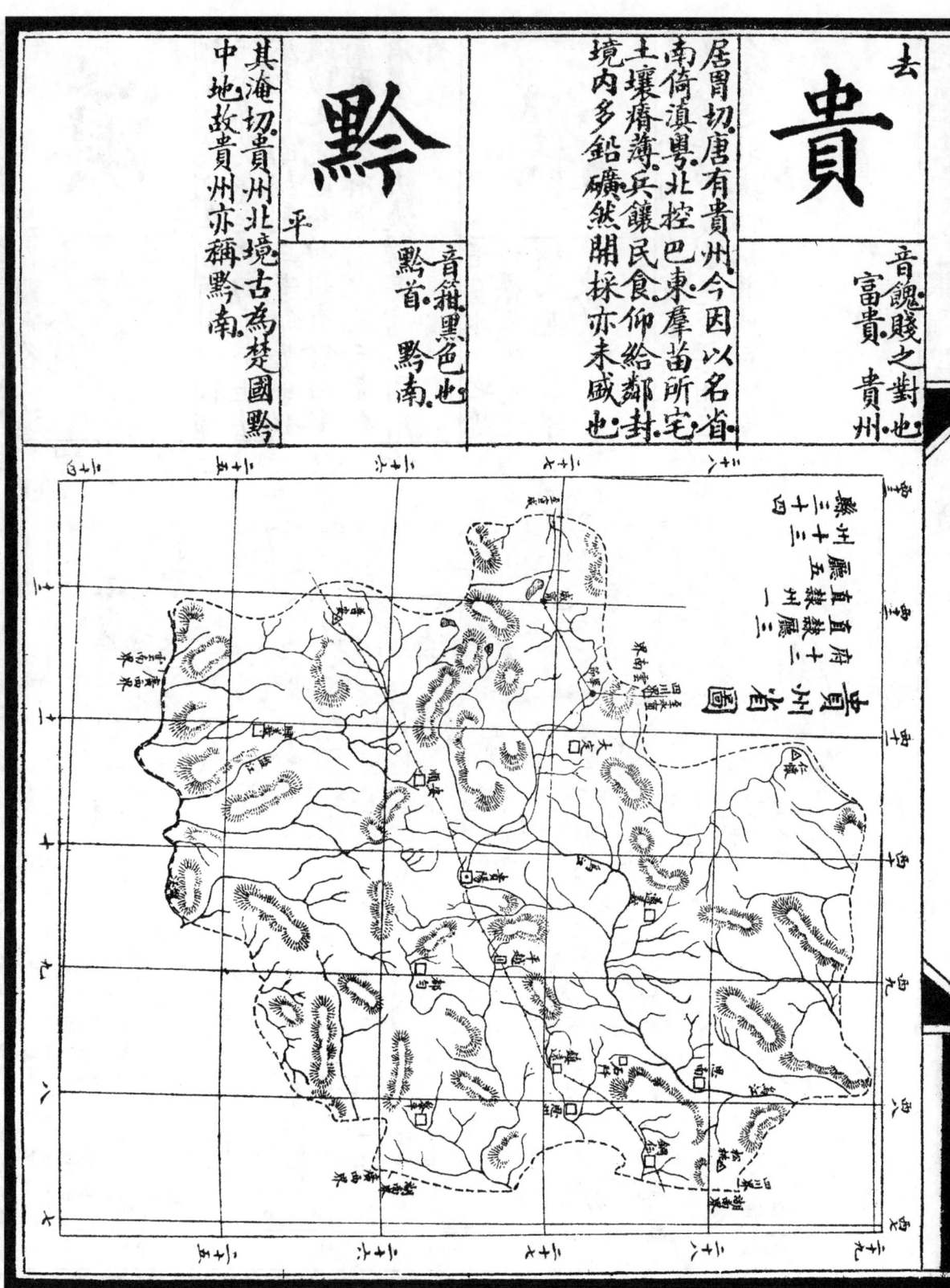

吉　入

音拮。禮義順祥曰吉。　吉祥　吉林

居質切。吉林省在盛京東北。省會曰吉林府。有寗古塔。為國朝發祥最初之地。外控俄疆。內屏遼瀋。邊境實首衝也。其地多連山大嶺。長松千尺。彌望皆是。俄人築鐵路於境內。南達旅順。北由黑龍江入俄境。工尚未成。

林　平

力尋切

音臨。叢木曰林。　樹林

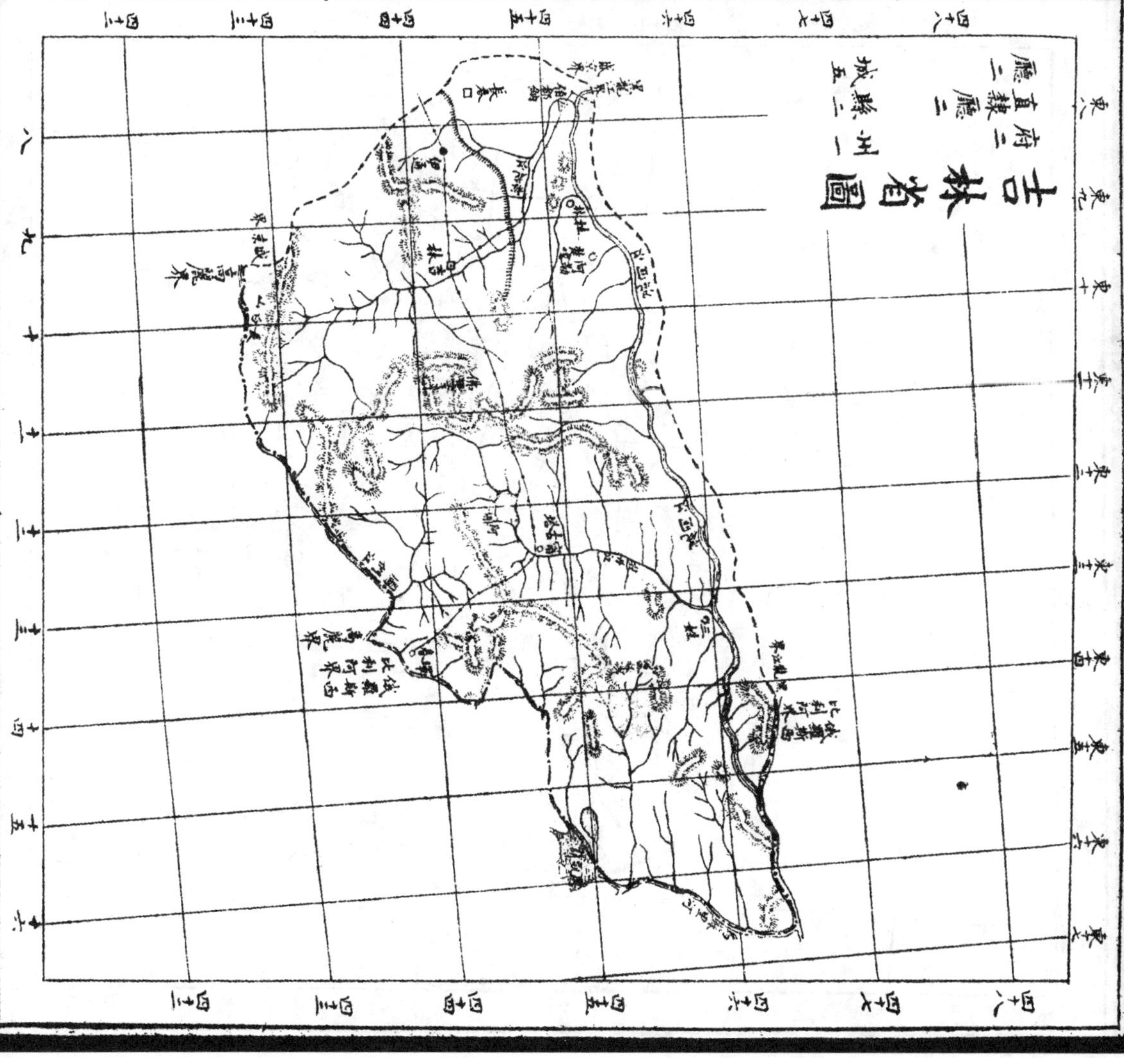

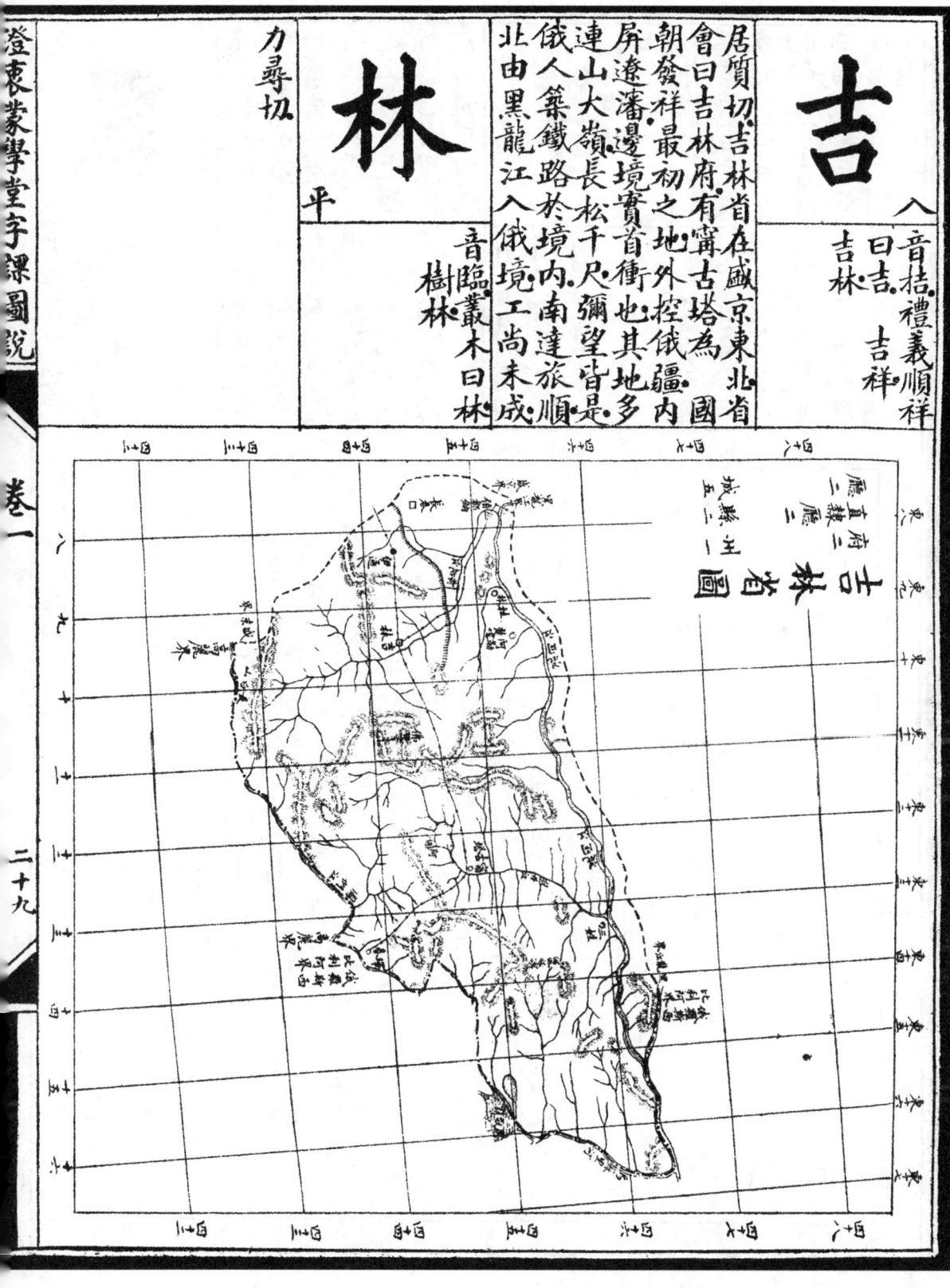

黑

入

音黷。五色之一。黑白。黑龍江。

迄得切。火所熏之色也。黑龍江省。以北界有黑龍江得名。省會曰齊齊哈爾。地氣苦寒。山勢險峻。民健善戰。據俄國東海濱省之上游。省之西北有漠河。金礦極富。吉林黑龍江二省。合諸盛京省。通稱曰滿洲。

省

上

騂上聲。行省曰省。又節省也。省儉。省察。

息井切。臺省本官署之稱。今通稱曰省者。元設行中書省於四方。簡言之曰行省。又簡之曰省也。如盛京吉林黑龍江總稱東三省。直隸兩江陝甘兩湖兩廣閩浙雲貴四川及山東山西河南總稱曰十八省是也。

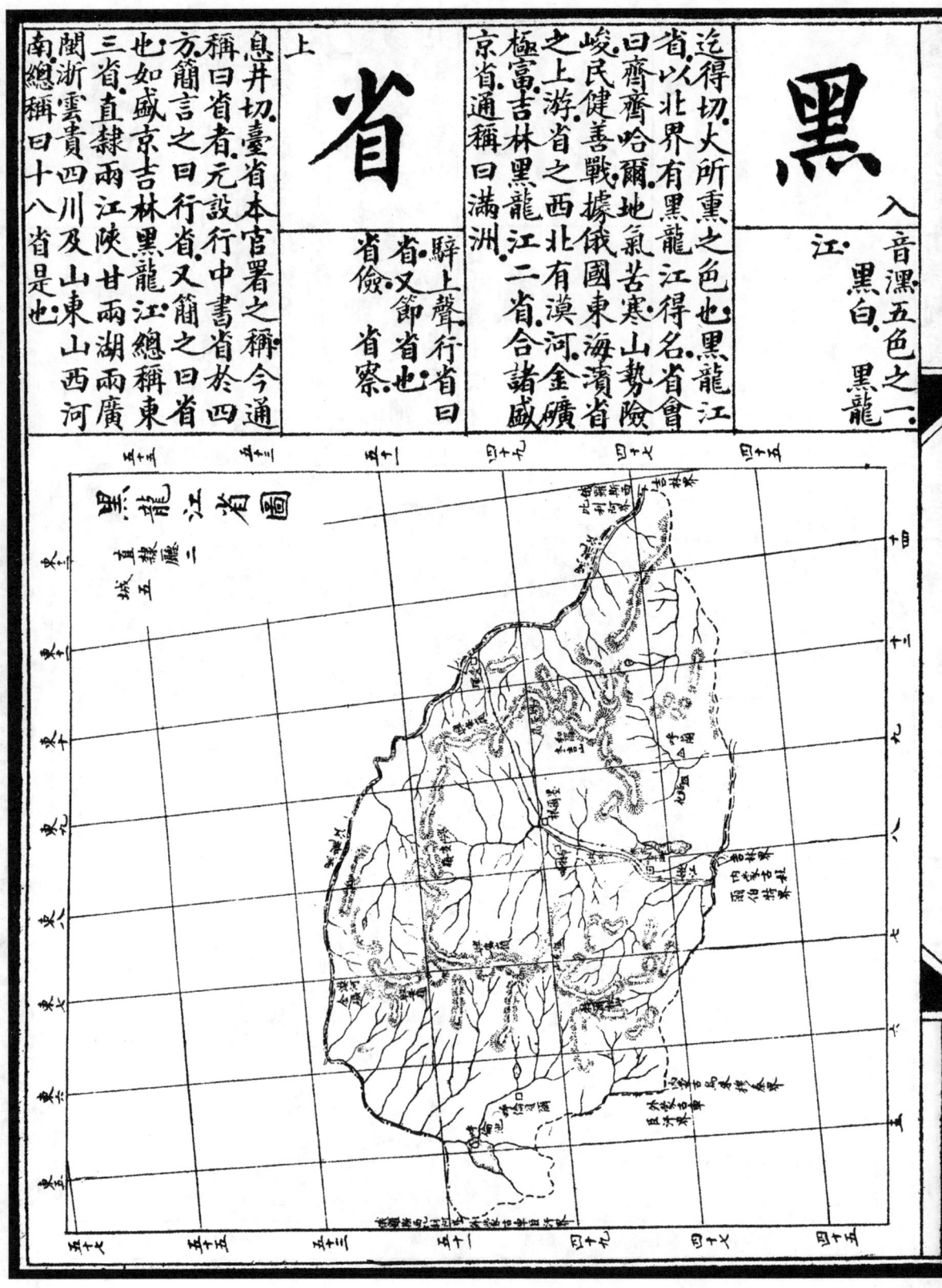

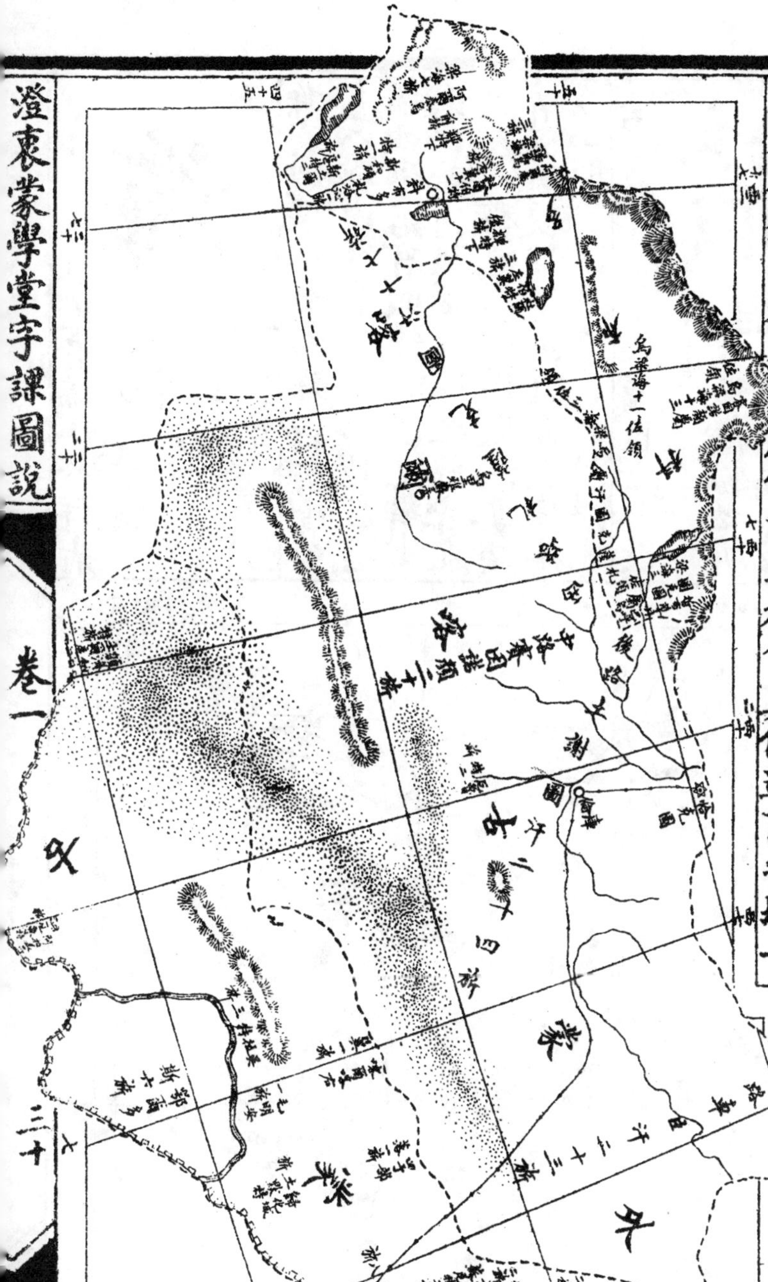

蒙 平

音濛。徵昧闇弱之名。又國名。童蒙。蒙古。

古 上

音鼓。前於今者曰古。上古。古人。

莫紅切。蒙古本名蒙兀。元先世部族之名也。自元太祖吞并西域。種族遂蕃衍於中亞。今之蒙古。環中國之北陲。為內地之屏蔽。北距俄境。分界處峙以連山。內外蒙古之間。限以大沙漠。謂之瀚海。烏里雅蘇臺。科布多。庫倫。為其都會。與俄通商之地。一

公戶切。

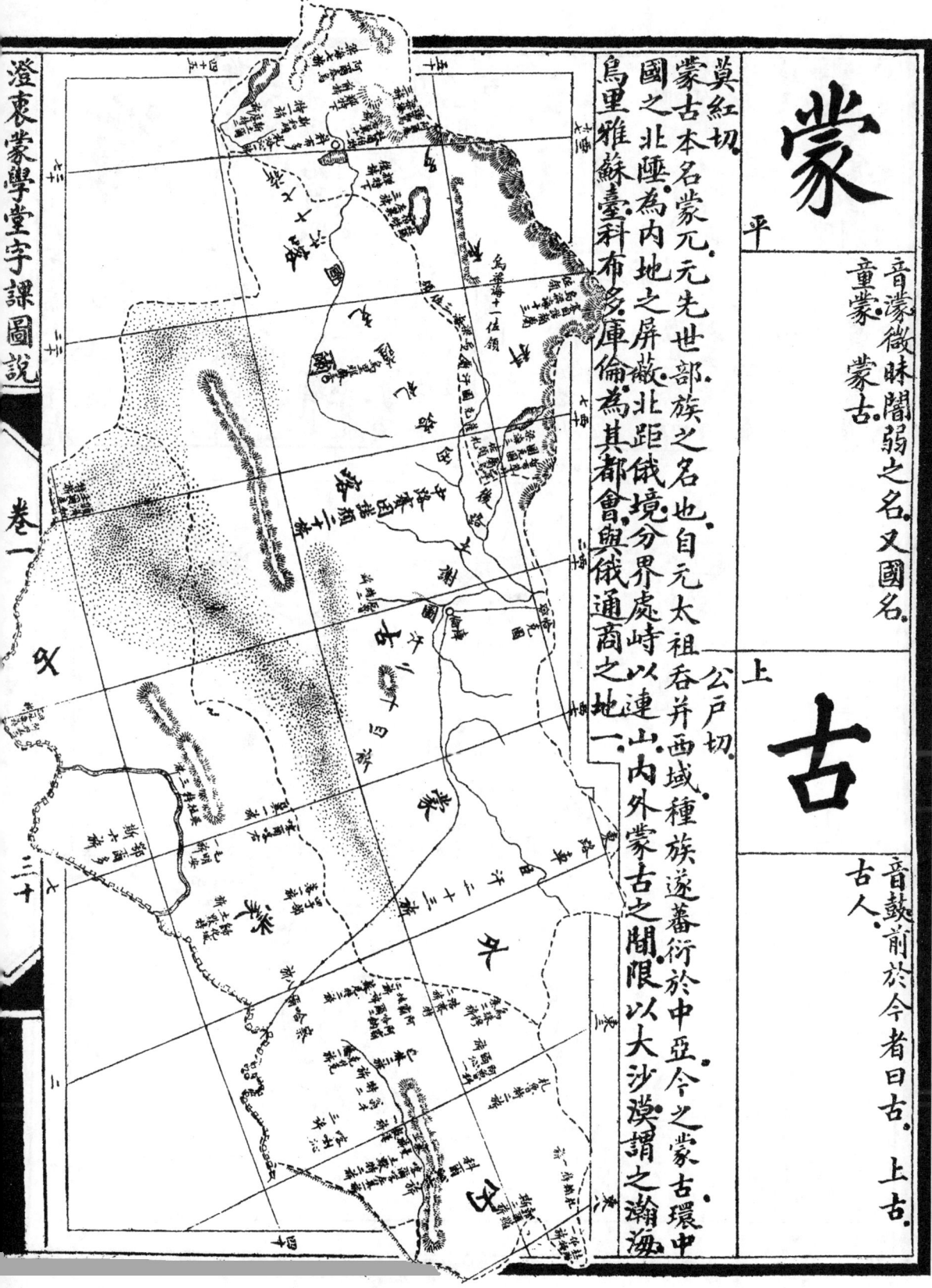

海

上

音醢。小於洋者曰海。青海。海外。

許亥切。衆水之所歸曰海。青海蓋以境內有青海得名。地在甘肅西。部落有四。統於西寧辦事大臣。黃河及金沙江之源皆在其境。人稀地廣。以遊牧為業。濱青海處較稱饒沃。其餘則寒瘠多山。

藏

去　平

音鏾。匿也。收藏。音臟。藏物之所也。寶藏。西藏。

徂郎切。　才浪切。西藏共分四部。曰康。即前藏。曰衛。即中藏。曰藏。即後藏。曰阿里。則在極西。屬城七十三。以拉撒扎什倫布為都會。統於辦事大臣及幫辦大臣。其民篤信喇嘛。奉達賴及班禪為教主。南鄰印度。亦首衛也。

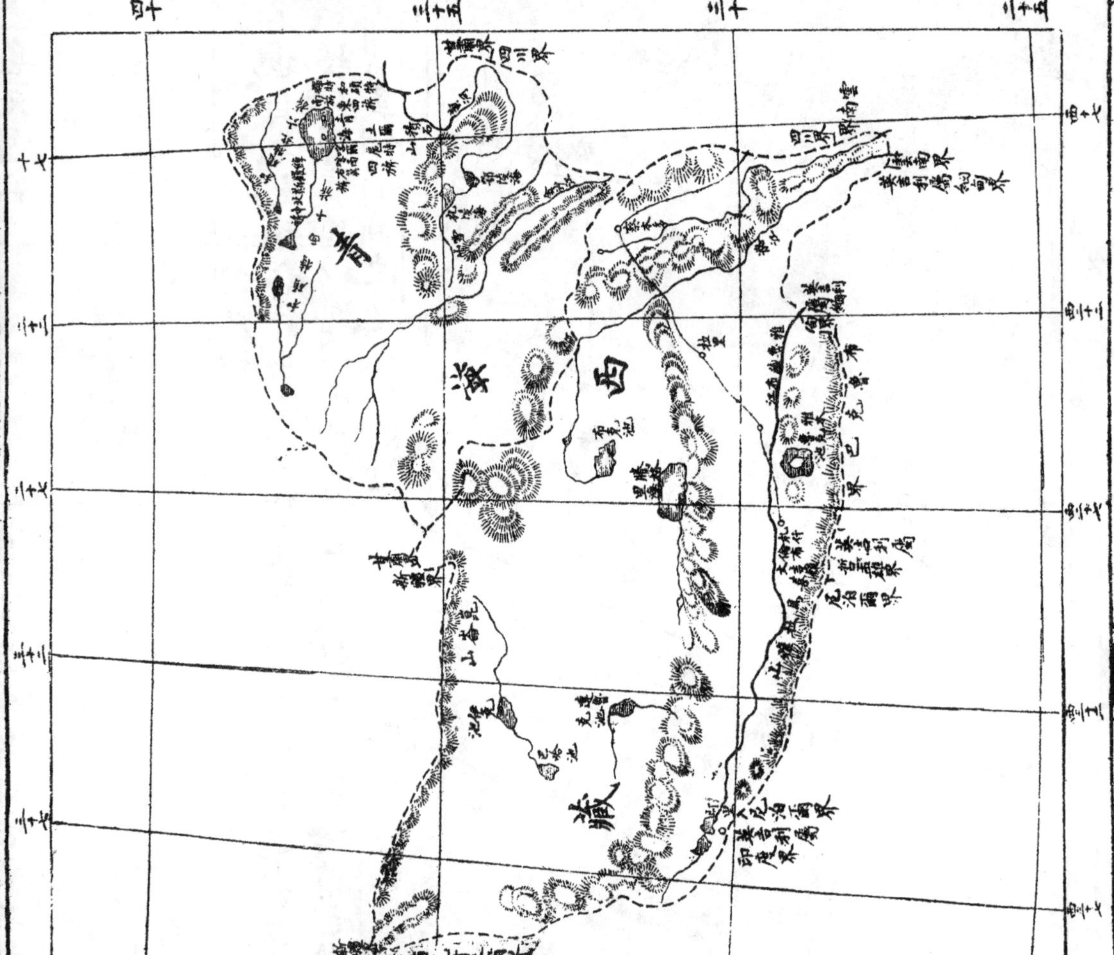

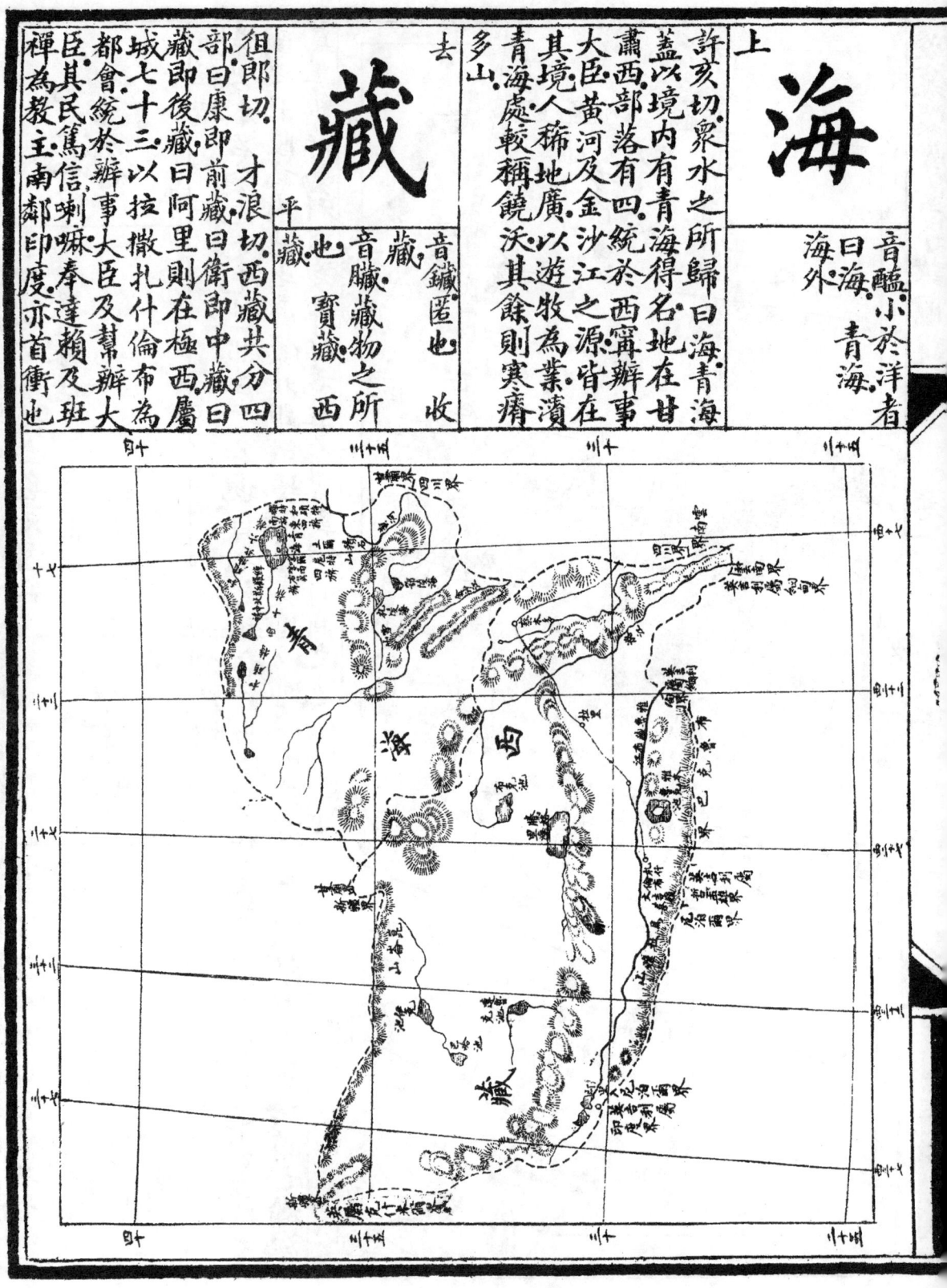

去

亞

鴉去聲。凡次於最者曰亞。今洲名。亞旅。亞西亞。

衣駕切。亞西亞。安息之長音也。本土耳其地。歐人東來。凡地之在其東者。皆謂亞西亞。遂以名洲。亞西亞在五洲中為最大。三面環海。西接歐羅巴。以烏拉嶺烏拉河及高加索山為界。綜其方積約千七百萬五千英里。為國五。曰 大清。曰日本。曰高麗曰暹羅。曰波斯。又尼泊爾及布魯克巴。亦稱自主。半主者四。曰安南。曰愛烏罕。曰俾路之。曰阿拉伯。俄屬之布哈爾。亦尚存虛名。其他若印度。若緬甸。若西比利阿。若中亞西亞諸回部。皆夷為屬地矣。全洲人口。約七萬四千六百萬。開闢最早。夙以文化甲五洲。近百年俄雄於北。英競於南。法據安南。德義亦覬覦。其側喧賓奪主之勢。駸駸盛矣

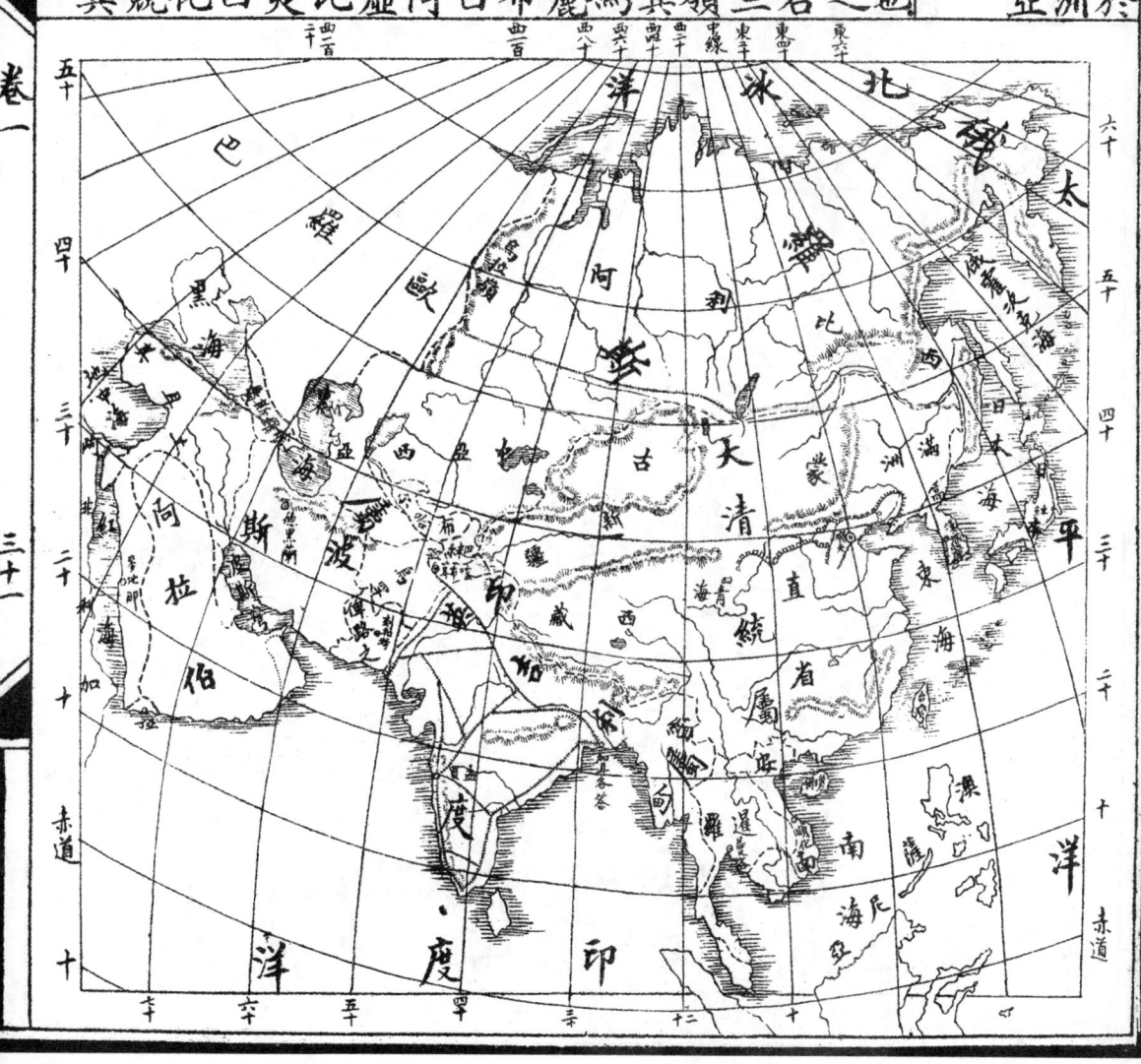

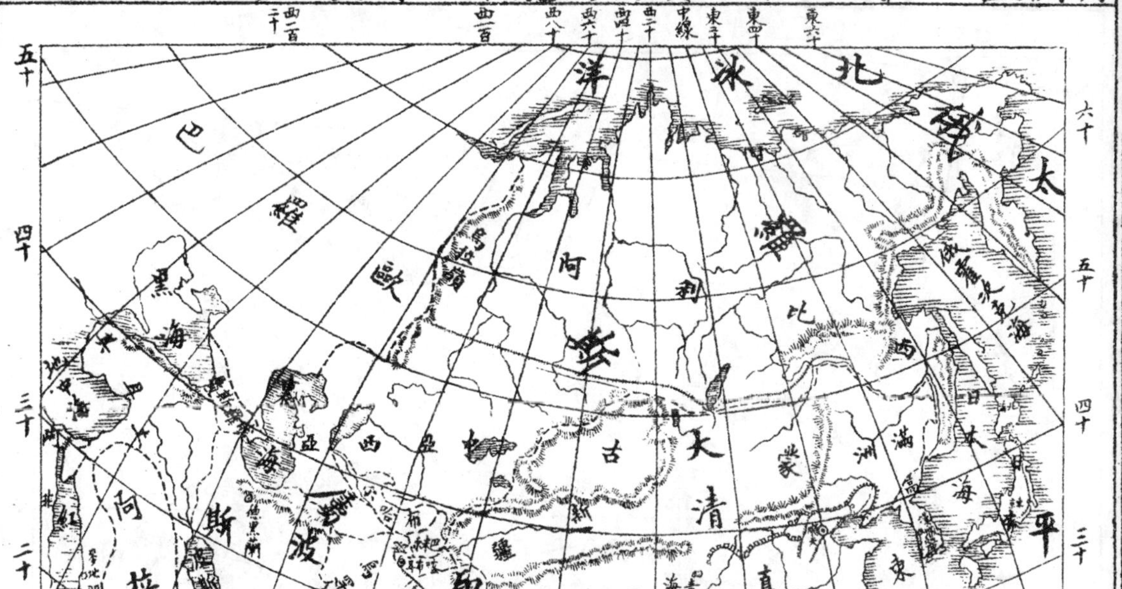

歐

上 平

音毆與嘔同。吐也。歐逆。音鷗。歐陽。歐羅巴。

烏后切。烏侯切。歐羅巴洲在五洲中為最小。東接亞洲。餘皆環海。約計僅四百萬英方里。為國十九。曰俄羅斯曰英吉利曰法蘭西曰德意志曰奧斯馬加曰義大利曰瑞士曰西班牙曰葡萄牙曰荷蘭曰比利時曰瑞典那威曰丹馬曰土耳其曰希臘曰羅馬尼阿曰布加利阿曰塞耳維阿曰門的內格羅又義大利境內之森馬利諾。法蘭西境內之摩納哥。法蘭西西班交界處之恩道拉。壤地皆不過數十里。而亦稱自主。全洲人口約三萬五千三百七十五萬五千。民風堅毅。權勢獨雄。列強相持。莫敢先發。其尤強者。推俄英法德四國云。

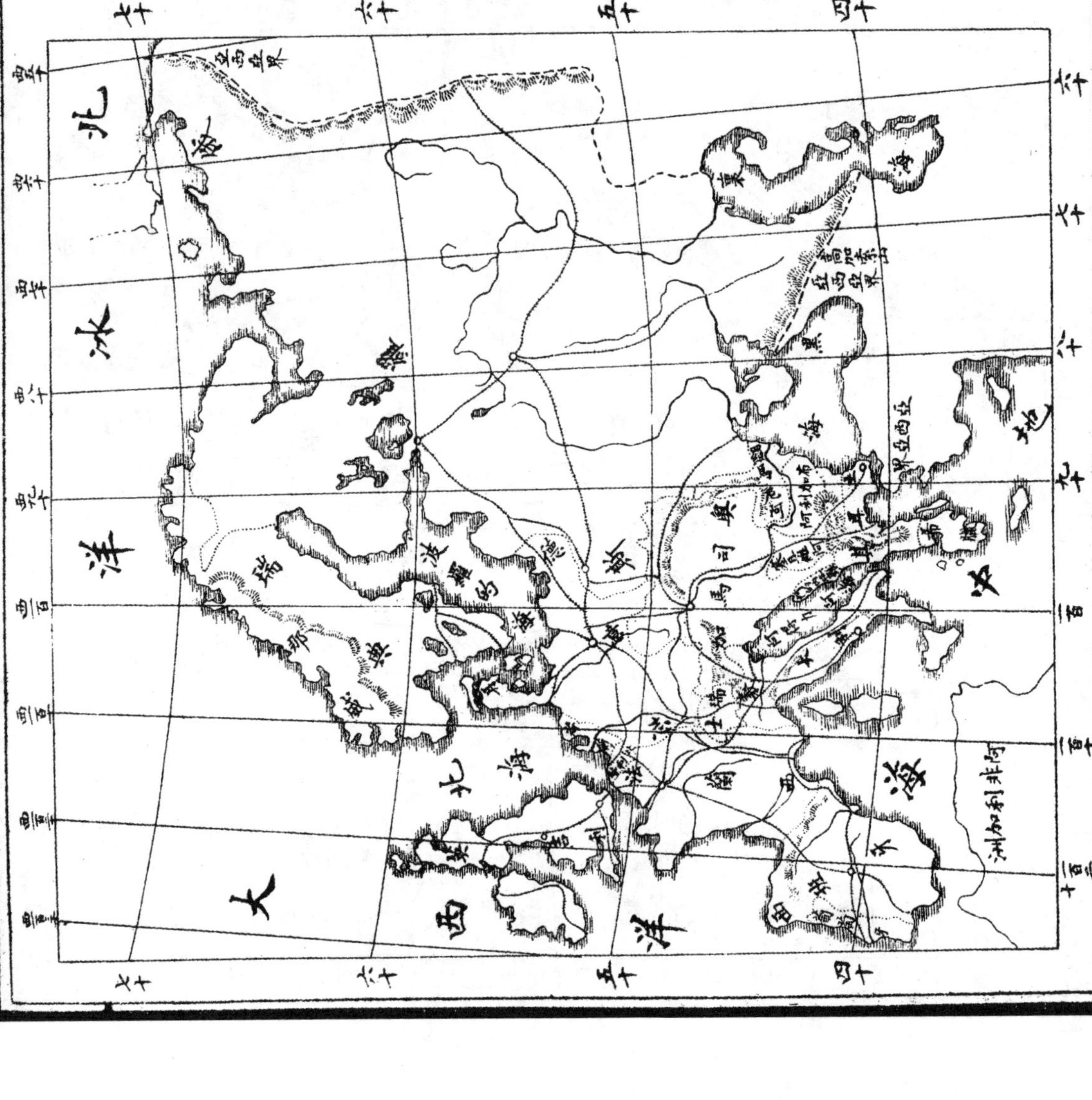

非

平

音飛。反是曰非。引申為非謗之非。今洲名。是非。阿非利加。

甫微切。阿非利加洲。四圍濱海。惟東北隅連一線於亞洲。今法人鑿為蘇彝士河者是也。全洲共一千二百萬英方里。埃及開化最早。迤南地當赤道。炎熇荒陋。歐洲羣雄競割裂之。其粗足自立者曰摩洛哥。曰特蘭斯佗耳。曰奧倫治。其受人保護而自理内政者。曰康果。曰埃及。曰的利波利。曰阿比西尼阿。康果歸比利時保護。阿比西尼阿歸義大利保護。康果近與我　朝立約通商。亦稱自主。然以上諸國之執政者。皆非非洲土人也。其他諸部則均已夷為奴隸。全洲人口約共一萬三千萬。

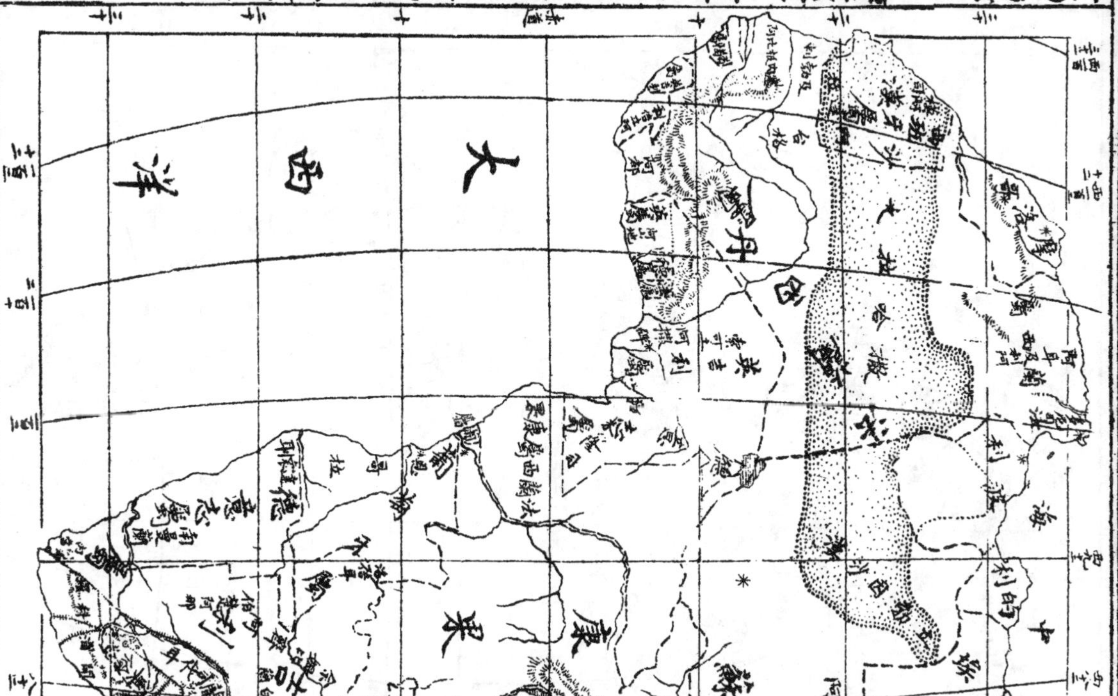

美

上

音眯。物之善者曰美。美人之善亦曰美。美玉。讚美。今洲名阿美利加。

無鄙切。阿美利加。為新闢之境洲分南北。相連處狹如蜂腰。共千五百萬英方里。四面濱海。不與他洲連。明宏治中。始尋得其地。歐洲各國。爭往開墾。乾嘉以後。各自建國。不復歸歐洲統攝。然人民皆其苗裔。土著幾蕩然無存矣。今其自主之國。北曰北阿美利加合衆國。即美利堅是也。曰墨西哥。中境曰中阿美利加合衆國。南洲曰巴西。曰科倫比阿。曰委尼瑞拉。曰厄瓜多。曰玻利非阿。曰秘魯。曰智利。曰拉布拉他。曰巴拉圭。曰烏路圭。共十三國。北洲之加那大格林蘭南洲之器阿納及西印度羣島多為歐洲諸國屬地。全洲民數共一萬二千二百六十萬三千。政皆民主。

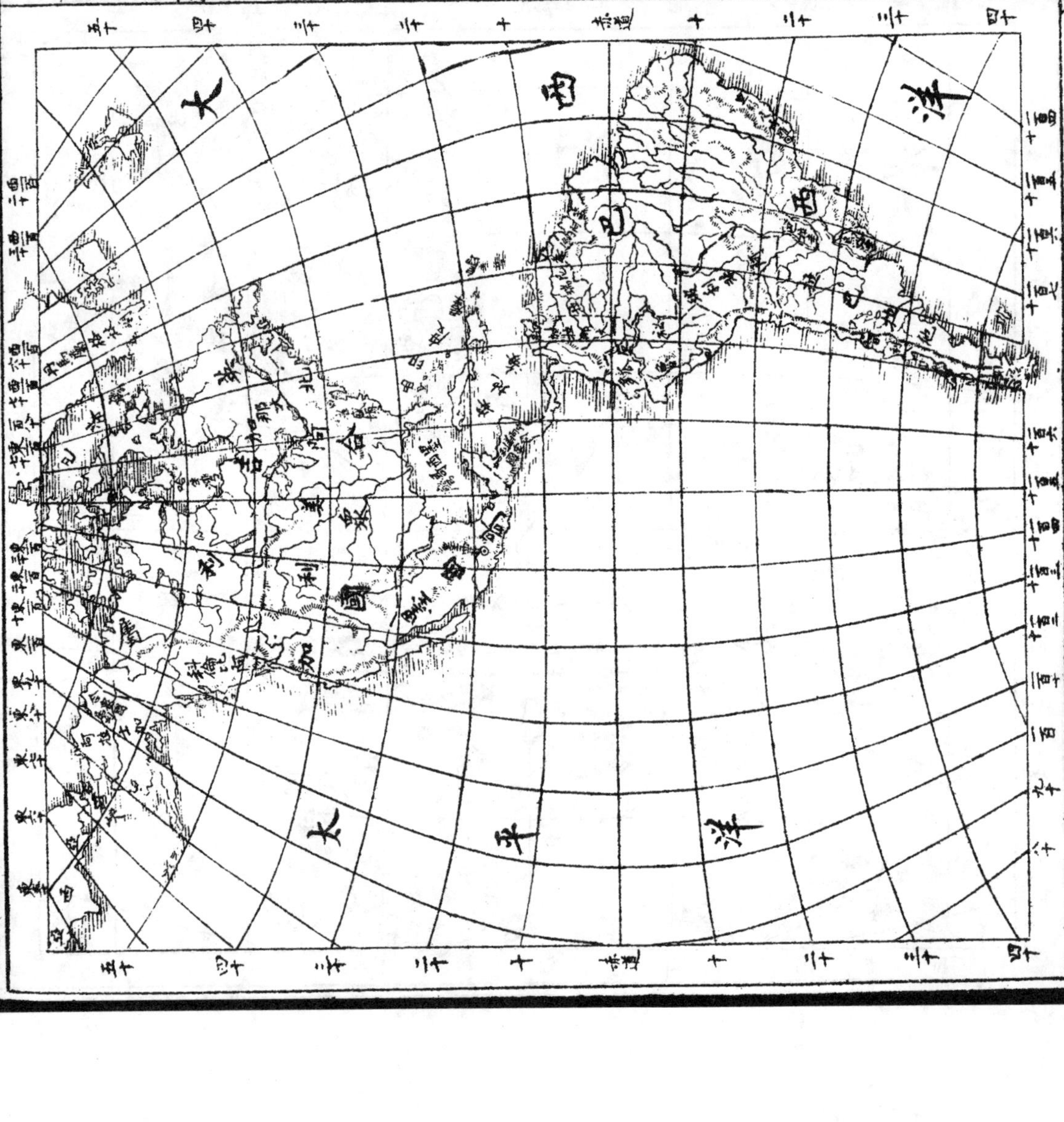

澳

去　入

音奧。又音郁。隈厓水深之處曰澳。今洲名。淇澳。　澳薩尼阿。

於到切。又於六切。澳薩尼阿。譯言羣島也。在太平洋印度洋之間。星羅棋布。難以枚舉。綜計其地約四百餘萬英方里。大概分為四區。一曰瑪來西。即南洋羣島也。多屬荷。二曰美拉內西。澳大利亞羣島也。多屬英。三曰彌克羅內西。多屬德。四曰波拉內西。則英法各半焉。羣島中以澳大利亞為最大。般島。紐西蘭。蘇門答臘。紐幾內阿等次之。英屬各島多開鐵路。通商賈。日臻繁盛。蓋至是而黑子彈丸。莫能自外於競爭之域矣。

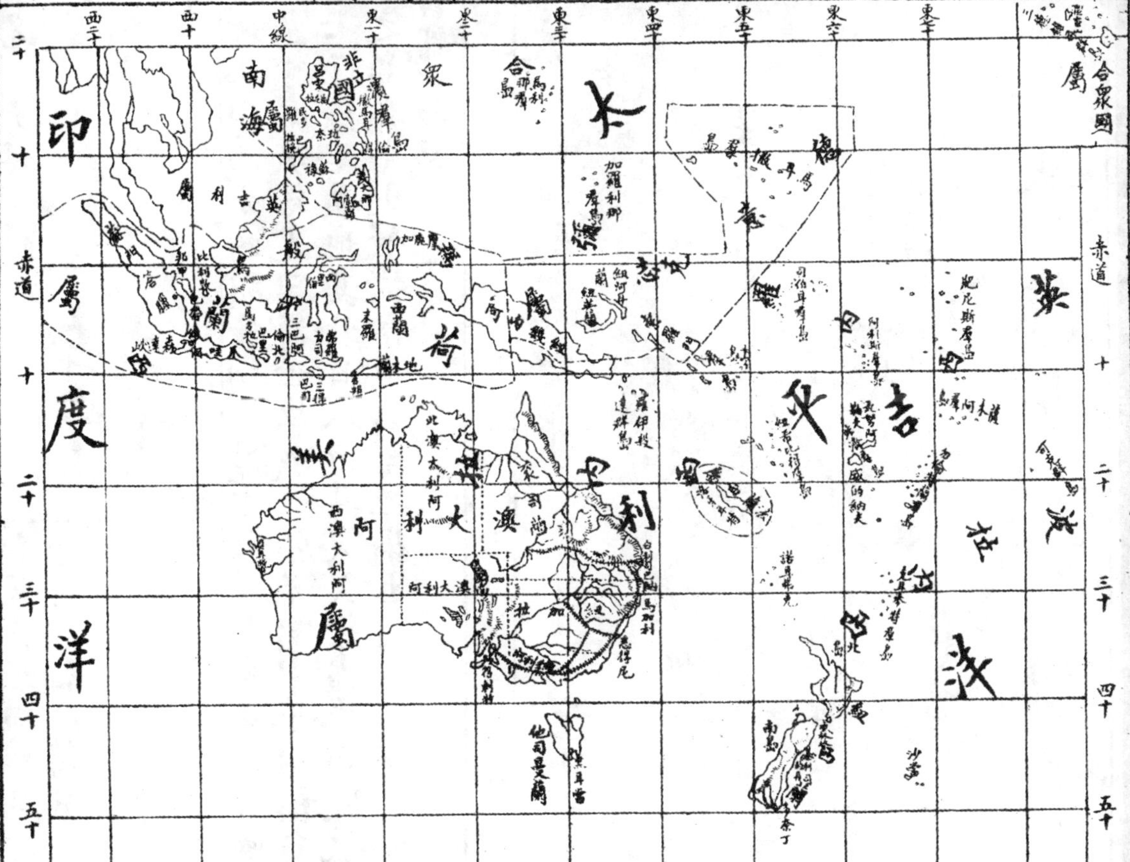

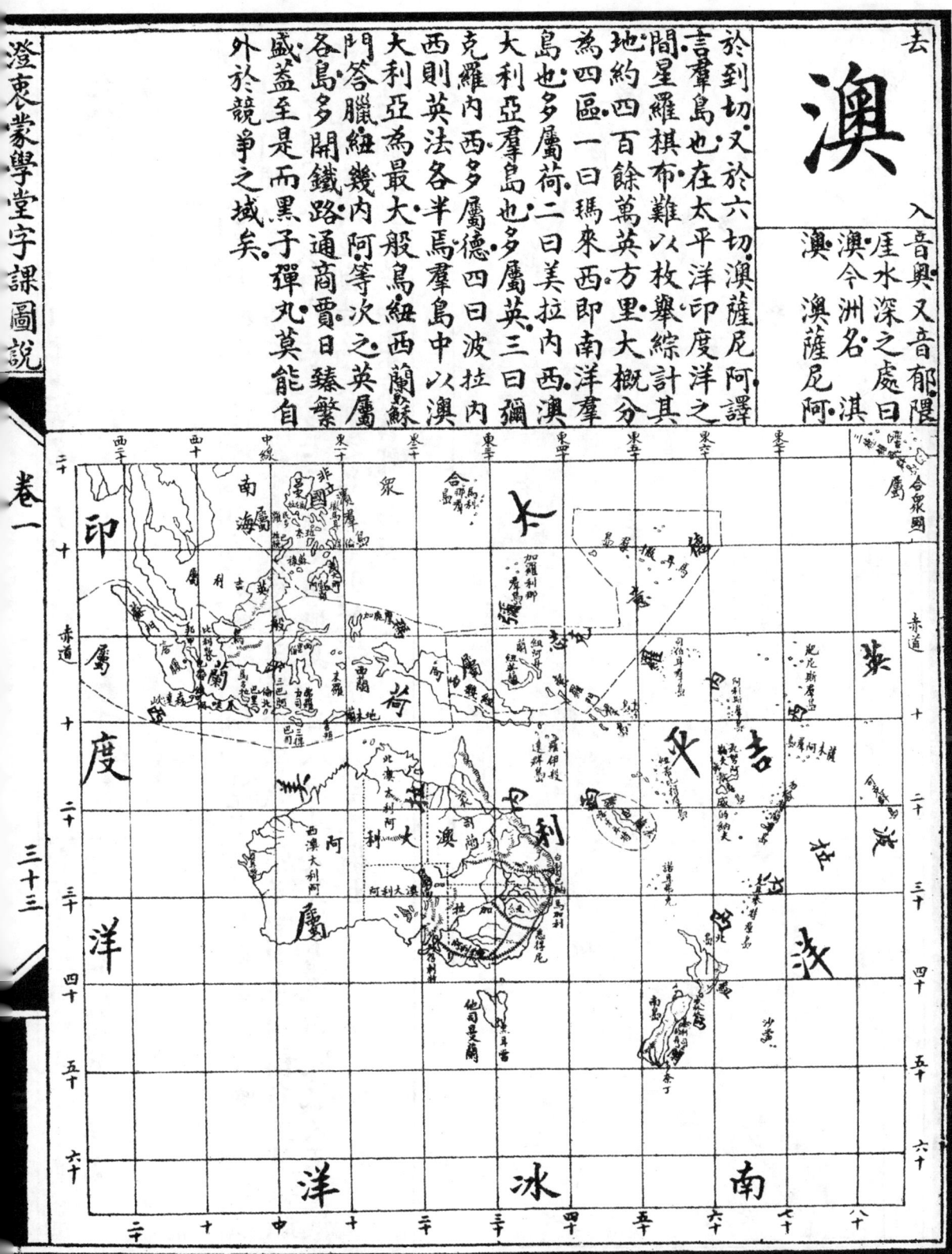

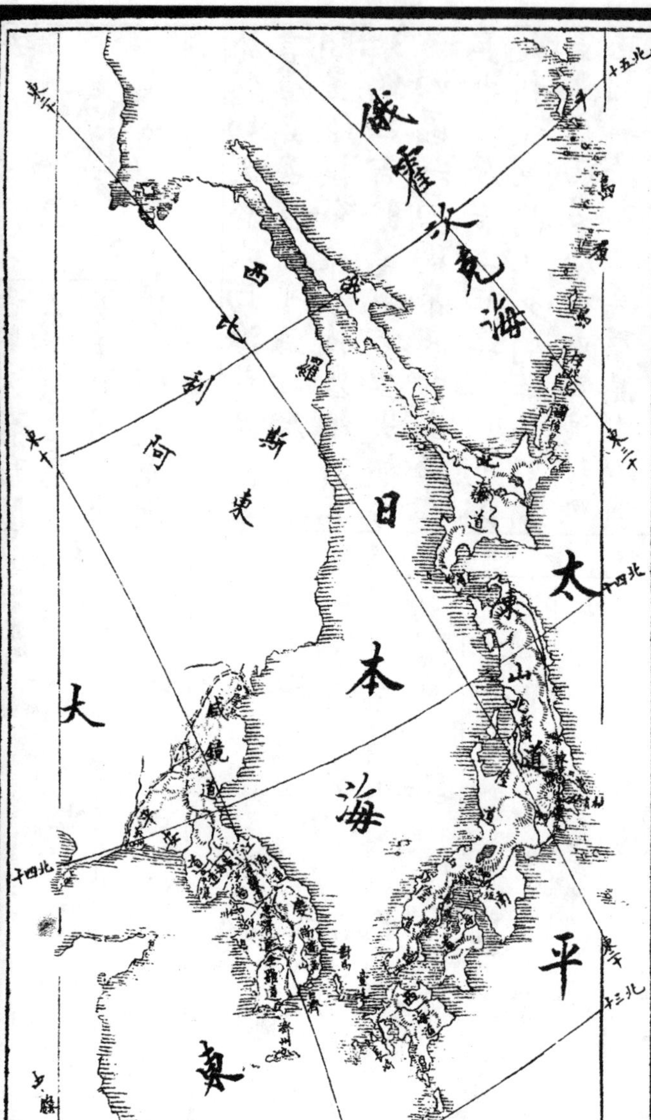

倭 平

音渦。日本之古名。大倭。倭刀

烏禾切。日本古稱大和。亦作倭。地凡四島。分為八道。咸同間以庫頁易俄之千島。繼滅琉球。光緒甲午復得臺澎。南北延長蓋七千餘里。其地物產充牣。工商並興。昔為蕞爾之島邦。今則駸駸乎强國矣。其都城曰東京。舊都曰西京。

韓 平

音寒。井垣曰韓。又國名。高麗國古亦稱韓。韓魏。三韓。

胡安切。高麗古辰韓弁韓馬韓三國之地。故稱三韓。世臣我　朝。光緒甲午。始稱自主。然俄瞰其北。日本迫其東。大權盡失。而民氣又不克振拔。初無自全之術也。

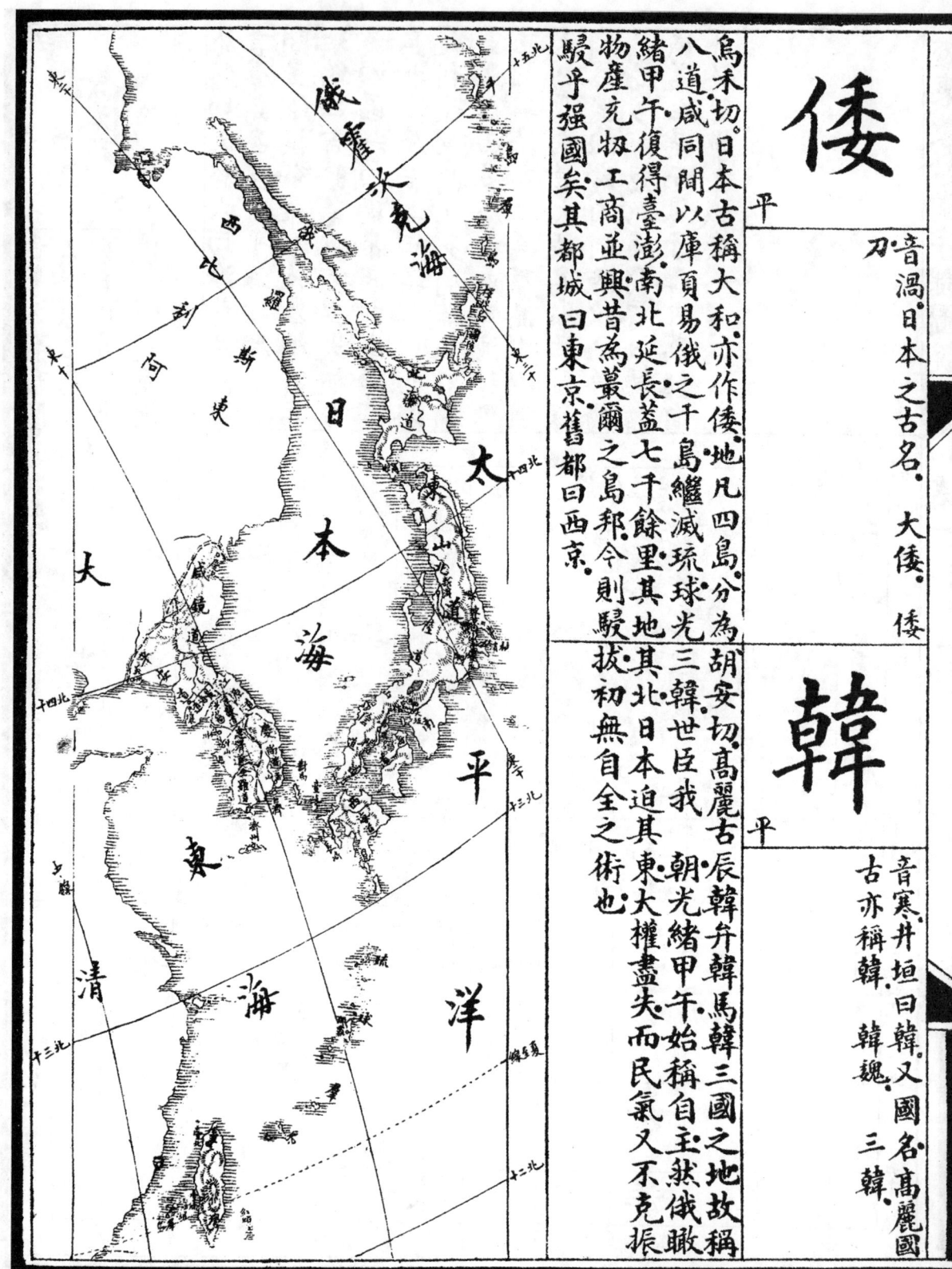

暹

平

音銛。日光上升也。今國名。暹羅。

息廉切。暹羅本為暹與羅斛二國。後合稱暹羅。土壤膏腴。產米最著。咸同以前。常入貢於我朝。自英滅緬甸。法據安南。強隣四逼。境土日削。然勵精圖治。捕有規模。所以撐拄其間者。非偶然也。

安

平

案平聲。不危曰安。使之不危亦曰安。又詰問詞。安穩。安撫。安得。安南。

於寒切。安南古越裳國。故亦稱越南。唐之時。設安南都護府於此。後遂為國名。其地毗連滇粵。歷世內附。職貢無愆。光緒甲申。始為法據。雖宗社未墟。而王僅主祭。外交內政。皆法人主持之矣。其故都曰順化府。

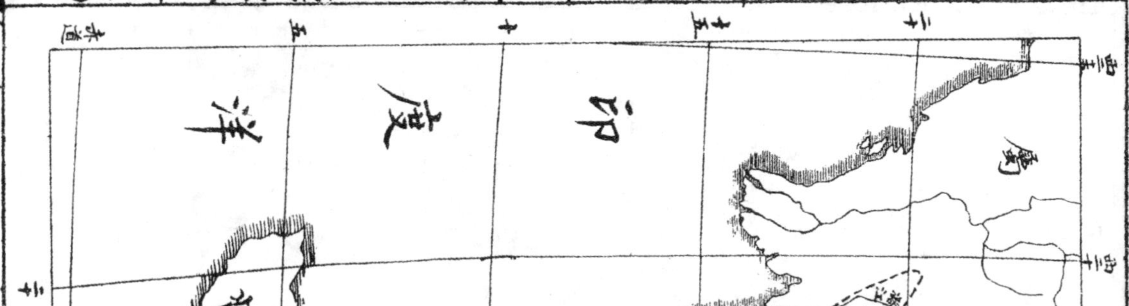

上

緬

音湎。藐遠貌。今國名。緬懷。緬甸。

獼兗切。緬甸故國在暹羅西。昔亦臣屬我 朝。十年一貢。道光中。與英搆釁。失其南境。光緒十一年英人滅之。而代其貢。東北有南掌一國。英與法瓜分之。比來開築鐵路。轄境直接我滇疆。而西南自此多事矣。

去

印

因去聲。官吏所持之符信也。假為印書之印。今地名。接印。刷印。印度。

衣及切。古稱天竺。佛教所自出也。開化之早。亞於埃及。屢經變亂。康熙初英人東來。佔其沿海各地。稍稍蠶食。至咸豐八年而盡滅之。今其境內鐵路交通。商務日盛。鴉片棉紗。為其大宗。事由英人主持。印民則為奴隸矣。

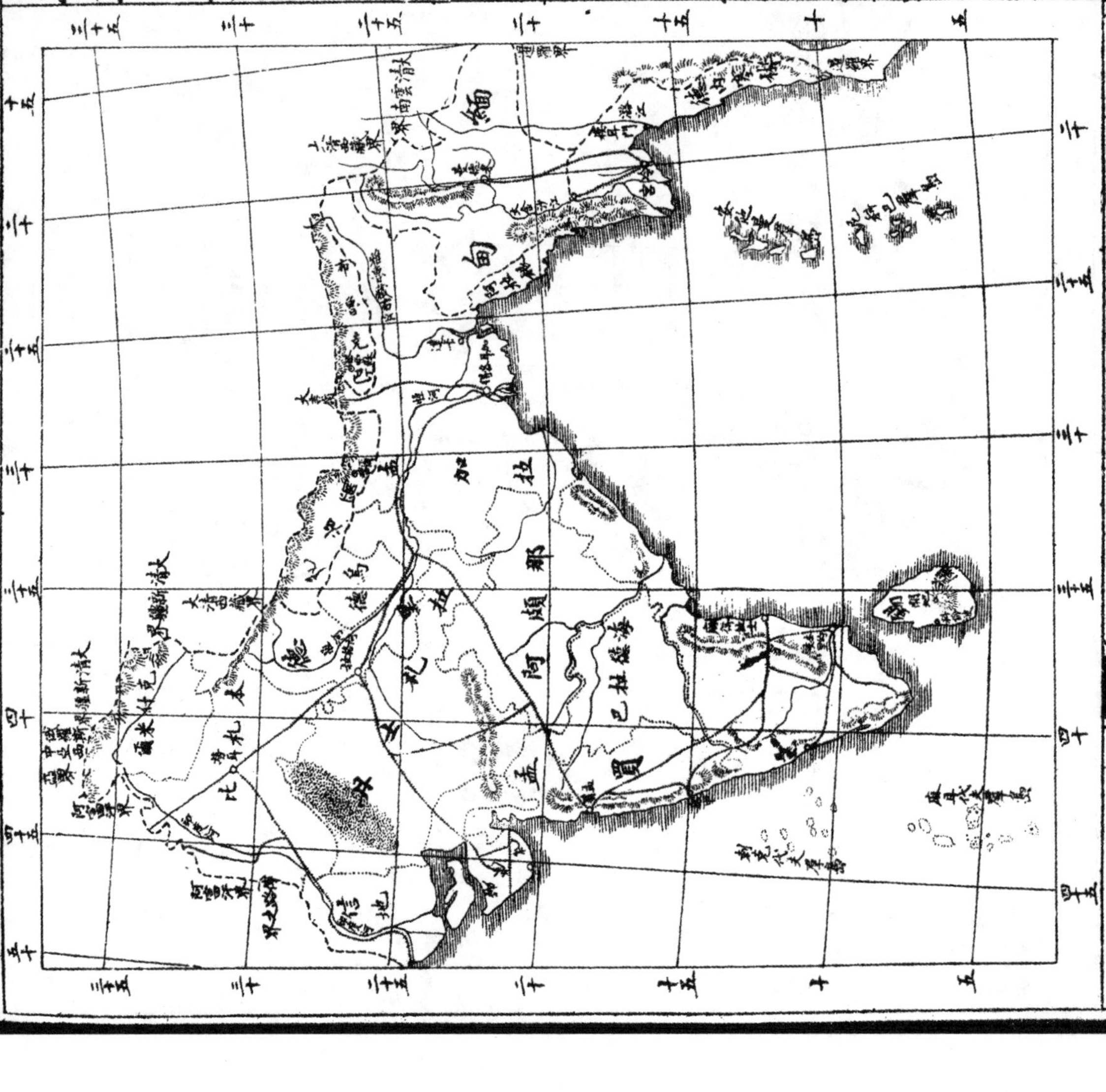

去

愛

哀去聲。仁之發也。凡物質之易於相合者曰愛力。今國名。溺愛。愛烏罕。

烏代切。阿富汗亦作愛烏罕。國朝初定新疆。亦在朝貢之列。英人既滅印度。漸侵蝕之。光緒四年。抗英而敗。英人戍以兵。遂為歸英保護之國。都會曰喀布爾。北與俄屬布哈爾接境。蓋各為英俄間之屏障也。

上

俾

音髀。益也。又使也。今國名。裨補。俾予。俾路之。

補弭切。俾路之在阿富汗南境。山多地瘠。初屬印度。繼屬愛烏罕。二國既衰。遂為英之屬國。都會曰開來脫。其北境有地曰辟興。連愛烏罕之東南境。別為英之屬地。曰英屬俾路之。

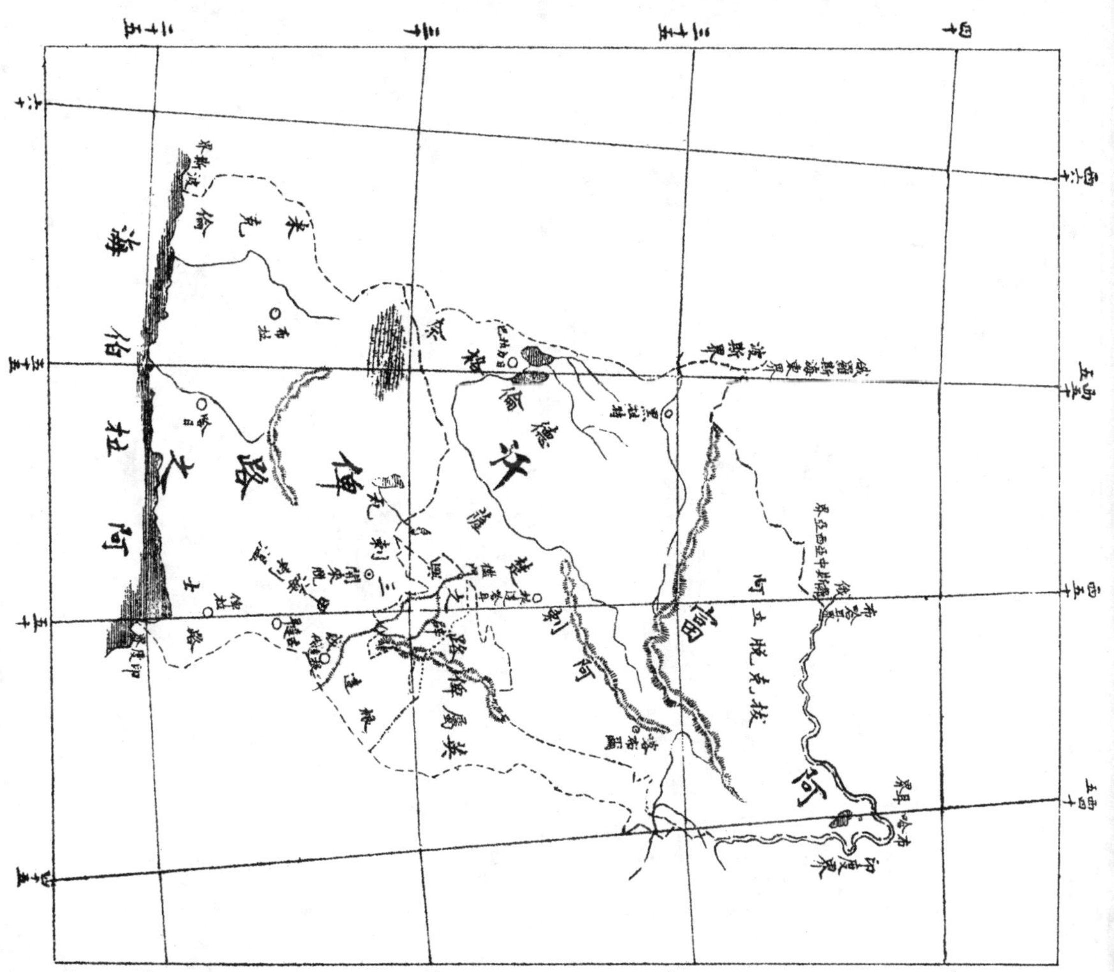

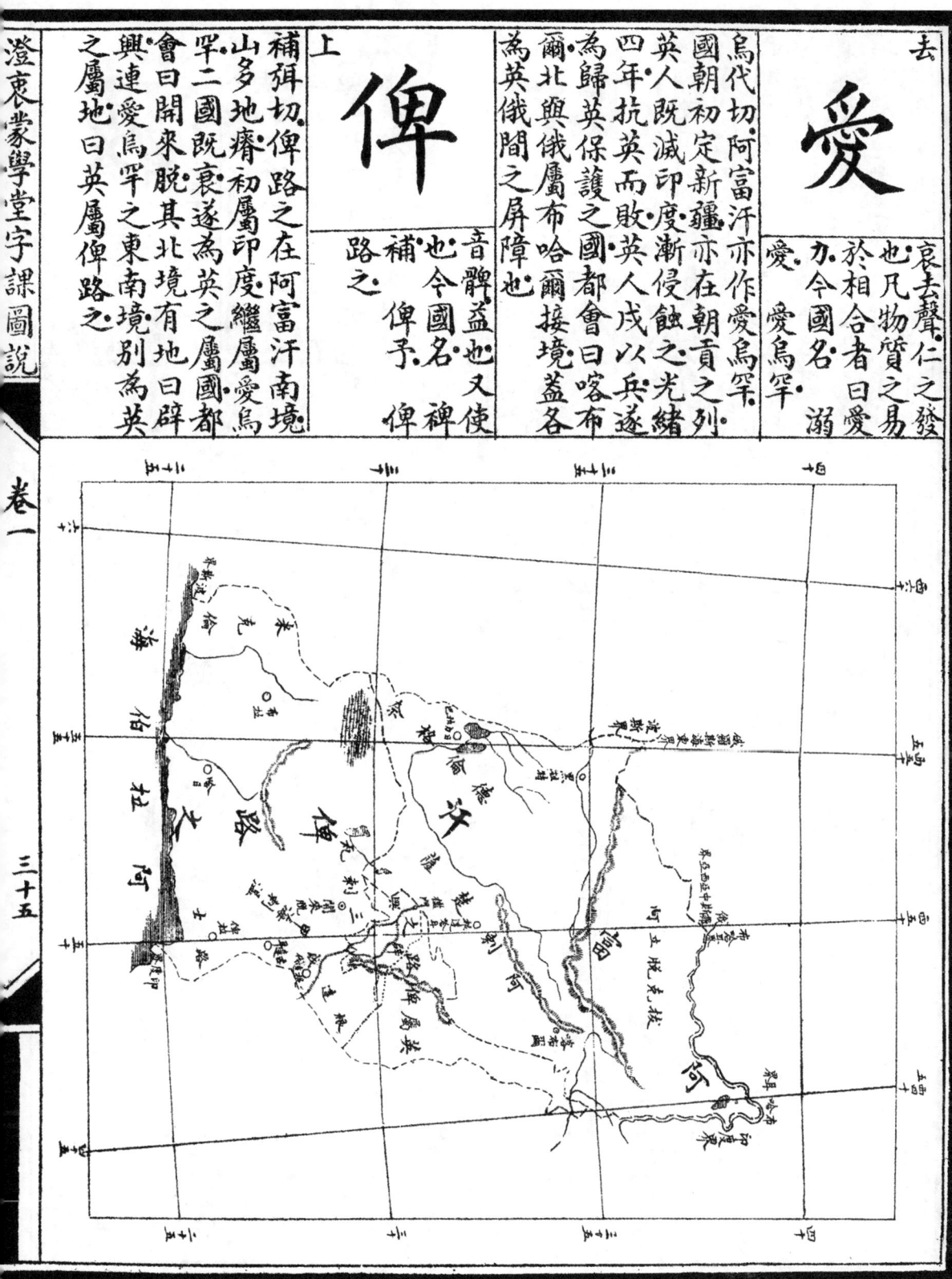

波

音播。水涌流曰波。假為搖動之意。今國名。波瀾。波盪。波斯。

平

博禾切。波斯回部大國也。北濱裏海。東與阿富汗俾路之接壤。物產殷盛。古號富強。近百年間俄逼其北。英窺其東。勢已岌岌不支矣。都城曰德黑拉。

阿

入

音婀。大陵曰阿。又倚也。阿邱。阿衡。音屋。呼聲。阿誰。阿拉伯。

平

於谷切。阿拉伯古稱天方。回教所自出也。中境沙漠不毛。而適西則為上古著名之地。回教盛時。兵力四及。羣奉職貢。迨其既衰。遂屬土耳其。沿海之地為土耳其屬地者二。屬英者一。東北一隅則別自為部。平聲於何切。

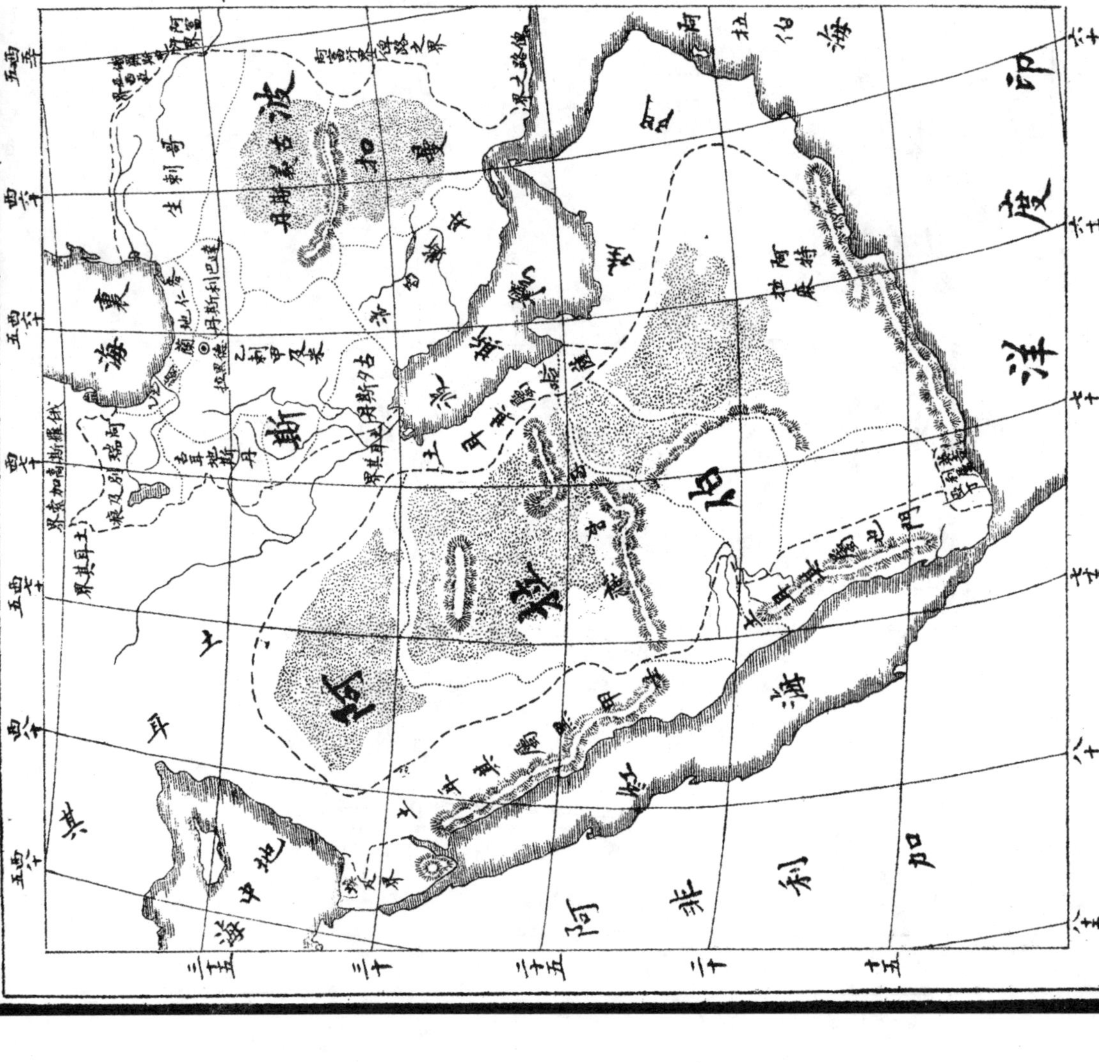

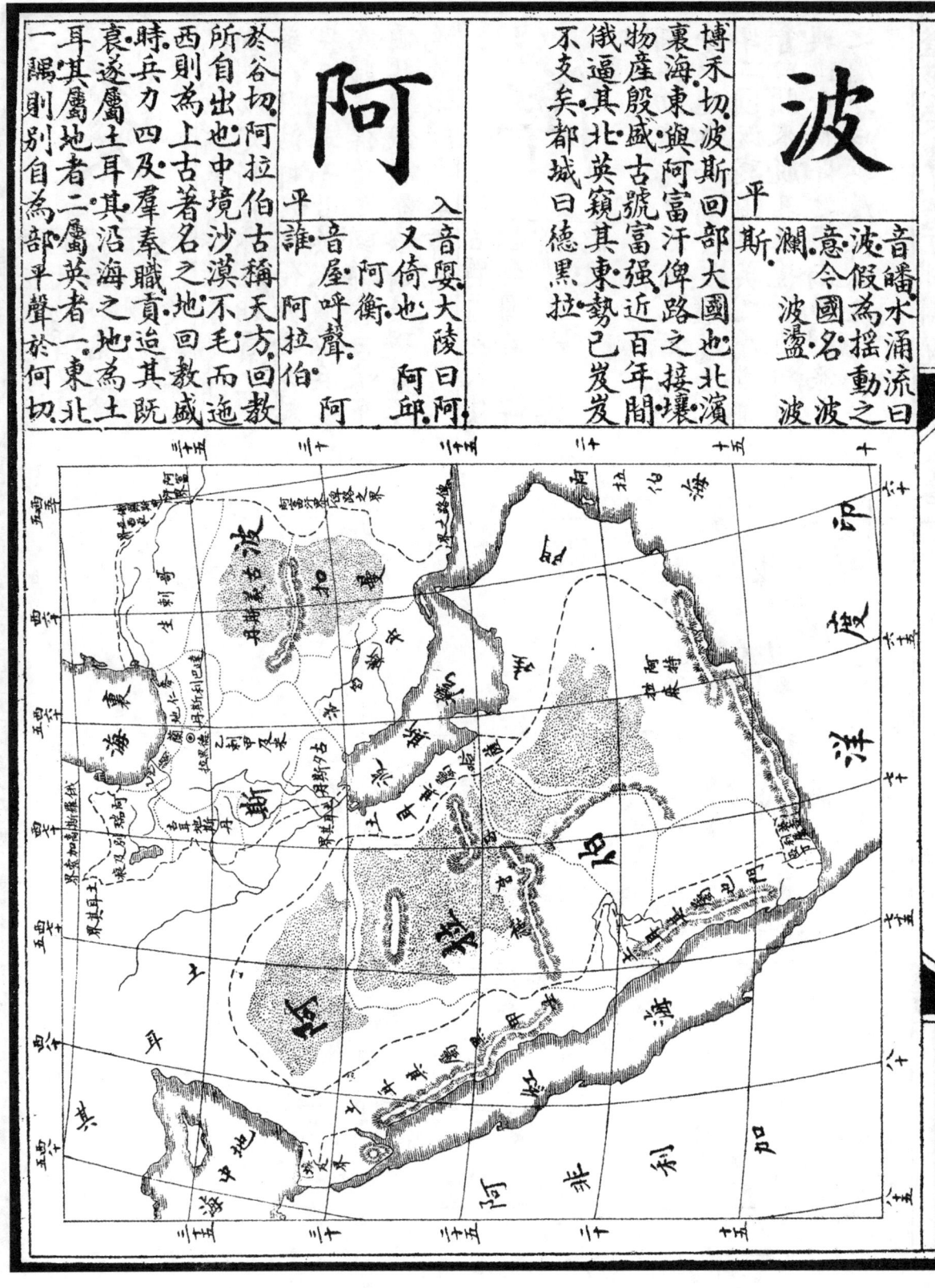

土

上

音吐。植物所生曰土。又八大行星之一也。今國名。

土地　土耳其。

統五切。土耳其。地跨兩洲。而都城在兩洲間之海峽上。形勢險要。扼黑海之咽喉。比來藩屬多叛。日以削弱。賴歐洲諸國保持之。尚不至為俄所并。其亞洲屬地中有西里阿部。為耶穌故里。西人稱聖地。蓋諸教所自起也。

希

平

音晞。簡少之稱。又冀望也。今國名。

希奇　希冀。希臘

香衣切。希臘。古之名國也。文物聲明。為歐洲之祖。其開國當我虞夏時。至漢而亡。後為土耳其屬地。咸豐季年。各國援之以立國。後相繼稱自主者。曰羅馬尼阿。曰布加利阿。曰塞爾維阿。曰門的內格羅。前此皆土屬也。

埃 平

音哀又音醫、塵也、今國名、風埃、埃及、

於開切、又於支切、埃及在阿非利加東北、其開國當我顓頊之時、文字頗近古篆、至唐而滅於阿拉伯、民歸回教、文化遂湮、阿拉伯衰、屬土耳其、道光中拒土自立、英人助土擊破之、遂為歸英保護之國、境內有蘇彝士河、

俄 平

音義頃刻之間曰俄、今國名、延俄、俄羅斯、

五何切、俄羅斯天下第一大國也、地據亞歐二洲之北、綜其方積、大於歐羅巴全洲、唐時始立國於歐洲之東北、元太祖興、遣兵滅之、明之中葉乃復、康熙時略定亞洲地、來請通商、今其鐵路直通我東三省、用心殊險矣

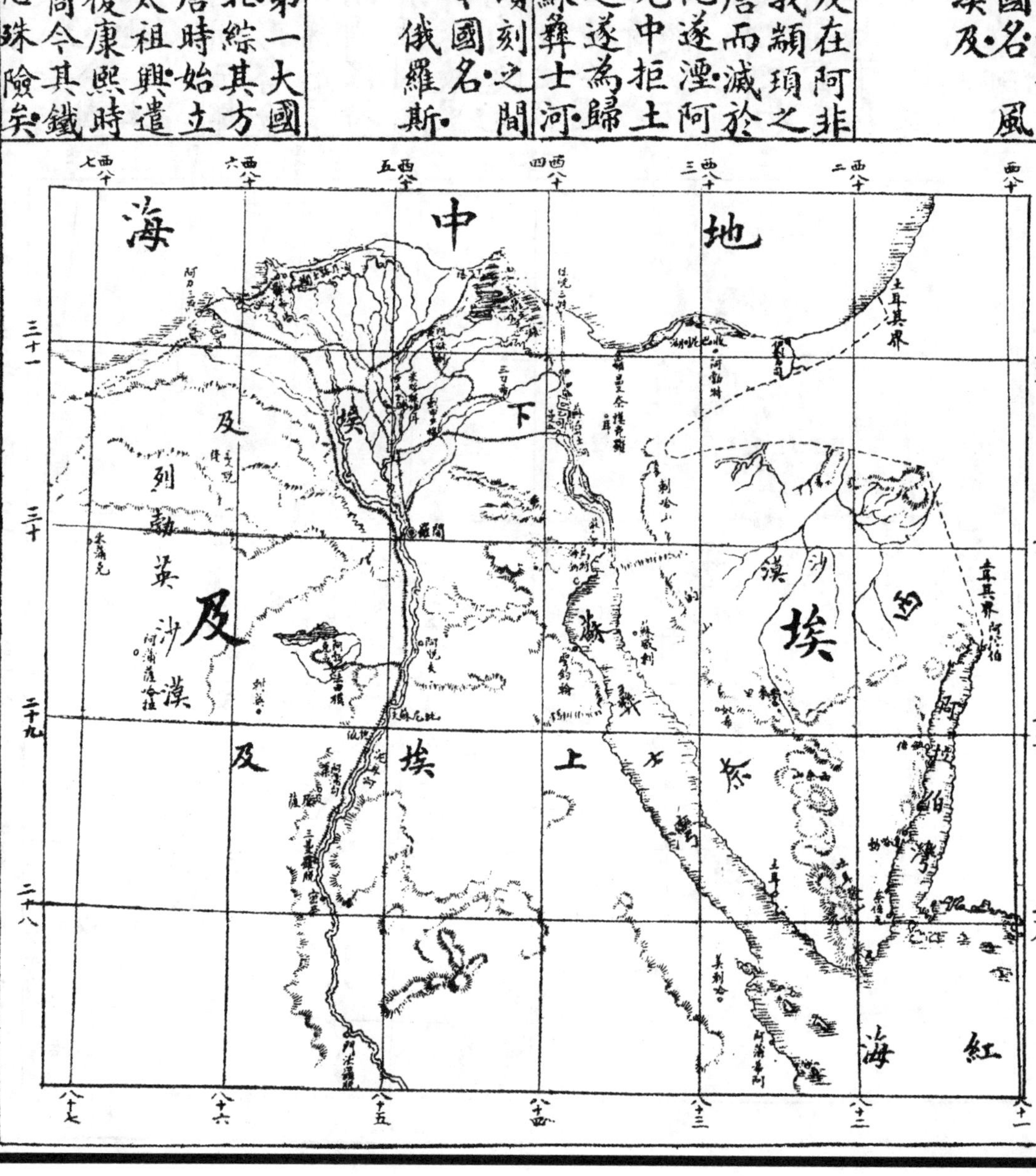

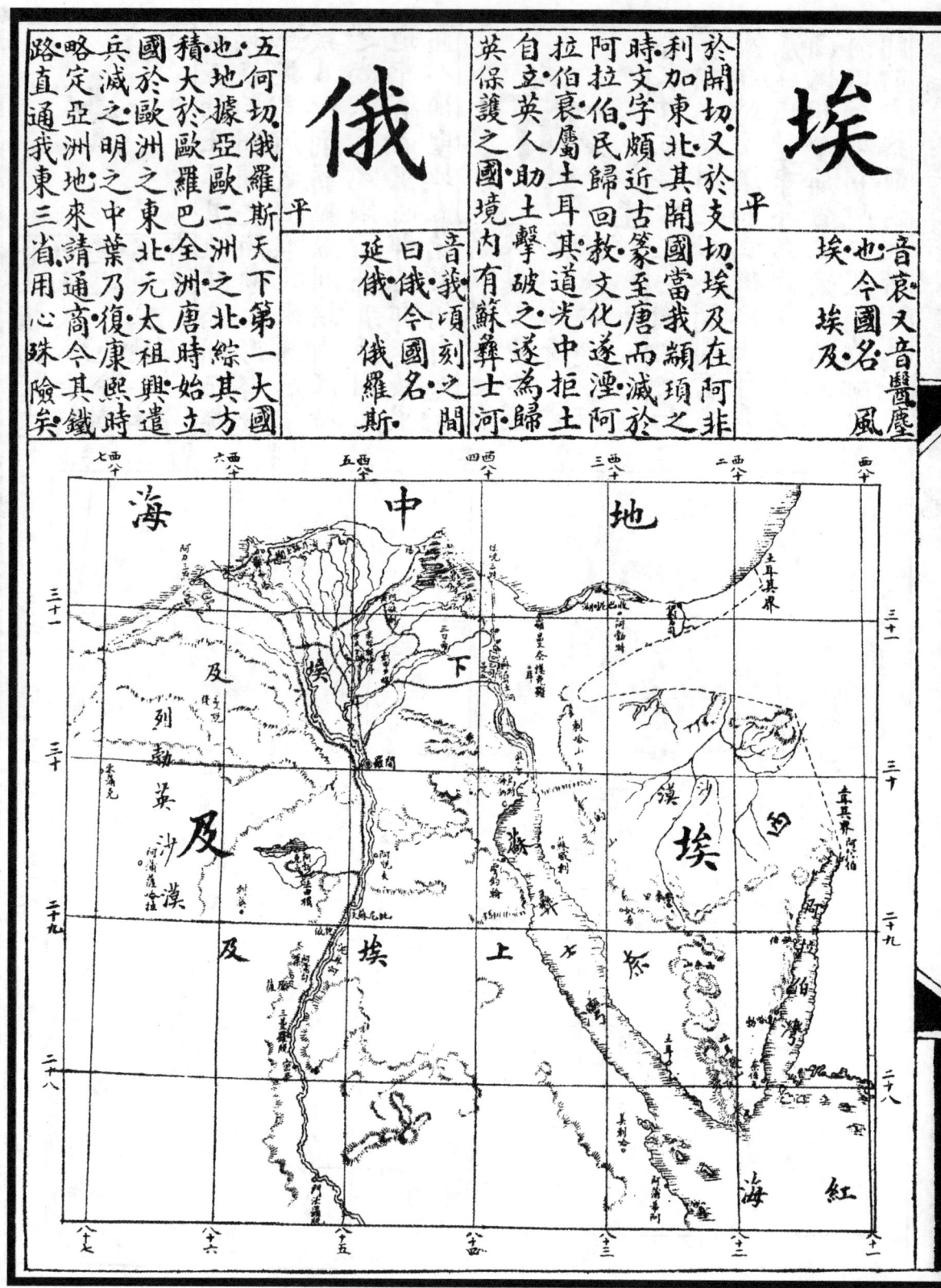

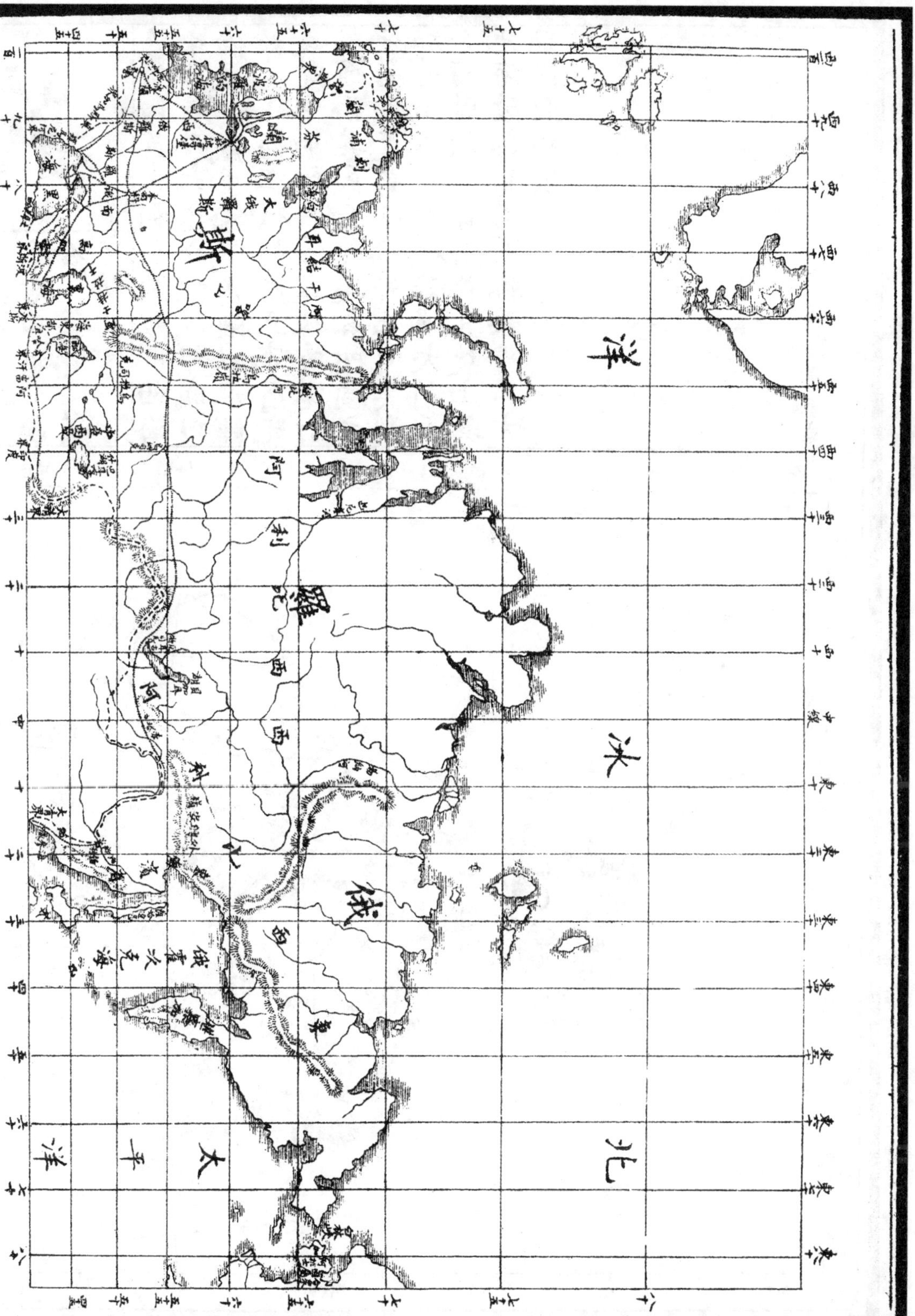
北冰洋
太平洋

英

音瑛。不實之華曰英。又才冠千人者曰英。今國名。英賢。英吉利。平

於驚切。英吉利在歐羅巴西海中。地共二大島。分四部。都城曰倫敦。繁盛甲天下。其國以水師雄海上。雍正後。始來互市。道光咸豐中。兩啟兵釁。遂據香港。訂約通商。其民長於遠畧。所屬之地。若印度。若緬甸。若北阿美利加。若南阿非利加。若澳大利亞島。類皆數十百倍於其故土。其他海陸部。島不可勝數。綜其方里。僅亞於俄。

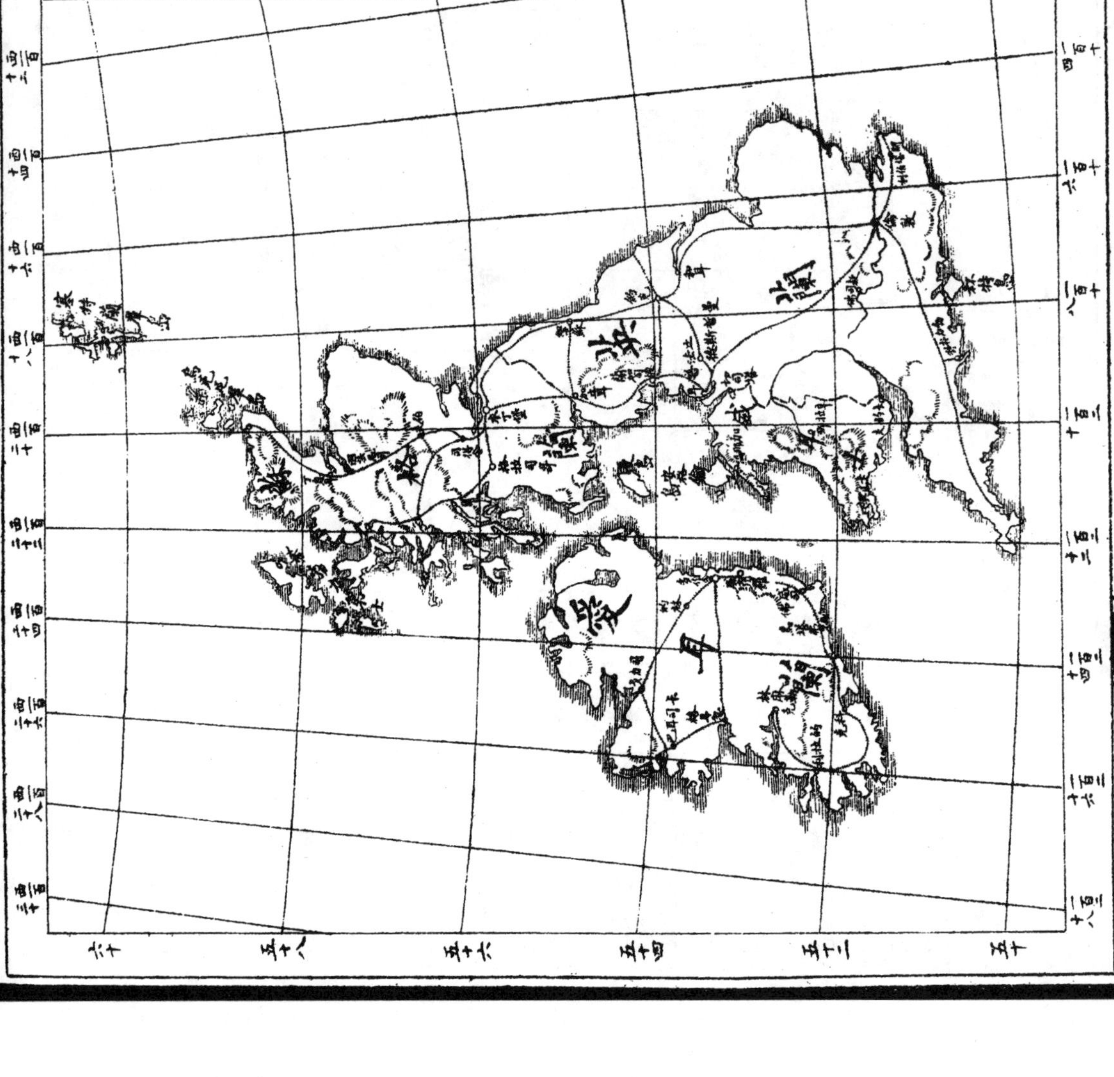

法

入

翻入聲。王者治天下之則也。今國名 國法。法蘭西。

方之切。法蘭西在歐羅巴西境與英吉利隔海相望。古為歐洲陸地之強國。嘉慶初。以兵力霸全洲。卒為各國聯軍所敗。其東來通市。始於明季。當時以火器擅名。謂之佛郎機。道光中。始來訂約。光緒十年與我爭安南。卒據有之。遂割暹羅之東境。又與英分南掌。以窺我滇粵。其民敏銳而囂。故多遠功。而時有內患。國無王位。政由議院定之。而舉大統領以總其成。謂之民主政。都城曰巴黎。

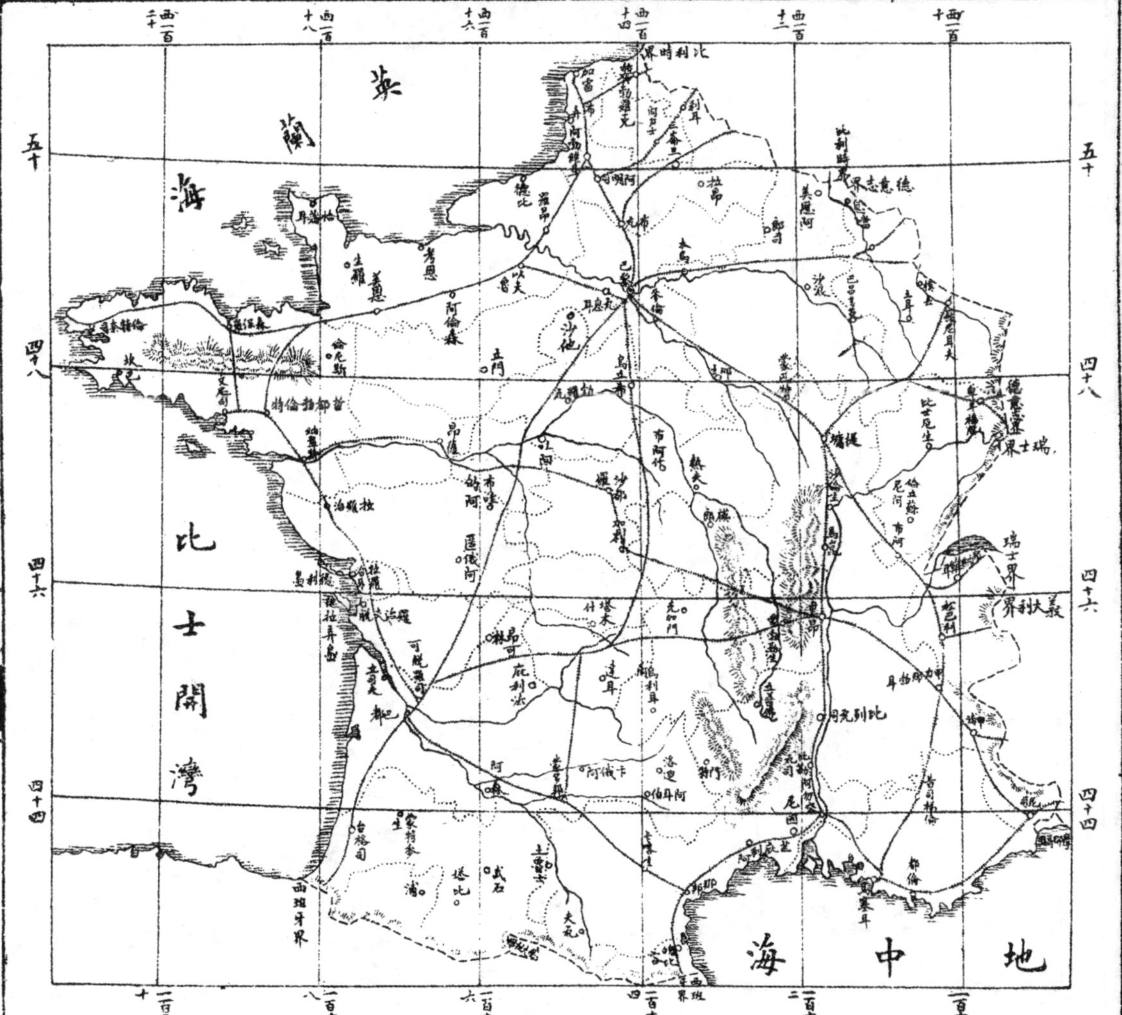

德

入

登入聲。心之所得曰德。今國名。 德行。 德意志。

多則切。德意志古稱日耳曼。聯二十六邦為一國。而普魯士為之長。歐洲之中原也。元初。奧地利阿最強。其王稱日耳曼帝。嘉慶中。為法所敗。諸國分裂。及普魯士興。破法破奧。遂起而代之。更號德意志。都於伯林。其民夙擅文學。近更銳意製造。軍械精利。陸軍推歐洲第一。其開拓新地。後於各國。今其所屬有阿非利加三部。及澳薩尼阿羣島之一區。至近日所購之南洋一小島。及租諸我國之膠州灣。皆以為駐泊海軍之用也。

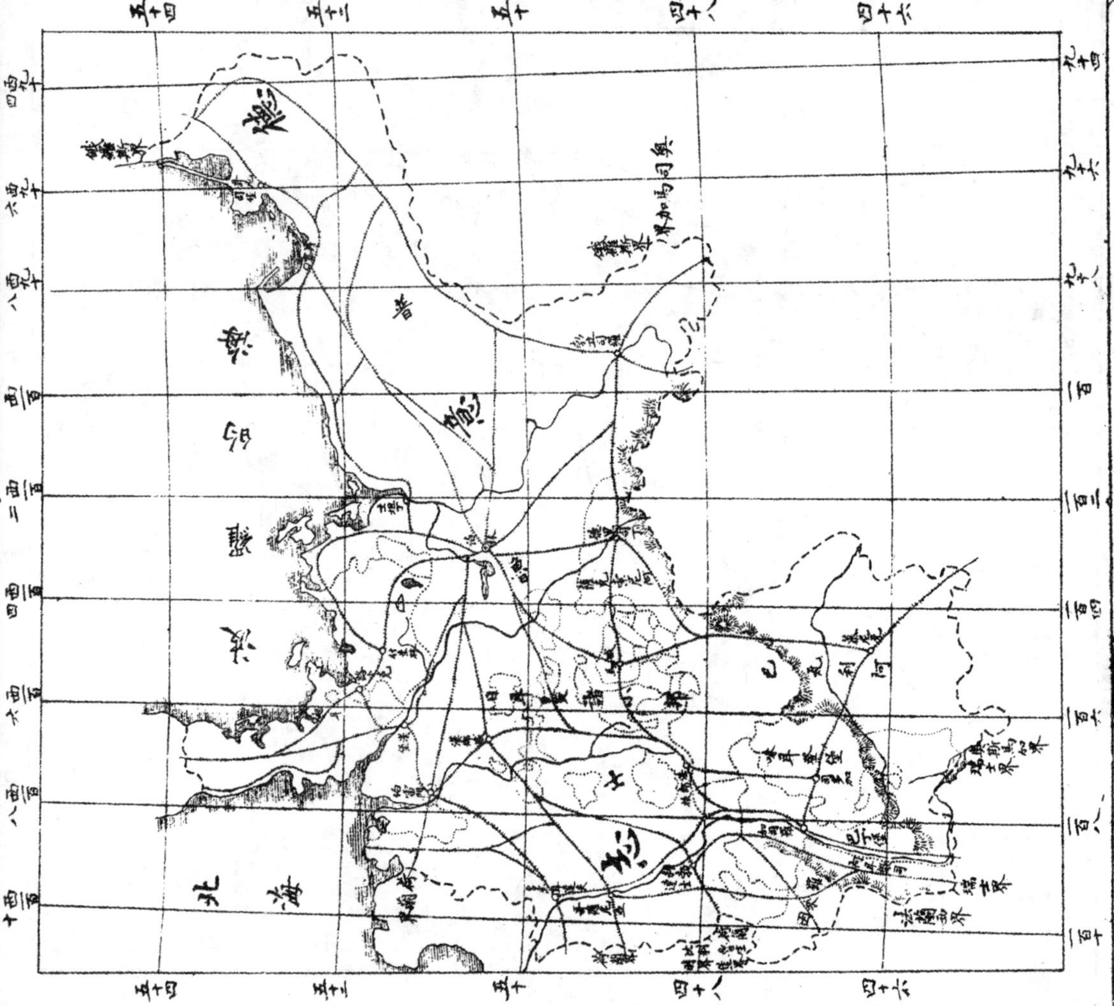

去

奧

音墺。室西南隅為奧。因假為隱曲之稱。深奧。今國名奧斯馬加。

烏到切。奧地利。阿古為日耳曼共主。全盛時。南轄意大利。西控荷蘭。同治初。奧王與匈牙利女主結婚。兩國合而為一。稱奧斯馬加。自後義既自立。普又代興。既失上國之權。并不與聯邦之列矣。惟於俄土交戰之際。得土國之屬地兩部。都城曰維也納。

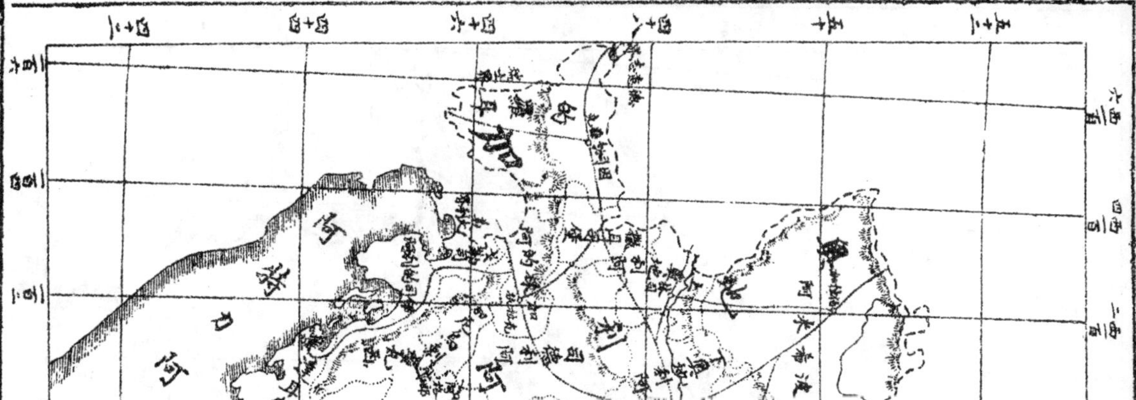

去

義

音議。事之宜也。
令國名。仁義。
義大利。

宜寄切。義大利即羅馬。古為歐洲一統之國。漢時嘗遣使東來。所謂大秦是也。羅馬亡。義大利分為數小國。常役屬於强隣。至咸豐之季。始再立國。同治中。定都於羅馬。天主教教皇居羅馬。古時權力至大。今為義所奪。

去

瑞

音倕。以玉為信
也。又祥也。令國
名。五瑞。祥
瑞。瑞士。

是僞切。瑞士亦日耳曼之族。地小多山。風景清幽。為歐洲冠。古稱善戰。合二十二部為聯邦。其政亦從民主。都城曰百爾尼。

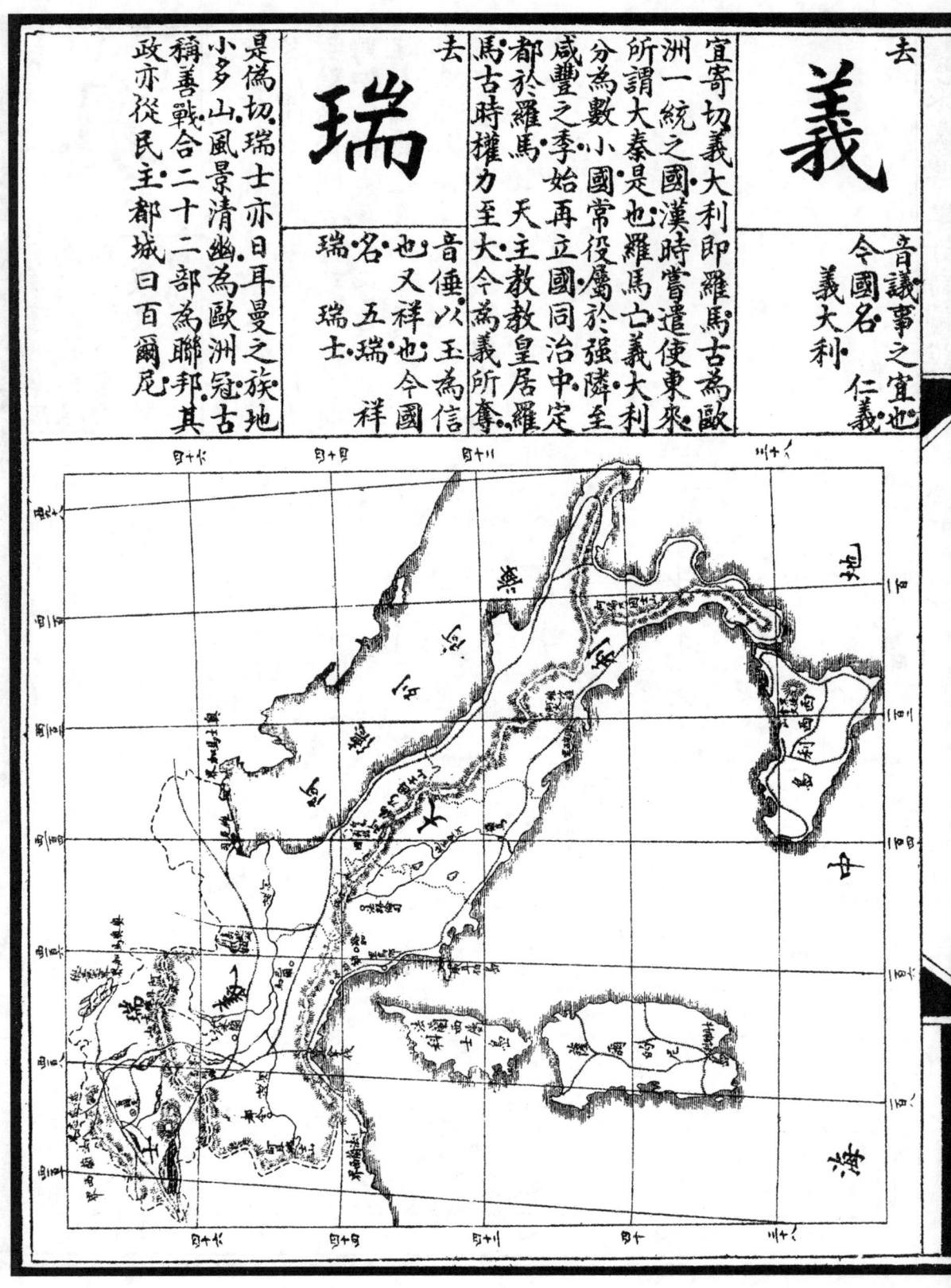

荷

上 平

音何。花名。今國名。荷花。荷蘭。何上聲。負擔也。荷簣。

胡歌切又胡可切。荷蘭本日耳曼地。宋時始自立國。都城曰愛司台特。沮洳濱海。故民善操舟。明之中葉。東略南洋羣島。遂來通市。乾嘉而後。屬地多為英奪。今所存之蘇門答臘諸島。猶大於其國十百倍也。

比

去 上

音匕。較也。比例。音避。阿黨也。今國名。朋比。比利時。

卑履切又毗意切。比利時本荷蘭南境。奉教與荷異。積不相能。道光中。與荷苦戰數年。始得自立。人稠地狹。工業最盛。國家既與各國通商。比亦踵至。商貨以鐵器為多。比王兼王阿非利加之康果國。而康果不屬比。

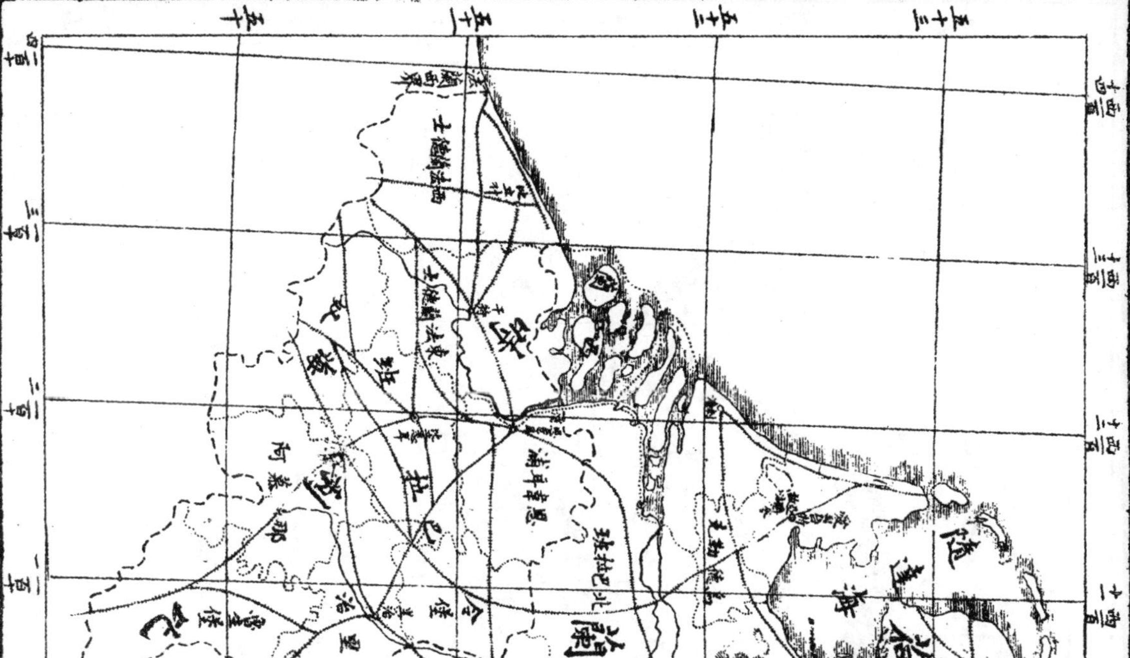

班 平

音頒。分布也。又位次曰班。令國名。班荆。班次。西班牙。

布還切。西班牙或作日斯巴尼亞。在歐洲西南。古强國也。明之中葉。國人始探得美洲。收其大半為屬地。廣開礦產。國益富强。嘉道以後。屬地多自立。國近與美國戰。又失古巴及南洋諸島。自是僅存北非洲一部為屬地。

葡 平

音蒲。果名。令國名。葡萄。葡萄牙。

薄胡切。葡萄牙。古西班牙地。宋時始分國。明之中葉。國人至南非洲。繞而東行。經南洋羣島而至澳門。所至輒佔據之。後為荷蘭西班牙英法諸國所奪。僅餘澳門及非洲東邊諸地。都城曰力士本。

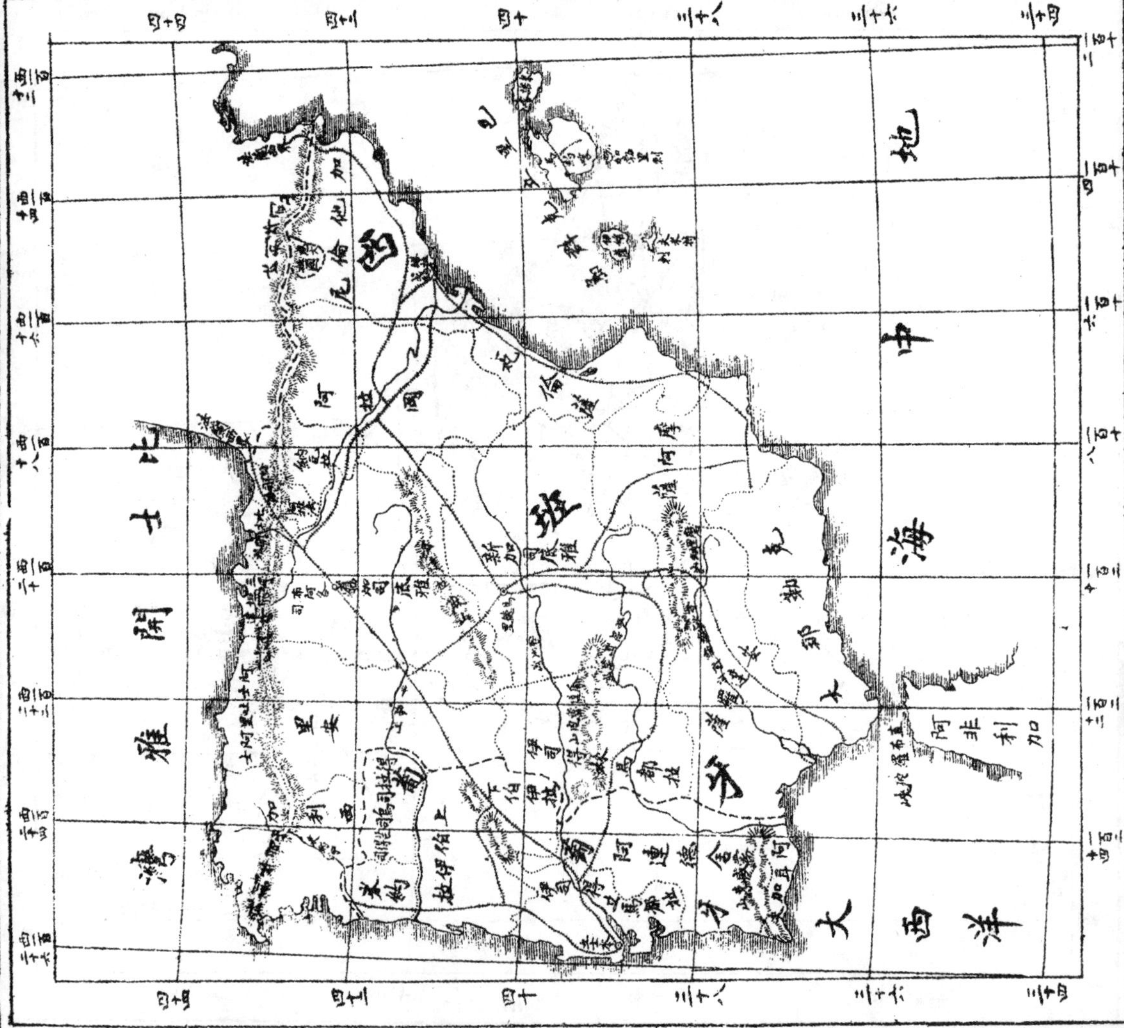

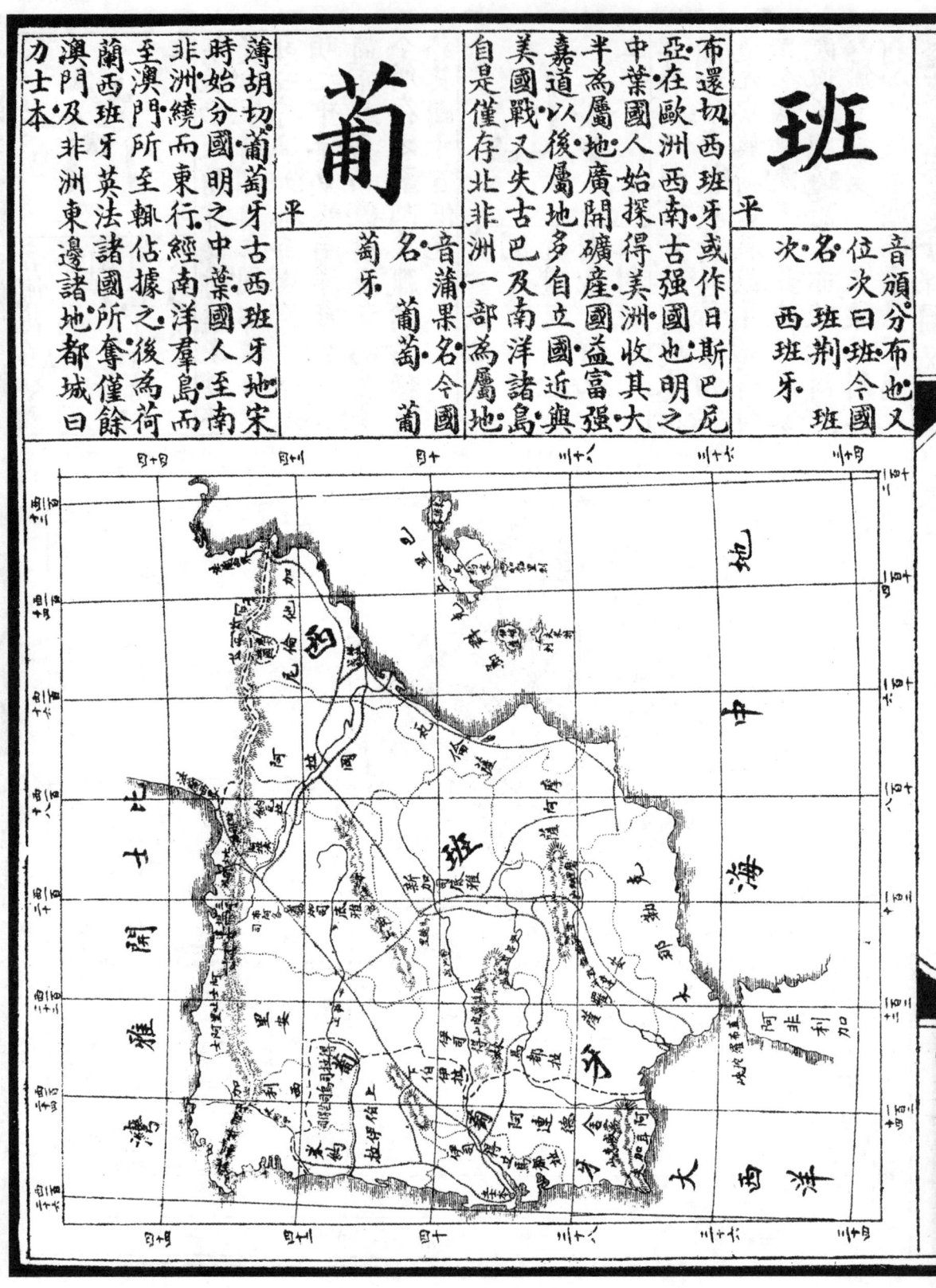

那

上平

音儺。音娜。由此指彼之稱。今國名。那個。那一個。瑞那。

諾何切。又乃可切。那威本與瑞典各為一國。後皆滅於丹馬。瑞典先。復及嘉慶中。始以那威并入瑞典。稱瑞典那威約言之曰瑞那也。氣候苦寒。故地廣而不阜。道光之季。始來通商。都城曰司託克宏

丹

平

音單。赤色沙也。假為丹黃之丹。及丹丸之丹。令丹沙。國名。丹馬。

多寒切。丹馬古以航海擅名全盛時。兼并瑞那。以兵力雄一代。後屬日耳曼。明時始自立國。而瑞那又相繼叛去。同治中。與普奧戰敗。割地以和。地本狹隘。以適當波羅的海之口。故以形勝著於歐洲

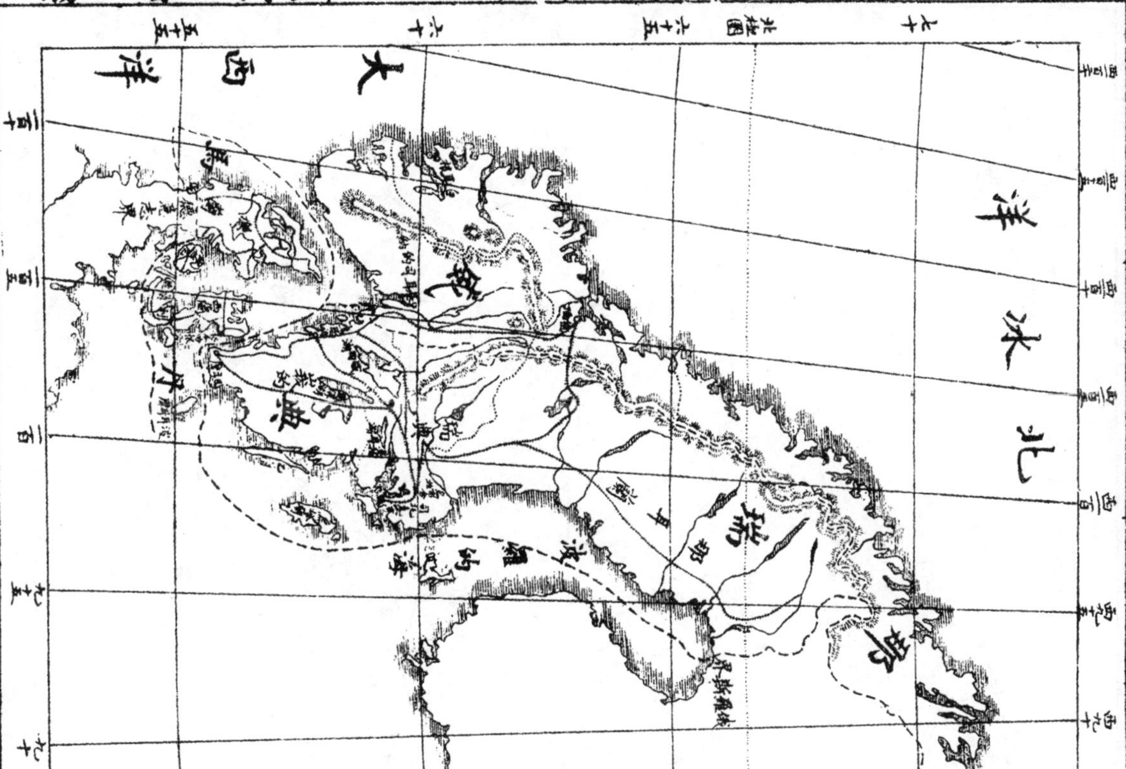

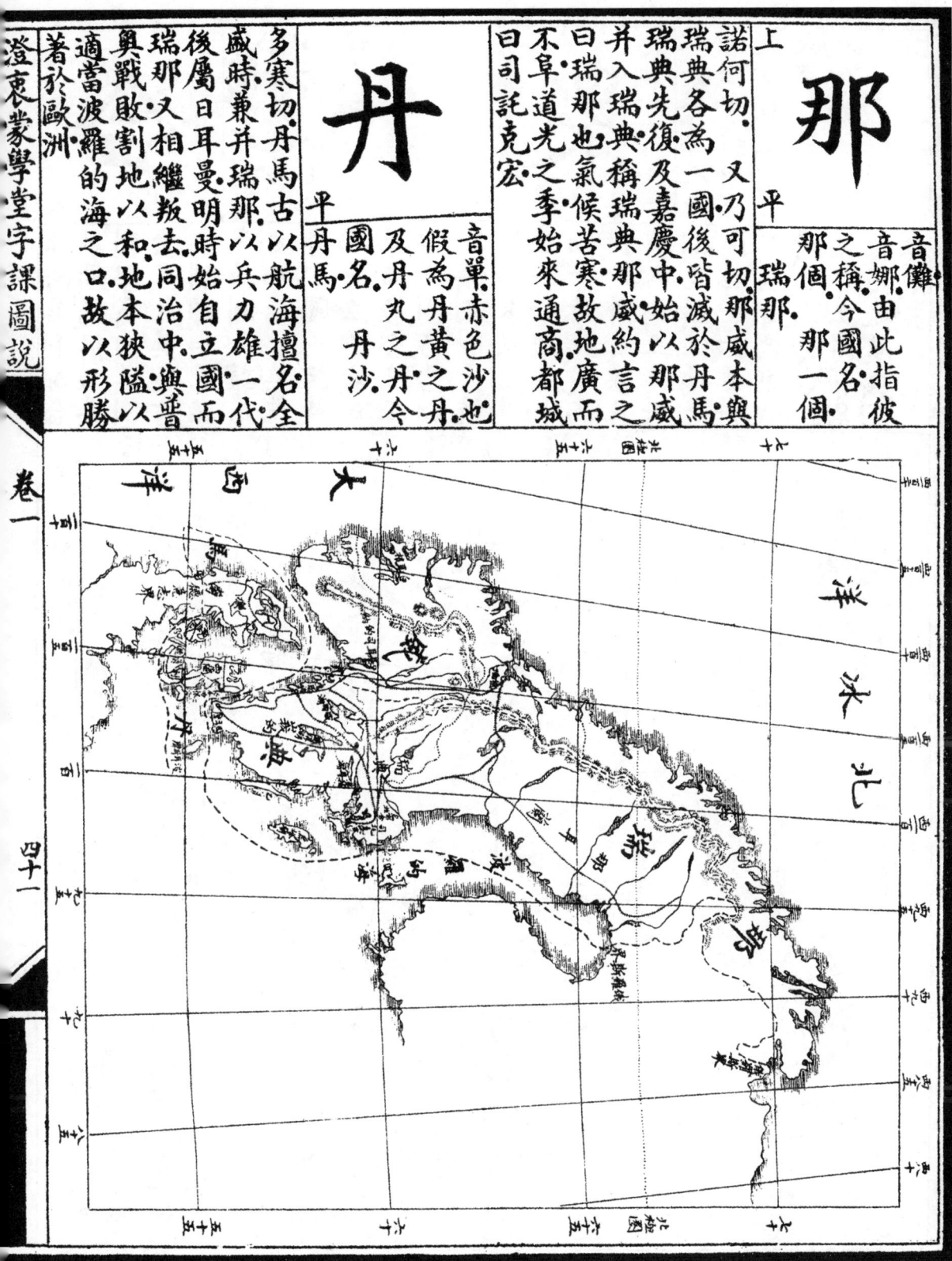

合 入

音闔分之對也。有并聚之義。和合。合衆國。候閤切。

衆 去

終去聲。三人以上曰衆。引申為凡多數之稱。大衆。衆人。之仲切。

北阿美利加合衆國。通稱曰美利堅。省曰美國者是也。其地古未開闢。明季始有歐洲人雜居之。而屬於英。乾隆中。國人拒英而自立。都城曰華盛頓。合十三邦為國。各治以統領。而以大統領總其成。蓋其法一如瑞士也。其初起時。轄境尚狹。後併英法各屬地。為三十七部。又購俄屬之阿拉士加。奪新墨西哥。近則收檀香山。據古巴及非立濱羣島。幅幀之廣。僅亞英俄矣。

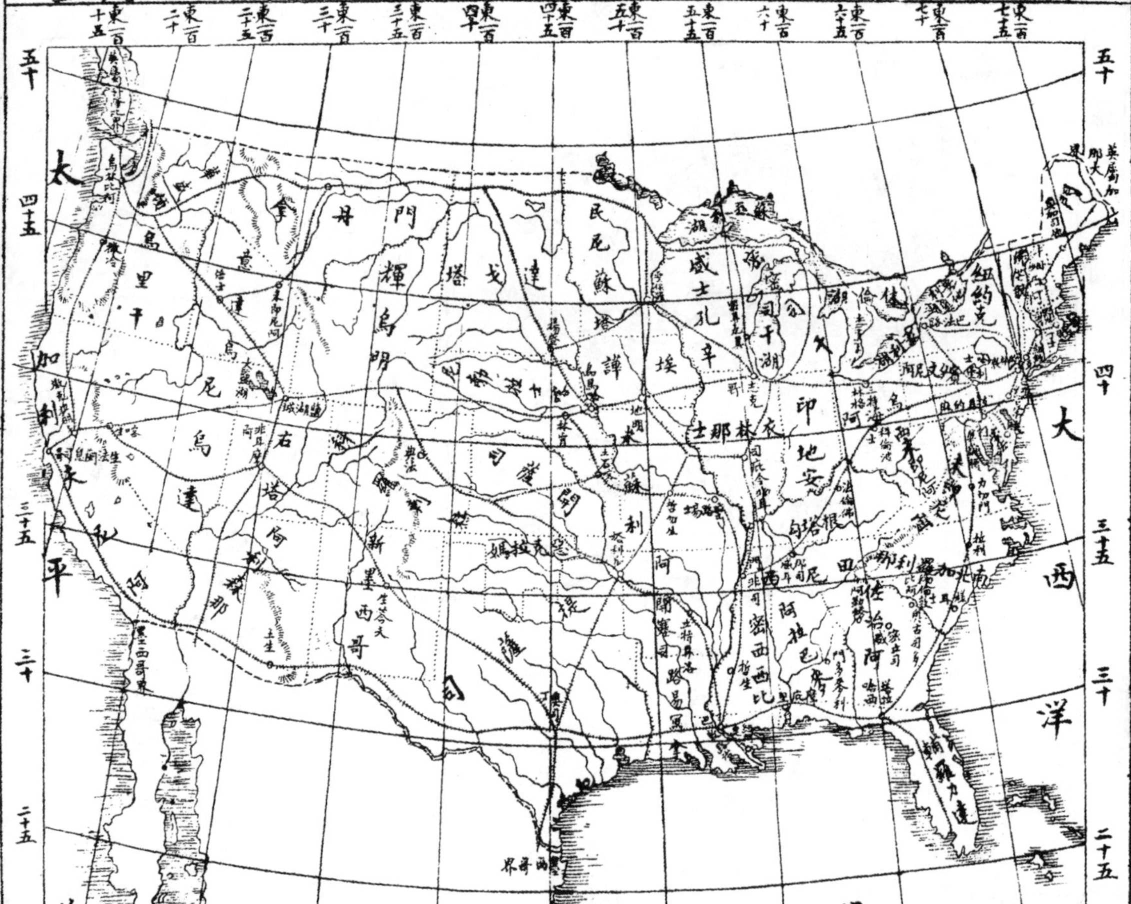

墨 入

音默。煙炱也。摶之以膠則為筆墨之墨。又假為黑色之通稱。今國名。墨西哥。

莫北切。墨西哥在美國南。歐人未來時。已自立國。其民與黃種相似。相傳為亞東諸國之同族。明時為西班牙所滅。國人屢起兵拒之。道光初。始自立國。而北境為美國所侵蝕。地多礦。產銀為尤富。今我國通用之洋銀。即其所製。每年運至者甚多。美洲各國之自主者。其君若大臣。率係歐洲種類。惟墨西哥則猶為土著之民。

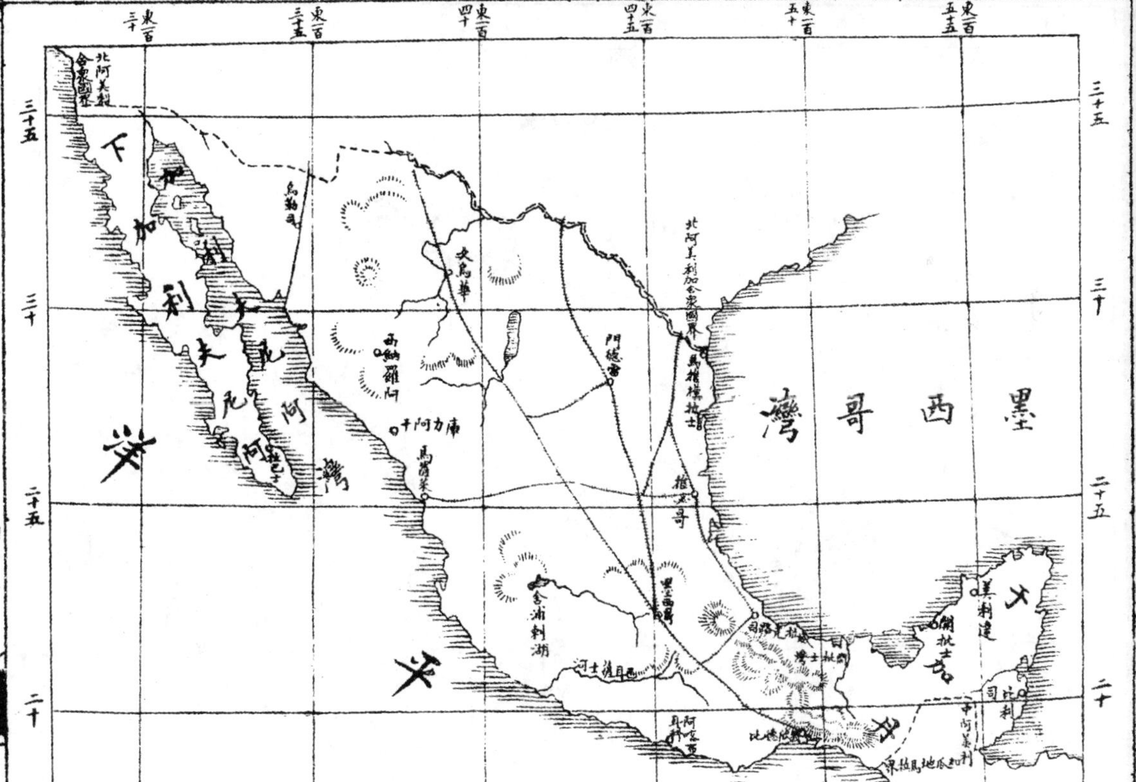

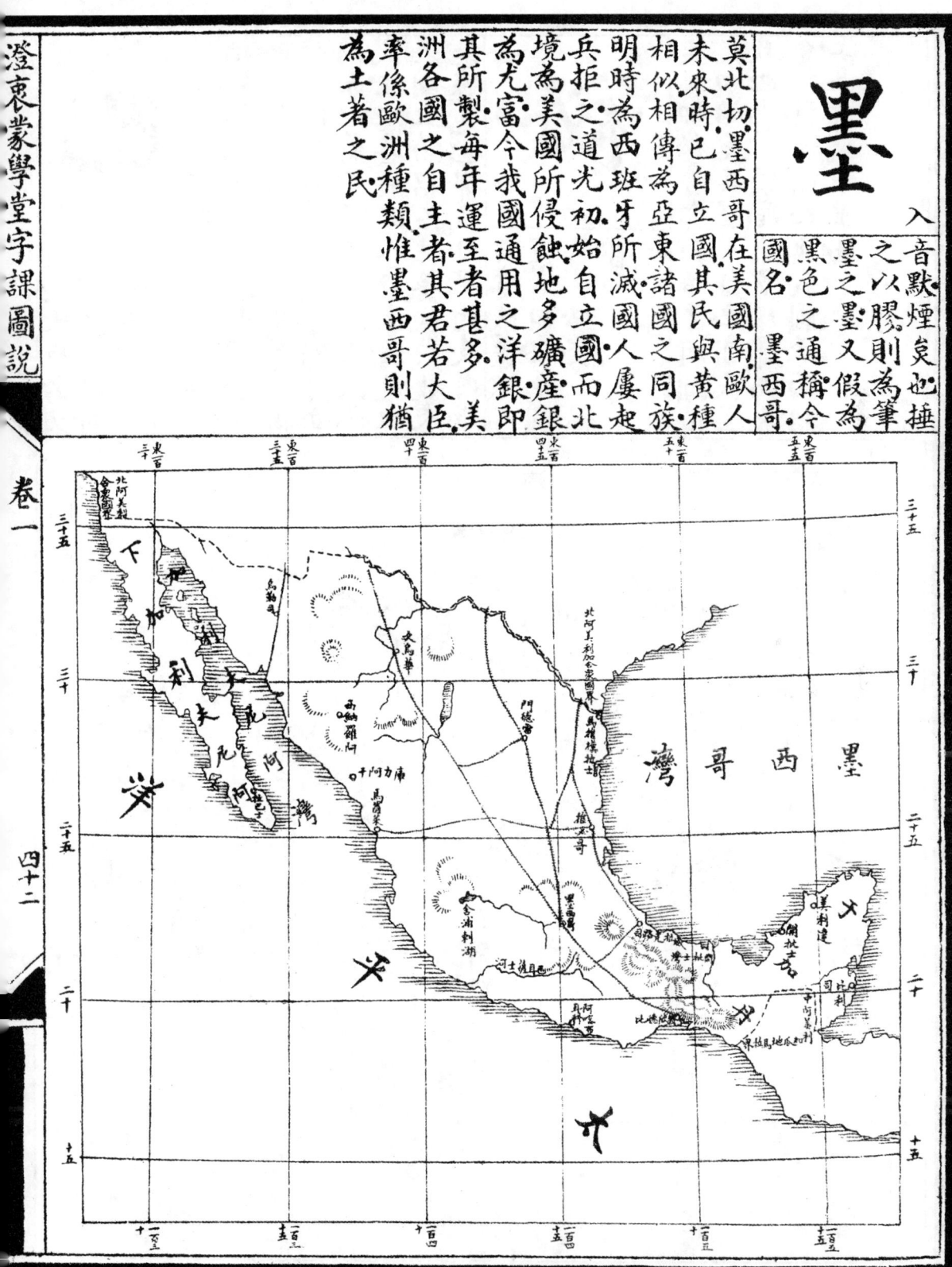

巴

平

音芭。古地名。又巴蜀。今國名。巴西。

伯加切。巴西。南美洲大國也。明時葡萄牙人開闢之。中奪於荷蘭。後仍為葡屬。嘉慶中。別自立國。而以葡王子王之。既又改為民主。地甚廣。而人力未施。近與我國立約招工。往墾。然成效未能遽見也。都城曰里約及內羅。

秘

去

音賁。隱匿不可宣者曰秘。今國名。秘密。秘魯。

兵媚切。秘魯亦西班牙所闢。道光初。始逐其官而自立。亦民主政也。地富礦產。兼多珍寶。而民食不敷。光緒初。與我國立約招工。其都城曰里馬。

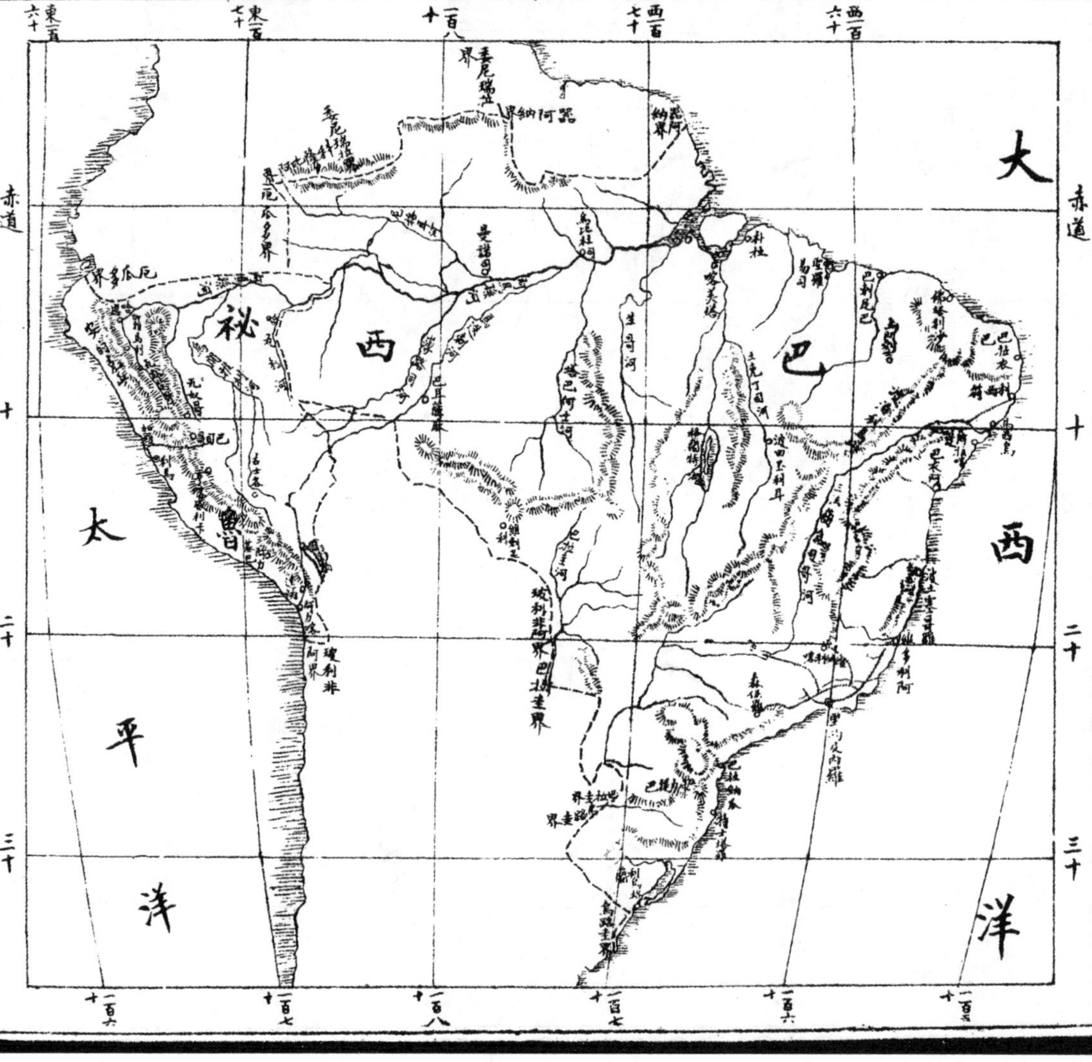

坤 平

音髡。大地曰坤。純陰曰坤。 乾坤。

苦昆切。易坤爲地。☷順也。凡地道妻道臣道。皆主乎順。

域 入

音棫。界之所限曰域。 畛域。域中。

雨逼切。天子諸侯所守之土曰域。古稱九州爲九域。稱窮邊爲絕域。又以墓限爲墓域。皆有止而不過之意。

國 入

馘入聲。邦也。 大國。國家。

骨或切。或古域字。或在口中謂之國。大曰邦。小曰國。邦之所居亦曰國。 漢時西域諸國。其築城爲守者曰城郭之國。其不立城馬上爲國者曰行國。

境 上

音景。疆之所界曰境。 境界。越境。

舉影切。竟與境通。謂疆土至此而竟也。

邦 平

音梆。國之大者曰邦。 邦畿。萬邦。

悲江切。天子諸侯所都之地曰邦。邦與國通用。漢時避高祖諱。多以國字代之。

畿 平

音祈。王者之都曰畿。 邦畿。畿內。

渠希切。古者王國千里曰王畿。自是以往。每五百里爲一畿。通天下爲九畿。侯甸男采衞要。內六服也。夷鎮藩。外三服也。唐虞曰服。殷周曰畿。

郡 去

羣去聲。統縣曰郡。郡守即今知府之職。 郡縣。 閭郡。

具運切。郡羣也。人所羣聚也。古者縣大郡小。左傳上大夫受縣。下大夫受郡是也。秦并天下。置三十六郡。由是郡大縣小。後世因之。 今日本猶沿縣大郡小之制。

邑 入

音浥。屬於郡而次於州者曰邑。 郡邑。 邑令。

於汲切。古邑字訓為國。尚書西邑夏天邑商大邑周。皆指國而言也。周禮四井為邑。則邑止二里而已。今以一縣為一邑。故縣令亦稱邑宰。

府 上

音甫。一郡為一府。 知府。 府道。

匪父切。百官所居曰府。 又藏貨財曰府。周禮有大府玉府內府外府泉府天府。皆掌財幣之官。 又水火金木土穀謂之六府。 今以郡守為知府。

廳 平

音汀。屋也。 正廳。 客廳。 今隸於府曰散廳。不隸於府曰直隸廳。

他丁切。古者官廨謂之聽事。謂於此交事而聽訟也。漢晉皆作聽。六朝以後乃始加广。引申之凡設官分治之所皆曰廳。如同通及巡典為府縣之所分。故皆得稱廳。

州 平

音洲。大於縣而小於府者為州。有直隸州散州之別。 知州。

職流切。虞書十二州。冀兗青徐揚荊豫梁雍之外。有幽并營三州。禹平水土。復為九州。殷制。分冀為幽。合并於營。合青於徐。合豫於梁。即爾雅之九州也。周制。合徐於荊。合梁於雍。分冀為冀幽并。即周禮職方之九州也。

縣 平

去 音懸。繫也。 倒懸。 音炫。隸於府者曰縣。 縣官。 知縣。

胡涓切。本是懸挂之懸。今借為州縣之縣。讀黃練切。縣懸係也。周之縣係於遂。秦漢之縣係於郡。今縣係於府。

洲

平

音周。水中可居之地曰洲。洲渚。亞洲。歐洲。非洲。美洲。

職流切。地球之內分五大洲。東半球曰亞細亞洲。歐羅巴洲。阿非利加洲。澳塞尼亞洲。西半球曰亞美利加洲。美洲又分南北。故亦稱六洲。蓋因全球之地水多於陸。且俱懸立海中。故曰洲也。

寰

平

音環。天子封畿內縣也。人寰。

戶關切。宮之周垣也。引申之凡周坤輿之內皆曰寰。今宇曰寰宇。瀛曰寰瀛。皆指坤輿之大言之也。

區

平

音驅。九州之宇曰區。區別。一區。

定俱切。藏匿也。品在匚中。藏匿之意也。匿於內者其外必虛。故區夏區宇。皆以空虛為義。引申之為區別之區。凡置田宅皆曰區。取其彼此不相混也。又區區小貌。

鄉

平

音香。郭以外曰鄉。鄉里。城鄉。

許良切。周禮五州為鄉。合之凡萬二千五百戶。若管子十率為鄉。是以二千家為一鄉。廣雅十邑為鄉。是以三千六百家為一鄉。均非周制。今縣各有鄉。所設鄉董。即漢制三老游徼嗇夫之類。

黨

上

音讜。五百家為黨。鄉黨。黨人。

多朗切。周制五家為比。五比為閭。五閭為族。五族為黨。黨朋也。助也。朋助而匿非。則為偏黨。朋黨之黨。

里

上

音裏。五家為鄰。五鄰為里。鄉里。里巷。

良以切。里數長短。自古不齊。周禮二十五家為里。尚書大傳七十二家為里。管子百家為里。鶡冠子五十家為里。今中國以三百六十步為一里。法國以四萬分赤道之一為一里。英國一海里當中國三里有奇。

城 平

音成。所以衛民者曰城。城門。省城。

時征切。緜始作城內曰城。外曰郭。中國省會及府廳州縣。大半築城。以守。京都之城凡三匝。曰外城。曰內城。曰紫禁城。外國國都。如倫敦聖彼得堡華盛頓柏林皆無城。

郭 入

音槨。外城曰郭。郭外。附郭。

古博切。廓也。廓落在城外也

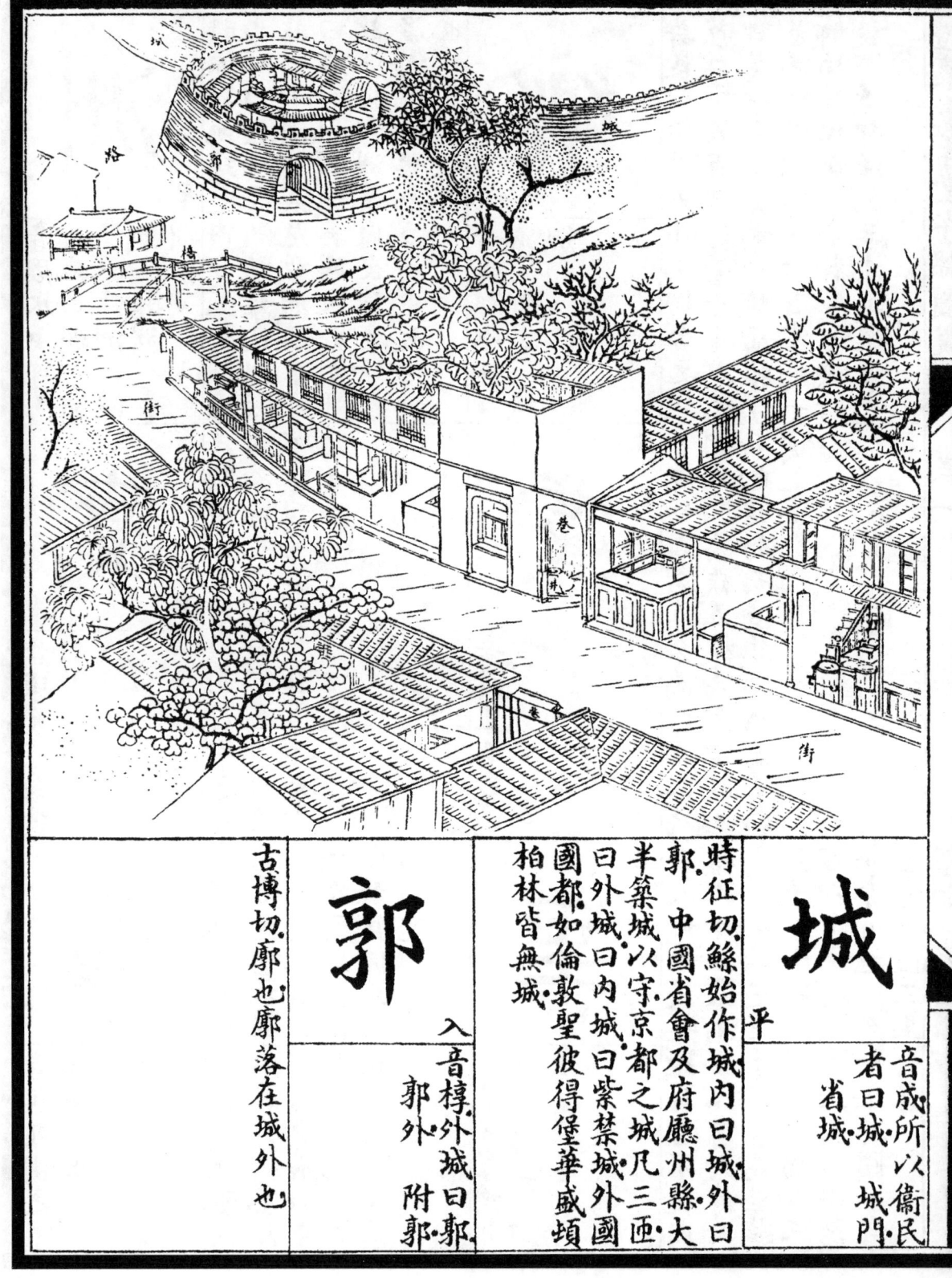

上

市

音侍。商賈所萃曰市。古者神農作市。城市。市鎮。

時止切。買賣之所曰市。買之賣之亦曰市。周禮大市日昃而市。百工爲主。朝市朝時而市。商賈爲主。夕市夕時而市。販夫販婦爲主。古未有市。貨賣常於井邊。故曰市井。

上

井

精上聲。穴地出泉曰井。古者伯益作井。

子郢切。外象井韓。内象瓶。丼之汲也。古者田九百畝曰井。其制即如井字。易有井卦。䷯又南方宿也。八星横列天河中。形似兩井相連。今川滇均有鹽井。

平

街

音佳。道之四通者曰街。大街。街路。

古膎切。大道也。又星名。昴西二星曰天街。

去

巷

衖

學去聲。里中小道也。俗呼爲衖。京都謂之胡同。小巷。衖堂。

胡絳切。凡塗直曰街。曲曰巷。故大道而有小徑者謂之巷。宮中長廡相通曰永巷。

平

橋

音喬。架梁於水高而穹者曰橋。浮橋。橋梁。

巨嬌切。古時駢木爲橋。或懸繩以渡。名曰絙橋。後世乃有石橋鐵橋之制。引申之。凡器有横梁者皆曰橋。禮記奉席如橋衡。橋衡。橋桔槔上衡也。亦取横梁之義。

去

路

音輅。徑之大者曰路。道路。路徑。

魯故切。行旅之塗也。鋪鐵軌行火車者爲鐵路。其法創於西人。今中國已造者。由京而津而榆關而東三省爲一路。由京而保定而定州爲一路。由上海而吳淞爲一路。又大也。君之所在以大爲號。如路門路寢路車是。

鎮 去

音震。力能定之曰鎮。 鎮守。村之大者亦曰鎮。 鄉鎮。

陟及切。壓也。凡藩封曰藩鎮。名山曰山鎮。皆取鎮壓之義。 又郊關之外。人烟湊雜者曰鎮。中國向有四大鎮。漢口景德佛山朱仙是也。

邨 平 村

寸平聲。聚落也。 邨落 鄉邨

倉尊切。俗作村。經史無村字。

驛 入

音亦。馬遞曰驛。往來不絕曰駱驛。驛站。

羊益切。驛所以傳命也。傳車曰馹曰郵。置騎曰驛。引申之迎賓之館亦曰驛。

渡 去

音度。濟河曰渡。渡船。擺渡。

徒故切。

岸 去

音犴。水厓高者為岸。岸灘。石駁岸。

魚幹切。厓峻而水深者曰岸。轉為傲岸。魁岸之岸。謂其人高峻如崖岸也。又繫於朝廷者曰獄。繫於鄉亭者曰岸。

溝 平

音鉤。田間水道曰溝。水注谷亦曰溝。溝渠。深溝。

居侯切。溝構也。縱橫相交構也。考工記九夫為井。井間深四尺廣四尺謂之溝。

渠 平

音蕖。水坑也。溝渠。

求於切。水所居曰渠。史記有河渠書。大渠曰河。小渠曰溝。河者天生之河。渠者人鑿之河也。又通鉅。大也。渠魁。渠帥。皆以大為義。又人我相對。別指一人曰渠。

田 平

音闐。地已耕者曰田。田地。種田。

待年切。樹穀曰田。外象封畛。內象阡陌。歲耕種者為不易上田。休一歲者為一易中田。休二歲者為再易下田。古之井田。隱寓限民名田之意。後世仿行之。每多流弊。

郊 平

音交。邑外為郊。荒郊。郊關。

古肴切。距國五十里為近郊。距國百里為遠郊。又祭名。冬日至大祀天於圜丘。謂之南郊。夏日至大祭地於方澤。謂之北郊。

野 上

音也。邑外曰郊。郊外曰野。野人。草野。

羊者切。去國百里謂之野。田野之士。樸而不文。故轉為鄙野之野。大野。藪名。兖州之澤也。

原 平

音元。大野曰平。廣平曰原。本原。原情。

愚袁切。俗作源。本也。泉之本曰原。尋其本之所在亦曰原。凡原委原流之原。皆以本為義。凡推原原諒之原。皆以尋其本為義。

隰 入

音習。下溼曰隰。田之新發者曰隰。原隰。

似入切。凡土地窪下而又沮洳者曰隰。

隴 上

壟

音壠。大阪曰隴。隴畝。壟斷。

力董切。隴阪謂隴坻。即今陝西鞏昌府之隴山也。漢隴西郡在隴山之西。故名。又田之高者曰隴。

畝 上

謀上聲。田十分為畝。畎畝。

莫後切。周制六尺為步。步百為畝。秦漢以二百四十步為一畝。今從之。

場

平

音長。隙地曰場。 場屋。 洋場。

直良切。祭神道也。築土為壇。除地為場。引申之凡地之平坦可以容衆者皆曰場。故治穀之地曰場圃。試士之地曰闈場。用兵之地曰戰場。皆取平坦之義。

墟

平

音虛。地廣大荒而不治曰墟。 墟墓。 故墟。

邱於切。說文昆侖邱謂之昆侖墟。墟者大邱也。大邱必空曠。故轉而為姚墟殷墟之墟。 又渤海之東有大壑曰歸墟。言水之歸於壑。如土之歸於邱也。

津

平

音蓁。渡也。 天津。 津梁。

將鄰切。自黃河泛舟而渡曰津。引申之凡水次皆曰津。又近於水者必潤。故假為津液之津。周禮其民黑而津。津潤也。

郵

平

音尤。傳送文書之舍也。 郵政。 置郵。

于求切。驛也。馬傳曰置。步傳曰郵。 西人郵政。利歸公家。至特派大臣以主之。城市村鎮。設置殆徧。中國通商各埠。近亦仿而行之。 又郵亭。田畔草亭也。田畯居之以督民耕。謂之郵表畷。

衝

平

音穜。路之四達者曰衝。 衝煩。 衝要。

尺容切。衝者。四通五達之衢也。今稱府縣當驛路者曰衝。亦宗此義。 又突也。衝車用銕著其轅端。所以衝突敵城而銳入也。

塗

途

平

音徒。路之未治者曰塗。 又泥也。 塗抹。 糊塗。

同都切。塗亦路也。而有不潔之意。故引申為塗泥。塗炭之塗。又轉為塗改。塗抹之塗。 三塗。太行。轘轅。崤澠也。皆在河南境內。

皋 平 皐陶

音高水濱淤地也　九皋　皋陶

姑勞切。皋之言高也。門之高者曰皋。如皋門是。岸之高者亦曰皋。如江皋漢皋是。　又長聲而告之曰皋。

窟 入

音崛。獸穴曰窟。　三窟　窟室

苦骨切。兔之所穴謂之窟。引申之凡穴土皆曰窟。又申之凡有孔者皆曰窟

藪 上

音叟。大澤也。　淵藪　藪澤

蘇后切。藪之言厚也。周禮九藪。爾雅十藪。其名畧異

塵 平

音陳。風起揚埃曰塵。　塵土。　風塵。

池隣切。鹿行揚土也。本作䴠。今省作塵。莊子以野馬比塵埃。謂其以息相吹。微而無着也。故數小於沙者為塵。

泥 平

音尼。水和土也。　泥塗。　尼去聲。滯也。

奴低切。水積於土則成泥。積之既久。滯而不通。故引申為拘泥之泥。讀乃計切。

塊 上 凷

音蒯。堅土曰塊。　塊頭。　石塊。

苦潰切。墣也。土之有結力者也。地曰大塊。胃中不平曰塊壘。皆有凝結之義

隄

平 堤

音低。築防過水曰隄。 隄工。 長隄。

都黎切。防也。 又爾雅隄謂之梁。

壩

上

音霸。隄之橫截水流者曰壩。 隄壩。

必駕切。壩者霸也。壘土以遏水。猶霸者之以力勝也。有低於水面。大水得冒之而過者。謂之滾水壩。疊石為橫隄不斷全流者曰掃壩。

堆

平

對平聲。小阜曰堆。 灰堆。 堆積。

都回切。聚土也。 蜀有瞿塘灩澦堆。古稱天險。

隅

平

音虞。角也。 四隅。 城隅。

元俱切。角之方而不銳者曰隅。故海角曰海隅。一方謂之一隅。

歧

平

音祁。物兩為歧。歧途。臨歧。

巨支切。歧，歧路也。爾雅二達謂之歧。引申之兩舌謂之歧舌。麥一莖雙穗謂之兩歧。

鄙

上

音匕。郊以外曰鄙。鄙人。縣鄙。

補美切。周制五百家為鄙。太宰以八則治都鄙。蓋指王子弟公卿大夫采地言之也。引申為邊鄙之鄙。轉注為鄙陋之鄙。鄙古作啚。後誤認為圖字。遂稱為某都某啚。今仍之。

畔

去

叛

音叛。田之界也。畔岸　反叛

薄半切。畔者一夫百畝之界。如農夫有畔是也。界畫則離。故為離畔之畔。又轉為背畔之畔。

隘

去

音藹。狹陋也。隘巷　險隘

烏懈切。窄也。窄者必險。故引申為阻隘之隘。窄者必小。故引申為湫隘之隘。

遠

去　上

爰上聲。不近曰遠。遼遠。遠方。爰去聲。不使之近曰遠。

雲阮切。遠近之遠。上聲。如詩其人甚遠是也。于願切。遠離之遠。去聲。如論語敬鬼神而遠之是也。

邇

上

音爾。邇者。遐之對也。遠邇　邇來

兒氏切。近也。又通作爾。儀禮燕禮君南鄉爾卿。卿西面北上。爾大夫。謂揖而移之近之也。

迂 平

音于。遠也。迂曲。迂儒。

羽俱切。遠而濶於事情也。識之拘而不化者曰迂。道之曲而難達者亦曰迂。

遐 平

音霞。遐者邇之對也。遐方。

何加切。遠也。又與何通。遐不。即何不也。

近 上 去

音瘽。近者遠之對也。近今。左近。音覲。

其謹切。不遠之謂近。凡近地近時之近。皆讀上聲。巨靳切。附也。謂非實到而附近之也。凡近光近侍之近。皆讀去聲。

遥 平

音謠。遠也。遥望。

餘招切。遥遥。遠貌。莊子有逍遥游篇。逍遥。翱翔之意也。

通 平

統平聲。推而行之謂之通。通達。貫通。

他紅切。徹也。洞也。無所不洞貫也。故凡書之首末全者曰一通。引伸之為通達通暢之通。更伸之為通候通道之通。

達 入

音薘。通也。達人。豁達。

陀葛切。旁通曰達。如虞書達四聰。禹貢達于河是也。上出曰達。如禮記萌者盡達。周頌驛驛其達是也。又小羊名也。羊子易生無留難。故詩云先生如達。

關 平

音瘝。横木為關。

關梁。海關。

古還切。以木橫持門戶也。亦曰門壯。　又界上之門曰關。如函谷關是也。今函關以西。總名關中。　又脉也。脉有寸關尺之別。掌後高骨謂之關。

塞 去 入

音𡫏。隔而不通曰塞。閉塞。

音賽。邊城曰塞。

關塞。塞上。

悉則切。閉塞充塞皆曰塞　又博塞戲具也　先代切。窮邊要害處也。凡要害之處。必塞之以禦外寇。故謂之塞。　淮南子有九塞。今東北起長城。西北至嘉峪關。皆邊塞之地。

沙 平

音紗。石屑曰沙。

黃沙。　沙土。

所加切。水中散石也。沙漠之地。不生水草。古名翰海。亦稱流沙。謂其沙隨風流行也。　又算經。十塵為沙。十沙為纖。

漠 入

音莫。沙土曰漠。

又泊然寡營也。

沙漠。　淡漠。

莫各切。漠者莫也。言沙磧廣莫。望之漠漠然也。漠河在今黑龍江。與俄接境。產金最旺。今自外蒙古車臣汗起。迤西至新疆和闐州止。長近萬里。均稱沙漠。中國沙漠長而狹。阿非利加沙漠長與之等而寬過之。

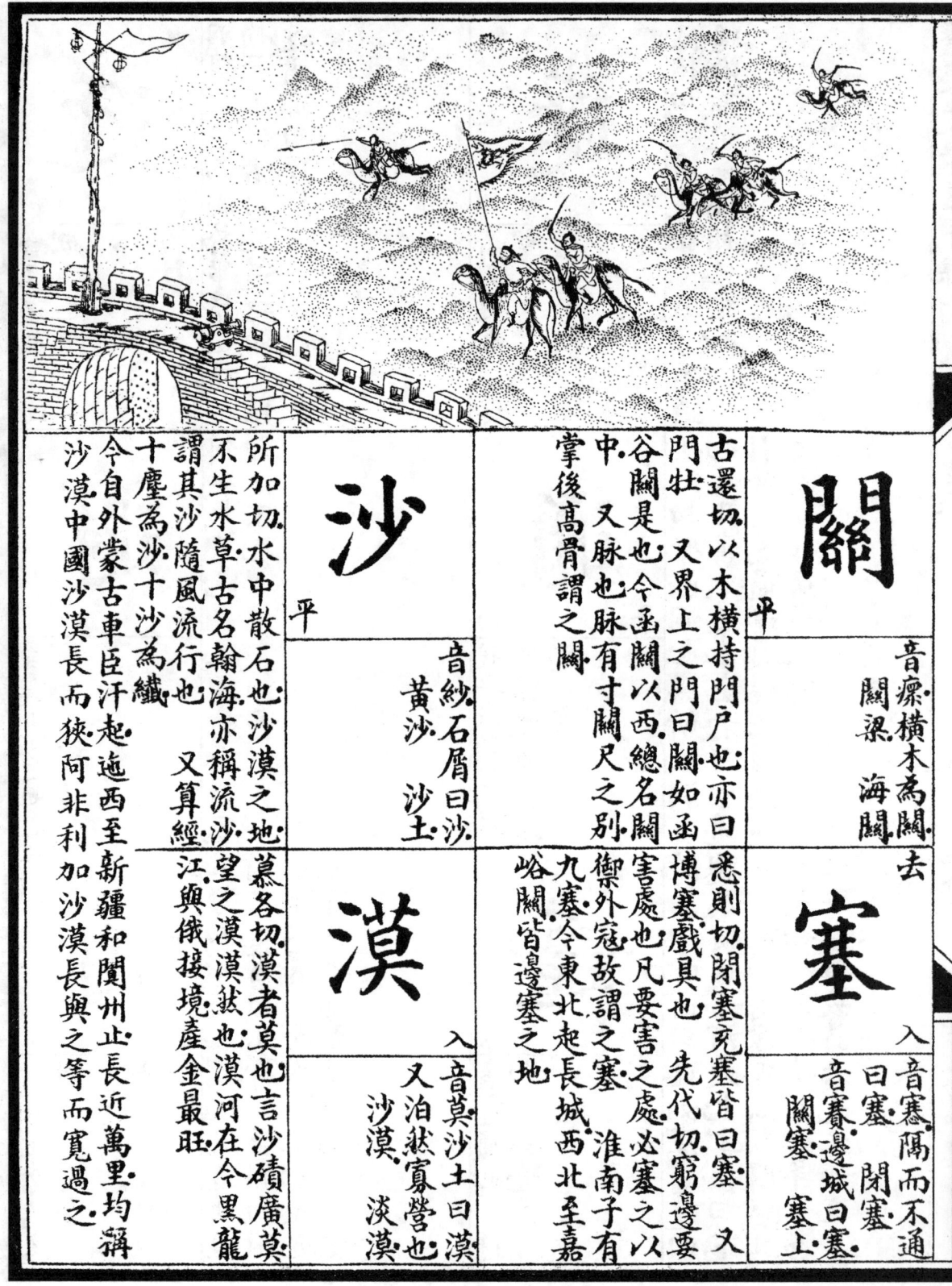

邊 平

音編。萬物之界曰邊。四邊。邊塞。

卑眠切。界乎鄰者為邊。今中國東邊日本。西北邊俄。南邊英法。

徼 去

音叫。塞也。東北謂之塞。西南謂之徼。邊徼。

古弔切。徼以遮繞為義。古之徼塞柵木於水。以界蠻夷。有屏蔽中華之意。故謂之徼。

界 去

音戒。限也。疆界。界牌。

居拜切。區田為界。畫疆亦為界。界者。界於彼此之間。畫之區之。即以限之。故曰界限。

限 上

音很。界之所畫曰限。限量。界限。

乎簡切。阻也。界之以阻之也。門閾以阻內外。故亦曰門限。又腰帶處曰限。易艮其限。謂在身之中。可以限上下也。

險 上

音獫。反平為險。險惡。危險。

虛檢切。阻也。阻者必隘。故路之狹隘者曰險。阻者必危。故人之傾危者曰險。

夷 平

音姨。路之坦者曰夷。東夷。夷狄。

以脂切。大也。東方之人也。蠻閩从虫。狄从犬。貉从豸。羌从羊。皆異種也。夷獨从大。夷平也。凡平者必相等。故轉為等夷之夷。相等則不爭。故轉為夷悅之夷。欲路之平。必芟其穢。故轉為芟夷之夷。及夷滅之夷。

氐

上 平

音邸。本也。根氐。

音低。西羌種人也。氐奴。氐星。

丁禮切。氐即柢之古文。蔓根曰根。直根曰氐。又與抵同。大氐。大凡也。又都奚切。東方宿也。氐四星。似箕而側。亦謂之天根。又山海經有氐人國。氐西夷也。漢時居秦隴之西。

羌

平

音蜣。西戎牧羊人也。氐羌。羌乃。

墟羊切。羌三苗姜姓之後。舜徙之於三危。在今藏衛之地。又羌乃也。楚人發語辭也。

戎

平

音絨。兵器也。戎狄。兵戎。

如融切。兵也。五戎弓殳矛戈戟也。引申之凡兵車曰戎車。又申之凡兵事曰戎事。西方曰戎。戎者兇也。斬伐生殺不得其中也。其種有六。又汝也。戎汝若而一聲之轉也。

狄

入 逖

音敵。北方曰狄。夷狄。

音惕。逖矣。

徒歷切。狄者辟也。男女同穴。其行邪辟也。周禮稱六狄。禮記稱五狄。爾雅稱八狄。其說各殊。又吏之賤者曰狄。又他歷切。本作逖。遠也。

蠻

平

音鬘。南夷名也。蠻方。野蠻。

莫還切。蠻者縻也。禹貢三百里蠻。謂以文德羈縻之。不制以法。其種有八。又蠻蠻。比翼鳥也。山海經崇吾之山有鳥焉。其狀如鳧。而一目一翼。相得乃飛。名蠻蠻。又綿蠻。鳥聲也。

貉

入 貊

音鶴。狐類。狐貉。

音陌。北狄名也。蠻貊。大貊。小貊。

曷各切。貉性似貍。銳頭尖鼻。斑色。毛深溫厚。可以為裘。又莫白切。通作貊。北方夷狄之名。在荒服者也。

山

平

音刪。土有石而高出者曰山。山水。青山。火山。

所閒切。地球初成。外殼輭薄。殼內熱質漲而為山。山中有熱餤噴出者。謂之火山。多在亞美利加西境。他洲亦有之。地學家實測全球最高之山。不過十五英里。

嶽

入　岳

音鸑。山高而尊者曰嶽。華嶽。岳父。岳母。

逆角切。唐虞四嶽。至周始有五嶽。東岱南衡西華北恆中嵩是也。國有大事。必行祭告之典。今列於中祀。

岡

平

音剛。山之上銳而下廣者曰岡。岡嶺。

古郎切。山脊也。泰西地學家以連山旁列。視之凸起歷歷如鋸齒形者。為山脊。

嶺

上

音領。數山相連而長者為嶺。山嶺。嶺上。

良郢切。嶺。領也。山之肩領。可通道路者也。泰西地學家。以山聯峯缺。人可往來之處曰嶺。則與肩領相通之義合。　嶺古通領。領之作嶺。猶顛之為巔也。

嵐

平

音婪。山氣曰嵐。山嵐。嵐氣。

魯寒切。山中積氣。矇矇浮浮。烝而成潤者為嵐。　又州名。匈奴樓蘭王所居。漢為太原地。後魏置嵐州。

巖 平

音喦。山勢不平曰巖。 巖嶅。 巖巖。

魚咸切。高也。山之傍水壁立者為崖。崖之高起處為巖。高者必險。故邑之險者曰巖邑。疆之險者為巖疆。

島 上

刀上聲。海中有山可依止者曰島。 海島。 島夷。

都老切。凡環海為國者曰島國。英日均以島立國。南洋羣島以百計。今歐人悉開為埠頭。舊時酋長蓋罕有存者。 南洋小島中有為珊瑚所積成者。珊瑚本一種微蟲之窩。叢生海中。上壅浮土。即成一島。

嶼 上

胥上聲。海中洲也。 島嶼。

象呂切。水中平島曰嶼。今南洋有鼓浪嶼。檳榔嶼。皆羣島之名。

坡 平

破平聲。山之斜而上者曰坡。 東坡。

普禾切。阪也。字亦作陂。謂其陂陁而上也。今滇俗稱山嶺曰長坡。其陂陁而高峻者曰相見坡。

瀑

入

音僕。飛泉縣水也。飛瀑。瀑布。

蒲木切。疾雨為瀑。水之濆起者亦曰瀑。今山間急流自上注下。光如匹練者。謂之瀑布。

洞

去

音恫。中空曰洞。山洞。洞天。

徒弄切。水流疾也。水之流無所不通。故段借為洞達之洞。引申之。凡有孔穴者皆曰洞。 今湖南岳州府巴陵縣西南有洞庭湖。江蘇蘇州府吳縣有洞庭山。

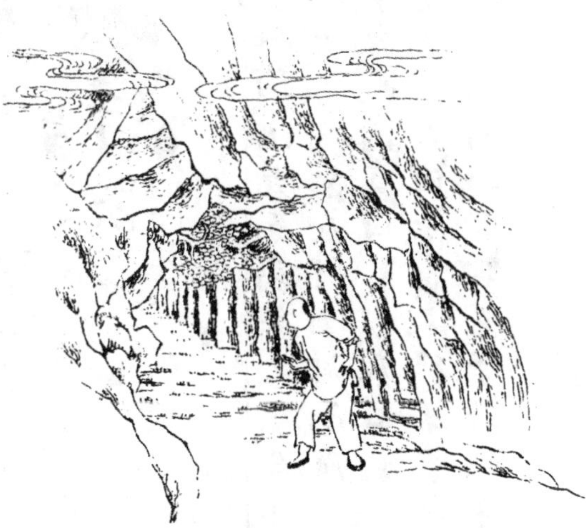

穴

入

音坹。窟室也。穴洞。穿穴。

胡決切。民之初生。未有家室。鑿地為穴而居焉。如詩陶復陶穴是也。後人以塚壙中為穴。引申之。凡有孔洞者均謂之穴。

泰

去

音太。安舒曰泰。泰山。驕泰。

他蓋切。滑也。从大廾水會意。水在手中。下溜甚利。故否泰之泰訓通。通則進退自如。故引申為舒泰之泰。段借為泰甚泰侈之泰。 又東嶽曰泰山。在今山東泰安府泰安縣。

[illegible]

去 **岱**

音逮。東岳曰岱宗。 岱畎。

度耐切。泰山一名岱。岱，始也。東方者萬物之始。泰山又王者告代之處，而為五嶽之宗也。故曰岱宗。山周圍百六十里。其陽則魯，其陰則齊。凡徂徠、新甫等山皆其輔也。

平 **嵩** 崧

音松。中嶽曰嵩山。 嵩岳。 崧高。

思融切。山大而高謂之嵩。今專以中嶽為嵩。在河南河南府登封縣西。禹貢曰外方，秦曰太室，漢武帝名曰崇高山。後漢靈帝改為嵩高山。其實嵩、崇非兩字也。

去 **華** 平

音划。色之美者曰華。 繁華。

音話。西嶽曰華山。 太華。 少華。

胡瓜切。花之開者曰華，與花朵之孳纖別。引申為華美之華。中夏為文物之邦，政教尤美，故曰中華。 又胡化切。山名。太華在陝西華陰縣城南。少華在陝西華州城南。太華高五千仞，廣十里，形如四方削成，與少華相連。

平 **恆**

音峘。久也。北嶽曰恆山。 恆星。

胡登切。恆，常也。恆山一名常山。漢時因文帝諱而改。山在今山西大同府渾源州之南。直隸定州曲陽縣西北。

平 **衡**

音行。南嶽曰衡山。又稱桿曰衡。 衡嶽。 權衡。

戶庚切。橫大木於牛角曰衡。車前橫木亦曰衡。段借為權衡之衡。義取懸者為權，橫者為衡也。引申之北斗之中星曰玉衡。又南嶽曰衡山。在今湖南衡州府衡山縣西北。謂其上承景宿，銓德均物，故取權衡之意名之也。

入 **霍**

音霩。倏忽之貌。 霍山。 衡霍。

忽郭切。鳥飛聲也。鳥飛速，故以霍然狀病愈。 又山名。霍山有三。爾雅以霍山為南嶽，即衡山也。廣雅以天柱山為霍山。漢之中嶽在今安徽霍山縣者是。周禮冀州鎮曰霍山，在山西岳陽縣。今稱中鎮者是也。

岷

平

音民。蜀山謂之岷山。岷嶓。

武巾切。岷山在今四川龍安府松潘廳西北二百二十里。江水所出。即隴山之南首也。連峯千里不絕。蜀西諸山。皆其支麓。

石

入

音碩。山骨也。又量名。十斗曰一石。碩石。斗石。

常隻切。地面以下。皆土石所凝結而成。其石有有層累者。有無層累者。有層累者。石與石疊。似乎磚牆。乃由水淤結而成。故又名水成石。無層累者為花剛石。渾然大塊。無層可分。乃由火融結而成。故又曰火成石。

磁

平

音慈。俗稱磁石為吸鐵石。磁電。

疾之切。鐵三分含養氣四分。即為磁石。能吸引鐵鎳等金。其吸力常在兩端。以繩懸之。其端必與地球南北極同向。磁石吸力與地球吸力相感應也。又鋼鐵磨之以磁。或通之以電。皆能成磁。今電學家多用之。

砥

上

音紙。磨石也。砥礪。

諸氏切。砥平也。礪石之精者也。又與底通。砥厲亦作底厲。

地殼土石各層累式

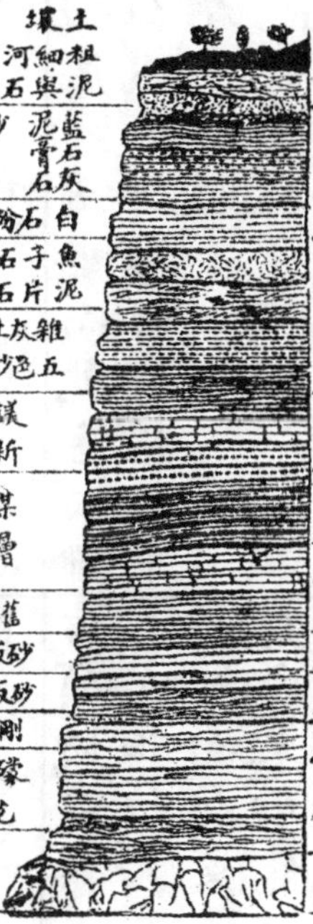

	疊數	石類	物跡
火山石	第一疊層	土壤 粗細河沙 泥與石塊	新跡
	第二疊層	藍泥 石膏 灰石 沙 灰土	
階形石	第三疊層	白石粉 綠砂石	中跡
	第四疊層	魚子石 砂版石 泥片石 砂石	
	第五疊層	雜灰土 石鹽 石膏 五色砂石 鎂灰石 灰石	
	第六疊層	鎂灰石 新紅砂石	古跡
	第七疊層	煤層 內有煤與黑泥片石 青石礦石 灰石砂石 間有鐵礦	
花剛石	第八疊層	舊紅砂石	
	第九疊層	砂版石 灰石 泥片石	
	第十疊層	砂版石 泥版石	
	第十一疊層	剛片石 粒石英 彩石	
	第十二疊層	蒙片石 磷片石 泥版石 花剛片石 粒石英	無物跡
	無層累石	花剛石	

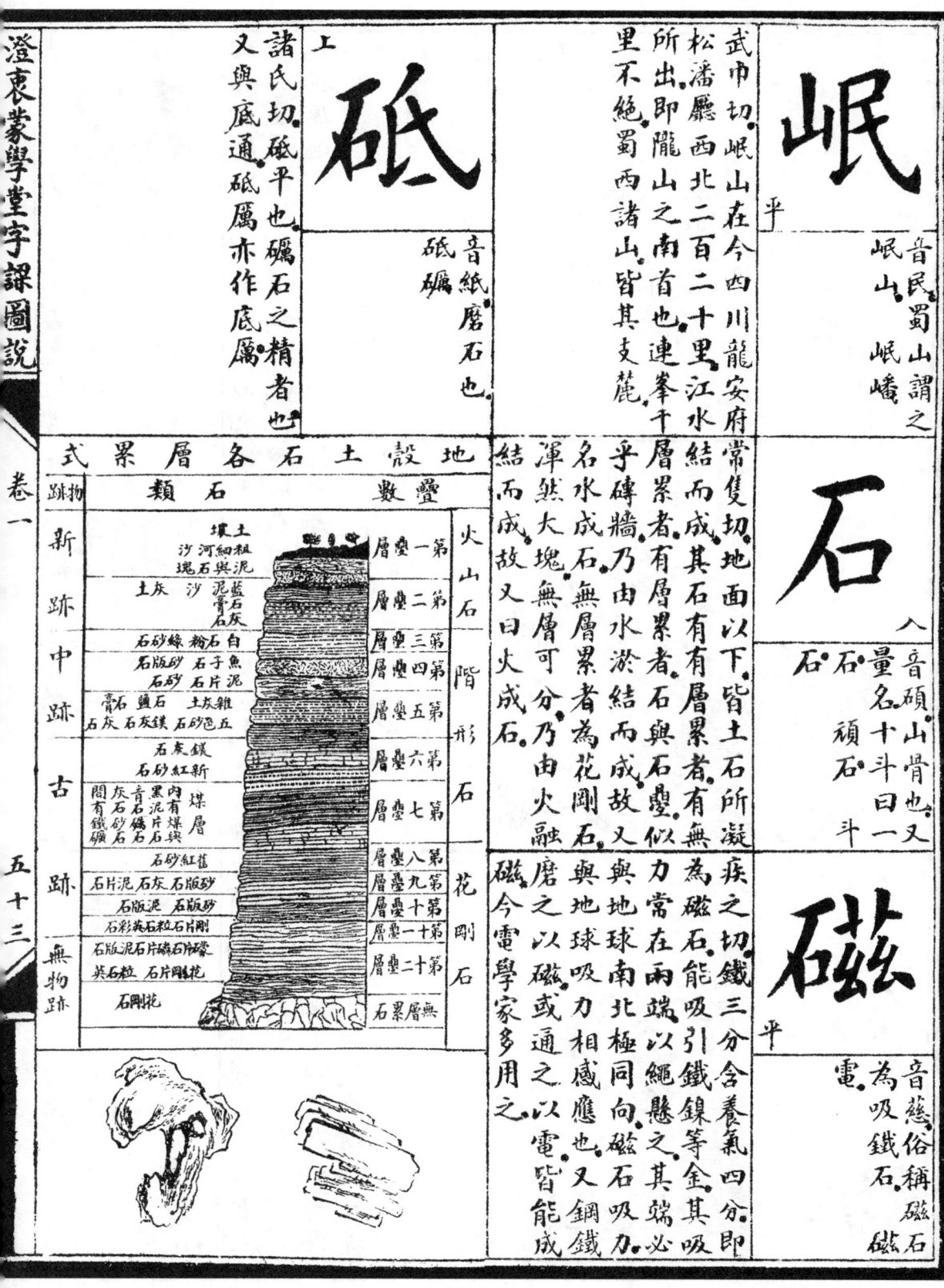

去

礪

音例。石之粗者

曰礪。　磨礪。

力制切。磨也。可以磨刃之石也。礪以麤礪為稱。故砥細於礪。又與厲通。

平

灘

音攤。水濱隙地

曰灘。　沙灘。

河灘。

他干切。岸之濆水而乾者曰灘。田曰灘田。地曰灘地。皆指水中涸出者言之也。

上

港

音講。水之分流

曰港。　小港。

港湊。

古項切。古無港字。以巷字代之。義亦相類。大道而有徑路曰巷。大河而有支流曰港。　今香港在廣東九龍對岸。英國極大埠頭也。

涯 平

音崖。水濱也。天涯。

五佳切。水之盡處曰涯。引申之凡有盡者皆曰涯。

瀕 濱 平

音賓。水厓也。海濱。

必鄰切。瀕邊也。水瀕猶之水邊也。引申為近為鄰。史記鄒魯瀕洙泗。國語是以瀕於死。皆取鄰近之義。

灣 平

音彎。水曲曰灣。轉灣。灣曲。

烏還切。凡水折而方者曰曲。折而圜者曰灣。

坎 上

音欿。穿地曰坎。坎卦。

苦感切。陷也。險也。易卦坎為水。☵謂其陷於重險不能自脫也。故引申為坎窞之坎。段借為坎壈坎坷之坎。

阬 坑 平

音硜。坎陷曰阬。阬谷。坑廁。

客庚切。高阜也。段為阬坎之阬。殺人者必棄其屍於阬。故引申為焚書坑儒之坑。俗謂圊廁曰坑。亦以坑坎為義。

水 上

稅上聲。地面流質曰水。山水。

式軌切。養氣八輕氣一化合則成水。附於地面。流動而不息者也。以地球全面計之。水居十分之七。大者為海洋。小者為溝瀆。又水星為八大行星之一。去日最近者也。

洋

平

音陽。海水茫無涯涘曰洋。西洋。東洋。

移章切。今中國以直東奉吉黑為北洋。江浙閩廣為南洋。西人以近北極為北冰洋。近南極為南冰洋。亞洲澳洲以東美洲以西為太平洋。美洲以東歐洲非洲以西為大西洋。亞洲以南非洲以東澳洲以西為印度洋。

滄

平

音倉。寒也。滄州。

七剛切。涼也。日初出滄滄涼涼也。昔人謂日出扶桑。扶桑者。東海之名。故又以海為滄海。 又滄浪水名。在今湖北均州境。

瀛

平

音盈。洋也。瀛寰。大瀛海。

怡成切。古稱裨海所環為州。大瀛海所環為九州。謂大瀛海其會而裨海其分派也。今西人以大海為洋。而稱其分派曰海。其說正同。蓋今之太平洋大西洋印度洋南北冰洋。皆所謂大瀛海也。

江

平

音杠。四瀆之一也。長江。

古雙切。江水出四川龍安府松潘廳西北大分水嶺。即禹貢之岷山也。東流經湖北湖南江西安徽至江蘇昭文縣境入海。今西人統謂之揚子江。亞洲之江。莫大乎是。 又江者。大河之通稱也。

河

平

音何。河者。水之伯。四瀆之宗也。黃河。

寒歌切。河源出於青海枯爾坤山。即昆侖也。東經甘肅陝西河南。至山東由大清河入海。 本朝河工。以黃淮為大。運河永定河次之。黃河自底柱以上。兩岸皆山。以下則地勢平坦。沙泥淤積。河身日高。遂多橫決之患。

峽

入

音洽。兩山之間曰峽。 海峽。 峽江。

胡夾切。山峭而夾水謂之峽。峽。隘也。謂其險隘不可徑趨也。三峽曰西陵峽。曰歸鄉峽。曰巫峽。在今湖北宜昌府四川夔州府境內。七百里中兩岸連山。非亭午夜分。不見日月。

峯

平

音風。山之聳而上削者曰峯。 山峯。 峯頭。

敷容切。山耑也。謂其直上而銳也。泰西地學家。以一綫挺立者為峯。則與直上而銳之義合。

陵

平

音淩。大阜曰陵。 陵夷。 邱陵。

力膺切。邱之大者曰陵。帝王所葬之地亦曰陵。謂其冢之高有似山陵也。叚借為陵轢之陵。此有所陵。彼必有所屈。故又叚為陵遲陵替之陵。

邱

平 丘

音蚯。陵之小者曰邱。 邱陵。

去鳩切。古以土四方高中央下為邱。實則邱陵邱墓之邱。皆指中央高四方下言之也。 又周制四邑曰邱。邱十六井。孟子邱民之義取諸此。

去 阜

音蝜。土山也。丘阜。阜財。

上 房缶切。大陸曰阜。山無石者曰阜。引申為盛大之義。凡阜財阜螽之阜。皆取義於此。

入 谷

音穀。兩山閒流水之道也。深谷。

古祿切。兩山之間。必有川。水之注於川者曰谿。水之注於谿者曰谷。今統以山溝曰谷。引申之。凡虛而能受者皆曰谷。如老子曠兮若谷是也。更申之。凡窒而不通者皆曰谷。如詩進退維谷是也。

上 澗

音覸。山夾水也。溪澗。

居莧切。澗。間也。言水在兩山間也。又水名。今澗水出河南河南府澠池縣東北白石山。東流合穀水。至洛陽縣西入於洛。

入 壑

音臛。水之所歸曰壑。丘壑。

黑各切。溝也。阬也。谷也。皆受水之處也。引申之。凡虛而善受者皆曰壑。莊子稱海為大壑。謂其注而不滿。酌而不竭也。

湖　平

音胡。大陂也。湖南。湖北。

洪孫切。凡汪汪千頃可仰以灌溉者。南方名曰湖。周禮揚州其浸五湖。即今太湖也。兼長蕩湖射湖貴湖滆湖湖。謂之五湖。

淮　平

音懷。四瀆之一。兗青州之浸也。江淮。淮安。

戶乖切。淮水出今河南南陽府桐柏縣桐柏山。東流經安徽境。匯為洪澤湖。分流入於江海。

泗　去

音四。水名。青州之川也。淮泗。泗州。

息利切。泗水出今山東兗州府泗水縣陪尾山。經曲阜縣。與沂合。至濟甯州天津閘入運河。古道則至江蘇清河縣入淮。今自徐州以南。為淮所占矣。段借為涕泗之泗。

漢　去

音暵。合江之大水也。又俗稱男子曰漢子。江
漢朝。好
漢。
漢。

虛汗切。漢水出今陝西甯羌州北嶓冢山。為漾。東過南鄭縣。為漢。東流至湖北襄陽府均州。為滄浪水。又東南至漢陽大別山。為漢口。入於江。雲漢。天河也。又代名。承秦後者為西漢。東漢。蜀漢。今沿稱中國人為漢人。

濟　上　去　泲

音秭。四瀆之一也。音霽。渡河曰濟。

子禮切。濟水出河南濟源縣王屋山。伏數十里。復出至溫縣南入河。今山東大小清河。即濟之故道也。又一水出直隸贊皇縣。至甯晉縣入胡盧河。濟者。渡也。言源出河北。渡河而南也。讀子計切。引中之為寬猛相濟之濟。

漳 平

音章，水名，冀州之川也。漳絨，漳江。

諸良切。清漳有二源，一自山西平定州，一自山西和順縣，並流至遼州交漳村而合，旋經黎城縣入河南林縣界，與濁漳會，又東北入直隸，至天津之西，會白河而入海。濁漳詳潞字註。

涇 平

音經，水名，雍州之川也。涇原。

堅雲切。涇水出今甘肅平涼府平涼縣笄頭山，東北流至陝西西安府高陵縣，合於渭。渭濁而涇清，二水合流，絕不相混，故謂事之不相雜者曰涇渭。

渭 去

音胃，水名，雍州之浸也。渭河，涇渭。

于貴切。今渭水出甘肅鞏昌府渭源縣鳥鼠山，東南流至陝西同州府華陰縣北，會洛水，入於河。

潁 上

音穎，水名，荊州之浸也。潁上。

庚頃切。潁水源出河南河南府登封縣少室山，東南流至安徽潁上縣入淮。

洛 入

音落，水名，雍州之浸也。洛陽。

力各切。今洛水有二，一出陝西商州熊耳山，東北流至河南氾水縣滿家溝入河，是為南洛；一出甘肅慶陽府安化縣白於山，至陝西朝邑縣入河，是為北洛。

淇 平

音其，水名。淇園。

渠宜切。淇水出河南衛輝府輝縣東北八里之共山，東南流經淇縣西北，與清水合，又東南流至濬縣北，又南東流合於衛河。

潞 去

音路。水名。冀州之浸也。 潞黨參。 潞河。

洛故切。潞水即濁漳也。濁漳有二源。西源出山西長子縣西南發鳩山。北源出沁州西北伏牛山。至襄垣縣南。二水乃合。東南流至河南林縣交津口。與清漳會。

汶 去

音問。水名。 汶上。

文運切。漢志有二汶。一出山東泰安府萊蕪縣原山。西南過壽張縣安民亭。入於濟。今河運全資汶水。而入濟之故道湮矣。一出青州府臨朐縣沂山。至安邱縣合於濰。

沂 平

音溰。水名。青州之浸也。

魚衣切。沂水出山東沂州府沂水縣雕崖山。至江蘇邳州境入運河。

潼 平

音同。水名。 潼關。 梓潼。

徒紅切。今潼江源出四川梓潼縣。下流入涪江。潼關在今陝西同州府潼關廳。關西別有潼水。因以名之。

淞 平

音松。江名。 吳淞。

息恭切。淞江一名笠澤。一名松陵江。一名吳淞江。由蘇州三江口分流東經崑山上海嘉定諸縣。迤邐至吳淞口入於海。

浦 上

音普。大水有小口別通者曰浦。 下海浦。 黃浦灘。

滂五切。水厓也。

滬 上

音戶。水名。上海名滬城。亦曰滬瀆。 滬上。 淞滬。

後五切。列竹於海澨曰滬。蓋取魚具也。叚借為松滬之滬。古稱淞江之側有滬瀆壘。上海縣東北有滬瀆城。今淞江入海無復有瀆。而上海則仍沿滬瀆之名。

泉 平

音全。雨水入山隙。溢而為泉。 泉水。 流泉。

才緣切。水源也。象水流出成川字形也。凡平地涌出者曰濫泉。亦曰檻泉。山間懸溜而下曰沃泉。石壁中有穴旁出者曰氿泉。又泉即錢也。取流通之義。亦與布通。其藏曰泉。其行曰布。

源 平

音元。由流而逆溯之曰源。 源頭。 探源。

愚袁切。源古作原。源者。水之本也。引申之。凡有本者皆曰源。

派 去

音𠂢。水之別支曰派。 派頭。 官派。 大派。

匹卦切。派者。分也。分者曰派。分之亦曰派。故水之別出一源者曰支派。學之別成一家者曰宗派。

濤 平

音陶。風力猛則水湧而成濤。 洪濤。 奔濤。

徒刀切。大波也。水之涌起者曰波。波之起而復還者曰濤。

汛 去

音信。潮汐曰汛。 潮汛。 汛官。

息晉切。灑也。灑而後埽謂之汛埽。引申為潮汛之汛。言水散如飛灑也。叚借為訊。今所用汛地字。蓋譏詰往來行人處也。

溜

去

音霤。水之急流曰溜。簷水下垂亦曰溜。

力救切。大海恆流之水曰海溜。海溜之理。類於恆風。凡海面近赤道之熱流。分布於兩極。而兩極之寒流。亦潛流至赤道。以補其缺。海水由是環流不息。又因地球東轉甚速。而海水較遲。致成西行之溜。

潮

平

音鼂。晝潮曰潮。故背月而高起者為潮。潮水。子午潮。

直遙切。潮汐之理。昔人但謂地與日月相吸而成。惟地球背日月面成潮之理。終難明確。數年前美國天文家謂地球對日月面與背日月面所成之潮。不僅關日月吸力。更由向心離心二力而生。對日月面之水。向心力大於離心力。故水亦對日月凸出而成潮。背日月面之水。離心力大於向心力。故水亦背日月凸出而成潮。對面既有潮。背面復有潮。故地繞本軸一周。而潮必兩至

汐

入

音席。晚潮曰汐。故向月而高起者為汐。潮汐。

祥亦切。

潦

上

音老。道上無源之水也。行潦。

盧皓切。盛雨積潦謂之潦。故凡積水皆可謂潦。

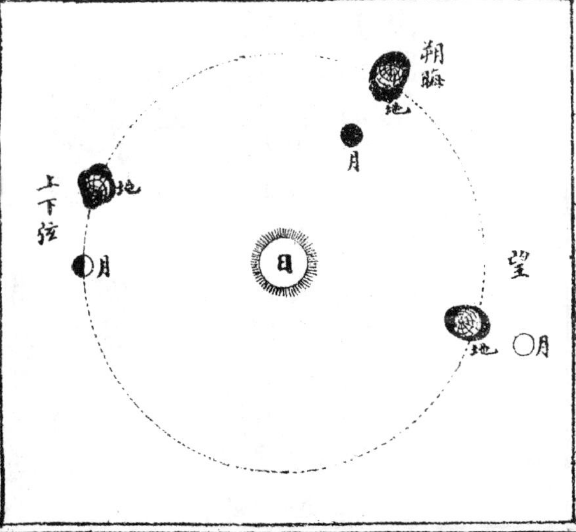

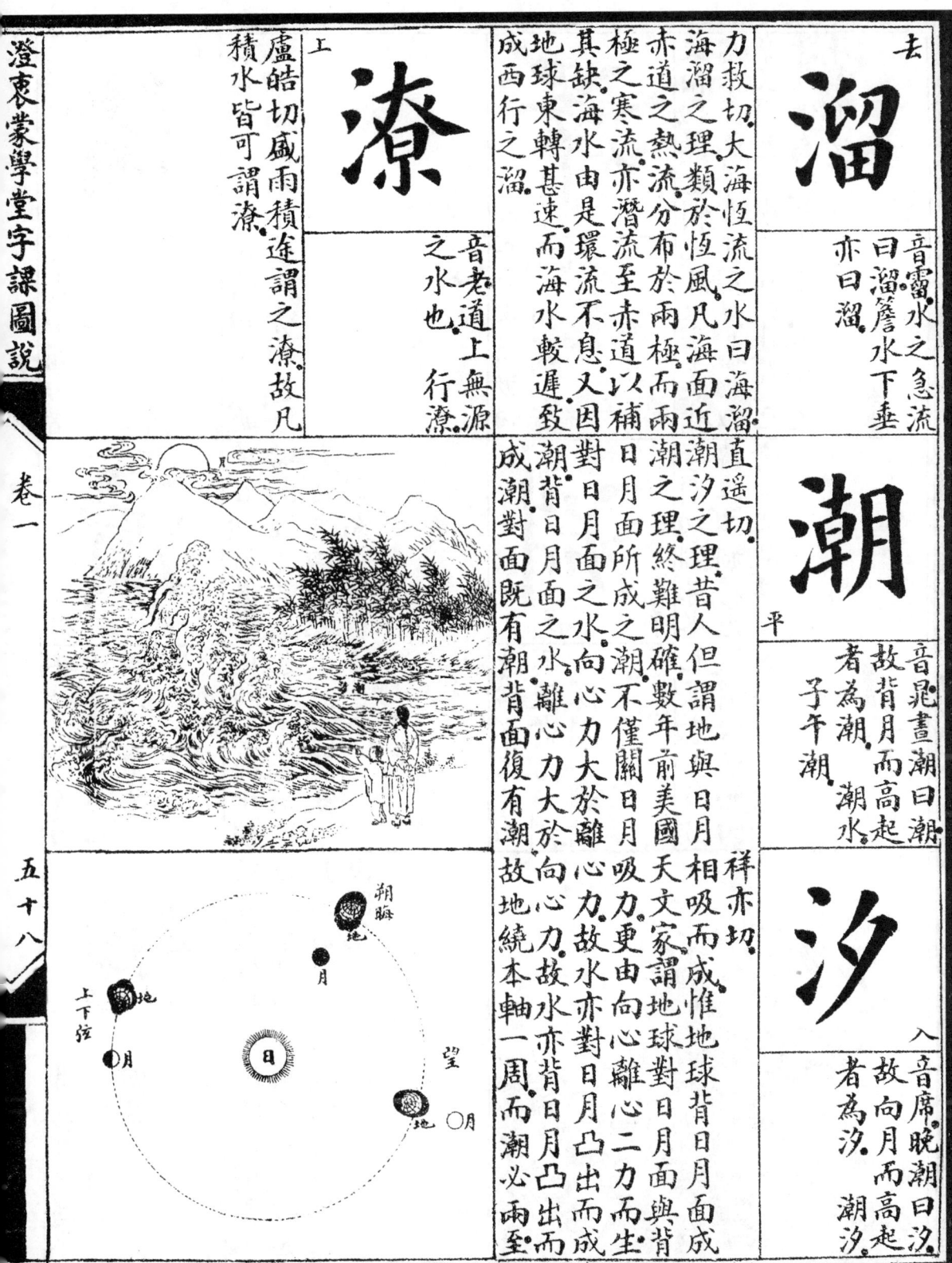

渚

上

音煮。小洲曰渚。

江渚。

之與切。水中可居者曰渚。渚，遮也。體高能遮水使從旁回也。

瀆

入

音犢。水注澮曰瀆。江漢河濟曰四瀆。

滬瀆。

徒谷切。瀆者，通也。所以通中國垢濁注之於海也。小者為溝瀆，大者為四瀆。又不通而强欲求通則為煩瀆。褻瀆之瀆。

塘

平

音唐。築土遏水曰塘。

海塘。 塘報。

徒郎切。塘，隄也。池亦曰塘。謂水在其中，外以土周之，如隄防也。凡沿海築隄之處謂之海塘。其由民築者謂之民埝。

澤

入

音宅。水所聚曰澤。

川澤。 澤國。

丈伯切。澤，光潤也。故水草交錯處名之為澤。言其潤澤萬物以阜民用也。引申為恩澤、德澤之澤。段借為擇。古有澤宮，即今之泮宮，所以擇士也。

淵

平

音[illegible]。水出地而不流者名曰淵。

深淵。 淵淵。

營圓切。淵，深水也。深者必靜，故轉注為淵穆之淵。淵，回水也。回者必文，故轉注為淵雅之淵。

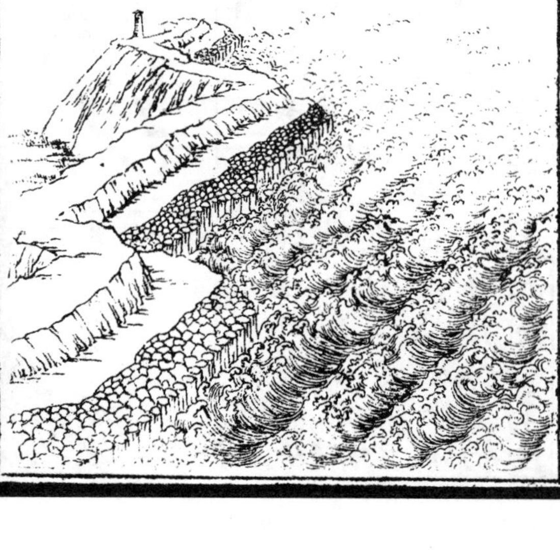

瀾

平

音闌。大波曰瀾。風行水成文曰瀾。波瀾。

洛干切。瀾者，水之湍急處也。

池

平

音馳。穿地通水曰池。池塘。硯池。

除知切。積水曰池。水之緣城而過者亦曰池，即今護城河是也。段借為裝池之池，蓋取緣飾之義。

沼

上

昭上聲。池之曲者曰沼。靈沼。沼上。

之少切。沼亦池也。圓曰池，曲曰沼。

滴

入

音的。水點曰滴。點滴。涓滴。水滴石穿。

丁歷切。

溪

谿　平

音谿。水注川曰溪。山溪。谿磎。

苦奚切。谿亦澗也。凡水出於山而入於川者曰谿。又爾雅山瀆無所通者謂之谿。無所通則無所合。故叚借為勃谿之谿。

泡

平

音抛。水上浮漚也。

匹交切。凡置管水中。吹之以息。則成泡。猶脬中實氣而成泡也。今西人所置輕氣球。即泡之最大者。

溼

濕　入

音濕。水土之氣蒸而為溼。潮溼。溼氣。

失入切。溼者。幽陰之氣也。从水。从㬎省聲。一所以覆也。覆土而有水。故溼也。凡蟲生於窪下之地者。謂之溼生。溼亦作濕。如易水流濕是也。然濕字本義為漯。即禹貢浮於濟漯之漯。

冰

平

逼平聲。水凝曰冰。敲冰。冰糖。

筆陵切。初寒處凌作此形。∧∧大寒冰裂亦作此形。冰凝之本字。今專以凝為凝聚之凝。而以冰字代仌。冰者。陰之盛也。兩極之冰。亙古不解。故南極稱南冰洋。北極稱北冰洋。今西人別有造冰機器。

朝

平

音昭。自平旦至早食時為朝。明朝。朝夜。
音潮。臣覲君曰朝。朝廷。

陟遙切。日出為朝。直遙切。周制有內朝治朝外朝。王日視朝。即外朝也。凡朝不屋。君臣立而聽事。自叔孫通起朝儀。宋太祖撤宰相坐而制一變。今制常朝及三大節朝賀均在太和殿。御門聽政在乾清門。

廷

平

音亭。宮殿之庭曰廷。朝廷。廷議。

唐丁切。朝中也。古者外朝治朝內朝皆不屋。君立於門中。臣立於朝中。朝廷者。君臣相見發政施令之所也。故稱政府曰朝廷。

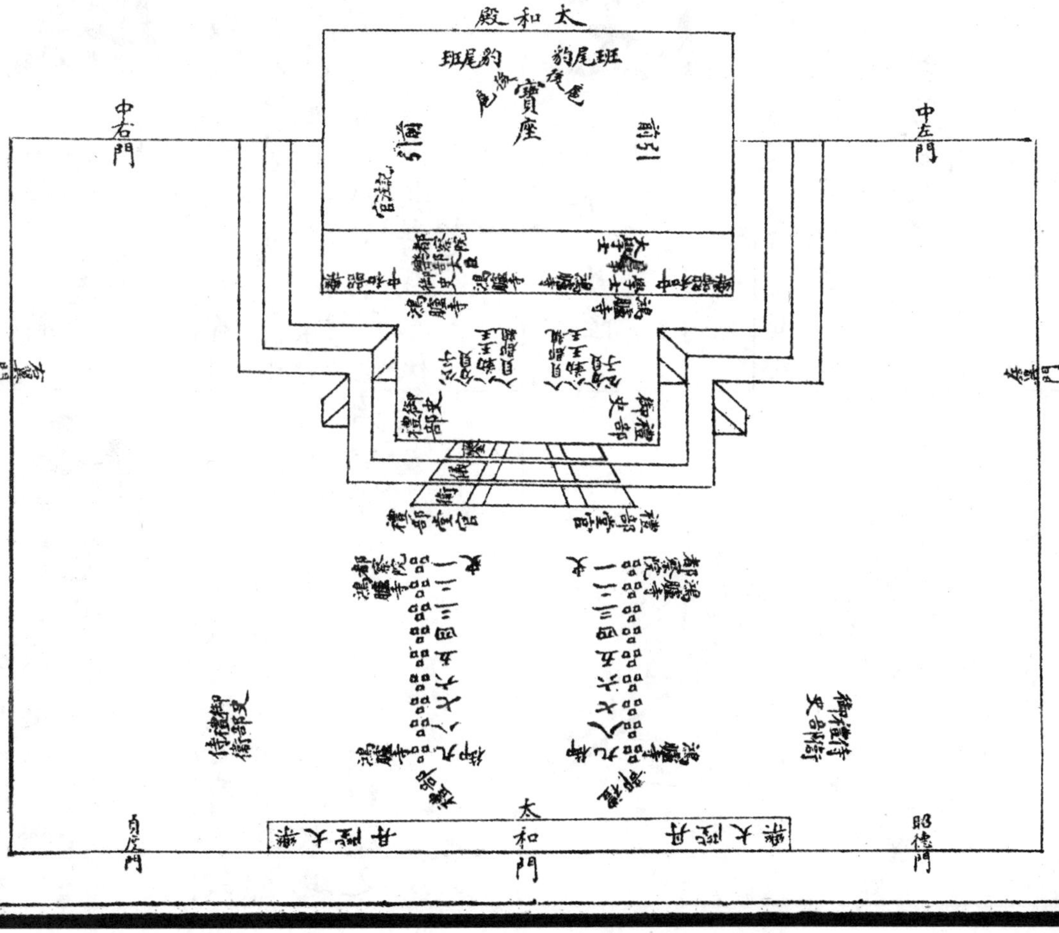

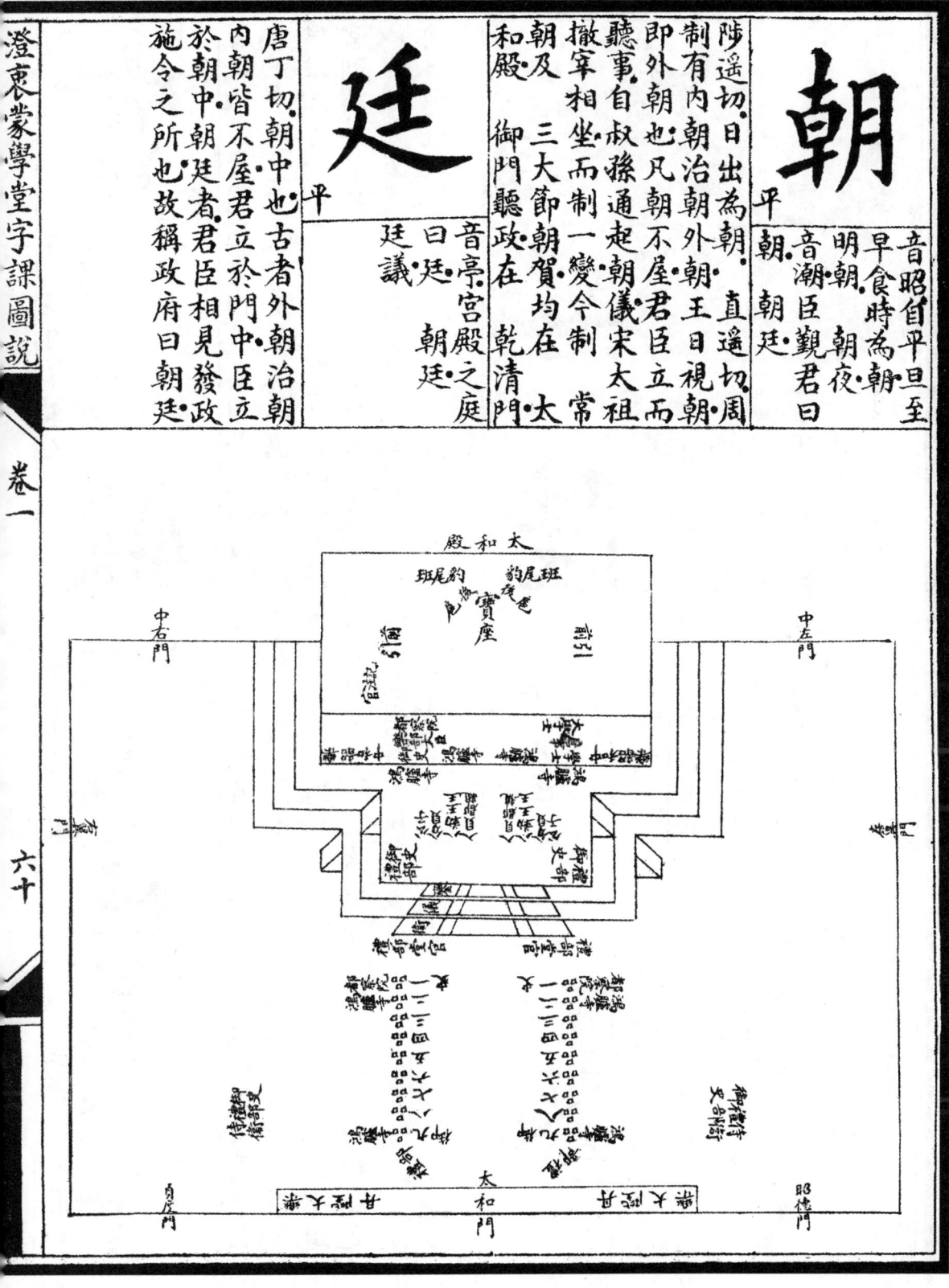

宮 平

音弓。垣內羣室之總名。 宮殿。

居戎切。古者周垣之內。統名曰宮。正中曰堂。堂後曰室。秦漢以後。惟王者所居稱宮。又五刑有宮刑。謂男下蠶室。女拘宮中。所以懲淫也。五音有宮音。宮中也。亦本宮室之義。

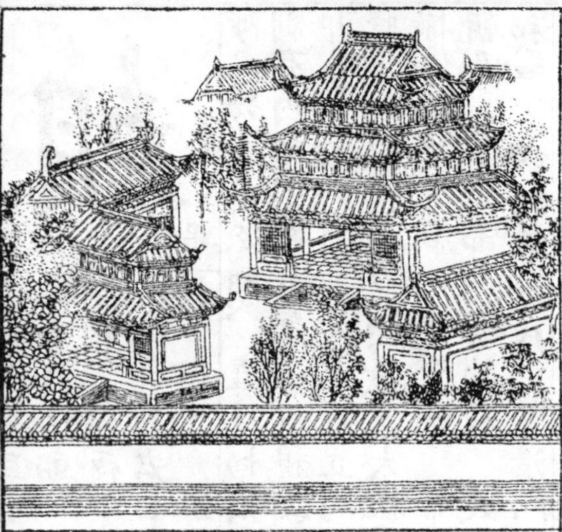

殿 去

音電。堂之大者曰殿。 金殿。
音唸。最後者曰殿。 殿軍。

堂練切。殿垠也。堂之高大者通稱曰殿。言四緣皆陛高起有垠鄂也。秦漢以後。王侯始得稱殿。人之稱王侯者即曰殿下。段借為臀。丁練切。殿後也。臀在人後。故訓後。如殿最之殿是。

陛 上

音髀。宮殿之階曰陛。 丹陛。 陛下。

部禮切。天子階也。天子之陛九級。飾之以丹。故曰丹陛。漢以後稱天子曰陛下。以臣與至尊言不敢指斥。故呼在陛下者而告之也。今朋輩相稱曰閣下足下。義亦本此。

階 平 堦

音皆。人所藉以登進者曰階。 升階。 階石。

居諧切。登堂道也。階必有級。故品級曰官階。階者人所由升也。故梯亦曰階。引申之。凡因以進者皆謂之階。如詩所謂維厲之階是。

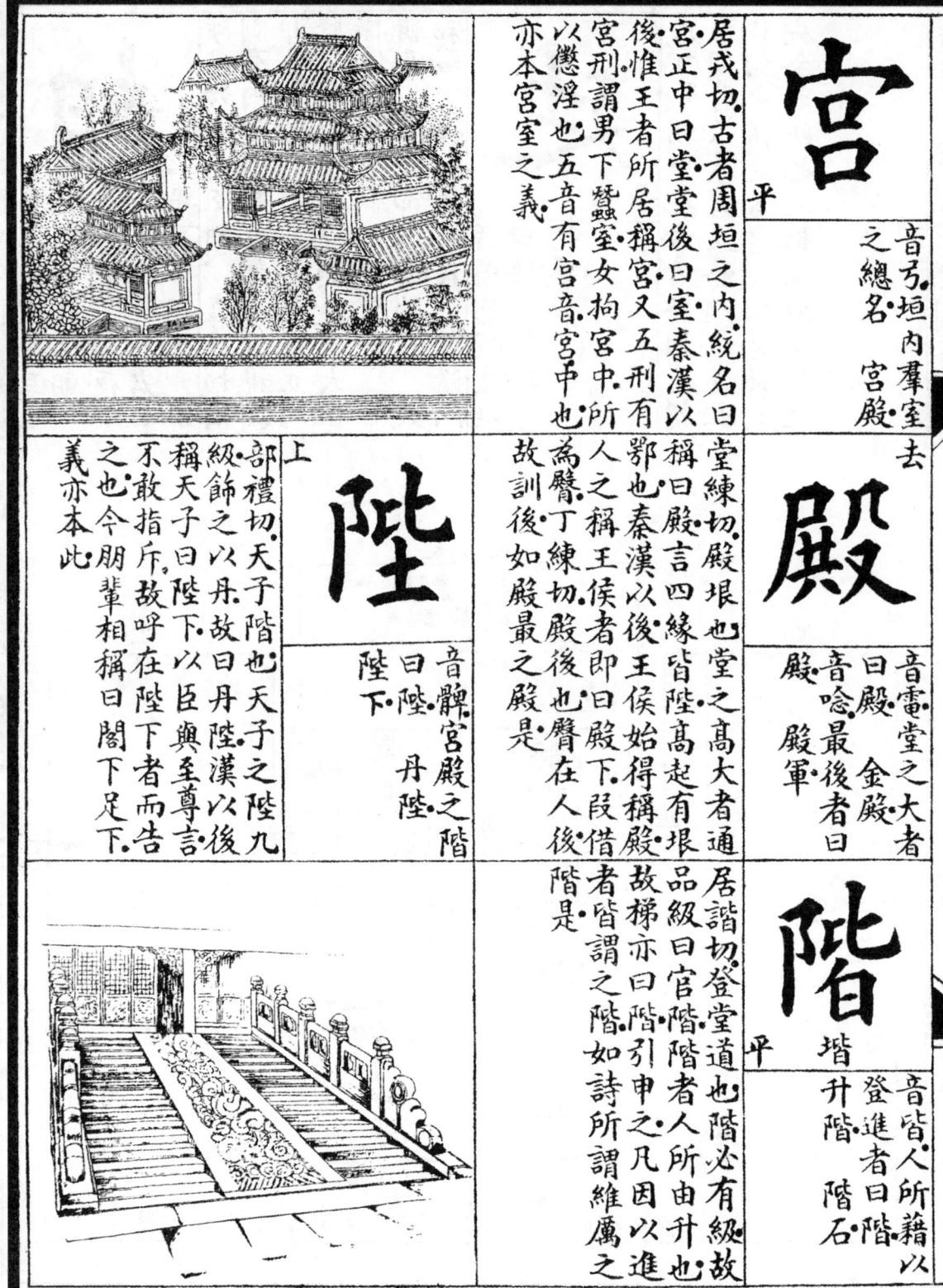

壇 平

音彈。祭場曰壇　天壇　壇墠

唐闌切。築土為壇。除地為墠。祭神之所也。今祀天地社稷日月天神地祇先農先蠶及太歲皆以壇。

觀 去 平

音官。諦視曰觀　觀察　宮去聲。臺上構室曰觀　宮觀

古丸切。異於常視也。以此視彼曰觀。使彼視此即曰觀。讀古玩切。引申之。凡懸法以示人者。其所懸之處亦曰觀。如宮觀之觀是也。更申之。凡築臺以觀雲物。封土以示武功。亦皆曰觀。又卦名䷓

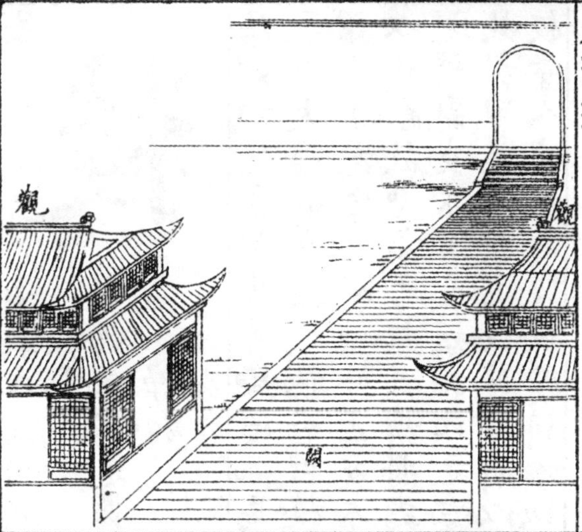

闕 入

音缺。兩觀之隙地曰闕　鳳闕　補闕

卻月切。凡平地四方而高者為臺。不必方而高者為觀。古天子之制。觀在門左右。其中央空隙之路謂之闕。即象魏也。闕則不完。故引申為殘闕。闕疑之闕。

廟 去

苗去聲。奉神之宮曰廟　宗廟　聖廟　羣廟

眉召切。皃也。所以奉先人之形皃也。凡有東西廂者曰廟。無曰寢。天子七廟。諸侯五廟。大夫三廟。士一廟。庶人有寢而無廟。引申之。凡奉神鬼之室皆曰廟。古者謀事必於廟。故國功曰廟算。曰廟謨。

學 入

音鷽。師人之善曰學。學問。學堂。

胡覺切。學之為言效也。效其所不能也。引申之所學之事即曰學。如學問是。所從學之處亦曰學。如學校是。又天子之學曰辟雍。即太學也。

校 去

音教。比對曰校。校對。

音效。庠序之異名。學校。

居效切。交木也。凡足鐐項枷馬廄。及大獵遮鳥獸之欄。皆曰校。謂交木為之也。營壘外每交木以止敵。故壘謂之校。其裨將謂之校尉。交木有長短相比之意。故引申為比校之校。庠序所以校量人才。故亦曰校。讀胡孝切。

庠 平

音祥。學校之總名。庠生。在庠。

似陽切。庠者養也。古者養老於學。故曰庠。有虞氏有上庠下庠。謂大學小學也。周謂學校為庠。今謂入府縣學者為游庠。沿古稱也。

序 上

音緒。位次曰序。定其位次亦曰序。次序。庠序。

象呂切。序者室之東南牆也。殷以國學為序。周以州學為序。序射也。所以習射也。段借為敘次第也。如言有序。及四時合其序是。又第其先後也。如序賓以賢是。又段為緒。如繼序思不忘是。

太學圖

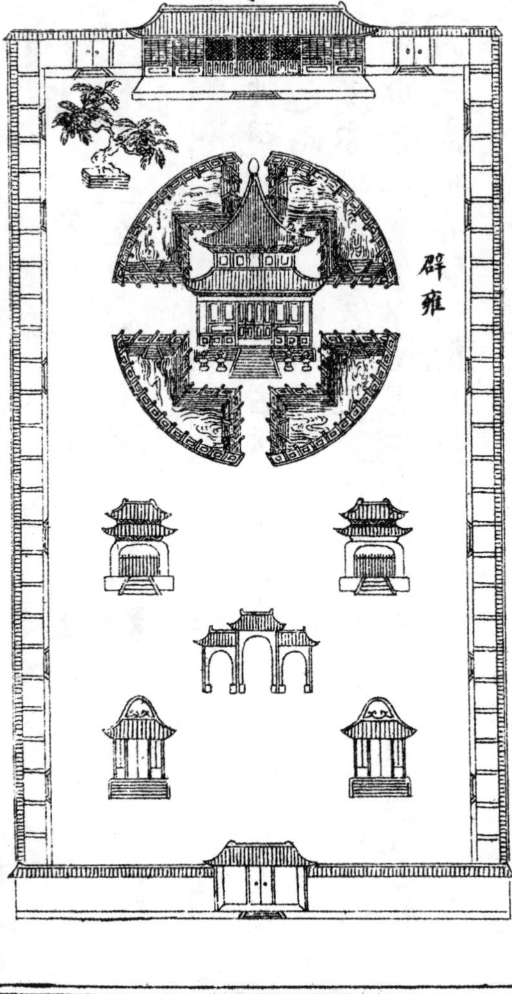

去

泮

音判。諸侯之學宮曰泮。泮池。冰泮。

剖半切。諸侯饗射之宮。西南為水。東北為牆。故从水从半。今之府縣學。皆泮宮也。故俗稱游庠曰入泮。叚借為畔。散也。如冰泮。泮渙之泮是。

去　上

館

音貫。客中止宿之所謂之館。會館。館選。音管。義同。

古玩切。客舍曰館。引申之。館客於舍亦曰館。今官署有庶常館。會同館等。言待以客禮。不與尋常衙署等也。又古緩切。

去　上

舍

音赦。客行暫息之所曰舍。更舍。舍館。音捨。棄置曰舍。舍置。

始夜切。主人家也。凡行而就人館曰舍。舍乃可止之所。故引申為凡止之稱。止而不為亦曰舍。故義與捨通。讀始野切。

入

塾

音孰。家學曰塾。書塾。塾師。

殊六切。門側之堂謂之塾。塾夾於門之左右者也。古之教者家有塾。言教子弟必於塾。塾非學校之名也。今人以塾為學舍之名。而門側之堂。轉忘其為塾矣。

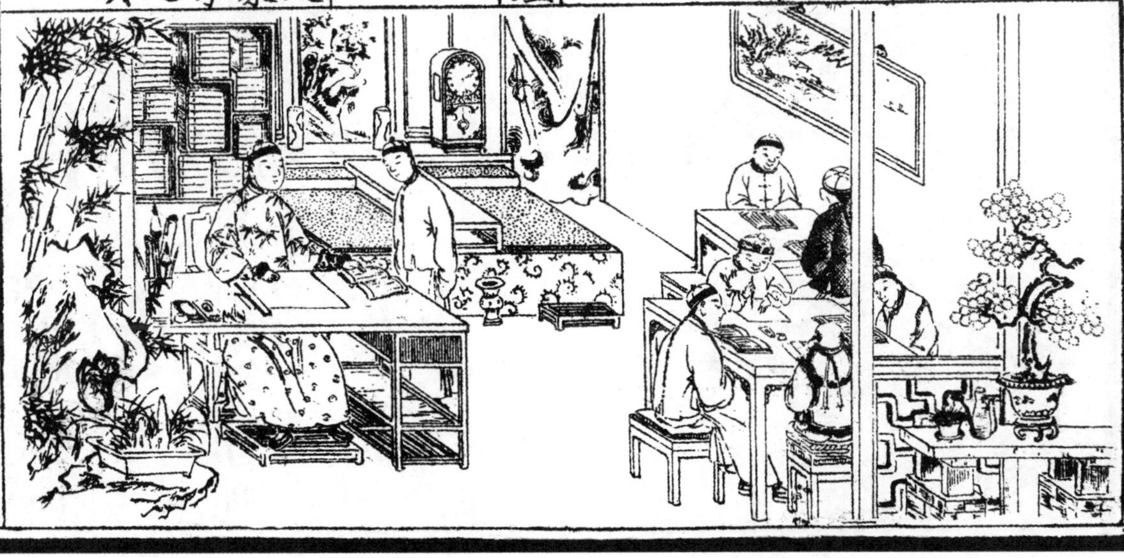

祠 平

音詞。祭人鬼之所曰祠。 祠堂 崇祠。

似茲切。春祭曰祠。引申之。凡祭之所皆曰祠。今之祠有三家之宗廟曰祠。如家祠宗祠支祠是。功臣之廟曰祠。如昭忠祠賢良祠是。庶廟曰祠。如土地祠等是。

社 上

闍上聲。土神曰社。 社日 社會。

常者切。古者封五色之土以為社。故後世謂土神曰社。神周禮二十五家為社。社即里。里必有社也。後世朋輩會聚曰結社。今日人謂羣力所萃曰社會。皆取成羣立社之義。

廊 平

音郎。廡下曰廊。 回廊 廊柱。

魯當切。堂下周廡也。側室曰廂。廂廣而不深者曰廊。

寢 上

侵上聲。臥室曰寢。臥於室中亦曰寢。 晝寢 正寢。

七稔切。廟也。前曰廟。後曰寢。庶人之廟亦曰寢。周制王公六寢。路寢一。小寢五。路寢治事之所。小寢退息之地也。寢本訓臥。人寢則不行。故壓閣其事使不行謂之寢。段借為侵。貌不揚曰寢。言侵蝕不完善也。

廡 上

無上聲。環堂之屋曰廡。 兩廡 廡下。

罔甫切。屋於堂之四周者曰廡。廡猶廊也。今聖廟大成殿以下。長廊東西對立者曰兩廡。歷代先賢先儒從祀焉。又門屋曰廡。屋之隘陋者也。故俗謂寄居曰賃廡。

衙

平

音牙。官署曰衙。
衙門。　官衙。

牛加切。行皃。段借為牙。古稱將校曰牙官曰牙將。取牙爪之義也。牙將之署曰牙門。亦作衙門。今為官署之通稱。

署

去

音曙。官廨曰署。
衙署。　署理。

常恕切。署位也。官廨為職官治事之位。故曰署。署必題字以表之。故題字亦曰署。如署名署簽之類。又代理之官曰署。言代人署名而已。不居其位也。

廠

上

音敞。工作之所曰廠。
鐵廠。　火柴廠。

昌兩切。屋無牆壁曰廠。如草廠粥廠等是。廠者工之所萃也。故作工之所皆曰廠。今之紗廠絲廠。皆仿西式為之。不盡無牆壁矣。

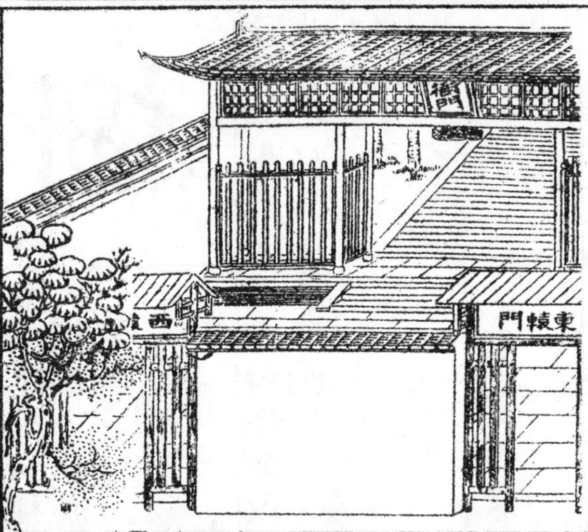

局

入

音跼。委員之署曰局。
總局。　局戳。

衢六切。博局也。所以行棊。引申之官署亦曰局。以其各有部分。不相雜。如棊之行於局也。衙之與局。同為官署。惟衙以居印官。有定額。有常所。局以處委員。隨事而設。無定所耳。又申之。凡羣聚皆曰局。如局騙局賭是。

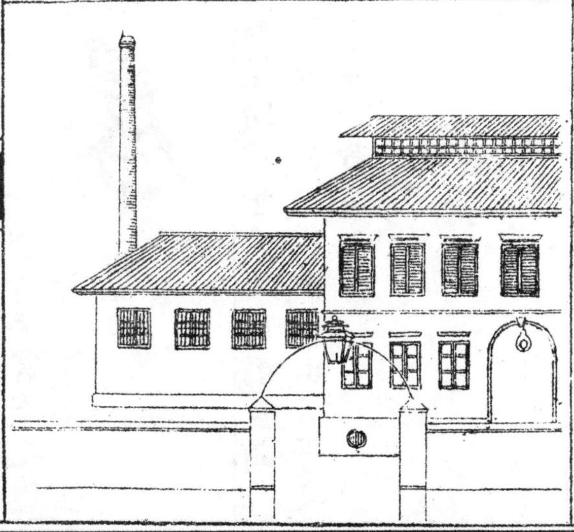

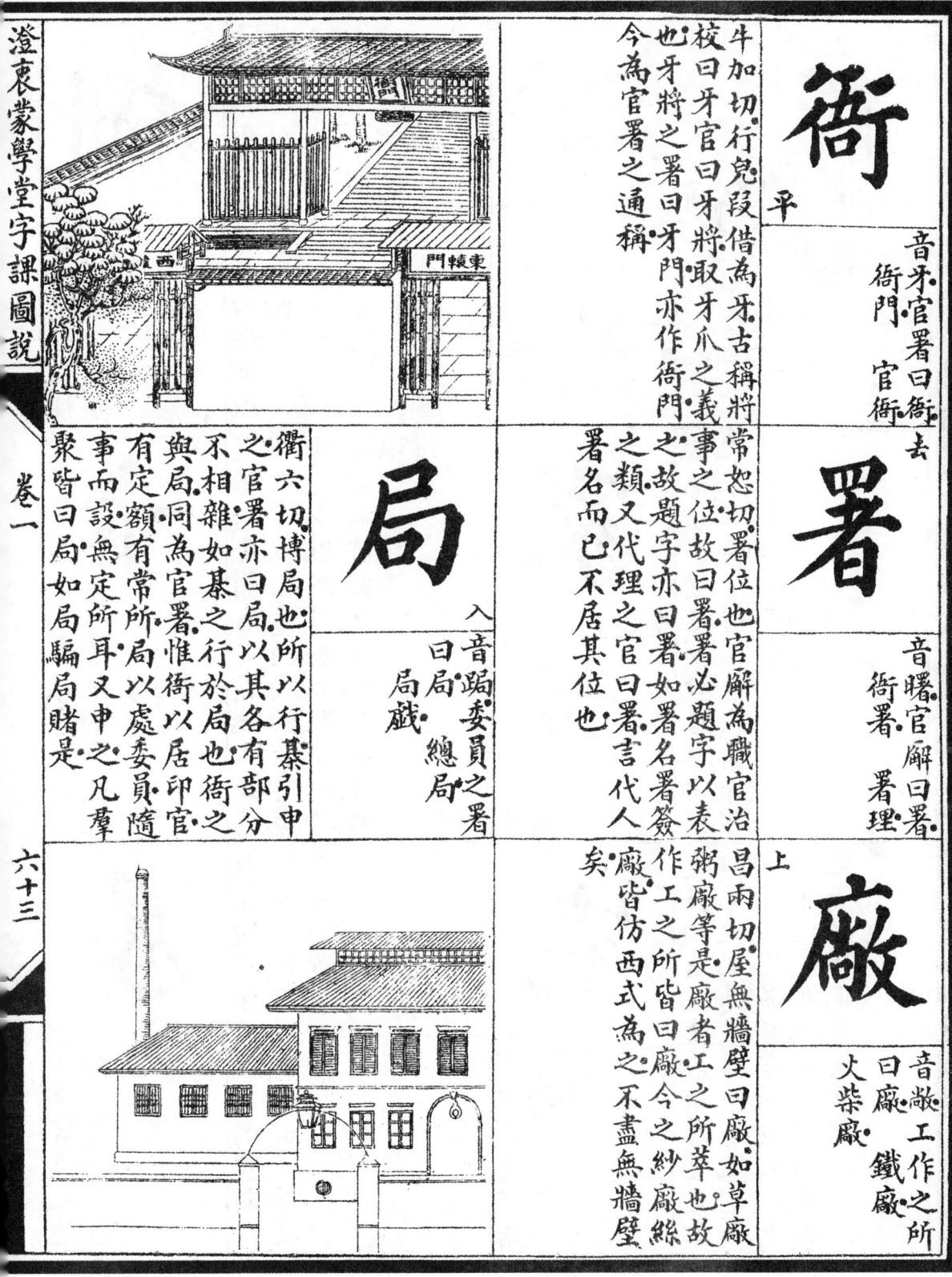

棚 入

音策。木垣曰棚。棚欄。木棚。

測革切。樹木而編之曰棚。所以代垣也。从木。冊象形也。

卡 入

音雜。守隘之兵房曰卡。關卡。釐卡。

從納切。凡關隘之處。設兵立塘。謂之守卡。今釐捐局抽收貨釐。皆就要隘處設局。派巡丁以稽察之。故亦謂之卡。俗呼若克矮切。

家 平

音加。一門之內謂之家。家中。人家。

古牙切。戶牖之間曰扆。其內謂之家。又婦人謂夫曰家。叚借為姑。大家。女子之尊稱。

屋 入

音沃。宮室之總名。夏屋。屋梁。

烏谷切。室也。尸象屋形。至謂人所至止也。叚借為幄。故天子之車幄曰黃屋。

宅 入

音澤。安其所居曰宅。住宅。宅門。

直格切。居也。生前所居之宅。如田宅之宅。是生後所居之宅。如宅兆之宅。是皆居而安之之意。引申之。凡安其所者皆曰宅。如宅南郊。使宅百揆之類。

堂 平

音唐。正室曰堂。
大堂　堂皇

徒郎切。古者營室。自半以前謂之堂。半以後謂之室。無上下皆稱之。秦以後始稱天子之堂曰殿。

軒 平

音掀。堂之穹檐曰軒。高軒。
軒窗

虛言切。車之曲輈有藩蔽者曰軒。引申之。車前高亦曰軒。凡殿堂前檐承以曲椽穹而無梁者。其形類車軒。故亦名軒。軒皆前高。前高則爽。故又申為軒爽軒豁之軒。

室 入

音失。堂後曰室。
室家　正室

式質切。宮也。堂之後一架以牆間之。中曰室。左右曰房。房左右曰東西夾。室亦曰翼室。正室為嫡妻所居。故夫以妻為室。未嫁之女曰室女。謂在母室之女也。

房 平

音防。正室之兩旁曰房。洋房
房官

符方切。室在旁者也。嫡妻所居為正室。其旁謂之房。俗稱妾曰偏房。義本於此。房所以閑藏也。故蜂巢曰蜂房。花跗含子之處曰花房。盛箭之壺亦曰房。

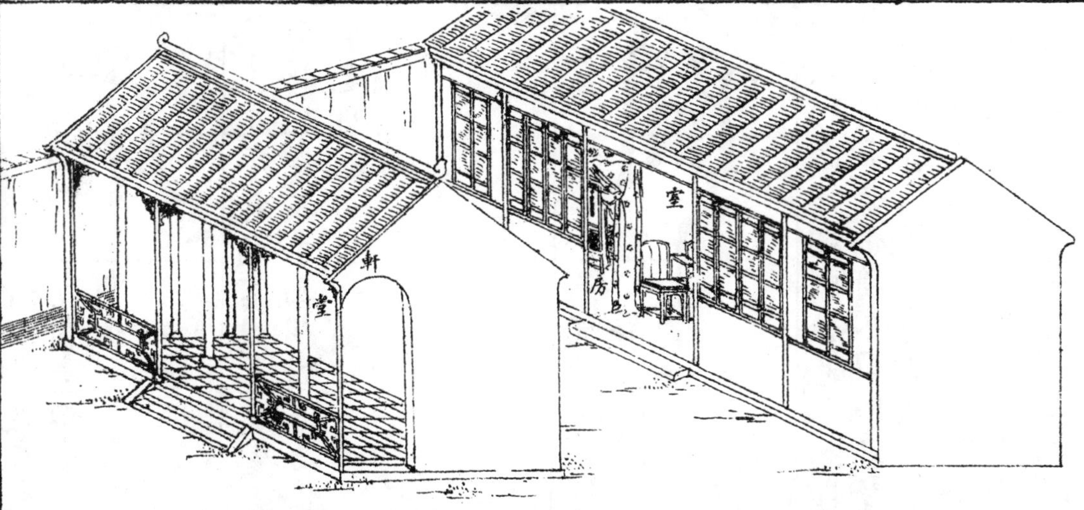

闈 平

音韋。宮中小門謂之闈。 庭闈 棘闈

于非切。宮中長巷之門曰闈。今稱科場曰闈以其長巷相屬。如宮之闈也。

幕 入

音莫。帷在上者曰幕。 帳幕 幕府

末各切。幕覆也。覆物曰幕。所覆之物即曰幕。幕行帳也。軍中以帳為府曰幕府。賓之處於幕者即曰幕賓。叚借為漠。如度幕絕幕是。又叚為漫。如錢背曰幕是。

廂 平

音箱。堂之在夾室前者曰廂。 廂房

息良切。序也。廂當東西夾室之前。形如堂而東西相對。退居俟事之所也。

樞 平

音姝。門之直榦曰樞。 樞機 中樞

春朱切。圜心也。凡以規為圜。其兩點一切圜線一係圜心。線點四圍旋繞而心點不動。猶門可開闔而樞不移。眾星四面旋繞而北極之天樞不移也。引申之朝廷為行政之中樞。心為處事之中樞。皆有一定不可易之理。

閨 平

音邽。中門曰閨。 深閨 閨秀

涓畦切。宮中之門謂之闈。其小者謂之閨。閨謂上圜下方。特立如圭也。閨為中門。女位乎內。故稱婦女為閨閣。

閫 上

音悃。門中之柱曰閫。 閨閫 專閫

苦本切。亦作梱。門橜也。木之橫界於門下者為閾。亦曰切。直豎於門中者為閫。亦曰闑。閫門限也。凡橫者直者。皆所以限內外也。自其內言之則為閨閫之閫。兼內外以言之則為專閫之閫。

樓

平

音婁。重屋曰樓。酒樓。樓閣。

落侯切。樓古有二。曰複屋。曰重屋。複屋之樓不可居。爾雅謂狹而修曲者。是重屋之樓可居。與今制相同。中國之樓。一重再重而止。泰西之樓有高至八九重者。樓愈高則租值愈賤。

臺

平

音苔。觀四方而高者曰臺。洋臺。臺灣。

堂來切。築土堅高以便望遠者。謂之臺。今歐亞各國京中。皆有大天文臺。上置儀器遠鏡。為全國經綫之起點。我國之天文臺。在北京順天府。亦曰觀象臺。又輿臺。賤者之稱。

亭

平

音庭。停集行山之所曰亭。亭臺。郵亭。

特丁切。漢制十里一亭。所以停集行旅也。故遊宴可停集之所皆曰亭。

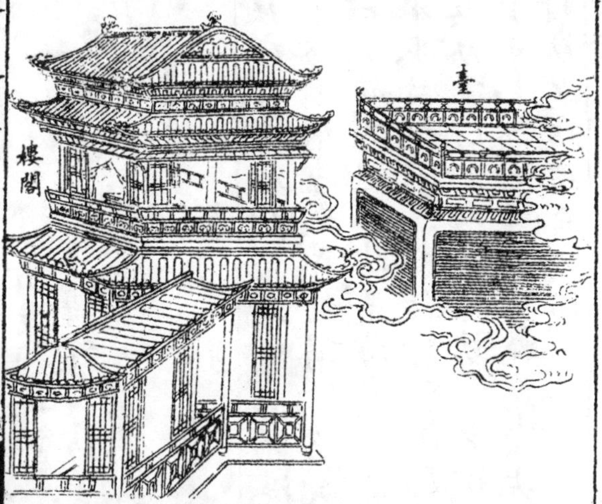

閣

入

音谷。層樓曰閣。樓閣。殿閣。

剛鶴切。止扉木也。以橜支門。使不自闔。其橜即謂之閣。閣止物使不行者也。故引申為庋閣之閣。又庋食物之所曰閣。閣支板也。故支板於室中。以成重屋者曰樓閣。支板於山腰。以通行人者。曰棧閣。

防 坊 平

音房。河隄曰防。 隄防。 防營。 音方。 節孝坊。

扶方切。障水也。亦即障水之隄也。防為水陸之界。故謂分界處曰防。如刈蘭為防。是防本以禦水患。故所以禦患者皆曰防。如兵防邊防是。又通作坊。表之坊。引申之為建坊之坊。轉為街坊村坊之坊。讀府良切。

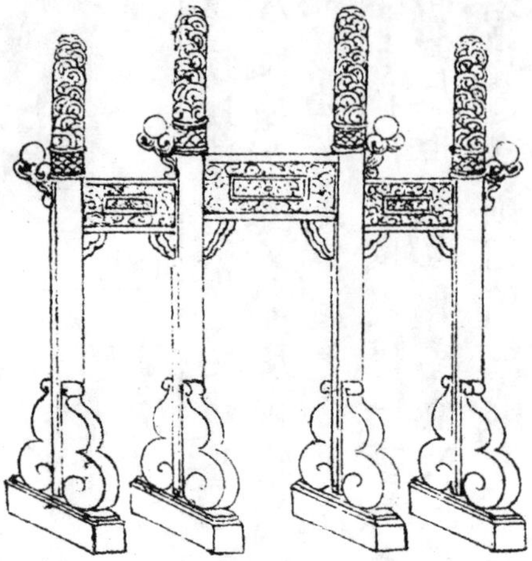

塔 入

音搨。佛寺之層樓曰塔。 寶塔。 塔燈。

托合切。西域浮屠也。構木為層樓。高自七級至十餘級不等。今沿江沿海築樓。然燈以指行船之方向者。謂之燈塔。以其高聳似塔也。

院 去

音瑗。室之有圍牆者曰院。 庭院。 部院。

于眷切。垣之四周者曰院。引申之。凡室之有周垣者皆曰院。官署必周其垣。故翰林院都察院亦名曰院。各省學政皆以院官為之。故學政曰學院。

寺 去

音嗣。官舍曰寺。僧舍亦曰寺。 卿寺。 佛寺。 閹寺。

祥吏切。篆从之止也。从寸。寺有法度也。言官曹所棲止治事之所。如今大理太常諸卿寺是也。漢明帝時求佛書於西域。至則館之鴻臚寺。為建精舍居之。即名曰寺。自是僧舍皆稱寺。假借為侍。如婦寺寺人是。

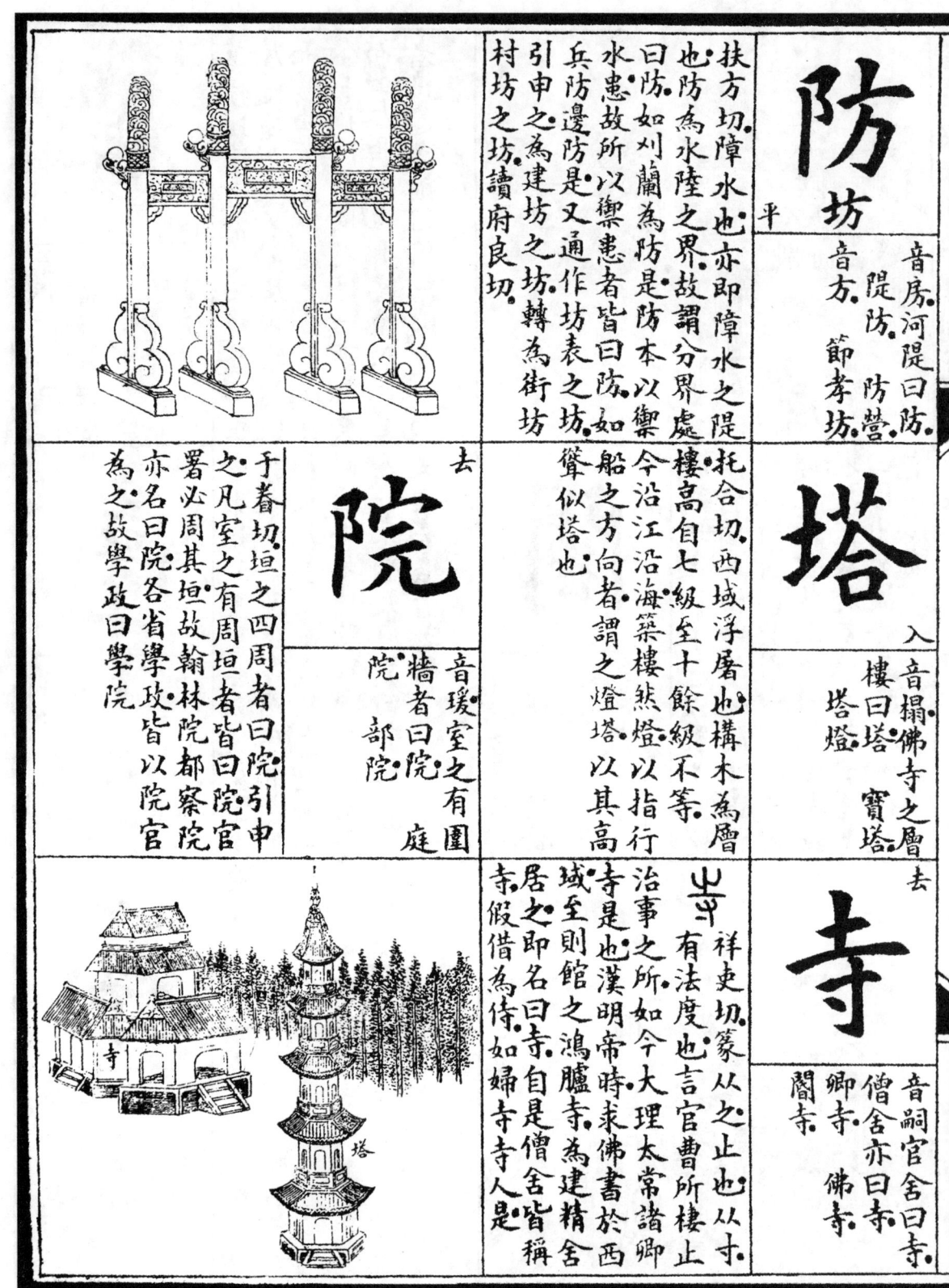

盦 庵 平

音湆。茅舍曰盦。
茅盦。　尼庵。

烏含切。通作庵。覆蓋也。引申之圜屋為盦。以其上有所覆也。今俗以奉佛之室曰庵。蓋叚庵以為名。非庵之必奉佛也。

廛 平

音纏。民居在邑曰廛。
市廛。　一廛。

呈延切。古者五畝之宅。二畝半在田。二畝半在邑。廛即在邑之二畝半也。故市中空地可居以畜藏貨物者亦曰廛。又市中邸舍之稅謂之廛布。古設廛人掌之。

廬 平

音閭。不常居之屋也。
廬山。　草廬。

力居切。寄舍也。春夏居之。秋冬則去。蓋構於田中。為耕作時所處也。引申之。候館曰廬。殿中直宿之處曰直廬。胡人之行帳曰旃廬。曰穹廬。皆以寄居不恒為義。

齋 平

債平聲。端居之室曰齋。
齋戒。　書齋。

側皆切。古作齋。齋者齊肅精神以事神也。今靜室曰齋。讀書之室亦曰齋。皆取齊肅之意。俗以蔬食為齋。飯僧之處曰齋堂。雖仍齋戒之名。實與古訓不合。

閭 平

音臚。里門曰閭。
鄉閭。　閭里。

力居切。周禮五家為比。五比為閭。閭二十五家。比即鄰。閭即里也。每里各設門以稽察非常。其門謂之閭。若今之柵門然。

鄰 平

音鄰。五家為鄰。 鄰舍。 比鄰。

力珍切。周禮五家為鄰。尚書大傳八家為鄰。居相鄰者必近。故引申謂近為鄰。鄰必相比。故相比相輔者皆曰鄰。

店 去

音墊。居貨待售之所曰店。 店鋪。 小店。

都念切。店置也。所以置貨鬻物也。店之類有四。懋遷有無引重致遠者曰行。代人買賣不事瑣售者曰號。居貨零售以逐什一者曰店。瑣屑販鬻不能居積者曰攤。統言之則皆店也。

棧 上

輚上聲。居積之所曰棧。 棧房。 棧道。

仕限切。棧馬之所聚也。引申之。凡人物所聚皆曰棧。故客舍曰客棧。藏貨之所曰貨棧。又閣板曰棧。凡山路高下不平處。支板為道。謂之棧道。今川陝之交。通衢數百里。皆棧道也。

寓 去

音遇。寄居曰寓。 客寓。 寓意。

牛具切。寄也。以物寄人曰寓。如寓書是。寄託之言曰寓。如寓言是。寄居於人曰寓。如寓公是。寄居之所曰寓。如旅寓是。獼猴之類。皆寄居木上。故謂之寓屬。

邸 上

音底。藩國在京之府第曰邸。 藩邸。 鄉邸。

典禮切。屬國舍也。漢制諸侯王及諸郡朝宿之館。在京師者謂之邸。段借為底。舍也。如客邸鄉邸之類。蓋皆以寄居為義也。

苑 上

音婉。天子之囿曰苑。南苑。苑門。

於阮切。苑者，中植林木，外環以垣，畜禽獸者也。漢有上林苑。後惟宮中之囿得稱之，謂之禁苑。今稱三海曰西苑，頤和園曰南苑。

囿 去

音右。蓄育鳥獸之所曰囿。園囿。靈囿。

爰救切。囿者，築牆為界域，而育禽獸於其中者也。有界域則不通廣，故謂識不通廣曰囿。

樊 平

音煩。鳥籠曰樊。樊籠。又籬也。樊籬。

附袁切。所以籠鳥者曰樊籠，所以屏蔽者曰樊籬，皆削竹為之，縱橫交互而疏者也。

籬 平

音離。編竹外蔽曰籬。竹籬。籬笆。

鄰溪切。籬，離也。編柴竹為之，疏而離離然也。

園 平

音袁。種樹之所曰園。 園地。名園。

于元切。樹果蓏之所曰圃。其樊曰園。因以樊之內為園。園多卉木。宜於游觀。因謂游觀之所有草木者為園。今制王貝勒之墓稱園寢。亦以內可游觀。如園然也。

圃 上

音補。種蔬菜之地曰圃。 老圃。場圃。

彼五切。場圃皆宅中隙地也。秋冬則築之為場。以便收穫。春夏則耕之為圃。以植果蓏。引申之凡隙地皆曰圃。如射圃是。又老於農圃者謂之老圃。

廁 去

颸去聲。圊溷曰廁。 坑廁。 廁列。

初寺切。廁行清也。段借為側。如踞廁之廁是。又段為次。如濫廁之廁是。

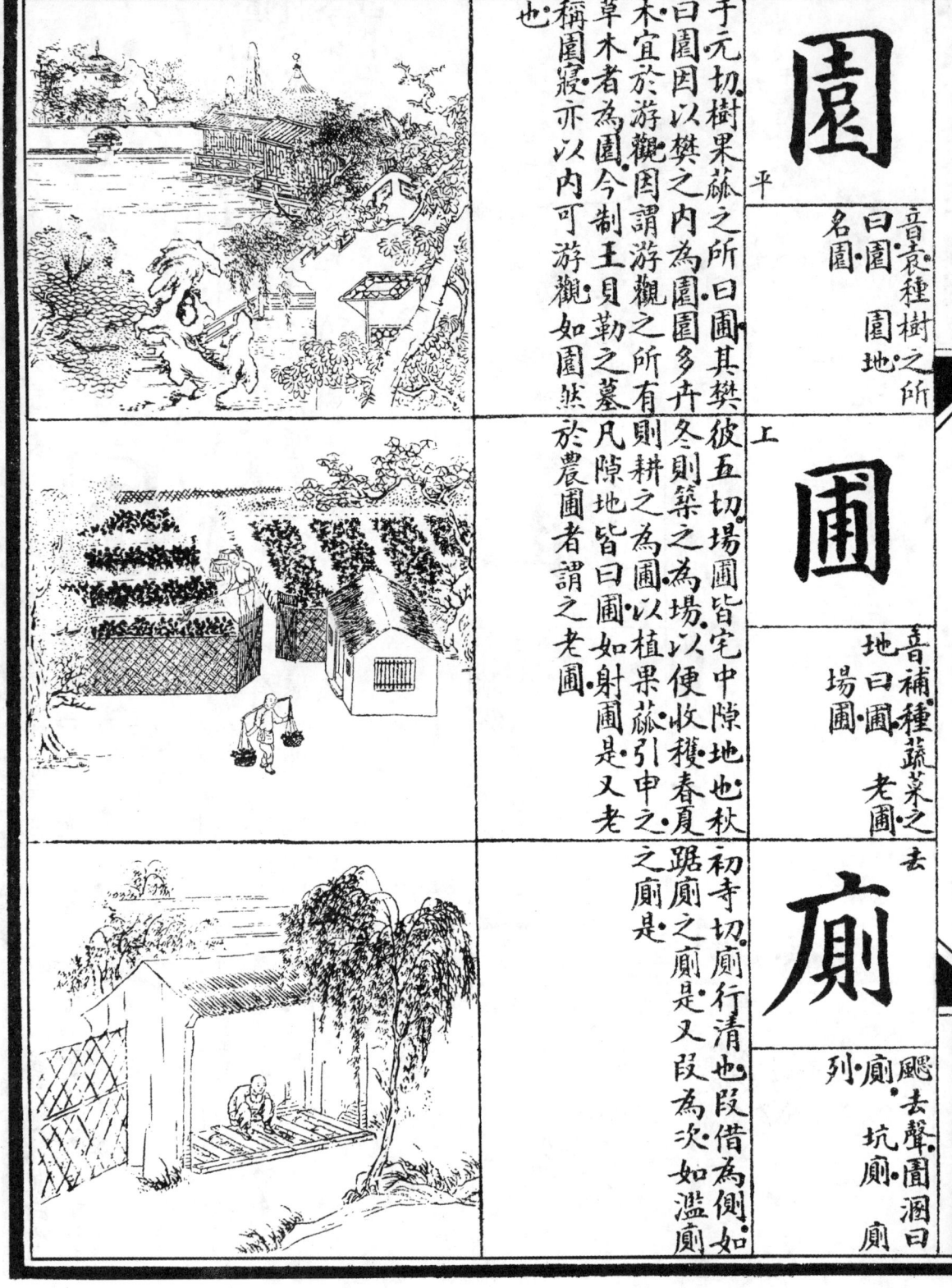

倉

平

音蒼。藏穀之所曰倉。倉場。倉猝。

七冈切。凡藏穀之所，圓者曰囷，方者曰倉。古者太倉亦曰神倉。今制有倉場侍郎二人，專司運務。計京倉十有三，通倉二。段借為蒼，義取刈穫貴速。凡藏穀於倉者，必蒼皇取而藏之，因引申為倉猝之倉。

廩

上

音凜。藏米之所曰廩。倉廩。廩生。

力甚切。米藏也。穀藏曰倉，米藏曰廩。專以藏米言之，則圓者曰囷，方者曰廩。引申之，以廩粟給人亦曰廩。 國朝定制，凡府縣學生員有歲給廩餼以供其膳者，謂之廩膳生。

廐

去

音救。馬舍曰廐。馬廐。

居又切。凡馬三乘為皁，三皁為繫，六繫為廐。一廐之馬二百一十六匹。六廐為校，此周制也。今上駟院有內廐一，在 紫禁城；內外廐六，在 南苑。設廐長、廐副以掌之。

庫

去

苦去聲。藏物之所曰庫。府庫。庫金。

苦故切。从車在广下，會意。謂藏兵車之處也。引申之，物之所藏皆曰庫。古以車庫、兵庫、祭庫、樂庫、宴庫為五庫。今京中以戶部三庫為最大，大臣主之。各直省以藩庫、道庫為最大，大使主之。

庖 平

音麅。廚屋曰庖。庖廚。

蒲交切。通作包。太昊包犧亦作庖犧。庖廚也。古者惟夫婦同庖。今稱代理者曰代庖。說本莊子。

廚 平

音躕。治膳之所曰廚。衣廚。廚房。

直株切。庖屋也。廚以養人為義。故能養人者皆曰廚。如東漢八廚是。段借為書廚之廚。又為帷廚之廚。俗作橱。亦作幮。

屏 上 平

音萍。所以為外蔽者曰屏。屏風。屏藩。音幷。屏擯而棄之也。

蒲明切。古者凡門皆有屏。所以自障。示不極人之敬也。爾雅屏謂之樹。謂小牆當門中也。亦曰蕭牆。今所謂照牆者是。屏為外蔽。故謂諸侯曰屏藩。引申之蔽之即曰屏。又段借為屏除之屏。讀必郢切。

竈 去

音躁。所以炊者曰竈。竈神。爐竈。

則到切。炊穴也。窹謂之竈。其脣謂之陘。其窻謂之突。突下謂之甄。訓以俗言。陘竈面也。突煙囪也。亦作煙通。甄竈肚也。竈為五祀之一。夏所祭也。引申之。所以炊物者皆得曰竈。故軍中埋鍋炊飯處亦曰竈。

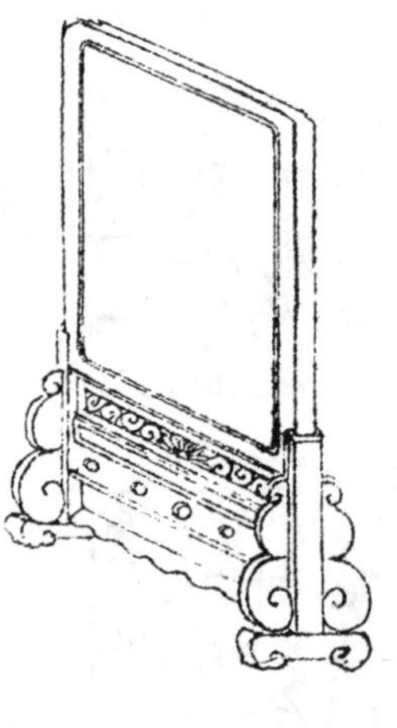

門

平

音捫。人所由出入者曰門。　大門　門口

莫奔切。戶也。象二戶相對之形。一扇為戶。兩扇為門。又在內為戶。在外為門。引申之。守門亦曰門。門者人所從入也。故學問之初步曰門。如禮門道義之門是。

戶

上

音祜。半門曰戶。　花戶　戶口

後五切。門之半也。象形。凡門一扉曰戶。兩扉曰門。室之口曰戶。堂之口曰門。在內曰戶。在外曰門。家必有戶。故計家者以戶。今之戶部。司戶口之籍者也。

窗　牕

平

音牕。屋之旁穴曰窗。　天窗　窗格

楚江切。孔之在牆者曰牖。在屋者曰窗。本作囪。通作牕。廣雅。窹謂之竈。其窗謂之堗。堗即今煙囪是。

牖

上

音酉。穿壁受光之處曰牖。　戶牖　牖上

以久切。牖。旁窗也。穿壁而交木為窗也。凡室南鄉。牖西戶東。其北皆墉也。牖所以助明。故啟迪亦曰牖。如天之牖民是。

閱

入

音悅。省視曰閱。　閱卷　閱歷

魚厥切。閱。具數也。簡數車徒謂之大閱。歷數見聞謂之閱歷。折閱之閱。謂歷數所缺折也。伐閱之閱。謂有積日可數也。引申為閱看之閱。亦謂所見者歷歷可數也。要皆以具數為義。又桷直而遂謂之閱。

椽 平

音傳。所以載屋瓦者曰椽。 椽子。 椽筆。

直彎切。榱也。桷也。齊魯謂之桷。周謂之榱。榱之方者曰桷。圓者曰椽。

棟 去

音凍。屋之正梁曰棟。 棟宇。 梁棟。

多貢切。屋之大材。東西者曰棟。南北者曰樑。上下者曰楹。次棟一架前後皆曰楣。次楣一架前後皆曰庪。

楣 平

音眉。門上橫梁曰楣。 門楣。

武悲切。秦名屋邊聯曰楣。楣眉也。近在門前。若面之有眉也。

檐 平 簷

音鹽。所以承溜者曰檐。 屋檐。 檐牙。

移廉切。俗作簷。檐接也。所以接屋之前後也。爾雅檐謂之樀。今俗謂之滴水。

梯 平

體平聲。木階曰梯。 雲梯。 梯山。

天黎切。以木為階也。階梯皆人所踐以登降者。惟階卑而中實。梯高而旁虛。故階為實踐之梯。梯即空中之階也。引申為亂梯。梯榮之梯。則猶階之為禍階。階寵也。

楹 平

音盈。柱也。兩楹。楹聯。

餘輕切。堂之柱曰楹。引申之凡植立之木皆得曰楹。如楹鼓之楹是。

柱 上

除上聲。直立之木曰柱。中柱。豎柱。

直主切。楹也。引申之凡直立者皆曰柱。如河中之山曰底柱。箏之支絃者曰箏柱。皆以其形直立如柱也。楚官有柱國。則取柱石國家之意。

垣 平

音爰。牆之低者曰垣。垣墉。周垣。

于元切。牆也。卑曰垣。高曰牆。

牆 平

音嬙。壁之堅厚者曰牆。高牆。牆屋。

才良切。牆从嗇。以愛嗇自護爲義。故護都邑者曰城牆。護室家者曰垣牆。俗謂甓磚爲壁。複壁爲牆。皆內壁而外牆也。

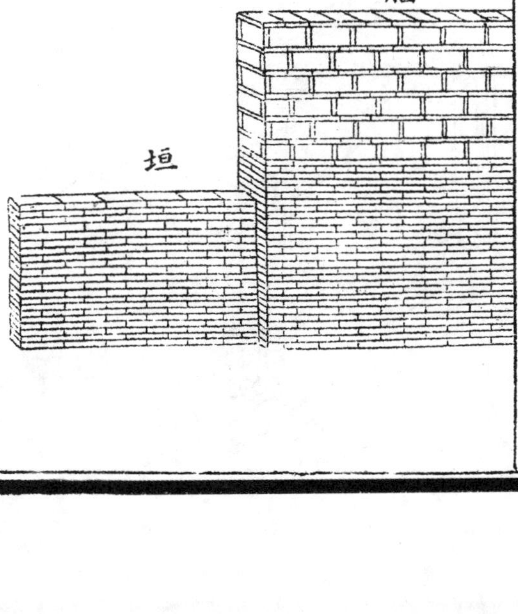

闌 欄 平

音蘭。不使踰閑曰闌。闌干。

洛干切。門遮也。牛馬之圈曰闌。謂遮闌之不使出也。通作欄。干之欄。欄多卍字形。取卍遮之義。故飲酒半罷曰酒闌。夜漏過半曰更闌。又叚借為闗。無符傳而入曰闌。

檻 上

音艦。欄之有櫺者曰檻。曲檻。檻杴。

胡黯切。檻以木為之。縱列作疏櫺。凡囚罪人者曰檻車。馴猛獸者曰欄檻。飾軒陛者曰檻。楯制各不同。其為檻則一也。俗謂門上下之縻曰戶檻。

庭 平

音亭。堂寢正室曰庭。中庭。庭階。

唐丁切。廳之本字也。叚借為廷。乃訓為堂前地。古謂藩國不朝曰不庭。朝廷義同。通叚也。

砌 去

音妻去聲。階石曰砌。玉砌。砌牆。

七計切。阤也。階甃曰砌。引申之。甃階亦曰砌。今稱積累而成者曰堆砌。堆以雜疊言。砌則審曲面埶。使互相吻合也。

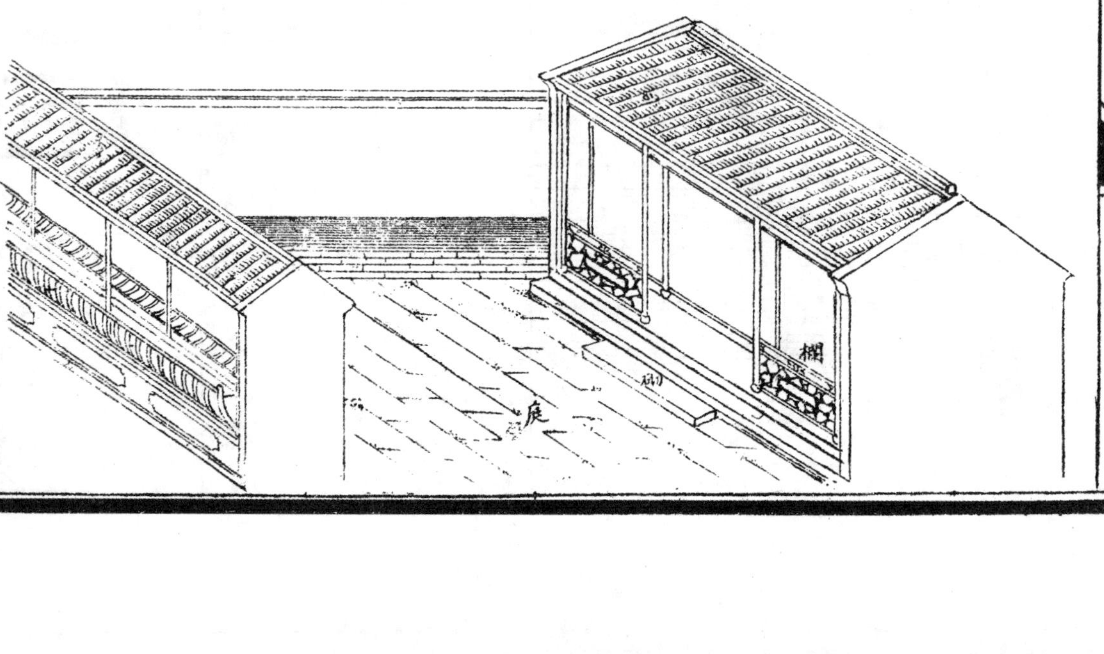

基 平

音朞。築牆之址曰基。宅基。基址。

居之切。牆始也。築牆必固其基。故基為築牆之始。引申之凡事業之最初者皆曰基。

址 上

音止。基也。住址。

渚市切。址者止也。山足曰址。屋之四周曰四址。皆就其基之所止言之也。

座 去

音坐。人所坐之處曰座。上座。座師。

徂臥切。本作坐。坐具也。今稱尊者之位曰座。如御座。寶座。及八座。座師之類。

庇 去

比去聲。愛護曰庇。庇蔭。包庇。

必至切。蔭也。覆也。德澤及人而蒙其利謂之庇。引申之市惠而隱覆其惡亦謂之庇。

居 平

音車。安處曰居。所居之處即曰居。居家。新居。

斤魚切。居古作凥。踞之本字也。故居亦訓坐。如居吾語女是。引申為居處之居。因謂所居之處為居。居則有斂藏之意。故又申為居積居貨之居。叚借為倨。居然謂傲然居之也。又語助詞。誰居。疑問辭也。

間 去 上 平

音諫。間隙。
音蕑。中間。
音簡。反間。
音閑。間居。
通作閒。

居晏切。隙也。有隙則物不連屬。故為間斷之間。居閑切。隙必在兩物之間。故為中間之間。孤限切。物有隙則相離。故使人相離曰讒間。用兵者必乘隙而動。故伺人之隙者曰間諜。何艱切。暇也。事之隙也。如農隙是。

開 平

音俙。闢門曰開。
開端。 大開。

苦哀切。開與闢與啟同義。析言之。開所未開謂之闢。開其已開謂之啟。各有一義。而開實兼之。開本謂啟門。引申之凡有所啟發皆曰開。

闢 入

音擗。創開曰闢。
闢土。 闢佛。

毗亦切。開所未開曰闢。開所不易開亦曰闢。闢必有所除。故屏除亦謂之闢。如闢佛之闢是。

閉 去

音變。闔門曰閉。
關閉。 閉戶。

必計切。从門才。所以距門也。門閉則塞。引申為閉塞之閉。又申之。物之閉者曰閉。如竹閉之閉是。所以閉者曰閉。如月令修鍵閉之閉是。

閑 平

音間。所以制物之出入者曰閑。
天閑。 防閑。

何艱切。闌也。从門中有木。養馬之所也。天子之馬六種。為十二閑。閑所以防出入。故梐枑曰閑。引申為防閑之閑。段借為嫻。安靜曰幽閑。習慣曰閑熟。皆嫻之通段也。

隙 入

音綌。壁間之孔曰隙。
穴隙。 嫌隙。

乞逆切。裂穴也。物有隙則相離。故意不相合曰有隙。隙處必空。故地之空者曰隙地。時之空者曰農隙。亦作郤。窾也。隙郤窾義同聲轉也。

巢 平

音鄛。鳥止宿之處曰巢。
窠巢。 鵲巢。

鋤交切。鳥在木上曰巢。在穴曰窠。巢鳥獸之所乳也。鳥獸不皆有巢。惟將乳必營巢。引申之。盜賊匿聚之藪曰巢穴。

禮

上

音蠡。本恭敬而節文之曰禮。送禮。禮拜。

良以切。禮有五經。莫重於祭。故从示豊聲。經傳所載儀禮周禮禮記合稱之為三禮。吉凶軍賓嘉為五禮。昏冠喪祭鄉相見為六禮。又昏禮以納采問名納吉納徵請期親迎為六禮。今官制有禮部。掌邦國之禮事。

制

去

音製。成法曰制。制度。節制。

征例切。制。裁斷也。人君裁斷事物之言曰制詔。裁斷而定為法者曰制度。引申之以制制人即曰制。如節制禁制是也。又凡喪服必有定制。故俗稱居三年之喪者曰守制。

政

去

音正。所以正人者曰政。郵政局。政事。

之盛切。政者正也。正國者曰國政。正家者曰家政。引申之。凡上所施於下者。皆謂之政。故雖弊政虐政。亦以政稱。

教

去　平

音轎。訓人曰教。所以訓人者亦曰教。儒教。教化。音交。使也。

居效切。上施於下使效之也。教所以教民。儒者以聖賢之道教民。謂之儒教。合釋道二教稱三教。西教之著者。曰回教。曰耶穌教。耶穌教又有天主耶穌之別。居肴切。

程

平

音呈。定式曰程。程式。路程。

馳貞切。古者十髮為程。十程為寸。程度之所起也。故轉為程度章程之程。又轉為工程之程。言限之以程度也。

紀

上

音己。綜理萬事曰紀。倫紀。年紀。

居里切。羣絲之總曰紀。凡理絲必由其總。故理絲亦曰紀。引申之為綱紀。經紀之紀。又十二年為一紀。西歷以百年為一世紀。自光緒二十六年。即西歷一千九百年。始為二十世紀。

綱 平

音岡。事之要領曰綱。 紀綱。 綱領。

居昂切。綱之大繩也。凡張網者。提其綱則眾目皆舉。故謂事之小節曰目。事之大端曰綱。三綱謂君臣父子夫婦也。

治 去 平

音穉。不亂曰治。 國治。

音持。使之不亂曰治。 治國。

直意切。 陳之切。

統 去

音[illegible]。總領其事曰統。 統領。 一統。

他綜切。統絲之總也。凡統緒統系皆以總為義。引申之為統一。統觀皆以總之為義。 今歐洲稱民主之國君曰伯里璽天德。譯義即大總統也。

禁 去 平

今去聲。止人為非曰禁。 監禁。

音今。力所勝也。 不禁。

居蔭切。制人曰禁。如監禁禁止是。故天子所居曰宮禁。言禁人使不入也。 居吟切。

緒 上

音敘。事之端曰緒。 光緒。 頭緒。 心緒。

徐呂切。緒絲之端也。引申之凡事之始皆曰緒。尋究其事之始亦曰緒。

詔 去

音照。上所以告下者曰詔。 恩詔。 詔令。

之笑切。詔本君民通用。秦漢以下。專稱天子之令為詔。今明發者曰 上諭。寄密諭者曰密 旨。電諭者曰電 旨。無非詔也。各督撫奉 詔而榜於外者曰謄黃。

去

諭

音裕。曉也。又曉之也。　未諭。　譬諭。

俞戍切。明其理曰諭。曉之以理亦曰諭。上所以曉下者用之。故令稱詔書曰上諭。

去

命

鳴去聲。凡尊者之言曰命。　命令。　算命。

眉病切。命猶令也。在事曰令。在言曰命。故从口令。會意。轉為天命之命。俗以窮通夭壽為命。意本於此。

去

令

零去聲。必行之命曰令。　令旗。　縣令。

平

音零。使也。　使令。

力正切。君之令曰律令。天之令曰時令。令出惟行弗惟反。以其必出於善也。故假為令德令儀之令。因又假為邑令之令。　郎丁切。

去

示

音侍。與視曰示。　告示。　指示。

示　神至切。二古文上。天也。川三垂。日月星也。天垂象見吉凶。所以示人也。引申為曉示告示之示。　示古祇字。故祭祀等字皆从示。

去

奏

諏去聲。言事於天子曰奏。　奏章。　節奏。

則候切。奏進也。奏事奏功皆本此義。凡樂一更端曰奏。九奏乃終。謂之九成。言其樂進而益上也。

平

頒

音班。分布曰頒。　頒白。　頒行。

布還切。頭半白曰頒。言髮之黑白分也。引申之。凡分物皆曰頒。如頒賞頒行等皆是。

去 **賜**

思去聲。予物於卑者曰賜。 賞賜。 賜宴。

斯義切。

上 **賞**

音晌。賜有功者曰賞。 賞功。 刑賞。

始兩切。上所以報下之功也。

上 **賑**

音軫。以富救貧曰賑。 助賑。 賑捐。

止忍切。通作振。貧民不振。發倉廩以賑之。使之振動也。

平 **租**

祖平聲。取諸農者曰租。 收租。 租界。

宗蘇切。租借也。古者田皆在官。民借之於官以耕之。而出其什一以奉上。謂之租。推之。凡以物借人及借人之物。皆曰租。其借物之值亦即曰租。今通商口岸各國所租住者曰租界。

去 **稅**

音悅。取諸工商者曰稅。 完稅。 稅務司。

輸芮切。稅賦也。租專取諸農。稅則兼及農工商。後世有關稅。牙稅。契稅。及蘆課。鹽課。礦課之屬。皆謂之稅。而不及於農。

去 平 **漕**

曹去聲。輸粟也。水運曰漕。 漕運。 漕糧。 音曹。義同。

在到切。又昨勞切。車運穀曰轉。水運穀曰漕。漕運始自元明。導汶水北會漳衛。 本朝南鑿桃宿之道。開中運河。於是饟艘由淮浦徑取山東直達通州。故於通州設倉場總督。於淮浦設漕運總督。今海運盛而漕務簡矣。

帑 上 平

音黨。藏金幣之府曰帑。 國帑。 帑藏。 音奴與孥通。

他曩切。 又乃都切。

祭 去

音霽。陳牲祀神曰祭。 祭祀。 喪祭。

子例切。祀也。从示从手持肉會意。 古人飲食。每種各出少許。置之豆間之地曰祭。謂祭先代始爲飲食之人也。

祀 上

音似。祭也。 祭祀。 祀神。

詳子切。古者小祭五祀。月令謂門戶中霤竈行。呂覽謂戶竈中霤門井。王制謂司命中霤門行厲。 本朝定制。大祀以祭天地宗廟社稷。中祀以祭日月嶽瀆先師先農及歷代帝王。其餘皆曰羣祀。 又殷稱年曰祀。

禱 上

音倒。祈福於神曰禱。 禱告。 默禱。

都皓切。有求於神曰禱。引申之有求於人亦曰禱。

祝 去 入

音粥。以言告神曰祝。 祝文。 讀祝。 音晝。設誓於神前曰祝。 詛祝。

之六切。 職救切。同呪。

覲 去

音僅。諸侯入見天子曰覲。 入覲。 覲見。

巨吝切。覲之言勤。言其勤勞王事也。今召見外邦使臣曰覲見。

盟

平

音萌．約誓於神明曰盟．同盟．盟誓．

謨耕切．古者諸侯相結則有盟．盟必殺牲取血以告誓於神明．故篆文从明从血以會意．今各國訂約聯盟．但以畫押為信．而無歃血告神之事．

宴

去

音燕．會食曰宴．宴安．賜宴．

伊甸切．宴安也．君子以飲食宴樂．故因申為宴飲之宴．古作燕飲．亦作醼飲．

享 饗

上

音響．宴之示敬者曰享．燕享．享福．

許兩切．與饗通．祀神曰享．引申之．凡獻而不食者皆曰享．故宴有折俎．享則體薦．又受享於人亦曰享．

慶

去

卿去聲．吉事曰慶．賀人之吉事亦曰慶．喜慶．慶壽．

邱正切．慶者本吉事之通稱也．今專以壽人為慶．

賀

去

音侉．慶人之吉事曰賀．賀儀．朝賀．

胡箇切．

贄

去

音寘．所執以相見者曰贄．執贄．贄敬．

支義切．古者相見必執贄以為禮．男贄大者玉帛．小者禽鳥．女贄榛栗棗脩．古本作摯．从手執會意．

圭

珪 平

音閨。瑞玉也。圭璋。執珪。

涓畦切。與珪同。上圜下方。王者以封諸侯。故字从重土。公執桓圭。侯執信圭。伯執躬圭。凡聘問鄰國。必使大夫執以通信。又所以測日景者謂之土圭。以其形似圭也。 又量名。六十四黍為圭。故藥一劑為一刀圭。

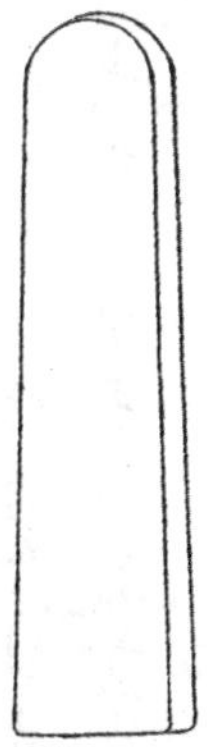

璽

上

音徙。天子之寶曰璽。玉璽。

想字切。印也。古者尊卑皆用之。秦漢而後。惟天子之印得稱璽。今謂之 御寶。貯於交泰殿者二十五。貯於盛京者十。內閣及內務府掌之。製皆以玉。間有以金或栴檀為之者。

鑾

平

音鸞。天子所乘車曰鑾。鑾駕。金鑾殿。

盧官切。人君乘車。四馬鑣。八鸞鈴。以象鸞鳥聲。和則敬也。 今掌護衛乘輿出入者曰鑾儀衛。

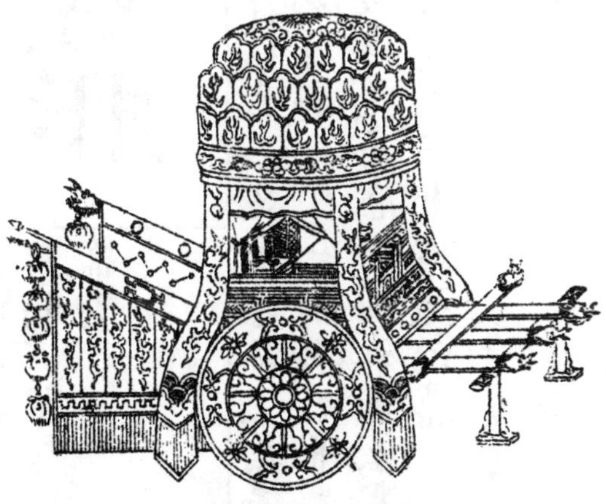

輦 上

音鄰。挽車曰輦。所挽之車即曰輦。 步輦 輦重。

力展切。从車从扶會意。扶並行也古者天子乘玉輦。故京邑曰輦轂之地。

蹕 入

音必。清道曰蹕。 駐蹕。

壁吉切。天子行則先警蹕。言警人使避也。

鼎 上

音頂。和五味之器也。 寶鼎 鼎足。

都挺切。鼎三足兩耳。故三相等謂之鼎足。 夏大禹收九州之金以鑄九鼎。歷世相承奉為寶器。故定天下者謂之定鼎。

彝 平

音姨。宗廟之常器曰彝。 鼎彝 彝倫。

延知切。彝即尊也。雞彝鳥彝斝彝黃彝虎彝蜼彝謂之六彝。彝為常器。故引申之訓為常。如秉彝彝訓等皆本此義。

筵 平

音延。竹席曰筵。 盛筵 筵席。

夷然切。凡席初在地者一重謂之筵。重在上者謂之席。一說陳之曰筵。坐之曰席。皆宴會所用故俗稱宴賓之饌曰酒筵。亦曰酒席。

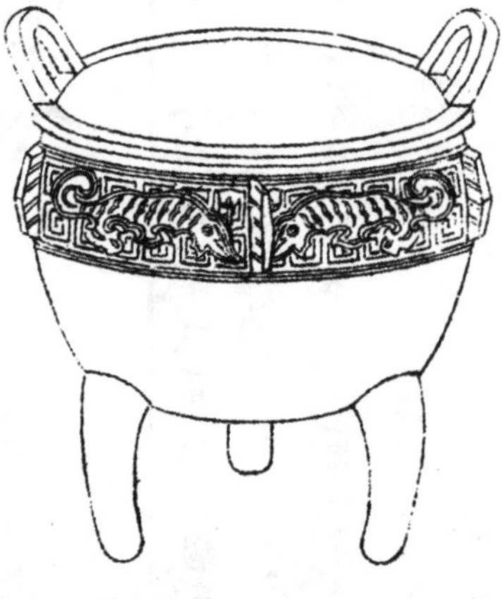

俎

上

莊所切。

音阻。祭祀載牲之器曰俎。鼎俎。俎豆。

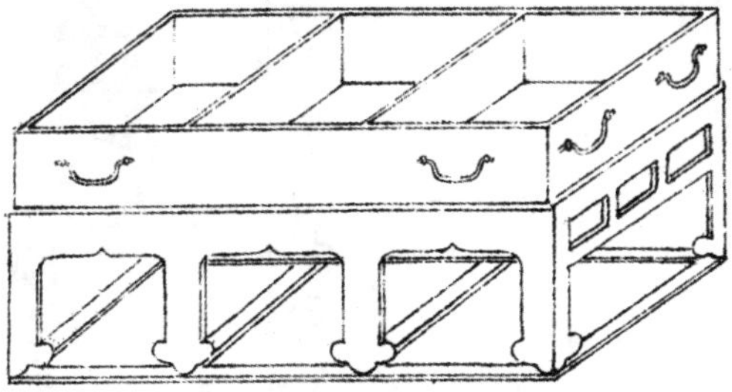

豆

去

音竇。盛肉之器也。俎豆。豆麥。

豆

大透切。象形。所以薦葅醢之器也。木豆謂之豆。竹豆謂之籩。瓦豆謂之登。又量名。十六黍為一豆。六豆為一銖。又菽也。今大豆小豆古皆謂之菽。藊豆古謂之戎菽。

籩

平

音邊。以竹為豆曰籩。籩豆。

卑眠切。籩。竹身。籐緣其口。形制如豆。用以盛棗栗脯脩之屬。

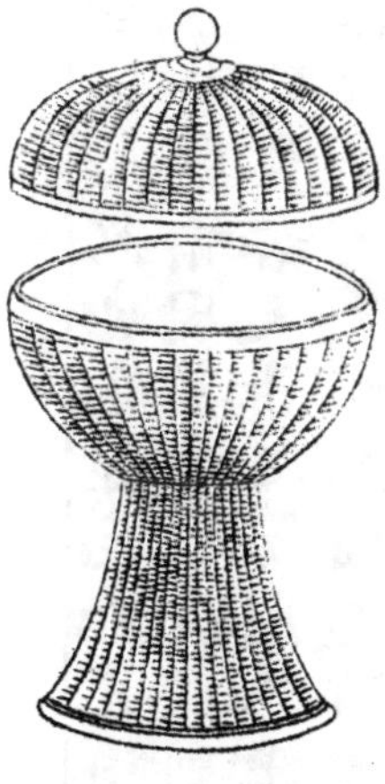

簠

上

音甫。盛黍稷之圜器也。　簠簋。

斐古切。外圜内方曰簠。容一斗二升。

簋

上

音晷。盛黍稷之方器也。

古委切。簋内圜外方。以木為之。容斗二升。

笏

入

音忽。臣執以見君者曰笏。　正笏。　笏板。

呼骨切。笏忽也。備忽忘也。凡有指畫於君前用笏。受命於君則書於笏。古者天子之笏用球玉。諸侯以象。大夫以魚須文竹。士以竹本。長二尺有六寸。明制。四品以上用象。五品以下用木而飾以粉。

去 **樂** 入

音學。五聲八音之總名。作樂。音洛。喜樂也。歡樂。音效。喜樂之也。

逆角切。古者伶倫作樂。宮商角徵羽為五聲。金石絲竹匏土革木為八音。和之則成樂。白象鼓。𢆶象鼙。木者虡也。此象形兼會意字。

歷各切。快意也。凡人聞樂必快。故引申為哀樂之樂。

又魚教切

鐘 平

音鐘。金樂也。鐘鼓。黃鐘。自鳴鐘。

諸容切。鐘埀所作。中空受氣多。故其聲大。大鐘曰鏞。次曰鎛。小者曰編鐘。鐘者動也。言陽氣發於黃泉之下。動養萬物也。故鐘為音之君。十二律之首曰黃鐘。

自鳴鐘創自西人。用以報時。假鐘為名。

鐸 入

度入聲。所以宣教令者。木鐸。金鐸。

達各切。古者將有新令。必奮鐸。以徇。金鐸金舌。武事用之。木鐸木舌。文教用之。故今稱學官為秉鐸。稱西教中牧師為司鐸。

又簷前鐵馬曰風鐸。

上 **呂**

音旅。陽律為律。陰律為呂。律呂。

兩舉切。說文。膂骨也。象形。即膂字之古文。呂象顆顆相承。中象其系聯也。

假借為律呂之呂。大呂夾鐘中呂林鐘南呂應鐘為六陰律。即名六呂。

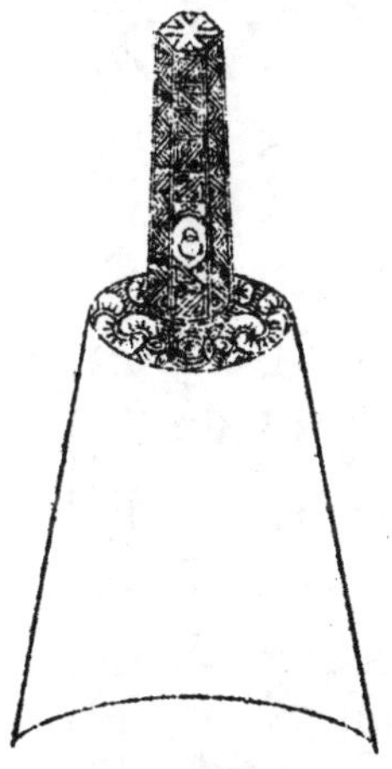

鑼 平

音羅。所以警衆者曰鑼。 鳴鑼 鑼鼓

郎何切。鑼以銅爲之。形如盆。大者聲揚。小者聲殺。鳴之以爲鼓節。古者行軍以鼓進。以鉦退。今代鉦以鑼。凡夜禁及有急事。亦皆用之。以警衆也。

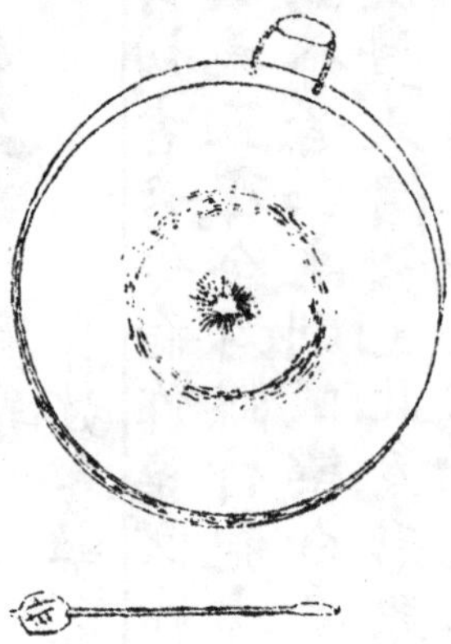

磬 去

音罄。石樂也。 縣磬 擊磬

詰定切。黃帝臣伶倫作磬。叔作縣磬。股廣三寸。長尺三寸半。一簴十六磬者。謂之編磬。磬之言勁。用以控制衆樂者也。引申之爲磬控之磬。

琴 平

音黔。絲屬之樂器也。有五弦。有七弦。 琴聲 洋琴

渠金切。神農始削桐爲琴。澗越練朱五弦。周時加二弦。琴之言禁。所以禁止淫邪。正人心者也。故古樂以琴瑟爲尊。今泰西多以鼓琴歌詩教小兒。洋琴分四十九牌。五十六牌不等。

瑟

入

音縷。絲屬之樂器也。二十五弦。鼓瑟。瑟瑟。

色櫛切。伏羲所作。亦練朱弦。本五十弦。黃帝始改為二十五弦。瑟之言肅。所以懲忿窒欲。正人之德也。故引申為矜莊嚴密之詞。又能使人精潔其心。故引申為鮮潔之貌。

琶

平

音爬。弦樂之用於馬上者曰琵琶。銅琶。

蒲巴切。漢時裁箏筑為馬上之樂。以遺烏孫公主。其器中虛外實。盤圓柄直。十二柱四弦。以俗語名之曰琵琶。自下逆鼓為琵。自上順鼓為琶。言以手推引之也。本謂之批把。

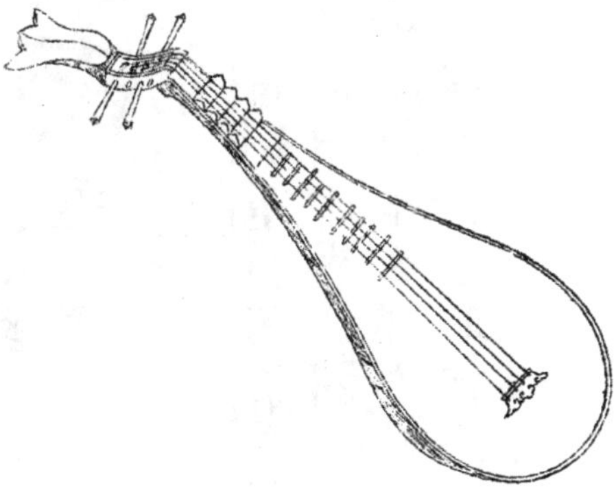

箏

平

音爭。張弦而竹身者為箏。彈箏。風箏。

甾耕切。箏瑟類。秦聲也。秦俗薄惡。有父子爭瑟者。各入其半。當時名為箏。後蒙恬因之以造箏。本十二弦。今則十三。今小兒玩具。駕弦於紙鳶上。放之空中。謂之風箏。以其音似箏也。

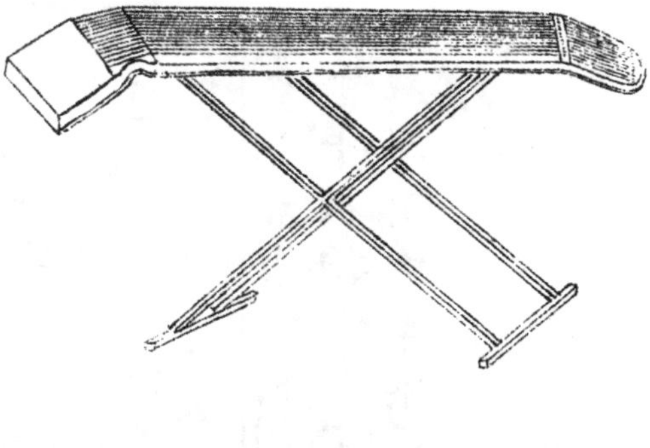

簫

平

音蕭。簫之大者二十四管，小者十二管，編竹為之。笙簫。吹簫。

先彫切。虞舜所作，其形參差，象鳳翼。大者長尺四寸，無底而善應。小者長二寸，有底而交鳴。簫之言肅，其聲肅肅而清也。漢時有洞簫，今無其器，近所用者，一管若笛而縱吹之，古所謂豎笛也。

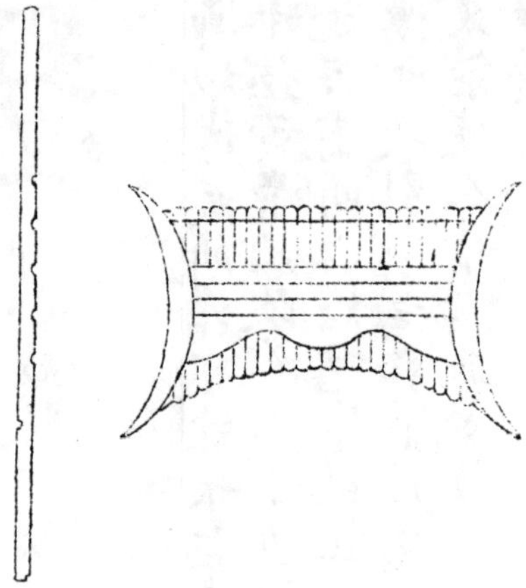

笛

篴　入

音狄。管樂而七孔者。雅笛。羌笛。

杜歷切。笛制有雅笛，有羌笛。雅笛七孔，古謂之管，亦謂之篴。篴者，逐也，所以驅逐邪志，納之雅正也。羌笛四孔，漢時京房加一孔。

笳

平

音嘉。軍中之樂。胡笳。

居牙切。笳創於胡，故自古稱胡笳。大者似觱栗，十八拍；小者十九拍。末拍為契聲，用為軍樂之節奏。

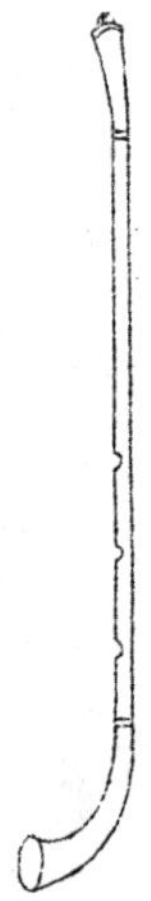

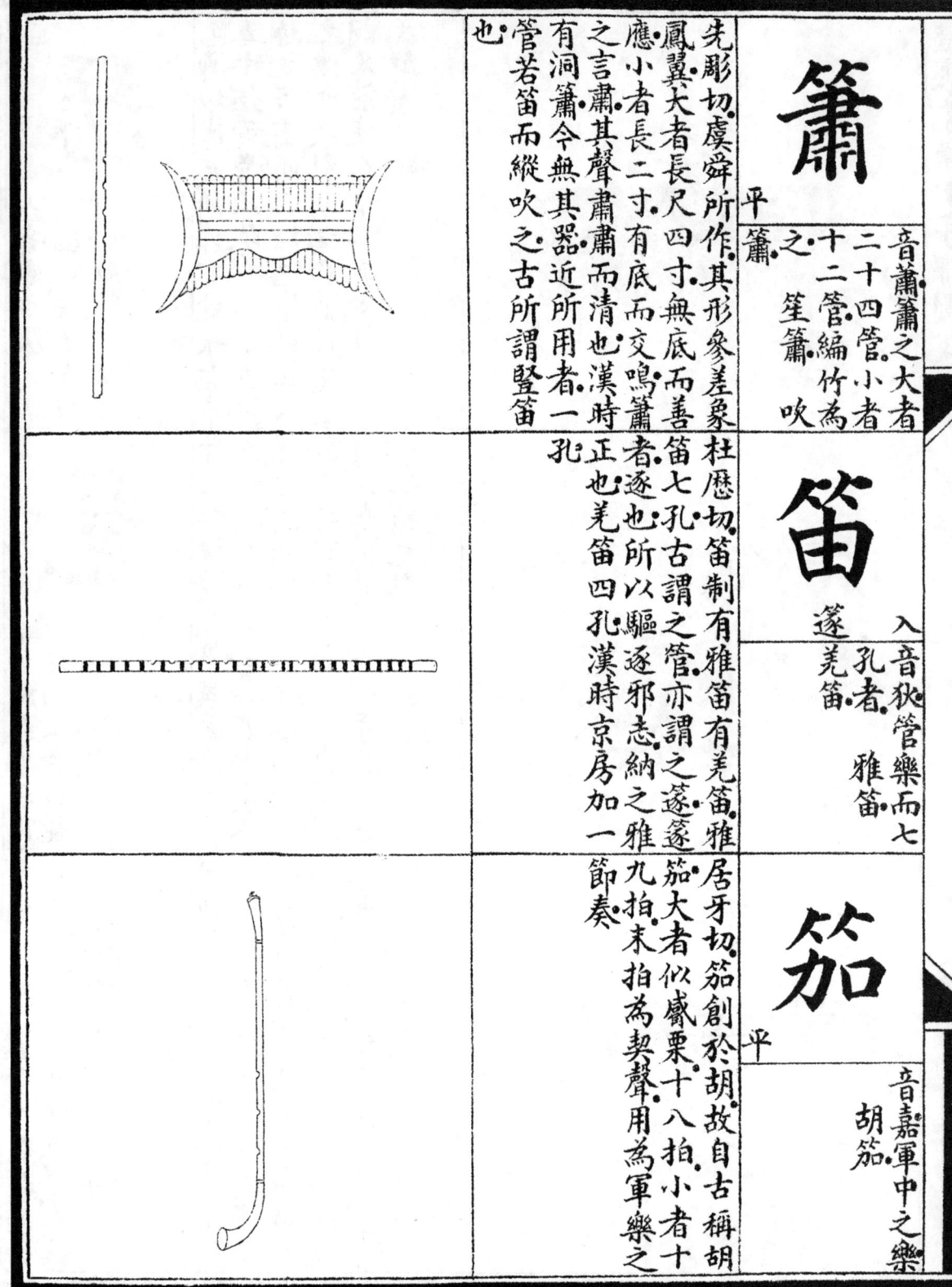

竽

平

音于。管樂三十六簧者為竽。

竽笙。 濫竽。

雲俱切。女媧氏使隨裁匏竹以為竽。其形參差象鳥翼。列管匏中。施簧管端。乃笙類也。竽唱則衆樂皆和。故竽為五聲之長。

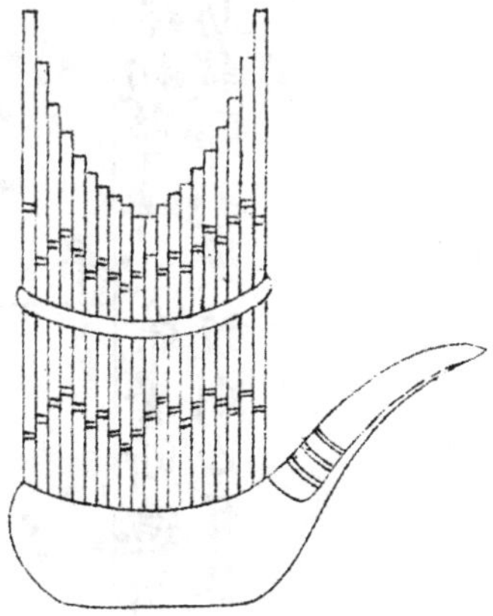

笙

平

音笙。管樂十三簧者為笙。

笙簧。

所庚切。笙亦隨所造。十三簧象鳳之身。大者十九簧。竽之宮管在中央。笙則宮管在左旁。 笙竽本匏樂。後世或以木代匏而漆之。

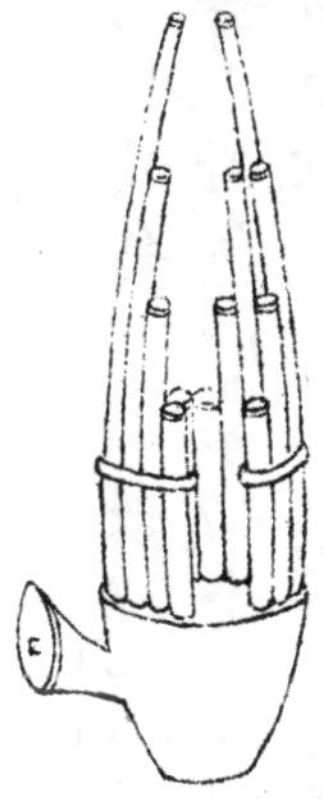

鼓

上

音古。革音之樂。

鼓鐘 擊鼓。

果五切。鼓以革為面。伊耆氏所造。夏加四足曰足鼓。商貫以柱曰楹鼓。周縣而擊之曰縣鼓。古者鼓以進衆。故引申為鼓勵鼓動之鼓。 又擊鼓亦曰鼓。推之為凡攷擊之稱。

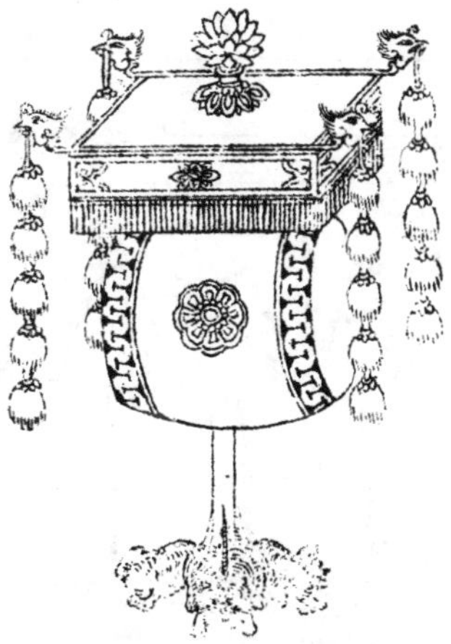

鼙 平

音啤。小鼓曰鼙。鼓鼙。

駢迷切。鼙，裨也。帝嚳所造，所以裨助鼓節也。故鼓側必有鼙。

舞 上

音武。所以助樂之容者為舞。歌舞。舞蹈。

罔古切。凡舞有羽舞、皇舞、旄舞、干舞、人舞。舞以象功，今之演劇即其遺意。凡人樂極而發揚蹈厲者謂之舞蹈，以其差類舞容也。舞有掉弄之象，故引申為舞文舞弊之舞。

韶 平

音潮。舜樂名。韶樂。韶秀。

市招切。虞舜之樂曰韶。韶之言紹，言舜能紹堯之德也。韶為盡美盡善之樂，故韶秀、韶華等皆以美為義。

佾 入

音逸。舞之行列曰佾。八佾。佾生。

弋質切。古作肖，从背省从八會意。舞者用足相背。八，人數也。後乃加人旁為佾。凡舞以八人為一行。天子用八，諸侯用六，大夫四，士二。舞者所以節八音而行八風，故自八以下也。今佾舞生亦稱佾生，司丁祭之舞事。

刑

平

音形。所以懲惡者曰刑。 五刑。 刑罰。

奚經切。法也。正也。言法所以正人也。古之五刑。墨劓宮刖殺。今之五刑。斬絞流徒杖。引申為刑人之刑。假借為典刑之刑。

例

去

音厲。以類相推謂之例。 律例。 例案。

力制切。以此比彼曰例。引申為律例凡例之例。

寃

平

音鴛。有屈未伸謂之寃。 伸寃。 寃枉。

於袁切。屈也。从兔从冖。兔在冖下益屈折也。引申為枉屈未申之義。古者窮民寃抑不達於上。則登肺石而呼之。今之愬寃者。於道為攔輿。於署為擊鼓。於闕為叩閽。

理

上

音里。公是公非謂之理。辨其公是公非亦謂之理。 道理。 理事。

良以切。治玉也。玉人順玉之文而剖析之。使之有條不紊也。故凡有條不紊者。皆曰理。如倫理文理是。使之有條不紊。亦曰理。如理財理事是。今官制理刑之司曰大理寺。

懲

平

音澄。儆戒有罪曰懲。 痛懲。 懲惡。

持陵切。恐也。使罪人警恐而自新也。故引申為懲儆懲創之懲。

過

去 平

音戈。已往曰過。 經過。 戈去聲。 過失。

古禾切。越也。引申為經過之過。謂越乎道也。故又申為過失之過。讀古卧切。凡過之小者曰過。大者曰罪。

去

赦

音部。釋有過者曰赦。大赦。赦罪。

式夜切。赦舍也。舍其罪過也。古者幼弱老耄蠢愚非手殺人者皆赦。是謂三赦。猶今時律令年未滿八歲及八十歲以上。非手殺人者皆不坐是也。今　國家有慶典則有大赦。

去

宥

音又。寬有罪曰宥。宥過。原宥。

于救切。釋其罪曰赦。寬其罰曰宥。古律不識過失遺忘皆寬其罰。是為三宥。猶今律不審而殺人。與誤刃而殺人。及間帷薄忘有在而投兵以中之。皆不坐死是。

去

捕

音步。索逃亡曰捕。巡捕房。捕快。

蒲故切。逐取之也。其人在而直取之曰逮。其人亡而索得之曰捕。今捕廳巡捕等。皆主索取盜賊之事。

上

犯

凡上聲。以邪干正。以卑干尊皆曰犯。冒犯。犯人。

防錽切。犯侵也。从犬㔾。言犬突然侵人也。引申為凡干陵違害之稱。故干上違令陵政害法皆曰犯。其犯之之人。即謂之犯人。

去

控

空去聲。操制之曰控。又訴有罪於官也。磬控。控告。

苦貢切。引也。匈奴名引弦為控弦。故引申為控制之控。又引其所欲言而赴訴於上。謂之上控。

去

究

音救。事之窮盡處曰究。窮盡其事亦曰究。　究竟。　查究。

居又切。窮盡也。引申為考究追究之究。

去

訟

音頌。爭辨曲直於官曰訟。　爭訟。　訟師。

似用切。爭也。爭以言者謂之訟。訟必决之於公。故从言从公。工於訟詞者曰訟師。中國懸為厲禁。泰西則擇精於律學者給以執照。使為民辨曲直。謂之律師。

去

判

音泮。分剖曲直曰判。　分判。　判斷。

普半切。判分也。从刀从半。言以刀分物使各半也。引申之凡分析事物皆曰判。故斷獄之詞謂之判。今官制有通判州判運判。皆以分任職事為名。

入

罰

音伐。所以代刑者曰罰。　刑罰。　賞罰。

房越切。从刀从詈。言持刀罵詈則應罰也。古者罰人或以金或以事。今西律亦然。

入

贖

音蜀。貿取所質謂之贖。　聽贖。　贖罪。

神蜀切。贖續也。續得其所質也。凡貿取所質之田產子女衣物皆曰贖。古者出金以贖罪謂之贖刑。今亦有收贖之律。

平

牢

音勞。牛羊閑也。　太牢。　監牢。

郎刀切。養牛羊豕之閑曰牢。象四圍周匝而中繫牛也。故其所養之牲即曰牢。如牛為太牢。羊豕為少牢。是假借為牢獄之牢。言人之拘於獄猶牲之拘於牢也。所以拘物者必堅固。故又轉為牢固之牢。

獄

入

音玉。拘繫罪人之所曰獄。大獄。獄訟。

虞欲切。獄爭也从犬从言會意。謂二犬相爭也引申之凡因爭而獲罪謂之獄所以拘獲罪者亦曰獄古者在朝曰獄在鄉亭曰犴。今則概以獄稱。

械

去

音邂。拘手足之具曰械。機械。器械。

胡介切。桎梏也械在足曰桎。械在手曰梏引申為器械軍械機械之械。

囚

平

音遒。繫人曰囚。所繫之人即曰囚。囚犯。囚籠。

徐由切。从人在囗中會意。謂人之被禁錮者也引申之凡禁錮拘繫皆曰囚。

誅

平

音株。明正其罪曰誅。征誅。誅求。

追輸切。誅責也誅亂國者為征討伐滅。誅亂民者為責罰殺戮。

戮

入

音陸。大辟之總名。殺戮。戮辱。

力六切。斃之也。凡斬殺膊焚辜踣肆皆得曰戮。引申為戮辱之戮。假借為戮力之戮。

梏 入

音鵠。械手之具曰梏。　手梏

姑沃切。手械也。兩手共一木曰拲。兩手各一木曰梏。古者凡囚上罪梏拲而桎。中罪桎梏。下罪梏。今之梏或以鐵為之。

枷 平

音加。拂也。今俗謂項械曰枷。　掮枷。　枷號

居牙切。擊草之器。有杖繫於柄端。以撾穗而出穀也。假借為校。古者以械加項謂之荷校。今俗謂之掮枷。有一人一枷者。亦有兩人共一枷者。

笞 平

音痴。扑敎之刑曰笞。　笞杖

抽之切。笞者恥也。言人有過則捶撻以恥之。漢時用竹。後世用楚。今仍用竹。漢以上鞭背。漢以下笞臀。今笞之小者為笞。大者為杖。

絞

上

音狡。兩繩互繞曰絞。 絞罪 絞繩

吉巧切。繞也。从糸从交。以兩絲相交而成之也。故俗以絲一束為一絞。引申之以繩縊人謂之絞。絞為五刑之一。其罪輕於斬。所以全其首領也。

殺

去 入

音煞。刃其首領曰殺。 格殺。 殺人。 音鎩。隆殺之殺也。

山戛切。棄市之刑也。誅以鈇鉞謂之斬。誅以刀刃謂之殺。今泰西之制無殺刑。欲致之斃則鎗擊之。 又田獵之矢謂之殺矢。 以火炙簡令汗取其青謂之殺青。皆本殺害之義。 又所界切。減削也。

斬

上

音蔪。刑以鈇鉞謂之斬。 監斬。 斬首。

阻減切。大辟之刑也。从車从斤。古者車裂之刑謂之斬。其後吏以鈇鉞。若今之腰斬也。今以為棄市之通稱。律有斬立決斬監候之別。 又喪服斬衰。以六寸之布廣四寸為衰。帖於心前。剪而不緝故名。

罪

上

辠

音蕞。犯法也。 罪過 得罪

徂賄切。捕魚竹网也。从网从非。网之猶言羅於法也。引申之凡犯法謂之罪。繩之以法亦謂之罪。 犯罪之罪古作辠。以辛自會意。自鼻也。言罪人蹙鼻苦辛也。秦始皇以辠似皇字。始改作罪。後世仍之。

文 平

音紋。集衆字以成辭謂之文。

天文。 文章。

無分切。象兩紋交互也。倉頡造字。依類象形謂之文。今東西各國皆別有文字。西文之祖有二。梵書右行。佉盧書左行。八變而為今日之文字。東文與中國畧同。而別創字母四十九以輔之。謂之平假名片假名。

字 去

音自。所以記名物者為字。

文字。 字墨。

疾二切。孳乳相生曰字。引申為撫字之字。 倉頡始造字。所謂古文。即蝌蚪書也。後史籀作大篆。李斯作小篆。程邈更作隸書。於是由隸變楷。由楷變草。而字之用益廣。 又男子冠而字。女子笄而字。所以代名也。

詩 平

音始。平聲。文之用韻者曰詩。

誦詩。 詩經。

申之切。詩經為孔子所刪定。凡三百十一篇。自漢而後。衍為五七言諸體。至唐而以之取士。 國朝試士兼用試帖。沿其制也。

頌 去

音誦。形容盛德之詞曰頌。

稱頌。 頌揚。

似用切。頌古容字也。詩有六義。六曰頌。頌者。美盛德之形容以告神明者也。後世若橘頌中興頌等。皆宗之。

騷 平

音搔。不安也。

離騷。 騷擾。

蘇曹切。騷憂也。屈原作離騷。言離憂也。後人仿以為文曰騷體。凡長於詞章者曰騷人。又擾也。騷擾之騷。以事言。牢騷之騷。以心言。皆有不安之意。

賦 去

音付。古詩之流也。

詩賦。 賦詩。

方遇切。詩有六義。二曰賦。賦者。敷陳其事而直言之也。荀卿宋玉始用韻文為賦。後人宗之。遂與詩體異。 國用出於賦稅。取諸商者為稅。取諸民者曰賦。如地丁漕糧是也。

書 平

音舒。所以著文字者曰書。讀書。書經。

商居切。古刻字於簡曰書。五代時馮道始鐫之於板。今則鉛板石印。新製益繁矣。書字也。象形會意轉注指事假借諧聲爲六書。真草隸篆爲四體書。信札曰書。今兩君通問由使臣齎奉者曰國書。

典 上

顛上聲。古帝之書曰典。古典。典籍。

多殄切。五帝之書曰五典。從冊在丌上。尊閣之也。典守也。典簿典史等官。皆以守官爲義。

謨 平

音模。謀也。嘉謨。謨訓。

莫湖切。慮一事畫一計曰謀。謀之將定未定者曰謨。如大禹謨皋陶謨之類。

訓 去

薰去聲。教誨也。教訓。訓導。

吁運切。解釋所言之理曰訓。故解經曰訓詁。訓導。學中之官。言主訓導學官弟子也。

誥 去

音告。天子之命辭曰誥。訓誥。誥命。

居號切。告也。告上曰告。告下曰誥。今制一品至五品。皆授以誥命。六品至九品。皆授以敕命。

去 **易** 入

音亦。連山歸藏周易為三易。易經。交易。音異。容易。

夷益切。象蜥易守宮之形也。卦爻有交易變易之義。故述卦之書曰易。以智切。讀去聲。不難曰易。

去 **卦**

音桂。所以筮者曰卦。八卦。卦爻。

古畫切。伏羲氏始畫八卦。八卦者。八方之卦。乾坎艮震巽離坤兌是也。文王衍之為六十四卦。後之筮者用之。

爻 平

音肴。卦畫曰爻。卦爻。爻辭。

何交切。象六爻頭交也。伏羲畫卦。參伍錯綜而成爻。爻也者。效天下之動者也。

上 **史**

音使。記事之官曰史。所記之事亦曰史。經史。史記。

師止切。史體有三。有斷代之史。如前後漢書三國志是也。有編年之史。如春秋資治通鑑是也。有紀事之史。如繹史通鑑紀事本末是也。

伏羲八卦

文王八卦

上 **譜**

音補。簿錄羣名曰譜。譜牒。家譜。

博古切。譜布也。布列其事也。布列一家之事曰家譜。布列一人之事曰年譜。

銘

平

音冥。稱揚功德曰銘。 盤銘。 銘功。

忙經切。銘體有二。有銘以示警者，如盤銘及座右銘之類；有銘以紀功者。如衛孔悝鼎銘及令人墓誌銘之類。

籍

入

音踖。記事之簿也。 書籍。

前歷切。借也。借此簡書以記政事。故曰籍。記戶口者曰戶籍。書軍令者曰尺籍。 又天子籍田千畝。諸侯籍田百畝。謂之籍者。謂借民力以治之也。

簿

上

音部。會計之籍也。 書簿。 簿籍

裴古切。計簿也。謂計度支之出入者也。 官名。主簿典簿。皆主守簿書之職者也。

策

入

音冊。馬鞭曰策。 執策。 又簡也。 簡策。

恥革切。連諸簡而編之為策。長二尺。短者半之。 又定謀曰策。古有策士之名。射策對策。國家所以試士也。

簡

上

音柬。以竹為牒曰簡。 竹簡。 簡淨。

古限切。單執一札為簡。古制方廣於簡。策又大於方。凡字可一行盡者書於簡。數行則書於方。方所不容。乃書於策。惟簡最畧。故引申為簡畧之簡。

錄

入

音六。謄寫曰錄。 謄錄。 錄取。

龍玉切。書之名目謂之目錄。 又錄用也。

函 平

音含。所以封書曰函。 包函。 函丈。

胡男切。含也。包容之稱。如封書用書函。藏劍用劍函是也。 又甲也。作甲者曰函人。

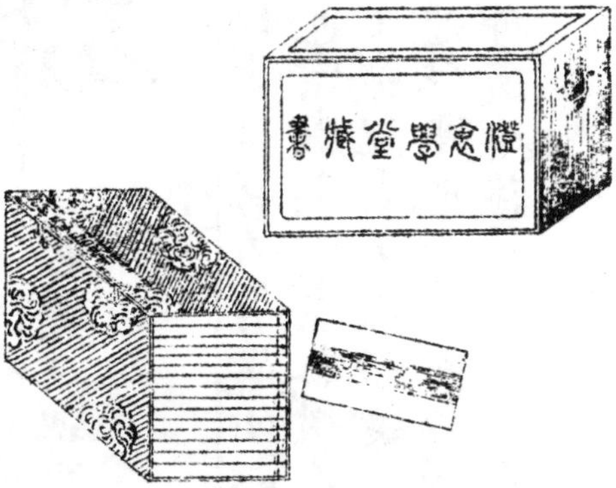

册 入

音策。簡也。 典册。 册封。

恥革切。象五直長短相間。册中有二編之形也。古時以竹為之。 王者於藩屬作册書以封之謂之册封。

帖 入

音貼。帛書之標題曰帖。 法帖。 服帖。

他協切。書署也。今所謂帖籤也。以木曰檢。以帛曰帖。引申為試帖。碑帖。牙帖之帖。又假為妥帖。熨帖。

牘 入

音讀。書版也。 未書曰槧。既書曰牘。 公牘。 尺牘。

杜谷切。古以木為之。長一尺。故名尺牘。今代之以紙。而奏事仍曰奏牘。公事仍曰公牘。

卷 上 去 平

音眷。可舒卷者曰卷。 書卷。 眷上聲。舒卷之卷。 音權。 卷石。

居倦切。古者一書為一卷。今以一編為一卷。沿古時之稱也。 古轉切。通作捲。 逵員切。通作拳。

碑

平

音陂。鐫文於石而豎之曰碑。

石碑。　碑帖。

逋眉切。古者宮必有碑。所以識日景也。宗廟則以繫牲。後人因於其上追紀君父之功德碑所以悲往事也。今立石於隧道者為神道碑。藏於墓中者為墓碑。

集

入

音箿。聚羣曰集。

文集。　集成。

𠈋　秦入切。象羣鳥在木上也。引申之凡物所聚皆曰集。故商賈所聚曰市集。著作所聚曰文集。

契

去　入

音禊。兩書相符者曰契。　書契。

契合。

音禼。　稷契。

音乞。　契丹。

去計切。合也。質劑之書券。今曰合同。簿書之最目。今曰總帳。獄訟之要辭。今曰案卷。皆契也。又先結切。舜五臣之一。商之祖也。　又欺訖切。

柬

上

音簡。俗稱柬曰帖紙。

古柬。　全柬。

賈限切。

圖

平

音徒。手摹心擬皆曰圖。　畫圖。

圖謀。

同都切。河圖為圖之原始。六書象形字即圖也。後世別有圖學。凡言語所難顯者。必繪圖以明之。如天文地理動植機器等圖是。

箋 平

音湔。所以表明其意者曰箋。信箋。 箋注。

則前切。表也。義有隱略。則藉箋以表明之。故上書曰箋。奏注書曰箋注。今假為箋紙之箋。

翰 去 平

音旱。天雞羽也。以羽為筆曰翰。書翰。 翰林。
音寒。

侯旰切。鳥羽有文采者皆曰翰。今文學侍從之臣曰翰林。謂其文采之多若林也。 河干切。義同。

稟 上

賓上聲。受命曰稟。 賦稟。 稟帖。

筆錦切。稟廩之本字。倉廩廩祿之廩。古皆作稟。 稟有敬之義。凡受賜者必敬。故稟白必曰敬稟。

繪 去

音潰。圖寫物形曰繪。 測繪。 繪圖。

胡對切。繡之五采相會者曰繪。如日月星辰山龍華蟲作繪是也。後世改為筆繪。今又有繪圖機器。以西法摹圖者多用之。

編 平

音邊。排比書次曰編。 簡編。 編書。

卑眠切。古用簡。以絲札簡而排列之曰編。今改用鋟板纂成卷帙。亦謂之編。

箴 平

音斟。用以治病者曰箴。 箴灸。 規箴。

諸深切。古者以石為箴。所以刺病。引申為箴規之箴。文人作箴言。以之自警也。

篇 平

音偏。文之成章者為篇。長篇。篇幅。

紕連切。文法積字成句。積句成節。積節成章。謂之一篇。

檢 簽 上

兼上聲。書署曰檢。防檢。檢點。

居奄切。檢之言斂也。藏之而標題之謂之檢。今字作簽。引申之為檢制檢點之檢。

篆 上

音瑑。文之古者有篆文。古篆。篆書。

柱兖切。引書也。謂引筆而書於竹帛也。倉頡始作古文。周太史籀變為大篆。秦李斯省改之作為小篆。今假為篆刻之篆。

隸 去

音第。篆文之變為隸書。漢隸。隸書。

堂計切。秦程邈增減大篆。去其繁複。名曰隸書。謂可施之於徒隸也。凡屬役於人者謂之隸。故屬於京師者曰直隸。省屬於行省者曰直隸廳。直隸州。

楷 上

音鍇。可以效法者曰楷。模楷。楷書。

苦駭切。書法篆變為隸。隸變為楷。楷者對草書而言。言方正可法也。今洋文亦有大楷小楷。楷木名。生孔子冢上。其幹枝疎而不屈。

題 平

音啼。標識於前者曰題。雕題。題辭。

田黎切。說文題額也。引申之凡列於前者皆曰題。如題辭題目題籤等。皆本此意。

筆

入

音必。所以作字者。　執筆。　筆墨。

壁吉切。筆述也。述事而書之也。始自蒙恬。製以竹而銳其首。今以羊狼兔雞等顈為之。　西國有石筆鉛筆鋼筆。石筆以石為之。鉛筆以炭質為細條。函之以木。鋼筆用鋼製成。一以繪圖。一以作字。

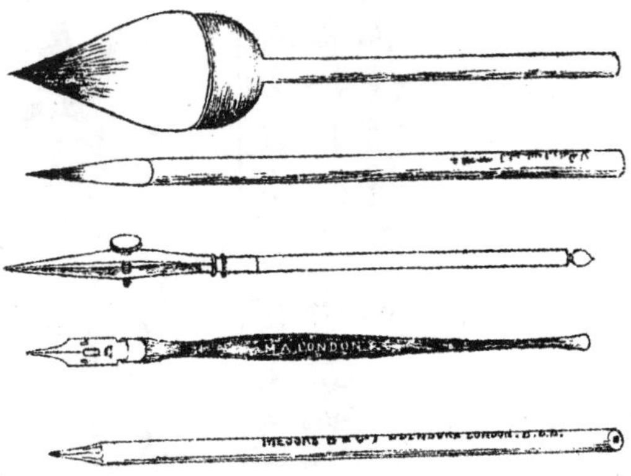

硯

去

研

音覘。所以磨墨者。　端硯。　硯池。

倪甸切。硯者研也。研墨使和勻也。以石為之。或用古瓦古磚。復有以漆沙製成者。石硯之產於廣東肇慶府者為端硯。安徽歙縣者為歙硯。皆良。

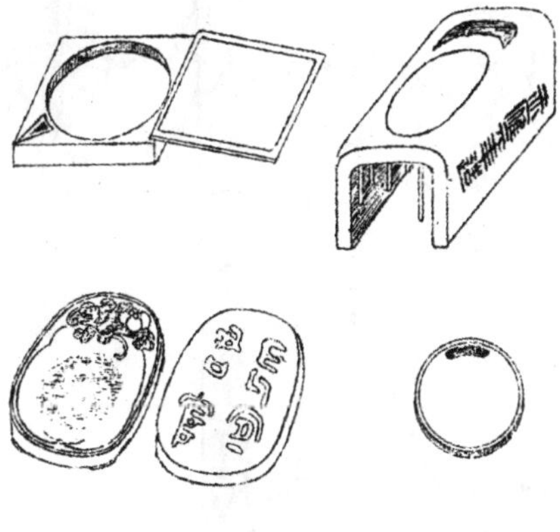

紙

上

音只。用為書契者曰紙。　竹紙。　紙筆。

諸氏切。造紙昉於漂絮。後漢蔡倫始代以樹皮麻頭及破布魚網。今多以竹為之。西人所用之紙。以草為之。亦參用麻布之屬。

詁

上

音古。以經解經曰詁。　訓詁。　詁經。

公土切。詁者通古今之異言也。今說經謂之訓詁。言取古人之訓而釋之使通也。

著

去 音箸。標著。

著作。

入 音擆。土著。

音芍。著衣。

陟慮切。凡形之發見者曰著。陟略

直畧切。物相切謂之著。

切。衣被體謂之著。

歌

平 音柯。曼聲長吟。

曰歌。唱歌。

歌舞。

居何切。歌者柯也。其聲抑揚高

下。如草木有柯葉也。古者歌

詩以言志。士大夫皆肄習之。今

則視為優伶之技。東西各國

皆有歌。凡大典禮及尋常讌會

多用之。唱歌一科。列於學校。

註

去 音鑄。著明其義

曰註。箋註。

註釋。

朱戍切。註本作注。猶疏通也。註

義於經下。所以疏通其義。猶水

之注物也。

課

去 科去聲。計程授

學曰課。功課。

課試。

苦卧切。

撰

上 饌上聲。屬辭曰

撰。杜撰。撰

文。

雛産切。撰述也。言述古人之舊

以成書也。今官名有翰林院

修撰。

寫

上 音瀉。凡作書作

畫皆曰寫。摹

寫。寫字。

先野切。俗作瀉。瀉者自彼注此

之稱。如周禮以澮瀉水是也。又

輸也。象也。作書以輸其所欲言。

作畫以象其所欲肖。故皆謂之

寫。

上
武
音舞。能定禍亂曰武。 文武。武官。
罔甫切。武以禁暴戢兵。故古文止戈為武。 又足迹曰武。

上
勇
音涌。敢為曰勇。 武勇。勇夫。
尹竦切。有力曰勇。凡隸兵籍。必以力聞。故謂之兵勇。

平
功
音公。以勞定國曰功。 成功。功臣。
沽紅切。凡勤於事而有益於世者皆曰功。周禮國功曰功。王功曰勳。民功曰庸。事功曰勞。治功曰力。戰功曰多。 通作女工之工。喪服有大功小功。以治布精麤為之別也。

平
勳
音熏。有功於王室曰勳。 勳烈。
許云切。

平
軍
音君。大兵曰軍。 三軍。軍旅。
拘云切。包車為軍。取圜圍之義。周制五旅為師。五師為軍。凡萬二千五百人。引申之為軍屯軍容軍實之軍。 今將兵之官稱將軍。提督稱軍門。兵卒稱軍士。陸戰之兵稱陸軍。用以海戰者曰海軍。

去
帥
入
率去聲。軍中之主曰帥。 將帥。大帥。
音蟀。統領之也。 帥兵。
所類切。古作衛。凡師旅之長皆稱帥。今專用為元帥之帥。 朔律切。統率為帥。遵而行之亦為帥。

旅

上

音呂軍五百人為旅 軍旅 旅居

兩舉切旅衆也周制五卒為旅謂衆之成列者也引申之凡旅酬旅幣進旅退旅皆本此義又假借為廬館客之廬曰旅館館於旅者曰旅人易有旅卦䷷

兵

平

丙平聲執兵以從戎者曰兵 出兵 兵卒

補明切說文兵械也从廾持斤并力之皃兵器謂之兵故持兵殺敵者亦謂之兵今統兵之官謂之總兵西國兵制有常備兵後備兵豫備兵之分

卒 猝

入

尊入聲兵士之通稱也 士卒 卒陳 村入聲驟也 倉卒

臧没切周制軍百人為卒又大夫死曰卒凡事之畢皆曰卒通 蒼没切卒然急遽之貌與猝通

隊

去

音懟軍之列陣者曰隊 軍隊 隊伍

杜對切百人為一隊統帶一隊之兵官曰隊長 又凡羣而成列者皆謂之隊

勝

去 平

升去聲敗人曰勝 得勝 勝會 音升能當其事曰勝 勝任

詩證切凡兩物相較優者曰勝引申為盛滿之稱如勝事勝景皆是 書蒸切

捷

入

潛入聲勝也 報捷 捷足

疾葉切戰勝曰捷凡報捷者其行必疾故轉為捷足之捷又轉為捷徑之捷

克 入

音刻。勝也。不克。克己。

乞得切。勝人曰克。勝任亦曰克。

討 上

叨上聲。治有罪者曰討。征討。討論。

土晧切。凡聲明其國之罪而伐之。或聲明其人之罪而誅之曰討。討窮究也。故引伸為討論之討。

征 平

証平聲。上伐下曰征。上取於下亦曰征。出征。征稅。

諸成切。征之為言正也。以上伐下。所以明正其罪也。故所征之賦亦謂之正供。

伐 入

音罰。以兵臨人曰伐。征伐。伐罪。

房越切。伐者。聲其罪以討之也。有功曰伐。自稱其功亦曰伐。

攻 平

音公。破所不易破者曰攻。相攻。攻伐。

古紅切。攻有攻擊之義。如攻城攻瑕是也。又有攻治之義。如攻金攻玉是也。

守 上

音首。所以禦攻者曰守。操守。守職。

始九切。守有保護之意。謂力持之使不失也。設險以守國。督師以守城。皆因人之攻而保護使勿失者。故文職有守令。武職有守備。

侵 平

音駸。潛師伐人曰侵。侵伐。

千尋切。淩也。凡犯人之權限皆曰侵。又假借為祲。歲凶謂之大侵。

戰 去

旃去聲。兩軍相鬬曰戰。交戰 戰爭。

之膳切。凡以力相搏者皆曰戰。戰危事也。故以戰戰為恐懼之貌。

圍 平

音韋。四面環繞曰圍。合圍 圍城。

于非切。古文作口。象回帀之形也。故四面環攻曰圍。又物之圍者。周五寸曰圍。周一抱亦曰圍。皆引伸回帀之義。

禦 去

音御。以力相拒曰禦。強禦 禦寇。

魚據切。禦有禁止之意。凡禦兵禦寇云者。皆禁之使不前也。

戍 去

輸去聲。守邊曰戍。謫戍 戍兵。

舂遇切。人荷戈曰戍。令制官員有罪有發往軍台効力者。謂之謫戍。

救 去

音廐。拯人之危曰救。補救 救兵。

居又切。

搞 去

音靠。賞軍曰搞。

搞賞　總搞

口到切。古者賞軍以牛。故搞从牛。因以為凡賞人之稱。

諜 入

音牒。探測敵情者曰諜。

間諜

達協切。諜。伺也。謂詐為敵國之人。入其軍中。伺候間隙。以反報者也。古曰間諜。今謂之細作。

敵 入

音狄。與人相抵曰敵。所抵之人亦曰敵。

仇敵　敵國

亭歷切。兩國不相讓者曰敵國。兩人不相下者曰敵。讎。引伸之凡有抵力皆曰敵。

寇 去

音扣。兵自外來曰寇。

司寇　寇賊

邱候切。兵不以義謂之寇。引申之凡盜賊皆曰寇。故治盜賊之官曰司寇。今刑部尚書稱大司寇。侍郎稱小司寇。沿古制也。

虜 上

音魯。所俘之囚曰虜。

囚虜　虜掠

郎古切。囚也。凡生得敵人者。必以索貫而拘之。故从毌从力。古時南人呼北人曰虜。蓋辱之以囚虜之名也。

獲 入

音畫。得也。

擒獲　獲利

胡麥切。獲。田獵所得也。引申之凡有所得皆曰獲。故得勝曰獲勝。得罪曰獲罪。得利曰獲利。

敗 去

音湏•勝之對也•

潰敗• 敗事•

薄邁切•凡物破壞謂之敗•故事不成兵不勝皆曰敗•

滅 入

音摵•盡也• 撲滅 滅國•

莫列切•熄火曰滅•火亡人之國曰滅國•皆有撲之使盡之意

刀 平

到平聲•所以切物者曰刀• 倭刀 刀鎗•

ㄉ 都勞切•象刀背與刃也•以銅或銕合鋼為之•背厚刃薄•用以切物•武人所佩長二三尺者曰佩刀•又曰腰刀•日本鑄者最利•世稱倭刀•洋鋼之刀•性質較硬•古錢有名刀者•小舟亦稱刀•皆取其形似

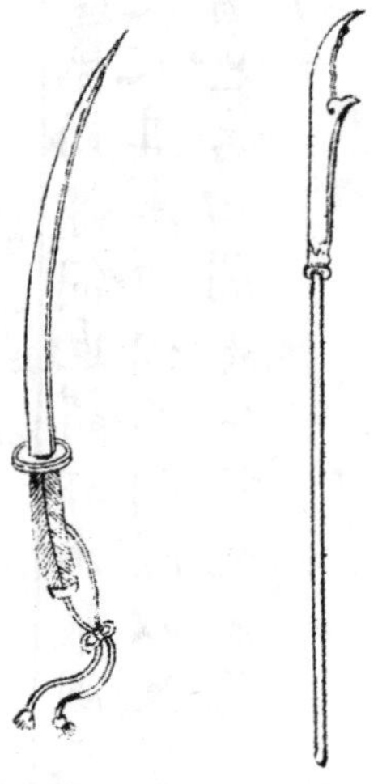

劍 去

檢去聲•似刀而直者曰劍• 佩劍 劍術•

居欠切•劍檢也•所以防檢非常•劍口曰鐔•劍末曰鋒•劍室曰鞘•

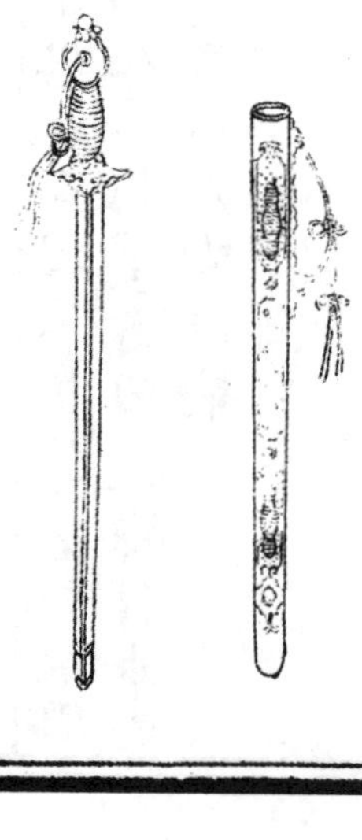

斧 上

音甫。所以斫物者曰斧。斧斤。刀斧。

匪父切。斧柄短而身厚。形如方鑿。利於伐木樵采之用。古有以為軍器者。

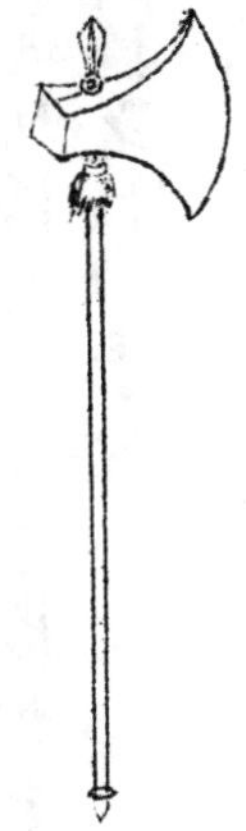

鉞 入

音越。大斧也。黃鉞。斧鉞。

王伐切。古者命將。必杖黃鉞以示威武。以金為之。杖而不用。明神武不殺也。今以為儀仗之用。斧之背方。鉞之背圓。

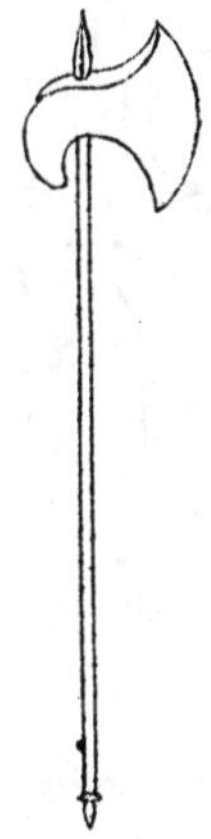

戈 平

音鍋。戟之單枝者為戈。干戈。戈矛。

古禾切

戟 入

音棘。戈之雙枝者曰戟。 矛戟

訖逆切。格也。旁有支格也。手所持擿之戟曰手戟。

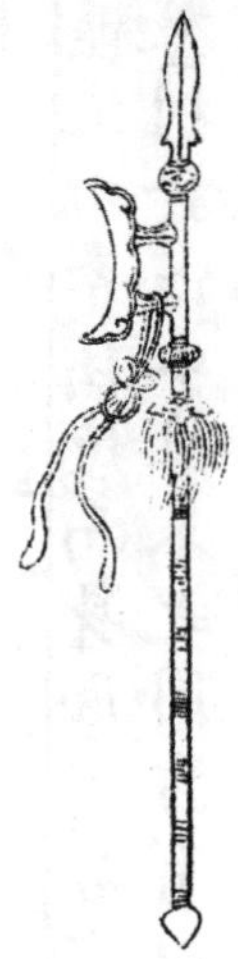

矛 平

音謀。可以陷盾者曰矛。 蛇矛 矛戟

迷浮切。象形。矛制一隅而作鉤形。古者建之兵車。酋矛長二丈。夷矛長二丈四尺。厹矛三隅。

鋒 平

音丰。芒刃曰鋒。 先鋒 鋒鋩

敷容切。刃矢之刃。及矛矢之末皆謂之鋒。因謂凡物之末為鋒。行軍稱前隊為先鋒。亦取鋒銳之義。

刃 去

忍去聲。刀之鋒也。 鋒刃

而振切。刀以刃為用。刃不能離刀以為體。刀字有柄有脊有刃矣。故以指點其所謂刃在是而已。

弓

平

音宮。所以發矢者曰弓。　彎弓　弓矢

（篆）居中切。象形。弓以竹木為榦。傅以角筋。繫絃於榦之兩端。張之可以發矢及遠。量地之器曰步弓。營造尺六尺為一弓。三百弓為一里。

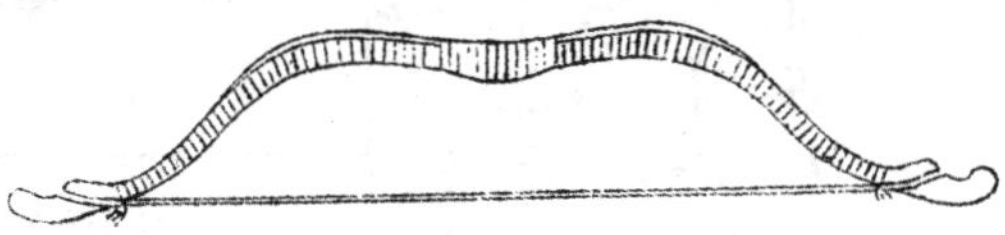

弩

上

怒上聲。弓之有柄者。　弓弩　弩箭

暖五切。黃帝作弩。弩怒也。言其聲勢如怒也。

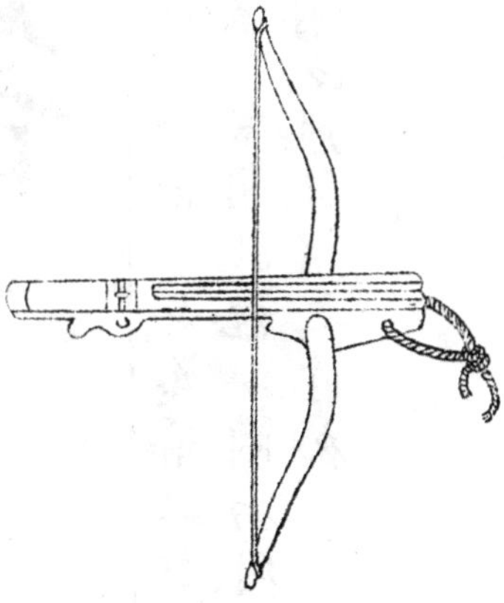

弧

平

音狐。木弓也。為弓之別名。　弧矢　張弧

洪孤切。古者作弓。其榦有柘檍檿桑橘木瓜荊竹各種。弧係木瓜類之榦。故字从瓜。蓋弓之專用木而不傅以角者也。算術中於全周所割之一分。謂之弧線。言形如弓背也。用以推步曰弧三角。

彀

去

音遘。持滿而發曰彀。　入彀　彀率

居候切。彀張弓也。凡射必張弓使開而後發之。力愈足則彀愈滿。引申為滿足之稱。

上

矢

尸上聲。傳於弓而發者曰矢。弓矢 矢人。

式視切。象鏑括羽之形。自關而東謂箭為矢。以竹木為幹。以金為鏑。歧其端以居弦曰括。以羽毛傅之。使能遠飛。曰羽。 矢形直。古人設誓曰矢。以自明其直也。 人物之糞亦為矢。

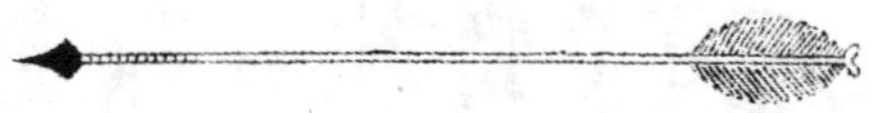

去

箭

音餞。矢也。 竹箭。 箭衣。

子賤切。關西謂矢為箭。取前進之意。 今開氣袍。國初用為習射之服。故謂之箭衣。

上

壘

音儡。營軍之壁曰壘。

力軌切。軍壘也。

平

營

音塋。四圍壘土曰營。 又經度也。 營衛。 紫營。

維傾切。取象於環。凡匠人營國。軍人營壘。必度其四周以資環衛。引申之為經營營造之營。

鎗

平

音瑲。火器之小於礮者。抬鎗為舊制。今手鎗、前膛鎗、後膛鎗等。皆曰洋鎗。

千羊切。鎗以發彈。其製有鎗管、鎗機、鎗托。管以蓄力。機以發火。托以阻熱。蓋鎗機猛激則生火。火然則發大張力。力束於管則擠彈使出。彈循螺線而出。路愈直則力愈猛。故最新式之鎗。皆作螺膛。其多者可連發十餘彈。

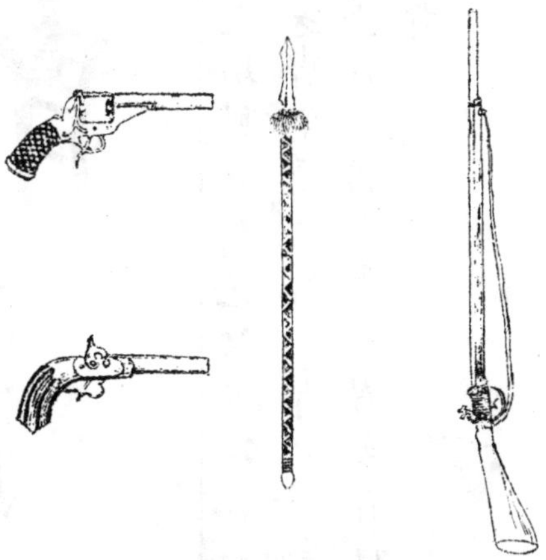

礮

去

砲

拋去聲。火器之大於鎗者。大礮。礮臺。

披敎切。俗作砲。古時以機發石謂之砲。元太祖時始有火砲。今砲皆製以鋼。藥彈自後送入。用以擊遠者。身長而口小。用開花彈。用以擊近者。身短而口大。又有以數管合成者。旋轉旋放。一分鐘時可十三出。謂之快砲。

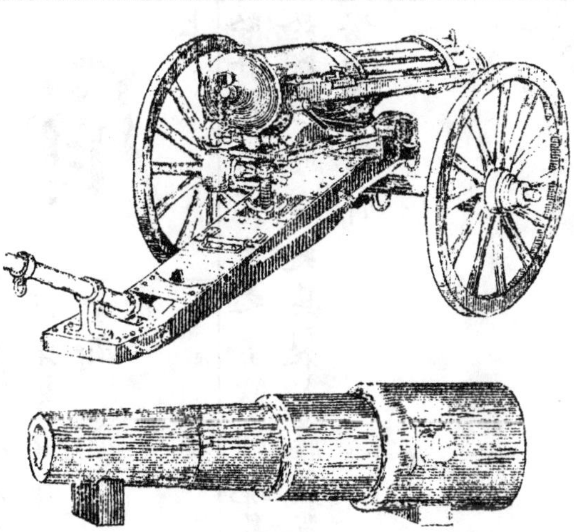

彈

去　平

音憚。丸能遠發者曰彈。彈藥。彈子。音壇。擊也。譏彈。彈琴。

杜晏切。古用泥彈。發之以弓。今用鐵彈。發之以砲。砲彈之類。用以鑽堅者曰尖頭彈。用以錘擊者曰平頭彈。實以藥使炸裂者曰開花彈。　唐蘭切。擊也。鼓琴曰彈琴。關碁曰彈碁。鎮人以威曰彈壓。言人之罪曰彈劾。皆有擊意。

丸

平

音完。物之圓轉者曰丸。彈丸。丸藥。

胡官切。引弓以發曰彈丸。用手以旋曰弄丸。　今鎗砲中鉛子亦曰丸。　藥品中研細末合成圓形者曰丸藥。

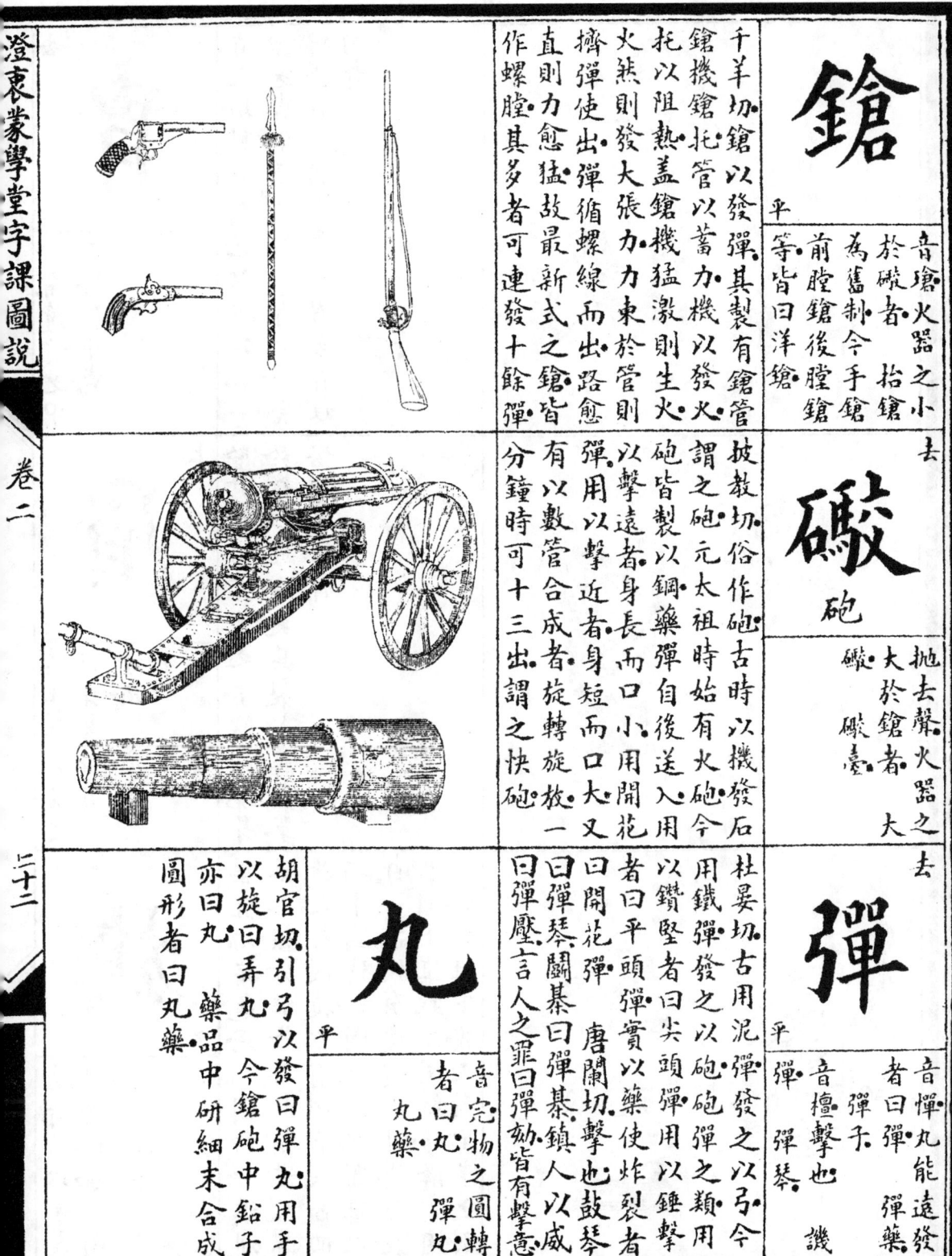

去

胄

音宙。護首之甲曰胄。 甲胄。

直又切。製甲為冠。以防矢石。古謂之胄。今謂之盔。 胄从冃。言冒於首者。與冑子裔冑之冑从肉者別。

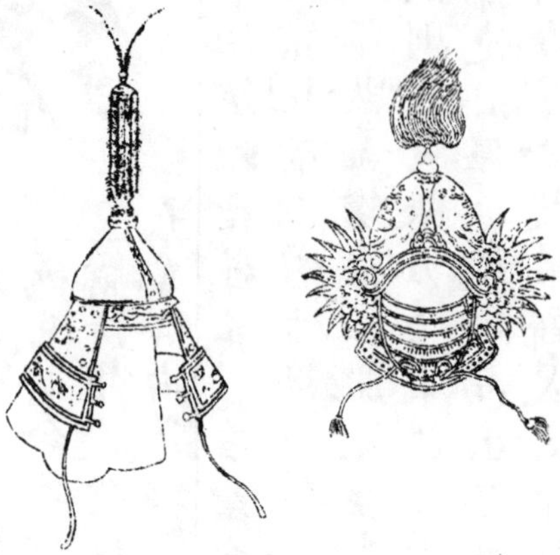

上

盾

犉上聲。戰具之扞身者曰盾。 矛盾。 盾牌。

豎尹切。盾亦謂之干。戰則跪身於後。以避弓矢。其製或藤或革。俗謂之盾牌。

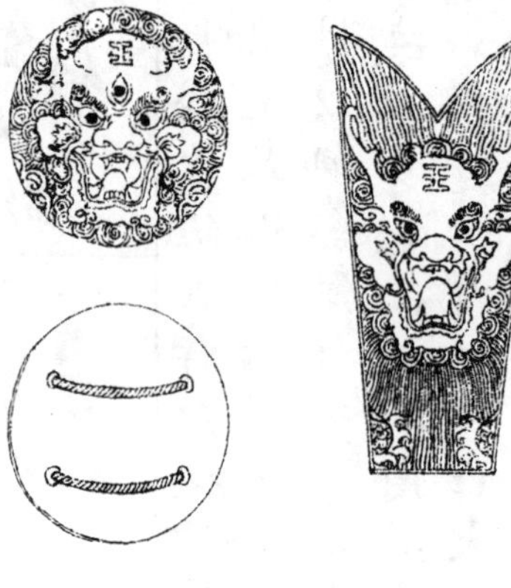

平

旗

音奇。所以為表識者曰旗。 國旗。 旗籍。

渠宜切。旂通用。 國初分滿洲為八旗。分駐各省。故稱滿人為旗人。各國旗章有國官民商四項。中國仿之。國旗以龍。商旗以白。 西例有慶賀則升旗。有哀弔則下旗。戰則用紅旗。降則用白旗。升旗下旗。又有全半之別。

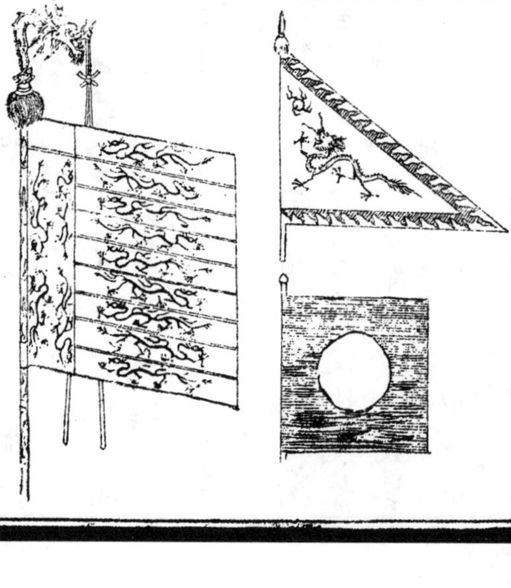

旌 平

音精。繫旄於竿首者曰旌。　旌旗。　旌表。

咨盈切。古者旗制。以旄牛尾綴於竿首。又飾五采羽於其上。以進士卒。謂之旌。　旌者。以為表異之用。故凡表章節孝。建坊給額。皆曰旌。

纛 入

音獨。軍中大旗也。　大纛。

杜谷切。

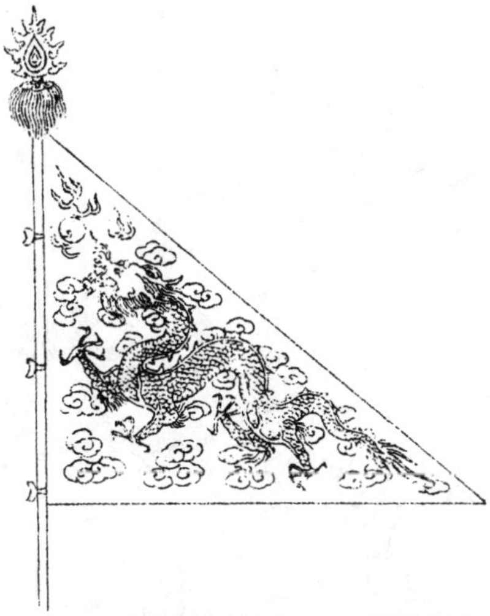

麾 平

音撝。大將之旗。　指麾。

吁為切。以手指揮曰麾。大將所以指揮士卒。故旗亦名麾。

旆 去

音沛。旗邊之帛。若燕尾者曰旆。　旌旆。

蒲蓋切。旆者沛然而垂。繼旐之旗也。旐用緇帛。旆仍用絳帛。旐長八尺。旆長亦八尺。　又大旗亦曰旆。

獵

入

音鬣。逐禽曰獵。

校獵。 獵犬。

力涉切。古者四時皆獵。以除害田之物。春曰蒐。夏曰苗。秋曰獮。冬曰狩。獵皆用犬。以竄取禽獸故从犬。引申為獵取之獵。

狩

去

音獸。冬獵為狩。

冬狩。

舒救切。犬田曰狩。言用犬以守取禽獸也。假借為守。天子適諸侯曰巡狩。巡狩者。巡所守也。

姓

去

音性。所以別族類者曰姓。百姓。姓名。

息正切。生民之初。榛狉無紀。族類漸繁。始別以姓。此立姓之原也。神農母居姜水。黃帝母居姬水。舜母居姚虛。因以為姓。故說文。姓人所生也。从女生會意。

氏

上

音是。姓之支分派別者曰氏。姓氏。氏族。

上紙切。艸之始曰屮。木之始曰氏。故氏本訓為木本本。後取水源木本之義。轉注為姓氏之氏。按統系百世曰姓。別子孫所自出曰氏。或氏其國。或氏其諡。或氏其官。或氏其事。類皆正姓之支分派別者。

唐

平

音堂。古國名。子孫以為氏。荒唐。唐朝。

徒郎切。唐大言也。堯以道德至大有天下。因號曰唐。其裔封於唐。周成王滅之。以封弟叔虞。子孫因以為氏。

虞

平

音愚。舜有天下之號。唐虞。

元俱切。騶虞仁獸也。引申之。司獸之官曰虞。假借為娛。亦訓為度。又舜氏也。其後禹封商均之子於虞城。子孫因以為氏。

商

平

音觴。行貨曰商。又湯有天下之號。通商。商酌。

式陽切。商者由外以度其內也。凡揆度有無。以通四方之物者為行商。今泰西重商務。國家既立商部。民間亦設有公司。故所闢埠頭遍於各島。又代名。契始封商。湯因以為有天下之號。

殷

平

音駰。商號中更曰殷。殷商。音黫。赤黑色。

於斤切。殷作樂之盛稱。引申為凡盛之偁。又地名。盤庚遷於殷。改商為殷。其後分封以國為氏。於閑切。

周 平

音州。商時侯國。武王因以為有天下之號。 周到 周旋

職留切。周从用口會意善用其口則密密則無不周 又代名 武王有天下之號也六朝有宇文周五代有郭周均稱後周

隋 平

音隨。六朝時國號。 音惰。裂肉也。

句為切。春秋時有隨國。後楊堅受封於隨。及有天下。去辵作隋。字書隋本讀徒果切。訓尸所祭之餘肉也

魯 上

音虜。鈍也。又國名。 東魯 魯鈍

郎古切。遲鈍曰魯。周成王以少昊之墟封周公子伯禽為魯侯其後以國為氏。

衛 去

音慧。禦侮曰衛。 又國名。 護衛。 衛國。

于歲切。防捍曰衛。所防之地亦曰衛。古以捍禦王宮為宿衛。今亦有侍衛之官。 周以畿內地封康叔為衛侯。因以為氏

陳 去 同陣 平

音塵。布設也。又舜冑受封之國。 陳設 音陣。軍伍行列曰陳。 戰陣

直珍切。事物羅列曰陳。古者陳塵相通。居久則生塵。故又訓新陳之陳。 周武王封舜冑嬀滿於陳。子孫以國為氏。又六朝時代名。 直忍切。同陣。

蔡 去 入

音繲。草莽也。又國名。周文王子叔度始受封。 音薩。

倉大切。本訓散亂之草。又地名國君守龜出蔡地。故元龜曰蔡。又周封叔度於上蔡。叔沒。成王復封其子蔡仲。後因以為氏。桑割切。訓放也。本作𥻦。

平

滕

騰

音騰。水超涌也。又國名。

徒登切。从水朕聲。通作騰。如詩百川沸騰。是引申為張口騁辭兒。如易騰口說也。是　滕國。周文王子叔繡之後。子孫以為氏。

入

薛

音洩。艸也。又國名。

私列切。高燥生薛。薛。藾蒿也。又黃帝之後奚仲封於薛。後有薛姓。以國為氏。

去

宋

音送。居也。又國名。宋國　呂宋。

蘇統切。宋从宀。从木。以木成室居人也。　周成王封微子啟為宋公。其後以國為氏。　今歐羅巴洲有大呂宋。亞細亞洲有小呂宋。

去

鄭

音甑。國名。　鄭重。　鄭國。

直正切。周宣王以西都畿內地封其弟友。是為鄭桓公。至戰國時滅於韓。子孫因以為氏。又鄭重也。猶言頻煩也。

上

趙

音肇。趨走也。又國名。　歸趙　趙國。

治小切。趙。趨趙也。有超騰之意　周穆王賜造父以趙城。因為趙氏。　史記藺相如完璧歸趙故凡以物返人。俗曰歸趙。

去

魏

音僞。高大之貌。　象魏　魏國。

魚貴切。魏。高也。故闕門高崇曰魏闕。懸治象之法於闕。曰象魏　又姬姓之國。其地本舜禹故都。後晉滅之。以邑為氏。

鄧 去

音蹬。曼姓之國。

唐亘切。殷武丁封叔父於河北為鄧侯。後因氏焉。

鄒 平

音騶。古邾婁國。

側鳩切。帝顓頊之後。封於邾婁。戰國時穆公改曰鄒。鄒。邾婁之合音也。

堯 平

音僥。唐帝名。唐堯。

吾聊切。堯猶嶢嶢。至高之貌。堯之聖德至高。故臣民以堯稱之。

舜 去

音蕣。虞帝名。帝舜。

舒閏切。舜。說文艸也。楚謂之葍。秦謂之藑。又虞帝之名曰舜。舜者准也。循也。言其准行道德。循堯緒也。

禹 上

音羽。蟲也。夏王文命以為名。大禹。禹王廟。

王矩切。

湯 平

音鏜。熱水曰湯。湯水。又商王名。商湯。

土郎切。今曰水熱曰湯。古者諸侯朝天子。予有湯沐邑。商湯子姓。契之後也。

姬　平

音基。黃帝居姬水，以為氏。　姬姜。　姬妾。

居之切。武王克商，封兄弟之國十有五，姬姓之國四十。又婦人美稱曰姬。衆妾統稱亦曰姬。

孔　上

空上聲。中通曰孔。又孔子，古之大聖人。　孔聖。　鼻孔。

康董切。孔，通也，空也。凡空虛能容者皆曰孔。又訓甚也。　宋孔父嘉遭華督之難，其子奔魯，後世以字為氏，六世而生孔子。

冉　上

音染。本作冄。姓也。　冉子。

冄，而琰切。毛冄冄也。柔弱下垂之貌。髯字取下垂意，姌字取柔弱意，皆由此義引伸。又姓。按弟子傳冄耕、冉雍、冄求、冄孺、冉季，皆魯人。

閔　上

音敏。憐卹之意。　又姓也。　閔子。　憂閔。

眉隕切。說文：閔，弔者在門也。引伸為凡痛惜之辭。　又姓。孔子弟子閔損，又閔馬父，見左傳。

孟　去

音夢。長也。又姓。　孟仲。　孟子。　優孟。　盂去聲。

莫更切。古以嫡長為伯，庶長為孟。魯仲孫氏為三桓之長，故亦曰孟孫氏。此孟姓之始。戰國時有孟子，鄒人也。　莫浪切。孟浪，言不精要也。

軻　平　上

音珂。椄軸車也。又孟子名。　音可。

苦何切。軻，說文訓椄軸車也。椄者續木也。軸所以持輪，而兩木相接則危矣，故引申為轗軻之軻。或曰孟子居貧轗軻，故名軻，字子居。一說字子輿。　枯我切。義同。

陶 平

音桃。兩丘重累曰陶丘。陶冶。陶唐。音搖。

徒刀切。邱再成為陶。成猶重也。重邱如累盂。又如陶竈然。故轉為陶冶之陶。或謂堯始居陶丘。後為唐侯。故曰陶唐。其後以為氏。一說虞思為周陶正。因氏焉。餘昭切。皋陶。臣名。陶陶。和樂皃。

姜 平

音疆。神農氏居姜水。以為姓。姜尚。姜女。

居良切。

姒 上

音似。長婦為姒。又姓。娣姒。太姒。

詳里切。女子同出先生為姒。故稚婦謂長婦為姒婦。一說兄弟之妻相謂皆曰姒。禹母修己吞薏苡而生禹。因姓姒氏。

劉 平

音留。殺也。又姓。公劉。劉備。

力求切。本作鐂。从金刀會意。故訓殺。刀字屈曲。傳寫誤作田。故亦作鎦。又姓。凡二十五望族。並自陶唐氏劉累之後。

范 上

音犯。草也。又姓。范文正公。

房咲切。范本訓草。亦訓蜂。夆。氾。一聲之轉也。字亦作藭。又借作范。竹器之模。地名。晋大夫士會之邑。後以邑為氏。與士氏隨氏同族。皆堯裔也。

蔣 上

音槳。菰也。又國名。

即兩切。蔣。菰蔣也。其米曰雕胡。周公第三子伯齡封於蔣。後因氏焉。

潘 平

音拌。淅米水曰潘。又姓。 潘安。

普官切。字亦作潘。 左傳楚有潘崇。楚之公族也。晉有潘父。疑即詩番維司徒之番。其裔自周往也。

馮 平

音憑。馬行疾曰馮。 音逢。姓也。 馮婦。

皮冰切。馮本訓馬行疾也。引申之。甚怒莫遏曰馮。怒恃强犯弱曰馮陵。又引申之。有恃無恐亦曰馮。故徒涉曰馮河。又馮夷。水神也。 房戎切。春秋時馮簡子。本姬姓。以國為氏。

阮 上

音祁。古國名。 賢阮。

虞遠切。殷時有阮國。文王伐之。其國在岐渭之間。子孫因以為氏。 晉阮籍與兄子咸為竹林之遊。時人稱為大阮小阮。今稱姪曰阮本此。

龔 平

音恭。給也。又姓。 龔遂。

俱容切。與供畧同。經傳皆作共。春秋時有晉大夫龔堅。又有左行共華。疑皆龔工氏之裔。以官為氏。

胡 平

音瑚。頷肉下垂曰胡。又姓。 羌胡。 胡蝶。

戶孤切。胡。牛頷垂也。引申之。頸下垂肉皆曰胡。故掩口而笑曰胡盧。言聲在喉間也。胡與侯音轉最近。故經傳胡侯皆訓何。春秋有胡國。楚滅之。其後以為氏。或云胡公滿封於陳。其後後亦為胡氏。又漢稱匈奴曰胡人。

彭 平

音棚。姓也。彭祖之後。 老彭。 彭祖。 榜平聲。重言形況字。

薄庚切。陸終氏子彭祖建國於大彭。後即以國為氏。 禹貢彭蠡即鄱陽湖。在江西南昌饒州南康九江四府之間。 又必旁切。彭彭。鼓聲也。鼓以作氣。有壯盛之意。詩出車彭彭。西壯彭彭。行人彭彭。皆本此。

俞 平

音臾。以中空木為舟曰俞。又語詞。 俞伯牙。

俞羊朱切。从舟从亼从巜會意。巜水也。古者不知舟。見木之中空者浮行水上。因悟而為舟。又背脊曰俞。亦空中之義。堯典帝曰俞。内則男唯女俞。皆應辭 又姓也。

袁 平

音園。姓也。陳胡公之裔。 袁安。

羽元切。袁本訓長衣皃。今祇謂為姓。而本義廢矣。字本作轅。亦與爰通。按媯姓陳胡公裔名諸字伯爰。孫濤塗以王父字為氏。漢有轅固爰盎。皆即袁氏也。

豳 平 邠

音彬。國名。 邠。 豳風。

府巾切。本作邠。周大王自邰出從戎狄之地。因立國焉。

董 上

音懂。艸也。又姓。 紳董。 董事。

多動切。草之似蒲而細者。一說藕根也。又訓為正。故董正其事者俗曰董事。 董氏出自姬姓。黃帝裔孫有飂叔安生董父。舜賜姓為董。

桀 入

音傑。古有暴君曰夏桀。 桀紂。

巨列切。桀磔也。古稱桀黠者。言其凶暴若磔也。夏王履癸凶暴。故號曰夏桀。引申之。人之超越尋常者亦曰桀。故亦叚為傑字。

紂 上

音𦈶。商暴君名也。 紂王。

丈九切。紂本訓馬緧也 商受暴虐。天下謂之紂。言其殘忍損義也。

皇 平

音黃。王之大者爲皇。皇帝。三皇。

胡光切。大君也。从自从王。自始也。故始有天下者稱皇。堯舜稱帝。夏商周稱王。秦并以爲號。漢以下因之。后曰皇后。太子曰皇太子。又引申爲皇考皇妣皇辟之皇。亦大之義也。

帝 去

音諦。大君之號也。五帝。上帝。

都計切。帝者王天下之號。上古天子稱皇。其次稱帝。又其次稱王。自秦漢以後。通稱爲皇帝。

王 平 去

音徨。衆所歸往者曰王。國王。封王。徨去聲。據其身臨天下曰王。

雨芳切。有天下之號也。秦漢以下。天子同姓子弟。皆爵爲王。異姓有功者亦爵爲王。轉注爲王父王母之王。王父王母。即祖父祖母也。又於放切。王天下也。

君 平

音軍。能羣民者曰君。君主。國君。

拘云切。君羣也。尊也。民之主曰君。謂其爲羣下所尊也。引申之。家之主曰嚴君。子孫稱其先世曰先君。婦稱夫曰夫君。士之有德者爲君子。皆有尊敬之義。又古人相與語。多自稱曰臣。稱人曰君。今不稱臣。猶沿稱君之例。

辟 入 去

音璧。能出威法者曰辟。辟公。百辟。音僻。懲其罪也。大辟。

辟必益切。法也。从卩从辛。辠字亦从辛。卩謂節制其罪也。从口。用法者也。故天子諸侯通稱爲辟。轉注爲形辟邪辟辟除之辟。讀匹亦切。

后 上

音後。君之配曰后。后帝。皇后。音候。義同。

胡口切。君也。引申爲后土之后。更申之。帝之嫡妃曰皇后。帝之母曰皇太后。帝之祖母曰太皇太后。又假借爲然后而后之后。又胡茂切。

妃 平

音霏。亞於后者曰妃。 嬪妃。 湘妃竹。

芳非切。匹也。本音配。為配偶之通稱。天子之配曰妃。故曰后妃。后君也。今以后稱天子之配。而妃則為后之次者。又太子適妻亦曰妃。

臣 平

音辰。能事人者曰臣。 臣子。 忠臣。

植隣切。堅也。象屈服之形。臣故凡屈服於人而無貳心者。皆謂之臣。引申為廷臣家臣之臣。轉注為臣服之臣。又古人相與語多自稱臣。亦自卑之意。

祖 上

音組。統宗曰祖。 祖廟。 上祖。

則古切。祖者。始也。己所從始也。專言之。父之父曰祖。泛言之。父之父以上皆曰祖。禮別子為祖。繼別為宗。梁益之閒。謂鼻為初。故稱始祖為鼻祖。轉注為祖法之祖。猶言本其法也。

宗 平

音㚇。同祖者曰宗。 宗祠。 祖宗。

作冬切。宗祖也。己所本也。其最先者曰祖。其次曰宗。今通稱為祖宗。禮別子為祖。繼別為宗。繼禰為小宗。大宗一。始祖後也。小宗四。高曾祖父後也。引申為宗族宗廟之宗。轉注為凡人所歸往曰宗。

族 入

音鑿。同類所屬謂之族。 宗族。 族長。

昨木切。矢鏃也。矢五十為一束。假借為族類之族。同姓九族。高祖至元孫是也。異姓九族者。父族四。五服內一。姑母家一。姊妹家一。女壻家一是也。母族三。母家一。外祖母家一。姨家一是也。妻族二。妻家一。妻母家一是也。

曾 平

音層。已經之詞。 曾經。 勿曾。 音增。長三世或下三世皆曰曾。 曾祖。 曾孫。

昨稜切。經也。如曾經滄海之曾是。其詞之舒者。義同乃字。如曾不崇朝之曾是。又作滕切。增也。王父之考為曾祖。孫之子為曾孫。亦取遞增之義也。

儲 平

音除。以有餘備不足曰儲。儲貳 儲蓄

直魚切。待也。謂蓄積之以待其無也。故稱倉廩所積曰倉儲。太子之立。將有待也。故亦曰儲君。

嗣 去

音飼。能纘父業者曰嗣。後嗣 嗣後

祥吏切。繼也。繼君者曰嗣君。繼父者曰嗣子。又轉注為嗣後之嗣。

系 去

音繫。統緒相承曰系。世系

胡計切。系繫也。謂連繫不絕也。故譜牒中支派相承者曰世系。

裔 去

音曳。人之子孫曰後裔。裔孫 賢裔

以制切。末邊也。引申為衣裾之裔。再申為四裔之裔。轉注為後裔之裔。

男 平

音南。女之對為男。男兒 男女

那含切。丈夫也。从田从力。謂其用力於田。而資以成功也。轉注為男爵之男。猶言能任王事以化民也。其等五其地方五十里。與子同位。

女 上

如上聲。男之對為女。女兒 閨女 如去聲。與之女也

尼呂切。專言之。已所生女曰女。泛言之。則婦人之通稱也。又處子曰女。適人曰婦。女如也。謂其少如父教。嫁如夫命。老如子言也。又城上垣曰女牆。言卑小比之於城。如女子之於丈夫也。又以女妻人曰女。讀尼據切。

上

考

音拷。殁父曰考。顯考。主考。

苦浩切。老也。轉注為有子孫者之通稱。故生為父。死為考。又借為攷。毃之攷。如皷考之考。即有攷義。考績之考。即有毃義。攷敂也。經傳皆以考為之。

上

妣

音比。殁母曰妣。祖妣。顯妣。

卑履切。妣。比也。比於父也。故生曰母。死曰妣。古者通以考妣為生存之稱。令則以為死後之稱矣。

上

父

音輔。養我者曰父。父親。父老。音府。

奉甫切。父甫也。榘也。始生己者有榘可法也。生曰父。死曰考。父之考為王父。父之兄為世父。弟為叔父。父之從昆弟為族父。轉注為長老之稱。又為男子之美號。讀如甫切。如古之仲父。尚父。令天主教內之神父是。

上

母

音某。生我者曰母。母親。伯母。

莫厚切。牧也。慕也。言牧養諸子。而諸子慕之也。由父母之母引申之。保之者曰保母。傅之者曰傅母。乳之者曰乳母。推之禽獸之牝者亦曰母。轉注以本權息息為子。本為母。

去 入

伯

音百。世父曰伯。伯父。方伯。音灞。五伯。

博陌切。長也。子最長迫近父也。引申之。父之兄曰伯父。己之兄曰伯。兄。九州之長曰九伯。又爵第三等亦曰伯。周時陝以東周公主之。陝以西召公主之。是為二伯。又必駕切。霸也。五霸亦稱五伯。謂其雄長一時也。

入

叔

音菽。季父為叔。叔父。表叔。

式竹切。拾也。汝南謂收芋為叔。借為少長之義。故稱父之弟曰叔。父。父之弟妻曰叔母。又婦呼夫弟為小叔。從子稱也。引申為叔季世之叔。

嬸 上

音審。季父之妻為嬸。嬸母。

式荏切。審也。有讎校比覈之意。俗呼叔母曰嬸。又呼夫之弟婦亦曰嬸。言比之於母則疏。比之於姒則卑也。

舅 上

音臼。謂我甥者吾謂之舅。娘舅。外舅。

其久切。親如父而非父者舅也。故母之兄弟為舅。婦稱夫之父曰君舅。夫稱妻之父曰外舅。今俗稱妻之兄弟亦曰舅。蓋從子稱也。

姑 平

音孤。親如母而非母者姑也。姑娘。尼姑。

古胡切。父之姊妹為姑。夫之母亦稱為姑。又婦稱夫之姊妹曰小姑。從子稱也。假借為夃。如姑息姑且之姑是。

爺 平

音耶。僕呼主為爺。老爺。少爺。

以遮切。發聲之詞。乳子始能言則呼爺。故以爺為呼父之稱。今引申為卑稱尊賤稱貴之號。

娘 平 孃

音穰。吳人呼母為娘。爺娘。奶娘。

宜良切。少女之號。又與孃通。今吳俗稱父曰爺。母曰孃。小說家呼母后為孃孃。

婆 平

音皤。俗呼老婦為婆。老太婆。阿婆。

薄波切。老女也。方俗稱舅姑為公婆。廣西猺俗男子老者一寨呼之為婆。其老婦則呼之為公。轉注為婆心之婆。假借為婆娑之婆。

去 上

嫗

音饇。今稱婆者。古稱為嫗。老嫗。音傴。煦嫗。

衣句切。老婦之通稱也。引申為煦嫗之嫗。讀於語切。

平

兄

虩平聲。輩均年長曰兄。兄長。表兄。仁兄。

許榮切。況也。況於父也。引申之。男子先生者為兄。凡同姓大功以上皆曰昆弟。小功以下同異姓皆曰兄弟。今統稱為兄弟。從方俗之言也。

平

昆

崑

音崐。兄之親者為昆。昆弟。昆蟲。

古渾切。與罤通。兄也。同姓大功以上曰昆弟。小功以下同異姓皆曰兄弟。又借為䖵。䖵明蟲也。溫生寒死之蟲。皆得以名之。又崑崙亦作昆侖。

平

夫

音膚。對婦曰夫。夫妻。老夫。大夫。音扶。發語結句之詞。

風扶切。泛言之為男子。既冠之總稱。專言之為妻稱男子之詞。夫者扶也。扶人以道也。夫子丈夫夫人大夫皆有扶義。又馮無切。大抵用於句首者為指示。用於句中者同于字。用於句末者同乎字。

去 上

弟

悌

第上聲。從兄曰弟。兄弟。弟婦。第去聲。盡弟之道也。

待禮切。韋束之次第也。引申為等弟門弟之弟。俗作第。又申為男子後生者之稱。大功以上為昆弟。小功以下為兄弟。轉注為門弟子之弟。叚借為孝弟之弟。讀特計切。

上

婦

音阜。女子已嫁曰婦。婦人。寡婦。

房九切。服也。从女从帚。謂服於家事以備灑埽也。引申為夫婦之婦。子之妻長者為嫡婦。衆婦為庶婦。古者后宮官為世婦。今婦人受誥命者為命婦。

哥 平

音舸。呼兄之號也。阿哥。哥老會。

古俄切。發聲之語。如可而平。令以為稱兄之詞。國朝稱皇子為阿哥。

嫂 上

音埽。兄妻曰嫂。兄嫂。表嫂。

蘇老切。嫂叜也。呼兄之妻為嫂。以其迫近母而尊嚴之也。

妻 去 平

音凄。與夫齊者為妻。夫妻。妻子。

音砌。以女為人妻曰妻。

七稽切。齊也。與夫齊者也。凡據妻言之皆曰婦。繫夫言之皆曰妻。又妻之亦曰妻。讀七計切。

妾 入

音踥。小妻曰妾。禮奔則為妾。妻妾。

七接切。接也。有辠女子給事之得接於君者曰妾。人尊稱之曰如夫人。令以聘而納之為妻。未聘而納之為妾。又婦人自稱曰妾。亦自卑之意也。

姊 上

姊 姐

音止。女兄曰姊。姊妹。阿姊。

蔣兕切。女子先生為姊。後生為妹。北齊太子稱生母為姊。至宋則呼嫡母為大姊。令無論男女皆稱女子先生者為姊。又通作姐。令滬俗稱傭女為大姐。

妹 去

音昧。女弟曰妹。姊妹。表妹。

莫佩切。女子先生為姊。後生為妹。

姨

平

音夷。俗呼從母為姨。　姨娘。　小姨。

以脂切。妻之姊妹同出為姨。母之姊妹，據父言之，則為姨；據子言之，當為從母。而仍呼為姨者，效父稱也。今滬俗呼傭婦為娘姨。

娣

去　上

音第。女弟也。

音弟。弟之妻也。

特計切。古之嫁女者，以姪娣從。自適而下則謂之娣。待禮切。娣姒，妯娌也。凡之妻曰姒婦，弟之妻曰娣婦。

媳

入

音息。子婦曰媳。　婆媳。　新媳婦。

思積切。媳，息也。言能生息以續子嗣也。故引申為子之妻曰兒媳。從子之妻曰姪媳。弟之妻曰弟媳。今北俗自稱其妻曰媳婦。

姪

入

音咥。昆弟之子女也。　姪男。　姪女。

徒結切。女子稱昆弟之子女為姪。古受姪稱者男女皆可通，而稱人姪者必婦人也。男子稱昆弟之子曰從子，亦曰猶子。今統謂之姪。

甥

平

音生。謂我舅者吾謂之甥。　外甥。　姨甥。

所更切。親如子而非子者甥也。故姊妹之子女為甥。女之夫亦曰甥。爾雅釋親：姑之子為甥，舅之子為甥，妻之晜弟為甥，姊妹之夫為甥。則甥又為敵體相呼之稱，是必一地之方言也。

壻

去

婿

音細。女之夫也。　女壻。　夫壻。

蘇計切。夫也。从士，胥聲。詩：士曰昧旦。士者，夫也。引申之女之夫曰壻。妻謂其夫曰夫壻。江東呼夫同門為僚壻，兩壻相稱為亞壻。家貧出贅妻家曰贅壻。

孥 平

音奴。子屬於父曰孥。 妻孥。

乃都切。通作帑。帑為藏金之囊。囊之系於人。猶子之繫於父也。故引申為妻孥之孥。

孼 孽 入

音闑。庶出為孽。去 孽子。 孽臣。

魚列切。妾隸之子曰孽。孽者蘖也。有罪之女沒入於公。得幸而有所生。猶樹斬而復生也。引申之凡庶子皆曰孽。叚借為媒孽之孽。

孫 平

音飧。子所生者曰孫。 子孫。 重孫。 音巽。謙讓也。

思魂切。子之子也。从子从系。系續也。續子之嗣也。故泛言之則自子以下皆得稱焉。轉注為孫竹稻孫之孫。又蘇困切。與遜通。如謙孫。孫位是。

倫 平

音淪。親戚有序曰倫。 倫常。 天倫。

力迍切。輩也。順也。猶言順輩之序也。故君臣父子夫婦昆弟朋友。謂之五倫。又宗族親戚統謂之人倫。

親 平

七平聲。不疏曰親。去 親戚。 親近。

七人切。屬也。近也。謂屬之最近者。故父子夫婦昆弟為六親。九族曰合親。父母曰雙親。有婚姻之約者曰姻親。又引申為躬親之親。

疏 平

音梳。分之遠者曰疏。 疏遠。 疏房。 音數。陳事於朝曰奏疏。

山租切。通也。从㐬从足。㐬子生也。足破包足動皃。凡孕則塞。生則通。故引申為疏通之疏。轉注為疏遠之疏。又章奏亦曰疏。讀所助切。以其分條陳事而言之也。

嫡 入

音的。合以正者曰嫡。嫡親 嫡庶

丁歷切。敵也。言與之匹敵也。故正室曰嫡。正室所生長子曰嫡子。嫡子所生長子曰嫡孫。經傳皆以適為之。

眷 去

音卷。親戚之應顧睠者曰眷。親眷。家眷。

吉掾切。睠也。引申為眷顧之眷。又借為婘。即俗所謂眷族之眷。

戚 入

音碱。族之近者曰戚。親戚 至戚

倉歷切。斧也。假借為慽。故憂哀曰戚。又借為傶。傶近也。故轉注為親戚之戚。

姻 婣 平

音因。男女相因之親曰姻。婚姻 姻親

於真切。壻家也。女之所因。故曰姻。今妻父曰婚。壻父曰姻。引申為婚姻之姻。

配 去

音[illegible]。匹之為配。匹配。原配。

滂佩切。酒色也。假借為妃。引申為配耦之配。轉注為配饗之配。

媵 去

音孕。從嫁之女曰媵。媵妾。

以證切。古者諸侯嫁女。同姓二國媵之。引申之。凡隨從者皆曰媵。燕禮有媵爵。謂先飲一爵。後一爵從之也。

師 平

音獅能傳教我者為師 老師 師生

踈夷切二千五百人為師春秋時雖累萬之衆皆稱師古天子有六軍亦曰六師師衆所聚也故亦訓衆天子之都曰京師亦取衆聚之義又借為帥帥者可以為人表儀者也故引申為師傅之師今官制有太師少師

傅 去

音付能輔導我者為傅 師傅

方遇切相也以德義傅相之也引申為師傅之傅古官制有太傅少傅今與太師太保少保同為一二品之加銜

朋 平

音鵬同類為朋 朋友 朋黨

步崩切神鳥也鵬朋皆鳳字古文象形隷書作朋今從之凡鳳飛則羣鳥隨以萬數故引申為朋類之朋周禮大司徒注同師曰朋同志曰友又書八家為鄰三鄰為朋皆朋類相從之義也轉注兩尊曰朋亦稱朋酒

友 上

音有有所輔益曰友 朋友 交友

云久切同志曰友轉注為友愛之友又轉為獸二曰友

賓 平

音濱客之大者曰賓 賓客

必隣切敬也賓客無不敬故引申為賓客之賓古者五等諸侯為大賓其孤卿為大客今統稱為賓客叚借為擯棄之擯轉注為賓服之賓

鰥 平

音關寡夫曰鰥 鰥魚 鰥夫

姑還切大魚也鰥目不閉有愁悒之皃故引申為老而無妻之稱又與瘝通

寡 上

瓜上聲老而無夫曰寡 寡婦 多寡

古瓦切少也寡君為少德之君謙詞也婦五十無夫曰寡古者無夫無婦皆曰寡今專以為嫠婦之稱

孤 平

音姑幼而無父曰孤 孤子 孤哀子

古乎切三十以下無父稱孤列國有凶亦稱孤孤亦寡也故小國之君以孤為謙稱又少師少傅少保曰三孤言其雖為三公之貳而實非其官屬故曰孤既孤則孑故轉注為孤臣之孤

孀 平

音霜嫠婦之别稱也 孤孀 孀婦

師莊切霜也霜有凄愴之意故稱嫠婦亦曰孀婦

嫠 平

音釐寡婦之别稱也 嫠婦

里之切坼也婦無夫曰嫠亦男女分坼之義也

耆 平

音祁將老曰耆 耆老 耆艾

渠伊切至也至老之境也故六十曰耆

老 上

音栳過壯之年則為老 老少 長老

魯皓切七十曰老从人毛匕匕髮須髮變白也引申為老少之老轉注為三老五更之老又轉為老師糜餉之老

叜 叟 上

音藪。呼老翁曰叜。 老叜。

蘇后切。縮也。人與物老皆縮小。故稱長老曰叜。

翁 平

音蓊。俗稱父輩為翁。 老翁。 漁翁。

烏紅切。頸毛也。段借為公。實為伀。訓父也。引申之凡輩行長者皆稱翁。

孺 去

音茹。能咳笑之兒也。 孺子。 孺人。

而遇切。乳子也。兒始能行也。古者大夫妻曰孺人。言妻之屬於夫。猶孺子之屬於母也。今七品至九品之婦皆稱孺人。

郎 平

音廊。男子佼好之稱也。 新郎。 令郎。

魯當切。良也。故婦人稱男子為郎。又官名。秦置郎中令。漢有郎官。隋置六侍郎。今京員有侍郎郎中員外郎各職。

兒 平

爾平聲。初生之子曰兒。 孩兒。 兒戲。

兒 汝移切。孺子也。从囟儿囟 象小兒頭囟未合之形也。女曰嬰。男曰兒。專言之則己之子為兒。泛言之則男子皆曰男兒。女子皆曰女兒。

童 平

音同。八歲以上十五歲以下謂之童。 童子 童女

徒紅切。男有辠曰奴。奴即童也。禮童子執帚注隸子弟若內寺豎人之屬。又借作僮。為男子未冠女子未笄之稱。引申為童蒙小童之童。又山無草木。獸無角略亦曰童。謂其猶男未冠女未笄也。

孩 平

亥平聲。大於嬰者為孩。 小孩。 孩兒

何開切。與咳同。咳小兒笑也。引申為小兒知咳笑可提抱者之通稱。

嬰 平

音纓。乳子曰嬰。 嬰兒 育嬰堂

於盈切。繞也。引申為嬰城固守之嬰。叚借為膺。兒初生懷之膺前。故曰嬰兒。

稚 穉 去

音治。子女之幼者也。 稚子 幼稚。

直意切。禾之復種者曰穉。復種則晚熟而禾小。引申之凡人物幼小皆曰稚。

酋 平

音遒。魁帥之名。酋長。

慈秋切。繹酒曰酋。即禮記舊澤之酒也。引申之酒官之長曰大酋。古時羌胡中人名豪帥為酋。今賊中之頭目亦曰酋。皆取其雄長一方之意。

霸 去 入

音拍。魄然不明也。音灞。以力服人者曰霸。五霸。霸王。

普伯切。謂月始生霸然也。死霸為朔。生霸為望。叚借為伯。讀必駕切。長也。故諸侯之長謂之霸。不直言伯而言霸者。謂其把持天子之政令。而迫脅諸侯也。春秋五霸。齊桓晉文宋襄秦穆楚莊也。

傑 入

音桀。萬人之英曰傑。人傑。豪傑。

渠列切。特立也。才過萬人謂之傑。故識時務者為俊傑。

士 上

音仕。四民之長曰士。進士。博士。

鉏里切。事也。能任事者也。从一从十。數始於一而成於十。推十合一。惟士能之。古以希聖希賢為士。今則學者之通稱。亦男子之美稱也。

彦 去

音諺。博士之美稱也。碩彦。邦彦。

魚變切。美士有文。人所言詠者也。引申為俊彦之彦。

儒 平

音襦。士子之稱。儒教。通儒。

汝朱切。通天地人曰儒。儒幼弱也。故轉注為侏儒之儒。

俠 入

音協。不侮不畏謂之俠。 俠客。

胡頰切。挾也。挾意氣以作威福而能立強於世者也。引申為游俠義俠之俠。

民 平

音泯。庶人為民。萬民。 良民。

彌隣切。衆萌也。萌者。盲昧無所知也。引申為衆人之稱。古者言四民。士農工商是也。

氓 平

音盲。流民為氓。 流氓。

武庚切。自彼來此之民曰氓。从亡从民。猶言流亡之民也。氓與民通。亦兼盲昧之義。

工 平

音公。執技曰工。 工匠。 長工。

古紅切。巧飾也。象有規矩而加文采也。古者審曲面勢。以飭五材。以辨民器。謂之百工。即今工部之職。工能任事也。故引申為臣工之工。再轉為工拙之工。

儈 去

音膾。即滬上所謂掮客也。

古外切。會合二家交易者謂之儈。古之駔儈。今之牙行主人。皆儈之類也。

媒 平

音枚。撮合之謂媒。 媒人。 媒婆。

莫杯切。謀也。謀合異類使和成之。故謂之媒。引申為媒妁之媒。轉注為媒孽之媒。

夥　上

音禍。傭工曰夥。
夥計。

胡果切。楚人謂多為夥。今俗以同本合謀為合夥。謂其儕傭曰夥友。

傭　平

音容。僱工為傭。
傭工。　幫傭。

餘封切。均直也。賣力受直曰傭。言隨其力以均其直也。故引申為傭工之傭。

婢　上

音庳。服役之女
曰婢。　婢女。

便俾切。女之卑者也。古者女子有罪入於舂槀。謂之婢。今通稱女之給事者為婢。古禮自世婦以下自稱婢子。則謙詞也。

僕　入

蓬入聲。給事者
曰僕。　奴僕。
太僕寺。

蒲沃切。仕於公曰臣。仕於家曰僕。天子備御號為大僕。故引申為僕御之僕。今統以傭工為僕。又男子自謙之稱亦曰僕。

奴　平

音努。服役之男
曰奴。　奴婢。
奴才。

乃都切。男入於罪隸曰奴。女入於舂槀曰婢。引申為奴僕之通稱。今滿人對君自稱曰奴才。蓋自居於世僕也。

僮 平

音同童子之給事者曰僮 書僮 琴僮

徒紅切未冠者也十九歲以下八歲以上謂之僮叚借為童故奴隸之總稱皆曰僮

皁 上

曹上聲役之喝道者曰皁隸 皁礬

昨早切賤隸也傳士臣皁皁臣輿輿臣隸又馬閑也梁宋齊楚北燕之間謂櫪為皁周禮三乘為皁又黑色也俗言不分黑白亦曰不分皁白

閽 平

音昏門守曰閽 閽人 敂閽

呼昆切守門之賤隸也从門从昏門以昏閉也古者刑人墨者使守門故又曰閽寺今統稱門隸為閽轉注以宮門為重閽故詣闕自愬曰敂閽

俗 入

音續風氣所沿襲曰俗 風俗 俗吏

松玉切習也上所化曰風下所習曰俗轉注為不雅者之稱

去 **善** 上

音蟺。惡之對也。 善人。
音繕。 友善。

上演切。善惡之善也。 時戰切。彼善而我善之也。

才 材 平

音裁。質美可造者曰材。 材料。 才能。

牆來切。草木初生曰才。引申為材質之材。木已成器曰材。叚借為才能之才。故才材古通用。

資 貲 平

音咨。天所賦曰資。 資質。 資本

津私切。賴也。古通作貲。人所賴以貿遷者也。亦訓為質。人所賴以進德者也。

去 **質** 入

音桎。物體曰質。 元質。 質樸。
音致。留物以示信曰質。 質當。 交質。

之日切。質。體也。凡物皆有元質。化學家分為六十四種。約分氣類五種。非金類九種。輕金類十九種。賤金類二種。貴金類九種。近增至八十餘種。物之本質皆樸。故引申為質樸之質。 陟利切。

去 **聖**

聲去聲。於事無所不通之謂聖。 孔聖。 聖教。

式正切。聖。通也。凡一事精通。皆得謂聖。如詩聖。醫聖。酒聖。皆是。孔子之聖。無所不通。故稱至聖。

賢 平

音弦。次於聖者曰賢。 聖賢。 賢能。

戶千切。賢。多才也。人之才者曰賢。賢人之賢亦曰賢。

哲 喆 入

音折。智也。明哲。哲人。

陟列切。知之曰明哲。古文从三吉。字亦作喆。

乂 去

音刈。才德過百人者為乂。俊乂。乂安。

魚刈切。乂刈之本字。从丿乀相交會意。芟草也。芟薙所以安禾。故引申謂治安為乂。治安必有才德。故段謂賢才為乂。乂即彥也。彥乂雙聲通段。

良 平

音梁。固有之善曰良。賢良。良心。

龍張切。良者本然之善。如良知良能是也。又甚也。如用心良美。用意良殷之良。皆是其用與殊字同。亦與頗字畧同。惟頗字有不甚斷定之意。殊字良字則確實斷之者也。

淑 入

音孰。善也。師人之善亦曰淑。淑人。私淑。

殊六切。

佳 平

音街。美善之稱。佳妙。佳人。

居膎切。其質本善曰佳。古歌絕代有佳人是也。從而善之亦曰佳。老子佳兵者不祥是也。

好 上 去

蒿上聲。美也。結好。好人。音耗。因其美而美之曰好。好惡。

許皓切。媄也。从女子會意。專指女之美者而言。引申為凡美之稱。虛到切。愛而不釋也。

懿 去

音撎。純美也。懿德。懿親。

於戲切。德之粹者曰懿德。親之貴者曰懿親。皆取純美之意。又發聲之詞。如詩懿厥哲婦是也。

篤 入

音督。誠厚曰篤。敦篤。篤實。

都毒切。篤从馬竹聲。馬行頓遲也。引申為病篤之篤。以委頓為義。假借為誠篤之篤。以純厚為義。篤厚之篤本為管字。亦為竺字。經傳多假篤者。以其聲同也。

純 平

音淳。精一不雜之為純。純粹。精純。

殊倫切。純絲也。衣服全用絲而無雜質者曰純。故純粹純美之純皆以精一不雜為義。

敦 去 平

音墩。篤厚曰敦。敦篤。敦請。音對。盛黍稷之器。盤敦。

都昆切。敦厚也。引申為敦促敦請之敦。以示厚意相待也。都內切。

仁 平

音人。愛之所由出也。仁義。仁愛。

如鄰切。仁人心也。仁由心出。故發於心者亦謂之仁。如果實之仁。俗稱杏仁桃仁皆是。

孝 去

哮去聲。善事父母曰孝。忠孝。孝子。

許教切。子能承事老人曰孝。故从老省。从子會意。

忠 平

音中。盡己之心曰忠。 盡忠 忠臣

陟隆切。从中从心。言中能應外也。

貞 平

音禎。志操正定曰貞。 守貞 貞節

知盈切。卜問事之正者曰貞。从卜貝以為贄。會意。引申為貞節之貞。謂操正而志定也。故謚法清白守節曰貞。

節 入

音接。止而不過之謂節。 竹節 節制

子結切。節。竹約也。凡稱節者皆有約義。如時節。節氣所以約天時也。貞節。節義所以約人品也。骨節。筋節。所以約身體也。符節。璽節。所以約事權也。節文。所以約禮也。節奏。所以約樂也。皆有限制而不能踰越之義。

廉 平

音匳。不苟得曰廉。 堂廉 廉潔

力鹽切。堂之側邊曰廉。廉。稜也。引申為廉潔之廉。言方正不汙。若有稜角然也。

儉 上

箝上聲。奢之對也。 儉樸 寒儉

巨險切。儉。約也。有不敢放侈之意。如奢儉之儉是。引申謂虛空不足為儉。如腹儉之儉是。

恭 平

音供。敬之發於外者曰恭。 恭敬 謙恭

九容切。恭。敬也。在貌為恭。在心為敬。

去

敬

居慶切。恭見乎外，敬主乎中。此恭敬二字之別。

音竟。恭之主於中者為敬。 恭敬。 敬容。

平

端

多官切。端，立容直也。引申為端莊之端。叚借為耑。耑，物生之始也。篆文耑上象生物形，下象其根。一者地也。故引申謂事之始物之末皆曰端。

音偳。莊正無邪曰端。 兩端。 端嚴。

平

莊

側羊切。莊，草大也。从草壯會意。引申為凡壯盛之稱。 又六達之衢曰莊。村莊之莊，意本於此。

音裝。嚴重不佻曰莊。 村莊。 莊敬。

平

誠

時征切。

音成。真實無偽曰誠。 虔誠。 誠意。

去 平

信

思晉切。信，从人言會意。謂其出言必踐也。故符契曰信。訊問之書亦曰信。 又升人切。

音訊。能踐其言曰信。信人之言亦曰信。 信札。 信任。 音申。伸也。 屈信。

平

孚

芳無切。鳥伏卵也。即孵之本字。凡鳥抱卵，恆以爪反覆之，故从爪子會意。鳥之孚卵皆如期而不爽。故引申謂信為孚。

音敷。信也。 有孚。 相孚。

寬 平

欵平聲。不事苛細曰寬。寬大。寬政。

枯官切。寬大也。屋大則能居而不窄。量大則能容而不苛。故皆謂之寬。反之謂寬懈之寬。謂事不經意則大而無當也。

雍 平 去

音廱。和也。肅雍。雍容。音擁。古州名。雍州。

於容切。雍本作雝。隸改作雍。鶺鴒之異名也。鶺鴒喜飛鳴。作聲其音邕邕而和。故从邕隹會意之義。引申為和樂之義。於用切。九州之一。東崤西漢南商北居庸四山之擁翳也。故謂之雍。

敏 上

音愍。捷於應付曰敏。敏妙。敏捷。

美殞切。以事言則迅速曰敏。以質言則聰慧曰敏。皆捷於應付。

慧 去

音惠。智也。聰慧。慧敏。

胡桂切。智之蘊於心者曰慧。慧之發於外者曰智。

謙 平

欵平聲。不自滿曰謙。撝謙。謙虛。

苦兼切。意不自滿曰慊。言不自滿曰謙。古或叚謙為慊字。易有謙卦。䷎

讓 去

壤去聲。先人後己曰讓。讓人。退讓。

而亮切。讓責也。以言相詰責也。反之為謙讓。退讓之讓。

固 去

音顧。難攻易守者曰固。堅固。頑固。

古慕切。固，堅守也。物之堅者曰固。志之定者亦曰固。反之爲固陋之固。言拘泥古法。執而不化也。又固然。謂原來如此也。於文爲順承上文之頓詞。

剛 平

音岡。堅强不屈曰剛。剛柔。

居郎切。剛本通鋼。鋩刃之堅利者也。引申爲剛强之剛。

介 去

音戒。取與不苟曰介。耿介。介胄。

居拜切。介。畫也。篆文作𠆦。从人从八會意。八。分也。从人者。取人身左右以見意。引申爲擯介之介。所以分賓主也。又申爲耿介之介。所以分去取也。叚借爲介胄鱗介之介。皆甲字之音轉。

桓 平

音丸。威武之貌。盤桓。桓圭。

胡官切。亭郵表也。木或四植。或二植。聲之轉曰和表。亦曰華表。叚借爲威武之貌。謚法。辟土服遠。克敬勤民曰桓。又公執桓圭。皆所以示威武也。又盤旋亦作盤桓。以疊韻字通假。

毅 去

音劓。强而有決曰毅。果毅。毅力。

疑既切。

嚴 平

音巖。威重曰嚴。寬嚴。嚴毅。

疑杴切。嚴。威重之貌。引申之。馭人以威曰嚴。如嚴酷之嚴是。畏人之威亦曰嚴。如嚴憚之嚴是。

豪 平

音毫。智過百人者謂之豪。 豪傑。 英豪。

乎刀切。亦作毫。豕鬣之剛而銳者曰豪。引申之，凡毛之尖銳者皆曰豪。人之英銳者亦曰豪。

嘉 平

音加。美善曰嘉。譽人之善亦曰嘉。 嘉慶。 可嘉。

居牙切。善也。古者冠昏饗射謂之嘉禮。

康 平

音糠。安樂之意。 康熙。 安康。

邱岡切。康，安也。大有年曰康年。昇平世曰小康。謂民皆安樂也。 又廣大也。五達之路謂之康莊。言廣大便人行也。

榮 平

音營。氣象光輝曰榮。 榮辱。 光榮。

於營切。草木之華謂之榮。取繁盛光明之意。故从木从熒省。顯榮之榮意本此。 又桐木名榮。

福 入

膚入聲。百順備謂之福。 享福。 福壽。

方六切。洪範五福。一曰壽。二曰富。三曰康寍。四曰攸好德。五曰考終命。福者，備也。古者祭必以誠，則百順皆備。故字从示。今以餕餘為飲福。乃其本意。引申之，降福於人亦曰福。如福善禍淫之福是。

壽 去

音綬。年高曰壽。 壽考。 慶壽。

承咒切。壽，久也。古者百二十歲為上壽。百歲為中壽。八十歲為下壽。引申之，賀人之壽亦曰壽。壽者人之所欲，故卑下奉觴皆曰上壽也。

祉 上

音耻。福也。福祉。

丑里切。祉之言止。取吉祥止止之意。

祥 平

音詳。吉凶之兆曰祥。災祥。祥瑞。

徐羊切。善惡之徵也。禎祥曰吉祥。妖孽曰凶祥。今多以吉兆為祥。凶祥謂之不祥。

昌 平

倡平聲。光明美盛之稱。昌盛。昌言。

齒良切。日光也。引申為光昌昌盛之昌。又申為昌言之昌。昌言有二義。一謂善言。一謂聲言於衆也。

綏 平

音雖。安也。授綏。綏定。

蘇回切。挽以上車之索曰綏。禮升車必正立執綏。所以安也。故引申為綏安之綏。

惡 入 去 平

音堊。善之反曰惡。惡人。汙去聲。憎惡曰惡。惡惡。音汙。歎詞。

遏各切。凡事物之不善者皆曰惡。故行劣貌寢者曰惡人。粗飯曰惡食。凶年曰惡歲。烏故切。愛之對曰惡。汪烏切。歎聲。與烏通。又惡見猶安見也。拒之之詞。

陋 去

音漏。窄隘曰陋。鄙陋。陋巷。

郎豆切。不廣也。見聞不廣則陋。故寡見曰陋。居處不廣則陋。故僻居曰陋。隘巷亦曰陋。皆以窄狹為義。

劣 入

音埒。優之對也。劣蹟。優劣。

龍輟切。劣弱也。从力少會意。引申為鄙惡之稱。

癡 平

音鴟。不慧曰癡。嬌癡。痴聾。

超之切。俗作痴。癡騃也。心失其職。而不能制百體之運動。謂之癡。證以全體學之理。則腦筋麻木也。人之肥者。每不便於運動。故有癡肥之稱。

頑 平

刑平聲。心不則德義之經曰頑。冥頑。頑耍。

魚鰥切。頭梱鈍而不銳者曰頑。引申為冥然罔覺之稱。又好弄曰頑。亦謂童昏無知。惟事戲弄也。

愚 平

音虞。不智曰愚。智愚。愚昧。

元俱切。愚之言寓也。無所為無所知。若寄寓然。引申之。以術弄人亦曰愚。

拙 入

音棁。鈍而不利曰拙。工拙。拙工。

朱劣切。拙者。巧之對也。

蠢 上

音惷。無知妄作曰蠢。蠢動。愚蠢。

尺允切。蟲動也。引申之。凡動而不遜皆曰蠢。惟其無知。故不遜而動也

去

昧

音妹。闇也。昧旦　曖昧

莫佩切。夜未明而向晨曰昧。引申為幽闇不明事理之稱。

去　入

悖

音孛。逆也。不悖　悖逆　音佩。義同。

蒲没切。悖之為言背也。凡背理之事皆曰悖。故犯上作亂者曰悖逆。又蒲昧切。

去

妄

音望。不知而作謂之妄。无妄　妄人

巫放切。凡不揆於輕重而出之皆曰妄。故無識之人曰妄人。無據之言曰妄言。越禮之事曰妄作。

去

謬

音繆。誤也。荒謬　謬妄

眉救切。謬之出於無心者曰誤。誤之出於有意者曰謬。

去

誤

音寤。謬也。錯誤　誤事

五故切。凡言應出此而謬出於彼。事應行此而謬行於彼者。皆謂之誤。於言為本義。於事為引申也。

平

愆

音騫。過失曰愆。愆尤　不愆

苦堅切。亦作𡨦。籀文作諐。心有所失謂之愆。引申為愆儀。愆期之愆。皆以踰越其本心為義。

咎 上

音舅。與善相違者曰咎。休咎。旡咎。

巨九切。咎从人从各會意。各者相違也。故於義為謗。如無咎無譽之咎是。引申謂過為咎。以其與善相違也。謂灾為咎。以其與祥相違也。

詐 去

租去聲。言不信也。欺詐。詐人。

側嫁切。言之背信藏巧者謂之詐。事之飾偽欺人者亦謂之詐。

偽 去

危去聲。言行不實曰偽。真偽。偽為

危睡切。詐也。凡實不副名言不副行者皆曰偽。故文飾經術以炫世俗者曰偽學。割據州郡以盜名字者曰偽朝。

誣 平

音無。以無為有曰誣。誣妄。被誣。

微夫切。於言。憑虛構謗曰誣。於事。加罰無罪曰誣。於學。望文生義曰誣。皆以無為有之義。

枉 上

汪上聲。邪曲曰枉。寃枉。枉曲。

嫗往切。枉者。木屈曲之意。引申謂人之不直者。事之被誣者。皆曰枉。

假 上

音賈。借也。假借。真假。

舉下切。假非實有者也。故於財曰假貸。於事曰假託。於六書。本無其字。而依聲以託事者曰假借。後世又有本有其字。而亦以同聲字相借用者曰通假。又凡供人之事而請期休息者曰乞假。以身屬於人。則權非己有也。

欺 平

音僛。行詐於人曰欺。自欺。欺騙。

邱其切。以心言則詐譌曰欺。以言言則誣誑曰欺。以事言則陵侮曰欺。皆行詐於人之謂。

負 去

音婦。有所恃者曰負。不足恃者亦曰負。欺負。負人。

扶缶切。負恃也。从人守貝。有所恃也。如負固之負是。引申之。以背任物曰負。如負擔之負是。因以為自任之稱。如抱負之負是。并轉為違背初心之稱。如負德負恩是。又勝之對為負。則亦違背始願之意也。

狎 入

音匣。交久敬衰曰狎。戲狎。狎侮。

轄甲切。狎犬可習也。引申為狎侮之狎。謂親而不尊也。

侮 上

音武。慢人曰侮。侮慢。狎侮。

罔甫切。

干 平

音竿。以非禮相觸犯曰干。干冒。干求。干盾。干係。

古寒切。犯也。引申為冒進之義。如干祿干澤是也。犯則必亂。故相干之干訓為亂。亂必有以衞之。故闌干之干與干城干盾之干。皆以捍衞為義。

諂 上

覘上聲。好順人意曰諂。驕諂。諂諛。

丑琰切。以不善先人者謂之諂。諂之言陷也。謂以佞言諂之也。古文作讇。

去 **僭**

尖去聲。越分曰僭。僭越。僭僞。

子念切。以下效上。以下犯上皆曰僭。為其越於分之外也。

去 **忤** 牾

音誤。逆也。忤逆。牴牾。

五故切。凡事逆於理。意逆於人皆曰忤。故違逆君親之意者曰忤逆。字亦作牾。牛角相抵觸曰牴牾。因以為違背之稱。

平 **仇**

音求。匹敵也。仇讎。好仇。

渠尤切。仇者相當相對之謂故互合曰仇互敵亦曰仇

去 **妒** 妬

音覩。以才貌相嫉曰妒。嫉妒。妒婦。

都故切。二女相嫉曰妒。引申為妒賢妒功之妒。皆二人相嫉之意也。字亦作妬。

平 **驕**

音姣。意氣陵人曰驕。驕傲。

居妖切。馬不受控曰驕。引申之人之縱恣者皆曰驕。

去 **傲**

敖去聲。倨慢也。驕傲。傲慢。

魚到切。曲禮凡視。上於面則傲言倨慢無禮目中若無人者然也。傲睨以目言。傲慢以心言。倨傲以身言。驕傲以氣言。

狂 平

音軭。心不能審是非者曰狂。發狂。　狂吠。

渠王切。猘犬曰狂。謂犬之妄行者也。古文作㤮。則謂人之妄行者也。今概假狂字為用。

狡 上

音絞。黠慧曰狡。狡兎。　凶狡。

古卯切。狡犬之黠者。引申為狡獪之狡。謂兒戲之猾者也。又申為狡猾之狡。謂人之黠智者類之也。

奢 平

音賒。越分以自奉曰奢。驕奢。　奢侈。

詩遮切。反儉為奢。籒文作奓。从大从多會意。引申為奢願之奢。謂夸而無當也。

侈 上

音齒。自大曰侈。奢侈。

尺里切。反儉為侈。侈者自大之意也。引申為廣大夸大之稱。

貪 平

音歛。求取無饜曰貪。貪心　貪財。

他含切。反廉為貪。本義謂貪財也。故从貝。引申為貪生貪兵之貪。

吝 去

音藺。嗇於出者曰吝。驕吝。　吝惜。

良刃切。凡己之所有而不肯施於人者曰吝。如吝財吝教之類是也。

淫 平

音霪。過甚也。浸淫。淫威。

夷針切。平地出水曰淫水。淫者過而不知止也。故引申之。凡有所好而沈溺其中者曰淫。逞其欲而不肯自制者亦曰淫。假借為婬。謂男女不以禮相交也。

穢 去

音濊。汙也。汙穢。穢物。

烏廢切。田中雜草曰穢。引申為汙穢。穢德之穢。

汙 洿 平

音烏。不潔曰汙。汙穢。貪汙。

汪胡切。濁水不流曰汙。引申之人有穢行。物有瑕垢。皆曰汙。又趨承旨意亦曰汙。言私所好而曲從之。不知自潔其品也。又造謗誣人亦曰汙。言被人以惡名。猶納之汙穢之中也。字亦作洿。

邪 衺 平

音耶。邑名。琅邪。

音斜。反正為邪。奇衺。邪說。

余遮切。琅邪。古齊邑。地有琅邪山故名。在今山東青州府諸城縣境。　徐嗟切。衺之假。衺本衣服不正之稱。引申為反正之義。

垢 上

音茍。蒙汙曰垢。塵垢。垢辱。

舉后切。垢濁也。如塵垢。垢氛。是濁者必見辱於人。故引申為含垢忍垢之垢。皆以辱為義。

僻 入

批入聲。荒陋怪誕曰僻。偏僻。僻陋。

匹亦切。僻。避也。即行僻人之僻也。凡相避必屏於一邊。故引申之謂地之交於邊徼者曰僻陋。人之越於正軌者曰邪僻。皆行不由中之意。

奸（姦） 平

音菅。行多邪僻曰奸。奸宄　姦臣

居顔切。犯婬也。从干女會意。引申之凡心術不端及以下犯上者皆謂之奸。如奸雄奸惡等是。古與姦字相通為用。

凶 平

音胷。惡人之稱。凶惡　吉凶

虛容切。凶惡也。象地穿穴交陷其中。言惡之害人猶地之塹可陷人也。凶年凶器皆本此意。

刁 平

音貂。詭譎之稱。刁惡　刁斗

丁聊切。古無刁字。即刀字之變也。古者軍中有鐎。以銅為之。受一斗。晝炊夜擊。形如銷而無緣。亦謂之刁斗。俗又以刁為言動詭譎之稱。

乖 平

怪平聲。與人背異曰乖。乖戾　乖覺

公懷切。乖戾也。剛柔適中謂之和。反和為乖。引申之相離亦曰乖。如乖違之乖是。俗以小兒靈慧曰乖。與本義適相反。乃里巷之俚詞也。

戾 去

音麗。乖背於理曰戾。乖戾　戾止

力霽切。戾曲也。从犬出戶下身曲戾也。假借為盭。盭乖背也。經傳多以戾為之。如暴戾之戾是。又來至曰戾。定止亦曰戾。則隸字之通假也。

暴 去 入

音菢。殘忍之稱。暴虐

音僕。表白於人曰暴。表暴

蒲報切。暴者猝起之意。故疾風曰暴風。猝怒曰暴怒。驟病曰暴病。申為殘暴之暴。　蒲木切。曝之假字。曝物必顯露於外。故申為表示於外之稱。

虐

入

音瘧·殘暴無理曰虐· 陵虐 虐政

逆約切·从虍从人·象虎足反爪人也·引申之·害人之最者曰虐·

刻

入

音克·苛求·苛責於人皆曰刻· 刻剝 雕刻

苦得切·刻鏤也·金謂之鏤·木謂之刻·鏤刻之工·以深為貴·故引申之·凡深求於人者·皆謂之刻·如苛刻·刻薄之類是· 又漏刻·古者紀時之具·古晝夜作百刻·今西法用鐘表·分十二時·為九十六刻·四刻為一點鐘·

殘

平

音朘·賊義者謂之殘· 凶殘 殘疾·

財千切·殘古文戔·从二戈·會意·篆文从歺·則以傷於戔會意·故用殘字·皆有傷害之意·凶殘·殘暴·害於政·殘缺·殘毀·害於物·殘人·殘疾·害於身·殘餘之殘·則㱚字之通假·而肉餘之引申也·

忍

上

人上聲·不動心也· 相忍 忍耐

爾軫切·忍者堅中之義·堅而能止曰忍·如含忍之忍·是堅而能行曰忍·如殘忍之忍是·

偷

平

透平聲·不應取者而取之曰偷· 偷安 偷兒

他侯切·偷本作媮·巧黠也·苟且也·穿窬以巧黠苟且取人之物·故謂之偷·引申為偷安·偷生之偷·

竊

入

音切·盜物也· 竊取 被竊

千結切·私取人物曰竊·引申之·據非所據曰竊·如竊位·竊國是也·又申為竊比·竊聞之竊·皆自謙之詞·示不敢公言之也·

爭

去 平

音箏。物相競曰爭。爭鬬 競爭。爭去聲。以言爭也。諫諍

留耕切。爭引也。从受从厂。爭會意。示彼此競引一物。爭之道也。側迸切。諍字之假。爭者以手。諍者以言。故諫爭為諫諍之假。

篡

去

音竄。逆取曰篡。篡位

初患切。凡取而不以順者皆曰篡。其事必出於私心所計算。故字从算从厶會意也。

劫

入

音衱。脅奪也。浩劫 劫數。

訖業切。劫从力从去會意。人欲去以力脅止之也。故以威力迫人及奪物者皆曰劫。引申為兵劫火劫之劫。

毒

入

音碡。害人之物曰毒。酖毒 毒藥。

徒沃切。毒害人之草也。神農嘗草以氣味之害人者為毒。引申之。凡足以害人者均謂之毒。

害

去

孩去聲。傷也。亦傷人也。利害 害人。

合蓋切。从宀从口會意。言亂階從家起也。丰聲。害者利之反。故事之無利者曰害。害人者不利於人也。害事者不利於事也。

禍

上

和上聲。福之反也。加禍於人亦曰禍。禍福 首禍

合果切。禍从示。謂神降之罰也。引申之。凡不測之事皆曰禍。

亂 去

鑾去聲。治之反。曰亂。反亂為治亦曰亂。
治亂 亂臣

盧玩切。不治曰亂。故凡事失其倫物失其序皆曰亂。已亂亦曰亂。故凡樂之卒章事之歸束皆曰亂。

盜 去

音導。攘人所有曰盜。盜物之人即曰盜。
強盜 盜名

杜到切。从次从皿。會意。謂羨人之器皿而思取之也。今律凡公取竊取皆為盜。是專言之則指強賊也。泛言之則陰私自利者皆曰盜。

賊 入

音蠈。害人曰賊。害人之人亦曰賊。
盜賊。 賊 仁。

疾則切。古以殺人不忌為賊。今以小偷積竊為賊。論字義則盜小而賊大。盜輕而賊重。今律反之。假借以害苗之蟲為賊。

匪 上

非上聲。甘冒不韙者曰匪。
拳匪。 匪徒

甫尾切。匪篚之本字。古者盛幣帛之器也。假借為是非之非。藐法之人所為非禮。故稱盜賊曰匪類。

妖 平

音夭。異常為妖。
妖怪 拿妖。

伊堯切。女子巧笑之貌。假借為祅。凡天時人事之變出非常者曰祅。經傳多用妖者。以同聲字相通假也。

夭 平

音妖。短折曰夭。
夭壽。

伊堯切。少長曰夭。引申為夭折之夭。以其少壯而死。未能長成也。又通作祅。枖枖。少盛之貌。詩作夭夭。

仕　上

音士。官於朝曰仕。 仕宦。 出仕。 仕

宦　去

音患。在官曰宦。 仕宦 宦途

官　平

音觀。有專職者曰官。 做官 官員

上吏切。古者學優而仕。故四十為強仕之年。今則以釋褐為出仕。自納粟之例開。而仕之途益雜矣。

胡慣切。仕也。猶今試用學習之宦也。假借為豢。妾為宦女。閹寺為宦官。皆以豢養為義。

古丸切。从宀从𠂤會意。宀。覆屋也。𠂤猶眾也。言在屋下治眾也。引申之。凡各司所職以治眾者皆曰官。荀子以耳目口鼻形為五官。以其各有所司也。

員　平

音圓。官吏之數曰員。 委員 人員

午權切。員。物數也。人數亦曰員。故官之顯者曰大員。官之末者曰微員。官之散者曰冗員。

品　上

匹上聲。物有等差曰品。 品級 上品

匹錦切。品。眾庶也。凡言眾庶必分差等。故官分大小曰品級。銜人優劣曰品評。引申之物分其類亦曰品。如田獲三品。惟金三品之類。

級　入

音急。有次序也。 階級 等級

訖立切。凡有等差者曰級。本訓以絲之次第為級。引申之。歷階之次第亦為級。更申之。歷官之次第亦為級。秦法。斬首一。賜爵一級。故出征所獲之首曰首級。

職 入

音織。掌其業曰職。職守。卑職。

之弋切。職者常也。民有常業曰職業。官有常守曰職位。歲有常供曰職貢。

位 去

音壝。人物有定所者曰位。爵位。位置。

于愧切。易聖人之大寶曰位。此指君位言也。周禮外朝之位治朝之位。此指臣位言也。引申之。人所坐立皆曰位。如論語思不出位是也。更申之。物得其所亦曰位。如中庸天地位焉是也。

公 平

音工。兼覆無私謂之公。大公。公論。

古紅切。平分也。天下害公莫如私。故古文以八厶為公。八者背也。厶者私也。周制司徒司馬司空為三公。五等之爵首曰公。引申之。凡為君者皆曰公。故君之子曰公子。公子之子曰公孫。更申之。凡稱尊老統謂之公。

侯 平

後平聲。五等爵之次曰侯。公侯。侯爵。

胡溝切。爵分五等。公侯伯子男是也。故次於公者曰侯。又諸侯君侯。為凡為君者之總稱。今稱縣令曰邑侯。即取百里侯之意。

卿 平

音輕。亞於公者曰卿。公卿。卿士。

去京切。古者天子有六卿。為冢宰司徒宗伯司馬司寇司空。位在公孫之下。今會典以六部都察院通政司大理寺為九卿。

僚 寮 平

音聊。同官於朝曰僚。官僚。僚友。

憐蕭切。僚訓為勞。有共勞王事之意。又與寮通。寮小窗也。段借為僚友之僚。

督

入

音篤。正己率屬曰督。督辦。都督。

都毒切。督訓為董。有董勸其屬之責。故今之官制。文為總督。武為提督。均手握大權。而為下僚所師表者也。

撫

上

音拊。安定其民曰撫。巡撫。撫恤。

芳武切。撫安也。古有巡撫巡按之官。今廢巡按而留巡撫。謂周巡其地。使民各安其所也。

藩

平

音翻。資以障蔽曰藩。屏藩。藩台。

甫煩切。藩屏也。凡場圃必編竹木以為屏蔽。故訓為藩籬之藩。而諸侯又畿輔之屏蔽也。故亦訓為藩輔之藩

臬

入

音孽。射的曰臬。藩臬。臬台。

倪結切。臬法也。射鵠為射者之法。故名曰臬。今按察司名臬台。亦以其為執法之官也

憲

去

音獻。資以表率者曰憲。上憲。憲體。

許建切。懸法示人曰憲。今俗稱歷書曰憲書。上官曰憲台。撫藩臬為三大憲。謂其可資法守也

尹

上

音允。董治其事曰尹。令尹。府尹。

余準切。尹治也。設官所以治事。故古者每以尹名官。如大臣有師尹。令尹。小臣有關尹。奄尹之類。今之沿用尹名者。如順天府府尹等是也

部 上

音部。總統其類曰部。六部。部位。

裴古切。凡有統屬者皆曰部。引申為部署之部。如吏戶禮兵刑工今分為六部。即六卿之署也。又申為部曲之部。猶言軍法皆有部伍也。

曹 平

音漕。同班為曹。汝曹。曹操。

財勞切。獄之兩曹在庭東。𣍘者。从東。治事之所也。从曰。判事之言也。轉注為曹偶之曹。又國名。後人因以為姓。今山東曹州府即古曹國地。

司 平

音思。有管理之權曰司。有司。司官。

新茲切。總領其事謂之司。古如司徒司馬司空。今如布政按察之類。均所謂責有攸司也。引申之。凡官之屬吏謂之有司。今西人招股同辦一事曰公司。

使 去 上

音史。上使其下曰使。指使。使令。音駛。遣人聘問曰使。使者。

師止切。使人曰使。式至切。為人所使曰使。泰西各國。最重邦交。有頭等二等三等公使名目。中國於英法義比俄德美日秘日本高麗均特簡出使大臣。皆二等公使也。其有全權者為頭等公使。

丞 平

音承。副其正者曰丞。丞相。

辰陵切。凡奉承意指而為人佐者皆曰丞。古者設疑丞之官。以佐師保。今則京曹有寺丞。署丞。外吏有縣丞。驛丞。均佐長官以理庶政者也。

尉 去

音畏。從上按下曰尉。尉官。

於胃切。漢有太尉。掌軍事。應劭曰。自上按下曰尉。武官悉以為稱。故今有輕車都尉。騎都尉。雲騎尉。諸官。又廷尉所以聽獄。縣尉所以安民。皆漢時官名也。

副

否去聲。次於正者曰副。　正副　副堂

數救切。凡承長官之意而佐以理事者曰副。故官制左都御史之次曰副都。將軍提督之次曰副將。今名丞倅為佐貳。猶之副也。

屬

入

音蜀。有所統隸曰屬。　屬員

音燭。以事託人曰屬。　屬托

市玉切。說文屬連也。从尾。若尾之在體相連屬也。連必有所統。故引申為統屬之屬。又申為屬類之屬。　之欲切。託也。

宰

上

哉上聲。主持庶政曰宰。　冢宰　邑宰

作亥切。舊說辠人在屋下執事者曰宰。从宀屋也。从辛辠也。近儒江氏永曰。从宀庖廚也。从辛五味之一也。古以膳夫為膳宰。引申為宰割之宰。轉注為宰治之宰。故宰天下者曰宰相。宰一邑者曰宰官。

吏

去

音利。治人之人曰吏。　官吏　吏部

力地切。凡官無大小皆曰吏。今六部之首曰吏部。六科之首曰吏科。以其專司百官之黜陟也。

元

平

音原。氣之始曰元。　三元

愚袁切。元者體之長也。君為民之長。故稱元首。引申之為元始之元。如元年元氣是也。更申之為元大之元。如元戎元子是也。

聘

去

音娉。以禮物往來曰聘。　聘問　聘禮

匹正切。諸侯修好曰聘。徵名隱逸及昏禮問名亦謂之聘。古者行聘必將物以示敬。故統稱曰幣聘。

翎 平

音靈。鳥羽曰翎。翎毛。花翎。

郎丁切。翎以孔雀羽為之。其等有四。三眼翎。貝子固倫額駙戴之。雙眼翎。鎮輔國公和碩額駙戴之。孔雀翎。一二等侍衛五品以上官有翎者戴之。藍翎。藍翎侍衛六品官之有翎者戴之。

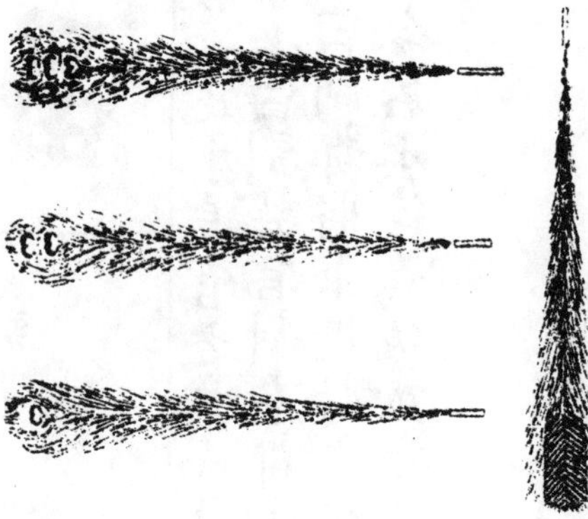

頂 上

音鼎。物之顛曰頂。頭頂。頂戴。

都挺切。本訓為頂踵之頂。假借為頂戴之頂。今制親王貝勒等用紅寶石。一品官用珊瑚。二品用鏤花珊瑚。三品用藍寶石。四品用青金寶石。五品用水晶。六品用硨磲。七品用素金。八品用陰文花金。九品下用陽文花金。

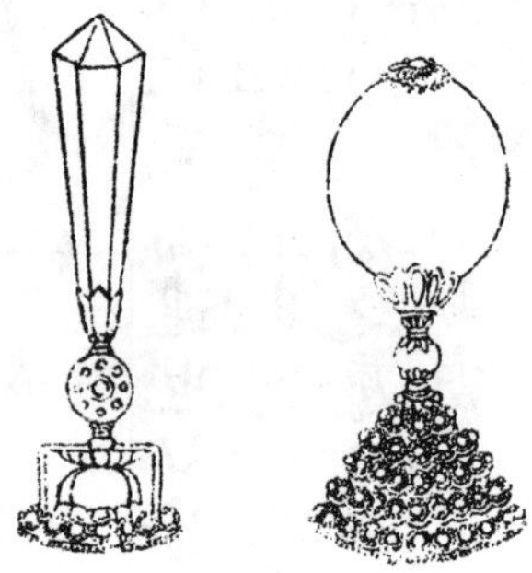

爵 入

音雀。酒器。又寵錫有功曰封爵。爵杯。賜爵。

即約切。爵容酒一升。凡酒器總名曰爵。古者大夫以上與燕賞。然後賜爵。故祿曰爵祿。位曰爵位。皆隨其官階而升降之。今世爵有公侯伯子男輕車都尉騎都尉雲騎尉。

銜 平

音咸。口中含物曰銜。官銜。會銜。銜牌。

户監切。本訓馬口所含之鐵曰銜。故以口含物皆曰銜。引申之。官之階位亦曰銜。義取選曹補授。先具舊官於前。次書擬官於後。新舊相銜也。

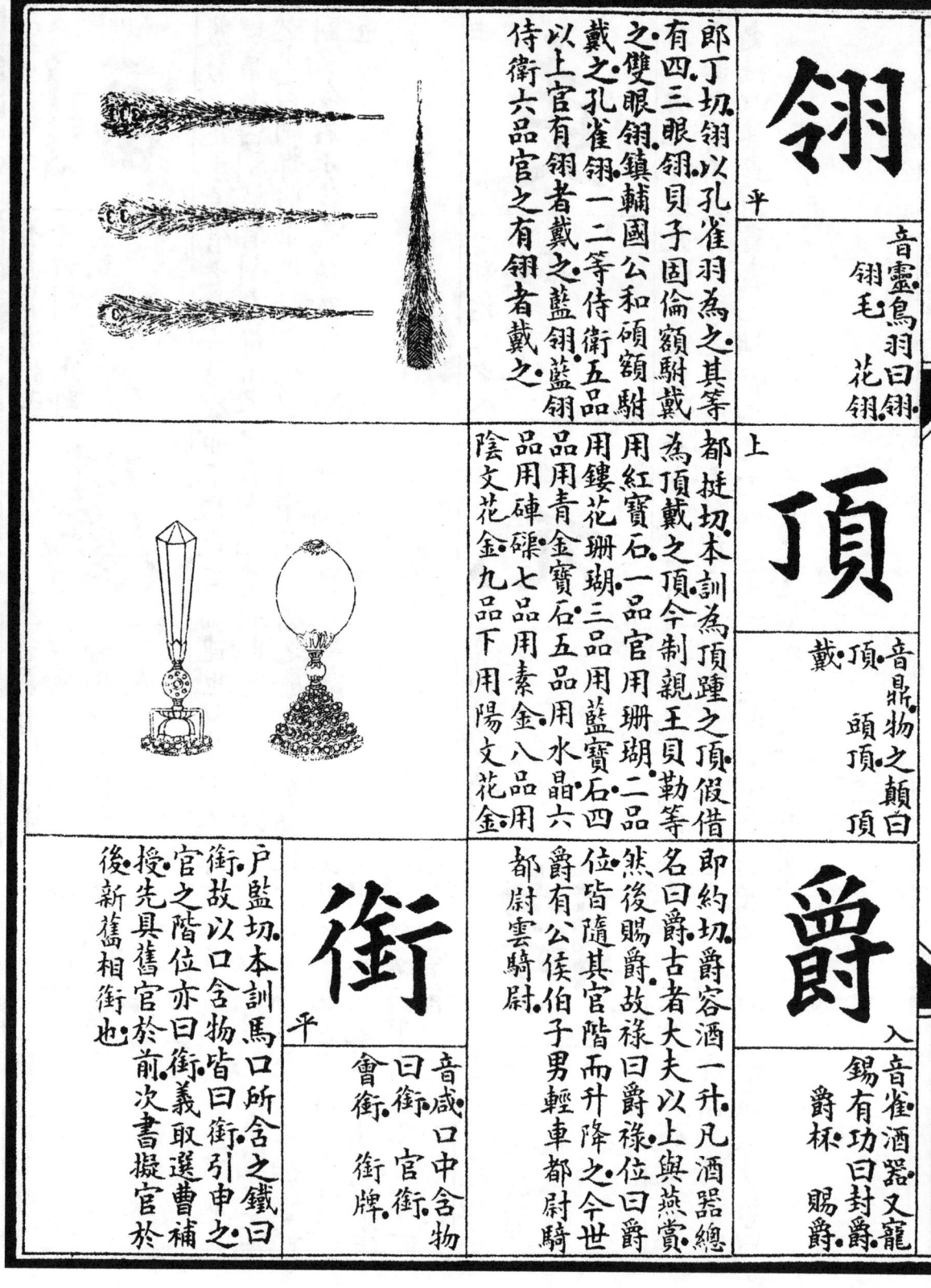

封 平

音葑。分諸侯以土曰封。　封疆。　封爵。

府容切。封建之制。周禮與王制不同。然皆以世守其土為義。轉注為封山封墓之封。則又謂聚土而封之也。聚者必厚。故封靡封殖之封。皆以厚為義。聚者必大。故封狐封豕之封。皆以大為義。

秩 入

音姪。有次序也。　秩序。　天秩。

直質切。廩祿之類也。祿有常數曰秩。官有常職亦曰秩。引申之凡事之有條不紊者皆曰秩。

俸 去

音縫。官之食祿曰俸。　薪俸。　俸祿。

扶用切。古者以米為俸。有食祿至萬鍾者。後世官俸銀米兼之。然俸愈薄則吏愈污。故論者咸持加俸之說。

祿 入

音鹿。居官所給廩也。　福祿。

盧谷切。祿。穀也。禮。祿以馭其士。若今春秋俸。是人以食祿為福。故人死又曰無祿。

賤 去

音羨。不貴曰賤。　輕賤。　賤貨。

在線切。賤。價少也。物價分貴賤。人類亦分貴賤。今以黃種白種為貴種。黑種為賤種。

差 平

音杈。有過曰差。音縒。參亂不齊曰差。音釵。授人以事曰差。

初加切。凡事不得其當曰差。凡物不及其等亦曰差。引申為參差之差。叉茲切。參者。三相參也。差者。兩相差也。　初佳切。使也。使人曰差。受人之使亦曰差。

胥 平

音湑。吏之賤者曰胥。胥役。

新於切。蟹醢曰胥。胥。相也。助也。謂其相助為理也。王制助樂正以課士者曰大胥小胥。周官有府史胥徒。所謂胥者。即今書差之類。

役 入

音疫。從公曰役。差役。役夫。

營隻切。役从殳从彳。謂執殳以戍邊也。引申之。凡受人使令皆曰役。

貶 上

音疺。減損之義也。褒貶。貶黜。

悲檢切。由增而減由貴而賤曰貶。故貨之減值者曰貶價。官之降秩者曰貶官。

黜 入

音怵。貶退不用曰黜。黜陟。放黜。

丑律切。从黑从出。黑者。暗昧不明之意。出者。退也。書黜陟幽明。謂遇明者則陟之。若遇暗昧不明者則退之。不使進用也。

謫 入

音摘。罰罪使警曰謫。譴謫。謫降。

陟革切。凡職官獲譴。大過則黜。小過則謫。謫者降其官階。使知警懼以贖前愆也。

贓 平

音臧。貪汙壞法曰贓。貪贓。贓私。

茲郎切。贓有藏匿貨財之意。从貝。財也。从臧。藏也。故官之貪汙者曰贓吏。

去
富

否去聲。豐於財曰富。　富貴。　豪富。

方副切。富備也厚也故厚於貨賄者謂之富。引申之凡充裕皆曰富如年富學富之類是

平
貧

音頻。困於財曰貧。　貧民。

皮巾切。从貝从分會意言財以分而少也

上
賈

音古。居貨以待售者曰賈。　商賈。　賈害。

公戶切。市也。行貨曰商居貨曰賈。假借為賈禍之賈。賈買也

去
販

音畈。小本經營曰販。　負販。　販賣。

方願切。販夫販婦。朝資夕賣。謂貧民無資營運。隨買隨賣以博微利也

上
買

音蕒。以財易物曰買。　買辦。　收買。

莫蟹切。

去
賣

音邁。以物易財曰賣。　買賣。　賣主。

莫懈切。篆文作賣。从出从買會意。言出其貨以待人買之也。引申之凡欺人以便己者皆曰賣。如賣國賣友之類是

貿 去

音茂。以物相易曰貿。 貿易

莫候切。互易也。以物互易有紛亂之意。故假為貿亂之貿。

購 去

音構。指物而買之曰購。 購求。 添購。

古候切。有所求也。買購皆以財易物。惟買則買常有之物。購則買難得之物也。

沽 上 平

音古。賣物買物皆曰沽。 音孤。水名。 大沽口。

公五切。 攻乎切。

鬻 入

音育。賣物曰鬻。 鬻賣。

余六切。

售 去

音授。賣物曰售。 出售。

承臭切。賣物使去也。引申之凡用術而獲效者皆曰售。

兌 去

讀去聲。物相易謂之兌。 兌換。 發兌。

徒外切。馳易也。又卦名☱。兌悅也。古通說。

押 入

音壓。以物暫售於人曰押。押當。花押。

烏甲切。檢束也。拘禁以檢束人者。如管押之押是。署名以檢束事者。如畫押之押是。今俗稱以物質錢曰押。言與之錢而檢束其物以待取所以別於買也。

賒 平

音奢。貰物曰賒。賒欠。賒帳。

詩車切。貰買也。貰物而緩其償謂之賒。物被賒則得財之期尚遠。故又訓為遠。

借 去

嗟去聲。假人之物曰借。以物假人亦曰借。抵借。借用。

子夜切。本非己有而暫有之曰借。奬借之借。謂本無可奬之實而姑奬之也。借曰未知之借。謂本已知之而姑託於不知也。皆與假字通用。

貸 去 入

音態。以物假人曰貸。出貸。

音慝。假人之物曰貸。告貸。

他代切。施者以物予人。貸則暫予之而仍當歸我者也。惕得切。乞者求人之物以為我有。貸則暫有之而必仍歸諸人者也。

償 平

音常。還所值曰償。賠償。償還。

辰羊切。取物而還其所值也。引申之凡如所願皆曰償。

糴 入

音狄。買穀曰糴。糴米。

亭歷切。

糶 去

音眺。賣穀曰糶。　平糶。

他弔切。

扣 去

音寇。阻留曰扣。　扣留。　折扣。

苦候切。通作叩。牽馬也。古有叩馬而諫者。謂留止之使不得遽行也。故引申為扣留之扣。俗稱償值不足數為折扣。亦本留難之義。

批 平

音仳。標判曰批。　殊批。　批發。

匹迷切。手擊也。引申之。凡書狀之言有不當而判其後以排擊之者亦謂之批。批者標舉以示人者也。俗稱開示物價者曰批。亦本此義。

賽 去

塞去聲。物相較謂之賽。　賽會。　報賽。

先代切。互相誇勝曰賽。引申之。凡物之勝於他物者亦謂之賽。今俗稱賽過言可比賽而過之也。報賽之賽通作塞。言報神功以祭可以塞其所求也。

招 平

音昭。以手召人曰招。　招牌。　招商局。

之遥切。手呼也。凡召人者以口曰召。以手曰招。

博 入

邦入聲。廣厚衆多之稱。　廣博。　博學。

補各切。大通也。从十从尃。會意。尃布也。假借為博弈之博。亦作簙。又為博取之博。博取謂取諸人以為我有也。

去 **換**

完去聲相易曰換 兌換 掉換

胡玩切交相易也義與貿同貿為文言而換為俗語

去 **值**

入 音直物價曰值 價值 音治偶遇曰值 不值

除力切又直吏切皆通作直

去 **價**

音駕物值曰價 洋價 價目

居訝切

去 **利**

音詈順也 利市 利刃

力至切銛也以刀刈禾無不如志故引申為便利之利事之便利者人皆好之故又申為利祿之利

上 **款**

音窾標識之條目曰款 款項 該款

苦緩切識記也凡銘器之文在內曰識在外曰款引申之條列諸事取便記識者亦曰款今俗謂財物之一宗曰一款泛稱之則曰款項義本於此 又和婉之詞如款款款款曲等是

去 **債**

齋去聲負財曰債所負之財即曰債 放債 債戶

側賣切責也通作責責誅求也言負人之財為人所誅求也

贏 平

音盈 餘利曰贏
輸贏 贏餘

怡成切以物易財而財溢於物值謂之贏引申之凡攻戰博弈勝曰贏負曰輸

貫 去

音灌 穿物而過之曰貫
貫串 萬貫

古玩切古文作毌 田象兩貝相並一字橫貫之也縱書之爲串橫書之爲毌今毌作貫貫錢必通其中而過故引申爲貫通之貫貫錢以千錢爲一緡故千錢曰一貫又世系曰貫謂相承不絕如貫物然今所謂籍貫是也

券 去

音勸 要約之書曰券
禮券 券書

去願切古者要約之書以木爲牘契其旁而剖分之長曰劑短曰質所謂契券也

票 去

音驃 信券曰票
票簽 鈔票

頻妙切火飛也同熛今稱要約之約曰票

摺 入

音讋 折物而重疊之曰摺
手摺 摺扇

之涉切

據 去

音鋸 把持曰據
據守 憑據

居御切杖持也謂人持杖有所依據也引申爲佔據之據俗稱要約之書曰據謂人所持以爲信也

技 上

巨綺切。

奇上聲。手工曰技。技藝。絕技。

藝 去

音蓺。才能曰藝。六藝。藝事。

倪祭切。藝猶才也。古者以禮樂射御書數為六藝。後世以時文為制藝。而藝之實亡矣。西人重藝。國家既設勸工場。復下專利之教。以鼓舞之。故藝學之精。為前古所莫及。　又與蓺通。種也。如樹藝是。

射 去 入

蛇去聲。弓矢斯張曰射。善射。射者。音實。發矢曰射。射鳥。

神夜切。古者禮射有四。大射賓射燕射鄉射是也。　國朝以騎射得天下。故滿員有十五善射。武場取士。亦以射為重。　食亦切。泛而言射則去聲。以射其物而言則入聲。引申之。凡默揣以取中者皆曰射。如射策射覆是。

術 入

音秫。所以馭人者曰術。心術。巧術。

食律切。術。邑中道也。道為人所共由。故引申之。謂學所由者為學術。心所由者為心術。技所由者為技術。

弋 入

音翊。以繩繫矢而射之曰弋。弋人。

逸職切。說文。弋。橜也。象折木衺銳之形。丿象物挂之也。假借為矰弋之弋。弋本[illegible]字。[illegible]繳也。矢短於常矢。以繩繫而射之。故[illegible]从糸从羽。今承用弋字。弋者所以取鳥。故引申為弋取之弋。

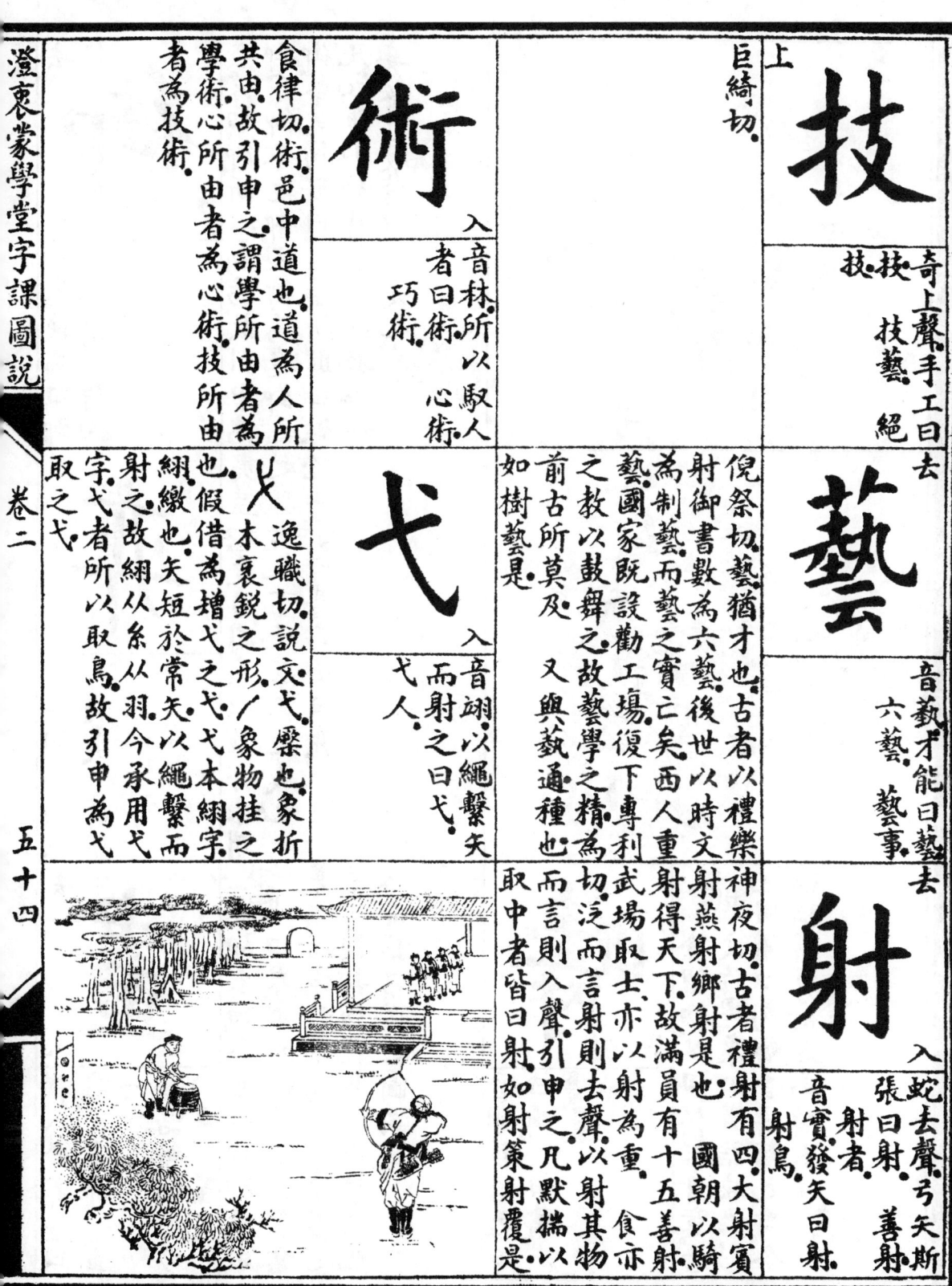

御

去

音禦。使馬曰御。御車。侍御。

魚據切。御所以制馬。故引申為御宇御冬之御。又轉為進御之御。蔡邕獨斷曰。天子所進曰御。凡衣服加於身。飲食入於口。妃妾接於寢。皆曰御。是也。

弈

入

音亦。圍碁曰弈。博弈。弈棋。

夷益切。堯造圍碁。以教丹朱。謂之弈者。取下子落弈之義也。一說。其子曰碁。其局曰弈。

畫

去 入

橫入聲。界分曰畫。畫界。畫一。

音話。繪物之形曰畫。畫工。

畫胡麥切。界也。从田冂象田四界。聿所以畫之也。會意兼指事字。引申為經畫指畫之畫。胡卦切。貌其形以繪之也。俗亦稱畫成之圖為畫。

疇

平

音酬。耕治之田曰疇。田疇。疇曩。

田𠃬徐留切。从田从𠃬會意。古文作𠃬。象田溝詰屈之形也。假借以為疇昔疇類之疇。今通稱習算術者為疇人。

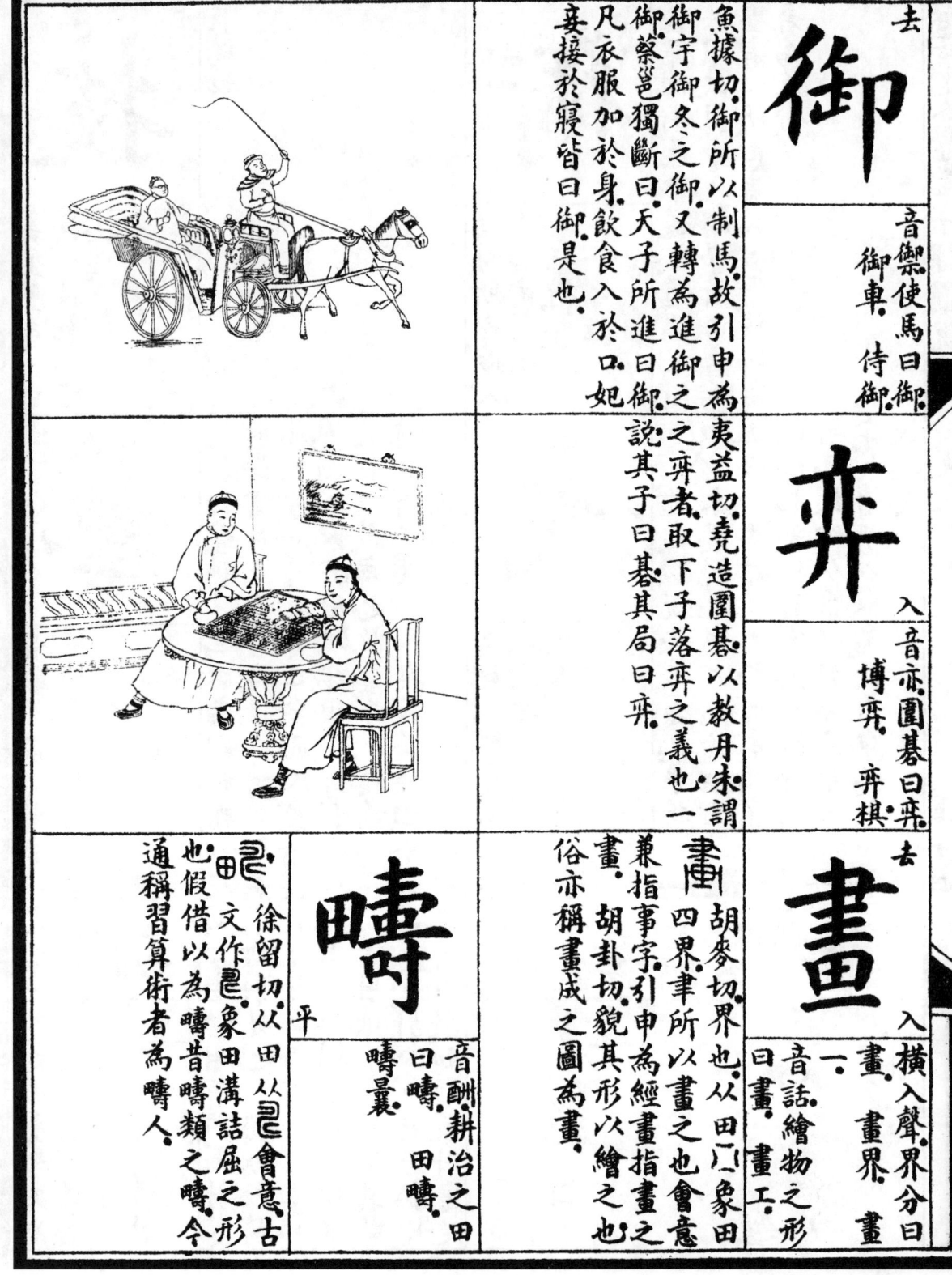

醫

平

音翳。治病曰醫。治病之人即曰醫。良醫。醫院。

於宜切。中西醫用藥治病均不同。西醫通格致。工剖驗。其論腦氣筋甜肉經。尤具新理。然明乎有形之質。昧乎無形之氣。中醫於五運六氣七情九候均所究心。然上無以考驗之。淺學往往輕試其技。兼而通之。則庶幾矣。

卜

入

音撲。灼龜以問吉凶曰卜。占卜。卜人。

博木切。象炙龜之形。其兆縱橫也。古者凡有疑事。則灼龜以覘吉凶。視其坼文之縱橫以為斷。引申為決未來事之詞。如未卜可卜等是。

筮

去

音誓。以易占吉凶曰筮。卜筮。

時制切。卜者用龜。筮者用蓍。周禮簭人掌三易以辨九簭之名。簭古筮字。九筮謂筮更筮咸筮式筮目筮易筮比筮祠筮參筮環也。

占

去　平

音詹。視兆以知吉凶曰占。占卜。

音佔。侵人之權限曰占。占據。

職廉切。从卜从口會意。言以卜問吉凶也。　章豔切。以力侵據也。如侵占占地皆是。俗亦作佔。

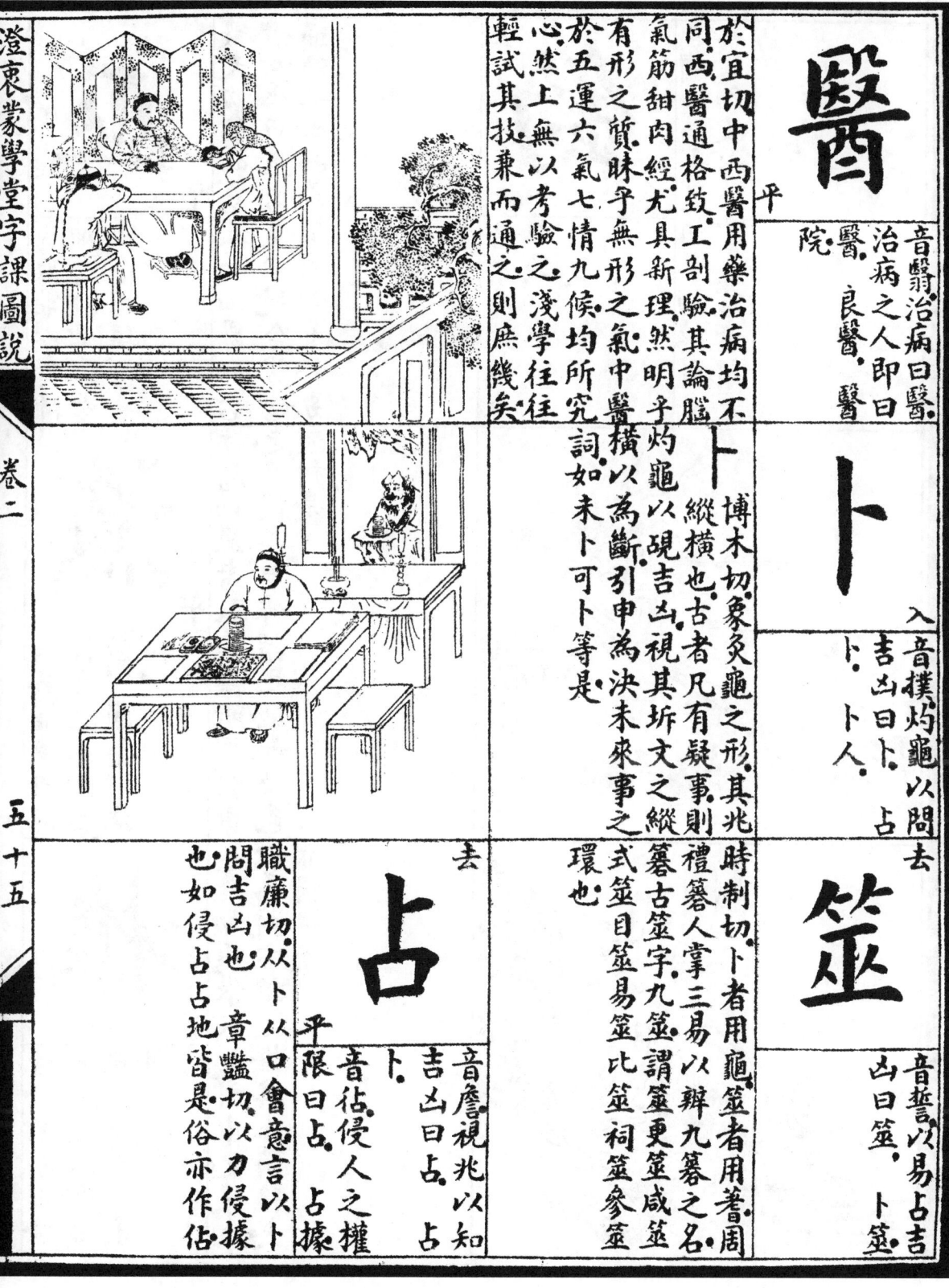

巫 平

音無。能以舞降神者曰巫。女巫。巫覡。

微夫切。从工。象人兩袖舞形。古者女巫曰巫。男巫曰覡。今男女通謂之巫。而為巫者女多於男。

漁 平

音魚。捕魚曰漁。捕魚之人即曰漁。漁翁。漁利。

牛居切。漁者取魚無所擇。引申之。凡侵牟無饜謂之漁。如漁色漁利是。

樵 平

音譙。采薪曰樵。采薪之人即曰樵。樵夫。采樵。

慈焦切。樵散木也。引申之。采木以為薪亦謂之樵。其人謂樵夫。亦稱樵子。

釣 去

音弔。以鉤取魚曰釣。垂釣。釣名。

多嘯切。釣者置餌于鉤。以引魚而取之。故以小善盜名者謂之釣譽。

牧

入

音目。畜養六畜曰牧。　牧童。民牧。

莫六切。畜養曰牧。司畜養之人即曰牧。引申為牧民牧令之牧。言主畜養其民也。今長城以外之民。皆以游牧為業。屬於官者曰牧廠。其地即古游牧之國也。

屠

平

音徒。殺而剝裂之曰屠。　屠城。屠夫。

同都切。刳也。引申之凡宰殺六畜者。即謂之屠。

匠

去

牆去聲。木工曰匠。　木匠。匠人。

疾亮切。从匚从斤。會意。匚。榘也。斤。所以治木器者也。引申之凡能專治一事者。皆謂之匠。

戲

去

希去聲。玩弄曰戲。玩弄之事即曰戲。　戲劇。把戲。

許義切。戲者。優伶演故事。以娛人耳目者也。亦有調猴犬以為之者。西國又有馬戲影戲各種

伶 平

音零。樂官曰伶。優伶。伶人。

郎丁切。黃帝以伶倫為樂師。其後伶氏世掌樂事。故後世號樂官為伶官。一說伶弄臣也。今稱優人為伶。兼此二意。

優 平

音憂。巧於戲者曰優。倡優。優劣。

於尤切。優。諧戲者也。故今稱演劇者為優。優能以巧勝人。故引申為優劣之優。又轉為優裕之優。

賭 上

音睹。賽分勝負曰賭。賭博。

董五切。賭有尚智力者。如中國之圍棋。擊球。西國之賽馬。打彈等是。有不尚智力者。如中國之闈姓。西國之彩票等是。賭必分勝負。故亦以為凡相比較者之稱。

倡 去 平 娼

音昌。女樂曰倡。倡優。俳倡。音唱。發歌也。倡和。

齒良切。凡女之善唱者謂之倡。通作娼。又尺亮切。長歌也。字與唱通。凡歌有倡和。倡者首發而和者繼之。故引為發始之義。如倡率之倡是也。

妓 去 伎

音伎。女樂曰妓。妓女。聲妓。

巨綺切。女子借色藝以悅人者曰妓。古無妓名。漢武帝置營妓。以待軍士之無妻室者。即後世娼妓之始也。妓與伎通用。伎又與技通用。

化 去

花去聲。躬行於上風動於下曰化。教化。化生。

火跨切。荀子狀變而實無別而為異者謂之化。即開化學家之理。化學有化合化分之說。化二質或數質為一物曰化合。化一物為二質或數質曰化分。

養 上 去

音痒。豢之長之曰養。生養。音恙。奉養。

以兩切。化學家以生氣為養氣。是氣也風水火賴之以成人物賴之以生。故名曰養。總計地球之體。養氣居半。人物之體。養氣居過半。 又為人役使曰養。凡廝養民養都養皆本此義。又餘亮切下奉上也。

輕 平

音卿。物之易舉者曰輕。輕便。輕賤。

去盈切。馳敵致師之車也 又化學輕氣為原質之一。其氣一分與養氣二分相合成水。凡含水之物。皆有是氣。故又名水母其用甚廣。最著者為輕氣球輕氣燈。

淡 去 澹

音啖。色味淺薄皆曰淡。淡茶。鹹淡。

杜覽切。化學氣名。其氣四分與養氣一分合而成空氣。人物之骨肉皆含是氣。草木之質。間亦含之。此氣多出於硝。故又名硝氣。人物全賴是氣生肌。故又名育氣。亦為原質之一。

綠 入

音錄。青黃合色為綠。紅綠。碧綠。

龍玉切。化學氣名。為原質之一。雜於土類者居多。草木生物皆含之。其味臭。其色綠。與鹻精相合成鹽。故又名鹽氣。其用能漂白。能解諸毒。其淡者能療痧症。然多吸之則傷肺而致斃。

弗 入

音紱。不字重讀曰弗。弗肯。弗許。

分勿切。化學弗與綠氣同類。為原質之一。玉石及人畜牙骨間多有是質。性酷毒。能蝕五金玻璨之類。故泰西製花草於玻璨片上多用之。其純濃者。人體灼之猛於烈火。

喜

上

音蟢。不言而悦曰喜。歡喜。喜慶。

許里切。化學以養硝二氣合成嗅之輒笑不止久始安靜能止痛。醫者用刀割瘡傷等症則令吸之。以一二升為限不純者傷肺。故吸時宜慎。

酸

平

音霰。木之臭曰酸。酸醋。辛酸。

蘇官切。化學二物相合成鹽其一必為酸類。又性之酸者皆以酸名。故有草酸果酸之名。各種強水皆有酸味。故強水亦名酸水。

卝

上

礦　鑛

音礦。金石之樸曰卝。開礦。礦務局。

古猛切。卝有層理。恒與地勢相關。故採卝者必明地學。卝質非化合化分不能悉其純雜。故辨卝者必諳化學。西人最重卝學。中國前朝引為弊政。且有風水之說阻之。故卝產雖饒。未及暢辦。

强

上　平　去

彊

音彊。無所屈撓曰强。强大。强壯。勉强。强上聲。

巨良切。大也。健也。强水藥名。有礦强硝强鹽强之別。質流味酸。捫之則皮肉潰爛。除鈀鉑黃金外。其他金屬一遇强水無不消鎔。化學家以礦强為最要之品。非此無以製硝强鹽强等水。又其兩切。勉也。

酵

去

音教。釀酒之料曰酵。發酵。

居效切。為養輕炭硝四氣及硫礦光藥相合而成。與蛋白質相似。草木果實之有甘味者皆含之。其用可以釀酒起麵。

金 平

音今。五金之屬皆曰金。又八大行星之一。黃金。金表。

居音切。貴金類原質之一。或自沙間淘汰而得。或與山石相含。色黃。質軟如鉛。而不生鏽。重又過之。非合强水不能消化。古以作幣飾物。今兼用為照像藥水。中國金礦。漠河為最。泰西舊有名者為新舊金山。

顆粒

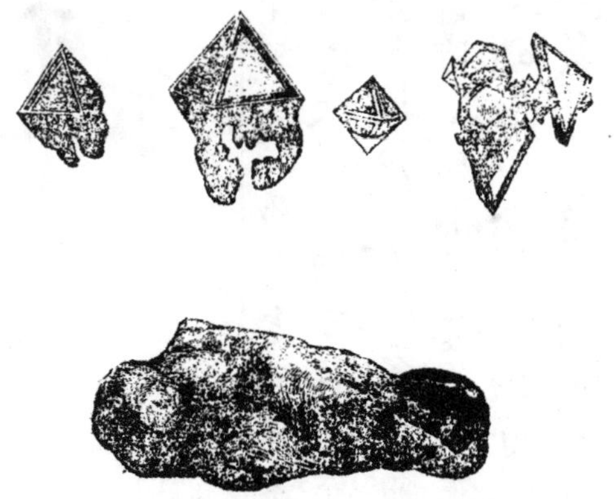

煤 平

音枚。石炭曰煤。煤炭。煙煤。

莫杯切。荒古草木經久霉爛。合輕炭二氣而結為煤。其色或黑。或稜。質脆易碎。有硬煤煙煤土煤之別。墨珀虎珀。亦煤屬也。泰西煤礦開挖畧盡。中國煤產最饒。唐山馬鞍山萍鄉等處。業經開辦。

珀 入

音拍。松滋之精曰珀。琥珀。墨珀。

普伯切。炭屬。為松滋所結而成。產於土中。或木煤層內。其形不一。色或白或黃。或稜明而不透。其性易燃。摩之生電。能吸輕物。西人用為漆料。黑硬者為墨珀。

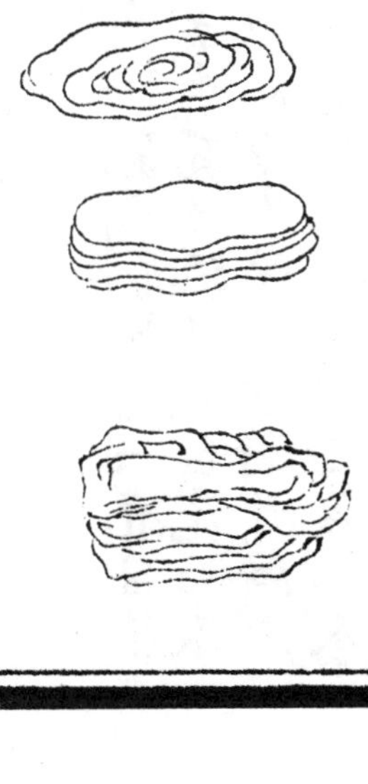

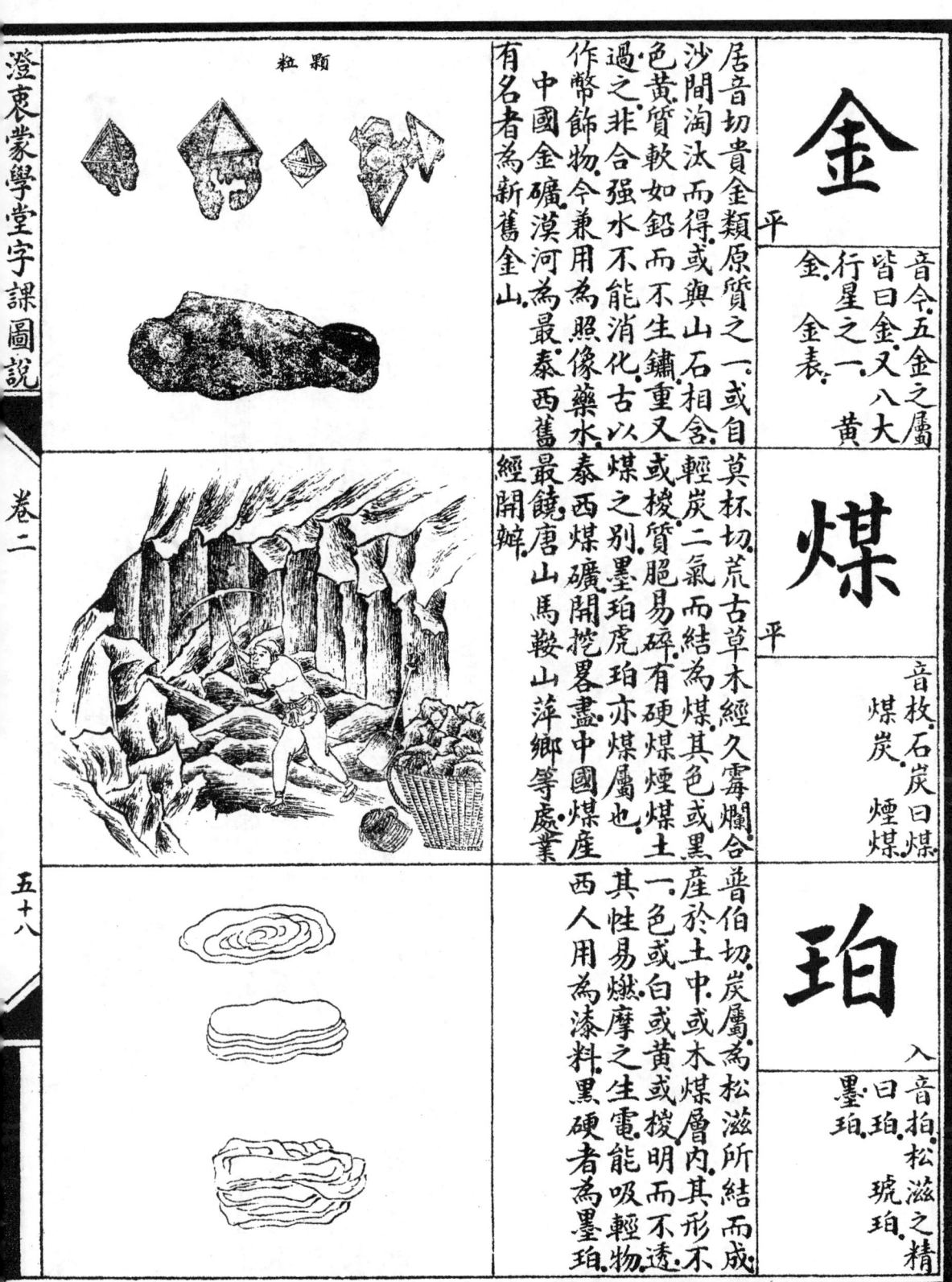

銀 平

音誾。白金曰銀。銀器。

魚巾切。金類原質之一。純者甚少。每與硫或鉛相合成礦質。硬於金而軟於銅。在空氣中無論寒暑燥濕均不吸養氣而生鏽。若與硝强水合。則為極好眼藥。與綠氣及海藍合。則為照像藥水。

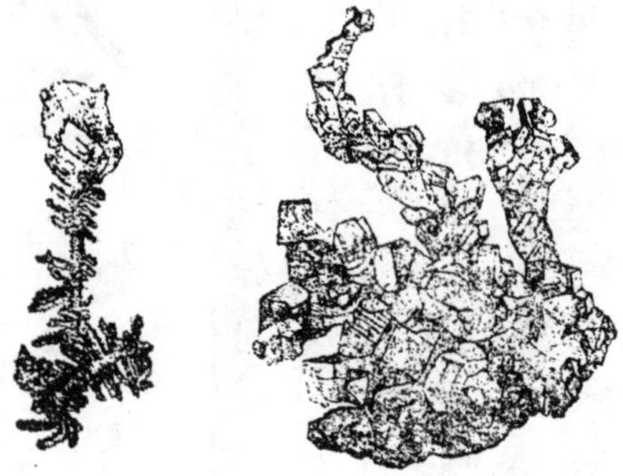

銅 平

音同。赤金曰銅。銅錢。古銅。

徒東切。銅質堅韌。為金類原質之一。其性毒。其色紅。若與鋅合。則為黃銅。與錫合。則為礟銅鐘。銅與錫鋅鉛三者合。則為宣爐。銅浸礦强水內。則成膽礬。浸醋內則生銅綠。雲南銅礦最佳。因運費較巨。遂多購之日本。

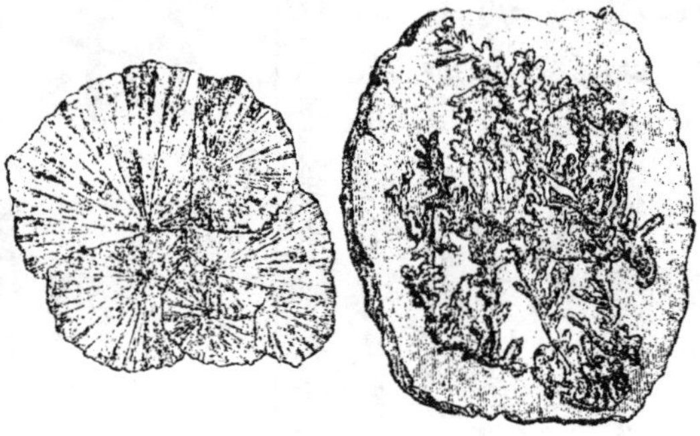

澒 上

汞

音嗊。流金曰澒。

虎孔切。金類原質之一。有自然獨成者。其質流。其色白亮而不生鏽。能返光。受熱則漸升漸上。寒暑風雨表等皆用之。若與養氣合。則為三仙丹。與綠氣合。則為輕粉。與硫合。則為硃砂。

錫

入

音裼。銀色而鉛質者曰錫。錫箔。又賜與也。三錫。

先擊切。金類原質之一。性易鎔化。與養氣無甚愛力。故鍍於鐵面或銅面。能不生鏽。令玻璃上瓷油。及花紙上所飾僞金。皆係錫與他質配合而成。 君賜臣長賜幼皆曰錫。

顆粒

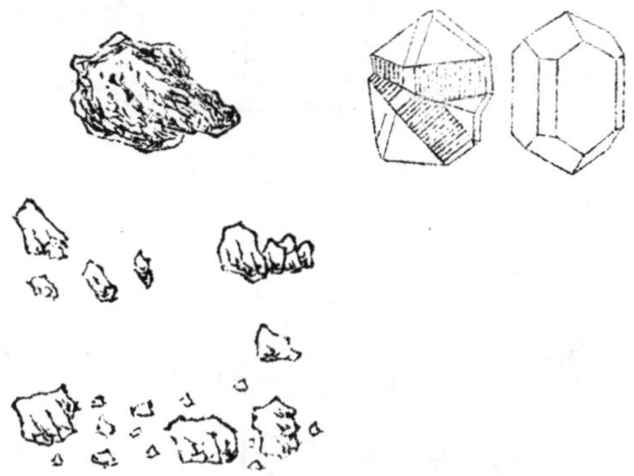

鐵

入

天入聲。黑金曰鐵。鐵甲船。馬口鐵。

天結切。鐵生於土。純雜不一。雜者有紅黑黃及黃而兼黑等色。黑者較淨。動物之有脊骨者。其血內多含之。凡各種金養食之均足傷人。惟鐵養無害。 泰西各國。鐵廠林立。鐵艦鐵道。徧於五洲。中國僅有漢陽一廠。

鋼

平

音岡。鐵之鍊成者曰鋼。 鋼刀。

古郎切。鋼之與鐵。質性少殊。熟鐵無炭質。生鐵含炭質百分之五。鋼含炭質百分之一二。大抵無炭則柔。炭多則脆。炭至百分之一二則剛而且韌。故鍊熟鐵者必去炭之過多。鍊純鋼者必補炭之不足。

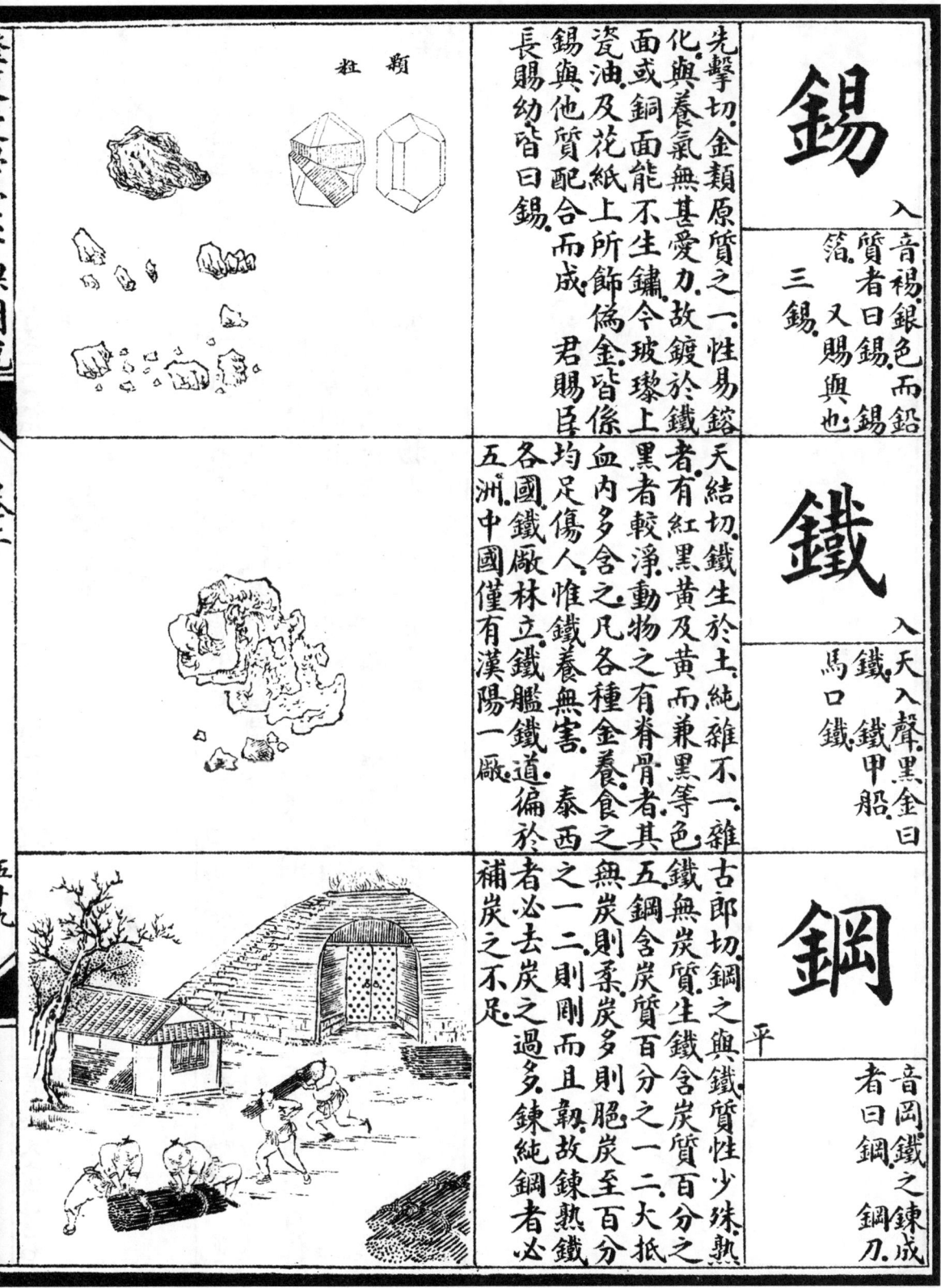

鉛 平

音沿。青金曰鉛。鉛筆。鉛皮。

余專切。管子上有鉛者下有銀。即西人產鉛處常兼產銀之說也。其質獨成者甚尠。其性毒。與紅銅合則為黃銅。與炭氣合則為鉛粉。可充藥品。飾棟宇。兼代陶瓦之用。惟忌盛食水。恐中鉛毒。

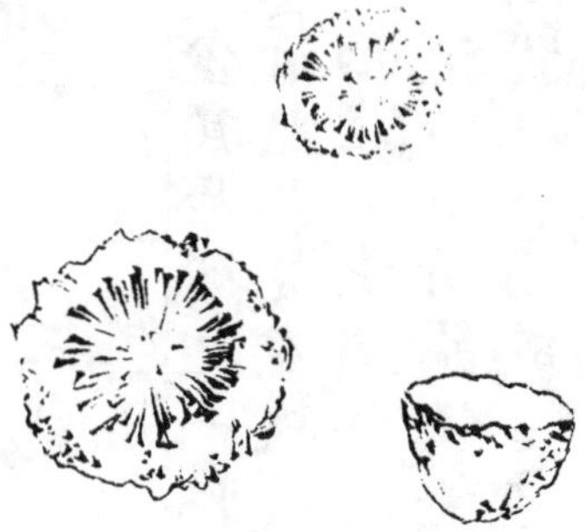

鋅 平

音辛。白鉛曰鋅。

息舜切。金類原質之一。色藍白。性堅於鉛。遇濕則鏽。鏽結外皮。能護內質。故每鍍於鐵面。與養氣合則為白粉。和油可作白漆。與綠氣合。能收穢氣。而使動植物不朽。浸於酸水。即能生電。是為電學家要品。

銻 平

音題。火齊珠名。鎕銻。

田黎切。又為金類原質之一。色藍白。性堅脆。可研成粉。遇酷熱則燃。發光甚亮。而多白霧。可作白色顏料。其大用可與他金和鎔鑄為鉛字印板。取其堅硬難磨也。

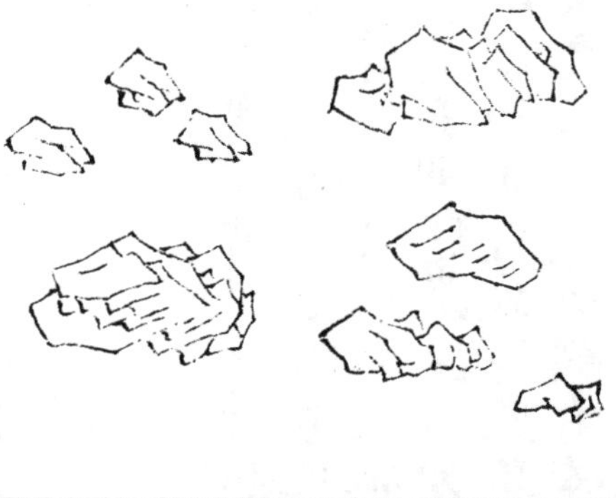

鉑

入

音泊。藥紙隔金屑而捶之者曰鉑。即俗名烏金紙。

白各切。又為金類原質之一。地產甚少。間有薄片小粒。色如銀。鉛。而堅重過之。大冶不鎔。强酸不化。必遇電火日火。然後鎔化。故以作甑。可以化分一切猛烈之物。及熬煮濃厚各强。

鉀

入

音甲。戎服之可以禦擊刺者曰鉀。與甲同。鎧鉀。

古狎切。又為鹻屬金類之一。其質常含於別物之內。惟草木尤多。可於燼後取之。性毒。色白如銀。質輭如蠟。與養氣愛力最大。故着水即燃。

錳

上

音猛。鐵色而鋼質者曰錳。字書無此字。化學家新造也。今則常見於公牘。

莫杏切。為金類原質之一。色白如生鐵。質堅脆。雖鋼銼不入。可用以畫玻瓈鑽瓷料。歷尋常寒暑。亦不生鏽。第淨者甚少。其與鐵合者為錳鐵。以製鐵軌。經久不磨。與養合者可作玻瓈及漂白粉。

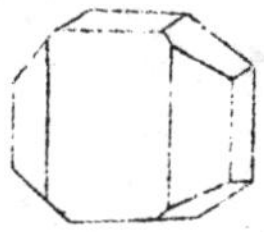

顆粒

去

炭

音歎.燒木之餘曰炭.煤炭.麩炭.

他晏切.為非金類原質之一.其精與養淡合.則為空氣.與土類合.則為石.為煤.在野為草木.入生物體.則成皮肉.而動植物所含較土石尤多.其純者有三類.曰金鋼石.曰筆鉛.曰木炭.

平

灰

音虺.火之餘燼曰灰.煙灰.灰塵.

呼恢切.尋常之質含有炭養二氣.如鍊得其精.實為金類.足以肥田去垢.農家寶之.而澣衣者亦取以淨垢.

平

硫

音留.形如松香而堅肥者曰硫磺.

力求切.為非金類原質之一.動植物多含之.與金類合.則成礦產.其近於火山者較純.純者色淡黃.質肥.磨之則生臭.性烈易燃.火色淡藍.與養氣合.則為磺强水.係化學家最要之品.

鹻 上

音減。滌垢之料。曰鹻。石鹻。洋鹻。

古斬切。為鹻屬金類之一。雖產於地。實草木灰中所遺之質也。去炭養雜質。即為淨鹻。其色白。遇濕則化而為霜。為造肥皂及玻瓈之要料。亦可充作藥品。

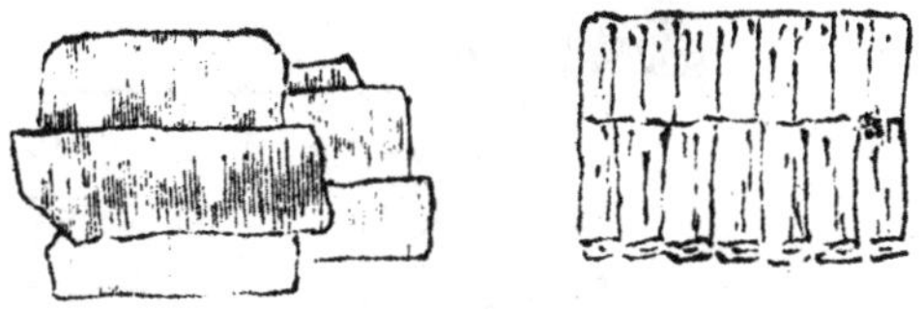

鹽 平

音閻。海水之滓為鹽。米鹽。鹽井。

移廉切。為鹻屬金類之一。係鈉綠所成。其色灰白。味鹹易消。在地成礦。間有厚至千餘尺者。今川滇食鹽多取於井。甘陝多取於池。江淮多取於海。

硝 平

音宵。元明粉之別類也。火硝。

先彫切。為鹻屬金類之一。有朴硝火硝等類。顆形不等。細者如鍼如毛。生於舊牆陰處或石洞之中。色白微透明。味鹹而冷。遇火即燃。火色白。可充藥材。及造火藥硝強水等用。

硼 平

音怦，如礬而粒形者曰硼沙。

披耕切，為鹻屬金類之一，粒如斜方柱，色白而明光若玻瓈，味甜微鹹，遇熱則驟漲而化，可點金類使之速鎔。

瑙 上

音腦，寶石之類，瑪瑙。

乃老切，石屬，產於火山石隙之中，質硬而面光，有紅黑白三色，含苔紋帶紋，如馬之腦，故名曰瑪瑙，可鑲為佩飾，刻為章戳，以色紅者為貴，黑白者次之。

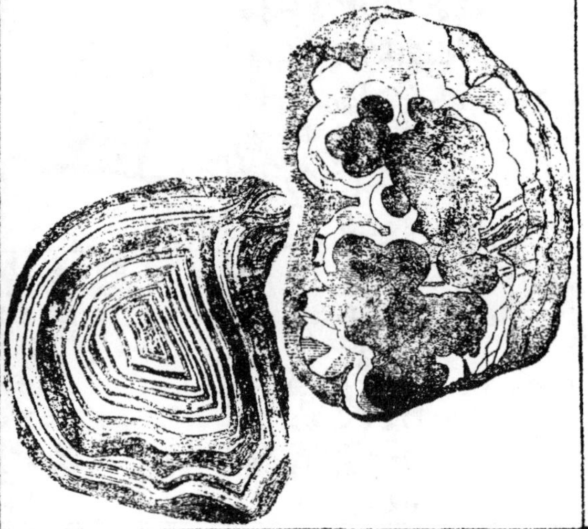

礬 平

音煩，似鹽而明，肥味濇者曰礬，生礬，礬石。

附袁切，明礬為土屬金類之一，顆粒作八面形，亦有結成花形者，色白有光，絲隱於其間，味濇微甜，可作染布製皮之用，此外有鉀礬鈉礬鐵礬錳礬等名，紅藍寶石亦礬屬也。　地產者為礬石，採之可以取礬。

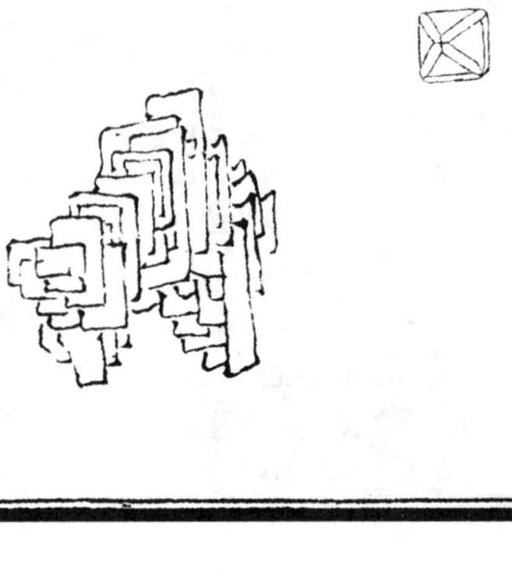

顆粒

晶

平

音精。石英之精曰晶。水晶，墨晶。

子盈切。為石英之最明者。產巴西及美之洛機山。顆形六角。尖長若錐。有紫晶紅晶茶晶墨晶之別。可作印章。除紅紫二晶外。皆可為眼鏡之用。

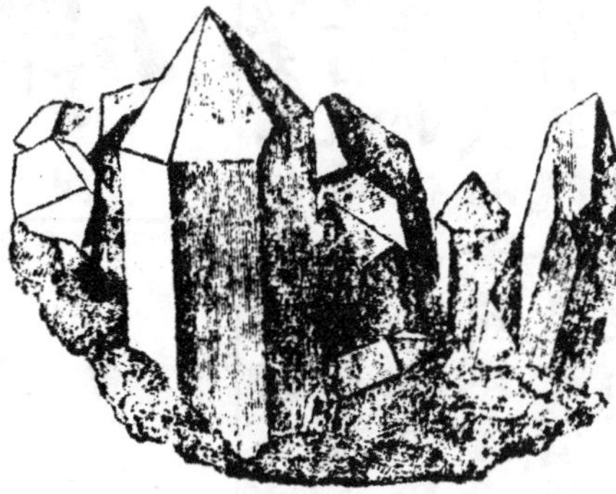

玻

平

音頗。人造之晶曰玻瓈。

滂禾切。為火石白砂等質經鍊而成。其瑩如水。其潔如玉。大可充顯微諸鏡之材。小可作杯盂窗鑑之用。西國多玻瓈廠。中土絕少。

硇

上

與瑙同。如硝而粒形者曰鹽硇。

乃老切。為鹻屬金類之一。產火山中或煤礦內。顆粒為八面形。結成苔蘚。附於石面。其色或白或黃或灰。明而不透。味鹹微辛。入水易化。遇火即燃。可資以成電氣。充藥材。兼代銲藥之用。以樟樹煮成者與此異。

砒

平　砒

音批。俗以砒礵為毒藥。

篇迷切。又名信石。為鍾養所結而成。色白味辛。性毒易鏽。入水即消。遇熱則化而為氣。與硫合者為雄黃或雌黃。與銅合者為綠色顏料。凡砒合成之質。性多酷毒。化學家因鍊砒而熏斃者甚多。

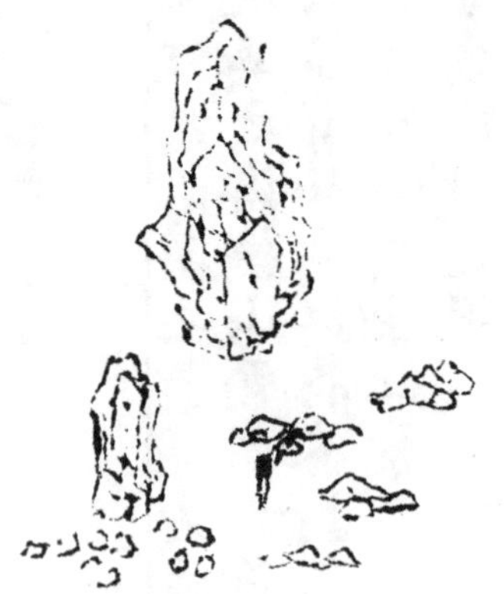

燐

平

音鄰。久血為燐。俗名鬼火。

力珍切。為腐屍朽物中所生。而無自然獨成之質。有二形。一為半明輭質。面光如蠟。遇空氣則燃。一為硬質。性不自燒。可為自來火之料。

力

入

陵入聲。動靜之司曰力。用力。力量。

林直切。萬物之動。皆力動之。萬物之靜。皆力靜之。力分多種。要者有三。曰吸力。曰結力。曰愛力。無吸力則萬體飄蕩空際。無結力則物質鬆散如粉。無愛力則物與物無感應之機。

動

上

同上聲。靜之對曰動。行動。地動。

杜孔切。凡物易位謂之動。其動之易見者。如水流地震是也。其動之不覺者。如地繞日行是也。有彼動此亦動。而仍不覺其動者。如人坐於舟。鳥集於桅。第見舟動。而不知人鳥與之偕動也。

漲　去

音帳。物受熱而發鬆曰漲。發漲。

知亮切。凡物體受熱。則質點之結力。為熱力驅而發鬆。熱愈烈則質愈鬆。質愈鬆則形愈大。如定質初熱。則漲為流質。再熱則漲為氣質。其力之猛。足以抵動鞲鞴而運各種汽機。

縮　入

音蹜。物受冷而內斂曰縮。縮短。退縮。

所六切。縮力本係物質原有之結力。乃因熱力蒸逼而解鬆。迨熱度既減。則結力漸復。而形亦漸小。似乎別有力焉以主之。故經名為縮力。

黏　平　粘

音鮎。相膠而合者曰黏。黏信。

尼占切。黏力本非結力。實可以濟結力之窮。第不能如結力之經久難變。即如以膠緘函。視之若堅。受濕則解。以灰塗壁。宛若生成。捶之即脫。此黏力之所以不如結力也。

助　去

鋤去聲。以此濟彼曰助。幫助。助賑。

狀祚切。萬物之力有窮。而造化之功自無限制。故必借衆力以助之。是為助力。即如奇巧之機助力二倍。則增力四倍。助力三倍。則增力九倍。可見助力之功用大於原力多矣。

阻　上

音俎。撓而止之曰阻。阻隔。險阻。

側呂切。阻力者無形之抵力也。如人疾行於道。其前面若有力焉以阻之。甚者至於顛蹶。又如輪車在軌。其行如飛。而機軸一停。則必返行數武。此皆阻力為之也。

速　入

音倈。趨路遠而歷時少者曰速。速去。速做。

蘇谷切。物之速力本屬有限。若欲加速一倍。則必助力四倍。力盡仍為平速。即如輪船航海。每日常行百里。今欲輪行倍速。則汽機當增四倍之力。力盡則仍減速如前矣。

壓

入

音鴨。力之自上而下者曰壓。壓壞。壓倒。

乙甲切。壓力為萬物原有之力。憑其質點之疏密而分大小。即以木石二物觀之。石之質點較密於木。則石之壓力亦勝於木。故將木石投水。祇見木浮而不見石浮也。

抵

上

音邸。物與物拒曰抵。抵當。抵罪。

都禮切。物為物阻。則生擊力。阻之之物。即生力以抵之。是謂抵力。擊抵二力。率必相等。即如按指几上。便覺有力與指相抵。按力愈大。則抵力亦愈大。 又轉為相當之義。

傳

平

音椽。以此授彼曰傳。傳授。傳聞。音瑑。經傳。

重緣切。此物之力。傳於彼物。是謂傳力。此物所傳若干力。必為彼物所得若干力。故物順觸。則前物行度加速。物逆觸。則一前行一返。行動物與靜物觸。則靜者倏動。而動者漸靜。 又柱戀切。解經之言也。

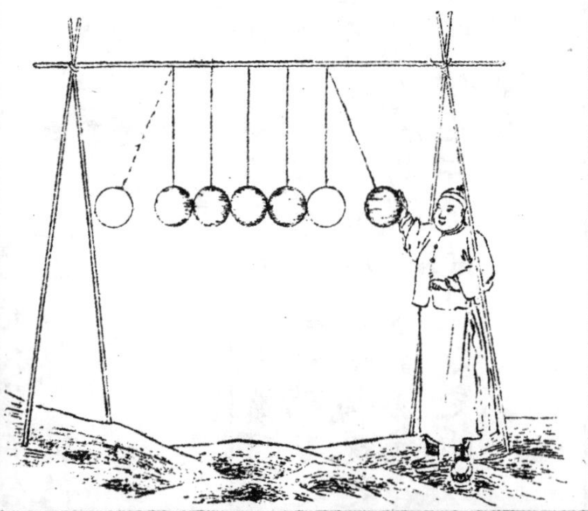

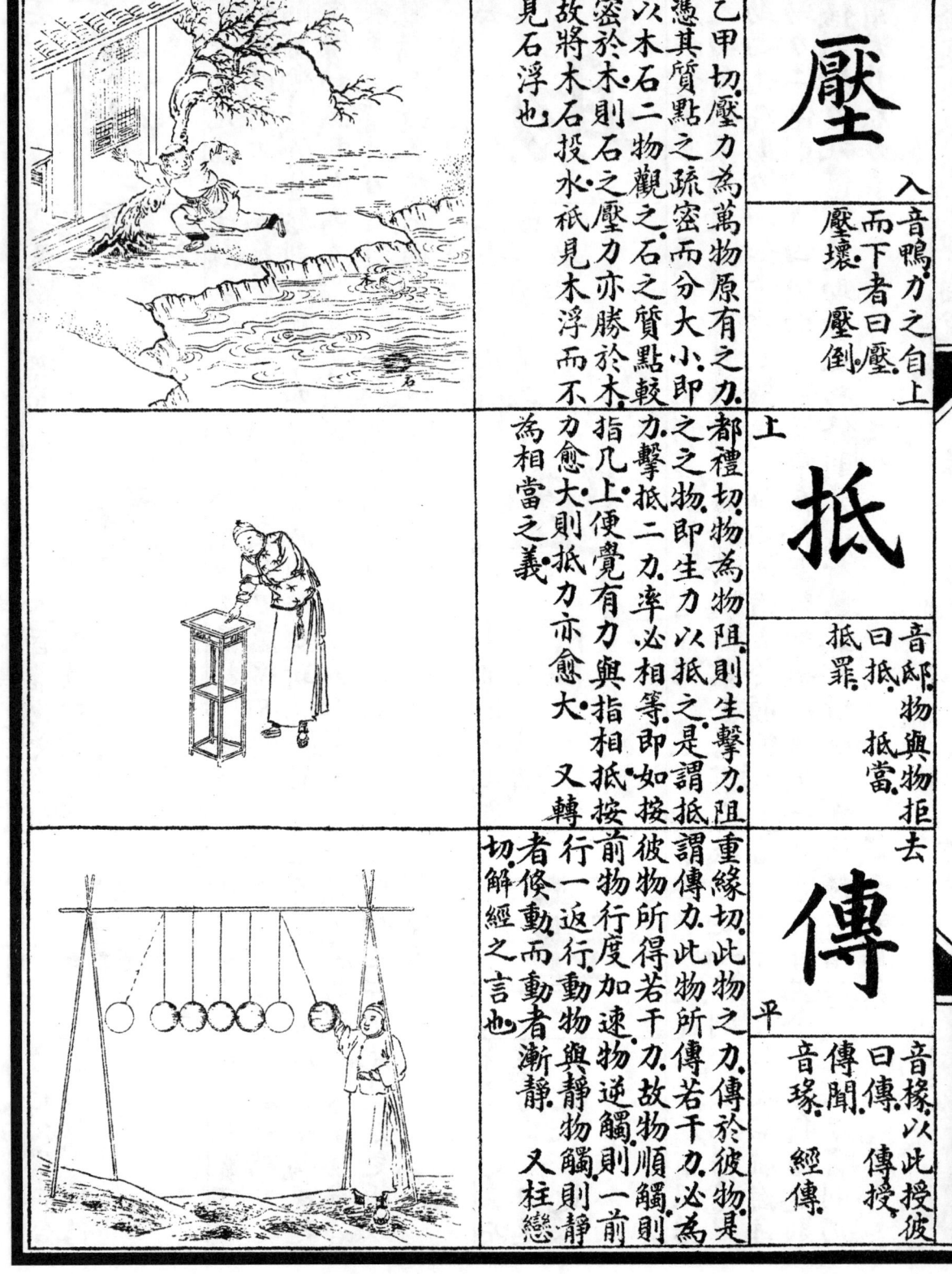

上

撦

車上聲。攝而長之曰撦。撦破。

扯 拉撦。

齒者切。撦力者，所以驗結力之大小也。物之結力愈大，則撦力亦愈大。欲測其力，可樹一表，將所測之物剖作狹條，懸於表旁，條之下端漸漸增重，待其斷時，計其增重之度，即其伸長之度，亦即其撦力之度。

去

向

音蠁。心之面之皆曰向。向日。心向。

許亮切。北出牖也。从宀口，會意。口在宀下，以通氣也。又與嚮通用。萬物之力，皆由心起，故彼此吸引之時，不外體心相向，是謂向心力。即如諸曜旋轉，必向日心；諸物墜落，必向地心，皆彼此吸引之力也。

去

離

平

音驪。違而去之曰離。離開。分離。

音麗。附也。

鄰知切。萬物皆有自由之性，吸之者雖具大力，亦不能并而為一，是謂離心力。即如地球諸曜，其不能遠日直行者，因有向心力也；其不能與日合并者，因有離心力也。凡離心機器，皆準此理造之。又麗也，讀郎計切。

平

能

音儜。勝任曰能。能幹。勿能。

奴登切。物之動者，非力不靜；物之靜者，非力不動。其使物動物靜之力，謂之能力。如吸力、汽力、風力、水力、人力、馬力，皆能力之類也。

上

靜

音穽。兀然不動曰靜。安靜。靜坐。

疾郢切。靜力之在物，謂之自主力。萬物既具此力，則皆有安土重遷之性，即外力強為遷之，亦有不肯驟遷之勢，故重學家名靜力為永靜性。

躍

入

音藥。受抵而自踴者曰躍。魚躍。踴躍。

弋灼切。物與物抵不勝而自激起者謂之躍力。此力之大小在物質凹凸力之大小。設以皮球石丸二物。同時向地擲去。皮球躍起之路必遠於石丸可見地面所生之抵力同。而石丸與皮球之躍力異。

擺

上

拜上聲。往復動蕩曰擺。搖擺。擺架子。

北買切。動物之擺。謂之能力。靜物之擺。謂之永動性。其力與地心吸力相牽制。故近赤道處擺力較大。漸向兩極則擺力漸小。凡造鐘擺者。必測地心吸力之大小。而定擺之長短。即此理也。

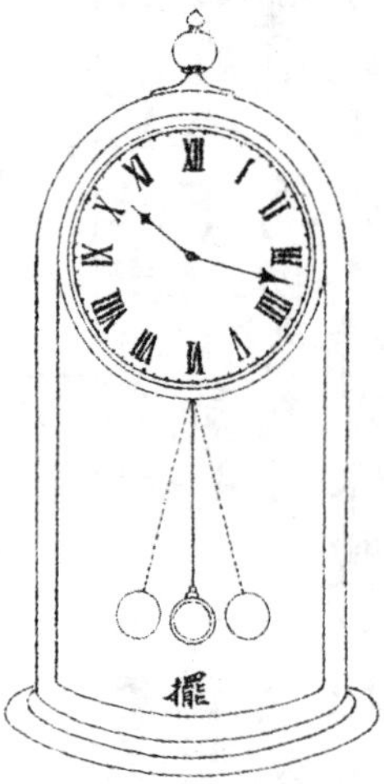

拋

平

音脬。擲物向上曰拋。拋球。拋棄。

披交切。拋力與墜力理同而事反。上拋之時。初速而漸緩。下墜之時。初緩而漸速。故拋物與墜物離地面之遠近同。則彼此遲速所歷之時亦同。

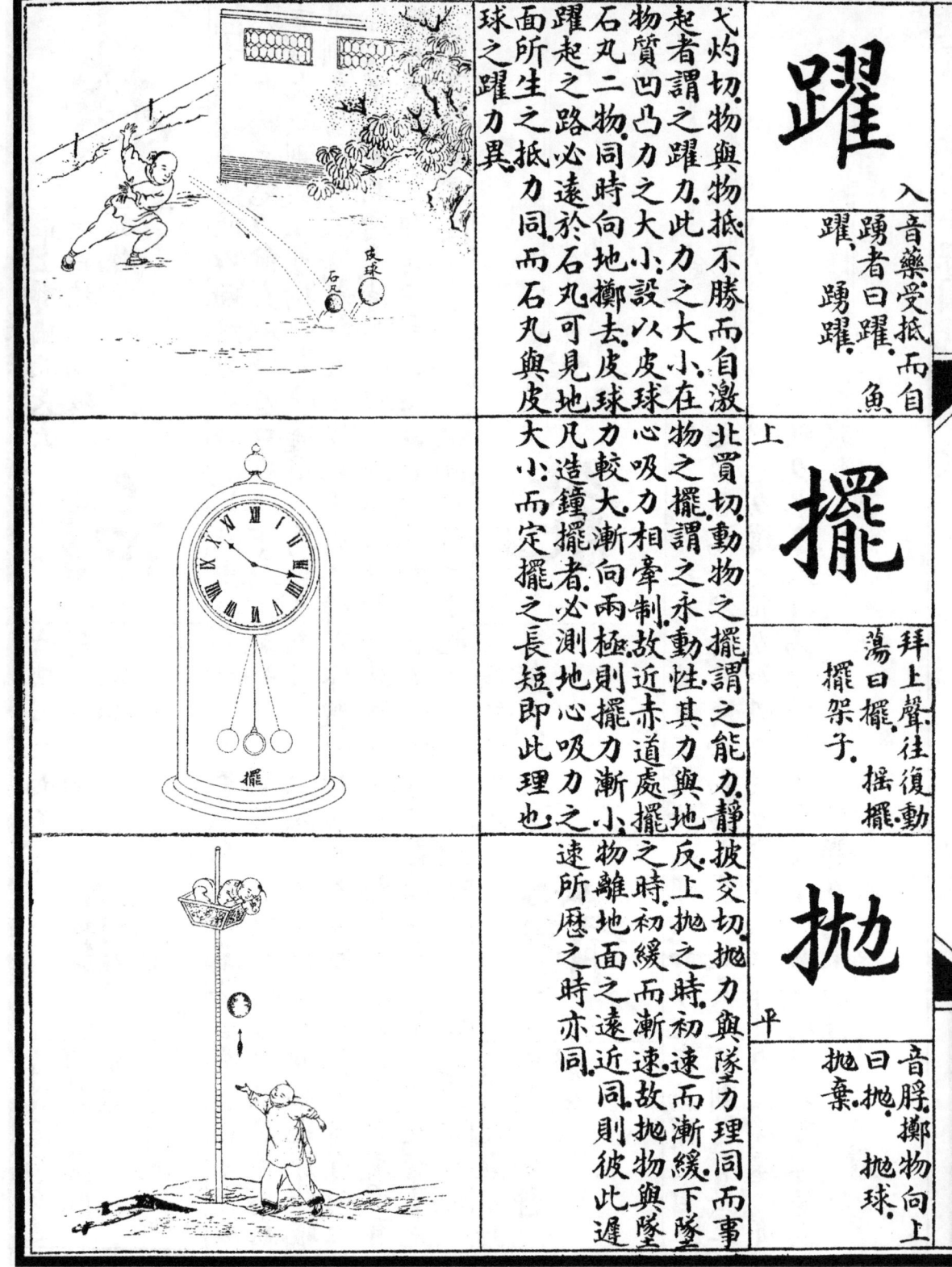

重

上 平

音懂。物之不易舉者曰重。　重複。

音種。

重做

直隴切。重為質體原存之力。萬物含之以相吸引。體愈大質愈密者。其重亦愈增。　又直容切。疊也。凡五重三重再重九重重剛皆本此義

吸

入

音翕。納息曰吸。　呼吸。

迄及切。物感物則生引力。物為物感則生應力。一引一應。是謂吸力。物大則吸力亦大。如行星繞日是也。物小則吸力亦小。如琥珀拾芥磁石引鍼之類是也。

墜

去

垂去聲。物由高落曰墜。　下墜

直類切。墜力之速。不能一徑平勻。係為地心吸力所牽。故物愈近地。則墜愈速。惟其遲速之率自有定例。設有巨石下墜。第一秒時墜十六尺。第二秒時必三倍其速。故測高測深。可以石墜歷時之秒數推之。

結

入

音拮。締而不釋之謂結。　結束。

古屑切。萬物有質。皆有結力。大者如地球。亙古不變。小者一草一木一花一葉。既有本然之質。即有固結不解之形。至橡皮鋼條皆以人力矯揉為之。雖有結力。而已失其本體矣。

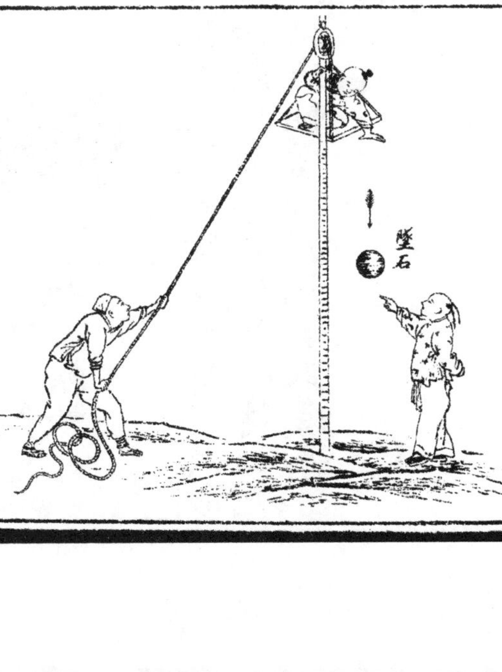

託

入

音拓。信而任之曰託。囑託。拜託。

他各切。託力為地心吸力之阻力。又為壓力之抵力。故必大於吸壓二力之和。始能顯見。即如舟行水面。實為水之託力所承。若再加重於舟。必至沈沒。凡有託力者。皆準此理。

杆

平　桿

音干。僵木如梃曰杆。旗杆。

居寒切。杆為重學中最簡之器。或硬木或堅鐵為之。其形有曲有直。憑於一點。即能起動。計一杆上可分三點。加力處曰力點。憑靠處曰倚點。任重處曰重點。

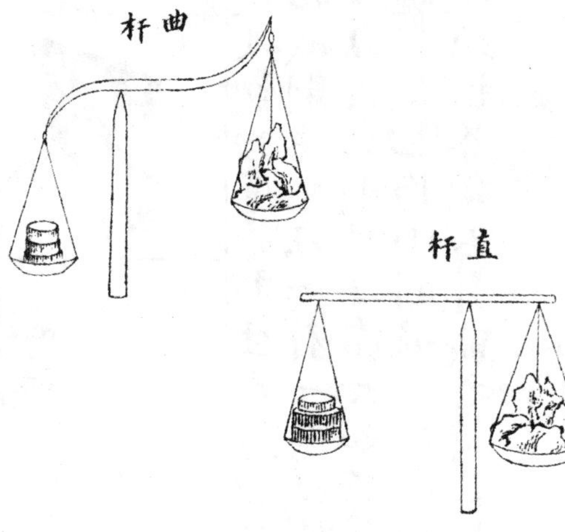

軸

入

音逐。旋運輾轉之機曰軸。卷軸。輪軸。

直六切。軸為輪心輾轉之機。形如圜柱。兩端有樞。可以轉動。乾軸地軸當軸杼軸皆取義焉。

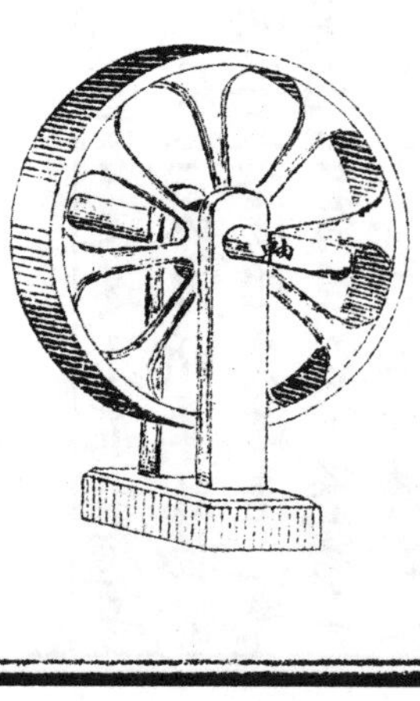

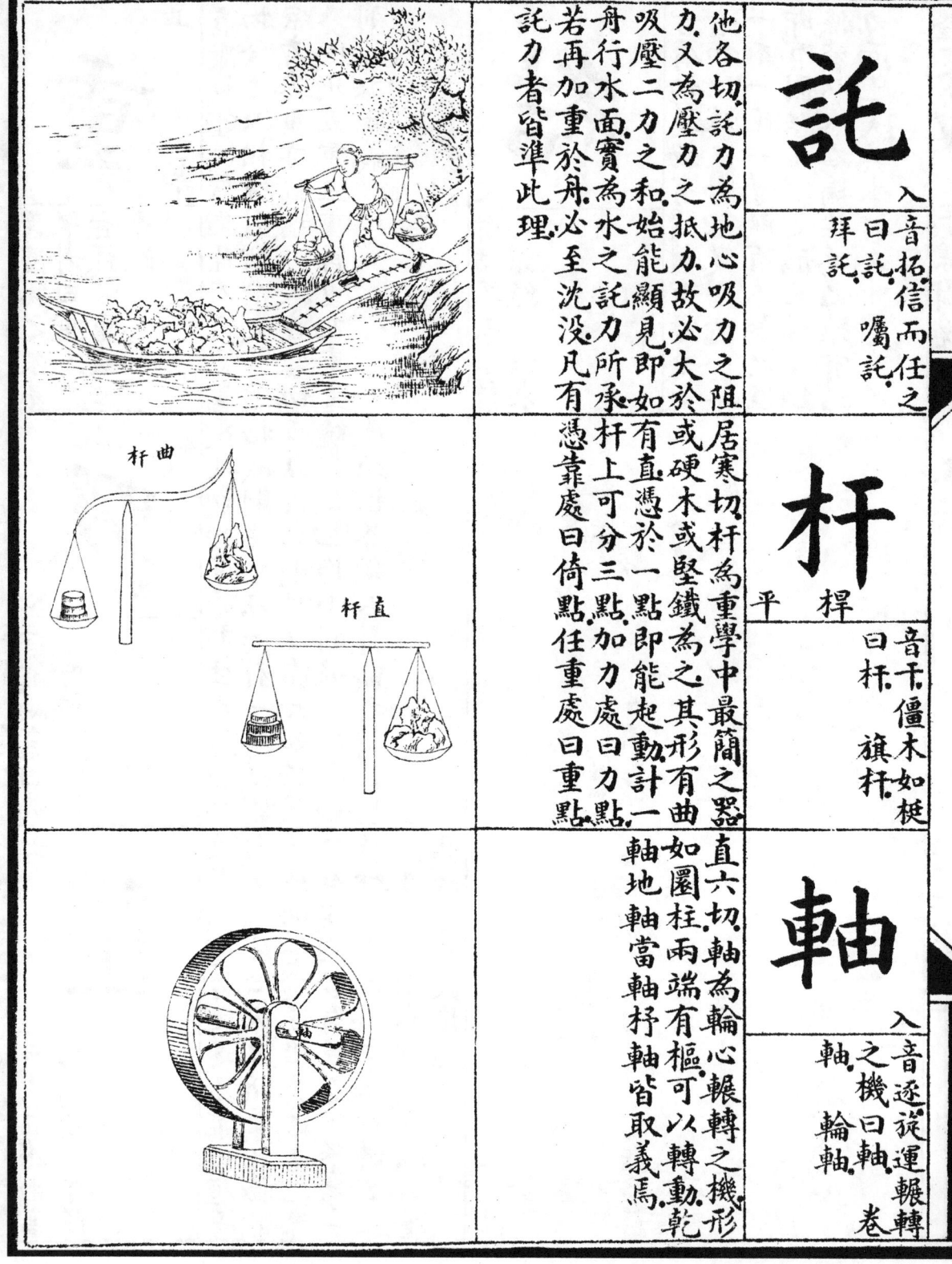

輪

平

音倫。輻之周郭曰輪。火輪船。輪流。

力迍切。輪為輻之外周。憑輻以連於軸。即與軸合為一體。同心旋轉。其尋常者用之於車。此外有軋輪齒輪擺輪之別。皆機器中必須之件也。

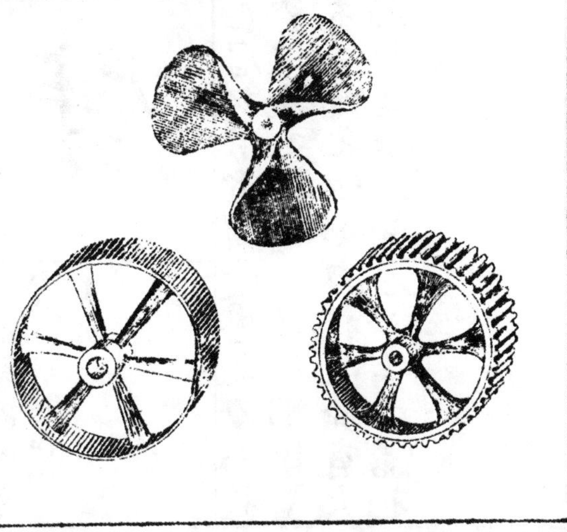

車

平

音居。引重致遠之器曰車。馬車。兵車。

九魚切。黄帝所創。少昊時加牛。奚仲始駕馬。古有兵車田車乘車之分。今上海馬車東洋車。皆係洋式。而火車電車。又中國所僅見也。滑車為助力器之一。其式如輪。周有曲槽。可容繩以資牽動。

斜

平

音邪。不正曰斜。斜陽。歪斜。

似嗟切。凡地面垂綫與地平成銳角或鈍角者曰斜。斜面為助力原器之一。其用能以小力令大重上升。或大重下行。即如用一木板。取其一端擱於檻上。將物自上滾下。倍覺省力。斜面之制。即準此理。

劈

入

音霹。鑿而開之曰劈。　劈開。劈分。

匹歷切。劈者傳受壓之力而施於被分之物也。劈以銅鐵堅木等為之。形如無柄之斧。有大助力。為劈木開石必需之器也。

蠃

平　螺

音蠃。蚌屬之如圓錐形者曰蠃。　蠃絲。　田蠃。

落戈切。蠃屬甚多。大都産於泥水中。甲面有紋盤旋其上。首戴肉角二。伸縮自由。今常見者以田蠃海蠃為最多。　蠃旋又名蠃絲。如今之蠃絲釘形而大過之。有陰紋陽紋之别。可資以助壓力託力之用。

蠃旋

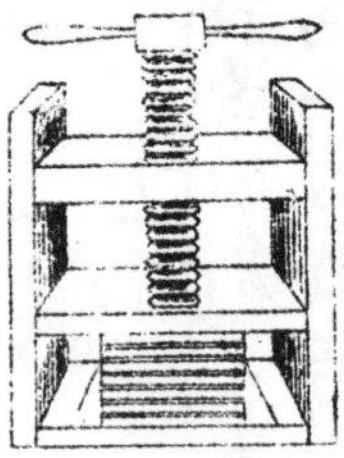

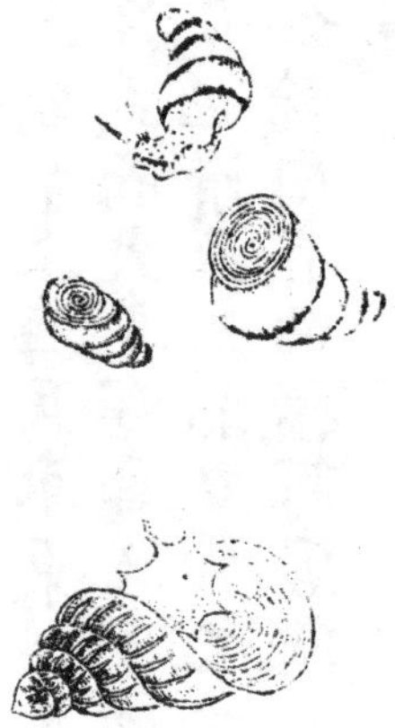

機

平

音幾。觸而即發者曰機。　機器。機會。

居衣切。北斗第二三星曰旋機。言其能隨樞轉旋也。機關機械。皆引其義焉。　泰西機器著於全球。大之如船礮之堅利。小之如鐘表燈鏡之精奇。無不出之於機。中國雖已效設船械紡織諸廠。而獲益則猶未也。

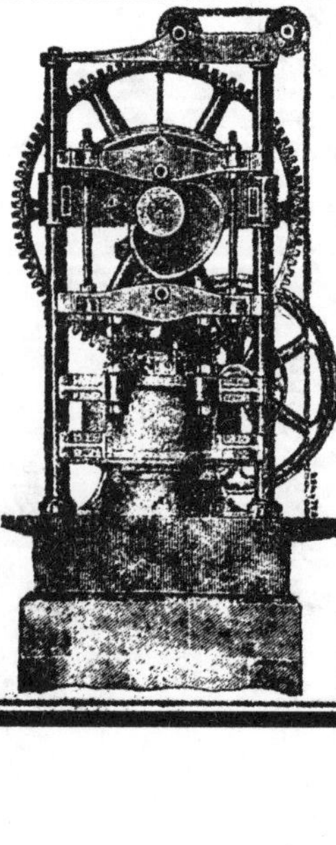

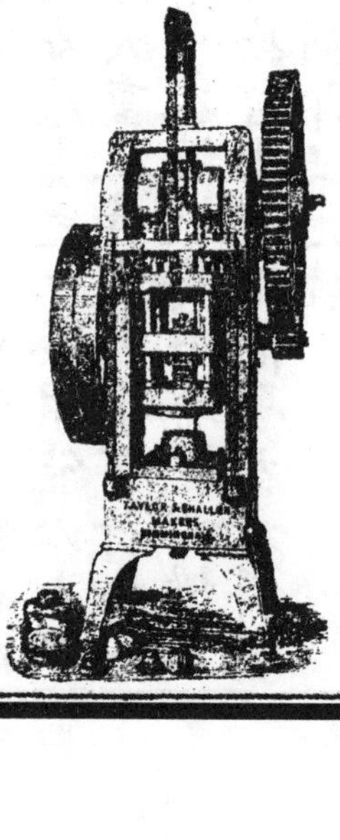

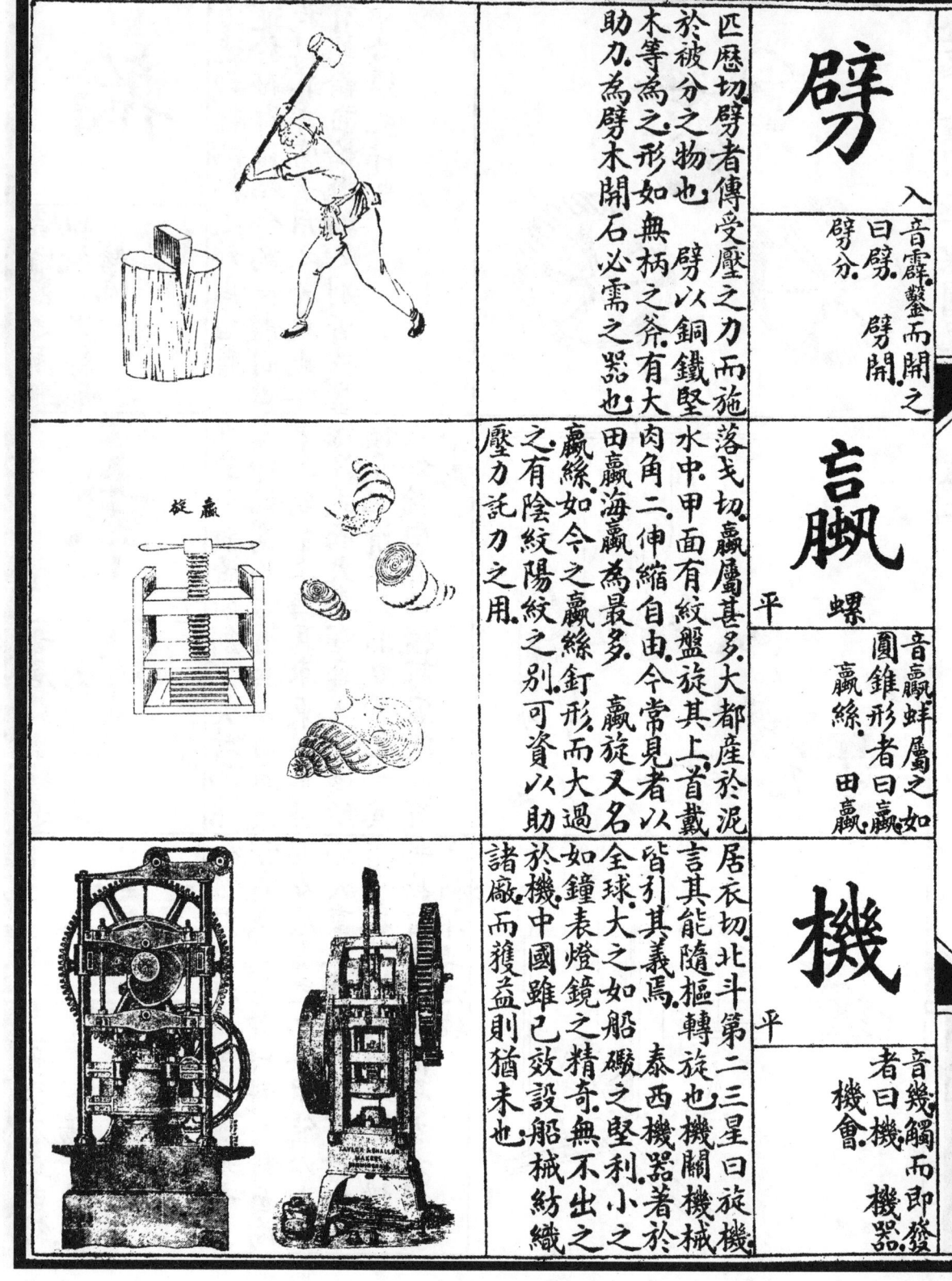

光

平

廣平聲。熱力發現則成光。　光明。　摩光。

古黃切。光者萬物賴以顯諸色藉以分其類。約分為五。本質發光者曰原光。如日是也。本質無光借他光返照者曰映光。如月是也。炭與養化合生火者曰火光。如燃柴蠟是也。電火曰電光。燐火曰冷光。

像

上

音象。物相肖者曰像。　拍像。

徐兩切。凡物所發光綫聚合而成虛形者。謂之形像。如鏡中花水中月是也。

影

上

英上聲。形之所蔽曰影。　月影。　黑影。

於景切。凡光發射遇物而阻則物後必暗。是之謂影。體實者成影濃。體明者成影淡。阻光體小於發光體者成影漸尖。大於發光體者成影漸濶。等於發光體者成影平行。凡濶影平影皆漸遠漸淡。　影有正有副。

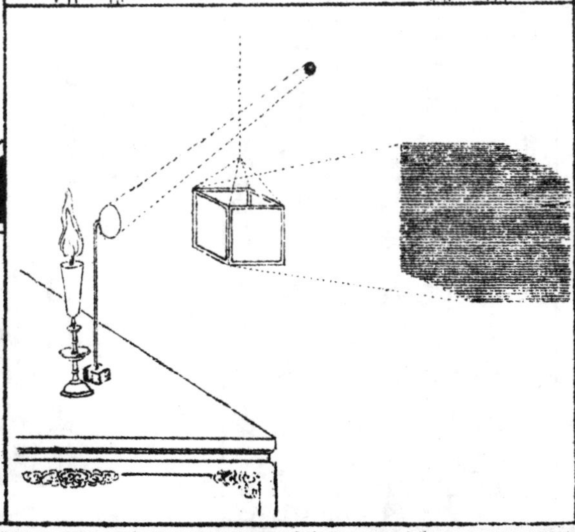

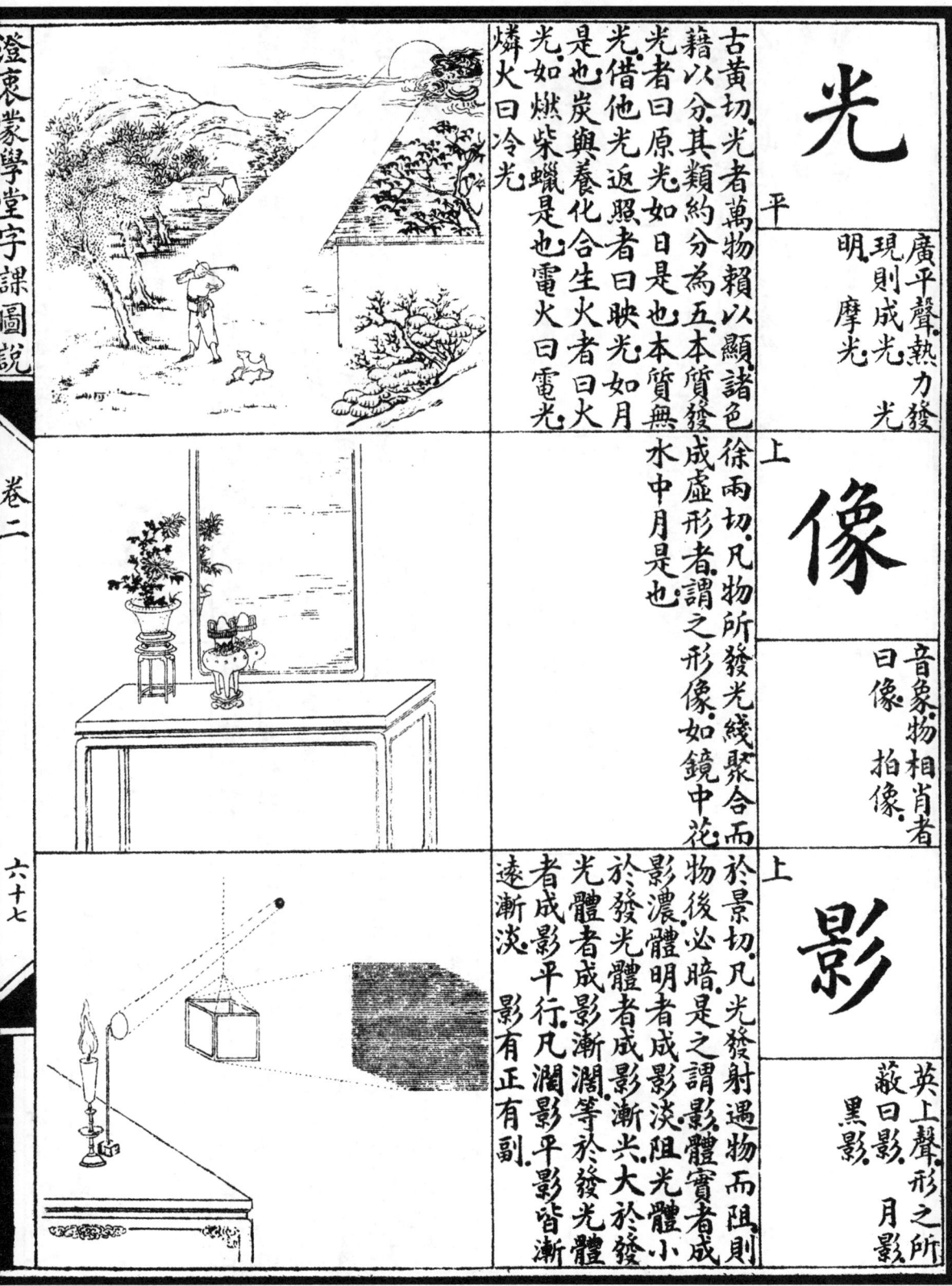

去 **浪** 平

音閬。水遇風則浪。波浪。麥浪。

音郎。滄浪。

郎宕切。萬物震動皆能成浪。如諸曜之光。閃閃不定。即光浪也。鐘磬之聲。餘音裊裊。即聲浪也。然其浪之所以能達於目而傳於耳者。仍賴風氣為之。 又魯堂切。滄浪水名。

回 平

音洄。去而復返曰回。回來。縮回。

胡隈切。格致聲有回聲。光有回光。其聲浪光浪皆因遇阻而回。故光射水面則映。聲在空谷則應也。 回光綫與阻面垂綫所成之角。必等於發光綫與阻面垂綫所成之角。回聲之理準此。

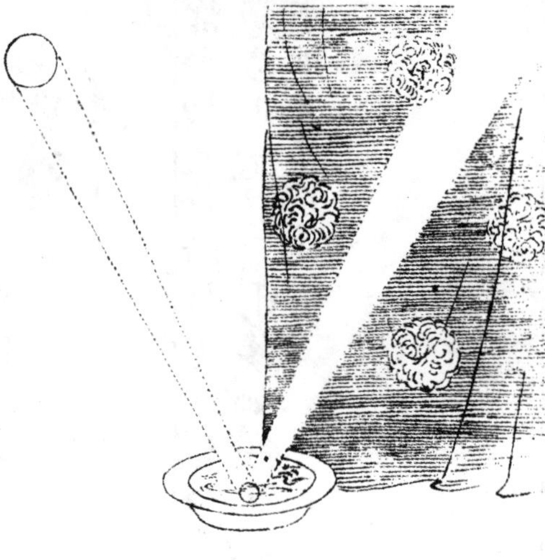

折 入

音浙。執而斷之曰折。曲折。折回。

旨熱切。光學。光綫由疏質透過密質。必向質面垂綫而折。則視遠物如近。故水中之物。轉顯其高。若由密質透過疏質。必離質面垂綫而折。則視近物。轉覺其遠。故視玻璃窗外之路。較長。折聲之理準此。

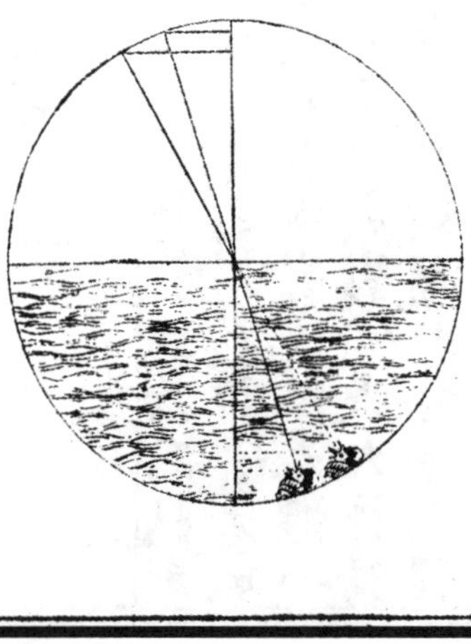

濃 平

音醲。淡之對曰濃。濃茶。

尼容切。色之濃淡。關乎質之厚薄。點之疏密。質厚點密者。其色必濃。如臨池視水。淺者作淡綠色。深者作濃綠色。及取而盛諸盤內。則淡若無色。此其明驗也。

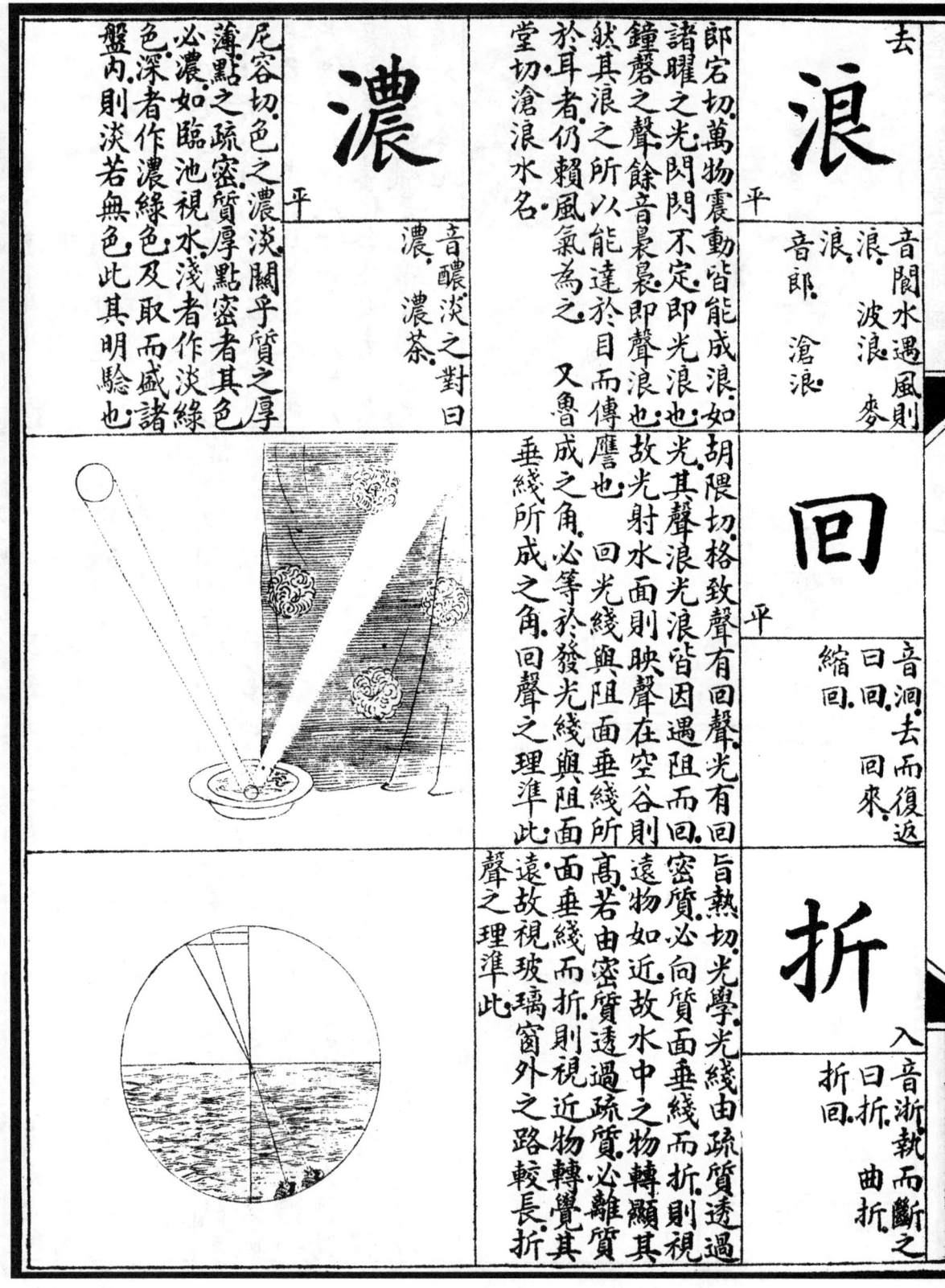

凹

入

音浥平面下陷曰凹。凹鏡。俗讀若拗平聲。

乙洽切。萬物有質，皆有凹凸力。而所生抵力則不同。凹力所生者聚而近，凸力所生者散而廣。即如以凹鏡向日取火，其得火之點必在鏡前。若以凸鏡取之，則在鏡後。力點聲點皆準此理。

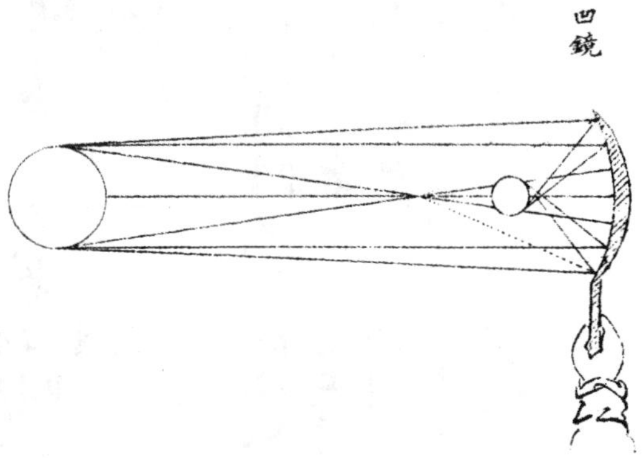

凸

入

豚入聲。平面突起曰凸。凸鏡。

陁沒切。其說詳凹。

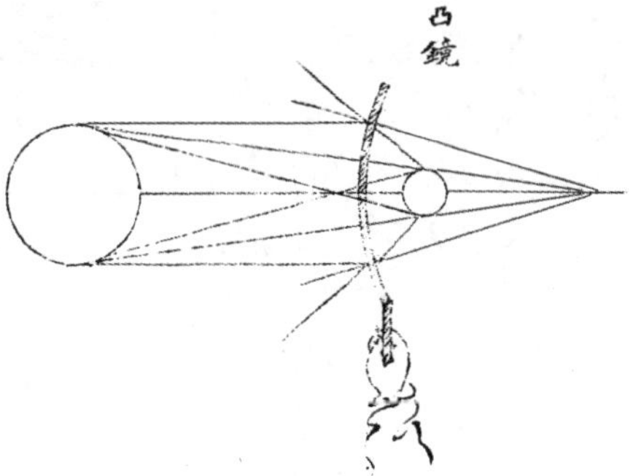

幻

去

音患。以偽惑真曰幻。幻術。夢幻。

胡慣切。光學折光映射所成虛形，謂之幻景。瀕海居民忽見空際樓臺城郭，誤為仙境，實則海面光綫折向天空，與諸島轉相映照，聚成虛像，而折入人目也。兩平鏡相交，其角愈小，成像愈多，亦同此理。

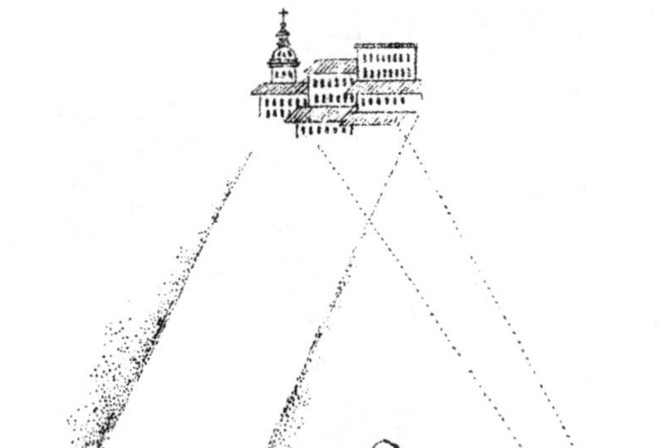

閃 上

音潤。倏現而倏滅者曰閃。　電閃。　閃光。

失冉切。窺頭門中也。韡避也。光學。回光之體點愈密而質愈堅者，則光閃愈速，如金剛石、貓兒眼，其光一閃即變，因名為戲色。實其光之折率甚密也。

聲 平

聖平聲。萬物之籟曰聲。　風聲。　聲音。

書征切。聲者，形氣相軋而成。兩氣軋者如雷聲，兩形軋者如鐘聲，形軋氣者如飛聲，氣軋形者如簫聲。大凡物動必有聲，全仗空氣以傳之。無氣則雖有聲而耳不得而聞矣。

絃 平

音賢。與弦同。令以張於琴瑟者為絃，從俗說也。　弓弦　琴絃

戶田切。聲學。絃之能生音者，因其一經受撥，則往復蕩動，能使空氣激成聲浪而傳於耳。其絃愈短、徑愈小、質愈輕、引愈急者，其音愈高。　又周髀算經：折矩以為句廣三，股修四，徑隅五。所謂徑隅者即弦也。

音 平

音陰。聲成文謂之音。　聲音。

於今切。音之高低，視乎聲之動數。動愈多則聲愈高，動愈寡則聲愈低。每秒十六動者為最低，每秒三萬八千動者為最高。尋常樂器一秒以四十動至四千動為止。

律 入

音嵂。所以定分止爭者曰律。　律例。　音律。

劣戌切。銓也。所以銓量輕重也。故律法、聲律皆取義焉。　黃帝作律十二，陽六為律，陰六為呂。今西人以八音為一調，每調分律十二，雖無陰陽之名，實與中土無異。

簧

平

音黃。樂器中發聲之薄葉曰簧。笙簧。簧鼓。

胡光切。紙窗裂縫。一經風弄。則嗚嗚有聲。其動愈速。成音愈高。簧之生音。亦由此理。然其本音內所生附音。較高於弦所生者。因弦之震動。藉外加之牽力。而簧之震動。藉本體之凹凸力也。簧愈短者。其音愈高。

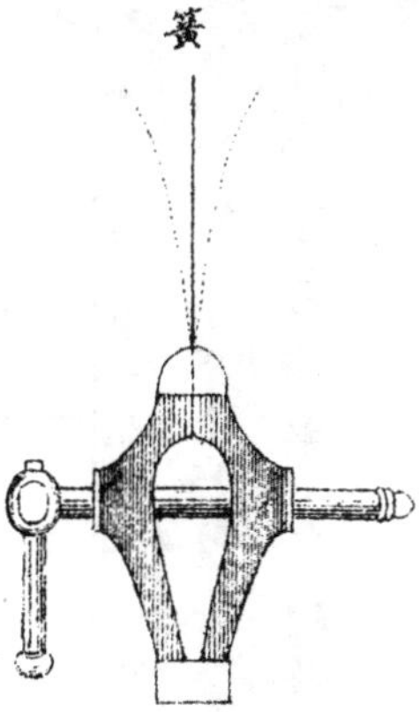

管

上

音筦。形如截竹曰管。竹管。總管。

古緩切。黃帝用以定音審律之器也。截竹十二。長短有差。候氣奏之。節其音律。其音愈高。其管愈短。所生附音。較弦為大。蓋弦之生音。藉外加之牽力。而管則因氣點之凹凸力。順管直動而成浪也。　又總理其事曰管。

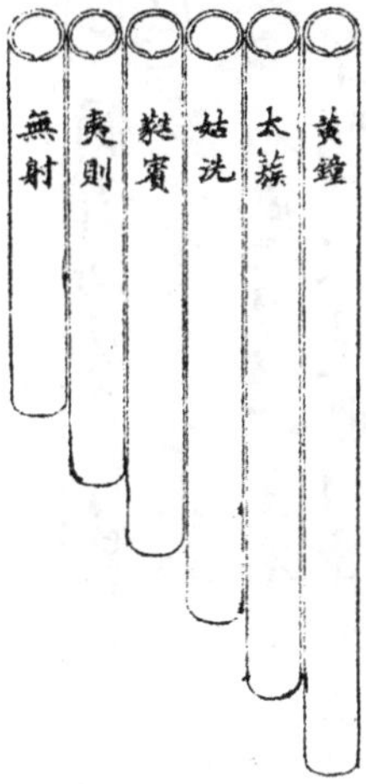

算

上

音篹。籌畫之曰算。算盤。筆算。

損管切。數也。从竹从具。具者備數也。古人削竹為籌。備計其數。故謂之算。算始黃帝之臣隸首。其術無傳。而以周髀算經九章算術為最古。後世宗之。代有修輯。明季利瑪竇等相繼來華。頗多新法推步之術。視古益精矣。

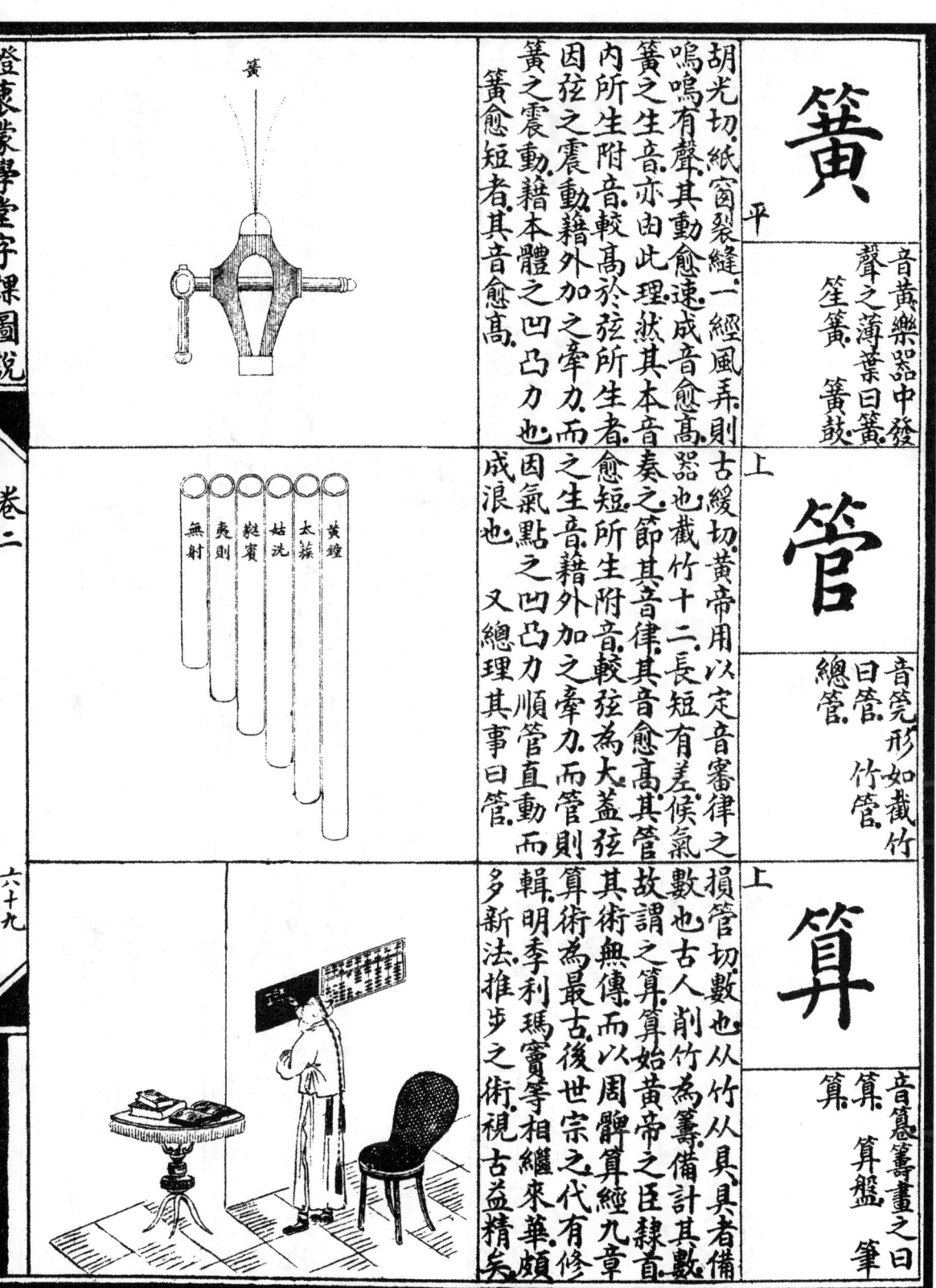

上

點

音玷。無可分者曰點。斑點。點頭。

多忝切。點為萬物成形之始。故講礦學者言質點。講算學者言起點。而分句讀者又引為點竄之點。

去

面

音偭。一體所見為面。面色。情面。

彌箭切。具耳目鼻口曰面。㊀篆文象首之正面。面骨有五。左右顴骨各一。左右腭骨各一。犁頭骨一是也。附骨之肌。計十二条。算學面者。止有長有廣。設如一綫橫行所留之迹。即成面也。

入

積

音迹。禾穀之聚曰積。堆積。積穀。

子息切。聚也。凡積德積習積重皆取義焉。體之界為面。體之實為積。積數者。為可約數乘他數所得之數也。

去

綫

線

音線。絲縷之總名曰綫。電綫。綿綫。

私箭切。綫者成衣之縷。或麻或綿或絲紡而成之也。算學綫以點為界。有長短曲直。而無廣狹厚薄之分。

平

形

音邢。有於中而見於外者曰形。形狀。情形。

奚經切。形者身之舍也。申而為形體之形。又轉而為形勢之形。算學或在一界或在多界之間者為形。

平

平

音萍。面無凹凸曰平。公平。平穩。

蒲明切。齊等也。物莫平於準。故理財書亦曰平準。又稔也。年再登曰平。三登曰太平。　算學平面中間綫能遮兩界。

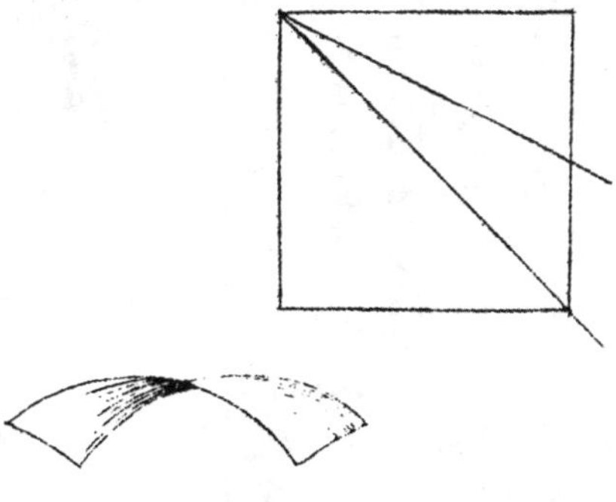

方

平

音芳。中矩之形曰方。端方。方言。

分房切。兩船相比曰方。轉而為比方之方。又借為匚。說文作重矩形。即兩矩相合而成匚之義。匚。地道也。故申而為萬方四方。又轉而為方術之方。　算學有平方立方縱方之別。

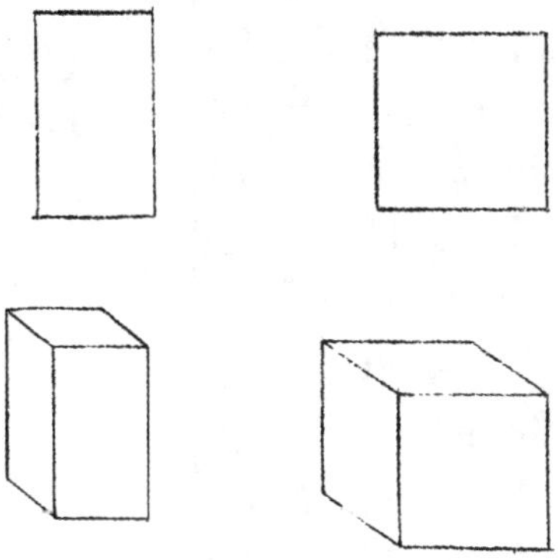

圜

圓

平

音圓。中規之形曰圜。方圓。圓轉。

于權切。圜天體也。渾圓為圜。平圓為圓。圓之規為圓。凡法天之道多取於圜。故壇有圜丘。獄有圜土。府有圜法。　算學自界至中心作直綫俱等者為圓。圓有平有渾。

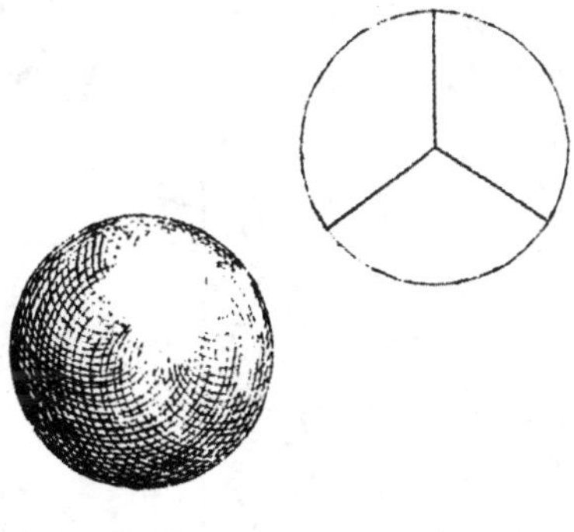

橢

上

音妥，形如嶞者曰橢。　橢圜。

他果切。小桶也。又狹長之器皆曰橢。故名長圓為橢圓。凡行星之體，皆作橢圓形。因其繞日旋轉，有離心力，遂致兩極癟縮，赤道成嶞。即如地球南北徑較東西徑長七十八里。此其明證也。

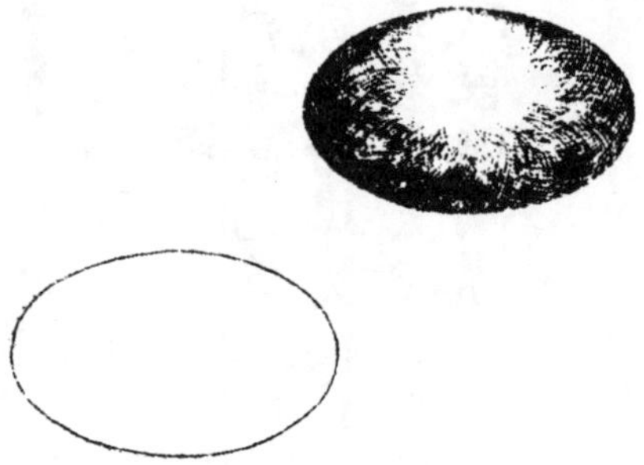

角

入

音覺，獸之觝觡。去曰角。　角ㄎ。牛角。

訖岳切。獸角也。戴於額而資以觸也。故申而為額角之角。又轉而為角逐、角抵之角。　算學兩直線遇作直線角。兩曲線遇作曲線角。一曲線一直線遇作雜線角。角度九十者為直角。過之則為鈍角。不足則為銳角。

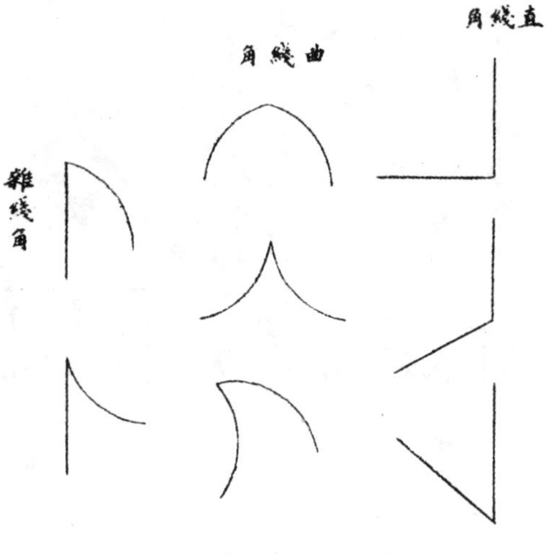

句

平

音屨，語絕為句。點句。　音溝。句股。

俱遇切。句者局也。每章分若干句。鈎乙之如疆域然。故謂之局。
居侯切。俗作勾。曲也。官名曰句芒。星名曰句陳。　又周髀算經折矩以為句廣三。股修四。徑隅五。

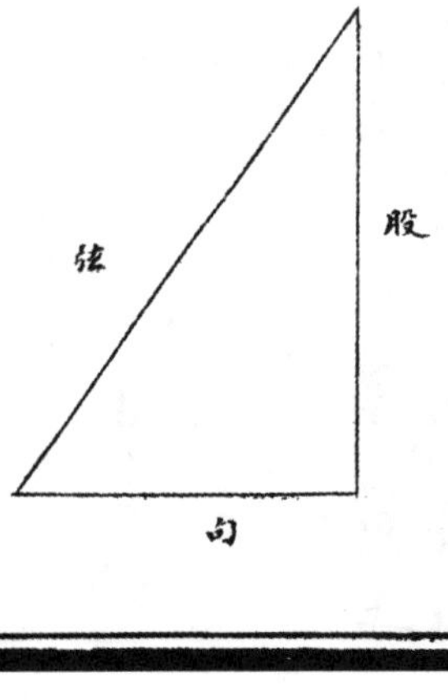

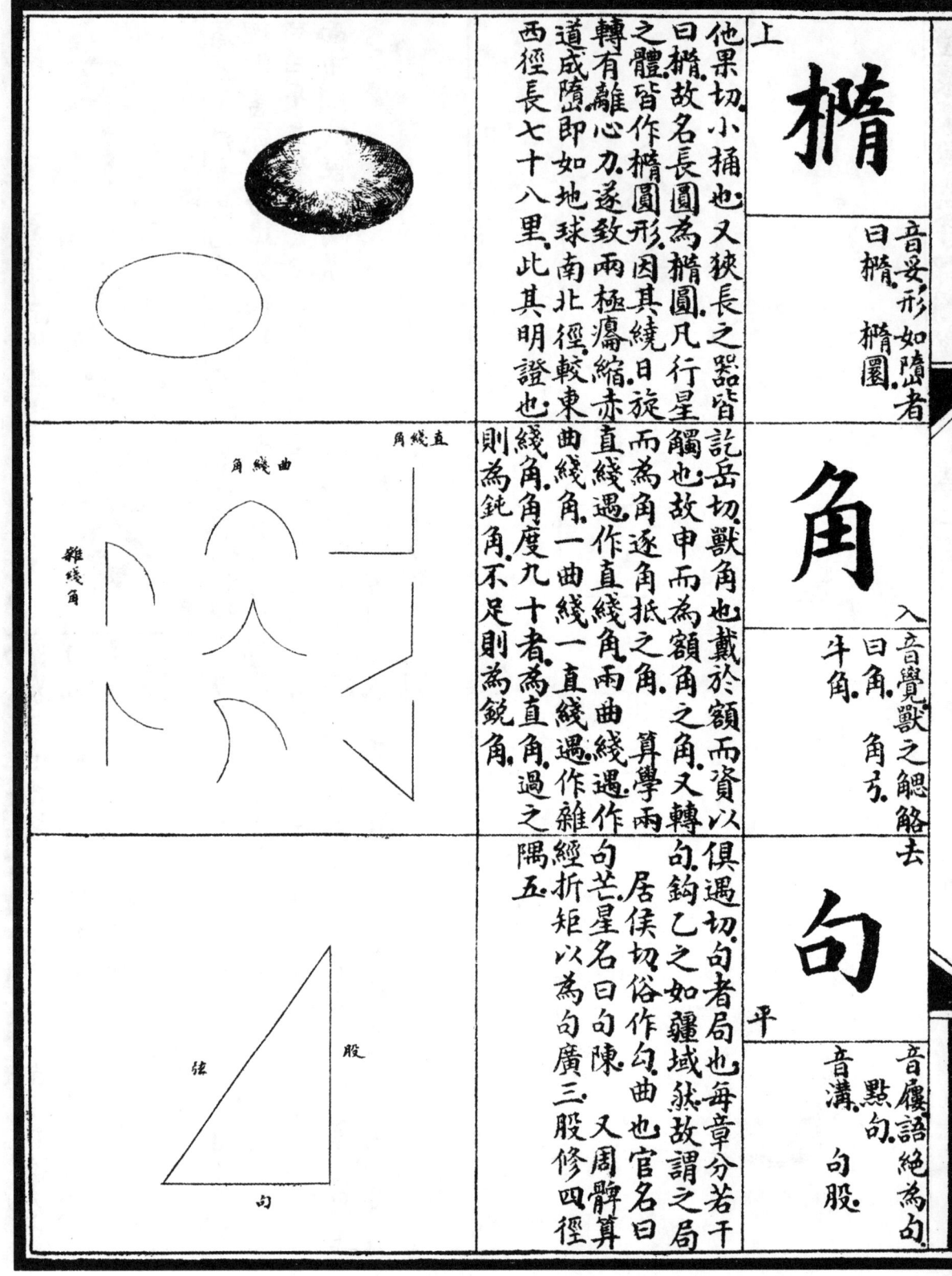

全 平

音泉完而不缺曰全。全福。成全。

疾緣切。純玉也。言其無瑕病也。故轉而為完全之全。凡全人全德皆取義焉。算學諸分之合曰全。設有一瓜。分而為八。則為八分。復以此八分并之則謂之全。若以七分并之則不特不合亦且不得為全。

等 上

登上聲二度自相合曰等。等第。加等。

得肯切。齊簡也。从竹从寺。寺者簡冊雜積之地。故說文以齊簡為等。凡等級等威等類皆引申焉。又借為待。今俗謂相待為等。蓋一音之轉也。算學有等數之數者。兩數有數能度

倍 上

音背加等曰倍。雙倍。倍數。

補妹切。背也。周禮大司樂注。倍文曰諷。謂不面其文而讀也。故反背之背。亦作倍。又倍加一倍也。算學小能度大則大為小之倍。淺言之。如大數為十八。小數為三。以三度十八。則得數為六。即大數為小數之六倍也。

去 **分** 平

音饙合者離之曰分。分別。分明。汾去聲。股分。

府文切。別也。从八从刀。以刀分別物也。故凡春秋分皆取義焉。古以一黍之廣為一分。今以一黍之縱為一分。十分為一寸。在權以十釐為一分。在測算以六十秒為一分。扶問切。分諸全者曰分。故算術中有命分數。

去 **和** 平

音禾合而無忤之謂和。温和。和約。禾去聲。雜和。

胡戈切。大笙曰巢。小笙曰和。言其聲相和諧也。故太和和平皆引之。胡卧切。相應和也。申之為倡和調和。算學二度或數以度之并曰和。淺言之。如一度為五。一度為三。并之得八。即為和

去 **較** 入

音覺車較上曲鉤曰較。重較。音教方物曰較。較量。

訖岳切。車輢上重起如兩角者曰重較。古孝切。校也。因較而顯也。故引申為比較之較。又轉為較著之較。算學二不等度或數不等度相較之差曰較。如五與二較。其差三。三即五與二之較也。

加 平

音家增益之曰加。加法。加倍。

居牙切算學凡有若干數欲總計之必將若干數并之是謂加法設如一數為六一數為八一數為十四統加之則得二十八此即加法也

減 上

音鹻自度去度去曰減。減法。減少。

古斬切算學凡有一數以他數減之所得之數即為較數求此較數之法即為減法尋常算法中之本數必大於減數設如本數為五十減數為二十以二十減五十則得較數三十此即減法也

乘 平

音繩自上而加曰乘。乘法。乘與。音剩。車乘。

神陵切登也凡乘馬乘車乘舟皆有登意　算學加數之倍曰乘術有乘法　實證切物雙也如乘禽乘黃是又賦法以人計者六十四并為乘以家計者三百戶為成得革車一乘如萬乘千乘之國百乘之家是

除 平

音儲去其本有曰除。開除。庭除。

直魚切門屏之閒也又去其舊之謂也凡除官除夕除慝皆宗此義　算學度數之倍曰除設如一數二十四一數為三以三度二十四則得數為八此即除法也

偶 上

音耦可平分為二者曰偶。佳偶。偶爾。

語口切偶也故曰木偶土偶本作耦並耕也凡配偶偶坐偶語皆引之又物之離合無常故又轉而為偶有偶然　算學偶雙數也偶與偶并仍為偶奇與奇并并之之數偶則總數亦偶

奇 平

音琦耳目所未經者曰奇。奇怪。希奇。音羈隻而不兩曰奇。奇偶。

渠宜切異也凡奇袤奇偉之奇皆訓為異假借為奇偶之奇讀居宜切奇贏奇羨皆宗此義奇陽數也萬物生於奇而成於偶算術以單數為奇雙數為偶奇與奇并則為偶奇與偶并則為奇由是而奇偶相生不絕矣

身 平

音申。人之全體曰身。身體 保身。

升人切。身者神之舍也。為精珠所結而成。珠外有衣。中有半流質。名曰元質。質內有泡曰核。核內有仁。人之血肉髮膚筋絡。皆由此珠膠結而成也。

體 上

音涕。總一身十二屬之名曰體。體恤 肢體

士禮切。體有十二屬。首屬三。頂面頤也。身屬三。肩脊臀也。手屬三。肱臂手也。足屬三。股脛足也。四體則專指二手二足。引伸為體恤體諒之體。以體有包涵之義也。

躬 平

音弓。身之別名也。躬親 鞠躬

居雄切。猶身也。躬在人為一身之中。說文作躳。从呂。呂象人之脊骨也。

骨 入

音汩。身之幹曰骨。骨肉

古忽切。肉之覈也。全體之骨約計二百。分為六類。頭骨類二十三。脊骨類二十四。胸膛類二十五。盆類四。上肢類六十四。下肢類六十。此外有耳中小骨各三。齒骨三十二。芝蔴骨八。嬰兒之骨較多。老則并合。

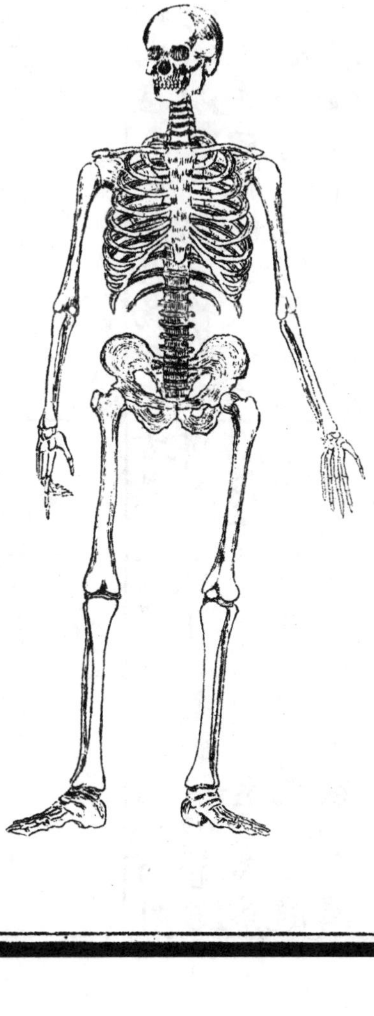

肌 平

音飢皮肉之肉曰肌　肌膚　肌理

居宜切肉之麗於骨而隱於皮者曰肌統計人之全體約六百四十條肌厚一寸約計肌絲一萬八千其性有二一係人志所司如手足之肌是一係自動如心肺脾胃腸腎及脈絡氣血諸管之肌是

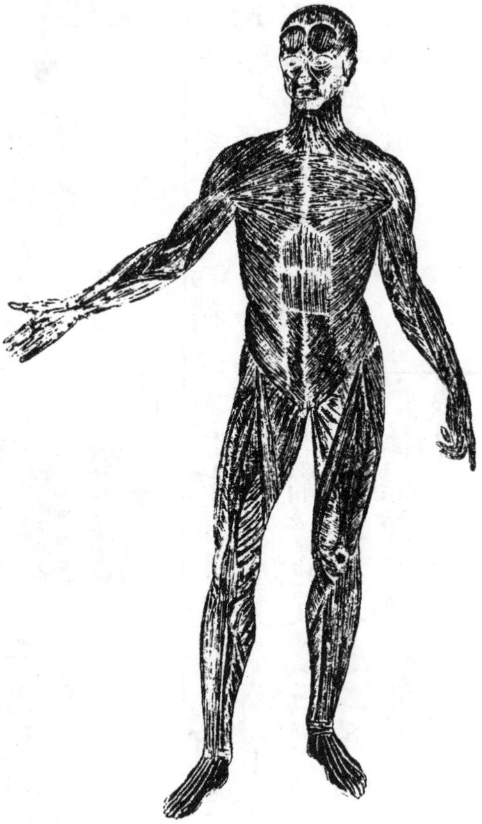

肉 入

音衂肌之總名曰肉　肉脯　魚肉

而六切肉在人曰肌在物曰肉凡動物所以能行動者惟賴肌肉肌分三等曰肌絲曰肌線曰肌肉精血初變為肌絲肌絲相合則成肌線肌線相合乃成肌肉

膚 平

音跗皮之外層為膚　皮膚　膚庸

方無切膚者附於皮者也有外膚有內膚外膚無脈管迴管含腦筋亦甚少內膚包於液膜液管心大脈管之外膚之形式隨所在而異以其形而名之有鱗膚柱膚圓膚髮膚之別凡膚必浮露於外故引申為膚淺之膚

膜 入

音莫裏肌隔肌之衣曰膜　隔膜

末各切肌中薄衣也全身肌膜分為四種一頭面頸項類二胸背腰腹類三上肢類四下肢類隔肌者曰淺膜有厚有薄裹肌者曰深膜力大如筋可以捆縛肌骨使不移位在腑肺心腦者曰瀝膜在胸腹之間者曰隔膜

皮

平

音疲。所以裹肉者曰皮。皮膚。面皮。

蒲麋切。人身内外。皆有皮以裹之。體外曰外皮。體内曰内皮。外皮在口鼻。與内皮連。内皮在肛門。與外皮連。外皮計三層。外曰膚。中曰腠。内曰表。内皮計二層。有膚腠而無表。

脈

入

音麥。血理所分。衺行體中者為脈。脈息。診脈。

莫白切。脈管即運行赤血之管。亦名發血管。管根自心底起。為總脈管。離心愈遠。分支愈多。愈細。亦有相結如網者。管體概分三層。外層為胞膜。中層乃環紋肌線所成。黃筋絲絡之。内層為黃溼筋膜。質薄而滑澤。

頸

上

音景。頭莖為頸。頸項。鶴頸。

居郢切。領也。所以承首者。指其背而言之曰項。指其全領言之曰頸。頸骨七。下與脊骨連。淺深膜二重。淺膜在皮膚下肌外。深膜在胸膛牙牀肌肉。其力大於淺膜。能裹諸肌及脈管腦筋諸件。

脂

平

音支。膏之凝者為脂。脂油。臙脂。

旨而切。動物之膏也。在人為膏。在物為脂。在無角之獸曰膏。有角者曰脂。

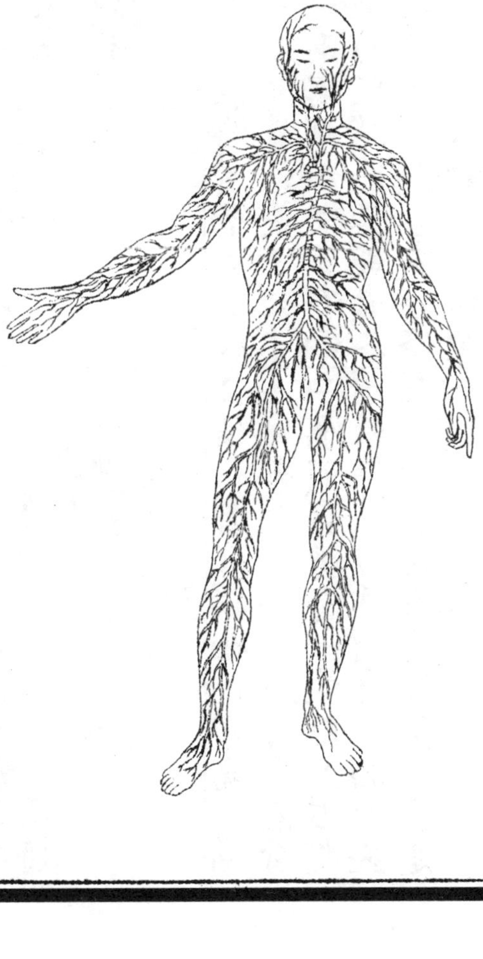

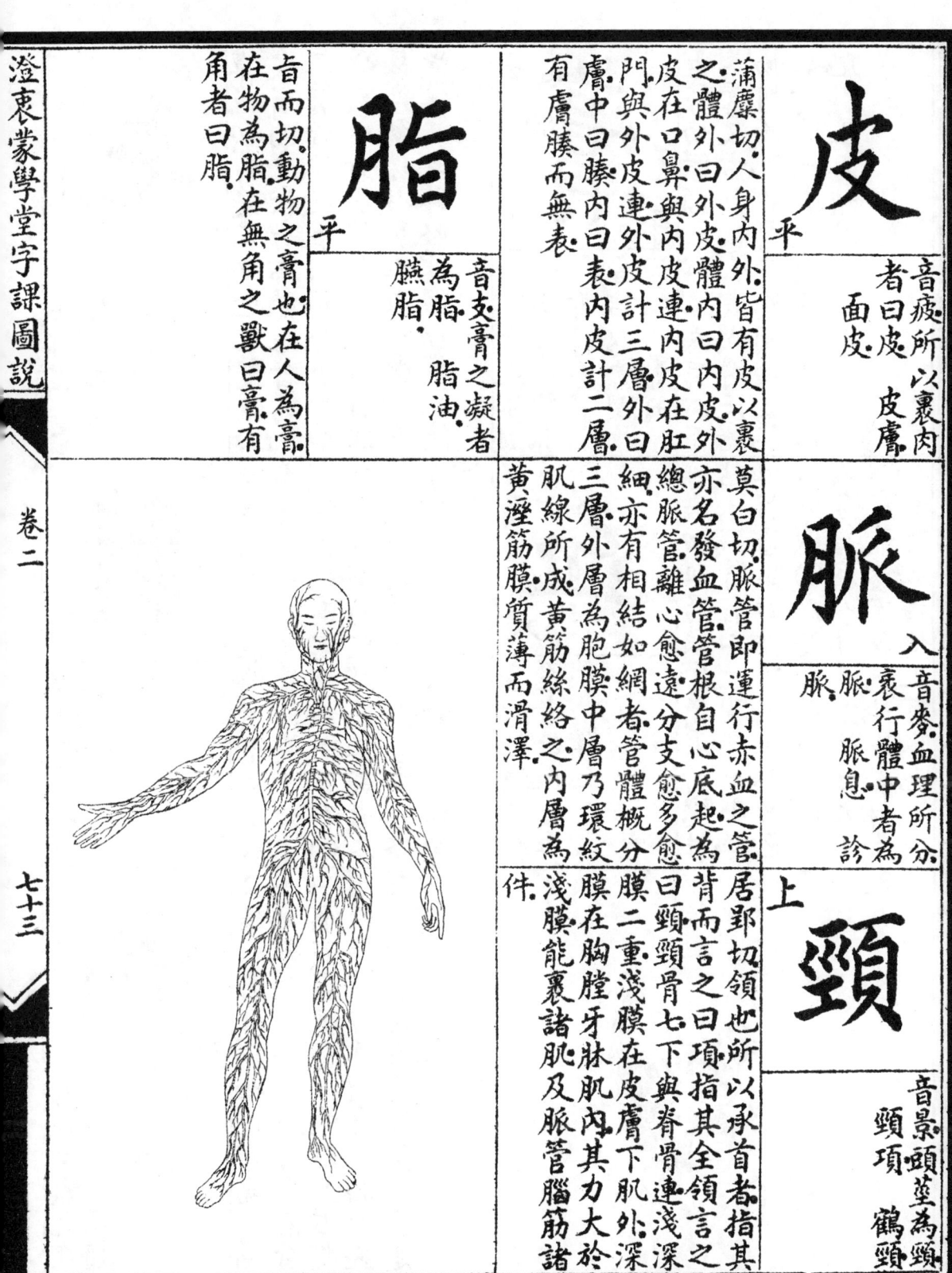

毛 平

音旄 附體之毫曰毛 毛髮

謨袍切。眉髮之屬也。毛髮俱由皮膚而生。長者為髮。短者為毛。其質皆與皮膚同類。外層如鱗甲。內層如筋絲。其中有心。皆係極微鱗珠凝聚而成。人受冷或受驚。其毛即豎。能觸動腦筋。使人知覺運動。

髓 上

音瀡 骨中脂曰髓 骨髓

選委切。脊髓在脊骨管中。由腦髓起。下至尾閭骨。約長十六寸。在頭與腰兩處稍粗。向下漸細。其式如繩。乃眾腦筋集成者。各節一對。共三十六對。各支分條分綫分絲。散佈百體。以達知覺也。

頭 平

音投 全體之總領為頭 頭顱 筆頭

徒侯切。首也。獨也。於體高而獨也。頭部之骨。分頭顱骨與面骨二屬。頭顱骨有七。枕額左右顱頂羅篩左右耳門是也。面骨五。左右顴骨左右腭骨犁頭骨是

膏 去 平

音高 脂之不凝者曰膏 膏肓 脂膏

音誥 以膏潤物曰膏 膏田

古勞切。脂類也。心上為肓。心下為膏。又古到切。膏最潤滑。沃諸物則物潤。故引申為潤物之稱。如詩陰雨膏之是。又申之。凡以肥料滋養植物皆謂之膏。

血 入

音泬 精液之紅色者曰血 血氣 鮮血

呼決切。血乃飲食精液所變。性黏味鹹。質有二。一明汁。一小粒。粒形圓扁如輪。謂之血輪。其色或紅或白。病時白輪多。愈時紅輪多。血在人身。其熱恆為九十八度。能養育身體。沖洩廢料。蓋人之有血。猶地之有水也。

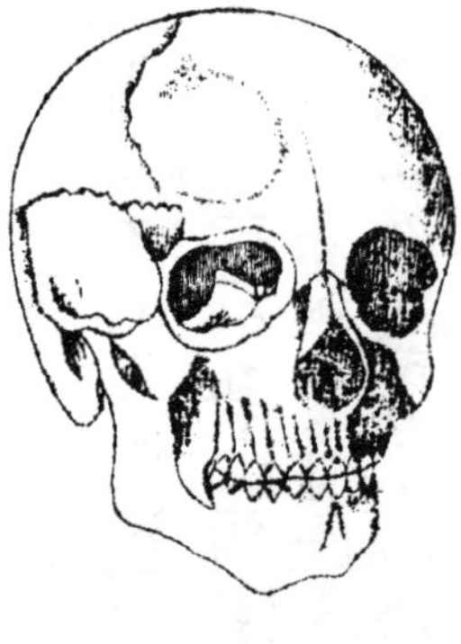

首 （上）

音手。頭之別名也。首飾。元首。

𦣻 始九切。頭也。下象頭形。其上髮也。首居百體之上。故引申為首列之首。

額 （入）

音客。自顱至鼻為額。額角。額限。

鄂格切。鼻莖也。額骨下與鼻骨相連。上接顱骨。故名鼻莖。初生之兒。此骨中分為二。長則漸漸并合。附骨之肌。即曰額肌。上由筋膜起。下與鼻稜錐肌及眼肌相連。其肌纏皆直。引申之。凡定數皆曰額。猶古所謂頭會也。

腦 （上）

音惱。司知覺之體曰腦。頭腦。腦髓。

乃老切。頭髓也。人物之精神思慮皆出於腦。腦多則靈。少則蠢。由腦分達全體者。謂之腦氣筋。腦司知覺。腦氣筋則司運動也。其分散於臟腑脈管迴血管等處。以主其漲縮鬆緊遲速。而人不知覺者。謂之自和腦筋。

項 （上）

杭上聲。頸之背為項。肩項。項款。

胡講切。頭後堅确受枕處。

領 （上）

音嶺。衣之附頸處曰領。首領。領事。

里郢切。頸項之總名也。引申之。附頸之衣亦曰領。挈衣者必提其領。猶舉網者必提其綱。故又申為綱領。領隊之領。

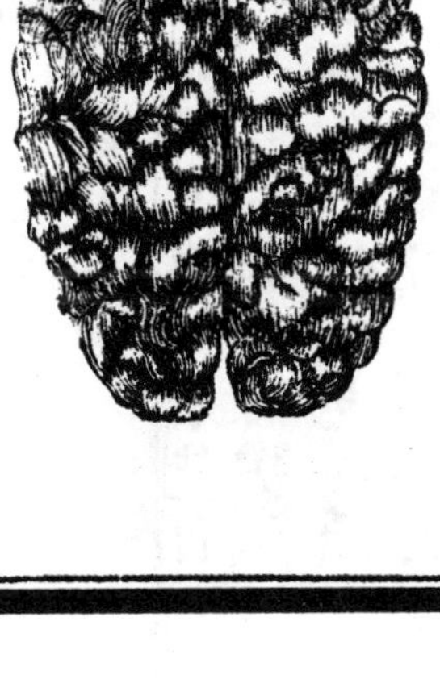

頰 入

音英。面旁曰頰。

兩頰　批頰

古協切。頰取義於挾。所以斂食物也。頤曰輔。曰頰。頤內之牙牀骨曰頰車。

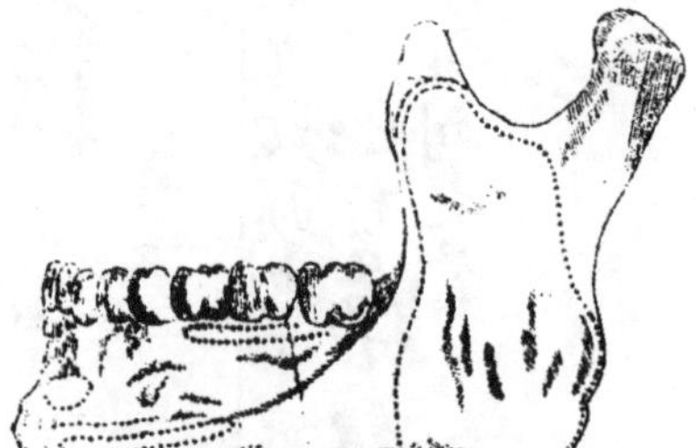

頤 平

音移。面頰也。

朵頤　頤養

延知切。頤也。車輔之名也。或曰輔車。或曰牙車。或曰頰車。或曰鼸車。凡繫於車。皆取在下載上物也。　又養也。易山雷頤䷚

筋 平

音斤。維繫骨肉者為筋。　麪筋　筋骨

居銀切。能自縮者為肌。不能自縮者為筋。其最要者曰腦筋。人之知覺運動。皆由此發也。由頭顱出者曰頭顱腦筋。計十二對。由腦根出者曰脊腦筋。計三十一對。凡至臟腑及脈管迴管圍者。總名之曰自和腦筋

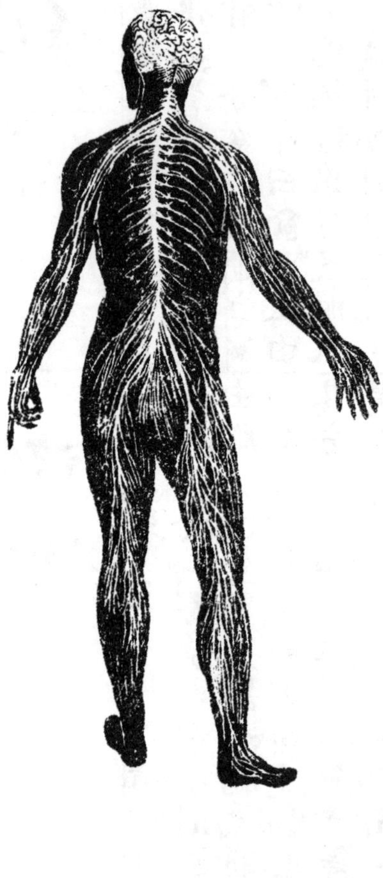

去

辮

音辮。編髮曰辮。

辮線　竹辮。

薄泫切。交織也。織繩曰辮。織髮亦曰辮。

上

耳

音洱　竅之主聽者為耳。

耳朵　側耳。

忍止切。司聽之官也。耳以脆骨為膜。與耳門堅骨合成一筒。所以接聲氣傳入內竅也。又語助辭。猶言而已也。耳即而已之合音。

入

目

音牧　眼之異名。

明目　目錄。

莫六切。古文橫書。外象匡。中象瞳子。篆文始縱書之。以便於偏旁。網之大繩為綱。其細絲之間曰目。目亦以形似人目也。引申為條目之目。

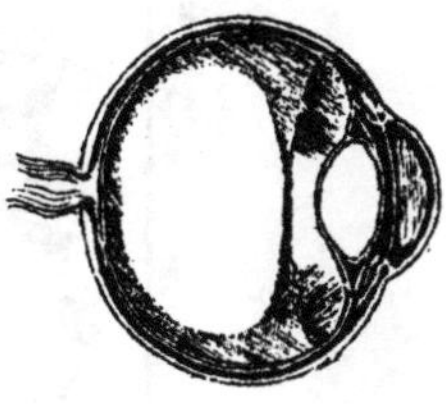

平

鬟

音環　環髮曰鬟。

丫鬟　鬟髻。

胡關切。屈髮為結曰髻。屈髮為環曰鬟。

眼 上

顏上聲竅之主視者為眼 眼孔 青眼

五限切主視之官也眼分二類一為眼球一為護眼球者如睫毛眼窩眼胞之類眼球為視官之主前有睛衣內有眼水外復有白衣明衣黑衣眼簾諸件當明衣後睛珠前中有圓孔一即瞳子也

睛 平

音精眼中通明之珠也 眼睛

咨盈切睛珠在瞳子後大房水前中堅而外輭當幼年時此珠如球漸老漸扁而色亦漸黃故年老則目力漸減

眸 平

音謀瞳子之異名也 眸子 雙眸

莫浮切

瞳 平

音同目中攝影之處曰瞳 瞳人 重瞳

徒東切睛球前明衣後有一圓孔人視物時光綫透入其間聚成虛像形若小童故謂之瞳子瞳子之大小關乎眼簾之舒縮光小則舒光大則縮瞳與簾實互相為用也

眉 平

音麋目上毛曰眉 眉目

旻悲切𠂆象眉形仌象額理在目之上額之下是眉也其功用可以蔽塵而護目

口 上

音寇人所以言食者曰口 口舌 利口

苦厚切象上下脣之形口之所屬為嘴腮舌牙津核嘴之用能開合能收食腮之用能容食能逼氣舌之用能言語能分辨五味能轉動食物而牙齒與津核尤為養生要具津核生津之具也

鼻

去

音紕．出入氣者為鼻．　鼻頭．

毗意切．主臭之官也．鼻梁骨在面正中．乃左右二小骨合成．形各長方．上窄而厚．與額相連．下寬而薄．與鼻脆骨相連．人初生鼻先出．故鼻訓始．如鼻祖之鼻是．

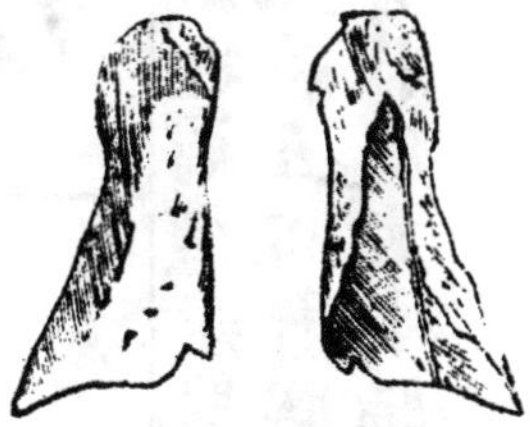

脣

平

音漘．所以護齒者為脣．　嘴脣．　脣舌．

殊倫切．脣者齒之垣也．

牙

平

音芽．壯齒為牙．　牙齒．　象牙．

牛加切．牙分乳牙實牙兩種．未齔之牙曰乳牙．共二十枚．齔後復生者曰實牙．共三十二枚．年壯始全．實牙又分門牙貳牙顚牙大牙四種．

齒

上

音紙．牙之短者曰齒．　齒牙．　敘齒．

齒 昌止切．ΛΛ象齒形．凵張口也．口張齒乃見．一則上下齒閒之虛縫也．从止聲．男以八月而生齒．八歲而齔齒．女以七月而生齒．七歲而齔齒．閱其齒即知其年．故引申為年齒之齒．

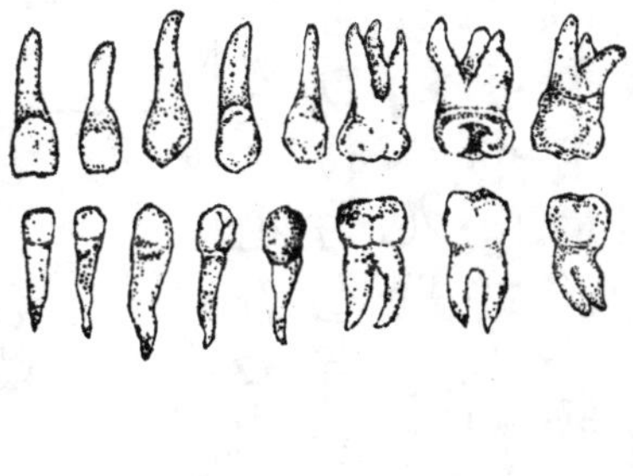

去

臟

臓

音藏。心肝脾肺腎謂之五臟。臟腑

才浪切。藏也。周禮疾醫參九藏。注正藏五。心肝脾肺腎也。又附藏四。胃膀胱大小腸也。

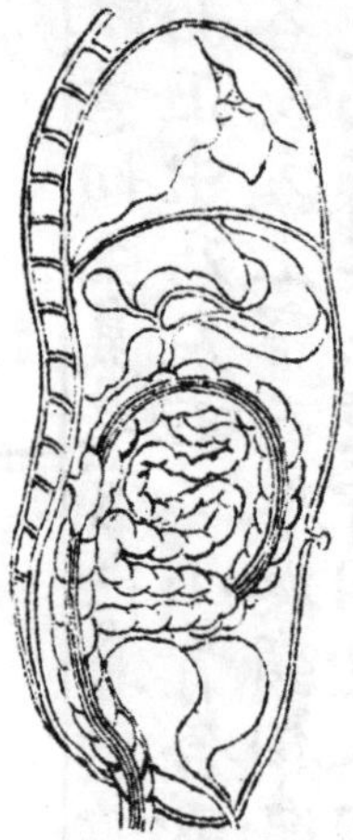

膺

平

音應。胸之别名。服膺。

於陵切。胷也。膺與胷為轉注字。又乳上骨也。任事以肩。當事以膺。故引申為膺受膺任之膺。

喉

平

音侯。所以咽食呼吸者曰喉。咽喉。

胡鉤切。咽也。胃之上口曰食管。肺之上管曰氣管。皆主納水穀與氣之上下。

舌

入

然入聲。所以辯口味者為舌。舌　舌辯

食列切。主味之官也。在口中。其根與舌骨會厭接。舌面有微刺凸出。其大者約八九粒。近於舌根。排列若八字形。餘皆小刺。在前半者尤細。刺有脈迴管腦筋等。更有小涎核以潤之。皮內之肌即謂之舌肌。

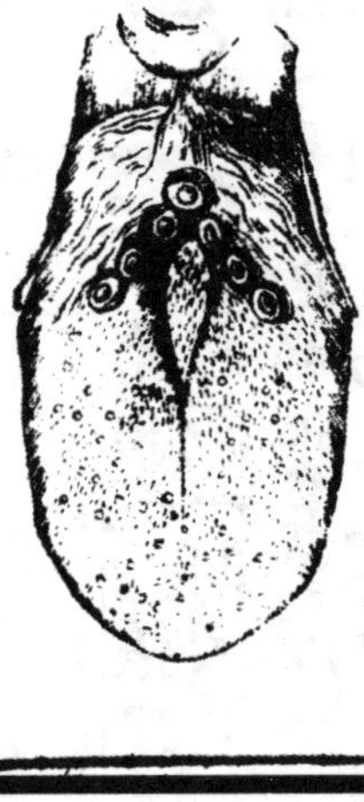

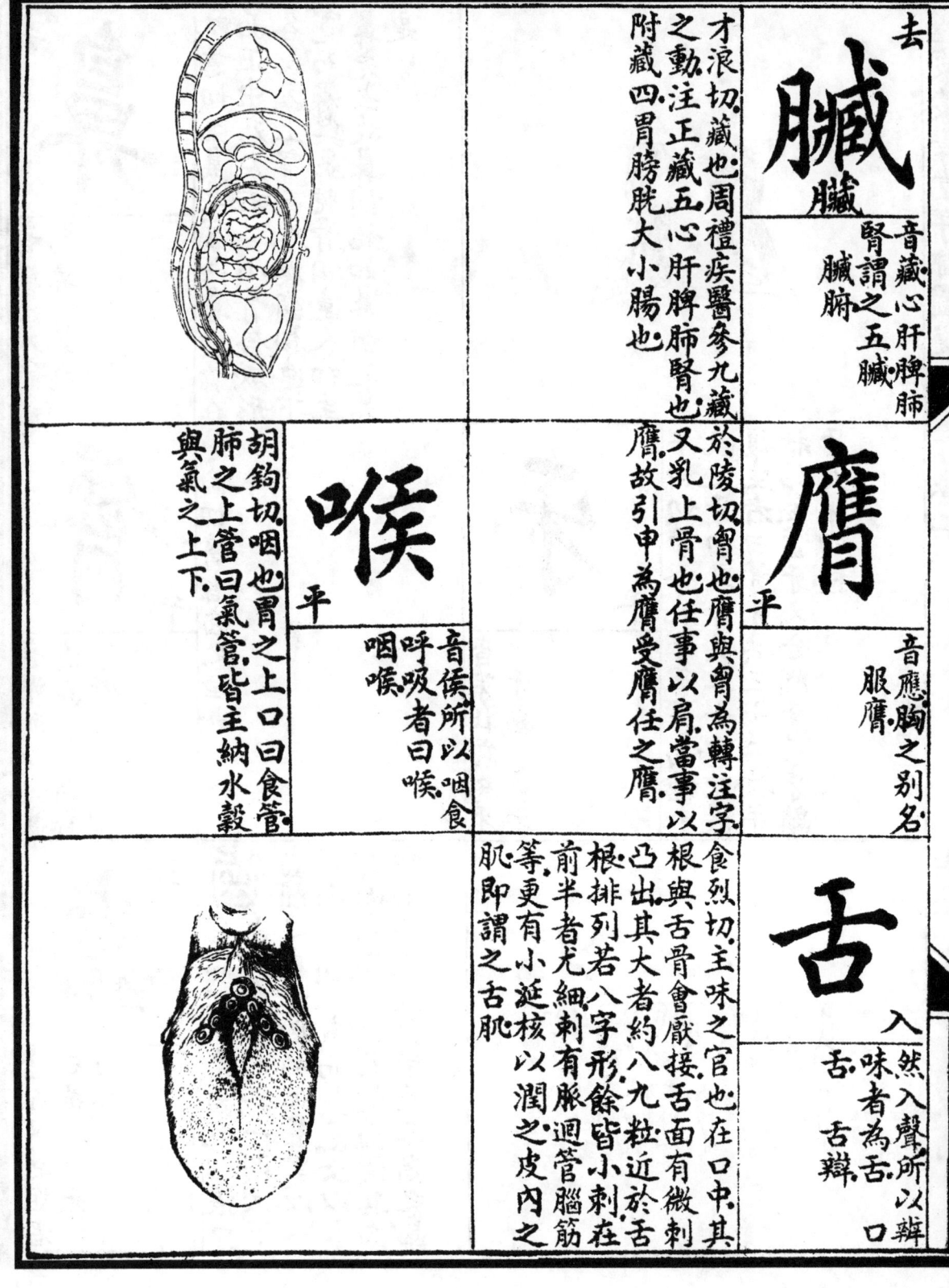

背 去

音輩。倍腹為背。背脊。靠背。音斾。反正為背。背叛。

邦昧切。脊也。背為陽，腹為陰。脊柱骨第八節起至十九節，謂之背。背骨第四塊至第十二塊，以次而大，左右盡處有半環，窩曰脅窩，所以銜脅骨之端也。背與腹倍，故引申為反背之背，讀步昧切。

腹 入

音福。臍之上下。兩旁曰腹。心腹。腹背。

方六切。腹，複也，複於腸胃之外，以裹盛之也。其肌有六：曰淺斜肌、深斜肌、腹橫肌、腹直肌、稜錐肌、腰方肌。

脊 入

音積。背心之骨為脊。骨脊。屋脊。

資悉切。脊為諸骨之幹，上承頭骨，中旁接脅骨，下連鈎骨，有小骨二十四，豎接若柱，故名脊柱，中通有管，所以藏髓也。脊為背之正中處，故引申為脊梁之脊。

腰 平

音要。胯之上脅之下也。束腰。腰帶。

伊堯切。身中也。腰為人之大關節，所以司屈伸。其骨有五，較頸背諸骨為堅。

臀 平

音屯。坐几處曰臀。坐臀。臀尖。

徒渾切。髀也。从殿从肉。殿猶尾也。故肉近尾閭曰臀。

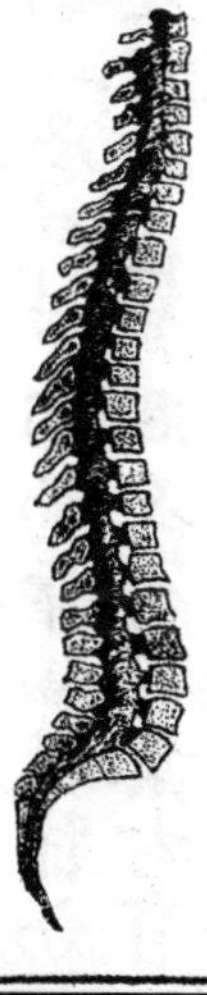

胸 平

音凶。護心之郭曰胸。心胸。胸膛。

虛容切。膺也。胸膛乃數骨合成。形如竹籠。上窄下寬。前為胸骨。後為背骨。兩旁為脇骨。連於左右。所以藏護心肺食管與血脈總管也。

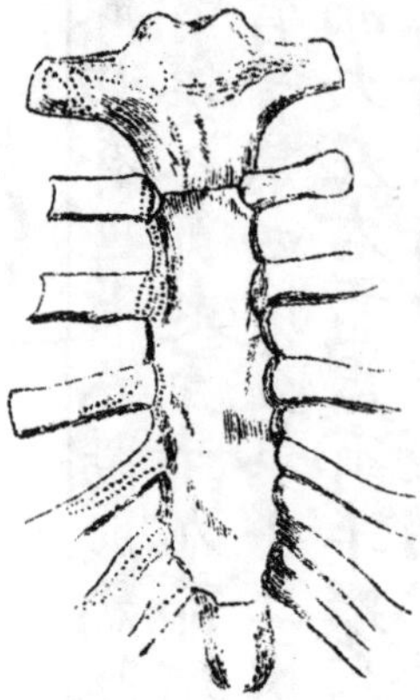

心 平

音辛。身之主也。心思　用心

㣺 息林切。中象心形。外兼包絡。心在人身之中。肺之下。膈膜之上。著脊之第五節。心囊下尖上闊。色赤而鮮。分為四房。右房司入肺之血。左房司周身流行之血。而上下房之間則有肉以橫隔之。

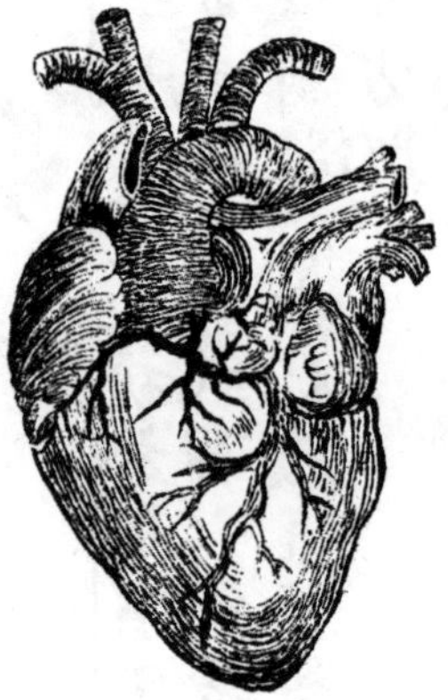

肺 去

音怖。藏心之府也。肺腸　肺石

方廢切。呼吸之臟也。上部高於膈膜。肺分左右。心在其間。左有二葉。右有三葉。計重約四十二兩。男重於女。右重於左。少年者色縞紅。中年色灰。漸老漸黑。具氣管。有縮力。能浮於水。

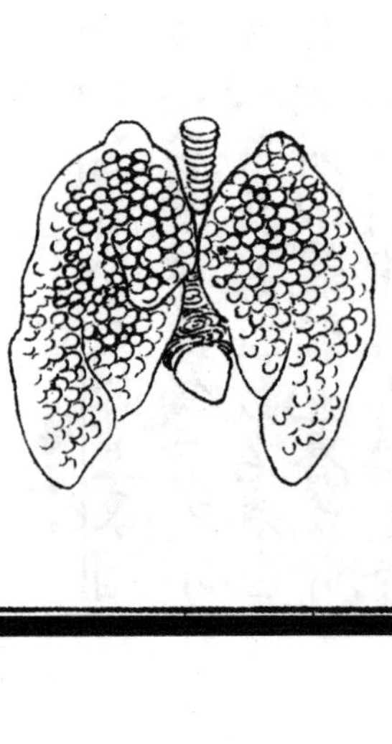

肝

平

音干。所以儲血。輔膽者。為肝。肝氣。心肝。

古寒切。肝為液核中之最大者。在右脅下。色紫。上覆下盂。分五葉五裂五面五管。其功用能生膽汁。改變血質。上部重約三四斤。病時或大至二十餘斤。小至一二斤不定。

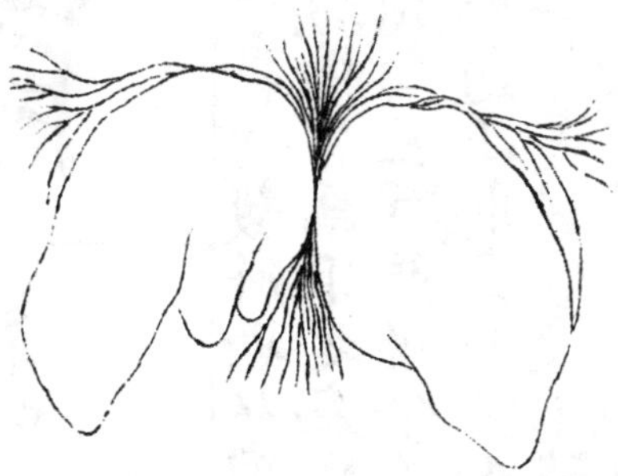

腎

上

音裖。生溺之府。曰腎。心腎。腎水。

是忍切。溺臟也。腎在腹後深藏於脂。左右各一。與十二背骨一二三腰骨齊。約長四寸。闊二寸半。厚寸餘。重約四兩。人腎之式色同豬羊腎。含血甚多。腎外有衣。內有穴。穴中有脈迴溺諸管。腎之內質有腎鑽。外質有腎丸。能通血脈。

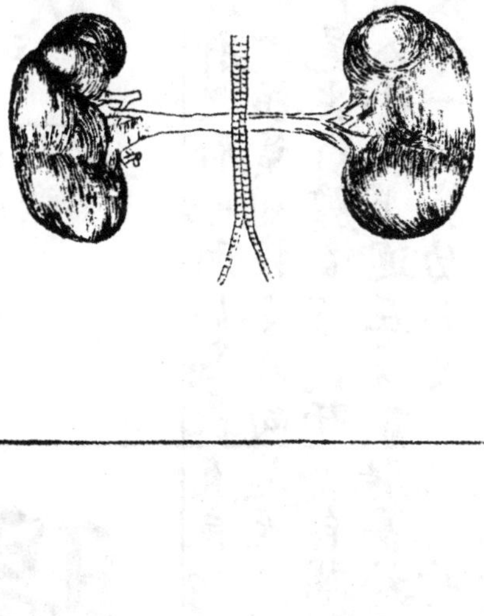

脾

平

音陴。土臟也。在胃下。健脾。脾胃。

補麋切。脾者胃之主。裨助胃氣主化穀者也。脾在右脅下。形似腰子。向外圓而凸。向內稍凹。中有一窩。外裹胞膜。膜內有能伸縮之筋。窩中實以鬆軟之肉。色深紫。有一大脈管與總管相接。

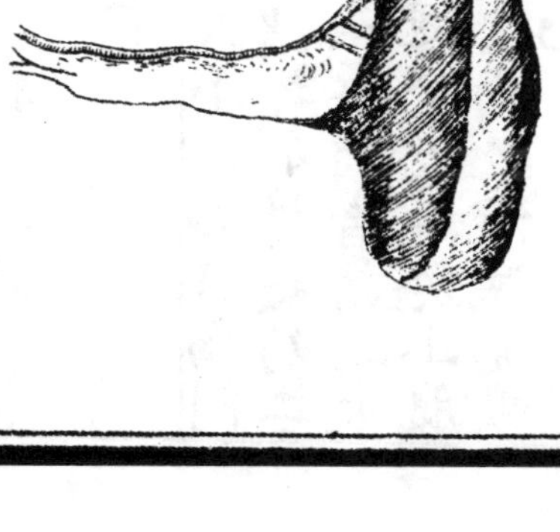

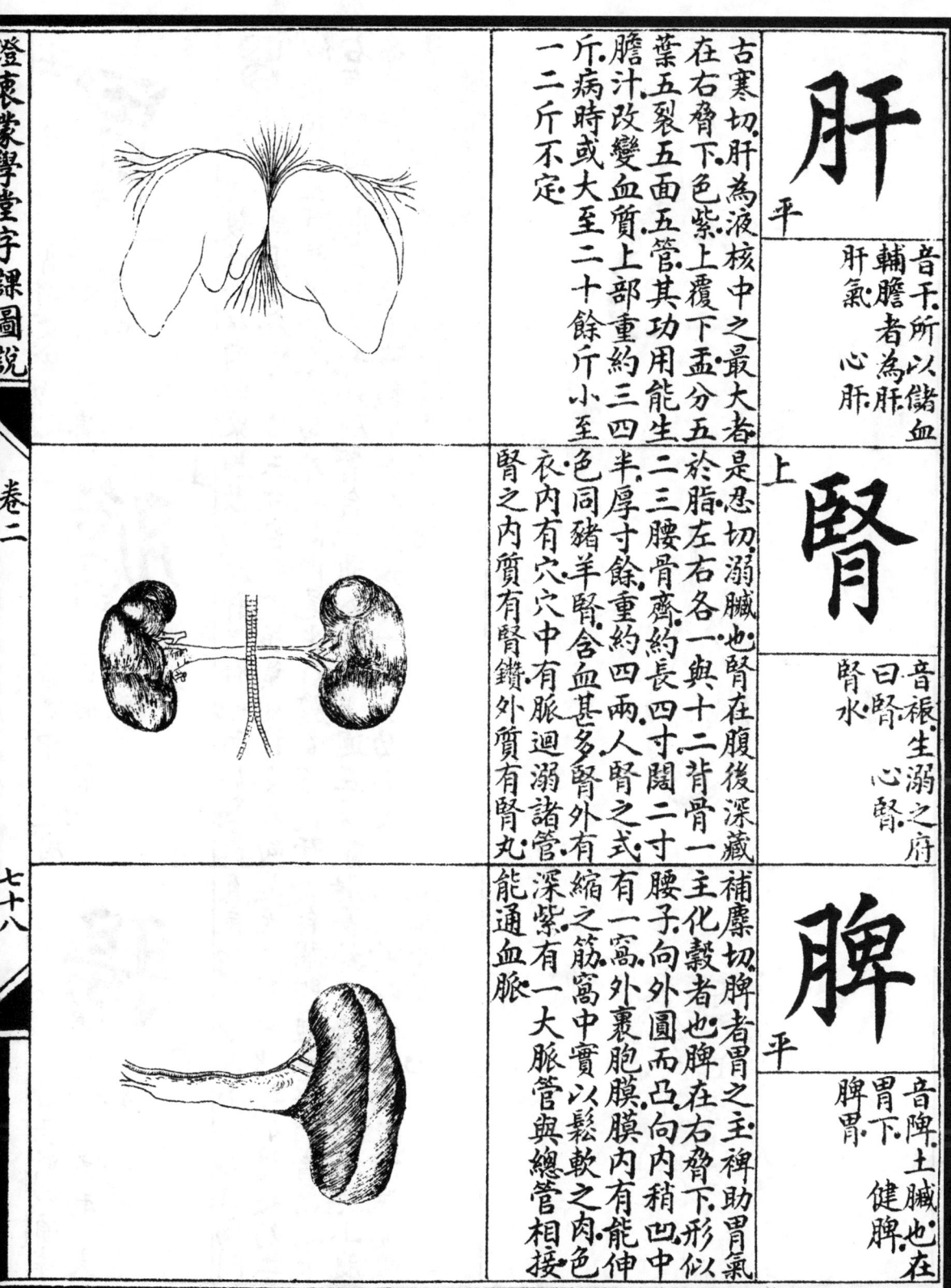

胃 去

音謂。受食物之府曰胃。脾胃。胃口。

于畏切。穀府也。从肉𡇒象形。橫居鬲下之左。形長方似袋。頭向左有門接食管。尾向右有門通小腸。容物三升。外層為胞膜。包裹胃經使不移動。中層為動肌。能運轉食物。內層為涎膜。能生津液。

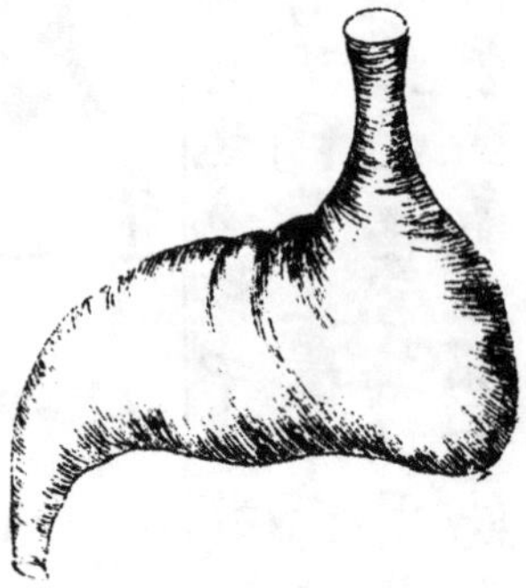

膽 上

音黵。中清之府曰膽。膽氣。大膽。

覩敢切。連肝之府也。形如瓶。長三寸。在肝之短葉間。膽囊頭向外。尾向內。尾尖有膽管。下與肝管合一。通入小腸。上迴左邊。囊內約存膽汁一兩。能助小腸消化食物。

腸 平

音長。所以通滓穢者為腸。大腸。小腸。

直良切。腸分大小二段。自幽門起至闌門者謂之小腸。長約二丈。自闌門起至肛門者謂之大腸。長約五尺。迴縈互繞於小腹之內。所以出食物之渣滓。而吸取其精液者也。

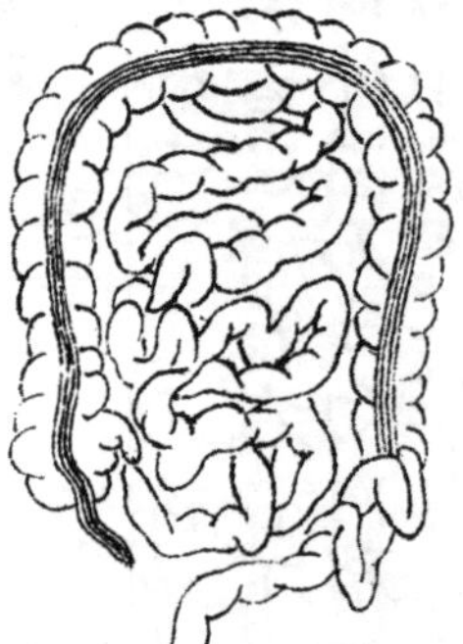

脅 入

音熁。腋下曰脅。脅骨。脅從。

迄業切。脅肋也。脅在胸下。計骨二十四。形如弓。其本與背骨相連。末與㲉骨相合。自一至九。逐條遞長。自九以下。逐條遞短。附骨之肌共計十六。脅挾物之所也。故引申謂挾制曰脅。

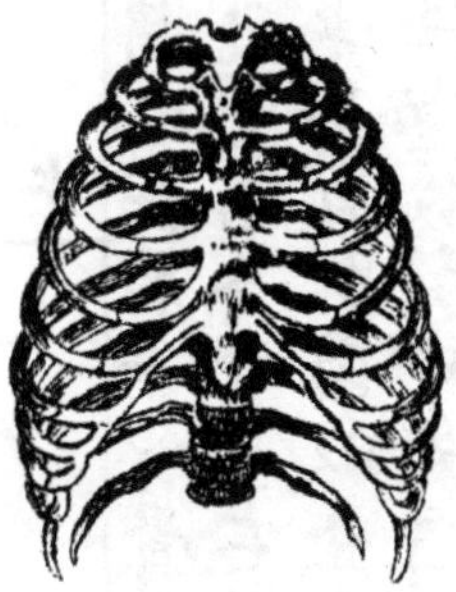

臍 平

音齊。心腎之中曰臍。肚臍。臍帶。

前西切。臍齊也。臍處心腎之間。前直神闕。後直命門。故謂之臍。子在胞中時。有管自胞通於腹。滋養之料所由入也。既生則其管自脫。謂之臍帶。帶之脫處即臍也。

胞 平

音包。胎衣也。同胞。胞胎。

班交切。說文。包象人懷孕。从勹。巳象子未成形。胞胎也。其外層曰墜衣。中層曰剌衣。裏層曰包膜。中含水汁。胎裹於中。

胎 平

音台。孕而未生者曰胎。懷胎。胎生。

湯來切。懷孕四月謂之胚。胚成人形謂之胎。西人全體說。第一月五官心肺肝腦皆已成泡。二月始結骨點。三月毛甲成。四月脊柱㲉弓皆合。五月子宮並陰道方成為界。六七月瞳子膜始化。九月上下眼胞分裂。

肢 平

音支。二足二手為四肢。肢體。

旨而切。肢支也。人所藉以支持者也。上肢之骨。分鎖柱肩胛臂正肘轉肘各一。腕八。掌五。指十四。左右合共六十四。下肢之骨。分大腿膝蓋小腿輔腿各一。腕七。掌五。趾十四。左右合共六十。

肩 平

音堅。臂與身連屬處也。肩背。仔肩。

古賢切。膊也。在第一脅骨至第八脅骨之間。當脊骨左右。不與胸骨相連。而有肌肉以牽合之。肩所以任重。故引申為肩任之肩。

手 上

音首。人所以持物者為手。左手。右手。

手 書九切。上象五指。下象擘也。手分掌指二骨。掌骨五。與腕骨接。指骨十四。與掌骨接。大指骨兩節。餘皆三節。

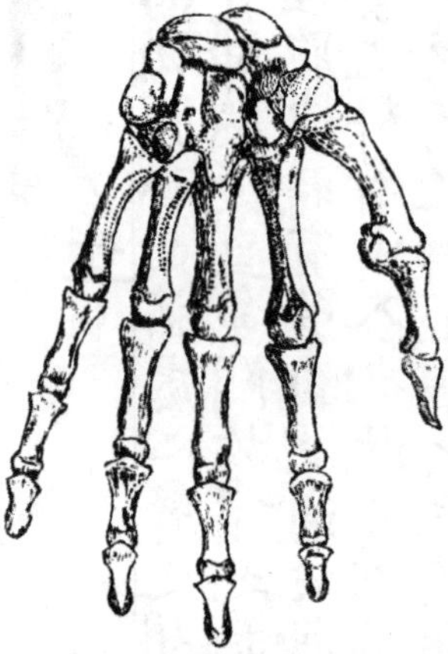

指 上

音旨。掌枝曰指。指示。指點。

彰視切。大指曰巨擘。次曰食指。中曰將指。又次曰無名指。末曰小指。指骨十四。拇指兩節。餘皆三節。指甲之根與皮相連。其根有小槽。及甲底俱名甲母。甲母生津。漸變而硬。層層推出。即成指甲。

鬢 去

音儐。耳際之髮曰鬢。鬢腳。押鬢。

必刄切。濱頰之髮也。

去 **臂**

音襞。自肩至肘曰臂。手臂。臂助

卑義切。臂分上下二截。上截一骨。即臂骨。下截二骨。即正肘骨、轉肘骨。臂骨最長。骨分三段。上為骨頭。中為骨幹。下為骨阜。骨頭與肩髀窩相附。骨幹有管。中通骨髓。骨阜分內外。內阜稍大。阜中有輪。與二肘骨相附。

上 **肘**

音帚。臂彎曰肘。掣肘

止酉切。臂節也。為肱與臂相接處。其肱骨即謂之肘骨。骨有二條。其在內者曰正肘。在外者曰轉肘。正肘幹愈下愈窄。轉肘幹愈上愈窄。正肘骨主臂屈伸。轉肘骨主手扭轉。

平 **肱**

音觥。掌肘之間曰肱。股肱

姑弘切。上肢之中節也。上至肘下及掌。俗謂之小臂。

上 **掌**

章上聲。手中為掌。執掌。掌上

止兩切。掌在腕指之間。上連腕骨。下連指骨。每掌計骨五塊。有肌無脂。手掌所以執物。故引申為執掌之掌。

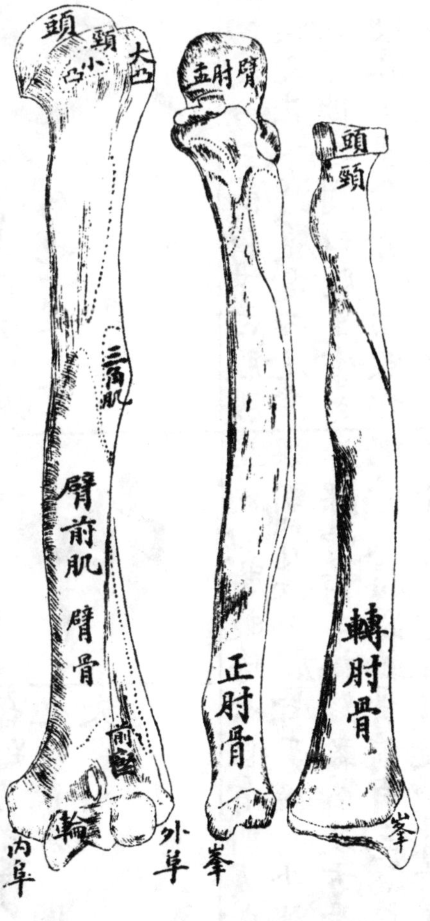

股 上

音古。自胯至膝曰股。股肱。招股。

果五切。肢之上節也。在手為臂。在足為股。分列左右。而共任全體之重者也。故引申為股分之股。算術析矩為鉤。以髀為股。謂其如人股之直立也。

足 入

音哫。下肢之總名也。手足。

縱玉切。足分三節。胯下曰股。股下曰脛。又其下踐履處曰足。掌亦曰蹠。脛股之間曰膝。足掌之後曰踵。其上連踵骨處曰踝。掌之歧枝曰趾。趾古作止。人之形體至趾而止。故足从止。引申之如滿足之足。有止而不進之意。

脚 入

音蹻。足之異名也。赤脚。脚夫。

訖約切。脚腕係七短骨所湊成。踝輪骨接小腿骨。旁接內外踝骨。踝骨前半接踝輪骨及方骨船骨。後接踝輪骨。前有三窩接尖斧三骨。方骨後接踵骨。前接掌骨。內附尖斧骨。尖斧骨後接船骨。方骨船骨之前接掌骨。

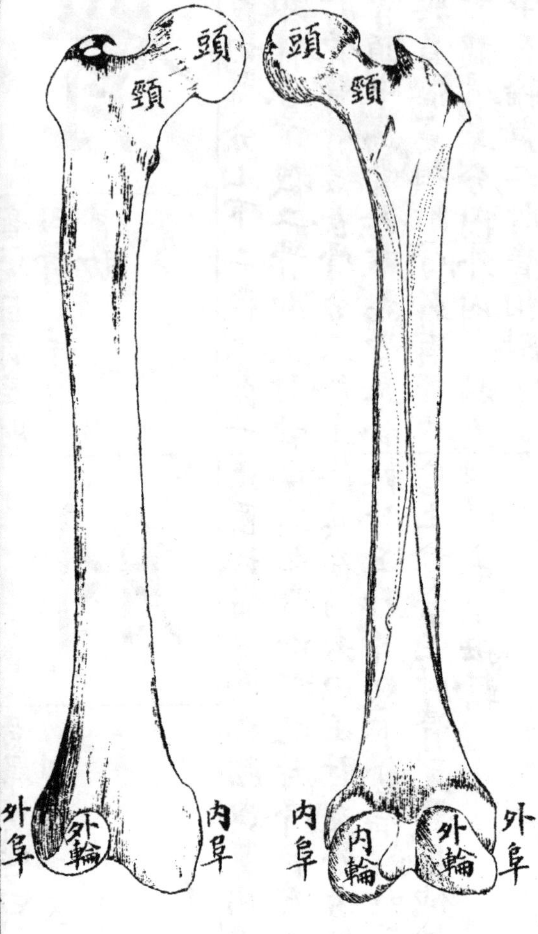

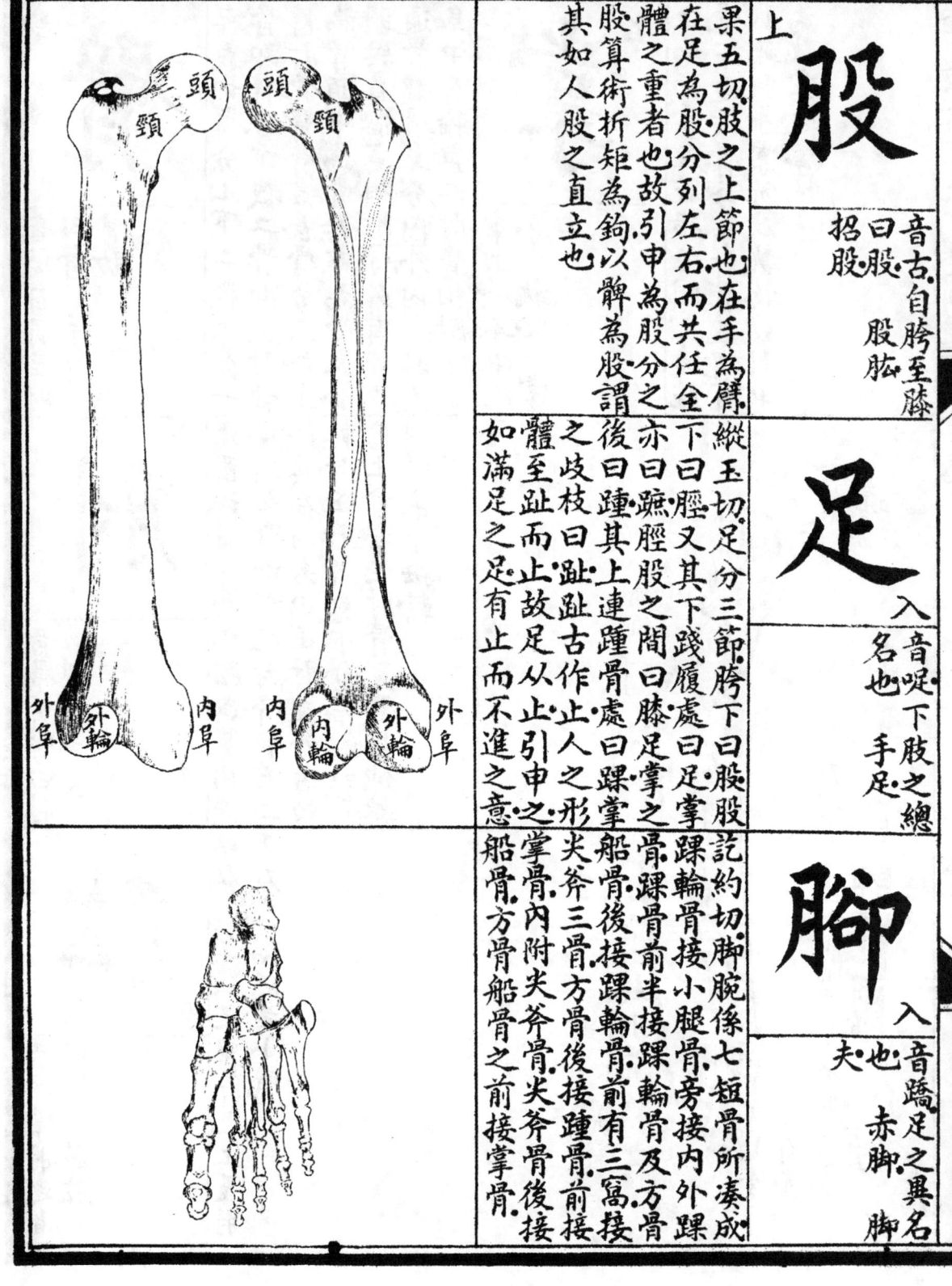

骽 腿 上

退上聲。脛股之總名也。大腿。火腿。

吐猥切。自胯至膝為大腿。各具長骨一。中圖如柱。上與無名骨臼接。下與小腿接。自膝至足踝為小腿。各具小腿骨一。輔腿骨一。小腿骨上端與大腿骨接。下與踝輪骨接。輔腿骨上端與小腿骨接。下與踝輪骨接。

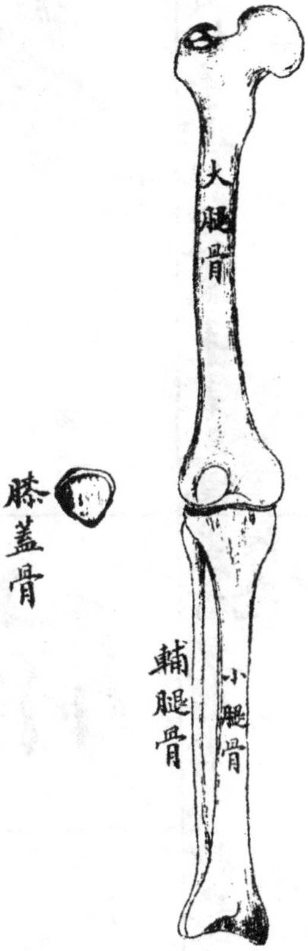

膝 入

音悉。腿之屈處為膝。膝蓋。屈膝。

息七切。股脛相接屈伸處也。其蓋膝之骨。即名膝骨。上闊下尖。左右有磁骨斜出。與大腿骨相連。兒初生時無此骨。故不能行。至孩提時則已長成矣。

腕 去

音惋。手足宛屈處曰腕。腕力。

烏貫切。手足擊也。手腕在轉肘與手掌之間。為八骨連合而成。八骨者。即船骨。半月骨。尖斧骨。豆骨。長方骨。斜方骨。大骨。手鉤骨是也。足腕在輔腿與足掌之間。為踵骨。踝輪骨。方骨。船骨。及內中外尖斧骨所合而成也。

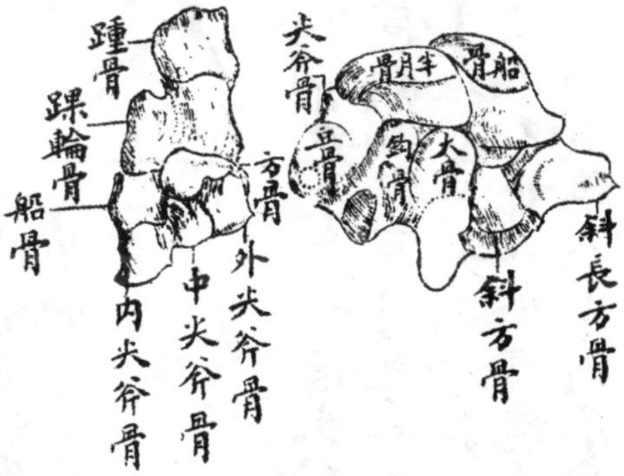

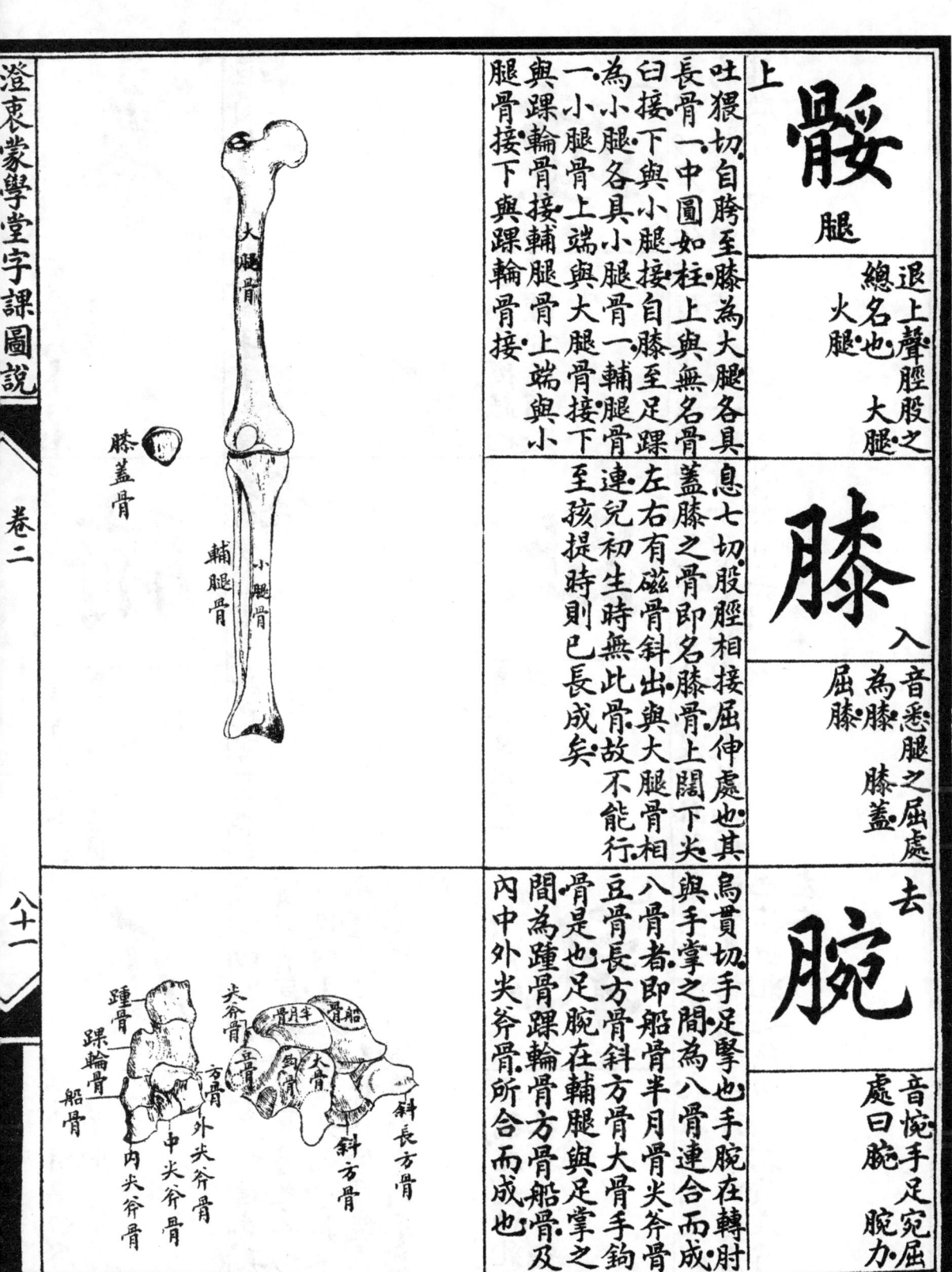

拳 平

音權。卷手曰拳。拳頭。

巨員切。手也。舒之為手。卷之為拳。

腑 上

音甫。大腸、小腸、胃、膀胱、三焦、膽謂之六腑。肺腑。

斐古切。腑者九臟之宮府也。本作府。

爪 上

音抓。指甲曰爪。手爪。爪牙。

側絞切。爪膚甲也。生於指端。其質與膚同類而堅實過之。其形外覆內盂。在膚內者為根。其末為體。生之不已。計八个月能長一寸。有病則減。年愈老則爪愈厚。

踵 上

音腫。足後跟也。踵謝。頂踵。

主勇切。古文作歱。經傳皆以腫為之。踵骨在踝輪骨之上。小腿輔腿骨之下。

趾 上

音止。足指也。舉趾。

諸氏切。在手曰指。在足曰趾。趾骨十四。式與指同。除大趾兩節外。餘皆三節。

乳 上

音孺。胎生曰乳。人乳。牛乳。

蘂主切。湩謂之乳。以乳哺之亦曰乳。乳為哺子之汁。血所變者也。其出乳之核即為乳核。在胷左右。

去 **竅**

音撽孔之總名也 七竅

詰弔切凡孔之屬於生物者曰竅生物之胎生者九竅口一目二耳二鼻二肛門一溺門一是也卵生者八竅因其無溺門也引申之凡萬物之孔皆曰竅

去 **汗**

音翰汁由膚出也 汗衫

侯旰切身液也人身之汗係體內所積之淤穢若壅而不洩則能令血發熱故患感冒者必疏之使汗然病體虛者淤穢既盡而精液隨之故久病之人又患汗之過多

入 **液**

音繹滋養百體之精汁曰液 津液 太液池

夷益切精之滲於空竅行而不留者為精留而不行者為液引申為膏液滋液之液

入 **髮**

音發頭上毛也 頭髮 結髮

方伐切毛之生於首者曰髮髮生於腠有根幹根端有囊色白而輭中有油核上生髮一二幹是幹分內外二層外如鱗甲內如筋絲

平 **須** 鬚

音需面毛曰須 鬍鬚 鬚眉

詢趨切頤下之毛也俗作鬚假借為顉需也如相須必須之類

平 **髯**

冉平聲頰毛曰髯 鬚髯 髯翁

而占切在頤曰鬚在頰曰髯

顏 平

眼平聲。首之正面曰顏。 天顏 顏色。

牛姦切。容也。本以容色為顏。引伸之。凡綵色皆曰顏。

貌 去

音皃。形容曰貌。 禮貌 相貌

莫教切。面之神氣曰容。面之形狀曰貌。引申之。凡物之形狀。皆曰貌。又申之則為形容事物之詞。如悄悄憂貌。怫然怒貌之類是。

顰 平

音頻。蹙額曰顰。 顰笑 效顰

毗賓切。心有所鬱結而眉目為之不舒謂之顰。顰者揚眉之對也。

魂 平

音渾。隨神往來者謂之魂。 魂靈 孤魂

戶昆切。附形之靈也。

魄 入

音拍。人之軀殼曰魄。 魂魄 魄力。

普伯切。魄。體也。魂離體則體為魄。月之暗處亦謂之魄。以其有體而無光。如軀殼之有體而無魂也。

齡 平

音靈。年壽之異名。 髫齡 遐齡

郎丁切。義同年齒之齒。故從齒令聲。

疾 入

音嫉。病急曰疾。 疾病。

乍悉切。从疒从矢。言病如矢來之疾也。故引申爲迅疾之疾。疾爲人所共惡。故又申爲疾惡之疾。

病 去

音寎。疾甚曰病。 毛病。 病勢。

皮命切。疾加也。引申之。凡患之難之惡之皆曰病。言病之難堪而可患也。

恙 去

音漾。俗語所謂勿適意也。 微恙。 無恙。

弋亮切。噬人蟲也。古者草居。多被其毒。故相問勞曰無恙。引申之爲今患病之稱。

痛 去

音甯。身心所苦曰痛。 酸痛。 腹痛。

他貢切。痛。疼也。从疒从甬。甬。通也。故人氣血不通則痛。痛。病之劇者。故引申爲痛哭。痛飲之痛。

瘧 入

音虐。寒熱休作謂之瘧。 瘧疾。 溫瘧。

逆約切。陰陽更勝之疾曰瘧。瘧者。風寒之氣客於臟腑而爲患。發則先寒而後熱。或一日一發。或二三日一發。是謂瘧疾。若夏伏而秋發。冬伏而春發。則爲溫瘧。溫瘧止熱不寒。與瘧疾異。

痢 去

音利。數矢而不暢曰痢。 痢疾。

力至切。脾不運。食則痢。故人積滯不化。則屢矢而不暢也。

疫 入

音役。病之易於傳染者曰疫。疫氣。疫癘。

越逼切。民皆疾也。民受五氣以生。風雨晦明不時。觸之即為疫。其傳染尤速。故疫訓役。若或有役使者然。

瘴 去

音障。山川厲氣也。瘴氣。

之亮切。瘴癘也。叢林多濕之地。陽光所不能入。則地中濕氣與生植物之朽爛者蒸鬱成瘴。其臭香者謂之香瘴。觸之即斃。今閩粵多有之。

腫 上

音種。肉暴脹曰腫。腫脹。

主勇切。肉突起也。凡氣血淤鬱久則攻皮而出。故外癰必腫也。

療 去

音料。治病曰療。

力弔切。治也。周禮凡療瘍以五毒攻之。謂備五毒以療治之也。引申為療飢之療。

痊 平

音詮。病已除也。痊可。已痊。

逡緣切。瘳也。从疒从全。謂病已全除也。

死 上

斯上聲。生之對也。死人。人死。

想姊切。死澌也。若冰釋澌然盡也。人之生死。精氣神三者為之。氣聚則生。氣散則死。禮君子死曰終。小人死曰死。

亡

平

音忘。失其所有去曰亡。荒亡。危亡。

武坊切。亡者無有之詞也。故死亡曰亡。逃亡亦曰亡。國之為人滅者曰滅亡。廢事失時者曰荒亡。假借為遺亡之亡。

縊

音翳。以繩自絞曰縊。縊死。

壹計切。自經也。从糸从益。益隘也。糸隘扼其頸而絕其氣。即今俗謂弔死是也。

崩

平

音繃。山壞也。分崩。

悲朋切。山自上頹曰崩。故天子死曰崩。言如山之崩頹也。

隕

上

音殞。自上墜下曰隕。

羽敏切。落也。如隕石隕涕之隕是。又没也。如隕越之隕是。今亦作殞。

薨

平

音儚。諸侯死曰薨。

呼肱切。薨崩之餘聲也。又薨薨衆多貌。蓋象蟲飛之聲。

殤 平

音商。夭折曰殤 去

尸羊切。殤傷也。謂可傷痛也。故人未滿二十而死者皆曰殤。禮十六至十九為長殤。十二至十五為中殤。八歲至十一為下殤。不滿八歲者為無服之殤。

喪 平

桑去聲。亡失曰喪。喪心

音傷。痛所亡曰喪。治喪

四浪切。失之曰喪。如喪心之喪。是痛所失亦曰喪。讀四郎切。如心喪之喪。是引申為喪制奔喪之喪。

棺 平

音官。周尸為棺。周棺為槨。棺材。桐棺。

古丸切。藏尸之器也。虞瓦棺。夏堲周。皆以土。不以木。至周始用木。故从木官聲。棺完也。所以藏屍令其完善也。

尸 平

音蓍。神像也。死尸。迎尸。

申之切。主也。古者祭祀必立尸以象神。言祭之所主也。尸安坐而不事事。故引申之為尸位之尸。又遺骸曰尸。今作屍

柩 去

音舊。有屍之棺也。霧柩

巨救切。尸已在棺曰柩。柩久也。所以藏屍令其久不變也。

窆 去

音砭。棺已葬下曰窆。

陂驗切。从穴乏聲。穴棺所藏也。如今俗卜葬其先曰告窆是也。

殯 去

音儐停柩於堂曰殯 送殯 虞殯

必引切奉屍斂之曰殯殯賓也如禮殯於客位是也俗謂送葬曰送殯

殮 去

音斂藏也 入殮 殯殮

力驗切斂也謂收其屍以斂藏之也今俗以屍斂於棺曰小斂蓋棺封漆曰大殮

訃 去 赴

音赴告凶曰訃 訃聞 發訃

芳遇切訃本作赴赴趨也疾也疾趨以告凶也今喪家多有訃聞

弔 去

音釣弔死曰弔 弔孝 喪弔

多嘯切弔之為言懸也懸死者也从弓上古葬者無棺衣之以薪常苦禽獸為害故弔之者持弓矢會之以助彈射使死者得所安也

唁 去

音彥弔生曰唁 唁喪

疑戰切凡人有故遣使慰問之謂唁今以為存問喪家之稱

去

諡

音示。名生於人曰諡。 諡法。

神至切。諡者。誄行立號以易名也。殷以上生死同號。周則死後別立號為諡。後世仍之。

去

誌

音志。記事之文曰誌。 誌銘。 碑誌。

職吏切。誌記也。小吏掌邦國之誌。漢書有十志。皆與誌同。今人記其先人之善於墓者曰墓誌。

去

奠

音電。置酒而祭曰奠。 祭奠。 奠茶。

䆁 堂練切。置祭也。从酋从丌。酋酒也。下其丌也。故引申為薦饋之名。叚借為定。如書奠高山大川之奠是。

上

誄

音壘。哀死而述其行也。 誄祭。

力軌切。累也。累列生時之事而稱之也。古者幼不誄長。賤不誄貴。

去

諱

曰卉。誠而不道謂之諱。 忌諱。 犯諱。

許貴切。諱畏也。史記。秦俗多忌諱之禁。謂畏而不敢言也。故今直言不避者曰不諱。又生曰名。死曰諱。謂為人後者宜隱諱其祖父之名。以示敬也。

葬 去

音髒。藏屍曰葬。安葬　遷葬。

葬則浪切。藏也。藏死於土也。古葬衣之以薪。故从茻。說文死在茻中。一其中所以薦之是也。

埋 平

音霾。以土掩之為埋。埋葬　埋壁。

莫皆切。掩覆之也。人死為葬。物死為埋。埋置之土中。遂無有所見也。因引申為埋沒之埋。

徇 去

音殉。舉以示眾曰徇。徇葬　徇難。

松閏切。示行也。古者軍士有罪。則斬以徇。所以使人順從也。因引申之。凡順從於人。而以身隨之者。謂之徇。無所可否。而以道順從乎人者。亦謂之徇。段借為徇節徇難之徇。

俑 上

音勇。從葬木偶人也。作俑。

尹竦切。古者束草為人。以為死者之從。謂之芻靈。俑則設機發動。面目如生人狀。故孟子歎為不仁者也。今倡端不善者。亦曰作俑。

冥 平

音銘。明藏曰冥。杳冥。

眉兵切。幽深也。象日在冖下而光跌不明也。因引申之。凡不明事理者。亦曰冥。人死而歸土。又謂之冥中。

墳

上 平 去

音憤 冢之高者
曰墳 墳地
墳田
音汾 義同

父吻切。土高而肥者曰墳。如白墳、黑墳之墳是。引申之，凡大防曰墳，讀符分切，如汝墳之墳是。又申為冢之大者亦曰墳，因其高起如防也。又黃帝之書曰三墳五典，墳謂大道也。

冢

音塚 墓封曰冢
冢宰 冢土

展勇切。高墓也。累土以為之，象山之冢。冢有崇大之形，故亦訓為大。如冢子、冢君、冢卿之冢，皆以大為義。

墓

音暮 葬而不封
曰墓 墳墓
埽墓

莫故切。有墳謂之塋，無墳謂之墓。古者墓而不墳。今俗謂埽墓者，指其塋地而言之也。

衰

平

音莎 蓑衣
音榱 盛之對也
音叉 等衰
音崔 齊衰

蘇和切。艸雨衣也。今作蓑。而以此為衰微、衰老、衰弱之衰，讀雙加切。衰者由盛而降，故又申為等衰之衰，讀初危切。又與縗通，讀倉回切。喪服以粗麻為之，長六寸，博四寸，直心。縗者為齊衰，不緝者曰斬衰。

緦

音思 麻布之最
疏者曰緦 緦服

息茲切。四十五升布也。布廣二尺二寸，用縷六百。其縷甚細，其布甚疏。今時之緦，廣不若古。其布更疏。喪禮外親之服皆緦制，用麻布衰裳而麻經帶也。

食

去 入

音蝕。飯也。音寺。以飯食人也。

實職切。凡食物之食。與自食其食之食。皆讀入聲。相吏切。凡飯屬之食。與以食食人之食。皆讀去聲。

飯

上 去

音笲。食粟曰飯。一飯。再飯。飯牛。煩去聲。粟食四飯。粥飯。

扶晚切。食之謂飯。讀上聲。所食為飯。讀去聲。扶萬切。黃帝始煮穀為飯。

粥

入

音祝。煮米成糜曰粥。饘粥。粥飯。

之六切。厚者謂之酏。薄者謂之粥。

麪

去

音眄。磨麥成粉為麪。乾麪。麪筋。

莫見切。麪以小麥磨成者為上。大麥蕎麥燕麥珍珠米次之。食品中麪最養生。北地麥麪尤為精美。今西人亦喜食麪包。

飲

上 去

音上聲。咽水曰飲。飲茶。渴飲。音蔭。

於錦切。自飲曰飲。飲人亦曰飲。所飲之物即曰飲。周禮以水漿醴涼醫酏為六飲。飲人之飲。讀於禁切。

餅

上

音丙。溲麪而蒸熟之曰餅。月餅。餅餌。

必郢切。餅并也。溲麪使合并也。方言餅謂之飥。或謂之餦。或謂之餛。

餻 平

姑勞切。

音高。餅餌之屬。蒸餻。餻餅。

羹 平

古衡切。羹之有菜者曰鉶羹。其無菜者曰太羹。

音庚。肉有汁也。菜羹。羹湯。

齏 平

戕西切。齏。濟也。與諸味相濟成也。凡葅細切之為齏。俗以醃菜為齏。蓋其名起於醃韭也。

音齎。醃韭曰齏。斷齏。齏粉。

饔 平

於容切。

音雍。熟食曰饔。又朝食也。朝饔。饔飧。

飧 平

蘇昆切。

音孫。熟食也。又夕食曰飧。夕飧。

餐 平

千安切。以水沃飯曰餐。亦作飧。晝飯為餐。晚飯為飧。

粲平聲。進食曰餐。素餐。餐飯。

餉

去　饟

音向。饋也。糧餉。餉銀。

式亮切。自家至野以食相饋也。令軍糧謂之餉。

餬

平　糊

音胡。寄食也。餬口。麪糊。

戶吳切。江淮之間謂寄食為餬。因稱將糜向口曰餬口。猶今人以粥向帛粘使相着也。

油

平

音由。膏之輕而滑潤者曰油。香油。油膩。

于求切。油分定質流質。熱則流冷則定。動植物及礦質皆有之。製油之法不一。或榨或熬或蒸。用入食料者。大都動植物之油。用作燈火及擦物者。兼用礦質之油。惟性有毒不可食。

漿

平

音將。汁也。酒漿。漿水。

資良切。凡植物內含小粉質與水者。皆有漿。色白。和以沸水則成糊。植物類之含漿者。以麥為最多。鶯粟漿亦多。

酒

上

愀上聲。糖水發酵則成酒。飲酒。酒量。

子酉切。凡五穀果實含糖質者。皆可釀酒。酒中含醕。醕為毒質。飲之最足傷人。　凡黃酒之佳者曰紹酒。白酒之佳者曰汾酒。　西人酖飲甚於華人。其酒有香冰皮酒等名。皆葡萄及蘋果所釀。

麴

入

音鞠。酒母也。麥麴。麴櫱。

邱六切。麴以麥為之。若作酒醴必用麴。以其能發酵也。

酪 入

音洛。乳汁所製曰酪。乳酪。酪漿。

歷各切。酪有二種。酪上一層凝者為酥。酥上如油者為醍醐。大抵皆以乳汁為之。其功可以使人肥澤也。

醋 去

音措。酒之酸質曰醋。酸醋。

倉故切。酸質性主收斂。故能解鱗介諸毒。造醋法。或用酒令其發酸。或用糖水將烙紅之鐵浸之。西國有一種菌類。置糖水內久之。水亦成醋。然調和食物終不及酒醋之佳。

醬 去

音將。以豆合麪而為之者曰醬。甜醬。醬油。

子亮切。醬之為言將也。食之有醬。如軍之須將。取其率領進導之也。古者醬齊菹三者通名醬。周禮醬用百有二十甕。蓋兼醢醢而言。

餹 平 糖

音唐。餳也。味甜者曰餹。冰餹。餹質。

徒郎切。凡植物有甜質者。皆可為餹。中國多用蔗。餹。西人則製以蘿蔔。自化學盛行。而硬木乾稭破布諸料。亦能提取餹質矣。

汁 入

音執。液也。肉汁。汁漿。

質入切。物之津液也。北人呼之為瀋。雨雪雜下謂之雨汁。

糟 平

音遭。酒之渣滓也。酒糟。糟糠。糟粕。

則刀切。釀米為酒。去酒為糟。而糟尚含餘酒。可為醃物之用。糟能發風動疾。病人不宜食。

肴 平

音爻。熟肉有骨者曰肴。嘉肴。肴饌。

何交切。

脯 上

音甫。乾肉為脯。肉脯。脯脩。

斐古切。牛羊鹿豕雞之肉皆可為脯。其法將肉析之風之。使燥而縮即為脯。

膳 上 去

音善。食之美者曰膳。供膳。膳人。音繕義同

上衍切。庖人治味必嘉善。故膳之文从善。古有膳夫膳宰之官。時戰切

脩 平

音羞。脯也。脩身。束脩。

思留切。凡肉薄析曰脯。捶而施以薑桂則為脩。脯者肉之未治者也。脩者治之而後成者也。故脩字可假為脩治解。

腐 上

音輔。爛也。陳腐。豆腐。

扶古切。腐以朽敗為義。腐草腐儒皆宗之。今南方製豆為腐。故名曰豆腐。

膾 去

音儈。肉細切者為膾。膾炙。

古外切。牛羊與魚之腥。聶而切之為膾。凡膾以細為貴。粗則害人。

鹵 上

音魯。鹹土也。
鹽鹵。 鹵莽。

郎古切。鹵鹽類。天生者曰鹵。人造者曰鹽。鹵甚粗。故鹵假為粗字解。

醢 上

音海。肉醬也。
歡醢。 醢醬。

呼改切。凡醬有骨曰臡。無骨曰醢。

酖 鴆 平

音沈。樂酒也。又酒之有毒者。
酖樂。 酖毒。

直禁切。嗜酒為酖。經傳多作湛。而酖字借為鴆字。左傳使鍼季酖之是也。鴆鳥名。其羽有毒。漬酒飲之則死。

酌 入

音灼。盛酒行觴也。
斟酌。 酌酒。

職畧切。酌猶斟也。周公之樂曰酌。言能斟酌文武之道而成之也。令斟酌之酌義本此。

酣 平

音邯。樂酒曰酣。
沈酣。 酣暢。

胡甘切。不醒不醉曰酣。引申為酣足之酣。

醉 去

音檇。為酒所亂曰醉。
酒醉。 醉飽。

將遂切。飲酒過其量則醉。蓋因酒中之醕入腦筋而使之麻木也。

上 **醒** 平

音星。醉而覺也。酒醒。醒覺。星上聲。義同。

先青切。酒性已解則醒。引申凡昏而覺悟者皆謂之醒。又讀息井切。

去 **釀**

音攘。作酒曰釀。醞釀。釀酒。

魚向切。以糵作醴酒也。漢書食貨志。一釀用麤米二斛。麴一斛。得成酒六斛六斗。

上 **醴**

音禮。釀一宿而成曰醴。俗稱酒釀。又稱白酒。醴酒。

良以切。甘酒也。麴少米多。一宿而熟。又甘雨時降謂之醴泉。

飢 平

音肌。餓也。飢。飢渴。解

居夷切。不足於食也。

去 **餓**

我去聲。飢也。餓莩。凍餓。

五箇切。胃受食物。隨食隨消。消盡則餓。

上 **餒**

音餧。飢也。氣餒。

奴罪切。餒飢之而氣不充體也。又魚爛曰餒。

饑 平

音肌。穀不熟曰饑。年饑。饑饉。

饉 去

音僅。蔬不熟曰饉。饑饉。

饋 去 餽

音匱。進食於尊者曰饋。饋遺。饋餉。

居衣切。墨子一穀不收謂之饉。二穀不收謂之旱。三穀不收謂之凶。四穀不收謂之餽。五穀不收謂之饑。

渠吝切。無穀曰饑。無菜曰饉。又三穀不升謂之饉。

具位切。猶歸也。以物祀神及與人皆曰饋。

餞 去

音踐。祖道之宴也。祖餞。餞行。

上 慈演切。凡出行必祖。祖而舍軷。飲酒於其側曰餞。

饜 去

音厭。飽也。饜飫。無饜。

於豔切。足也。引申為饒裕之意。

飽 上

包上聲。腹果曰飽。飢飽。飽食。

博巧切。饜也。胃受食物。約容三升。食如其數則飽。引申謂滿足之稱。

農

平

音儂。耕人也。神農。農圃。

奴冬切。山農澤農平地農為三農四民之一也。炎帝始教民植穀。故號神農。

耕

平

音庚。發土也。深耕。耕夫。

古衡切。古文作畊。古者井田。故从井。本義與犂同。用以為發土之器。種物之通稱也。今發土之器專謂之犂而不謂之耕。

種

去

音偅。藝植也。耕種。

上

音腫。種類也。種族。

之用切。以穀播於土曰種。如種花種竹等是也。主勇切。種類之種也。今全球人類分五種。亞西亞東部曰黃種。其西南曰棕色種。歐羅巴為白種。阿非利加為黑種。阿美利加為紅種。

耘

平

音雲。除草也。耕耘。耘田。

于分切。

稼

去

音駕。種五穀曰稼。耕稼。稼穡。

居亞切。稼之言嫁也。種穀曰稼。若嫁女之有所生然。

穡 入

音色。斂穀曰穡。稼穡。穡夫。

殺測切。穡與嗇通。有惜儉之意。斂穀曰穡。言愛惜而聚蓄之也。

培 平

音裴。壅土曰培。栽培。培養。

薄枚切。凡植物必考求其土物之宜。而用法以補其偏。是之為培。今種植家講求肥料等事。使之茂盛是也。引申為裨補之稱。

墾 上

音懇。力田曰墾。開墾。墾荒。

口狠切。耕是種熟田。墾是發荒田。言勤懇用力於其地也。

栽 平

音哉。草木之殖曰栽。築牆立版亦曰栽。栽培。

將來切。築牆長版也。古築牆之法。先植楨於兩頭。又植幹於兩邊。而後橫施板於幹內。栽者統楨幹與版而言。

植 入

音殖。草木為植物。種植。植物。

丞職切。植之本義為戶植。乃當戶直立之木也。引申為凡物植立之植。以草木諸物皆直立於地上也。故曰有生有死而不能自動者曰植物。

穫 入

音濩。刈穀曰穫。收穫。穫稻。

黃郭切。

耦

上

音偶。兩人耕為耦。一耦。耦耕。

語口切。二耜為耦。古者耜一金兩人併發之。引伸為凡人耦之稱。

犁

平

音黎。發土之器也。一犁。犁田。

憐題切。凡發土用人者謂之耕。用牛者謂之犁。后稷之孫叔均所作。

糞

去

音奮。遺矢也。可為肥田之料。糞土。人糞。

方問切。糞穢物也。穢者必除。故假為糞除之糞。

穀

入

音谷。百穀之總名。百穀。穀種。

古祿切。稻黍稷麥菽為五穀。百穀者。粱為黍稷之總名。稻為溉種之總名。菽為眾豆之總名。三穀各二十種。蔬果之屬。所以助穀。亦各二十種。合之凡百穀。穀今之穀字。穀必有稃甲。故从殼引申為善為祿

糧

平

音良。穀食之統名。餱糧。糧食。

龍張切。

苗 平

音描。禾之未秀者。 根苗。 苗人。

眉鑣切。凡禾之穉者曰秧。長而未秀者曰苗。因以為草木初生之名。又苗民。番族也。古三苗之裔。今雜居黔沅粵西各境。

秧 平

音央。禾之始生者。 插秧。 秧針。

於良切。凡草木之幼可移栽者皆曰秧。又假為魚秧之秧。又蒔謂之秧。

秀 去

音繡。禾吐華也。 麥秀。 秀才。

息救切。秀本作㐬。从禾人。人者米也。禾稃內有人。是曰秀。明吐華則欲結米也。凡草皆得言秀。如秀葽。苦菜秀之類。引申為俊秀。秀傑。取穎發之義。

穎 上

音潁。禾穗也。 垂穎。 穎異。

庾頃切。穎之言莖也。頸也。乃禾穗之挺近末處也。穗重則垂。故曰垂穎。引申為凡物之末。如錐穎。筆穎之類。又士能拔類者亦曰穎。

禾 平

音和。苗生既秀謂之禾。 嘉禾。 禾苗。

胡戈切。禾吐穗屈而倒垂。故篆文禾屈筆下垂以象之。又凡穀皆曰禾。惟麻與菽麥無禾稱。

稻

上

音道。有芒之穀之總稱。秔稻。稻田。

杜晧切。稻性宜水。亦有陸種者。含小粉質最多。故為穀食中極能養人之品。産處以江浙川楚及南洋諸島為多。蓋宜於温熱之帶也。

秔

平　粳

音庚。稻之不黏者。香秔。秔稻。

古衡切。俗作粳字。京口大稻謂之秔。晚熟而香潤。較秈為柔。

秈

平

音仙。秔之別種。秈米。

相然切。秈有早中晚三種。赤白二色。以晚收色白者為良。其粒細。其味甘而香。稱稻中上品。凡不種秔之處。皆呼秈為秔。

米

上

瀰上聲。粟實也。粟米。米麥。

莫禮切。粟舉連秠者言之。米則秠中之人。如果實之有人也。故禾黍稷稻粱菰皆曰米。古謂之六米。

粲

上

音燦。米之最白者。白粲。粲者。

蒼宴切。粟二十斗。舂為六斗大半斗曰粲。精無過此矣。粲米最白。故稱白粲。又引申為好之稱。如粲齒粲者是也。

黍 上

音暑。禾屬而黏者為黍。 禾黍。黍稷。

賞呂切。黍有二種。黏者為黍。不黏者為穈。黍可以釀酒熬粥。且久存不壞。故北地多種之。

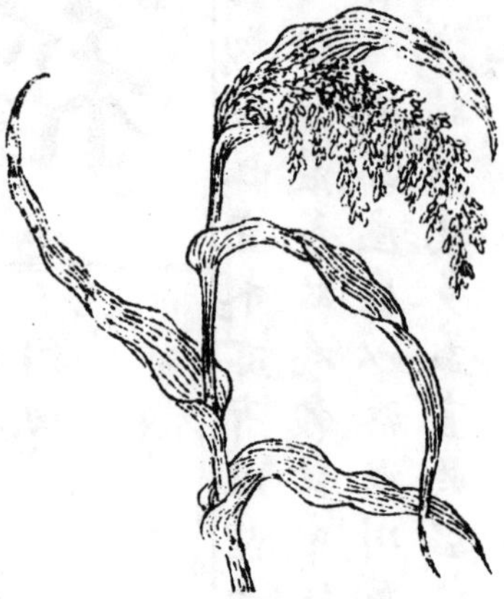

稷 入

音即。高粱也。俗呼蘆穄。 黍稷。稷契。

節力切。稷之大小似米而圓。有赤白兩種。可以釀酒。其莖挺生如蘆。河工用之以塞決口。名曰稭料。産處宜乾。北省多種之。養人之功不及米麥。惟貧家食之。或以喂騾馬。 又原隰之神曰稷。

牟 平 麰

音謀。大麥也。來牟。 牟利。

迷浮切。牟即麰字。 又牛鳴也。从牛乚。象其聲氣从口出。 又取也。如牟食牟利等是。

麥

入

音脈。五穀之先見者為麥。蕎麥。麥麵。

莫白切。麥具四時之氣。字形从來不从夾。从夂不从夕。來象其實。夂象其根也。大麥為牟。小麥為來。百穀以初生為春。成熟為秋。麥以初夏熟。故四月為麥秋。

粟

入

音涑。穀實也。菽粟。粟米。

蘇玉切。指米之有甲者而言。

粱

平

音梁。米之精者。高粱。粱肉。

龍張切。黍稷之總名。

菽

入

音叔。大豆也。即今之黃豆。菽麥。

式竹切。性宜乾地。含膠質最多。可以養人之肌肉。但消化比米麥為難。故病者不宜食。中國所產以牛莊為最盛。榨以為油。銷路尤廣。又眾豆之總名。

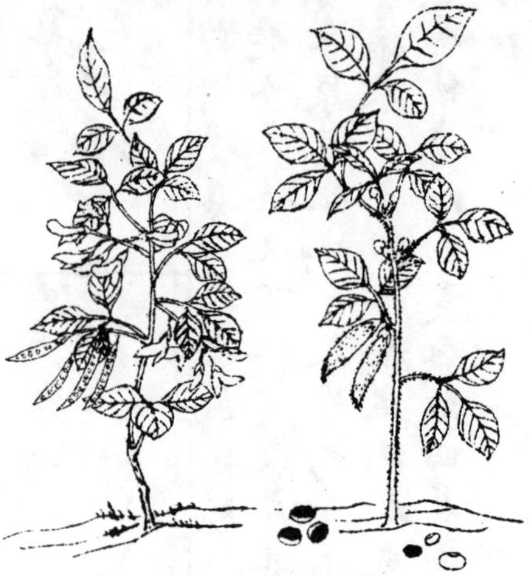

稗

去

音粺。草之似穀者。蕛稗。稗官。

傍卦切。稗葉似稻而節間無毛。有水旱兩種。其實亦可食。惟不及五穀之美耳。今人稱小說為稗官。小販為稗販。皆取細小之義。

秫

入

音術。粟之黏者曰秫。秫米。

食律切。秫可釀酒。其莖似粟而粗。有色赤者。謂之丹秫。漬以水而取其汁。可為染色之用。

粒

入

音立。米一顆曰一粒。籽粒。粒米。

力入切。凡物質之無可分者謂之顆粒。

粉

上

分上聲。分也。研米使分散也。米粉。粉白。

府吻切。粉者細末之稱。引申為脂粉、鉛粉。又假為粉飾之粉。

舂

平

音樁。擣粟也。舂杵。賃舂。

書容切。黃帝臣雍父作舂。

糠

平

音康。粟之皮也。糟糠。糠粞。

邱岡切。

秉

上

音丙。禾盈把也。遺秉。秉鈞。

補永切。凡以手握物曰秉。引申之為秉彝之秉。

荒

平

音肓。田不熟也。田荒。荒廢。

呼光切。田廢不治也。引申為凡廢而不治之稱。又大也。

績

入

音勣。績麻也。紡績。

則歷切。績與緝同義。績之言積。積短為長。積少為多。故爾雅云績繼也。凡事績功績之績。皆由此義引申之。

麻

平

音蟆。植物。其皮可用以績線。麻線。芝麻。

莫遐切。麻有雌雄。雄曰枲。其莖之皮可績以為布。禮女子執麻枲是也。雌曰苴。有子可食。分黑白二種。白者多脂。黑者名胡麻。榨油尤良。

緝

入

音葺。績麻也。纂緝。

七入切。分麻枲之皮而漚之而析之而撚之而劘之而績之。是曰績。亦曰緝。引申之。縷以縫衣亦謂之緝。

繡

去

音秀。五采備也。刺繡。繡衣。

息救切。古者畫繪之事雜五采。五采備謂之繡。今人以鍼縷所紩者為繡。與古義異。

上

繭

音趼。蠶衣也。蠶繭。繭絲。

吉典切。蠶過三眠則吐絲為繭。其絲從食管之左右兩小管抽出。管各一絲。而口中有膠以黏之。繭形或圓或長。蒙茸而鬆。傅於外面者。即繭衣也。

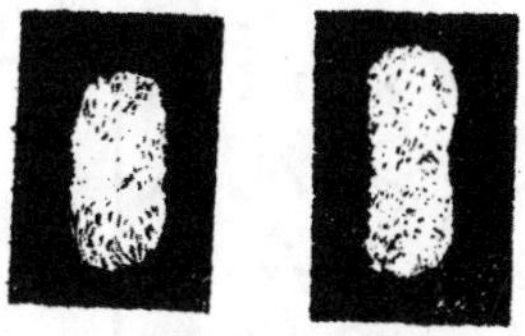

繅

平

音騷。繹繭為絲也。親繅。繅絲。

蘇曹切。繅絲之具曰繅車。古用人力。今多用外洋機器。工較速而絲亦較勻。

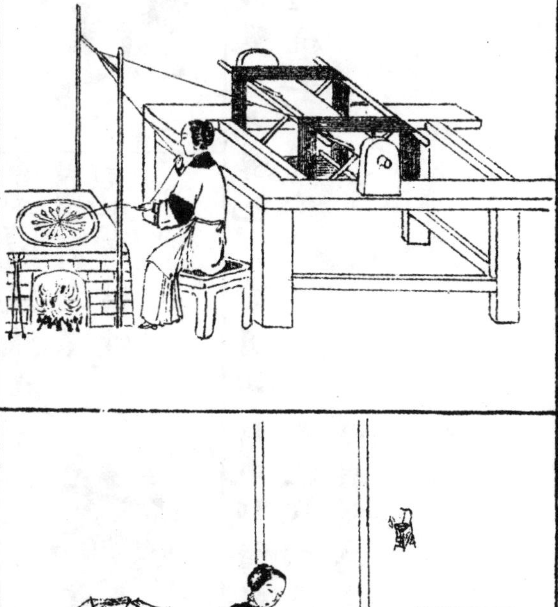

上

紡

音仿。紡絲也。紡績。

撫兩切。凡以機績絲為之紡。中國向用人力。西人則代之以汽力。今沿江沿海多有仿行之者。

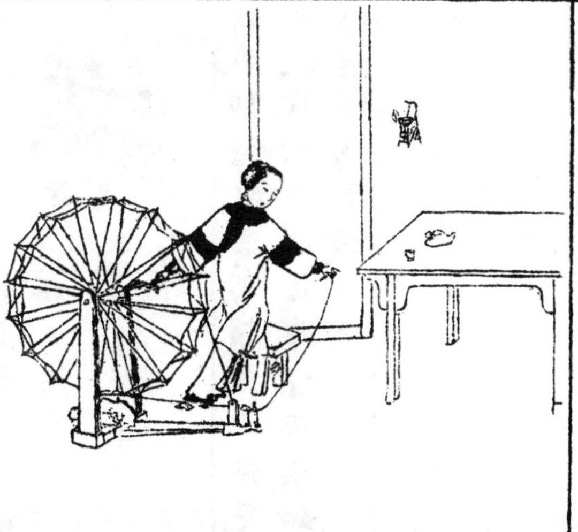

織

入

音職。緯成布帛曰織。組織。織布。

質力切。經與緯相成曰織。其具曰機。西人運之以汽力。今武昌上海織布局。皆仿其法者也。

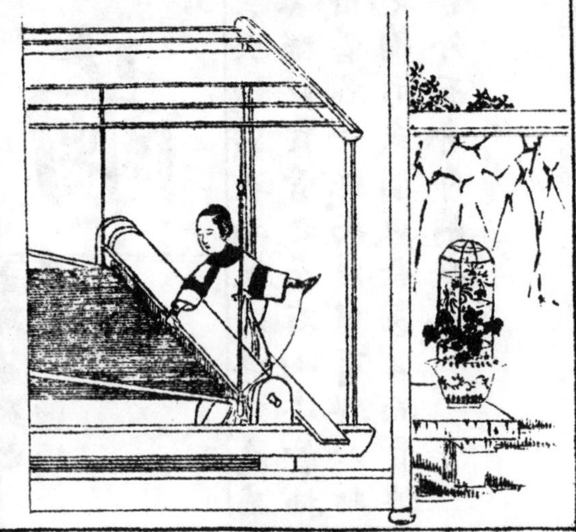

縫

去 平

音逢。以鍼紩衣曰縫。縫裳。音奉。罅縫。

符容切。縫衣之縫也。房用切。衣縫之縫也。

繕

去

音膳。補也。脩繕。繕寫。

時戰切。繕之言善。謂補之使完善也。故凡修治之事皆曰繕。如繕兵繕寫之類。

補

上

音圃。修破謂之補。織補。補缺。

彼五切。繕缺者而使之完曰補。引申為凡有益之稱。

綴

去 入

音錣。緝合曰綴。點綴。補綴。音輟。義同。

陟衛切。牽而合之也。聯碎者而使之全謂之綴。凡綴兆綴淫等字。皆有牽制之義。株劣切。

神 平

音晨。陽之精氣曰神。精神。神氣。

乘人切。神聰明正直而壹者也。故天神地祇皆曰神。引申之為神聖神武之神。又人所恃者為精氣神。神者智之淵。身之府也。氣散則神離。神離則冥然無知而身死。故治生家必保善其神。

祇 平

音岐。地神曰祇。地祇。音支。

渠宜切。提也。地出萬物而民享其成。故謂地神曰地祇。段借為疷。如易无祇悔之祇。是讀章移切。

靈 平

音鈴。陰之精氣曰靈。神靈。靈蠢。

郎丁切。从巫霝聲。巫能通鬼神。故訓為靈。氣之靈。引申為魂靈之靈。心之府曰靈府。曰靈臺。謂其心之專一。通於神明也。又麟鳳龜龍謂之四靈。

仙 平

音先。山居之人也。仙人。仙丹。

㒨蘇煎切。从人从山。蓋言講方術者。必隱處山谷中也。自秦皇漢武侈意求長生。而燕齊迂怪之士。搤掔言神仙矣。後世或習黃白之術。或侈嬰兒姹女之奇。甚且為金石藥餌所誤。其於屏處山谷之義。庸有當乎。

真 平

軫平聲。完神反樸曰真。真假。

之人切。仙人變形而登天也。六經無真字。真人之說始于莊子。今以得道者為真人。張道陵之後居龍虎山者。襲封正一真人。引申為天真之真。又誠也。真者偽之對。

籙 入

音錄。錄以告神曰籙。符籙。

龍玉切。籙與錄通。古者帝王受命謂之受籙。道家竊其名。謂其告天之表曰籙。後又混籙於符。謂之符籙。

佛 入

音咈。俗以佛為西方聖人。佛爺。拜佛。

符勿切。見不審曰仿佛。一作彷佛。佛國在今印度。秦時已有沙門室利房等。漢霍去病過焉支山得休屠王祭天金神。所謂金神即佛也。佛教盛于六代。後則時替時興。韓退之原道及諫迎佛骨表。言之最深切。

僧 平

塞平聲。服浮屠教者也。

思登切。番僧盛於西藏。自唐太宗以文成公主下嫁吐番。明太祖封西番僧為帝師太寶法王。遂為其俗所煽。然紅黃二教。水火相爭。其宗旨固已歧矣。今中國僧寺林立。受戒者為禪門僧。其食肉有室者曰赴引僧。

禪 平

音繕。祭告處也。禪讓。封禪。

時戰切。禪與墠通。埽地而祭謂之墠。故天子登山刻石謂之封禪。引申為禪讓之禪。蓋以讓位必告於天也。今浮圖家號為禪門。有外道禪。凡夫禪。小乘禪。大乘禪。最上乘禪。意取傳字為義

薩 入

音撒。菩薩。

桑割切。薩之為言濟也。菩之為言普也。故梵書言智慧了見而能普濟羣生者謂之菩薩

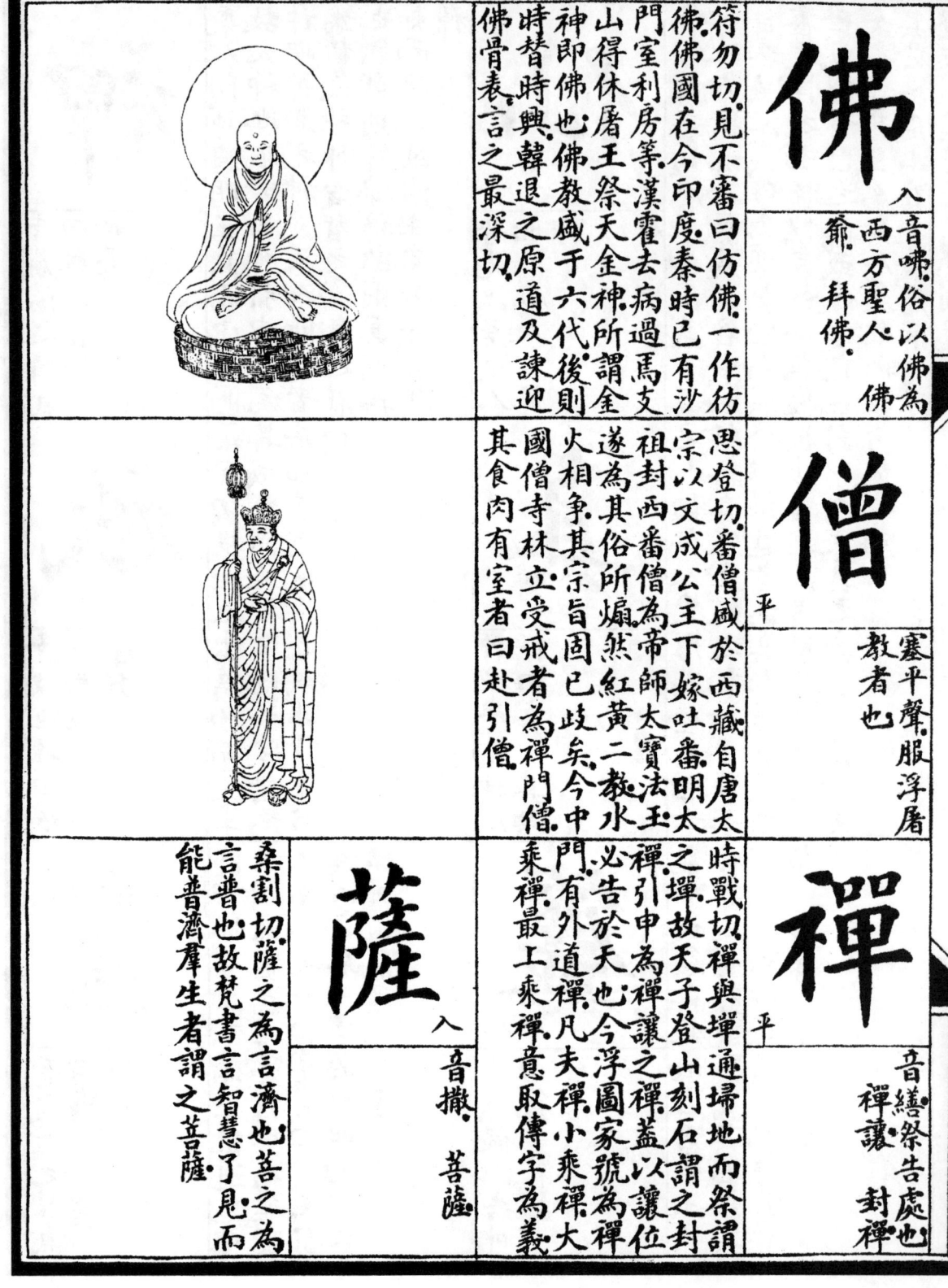

喇

入

音辣。去髮而服華服者謂之喇嘛僧。

力葛切。喇麻居藏衛。明時賜法王紅綺禪衣。本印度袈裟舊式也。後紅教衰微。衆遂自黃其衣。改稱黃教。 本朝開國。歲遣貢使。或居藏。或駐京傳教。令妥佑神饗。發大藏香。酬勛臣。發陀羅經被。皆喇麻所貢。

尼

平

入

音泥。女之剃髮者為尼。 僧尼。

音匿。曳止之也。

女夷切。尼。女僧也。吳俗謂為尼姑。其禮佛之珠曰牟尼。每串計百零八顆。 又尼質切。孟子止或尼之。尼。阻止之也。

鬼

上

音詭。人死為鬼。 鬼怪。 鬼神。

居偉切。鬼。歸也。衆生必死。死必歸土。此之為鬼。引申為歸隱之義。戰國時有鬼谷子。取隱處山谷之間以為名也。

怪

去

乖去聲。物不數見謂之怪。 奇怪。 怪物。

古壞切。怪之言異也。中山經。茍林之山多怪石。南山經。猨翼之山多怪獸。皆指物不常見者而言。引申之為妖怪。鬼怪之怪。

魅

去

音媚。物老則為魅。 魑魅。

明祕切。山林妖異也。

魔 平

音摩。鬼從人生去謂之魔。妖魔。魔王。

眉波切。鬼歸也。歸於無有也。而人以無有為有則魔生。故心思專壹謂之入魔。

懺

音鑯。自陳悔也。拜懺。

楚鑑切。心所藏之慝。自白以自貶焉謂之懺。今俗延僧禮佛曰拜懺者亦懺除罪慝之意也。

燄 上

音琰。火形上灼皃。火燄山。

以冉切。从炎舀聲。火光足則上炎。故引申為氣燄勢燄之燄。又俗延僧施食曰放燄口。

祟 去

音粹。神鬼示警曰祟。鬼祟。作祟。

雖遂切。鬼神所禍也。禍者人所自召。鬼神因出而示以禍福。故說文从出从示會意。

數　去　上　入

音籔。計也。音捒。數目。音朔。頻數也。

所矩切。計其多寡曰數。引伸之即為數目之數。讀雙遇切。又引申之凡事之屢見者曰數。讀色角切。

類　去

音戾。相象曰類。種類。同類。

力遂切。从犬頪聲。種類相似惟犬為甚。引申為倫類之類。故事物之肖似者為同類。其相反者曰不類。又祭名。非常祀而祭於天。其禮依郊祀為之。曰類祭。

多　平

朵平聲。衆也。多寡。幾多。

得何切。重夕為多。有增益之意。多者勝少者。故引申為勝。周禮司勳戰功曰多是也。又古人多祇同音。論語多見其不知量。多見即祇見也。

少　去　上

燒上聲。不多也。多少。絕少。又燒去聲。年幼之稱。老少。少年。

書沼切。對多而言曰少。式照切。小也。穉也。

半　去

般去聲。物中分也。得半。大半。一半。

博漫切。半即判之本字。凡數三分有二為大半。三分有一為小半。中分之為半。故無論何數。以二除之即得其半。

零　平

音靈。雨露下降曰零。凋零。零星。

郎丁切。零本訓餘雨也。有零落之意。故草木黃落曰凋零。瑣碎之物曰零星。凡數奇餘者皆曰零餘。

單

上 平

音丹。不偶曰單。單薄。單雙。又音蟬。單于。又音善。單父。

多寒切。對雙爲單。算法自一至九爲箇位。亦曰單位。單者易盡。故禮歲既單矣。訓盡。市連切。匈奴稱其天子曰單于。上演切。單父。魯邑名。今山東曹州府單縣。

隻

入

音炙。物單曰隻。隻手。一隻。

之石切。隻从又隹會意。又者手也。手持一隹爲隻。故物之單者皆曰隻。

雙

平

音雙。猶偶也。單雙。雙關。

所江切。手持二隹爲雙。故物之偶者皆曰雙。

再

去

音載。過一曰再。再三。

作代切。對偶之詞曰二。重疊之詞曰再。

一

入

漪入聲。數之始也。一統。專一。一切。

益悉切。數始於一。故大或十百千萬。小或毫絲忽微。俱以一爲界。

二

上

音樲。偶一爲二。二老。

而至切。地數之始。即偶之兩畫而變之也。算法二加一爲三。二減一爲一。二乘二爲四。二除二爲一。

三

平

颯平聲。數名。

三才　三公

蘇監切。數始於一，終於十，成於三。故人三為衆，女三為粲，獸三為羣。

四

去

音泗。倍二為四。

四方　四海　四時

息利切。二二相加為四。二二相乘亦為四。乘為加之捷法，此其明證。

五

上

音午。中數也。

五大洲　五更

疑古切。所謂中數者，數始於一，極於九，五居其中也。故算法無論何數，若不論其位之大小，以五除之，可無奇零。

六

入

音陸。三兩之為六。

力竹切。二與三相乘為六。三與三相加亦為六。

七

入

音柒。數名。

七夕　七星

戚悉切。算法一加六為七。二加五、三加四亦均為七。反言之，七減六為一，七減一則為六，餘可類推。中國之俗，人死每七日為一七，至四十九日為斷七。西人越七日安息一日，俗稱禮拜，即中曆房虛昴星四星期也。

八

入

音捌。倍四為八。

八卦　八方

博拔切。算法八為三二連乘而成，故二與四相乘為八。以二或四除八，為四或二。

九

工 平

音久。數名。九州。九數。音鳩。

舉有切。數之究也。凡數起於一。極於九。故算例有九章。算法有九九表。居尤切。論語九合諸侯。訓聚也。讀作糾。

十

入

音拾。數之具也。十里亭。十字會。

是執切。一為東西。丨為南北。十則四方中央具矣。凡數自一至九為單位。足十个則進為十位。故西國數碼惟自一至九。遇十則補圈於一右以足之。此算法進位之例。

百

入

音伯。十十曰百。百姓。百官。

博陌切。

千

平

音阡。十百為千。千秋。千夫長。

倉先切。今俗記錢數。幾千或曰幾貫。亦曰幾串。

萬

去

音蔓。十千為萬。萬歲。萬人敵。

無販切。數紀於一。協於十。長於百。大於千。衍於萬。故萬為盈數。又湯武以萬人得天下。稱干戚之舞曰萬舞。

億

入

音臆。數名。又安也。萬億。供億。

於力切。算法億之數有大小二法。小數以十為等。十萬曰億。十億曰兆。大數以萬為等。萬萬曰億。億億曰兆。又安也。供其匱乏之使之相安曰供億。段借為意。謂以意度之也。如論語不億不信之億是。

上

兆

音肇。占象曰兆。
又數名。吉兆。
億兆。

治小切。灼龜坼文曰兆。引申之。凡事機先見皆曰兆。又數名。以十為等。十億曰兆。以萬為等。萬億曰兆。今記數多從十為等。如中國四百兆人。即四萬萬人也。京都為大眾所在。故曰京兆。

入

壹

音一。專一也。
壹是。壹志。

益悉切。無貳之謂。後世簿書每段壹以代一。所以防奸易也。

去

貳

弍

音樲。不專一也。
貳心。佐貳。

而至切。心疑不一之謂貳。引申為副貳之貳。今借作二字用。

平

參

叁

音三。與三通。
音驂。參列也。
音森。星名。
音嵾。參差之參。

蘇監切。參三之本字。三相參為參。故又讀倉含切。後世參軍參謀參知政事。蓋取此意。俗作叅。所今切。參商之參也。初簪切。參差不齊貌。

去

肆

音四。陳列也。放
縱也。陳肆。
放肆。

息利切。極陳也。謂盡其所有而陳列之。引申為放肆之肆。義取縱恣盡情也。又為發聲之詞。如肆予以爾東征之類是。俗借作四字用。

上

伍

音五。五人為伍。
軍伍。等伍。

疑古切。相參伍也。三相參為參。五相伍為伍。五家相保亦曰伍。引申其義。與眾雜處亦曰伍。司馬法百二十五乘為伍。即算法五五連乘之義。俗借作五字用。

陸 入

音六 高平地也 陸路 水陸

力竹切 路無水為陸 統計地球全面 水居其七 陸居其三 僅以中國言之 南方多水 北方多陸 故古者作車以行陸 今倣西法造火車以通陸路 便捷倍蓰 俗借用作六字

柒 入

音七 俗漆字

戚悉切 今叚作七字用

捌 入

音八

博拔切 分也 擊也 今叚作八字用

玖 上

音九 石之次玉者 瓊玖

舉友切 玖者亞於玉之石也 其音近黝 故兼訓黑色 今人簿書每借作九字用

拾 入

音十 收也 斂也 收拾 音笈 更也

實執切 拾者有拾取斂藏之意 射韝曰拾 亦取蔽膚斂衣意也 今官書文亦借為數目之十字用 極葉切 禮投壺左右告矢具 請拾投 言賓主更迭而投也

什 入

音十 二五為什 什伯 什長

實執切 義與十同 軍制十人為什 詩雅頌每以十篇為一卷 故曰篇什 皆有十字之意 吳楚間謂資生雜具曰什物 義取物之常用者 其數非一也 又俗問不知何物曰什麼

廿 入

音入。二十曰廿。

人汁切。二十并也。古者書二十字从省并為廿字。

卅 入

音颯。三十并也。

蘇沓切。算法三與十相乘也。二與十五相乘。五與六相乘。亦均為卅。

度 去 入

音渡。較長短之具曰度。法度。

音鐸。較其長短曰度。謀度。

徒故切。度。丈尺之總名。所以齊物之短長者也。故齊一民俗曰法度。引申為謀度之度。言凡欲齊一者必先商度也。讀徒洛切。

寸 去

村去聲。十分為寸。尺寸。分寸。

倉困切。一黍為分。十分為寸。算法四邊皆寸曰平方寸。六面皆平方寸曰立方寸。英名寸曰因制。一因制合中國工部尺八分又二一五。

尺 入

音赤。十寸曰尺。尺寸。丈尺。

昌石切。夏以十寸為尺。殷九寸為尺。周八寸為尺。今沿夏制。而裁尺工部尺長短不同。蓋工部尺雖亦以十寸為尺。實得裁尺九分之一也。英名尺曰幅地。十二因制為一幅地。合中國工部尺九寸八分又五八。

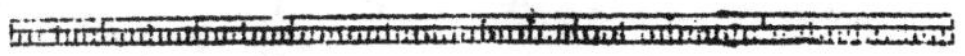

丈 上

長上聲。十尺曰丈。丈尺。丈夫。

雉兩切。小爾雅度五尺為墨。倍墨為丈。周制八寸為尺。十尺為丈。人長八尺。故稱丈夫。此皆就邊線言之。以面部言。四邊皆丈曰平方丈。以體部言。六面皆平方丈。曰立方丈。如席間函丈。釋氏方丈。皆指平方丈言也。

量 去

音亮。能容物以計多寡者曰量。度量。限量。音良。度其多寡曰量。衡量。

力仗切。量斗斛之總名。英量有酒量。苦酒量。乾物量。大致以四計耳為一本脫。八本脫為一嘎倫。一嘎倫容積合中尺一百五十三立方寸又六分四釐強。得中量六升一合四勺有奇。 呂張切。以器較量其物也。

升 平 昇

音陞。量名。又氣之上騰也。升斗。升高。

識蒸切。十合為升。凡二千四百黍為一合。則每升計容二萬四千黍。英量一立方寸。合中尺三十三立方寸又八分三釐強。得中量一升三合五勺有奇。 又遇熱則漲。漲則上升。為氣質流動公例。

斛 入

音鵠。五斗曰斛。以斛量穀即曰斛。斗斛。斛米。

胡各切。古以銅為之。容十斗。今用木。容五斗。定制。斛方。口方六寸六分。內底方一尺六寸。內高一尺一寸七分。

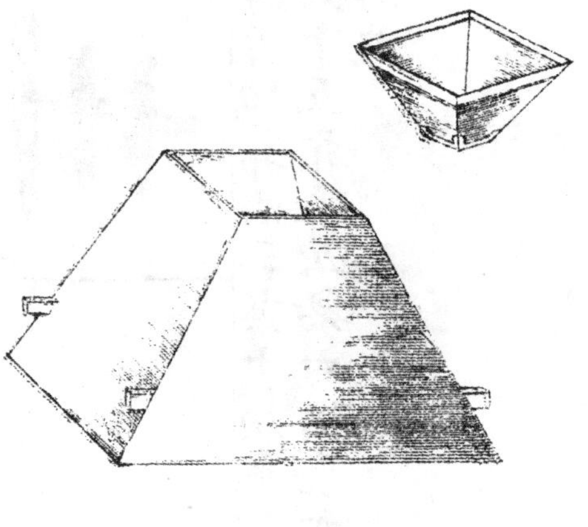

鎊 平

音滂。英計金錢以鎊。金鎊。

鋪郎切。英以十二本士為一先令。二十先令為一鎊。中國向外洋購件及他貨借諸款。皆以金鎊計。故鎊價盈虛伸縮之權。悉操自外人焉。

去 **噸**

音頓。二千二百四十磅為噸。字書無此字。

都困切。英雜物權以二十八磅為一瓜特。四瓜特為一亨特威。二十亨特威為一噸。計以中權。二十一斤為一瓜特。八十四斤為一亨特威。一千六百八十斤為一噸。

去 **稱** 平

音爯。較其輕重曰稱。音秤。較輕重之器曰稱。

處陵切。稱銓也。所以稱物也。有程量之意。故譽人曰稱揚。亦曰稱說。昌孕切。權衡正斤兩者。俗作秤。

權 平

音拳。所以準稱者。稱物即曰權。權衡。權宜。權輿。

巨員切。稱錘也。所以平物之輕重也。引申為經權之權。又申為全權之權。泰西各國度量權衡。惟法制最精。英制最通行。英權有珠寶權。雜物權。藥料權。米權諸名。各不相等。

斤 平

音筋。斫木斧也。又十六兩為斤。斧斤。斤兩。

舉欣切。

兩 上

良上聲。倍一為兩。斤兩。兩旁。

良獎切。

中權十錢為兩。十六兩為斤。英寶權以二十四格令為一邊釐威。二十邊釐威為一盎司。十二盎司為一磅。計一邊釐威合中權四分一釐又一四二八。一盎司合中權八錢二分二釐又八五六。一磅合中權九兩八錢七分四釐又二七二。雜物權以二十七格令有奇為一格郎姆。十六格郎姆為一盎司。十六盎司為一磅。計一格郎姆合中權四分六釐又八七五。一盎司合中權七錢五分。一磅合中權十二兩。

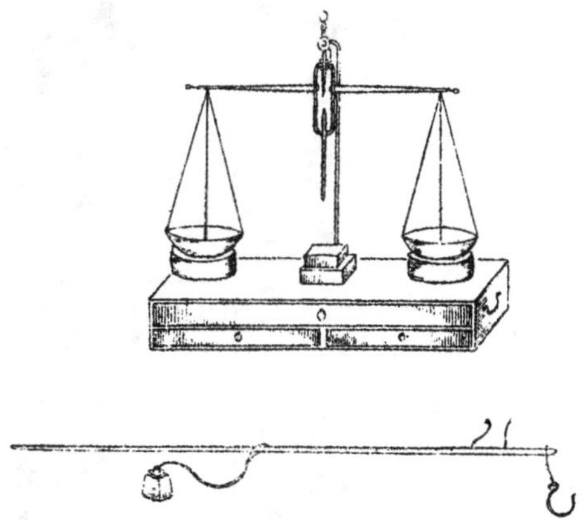

毫 平

音豪。銳毛曰毫。毫毛。毫氂。

胡刀切。毛之末也。毛末則銳，故亦稱毫末。引申之凡物之纖細者皆曰毫。今數學以十絲為毫，十毫為氂。

氂 平

音離。福也。又十毫為氂。分氂。氂卡。

里之切。氂，家福也。家居獲福曰氂。使人受福亦曰氂。算數以十毫為氂，十氂為分。英權氂曰格林，亦作克冷。一格令合中權一氂又七一四八。

忽 入

音笏。驟也。又數之大於微者曰忽。忽然。忽略。

呼骨切。俄傾之間曰忽。漫不經心亦曰忽。又十微為忽，十忽為絲。

秒 上

音眇。禾芒曰秒。

亡沼切。粟之孚甲無芒，芒生於粟穗之莖，禾芒曰秒。猶木末曰秒。引申為秒忽之秒，言微渺如禾芒也。時表以六十秒為分，度里亦以六十秒為分。

錙 平

音菑。六銖也。錙銖。

側持切。

銖 平

音殊。十黍之重也。錙銖。銖兩。

市朱切。十黍之重為絫，十絫為銖。則一銖當重百黍。故十絫黍之重為銖。又訓鈍。楚人謂刀頓為銖。

鈞 平

音均。三十斤也。洪鈞。陶鈞。

居勻切。權衡之法。三十斤為鈞。鈞與均通。故陶人名模下圓轉之器曰鈞。取周回調均之義。引申之。天之造物。猶陶之造瓦。故謂天曰洪鈞。

段 去

音緞。析物曰段。大段。地段。

丁亂切。椎物使之析也。引申之。物之已析者亦曰段。如體段地段條段之類。

匹 入

品入聲。配偶為匹。布匹。匹夫。

普吉切。古者束帛之製。二丈為端。二端為兩。兩謂之匹。言自其二端兩兩卷之。故凡取配偶之意者皆曰匹。

片 去

偏去聲。析厚使薄曰片。瓦片。名片。

匹見切。从半木。謂已判之木也。木經判必薄。故凡析厚使薄者皆曰片。

顆 上

科上聲。猶粒也。顆粒。一顆。

苦果切。顆。小頭也。引申為凡小物一枚之稱。珠子曰顆。米粒曰顆是也。

箇 去　个

歌去聲。猶枚也。一箇。幾箇。

古賀切。竹梃自其徑直言之。竹枚自其圜圜言之。故一枚謂一箇。今俗言物數有云若干箇者。故數學自一至九謂之箇位。

般 平

音蟠 旋轉曰般 般旋 同班 萬般

北潘切 象舟之旋 从舟从殳 殳所以旋舟者也 引申為般旋不進之義 般遊 般樂皆本乎此 又布還切 與班同 齊等之貌 故俗稱物相等者曰一般

次 去

音佽 亞於上者為次 次第 次序

七四切 古文象茅蓋屋之形 屋中位次高下不同 故凡可止居者皆曰次 如師次 旅次之類 謂其倉猝投宿不及精擇也 故急遽茍且又曰造次

層 平

音曾 累而上者曰層 層次 第一層

昨稜切 層 重屋也 凡物之重累者通曰層

壘 入

音牒 層絫曰壘 重壘 複壘

徒協切 重日為壘 言壘絫也 絫者莫多於星 晶古星字

絫 上 累 平

音壘 增益曰絫 音欙 同纍 讀去聲 貽害曰累

力詭切 隸變為累 算法十黍曰絫 十絫曰銖 力追切 係累猶縛結也 力偽切 害人曰累人 受人害曰受累

聚 上

徐上聲 由分而合曰聚 聚散 聚會

在庾切 聚者集之使不散也 故村落曰村聚 言民人聚集而居也

番 平

音煩。獸足也。音翻。遞更曰番。音波。勇皃。

附袁切。獸足為番。从釆象獸指爪也。从田。象其掌也。番孚袁切。更遞曰更番。又蠻夷曰番。今鷹洋來自墨西哥國。故曰番餅。博禾切。爾雅番番勇也。

套 去

韜去聲。自外而圍之曰套。俗套。套頭。

叨號切。方言。不受人籠絡者曰不落套。簡畧時趨者曰脫套。又以外掛為外套。謂其套於袍之外也。

件 上

乾上聲。分其條目曰件。名件。物件。

其輦切。分也。謂分其條件也。俗號物數曰若干件。

格 入

音隔。物有定式曰格。格物。格式。資格。

古柏切。木長皃。謂其枝格相交。無不到也。故訓為至。此接於彼曰至。彼接於此曰來。故訓為來。至與來有一定之程。及其程曰入格。如資格。格正之格是也。不及其程曰扞格。如交格。格鬬之格是也。

式 入

音識。可資模範曰式。合式。樣式。

賞職切。凡可為法者皆曰式。叚借為試。試用也。故又訓為用。又與軾通。為車以揉其式義。取人所憑依而式敬也。

模 平

音謨。製器之範曰模。規模。模樣。

莫胡切。模規也。以木為之規也。引申之。凡可規仿者皆曰模。

去

樣

音漾。有範可指曰樣。榜樣。花樣。

弋亮切。

去

第

音弟。次第也。又作但字解。門第。等第。

特計切。第者秩然有序之謂。漢書為列侯者賜大第。言有甲乙次第也。叚借為發聲之詞。訓但也。

平

羣

音帬。類聚曰羣。同羣。羣輩。

渠云切。獸以類聚曰羣。如周語獸三為羣。詩三百維羣是也。引申為凡類聚之稱。

上

總

音摠。聚而縛之曰總。總理。總統。

作孔切。息有散意。糸以束之。禮經之總。束髮也。禹貢之總。禾束也。引申為凡兼綜之稱。

平

盈

音羸。滿而不溢曰盈。盈虛。充盈。

以成切。从皿从夃。會意。夃猶多也。故器中滿曰盈。推言之。凡充積者皆曰盈。算法九章盈縮。訓過曰盈。不及曰縮。

平

餘

音余。過盈曰餘。盈餘。餘力。

以諸切。

色 入

音嗇。青黃赤白黑也。面色。顏色。

殺測切。凡物有質必有色。惟白為正色。二色相合為間色。如紅藍合為玫瑰紫色。紅黃合為橘皮黃色。黃藍合為橄欖綠色。各隨所間而成色者也。引申之為色容之色。

紅 平

音洪。色之淺於赤者曰紅。紅紙。紅布。

户公切。南方間色也。凡染絳一入謂之縓。縓即紅也。其色在赤白黃之間。假借為功。實為工。如文帝紀大紅十五日。小紅十四日。即功義。如紅女下機。即工義。

白 入

音帛。西方色也。雪白。明白。

旁陌切。殷人尚白。白為物之正色。故从日。日未出平地時。其光恒白也。今吳俗語昧爽曰東方發白。又曰白晝。白日。轉注為白馬白雪之白。引申為告白明白之白。

蒼 平

音倉。草色也。深青色曰蒼。蒼天。蒼生。

千岡切。爾雅春為蒼天。言東方陽氣始發。其色蒼蒼然。故指為彼蒼。又草色之青蒼也。

藍 平

音籃。染青色也。采藍。藍布。

魯甘切。藍分三種。蓼藍染綠。大藍如芥染碧。槐藍如槐染青。藍者青之母也。故曰青出於藍而青於藍。

赤 入

音尺。朱深曰赤。赤身。赤豆。

昌谷切。南方色也。南方盛陽。民多露體者。故引申為赤體赤足之赤。又周人尚赤。小兒初生。又曰赤子。

紫 上

音呰青紅閒色為紫 紫蘇 紫菜

蔣氏切紫與綠紅碧騮黃為五閒色惟紫為最佳視之若朱而實非故論語惡紫之奪朱譬惡僞之亂真也

朱 平

音珠赤之深者曰朱 朱顏 楊朱

鍾輸切赤心木松柏屬也淺於絳而深於纁者曰朱引申為朱紅之朱段借為邾

晳 入

音錫人色白也 白晳 曾晳

先擊切晳與晳異義从白者為白色之晳从日者為明辨之晳今誤作一字非

青 平

音鶄色之出於藍者曰青 青菜 青蟲

倉經切青生也象物初生時色也故人之年幼者曰青年古者以火炙簡令汗取其易書復不蠹謂之汗青又謂之殺青故史書亦稱青史

黃 平

音皇中央色也 黃河 黃道

胡光切中央土其色黃亞州除南洋羣島及印度外皆為黃種又日月五星所行之道謂之黃道

碧 入

音筆深青色玉類也 碧玉 碧綠

兵役切从玉石白聲石之青美者曰碧青言其既青且美如碧樹之有光澤也又今俗呼樹之青者曰碧綠

斑 平

音頒。駁文也。斑點。 爛斑。

布還切。色雜曰斑。離騷斑陸離其上下言色之錯雜也。故髮之色雜者亦曰斑

玄 平

音元。天色也。元色。 元妙。觀

瑚涓切。黑而有赤色者為纁。有黃色者為元。元天體。故曰天元而地黃。天微妙不可測也。又引申為元妙之元。

黎 平

音犁。黑髮之民也。 黎民。 黎庶。

隣溪切。履黏也。段借為齊。故齊民亦曰黎民。又段為黧。故黎民為黑髮之民也。又天比明曰黎明。謂視之雖明而仍暗也。

素 去

音訴。白也。 朴素。 奧素。

蘇故切。物不加飾曰素。素者空而無著之謂也。故訓為素餐之素。素者又現在之謂也。故訓為素位之素。又訓謂平素之素。

縞 上

音杲。鮮色也。縞冠。 縞帶。

古考切。繒之精白者曰縞。引申為縞素之縞。殷人尚白。故縞衣而養老。

盧 平

路平聲。土黑曰盧。 蒲盧。

龍都切。黑色也。博綦之采黑者曰盧。又盧。田犬也。段借為黸。如盧弓盧矢即黸義

絳 去

音降。大赤也。絳色。

古巷切。爾雅三染謂之纁。纁即絳也。今俗所謂大紅是也。

采 去 上

採 彩 綵

音採。物彩也。捋取也。彰采。采桒。音菜。采地。

此宰切。以五彩彰施於五色。五色相間即成彩。故彩綵皆與采通。又以手取物謂之采。故从手。引申之為採風問俗之采。又與菜通。讀倉代切。如采邑之采是。

染 上

音冉。色之後加者曰染。染坊。習染。

而檢切。五色相間為染。青黃赤黑皆由染而成。染者由白而加。至黑而極。如漸染汙染之染皆同義。

紋 平

音文。有條而不紊謂之紋。紋理。花紋。

無分切。錦綺黼繡之文。秩然有章者曰紋。引申之凡有條理可尋者皆曰紋。

麗 去 平

音隸。美秀也。美麗。秀麗。音離。高麗。

力霽切。从丽从鹿。鹿之性見食急則必旅行。故古者麗皮為禮。蓋取夫婦並行之義。凡相並者必相坿。故叚為坿麗之麗。如日月麗乎天。百穀草木麗乎土是。又隣溪切。離也。又國名。高句麗即朝鮮國。今名為韓。

鮮 上 平

音仙。生魚曰鮮。新鮮。朝鮮。音獮。罕也。之也。

相然切。鳥獸新殺者曰鮮。庶物之初長成者亦曰鮮。鮮者文明之象。悅人心目者也。故曰數見不鮮。因轉注為鮮少之鮮。讀息淺切。

緇 平

音菑。帛之黑色者曰緇。緇衣。

側持切。緇淬也。凡色之無可再染者謂之緇。故周禮以七入為緇。世稱奉佛者為緇流。以其常服緇布之衣也。

去 絢

音晌。采成文曰絢。絢組。

許縣切。合五采而為之。其煊爛倍於常色。

去 黛

音代。可以代黑色者曰黛。青黛。粉黛。

待戴切。黑而有光者曰黛。黛代也。言可以代黑而并使之光澤也。故女之用以畫眉者曰眉黛。

上 甜 平 餂

音餂。美也。甘也。甜糖。甜菜。

音忝。鉤取也。

徒廉切。物之甘美者曰甜。从舌从甘。舌性喜甘也。古通餂。讀他點切。

鹹 平

音咸。北方味也。可以養脉。淡鹹。

胡喦切。五行水性鹹。故古人因海水之鹹。以煑鹽。所以備五味之和也。

上 苦

音筈。南方味也。可以養氣。辛苦。窮苦。

孔五切。黃蘗也。其味極苦。轉注為苦菜之苦。又轉為勞苦之苦。

辢 入

音剌。辛甚曰辢。
辢筴。 辢醬。

盧達切。从束从辛。束任辛味而不散。則辛益甚。故云辢。俗作辣。薑桂之性。老而愈辢。

旨 上

音指。甘美也。
大旨。 旨意。

職雉切。味甘曰旨。甘者意所適也。故轉注為意旨之旨。又轉為詔旨之旨。今上以意諭下曰降旨。下承上意曰奉旨。

腥 平

音星。肉之未熟者曰腥。 腥氣。
葷腥。

桑經切。凡生肉曰腥。以其未經烹飪而猶存腥穢之氣也。腥臊之腥同。

臭 去

抽去聲。通於鼻者謂之臭。 臭味。 惡臭。

尺救切。臭者氣之總名。香氣穢氣皆曰臭。易其臭如蘭。為氣之香者言之也。禮記如惡惡臭。為氣之穢者言之也。今俗通以臭味為惡味。

葷 平

音薰。臭菜也。辛菜也。 葷腥。
喫葷。

許云切。葷味屬辛。葱蒜之屬皆是。俗以牛羊豕為大葷。

味 去

音未。滋味也。 有味。 無味。

無沸切。飲食之味也。五色由五行而生。金辛味。木酸味。水鹹味。火苦味。土甘味。

冕　上

音免。大夫以上之冠曰冕。冠冕。冕旒。

美辨切。黃帝始作冕。其制以木為幹。前後垂珠。廣八寸。長倍之。前圓後方。前下後高。有俛伏之形。故曰冕。俗謂平天冠。

弁　去

音汴。古禮冠之名。皮弁。弁冕。

皮面切。弁之為言攀也。所以攀持其髮也。古者有重禮則服之。弁以冠首。故軍中稱將校曰弁。以其為曹伍之首領也。

冠　平　去

音官。首服曰冠。衣冠。冠冕。官去聲。加冠於首曰冠。弱冠。冠軍。

沽歡切。冠所以韜髮也。从冖从元。示在首也。从寸。示有定制也。古玩切。古者二十始加冠。故二十曰弱冠。冠加眾體之上。故加出人上者皆謂之冠。如冠軍冠羣之冠是。

旒　平

音劉。垂於冕者曰旒。垂於旌旗者亦曰旒。冕旒。垂旒。

力求切。連綴兩旁者也。故綴於旌旗之兩旁者。與綴於冕之前後者。皆曰旒。旒有贅累之象。故謂物之無足重輕者為贅旒。

纓　平

音英。冠系曰纓。帽纓。纓冠。

於京切。纓以二組為之。上連冠武。下結於頤下。又飾車馬之革也。削革而塗以采。纏諸馬膺。謂之游纓。飾諸車則曰繁纓。今俗謂冠頂之朱絲曰纓。

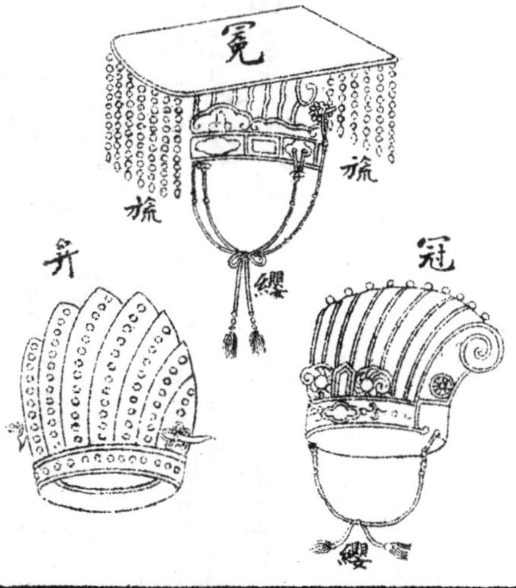

去 帽

音帽·常服之冠
曰帽· 帽子·
衣帽·

莫報切·頭衣也古者有冠而無帽·惟小兒及蠻夷用之·帽冒也·所以冒首也·今稱朝冠曰朝帽·公服之冠曰緯帽·常服之冠曰小帽其制則有涼暖之別·

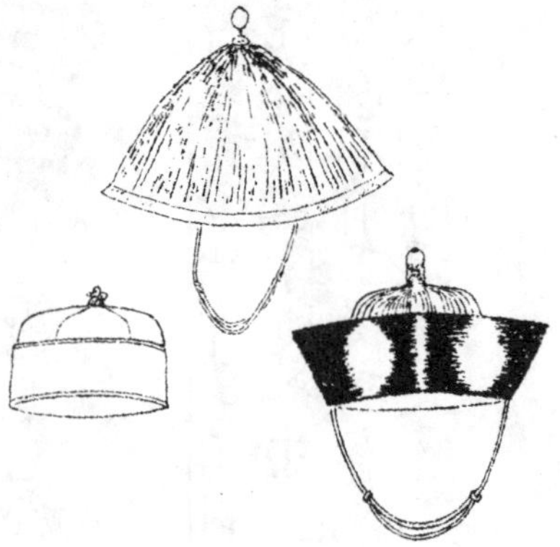

笠 入

音力·冠之四敞
者曰笠· 箬笠·
旃笠·

力入切·笠所以禦暑雨也·以竹為之·者有柄曰簦·無柄曰笠·以旃為之者曰斗笠·

去 衣 平

音依·所以蔽體
者曰衣· 衣裳·
依去聲· 著衣曰
衣·

於希切·人所被服也·上曰衣·下曰裳 於既切·被衣於身也·

服 入

音伏·衣裳曰服·
服其衣裳即曰
服· 華服· 服
勞·

房六切·夾舟之木也·引申之·夾鞍之馬曰服馬·夾身之衣曰衣服·馬與衣皆為人之所用·故用物曰服用·為人所用曰服事·段借為佩服之服·古分天下為五服·言皆服從王化者也·

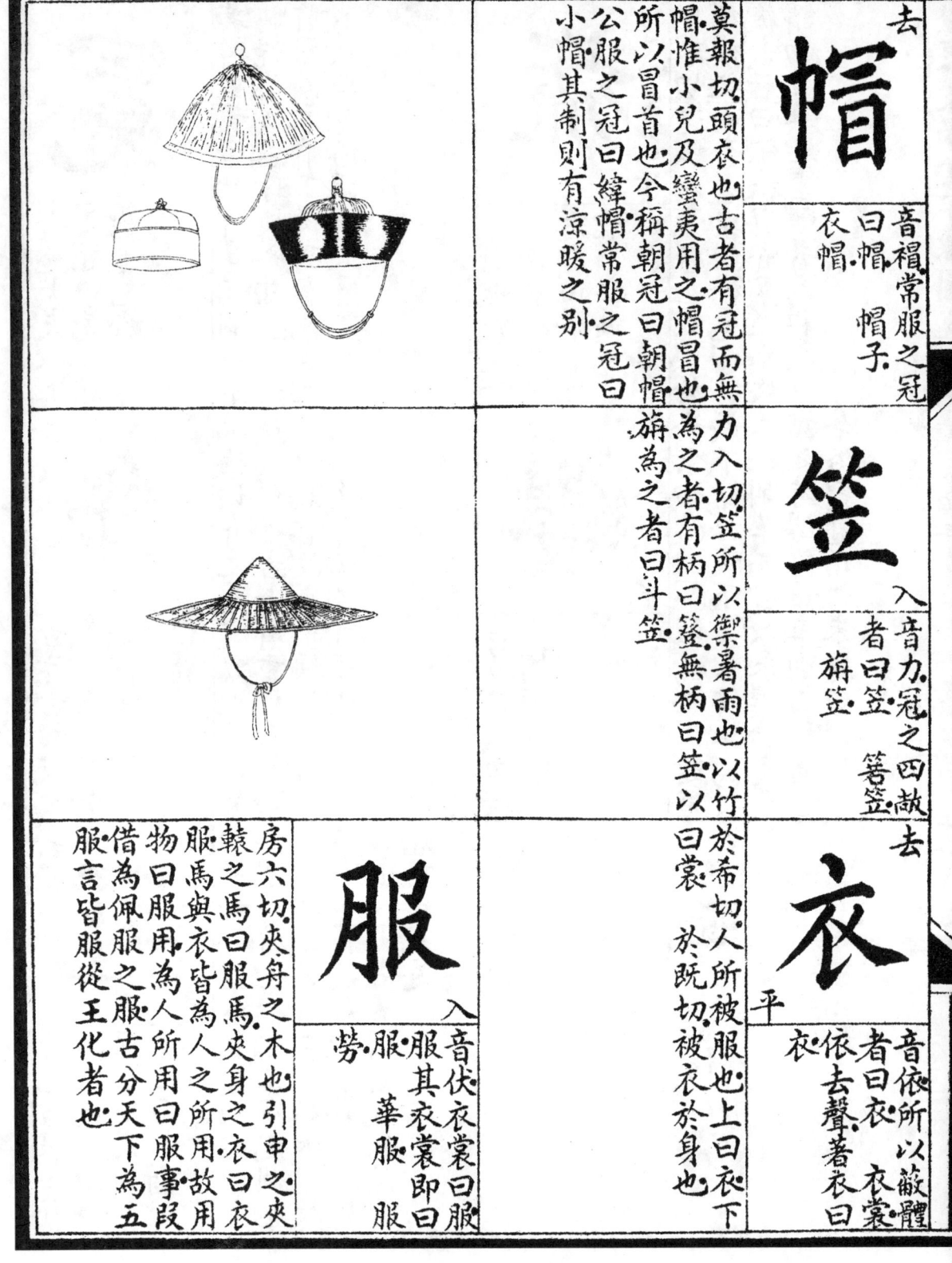

衮 上

音滚。王公之祭服曰衮。龍衮。衮衣。

古本切。衮，繡衣也。其制卷龍繡於下幅，一龍蟠阿上向。為天子享先王所服。餘惟上公始得服之。故从衣从公。

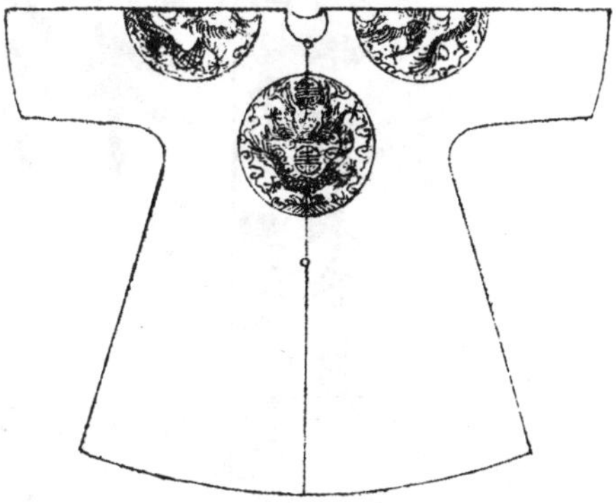

裘 平

音求。皮衣曰裘。狐裘。

渠尤切。取獸皮以製衣謂求之裘。古文象形。古者裘皆外毛也。

袍 平

音鞄。表衣曰袍。蟒袍。袍套。

蒲褒切。長襦也。衣之下及跗者曰袍。袍，苞也。所以為内衣之苞也。今稱共事之人曰同袍。本詩與子同袍之義。謂情誼交孚，有輕裘與共之義者也。

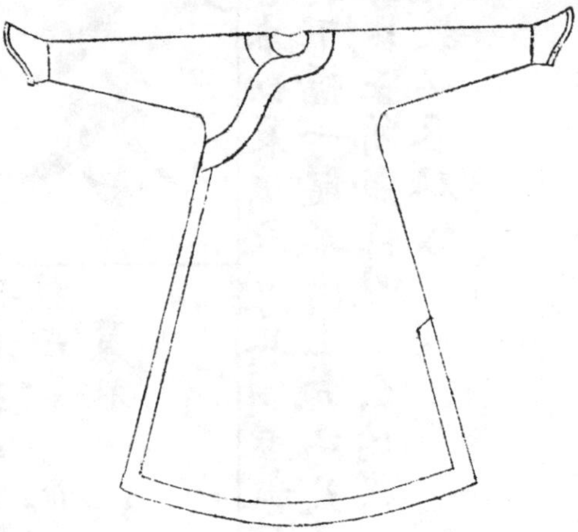

衫 平

師銜切。中衣也。又為衣之通稱。今稱單袷之表衣曰衫

音杉。單衣曰衫。汗衫。藍衫。

袷 入

訖洽切。衣有表裏而不著絮謂之袷。居怯切。交領也。禮視不上於袷。言視人者視其領而止。不注目相對也。

音夾。夾衣曰袷。單袷。音劫。領衣曰袷。曲袷。

襯 去

初覲切。襯小衣也。襯為外衣之藉。故藉亦謂之襯。如襯墊襯託是。

音櫬。著身之衣曰襯。襯衫。陪襯。

褻 入

先結切。褻中衣也。引申之。晏居之服曰褻服。親而不敬曰褻狎。

音薛。親狎曰褻。褻衣。褻瀆。

襲 入

席入切。襲重也。衣上下具曰一襲。重疊之衣曰襲。凡鈔襲世襲皆以重為義。又掩人之不備而取之曰襲。

音習。重衣曰襲。襲裘。鈔襲。

衲 入

音納。僧衣曰衲。百衲。破衲。

奴答切。補紩也。今稱僧衣為衲。因為集紩所成也。

褐 入

音曷。毛布之衣曰褐。短褐。氈褐。

何葛切。褐以獸毛為之。而與氈異。氈椎結而成。褐則織為布也。引申之以褐製衣亦謂之褐。

襟 衿 平

音金。交衽曰襟。披襟。聯襟。

居吟切。襟禁也。交於前。所以禁禦風寒也。襟當胸前。故胸懷亦曰襟懷。俗作衿。

衽 去

音妊。衣襟曰衽。左衽。斂衽。

如鴆切。衣裳之幅相交接處也。故凡合縫之處皆曰衽。

袂 去

音襪。衣袖曰袂。把袂。投袂。

彌蔽切。

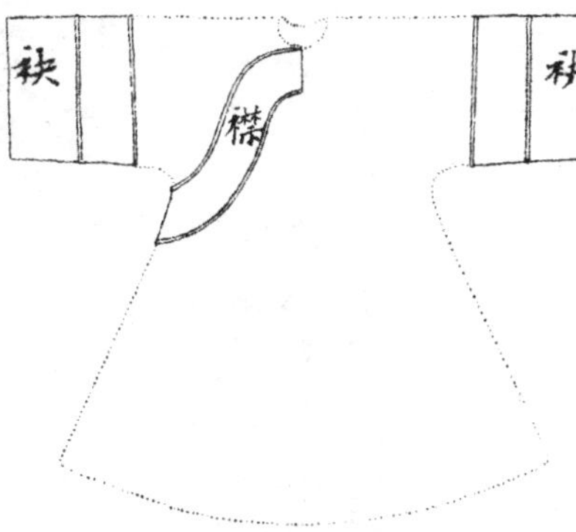

褎 去

袖

音岫。衣之容手處曰袖。

音狖。盛也。

似救切。袂也。又余救切。盛飾也。袂所以為飾。故謂盛飾為褎。又引申之凡盛曰褎。如詩實種實褎是。

蓑 平

音莎。草衣曰蓑。

披蓑。蓑笠。

蘇和切。析草為衣。所以禦雨也。

裳 平

音常。下服曰裳。

冠裳。衣裳。

陳羊切。裳下帬也。天子之裳繡宗彝藻火粉米黼黻。衣則繪。裳則繡也。今朝服中有朝裙。猶有裳之遺意。

幅 入

音福。布帛之廣也。

一幅。邊幅。

方六切。布帛廣二尺二寸為幅。引申為幅員之幅。謂地之寬廣處也。又申為邊幅之幅。言人宜不越規矩。猶布帛之不失尺寸也。

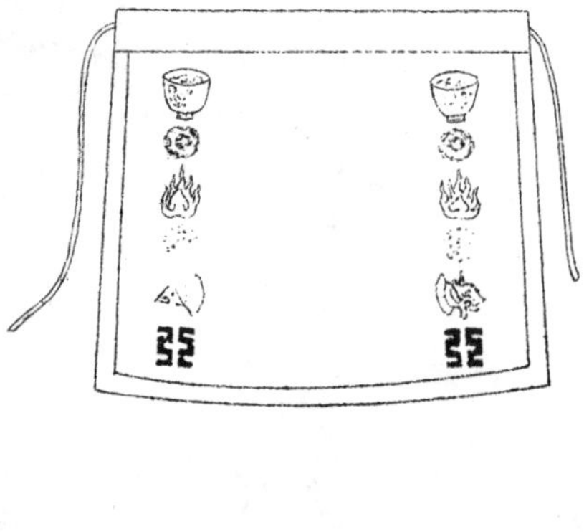

裠

帬 裙 平

音羣。下裳曰裠。

朝裙　羅裙

衢云切。羣也。聯接羣幅也。古者男女皆衣裠。今女則有之。而男子惟有朝服之朝裠。兵卒之戰裠。

履

上

音里。皮屨曰履。

冠履　履歷

良以切。古稱舄曰屨。漢以後曰履。履者。踐地之具也。故引申為踐履之履。又申之所履之界即曰履。如左傳賜我先君履是也。

舄

入

音昔。履之複底者曰舄。

履舄　鳳舄

（篆文）思積切。古鵲字。象形。經典皆叚為履舄之舄。

屨

去

音句。履之麤者曰屨。

草屨

居御切。漢以前複底曰舄。單底曰屨。漢以後曰履。今曰鞵。又製以絲者曰履。以麻曰扉。麤者曰屨。引申謂所踐曰屨。與履通。

舄　履

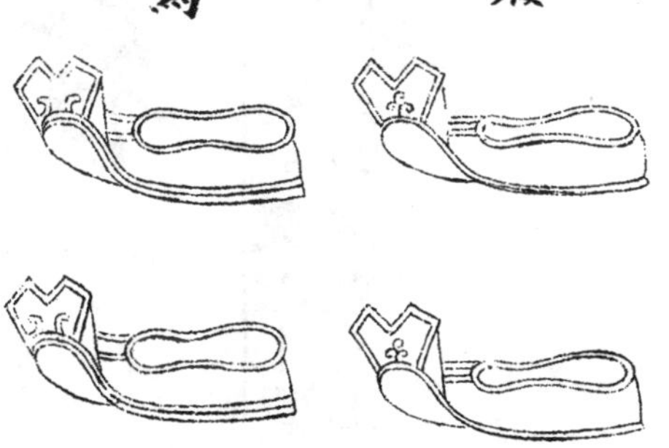

鞾 平 靴

音靴。履之上屬脛者曰鞾。鞾帽。蠻靴。

許茄切。鞮屬胡服也。趙武靈王始服之。而製以革。後乃用布帛。凡長而上屬於腓者謂之鞾。僅護踵趾謂之鞋。

鞵 平 鞋

音膎。革履曰鞵。鞵襪。草鞋。

戶佳切。鞮也。以革為之。引申之。以草為履曰芒鞵。以椶梠皮為履曰椶鞵。通作鞋。

屐 入

音劇。木履也。木屐。

竭戟切。屩也。製以木為之。前後施兩齒。所以踐泥。為山行及雨行之用。

鞾

鞵

屐

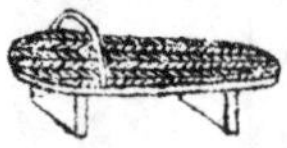

被 去 上 平

音罷。寢衣曰被。被褥。音髮。覆也。音披。荷衣曰被。被裘。

部靡切。覆身之衣曰被。覆之亦曰被。如被召被德之被。讀皮義切。攀糜切。加衣於身而不帶謂之被。

衾 平

音欽。大被曰衾。衣衾。衾枕。

祛音切。衾所以斂屍。具廣五幅。君錦衾。大夫縞衾。士緇衾。衾亦被也。故寢衣亦曰衾。

褥
入

音辱。茵也。坐褥。褥子。

如欲切。藉也。藉之以坐者。在車曰茵。在席曰褥。藉之以卧者。寢衣之類。所覆曰被。所藉曰褥。

佩
去　珮

音悖。玉之垂於帶者曰佩。玉佩。佩服。

步昧切。古者以玉為佩。天子佩白玉。諸侯佩山元玉。大夫佩水蒼玉。世子佩瑜玉。士佩瓀玟。佩無故不去身。故引申為佩服之佩。示斯須勿忘之意也。

巾
平

音神。佩巾也。手巾。巾箱。

居銀切。从冂丨。象糸也。佩巾本以拭汗。後人以之裹首。謂之幘巾。

帨
去

音稅。女子之佩巾曰帨。綵帨。

輸芮切。巾也。古者女子生則設帨於門右。以示事人之意。蓋巾為通稱。故帨亦曰巾。帨為女子所獨用。故巾不能稱帨也。

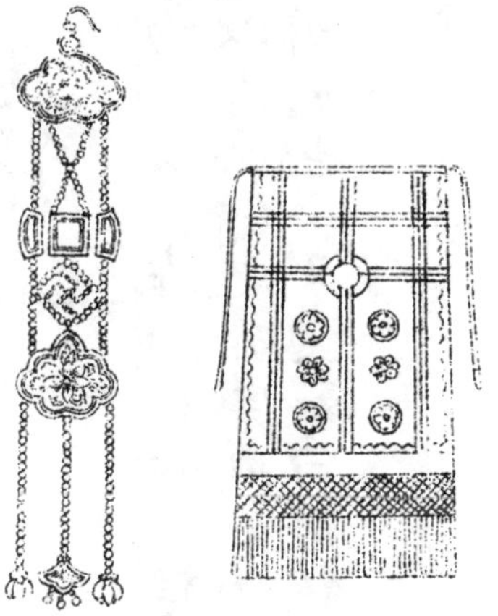

帕
去

音怕。手巾曰帕。手帕。

入

音陌。首巾曰帕。帕首。

普駕切。又莫白切。巾也。佩之曰手帕。纏諸首曰首帕。亦謂之抹額。軍服也。以紅綃為之。猶巾之為幘也。

黼 上

音甫。白與黑相次為文曰黼。
黼黻　黼座

匪父切。黼文如斧形。色半白黑。白其刃。黑其身。繡之於裳。或畫之於扆。所以示有斷制也。黼黻所以為文飾。故假為文飾之義也。如黼黻昇平是。

黻 入 韍

音弗。黑與青相次成文曰黻。
黻冕　黻珽。

分物切。黻文作亞。如兩己相背。色以青黑。繡之於裳。或於冕。示有辨別也。　又素韠曰黻。蔽膝。

紳 平

音申。大帶之垂者曰紳。
書紳。　紳士。

升人切。以帶束腰。垂其餘以為飾。謂之紳。紳為在位者之服。故稱士大夫曰縉紳先生。今稱在任之官曰官。在鄉里之官曰紳。義本此。

綬 上

音受。繫印之組曰綬。
璽綬　綬帶。

是酉切。綬受也。所以承受印環也。秦廢韍佩。乃以采組為綬。長一尺二寸。廣三尺。後遂為職官之章服。

組 上

音祖。織絲曰組。織成如綬者亦曰組。
組紃

總五切。組紃皆綬屬。今所謂絛也。薄闊者為組。似繩者為紃。組之小者。古以為冠冕之纓。

去

緣

平

音願。衣之邊飾曰緣。緣飾。音沿。事之所因曰緣。因緣。

余絹切。衣純也。緣在衣領袂口者曰純。在裳側者曰綼。其下者曰緆。在冠者曰紕。在屨者亦曰純。皆緣也。俗所謂花邊鑲邊是也。引申之飾緣於衣亦曰緣。因謂凡循行者曰緣。　余專切。因也。引申為夙緣緣分之緣。

上

紐

音狃。聯物之環曰紐。樞紐。紐扣。

女九切。印鼻也。印鼻有環可鈎連。以為佩。故凡鈎環相屬處皆曰紐。如窗紐衣紐等是。衣紐亦曰紐扣。所以聯固衣襟也。

去

幣

音弊。繒之繡者謂之幣。幣帛。錢幣。

毗祭切。凡玉馬之衣圭璧之帛皆曰幣。皆繡帛也。　叚借為⿱敝貝。⿱敝貝者泉貨之總名。所以通貨物易有無者也。經傳皆以幣為之。

帛

入

音白。繒之厚者謂之帛。玉帛。

薄陌切。繒幣帛皆以絲為之。繒者為幣。帛之總稱。幣帛之分。則幣文而帛質也。古皆以為贈勞賓客及薦玉之用。

綾

平

音陵。繒之薄者曰綾。綾紈。素綾。

力膺切。綾文繒也。質細而薄。故東齊謂布帛之細者皆曰綾

羅

平

音蘿。繒屬之疏者曰羅。綾羅。張羅。

郎何切。以絲罟鳥謂之羅。其目甚疎。故引申之謂帛文之疎者為羅。又為羅列羅致之羅。言所得者多。猶張羅而取之也。

綢 平

音儔。以蠶絲織成者曰綢。 紡綢。 綢繆

陳留切。綢者絲密周緻之意。後世以繒帛之類為綢。亦以其細密也。引申謂情之親密者為綢繆。

絹 去

音狷。生帛曰絹。 羅絹 畫絹。

規椽切。繒之屬。以熟絲為之。絹之屬則以生絲為之。比繒較厚而疏。

紗 平

音沙。絹屬之輕者曰紗。 縐紗。 紡紗。

師加切。凡絲已紡而成者謂之紗。故織紗成帛。即以紗名。紗之縐者曰縠。縠之輕者曰紗。其成者皆以蠶絲。今別有以棉紗織成者。謂之紗布。

錦 去

音槿。五色絲織成文章者曰錦。 織錦。 錦匣。

居飲切。錦者襄五色以成文者也。錦繡之類。皆足以飾物之觀瞻。故喻人物之美者。多以錦繡為喻。如錦心繡口。錦繡河山是也。

布 去

音怖。以植物之絲織成者曰布。 織布。 布施

博故切。古者以麻紵葛為布。今多以木棉為之。凡言布者。皆取絲於植物者也。段借為施布。展布之布。布者敷行之意。故古時貨幣之名。藏者曰泉。行者曰布。

縐 去

音皺。絺之細者曰縐。 縐布。 湖縐

側救切。絺者以葛為之。其精尤細靡者則謂之縐。縐者蹙也。言織縷之蹙密也。故吳中稱浙湖所織絲綢曰湖縐。亦曰縐紗。

絨 狨 平

音戎。以毛織成之布曰絨。絲絨。絨線。

而中切。絨狨二字通用。狨寓屬獸名。其毛柔軟可以為布。故亦謂之絨。因亦稱細布為絨也。

縷 上

音僂。綫也。絲縷。縷述。

力主切。凡麻葛絲之綫皆曰縷。引申為覼縷之縷。謂宛轉委曲。若絲縷之柔而不絕也。

綸 平

音倫。青絲綬也。絲綸。綸音。

龍春切。綬屬也。秦漢百石官佩綸。非經緯織成。但合青絲繩辮糾之。所謂宛轉繩也。綸之言倫。言其作之有倫序。故引申為經綸之綸。又禮王言如絲。其出如綸。後世因稱君言曰綸。亦曰綸綍。皆有條不紊之意也。

絲 平

音思。蠶所吐也。新絲。絲竹。

新茲切。蠶吐絲而成繭。蠶者復抽繭出絲以織衣服。絲以中國為最良。故今為出口之大宗焉。八音之一為絲聲。以琴瑟之類皆以絲為弦故云。又量名。十忽為絲。十絲為氂。今稱物至微者為一絲。則極言其細也。

緡 平

音民。絲繩也。緡錢。

彌鄰切。釣魚之繳也。以絲為之。江東謂貫錢繩曰緡。亦段為緜。如緡蠻是。

緜 綿 平

音眠。絮之精者曰緜。纏緜。緜絮。

莫堅切。凡絮麤者曰絮。精者曰緜。緜从帛系會意。謂帛絲之細而連系不絕者也。通作綿。絲細必密。故引申為綿密纏綿之綿。細又近弱。故引申為綿薄之綿。絲連必長。故引申為綿長之綿。

去 絮

音稰。絲之麤者曰絮。 絲絮。 緜絮。

息據切。絮劣於緜。今以新絮爲緜。舊緜爲絮。俗謂緜絮之類爲衣胎。謂裝於衣中者也。近多以棉花彈和裝衣者。謂之棉絮。

平 棉

音緜。植物之花可以爲布者曰棉。 棉花。 木棉。

彌延切。木棉有草木二本。木本出交趾等處。樹高丈餘。中國罕有其種。今江南所植皆草本也。亦名吉貝。以春二三月下種。至秋生黃花。結實。及熟時其皮四裂。其中綻出如綿。緝以爲布。行消甚廣。產美洲者尤良。

入 葛

音割。草之可爲絺綌者曰葛。 葛衣。 瓜葛。

居曷切。葛有野生家生二種。其蔓延長。取治可作絺綌巾屨之服。其根可以療病。葛與瓜並爲引蔓纏繞之草。故引申謂事之煩繞者曰糾葛。屬之緜遠者曰瓜葛。

去 纊

音曠。綿也。 絖纊。 纊繒。

苦謗切。

飾

入

音識。加文於質曰飾。首飾。飾觀。

賞職切。飾者㕞也。从人巾會意。食聲。凡物㕞其塵垢。即所以增其光采。故引伸為裝飾之飾。

兜

平

闔平聲。帽之有耳者或披者為兜。風兜。兜頭。

當侯切。兜鍪首鎧也。古謂之冑。兜者蒙冒之意。冑所以蒙冒其首。故謂之兜。後世稱帽之有耳或披者為兜。亦以蒙首為義。引申謂以巾蓋物為兜。

髻

去

音計。盤髮為髻。寶髻。

吉詣切。髻總角也。古時男女通稱之。今惟婦女盤髮為妝。故專屬之女也。

笄

平

音雞。簪之通稱。及笄。

堅奚切。笄有二種。一為安髮之笄。古者男女皆用之。一為連冠之笄。用於弁者。則惟男子有之。今惟婦人用笄。女子十五許嫁則笄而醴之。笄者系笄於冠。亦猶男子之行冠禮也。

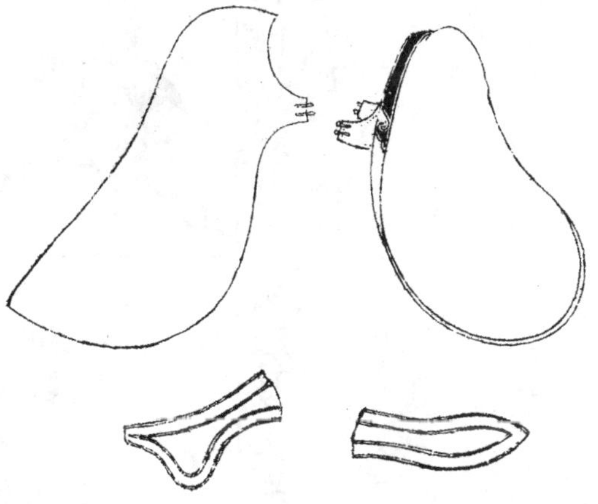

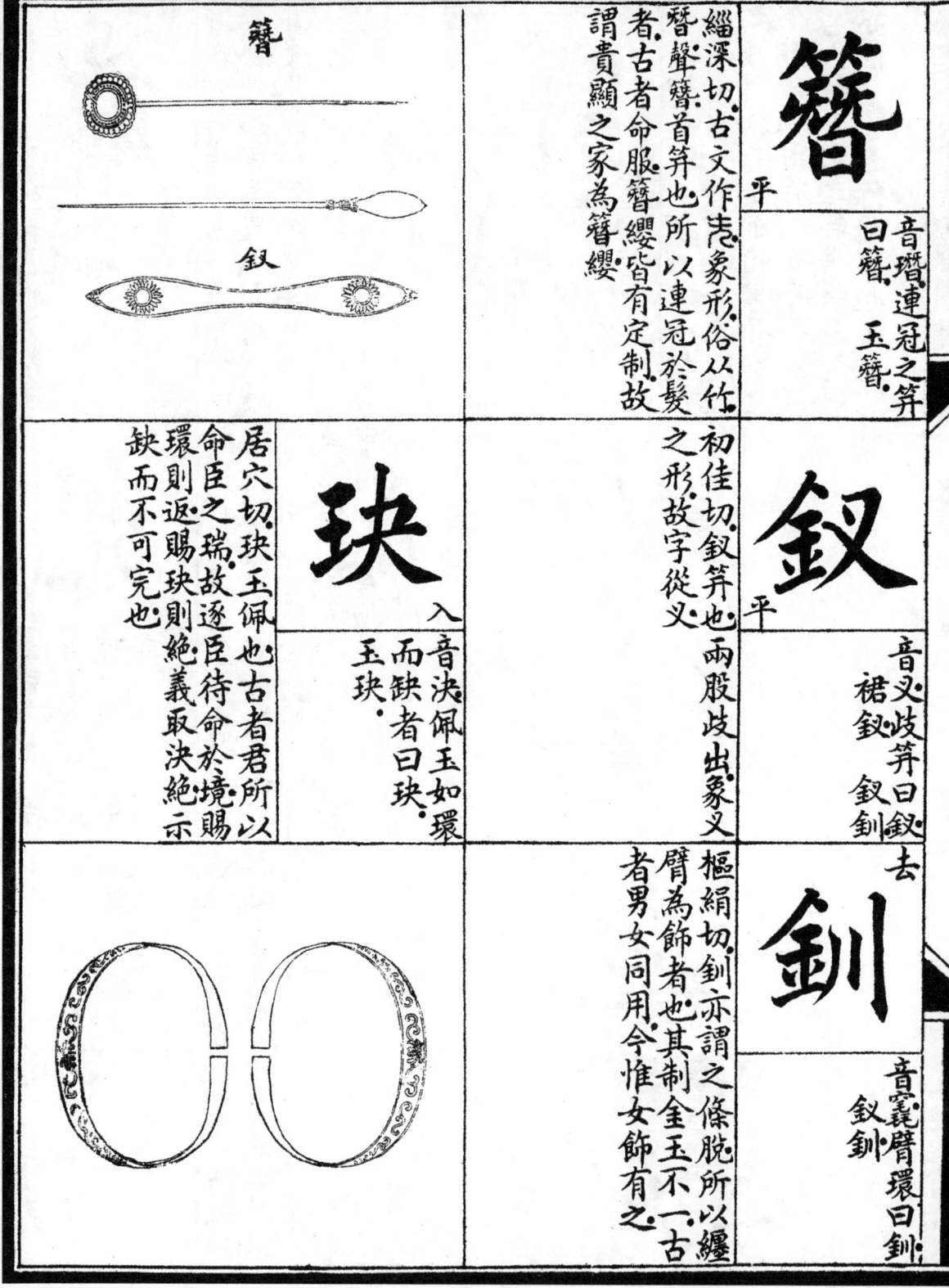

簪 平

音瓚連冠之笄曰簪 玉簪

緇深切古文作兂象形俗从竹簪聲簪首笄也所以連冠於髮者古者命服簪纓皆有定制故謂貴顯之家為簪纓

釵 平

音义歧笄曰釵 裙釵 釵釧

初佳切釵笄也两股歧出象义之形故字從义

釧 去

音竁臂環曰釧 釵釧

樞絹切釧亦謂之條脫所以纏臂為飾者也其制金玉不一古者男女同用今惟女飾有之

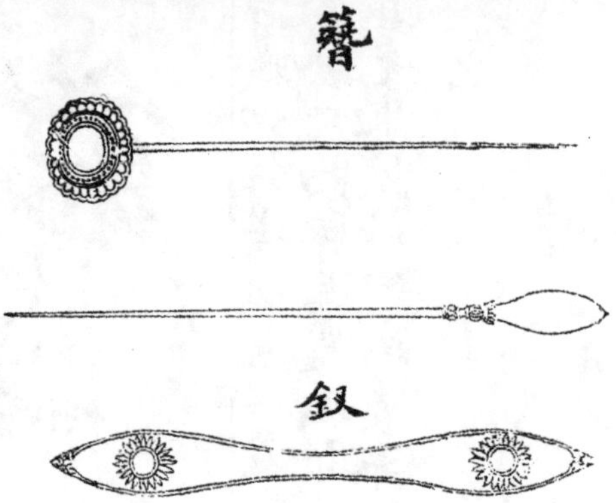

玦 入

音決佩玉如環而缺者曰玦 玉玦

居穴切玦玉佩也古者君所以命臣之瑞故逐臣待命於境賜環則返賜玦則絕義取決絕示缺而不可完也

環 平

音還。耳飾曰環。玉環。環球。

胡關切。環璧也。爾雅肉倍好謂之璧。好倍肉謂之瑗。肉好若一謂之環。謂其孔及邊肉大小適等也。引申謂刀本為環。又俗謂耳飾及約指者為環。皆以形圓類環也。又申為環繞。回環之環。

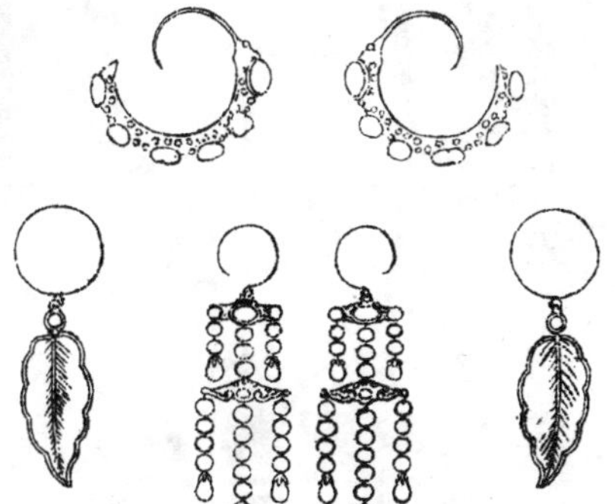

鐲 入

音濁。俗謂釧為鐲。鉦鐲。手鐲。

直角切。鐲鉦也。形如小鐘。古者行軍用以節鼓。俗假以為約腕者之名。

鉦

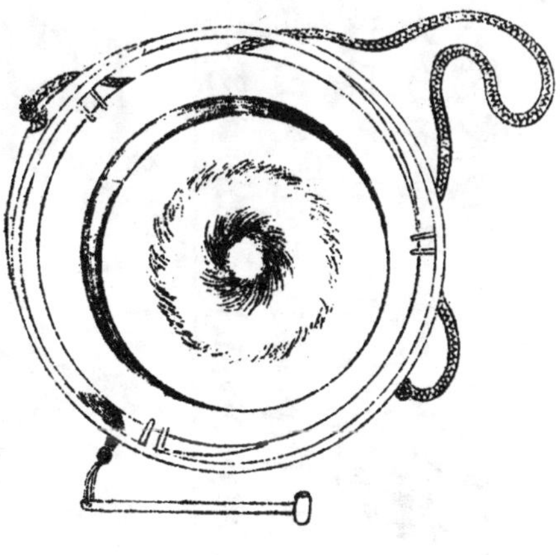

寶 上

音保。珍也。寶石。寶貴。寶星。

補抱切。西國寶星之制。製造最精。鑲嵌珠寶貴重之物。以贈賜鄰邦之君及本國外國之臣。亦如中國之以翎頂為名器也。光緒七年。國家仿而行之。造頭二三等各三種。四五等各一種。專為贈鄰君賜外臣之用。

頭等第一龍珠寶星

頭等第一佩帶副寶星

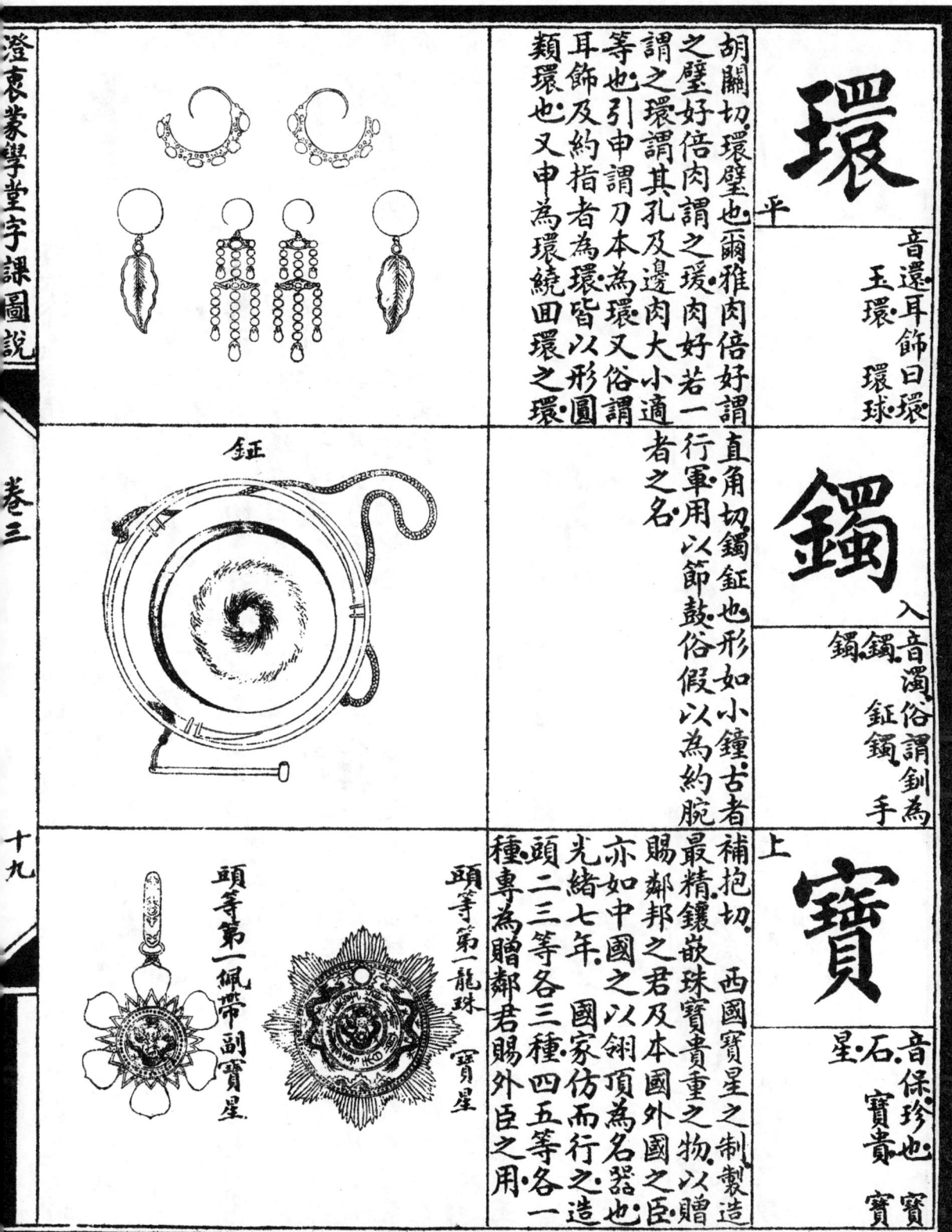

珠 平

音朱。介蟲陰精所結者曰珠。又凡顆粒成圓者多以珠名。 珠玉。 朝珠。

專于切。珠多生於蛤殼。因其殼內常有沙石屑漏入。則其體迺覺不適。乃發出精液以附之。令其滑潤。久之遂成珍珠。因其精液層疊附外。故光彩煥發。為世所寶。歷代多有採珠之禁。今惟東珠獨為 御用。

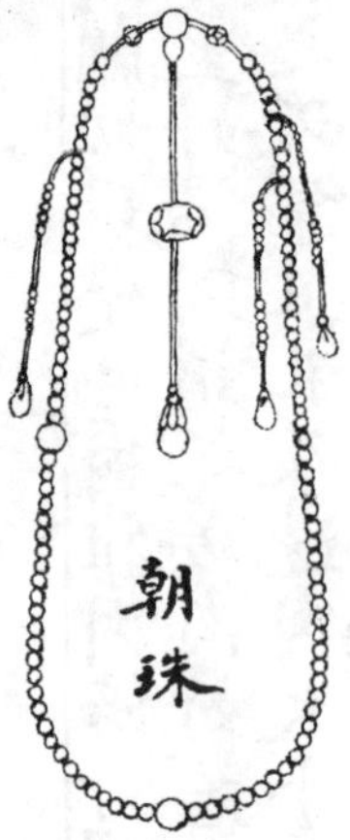

朝珠

璣 平

音機。珠不圓者曰璣。 珠璣。 璣衡。

居希切。古者正天文之器曰璿璣。曰玉衡。璣為轉運。衡為橫簫。運璣使動。璣徑八尺。圓周二尺五寸而強。衡長八尺。孔徑一寸。下端望之。以占星辰吉凶之象。

玉 入

音獄。石之美者曰玉。 玉石。 寶玉。

王 虞欲切。象三玉之連。丨貫也。玉有五德。潤澤以溫。比於仁。鰓理自外。比於義。舒揚遠聞。比於智。不撓而折。比於勇。銳廉不忮。比於潔。故古人常佩之。以比德也。引申為玉貌。玉音之玉。一比玉之白。一比玉之德也。

瑤 平

音遙。石之似玉者曰瑤。 瓊瑤。

餘招切。石之美者也。

璞 入

音樸。未治之玉曰璞。 璞玉。

匹各切。凡玉雕琢之則成器而有光彩。未琢則樸素而無華。故謂之璞。引申為歸真返璞之璞。亦樸而無文之意也。

璋 平

音章。半圭為璋

圭璋　弄璋

諸良切。剡上為圭，半圭則為璋。古者生男子則弄之璋，明其溫潤，主比德也。故後世謂生子為弄璋。

璧 入

音辟。玉之琢而圜者曰璧

圭璧

必歷切。璧，瑞玉也。圜以象天。爾雅：肉倍好謂之璧，謂邊大孔小也。引申為璧人之璧，猶言其人如玉耳。

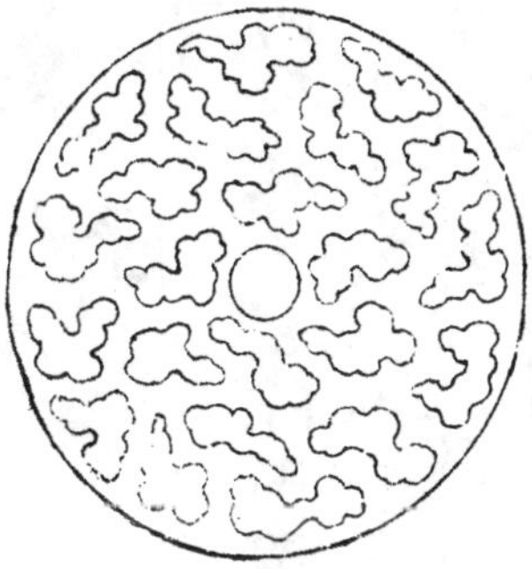

琉 平

音留。似石而具十色者為琉璃

琉璃廠　琉球

力求切。琉璃亦作流離，言其流光陸離。本質似石，具赤白黃黑青綠縹緲紅紫十色，光彩踰於衆玉。意大利、印度等處產之，此真琉璃也。今俗所用者，則消治石灰以藥點而成之，實玻璃類也。

珍 平

音真。物之可貴者曰珍

珍寶　珍重

涉鄰切。

珊 平

音刪。海底微蟲所結成者為珊瑚，可以刻琢為器，世所寶貴。珊瑚蟲。

師姦切。珊瑚古以為石或樹類，此臆說也。泰西格致家考得此物實為一種微蟲所結而成，先成白色之質，其形或如菌，或如背陰草，或如小樹。其質硬，內多小孔，每孔內皆有小蟲，乃此蟲在海水內或海底之土石內，取料凝結成珊瑚質，積數百年，能從海底高至海面。其質內多含石灰，行船撞之，最為危險。漸有植物質生於其面而成海島，即謂之珊瑚島，太平洋中此島甚多。

珊瑚

珊瑚蟲

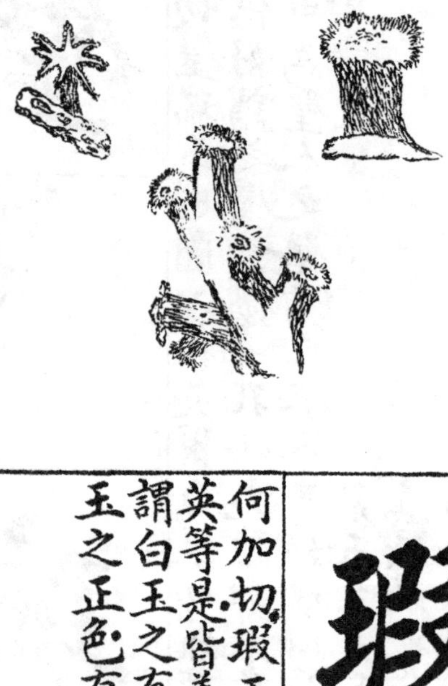

瑚 平

音胡。珊瑚也。又殷代盛黍稷之玉器曰瑚。

洪孤切。

瑜 平

音俞。玉之美者。瑾瑜。

雲俱切。

瑕 平

音遐。玉有釁曰瑕。微瑕。瑕瑜。

何加切。瑕，玉小赤也。如赤瑕、瑕英等，是皆美玉之赤者。引申之謂白玉之有釁者為瑕。以白為玉之正色，有釁則不純也。

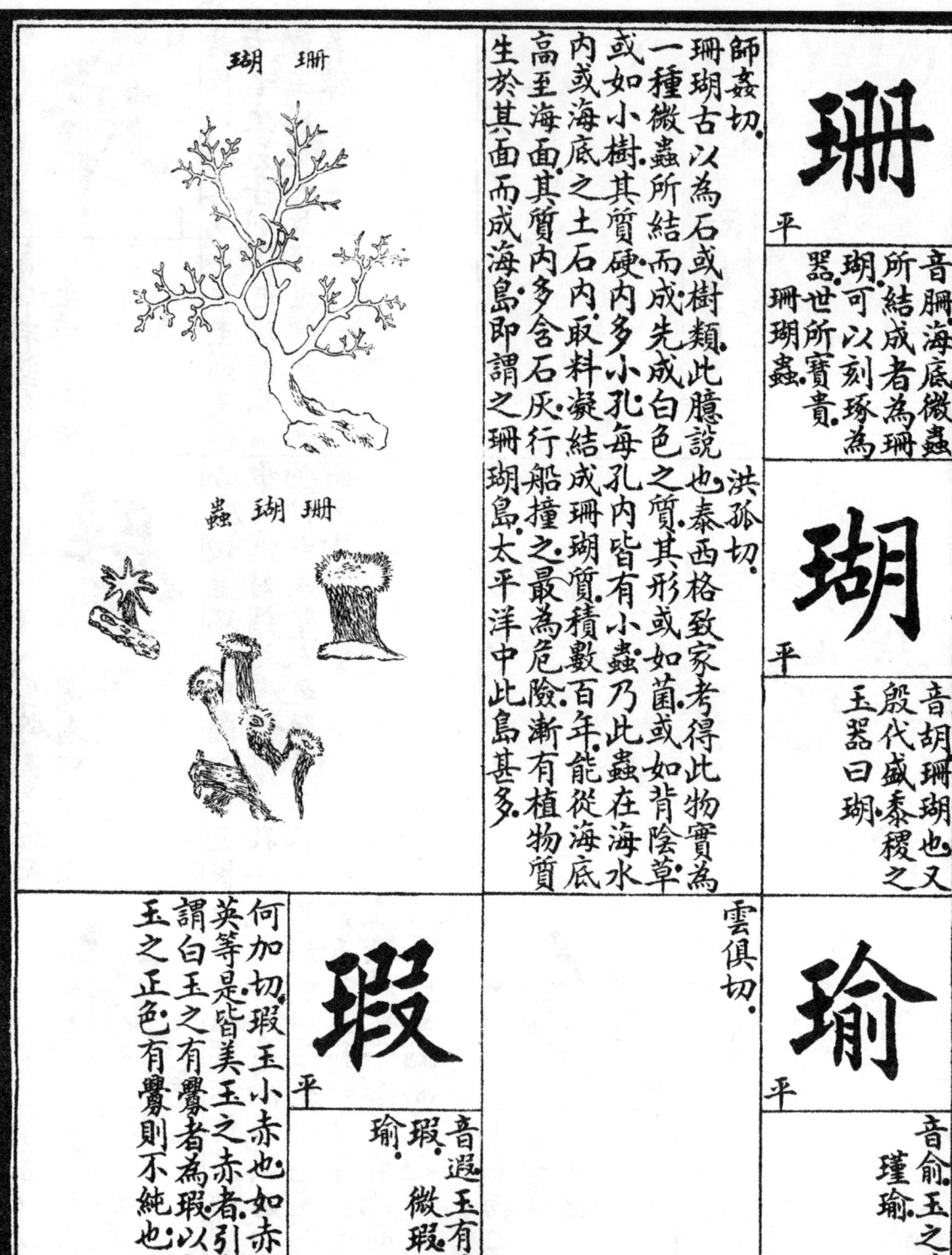

去
玷

音坫。玉有疵累曰玷。玷辱。

都念切。玉病也。玉體最潔。有病則為玷。故引申之凡潔質而受汙者皆曰玷。

去
貨

火去聲。財也。物之可易財者亦曰貨。貨布。進貨。

呼卧切。古者金玉龜。珠泉貝之屬。皆謂之貨。洪範八政一曰貨。此用貨之始也。周景王始鑄大錢。文曰寶貨。其後以貨名錢者甚多。引申為貨物之貨。

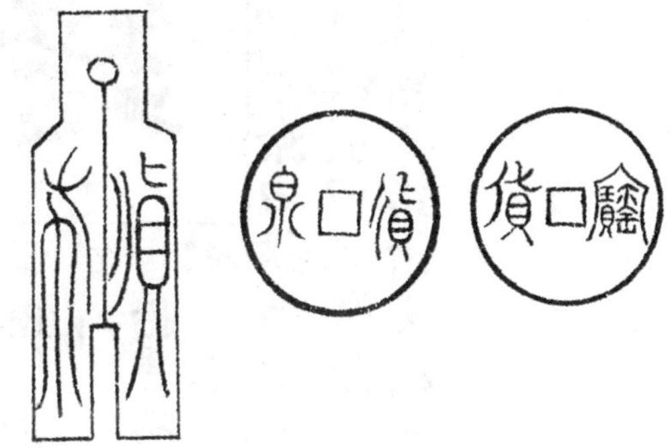

上 平
錢

音翦。古田器也。錢鏄。音前。貨泉之名。金錢。

子踐切。銚也。才先切。古者謂錢為泉。秦始稱錢。中國向用銀錢。所鑄錢多銅質者。通商之後。行用洋錢。即墨西哥之銀錢。名秘瑣者也。近年亦自鑄銀錢為用。俗謂之龍洋。各國錢法則有金銀銅三等。而主金者居多。

去
貝

音背。海中介蟲也。古代錢以為用。干貝。寶貝。

邦昧切。貝水蟲也。甲有文章。古未有錢。取其甲以為用。故於文主用錢者皆从貝。至秦始廢貝而行錢。今澳洲斐洲土民尚有以海𧴪代錢者。即貝也。亦謂之螺殼錢。

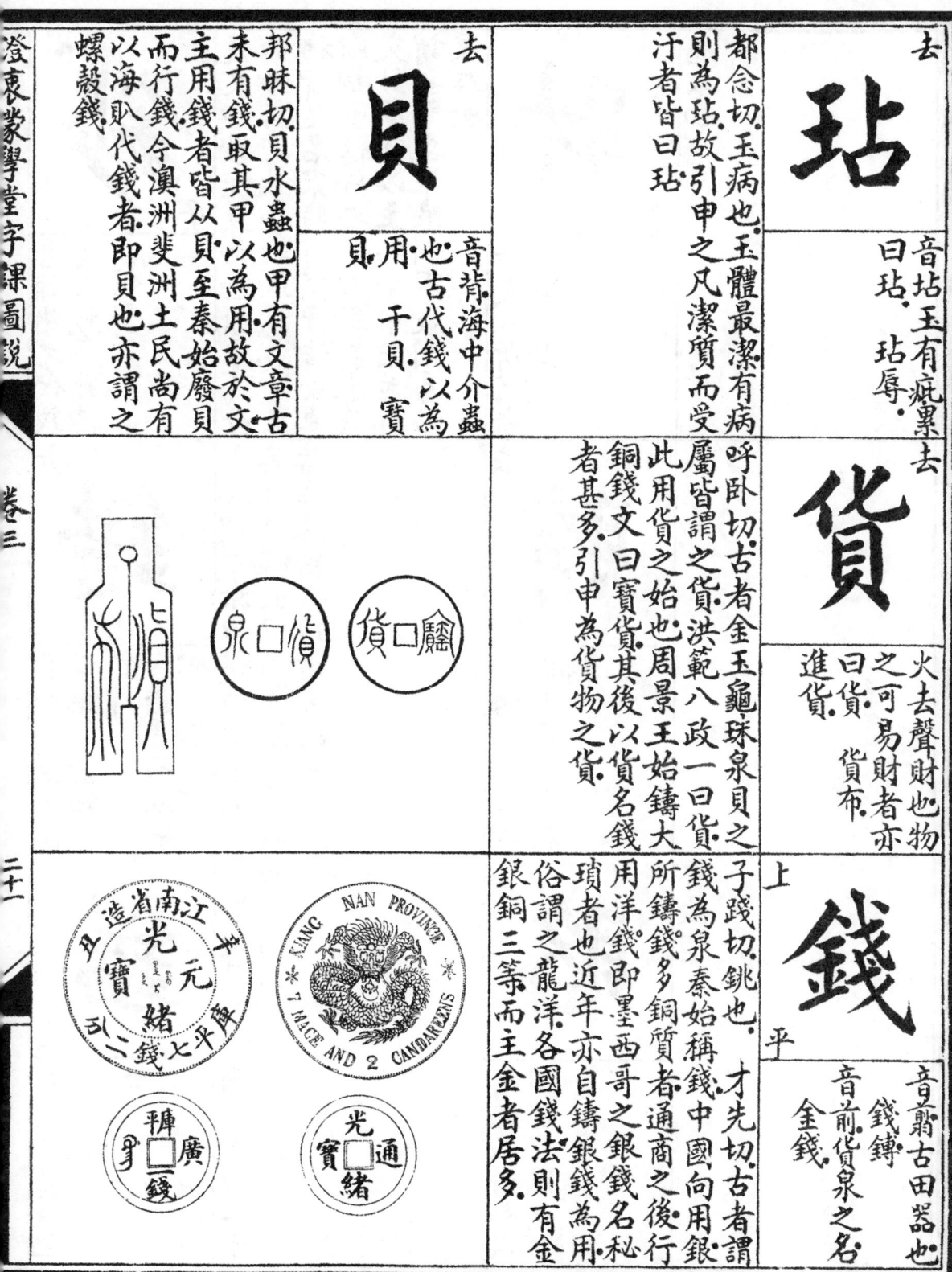

鈔 平

音譟。楮之代錢者曰鈔。 鈔票。 鈔寫。

楚交切。鈔，叉取物也。引申為查鈔、鈔寫之鈔，皆以取為義。又楮貨之名。宋時有交子法，女真以銅少，仿行之，名曰鈔引，專置交鈔庫，官以主之。今中西並行，謂之鈔票。惟限制不嚴，則易滋流弊也。

錯 入

音厝。以金塗物曰錯。 金錯。 錯綜。 音措。置而不用也。 舉錯。

七各切。金涂曰錯，謂以金交錯其上也。故引申謂錯綜之錯。假借為舉錯之錯，讀倉故切。

鎰 入

音逸。金之數也。 萬鎰。

弋質切。鎰，二十兩也。或曰二十四兩為鎰。

財 平

音裁。人所用者曰財。 財主。 貨財。

牆來切。

賄 去

音悔。財也。又以財賂人也。 行賄。

為猥切。

賂 去

音路。以財私人曰賂。 賄賂。

魯故切。

去

器

欹去聲。所以盛物者曰器。又用物之總名。器具。機器。

古冀切。凡器有所盛者曰器。無所盛者曰械。器所以容物。故引申為器度、器量之器。人生日用莫重於器。故又申為器重之器。

上

匾

編上聲。室中題額曰匾。堂匾。匾對。

補典切。

上

几

寄上聲。人所凭者曰几。茶几。几杖。

几 居里切。象形。坐所凭也。古者大夫致仕。必用几杖。蓋以扶助衰老。便憩息也。其製長五尺。今稱圓者、方者為桌。長者為几。猶略沿古意。

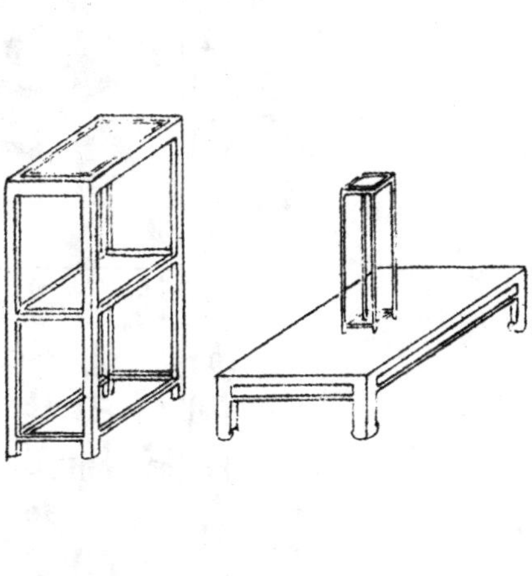

入

物

音勿。凡生天地之間者皆曰物。萬物。物質。

文拂切。說文牛為大物。天地之數起於牽牛。故從牛。勿聲。凡物分三大類。有生有死而能自動者曰動物。人與禽獸是。有生有死而不能自動者曰植物。草木類是。無生無死並不能自動者曰礦物。金石類是。

去 **案**

音按。几亦曰案。几案。案件。

於幹切。案几屬。上有四圍。足高二寸。古者以案承棗栗之屬。今之上食木槃似之。惟無足耳。俗謂所凭之几為案。段借為案牘案卷之案。謂可按其事而求之者也。俗因以讀書之桌為書案辦公之桌為公案。

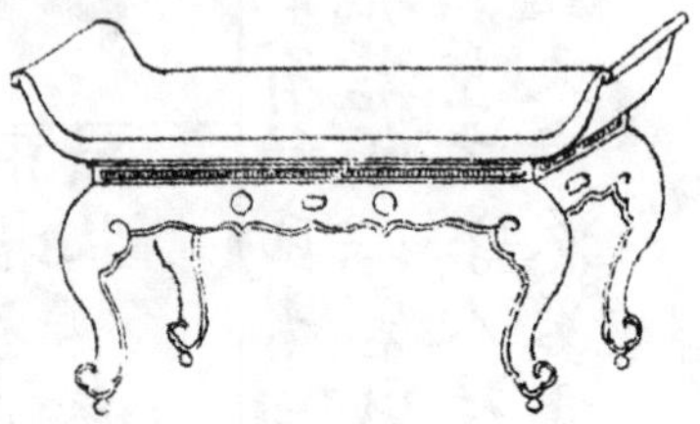

桌 入

音涿。几案之總稱。 桌椅。

側角切。

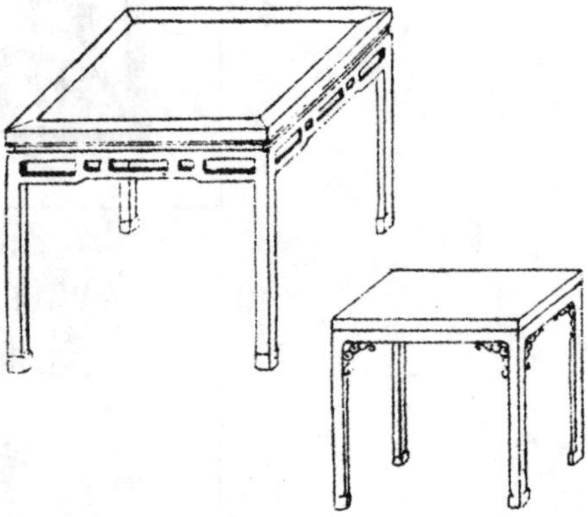

上 **椅** 平

音猗。木名。 椅桐。

音倚。坐具後有倚者曰椅。 圈椅。 椅子。

於宜切。樹之梓實而桐皮者曰椅。 隱綺切。

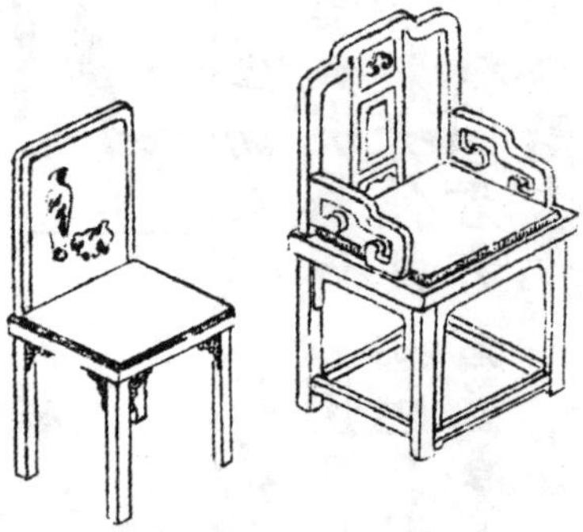

凳

去

音鐙。几屬。人所坐者。檯凳。鼓櫈。

丁鄧切。

牀

平 床

狀平聲。人所卧者曰牀。鐵牀。牀榻。

助莊切。牀俗作床。卧具也。人卧則安。故引申之。凡可以安物者多以牀名。如凹牀、墨牀等是。

榻

入

音塌。牀之狹而長者曰榻。卧榻。羅漢榻。

託甲切。

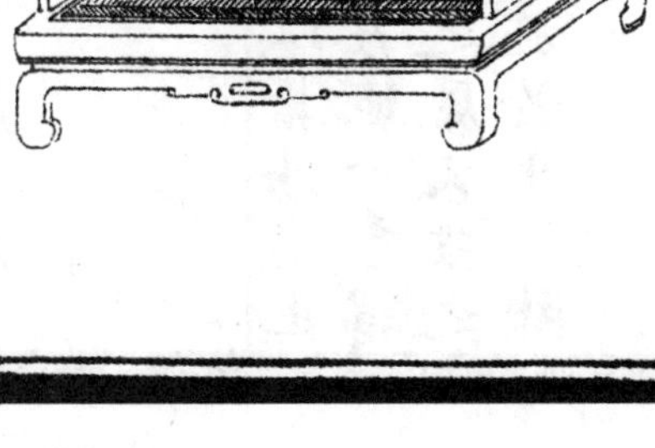

炕

上

音抗北地煖牀曰炕。火炕。炕牀。

口浪切。北地以土為牀。冬日苦寒。空其下以舉火。名之曰炕。今他處以木為之。亦曰炕牀。

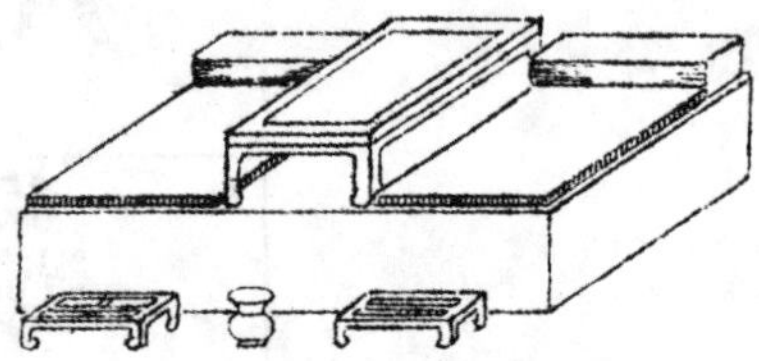

枕

上

斟上聲。臥以薦首者曰枕。欹枕。枕席。

章荏切。睡必用枕。使首略高於身。則血不注於首。而無頭疼之患也

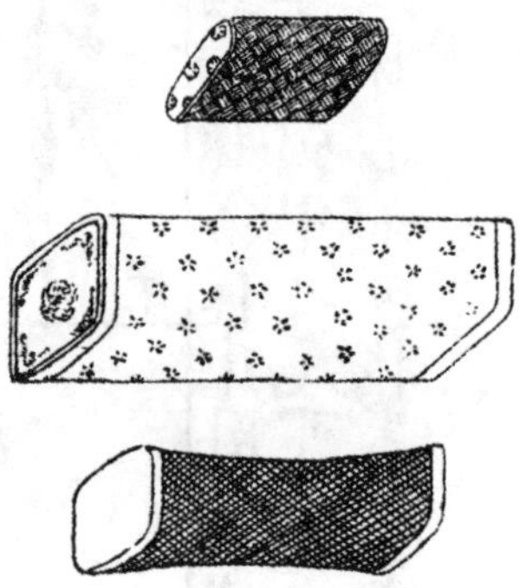

席

入

音夕。坐臥之具。竹席。席上。

祥亦切。席藉也。所以藉物者也。古者筵席之分。初在地一重謂之筵。重在上者謂之席。又設之曰筵。坐之曰席。今施於床以臥人者亦曰席。

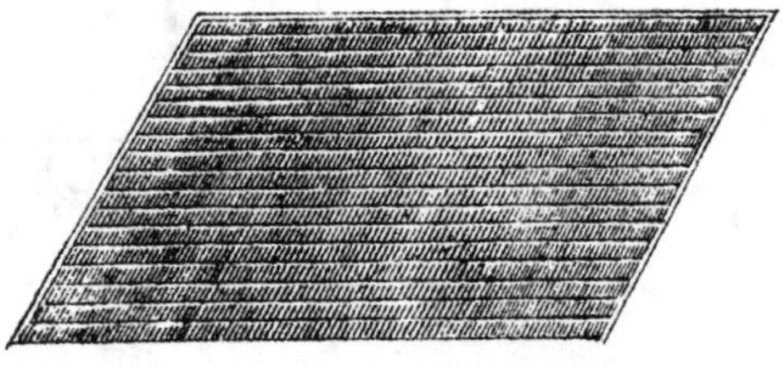

帷

平

音為。四旁圍障者曰帷。幨帷。帷薄。

于嬀切。帷古文作匽。匽圍也。所以自障圍也。其用圍於四旁而不及上下。一說四旁及上曰帷。

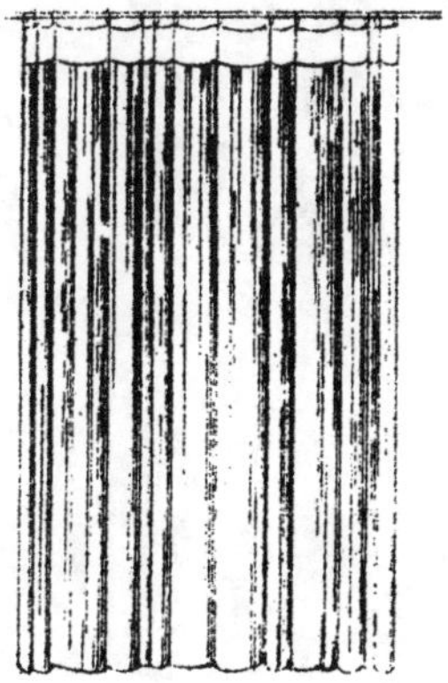

帳

去

音脹。凡以布障蔽者皆曰帳。蚊帳。帳幔。

知亮切。帳張也。張之以為幃蔽。俗以為帷幄之通稱。段借為帳簿帳籍之帳。所以便會計者也。

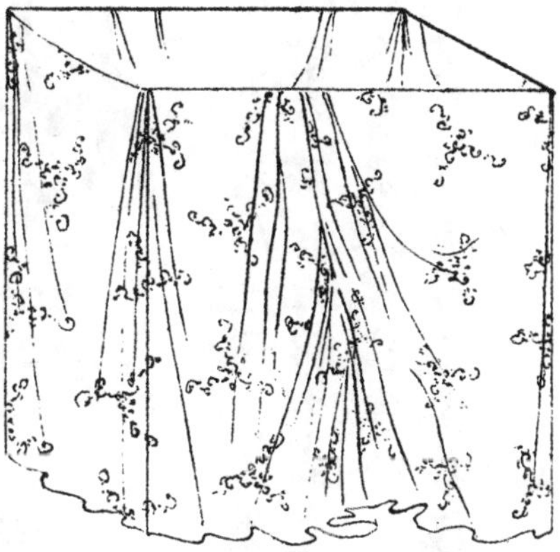

幄

入

音渥。合帳象宮室者曰幄。帷幄。幄幕。

乙角切。幄帳也。从巾屋會意。言其巾周於上下四旁有如屋也。

幔

去

音縵。張布於上者曰幔。堂幔。

莫半切。幔幕也。在旁曰帷。在上曰幔。俗亦以帷為幔。

簾 平

音廉。所以障風日者曰簾。竹簾。簾鉤。

離鹽切。簾戶蔽也。縷竹為之。施於堂戶。所以隔風日而通明者也。亦謂之薄。

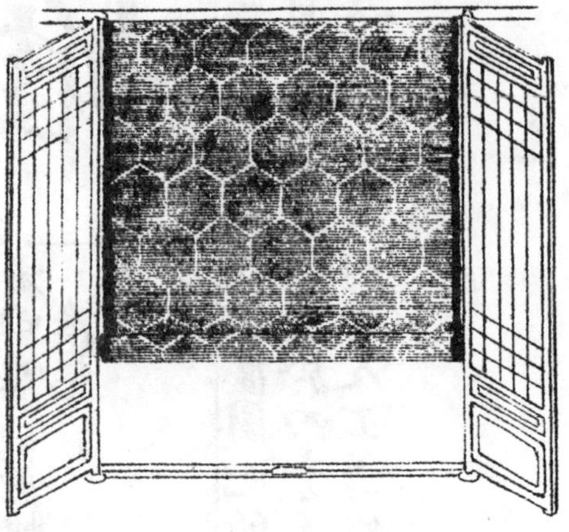

毯 上

音菼。席之織毛而成者曰毯。地毯。氊毯。

他敢切。毯毛席也。施於几案與地。以禦塵穢。北地雜牛羊毛為之。西人有織以鴨絨。專供衾褥之用者。價值甚昂。尤為華侈。

氈 平

音旃。揉毛成片者曰氊。青氊。氊案。

諸延切。所以鋪几案者曰氊。作氊之法。以縈薄為佳。說見齊民要術。

香 平

音鄉。臭之芳者曰香。燒香。香臭。

虛良切。香芳也。沈香速香之類。皆以其臭香。故即名為香。

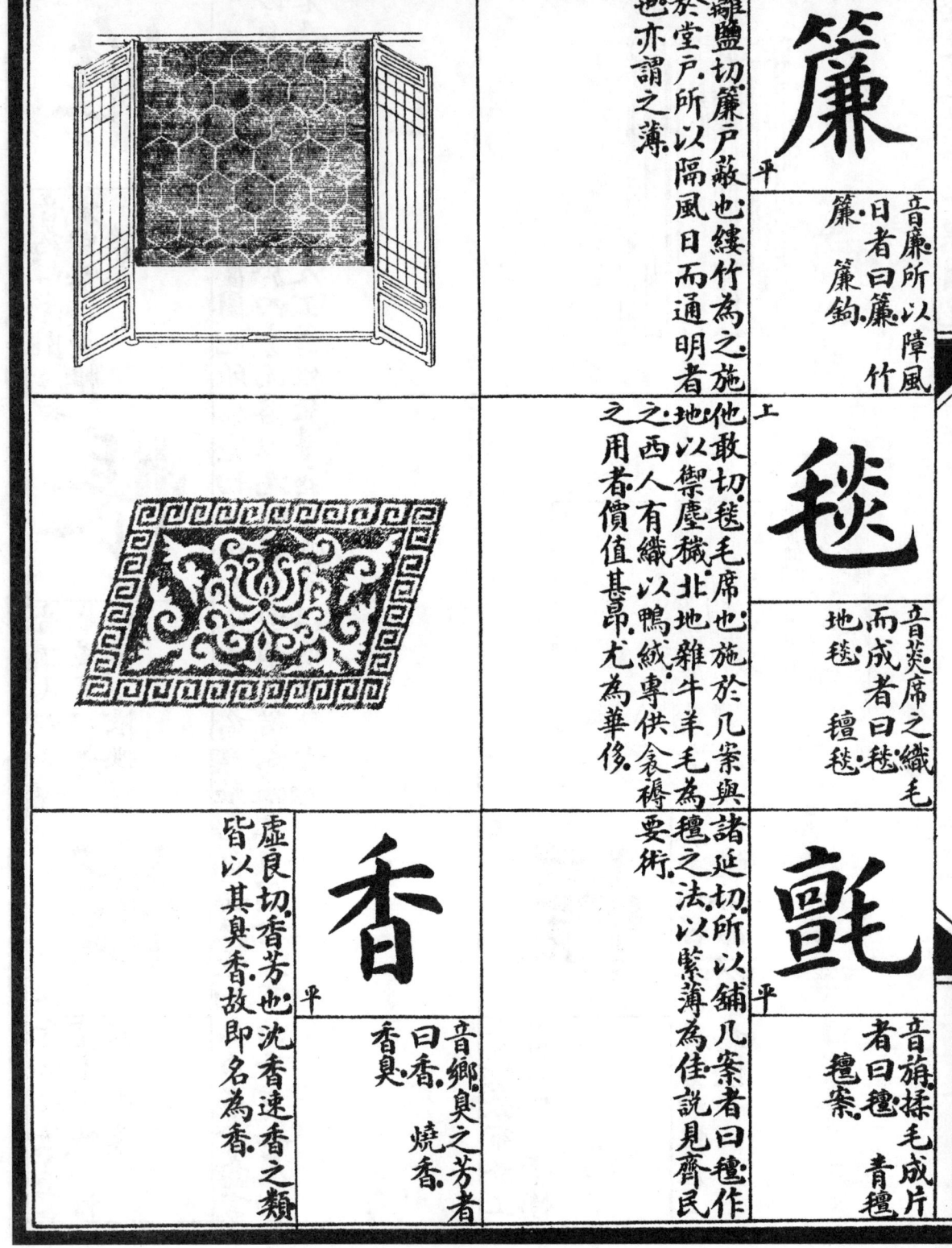

燭

入

音屬。所以照物者曰燭。照燭。蠟燭。

朱欲切。燭庭燎也。古者庭燎若今葭炬之類。後世以牛羊油或柏油或蠟為之。亦謂之燭。西人所製俗稱洋燭。燭以照物。故引申之凡明澈事物之理者亦曰燭。

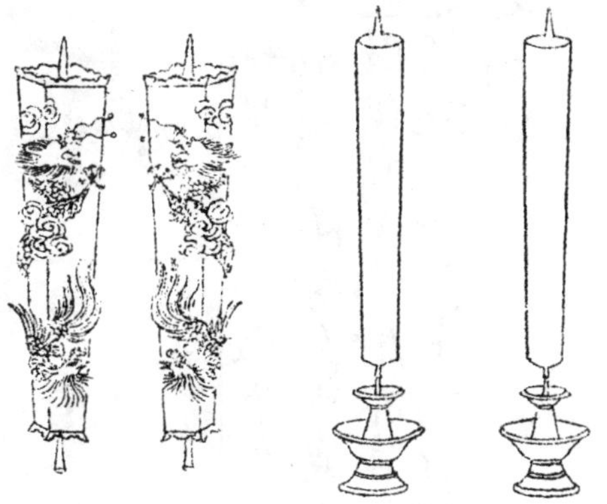

鐙

去

燈　平

音登。然火以照物之具曰鐙。鐙燭。電鐙。

音嶝。馬鞍兩旁足所踏也。

都騰切。俗作燈。鐙錠也。錠中置燭。故謂之鐙。中國元宵古稱鐙節。都門鐙市之盛。詞章家至擬以銀花火樹。西人別出新意為之。有電鐙煤氣鐙諸名。而鐙製益奇矣。丁鄧切。

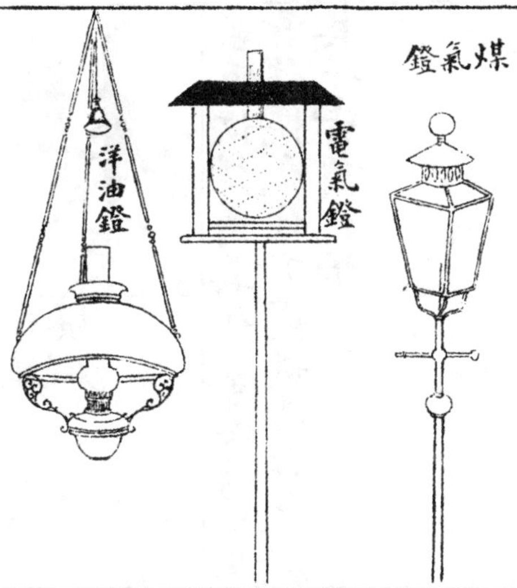

漏

去

音陋。古報時之具。洩漏。漏斗。

郎豆切。漏滲也。古者以銅壺受水刻節。晝夜百刻。以報時。謂之漏。又室西北隅曰漏。又用以過水者謂之漏斗。皆取滲下之義。引申之凡事機之洩於外者曰漏。

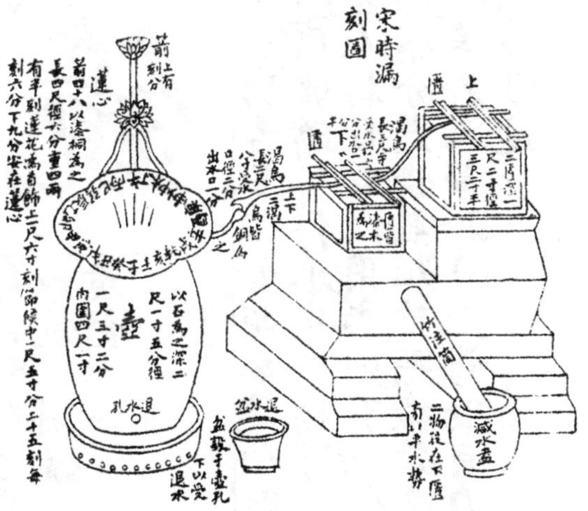

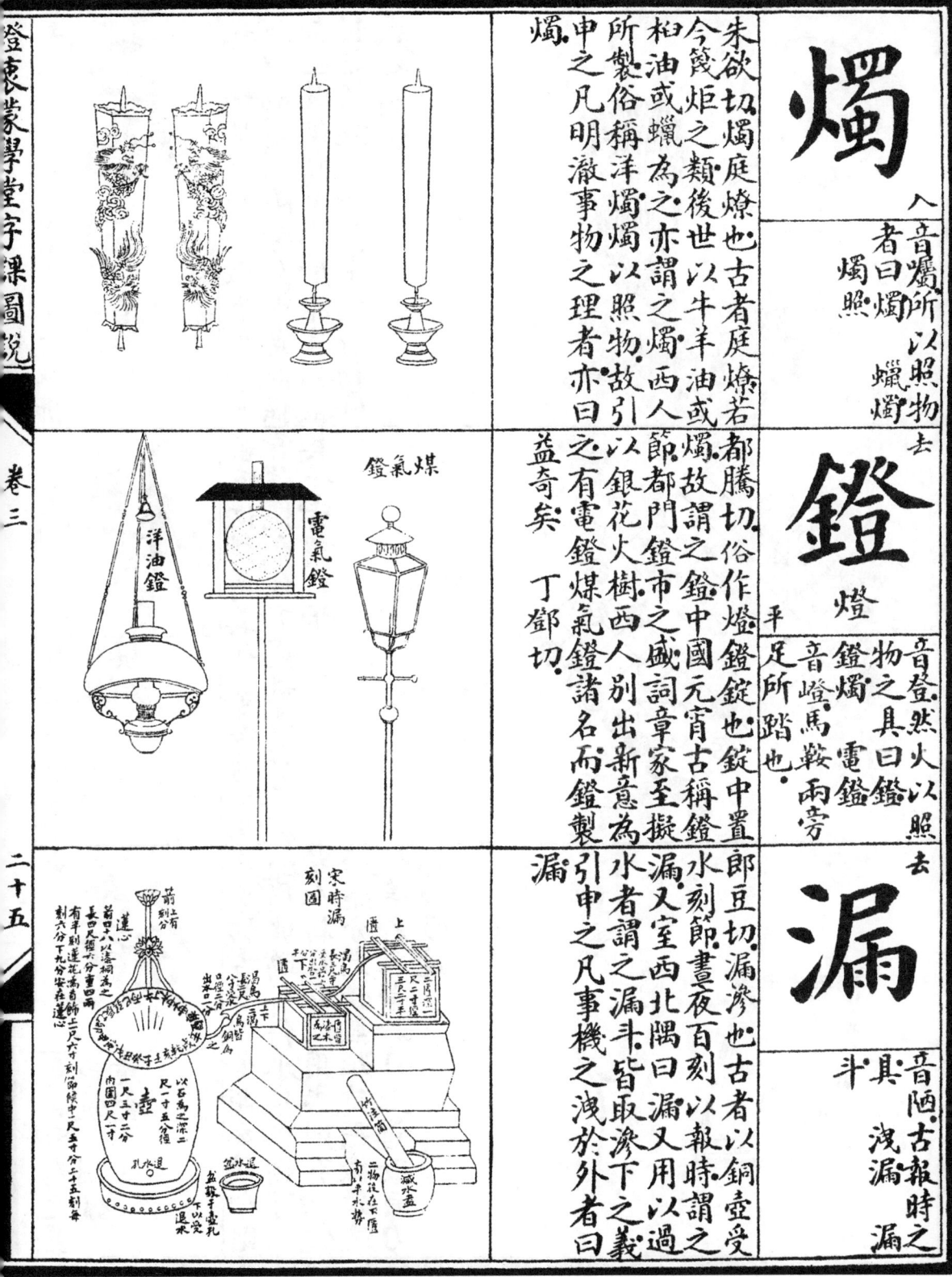

扇 去

羶去聲所以拂暑者曰扇 一扇 扇子

式戰切扇从戶从翄省會意戶扉曰扇謂門兩旁如翄翼能搖動也叚借謂箑為扇亦言如翄羽之能鼓風也引申為扇動扇惑之扇

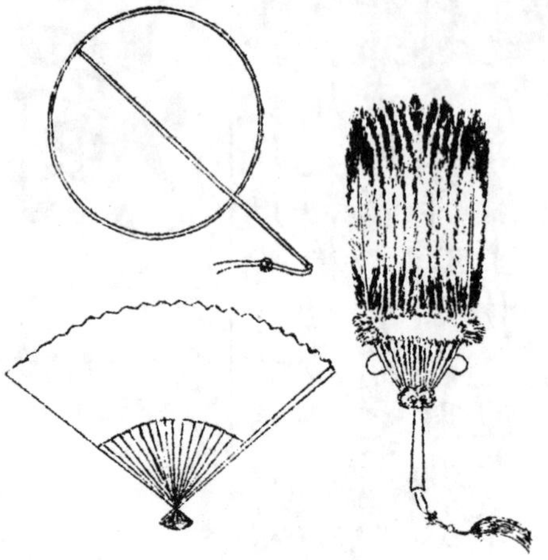

棋 平 棊 碁

音其博弈之子曰棋 著棋 棋局

渠宜切棋博具也棊碁通用烏曹作博堯作弈周武帝作象戲其子皆謂之棋

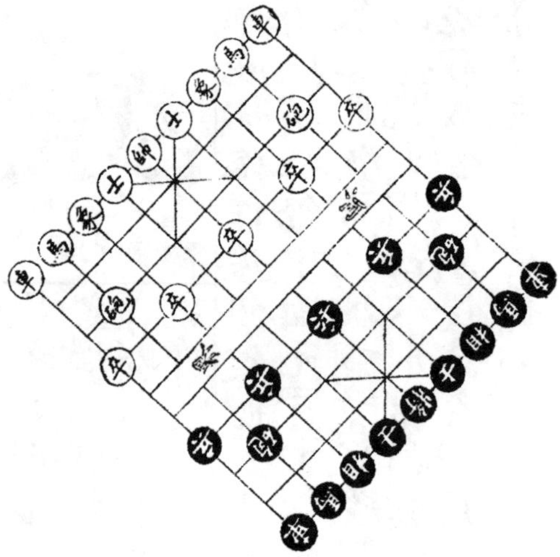

鏡 去

音竟取影之器曰鏡 明鏡 鏡臺

居慶切古多以金類為鏡今則通用玻璃背傅水銀與錫可以照人格致家所用者則有凹鏡凸鏡分光鏡照相鏡顯微鏡遠鏡等名又帶於目上護助目力者曰眼鏡

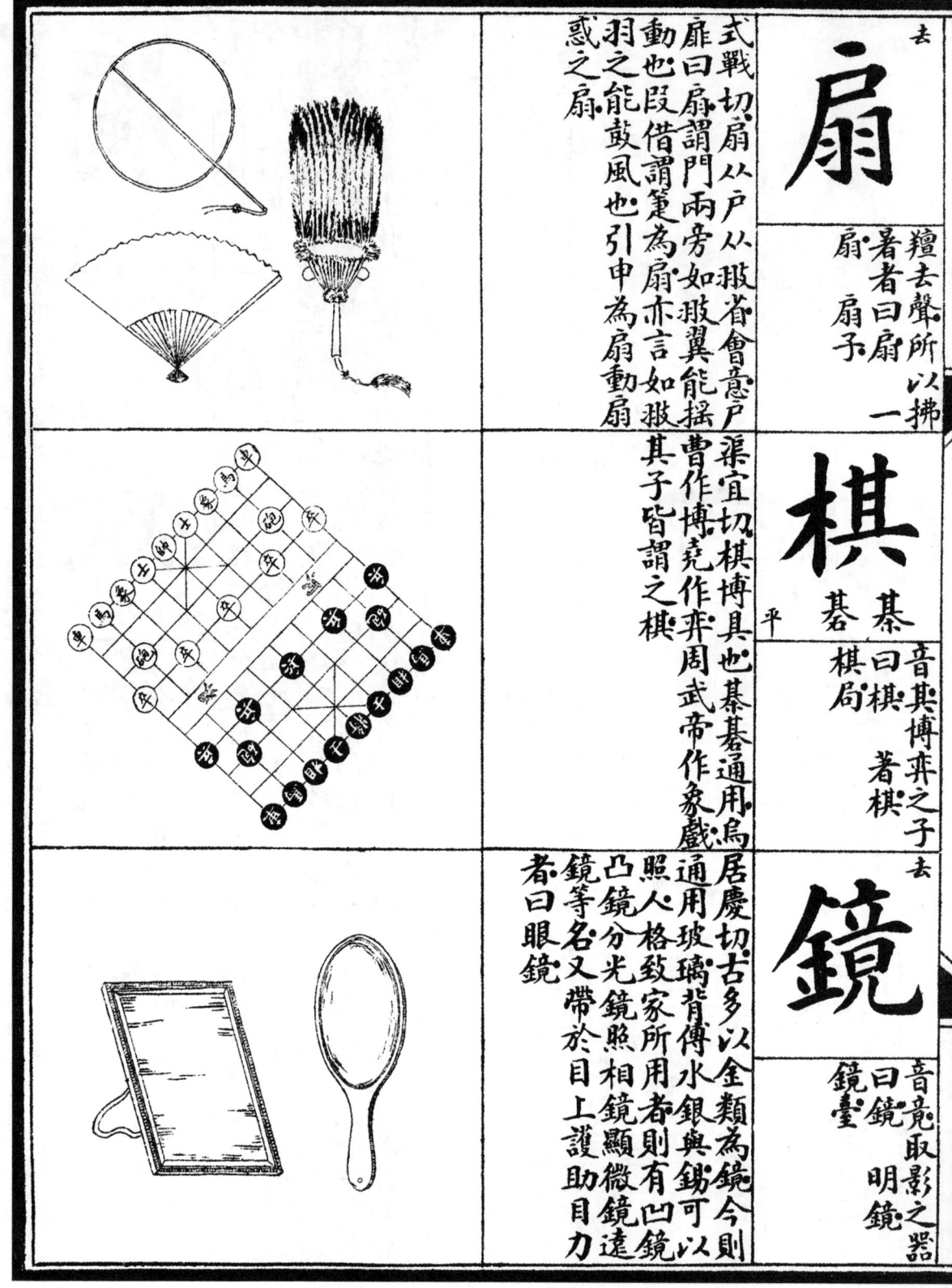

鑑 去

音監。鏡亦謂之鑑。明鑑。鑑察。

居懺切。鏡也。鑑以照人。故引申之。凡事之可以借觀者亦謂之鑑。如鑑戒。鑑觀等是。司馬光作資治通鑑。謂可備百王之法戒也。後之作鑑者因之。

韜 平

音叨。弓劍之衣曰韜。六韜。韜晦。

土刀切。韜以韋為之。藏弓劍者必加韜。故引申為韜光。韜晦之韜。齊太公著六韜。為兵家書之祖。故後世謂軍謀為韜略。

匳 平 奩

音廉。盛香盛鏡之具皆曰匳。香匳 匳目

力鹽切。俗作奩。

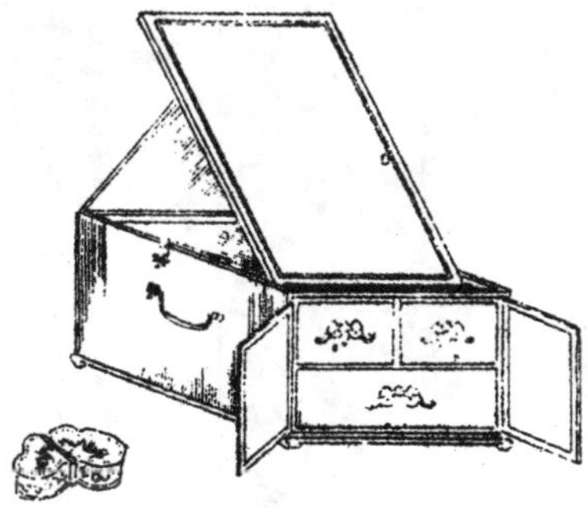

匣 入

音狎。所以藏物者曰匣。拜匣 匣子

胡夾切。匱也。

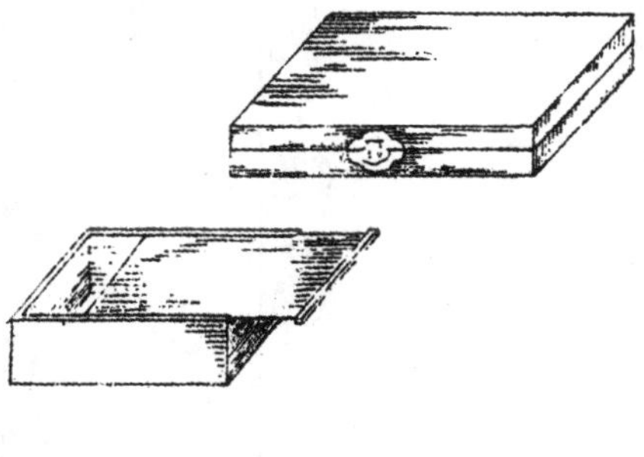

箱 平

音廂。似匣而大者曰箱。皮箱。箱櫃。

息良切。箱以竹為之。故字从竹。後世或易以革木鐵之類。仍沿箱稱。皆用以藏皮器物者也。西人純以草為之。其製較小。尤便於行旅之用。

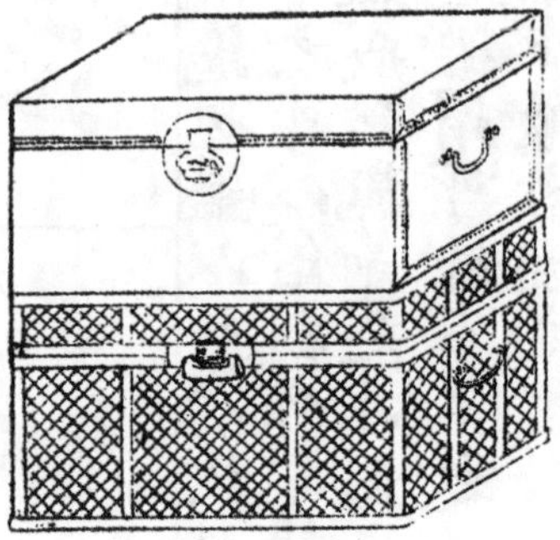

籠 平

音櫳。盛土之器曰籠。鳥籠。籠絡。

盧紅切。籠土輂也。以竹為之。疏而不漏。故引申為鳥籠。鐵籠之籠。又轉為籠絡之籠。

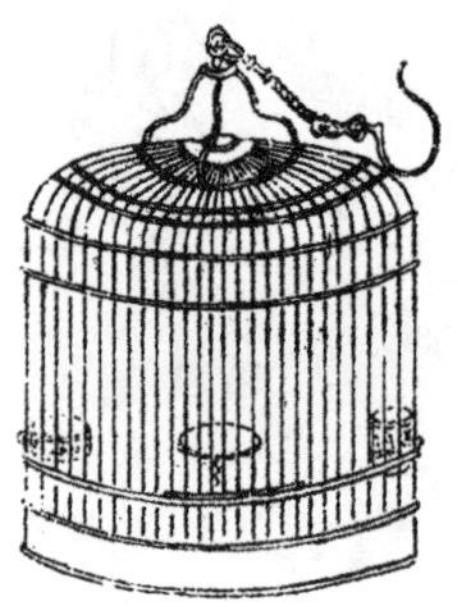

櫛 入

音節。理髮之具曰櫛。巾櫛。

側瑟切。梳篦之總名也。

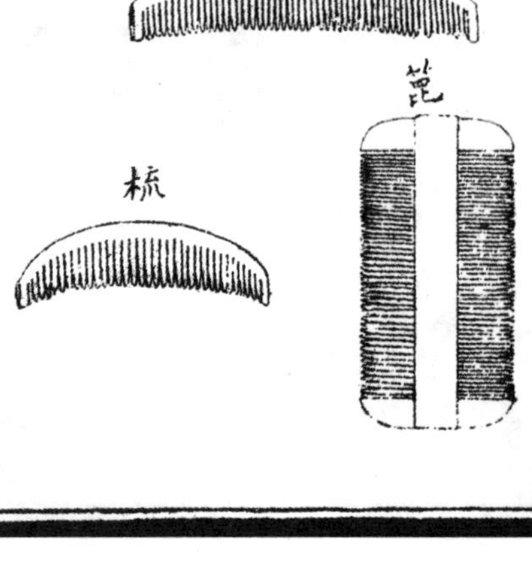

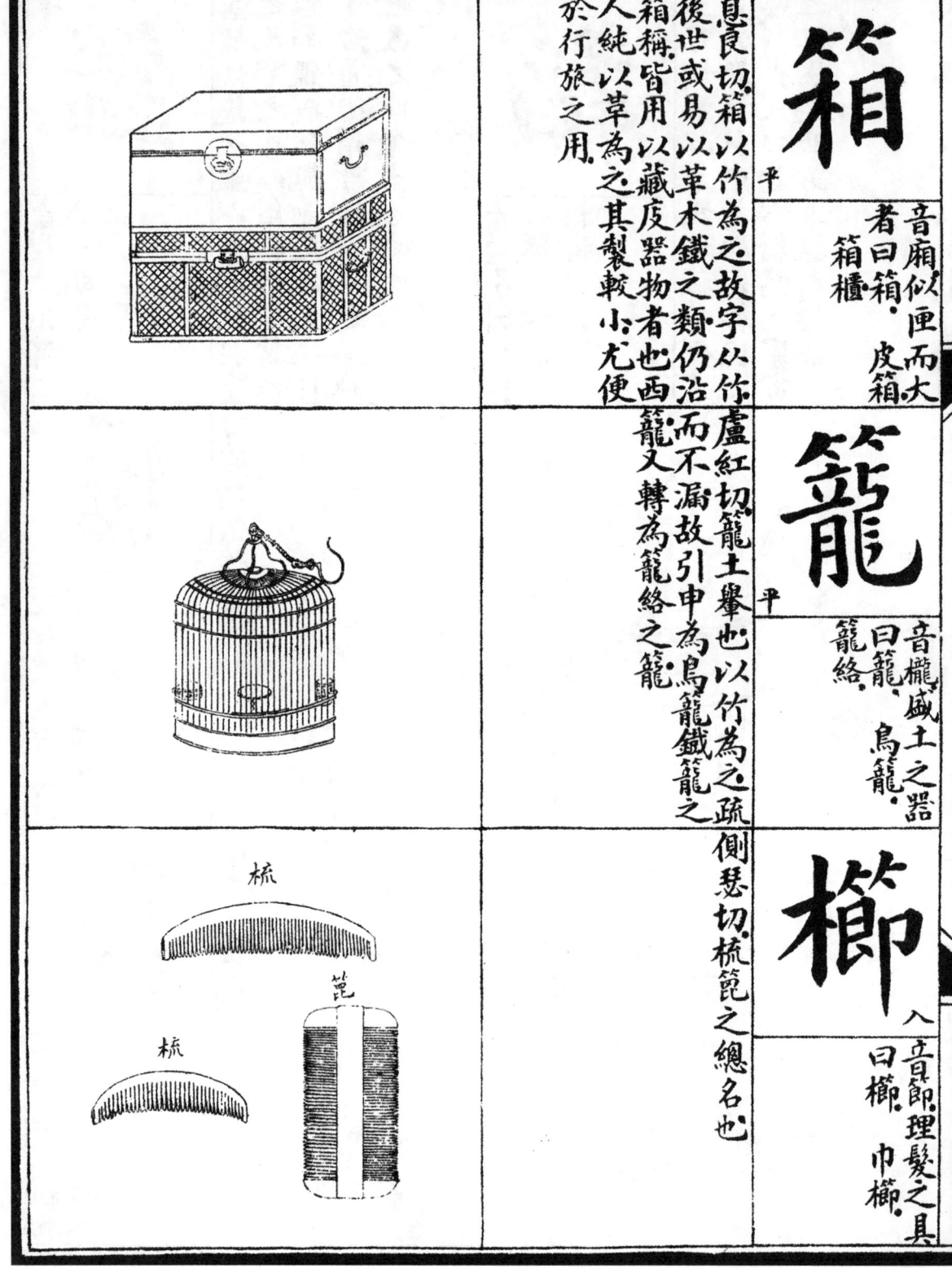

梳 平

音疏 所以理髮者曰梳 木梳

山徂切 梳之言疏 言其齒疏也 梳以理髮 引申之謂搜剔事理為梳櫛

鍼 針 平

音斟 引綫以縫衣者曰鍼 穿鍼 鍼刺 指南鍼

諸深切 鍼亦作針 以金為之 所以縫也 古者以砭石為鍼 引申之匡人之失曰鍼砭

鉤 平

音溝 金類之器曲者曰鉤 以鉤鉤物亦曰鉤 帳鉤 鉤餌

居侯切 曲鉤也 从金句會意

梭 平

音蓑 織之所以行緯者曰梭 梭子 梭巡

桑何切 杼也 梭行甚疾 故引申為來往迅疾之稱

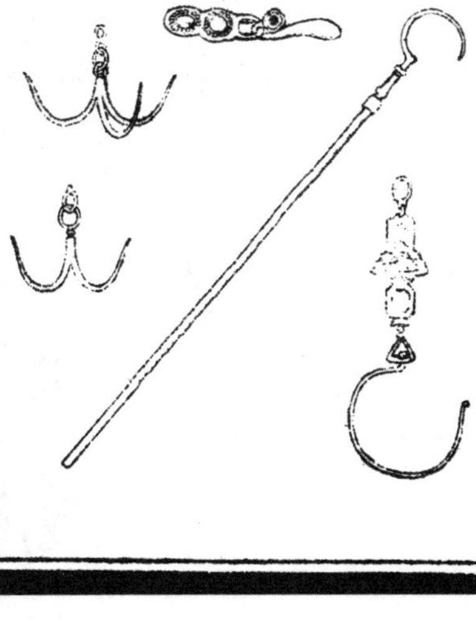

杼

上

丈呂切

除上聲 梭也 機杼 杼柚

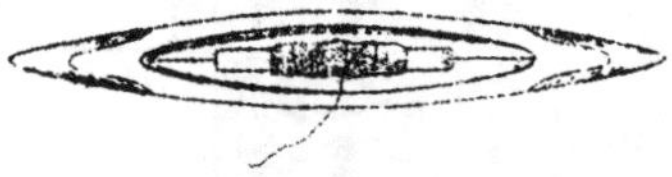

筐

平

曲王切

音匡 盛物之竹器也 頃筐 筐篚

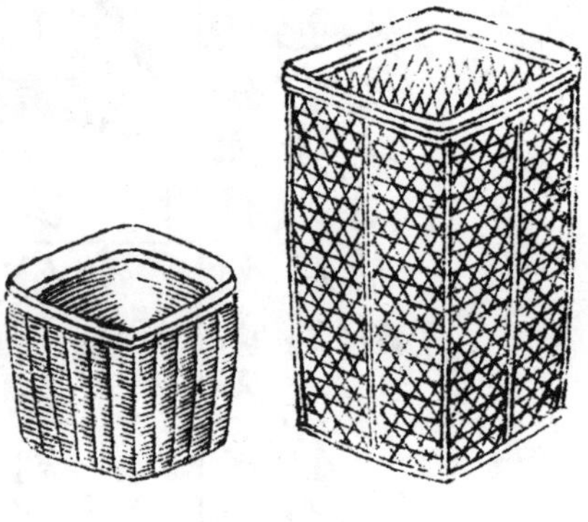

籃

平

盧藍切 大籠筐也 亦名筐

音藍 盛物竹器之可提者曰籃 花籃 網籃

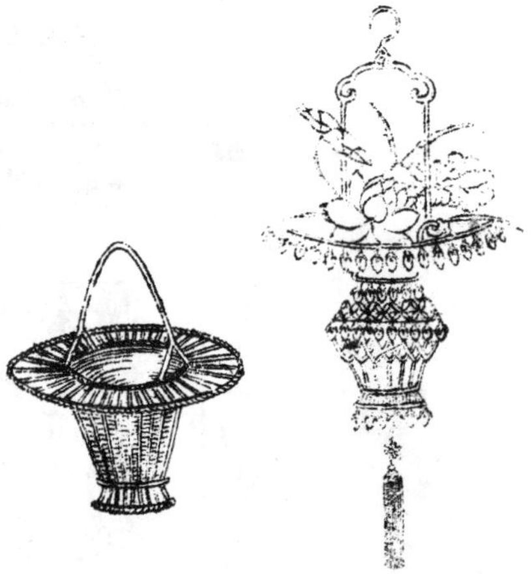

筒 平

音同。竹之通節而無底者曰筒。筒管。帽筒。

徒紅切。筒通簫也。古亦謂之洞簫。故从竹从洞省。俗以圓而有底可盛物者為筒。蓋叚其形似以為名耳。

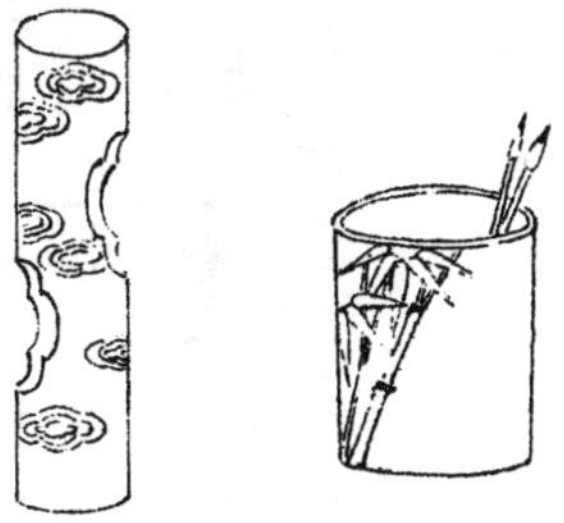

桶 上

通上聲。盛物之木器圓者曰桶。木桶。桶伴。

他孔切。桶亦作甬。本升斗之類。木身方形。容六升。今俗以圓身之器為桶。

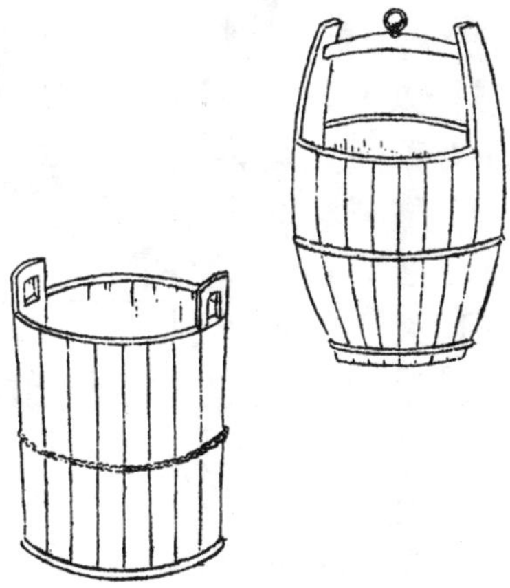

囊 平

音瀼。縫布帛以盛物者曰囊。香囊。橐囊。

奴當切。囊所以包物。故引申為囊括之囊。謂可包括一切也。

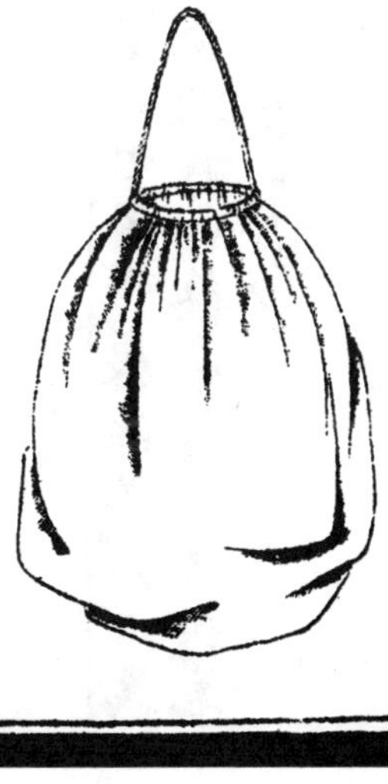

橐

入

音拓 囊無底者曰橐 私橐 橐鑰

他各切。有底曰囊，無底曰橐。兩端有口可縫扣者也。或曰大者囊，小者橐。

箕

平

音姬 舁物之器曰箕 箕帚 南箕

𠀠 堅溪切。古文象形，或益以竹。象舁土也。箕以竹為之，後圜而前缺，所以簸揚雜物，亦所以扱取塵土。又南方之宿謂之箕，則以形似箕也。

帚

上

音歸 所以埽除塵穢者曰帚 埽帚 毛帚

止酒切。古者少康作帚，以巾為之。今則有竹篠帚、蘆花帚、雞毛帚、棕帚等，製不一。

索

入

音溹 大繩曰索 繩索 索子

昔各切。草有莖葉可作繩索，故从宋糸。一說以麻曰繩，以草曰索。今二義兼用。又盡也，如索然、蕭索是。盡則有求於人，故引申為需索、索取之索。

繩 平

音乘。小於索者曰繩。麻繩。繩索。

神陵切。繩者紨兩股以上。總而合之者也。凡木之曲直。必以繩彈正之。故引申之。凡糾人之不正者曰繩。如繩愆是。繩之為物。堅韌相繼而不易絕。故又申為相承不絕之貌。如繩繩是。

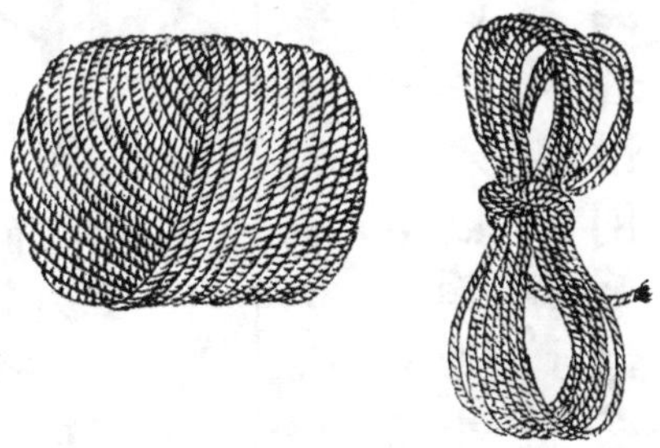

纜 上

音濫。維舟之索曰纜。以纜維舟即曰纜。解纜。纜船。

盧瞰切。

鎖 上

音瑣。門鍵曰鎖。鐵鎖。鎖門。

蘇果切。鎖以金類為之。扃閉之具也。

鑰 入

音藥。所以啟鎖者曰鑰。門鑰。鑰匙。

弋灼切。鎖之開啟資乎鑰。故凡可以開者皆以鑰喻之。如藥名玉鑰。取其可以開竅也。書名理鑰。取其可以開發心思也。

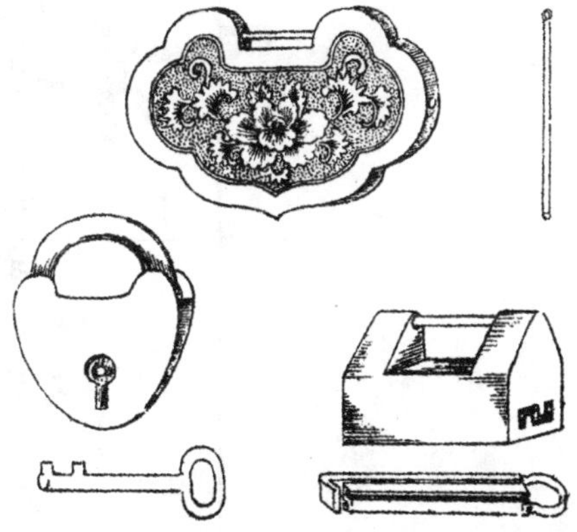

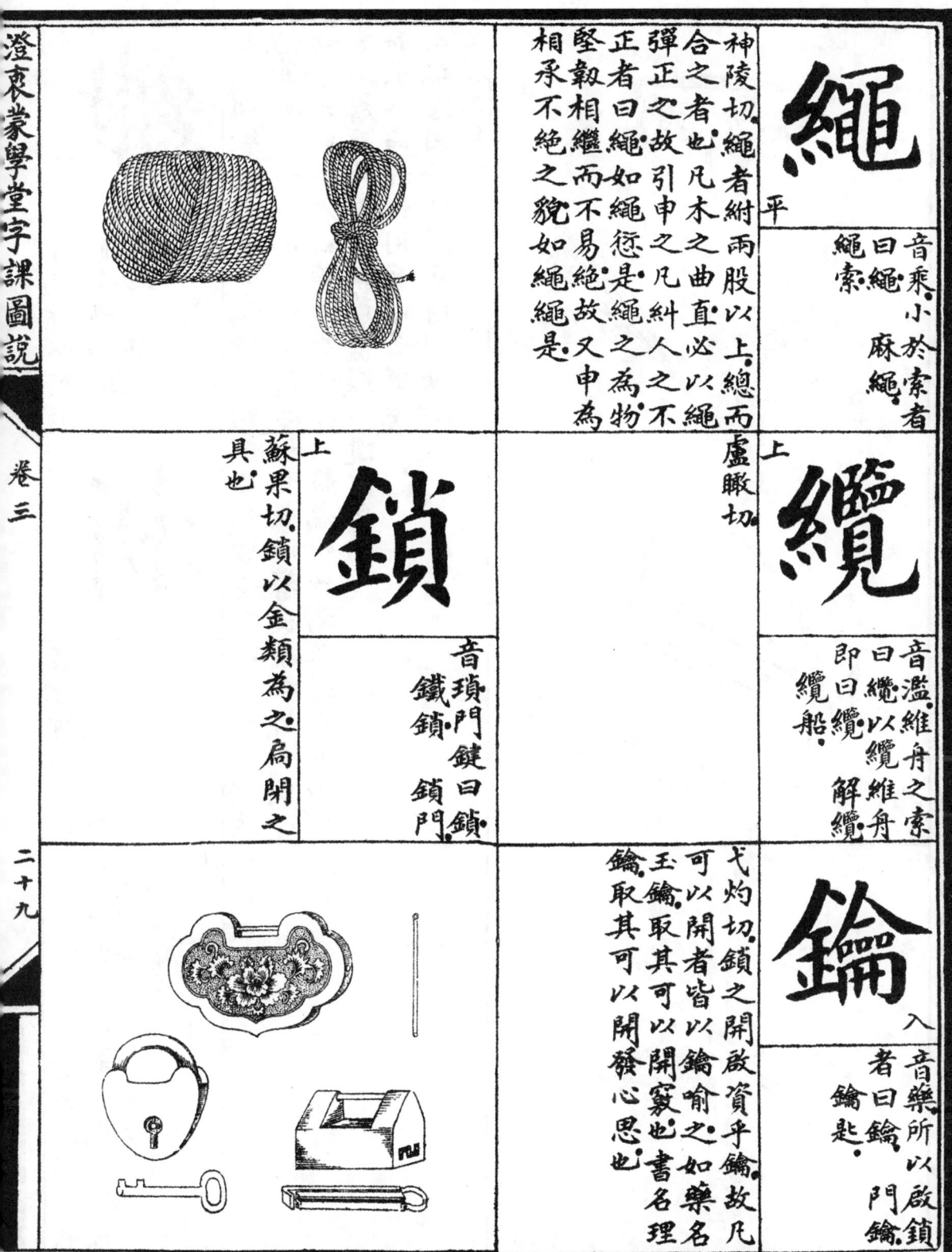

去

繖

傘

音散。所以禦雨者曰繖。雨繖。洋繖。

蘇簡切。繖古稱蓋。俗稱傘。今制繖蓋。職官一二品者銀葫蘆杏黃羅。三四品者紅葫蘆杏黃羅。皆三簷。五品者紅葫蘆藍羅。六品至八品者惟用藍絹。皆重簷。雨繖通用油絹。庶民通用油紙。不得用羅絹。

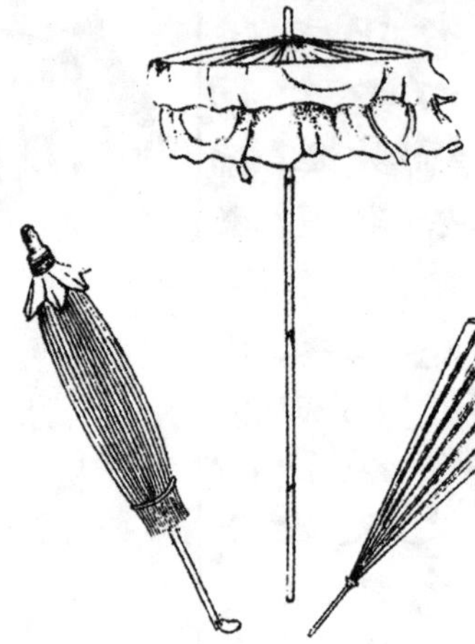

柝

入

音託。所以警夜者曰柝。擊柝。

闥各切。古者判兩木夾於門。為機相擊以警夜。謂之柝。今夜行所擊者。以竹為之。謂之梆。即其遺意也。

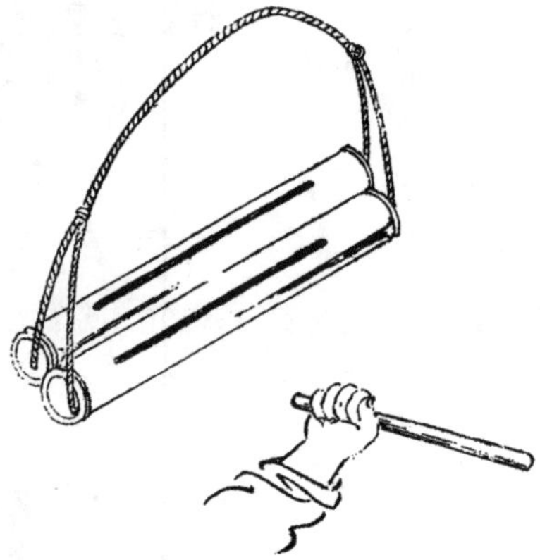

上

杵

音處。所以擣物者曰杵。砧杵。杵臼。

敞呂切。

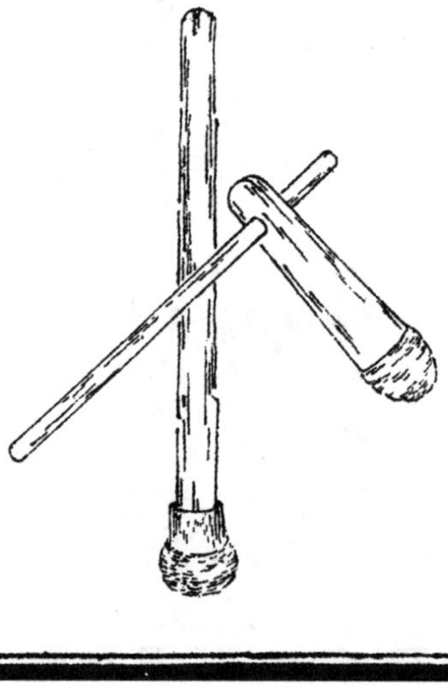

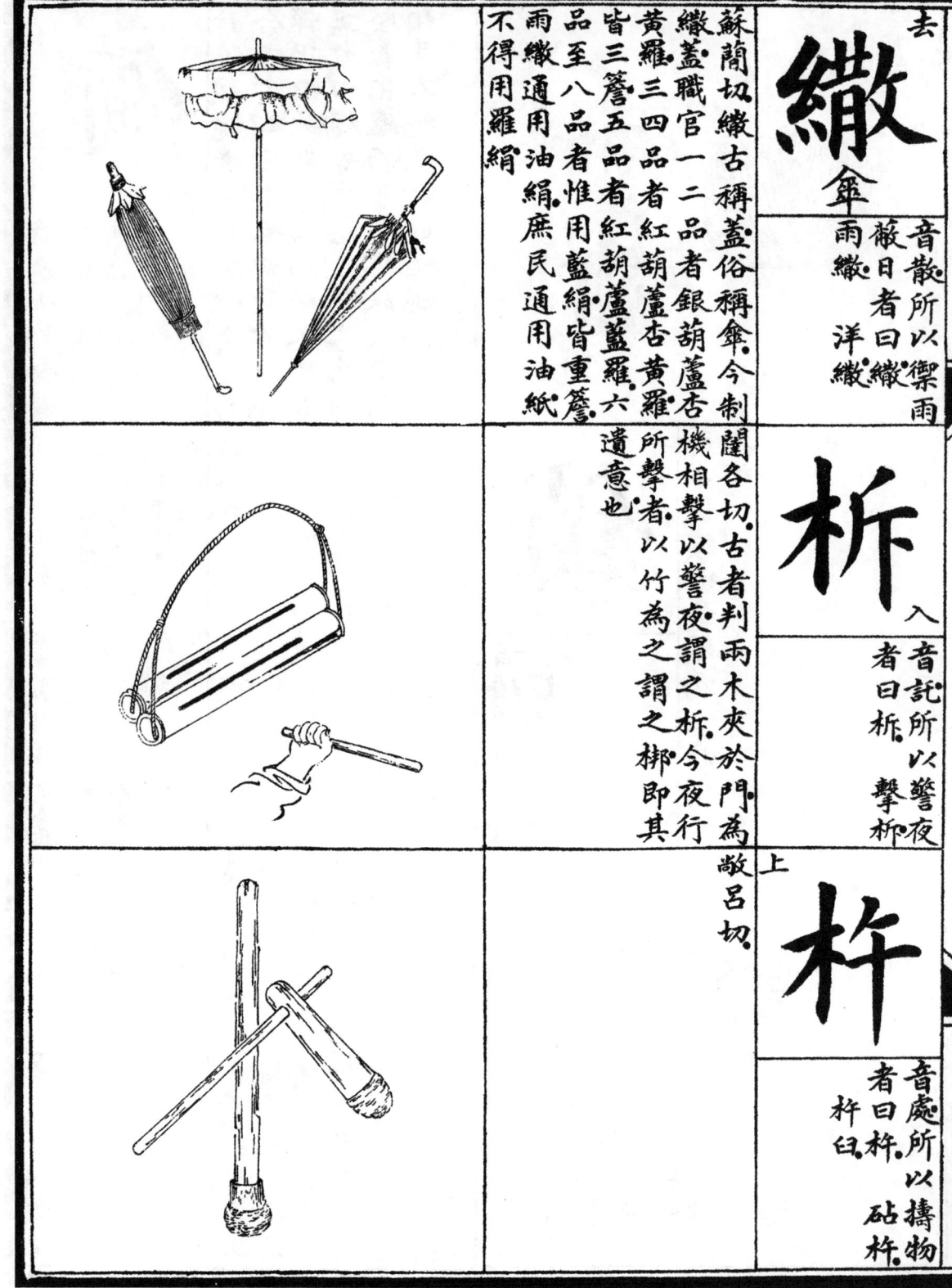

上

臼

音咎。舂米之器

杵臼。　臼牀

臼巨久切。象形。中象米。古者掘地為臼。後世穿木石為之。臼者置有定所而不易動。故引申為窠臼之臼。謂一定而不可變也。

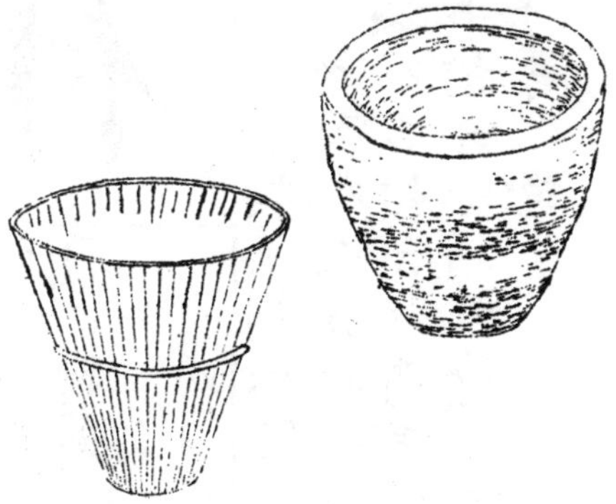

平

篩

音師。竹器之可除粗取細者謂之篩。又以篩篩物亦曰篩。

篩米。　篩糠

申之切。篩製以竹編格之細者用銅鐵絲。凡穀類粉類之須別粗分細者皆用篩。

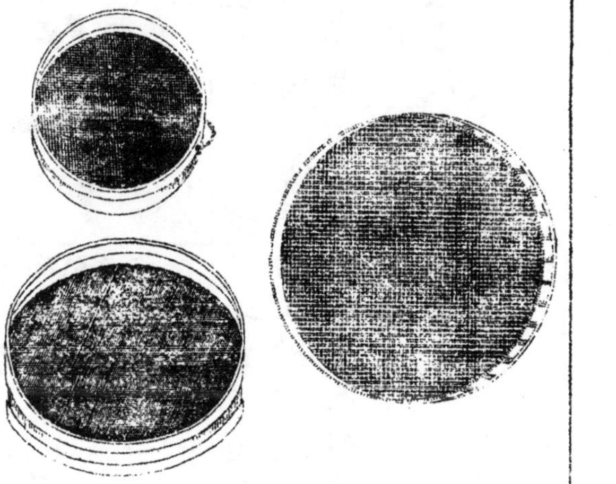

上

架

音駕。所以閣物者謂之架。又屋舍之幹亦曰架。

間架。　筆架。

居迓切。置物有架。所以成屋者有間有架。引申之凡事物之位置結構皆曰架。亦曰間架。

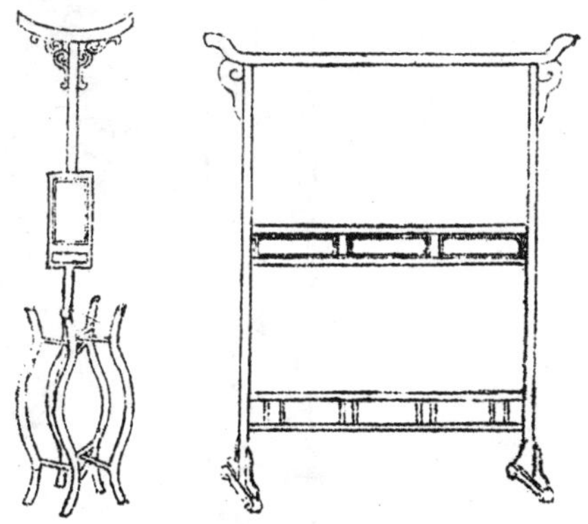

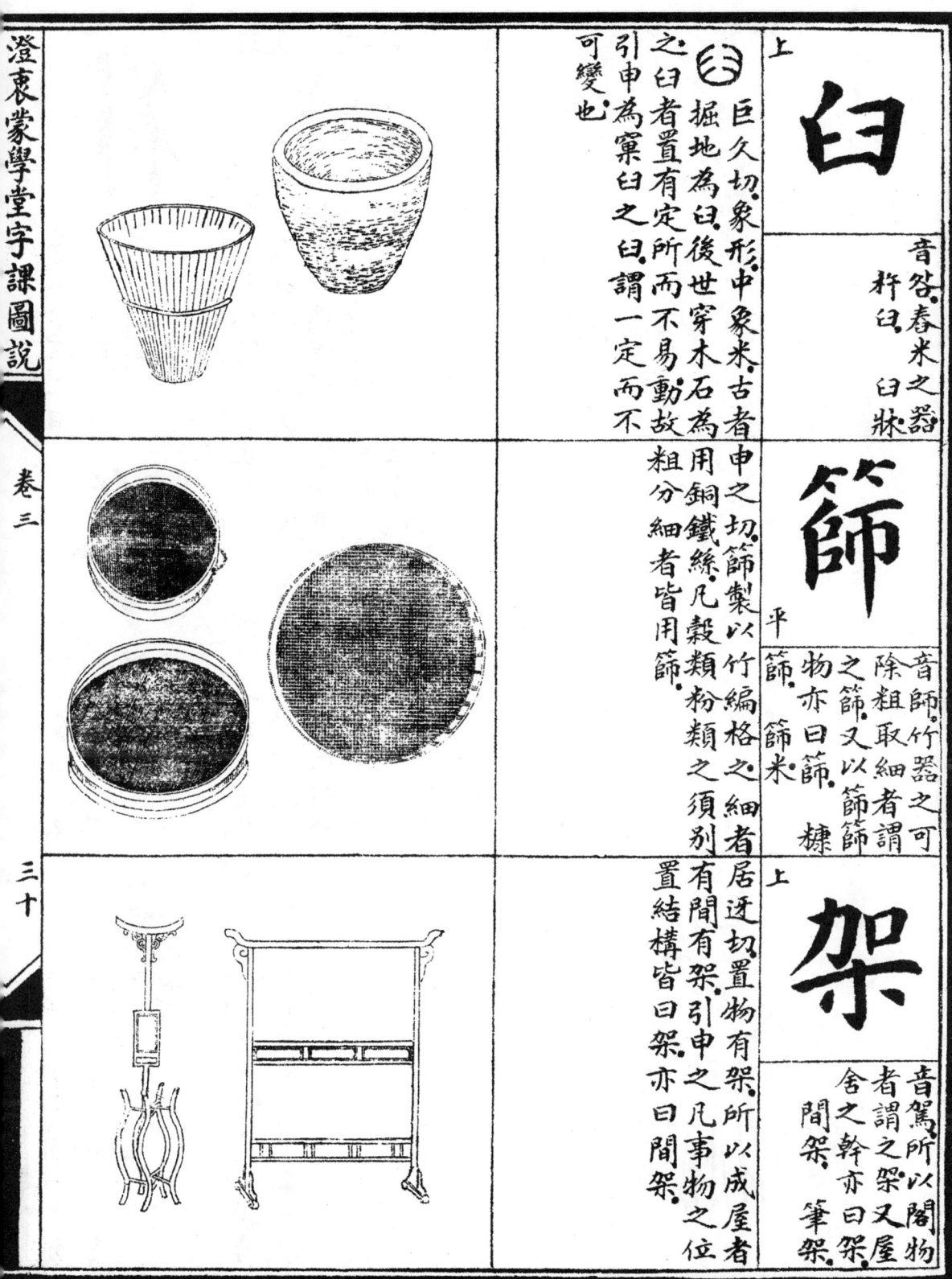

符 平

音扶。印信之相合者曰符。合符。符節。

逢夫切。符信也。漢制以竹為之。長六寸。分而為二。彼此各持其一。有故左右相合以為信。引申之凡事相合皆謂之符。又道家有符籙之說。

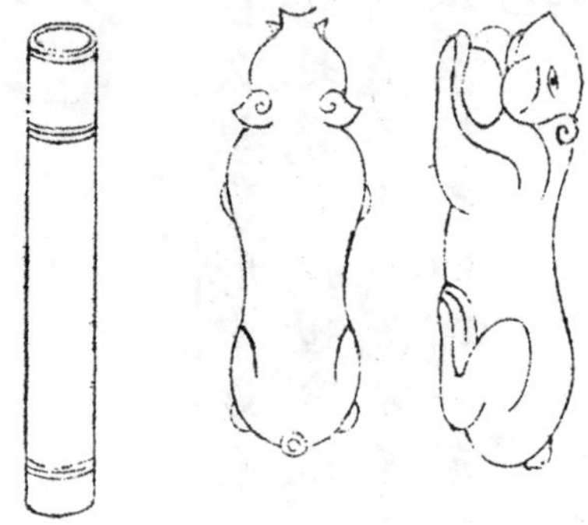

準 上 入

肫上聲。所以為平者曰準。準繩。酒準。音拙。鼻頭曰準。隆準。

主尹切。水平謂之準。天下莫平於水。因之製平物之器亦謂之準。準者所以揆平取正也。引申之凡平均事物皆謂之準。又朱劣切。

籌 平

音儔。所以計物者曰籌。竹籌。籌馬。

除留切。籌算也。凡計物之具皆以籌名。又引申為籌策。籌畫之籌。

籤 平

音簽。所以為標識者曰籤。書籤。籤筒。

七廉切。籤，驗也。物不易檢，則題籤以識之，以便驗其是否也。今俗謂神示占驗之文曰籤，亦此意。

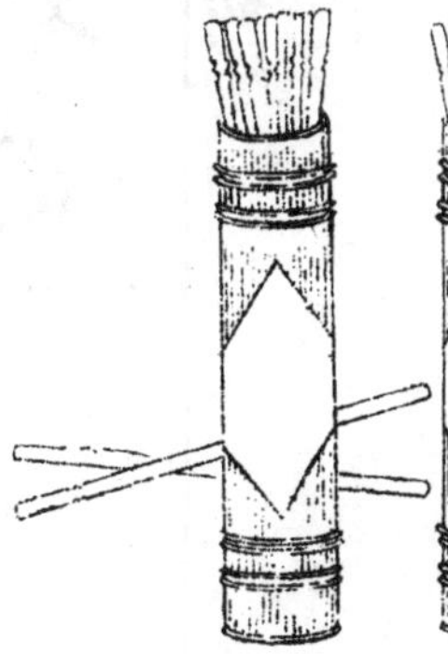

盒 入

音合。盤屬之有蓋者曰盒。果盒。盒盤。

胡閤切。盤覆也。俗統名有覆之盤為盒。

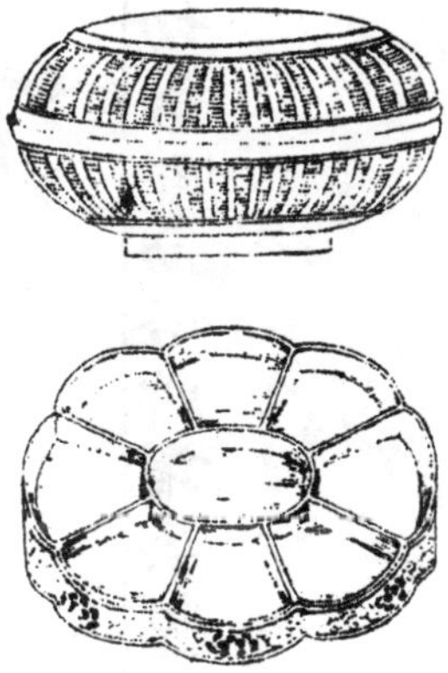

杯 平 盃

背平聲。飲器也。酒杯。一杯。

布回切。古文作桮，亦作盃。

椀 上

盌 碗

剜上聲。飯器曰椀。飯椀。椀盞。

烏管切。

箸 去

音宁。飯具也。借箸。匕箸。

治據切。箸即筯。俗所謂筷也。

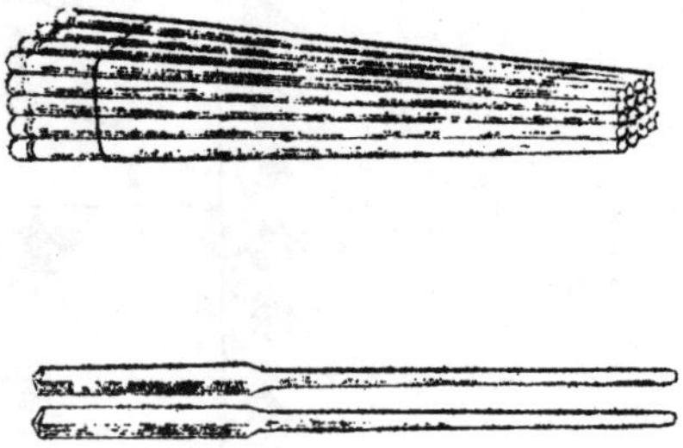

壺 平

音胡。所以盛飲者。酒壺。壺漿。投壺。

洪孤切。

觴 平

音商。酒卮之總名。 奉觴 觴豆

尸羊切。凡諸觴形皆同，升數則異。一升曰爵，二升曰觚，三升曰觶，四升曰角，五升曰散，總名曰觴。觴為酒器，故引申之以酒飲人即曰觴。

勺 入

音灼。所以挹取水者曰勺。 一勺。

職略切。象形，中有實，所以挹取物也。用於酒尊中者，如今之匙是。 又量名。今制十勺為合，十合為升。

皿 上

明上聲。盛食之器也。又為食器之總名。 器皿。

眉永切。象形。

盞 上

音醆。酒杯之小者曰盞。 油盞。

阻限切。最小杯也。趙魏之間或曰盞。引申為盛物之器之總名。

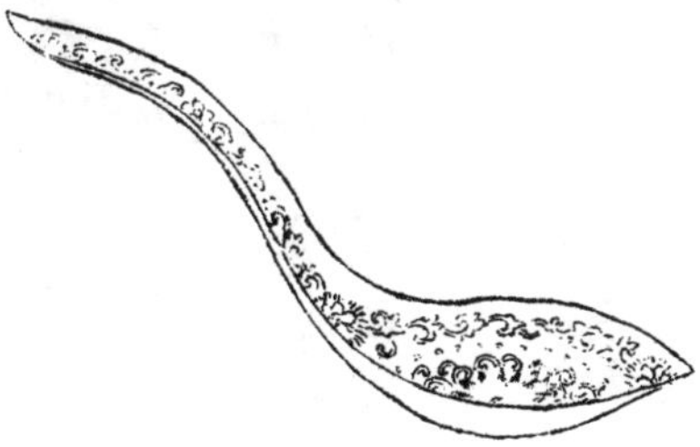

鍾 平

音鍾。酒器也。 酒鍾。 釜鍾。

諸容切。今俗呼小杯為鍾。 又量名。受六斛四斗。鍾者所以聚物，故引申為鍾鋶之鍾。

盂 平

音于盛酒飯之器曰盂 水盂 飯盂

雲俱切揚子方言曰宋楚衛之間盌謂之盂又為酒器之名

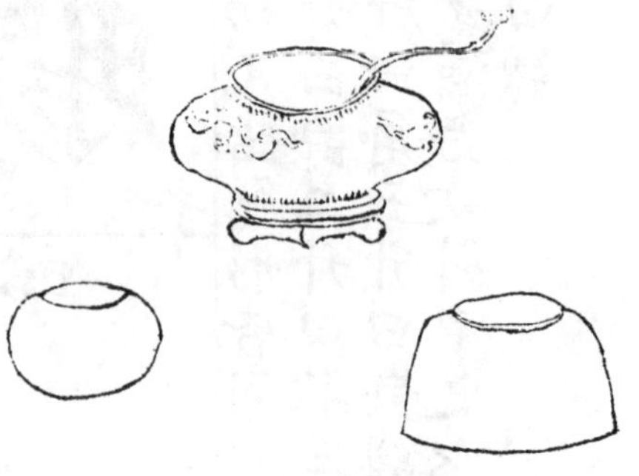

盆 平

坌平聲碗類之淺者曰盆 盆湯 金盆

蒲奔切盆盎也古盛酒之瓦器今俗以食用之器口淺者為盆

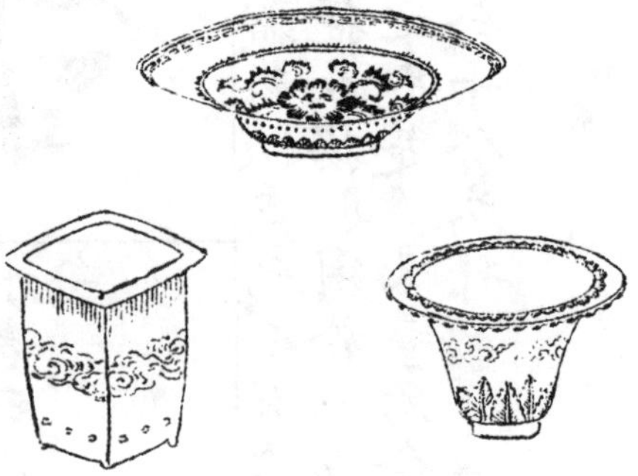

盤 平

畔平聲所以承物之器曰盤 算盤 盤盂

蒲官切盤盛物器也或木或銅錫為之形製圓者為多故引申為盤旋盤游之盤皆有圍繞之義

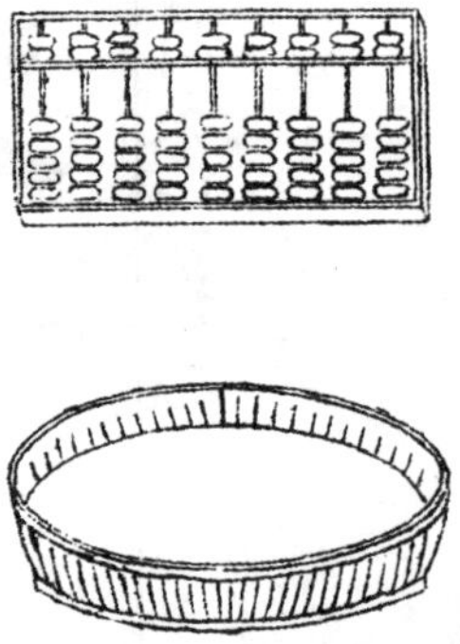

匏 平

音庖。瓜實之可製器者曰匏。

匏瓜 陶匏

薄交切。匏瓠也。从夸包聲。取其可包藏物也。其形短頸而大腸。古者剜之以為飲器。又為製樂器之用。

瓢 平

音飄。飲器之以匏製者為瓢。

一瓢 瓠𤬸瓢

眦招切。瓢亦瓠也。瓠其總名。判之為酒尊則曰瓢。

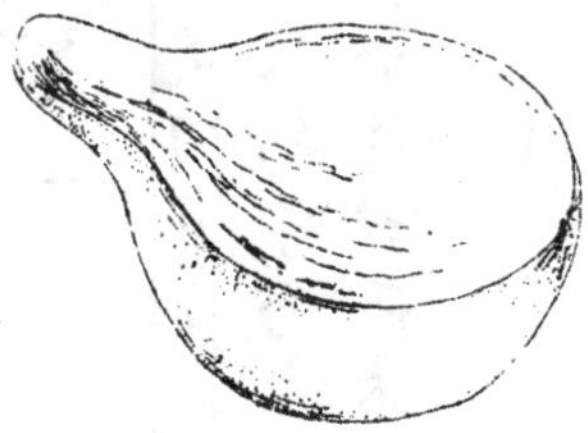

瓶 平 缾

音萍。小甕曰瓶。

花瓶

旁經切。瓶與缾同。古以陶土為之。後有用金銀銅水晶玻璃等製成者。用以盛水及酒漿之器。

去

甕

翁去聲。大瓶曰甕。 酒甕 甕牖

烏貢切。汲水之器。身大而口小者。引申為甕牖之甕。形其小也。

鉢

入

音潑。所以盛食物者。 衣鉢 鉢頭

北末切。佛家相傳有一衣一鉢。世相授受以為寶物。故今稱師之授於弟子者曰衣鉢。

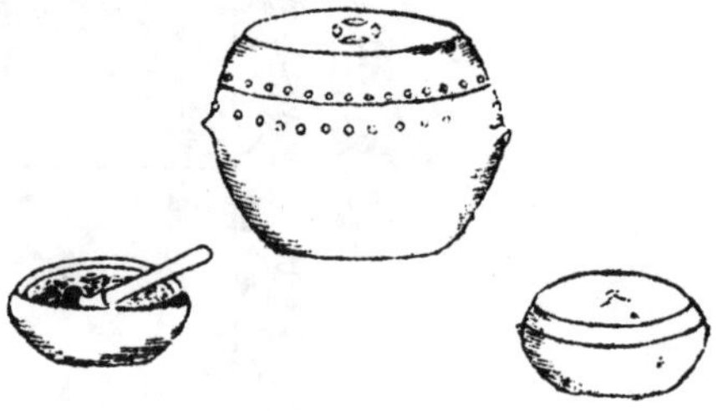

上

缶

音否。盛酒漿之瓦器曰缶。 瓦缶 鼓缶

俯九切。缶飲器也。大腹而斂口。秦人叩之以節謳。

上

瓦

音邷。土器已燒之總名。 磚瓦 瓦片。

五寡切。夏時昆吾氏始作瓦。用以製器及蓋屋。凡陶者為瓦。必圓而割分之。分之則瓦。合之則圓。而不失瓦之質。後世瓦制不古。有以銅為之者。有以水晶為之者。皆假瓦以為名。

瓷

磁　平

音慈。陶器之堅緻者曰瓷。　瓷器

才資切。瓷或作甆。產處以江西景德鎮者為良。

甎

平

音專。燒土成塊曰甎。　漢甎　甎瓦

朱遄切。凡土器燒成片者曰瓦。燒成塊者曰甎。用為築牆壁之料。俗亦作塼。

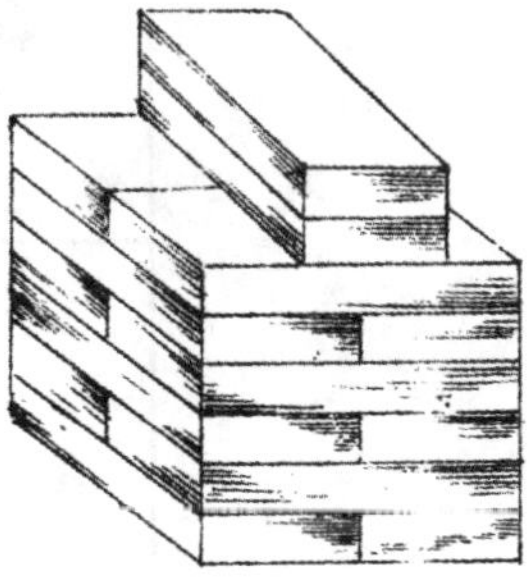

缸

平

音降。瓦器之大口者曰缸。　水缸　缸甏

胡江切。

革

入

音隔。皮之去毛者曰革。　膚革　革除

各核切。皮去毛曰革。引申為去除改易之稱。如革除、變革是也。易有革卦☱☲

鍋 平 古禾切

音戈 煮食之器為鍋 鐵鍋 鍋鑪

鑪 平 籠都切 爐

音盧 然火鎔物之器曰鑪 手鑪 鑪火

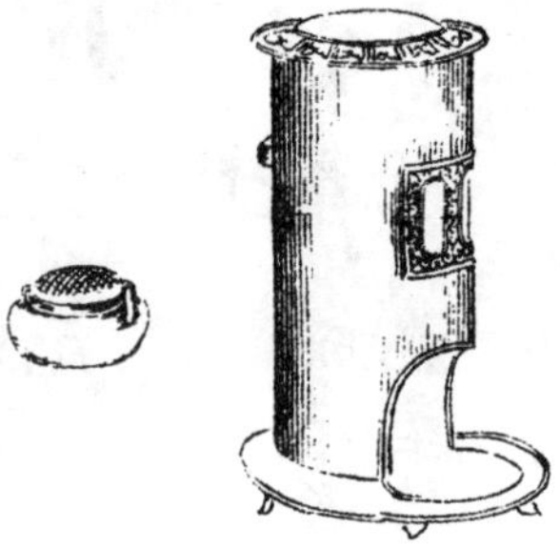

鑿 入

音昨 所以穿木石者曰鑿 以鑿鑿物亦曰鑿 斧鑿 鑿開

疾各切 鑿鏨也 凡物之堅而不易破者則用鑿 引申之凡逞臆說以解古義者謂之穿鑿 言於不可通者而强通之 如用鑿以穿木也 又舂米之精者曰鑿

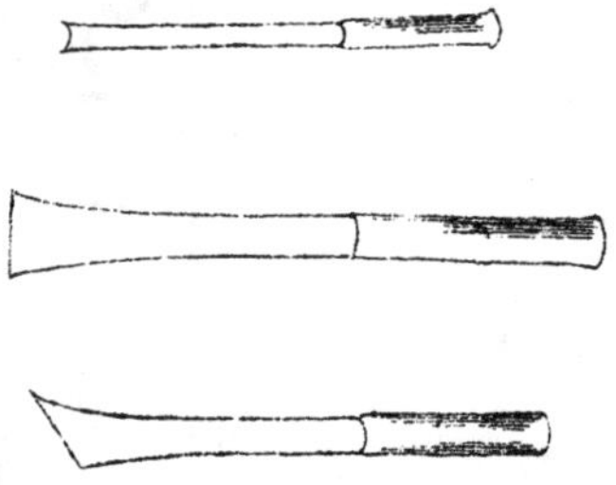

去
鋸

音據。解截木石之器曰鋸。　刀鋸。　鋸齒。

居御切。鋸古稱槍唐。鍊鐵爲齟齬。其齒一左一右。用以片解木石。此古制也。今用之鋸齒皆順行。

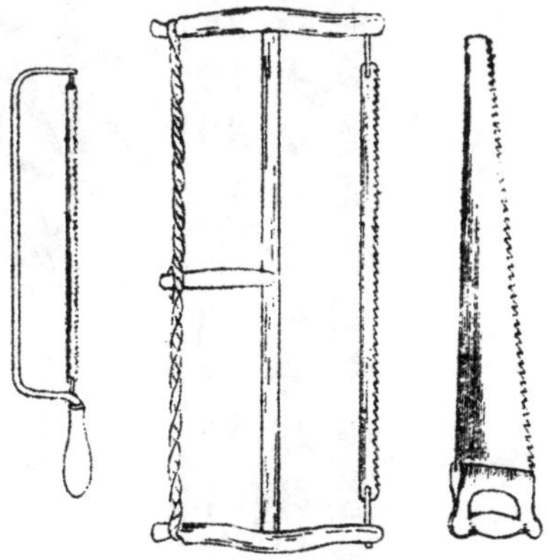

錐
平

音隹。尖銳之器曰錐。　鐵錐。　錐刀。

朱惟切。銳器也。凡筆曰毛錐。箭曰錐矢。皆取其穎之尖銳也。

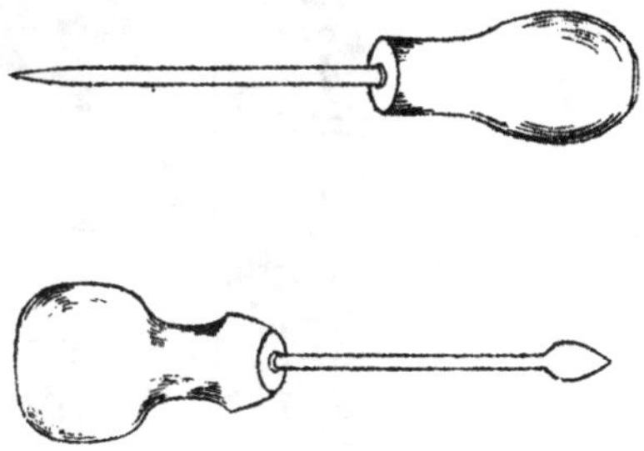

鑷
入

音聶。所以攝取物者曰鑷。　鑷子。

尼輒切。本作鉆。古人拔髮之具。

去
釘
平

音丁。所以連物者曰釘。　鐵釘。　釘鞋。

音矴。以釘連物曰釘。　釘書。

當經切。　丁定切。

板

上

版

音版，片木曰板。木板。板子。

補綰切，判也。木判曰板。引申謂凡片者皆曰板。如石板、鐵板、銅板、鋼板是。又雕刻字模者曰印板。

牌

平

音排，懸以示衆者曰牌。招牌。牙牌。

步皆切，凡用粉板，懸於官署及鋪面者皆曰牌。今賭具亦曰牌。

椎

平

音追，所以擊物者曰椎。鐵椎。椎魯。

直追切，通作槌。椎以木或鐵為之，用破堅鈍之物。故樸而不精引申為椎樸、椎魯之椎。

柄

去

兵去聲，柯也。持柄。刀柄。

陂病切，柄之本義，斧柄也。引申謂凡柄之偁。用器必執其柄。推言之，凡主持大事者皆曰執柄。如執國柄、掌兵柄是。

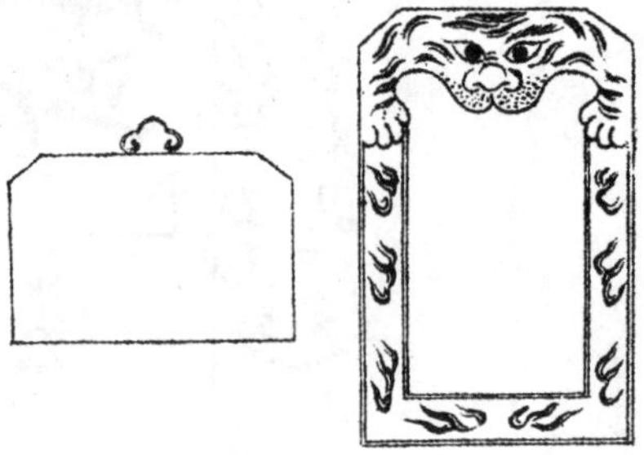

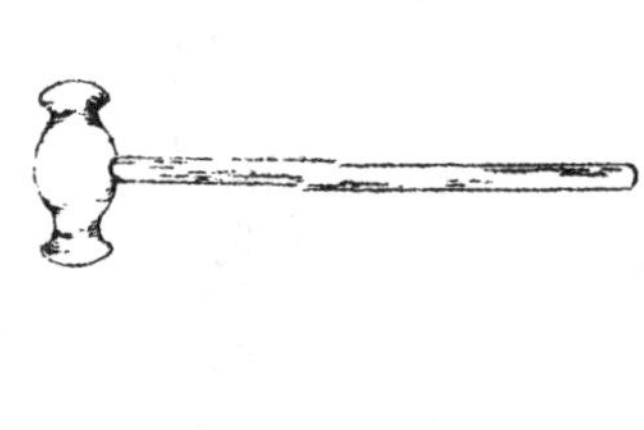

棍

上

魂上聲。圓木曰棍。軍棍 棍子

胡本切。木名。又束木曰棍。通作捆。 今刑具軍械中皆有棍。即古之白棓也。以木為之。而圓其外。亦棒之一種。 又滋事之游民謂之光棍。地棍。

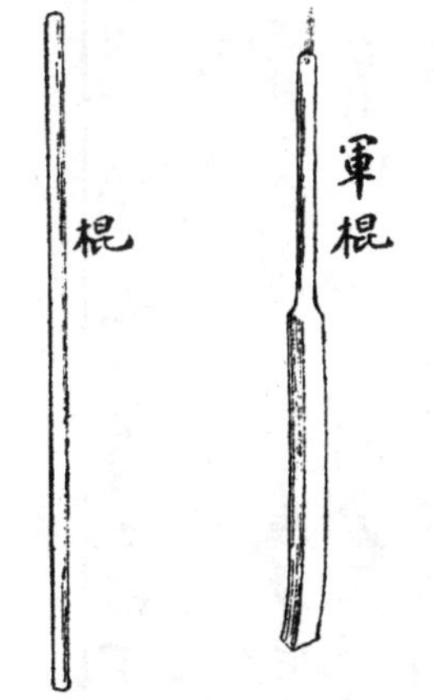

杖

上 去

音丈。人所扶持者曰杖。拐杖。杖者。 丈去聲。扶持曰杖。杖錢。

呈兩切。人力弱不能立則扶之以杖。故年老者有杖。如五十杖於家。六十杖於鄉。七十杖於國。八十杖於朝是也。居喪哀毀。故亦有杖。三年之喪用竹杖。期用桐杖是也。五刑之屬有杖。則以形似杖而名。 直亮切。通作仗。

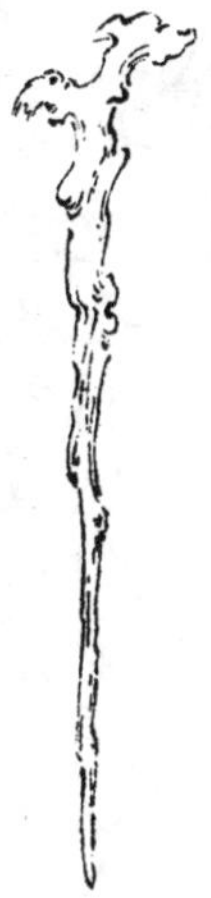

規

平

音推。所以為圓之器曰規。規矩。例規。

居為切。規之為器。一柄而兩股。一股指圓心。一股切圓線。定之於心。而移其股。則成平圓線。一周規無不圓。故事例之一定不可易者曰規。例物之不正圓者。必正之以規。故正人之不正曰規。諷曰箴規。

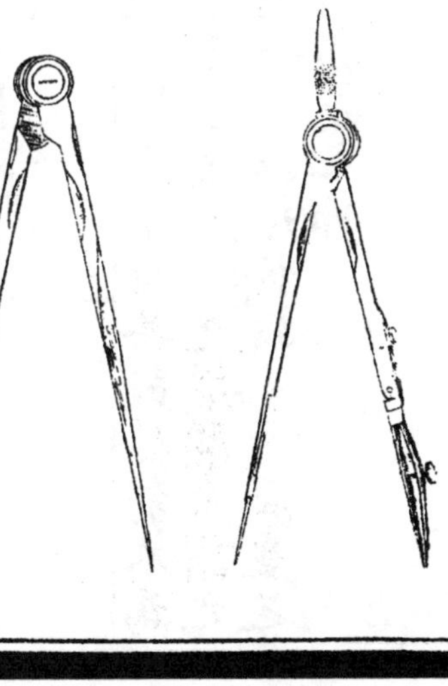

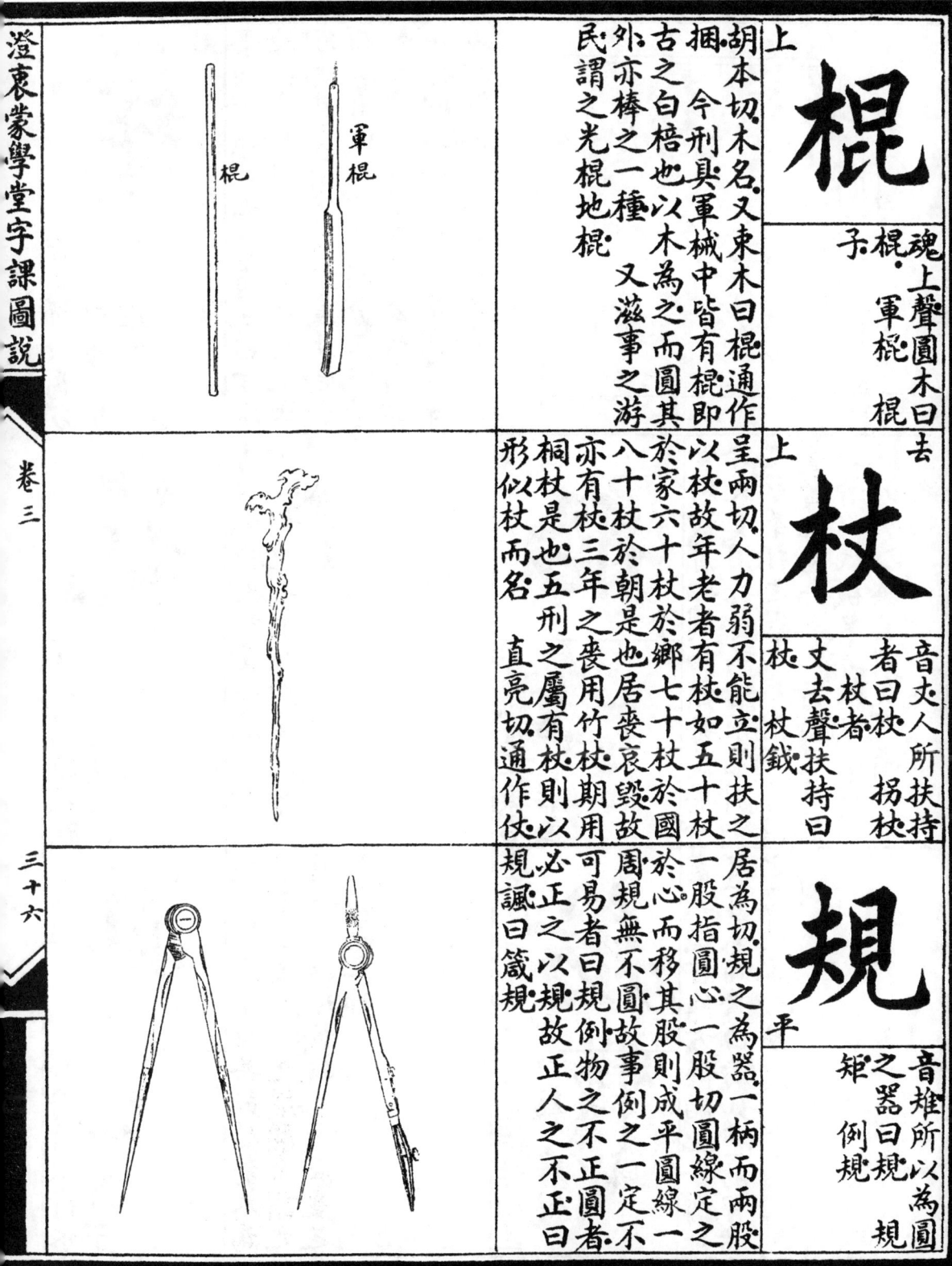

上

矩

音媀。所以為方之器曰矩。規矩。矩步。

果羽切。矩之為器有三。曰丁字尺。曰曲尺。曰三角板。凡物之正方者。其交角皆九十度。正角。合四正角成正方。故斜分正方。皆成三角形。為測算之公式。周髀平矩以準繩。偃矩以望高。覆矩以測深。卧矩以知遠是也。

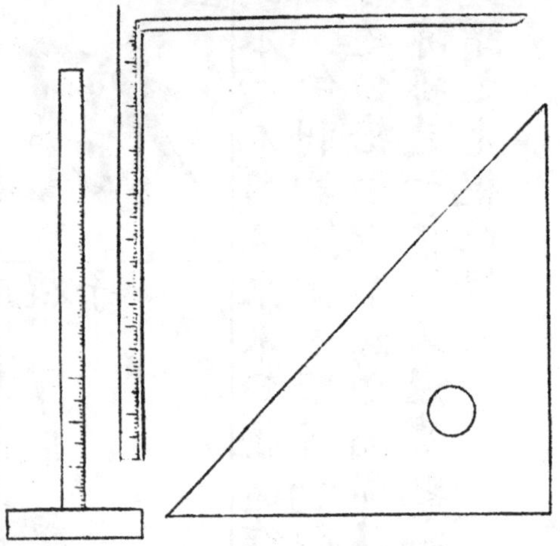

上

範

音犯。鑄物之模曰範。模範。範圍。

房吠切。模也。鎔金以注於範。則金必如範之形。故引申謂事之法式為範。

平

舟

音周。所以行水者曰舟。舟子。舟車。

職流切。黃帝臣共鼓始刳木為舟。方言。關西謂之船。關東謂之舟。舟所以承物。故承受酒盞之器亦謂之舟。

平

船

音膞。舟之異名。輪船。船主。

食川切。舟也。關西謂舟為船。今於文多用舟。於語皆用船。引申之。承茶杯之器曰茶船。猶承酒盞者之為舟也。行船之具。最大者以汽機。次專以帆。次兼用帆楫。次以槳。其製又有商船兵船之別。

去 平

舫

音訪。兩舟相並曰舫。畫舫。舫舟。音方。義同。

甫妄切。古作方。併船也。今稱舟之有盛飾者曰舫。如畫舫。官舫之類是。又分房切。

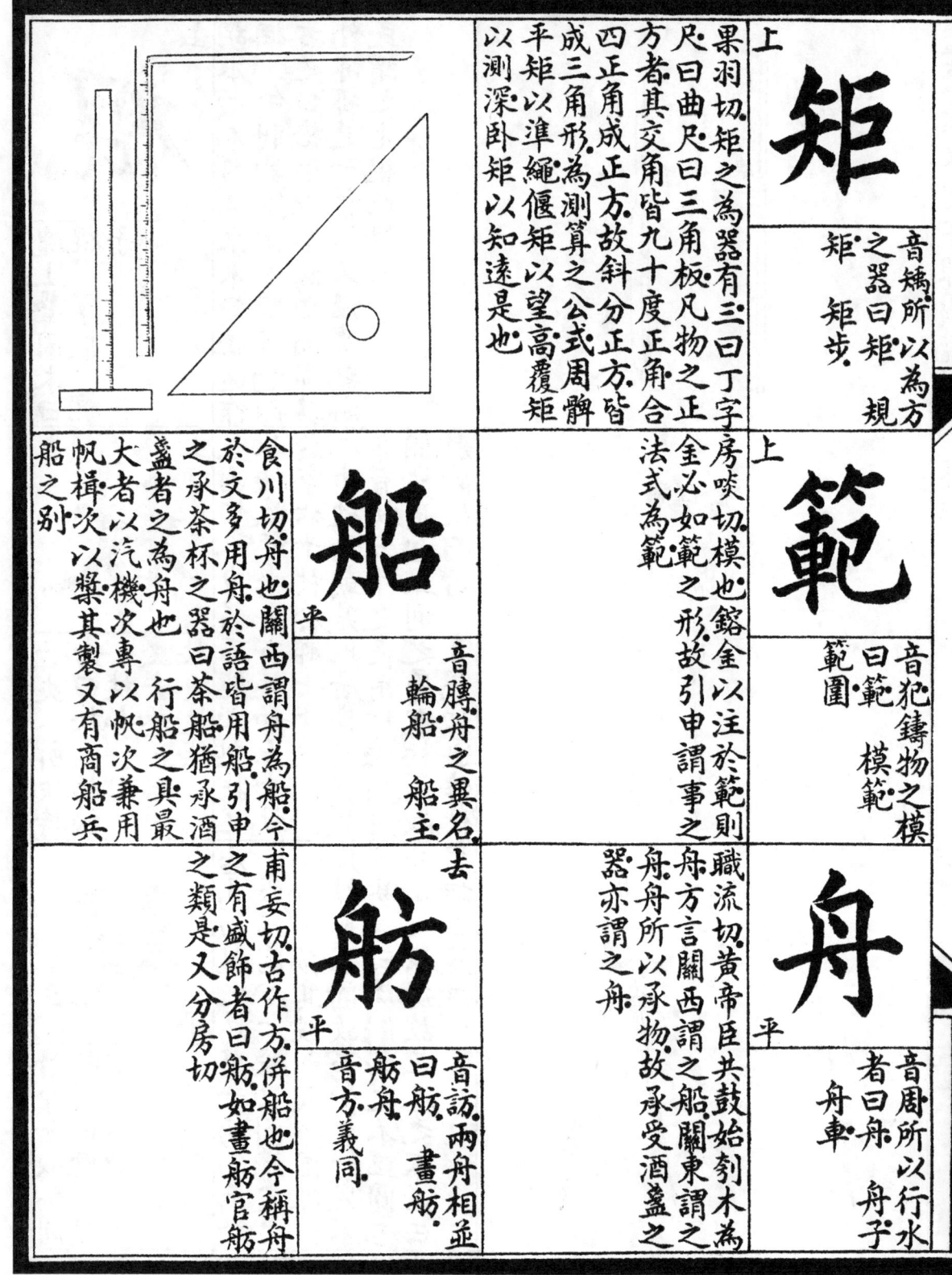

上 **艦**

音檻。戰船曰艦。

戰艦。 艦隊。

戶黯切。上下重牀曰艦。謂四方施板以禦矢石。其內如牢檻也。今海戰之艦。外蒙鋼甲。鼓之以汽機。最大者曰戰艦。次曰巡洋艦。亦名快艦。次曰海防艦。次曰砲艦。次曰運兵艦。羣艦成軍曰艦隊。將領所居之艦曰旗艦。

上 **艇**

音挺。船小而長者曰艇。

艇船。 雷艇。

徒鼎切。舟容二百斛以上曰艇。艇狹而長。故大船之狹長者亦曰艇。如廣艇福艇。是今水雷艇魚雷艇捕魚雷艇皆狹而長者也。

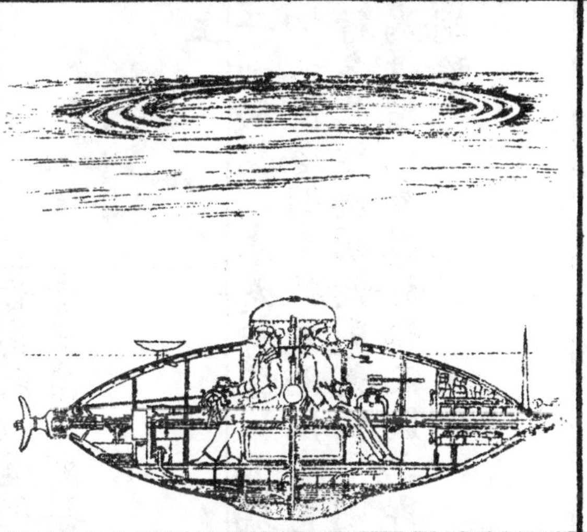

航 平 杭

音筕。所以渡河者曰航。

航船。 野航。

寒剛切。兩舟相並而濟謂之航。故渡船曰航。航者每人而濟之者也。故船之不獨乘者曰航船。今招商局與各國公司之郵船。皆航船類也。

上 去 **榜** 平 旁

音彭。進船之櫂曰榜。 榜人。

音謗。邦上聲。所以示人者曰榜。

蒲庚切。榜所以正弓。即檠也。引申之。正船之櫂亦曰榜。凡正弓者必攴擊之。故轉為榜笞榜掠之榜。讀補曠切。假借為舫。併船也。又借為望。如標榜榜狀等。言為衆所望也。讀補曩切。

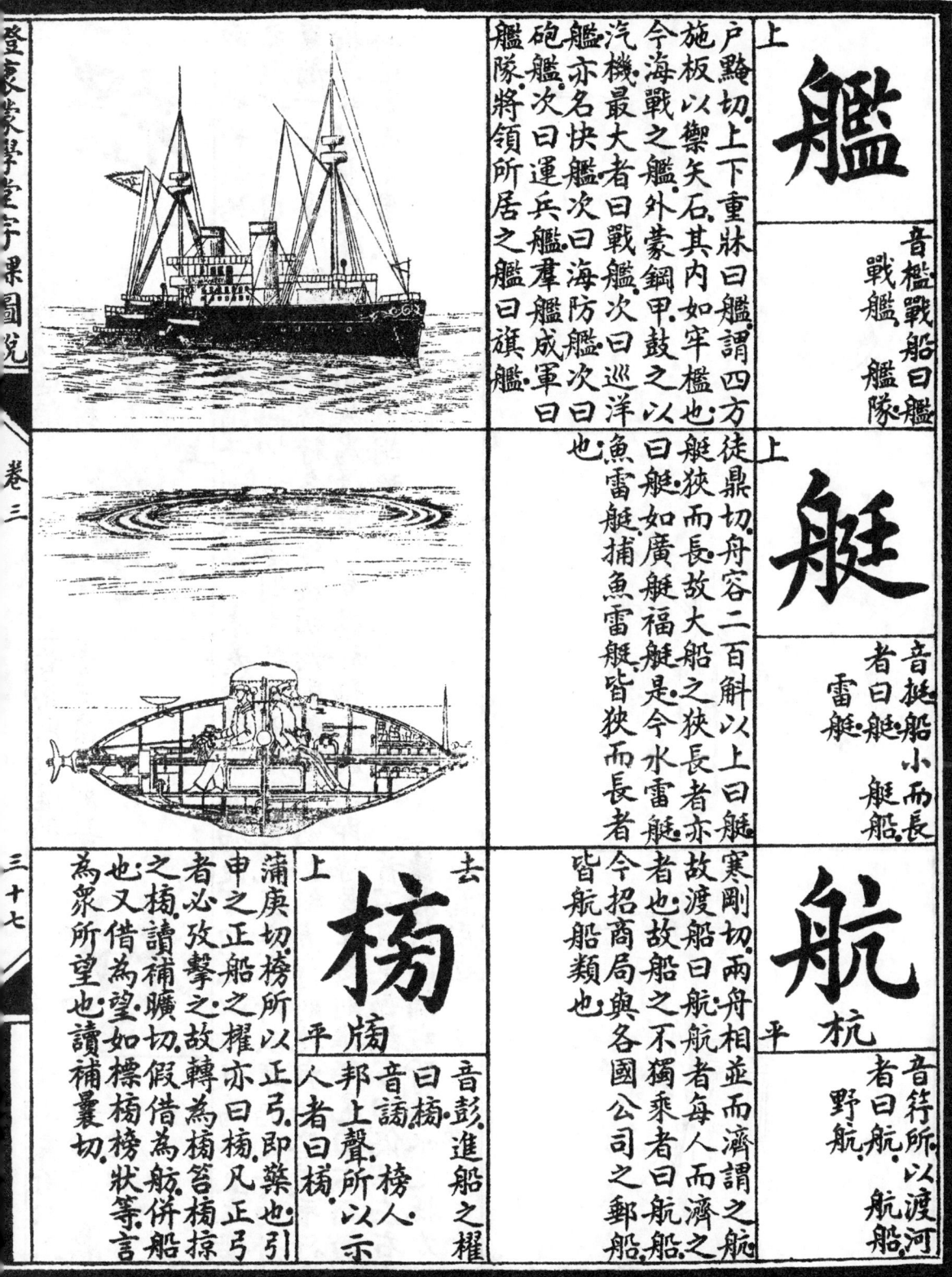

楫 入

音接。所以進船者曰楫。舟楫。擊楫。

即涉切。黄帝始刳木為楫。今謂之艣。艣之為用。其理與螺輪同。蓋艣一往一復。以斜割水面。螺輪循螺線順行。亦斜割水面。故其進漸而不靡力。

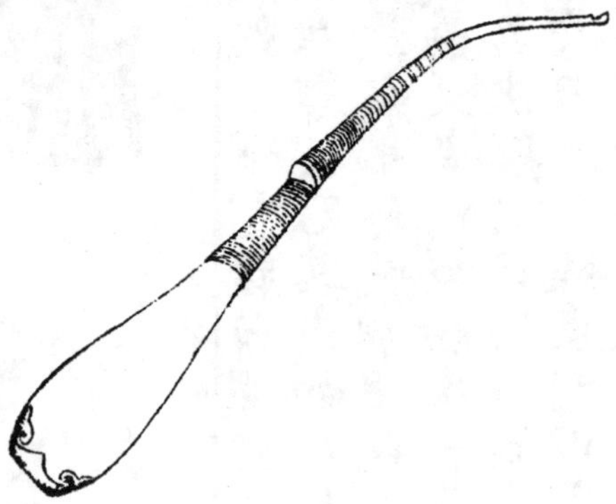

槳 上

音蔣。所以進船者曰槳。划槳。

子兩切。槳以木為幹。施板其端。抑水使退。則生抵力。而船自前行矣。其理與明輪同。蓋獨用則為槳。環插多槳於軸而旋之。即明輪也。

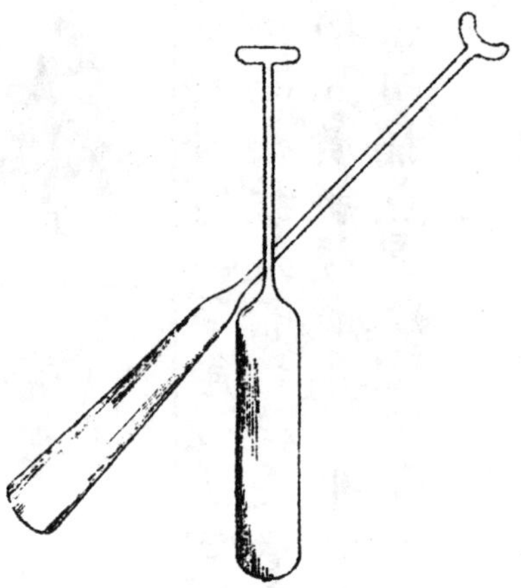

柁 上 舵

馱上聲。所以正船者曰柁。轉柁。柁工。

徒可切。柁以橫板為之。直立船尾後水中。所以準船之行向者也。船直行。則柁與船路成平行線。柁左轉。則推船尾向右。而船首不與俱動。故方向偏而左。右轉則行向偏右。皆藉水之抵力以為用也。

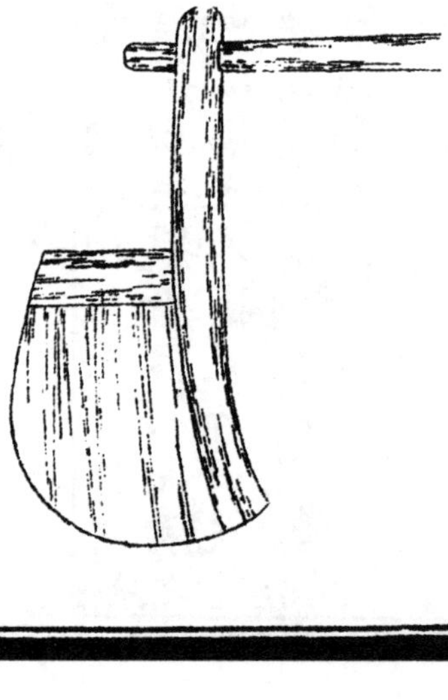

篙 平

音高。所以刺船者曰篙。撐篙。篙子。

姑勞切。篙以竹為之。人立於船而以篙著定物。互相撐拒。則生抵力。定物不能遷動。而船為水所託。其阻力較少。乃能漸移。

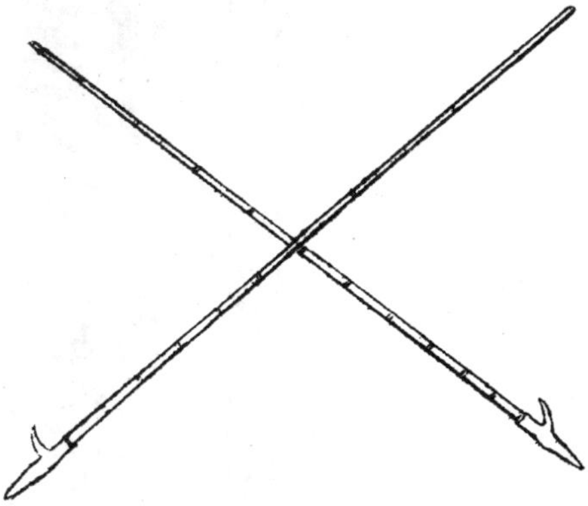

帆 平 颿

音凡。藉風力以進船之具曰帆。布帆。帆檣。

符炎切。舟上幔也。以布為之。張諸桅。風抵其背。則推船前行。古之航海者。無不取給於帆。惟風力橫疾。而重心出船外。則船覆。故汽機行而帆船漸微。

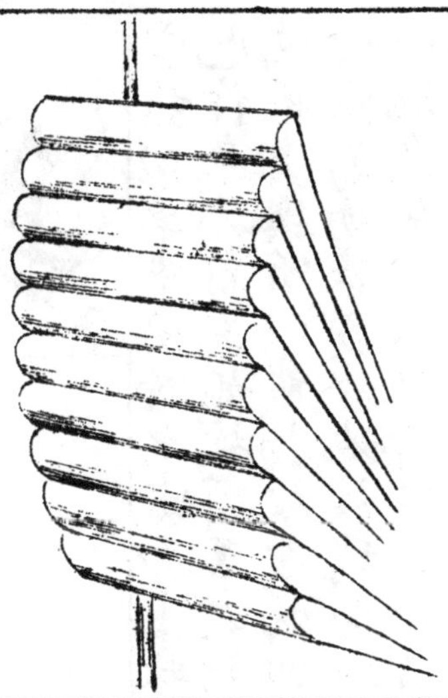

篷 平

音蓬。船壁曰篷。篷窗。推篷。

蒲紅切。船連帳也。或以布。或織以竹。兩端著舷。而穹其中。以容人者。謂之篷。以木則謂之艙。

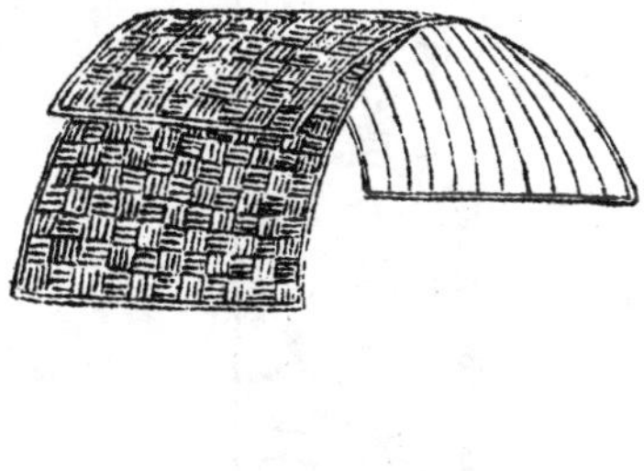

槎 上 平

查

音乍，斜斫木曰槎

音查，水中浮木曰槎。浮槎。

側下切。　鋤加切，通作查。

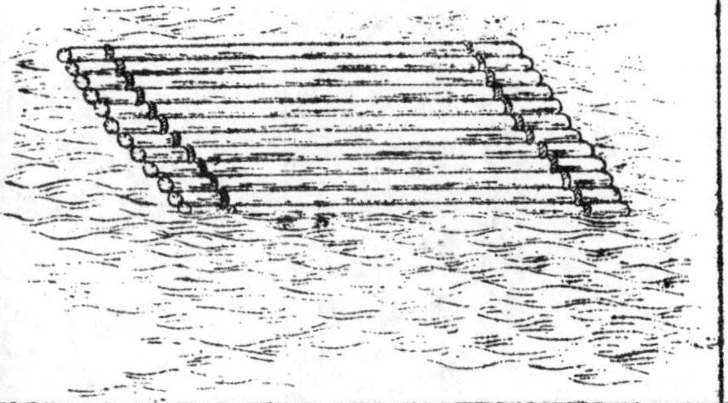

輿 平

音余，車箱曰輿。肩輿　輿人

雲諸切，車中受物之處，即車牀也，作車必自輿始，故謂事之始為權輿。輿所以載物，故載物即曰輿。萬物皆載於地，故稱全地曰地輿。今以人力所舁者曰肩輿，以其形如車箱也。

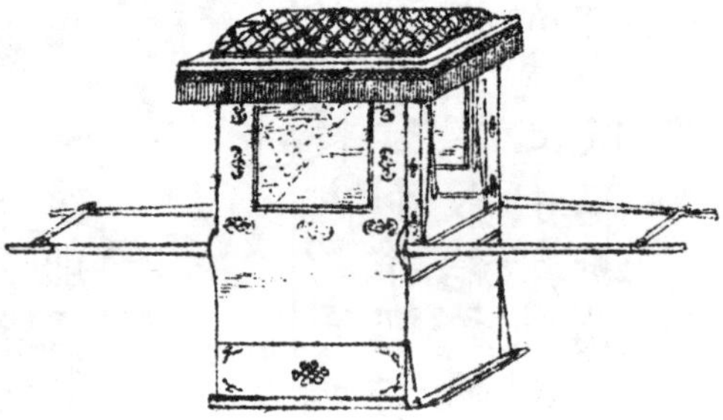

軺 平

音遥，小車曰軺。征軺　軺車

餘招切，軺車，駕馬而小，人立而乘之，便於四望，蓋速行之輕車也。今謂使臣所乘車曰軺，義本此。

轅 平

音袁，所以駕馬者曰轅。攀轅　轅門

于元切，凡大車柏車等皆兩木夾一牛，其木謂之轅，兵車乘車等中有木鉤曲上出而馬夾之，謂之輈，對舉之則異，泛言之皆轅也。軍中車轅相向以為門，謂之轅門。今官署之門，多沿其稱

轂 入

音谷。輪之中樞曰轂。 推轂 轂擊。

古祿切。車之任重者曰軸。函軸者謂之轂。轂輪輻所聚也。

軾 入

音拭。車前之橫木曰軾。 憑軾

所職切。軾式也。所俯以式敬者也。古人在車有所敬則俯而憑於軾

軌 上

音宄。兩轍之間曰軌。 鐵軌 軌道

矩鮪切。軌不在車而在地。而車之所循行者也。車行有一定之軌。故諸行星繞日之道。謂之軌道。軌之不移者必有法。故謂法為軌。如不軌循軌是。

轍 入

音徹。車輪所轢之處曰轍。 轍迹 覆轍。

直列切。

轡 去

音祕。所以控馬者曰轡。 鞍轡 轡頭。

兵臂切。

韁 平

音薑。所以馭馬者曰韁。韁繩、名韁。

居良切。韁也。今制王貝勒用紫韁。有特賞則用黃韁。大臣或以特恩賞紫韁。

鞍 平

音安。所以乘騎者曰鞍。鞍馬、據鞍。

於寒切。古無乘騎。著鞍於馬背所以施韉也。後世之鞍以木為幹。而蒙以韋布。則為坐騎之用。

鞭 平

音編。所以策馬者曰鞭。投鞭、鞭笞。

卑連切。馬箠也。引申之鞭作官刑。今刑訊之法有鞭背是也。

鞅 上

音怏。係頸之組曰鞅。馬鞅。

倚兩切。勒馬之帶也。引申之事煩劇曰鞅掌。

羈 平

音羇。馬之絡頭曰羈。羈勒、羈旅。

居宜切。羈上屬於轡。周絡馬首。所以束縛之者也。故謂束縛曰羈縻。羈而不能驟脫。猶人牽於事而不能自由。故又申為羈旅、羈遲之羈。

勒 入

楞入聲。馬之銜鐵曰勒。勒馬、勒索。

歷德切。勒以鐵為之。銜諸馬口。所以禁其齧也。勒上屬羈轡。掣其轡則勒緊切馬口而馬止。故控馬使不行謂之勒。勒者操縱在我有逼抑之義。故引申為勒索、抑勒之勒。

鞍
羈
轡
韁
鞅
鈴
鈴
鞭

槽 平

音曹。牲畜食器曰槽。 馬槽。 槽坊。

財勞切。以木為之凹其中以貯牲畜之食物者也引申之凡器之中虛而形長方者皆曰槽今稱酒坊曰槽坊以槽為製酒所用也其名始於唐

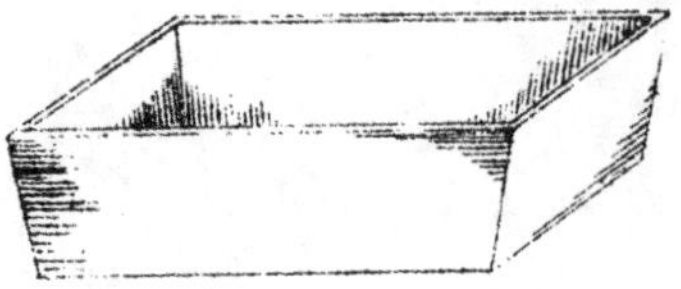

鈴 平

音靈。似鐘而小者曰鈴。 馬鈴。 鈴子。

郎丁切。从金从令會意言所以出令之金也古謂之令丁亦謂之鐲。形如小鐘而有柄有舌。今僧道所用者是其馬鈴花鈴之類則假鈴為名而變其製矣

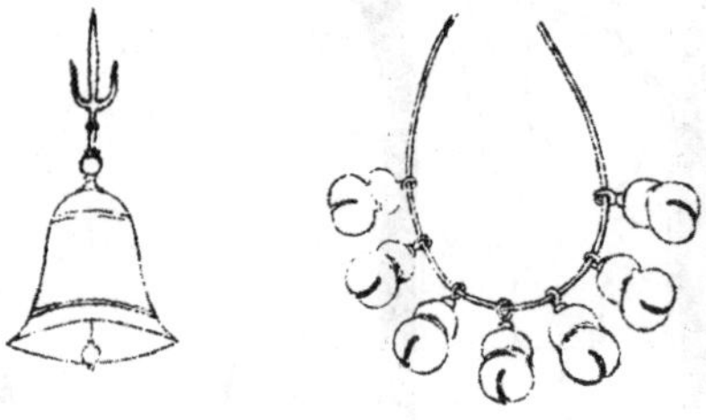

去 轎 平

音橋。肩輿也。 檯轎。 轎班。 音嶠。義同。

渠嬌切。竹輿也兩人肩之所以行山隘之路若今之山兜。然今制品官之轎用藍三品以上用綠。王貝勒或用杏黃色舁之者自兩人至八人不等。通作橋。又作欙。亦讀渠廟切。

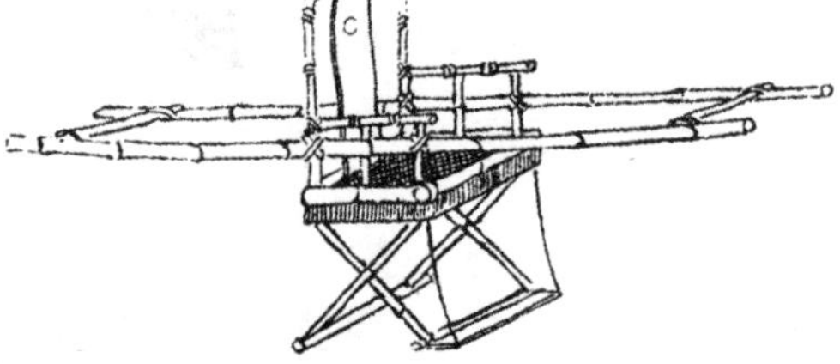

去

耒

音類。耜柄曰耒。

負耒。

盧對切。手耕曲木也。耜之後有木上曲。謂之耒。人持之以正耜者也。

平

鋤

音鉏。所以耘者曰鋤。

鴉鋤。鋤奸。

士魚切。立媷所用也。坐媷所用者曰槈。槈柄短。鋤柄長。其柄曰櫑。其頭曰鶴。引申之以鋤除草即曰鋤。又申之除有害之物亦曰鋤。

平

叉

音差。歧支曰叉。

丫叉。叉手。

初加切。手指相錯也。篆象□形。引申之凡歧頭之物皆曰叉。釵衩等字亦本叉義。

上

耜

音似。所以發土者耜。

耒耜。

序姊切。耒端之木。所以發土者也。耒耜本一器。其端曰耜。其柄曰耒。後世之耜。歧頭兩金。則古之所謂耦耕也。耜以人力耕田。今俗稱鐵搭者。殆其遺意。

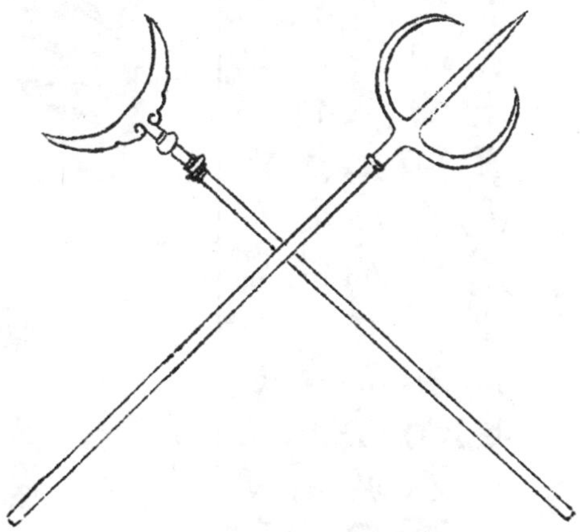

竿

平

音干竹幹曰竿

竹竿　竿頭

居寒切竹之身也竹必直故引申謂凡直幹曰竿

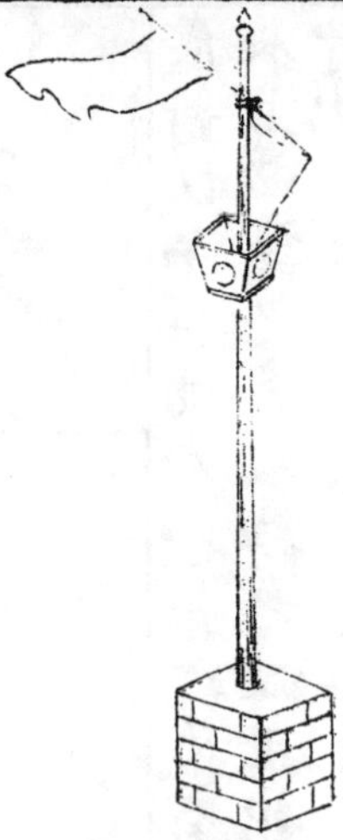

網

上

音罔所以羅物者曰網

網羅　魚網

网文紡切本作网篆象形織絲為之絲相距各四寸張諸陸以取鳥於水以取魚物罹之而莫能避者也故引申為法網文網之網

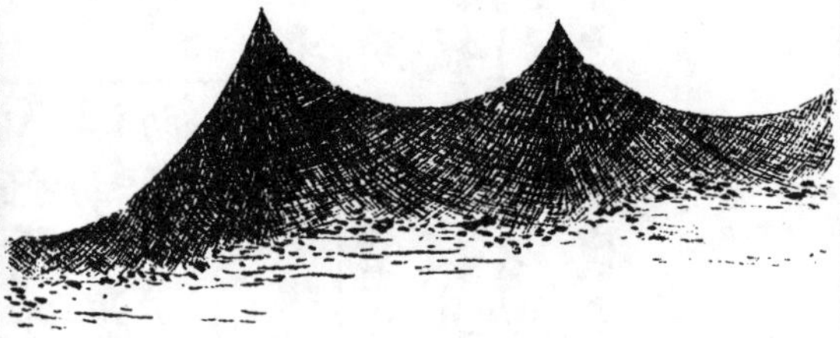

罶

上

音柳捕魚之笱曰罶

魚罶

力九切从网从留會意言魚所留也以竹為之故以簿為笱曰罶其法築土石為堰而缺其口承之以曲簿其口可入而不可出器與笱異而用則同也

去

製

音制。裁成庶物謂之製。製造局。

征例切。專言之，裁衣曰製。泛言之，則凡造物皆曰製。泰西以工商立國，故其製造益精，又皆運用機器以省人力。一人引機，可成數十百人之功，故出貨多而價值廉也。

去

鍊

煉

音練。鎔金使精謂之鍊。鍊鋼。老鍊。

郎甸切。冶金也。泰西鍊金多用機器，故金純而遺質少。中國鍊金多宗土法，故金雜而遺質多。凡鍊金必精熟，故事理精熟者亦曰鍊。如習鍊、歷鍊之鍊是。鍊與煉通用。

上

冶

音野。爐鑄謂之冶。冶坊。冶容。

以者切。鎔也。凡金遇熱則流，遇冷則凝，猶水釋則流，合則冰，故字從仌。金之在鎔，惟冶者之所鑄；態之在人，惟裝者之所飾，故引申為冶容之冶。

平

甄

音甄。陶與陶竈皆曰甄。甄陶。甄別。

稽延切。陶也。因謂陶器之竈即曰甄。埏埴在甄，陶人化之以成器，故謂化育人才曰甄陶。

去

鑄

音注。範金成器曰鑄。鑄錢。鼓鑄。

朱戍切。鎔金也。取金之既鍊者，鎔之以入模曰鑄。

去

勘

堪去聲。校定曰勘。校勘。勘路。

苦紺切。勘校也。引申為深切攷覈之意，故事經覈定曰勘定。

劑

去　平

音棄。齊翦曰劑。　質劑。
齊去聲。齊分曰劑。　分劑。

津私切。齊截也。古之判券。兩書一札。同而截之。故又名劑。轉為分劑。藥劑之劑。讀才詣切。

斲

入

音琢。斤以斫之曰斲。　雕斲。

竹角切。以斤斲器也。

削

去　入

相入聲。刻治曰削。　筆削。　削職。
音笑。刀室曰削。

思約切。刻刀也。長尺博寸。合六而成規。古者未有紙筆。即以削刻字於簡。因即名刻治為削。凡簡經削必小弱。故引申為侵削。削弱之削。段借為鞘。讀蘇弔切。

刊

去　平

看平聲。鐫刻曰刊。　刊印。
音旰。義同。

苦寒切。又古案切。斫刻也。凡斫木刻石皆曰刊。引申謂不可刪削者曰不刊。

删

平

音潸。刊所當去謂之刪。　刪去。

師姦切。剟也。从刀从册。册書也。古者無紙。册書以簡。若有所削除。必以刀刊剟之。故今之去偽辭留真義者。亦以刪名。

刺

去

此去聲。以刀直傷人謂之刺。　刺客。　刺史。

七四切。棘芒也。棘芒能傷人。故引申為刺客之刺。被刺者每出於不及防。故潛發人之陰私曰譏刺。又古者刺姓名於簡。持以謁人。其簡因謂之刺。周禮有三刺之法。刺訊決也。訊決必審取其情。故又轉為刺取之刺。

剝 入

音駮。褫去其表曰剝。盤剝。剝皮。

北角切。裂也。引申之。殺牲解體謂之剝。剝者先取其表。故俗謂褫衣曰剝。剝有漸削之意。故朘刻民力亦曰剝。

穿 平

音川。通穴曰穿。穿鑿。通穿。

昌緣切。

剖 上

音掊。中分曰剖。剖開。

普厚切。判也。判其表者曰剝。判其中者曰剖。剖分析之也。故引申為剖析。剖解之剖。

析 入

音錫。分剖曰析。分析。

思積切。破木也。引申為分解之義。如離析。析釁之析是。

破 去

頗去聲。不完曰破。使之不完亦曰破。殘破。破城。

普過切。石碎泥也。引申之凡壞者與使之壞皆曰破。故敗人軍入人國亦曰破。

碎 去

音誶。析物曰碎。已析之物亦曰碎。擊碎。雜碎。

蘇對切。瓦破曰瓾。石糲曰碎。引申之凡物之糜敗者皆曰碎。碎者必細。故又申之擊物使分析亦曰碎。事之瑣細者亦曰瑣碎。

壞（去）

古快切。胡怪切。

音怪。物不自敗而敗之曰壞。敗壞。懷去聲。物自毀曰壞。

敝（去）

毗祭切。帗也。本作㡀。象巾破裂形。引申之凡物之敗者皆曰敝。又申為敝邑之敝。

音幣。敗壞曰敝。敝廬。敝屣。

朽（上）

許久切。木腐也。木腐則無材。故引申謂人之不材者曰朽。

休上聲。腐敗曰朽。朽木。老朽。

爛（去）

郎旰切。从火。煮物者。物質為火力驅鬆則熟爛。物爛則腐。故引申為腐爛之爛。腐爛則消散。故事之消散無成者曰糜爛。又使物熟爛必以火。火。昭明之象也。因又轉為燦爛。爛漫之爛。

瀾去聲。火熟曰爛。腐爛。爛熟。

絕（入）

情雪切。斷絲也。从糸从刀从卩。會意。引申為隔絕。絕交之絕。亦以不連為義。轉為絕學絕妙之絕。與極字同意。言已造其極。難乎為繼也。

音截。斷而不續曰絕。斷絕。絕好。

斷（去）（上）

徒玩切。截也。古文作𢇍。會意。𢇍絕也。从斤絕之。而分為異段也。斷有決絕之意。故引申為決斷之斷。讀都玩切。

音段。絕物曰斷。物之既絕者亦曰斷。斷絕。音鍛。決事謂之斷。決斷。

續

入

音俗。繼絕曰續。接續。斷續。

松玉切。連也。連已絕者謂之續。如續弦之續是。連未絕者亦謂之續。如嗣續續紹之續是。

紹

上

音佋。繼絕曰紹。介紹。紹興。

市沼切。繼也。轉為介紹之紹。謂賓主之間本不相屬而藉介以通之。如續物然也。

聯

平

音連。綴合曰聯。蟬聯。聯姻。

力延切。連合也。周禮五家為比。十家為聯。五人為伍。十人為聯。四閭為族。八閭為聯。皆以聯合為義。

絡

入

音洛。結繩以籠物曰絡。經絡。籠絡。

歷各切。絮也。一曰麻未漚也。引申之結繩為網以載物謂之絡。又申之馭人以智術使不越範圍亦謂之絡。又人之筋脈曰經絡。以其相屬如網也。

維

平

音惟。繫物曰維。綱維。維繫。

夷隹切。車蓋之系曰維。繫繩於四角以張網者亦曰維。維皆繫物之繩也。故引申為維繫之維。又申之。禮義廉恥謂之四維。言人賴四德以立。猶網賴四維以張也。叚借為惟。獨也。古書惟唯維三字多通用。

繫

去

音系。纏縛曰繫。維繫。繫舟。

胡計切。繫繣也。物不相屬者必繫以聯合之。如繫辭及以事繫日之繫。皆本此義。

纏 平

音廛。以絲繞物曰纏。纏繞。纏綿。

澄延切。繞而縛之也。引申為凡繞之偁。又為固結不解之形容詞。如纏緜是也。中國女子多纏足。泰西女子多纏腰。二者皆足以害身而弱種。故中西有志之士並設會以禁之。

繞 上

音擾。以繩纏物曰繞。圍繞。繞道。

爾紹切。纏縛也。以繩繞物。必環行一周。故引申為旋繞。繞行之繞通作遶。

束 入

音倈。聚而縛之謂之束。束脩。裝束。

式竹切。縛也。古者一束。猶今西人所謂一打。而束則恆以十數為之。故脯以十脡為束。帛以五兩為束。五兩即十端也。引申之凡束縛皆曰束。如束薪束髮是。又申之。凡有束縛之義亦曰束。如拘束管束是。

縛 入

附入聲。以繩束物曰縛。束縛。

符钁切。

締 去

音帝。固結曰締。締交。

丁計切。結不解也。如締交之締是。引申為締造之締。締造猶言結構也。

緘 平

音監。封物曰緘。緘口。

居咸切。緘束篋之繩也。引申之束物封物皆曰緘。

描 平

音苗。摹畫曰描。描畫　描紅格。

眉鑣切。描摹仿而畫之也。輕者曰描。重者曰摹。

鑲 平

音穰。嵌物於金中謂之鑲。金鑲　鑲邊。音襄。義同。

汝陽切。又思將切。型中腸也。因段為鑲嵌之鑲。物之鑲者外必有緣。今制滿洲蒙古漢軍八旗。中有鑲黃鑲白鑲紅鑲藍四旗。蓋以其旗所緣別之也。

嵌 上 平

闞平聲。山深貌。音闞。陷入其中曰嵌。鑲嵌

口銜切。嵌巖深谷也。引申之坎窞之孔亦曰嵌。苦濫切。陷入孔中也。引申之凡以物實孔皆曰嵌。

鏤 去

音漏。刻金也。雕鏤　鏤刻。

郎豆切。鋼鐵之可以鐫刻者曰鏤。引申之鐫刻即曰鏤。鏤必鋟文其上。故漢時西南夷之文身者亦曰鏤體。

琢 入

音斲。鏤刻玉石曰琢。雕琢　琢玉。

竹角切。鐫鏨玉石使有文采也。與瑑義通。

磋 去 平

音蹉。以錯磨物曰磋。切磋　音剉。義同。

倉何切。又麄臥切。以錯治物使滑澤也。引申之凡為學者互相觀摩謂之切磋。磋亦作瑳。

去 **磨** 平

音麼。所以研物者曰磨。磨坊。音摩。研物曰磨。磨刀。

莫卧切。磑也。公輸班作之。其制以兩石相切。切處琢縱橫齒。物為齒軋。即糜為粉。中國以人力或牛馬力運之。泰西則借風水火力以動其機。故用人力少而成功多。眉波切。以磑磨物也。通作摩。

去 **鑽** 平

音劗。穿物曰鑽。鑽木 鑽研。音攢。所以穿物者曰鑽。鑽鑿。金剛鑽

祖官切。穿物也。穿物必求其深入。故引申為鑽研之鑽。言期其深造而有得也。又申為鑽營之鑽。祖算切。穿器也。又金剛鑽為純炭質所結成者。堅硬冠于各質。為鑲嵌寶星及首飾之貴品。

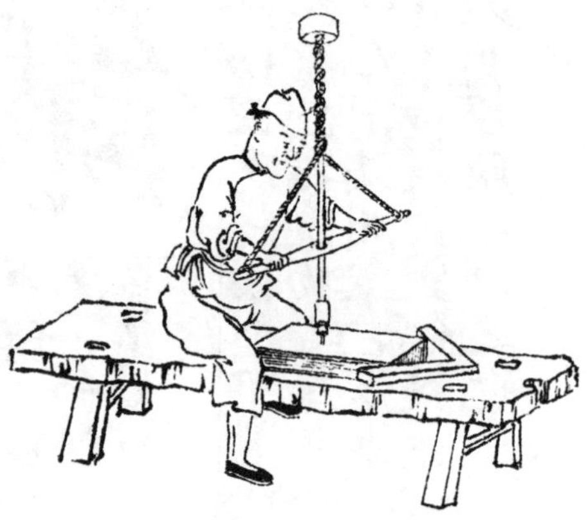

上 **翦** 剪

音剪。斷物曰翦。亦所以斷物者曰翦。翦刀。裁翦

子踐切。羽初生也。初生則羽不深。故色淺謂之翦。如儀禮用疏布緇翦。是叚借為剪。剪所以斷物者也。故引申為翦滅之翦。

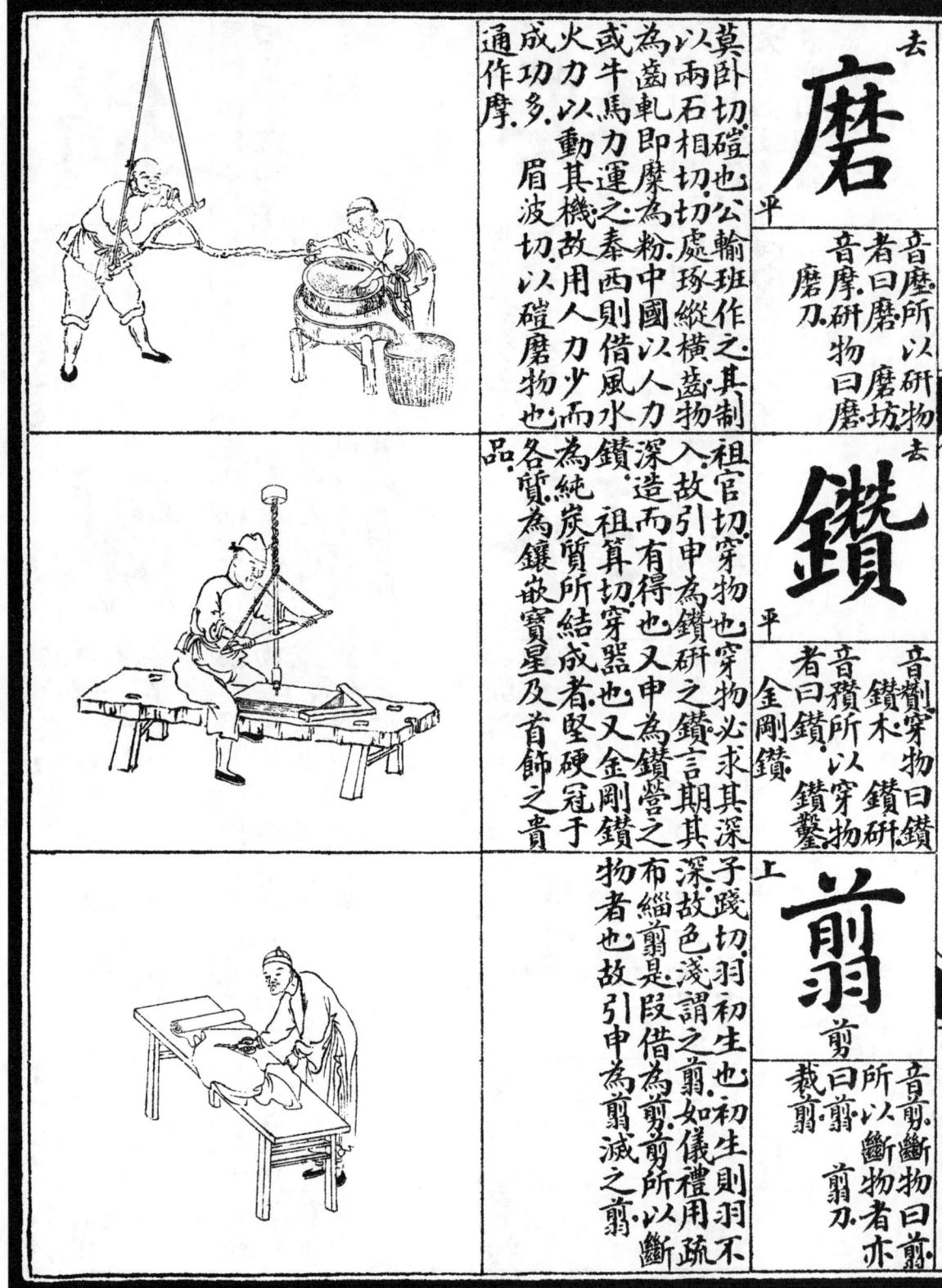

掘

入

音倔。起土曰掘。

掘井。　發掘。

音橛。義同。

渠勿切。又其月切。穿土也。如譬若掘井掘地為臼是。叚借為堀。如蜉蝣掘閱之掘是。又借為崛。故崛起亦曰掘起。

測

入

音惻。以所知求未知謂之測。

測量。　叵測。

初力切。深所至也。引申之凡窮高遠極深厚皆謂之測。算法有重測實測諸名。總之不外三角法推算之理。

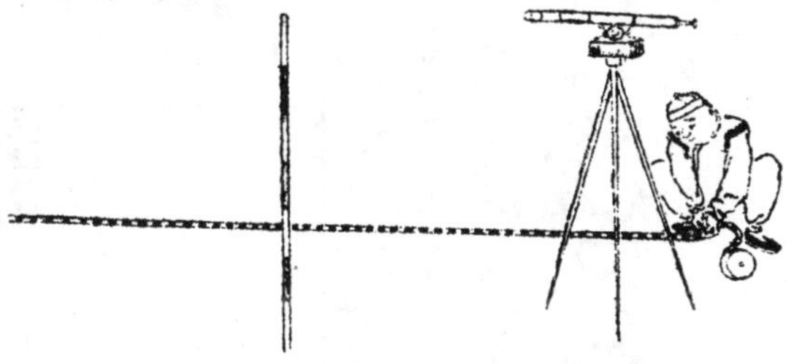

汲

入

音急。引水於井謂之汲。　汲引。

汲水。

訖力切。井必用汲。汲者用綆繫瓶以引水。故引申謂引薦為汲引。又綆修可以汲深。因又申為汲古之汲。汲水之器。一上一下不稍休。故狀不休者曰汲汲。

澆

平

音驍。以水沃物曰澆。澆花。澆風。

堅堯切。沃也。段借為磽。磽薄也。如澆薄之澆是。

盥

去

音貫。澡手曰盥。盥漱。

古玩切。盥从臼水从皿會意。古之盥者。澆水手上。揮手令乾。敬老者則授以巾。段借為灌地降神之灌。如易觀盥而不薦是。益以酒澆地。與以水澆手。情事略同。

濯

入

音濁。洗滌曰濯。濯足。

直角切。澣也。物經澣則光。故引申為光澤之義。如濯濯是。

上

洗

音銑。澣濯曰洗。洗衣。洗足。音姺。洗物之具曰洗。筆洗。

想禮切。凡澣濯皆曰洗。洗者去其舊染之污以自新也。故引申為洗心之洗。蘇典切。

上

澣

浣

音緩。濯垢曰澣。澣濯。

合管切。濯衣垢也。以手曰漱。以足曰澣。引申之凡洗滌皆謂之澣。唐制十日一休沐。故以上旬中旬下旬為上澣中澣下澣。澣亦省作浣。

上

洒

灑

音灑。雨水曰洒。洒埽。音洗。與洗同。

所蟹切。與灑通。洒埽者弟子之職。言洒水以斂塵使埽時不上揚也。洒有洗濯之義。故借為洗讀想禮切。如傳洒濯其心之洒是。洒者去垢之謂。引申之凡雪恥雪怨亦謂之洒。如孟子一洒之是。

平

沾

霑

音詹。物濡水曰沾。沾恩。沾溼。

之廉切。與霑通。沃水為淋。濡水為沾。沾者溼而不流之貌。人之受恩。猶物之沾雨露。故引申為沾恩沾惠之沾。

平

酬

音讐。報獻曰酬。應酬。酬勞。

時流切。導酒也。凡主人酌賓曰獻。賓還酌主人曰醋。主人又自飲以酌賓曰酬。飲賓而又從之以貨財亦曰酬。引申之凡報獻皆曰酬。如酬勞之酬是。又泛言應對謂之酬酢。

酢 入

音昨。客酌主人曰酢。 酬酢。

疾各切。酢本讀如醋。醶也。俗以醋為醶。而以酢為醋。主進酒於客曰獻。客荅進主人曰醋。故世以應對為酬酢。

斟 平

音針。酌酒曰斟。 斟酒 斟酌。

諸深切。勺也。勺所以盛羹。因即名羹為斟。如史廚人進斟。是勺本通酌。故俗以酌酒為斟酒。凡酬酌為賓主款談之會。故俗以商取其義為斟酌。

標 平

音猋。木末曰標。 高標 錦標

卑遙切。木末也。木末必高。故引申為高標之標。高者可因以表誌所表。故叚借為表識之表。古者懸榜表端。以識事。因又申為標題標榜之標。

彎 平

音灣。物曲曰彎。 撓物使曲亦曰彎。 彎弓。 月彎。

烏關切。引弓發矢也。弓引則曲。故引申為彎曲之彎。

屑 入

先入聲。碎末曰屑。 木屑。 不屑。

先結切。細切之也。引申之所切之物。即曰屑。又事之瑣碎者與物之細屑相類。故亦曰瑣屑。屑者物之不足重者也。故不加意于事物曰不屑。

包　平

音包。裹物曰包。所裹之物與所以裹者皆曰包。包涵　書包。

包布交切。胎也。勹象人懷妊，巳象子未成形也。今作胞。引申為包裹包容之包。

裝　平

音莊。整束曰裝。裝腔。　軍裝。

側羊切。束衣使整齊也。引申之凡服式行李皆曰裝。如古裝行裝是。又申之凡門窗器械亦曰裝。如軍裝裝修是。

載　去　上

音再。以車承物曰載。　裝載　音宰。年也。

作代切。載乘也。專言之乘於車曰載。泛言之凡加於物上皆曰載。故古之盟者。加書牲上而埋之曰載書。因轉為記載之載。又唐虞謂年為載。義取地所載生物已一熟也。讀子亥切。

轉　去　上

專上聲。旋行曰轉。　旋轉。　專去聲。使物旋行也。　轉車。

止兗切。輪旋也。輪旋半周曰輾。全周曰轉。引申為往來返復之詞。又以力旋物亦曰轉。讀株戀切。

輸　平

音俞。以物致人曰輸。　輸粟。　輸贏。　損輸。

商朱切。以車遷賄也。引申之凡委送財貨皆曰輸。輸必盡其所衆。故引申為輸贏之輸。漢時郡國諸侯各以其方物貢輸。往來物多苦惡。不償其價。因制官以相紹運。即曰均輸。

攤　平

音灘。舒展物體曰攤。　攤書。

他丹切。開卷也。引申之凡陳列諸物皆曰攤。今小販之陳物求售者。亦即以攤名。攤者必平。故轉為攤還之攤。言分配必平均也。

去

擔

儋

平

膽去聲。所負曰擔。挑擔。

膽平聲。負之曰擔。擔肩。擔當。

都濫切。背所荷者曰負。肩所荷者曰擔。都藍切。肩任曰擔。力任亦曰擔。

築

入

音竹。杵土使堅曰築。築牆。

之六切。擣土之杵曰築。以築擣之即曰築。引申之凡實土其中杵堅之皆曰築。

填

平

音田。以土滿之也。填土。

亭年切。

去

墊

音店。土陷曰墊。椅墊。

都念切。下也。屋陷之⿱宀執从宀執。土陷之墊从執土。皆指事也。陷則委溺。故引申為昏墊之墊。又借為填滿之填。

深 平

音蔘。淺之對也。深淺。深淡。

式針切。水不可測曰深。引申之凡不可測者皆曰深。如學問淵深氣度深沉之類。

淺 上

千上聲。不深曰淺。淺近。水淺。

七衍切。淺者對深而言。凡一望而底蘊畢露者皆曰淺。

澂 澄 平

音懲。水之清者。澂清。

持陵切。水清曰澂。清其水亦曰澂。字亦與澄通。

濁 入

音濯。水不清曰濁。清濁。濁氣。

直角切。濁者清之反也。

汎 去

音氾。隨波飄浮曰汎。浮汎。汎舟。

孚梵切。浮皃。與泛畧同。

濫 上

音纜。水横流曰濫。氾濫。濫交。

盧瞰切。濫氾也。言水行不由其道而氾濫横溢也。引申之刑失其道曰濫刑。樂失其道曰濫音。交友失其道曰濫交。聽言失其道曰濫聽。

沸 去 入

音芾。水汽漲湧曰沸。沸水。沸度。音拂。泉出皃。

方味切。沸水俗言滾水。尋常以水加熱至二百十二度為沸度。但沸度關乎空气壓力。壓力大則沸難。壓力小則沸易。故藉水沸度之大小。可測山之高低。沸泉亦泉之遇地熱汁而漲湧者。分弗切。觱沸檻泉之沸。

溢 入

音逸。過滿曰溢。洋溢。充溢。

弋質切。注水於器。水如其器曰滿。更益以水則溢。引申之凡過其量者皆曰溢。粟米二十兩曰溢。字亦作鎰。鎰金二十兩也。皆過於一斤十六兩之意。

瀉 去 上

音寫。洩水曰瀉。瀉水。音卸。注下之症曰瀉。吐瀉。

悉也切。本作寫。置物也。謂去此注彼也。故洩水使他注曰寫。後人增水旁作瀉。而寫瀉遂異用。又泄瀉為注下之症。讀司夜切。

流 平

音留。物之非定者曰流。流動。源流。

力求切。不動之物曰定質。常動之物曰流質。氣類為輕流質。油水水銀及五金鎔液之類為重流質。凡言流者。言其流動不息也。故引申為周流之流。分人之品類亦曰流。言若水之有支派也。

浮 平

音罘。漂流無定曰浮。浮海。粗浮。

縛牟切。浮者物在水面。往來無定向也。引申為凡無定向之辭。故習業無定趨曰浮蕩。發言無定評曰浮夸。數踰其定額。又曰浮於額。

湧 上

音勇。水上出曰湧。洶湧。

尹竦切。本作涌。水性就下。噴激而上則謂之湧。

凝

平

鬅平聲。滯而不流曰凝。寒凝。凝結。

凝陵切。凝本訓冰堅也。寒氣凝聚始成冰。而今流質為定質。故又訓聚也。定也。古文冰作仌。凝作冰。後人以冰代仌。而以凝為凝聚之稱。

淤

去　平

音飫。濁泥也。淤泥。淤塞。音於。義同。

依據切。水中濁泥曰淤泥。水為濁泥所塞曰淤塞。又讀依虛切。

壅

上　平

音邕。塞水曰壅。壅塞。糞壅。音擁。

於容切。障水使不通也。凡隄岸駁蝕。加土封之則曰壅。引申為壅塞壅蔽之壅。壅又有培植之義。故培覆根土。澆灌卉木。並曰壅。又伊竦切。義同。

涸

入

音鶴。水涸曰涸。乾涸。涸轍。

下各切。

漫

去　平

音縵。大水曰漫漫。水漫。音瞞。義同。

莫半切。漢官切。漫大水也。水勢浩大亦曰漫。漫則一望無際。故道路長遠曰漫漫。漫又有放逸之意。如漫不經心之漫是。

潑

入

音鏺。弃水曰潑。潑水。活潑。

普活切。潑弃水於地也。水本主動。潑則錯落下墜。畧無滯機。故不沾滯曰活潑。

匯 上

回上聲。衆水所聚曰匯。總匯。匯票。

胡罪切。匯器也。禹貢東匯澤爲彭蠡。匯訓爲圍。言大澤外必有陂圍之。如器之圍物也。引申之衆水會流亦曰匯。叚借爲回。今用銀錢券票有匯票名目。義取回向本處付欵也。

消 平

音宵。化有爲無曰消。消息。消磨。

先彫切。消滅也。物滅其形曰消。故事物一生一滅謂之消息。

溯 去

音素。逆流而上曰溯。溯洄。追溯。

蘇故切。本作泝。水欲下違之而上也。引申之自下而上皆曰溯。如追溯上溯之類。

游 平

音猷。浮行水面曰游。游玩。游民。

夷周切。游旌旗之流也。言旌旗之下垂若水流然。引申之浮行水面曰游。又申爲出游嬉游之游。

沿 平

音鉛。順流而下曰沿。相沿。沿江。

余專切。沿緣水而下也。引申之自上而下曰沿。循緣故轍亦曰沿。

泊 入

音薄。舟附岸曰泊。泊舟。澹泊。

傍各切。泊淺水也。停舟必擇水淺之處。故移舟就岸曰泊舟。泊則暫可憩息。故甯靜無爲曰澹泊。流寓無定曰漂泊。

去 上 **沈** 平

音霃。不浮曰沈。沈著。浮沈。
音鴆。投物於水也。
音審。姓也。

直深切。沈水污泥也。故物在水中曰沈。引申之以物投水中曰沈。讀直禁切。式荏切。古國名。周文王子聃季食采於沈。子孫以國為氏。

去 **溺** 入

音惄。困於水曰溺。沈溺。溺水。鳥去聲。

乃歷切。水死為溺。溺弱也。言為水所困弱不自勝也。引申之凡為外物所困而沈湎不反者。皆曰溺。奴弔切。同尿。

淹 平

音醃。沈沒於水曰淹。水淹。淹留。

衣廉切。水漬為淹。言水潦壞物也。潦者止而不流之水。故留滯曰淹滯。留滯則有長久之意。故淹又訓久。

沒 入

音歿。溺水曰沒。沉沒。沒有。

莫勃切。沒沈也。物沈於水則不能見。故亦訓無。如史記乾沒。俗語沒有是。無則必盡。故又訓盡。如沒階沒齒是。

渾 平

音魂。水濁曰渾。渾濁。

戶昆切。渾涵流聲也。與混略同。謂二水合流。混淆不清也。引申之濁而不清之水皆曰渾。更申為凡不清之偁。

涵 平

音含。廣容曰涵。包涵。涵泳。

胡男切。涵水澤多也。言所容受潤澤多也。引申為涵容之涵。又申為涵泳之涵。

濬 去

音浚疏治水道 曰濬 濬河

須閏切濬深通川也使川深通亦曰濬引申之智德幽深者曰濬哲

注 去

音註引水灌物 曰注 貫注 起居注

之戍切注灌也謂引彼灌此使相通也引申之一氣貫通曰貫注疏通經義曰疏注引彼就此則有專向之義故意有專向亦曰注意又記事曰注亦謂注意於此使不忘也今有起居注官

浸 去

音祲漬水滋潤 曰浸 浸潤 浸漬

子鴆切置物水中曰浸物之結力較鬆則水質由漸滲入故浸亦訓漸如浸假之浸是

灌 去

音貫注水於地 曰灌 澆灌 灌溉

古玩切灌水名出廬江雩婁北入淮轉注為盥盥洗也灌溉滋潤物生必蓄故叢木謂之灌木又以鬱鬯灌地降神曰祼取澆灌之義字亦作灌

滋 平

音茲增益之謂 滋潤 滋長

子之切滋本訓益按滋訓草木多益也滋从水从茲草木得水其生益茂故生長曰滋長潤澤曰滋潤

潤 去

音閏溼之以水 曰潤 光潤 潤澤

如順切物得水而潤則色澤鮮明故曰潤澤亦曰潤色

火　上

貨上聲。陽之精也。五行屬南方。又八大行星之一曰火星。水火。火山。

呼果切。火所以分化萬物。其易見者。如燃柴燭是。其不易見者。如木與木摩則生火。磁與鐵吸則生電是。其熱而不見者。如石灰入水則沸是。其見而不熱者。如燐火之冷光是。

焚　平

音汾。物被火燒曰焚。焚香。

符分切。焚火田也。从林从火會意。引申為凡物被火之偁。

燒　平

音縣。火化曰燒。燒灰。燒酒。

尸招切。燒爇也。物無養氣不燒。既有養氣則無論定質流質氣質。以火引之。皆可以燒。亦有不藉火引者。如燐遇空氣則自然。木與木摩則生火是也。

災　灾　平

音哉。大患曰災。火災。災害。

收來切。古文作灾。人火曰火。天火曰災。災所以殃人。故引申為凡殃人者皆謂之災。

烝　平

音蒸。以汽熟物謂之烝。烝籠。烝汽。

諸仍切。烝者。熱汽上淫也。引申之。以下淫上謂之烝。烝汽上騰。質點繁密。因又申為烝民之烝。又萬物及冬告成者衆。故冬祭即曰烝。

炙　去　入

音隻。以火熏物曰炙。炙灰。

音蔗。炙熟之肉曰炙。膾炙。

之石切。炮肉也。从肉在火上。會意。肉在火上。有親之熏之之義。故引申為親炙之炙。又凡食物之經熏者。皆謂之炙。讀之夜切。

烹 平

音磅。和水煮物曰烹。烹調。

披庚切。本作亯。煮也。經傳多作亨。

爨 去平

音竄。析薪以炊曰爨。饔爨。音攛。義同。

七亂切。又七丸切。炊也。𦥑象甑。臼所以持也。冂為竈口。廾推林炊。內火。林者柴也。象形兼會意字。引申之。所炊之竈即曰爨。

炊 平

音吹。爨也。炊茶。

昌垂切。炊即爨也。齊人謂爨為

烘 平

音鬨。以火乾物曰烘。烘爐。

呼洪切。燎也。炙則離火近。烘則離火遠。炙者取生物而使之熟。烘則取溼物而使之乾也。

熏 平

音薰。火炙物曰熏。煙熏。熏魚。

許云切。火煙上出也。从屮从黑。屮黑熏象也。熏有火盛之貌。故引申為熏心。熏德之熏。又東南風曰熏風。言其風和暖如火熏也。

煎　平

音湔。以火乾汁曰煎。煎湯。油煎。

將仙切。熬也。引申為憂煎之煎。猶言憂心如焚也。

煮　上

音渚。烹物曰煮。煮飯。

掌與切。煮，烹也。物必烹煮煎炙而後食之者，一則易於消化，一則物內所含微生物已死，食之不至傷人也。

熟　入

音淑。物經熱力而成者曰熟。熟讀。相熟。

市六切。熟，生之對也。故引申為荒熟之熟。又申為熟聞熟識之熟。則言聞識已久。猶烹食之久而就熟也。

焦　平

音蕉。灼物成炭曰焦。焦飯。三焦。

茲消切。燒物存性曰焦。焦者，氣因火變也。段借為三膲之膲。三膲者，水穀之道路，氣之所終始也。在胃上心下為上焦，在胃中脘為中焦，在臍下膀胱上為下焦。

熱　入

音苶。冷之對也。冷熱。熱腸。

如列切。炎氣聚則生熱。故離赤道南北各二十三度半之地為熱道。熱道之民聰明較少，壽數亦短，因其精氣神不能收斂也。凡熱不必全賴外力，亦有彼此感應而成者，如電與人心是也。故申為熱心熱力之熱。

燥　去

音喿。乾極則燥。燥溼。害燥。

先到切。燥，焦也。引申為乾燥之燥。言如火所灼也。

去

熾

音熾。火勢盛也。熾昌。

昌志切。火盛曰熾。引申為凡盛之偁。如熾盛、熾昌等是。

去

燼

音盡。火餘曰燼。灰燼。

徐刃切。燒木之遺也。引申之凡遺民、遺災皆曰燼。

平

烽

音丰。火之端曰烽。烽燧。烽火。烽

敷容切。从火从夆會意。夆者聳而銳上也。字亦作㷭。古者邊疆有警則舉火於墩以告急。是謂烽火。烽舉於晝。燧舉於夜。

去

炷

音注。鐙中火主也。炷香。一炷。

之戍切。鐙炷也。本作主。从王从丶。王象鐙。丶象火炎上也。今俗作炷。

入

烈

音列。火勢猛也。烈火。節烈。

力蘖切。火猛甚曰烈。引申為酷烈、激烈之烈。皆以甚為義。火甚者光必大。故又申為節烈、勳烈之烈。

蔬

平

音疏。草菜之通稱。圃蔬。蔬菜。

所葅切。凡草菜之可茹者。統謂之蔬。

菜

去

音縩。圃蔬曰菜。菜根。番菜。

倉代切。菜草之可食者。古以五味調五菜。謂葵甘。韭酸。藿鹹。薤苦。蔥辛也。引申之。凡可以佐飯者。皆曰菜。

芥

去

音戒。辛菜也。草芥。纖芥。

古拜切。芥似菘而有毛。其味辣。可作葅。亦可生食。芥本草屬。微賤之物。故物之纖微者曰纖芥。居於微賤者土芥。

薑

平

音姜。老而愈辣者為薑。生薑。乾薑。

居良切。本作薑。謂其能彊禦百邪也。宿根謂之母薑。四月取母薑種之。五月生苗。如嫩蘆而葉稍闊。秋社前後。新芽頓長。如列指狀。采食無筋。謂之子薑。

蔥

平

蔥音聰。類韭蒜而中空者。

青蔥　蔥白

倉紅切。蔥凡四種。夏衰冬盛。莖葉軟美曰凍蔥。莖實硬而味薄至冬葉枯曰漢蔥。並食品用。莖葉粗硬根若金燈曰胡蔥。細莖大葉生山谷者曰山蔥。亦曰茖蔥。並入藥用。

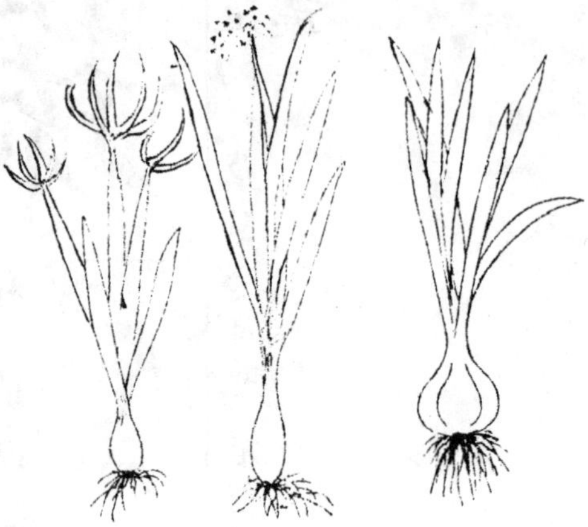

蒜

去

音算。五葷菜之一也。

大蒜　蒜苗

蘇貫切。蒜辛而葷。有大小二種。小蒜即卵蒜。胡國有蒜。十許子共為一株。籜幕裹之。名為胡蒜尤辛。為小蒜。俗亦呼為大蒜。張騫使西域。始得其種。

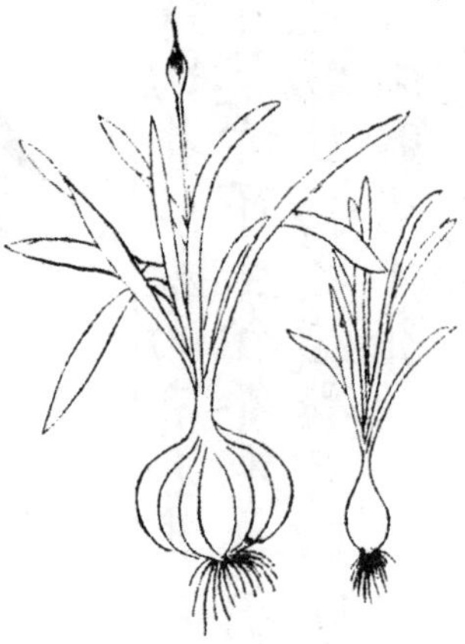

韭

上

音久。葷菜名。

剪韭　韭菜

舉有切。一種而久生。故謂之韭。冬時培韭根於土中。暖即生長。高可尺許。不見風日。其葉黃嫩。謂之韭黃。

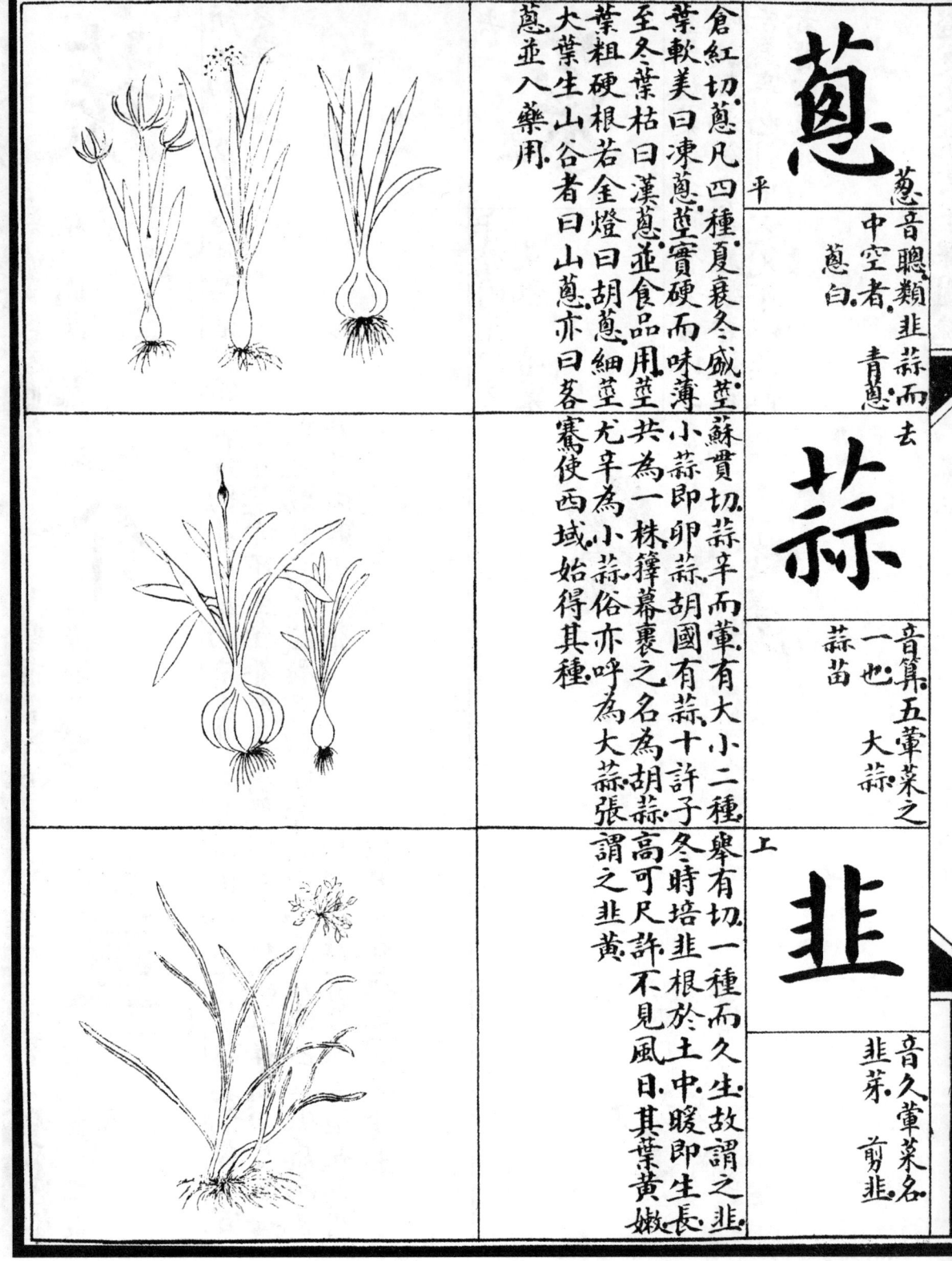

茄 平

音嘉。五茄，藥名。音伽。茄子，菜名。

古牙切。五茄亦作五佳。以一枝五葉者佳。故名。於藥為療風勝品。亦名追風使。蓋風病飲酒易生痰火。惟五茄皮酒無患也。求迦切。茄有瓤。瓤有子。子如脂麻。茄有團如栝樓者。有長四五寸者。又有青茄白茄紫茄諸名。

莧 去

音賢。菜名。莧菜。野莧菜。

侯襇切。莧凡六種。人莧白莧赤莧紫莧五色莧馬齒莧也。並於三月撒種。六月後不堪食。惟人白二莧可入藥。大者為白莧。小者為人莧。性俱大寒。

薇 平

音微。山菜也。薇菜。白薇。薔薇。

無非切。薇似藿。菜之微者也。莖葉皆似小豆。蔓生。其味亦如生豆。即今之野豌豆。又白薇。藥名。紫薇薔薇並花名。

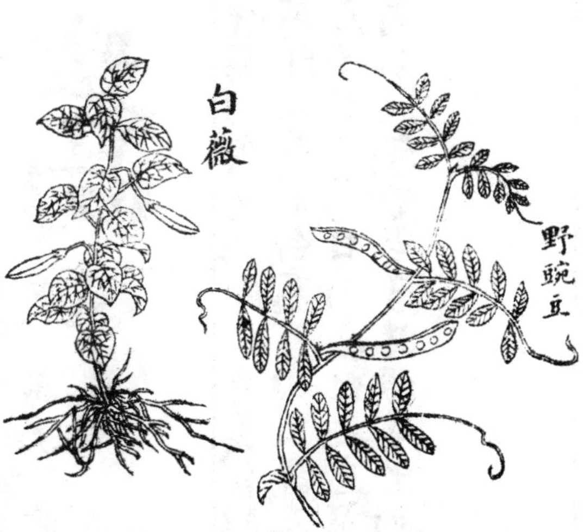

蒓 蓴 平

音純。水葵名。蒓菜。

常倫切。蒓，逐水而性滑。葉似鳧葵。採莖可啜。三月至八月，莖細如釵股，名曰絲蒓。九月至十月漸粗，在泥中，名曰瑰蒓。

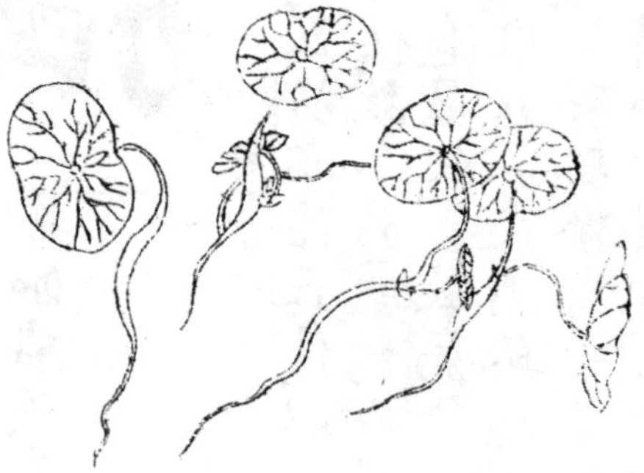

蓬 平

音鬔。草名。又蓬蒿菜也。飛蓬。蓬萊。

薄紅切。蓬，蒿類之草。枝葉繁密，秋風起則飄搖歷亂無定向。故詩狀髮之亂曰首如飛蓬。

蒿 平

好平聲。蓬萊之屬。蒿萊。青蒿。

呼高切。香蒿也。即今青蒿。葉似茵陳而背不白，高可四尺許。又莊子：君子蒿目而憂世之患。謂蒿易棲塵，喻君子眯眼塵中也。

藜 平

音犂。草也。似藋而表赤。藜藋 蒺藜

郎奚切。藜初生可食。古人蒸以為茹。

芹 平

音勤。水菜名。芹菜 采芹

巨斤切。水菜也。一名楚葵。可以為葅。即今人所食水芹菜。俗稱入泮曰采芹。取詩經泮水采芹之意。

筍 上 笋

音巽。竹萌為筍。春筍 冬筍

思引切。竹胎孕地中者為筍。可為蔬食。冬月掘大竹根下未出土者為冬筍。尤稱珍品。

蕈 菌 上

尋上聲。菌生木上曰蕈。菌本音窘。地蕈也。俗讀蕈菌同音。

慈荏切。蕈生桐柳枳椇木上。紫色者名香蕈。白色者名肉蕈。皆因溼氣熏蒸而成。生山僻處者有毒殺人。蕈生於地者曰土菌。形似釘蓋。甘寒有毒。凡煮蕈投以薑屑飯粒。若色黑者殺人。否則無毒。菌讀渠隕切。

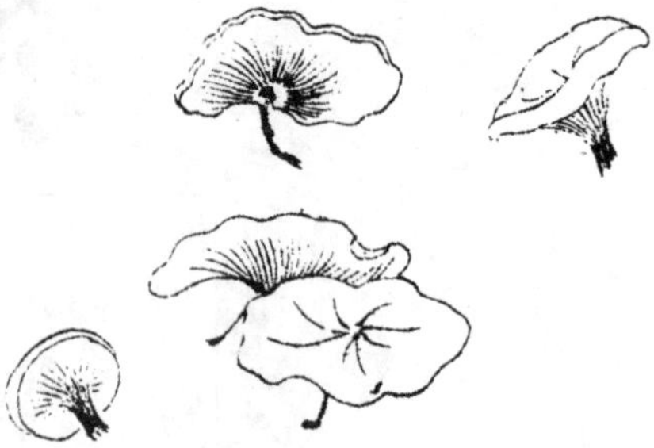

茹 上 去 平

音如。食菜曰茹。又為菜之總名。茹葷。菜茹。音汝。音孺。義並同。

人諸切。茹飤馬也。引申之。凡柔物而咀嚼之曰茹。又申之。植物可供蔬菜者皆曰茹。又忍與切。又而遇切。並同義異音也。

茗 上

音酩。茶芽曰茗。香茗。茗盌

莫迥切。昔人以早采者為茶。晚取者為茗。一說。茗。茶芽也。今茶茗二字殊無異用。惟微分雅俗耳。

茶 平

詫平聲。木名。其葉可為飲。煎茶。茶椀。

直加切。中國各省之茶。色味不同。最佳者產在赤道北二十七度至三十一度間。通商以來。茶葉為出口貨物之一大宗。今東西各國仿植者甚多。且講求極精。如日本印度等處是。西人飲茶外。更以加非可可等物為飲

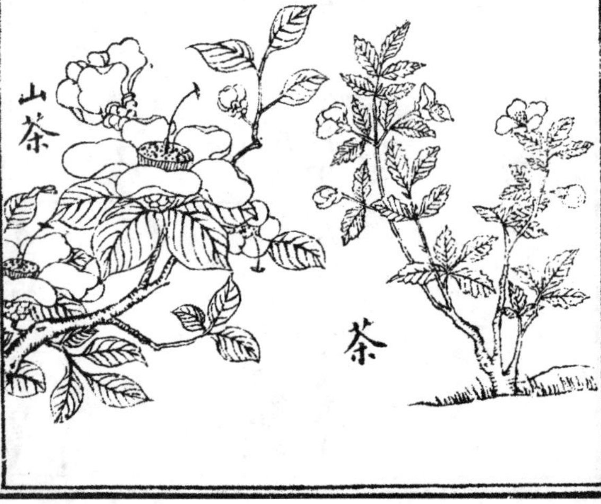

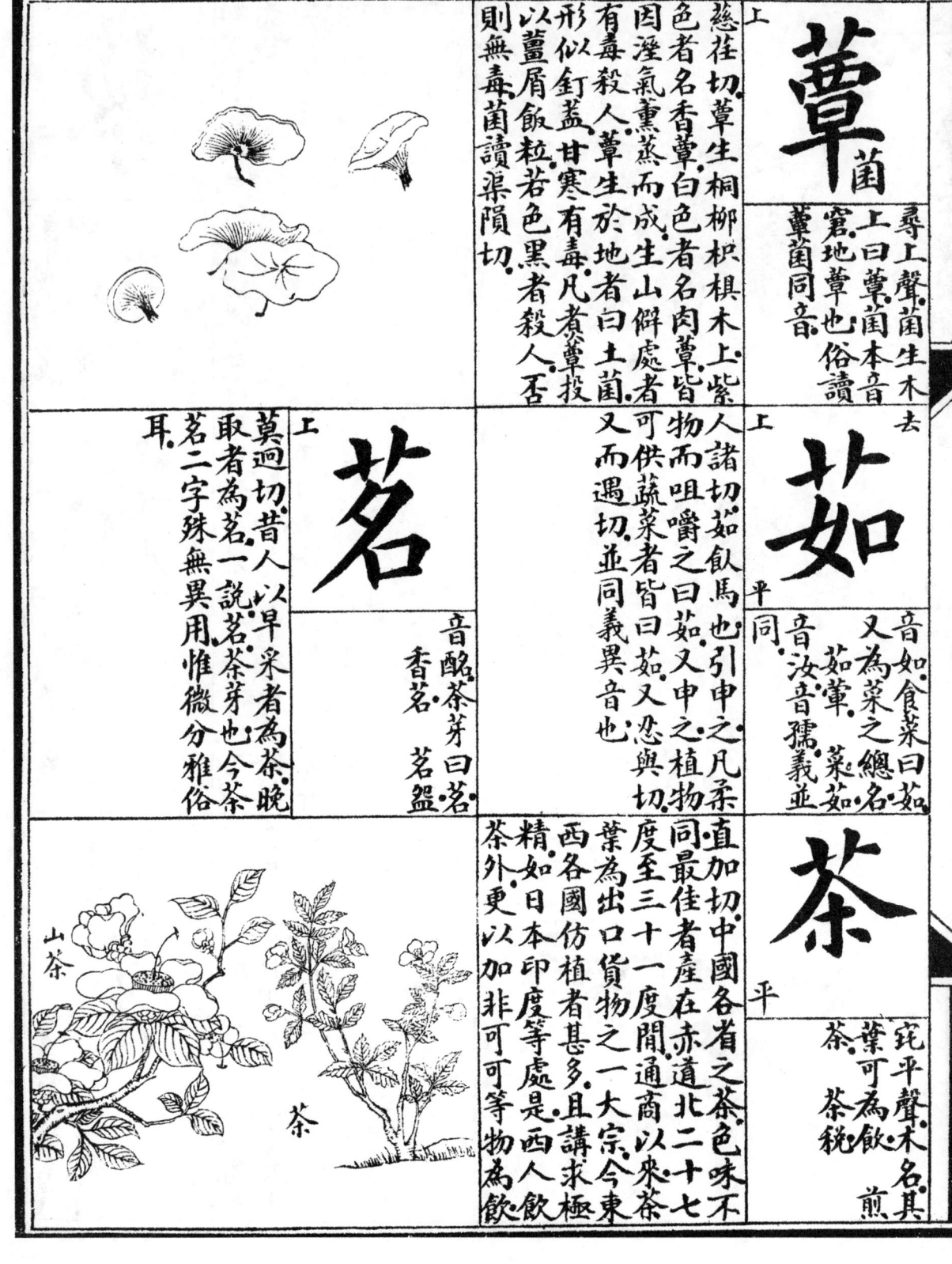

花 平

音譁。已開之蘂曰花。開花。花卉。

呼瓜切。花為植物傳種之具。其芽常在葉幹角間發出。各件皆葉變化而成。花後所結子粒果實。即生植物之種子。有幹端獨發一花者。謂之幹端花類。有一幹並發多花者。謂之多花類。

瓣 去

音辦。花內圈曰瓣。花瓣。

皮莧切。瓣多華美之色。或全分。或邊相連。在萼內環列成圜。合法之。花萼瓣與花瓣遞更排列。花瓣全分者曰多瓣花。瓣邊相連者曰合瓣花。亦間有花不成瓣者。萼與瓣之功用。皆為保護花鬚花心之具。

萼 入

音鄂。花外圈曰萼。花萼。

逆各切。萼常綠色。或為彩色。環列花外。其形為數葉合成。每葉為一出。謂之萼瓣。瓣或全分。或以邊相連。全分者謂之多瓣萼。相連者謂之合瓣萼。萼葉亦有單層雙層之別。

芽 平

音衙。草木初生曰芽。枝葉初生亦曰芽。萌芽。含芽。

五加切。置植物種子於地。若地土膏潤。熱度合法。更在常通風氣之處。則生萌芽。枝幹莖葉皆由此發生。枝葉之芽。具於前歲之秋。或隱於莖枝之端。或伏於莖葉交角之間。冬寒。故不茁長。至春乃發為枝葉。

葉 入

音葉。附植物枝幹而片片排列者曰葉。枝葉。花葉。

弋涉切。葉生枝間。依法排列。內有長圓輭珠。分上下兩層。中隙為通枝幹之氣管。各珠中有綠色小粒。名為葉綠。即植物藉成綠色者。葉俱兩面。有皮。下面之皮有多小口。主宣洩養氣。收吸炭氣。以養全樹之用。

莖 平

音牼。枝柱曰莖。莖葉。花莖。

何庚切。莖。草木之枝柱也。枝葉之藉以植立者。一說草曰莖。木曰幹。又花之長鬚亦曰莖。

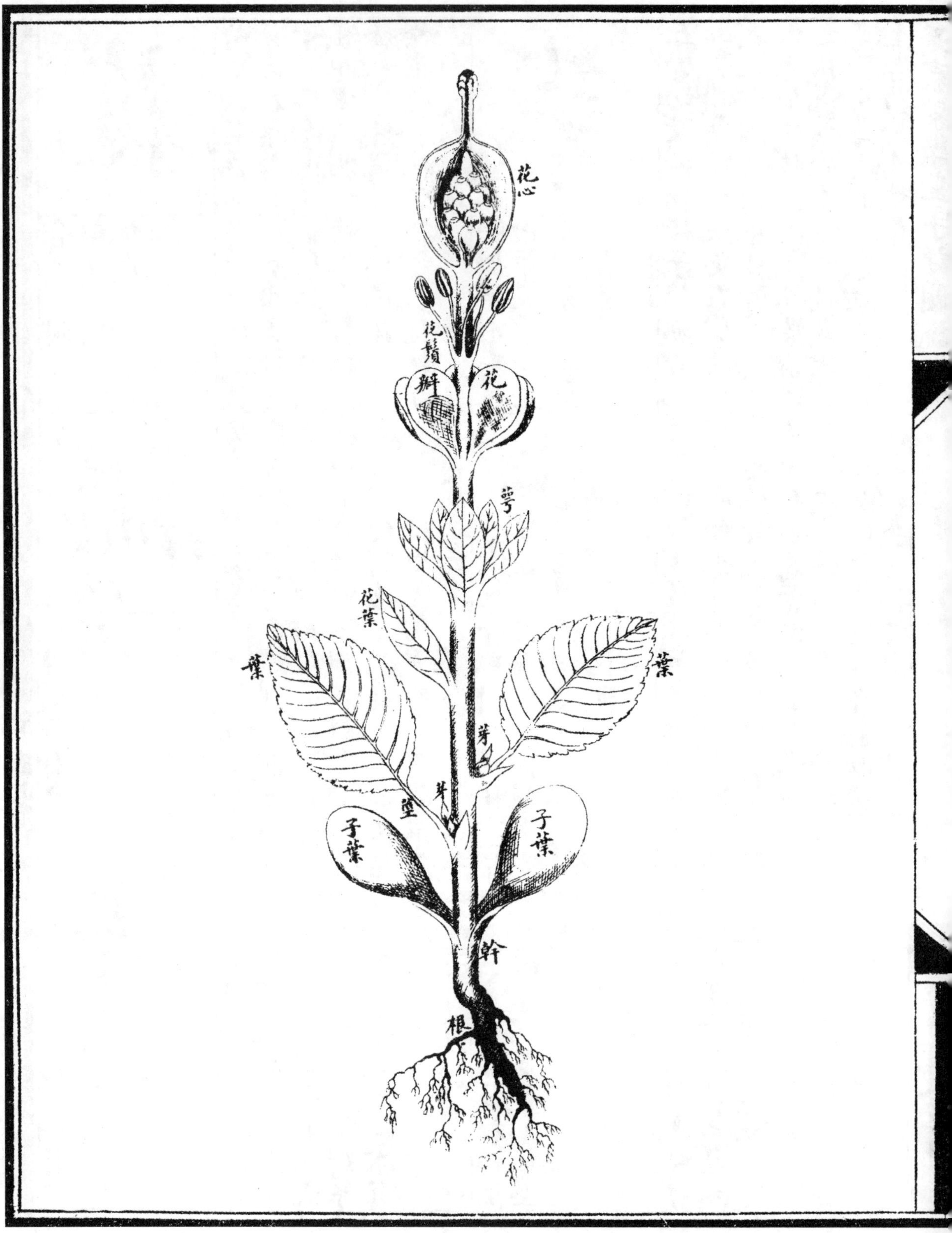
花心
花鬚
花瓣
萼
花葉
葉
葉
芽
芽
莖
子葉
子葉
幹
根

蘂 上

蕤上聲。花含苞曰蘂。　花蘂

如壘切。花未開放時。萼與瓣皆層層掩壘。則謂之蘂。

朵 上

音埵。花下垂皃。　花朵　朵頤

丁果切。朵。樹木垂朵朵也。引申為花朵之朵。更申為朵頤之朵。謂頤垂下動也。叚借為垛。後世以殿之東西為朵殿。蓋垛之轉注。

苞 平

音包。草也。　竹苞　苞苴

班交切。苞本訓草。叚借為包。取包裹之意。故草木叢生曰苞。花蘂未放亦曰苞。苞苴之苞。謂以葦或茅包裹魚肉以遺人。今凡以物遺人。皆曰苞苴。

馨 平

釁平聲。香之遠聞者曰馨。　花馨　馨香

呼刑切。馨。香氣之聞於遠者也。

芳 平

音妨。草香也。　芳草　流芳

敷方切。草之清氣曰芳。引申為凡香氣之統稱。又引申之。人有令德。薰其善類。亦曰芳。如芳名流芳之芳是。

落 入

音洛。下墜曰落。　零落　落花

歷各切。草木彫𢿱曰落。言枝葉錯落下墜也。引申為殂落之落。言人之斃。猶草木彫𢿱也。落又訓始。故宫室始成而祭之曰落。室成則可居。因謂可居之處曰落。如院落村落聚落是。

蓮 平

音連。荷已成實曰蓮。蓮房 采蓮

靈年切。蓮青皮裹白子為的。的中有青為薏。味甚苦。凡植物之成實者。必先發華。獨此華實齊生。而華落後實漸長大耳。

葵 平

音鄈。菜也。又花名。葵葉。葵扇。

渠惟切。菜也。古人種為常食。爾雅所謂莃菟葵是也。其菜易生。備四時之饌。今人不復食之。亦無種者。又一種名秋葵。傾葉向日。以衛其根。俗偁向日葵。

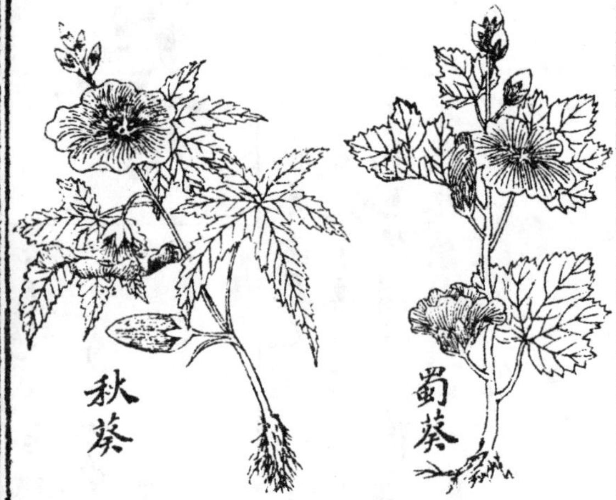

蘜 入 菊

音掬。秋花也。秋蘜。蘜蘺。

居六切。蘜花各品不同。皆宿根自生。莖葉。莖有林蔓。紫赤青綠之殊。葉有大小厚薄尖禿之異。花有千葉單葉無心有心無子有子之別。其花色又黃白紅紫間色深淺不同。惟秋時所開黃色者最有致。

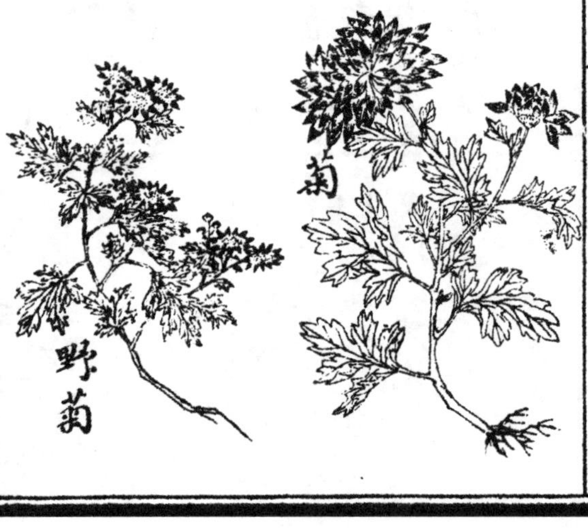

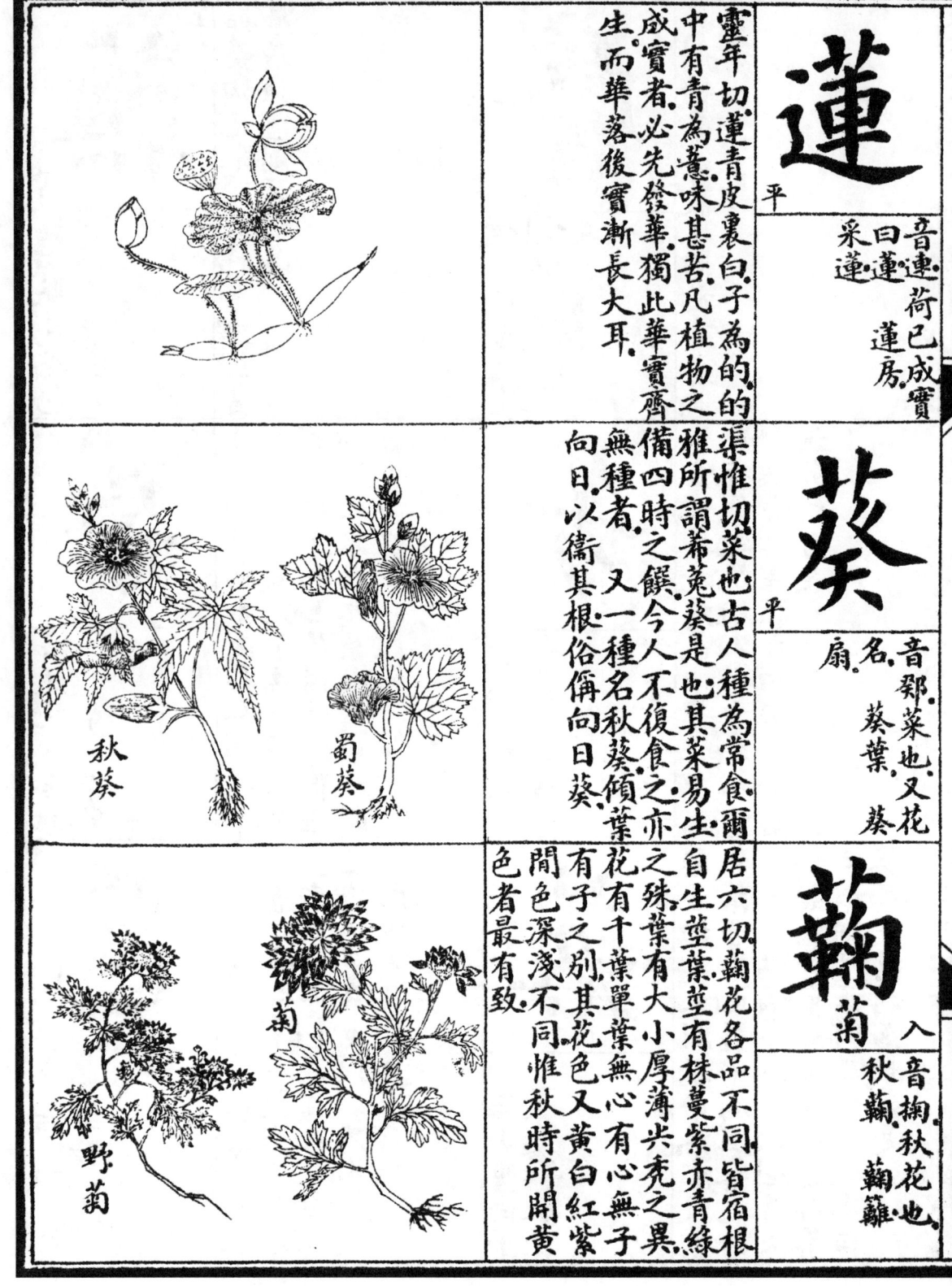

芙

平

音扶。荷花亦名芙蓉。又木本有芙蓉花。

蓉

平

音容。

馮無切。芙蓉即荷之別名。亦名芙蕖。其莖茄。其葉蕸。其本蔤。蔤即莖下白蒻在泥中者。其華菡萏。其實蓮。其根藕。 芙蓉花略似牡丹而小。有二種。木芙蓉一日白。二日淺紅。三日黃。四日深紅。比落色紫。人號為文官花。醉芙蓉朝白午桃紅晚大紅者最佳。又有四面花。轉觀花諸名。紅白相間。八九月次第開謝。

餘封切。

藥

药

入

音躍。凡療疾之品皆曰藥。藥草。丸藥。

以灼切。神農氏嘗百草。始有醫藥。凡草木金石鳥獸蟲魚之類堪愈疾者總名為藥。俗省書作药。葯於略切。音約。白芷葉謂之葯。

芍

入

音若。芍藥花名。白芍藥名。

如灼切。芍本為鳧茈。即今之葧臍。又芍藥花。春生紅芽。初夏開花有紅白紫數種。結子似牡丹子而小。秋時采其根可入藥。有赤白二種。

上

草

音慅。百卉之總名。花草。草率。
音皁。櫟實也。

采早切。本作艸。草。植物之粗賤者。因沿用為粗而不精之謂。如草創、草率、草稿、草書之類皆是。自保切。草斗櫟實也。其殼可染黑。此草之本訓。今以草為艸木之艸。別作皁字為黑色之皁。

上

卉

諱上聲。草之總名。花卉。卉木。

芔 許偉切。从屮从艸會意。言草之有大有小也。

上

莽

音蟒。艸亦曰莽。草莽。莽撞。

模朗切。犬逐兔艸中為莽。引申之艸深曰莽。艸深則彌望荒蕪。皆粗野之象。故粗率亦曰鹵莽。

上

藁

音杲。禾莖曰藁。草藁。

古老切。藁禾幹也。引申之凡草木之幹皆曰藁。故周禮有藁人之官。掌弓弩箭幹之事。

去

茂

音懋。草木蕃盛曰茂。茂林。暢茂。

莫候切。草豐盛也。引申為凡豐盛之稱。

去

蔓

音萬。草生延綿不絕為蔓。蔓延。滋蔓。

無販切。蔓葛類。其生也引藤曼長。故草之滋生者統曰蔓草。引申之凡蔓延不絕者皆謂之蔓。

菲

上 平

音斐。薄也。菲薄。音霏。芳也。芳菲。

敷尾切。菲。微薄之草也。生下溼地。似蕪菁。華紫赤色。可采以為茹。引申為凡微薄之偁。芳微切。菲菲。香也。字亦作馡。

鬱

入

音蔚。林木叢生曰鬱。胸憤叢積亦曰鬱。鬱悶。鬱金香。

紆物切。鬱之為言蔚也。木生茂盛。氣必蒸鬱也。引申之憤氣積胸亦曰鬱。又鬱金香。草名。用和鬯酒。古者將祭灌地以降神。

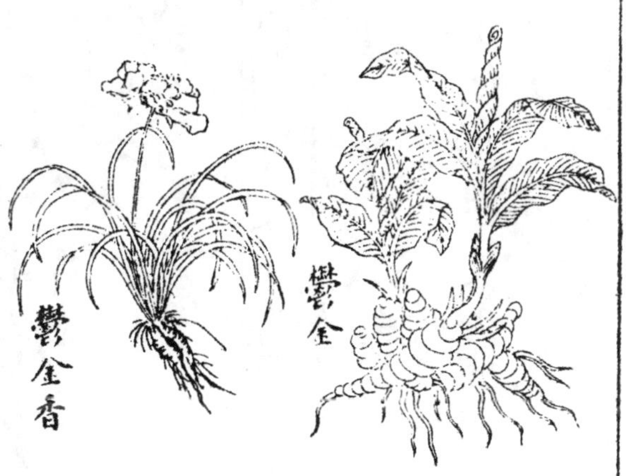

葆

上

音保。草叢生曰葆。

補抱切。葆。艸盛貌。如頭如蓬葆之葆。是引申為羽葆之葆。葆蓋也。聚五采羽為之。即今所謂纛頭也。又全其性真曰葆真。葆通作保。

蕪

平

音無。草蕃盛曰蕪。荒蕪。蕪穢。

微夫切。

薙

去

音替。除草曰薙。薙頭。

他計切。古謂除去其草曰薙。今言除去其髮亦曰薙。

苔 平

音臺。水青衣也。苔痕。翠苔。

堂來切。苔名水衣。謂生水涯者。由水氣搏結也。又名石髮。謂生石上者。如髮形潤澤也。

藻 上

音早。水草名。蘋藻。藻飾。

子皓切。藻生水中。有二種。其一種葉如雞蘇。莖大如箸。長四五尺。其一種莖大如釵股。葉如蓬蒿。謂之聚藻。藻水艸之有文者。引申之。凡有文采者皆曰藻。如玉藻。文藻之類。

萍 蘋 平

音瓶。艸之浮於水面者。萍蹤。音頻。萍之大者曰蘋。蘋藻。

旁經切。萍生水面。飄浮無定。一葉經宿即生數葉。其大者曰蘋。四葉合成一葉。如田字然。讀毘賓切。

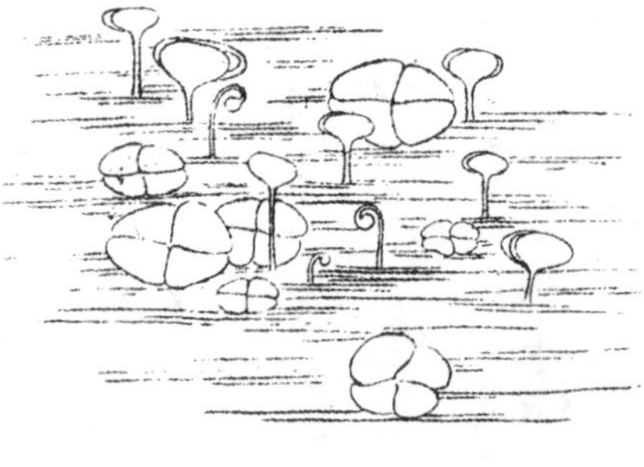

蓼

上 入

音了。水草可作辛菜者。 紅蓼。 蓼花灘。 音六。長大貌。

盧鳥切。蓼生水澤。其類甚多。有紫蓼赤蓼青蓼馬蓼水蓼香蓼木蓼諸名。花皆紅白紫赤相間。其味辛。古者用作辛菜。為調和之品。 力竹切。單言形況字。如蓼彼蕭斯是。重言形況字。如蓼蓼者莪是。並訓長大貌。

蒲

平

音葡。水艸可以為席者。 蒲席。 菖蒲。

薄胡切。莞藺之屬。生於水者也。取其柔滑。故用以為席。 蒲類之昌盛者曰菖蒲。

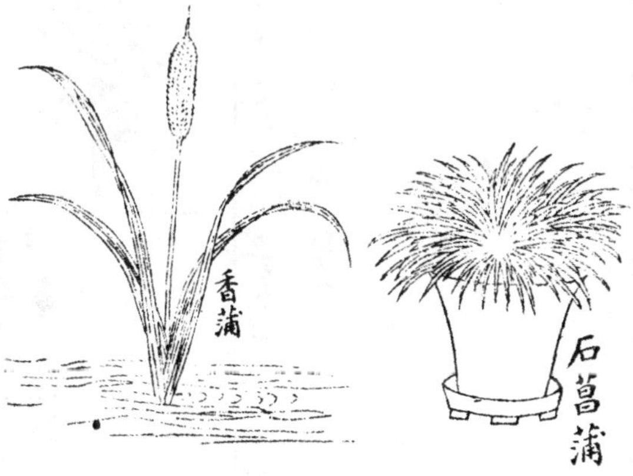

蘆

平

音盧。葦未秀曰蘆。 蘆花 蘆灘。

龍都切。蘆蘆菔也。今謂之蘿蔔。亦曰萊菔。皆音之轉也。又為蘆葦之蘆。已秀曰葦。未秀曰蘆。

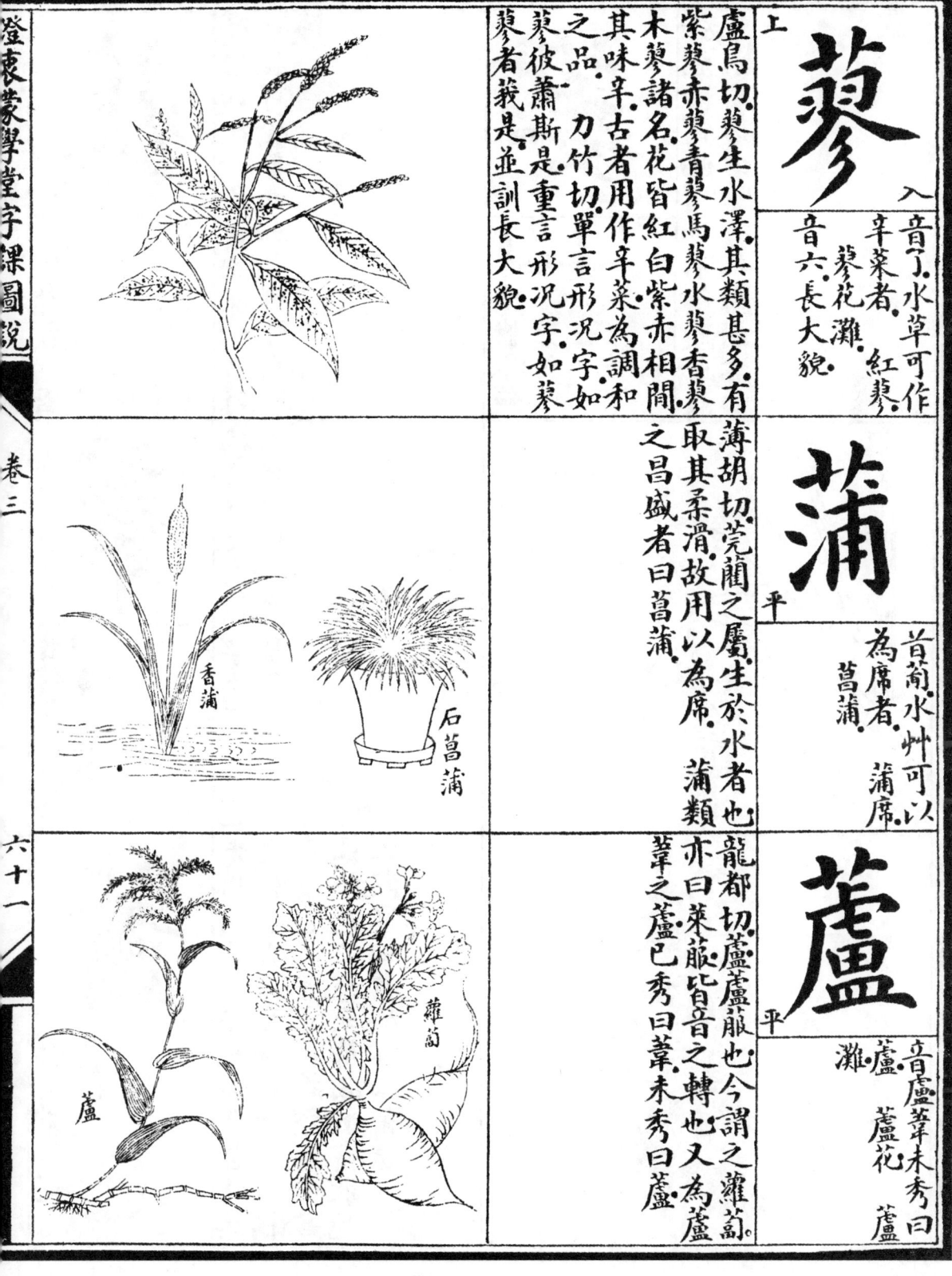

荻

入

音狄。艸名。蘆荻。

亭歷切。荻一名蕭。嫩芽似竹筍。甘脆可食。莖曲如鉤。可作馬鞭節。

葦

上

音偉。葭已秀者曰葦。蘆葦。

禹鬼切。葦大葭也。未秀曰葭。已秀曰葦。即今之蘆也。

蕭

平

音簫。香蒿也。蕭條。

先凋切。古者祭祀。取蕭合脂爇之。和馨香以享神。引伸為蕭牆之蕭。蕭之言肅也。牆謂屏也。君臣相見之禮。至屏而加肅敬也。又寂寥曰蕭條。亦曰蕭瑟。

萎

平

音逶。生機歇絕曰萎。萎絕。枯萎。

於危切。蔫也。謂物不鮮新也。故草木彫落曰萎。哲人彫謝亦曰萎。

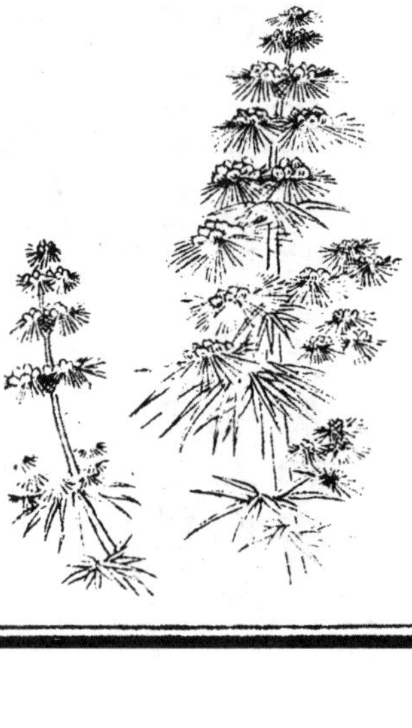

芝

平

音之。瑞草也。

靈芝。 芝蘭。

止而切。古偁芝為神瑞之艸。其種有青赤黃白黑紫六色。

薰

平

音勳。香艸也。

薰香。 薰風。

許云切。薰草即蕙草。草曰蕙。根曰薰。其味香。燒之可以辟穢。即今零陵香。多生下溼地。葉如麻。兩兩相對。常於七月中旬開花。又段借為熏。如舜歌南風之薰兮是。

蕕

平

音猶。艸之臭者。

薰蕕。

以周切。水邊艸也。又臭艸名。其氣瘤臭。故謂之蕕。蕕者瘤也。朽木臭也。

芸

平

音雲。香草也。

芸香。

于分切。芸類豌豆。叢生。其葉極香。秋後葉間微白如粉。南人采置囊中。能辟蠹魚。故藏書臺偁芸臺。又重言形況字。芸芸。物叢生貌。又除草曰芸。與耘通。

箬

入

音弱。澤生之艸也。

糉箬。 箬帽。

日灼切。竹皮曰箬。又艸名。一曰遼葉。生南方平澤。根莖皆似小竹。葉籜皆似蘆荻。其葉面青背淡。性柔而韌。新舊相代。四時常青。今人每取以作笠及裹襯物件之用。

蘭

平

音闌。香艸中最幽之品。　蘭花。珠蘭。

郎干切。蘭有數種。蘭艸澤蘭生水旁。山蘭即蘭艸之生山中者。今以蘭香幽絕。獨冠羣芳。統偁曰幽蘭。其產自閩中者曰建蘭。與蘭艸澤蘭山蘭迥別。

蕙

去

音惠。香艸。蘭之屬也。　蕙蘭。

胡桂切。蕙與蘭甚相類。皆柔荑。其端作花。但蘭一荑一花。蕙則一荑五六花耳。今人偁蘭為幽蘭。蕙為蕙蘭。

艾

去

音礙。艸名。　艾絨。蘄艾。

音刈。芟治曰艾。

牛蓋切。艾一名冰臺。古者削冰令圓。舉以向日。以艾承其影得火。故曰冰臺。此即今製火鏡之法。因聚日光於一點。故熱力大而得火也。又年老曰艾。年少亦曰艾。又與乂通。訓治。如自怨自艾。有私淑艾。皆是讀倪制切。

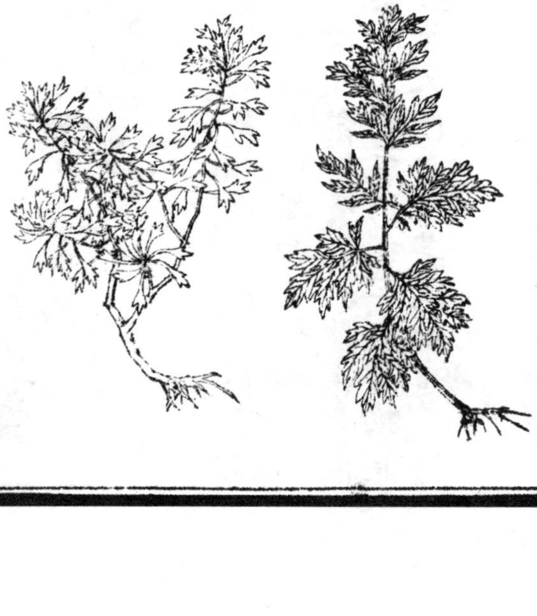

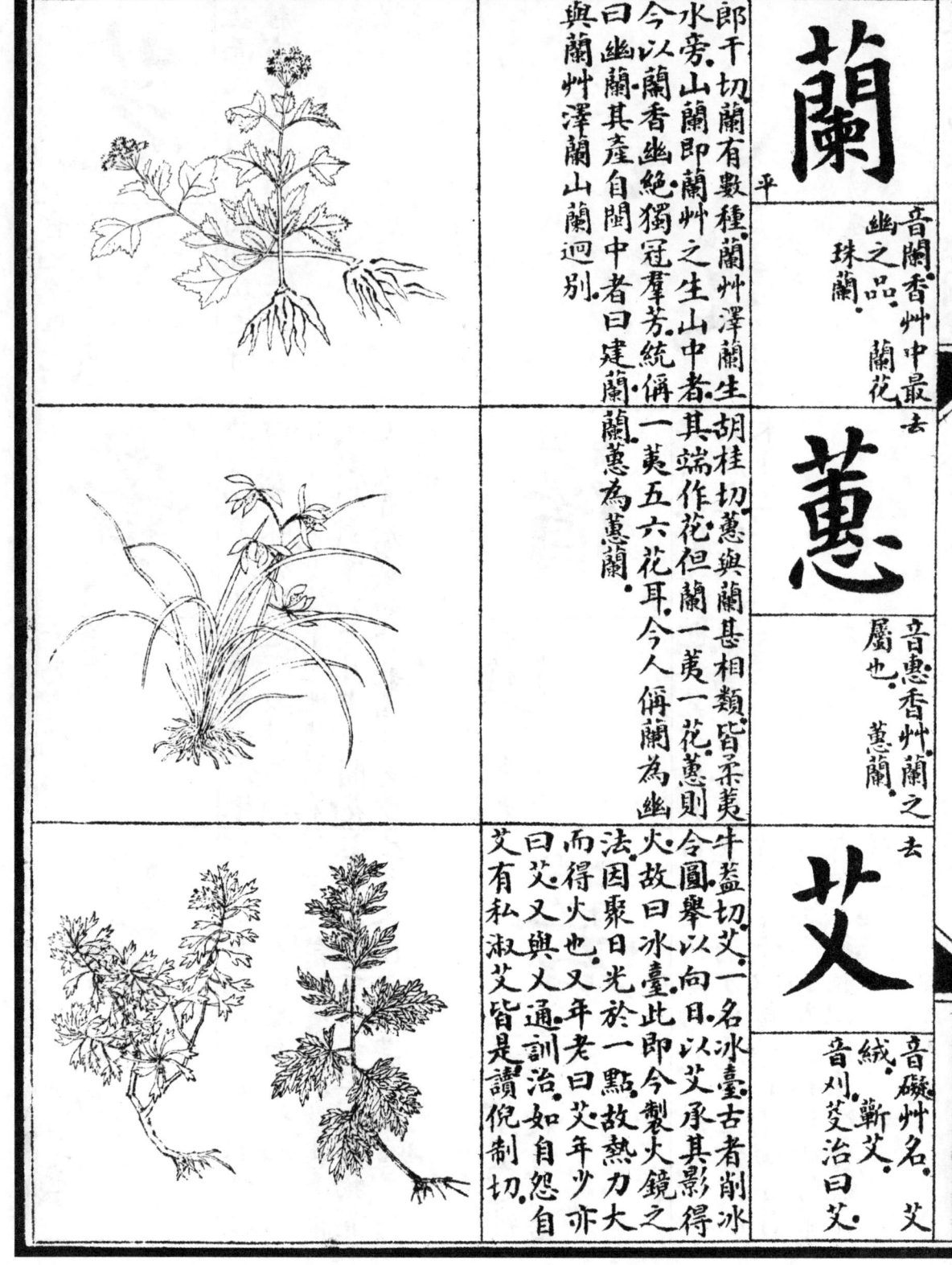

苓 平

音靈。香艸名。茯苓。

郎丁切。苓。卷耳也。又茯苓。為松根精氣鬱結所成。豬苓亦生樹下。其塊黑似豬矢。故曰豬苓。皆入藥。

朮 入

音術。藥名。白朮。蒼朮。

食律切。朮一名天薊。亦名山芥。因其葉似薊而味似薑芥也。今入藥者有兩種。白朮甘而少膏。宜丸散用。蒼朮苦而多膏。宜煎用。主治略同。惟蒼朮發汗。白朮止汗。為特異耳。

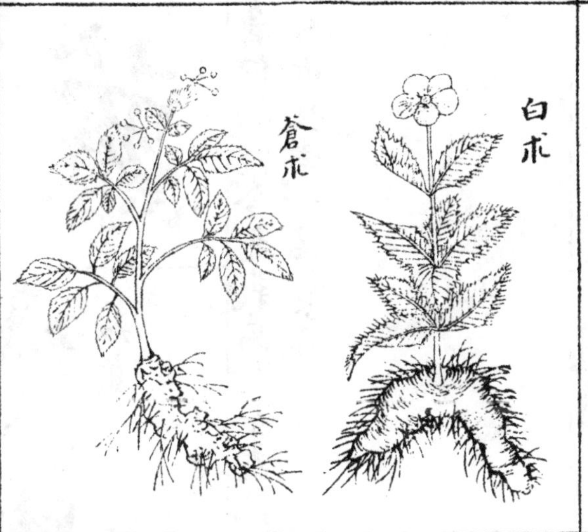

杜 上

音度。杜若。杜衡。皆香艸名。

動五切。杜若葉似薑而有文理。根似高良薑而細。味辛而香。杜衡葉似葵。形如馬蹄。道家服之。令人身衣香。又詩有杕之杜。杜。甘棠也。又杜仲。藥名。又止塞不通曰杜。

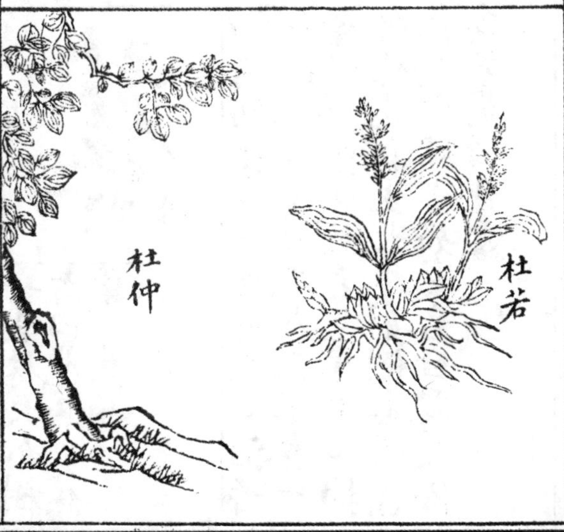

藤 平

音騰。植物之蔓生者曰藤。瓜藤。藤本。

徒登切。藤藟也。大者蔓延盤薄。因謂植物之蔓延而生者曰藤本。

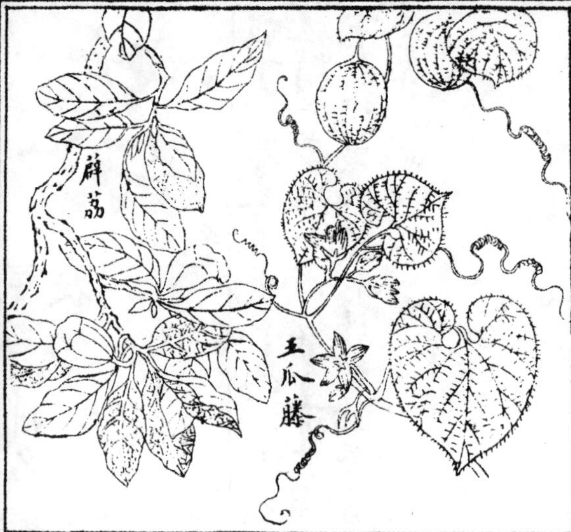

蘿 平

音羅。莪蒿之屬。牽蘿。蘿蔔。松蘿。

魯何切。蘿今之莪蒿也。女蘿托松而生者。一名松蘿。

蕉 平

音焦。株大如樹者曰芭蕉。蕉葉。蕉扇。

即消切。生枲也。謂麻未漚治者。後遂以為芭蕉字。蕉不落葉。一葉舒。一葉蕉。故名芭蕉。中心抽幹作花。初生大萼。如倒垂菡萏。花苞中積水如蜜。名甘露。故俗稱芭蕉曰甘露。

萱

平

音暄。忘憂艸也。

許元切。說文作藼。又作蕿。詩作諼。令人忘憂之艸。即今之鹿葱也。

蓍

平

音尸。蒿屬。筮者所用。

蓍龜。

申之切。蓍生如蒿。作叢生。便條直。所以異於衆蒿也。古者用以為筮。占吉凶焉。

莠

上

讀若酉。艸之似苗而不實者。

良莠。 莠言。

與九切。莠為害苗之艸。以其似苗而非苗也。分人之善惡曰良莠。即由此引申。

荆 平

音京。木之叢生者。荆棘。紫荆。

居卿切。荆木叢生。其子充藥品。其枝可以為鞭。負荆請罪。謂自負荆鞭。請罪已也。又荆山。在今湖北襄陽府南漳縣西少北。

茅 平

音貓。艸莽也。白茅。茅塞。

莫交切。茅與菅相似。不滑澤而有毛者曰茅。古者用以縮酒。因為貢獻之物。

薪 平

音新。析木供炊爨曰薪。薪水。采薪。

息鄰切。木薪曰薪。艸薪曰蕘。此薪與蕘之別。粗者曰薪。細者曰蒸。此薪與蒸之別。

芻 平

音初。艸也。芻蕘。芻靈。

楚徂切。芻。刈艸也。因謂所刈之艸曰芻。如芻蕘。芻豢是。引申之。束艸象物形亦曰芻。如芻靈芻狗是。

果 上

音裹。木成實曰果。果品。花果。

（古文果）古火切。从田从木。象果形在木之上。凡木實曰果。艸實曰蓏。引申為誠實之偁。如果決之果是。又引申為勇敢之偁。如果毅之果是。又果然。獸名。

核 入 覈 平

音覈。果中實曰核。果核。覈實。

音陔。與荄通。

下革切。核通作覈。凡棗桃李梅之屬。實其中者謂之覈。物引申為覈核之核。覈實曰核也。又申為研核之核。言審究其事之實也。古哀切。同荄。艸根也。

櫻 平

音鸎。櫻桃果熟之最先者。朱櫻。

於驚切。櫻桃一名含桃。樹不甚高。春初開白花。繁英如雪。葉團有尖及細齒。其實一枝數千顆。三月熟。深紅色者曰朱櫻。紫色皮裏有細黃點者曰紫櫻。味最珍重。又有正黃明者曰蠟櫻。小而紅者曰櫻珠。味皆遜。

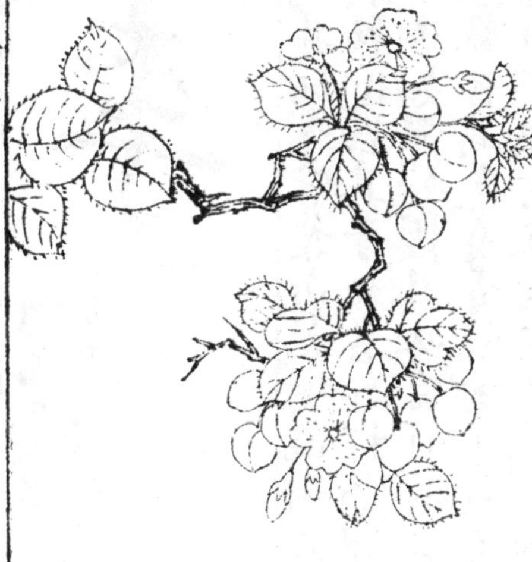

桃 平

音陶。果木名。櫻桃。桃花。

徒刀切。桃品甚多。花有紅紫白千葉二色之殊。實有紅桃。緋桃。碧桃。緗桃。白桃。烏桃。金桃。銀桃。胭脂桃諸名。胡桃樹高丈許。春初生葉。三月開花。至秋結實。外有青皮肉包之。其核為胡桃。櫻桃其形肖桃。故名櫻桃。

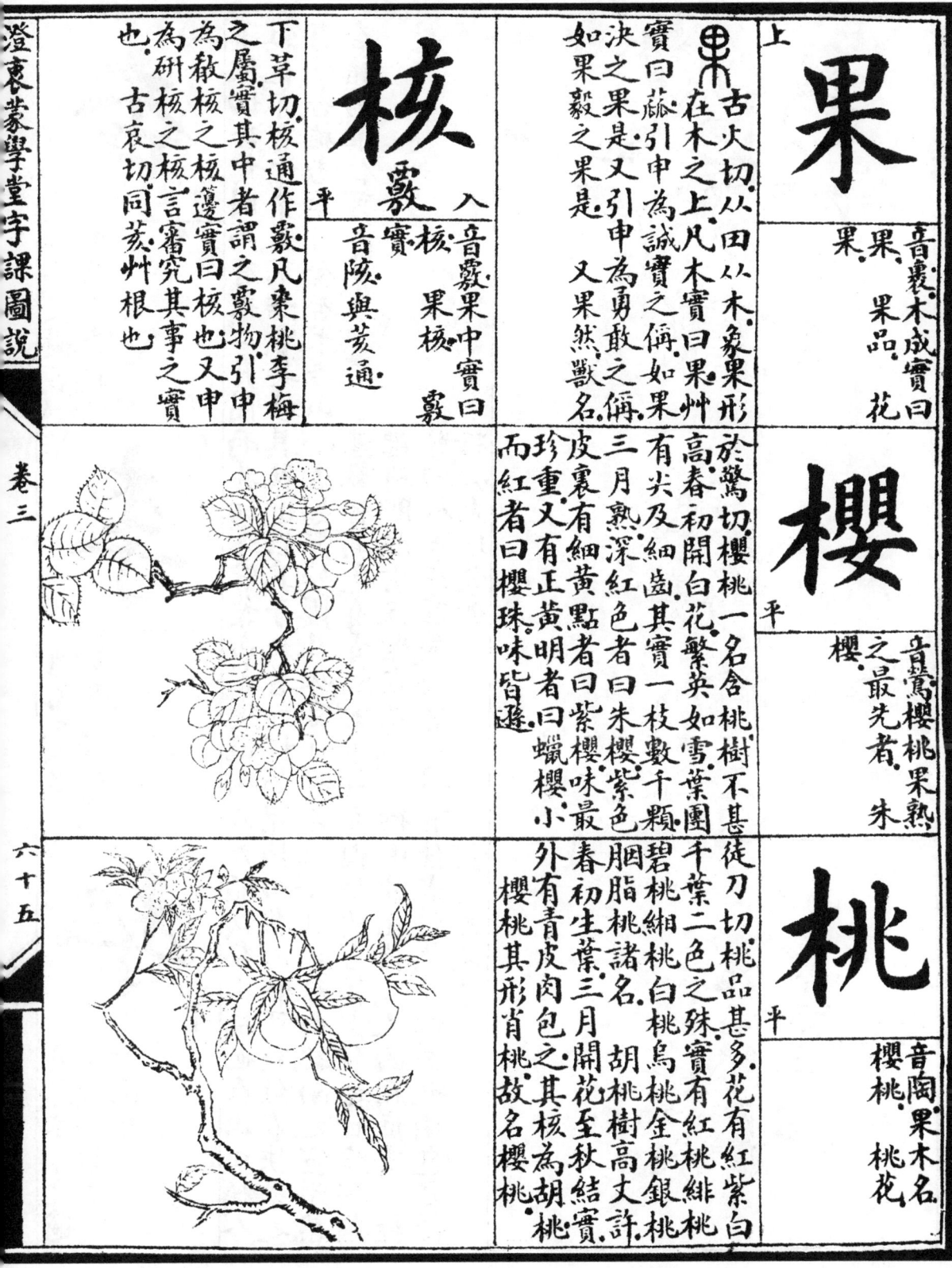

杏

上

音荇果樹名

紅杏 杏仁

下梗切杏葉圓而有尖二月開紅花亦有千葉者不結實其種有沙杏梅杏柰杏金杏木杏山杏諸名其仁可入藥

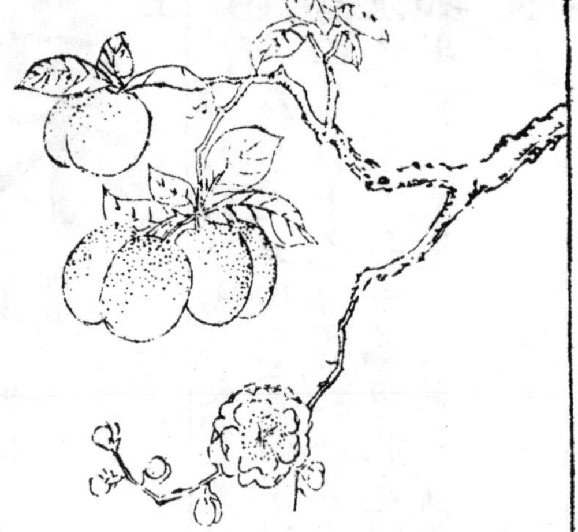

李

上

音里果樹名

桃李 行李

兩耳切李綠葉白花樹能耐久其種近百其子大者如杯如卵小者如彈如櫻其味有甘酸苦澀數種其色有青綠紫朱黃赤縹綺胭脂青皮紫灰之殊 行裝曰行李李理義通言人將有行必先理裝也

棃

平

音犂木果之適口者

棃膏 雪花棃

力脂切棃山樆也在山曰樆人植曰棃冷利可口故有快果之偁今北之秋白棃南之宣州棃肉白於雪核少食之甘脆棃類中最為佳品又西洞庭有一種佳者將熟時以箬就樹包之俗謂之箬包棃

榴 平

音留。石榴果名。榴花。榴火。

力求切。榴五月開花有紅黃白三色。單葉者結實。千葉者不結實。或結亦無子。實有甜酸苦三種。

柹 上

音士。赤實果也。柹餅。柹霜。

鉏里切。柹高樹大葉。圓而光澤。四月開小花。黃白色。結實青綠色。秋暮乃熟。生置器中而自紅者曰烘柹。晒乾生霜者曰白柹。其霜謂之柹霜。俗誤作柿。柿音肺。削木片也。

杷 平

音爬。收麥器也。又枇杷果名。枇杷膏。枇杷葉。

蒲巴切。杷為收麥之器。一說平田器也。枇杷果屬。葉微似栗。冬開白花。三四月成實。作梂。色如黃杏。微有毛。出東洞庭者大。自種者小。獨核者最佳。

欖 上

音覽。橄欖果名。欖仁。醎橄欖。

盧敢切。橄欖樹最高。成熟時釘以木釘。納鹽少許。或剝皮以薑汁塗之。其實自落。此果雖熟亦青。故俗呼青果。其味苦澀。久之方回甘味。故又名諫果。嚼汁咽之。治魚鯁。並解魚鼈毒。無果時研核調服亦佳。

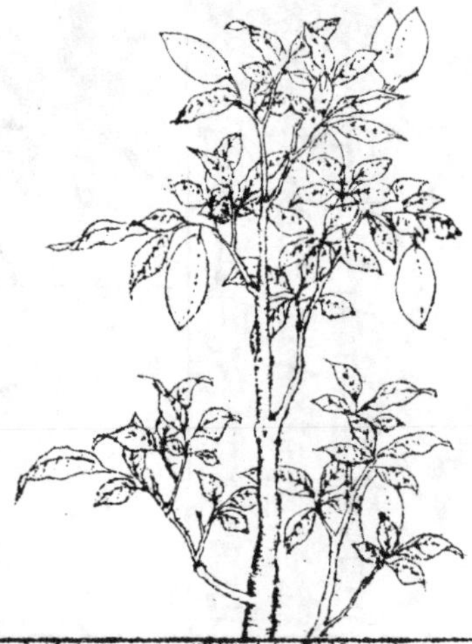

茘 去

音麗。艸名。又茘枝。果樹也。鮮茘。薜茘。

力智切。茘有三。一為艸。似蒲而小。根可作刷。一為薜茘之茘。香艸名。一為茘枝。樹高二三丈。綠葉蓬蓬然。四時榮茂不彫。其花青白。其子狀如初生松毬。殼有皺紋如羅。夏時則子翕然俱赤。鮮美可食。

萄 平

音陶。葡萄果名。葡萄酒。

徒刀切。葡萄苗作藤蔓而極長大。盛者一二木。綿被山谷間。花極細而黃白色。其實有紫白二色。紫者名紫葡萄。白者名水晶葡萄。皆七八月熟。取汁可釀酒。

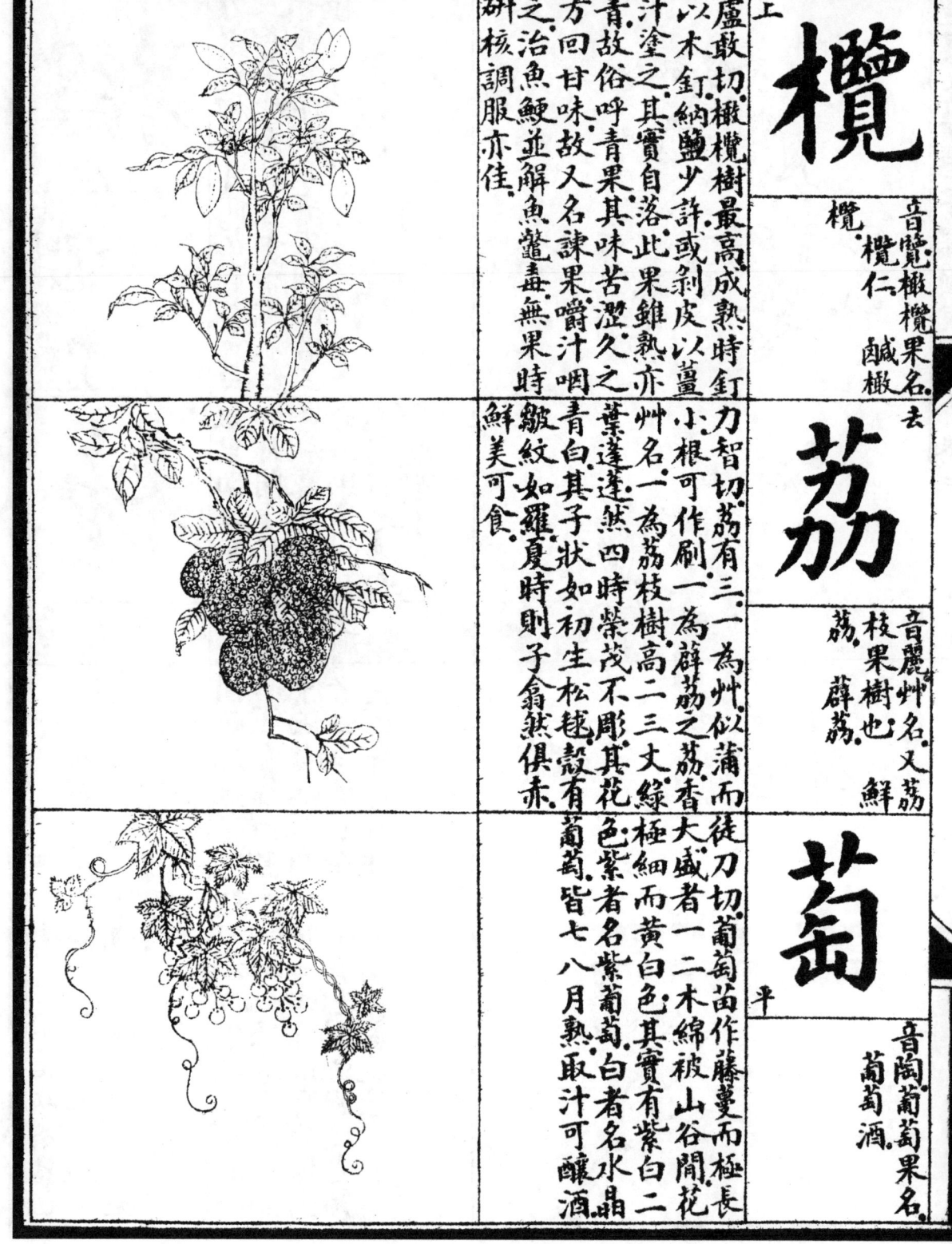

橙 平

音根。橘屬之大者曰橙。黃橙。橙子。

宅耕切。橙樹似橘而葉大。其實圓大於橘而香。皮厚而皺。八月熟。南方近赤道處宜植之。

柑 平

音甘。橘屬之果。

沽三切。柑生嶺南及江南。樹似橘。實亦似橘而圓大。皮色生青熟黃。有乳柑。山柑。沙柑。石柑。青柑。朱柑。貢柑。諸種類。

橘 入

鈞入聲。果名。橘絡。懷橘。

居聿切。橘樹高丈許。枝多生刺。其葉兩頭尖。綠色。四月著小白花。甚香。結實至冬乃熟。色中有瓣。瓣中有核。剖之香霧紛郁。其種十有四。

棗 上

音蚤 棘實之大者曰棗 羊棗 棗仁餻

子皓切棗生高而少横枝故重朿棘生卑而成林故並朿朿音次棗棘皆有朿故从朿棗之名凡十有一羊棗其一也今出濟南者佳

棘 入

音殛小棗叢生者為棘 棘木 荊棘

紀力切棘如棗而朿多於棗中心赤古者聽訟於棘木之下言治人者不失其赤子之心也其木色白者為白棘實酸者為樲棘亦名酸棗

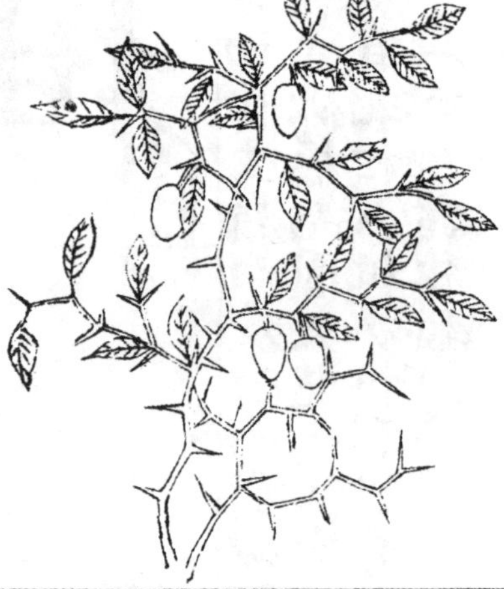

去 薏 入

音億亦音意薏苡其實可食

於力切亦讀乙吏切薏苡春生苗莖高三四尺葉如黍葉開紅白花作穗五六月結實有二種一種黏牙者尖而殼薄即薏苡可作粥飯及磨麪食一種圓而殼厚即菩提子也

去

蔗

音柘。甘蔗。煉餹之質也。　蔗漿

之夜切。蔗皆畦種。叢生。莖似竹而內實。根下節密。以漸而疏。抽葉如蘆葉而大。扶疏四垂。八九月收。莖可生噉。亦可取汁製餹。

上

芋

音羽。果屬之可充飢者。　芋頭　煨芋。

王矩切。芋大葉實根。殊屬駭人。故謂之芋。旱芋山地可種。水芋水田蒔之。葉皆相似。芋不開花。當心出苗者為芋頭。四邊附之而生者為芋子。八九月後掘食之。其名凡十四種。

平

瓜

音騧。藤生植物之實曰瓜。　瓜果。　瓜子。

瓜

古華切。外象瓜蔓。中象實。其類甚多。有冬瓜南瓜越瓜黃瓜絲瓜苦瓜王瓜甜瓜西瓜諸名。

藕 上

音偶。芙蕖根曰藕。藕絲。藕粉。

五口切。藕生水中。其葉即荷。

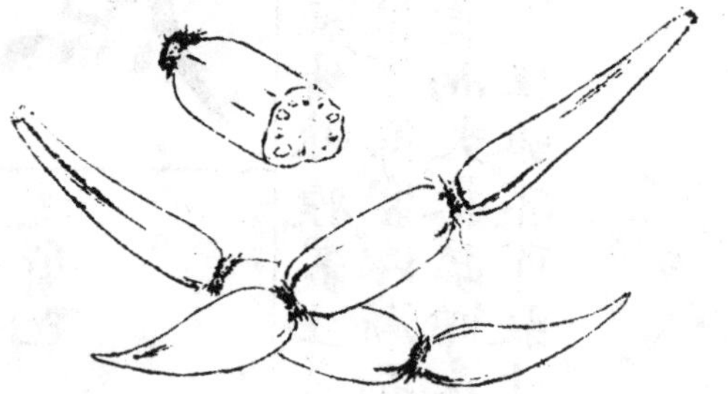

菱 平

音陵。生水中之果。菱角。紅菱。

力膺切。菱俗呼菱角。生水中。葉浮水上。花黃白色。花落而實生。漸向水中乃熟。實有兩角者。有三角四角者。其種復有家菱野菱之別。

薺 上 平

音鱭。甘菜也。薺菜。音齊。俗用荸薺字。水果名。

在禮切。薺艸之可食者也。其味甚甘。　俗讀徂奚切。作荸薺之薺。荸薺本名鳧茈。生淺水田中。其苗放三四月間。直莖無枝葉。其根白蒻。秋後結顆。下生入泥。皮薄澤。色淡紫。肉輭而脆者佳。

樹　去

殊去聲。木本之植物曰樹。　樹木。　樹藝。

殊遇切。樹，木類之總名。引申為樹藝之樹，又申為樹立之樹。

木　入

音沐。枝幹堅梗之植物曰木。　樹木。　木星。

莫卜切。植物柔脆者為艸，堅梗者為木。　八行星中有木星，為行星之最大者。其全徑約大於地十一倍，全體約大於地一千三百倍。其餘行星若彙為一體，止得木星五分之二。

本　上

奔上聲。木下曰本。　木本。　本原。

補袞切。本从木，一在其下。艸木之根柢也。本為木之始，故事物之始皆曰本。如原事之始曰本然，豫為後地曰張本之類。俗謂書一冊曰一本，計書以冊，猶計樹以株也。

末　入

瞞入聲。木上曰末。　本末。　末藝。

莫葛切。末从木，一在其上，謂木杪也。木之有末，猶人之有四肢，故四肢之疾曰末疾。木杪之於本根，必較薄弱，故稍減其罪曰末減。

根　平

音跟。木本蟠曲於地者曰根。　根本。　樹根。

古痕切。植物之生，根必先立。根者，發源之始也。故事之始基曰根基，窮事之源流曰根究。

柢　上

音邸。根也。　根柢。　柢固。

都禮切。花之根曰蒂，木之根曰柢。根柢之柢，引申為凡根本之偁。

株 平

音邾。木根曰株。根株。株連。

追輸切。在土曰根。在土上曰株。一樹必具一根。故計樹之數亦曰株。

枝 平

音支。木別生條也。樹枝。枝節。

章移切。由幹旁生之條曰枝。

柯 平

音歌。枝亦曰柯。柯葉。斧柯。

古俄切。柯枝莖之異名。斧柄亦曰柯。

梗 上

音鯁。植物之枝曰梗。枝梗。強梗。

古杏切。梗本訓山枌榆也。轉注為枝梗之梗。植物以枝梗柱之。則直而不撓。故謂人剛悍曰強梗。

條 平

音迢。木分枝曰條。柳條。條陳。

田聊切。條自幹發生理勃然。故曰條。暢亦曰條。達引申為條奏。條例。條陳之條。凡言條者一一而疏舉之。若木條然。

枚 平

音梅。木枝幹也。條枚。幾枚。

莫杯切。木曰枚。猶竹曰个。引申為枚數之枚。又申為銜枚之枚。

杪 上

音藐。木末曰杪。去

樹杪　歲杪

亡沼切。杪小也。木至末必小。故曰杪。引申之。歲月之末亦曰杪。如歲杪月杪之類。

蔭 平

音廕。林木所庇曰蔭。

蔭庇　樹蔭

音陰。義同。

於禁切。蔭草陰地也。樹蔭亦曰蔭。蔭必有影。故蔭亦訓曰影。引申之草木茂盛曰蔭。翳讀於金切。

柴 平

音近豺。薪之細散者為柴。

茅柴　柴扉

士佳切。柴小木散材也。大者可析謂之薪。小者合束謂之柴。引申謂燔柴之柴。言祭天時積柴而燔之也。　柴胡藥名。

叢 平

族平聲。聚也。

叢木　花叢

徂紅切。叢从丵从聚省。會意。故訓聚。引申之草木萃聚之處亦曰叢。

菀 上 入

音婉。紫菀菜名。

音鬱。草木茂盛曰菀。

於阮切。紫菀其根色紫而柔宛。故名。　紆勿切。茂盛皃。凡對枯而言皆曰菀。

枯 平

音刳。槀木也。

榮枯　枯窘

苦胡切。林木已槀為枯。引申之山澤無水亦為枯。古者童枯不稅。童則以山林不茂言也。

松 平

音淞。木名。青松。松鬚。

詳容切。松為百木之長。松猶公也。故松从公。松樹脩聳多節。其葉後凋。二三月抽蕤生花。花蕊為松黃。結實疊成鱗砌。秋老鱗裂。名為松子。松脂又樹之津液精華也。日久變為琥珀。凡老松餘氣結為茯苓。

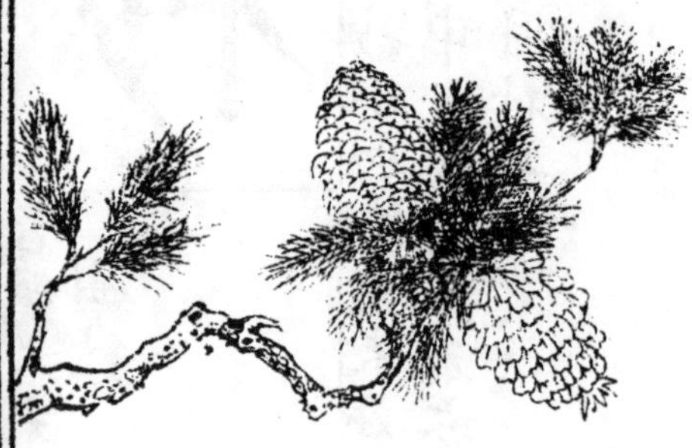

柏 入

音百。木名。翠柏。柏子。

博陌切。萬木皆向陽。而柏獨西指。蓋陰木而有貞德者。故字从白。白者西方也。柏有數種。入藥惟取葉扁而側生者。故曰側柏。

檀 平

音壇。木名。檀香。紫檀。

唐闌切。檀堅韌之木。有數種。皮實而色黃者為黃檀。皮潔而色白者為白檀。皮腐而色紫者為紫檀。其木並堅重清香。而白檀尤良。黃檀最香。可作各物。

梧 平

音吾。梧桐木也。碧梧 梧桐子。

五乎切。梧桐四月開嫩黃小花。一如棗花。五六月結子。炒食味如菱芡。歲生十二葉。每邊六葉。從下數一葉為一月。有閏則十三葉。視葉小處則知閏何月。立秋之日。一葉先墜。相沿為梧葉知秋。

桐 平

音同。木名。桐葉 梧桐。

徒東切。桐凡數種。青桐皮青。葉似梧而無子。岡桐亦無子。堪作琴瑟。白桐一名椅桐。與岡桐無異。但有花子耳。其皮白。葉似青桐而子肥可食者。則謂之梧桐。

梓 上

音耔。木名。桑梓。喬梓。

祖士切。梓。楸屬。楸之疏理白色而生子者曰梓。又喬者父道。梓者子道。故今稱人父子曰喬梓。

椶 平

音駿。俗作棕椶。本皮名。因以為樹名。椶床。椶繩。椶帚。

子紅切。椶栟櫚也。其樹有葉無枝。其皮曰椶。可為蓑禦雨。又可為索。俗用椶繩是也。

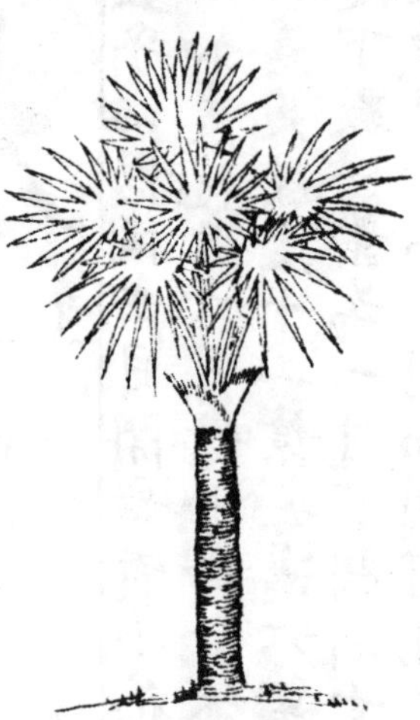

榛 平

音臻。果木名。榛木。榛栗。

側詵切。榛樹似梓。高丈許。實如小栗。可供籩實。榛有臻至之義。故古者為婦人之摯。謂以其名告己之虔也。說文。榛木也。亲果實如小栗。今五經皆作榛。蓋古字分。今通用耳。

栗 入

音慄。果木名。栗薪。棗栗。

力質切。栗大者高二三丈。葉極類櫟。四月開花。青黃色。長條似胡桃花。實有房彙。大者若拳。刺如蝟毛。中子三五枚。將熟則罅拆子出。栗木質堅。故又訓為堅。又荸薺亦名地栗。

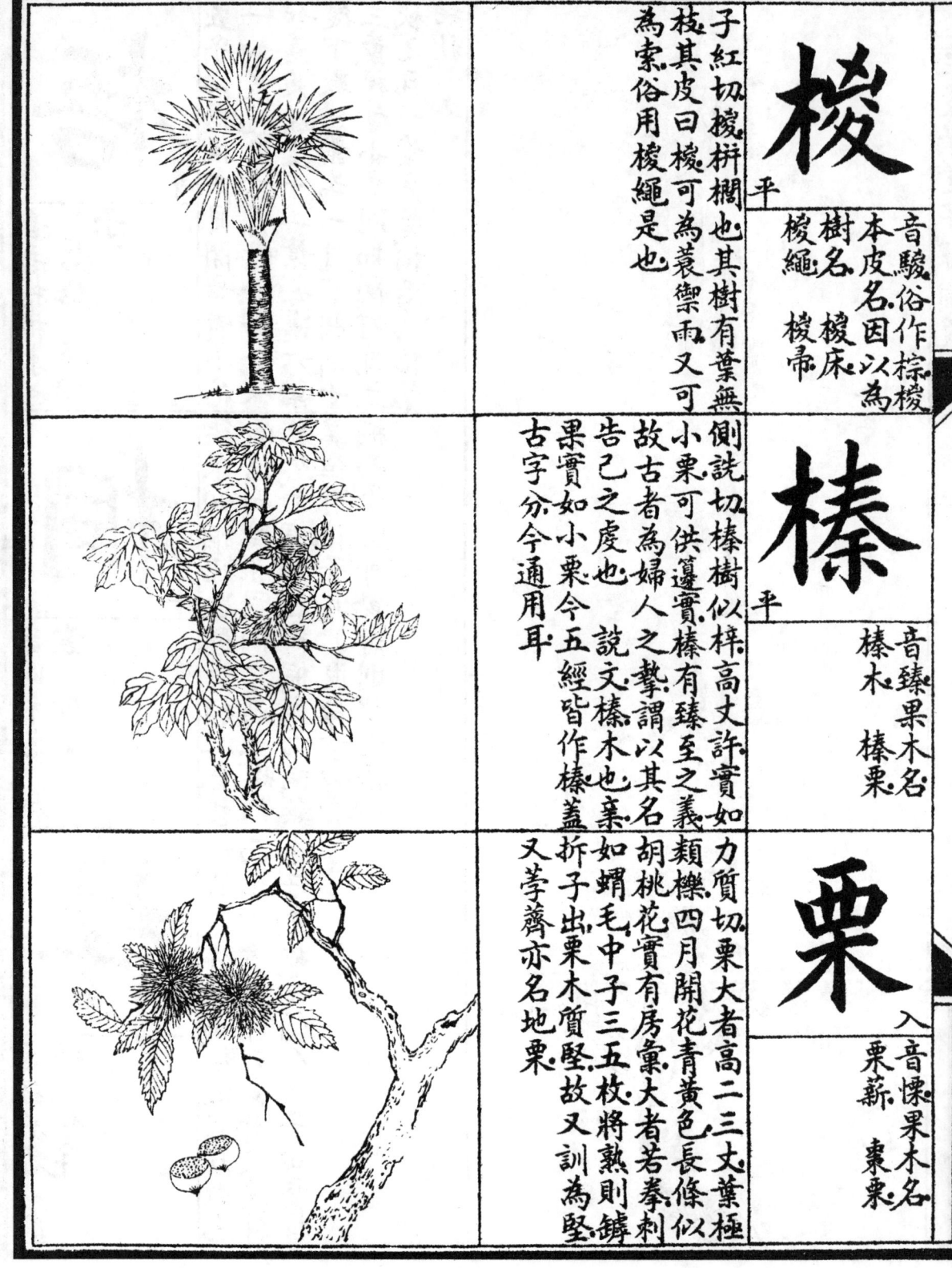

榆

平

音俞。木名。枌榆。榆白皮。

羊朱切。榆凡數種。莢榆白榆皆大榆也。有赤白二種。白者名枌。未生葉先生莢。俗呼為榆錢。山榆之莢名蕪荑。與此相近。而味稍苦。凡榆性皆扇地。其下五穀不植。古者春取榆火。今人采白皮為榆麪。黏滑勝於膠漆。

樟

平

音章。香木名。樟腦。

諸良切。其木理多文章。故謂之樟。樟高二丈餘。小葉似楠而尖長。背有黃赤茸毛。四時不凋。夏開細花。結小子。大者數抱。肌理細而錯縱有文。宜於雕刻。氣芬烈。豫樟乃二木名。一類二種也。今江西豫章縣因木得名。

桼

入　漆

音七。木汁可以髹物。生桼。熟桼。

親吉切。桼樹高二三丈餘。皮白。葉似椿。花似槐。其子似牛李子。木心黃。六七月間以竹筒釘入木中取汁。或以斧斫其皮開。以竹管承之。滴汁則成漆。用以飾物美觀。

椿

平

音春。木名。類樗而葉香者。椿庭。大椿。椿芽。

敕倫切。椿木似樗。可為弓幹。其嫩芽甚香甘。生熟鹽醃皆可茹。其為樹也。易長而多壽。故莊子言大椿以八千歲為春秋。禹貢作杶。左傳作橁。說文作櫄。皆一物也。

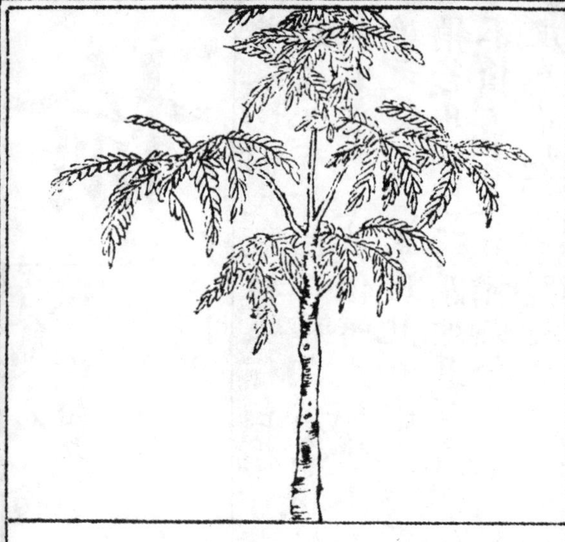

樗

平

音攄。亦作榑。惡木也。薪樗。樗櫟。

丑居切。樗與椿形幹相似。但椿樹細肌。葉香甘可茹。樗則粗肌。而葉臭惡耳。其木尒之如腐朽。故古人以為不材之木。

櫟

入

音歷。無用之木也。櫟社。樗櫟。

即狄切。櫟葉如栗葉。高二三丈。三四月開黃色花。八九月結實。即橡實。其木不堪充材。惟為炭則他木皆不及。

樌

上

音貫。山楸也。梧樌。

舉下切。楸細葉者為樌。老乃皮粗皵者為楸。小而皮粗皵者為樌。字亦作榎。教刑榎楚之榎。殆即取榎為之。

橡

上

音象。櫟木子也。橡實。

徐兩切。橡。櫟實也。櫟有二種。其不結實者名棫。其結實者名栩。橡即其實也。形如荔子核而有尖。其蒂有斗包其半截。其仁如老蓮肉。山人儉歲采以為飯。或擣浸取粉。其殼煮汁。可染皁也。

枏

平 楠

音南。良材之木。楠木。

那含切。枏木生南方。而黔蜀諸山尤多。其樹直上。童童若幢蓋。枝葉不相礙。茂似豫章。其葉大如牛耳。一頭尖。經歲不凋。新陳相換。花赤黃色。實似丁香。青不可食。幹甚端偉。高者十餘丈。巨者數十圍。為梁棟器物皆佳。

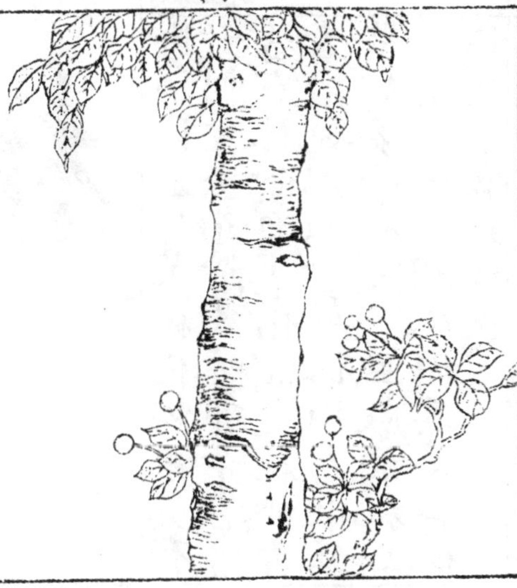

梅

平

音枚。果木名。青梅。臘梅。

模杯切。梅。杏類。樹葉皆略似杏。葉有長尖。先衆木而花。其實酸。其花有幽香。有冬時即開者。俗謂之臘梅。

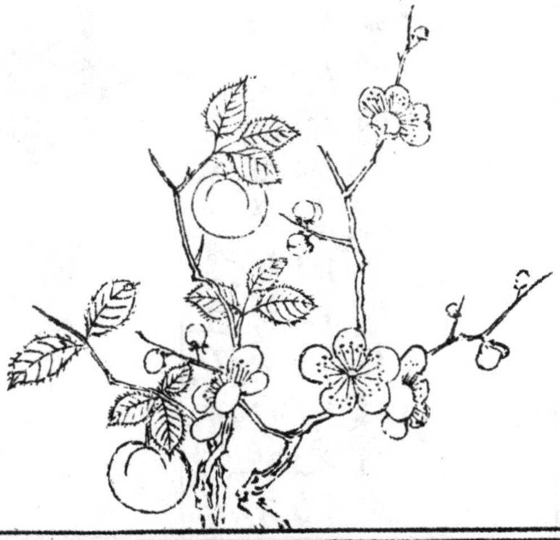

杉

平

音衫。本作檆。木名。 杉木。

所銜切。檆似松。生江南。可以為船及棺櫬。作柱。埋之不腐。杉板最耐水。故今人常用以作桶。

椒

平

音焦。辛香之木。 椒香。 花椒。

即消切。本作茮。椒樹似茱萸。有針刺。葉堅而滑澤。味亦辛香。實皆有梂彚自裹。俗謂之花椒。古者后妃以椒塗壁。偁椒房。取其繁衍多子也。又元旦獻酒祝壽。曰進椒酒。 胡椒因其辛辣似椒。故名。實非椒也。

樸

入

音璞。叢生之木曰樸。 棫樸。 質樸。

匹角切。樸。木之叢生而未經斫治者。如詩芃芃棫樸是也。故木之不加雕琢者曰樸。引申之。仍其本質皆曰樸。如質樸。樸實之類。

棫

入

音域。叢生之木也。 棫樸。

越逼切。棫。小木叢生。有刺。實如耳璫。紫赤可啖。

棠 平

音唐。甘棠。木名。海棠。棠陰。

徒郎切。甘棠。今棠梨樹。似梨而小。葉有圓者三叉者。葉邊皆如鋸齒。二月開花。結實如小楝子。大霜後可食。

棣 去

音第。白棣也。無棣。棠棣。

特計切。白棣實如櫻桃。正白。又有赤棣樹。亦似白棣。葉如刺榆而微圓。子正赤。如郁李而小。

槐 平

音懷。木名。槐夏。槐黃。

戶乖切。槐有數種。葉大而色黑者曰櫰。晝合夜開者名守宮槐。葉細而青綠者但謂之槐。四五月開黃花。六七月結實。

楝 去

音鍊。木名。楝樹。

郎電切。楝木高丈餘。葉密如槐而尖。三四月開花。作紅紫色。實如小鈴。名金鈴子。俗謂之苦楝。亦曰含鈴子。

杞

上

音起。木名。枸杞。杞柳。

口已切。枸杞春生苗。如榴葉而輭薄。作羹茹。微苦。六七月結子。色赤。形微長。如棗核。其根名地骨皮。

楊

平

音陽。木名。楊花。綠楊。

與章切。楊凡數種。白楊性勁直。堪為屋材。甯折終不曲撓。水楊一名蒲柳。其枝勁韌。可為箭笴。黃楊性堅難長。歲長一寸。遇閏反縮一寸。謂之厄閏。今取其木堅膩。作梳剜印最良。

柳

上

留上聲。木名。柳絮。折柳。

力九切。柳與楊一類而二種。葉狹長而青綠。枝條長輭垂流者。謂之柳。葉圓闊而尖。枝條短硬揚起者。謂之楊。柳花曰柳絮。著衣物生蟲。入水化為萍。

桑 平

顙平聲。木名。其葉可飼蠶。採桑。桑園。

息郎切。桑有山桑、檿桑、女桑諸名。其實曰桑椹，可食。其葉用以飼蠶，尤為要物。故欲講求蠶務，必先講求植桑。

楓 平

音風。木之厚葉弱枝者。丹楓。楓葉。

方戎切。楓枝弱善搖，故字从風从木。葉作三脊，霜後色丹，謂之丹楓。漢宮殿中多植楓木，偁天子所居曰楓宸，蓋自此始。

竹 入

音竺。植物之中空而有節者。竹竿。綠竹。

張六切。冬生艸也。謂竹胎生於冬，且枝葉不彫也。

篁 平

音皇。竹叢曰篁。幽篁。　篁竹。

胡光切。篁，竹田也。謂叢竹之間也。因以為竹名。篁竹堅而促節。體圓而質堅。皮白如霜粉。大者可為船。細者可為笛。

篠 上 筱

音鮮。竹之細者曰篠。　竹篠。篠簜。

先鳥切。古者篠簜皆為材貢之物。小竹曰篠。大竹曰簜。篠為小竹。故其材可為笙。亦作筱。

筠 平

音芶。竹膚曰筠。竹筠。

于倫切。竹膚之堅質也。竹無心。其堅强在膚。

籜 入

音託。筍苞曰籜。解籜。

他各切。竹初萌生謂之筍。包裹筍者謂之籜。故籜訓竹皮。又艸名。葵本而杏葉。黃花而莢實。其名曰籜。出甘棗山下。

篾 入

音蔑。劈竹曰篾。竹篾。　篾片。

莫結切。篾，析竹之次青者。可以為器。如篾車、篾蔓之類。

箛 平

音孤。以篾束物曰箛。竹箛。箛桶。

古胡切。箛之為言圍也。廣東番禺諸村皆在海島之中。大村曰大箛圍。小村曰小箛圍。言四圍皆海水也。

禽

平

音琴。二足而羽謂之禽。禽獸。飛禽。

渠今切。禽皆卵生。體質甚輕。骨空無髓。血亦紅熱。心具四孔。呼吸亦主乎肺。居則巢窟。食則動植物為多。或善飛。或善走。或善鳴。或善泅。有形異而性同者。有性異而形同者。產處不一。各有方名。段借為擒獲之擒。

鸞

平

音鑾。俊鳥也。鸞鳳。

盧官切。鸞狀如翟。其色赤。其紋具五采。鳴中五音。世不恒見。蓋古有今無之鳥也。

鳳

去

音奉。瑞應鳥也。鳳凰。采鳳。

馮貢切。鳳靈鳥。雞頭蛇頸燕頷龜背魚尾。文具五采。統觀之則類鶴形。古有今無之鳥也。雄者曰鳳。雌者曰凰。

凰

平

胡光切。

音黃。鳳之雌者曰凰。鳳凰。

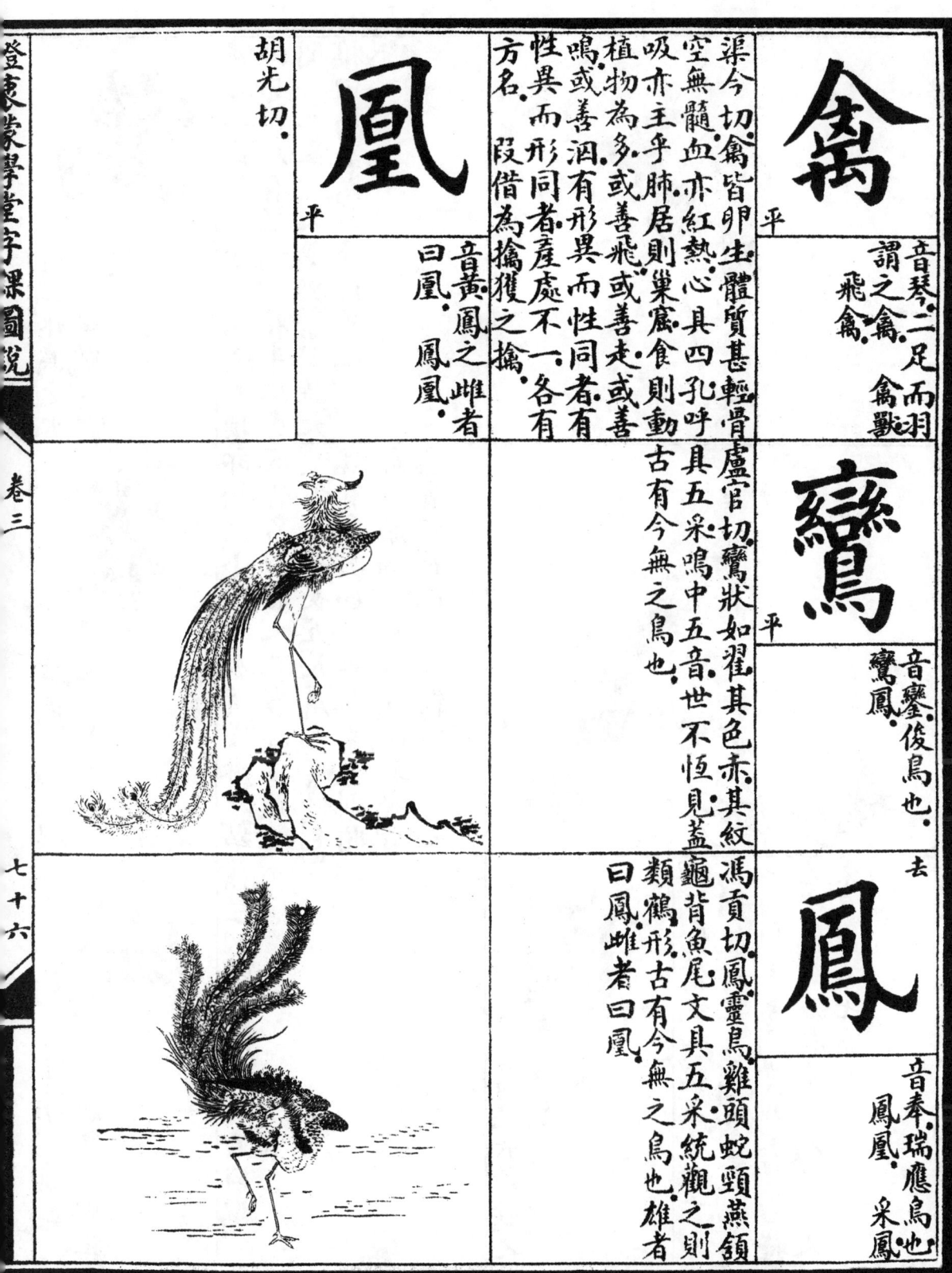

鶴

入 音涸。水鳥之大者。仙鶴。白鶴。

曷各切。鶴似鵠。長頸高腳。丹頂白身。㿸尾有黑羽。以夜半鳴。聲聞八九里。又鶴與翯同。詩大雅白鳥翯翯。孟子作鶴鶴。

雀

入 音爵。小鳥之總名。鳥雀。

即約切。小鳥中如黃雀麻雀翠雀。皆名曰雀。又孔雀為翟類之一。首尾共長五尺。屏毛甚修。毛端有采圈如目。與人爭豔則開屏如扇。雌者無屏而小。其聲皆畜育之花園。以供觀瞻。

鵬

平 音朋。鳳類也。大鵬鳥。鵬程。

蒲登切。鯤化為鳥。其名曰鵬。

鳥

上 音蔦。長尾禽之總名。鳥獸。飛鳥。

丁了切。禽統二翼二足者言之。鳥則統禽之長尾者言之也。鳥之雌雄不易別。當視其翼。右掩左者為雄。左掩右者為雌。又朱鳥。東方七宿名。

鷹

平

音膺。鷙鳥也。飛鷹。鷹擊。

於陵切。鷹。食肉之鳥。體俏翍長。便飛善視。嘴爪尖利而勾。最大者名金翍鷹。身長三尺。巢石山上。能攫棉羊小獸而食之。其次獵鷹。馴之藉以捕鳥。今常見者曰鷂鷹。善捕小雀雛雞蝦蟆之屬。

鴻

平

音洪。雁之大者曰鴻。鴻鵠。鴻運。

胡公切。天鵝也。大曰鴻。小曰雁。又通作洪。大也。又蠛蠓曰蜚鴻。

雁

去　鴈

音贗。節鳥也。雁鵝。孤雁。

魚澗切。雁知時鳥。亦名陽鳥。大夫以為贄。婚禮親迎有奠雁之儀。重其不再偶也。　又雁門關。在今山西甯武府。

鴇

上

音寶。一名獨豹。鴇行。鴇母。

博皓切。鴇似雁而無後趾。故不樹止。毛有豹文。故亦名獨豹。飛時亦有行列。居則無別。故娼家之主母。俗名鴇母。

雕 平

音貂。鷙鳥之大者。雕翎扇。皂雕。

丁聊切。肉食之鳥。其種不一。大都皆頭禿。嘴勾。眼利。爪短。巢於巖石。無論腐屍活獸。皆攫而食之。鼻出惡味。以其多食惡物也。頦下有長毛者曰鬍子雕。頭項有白毛者曰白頭雕。羽有芝麻班者曰芝麻雕。又雕琢玉也。

鴟 平

音摛。俗名鴟鴞。為貓頭鷹。鴟鴞。餓鴟。

稱脂切。惡鳥也。晝藏夜出。捕鳥鼠等為食。其聲甚惡。聞者惡之。又蹲鴟芋也。鴟夷革囊也。

鴞 平

音猇。俗名貓頭鷹。鴟鴞。

于嬌切。鸋鴂也。鴞有百五十餘種。大約頭大。嘴利。眼圓。體豐。首有卓羽如貓耳。晝伏夜出。於黑暗中捕雛鳥稚兎而食之。其聲甚惡。聞之者以為不祥。青鴞味美。可作羹臛。

梟 平

音驍。怪鴟也。梟雄。梟首。

堅堯切。不孝鳥也。其子長大。還食其母。黃帝欲絕其類。使百吏用之以祀。故凡誅戮有罪。懸首木上。謂之梟首。又與驍通。如梟雄之梟是。又蒲摴之采也。么為梟。六為盧。得梟者勝。

鵠 入

音翯。俗名天鵝。鴻鵠。音牿。矢的也。正鵠。

胡沃切。鴻也。其聲鵠鵠、故名。姑沃切。射之準也。畫布曰正、棲皮曰鵠。

鳧 平

音扶。俗名野鴨。水鳧。

逢夫切。水禽也。家鴨曰鴨、野鴨曰鳧。

鷺 去

音路。俗名鷺鷥。白鷺。

魯故切。林棲水食之鳥。羣飛成序。羽白。腿長。細頸。尖嘴。首有長毛十數莖。毿毿然如絲。欲取魚則其絲即弭。名曰絲禽。

鷗 平

音謳。水鴞也。白鷗。水鷗。

烏侯切。鷗魚鳥也。色灰白不一。頭大嘴直。闊翄短尾。浮沈水面。輕漾如漚。故名。

鳸 上 扈

音戶。鶡雀曰鳸。跋扈。桑鳸。

後五切。鳸類不一。春鳸曰鳻鶞。夏鳸曰竊玄。秋鳸曰竊藍。冬鳸曰竊黃。桑鳸曰竊脂。棘鳸曰竊丹。行鳸曰唶唶。宵鳸曰嘖嘖。皆因其毛色音聲以為名也。鳸亦作扈。扈皆長尾。故百官尾從君後。謂之扈從。引申為跋扈之扈。

鳩 平

九平聲。俗名班鳩。

居尤切。鶻鳩也。似山鵲而小。短尾。青黑色。甚拙。不能為巢。而喜羣聚。故凡工之所聚曰鳩工。

鳶 平

音緣。鷙鳥也。飛鳶。紙鳶。

于權切。鴟類也。鳶鳴則將風。小兒翦紙引絲而上，謂之紙鳶，亦名風箏。當其仰首視鳶，可令張口以洩內熱。又墨子削木為鳶，成而能飛，其技今無傳者。

雉 上

音雉。俗名野雞。雉雞毛。雌雄。

支几切。野居錦雞也。似雞，能飛，文具五采。雄者尾長而豔，雌者較小。常巢麥田間，其味甚美。漢避高后諱，更名野雞，今仍之。

鴿 入

音閤。鳩屬之易馴者。俗名鵓鴿。鵓鴿票。放鵓鴿。

葛合切。鴿為半家半野之禽，馴則如雞，飛則如雀，性和順，喜羣居，食惟五穀。波斯多養之，因其飛行數千里，能傳平安信也。今軍中亦有育之以傳軍信者。

鸚 平

音甖。鸚鵡。能言鳥也。鸚母。

以嬰切。鸚鵡產隴西及南洋諸島。最大者首尾共長四尺。最小者長五寸。今常見者大如鴿。毛色或白或赤或青或五采。嘴勾而有力。善攀援。性好樹止。能效人言。熱則喜浴易睡。凡鳥皆四趾。三趾向前。一趾向後。惟鸚鵡兩趾向後。

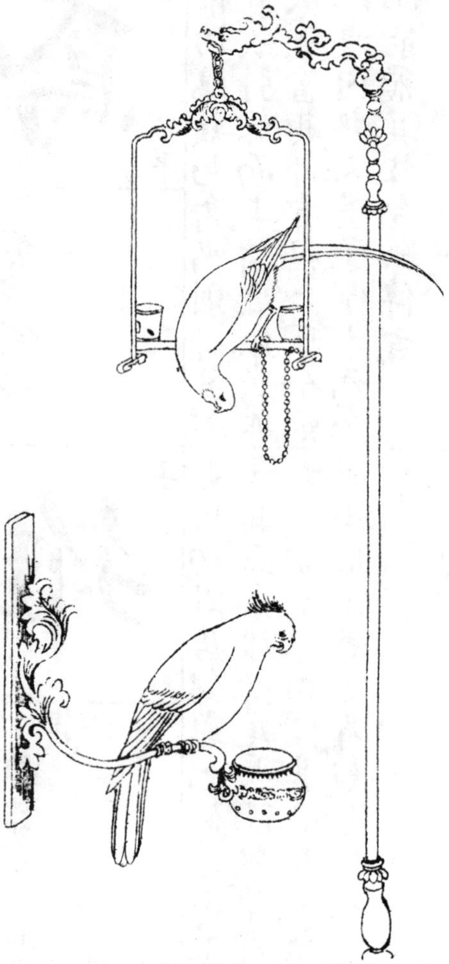

鵡 上

音武。

罔甫切。

鶉 平

音淳。俗名鵪鶉。鶉羹。

殊倫切。雞屬。大如雞雛。頭小而無尾。身有班點。雄者足高。雌者足卑。性善鬬。游民多育之。以博勝負。又星名。南方朱鳥七宿。曰鶉首。鶉火。鶉尾。

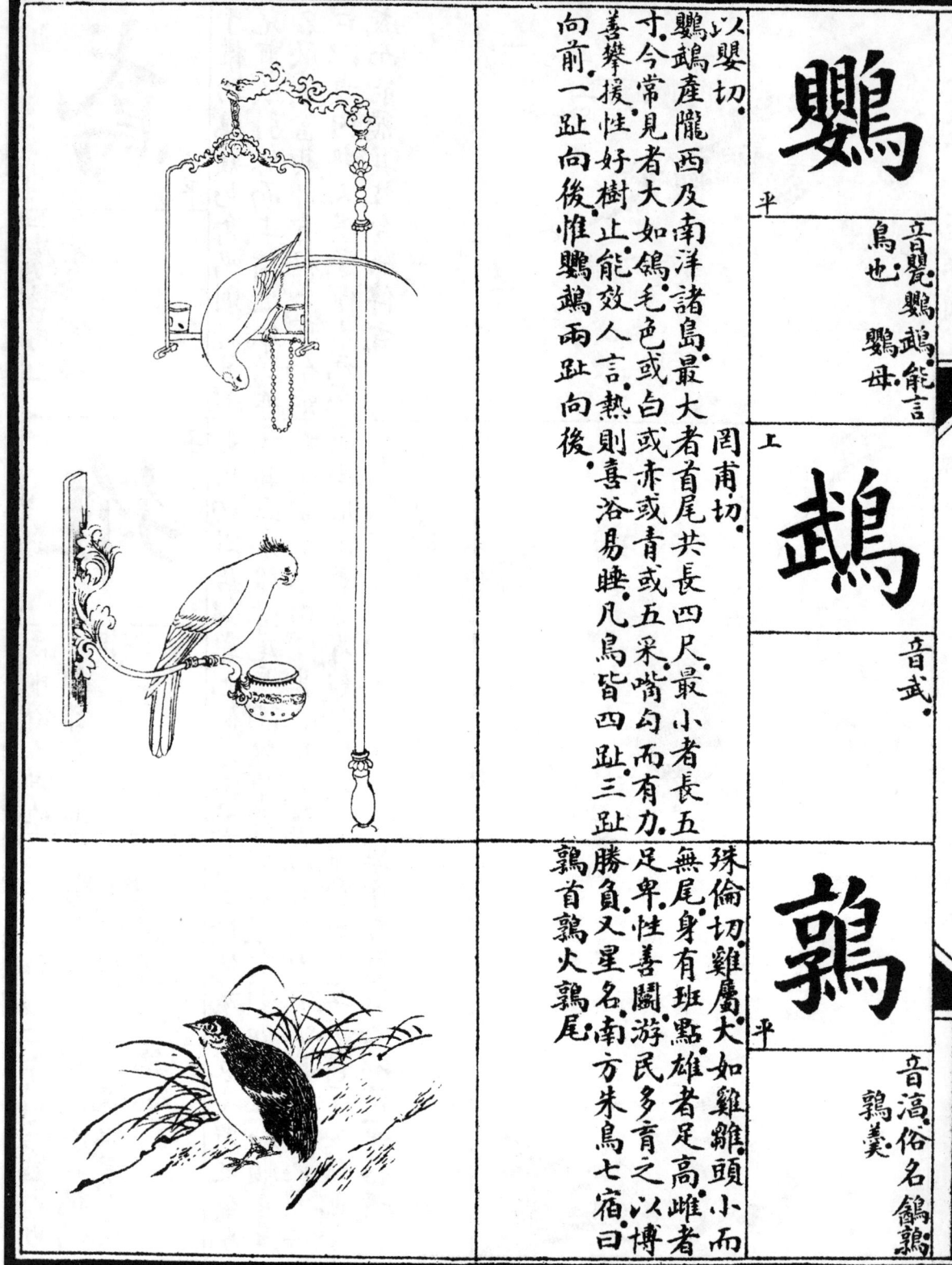

鶯 平

音罌。鳥之善鳴者。黃鶯。鶯梭。

烏莖切。黃鶯即黃鸝。鳴鳥也。身俏尾長。毛色黃黎。故因以為名。又有倉庚摶黍黃鳥金衣公子等名。亦作鸎字。

鸝 平

音離。

離知切。

烏 平

音污。鵶之孝者。今統名為烏鵶。

汪胡切。孝鳥也。不純黑不反哺者為雅。白項而羣飛者為時雅。大而純黑反哺者為烏。引申之凡淺黑色皆曰烏。又烏呼之烏與嗚通。烏有之烏與無通。皆一聲之轉也。

鷙 去

音至。擊殺鳥也。鷹鷙。

支義切。猛鳥也。又凡鳥之勇獸之猛者皆曰鷙。亦作摯。

雅

上 平

鴉

音椏。烏之小者。今統名為烏雅。音庌。文采可觀曰雅。風雅。

於加切。純黑反哺者為烏。小而不純黑不反哺者為雅。非洲有禿雅。頭項俱禿。歐洲雅能效人語一二句。其頭上毛能自開闔者曰松雅。語下切。雅者。正也。詩有大雅小雅。皆正樂之歌也。引申為儒雅之雅。

鵲

入

音碏。俗名喜鵲。鵲噪。

七約切。鵲大如雅。而長尾尖嘴。黑爪黝背白腹。其音唶唶。故名曰鵲。季冬始巢。其性好潔。鳩奪其巢而遺矢於中。則鵲不往。又扁鵲。人名。古之善醫者。鵲亦作䧿。

燕

去 平

音宴。冬去春來之鳥也。飛燕。音煙。幽燕。

伊甸切。玄鳥也。翅長而彎。尾如開翦。銜泥巢於梁間。復來則仍其舊巢。其鳴甚碎。亦通作宴。因肩切。國名。周封召公於燕。在今直隸省。故今沿稱直隸為燕。

去

翠

音粹。青羽雀也。翡翠。翠雀

七醉切。鳥之青羽者名翠雀。大者產歐洲。身長尺餘。春冬易地而巢。食惟昆蟲。產南美洲者。身長四寸。其喙有刺。巢于叢林。今中國常見者止兩種。一名魚王鳥。翄短足小尾禿。喙長而赤。一名翠鳥。常居河干。捕魚而食。

平

鴛

音眢。俗名鴛鴦。

於袁切。匹鳥也。如鳧易馴。善居洲畔。其雄曰鴛。其雌曰鴦。

平

鴦

音央。

於良切。

上

卵

鸞上聲。禽蛋曰卵。鴨卵。卵生。

魯管切。物無乳者卵生。卵。蛋也。中黃外白。其表有殼。

雞

平

音稽。知時之禽也。雄雞。母雞。

堅溪切。司晨鳥也。首戴肉冠。項垂肉膝。雄者有距。高大而美。向晨則鳴。善走拙飛。食惟蟲穀。雌者生卵甚多。故能蕃盛。此外有火雞石雞莎雞諸類。肉皆可食。而石雞莎雞善飛難馴。必弋而得之。又天雞星名。

鵝

平

音莪。舒雁曰鵝。雁鵝。天鵝。

牛何切。鴚鵝也。野曰雁。家曰鵝。鵝如鴨而大。白者丹頂。花者黑頂。眼孔甚大。視物甚小。夜以守戶。見人則鳴。

鴨

入

音押。家鳧曰鴨。鴨蛋。鴨掌。

乙甲切。舒鳧也。鳧能高飛。而鴨舒緩不能飛。故曰舒鳧。其鳴呷呷。因又名鴨。又鴨綠江水名。在今盛京與高麗交界處。

雌 平

音疵。鳥之牝者。曰雌。雌雄。雌黃。

七移切。鳥母也。鳥翼左掩右為雌。

雄 平

音熊。鳥之牡者。曰雄。雌雄。雄黃。英雄。

胡弓切。鳥父也。鳥翼右掩左為雄。鳥父有英勃之象。故引申為英雄之雄。

鳴 平

音明。俗稱鳥叫。曰鳴。雞鳴。鳴鼓。

眉兵切。鳥聲也。專言之則鳥聲。泛言之則凡出聲皆曰鳴。引申為鳴鑼鳴寃之鳴。

羽 上

音禹。鳥之長毛。曰羽。羽毛。羽翼。

羽王矩切。象鳥翄形。彡則所謂六翮者也。翮所以翼身。故凡人之相護者曰羽翼。又以鳥飛最速。故檄文以羽插其上。亦稱羽檄。又染之以飾旌旗及王后之車。今西女亦有以羽飾帽者。

翄 去

翅

音翅。鳥翼。曰翄。魚翄。

施智切。大鳥之翼曰翮。小鳥之翼曰翄。叚借為啻。如奚翄食重之翄是。

翮 入

音覈。大鳥之翼。曰翮。六翮。

下革切。翮者羽也。專言之為羽莖。泛言之為羽翼。

翼 入

音弋。鳥翄曰翼。羽翼。

逸職切。翼者。翄也。鳥賴以飛。鷇賴以覆。故引申為輔翼之翼。凡鳥舒翼。張拱端好。有恭敬之象。故又申為嚴翼之翼。

翹 平

音翹。雀屏曰翹。翹首。

祁堯切。鳥尾長毛也。段借為趬。如翹足。翹企之翹是。

飛 平

音非。張翼而舉謂之飛。鳥飛。飛禽。

飛 匪微切。鳥翥也。象張翼之形。

翥 去

音𪘏。高飛曰翥。鳳翥。

章恕切。舉飛也。

翔 平

音詳。飛不搖翼曰翔。翱翔。

徐羊切。飛鳥盤旋于空際。而翄不動者謂之翔。翔有遨遊之象。故喻遨遊曰翱翔。

習 入

音襲。鳥數飛曰習。習學。習氣。

席入切。鳥迴飛而不搖其翄者曰翔。直飛而數搖其翄者曰習。習數動不休也。故引申為習學之習。

獸

去

音狩。四足而毛謂之獸。

禽獸 走獸

舒救切。獸皆胎生。四足附地。亦具肝膽脾肺心腎腸胃。其首常俯。故靈不如人。有樂羣者。有害羣者。有肉食者。有芻食者。居則山林水陸不一。而各隨其所好。牡者肥大。力亦較猛。產處不一。各有方名

麒

平

音其。仁獸也

麒麟

渠宜切。麒麟。大麕也。麕身牛尾馬蹄狼額。一角五采。腹下黃。高丈二。牡者曰麒。牝者曰麟。蓋古有今無之獸

麟

平

音鄰。

力珍切

犧

平 羲

音羲。宗廟之牲也

犧牲

虛宜切。饗神之牲。色純曰犧

牲

平

音生。家畜也

犧牲

師庚切。禽獸之用諸神者曰牲。六牲。馬牛羊雞犬豕也

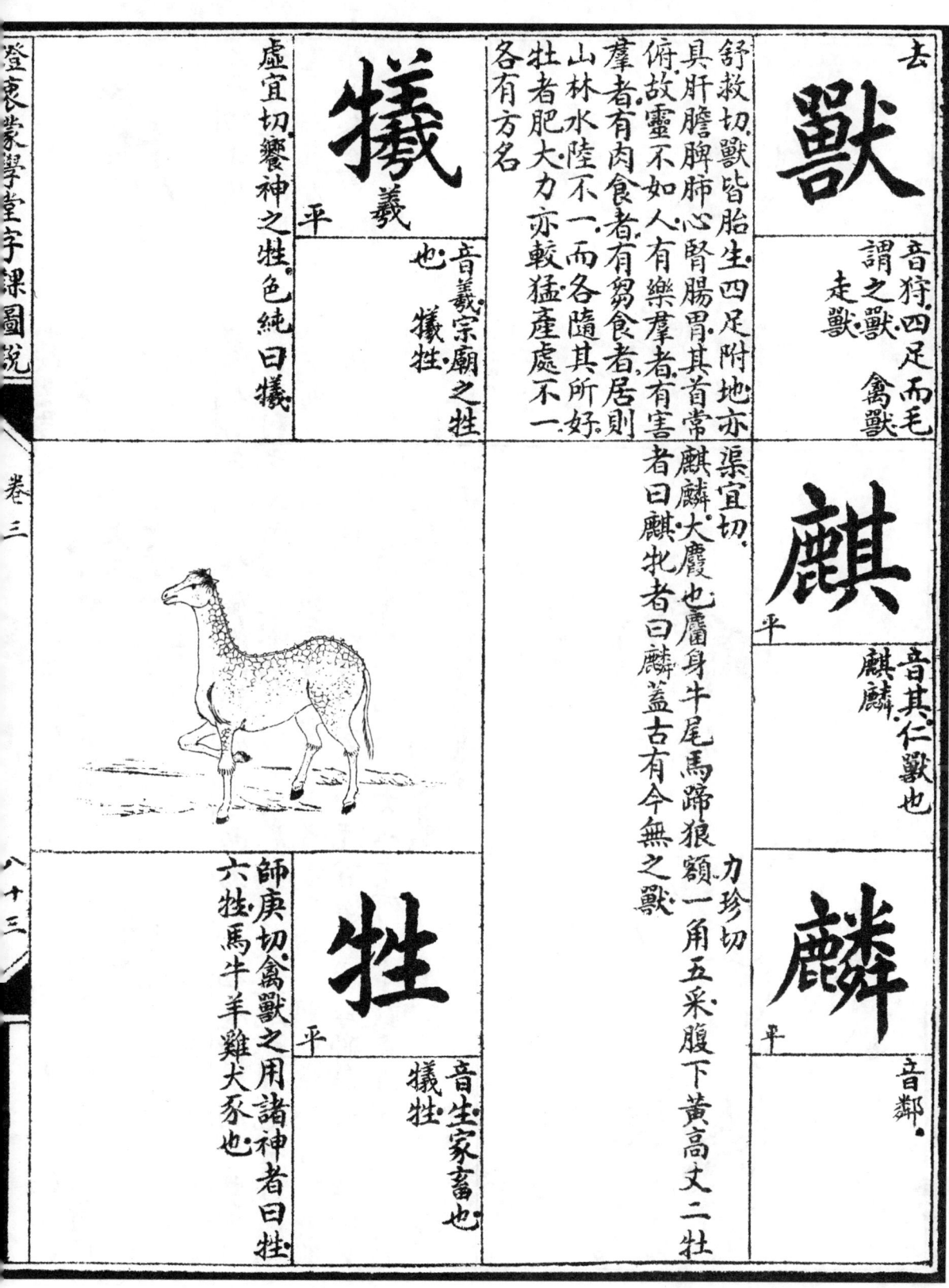

虎

音滸，山獸之君。

老虎　虎豹。

上　火五切，猛獸也，其狀如貓，較獅略瘦，毛黃而間黑文，腹白，爪利，尾長而有力，性不喜殺，飢則迫而傷人，產東半球之熱道。

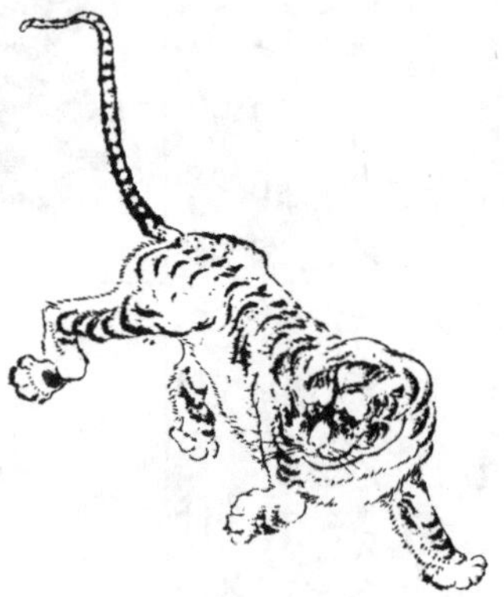

豹

去

音爆，似虎圓文。

金錢豹

布佼切，貓屬，微小於虎，毛赤而文黑者謂之赤豹，毛白而文黑者謂之白豹，毛黃而有圓斑者曰金錢豹，毛黑者曰玄豹，似鹿文者曰鹿豹，鹿豹高一丈八尺，毛短尾尖，其腿前高後卑，膽小而善走，食惟樹葉草菜。

獅

平

音師，狻猊也。

獅子　九獅圖。

霜夷切，貓屬，似虎而大，色灰，有髯耏駿鬣，尾端茸毛甚厚，怒則威在齒，喜則威在尾，每一吼則百獸辟易，母獅無駿，體略小，馴之可令串戲，產非洲亞洲熱處。

象 上

詳上聲。長鼻大獸也。　白象　象牙。

似兩切。象厚皮獸之一。身高丈餘。體大毛疎。鼻長及地。可以拾芥。口角露大牙二。能敵兵具。土人畜之以代牛馬。產非洲者頭圓耳大。其聰明不若亞洲者。又物相肖曰象。佛教即曰象教。因其奉佛象也。

犀 平

音西。俗名犀牛。

先齊切。兕也。狀如水牛。皮厚而堅。足有三趾。其性喜水。食惟蔬艸。產非洲者生二角。一角在鼻。一角在頂。產亞洲者止有一角。生鼻端。性與非洲者同。

兕 上

音祀。亞洲之犀曰兕。　兕牛。

序姊切。一角獸也。其狀似牛。一角在鼻。長者三尺餘。形如馬鞭柄。足有三趾。青色。體重千斤。性喜水。其皮堅韌可以製甲。

熊 平

音雄。豕類之肉食者。 狗熊 熊皮。

胡弓切。熊。似豕而大。約有十餘種。夜出晝藏。足有五趾。後足能起立如人狀。且善攀樹。有棕黑白三色。獲其幼者亦能馴養。今常見者為狗熊。白者產北冰洋。能浮水捕魚獺以為生。其皮厚暖。人多貴之。

猨 平 猿

音袁。猴之長臂善攀者為猨。 猨猴

于元切。猿本猴屬。擇其善攀者別以名也。產西半球者。體瘦臂長便攀。好嘯。手無拇指。頰無嗛袋。有攀猨。雄聲猨。捲尾猨。跳舞猨等名。皆能立行如人狀。產南越者名長肱烏猨。膽小而馴。無甚聰性。

畜 入

音觸。家中所養禽獸也。 六畜 音旭。 積畜

昌六切。禽獸畜於家者曰畜。牢而用諸祀者曰牲。六畜。馬牛羊雞犬豕也。 許六切。養也。貯也。

猴 平

音侯。象人之獸也。 猨猴 猴子。

呼溝切。猴分二大種。生東半球者。其鼻如人。腮有嗛袋。臀多無毛。產西半球者。鼻如犬馬。尾長便攀。援掌如人手。間有無拇指者。最大者產非洲。身高五尺。聲大如雷。最小者產美洲。身高六寸。間有教之串戲或隨獵者。

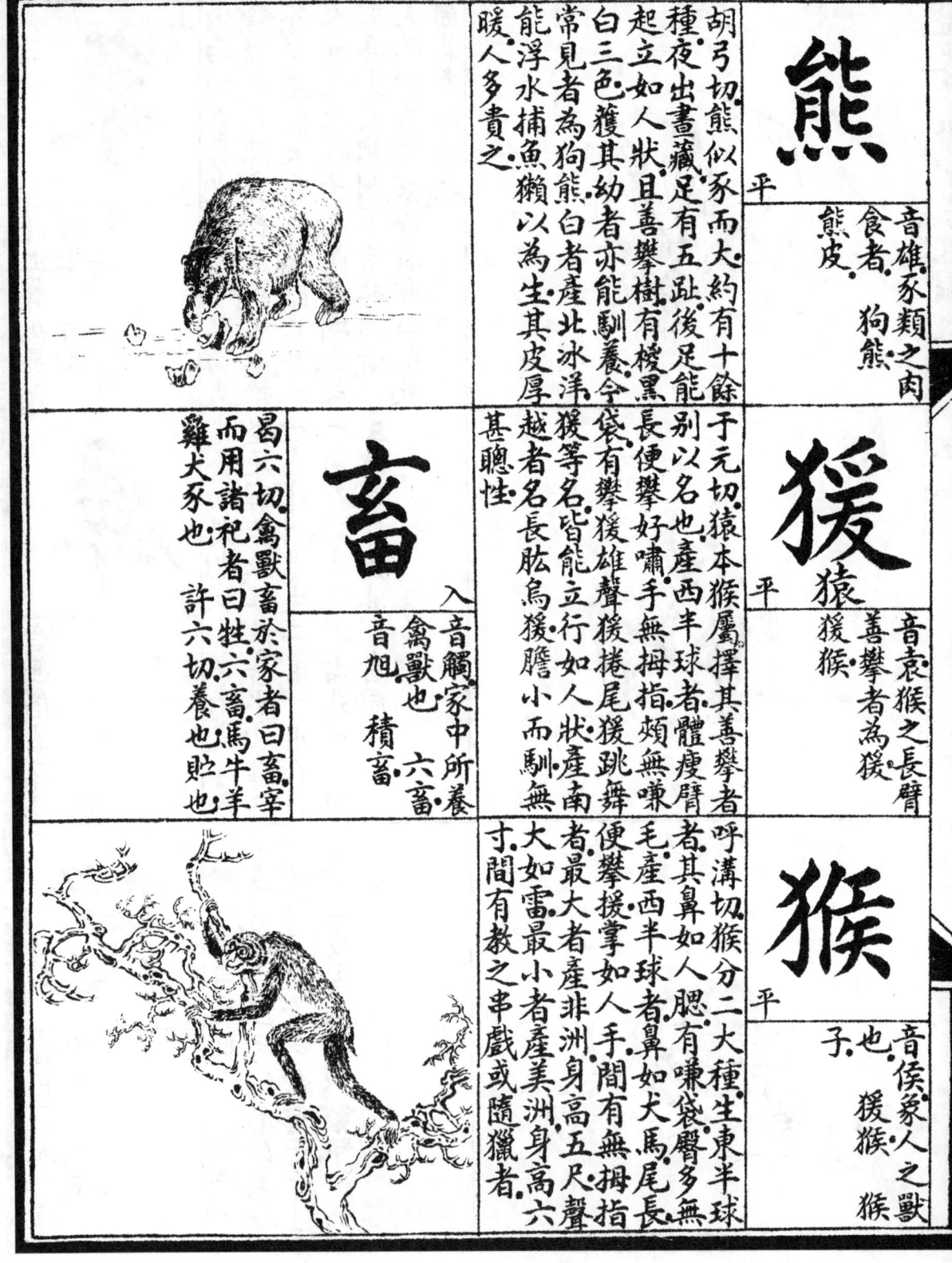

駱

入

音洛白馬黑鬣曰駱　駱駝

歷各切馬也一名駱駝如馬而大頭似羊而無角長項垂耳有倉褐黃紫數色性耐寒惡熱至夏則毛多脫落善走沙地能久不飲北人馴之以代贏馬

駝

平

音陀俗名駱駝

唐何切返嚼無角之獸產美亞者脊止一峰產非洲者脊有二峰駝分為二有甲護之善走沙漠性極馴良能數日不飲渴則食之以鹽又駝鳥高七八尺僅二爪掌胝如角善走拙飛人愛其毛畜之能馴蛋殼可作水盂

獺

入

音闥齧魚獸也　水獺　獺貓

他達切獺有三種一曰旱獺長二尺許足如鴨掌常伺水畔獲魚則登岸而食之一名海獺恆居海中身長四尺毛尤潤澤人多貴之一名香貓晝伏夜出足有五指爪能伸縮長二尺許毛輭而斑腸有香囊二故名。

麋 平

音眉。鹿屬也。麋鹿。

忙皮切。北鹿也。亦名紅鹿。產寒道。身大如馬。角闊而有歧支。其毛粗短。色黃。食惟草菜。土人畜之。用以牽曳冰牀。　又水草之交曰麋。

麈 上

音主。羣鹿之長曰麈。麈談。

腫庾切。鹿之大者曰麈。其尾辟塵。古之談者揮焉。蓋取羣鹿隨麈之義也。乾隆間。　高宗目驗麈角於冬至皆解。麋角不解。　勅改時憲書麋角解為麈。

鹿 入

音錄。麞屬之解角者。麋鹿。鹿茸。

盧谷切。仙獸也。牡者有角。每歲一解。角初生時。名鹿茸。可充藥品。色黃有白點者。名梅花鹿。性善防守。羣居易班而食。恐物之害之也。　又地名。鉅鹿。今直隸順德府屬。獲鹿。今直隸真定府屬。

麝 去

音射。香鹿也。亦名香麞。麝香。

神夜切。返嚼無角之獸。狀如小麞。膽小易驚。身有虎豹文。臍有香核。名曰射父。極自愛護。就縶將死。猶拱四足。以保其臍。

猩 平

音星。猴屬之能言者。猩猩。

桑經切。猩猩猴身人面。能效人言。生婆羅洲及蘇門答獵。獲其劣者亦能馴養。且知愛其主人。其血染物。經久不變。俗稱猩紅。

豺 平

音儕。俗名豺狼。

牀皆切。豺野狗之屬。性貪殘。其狀如狗。尾長而不捲。色黃頰白。吠聲如哭。羣聚而出。獲獸以食。飢則迫人。

狼 平

音郎。俗名豺狼。

魯當切。豺屬。其狀如犬。銳頭白頰。高前廣後。色青。聲沸。尾垂不舉。多疑善顧。出則與狽為羣。其性殘忍而貪。食人獸無饜。故世有狼貪狼戾狼狽為奸之喻。

貍 平

音釐。俗名野貓。貍貓。

陵之切。伏獸似貙。其種甚多。大小如狐。毛雜黃黑。有斑如貓而圓頭大尾者為貓貍。有斑如貙虎而尖頭方口者為虎貍。似虎貍而尾有黑白錢文相間者為九節貍。有文如豹而作麝香氣者為香貍。貍俗作狸。

狐 平

音胡。妖獸也。俗名狐狸。

洪孤切。犬屬也。五洲皆有。高不滿尺。長約尺餘。嘴尖耳小。尾豐毛厚。晝藏夜出。盜食家禽小畜。死則首邱。其性狡而多疑。又善媚人。故世有狐疑狐媚之喻。

貂 平

音雕。北境仁鼠也。貂鼠。貂褂。去

丁聊切。水狼之屬。較大於鼠。有灰紫兩種。紫者為貴。產朔北。性仁。見人僵卧雪中。則羣至偎坿之。於是被獲。後漢侍中中常侍加黃金璫。坿蟬為文。貂尾為飾。今內外官非三品。不得服貂。翰林軍機處入值。皆可服。

兔

音吐。鼠屬之缺脣者。白兔。兔窟。

土故切。兔大如貓。其形似鼠。目紅牙闊。其足前卑後高。口缺鬚長。耳大而銳。尾卓而扁。毛短。色白或褐。食果蔬。易馴養。產歐亞二洲。而奧大利亞尤多。

夔 平

音逵。獸也。夔龍。夔夔。

渠爲切。夔如龍。魯人以爲木石之怪。又夔夔。齋慄皃。

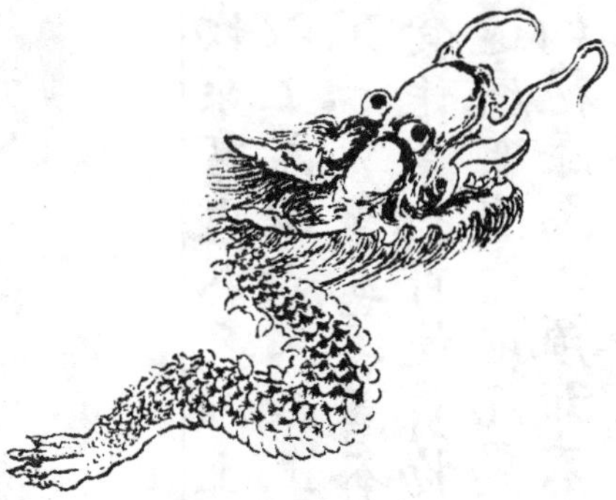

豸 上

音務。一角羊也。獬豸冠。音坻。蟲無足曰豸。蟲豸。

丈蟹切。與廌通。直獸也。似羊一角。臯陶治獄。令觸不直者。又池爾切。蟲無足曰豸。引申之凡獸伏行如貓捕鼠者亦曰豸。

驥 去

音冀。俗名千里馬。驥尾。

几利切。良馬也。驥能行遠。故隨其後者謂之附驥。

駿 去

音俊。馬之美稱。駿馬。八駿。

祖峻切。馬之良材也。叚借爲陵陖大也。又與俊同。

上

馬

麻上聲硬蹄無角之獸可以服乘者 駿馬 馬車

母下切乘畜也八尺以上為龍七尺以上為騋六尺以上為馬顏色不一髮鬣甚長善奔走性馴良食惟草穀可使負物牽車耕田運磨質隨產地而異性亦不同如花條馬之類即不易馴養又空中浮氣曰野馬

平

駒

音拘幼馬曰駒 龍駒馬

茶于切二歲馬也六尺以上曰馬五尺以上曰駒

平

驪

音離黑駿曰驪 盜驪

鄰知切周穆王八駿有盜驪盜驪竊驪也竊淺青色驪純黑色又驪山在古驪戎

平

騮

音留馬之赤身黑鬣者 紫騮馬 騂騮

力求切騂騮良馬名也

平

駑

音奴最下之馬曰駑 駑馬

農都切馬頑劣也凡馬給宮中之役者曰駑駑駘皆下乘之謂

牛 平

齵平聲。服耕之畜也。　黃牛。　水牛。

語求切。大牲也。后稷之孫叔均始用以耕。其肉其乳皆可食。牡者大而且猛。產印度及非洲者。脊有一峰如駝。其色黃白黑花不等。產歐亞之水牛。毛色灰黑。角長腿粗。其力尤大。野者性喜羣居。不易馴養。

犢 入

音獨。幼牛曰犢。　禽犢。

徒谷切。牛子也。

羔 平

音高。幼羊曰羔。　羔羊。　羔皮。

居勞切。羊子也。羣而不失其類。故周制以為卿之贄。

羊 平

音陽。孝獸也。　牛羊。　小羊。

移章切。六牲之一。似鹿而馴。食惟草菜。毛捲尾大者為綿羊。毛直尾小者為山羊。色黑白不一。皮可為裘。毛可織布。骨可煉燐。肉可為脯。乳可食。孩中國北方及西人畜之。動以數千頭計。能認其主而不失其羣。

驢 平

音盧 似馬長耳 謂之驢

黑驢

凌如切 驢低於馬 耳則較大 長頰廣額修尾 有褐白黑花諸色 以午及五更初而鳴 人多畜之 以代驘馬 食惟草菜菽麥 五洲皆產 大小不一

驘 平 騾

音摞 驢馬子也

馬驘

騾車

盧戈切 同騾 驢其父 馬其母者為驘 驘似驢而健 驢力在髀 驘力在腰 乘者隨其力進退之

犬 上

音圈 狗之有懸蹏者曰犬

犬豕

犬馬

苦畎切 狗犬通名 若分而言之 則大者犬 小者狗 犬有三種 一田犬 二吠犬 三食犬 家養者尾皆上捲 野者則否

上 **狗**

音苟。服守之畜也。獵狗。狗彘。

居后切。義獸也。其類甚多。大者為犬。今通稱為狗。獵狗腿高力細。毛堅善走。守家狗耳尖毛粗。善吠。玩狗小俏而靈。救生狗頸繫藥瓶。巡行雪中。行人凍僵者。聞其聲。取其藥服之。即能稍緩其死。以待狗反報其主而救之。

平 **獒**

音敖。狗四尺為獒。大獒。

牛刀切。猛犬也。產西域。腿高力細。嘴尖尾脩。毛硬而堅。能逐野獸。獵者畜之。其性甚靈。待主頗義。

上 **豕**

音始。豬豨之總名。犬豕。

詩止切。合言之。凡豬皆曰豕。分言之。則雄為豕。豕豐體長鼻大耳。剛鬣。性好污穢。食惡物。肉內多蟲。故西人皆食牛羊肉而不食豬肉。

平 **豬**

著平聲。豕子曰豬。小豬。野豬。

張如切。合而言之。為豨之通名。分而言之。則雄名豕。雌名豝。子名豬。

平 **豚**

音屯。豬子曰豚。雞豚。

徒孫切。小豕也。

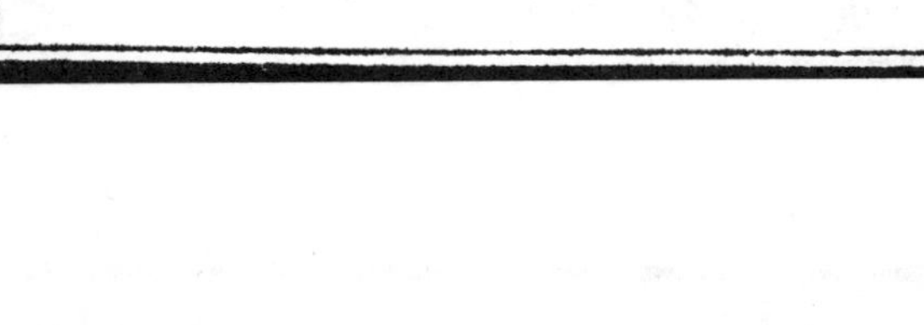

去 **彘**

直例切。

音滯。豕母曰彘。母彘。狗彘。

上 **牝**

婢忍切。合言之。禽獸之母者曰牝。分言之則禽之母者曰雌。獸之母者曰牝。

音顰。母畜曰牝。牝雞。

平 **貓**

眉鑣切。貓善捕鼠。足短便跳。爪前五後四。可伸縮。舌上有刺。牙尖尾長。目能晝斂夜放。故視暗猶明。其睛子午卯酉如一綫。寅申巳亥如滿月。辰戌丑未如棗核。鼻端冷。惟夏至一日暖。陰類也。虎豹獅貍皆其屬類。

音苗。捕鼠之獸也。家貓。野貓。

上 **鼠**

賞呂切。小獸也。善為盜。晝伏夜動。僅有大牙門牙而無貳牙。食穀果餅餌。間亦食肉。巢於家者曰老鼠。小而灰者曰地鼠。穴水旁者曰水鼠。此外有松鼠銀鼠香鼠鼷鼠諸類。又火鼠出西越。取其毛績之。名火浣布。

音暑。齧物獸之小者。老鼠。灰鼠。

牡 上

音母。父畜曰牡。牝牡

莫后切。合言之禽獸之公者皆曰牡。分言之則禽之公者曰雄。獸之公者曰牡。

駟 去

音四。四馬一乘也。千駟。

息漬切。古者一轅之車駕三馬。則五轡。夏后氏減而為兩。謂之麗。殷益一騑。謂之驂。周又益一騑。謂之駟。四駟者一乘四馬。兩服兩驂是也。又天駟房星名也。

驂 平

音參。駕三馬也。驂乘。

倉含切。馬駕在車中曰服。在車旁曰驂。夏后氏駕兩謂之麗。殷益一騑謂之驂。引申之三人共載曰驂乘。

駢 平

音蹁。二馬相比謂之駢。駢肩。駢指。

蒲眠切。駕二馬也。引申之凡二者相比謂之駢。如駢拇駢肩之駢是。

蹏（蹄） 平

音題 獸甲足也
馬蹏

杜兮切，獸足也。無甲者爪，有甲者蹏。反嚼之獸多蹏，肉食之獸多爪。

鬣 入

音獵 馬駿曰鬣
長鬣

力涉切，專言之則馬之駿毛為鬣，泛言之毛在首者皆曰鬣，故楚人謂長鬚謂長鬣。

尾 上

音委 脊末曰尾
銜尾 首尾
孳尾 尾閭

武匪切，禽獸後也。引申之凡在後者皆曰尾。又魚以尾計，故數魚者必曰若干尾。

駁 入

音博 馬色不純
曰駁 斑駁
駁船

北角切，馬黃白毛雜謂之駁。駁不純也，故獨執異議曰駁議，雜載之船曰駁船。

馴 平

音旬 豢野鳥獸
使服謂之馴
馴養

詳倫切，馴擾也。引申為馴良之馴。

駭 上

音蟹 馬驚曰駭
驚駭 駭怪

下楷切，驚起也。引申之改人之視聽亦曰駭。

騎 平　去

音奇。單乘曰騎。騎射　騎馬　音芰。義同。

渠宜切。跨馬也。古者馬以駕車，不以單騎。左傳昭公二十五年左師展將以公乘馬而歸。此騎馬之漸也。又奇寄切。

駕 去

音嫁。馬在軛中曰駕。駕車　尊駕

居亞切。駕乘也。馭馬也。引申為車駕、法駕之駕。又凡加而上之亦曰駕。

駐 去

音注。馬止曰駐。駐馬　音柱。義同。

株遇切。馬立也。引申為駐劄之駐。又廚遇切。

馭 去

語去聲。使馬曰馭。駕馭

魚據切。駕御之也。馭與御同。引申之控制得宜謂之馭。

騰 平

音滕。馬奔躍曰騰。飛騰　騰達

徒登切。馬躍也。躍者必騫，故騰起。騰貴之騰皆解為騫。

馳 平

音池。大驅曰馳。馳騁。馳驅。

陳知切。馬奔放也。引申之凡心神奔放皆曰馳。

驅 平

音區。策馬曰驅。馳驅。驅逐。

邱于切。馳騁也。轉注為驅逐之驅。

騁 上

音逞。競驅曰騁。馳騁。騁懷。

丑郢切。直馳也。引申為騁懷之騁。

驟 去

音縐。馬倏馳曰驟。驟然。

鉏救切。馬疾步也。引申之凡急者促者皆曰驟。如驟雨驟諫之驟是。

駛 上

音史。馬疾行也。駛行。

師止切。專言之則馬疾行曰駛。泛言之則凡疾行皆曰駛。轉注為駕駛之駛。

鱗 平

音鄰。魚甲曰鱗。水中動物之有鱗者。統謂之鱗蟲。 魚鱗。 鱗介。

離珍切。鱗蟲皆卵生。然與卵生之羽蟲迥異。羽蟲血熱而骨空。鱗則血冷而骨實。產淡水者不能居鹹水。產鹹水者不能居淡水。性皆夏食冬蟄。肉多可食。魚身之鱗。皆以次排列而不雜亂。故引申為鱗次鱗比之鱗。

龍 平

音籠。鱗蟲之長。 龍挂。 水龍。

盧容切。龍似蛇。四足。形狀種類不一。俗謂龍能升天取水。其實水面發電捲去空氣。水即上湧。人在遠處觀之。見有白氣下垂。而疑為龍也。中國向以龍為神物。故王者之衣服徽章多用之。臣下頌君。亦多以龍為喻。

蛟 平

音交。蛇有鱗者曰蛟。 蛟龍。 出蛟。

居肴切。蛟似龍無角。細頸修尾大者數圍。水陸共居。俗謂蛟能發水。故古今皆有伐蛟之政。西人則謂係山中積水陡洩萬泉奔放。故山水之漲。必在春夏之交。雖土中有蛟卵。實非蛟之所為也。

鯁 上

音梗。骨刺於喉曰鯁。 祝鯁。 鯁直。

古杏切。魚骨也。魚骨剛直而不撓。故喻人之剛直者曰骨鯁。

虯 平 虬

音觩。龍子有角者。 虯龍。

渠尤切。

蛇 平

音闍。龍屬之毒者曰蛇。蟒蛇。音移。委曲自得之貌也。委蛇。

時遮切。蛇皆艸居。閒亦能泅。口有長牙二。中貯毒水。其齒常偃。噬人則起。毒之猛者能斃人。性善飢。飽則蛻。冬輒含土入蟄。春出吐之。產處以熱道為最夥。弋支切。

蟒 上

音莽。蛇之最大者曰蟒。蟒蛇。蟒袍。

模朗切。王蛇也。長數十丈。三足。身有花文。行時前身僵立如杆。速而有聲。能縛猛獸。奔食禽卵。今朝服中箭衣皆繡蟒龍。故偁蟒袍。

鯨 平

音檠。水居無足大獸也。鯨鯢。

渠京切。水獸無鱗。產非冰洋。似魚而實非。胎生血熱。呼吸亦主肺。不若魚之主乎腮也。鯨居水中。久則露鼻水面以吸氣。長八九丈。圍三四丈。鼻生於頂。目小而相離甚遠。有二牙無牙之別。肉可鍊油。腦有白臘。其雌曰鯢。

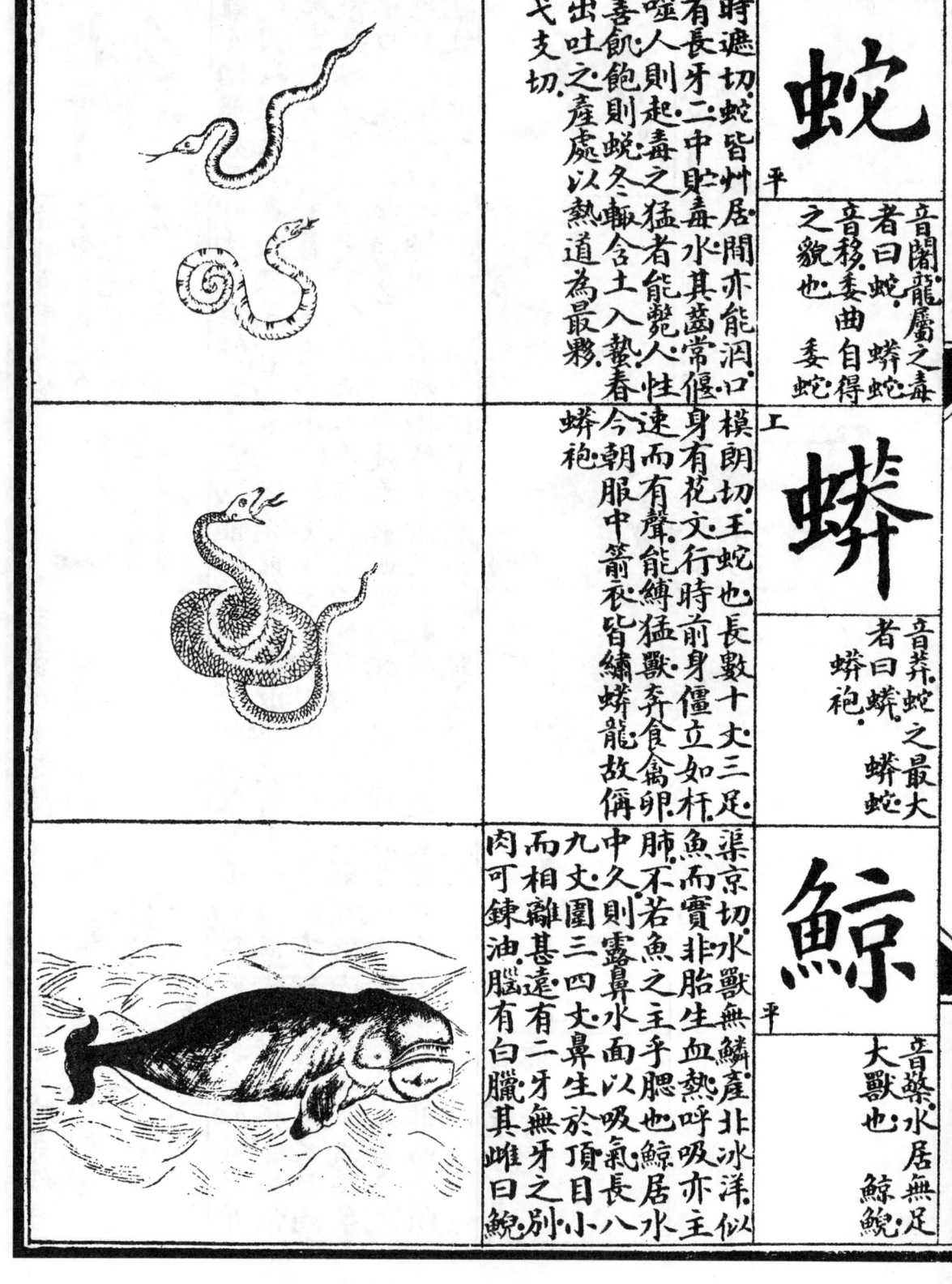

魚 平

御平聲。鱗蟲之大宗也。鮮魚。魚膾。

牛居切。水族。有鱗無足。後似燕尾。間亦有無鱗修尾者。產淡水或鹹水間。離水則死。魚腦有髓。月滿則實。其目不閉。受驚則潛伏水底。海魚有能飛躍數十丈者。其翅如薄羅。大於鳥翼。名曰飛魚。魚類繁多。大都可食。

鮒 去

音附。魚名。涸鮒。

符遇切。鯽也。此魚好旅行。吹沫如星。以相即。謂之鯽。以相附。謂之鮒。

鯉 上

音里。淡水粗鱗之屬。鯉魚。

良以切。鯉有赤青黑白黃五種。今所見者赤黑黃三種為多。鯉無大小。其鱗在脊正中一道皆三十六。性不自相吞食。俗云鯉能神變。飛越江湖。故有登龍門之說。其實江湖皆產。非由飛越而至也。

鯊 平

音沙。海中厚皮之鱗屬。鯊魚皮。

師加切。鯊魚身小。前闊後狹。黃皮黑斑。喜張口吹沙。故一名海沙。大者長數十丈。三角形。厚皮大翅。口巨而向下。生吞食則反身向上。常尾舟行。以食棄物。卵方而殼韌。久則自出。今所食魚翅魚皮。即取之此魚者也。

鰱 平

音連。淡水細鱗之屬。鰱魚。

力延切。鱮屬。細鱗巨首。有白赤青黑數種。産江河間。生息繁滋。其味甚美。

鱸 平

音盧。細鱗秋魚之屬。四腮鱸。鱸美。

龍都切。鱸魚似鱖。巨口細鱗。秋風起則出。産淞江者。四腮而味美。餘皆兩腮。味亦稍損。

鮑 上

音抱。巨首粗鱗之屬。又醃魚名。鮑魚。

部巧切。鮑魚長二三尺至四五尺不等。頭甚巨。約居全體三分之一。背無脊。其鱗甚粗。淡水中皆有之。又海魚加之以鹽而不乾者。亦曰鮑魚。

鰣 平

音時。魚名。鰣魚。

辰之切。鰣似魴。肥美。江東四月有之。諺倆來鰣去鯗。謂來時為鰣。去時則變為鯗也。

鯗 上

音想。鹹水扁體之鱗屬。鯗魚。鹹鯗。

息兩切。鯗魚長約尺許。色白而灰。身扁而修。產江海中。吳闔閭渡海得而食之。及歸思海中所食魚。索之。司者曰暴乾矣。食之甚美。因加魚字於美下。是魚遂名為鯗。俗寫作鮝。

鯿 平

音鞭。淡水扁體之鱗屬。鯿魚。

卑連切。鯿魚大者尺許。其色青白。身扁腹闊。頭尾皆小。產淡水中。其味甚美。襄陽人禁人捕捉。以槎斷水。因謂之槎頭縮項鯿。

鱖 去

音劌。淡水細鱗之屬。鱖魚。

姑衞切。鱖魚小者不滿尺。大者一二尺。形扁口闊。鱗細肉緊。骸骨堅硬。身有黃黑花斑。善吞小魚蝦蟇之屬。淡水中皆有之。

鯽 入

音積，淡水粗鱗之屬。鯽魚。

資昔切，鯽魚似鯉而小，其色青黑，腹大脊隆，淡水中皆有之。

鱓 上 鱔

音善，修尾無鱗之屬。黃鱓。

上演切，鱓魚似蛇無鱗，體生涎沫，腹黃背黑，伏水岸泥窟中。白鱓亦名鰻鱺，似鱓而大，腹白背灰，常伏浮屍中，食其肉，味亦肥美。又有電鱓者，觸之即發電氣。中外皆產，但不常見耳。字亦作鱔。

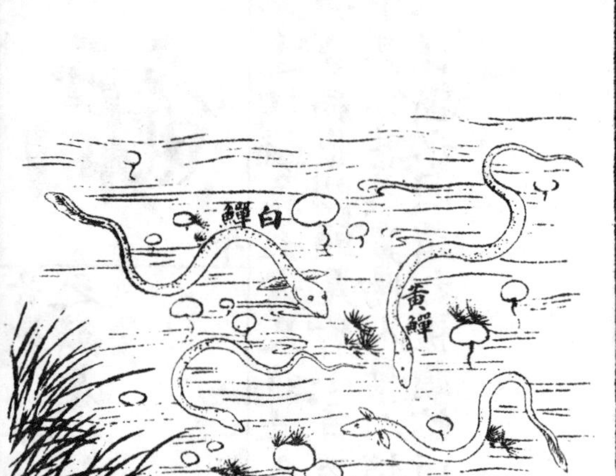

鰌 平 鰍

音秋，泥中之鰌，曰泥鰌。

此由切，鰌似鱓而短，首銳色褐，其身有漦，濡滑難握，產下田淺淖中，與他魚為牝牡，肉亦可食，而味不甚美，字亦作鰍。

鱷 入

音咢。鼉屬也。鱷魚。

逆各切。鱷魚形如穿山甲。喜水居。巨吻無鬚。四足而爪。蟹目鼉鱗。尾長數尺。潛伏水濱。俟畜取飲。則以尾擊取而食之。遺卵沙中。經曝始出。產南海印度埃及等處。

龜 平

音騩。介蟲之長也。烏龜。

居為切。龜形椭圓。外骨內肉。蛇首穹脊。四足而爪。觸之則首尾足皆縮入甲內。性不喜噬。以蛇為雄。千歲之龜。其甲即為玳瑁。間有甲面生白毛或綠毛者。古者以龜為卜。謂其為四靈之一也。今俗以為至賤之物。

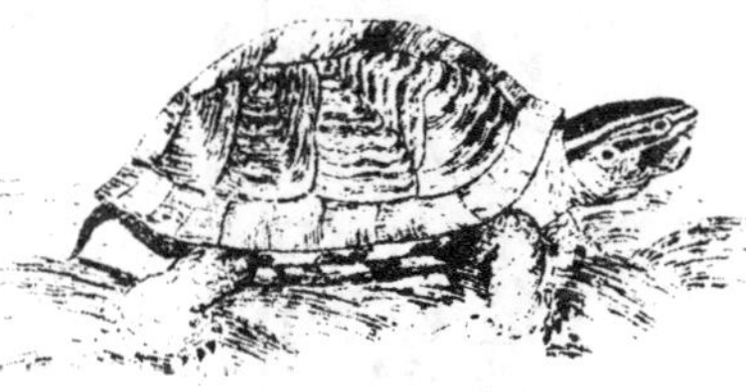

鼈 入

音鷩。介蟲之大於龜者。吳俗謂之甲魚。鼈甲。

必列切。鼈水居陸生。形圓脊穹。甲周有帬。頭足皆能伸縮。遺卵岸灘。經曝則出。以蛇為雄。與交則腹赤有毒。食之能毒人。鼈無足而頭尾不縮者曰納。三足者曰能。

黿 平

音元 介蟲之似鱉而大者 癩頭黿

愚袁切 黿大於鱉 或至一二丈 以鱉為雌 黿鳴則鱉應

鼉 平

音駝 鱷魚之屬也 鼉鼓

唐何切 鼉似蜥蜴 長約丈餘 有甲如鎧 其皮堅厚 可以冒鼓 天雨則鳴 故俗以為鼉能識雨也

鯤 平

音昆 魚子也 鯤鮞

古渾切 凡魚之子名鯤 又大魚名

鼇 平

音敖 鱉之大者曰鼇 鼇頭

牛刀切 海中大鱉也 形近於魚 故亦偁鼇魚

鯢 平

音倪 鯨之雌者曰鯢 鯨鯢

研奚切 刺魚也 雄曰鯨 雌曰鯢 其形四腳 長尾 聲如小兒啼 故曰鯢魚

上

蟹

音解。介蟲之八足者。螃蟹。

下買切。蟹形橢而稍扁。八足二螯旁行。呼吸以腮。食物之胃與呼吸之具皆藏甲中。腸則曲折而藏腹下。臍內其臍節節連續。雄尖雌圓。西北風起則出。性喜火。捕者常然鐙河干。誘其至而取之。味極腴美。

鰕

平　蝦

音遐。介屬之善跳者。魚鰕。鰕仁。

何加切。鰕形如蠍。磔鬚鉞鼻。背有斷脊。尾有硬甲。腸在腦內。子在腹外。多足好躍。江海陂澤間皆有之。與蝦通。惟蝦蟇之蝦从虫不从魚。

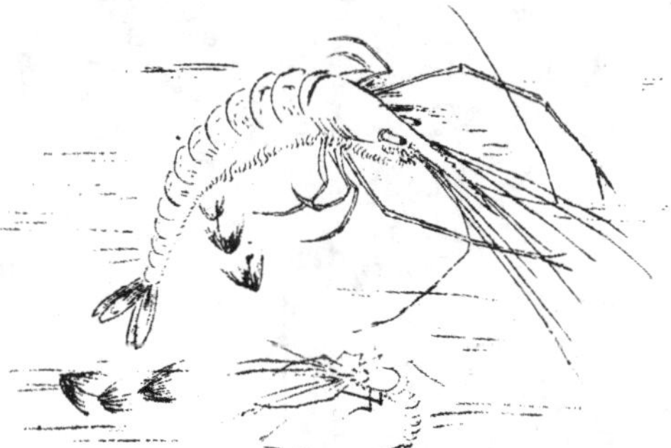

上

黽

音猛。俗謂之田雞。亦曰水雞。鼃黽。音泯。勉也。黽勉。

莫杏切。黽居水田間。色青善鳴。其小而色黃者謂之耿黽。黽蟾鼃三者似同而異。黽吳俗所謂田雞也。蟾吳俗所謂癩團也。鼃蝦蟇也。段借為忞。如詩黽勉同心之黽是。讀彌盡切。

鼃

蛙 平

音哇。長腿蝦蟇也。青鼃。鼃鼓。

烏瓜切。黽屬。陸居者曰蟾。水居者曰鼃。綠背尖嘴細腹者謂之青鼃。背有黃紋者謂之金綫鼃。居水田間。能除害禾之蟲。農人重之。故有殺鼃之禁。字亦作蛙。

蟾

平

音詹。俗名癩團。蟾蜍。

之廉切。蟾蜍。似鼃而大。居牆壁之界砌間。背上多痱磊。行極遲緩。不能跳躍。亦不解鳴。鼃居陂澤間。形小。善鳴。皮多黑斑。能跳接百蟲。舉動甚速。物雖一類而功用稍別。

蚌

上

音棒。介屬之兩殼相合者。蚌肉。老蚌。

步項切。蜃屬。兩殼相連。可開可合。體藏殼中。不能行動。中有漿精。久則成珠。鹹水淡水間皆有之。

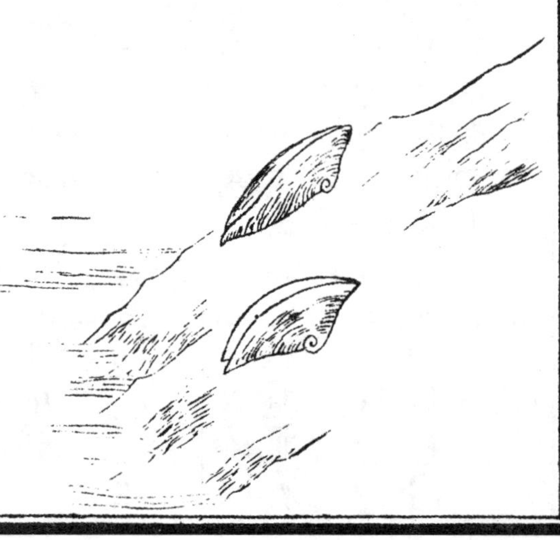

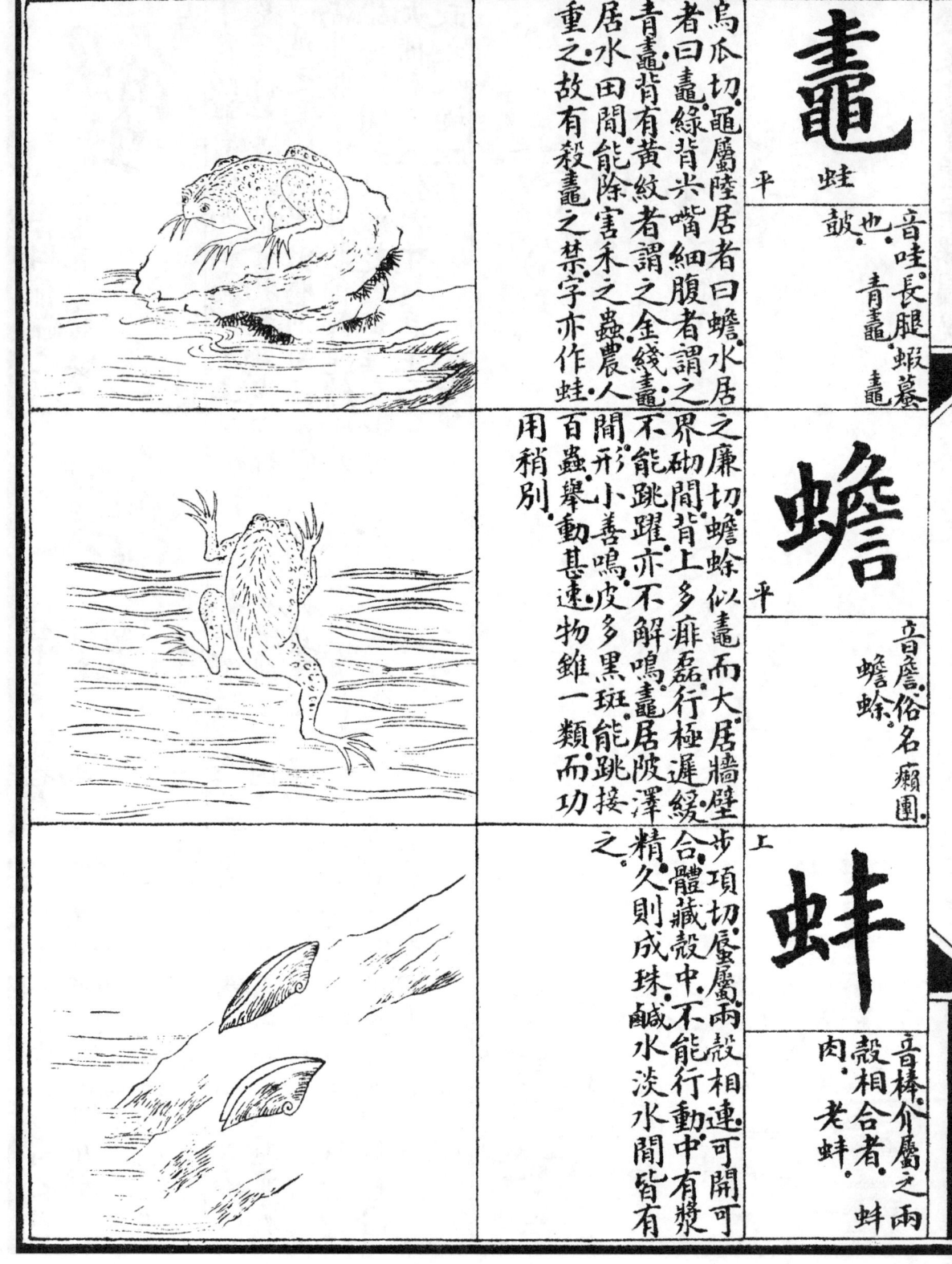

蛤

入

音鴿。蚌屬。亦名蛤蜊。　青蛤。

葛合切。蛤似蚌而圓。生海中。白殼紫脣。其青殼者名青蛤。有大至二三寸者。其肉可食。蛤蚌之類。古別謂之互屬。謂其兩殼互合。異於羣介也。

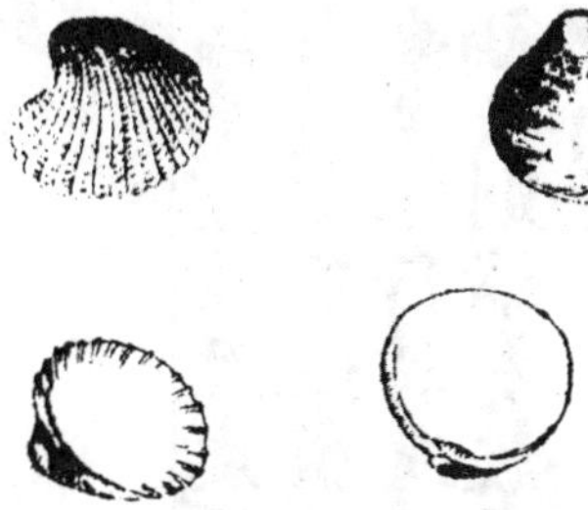

蜃

上

音腎。大蛤曰蜃。　蜃炭。　蜃樓。

時軫切。似蛤而大。一名含漿。俗謂蜃能噓氣空中。成樓臺城郭之狀。將雨即見。名曰蜃樓。其實水面光綫折入天空。與海中島嶼轉相映照。成象空際。非蜃氣所能致也。

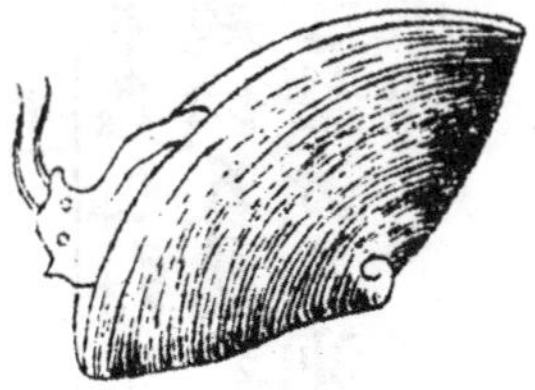

蠣

去

音例。海蚌也。一名蠔子。　牡蠣。　蠣黃。

力制切。牡蠣也。產海中。似蠊微大。味美可食。其殼可以療疾。

蝸 平

音瓜。俗名蝸牛。蝸國。

古華切。蠃屬。產陰溼處。頭形似蛞蝓。其背負殼。有紋盤旋其上。熱則自懸葉下。行時遺滑漦白亮如絲。觸之則縮首殼中。其性甚涼。可以消腫。

蠡 上 平

音禮。蟲齧木中也。

音黎。蚌屬。與螺通。

里弟切。食木蟲也。引申為追蠡之蠡。憐題切。互屬之一。史記以蠡測海。言識淺而測深。猶以蠡殼量海水耳。

蟶 平

音頳。海中小蚌也。美人蟶。

丑貞切。蟶生海泥中。其形長短大小不一。種類甚多。閩粵人以田種之。候潮泥壅沃。謂之蟶田。

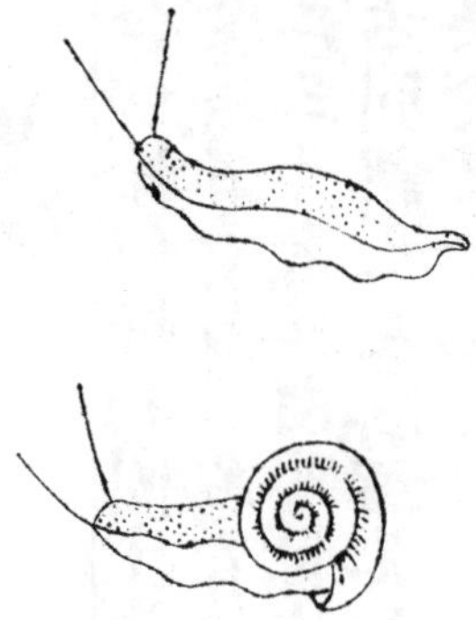

鱟 去

音候。魚名。鱟帆。

胡遘切。鱟長五六尺。十二足。似蟹。雌常負雄。漁子取之。必得其雙。子如麻子。南人為醬。

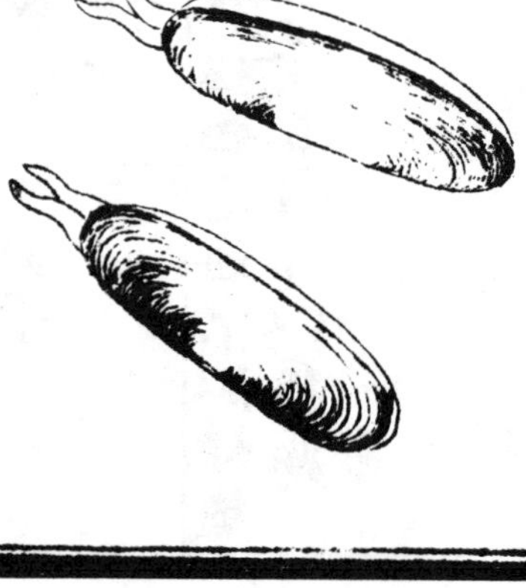

蟲

平

音种。動物之總名。昆蟲。蟲豸。

持中切。動物五種。羽蟲毛蟲甲蟲鱗蟲倮蟲皆曰蟲。又為小動物之種名。所以別於禽獸鱗介也。攷工記外骨內骨卻行仄行連行紆行。以脰鳴者。以注鳴者也。以旁鳴者。以翼鳴者。以股鳴者。以胷鳴者。謂之小蟲之屬。

螳

平

音唐。斧蟲也。螳螂。

徒郎切。螵蛸母也。色綠或灰。産於夏令。長頸斧臂。修翅半腹。其卵謂之螵蛸。世謂之天馬。以其驤首奮臂。延頸挺行。其象如馬。

蝙

平

音邊。蝙蝠。一名飛鼠。

卑眠切。蝙蝠胎生。鼠形而翼。毛而不羽。翼係薄皮。連於前後兩腿。狀如鴨掌。晝則倒懸隱處。夜出覓食。既乳則挾雛以飛。食惟果實昆蟲。閒有食肉吸血者。大者長二尺。小者二三寸。産於溫暖之處。

蝠

入

音福。

方六切。

蜋 平

螂

音郎。螳螂也。又蜣螂也。

堂當切。蜣蜋。如地鼈蟲。黑甲。翅在甲下。喜噉糞土。常取糞作丸而轉之。久則蝡動。丸中蛻殼成蟬。蓋先遺卵於丸中。非丸之能化生也

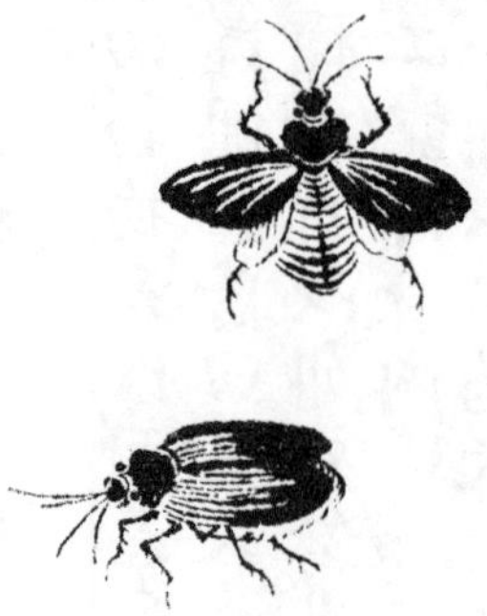

螽 平

音終。蝗屬之總名。蠡螽。螽斯

之戎切。蝗始生曰蝝。大曰螽。螽蟲災也。凡螽子遇旱為螽。遇水即為魚。

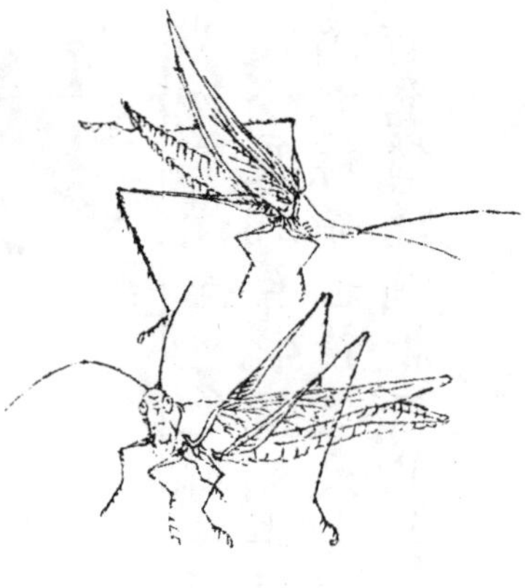

蜻 平

音青。蜻蜓也。音精。蜻蛚。俗名蝍蛉子。

倉經切。蜻蜓。細腹修尾。六足四翼。其翅輕薄如蟬。飲露食蚋。其色有青赤黃三種。遇雨即羣飛。好點水以為樂　子盈切。蟋蟀之屬。其大如麥。善鳴。秋令有之。

蜨

入

蝶

音牒。蛺蝶也。蝴蝶。

達協切。蛾屬也。菜中青蟲當春時吐絲自縛。初變為蛹。繼化為蜨。蟲大者蝶亦大。蟲有斑花者。蝶亦如之而尤豔。其名不一。有紺蜨、風蝶、野蛾諸名。

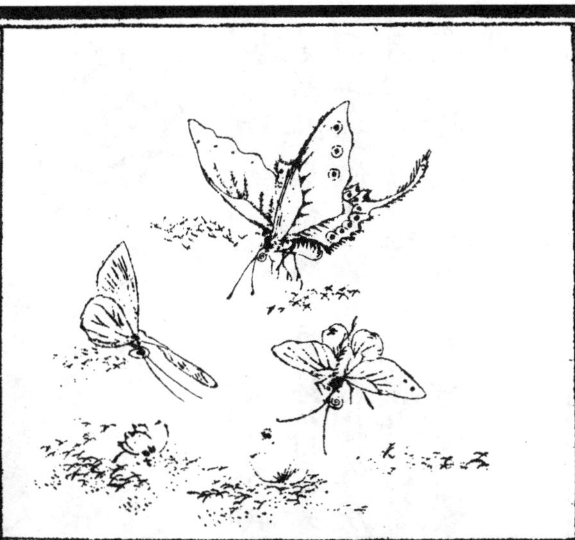

蟬

平

音禪。俗名知了。寒蟬。蟬翼。

時連切。旁鳴之蟲。飲而不食。如蟪蛄、寒螿、蛁蟟、螗母、蜩范皆是也。蟪蛄小而紫色。以四五月鳴。寒螿黑而傴僂。以九十月鳴。聲甚淒急。蛁蟟色青。以七月鳴。螗母似寒螿而小。以二月鳴。蜩范即馬蟬。形大而黑。亦五月鳴。

蝗

平

音皇。蝗蟲也。飛蝗。蝗蝻。

胡光切。螽也。食禾心曰螟。食禾葉曰螣。螣即蝗也。天旱則生。農家患之。入水則化而為鰕。今燕趙人多有食蝗者。其味甚肥。多食則燥口。

蛩

平

音卭。獸也。蛩蛩。

渠容切。北海有素獸。狀如馬。名曰蛩蛩。通作蛬。蟋蟀也。叚借為螽蝗也。又重言形況字。蛩蛩憂貌。

蠭 蜂 平

音丰。飛蟲螫人者曰蠭。蜜蠭。

敷容切。蠭類甚多。似蠅而大。其尾有芒。皆能螫人。在地作房者曰土蠭。似土蠭而小。在樹作房者曰木蠭。其色黃細腰者曰稺蠭。人收而養之以釀蜜。亦曰蜜蠭。

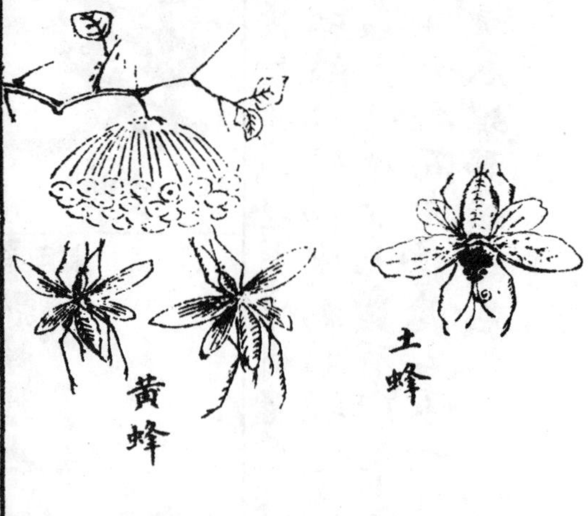

蜜 入

音謐。蠭之甘飴曰蜜。蜜糖。蜜蠟。

覓畢切。蠭採花蘂釀而成之。味甘且潤。俗謂之蜜糖。蠭房在土者曰土蜜。在木者曰木蜜。

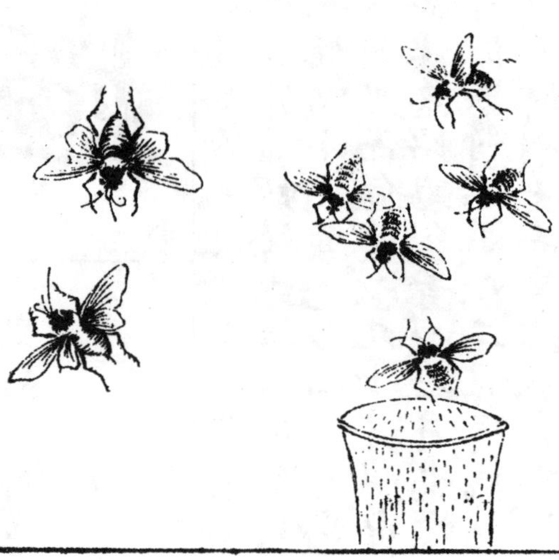

蠟 入

音臘。蜜滓曰蠟。白蠟。蠟燭。

力盡切。蜜渣也。收蠭釀蜜。其蜜之渣即謂之蠟。四川則有蠟樹。四時不凋。五月開白花。成叢結實。其蟲大如蟣蝨。延緣樹枝。食葉吐涎。剝而煉之即成蠟。

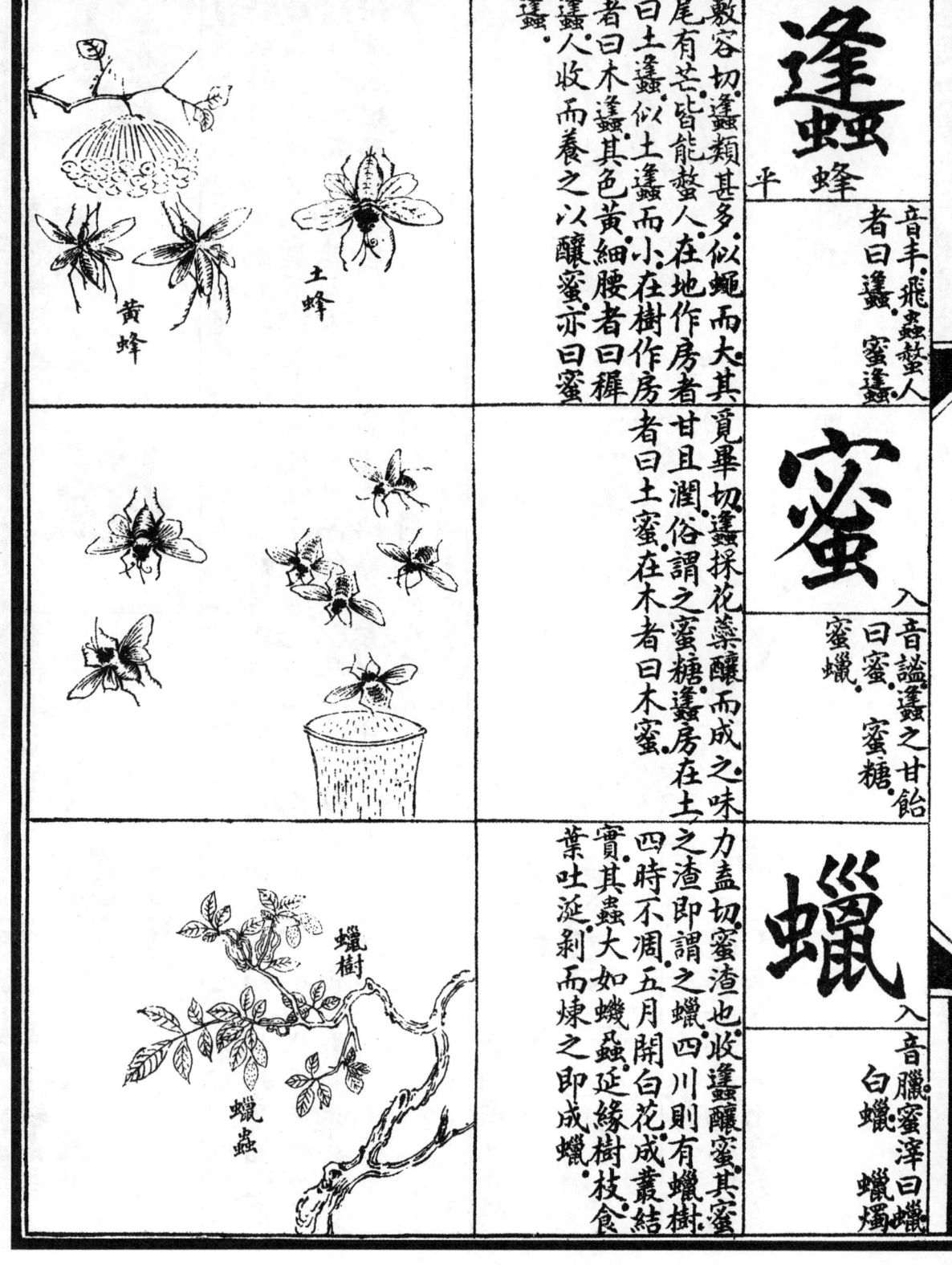

蛾

平

音莪。蛹所化曰蛾。蠶蛾。飛蛾。

牛何切。蟲之食桑者。成繭則化為蛾。蛾似黃蝶而小。其眉勾曲如畫。先孕後交。生子為蠶。蠶絲盡而為蛹。蛹化又為蛾。又有飛蛾。為野蛹所化。喜火。好拂鐙。一名火花。一名慕光。皆因天性而名之也。

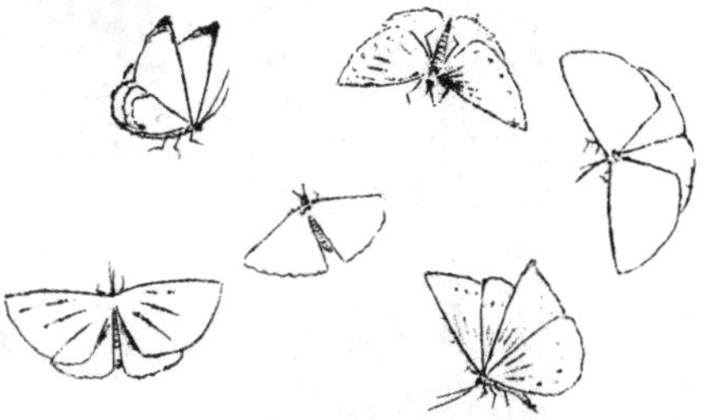

蠅

平

音儆。蒼蠅也。蠅蟎。

余陵切。蠅似蠭而小。不螫。生子成蛆。蛆復變為蠅。其前足常作絞繩狀。色青者為青蠅。色蒼者曰蒼蠅。喜附穢物。能收濁氣。因其飛能亂色。鳴能亂聲也。故古以喻讒人。又蠅虎似蜘蛛而色灰白。能捕蠅以為食。故名。

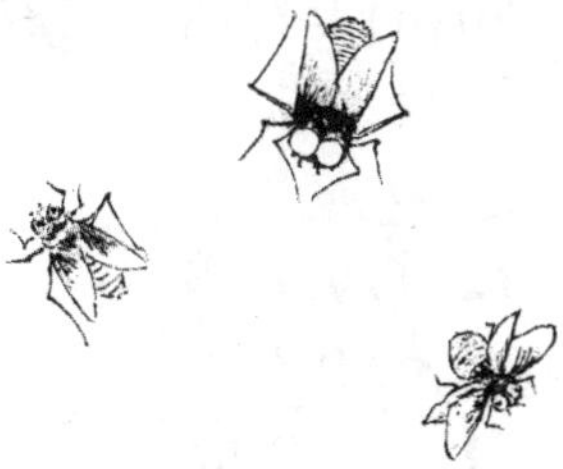

螢

平

音熒。俗名火螢蟲。流螢。螢火。

戶扃切。火蟲也。生於夏秋之間。其大如粟。黃甲而翼。腹下有火。如燐光而不熱。一名丹鳥。亦名熠燿。其遺卵必於腐艸。故古謂腐艸為螢。

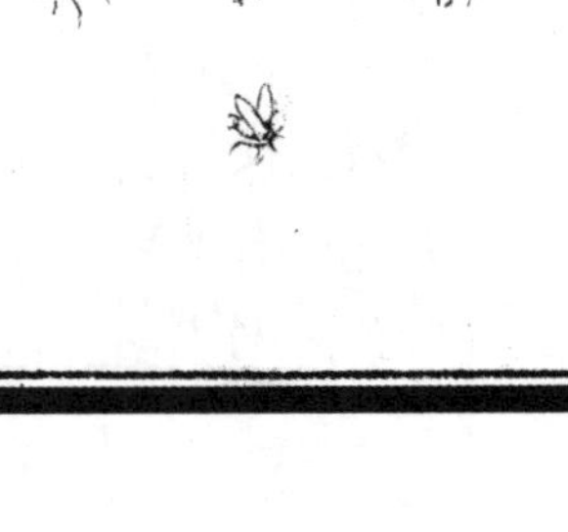

蟁 蚊 平

音文俗名蟁蟲 飛蚊 蚊帳

無分切嚙人飛蟲也水中孑孓所化溼地亦生之其嘴如芒能刺入人畜肌膚而吸其血酷夏最多聚鳴若雷故偁蚊雷

蠓 上

濛上聲蠓蠛也 蠛蠓

莫孔切醯雞也蠛蠓每生於敗酒中故曰醯雞形似蚋春夏之間因雨而生見陽而死俗謂其飛上下如舂者主風回旋如碓者主雨

蜉 平

音浮蟻之大者曰蚍蜉糞中蝎蟲曰蜉蝣

房鳩切說文作蠹蚍蜉大蟻也又蜉蝣似蛣蜣身狹而長有角黃黑色聚生糞土中朝生暮死人生天地間如夢幻泡影故詞章家有蜉蝣兩大之喻

蛹 上

音勇蠒蟲也

尹竦切蠶吐絲成蠒則化而為蛹

蠶 平

音蹭。蟲能吐絲成繭者曰蠶。養蠶 蠶蛹。

徂含切。絲蟲也。食而不飲。飼桑柘葉。三眠三起。二十七日而蠶老。老則吐絲作繭。繭成而變為蛹。蛹蛻則化為蛾。蛾則先孕而後交。子盡則斃。出於春者為春蠶。出於夏者為夏蠶。其絲有黃有白。所產以浙江為最多。

蜈 平

音吾。蜈蚣俗名百脚。

五乎切。蜈蚣。螫蟲也。春出冬蟄。頭赤腹黃。雙鬚歧尾。背作黝綠色。節節有足。其毒在牙齦。有小穴。內藏毒汁。螫物則射入其肌。略如蛇口。

蚣 平

音公。蜈蚣也。音嵩。蚣蝑俗名紡織娘。

古紅切。思融切。蚣蝑即蟴螽。股鳴之蟲也。

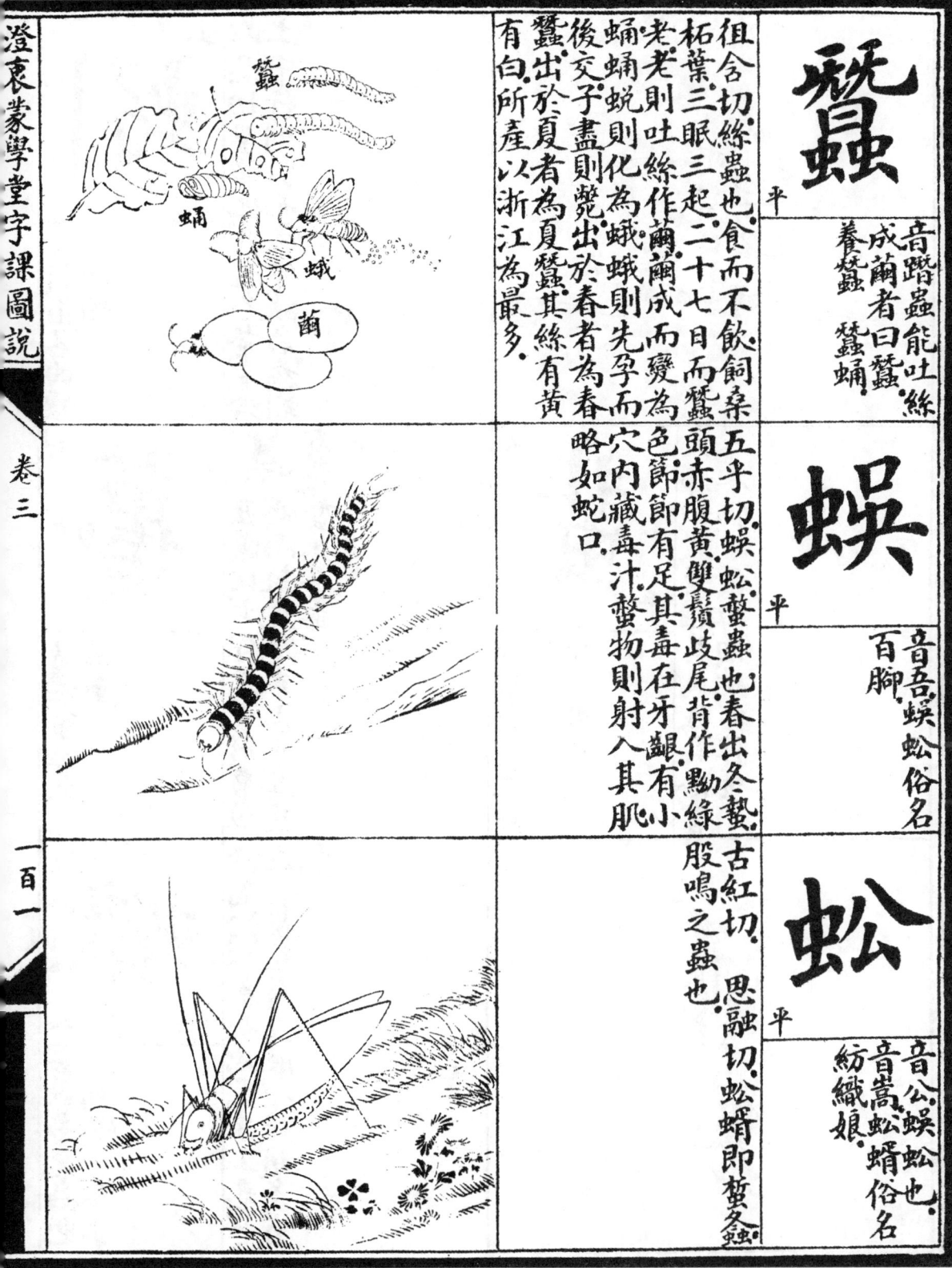

蚓 上

音引。俗名曲蟺，蚯蚓。

以忍切。蛩蟺也。春起冬蟄。常吟土中。行則引而後伸。故名為蚓。

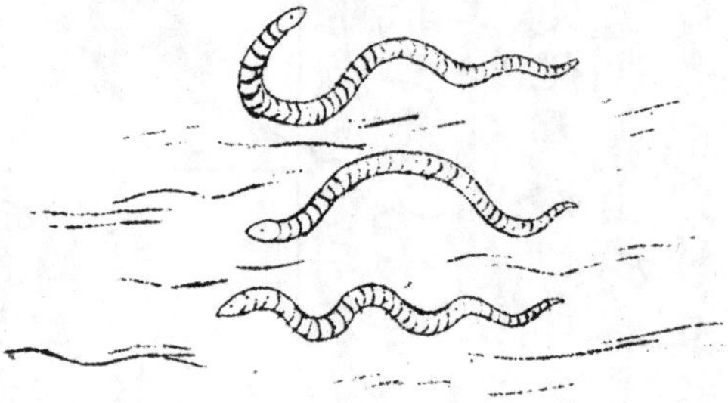

蠆 去

音懘。螫蟲也。蠭蠆。

丑邁切。古作萬。象形。蠆似蝎而短尾。尾末上卷。其後有芒。螫人甚毒。

蠍 入

音歇。蠆尾蟲也。蛇蠍。蠍子。

許蝎切。似蠆長尾。尾末上卷。芒在其後。被螫立腫。今燕趙多有之。

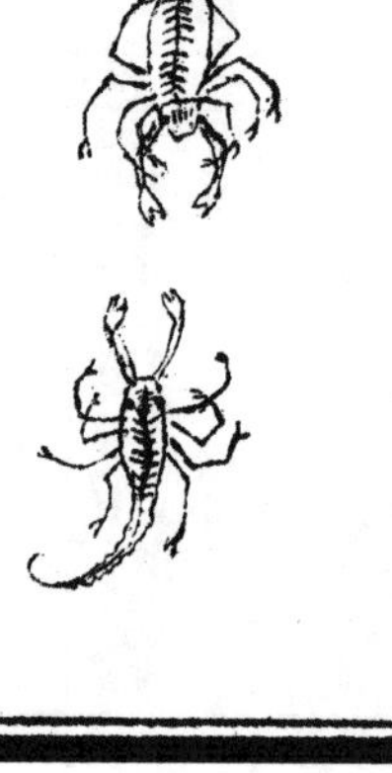

蜚 去 平

音扉。臭惡之蟲也。音非。與飛通。

父沸切。蠦蜰也。其為蟲臭惡。害人衣物。匪微切。飛。亦作蜚。

去

蠹

音妒。俗名蛀蟲。蠹魚。奸蠹。

都故切。古文作螙。謂蟲在木中也。引申之。凡穿人器物者。皆謂之蠹。故蠹書之蟲。亦名蠹魚。又申之。凡有損於物者。皆曰蠹。如蠹役之類是。

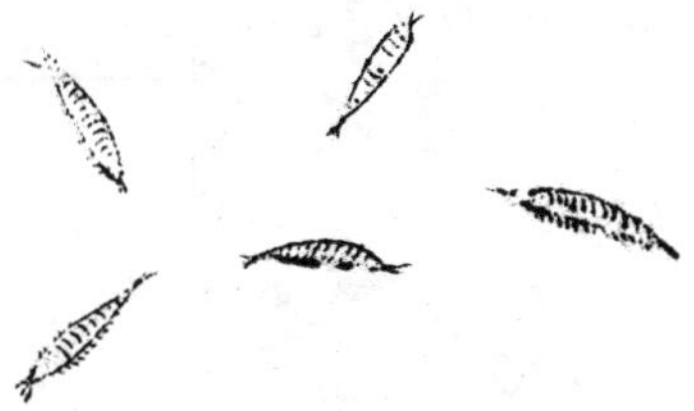

平

蛆

音苴。蝍蛆也。音疽。蠅子所成曰蛆。糞蛆。

子余切。蝍蛆似蝗。大腹長角。能食蛇腦。蛇食蛙黽。蛙黽食蝍蛆。互相食也。又千余切。蠅生子而變為蛆。故敗臭之物。經蠅附緣則生蛆。

上

蠱

音古。微生物曰蠱。蠱毒。巫蠱。

果五切。蠱害人之蟲。凡瘡瘍癘疫。皆蠱所致。而癘疫之蠱尤甚。故其傳染甚速。粵中有造蠱之法。以百蟲置皿中。俾相啖食。其存者即蠱。蠱行毒飲食中。傷人而人不之覺。故轉注為蠱惑之蠱。又易山風蠱卦名䷑

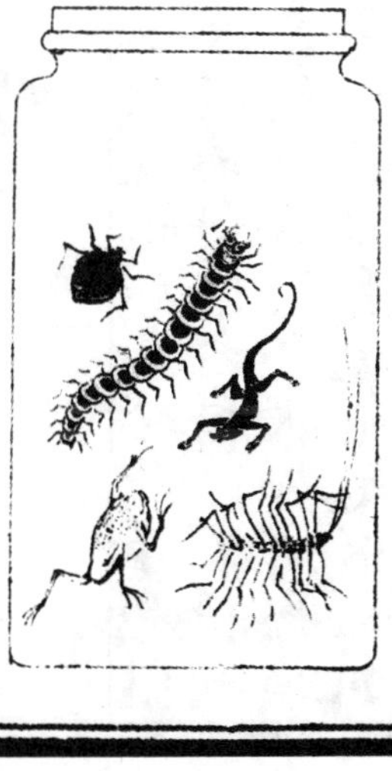

蛛 平

音誅。蜘蛛也。吳俗謂之結蛛。

追輸切。本作鼅。網蟲也。細腰大腹。其絲後出。引之右繞。布網如罾。物觸其網。即羅而食之。其在土中布網者。名土蜘蛛。作網幕絡艸上者。名艸蜘蛛。

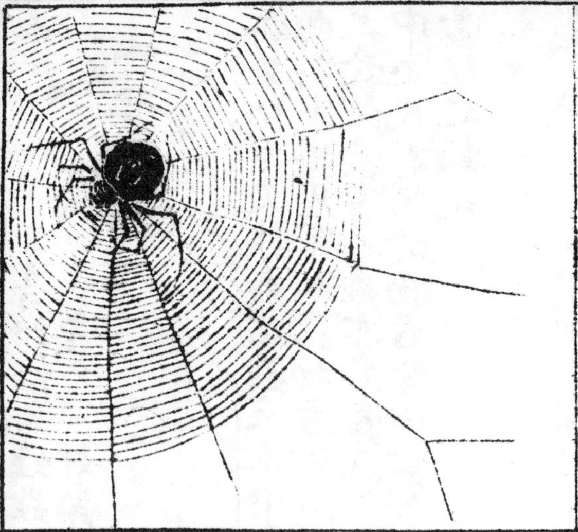

蟀 入

音率。蟋蟀也。

朔律切。蟋蟀似蝗而小。其色黝黑。光澤如漆。有角有翅。生於秋。冬初涼則鳴。其性善鬬。勝則且逐且鳴。一名蛬。一名蜻蛚。一名趣織。一名吟蛩。

科 平 蝌

音窠。條目曰科。又科斗。鼃子也。又登科。

苦禾切。程也。从禾从斗。量也。引申為科第科條之科。又科斗。蝦蟇子。一名活東。狀如河豚。頭圓身黑。始出有尾無足。稍大則足生尾脫。古文象其形。故謂之科斗文。亦作蝌蚪。

蚨

平

音扶。水蟲也。青蚨。

馮夫切。青蚨，南海水蟲也。一名蚨蟬，一名蟱蝺，一名魚伯。其形如蟬，辛美可食。子著艸葉上，如蠶種。取其子，則母飛來，雖潛取之，亦知其處。故相傳為殺其母塗錢，以子塗貫，則錢用去能自還云。

蚤

上

音早。俗名跳蚤。

子皓切。嚙人跳蟲也。似蝨，穹背大腹，其跳甚速，產木土中，春夏尤多。亦作蚤。

蝨

入

音瑟。嚙人小蟲也。蟣蝨。鱉蝨。

色櫛切。如蚤而扁，不能跳躍，常附動物之體而嚼其血。其子曰蟣。又臭蝨亦名鱉蝨，生木中。然蝨皆因不潔而生，非動物體與木之必生蝨也。

上

蟻

螘

音儀。俗名螞蟻。螻蟻。蟻聚。

魚綺切。同螘。蚍蜉之小者也。其大而赤斑者曰蠪。有翄而飛者曰螱。蠪細腰大腹。口有二鉗。螱則尾端有芒。皆能螫人。其巢積食甚多。中有蟻王。遇侮則帥衆敵之。如行軍狀。敵死必負屍歸。蓋小動物之靈者。惟蜂與蟻云。

去

蛀

音注。蠹物之蟲曰蛀。蛀蝕。

朱戍切。木蠹蟲也。又凡能蠹物之蟲。皆謂之蛀蟲。

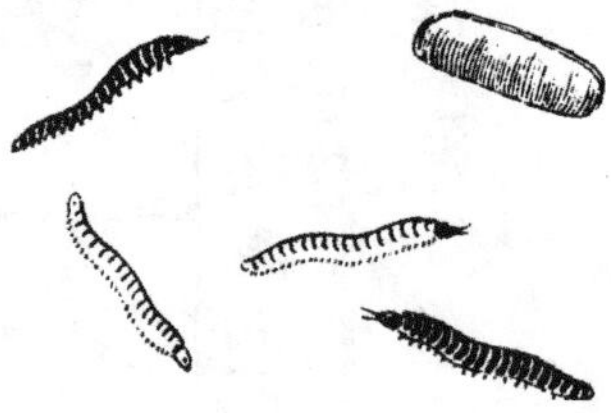

入

蟄

音⿰月習。蟲藏曰蟄。驚蟄。蟄蟲。

直立切。小蟲之屬。皆春啟而冬蟄。蟄藏也。引申謂伏藏皆曰蟄。

上

虺

音卉。蛇之小者為虺。

許偉切。虺狀似蛇而小。其色如土。所在有之。又重言形況字。詩虺虺其雷。虺虺雷聲也。

字課圖說

蘇州吴子城繪圖
上海順成書局印

光緒歲次辛丑孟冬月
澄衷蒙學堂四次石印

澄衷蒙學堂字課圖說目錄

凡例
檢字 附檢附字
類字
圖說卷一
圖說卷二
圖說卷三
圖說卷四

澄衷蒙學堂字課圖說凡例

一宗旨。是書專為小學堂訓蒙而作。故詞尚淺近。一切深文奧義不及焉。

一選字。共選三千餘字。皆世俗所通行。及書牘所習見者。惟第二卷鋅錳鉑鉀之屬。稍乖此例。以其為原質定名。屢見譯本化學書。不能省也。其他生僻字。概從割愛。其字有數體。則以最常用之體為正。而附見其餘。

一次字。略以名動靜狀及虛字為次。而於一類之中。又以事類之。如天文地理人事物性之屬是也。

一簡說。為十歲以下學生而設。先釋音。注音某。或注某字某聲。均依字典。次釋義。務以一語剖晰之。次引證。舉其與他字聯綴者。字或有兩音三音。備載之。惟生僻者不載。

一詳說。為十一歲以上學生而設。先注切音。次釋本義。凡篆文與字義相關者著之。次釋引申義。叚借義。凡現行事例新理名詞。皆隨字附釋。要以有用為主。其經詁雅訓古書偶見者。不及備載。

一繪圖。凡名字動字之非圖不顯者。均附以圖。或摹我國舊圖。或據譯本西圖。求是而已。

一檢字。以畫數為次。而注某卷某頁以便檢。凡附于下者入檢附字。

一類字。如名代動靜狀介連助嘆九類。西人以此為聯句屬文之要規。實即中國虛實呆活四義所擴充也。近時談蒙學者多宗尚之。故特類於首冊。或一字有數類。則以其最要者為正。並附錄其餘。而闕其不習用者。然欲執童子而語此。除名動靜類外。不特艱於講解。且恐阻窒其性靈也。惟為之師者。則不可不知。

一分級。字義分詳簡二類。而識字之序。則分淺深二級。先淺後深。淺者定為初級。計選一千數百字。特於檢字中加圈。以為識別。深者定為次級。概不加圈。

一講授初級。齋中懸一黑板。教習取初級之字。書於板上。令學童備格本一分。一一依筆畫先後倣錄。次書四聲於字旁。次書字音。次書字義。其格本即名為理字本。學童錄畢。教習遂一與之講說。以諸童心境融徹口說瞭然為度。

一還講。教習次日拭去黑板上字。將學童理字本取置面前。令其坐本位默講。先講音讀。後講字義。以口說無譌而能觸發者為上。若有錯誤。令檢理字本覆閱更正。再求熟習無譌。然後授以他字。功課畢時。隨取前數日或前數月已習之字。令其還講。俾免遺忘。

一講授二級。初級千數百字。日授數字。約須一年之功。學童既已能寫能解。心地開明。乃將二級之字。酌量淺深。分別指授。自必易於領悟矣。

光緒二十有七年冬十月陽湖劉樹屏

澄衷蒙學堂字課圖說檢字

一畫

乙 一卷十三
一 三卷一

二畫

丁 一卷十三
刀 二卷十九
乂 二卷三十七
刁 二卷四十五
卜 二卷五十五
力 二卷六十二
二 三卷一
七 三卷二
八 三卷二
九 三卷二
十 三卷二
几 三卷二十二
入 四卷四十二
了 四卷六十
人 四卷七十五
又 四卷八十一
乃 四卷八十三

三畫

久 一卷十一
夕 一卷十二
己 一卷十三
子 一卷十四
巳 一卷十四
上 一卷十五
下 一卷十五
大 一卷十八
川 一卷二十六
土 一卷三十六
山 一卷十一
刃 二卷二十
弓 二卷二十一
丸 二卷二十二
女 二卷二十九
士 二卷三十五
工 二卷三十五
才 二卷三十七
干 二卷四十三
弋 二卷五十四
口 二卷七十五
亡 二卷八十四
尸 二卷八十四
三 三卷二
千 三卷二
廿 三卷四
寸 三卷四
丈 三卷四
巾 三卷十五
勺 三卷三十二
叉 三卷四十一
乞 四卷五十三
小 四卷六十二
凡 四卷七十七
也 四卷八十六
已 四卷八十六

四畫

天 一卷一
日 一卷一
月 一卷一
斗 一卷三
今 一卷十一
支 一卷十三

壬 一卷十三
丹 一卷四十一
爻 二卷十三
夫 二卷三十
天 二卷四十六
幻 二卷六十八
手 二卷七十九
什 三卷三
片 三卷六
云 四卷二十二
切 四卷六十
庂 四卷七十三
丑 一卷十四
巴 一卷四十二
戈 二卷二十
友 二卷三十三
公 二卷四十七
方 二卷七十
爪 二卷八十一
卅 三卷四
火 三卷五十二
曰 四卷二十二
亢 四卷六十一
予 四卷七十五
午 一卷十四
井 一卷四十五
氏 二卷二十四
仁 二卷三十八
尹 二卷四十八
分 二卷七十一
弔 二卷八十五
尺 三卷四
木 三卷六十九
允 四卷二十九
太 四卷六十四
以 四卷七十八
中 一卷十五
水 一卷五十四
孔 二卷二十六
介 二卷四十
元 二卷四十九
毛 二卷七十三
少 三卷一
升 三卷四
牛 三卷八十八
引 四卷三十八
匀 四卷六十八
毋 四卷七十八
内 一卷十五
户 一卷六十九
王 二卷二十八
仇 二卷四十三
化 二卷五十七
牙 二卷七十六
五 三卷二
斤 三卷五
犬 三卷八十八
止 四卷五十八
互 四卷七十二
及 四卷七十九
比 一卷四十
文 二卷十二
父 二卷二十九
凶 二卷四十五
卝 二卷五十七
心 二卷七十七
六 三卷二
匹 三卷六
丰 四卷二
欠 四卷五十八
反 四卷七十二
尤 四卷八十

○仍 四卷八十二
○不 四卷八十四
○匆 四卷八十四
○之 四卷八十六
○兮 四卷八十六

五畫

○世 一卷九
○代 一卷九
○冬 一卷十
乍 一卷十一
旦 一卷十二
○甲 一卷十三
○丙 一卷十三
○戊 一卷十三
○卯 一卷十四
○未 一卷十四
○申 一卷十四
○左 一卷十五
○右 一卷十五
央 一卷十五
○正 一卷十五
○外 一卷十五
○北 一卷十六
甘 一卷二十五
○古 一卷三十
○市 一卷四十五
○田 一卷四十六
氏 一卷五十
穴 一卷五十二
○石 一卷五十三
卡 一卷六十三
○令 二卷二
○示 二卷二
○犯 二卷九
囚 二卷十
○史 二卷十三
册 二卷十四
○功 二卷十七
矛 二卷二十
○矢 二卷二十一
冉 二卷二十六
○母 二卷二十九
○兄 二卷三十
○民 二卷三十五
○奴 二卷三十六
○仕 二卷四十七
○司 二卷四十八
占 二卷五十五
弗 二卷五十七
○回 二卷六十七
凹 二卷六十八
凸 二卷六十八
○平 二卷七十
○句 二卷七十
○加 二卷七十一
○皮 二卷七十三
○目 二卷七十五
汁 二卷八十八
禾 二卷九十二
○仙 二卷九十七
尼 二卷九十八
○半 三卷一
○四 三卷二
○白 三卷八
玄 三卷十
弁 三卷十一
○布 三卷十六
○玉 三卷十九
皿 三卷三十二
○瓦 三卷三十三
刊 三卷四十二
○包 三卷四十八

朮 三卷六十三
○瓜 三卷六十八
○本 三卷六十九
○未 三卷六十九
○生 四卷一
孕 四卷一
○召 四卷二十四
叫 四卷二十七
叱 四卷二十八
斥 四卷二十八
○打 四卷三十五
○立 四卷四十一
○出 四卷四十二
○去 四卷四十三
仗 四卷五十三
○付 四卷五十四
○用 四卷五十五
○失 四卷五十八
乏 四卷五十九
巨 四卷六十一
永 四卷六十四
充 四卷六十九
○巧 四卷七十四
○台 四卷七十五
○主 四卷七十六
○且 四卷七十七
叨 四卷八十二
○可 四卷八十二
○必 四卷八十四
○由 四卷八十五
○只 四卷八十六
○乎 四卷八十六

六畫

旭 一卷八
○年 一卷九
○伏 一卷九
旬 一卷十一
○早 一卷十一
夙 一卷十二
○戌 一卷十四
○亥 一卷十四
宇 一卷十六
○西 一卷十六
○地 一卷十七
○吉 一卷二十九
○安 一卷三十四
○印 一卷三十四
○合 一卷四十一
○州 一卷四十三
○夷 一卷五十一
戎 一卷五十一
○江 一卷五十四
汎 一卷五十七
汐 一卷五十八
○池 一卷五十九
○冰 一卷五十九
○宅 一卷六十三
○寺 一卷六十五
圭 二卷四
○刑 二卷九
○字 二卷十二
伐 二卷十八
○守 二卷十八
戍 二卷十八
○后 二卷二十八
妃 二卷二十八
○臣 二卷二十八
○考 二卷二十九
○老 二卷三十三

○好 二卷三十七
劣 二卷四十一
安 二卷四十二
○汙 二卷四十四
奸 二卷四十五
丞 二卷四十八
○吏 二卷四十九
扣 二卷五十二
○匠 二卷五十六
○灰 二卷六十
○向 二卷六十四
○光 二卷六十七
○全 二卷七十一
肌 二卷七十二
○肉 二卷七十二
○血 二卷七十三
○耳 二卷七十五
○舌 二卷七十六
○汗 二卷八十二
○苑 二卷八十三
○米 二卷九十三
年 二卷九十三
○多 三卷一
○再 三卷一
○百 三卷二
兆 三卷三
○伍 三卷三
○次 三卷六
○件 三卷七
式 三卷七
○色 三卷八
○朱 三卷八
○旨 三卷十
○衣 三卷十一
臼 三卷三十
缶 三卷三十三
○舟 三卷三十六
帆 三卷三十八
耒 三卷四十一
朽 三卷四十三
汎 三卷四十九
朵 三卷五十八
卉 三券五十九
艾 三卷六十二
○竹 三卷七十五
羽 三卷八十二
○羊 三卷八十八
牝 三卷八十九
○在 四卷六
○仰 四卷七
休 四卷八
任 四卷八
列 四卷八
○忙 四卷十八
夸 四卷二十五
吁 四卷二十八
○吐 四卷三十一
吃 四卷三十一
○收 四卷三十三
企 四卷四十一
○至 四卷四十三
良 四卷四十四
○行 四卷四十四
○先 四卷四十八
仿 四卷四十九
○存 四卷五十
匡 四卷五十
○同 四卷五十六
○共 四卷五十六
○成 四卷五十七
○尖 四卷六十六
○曲 四卷六十七

○交 四卷七十二
○自 四卷七十五
○汝 四卷七十五
伊 四卷七十六
○此 四卷七十六
○名 四卷七十六
○仲 四卷七十六
聿 四卷七十七
○亦 四卷七十七
○有 四卷七十八
○各 四卷八十
○因 四卷八十三
○而 四卷八十三
○如 四卷八十三
似 四卷八十三

七畫

字 一卷三
○早 一卷七
○冷 一卷八
○辛 一卷十三
○辰 一卷十四
○酉 一卷十四
○低 一卷十六
○吳 一卷二十一
沅 一卷二十三
汻 一卷二十三
汾 一卷二十四
希 一卷三十六
那 一卷四十一
邦 一卷四十三
邑 一卷四十三
○里 一卷四十四
○邨 一卷四十五
迂 一卷四十九
○沙 一卷四十九
狄 一卷五十
坎 一卷五十四
阬 一卷五十四
谷 一卷五十五
汶 一卷五十七
沂 一卷五十七
廷 一卷六十
序 一卷六十一
○局 一卷六十三
防 一卷六十五
址 一卷七十一
庇 一卷七十一
○豆 二卷五
吕 二卷六
究 二卷十
判 二卷十
牢 二卷十
○兵 二卷十七
克 二卷十八
攻 二卷十八
宋 二卷二十五
姒 二卷二十六
阮 二卷二十七
○君 二卷二十八
系 二卷二十九
○男 二卷二十九
妣 二卷二十九
○伯 二卷二十九
○弟 二卷三十二
阜 二卷三十六
良 二卷三十七
○孝 二卷三十八
孚 二卷三十九
忤 二卷四十三
妒 二卷四十三

狂 二卷四十四
吝 二卷四十四
○邪 二卷四十四
忍 二卷四十五
劫 二卷四十六
妖 二卷四十六

○位 二卷四十七
○役 二卷五十
兑 二卷五十一
批 二卷五十二
○利 二卷五十三
技 二卷五十四

巫 二卷五十五
伶 二卷五十六
妓 二卷五十六
○助 二卷六十三
吸 二卷六十五
杆 二卷六十五

○車 二卷六十六
折 二卷六十七
形 二卷六十九
○角 二卷七十
○身 二卷七十二
○肝 二卷七十八

肘 二卷八十
○足 二卷八十
○秀 二卷九十二
○佛 二卷九十七
○玖 三卷三
○赤 三卷八

貝 三卷二十一
匣 三卷二十六
○杖 三卷三十六
治 三卷四十二
删 三卷四十二
束 三卷四十四

汲 三卷四十六
○沉 三卷五十一
沒 三卷五十一
災 三卷五十二
芍 三卷五十九
杜 三卷六十三

○杏 三卷六十五
○李 三卷六十五
芋 三卷六十八
杉 三卷七十三
杞 三卷七十四
卵 三卷八十一

豸 三卷八十七
豕 三卷八十九
牡 三卷九十
○尾 三卷九十
○壯 四卷二
囷 四卷二

禿 四卷三
沐 四卷四
妝 四卷四
○坐 四卷五
伸 四卷七
努 四卷八

○住 四卷九
○伴 四卷九
○志 四卷十
○快 四卷十一
○忘 四卷十五
○忌 四卷十五

○私 四卷十六
○戒 四卷十六
○決 四卷十七
○見 四卷十九
○言 四卷二十二
○告 四卷二十三

吟 四卷二 十七
佞 四卷二 十九
否 四卷二 十九
○吹 四卷三 十
含 四卷三 十一
○呑 四卷三 十一
○扶 四卷三 十二
○把 四卷三 十四
夾 四卷三 十七
弄 四卷四 十
投 四卷四 十
○步 四卷四 十四
○走 四卷四 十四
○作 四卷四 十八
○改 四卷四 十九
佐 四卷五 十
呈 四卷五 十二
○求 四卷五 十二
佑 四卷五 十三
○巡 四卷五 十三
伺 四卷五 十四
亨 四卷五 十七
妨 四卷五 十八
○免 四卷五 十九
串 四卷五 十九
○別 四卷五 十九
○完 四卷六 十
肖 四卷六 十一
宏 四卷六 十五
汪 四卷六 十五
沖 四卷六 十六
妥 四卷六 十七
均 四卷六 十七
迅 四卷六 十八
延 四卷七 十一
妙 四卷七 十四
○我 四卷七 十五
○吾 四卷七 十五
余 四卷七 十五
○你 四卷七 十五
佗 四卷七 十六
○甫 四卷七 十六
○但 四卷七 十八
抑 四卷七 十八
○每 四卷八 十
○更 四卷八 十
○何 四卷八 十五
攸 四卷八 十五
○矣 四卷八 十六

八畫

○雨 一卷三
○明 一卷八
○季 一卷九
弦 一卷十
昔 一卷十 一
○夜 一卷十 二
○昏 一卷十 二
昃 一卷十 二
庚 一卷十 三
○表 一卷十 六
宙 一卷十 六
○東 一卷十 六
○京 一卷十 八
○直 一卷十 九
奉 一卷十 九
○林 一卷二 十九
○亞 一卷三 十一
○非 一卷三 十二

○波 一卷三十五
阿 一卷三十五
○法 一卷三十八
坤 一卷四十三
○府 一卷四十三
○岸 一卷四十六
○泥 一卷四十七
歧 一卷四十八
○近 一卷四十九
羌 一卷五十一
岡 一卷五十一
坡 一卷五十一
○岱 一卷五十二
岷 一卷五十三
○河 一卷五十四
邱 一卷五十五
阜 一卷五十五
泗 一卷五十六
沼 一卷五十九
泡 一卷五十九
泮 一卷六十二
○舍 一卷六十二
社 一卷六十二
○房 一卷六十四
○店 一卷六十六
邸 一卷六十六
庖 一卷六十八
○門 一卷六十九
○居 一卷七十一
制 二卷一
○治 二卷一
○命 二卷二
帑 二卷三
祀 二卷三
享 二卷三
佾 二卷八
○例 二卷九
○典 二卷十二
○易 二卷十三
卦 二卷十三
○函 二卷十四
○帖 二卷十四
○卷 二卷十四
○武 二卷十七
○卒 二卷十七
征 二卷十八
○斧 二卷二十
弩 二卷二十一
弧 二卷二十一
○姓 二卷二十四
○周 二卷二十四
○孟 二卷二十六
○宗 二卷二十八
○叔 二卷二十九
○姑 二卷三十
昆 二卷三十
○妻 二卷三十一
○妾 二卷三十一
○姊 二卷三十一
○妹 二卷三十一
拏 二卷三十二
○朋 二卷三十三
○孤 二卷三十三
○兒 二卷三十四
珉 二卷三十五
佳 二卷三十七
○忠 二卷三十八
固 二卷四十
昌 二卷四十一
拙 二卷四十一
咎 二卷四十二
枉 二卷四十二

狎 二卷四十三
侈 二卷四十四
乖 二卷四十五
戾 二卷四十五
○刻 二卷四十五
○争 二卷四十六
○毒 二卷四十六
○官 二卷四十七
○使 二卷四十八
沽 二卷五十一
押 二卷五十二
○招 二卷五十二
券 二卷五十三
牧 二卷五十六
○金 二卷五十八
阻 二卷六十三
○抵 二卷六十三
抛 二卷六十四
○和 二卷七十一
○奇 二卷七十一
○肺 二卷七十七
肢 二卷七十九
○肩 二卷七十九
肱 二卷八十
○股 二卷八十
○乳 二卷八十一
○油 二卷八十八
有 二卷八十九
秈 二卷九十三
秉 二卷九十五
○怪 二卷九十八
○兩 三卷五
○忽 三卷五
○青 三卷八
○味 三卷九
○采 三卷九
○服 三卷十一
佩 三卷十五
帕 三卷十五
帛 三卷十六
玦 三卷十八
○物 三卷二十二
○牀 三卷二十三
炕 三卷二十三
○枕 三卷二十三
杼 三卷二十七
帚 三卷二十八
杵 三卷二十九
盂 三卷三十二
○板 三卷三十五
刺 三卷四十二
析 三卷四十三
沾 三卷四十七
沸 三卷四十九
沿 三卷五十
泊 三卷五十
注 三卷五十一
○炙 三卷五十二
炊 三卷五十二
○芥 三卷五十四
芹 三卷五十六
○花 三卷五十七
○芽 三卷五十七
芳 三卷五十八
芙 三卷五十九
芝 三卷六十二
芸 三卷六十二
○果 三卷六十五
柹 三卷六十六
杷 三卷六十六
○枝 三卷六十九
枚 三卷六十九

杪 三卷七十
○松 三卷七十
枏 三卷七十三
○虎 三卷八十三
兕 三卷八十四
○狐 三卷八十六
○兔 三卷八十六
○狗 三卷八十九
育 四卷一
肥 四卷二
佯 四卷四
依 四卷五
卧 四卷五
○定 四卷六
屈 四卷七
○念 四卷十
○性 四卷十
怡 四卷十
欣 四卷十一
○幸 四卷十一
○肯 四卷十一
○怕 四卷十三
怯 四卷十三
忿 四卷十四
○知 四卷十七
盲 四卷二十一
泣 四卷二十一
呼 四卷二十四
呪 四卷二十八
承 四卷三十三
○受 四卷三十三
○取 四卷三十三
拘 四卷三十五
拒 四卷三十五
拍 四卷三十六
拖 四卷三十七
拂 四卷三十八
抽 四卷三十八
拓 四卷三十九
拔 四卷三十九
玩 四卷四十
披 四卷四十
○放 四卷四十
並 四卷四十一
垂 四卷四十一
○往 四卷四十二
○來 四卷四十三
返 四卷四十三
○到 四卷四十三
○迎 四卷四十三
迓 四卷四十四
侍 四卷四十六
○事 四卷四十八
○宜 四卷四十八
○初 四卷四十八
○始 四卷四十九
具 四卷五十
委 四卷五十四
卸 四卷五十四
○供 四卷五十五
○附 四卷五十六
協 四卷五十七
○狀 四卷六十一
宛 四卷六十一
○長 四卷六十一
侔 四卷六十一
○卑 四卷六十一
杳 四卷六十二
卓 四卷六十三
坦 四卷六十八
○空 四卷七十
○底 四卷七十四

○彼 四卷七十五
○於 四卷七十七
○所 四卷七十八
○幷 四卷七十九
○尚 四卷八十一
○況 四卷八十一
忝 四卷八十二
○的 四卷八十二
○或 四卷八十四
○罔 四卷八十四
○其 四卷八十五
屆 四卷八十五

九畫

○星 一卷二
風 一卷五
虹 一卷六
昭 一卷七
○春 一卷十
○秋 一卷十
○昨 一卷十一
○癸 一卷十三
○前 一卷十五
○後 一卷十五
○南 一卷十六
建 一卷二十二
兗 一卷二十四
○省 一卷二十九
○美 一卷三十二
○俄 一卷三十六
○英 一卷三十七
○洲 一卷四十四
○城 一卷四十四
○巷 一卷四十五
郊 一卷四十六
○津 一卷四十七
○界 一卷五十
○限 一卷五十
洞 一卷五十二
恆 一卷五十二
○洋 一卷五十四
洛 一卷五十六
○泉 一卷五十七
派 一卷五十七
庠 一卷六十一
柵 一卷六十三
○屋 一卷六十三
○室 一卷六十四
○亭 一卷六十五
苑 一卷六十七
囿 一卷六十七
○柱 一卷七十
垣 一卷七十
砌 一卷七十
政 二卷一
紀 二卷一
○奏 二卷二
俎 二卷五
竽 二卷八
宥 二卷九
枷 二卷十一
○契 二卷十四
東 二卷十四
○勇 二卷十七
○軍 二卷十七
帥 二卷十七
侵 二卷十八
胄 二卷二十二
盾 二卷二十二
狩 二卷二十三
禹 二卷二十五
姬 二卷二十六
姜 二卷二十六
范 二卷二十六

胡 二卷二十七　俞 二卷二十七　紂 二卷二十七　○皇 二卷二十八　○帝 二卷二十八　○姨 二卷三十一

○姪 二卷三十一　○姻 二卷三十二　宎 二卷三十四　○孩 二卷三十四　酋 二卷三十五　彥 二卷三十五

○俠 二卷三十五　○俗 二卷三十六　貞 二卷三十八　○信 二卷三十九　陋 二卷四十一　祉 二卷四十一

昧 二卷四十二　負 二卷四十三　侮 二卷四十三　狡 二卷四十四　垢 二卷四十四　虐 二卷四十五

宦 二卷四十七　○品 二卷四十七　○封 二卷五十　胥 二卷五十　奕 二卷五十四　珀 二卷五十八

○炭 二卷六十　玻 二卷六十二　○重 二卷六十五　○音 二卷六十八　○律 二卷六十八　○面 二卷六十九

○首 二卷七十四　○眉 二卷七十五　○背 二卷七十七　胃 二卷七十八　○胞 二卷七十九　○胎 二卷七十九

○指 二卷七十九　疫 二卷八十三　柩 二卷八十四　訃 二卷八十五　徇 二卷八十六　俑 二卷八十六

○食 二卷八十七　○苗 二卷九十二　秔 二卷九十三　祇 二卷九十七　○柒 三卷三　○拾 三卷三

○度 三卷四　秒 三卷五　段 三卷六　盈 三卷七　○紅 三卷八　○苦 三卷十

○染 三卷九　○冠 三卷十一　衫 三卷十二　珍 三卷二十　珊 三卷二十　玷 三卷二十一

○香 三卷二十四　析 三卷二十九　架 三卷三十　○盃 三卷三十一　○盆 三卷三十二　缸 三卷三十四

○華 三卷三十四
○柄 三卷三十五
柁 三卷三十七
軌 三卷三十九
竿 三卷四十一
○削 三卷四十二
○穿 三卷四十三
○洗 三卷四十七
洒 三卷四十七
炷 三卷五十三
○韭 三卷五十四
茄 三卷五十五
○苞 三卷五十八
茂 三卷五十九
苔 三卷六十
苓 三卷六十三
○茅 三卷六十四
柑 三卷六十七
柢 三卷六十九
柯 三卷六十九
○柴 三卷七十
枯 三卷七十
○柏 三卷七十
○柳 三卷七十四
○飛 三卷八十二
牲 三卷八十三
○科 三卷百零二
○活 四卷一
姿 四卷一
妍 四卷一
威 四卷三
昂 四卷四
○思 四卷十
哀 四卷十一
○怨 四卷十二
○恨 四卷十二
畏 四卷十三
○怒 四卷十四
怠 四卷十四
○急 四卷十五
耐 四卷十六
恃 四卷十七
矜 四卷十八
恤 四卷十八
○看 四卷十九
盼 四卷二十
○相 四卷二十
○亮 四卷二十一
眇 四卷二十一
○計 四卷二十三
宣 四卷二十三
哂 四卷二十六
咨 四卷二十八
述 四卷三十
咽 四卷三十一
○拜 四卷三十二
拱 四卷三十二
持 四卷三十四
按 四卷三十七
挑 四卷三十八
○降 四卷四十二
奔 四卷四十五
施 四卷五十
○約 四卷五十一
致 四卷五十一
○保 四卷五十一
祈 四卷五十二
俟 四卷五十四
促 四卷五十四
衍 四卷五十六
咸 四卷五十六
迭 四卷五十六

勉 四卷五十七
○郤 四卷五十九
冒 四卷五十九
○厚 四卷六十一
幽 四卷六十二
炳 四卷六十五
洪 四卷六十五
玲 四卷六十六
扁 四卷六十六
迫 四卷六十八
穾 四卷七十一
括 四卷七十一
勃 四卷七十二
柔 四卷七十三
勁 四卷七十三
○某 四卷七十六
○客 四卷七十六
爰 四卷七十七
○故 四卷七十八
○皆 四卷八十
○甚 四卷八十一
○郎 四卷八十一
○便 四卷八十二
○要 四卷八十二
恰 四卷八十二
○則 四卷八十三
殆 四卷八十三
○若 四卷八十四
○茍 四卷八十四
○是 四卷八十四
曷 四卷八十五
柰 四卷八十五
○者 四卷八十六
耶 四卷八十六
○哉 四卷八十六

十畫

○氣 一卷一
○時 一卷九
○夏 一卷十
○朔 一卷十
晏 一卷十二
宵 一卷十二
○高 一卷十六
○浙 一卷二十一
晉 一卷二十四
○陝 一卷二十五
秦 一卷二十五
○桂 一卷二十七
○海 一卷三十一
倭 一卷三十三
俾 一卷三十五
埃 一卷三十六
○班 一卷四十
祕 一卷四十二
郡 一卷四十三
原 一卷四十六
○畝 一卷四十六
皋 一卷四十七
畔 一卷四十八
○島 一卷五十一
○泰 一卷五十二
砥 一卷五十三
峽 一卷五十五
峯 一卷五十五
涇 一卷五十六
浦 一卷五十七
○宮 一卷六十一
陛 一卷六十
校 一卷六十一
○祠 一卷六十二
○家 一卷六十三
軒 一卷六十四

○院 一卷六十五
圃 一卷六十七
○倉 一卷六十八
○庫 一卷六十八
庭 一卷七十
座 一卷七十一
租 二卷二
祝 二卷三
宴 二卷三
笏 二卷五
○冤 二卷九
捕 二卷九
○書 二卷十二
訓 二卷十二
○紙 二卷十六
旅 二卷十七
討 二卷十八
旆 二卷二十三
○唐 二卷二十四
般 二卷二十四
袁 二卷二十七
桀 二卷二十七
○祖 二卷二十八
○娘 二卷三十
○哥 二卷三十一
娣 二卷三十一
○孫 二卷三十二
倫 二卷三十二
○配 二卷三十二
○師 二卷三十三
者 二卷三十三
○翁 二卷三十四
○郎 二卷三十四
哲 二卷三十七
純 二卷三十八
恭 二卷三十八
剛 二卷四十
桓 二卷四十
悖 二卷四十二
○害 二卷四十六
○匪 二卷四十六
○員 二卷四十七
○級 二卷四十七
○侯 二卷四十七
○臬 二卷四十八
宰 二卷四十九
秩 二卷五十
○俸 二卷五十
○差 二卷五十
○借 二卷五十二
○值 二卷五十三
○射 二卷五十四
倡 二卷五十六
○能 二卷六十四
○託 二卷六十五
○浪 二卷六十七
○悶 二卷六十八
○倍 二卷七十一
乘 二卷七十一
○除 二卷七十一
躬 二卷七十二
○骨 二卷七十二
○脈 二卷七十三
○脂 二卷七十三
脊 二卷七十七
○胸 二卷七十七
脅 二卷七十九
○拳 二卷八十一
○疾 二卷八十三
○病 二卷八十三
恙 二卷八十三
○窆 二卷八十四

唁 二卷八十五
埋 二卷八十六
冥 二卷八十六
○宸 二卷八十六
○家 二卷八十六
○酒 二卷八十八

酌 二卷八十九
○耕 二卷九十一
耘 二卷九十一
○栽 二卷九十一
○秧 二卷九十二
秫 二卷九十四

○粉 二卷九十五
○荒 二卷九十五
○紡 二卷九十六
○神 二卷九十七
○真 二卷九十七
○鬼 二卷九十八

祟 二卷九十八
○隻 三卷一
○捌 三卷三
般 三卷六
○套 三卷七
○格 三卷七

○臭 三卷十
○素 三卷九
紋 三卷九
衮 三卷十二
衲 三卷十三
衽 三卷十三

袂 三卷十三
扆 三卷十四
衾 三卷十四
悅 三卷十五
○紗 三卷十六
笄 三卷十八

○珠 三卷十九
○財 三卷二十一
○案 三卷二十二
○桌 三卷二十二
○席 三卷二十三
○扇 三卷二十五

索 三卷二十八
釘 三卷三十五
○矩 三卷三十六
舫 三卷三十六
航 三卷三十七
○剝 三卷四十三

剖 三卷四十三
○破 三卷四十三
屑 三卷四十七
○流 三卷四十九
○浮 三卷四十九
○消 三卷五十

浸 三卷五十一
烝 三卷五十二
烘 三卷五十二
烈 三卷五十三
○茹 三卷五十六
○茶 三卷五十六

茗 三卷五十六
○草 三卷五十九
荊 三卷六十四
芻 三卷六十四
核 三卷六十五
○桃 三卷六十五

荔 三卷六十六
○根 三卷六十九
株 三卷六十九
○桐 三卷七十一
栗 三卷七十一
○桑 三卷七十五

○烏 三卷八十
○馬 三卷八十七
容 四卷一
栖 四卷五
恐 四卷十三
○料 四卷十七
訊 四卷二十三
挾 四卷三十三
站 四卷四十一
○逃 四卷四十四
效 四卷四十九
訖 四卷六十
羖 三卷八十二
羔 三卷八十八
弱 四卷二
○倒 四卷七
悚 四卷十三
悟 四卷十七
許 四卷二十六
挈 四卷三十四
○起 四卷四十一
○追 四卷四十五
納 四卷五十一
○狹 四卷六十三
○豹 三卷八十三
蚌 三卷九十六
疲 四卷三
○息 四卷七
辱 四卷十四
○悔 四卷十八
○笑 四卷二十六
挐 四卷三十五
陟 四卷四十二
迹 四卷四十七
○恩 四卷五十三
挺 四卷六十三
○畜 三卷八十四
蚣 三卷百零一
○修 四卷三
○留 四卷九
○恥 四卷十四
恕 四卷十八
○哭 四卷二十七
捉 四卷三十五
○退 四卷四十二
○迷 四卷四十七
○捐 四卷五十六
峻 四卷六十五
豺 三卷八十六
蚓 三卷百零一
○浴 四卷四
衷 四卷十
恣 四卷十四
眠 四卷二十一
○記 四卷三十
捏 四卷三十七
○逆 四卷四十四
涉 四卷四十六
兼 四卷五十六
浩 四卷六十五
○狼 三卷八十六
蚨 三卷百零三
倚 四卷五
悅 四卷十
虔 四卷十六
○涕 四卷二十一
欬 四卷三十一
展 四卷三十九
○送 四卷四十四
振 四卷四十八
娛 四卷五十七
○缺 四卷六十七

紛 四卷六十八
紜 四卷六十八
徐 四卷六十八
○益 四卷七十
悍 四卷七十三
凋 四卷七十三
朕 四卷七十五
○豈 四卷七十七
特 四卷七十八
○徒 四卷七十八
殊 四卷八十三
盍 四卷八十五
奚 四卷八十五

十一畫

彗 一卷三
○宿 一卷三
○雪 一卷四
乾 一卷七
朗 一卷七
○陰 一卷八
○涼 一卷八
晦 一卷十
○晚 一卷十一
○候 一卷十一
頃 一卷十一
晨 一卷十二
○晝 一卷十二
○寅 一卷十四
○側 一卷十五
○球 一卷十七
○圈 一卷十七
○帶 一卷十七
○清 一卷十八
章 一卷二十一
梁 一卷二十八
○荷 一卷四十一
域 一卷四十三
○國 一卷四十三
區 一卷四十四
郭 一卷四十四
○野 一卷四十六
郵 一卷四十七
○堆 一卷四十八
○通 一卷四十九
涯 一卷五十四
陵 一卷五十五
淮 一卷五十六
淇 一卷五十六
淞 一卷五十七
淵 一卷五十八
○堂 一卷六十四
屏 一卷六十八
梯 一卷六十九
○基 一卷七十一
閉 一卷七十一
巢 一卷七十一
○教 二卷一
○統 二卷一
○祭 二卷三
笛 二卷七
笳 二卷七
笙 二卷八
○理 二卷九
○赦 二卷九
控 二卷九
○訟 二卷十
械 二卷十
梏 二卷十一

笞二卷十一
○殺二卷十一
○斬二卷十一
捷二卷十七
○救二卷十八
寇二卷十九
○敗二卷十九
旌二卷二十三
○商二卷二十四
○陳二卷二十四
陶二卷二十六
○族二卷二十八
○婆二卷三十
○婦二卷三十
眷二卷三十二
○戚二卷三十二
婢二卷三十六
淑二卷三十七
○莊二卷三十九
敏二卷三十九
康二卷四十
祥二卷四十一
偽二卷四十二
○假二卷四十二
○貪二卷四十四
○淫二卷四十四
○偷二卷四十五
卿二卷四十七
○部二卷四十八
曹二卷四十八
尉二卷四十八
○副二卷四十九
○翎二卷四十九
○頂二卷四十九
○貧二卷五十一
○販二卷五十一
○售二卷五十一
貫二卷五十三
○票二卷五十三
術二卷五十四
御二卷五十四
○釣二卷五十五
○淡二卷五十七
○動二卷六十二
速二卷六十三
○斜二卷六十六
絃二卷六十八
偶二卷七十一
○眼二卷七十五
眸二卷七十五
○脣二卷七十六
趾二卷八十一
液二卷八十二
痊二卷八十三
崩二卷八十四
脯二卷八十九
脩二卷八十九
鹵二卷八十九
酖二卷八十九
○飢二卷九十
培二卷九十一
○麥二卷九十四
○粒二卷九十五
春二卷九十五
○麻二卷九十五
○參三卷三
○陸三卷三
○斛三卷四
○毫三卷五
○第三卷七
○紫三卷八
○甜三卷十

冕 三卷十一
笠 三卷十一
○袍 三卷十二
○被 三卷十四
○紳 三卷十五
組 三卷十五
兜 三卷十八
釵 三卷十八
釧 三卷十八
琉 三卷二十
○貨 三卷二十一
○匾 三卷二十二
帷 三卷二十四
○帳 三卷二十四
○梳 三卷二十七
梭 三卷二十七
○桶 三卷二十八
符 三卷三十
盒 三卷三十一
匏 三卷三十三
○瓶 三卷三十三
瓷 三卷三十四
○規 三卷三十六
○船 三卷三十六
勒 三卷三十九
耜 三卷四十一
紹 三卷四十四
○掘 三卷四十六
○深 三卷四十九
○淺 三卷四十九
淤 三卷五十
涸 三卷五十
淹 三卷五十一
涵 三卷五十一
烹 三卷五十二
烽 三卷五十三
莧 三卷五十五
莖 三卷五十七
荻 三卷六十一
莠 三卷六十四
梗 三卷六十九
○條 三卷六十九
梧 三卷七十一
梓 三卷七十一
○桼 三卷七十二
○梅 三卷七十三
凰 三卷七十六
○雀 三卷七十六
○鳥 三卷七十六
梟 三卷七十七
○習 三卷八十二
○鹿 三卷八十五
豚 三卷八十九
○蛇 三卷九十二
○魚 三卷九十三
蛆 三卷百零二
蛀 三卷百零三
○產 四卷一
○健 四卷二
偉 四卷二
悴 四卷二
○晤 四卷六
偕 四卷六
○陪 四卷六
偃 四卷七
○處 四卷九
匿 四卷九
○接 四卷九
○從 四卷九
旋 四卷九
○情 四卷十
悼 四卷十二

患 四卷十二
○悵 四卷十二
○羞 四卷十三
赧 四卷十四
○欲 四卷十五
○猜 四卷十五
惕 四卷十六
○惜 四卷十八
○專 四卷十八
○淚 四卷二十一
○問 四卷二十三
訪 四卷二十四
唯 四卷二十四
訥 四卷二十五
○唱 四卷二十七
訝 四卷二十八
唾 四卷二十八
訛 四卷二十九
○許 四卷二十九
訣 四卷三十
○敘 四卷三十
○啓 四卷三十
啄 四卷三十一
裒 四卷三十二
袒 四卷三十三
授 四卷三十三
執 四卷三十四
掠 四卷三十六
排 四卷三十七
○埽 四卷三十七
○牽 四卷三十八
○推 四卷三十九
○張 四卷三十九
掩 四卷四十
○探 四卷四十
覓 四卷四十
○移 四卷四十三
徙 四卷四十三
逝 四卷四十五
逐 四卷四十五
○逢 四卷四十五
○造 四卷四十六
陷 四卷四十七
逍 四卷四十七
○務 四卷四十八
○終 四卷四十九
率 四卷四十九
措 四卷四十九
○娶 四卷五十一
○婚 四卷五十一
○寄 四卷五十四
添 四卷五十六
○得 四卷五十八
○停 四卷五十八
畢 四卷六十
○細 四卷六十二
寂 四卷六十二
○密 四卷六十二
○略 四卷六十二
悠 四卷六十四
戚 四卷六十五
彬 四卷六十五
崇 四卷六十五
○淨 四卷六十六
○堅 四卷六十七
猝 四卷六十八
窒 四卷六十九
○爽 四卷六十九
痕 四卷七十
透 四卷七十一
○連 四卷七十一
○脫 四卷七十二

○偏 四卷七十三
猛 四卷七十三
淒 四卷七十三
庸 四卷七十四
○惟 四卷七十七
○莫 四卷七十九
○將 四卷七十九
悉 四卷八十
庶 四卷八十一
聊 四卷八十一
○竟 四卷八十三
○設 四卷八十三
○旣 四卷八十五
孰 四卷八十五
○常 四卷八十五
○焉 四卷八十六

十二畫

○雲 一卷四
○晴 一卷七
○景 一卷七
晷 一卷八
○陽 一卷八
○温 一卷八
○歲 一卷九
○閏 一卷九
○寒 一卷九
○期 一卷十二
○都 一卷十八
○順 一卷十九
皖 一卷二十
越 一卷二十一
鄂 一卷二十二
湘 一卷二十三
○貴 一卷二十八
○黑 一卷二十九
○衆 一卷四十一
○街 一卷四十五
○渡 一卷四十六
渠 一卷四十六
○場 一卷四十七
隅 一卷四十八
隄 一卷四十八
嵐 一卷五十一
○華 一卷五十二
○港 一卷五十三
○湖 一卷五十六
渭 一卷五十六
渚 一卷五十八
○朝 一卷六十一
○階 一卷六十
廂 一卷六十四
○棧 一卷六十六
○寓 一卷六十六
廁 一卷六十七
○窗 一卷六十九
棟 一卷六十九
○間 一卷七十一
○開 一卷七十一
閑 一卷七十一
○程 二卷一
詔 二卷一
○稅 二卷二
○賀 二卷三
○琴 二卷六
琶 二卷七
絞 二卷十一
策 二卷十三
○集 二卷十四
○筆 二卷十六
○硯 二卷十六
詁 二卷十六

○註二卷十六
隊二卷十七
○勝二卷十七
○圍二卷十八
戟二卷二十
隋二卷二十四
堯二卷二十五
舜二卷二十五
○湯二卷二十五
閔二卷二十六
軻二卷二十六
馮二卷二十七
彭二卷二十七
曾二卷二十八
○嫂二卷三十一
○甥二卷三十一
○壻二卷三十一
○疏二卷三十二
傅二卷三十三
○童二卷三十四
傑二卷三十五
○媒二卷三十五
○善二卷三十七
敦二卷三十八
○惡二卷四十一
○詐二卷四十二
○欺二卷四十三
奢二卷四十四
殘二卷四十五
○盜二卷四十六
貽二卷五十
○富二卷五十一
○買二卷五十一
貿二卷五十一
貸二卷五十二
博二卷五十二
○換二卷五十三
○款二卷五十三
○畫二卷五十四
屠二卷五十六
○喜二卷五十七
○強二卷五十七
硫二卷六十
硝二卷六十一
晶二卷六十二
○結二卷六十五
軸二卷六十五
○等二卷七十一
○減二卷七十一
項二卷七十四
○筋二卷七十四
○脊二卷七十八
○脾二卷七十八
○掌二卷八十
腕二卷八十一
腑二卷八十一
○須二卷八十二
○痛二卷八十三
痢二卷八十三
○喪二卷八十四
○棺二卷八十四
奠二卷八十五
○粥二卷八十七
飧二卷八十七
酣二卷八十九
植二卷九十一
犂二卷九十二
黍二卷九十三
粟二卷九十四
菽二卷九十四
喇二卷九十八
○單三卷一

○壹 三卷三
○貳 三卷三
○量 三卷四
○鈞 三卷六
粲 三卷六
○番 三卷七十一
○黄 三卷八
絢 三卷十
斑 三卷九
絳 三卷九
○帽 三卷十一
袷 三卷十二
○幅 三卷十三
絹 三卷十四
○鈕 三卷十六
絨 三卷十七
○絮 三卷十七
○棉 三卷十七
鈔 三卷二十一
椅 三卷二十二
幄 三卷二十四
毯 三卷二十四
○棋 三卷二十五
筐 三卷二十七
筒 三卷二十八
○椀 三卷三十一
○壺 三卷三十一
○牌 三卷三十五
椎 三卷三十五
○棍 三卷三十六
楄 三卷三十七
軺 三卷三十八
○敞 三卷四十三
○絕 三卷四十三
絡 三卷四十四
描 三卷四十五
嵌 三卷四十五
琢 三卷四十五
測 三卷四十六
酢 三卷四十七
湧 三卷四十九
○游 三卷五十
渾 三卷五十一
焚 三卷五十二
○焦 三卷五十三
○菜 三卷五十四
○筍 三卷五十六
莽 三卷五十九
菲 三卷六十
萋 三卷六十一
萍 三卷六十
○棃 三卷六十五
萄 三卷六十六
○棗 三卷六十七
棘 三卷六十七
菀 三卷七十
○椒 三卷七十三
棠 三卷七十四
棣 三卷七十四
○雁 三卷七十七
○雅 三卷八十
○雄 三卷八十二
翔 三卷八十二
○象 三卷八十四
犀 三卷八十四
猨 三卷八十四
猩 三卷八十六
貂 三卷八十六
彘 三卷八十九
馭 三卷九十一
蛟 三卷九十二
蛤 三卷九十七

蛛 三卷百零二
婉 四卷一
舒 四卷四
傍 四卷六
逸 四卷六
甯 四卷六
寐 四卷六
○替 四卷八
○就 四卷九
愜 四卷十一
○悲 四卷十二
悶 四卷十二
惻 四卷十二
慍 四卷十四
惰 四卷十五
惑 四卷十五
欽 四卷十六
惱 四卷十九
視 四卷十九
詞 四卷二十二
評 四卷二十三
喻 四卷二十三
訴 四卷二十三
○答 四卷二十四
○喚 四卷二十四
喧 四卷二十四
○報 四卷三十
詠 四卷三十
○渴 四卷三十一
○揖 四卷三十二
援 四卷三十二
握 四卷三十四
○提 四卷三十四
搜 四卷三十五
揀 四卷三十六
揣 四卷三十六
揮 四卷三十七
○插 四卷三十八
掣 四卷三十九
揚 四卷三十九
○登 四卷四十二
○進 四卷四十二
○復 四卷四十三
○趁 四卷四十五
超 四卷四十六
○跌 四卷四十七
跛 四卷四十七
距 四卷四十七
○爲 四卷四十八
○創 四卷四十八
○備 四卷五十
○發 四卷五十
貽 四卷五十二
貺 四卷五十二
惠 四卷五十三
○尋 四卷五十四
給 四卷五十五
○費 四卷五十五
○貼 四卷五十七
○勞 四卷五十七
徧 四卷五十八
窘 四卷五十九
○割 四卷五十九
○短 四卷六十一
渺 四卷六十二
稀 四卷六十二
○異 四卷六十三
普 四卷六十四
○隆 四卷六十四
渥 四卷六十六
○硬 四卷六十七
鈍 四卷六十七

○散 四卷六十八
敞 四卷六十九
○虛 四卷七十
裂 四卷七十一
循 四卷七十二
森 四卷七十四

○尊 四卷七十六
詎 四卷七十七
○無 四卷七十八
建 四卷七十九
稍 四卷七十九
○最 四卷八十

○猶 四卷八十一
○幾 四卷八十一
○敢 四卷八十二
堪 四卷八十二
○然 四卷八十三
啻 四卷八十三

厥 四卷八十四
○斯 四卷八十四

十三畫

○電 一卷五
○雷 一卷五
雹 一卷六
暈 一卷六
○煙 一卷六
暉 一卷七

○照 一卷七
○暗 一卷八
○煖 一卷八
○暑 一卷九
○裏 一卷十六
○極 一卷十七

○經 一卷十七
○道 一卷十一
楚 一卷二十二
肅 一卷二十五
○新 一卷二十六
蜀 一卷二十六

粵 一卷二十七
滇 一卷二十八
○愛 一卷三十五
奧 一卷三十九
○義 一卷三十九
瑞 一卷三十九

葡 一卷四十
○鄉 一卷四十四
○路 一卷四十五
○溝 一卷四十六
○途 一卷四十七
窟 一卷四十七

○塊 一卷四十七
隘 一卷四十八
遐 一卷四十九
達 一卷四十九
塞 一卷四十九
貉 一卷五十

嵩 一卷五十二
滄 一卷五十四
○源 一卷五十七
溜 一卷五十八
○塘 一卷五十八
溪 一卷五十九

○溼 一卷五十九
○殿 一卷六十
廊 一卷六十二
○衙 一卷六十三
○塔 一卷六十五
○園 一卷六十七

椽一卷六十九 楣一卷六十九 楹一卷七十 隙一卷七十一 ○禁二卷一 頎二卷二
盟二卷三 鼎二卷四 筵二卷四 瑟二卷七 ○鼓二卷八 ○過二卷九
誅二卷十 ○罪二卷十一 ○詩二卷十二 頌二卷十二 ○碑二卷十四 ○稟二卷十五
楷二卷十五 著二卷十六 虜二卷十九 滅二卷十九 鉞二卷二十 彀二卷二十一
虞二卷二十四 鄒二卷二十五 董二卷二十七 辟二卷二十八 嗣二卷二十九 嗇二卷二十九
○舅二卷三十 ○爺二卷三十 ○媳二卷三十一 媵二卷三十二 稚二卷三十四 傭二卷三十六
資二卷三十七 ○聖二卷三十七 廉二卷三十八 ○敬二卷三十九 ○誠二卷三十九 雍二卷三十九
綏二卷四十一 頑二卷四十一 ○愚二卷四十一 懲二卷四十二 傲二卷四十三 ○亂二卷四十六
○賊二卷四十六 ○督二卷四十八 聘二卷四十九 ○祿二卷五十 貫二卷五十一 ○債二卷五十三
筮二卷五十五 ○煤二卷五十八 ○鉛二卷五十九 鉑二卷六十 鉀二卷六十 硼二卷六十一
瑙二卷六十一 ○傳二卷六十三 ○較二卷七十一 ○腦二卷七十四 ○睛二卷七十五 ○喉二卷七十六
○腹二卷七十七 ○腰二卷七十七 ○腸二卷七十八 ○腳二卷八十 腫二卷八十三 隕二卷八十四

誄 二卷八十五
○葬 二卷八十六
○飯 二卷八十七
○飲 二卷八十七
酪 二卷八十八
○農 二卷九十一
粲 二卷九十三
梁 二卷九十四
稗 二卷九十四
○補 二卷九十六
○零 三卷一
○萬 三卷二
○肆 三卷三
羣 三卷七
晳 三卷八
○腥 三卷十
○葷 三卷九
旒 三卷十一
裘 三卷十二
○裠 三卷十四
絹 三卷十六
○絲 三卷十七
○葛 三卷十七
瑚 三卷二十
瑜 三卷二十
瑕 三卷二十
賄 三卷二十一
賂 三卷二十一
○鉤 三卷二十七
○準 三卷三十
盞 三卷三十二
鉢 三卷三十三
艇 三卷三十七
楫 三卷三十七
軾 三卷三十九
鈴 三卷四十
碎 三卷四十三
○酬 三卷四十七
斟 三卷四十七
○裝 三卷四十八
○載 三卷四十八
○填 三卷四十八
溢 三卷四十九
○匯 三卷五十
溯 三卷五十
溺 三卷五十一
滋 三卷五十一
○煎 三卷五十三
煮 三卷五十三
萼 三卷五十七
○葉 三卷五十七
○落 三卷五十八
○葵 三卷五十八
葆 三卷六十
葦 三卷六十一
萱 三卷六十四
椶 三卷七十一
榆 三卷七十二
椿 三卷七十二
○楊 三卷七十四
楓 三卷七十五
筠 三卷七十五
○禽 三卷七十六
梟 三卷七十八
鳩 三卷七十八
○雉 三卷七十九
獅 三卷八十三
○猴 三卷八十四
○鼠 三卷八十九
馴 三卷九十
馳 三卷九十一
黿 三卷九十六

蠶 三卷九十七
蜋 三卷九十八
蛾 三卷百
蜉 三卷百
蜈 三卷百零一
○頓 四卷二
○勢 四卷三
遑 四卷六
○會 四卷六
傾 四卷七
○逼 四卷八
○意 四卷十
○想 四卷十
羨 四卷十一
○傷 四卷十二
○愁 四卷十二
○感 四卷十二
嗜 四卷十五
○解 四卷十七
○慎 四卷十八
○煩 四卷十九
○睡 四卷二十一
○話 四卷二十二
詰 四卷二十四
○號 四卷二十四
○唬 四卷二十七
嗟 四卷二十八
○搶 四卷三十五
搏 四卷三十五
○搔 四卷三十六
○搖 四卷三十九
○跪 四卷四十二
違 四卷四十五
○遇 四卷四十五
詣 四卷四十六
○運 四卷四十六
跳 四卷四十六
○業 四卷四十八
肆 四卷四十九
○置 四卷四十九
○嫁 四卷五十一
○飭 四卷五十四
○催 四卷五十四
○試 四卷五十五
○預 四卷五十五
募 四卷五十六
○債 四卷五十六
○勤 四卷五十七
○暇 四卷五十七
睦 四卷五十七
○棄 四卷五十八
○歇 四卷六十
微 四卷六十二
○詳 四卷六十三
靖 四卷六十三
裕 四卷六十四
熙 四卷六十五
溥 四卷六十五
滔 四卷六十六
○滑 四卷六十六
損 四卷七十三
○隔 四卷七十二
○矮 四卷七十三
○該 四卷七十七
○僅 四卷七十七
○愈 四卷八十
○遂 四卷八十一
○當 四卷八十二

十四畫

魁 一卷三
○望 一卷十
艅 一卷十三
閩 一卷二十二
○齊 一卷二十四
○蒙 一卷三十
○境 一卷四十三
○塵 一卷四十七
鄙 一卷四十八
○遠 一卷四十八
遙 一卷四十九
漠 一卷四十九
○漢 一卷五十六
漳 一卷五十六
○滬 一卷五十七
○滴 一卷五十九
塾 一卷六十二
寢 一卷六十二
○署 一卷六十三
○幕 一卷六十四
閨 一卷六十四
○臺 一卷六十五
○閣 一卷六十五
廐 一卷六十八
○綱 二卷一
○賑 二卷二
漕 二卷二
箏 二卷七
○舞 二卷八
韶 二卷八
○罰 二卷十
○獄 二卷十
誥 二卷十二
銘 二卷十三
○圖 二卷十四
箋 二卷十五
○歌 二卷十六
犒 二卷十九
○旗 二卷二十二
○趙 二卷二十五
嫗 二卷三十
○嫡 二卷三十二
○賓 二卷三十三
○寡 二卷三十三
蔆 二卷三十三
○夥 二卷三十六
○僕 二卷三十六
僮 二卷三十六
○端 二卷三十九
豪 二卷四十
嘉 二卷四十
○滎 二卷四十
○福 二卷四十
○壽 二卷四十
○誤 二卷五十二
誣 二卷四十二
僭 二卷四十三
○禍 二卷四十六
僚 二卷四十七
銜 二卷四十九
○賒 二卷五十二
○摺 二卷五十三
○漁 二卷五十五
○輕 二卷五十七
○綠 二卷五十七
○酸 二卷五十七
酵 二卷五十七
○銀 二卷五十八
○銅 二卷五十八
磠 二卷六十二
漲 二卷六十三
○像 二卷六十七

○管 二卷六十九
○算 二卷六十九
○綫 二卷六十九
○膏 二卷七十三
○領 二卷七十四
○鼻 二卷七十六
鬍 二卷八十二
○貌 二卷八十二
○魂 二卷八十二
瘧 二卷八十三
誌 二卷八十五
○墓 二卷八十六
○腐 二卷八十九
○飽 二卷九十
○種 二卷九十一
綴 二卷九十六
○僧 三卷九十七
○稱 三卷五
銖 三卷五
○箇 三卷六
○衆 三卷六
蒼 三卷八
○碧 三卷八
○斡 三卷十
緇 三卷九
○裳 三卷十三
綬 三卷十五
綾 三卷十六
○綢 三卷十六
綸 三卷十七
○飾 三卷十八
瑤 三卷十九
○凳 三卷二十三
榻 三卷二十三
幔 三卷二十四
○漏 三卷二十五
○箕 三卷二十八
槎 三卷三十八
鞅 三卷九十九
○網 三卷四十一
留 三卷四十一
○製 三卷四十二
甄 三卷四十二
斲 三卷四十二
維 三卷四十四
○墊 三卷四十八
漫 三卷五十
○熏 三卷五十二
○蒜 三卷五十四
蒓 三卷五十五
蒿 三卷五十五
蓉 三卷五十九
○蒲 三卷六十一
著 三卷六十四
榴 三卷六十六
榛 三卷七十一
槐 三卷七十四
篚 三卷七十五
○鳳 三卷七十六
鳶 三卷七十九
○翠 三卷八十一
○雌 三卷八十二
○鳴 三卷八十二
熊 三卷八十四
貍 三卷八十六
駁 三卷九十
蜻 三卷九十八
○蜨 三卷九十九
○蜜 三卷九十九
態 四卷一
○瘦 四卷二
裸 四卷三

○夢 四卷六
毓 四卷八
慘 四卷十二
慨 四卷十三
○慢 四卷十四
○疑 四卷十五
歎 四卷十六
○慣 四卷十七
○察 四卷十七
慈 四卷十八
○聞 四卷十九
○認 四卷二十
○監 四卷二十
○語 四卷二十二
○說 四卷二十二
誓 四卷二十三
○對 四卷二十四
嘖 四卷二十五
誨 四卷二十六
誚 四卷二十六
誘 四卷二十九
誑 四卷二十九
誦 四卷三十
○嘗 四卷三十一
漱 四卷三十一
嘔 四卷三十一
○與 四卷三十三
○奪 四卷三十四
○敲 四卷三十五
摧 四卷三十五
摘 四卷三十八
遮 四卷四十六
肇 四卷四十八
輔 四卷五十
○際 四卷五十三
遺 四卷五十四
需 四卷五十五
蓄 四卷五十五
○裹 四卷五十五
演 四卷五十九
○精 四卷六十三
兢 四卷六十三
赫 四卷六十四
綽 四卷六十四
碩 四卷六十四
○團 四卷六十六
○實 四卷六十七
滯 四卷六十九
瑣 四卷六十九
暢 四卷六十九
竭 四卷七十
○盡 四卷七十
彰 四卷七十一
酷 四卷七十三
嫩 四卷七十四
○爾 四卷七十五
○蓋 四卷七十七
綦 四卷七十九
○頗 四卷七十九
○漸 四卷七十九
○屢 四卷八十
輒 四卷八十一

十五畫

蝕 一卷一
霆 一卷五
震 一卷五
霄 一卷六
○儀 一卷八
○暫 一卷十一

○緯 一卷十七
○廣 一卷二十七
○歐 一卷三十一
緬 一卷三十四
○德 一卷三十八
○墨 一卷四十二
畿 一卷四十三
墟 一卷四十七
衝 一卷四十七
磁 一卷五十三
澗 一卷五十五
潁 一卷五十六
路 一卷五十七
潼 一卷五十七
○潮 一卷五十八
潦 一卷五十八
○廟 一卷六十一
廡 一卷六十二
○廠 一卷六十三
樞 一卷六十四
闐 一卷六十四
○樓 一卷六十五
廛 一卷六十六
閭 一卷六十六
○鄰 一卷六十六
樊 一卷六十七
○廚 一卷六十八
牖 一卷六十九
○閱 一卷六十九
○緒 二卷一
○賜 二卷二
○賞 二卷二
○慶 二卷三
輦 二卷四
○樂 二卷六
戮 二卷十
賦 二卷十二
編 二卷十五
箴 二卷十五
○篇 二卷十五
篆 二卷十五
○課 二卷十六
撰 二卷十六
○寫 二卷十六
○敵 二卷十九
○劍 二卷十九
鋒 二卷二十一
○箭 二卷二十一
○彈 二卷二十二
麾 二卷二十三
○魯 二卷二十四
蔡 二卷二十四
滕 二卷二十五
鄭 二卷二十五
鄧 二卷二十五
○劉 二卷二十六
蔣 二卷二十六
潘 二卷二十七
儈 二卷三十五
○質 二卷三十七
○賢 二卷三十七
○節 二卷三十八
○儉 二卷三十八
○寬 二卷三十九
慧 二卷三十九
毅 二卷四十
諂 二卷四十三
僻 二卷四十四
暴 二卷四十五
○撫 二卷四十八
○賤 二卷五十
○賣 二卷五十一

○價 二卷五十三
○養 二卷五十七
須 二卷五十八
鋅 二卷五十九
銻 二卷五十九
磈 二卷六十二

擔 二卷六十四
隧 二卷六十五
○輪 二卷六十六
劈 二卷六十六
○影 二卷七十七
○膚 二卷七十二

膜 二卷七十二
頤 二卷七十四
○齒 二卷七十六
○膝 二卷八十一
○髮 二卷八十二
○魄 二卷八十二

殤 二卷八十四
○墳 二卷八十六
緦 二卷八十六
○麪 二卷八十七
餉 二卷八十八
漿 二卷八十八

○醋 二卷八十八
○醉 二卷八十九
稼 二卷九十一
耦 二卷九十二
○穀 二卷九十二
○稻 二卷九十三

稷 二卷九十三
緝 二卷九十五
魅 二卷九十八
○數 三卷一
億 三卷二
○層 三卷六

模 三卷七
○樣 三卷七
黎 三卷九
褐 三卷十三
褒 三卷十三
履 三卷十四

○緣 三卷十六
幣 三卷十六
緡 三卷十七
緜 三卷十七
璋 三卷二十
匳 三卷二十六

○箱 三卷二十六
箸 三卷三十一
○盤 三卷三十二
範 三卷三十六
槳 三卷三十七
鞍 三卷三十九

槽 三卷四十
鋤 三卷四十一
締 三卷四十四
緘 三卷四十四
磋 三卷四十五
○翦 三卷四十五

澆 三卷四十六
標 三卷四十七
激 三卷四十九
澄 三卷五十
潤 三卷五十一
○熟 三卷五十三

○熱 三卷五十三
蔬 三卷五十四
○蔥 三卷五十四
蓬 三卷五十五
○蓮 三卷五十八
蔓 三卷五十九

蔘 三卷六十一
蔗 三卷六十八
蔆 三卷六十八
○蔭 三卷七十
樟 三卷七十二
樗 三卷七十二
篁 三卷七十五
鴇 三卷七十七
鳸 三卷七十八
翥 三卷八十二
○駝 三卷八十五
駒 三卷八十七
駑 三卷八十七
槷 三卷八十九
駟 三卷九十
○駕 三卷九十一
駐 三卷九十一
駛 三卷九十一
蝦 三卷九十六
蝸 三卷九十七
蝠 三卷九十八
○蝗 三卷九十九
○蝨 三卷百零三
嬌 四卷一
瘠 四卷二
憔 四卷二
○潔 四卷三
皺 四卷三
靠 四卷五
頫 四卷七
嬉 四卷八
暱 四卷八
○遮 四卷八
○慰 四卷十一
○慕 四卷十一
○憂 四卷十一
○慮 四卷十一
憚 四卷十三
慙 四卷十三
憤 四卷十四
憎 四卷十四
○審 四卷十七
○趣 四卷十八
○憐 四卷十八
○瞎 四卷二十一
○談 四卷二十二
○論 四卷二十二
諄 四卷二十六
嘲 四卷二十六
○調 四卷二十六
嘶 四卷二十七
○歎 四卷二十八
○罵 四卷二十八
○請 四卷二十九
擒 四卷三十五
撞 四卷三十五
毆 四卷三十五
摩 四卷三十六
摹 四卷三十七
撐 四卷三十七
播 四卷三十九
撤 四卷四十
踐 四卷四十一
○遲 四卷四十四
遭 四卷四十五
○適 四卷四十六
○稽 四卷四十九
敷 四卷五十
徵 四卷五十一
賚 四卷五十二
○鋪 四卷五十六
徹 四卷五十七

○廢 四卷五十八
輟 四卷五十八
○窮 四卷五十九
○鬧 四卷六十
○罷 四卷六十
○豎 四卷六十六
○確 四卷六十七
鋭 四卷六十七
○整 四卷六十八
○緩 四卷六十八
○緊 四卷六十八
增 四卷七十
複 四卷七十一
翩 四卷七十二
劇 四卷七十四
○誰 四卷七十六
○輩 四卷七十六
蔑 四卷七十九
○概 四卷八十
○諒 四卷八十一

十六畫

曇 一卷四
霓 一卷六
霖 一卷七
○曆 一卷九
○曉 一卷十二
○橫 一卷十六
遼 一卷十九
豫 一卷二十三
黔 一卷二十八
澳 一卷三十三
暹 一卷三十四
○縣 一卷四十三
寰 一卷四十四
○橋 一卷四十五
徼 一卷五十
○險 一卷五十
衡 一卷五十二
霍 一卷五十二
○澤 一卷五十八
壇 一卷六十一
○學 一卷六十二
奩 一卷六十六
廩 一卷六十八
○諭 二卷二
磬 二卷六
錄 二卷十三
○翰 二卷十五
勳 二卷十七
○戰 二卷十八
禦 二卷十八
諜 二卷十九
○衞 二卷二十四
○親 二卷三十二
儒 二卷三十五
闍 二卷三十六
篤 二卷三十八
篡 二卷四十六
○憲 二卷四十八
○據 二卷五十三
○樵 二卷五十五
○賭 二卷五十六
○錫 二卷五十九
鋼 二卷五十九
錳 二卷六十
燐 二卷六十二
○靜 二卷六十四
○機 二卷六十六
○濃 二卷六十七

○積 二卷六十九
○圜 二卷七十
樇 二卷七十
○頸 二卷七十三
○頭 二卷七十三
頰 二卷七十四
○踵 二卷八十一
瘴 二卷八十三
縊 二卷八十四
謠 二卷八十五
○諱 二卷八十五
餮 二卷八十七
饍 二卷八十九
○醒 二卷九十
○餓 二卷九十
餕 二卷九十
○墾 二卷九十一
○糠 二卷九十五
餤 二卷九十八
嚬 三卷五
錙 三卷五
○餘 三卷七
縞 三卷九
盧 三卷九
簑 三卷十三
褥 三卷十五
○錦 三卷十六
緦 三卷十六
髻 三卷十八
璣 三卷十九
璞 三卷十九
○錢 三卷二十一
○錯 三卷二十一
○器 三卷二十二
橐 三卷二十八
篩 三卷三十
瓢 三卷三十三
甎 三卷三十四
鋸 三卷三十五
錐 三卷三十五
篙 三卷三十八
轂 三卷三十九
劑 三卷四十二
縛 三卷四十四
○磨 三卷四十五
盥 三卷四十六
澣 三卷四十七
○輸 三卷四十八
築 三卷四十八
○擔 三卷四十八
○濁 三卷四十九
凝 三卷五十
壅 三卷五十
○燒 三卷五十二
熾 三卷五十三
蕈 三卷五十六
蕪 三卷六十
蕙 三卷六十二
蕉 三卷六十三
橙 三卷六十七
○橘 三卷六十七
○樹 三卷六十九
橡 三卷七十三
樸 三卷七十三
○雕 三卷七十七
鴟 三卷七十七
鴉 三卷七十七
○燕 三卷八十
鴛 三卷八十一
鴦 三卷八十一
○鴨 三卷八十一
翮 三卷八十二

駱 三卷八十五
麈 三卷八十五
○豬 三卷八十九
○貓 三卷八十九
駭 三卷九十
○龍 三卷九十二
鮑 三卷九十三
○龜 三卷九十五
○螢 三卷百
○螽 三卷百零三
○憑 四卷五
○興 四卷五
導 四卷九
儔 四卷九
憶 四卷十
憾 四卷十四
懈 四卷十五
嬖 四卷十五
懍 四卷十六
激 四卷十六
窺 四卷二十
覩 四卷二十
○謂 四卷二十二
○謀 四卷二十二
○辨 四卷二十三
諾 四卷二十四
默 四卷二十五
諷 四卷二十五
諫 四卷二十五
諺 四卷二十七
嘯 四卷二十七
噫 四卷二十八
訣 四卷二十九
謔 四卷二十九
噬 四卷三十一
擁 四卷三十三
○操 四卷三十四
撻 四卷三十五
○擇 四卷三十六
踰 四卷四十二
○遷 四卷四十三
○隨 四卷四十六
○遵 四卷四十六
擅 四卷四十九
○選 四卷五十
謁 四卷五十一
○遺 四卷五十二
○辦 四卷五十五
○賴 四卷五十五
獘 四卷五十八
穆 四卷六十四
蕩 四卷六十六
融 四卷六十七
蔽 四卷七十一
奮 四卷七十二
○獨 四卷七十八
暨 四卷七十九
頻 四卷八十
○諸 四卷八十六

十七畫

○霞 一卷四
○霜 一卷四
颶 一卷五
縱 一卷十六
嶶 一卷二十
韓 一卷三十三
隰 一卷四十六
○嶽 一卷五十一
嶺 一卷五十一
嶼 一卷五十一
壑 一卷五十五
濟 一卷五十六

濤一卷五十七　○館一卷六十二　闌一卷六十四　○齋一卷六十六　檐一卷六十九　○牆一卷七十一
闈一卷七十　篚二卷五　檢二卷十五　隸二卷十五　獲二卷十九　○營二卷二十一
薛二卷二十五　豳二卷二十七　孺二卷三十四　嬰二卷三十四　○謙二卷三十九　穖二卷四十四
○爵二卷四十九　黜二卷五十　○購二卷五十一　○償二卷五十二　○賽二卷五十二　○戲二卷五十六
優二卷五十六　○縮二卷六十三　黏二卷六十三　○壓二卷六十三　○聲二卷六十八　○點二卷六十九
瞳二卷七十五　膺二卷七十六　臀二卷七十七　○膽二卷七十八　○臂二卷八十　骸二卷八十一
療二卷八十三　薨二卷八十四　○殮二卷八十五　○餅二卷八十七　糟二卷八十八　膾二卷八十九
醢二卷八十九　餞二卷九十　○糞二卷九十二　穎二卷九十二　績二卷九十五　繅二卷九十六
縫二卷九十六　禪二卷九十七　顆三卷六　○總三卷七　黛三卷十　○鮮三卷九
褻三卷十二　屨三卷十四　散三卷十五　縷三卷十七　○環三卷十九　氈三卷二十四
○燭三卷二十五　鍼三卷二十七　鍾三卷三十二　鍋三卷三十四　蓬三卷三十八　輿三卷三十八
轅三卷三十八　○鍊三卷四十二　聯三卷四十四　濯三卷四十六　濫三卷四十九　濬三卷五十一

燥 三卷五十三　○薑 三卷五十四　薇 三卷五十五　○薙 三卷六十　蕭 三卷六十一　薪 三卷六十四
薏 三卷六十七　檀 三卷七十　篠 三卷七十五　篾 三卷七十五　○鴻 三卷七十七　鴿 三卷七十九
○翼 三卷八十二　犧 三卷八十三　麋 三卷八十五　駿 三卷八十七　蹏 三卷九十　騁 三卷九十一
黿 三卷九十五　螳 三卷九十八　螽 三卷九十八　○蟁 三卷百　蟀 三卷百零二　蟄 三卷百零三
臆 四卷四　○戴 四卷八　○臨 四卷九　懦 四卷十三　○懇 四卷十六　○擬 四卷十七
○聰 四卷十九　瞬 四卷二十　○講 四卷二十二　謗 四卷二十六　謳 四卷二十七　○謠 四卷二十七
○謝 四卷二十九　擯 四卷三十二　擊 四卷三十五　○舉 四卷三十八　○膽 四卷四十　蹋 四卷四十一
蹈 四卷四十一　○還 四卷四十三　趨 四卷四十四　○避 四卷四十五　○邀 四卷四十五　賽 四卷四十七
遽 四卷四十七　襄 四卷五十　○薦 四卷五十　懋 四卷五十七　○賸 四卷六十　○薄 四卷六十一
○闊 四卷六十二　矯 四卷六十三　燦 四卷六十四　艱 四卷六十九　繁 四卷六十九　○虧 四卷七十
○隱 四卷七十　斂 四卷七十四　彌 四卷八十　○應 四卷八十二　○雖 四卷八十四

十八畫

颺 一卷五　曜 一卷七　○藏 一卷三十　○鎮 一卷四十五　邇 一卷四十八　瀑 一卷五十二

瀆 一卷五十八
○闕 一卷六十一
○禮 二卷一
覲 二卷三
贄 二卷三
蹕 二卷四
簠 二卷五
謨 二卷十二
簡 二卷十三
○題 二卷十五
壘 二卷二十一
○鎗 二卷二十二
○獵 二卷二十三
魏 二卷二十五
儲 二卷二十九
○嬸 二卷三十
謬 二卷四十二
○職 二卷四十七
謫 二卷五十
○醫 二卷五十五
擺 二卷六十四
簧 二卷六十九
○額 二卷七十四
○臟 二卷七十六
○臍 二卷七十九
竅 二卷八十二
○顏 二卷八十二
殯 二卷八十五
餬 二卷八十八
○醬 二卷八十八
穡 二卷九十一
○糧 二卷九十二
○織 二卷九十六
繕 二卷九十六
薩 二卷九十七
○雙 三卷一
鎊 三卷四
○鼇 三卷五
○藍 三卷八
簪 三卷十八
壁 三卷二十
鎰 三卷二十一
鎖 三卷二十九
繖 三卷二十九
觴 三卷三十二
甕 三卷三十三
○鞭 三卷三十九
○斷 三卷四十三
繞 三卷四十四
○轉 三卷四十八
濾 三卷四十九
燼 三卷五十三
薰 三卷六十二
薺 三卷六十八
叢 三卷七十
鵠 三卷七十八
鵡 三卷七十九
○雞 三卷八十一
○鵝 三卷八十一
翹 三卷八十二
駢 三卷九十
○騎 三卷九十一
鯁 三卷九十二
蟒 三卷九十二
○鯉 三卷九十三
鯊 三卷九十三
○蟲 三卷九十八
蟬 三卷九十九
贅 四卷四
○擾 四卷十八
○聲 四卷二十一
○謹 四卷二十五

擲四卷四十
○歸四卷四十三
竄四卷四十四
蹤四卷四十七
藐四卷六十二
邈四卷六十二
豐四卷六十四
○雜四卷六十九
藉四卷七十二
○覆四卷七十二
○翻四卷七十二
○舊四卷七十四

十九畫

○霧一卷四
臘一卷九
疆一卷二十六
隴一卷四十六
藪一卷四十七
○關一卷四十九
○邊一卷五十
礪一卷五十三
瀕一卷五十四
瀛一卷五十四
廬一卷六十六
檻一卷七十
○禱二卷三
璽二卷四
簫二卷七
繼二卷九
○簿二卷十三
牘二卷十四
繪二卷十五
攣二卷三十二
○癡二卷四十一
○藩二卷四十八
○藝二卷五十四
疇二卷五十四
○離二卷六十四
臝二卷六十六
○餻二卷八十七
羹二卷八十七
麴二卷八十八
○餹二卷八十八
穫二卷九十一
○繡二卷九十五
○藺二卷九十六
○類三卷一
疊三卷六
麗三卷九
襟三卷十三
○鞵三卷十四
黼三卷十五
○羅三卷十六
○簾三卷二十四
○鏡三卷二十五
韜三卷二十六
櫛三卷二十六
○繩三卷二十九
轍三卷三十九
纏三卷三十九
○轎三卷四十
○壞三卷四十三
繫三卷四十四
鏤三卷四十五
藜三卷五十六
辮三卷五十七
○藥三卷五十九
○藁三卷五十九
藤三卷六十三
○藕三卷六十八
櫟三卷七十二
鵬三卷七十六
鶉三卷七十九

○鶬 三卷八十
○獸 三卷八十三
麒 三卷八十三
獺 三卷八十五
犢 三卷六十八
鯨 三卷九十二
羹 三卷九十四
○蟹 三卷九十六
黿 三卷九十六
蟾 三卷九十六
蟶 三卷九十七
○蠅 三卷百
薑 三卷百零一
蠍 三卷百零一
○蟻 三卷百零三
○嬾 四卷三
顛 四卷七
○懷 四卷十
○願 三卷十一
蘊 四卷十六
寵 四卷十六
○識 四卷十七
○韻 四卷十九
○證 四卷二十三
○譁 四卷二十五
○贊 四卷二十五
譏 四卷二十六
譜 四卷二十六
○辭 四卷三十
○攀 四卷三十八
贈 四卷五十二
○曠 四卷五十八
○礙 四卷五十八
○穩 四卷六十七
○難 四卷六十九
靡 四卷八十四

二十畫

霰 一卷四
飄 一卷七
○蘇 一卷二十一
瓊 一卷二十七
○黨 一卷四十四
瀾 一卷五十九
彝 二卷四
○鐘 二卷六
騷 二卷十二
○譖 二卷十三
○籍 二卷十三
孀 二卷三十三
○嚴 二卷四十
○贏 二卷五十三
礬 二卷六十一
○辮 二卷七十五
齡 二卷八十二
醴 二卷九十
饉 二卷九十
懺 二卷九十八
○鹹 三卷十
纊 三卷十七
○寶 三卷十九
○鐙 三卷二十五
○籃 三卷二十七
○籌 三卷三十
艦 三卷三十七
蘂 三卷五十八
馨 三卷五十八
藻 三卷六十
○蘆 三卷六十一
騮 三卷八十七
騰 三卷九十一
鯿 三卷九十四
鯽 三卷九十四
鰌 三卷九十四

鰕 三卷九十六
蠓 三卷百
覺 四卷十七
議 四卷二十三
譬 四卷二十三
譽 四卷二十五
警 四卷二十五
勸 四卷二十九
譯 四卷三十
攘 四卷三十四
釋 四卷四十
繼 四卷四十八
獻 四卷五十二
競 四卷五十九
藹 四卷六十三
瓏 四卷六十六
贍 四卷六十九
觸 四卷七十一

二十一畫

露 一卷三一
曩 一卷十一
竈 一卷六十八
闢 一卷七十一
鐸 二卷六
鼙 二卷八
礮 二卷二十二
鰥 二卷三十三
霸 二卷三十五
蠢 二卷四十一
屬 二卷四十九
贓 二卷五十二
鐵 二卷五十九
鰜 二卷六十一
躍 二卷六十四
饑 二卷九十
饋 二卷九十
魔 二卷九十八
韡 三卷十四
鐲 三卷十九
爛 三卷四十三
續 三卷四十四
灌 三卷五十一
蘜 三卷五十八
蘭 三卷六十二
櫻 三卷六十五
鶴 三卷七十六
鶯 三卷八十
麝 三卷八十五
驂 三卷九十
驅 三卷九十一
蠣 三卷九十七
蠡 三卷九十七
蠟 三卷九十九
懼 四卷十三
顧 四卷二十
覽 四卷二十
囂 四卷二十五
囀 四卷二十七
攜 四卷三十四
攝 四卷三十九
齎 四卷五十二
護 四卷五十四
巍 四卷六十五
轟 四卷七十一

二十二畫

霾 一卷六十
霽 一卷七十
灘 一卷五十三
贖 二卷十
龔 二卷二十七
懿 二卷三十八

○驕 二卷四十三
○竊 二卷四十五
鬻 二卷五十一
糴 二卷五十二
饕 二卷八十七
籙 二卷九十七
○權 三卷五
○襯 三卷十二
襲 三卷十二
鑑 三卷二十六
○籠 三卷二十六
囊 三卷二十八
䜌 三卷三十九
鑄 三卷四十二
纏 三卷四十四
彎 三卷四十七
攤 三卷四十八
籜 三卷七十五
鷗 三卷七十八
鷙 三卷八十
虁 三卷八十七
鰱 三卷九十三
○聽 四卷十九
○聾 四卷十九
○鄉 四卷十九
○歡 四卷二十七
○讀 四卷三十
躐 四卷四十二
○儼 四卷六十一
○儻 四卷七十七
二十三畫
○驛 一卷四十六
巖 一卷五十一
○體 二卷七十二
髓 二卷七十三
鬟 二卷七十五
齏 二卷八十七
饜 二卷九十
纓 三卷十一
○籤 三卷三十一
蘿 三卷六十三
鷺 三卷七十八
○麟 三卷八十三
飆 三卷八十八
鱗 三卷九十二
鱖 三卷九十四
鱓 三卷九十四
鼇 三卷九十五
○蠭 三卷九十九
蠱 三卷百零二
○驚 四卷十三
戀 四卷十五
○儺 四卷二十八
○變 四卷四十九
○驗 四卷五十五
○顯 四卷七十
纔 四卷七十九
二十四畫
靄 一卷六
贛 一卷二十一
壩 一卷四十八
蠹 二卷二十三
○讓 二卷三十九
○鹽 二卷六十一
鬢 二卷七十九
顰 二卷八十二
釀 二卷九十
○靈 二卷九十七
○鑪 三卷三十四
羈 三卷三十九

○鷹 三卷七十七　○驟 三卷九十一　鼇 三卷九十五　○蠶 三卷百零一　蠹 三卷百零三　讒 四卷二十六
○鬭 四卷六十

二十五畫
○廳 一卷四十三　○蠻 一卷五十　灣 一卷五十四　○觀 一卷六十一　籬 一卷六十七　籩 二卷五
糶 二卷五十二　鑰 三卷二十九　鬣 三卷九十　○鑲 三卷四十五　欖 三卷六十六　鼉 三卷九十五

二十六畫
鑷 三卷三十五　驥 三卷八十七　○驢 三卷八十八

二十七畫
鑾 二卷四　鑼 二卷六　纜 三卷二十九　○鑽 三卷四十五　鱸 三卷九十三　鱷 三卷九十五

二十八畫
○鑿 三卷三十四　鸚 三卷七十九　豔 四卷七十四

二十九畫
爨 三卷五十二　○鬱 三卷六十　驪 三卷八十七

三十畫
○鸞 三卷七十六　鸝 三卷八十

三十三畫
○麤 四卷六十三

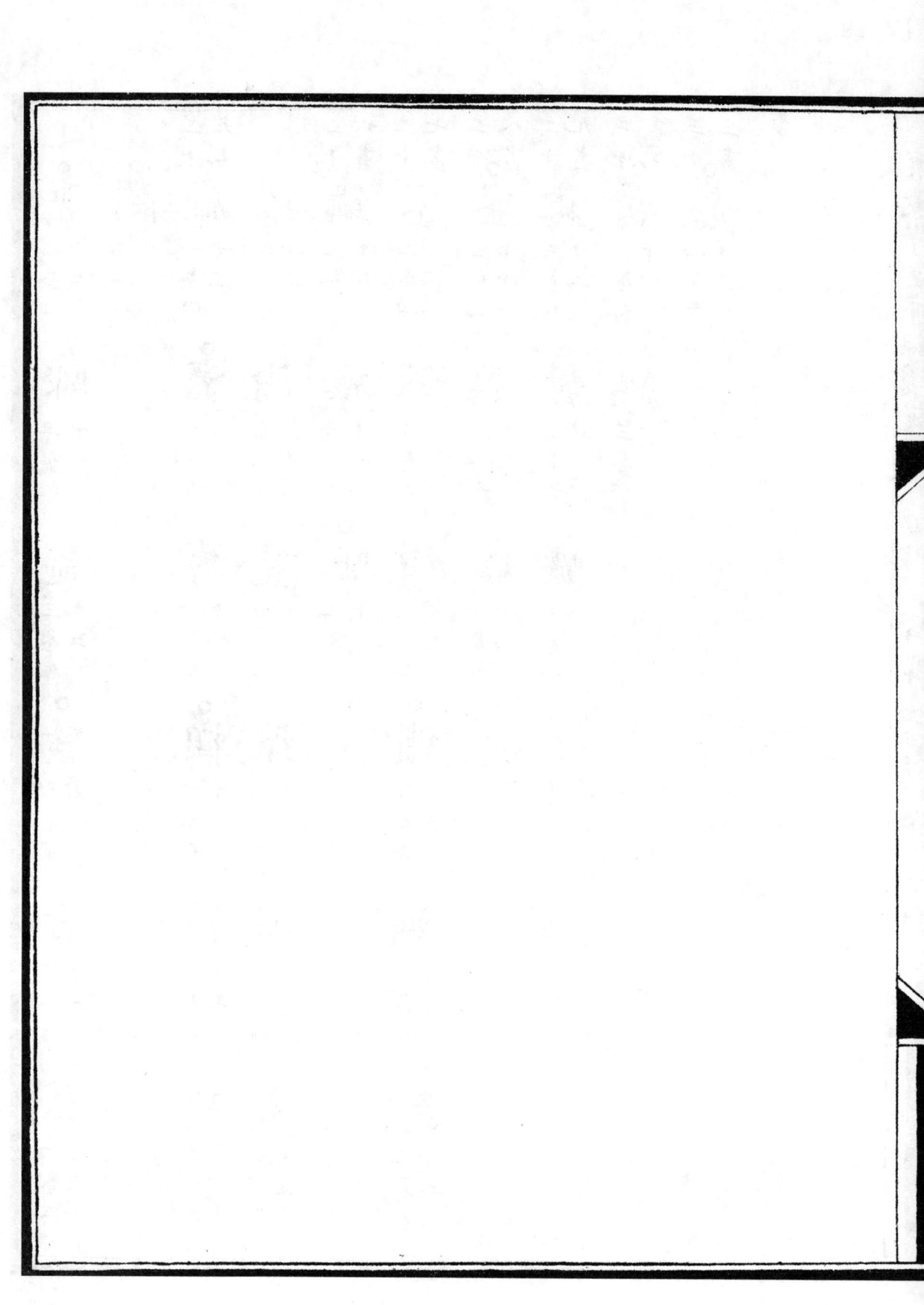

澄衷蒙學堂字課圖說檢附字

三畫
个 三卷六 箇

四畫
气 一卷一 氣
从 四卷九 從
无 四卷七 十八無

五畫
凷 一卷四 十七塊
丗 一卷五 十五邸
弍 三卷三 貳
他 四卷七 十六佗

六畫
伎 二卷五 十六妓

七畫
灸 一卷十 一久
村 一卷四 十五邨
坑 一卷五 十四阬
坊 一卷六 十五防
邠 二卷二 十七豳
材 二卷三 十七才
汞 二卷五 十八澒
扯 二卷六 十四撦
床 三卷二 十三牀
灾 三卷五 十二災
虬 三卷九 十二虯
却 四卷五 十九卻
迄 四卷六 十訖

八畫
岳 一卷五 十一嶽
泲 一卷五 十六濟
姊 二卷卅 一姉
姐 二卷卅 一姉
妬 二卷四 十三妒
叄 三卷三 參
昇 三卷四 升
杯 三卷三 十一盃
版 三卷三 十五板
杭 三卷三 十七航
抱 四卷三 十二裒
効 四卷四 十九效
併 四卷七 十九幷
奈 四卷八 十五柰

九畫
叛 一卷四 十八畔
研 二卷十 六硯
洿 二卷四 十四汙
姦 二卷四 十五奸
砒 二卷六 十二磇
赴 二卷八 十五訃

十畫
芾 三卷十 五繖
狨 三卷十 七絨
查 三卷三 十八槎
俛 四卷七 頫
眤 四卷八 暱
邮 四卷十 八卹
蚤 一卷十 一早
貢 一卷二 十一贛
砲 二卷二 十二礮
陣 二卷二 十四陳
悌 二卷三 十弟
叟 二卷三 十四叜
衺 二卷四 十四邪
衿 三卷十 三襟
帬 三卷十 三裠
珮 三卷十 五佩
針 三卷二 十七鍼
盌 三卷三 十一椀
涴 三卷四 十七澣
笋 三卷五 十六筍
翅 三卷八 十二翄
蚊 三卷百 蟁
俯 四卷七 頫
拿 四卷三 十五拏
竝 四卷四 十一並
荐 四卷五 十薦
倘 四卷七 十七儻
十一畫
望 一卷十 朢
婚 一卷十 二昏
逄 一卷四 十七塗
逖 一卷五 十狄
崧 一卷五 十二嵩
庵 一卷六 十六盦
猝 二卷十 七卒
崑 二卷三 十昆
婣 二卷三 十二姻
牾 二卷四 十三忤
娼 二卷五 十六倡
粘 二卷六 十三黏
累 三卷六 彙
採 三卷九 采
彩 三卷九 采
袖 三卷十 三褎
舵 三卷三 十七柁
剪 三卷四 十五翦
扈 三卷七 十八鳸
訢 四卷十 一欣
掃 四卷三 十七埽
跂 四卷四 十一企
徠 四卷四 十三來
粗 四卷六 十三麤
十二畫
厤 一卷九 歷
腊 一卷十 一昔
朞 一卷十 二期
衖 一卷四 十五巷
堤 一卷四 十八隄
堦 一卷五 十九階
間 一卷七 十一閒
珪 二卷四 圭
婿 二卷三 十一壻
貲 二卷三 十七資
喆 二卷三 十七哲
棊 三卷二 十五棋
傘 三卷二 十九繖
缾 三卷三 十三瓶
菌 三卷五 十六蕈
菊 三卷五 十八鞠
蛙 三卷九 十六鼃
棲 四卷五 栖

啼　四卷二十七唬
喫　四卷三十一吃
斌　四卷六十五彬

十三畫

煇　一卷七輝
煥　一卷八煖
暄　一卷八煖
暖　一卷八煖
幹　一卷十三榦
貊　一卷五十貉
皐　二卷十一罪
圓　二卷七十圜
粳　二卷九十三秔
裙　三卷十四裠
靴　三卷十四鞾
碁　三卷二十五棋
碗　三卷三十一椀
煉　三卷四十二鍊
葱　三卷五十四蔥
葯　三卷五十九藥
楠　三卷七十三枏
筱　三卷七十五篠
猿　三卷八十四猨
蜂　三卷九十九蠭
詢　四卷二十四訊
逾　四卷四十二踰
遍　四卷五十八徧

十四畫

綵　三卷九采
綿　三卷十七緜
奩　三卷二十六匳
榜　三卷三十七㮄
漆　三卷七十二桼
睹　四卷二十覩
摸　四卷三十七摹
摭　四卷三十九拓

十五畫

輝　一卷七暉
牕　一卷六十九窗
寮　二卷四十七僚
線　二卷六十九綫
糊　二卷八十八餬
鴆　二卷八十九酖
餂　三卷十甜
鞋　三卷十四鞵
磁　三卷三十四瓷
儋　三卷四十八擔
澄　三卷四十九瀓
蕁　三卷五十五蒓
鴈　三卷七十七雁
鴉　三卷八十雅
蝦　三卷九十六鰕
蝶　三卷九十九蜨
蝌　三卷百二科
瞑　四卷二十一眠
踏　四卷四十一蹋
踪　四卷四十七蹤
鋪　四卷五十六舖
弊　四卷五十八獘
暮　四卷七十九莫

十六畫

穉　二卷三十四稚
澹　二卷五十七淡
彊　二卷五十七强
糖　二卷八十八餹
燈　三卷二十五鐙
霑　三卷四十七沾

義 三卷八 十三犧
蹄 三卷九 十蹏
螂 三卷九 十八蜋
螘 三卷百 三蟻

十七畫

闇 一卷八 暗
臈 一卷九 臘
濵 一卷五 十四瀕
谿 一卷五 十九溪
濕 一卷五 十九溼
篴 二卷七 笛

螺 二卷六 十六蠃
彝 二卷九 十三彛
繇 四卷八 十五由

十八畫

燿 一卷七 曜
輿 四卷三 十三與
襍 四卷六 十九雜

十九畫

壟 一卷四 十六隴
簷 一卷六 十九檐
簽 二卷十 五檢
餽 二卷九 十饋
颿 三卷三 十八帆
覈 三卷六 十五核

譌 四卷二 十九訛

二十畫

耀 一卷七 曜
騰 二卷二 十五滕
孃 二卷三 十娘
孽 二卷三 十二孼
礦 二卷五 十七丱
爐 三卷三 十四鑪

蘋 三卷三 十四萍
鰍 三卷九 十四鰌

二十一畫

欄 一卷七 十闌
騾 三卷八 十八蠃

二十二畫

饗 二卷三 享
臟 二卷七 十六臧
鬚 二卷八 十二須
灑 三卷四 十七洒
饕 四卷八 十二叨

二十三畫

鑛 二卷五 十七丱
鱔 三卷九 十四鱓

二十六畫

饟 二卷八 十八餉
讚 四卷二 十五贊

澄衷蒙學堂字課圖說類字

名字類

凡實字以名一切事物者曰名字

天 氣 日 月 星 彗 孛 斗

魁靜 雨動 露動 雲 霞 霧 霜 雪

霰 電 雷 霆 風 颶 雹 霾靜

虹 霓 暈 煙 霄 曜 暉 景靜

霖 儀 晷 世 年 歲 時 季靜

閏 臘 暑 春 夏 秋 冬 朔

望動 弦靜 晦靜 旬 頃靜 夙 夜 晨

昏靜 期 夕 曉動 宵 旦 晝 ⿰𠦝余

甲 乙動 丙 丁 戊 己代 庚 辛靜

壬動靜 癸 子 丑 寅靜 卯 辰 巳

午　未（狀）　申　酉　戌　亥　宇　宙

地　球　經（靜）　緯　圈　道（動）　帶（動）　京（靜）

都（靜）　吳　蘇（動）　皖　贛（動）　浙　閩　楚

鄂　湘　沅　汴　兗　汾　陝　秦

疆　川　蜀　瓊　桂　滇　梁　林

省（動）　海　澳　倭　韓　印（動）　波（動）　阿（動代）

土　埃　英　法　德　奧（靜）　義　瑞（靜）

荷（動）　葡　墨　巴　坤　域　國　境

邦　畿　郡　邑　府　廳　州　縣

洲　寰　區（動靜狀）　鄉　黨（動）　里　城　郭

市（動）　井　街　巷　橋　路（靜）　邨　驛

岸　溝　渠（靜代）　田　郊　野（靜）　原（動）　隰

隴　畝　場　墟　津(靜)　郵　衝(動)　塗(動)
皋(歎)　窟　藪　塵　泥(動)　塊　隄　壩
堆(動)　隅　鄙(靜)　畔(動)　關　沙　漠(靜)　邊
徼　界　限　氏　羌(連)　戎(代)　狄(靜)　蠻
谿　山　嶽　岡　嶺　嵐　巖　島
嶼　坡　瀑　洞　穴　岱　嵩(靜)　衡
岷　石　磁　砥(動)　礪　灘　港　涯
瀕(動)　灣　坎(靜)　阬(動)　水　洋　瀛　江
河　峽　峯　陵(動靜)　邛　阜　谷　壑
澗　湖　淮　泗　漢　濟(動)　漳　涇
渭　潁　洛　淇　潞　汶　沂　潼
淞　浦　滬　泉　源　派(動)　濤　汎(動)

溜 潮 汐 潦 渚 瀆（動） 塘 澤（靜動）

淵（靜） 瀾 池（動） 沼 滴 溪 泡 冰

朝（動） 廷 宮 殿（靜） 階 陛 壇 闕（靜動）

廟 庠 序（動） 泮（動） 館（動） 舍（動） 塾 祠

社 廊 寢（動靜） 廡 衙 署（動） 廠 局

柵 卡 屋 家 宅（動） 堂 軒（靜） 室

房 闈 幕（動） 廂 樞 閨 闔 樓

臺 亭 閣（動） 防（動） 塔 寺 院 龕（動）

廛 廬 齋（動） 閭 鄰（靜） 店 棧 邸

苑 囿（動） 樊 籬 園 圃 廁（動） 倉

廩 廄 庫 庖 廚 屏（動） 竈 門

戶 窗 牖（動） 椽 棟 楣 檐 梯（動）

楹　柱　垣　牆　檻　庭　砌動　基

址　座　閒動靜　隙靜　巢　禮　制動　政

程　綱　緒　詔　命動　令動靜　祖動　稅

帑　慶動　贄　圭　璽　鑾　鼎　彝

筵　俎　豆　籩　簠　簋　笏　樂動

鐘　鐸　呂　鑼　磬動　琴　瑟狀　琶

箏　簫　笛　笳　竽　笙　鼓動　鼙

舞動　韶靜　佾　刑動　理動　罰動　牢靜　獄

械　戮動　梏　枷　笞動　罪動　文　字動

詩　頌動　賦動　書動　典動　謨　誥　易動靜

卦　爻　史　譜　籍　簿　策動　簡靜

函動　冊　帖靜　牘　卷動　碑　契　柬

箋(動) 翰 箴 篇 檢(動) 篆(動) 隸 楷

題 筆 硯 紙 武 功 勳 軍

帥(動) 旅 兵 卒(狀) 隊 守(動) 諜(動) 虜

刀 劍 斧 鉞 戈 戟 矛 鋒

刃 弓 弩 弧 矢 箭 營(動) 壘

鎗 礮 彈(動) 丸 胄 盾 旗 旌(動)

纛 麾(動) 旆 姓 氏 唐 虞(静動) 商

殷(静) 周(静) 隋(動) 魯(静) 衛(動) 陳(動静) 蔡(動) 滕(動)

薛 宋(動) 鄭(静) 趙(動) 魏(静) 鄧 鄒 堯(狀)

舜 禹 湯 姬 孔(狀) 冉(狀) 閔(動) 孟(静狀)

軻(静) 陶(狀) 姜 姒 劉(動) 范 蔣 潘

馮(狀動) 阮 龔 胡(狀代) 彭(狀) 俞(歎) 袁 幽

董動　桀靜　紂靜　皇靜　帝　王動　君　辟動靜
后靜　妃　臣　祖靜動　宗動　族　系　裔
男　女動　考動　妣　父　母　伯靜　叔靜
嬸　舅　姑狀　爺　娘　婆靜　姬　昆靜
弟靜　兄　夫靜助介　婦　哥　嫂　妻動　妾
姊　妹　姨　娣　媳　姪　甥　壻
孥　孽動　孫動　倫　嫡　眷動　戚動　姻
配動　媵動　師靜　傅動　朋靜　友動靜　賓動　孀
嫠　耆　老靜動　叟　翁　郎　孺　兒
童靜　孩　嬰動　稚靜　酋　傑靜　士　彥
儒靜　俠靜　民　氓　工靜　僧　媒動　夥靜
傭動　婢　僕　奴　僮　皁靜　閹　俗靜

才 資 質動靜 豪 福動 祉 祥靜 愆動
咎 仇 垢 邪靜 毒 害動 禍動 匪
妖 官 員 品 級 職 位動 公靜
侯 卿 僚 藩 臬 憲 尹 部
曹 丞 尉 屬動 吏 翎 頂 爵
俸 祿 胥狀 役 貫動 值動 價 款靜
贏靜 券 票 技 藝動 術 弈 嚋靜
巫 匠 伶 優靜 倡動 妓 卝 酵
金 煤 珀 銀 銅 湏 錫動 鐵
鋼 鉛 鋅 銻 鉑 鉀 錳 炭
灰 硫 鹻 鹽 硝 硼 瑙 碧
晶 玻 碯 磈 燐 力 杆 軸

輪 車 贏 機 光 像 影 浪
聲 絃 音 律 簧 管(動) 點(動) 面
綫 形 角 句 較(動) 身 體(動) 躬
骨 肌 肉 膚 膜 皮 脈 頸
脂 毛 髓 頭 膏(動) 血 首 額
腦 項 領(動) 頰 頤(動) 筋 耳(助) 目
鬤 眼 睛 眸 瞳 眉 口 鼻(靜)
脣 齒 牙 臟 膺(動) 舌 喉 背(動)
腹 脊 腰 臀 胷 心 肺 肝
腎 脾 胃 膽 腸 脅(動) 臍 胞
胎 肢 肩 手 指(動) 鬚 臂 肘
肱 掌(動) 股 足(靜) 腳 腿 膝 腕

拳 腑 爪 踵 趾 竅 汗 液
髮 須（動） 髯 顏 貌 魂 魄 齡
痰（動） 病（動） 恙 瘧 痢 疫 瘴 棺
尸 柩 謚 誌（動） 俑 墳 墓 冢（靜）
緦 食（動） 飯（動） 粥 麪 餅 餻 羹
齏 饔 飧 油 漿 酒 麴 酪
醋 醬 餹 汁 糟 肴 脯 膳
脩（動） 膾 鹵（靜） 醯 醴 農 耦 犁
糞（動） 穀（靜） 糧 苗 秧 秀（靜） 穎（靜） 禾
稻 秔 私 米 粲（靜） 黍 稷 年（動）
麥 粟 粱 菽 稗（靜） 秫 粒 粉（動）
穅 麻 繭 神（靜） 祇 靈（靜） 仙 籙

佛 僧 禪動 薩 喇 尼動 鬼 魅

魔 餤 祟 類動 隻 雙 兆靜 伍靜

陸 柒靜 玖靜 度動 寸 尺 丈 量動

升動 斛 鎊 噸 權動 斤 毫 釐

秒 錙 銖靜 鈞 段 匹 片 顆

箇 層 番狀 件 格動 式動 模 樣

第連 羣 色 碧靜 斑靜 黎靜 采動 鮮靜

緇靜 腥靜 臭 葷 味 冕 弁 冠動

旒 纓 帽 笠 衣動 服動狀 袞 裘

袍 衫 袷 襯動 襲動 衲 褐 襟

袵 袂 褻靜 蓑 裳 幅 裠 履動

屨 舄 鞾 鞵 屐 被動 衾 褥

佩 巾 帨 帕 紳 綬 組動 緣介
鈕 幣 帛 綾 羅動 綢 絹 紗
錦靜 布動 縐 絨 綸 緡 縷狀 絲
緜靜狀 絮 棉 葛 纊 兜動 髻 笄
簪 釵 釧 玦 環動 鐲 寶 珠
璣 玉 瑤 璞 璋 璧 琉 珍
珊 瑚 瑜 瑕 玷 貨 錢 貝
鈔動 鎰 財 賄動 賂動 器 匾 几
物 案 桌 椅 凳 牀 榻 炕
枕 席動 帷 帳 幄 幔 簾 毯
氈 燭動 鐙 漏動 扇動 棋 鏡 鑑
奩 匣 韜動 箱 籠動 櫛 梳動 鍼

鉤 梭 杼 筐 籃 筒 桶 囊(動)

橐 箕 帚 索(靜動) 繩(動狀) 纜(動) 鑰 鎖

繖 柝 杵 臼 篩(動) 架 符(靜) 準

籌(動) 籤 盒 奩 椀 箸 壺 觴(動)

勺 皿 盞 鍾 盂 盆 盤(狀) 匏

瓢 瓶 甕 鉢 缶 瓦 瓷 甎

缸 革(動) 鍋 鑪 鑿(動) 鋸 錐 鑷

釘(動) 板 牌 椎(靜) 柄 棍 杖(動) 規

矩 範 舟 船 舫 艦 艇 航

樀 楫 槳 柁 篙 帆 篷 槎

輿 軺 轅 轂 軾 軌 轍 轡

韁 鞍 鞭 鞅 羈(動) 勒(動) 槽 鈴

轎 耒 鋤動 乂 耜 竿 網 留
甑動 磨動 標靜 屑靜狀 擔動 淤 匯 火
災 爐 烽 炷 蔬 芥 薑 菜
葱 蒜 韭 茄 莧 薇 蒓 蓬
蒿動 藜 芹 筍 蕈 茶 茗 花
瓣 萼 芽 葉 莖 蘂 朵 苞動
馨 芳靜 蓮 葵 蘜 芙 蓉 芍
藥 草 卉 莽靜 藁 苔 藻靜 萍
蔘靜 蒲 蘆 荻 葦 蕭靜狀 芝 薰
芸靜動 蕕 箬 蘭 蕙 艾靜動 芩 朮
杜動 藤 蘿 蕉 萱 蓍 莠靜 荊
茅 薪 芻 果狀靜 櫻 桃 核動 杏

李　梨　榴　柹　杷　欖　荔　蔔

橙　柑　橘　棗　棘　薏　蔗　芋

瓜　藕　蔆　薺　樹動　木　本　末狀

根狀　柢　株　枝　柯　梗靜　條　枚狀

杪　蔭　柴　菀靜　枯靜　松　柏　檀

梧　桐　梓　椶　榛　栗靜　榆　樟

柰　椿　樗　櫟　樌　橡　枏　梅

杉　椒　樸靜　棫　棠　棣　槐　楝

杞　楊　柳　桑　楓　竹　篁　篠

筍　籜　箋　插動　禽動　鸞　鳳　凰

鶴　雀　鵬　烏　鷹　鴻　雁　鴇

雕動　鴟　鴞　梟動靜　鶚　鳧　鷺　鷗

鳫 鳩 鳶 雉 鴿 鸚 鵡 鶉

鶯 鸝 烏（靜嘆狀） 鷙 雅（靜） 鵲 燕 翠

鴛 鴦 卵 雞 鵝 鴨 羽 翍（狀）

翮 翼（靜） 翹（動狀） 獸 麒 麟 犧 牲

虎 豹 獅 象 犀 兕 熊 猨

猴 畜（動） 駱 駝 獺 麋 鹿 麝

麞 猩 豺 狼 貍 狐 貂 兔

夔（靜） 豸（狀） 驥 駿（靜） 馬 駒 驪 騮

駑（靜） 牛 犢 羊 羔 驢 羸 大

狗 獒 豕 豬 豚 彘 貓 鼠

駟 驂（動） 蹏 鬣 尾（動） 駕（動） 鱗 龍

蛟 蚪 蛇 蟒 鯨 魚 鯉 鯊

鮒 鰱 鱸 鮑 鰣 鯗 鯿 鱖

鯽 鱓 鰌 鱷 龜 鼈 黿 鼉

鼇 鯤 鮀 蟹 鰕 黽狀 鼃 蟾

蚌 蛤 蜃 蠣 蝸 蠡 蟶 黨

蠱 螳 蝙 蝠 蜋 螽 蜻 蝶

蟬 蝗 蚤 蠭 蜜 蠟 蛾 蠅

螢 蟁 蠓 蜉 蛹 蠶 蜈 蚣

蚓 蕢 蠍 蜚動 蠹 蛆 蠱動 蛛

蜂 科 蚨 蝨 蚤 蟻 虻 虺

產動 態 威動 勢 臆狀 栖動狀 顛狀 息動

伴 儔 志動 意狀 性 情 衷 傷動

患動 羞動 矜動 響 韻靜 涕動 淚 詞

證動 譽動 讒 諺 謠動靜 唾動 辭動 敘動

咽動 蹤 迹 事動 業狀 務狀 創動 效動

恩 惠 委動靜 鋪動 暇 別動 亢靜 虛靜

痕 底 人 自 名動 甫 主動 客

輩 聿動狀介 故靜連 將動狀 幾狀靜 因動連 則動狀連 由介狀動

代字類

凡實字用以代名者曰代字

那 我 吾 余 予動 台名 朕名 爾靜狀助

你 汝名 彼靜 伊名 佗 誰 所名靜 皆

厥靜 其狀靜 孰靜 之動介

動字類

凡實字以言事物之行者曰動字

蝕 宿名 震名 颺 照 飄狀 代名 歷名

伏名 候名 支名 縱靜 奉 越名 建 豫名

晉（名） 藏（名） 歐（名） 遲（名） 愛 俾 比（名） 班（名）

合 鎮（名） 度 通（靜） 達（靜名） 塞（名） 觀（名） 學（名）

校（名） 寓（名） 閱（名） 闌（名靜） 庇 居（名靜助） 開 闢

閑（名） 教（名） 紀（名） 統（名） 禁（名） 諭（名） 示（名） 奏（名）

頒（靜） 賜 賞 賑 漕 祭 祀（名） 禱

祝 覲 盟（名） 宴（名） 享 賀 輦（名） 蹕

例（名） 懲 過（名） 赦 宥 捕 犯（靜） 控

訟（名） 判（名） 贖 囚（名） 誅 絞（名） 殺（靜） 斬

訓（名） 銘（名） 錄（名） 集（名） 圖（名） 稟（名） 繪（名） 編

詁 著 歌（名） 註 課（名） 撰 寫 勝（靜）

捷（靜） 克 討 征 伐 攻 侵（靜） 戰（狀）

圍（名） 禦 戍 救 搞 敵（名靜） 寇（名） 獲

敗(静) 滅 轂(名静) 獵 狩 儲(静) 嗣(名) 讓
詐(静) 誣 假(静) 欺 負(静) 侮 干(名) 諂(静)
僭 妒 偷(静) 竊(狀) 爭 篡 劫(名) 盜(名)
賊(名) 仕 宦(名) 督(名) 撫(名) 司(名) 使(名) 宰(名)
聘 銜(名) 封(静) 貶 黜 謫 販 買
賣 貿(静) 購 沽(名) 鬻 售 兑(名) 押
賒(静) 借 貸 償 糶 糴 扣 批
賽 招 換 債(名) 貫(名) 摺 據(名) 射
弋(名) 御 畫(名) 醫 卜 筮 占 漁
樵 釣 牧 屠 戲(名) 賭 化 養
喜 動 漲 縮 黏 助 阻 壓
抵 傳(名) 擔 向(名) 離 躍 擺 拋

吸 隧 結 託 劈名 回 折 閃

算 積名 分名 加 減 乘名 除名 辯

乳名 療 死 亡 縊 崩 隕 薨

喪名 窆 殯 殮 訃 弔 唁 奠

誄 諱名 葬 埋 徇 飲名 餐 餉名

餬 腐 酖名 酌 酣靜 醉 醒 釀

饋 餞 耕 種名 耘 稼 穡 培

墾 栽名 植名 穫 舂 秉 績名 緝

繡 繅 紡 織 縫名 繕 補 綴

懺 數名狀 肆靜 捌靜 拾靜 稱名 紮名 聚

套名 總名 染 飾名 錯名靜 製 鍊 治

鑄 勘 劑名 斲 削靜名 刊 刪 刺名

剝 穿 剖 析 碎靜 壞靜 斷靜 續

紹 聯名 絡名 維名狀連 繫 纏 繞 束名

縛 締 緘名 描 鑲名 鏤名 琢 瑳

鑽名 翦名靜 掘 測 汲狀 澆靜 盥 濯靜

洗名 澣 洒 沾 酬 酢 斟名 包名

裝名 載名 輸 攤名狀 築名 填 墊靜 汎

瀉 湧 壅 潑靜 消 溯 游名 沿

泊名靜 溺 淹 涵靜 濬靜 注名 浸 灌名

滋靜 潤靜 焚 燒 烝靜名 炙名 烹 爨名

炊 烘 熏靜 煎 煮 茹名 落名 薙

鳴 飛 翥 翔 習 馴靜 駭 騎

馭 駐 騰狀 馳 驅 騁 駛名 鞭名靜

藝 育 容名 媚 頓靜 修 沐 浴

滌狀 妝名 佯靜 依狀 倚 憑名 靠 坐

臥 興名 定名 在名 傍靜 逸靜 寐 晤

會名 偕 陪靜 頫狀 仰 伸 屈靜 倒靜

偃狀 睡靜 遮 逼狀 替靜 休靜 任名 戴

列名 航 處名 任 匿 留 接 從名靜狀

旋靜 臨 導 思 想 憶 念 懷名

慰 慕 羨 肯狀名 慮 悲 怨名 恨

悵 感 驚 恐 畏名 懼 憚 恥

憎 憾 恣靜 嗜 欲名 戀 忘 猜

忌靜 疑 變靜 戒 激靜 蘊狀 恃 決

擬 料名 察靜 知靜 覺靜 解靜 識 悟

悔(静) 趣(名) 恤 憐 惜 惱 聽(名) 聞(名)
視 見(静) 看 窺 顧(連) 覽 覩 瞬
相(狀名) 認 監(名) 睡 眠 泣 言(名) 語
云(名) 曰 說(静) 謂 話 談 講 論
謀 計(名) 議 評(名) 宣(名) 譬 誓(名) 告(名)
訴 問 訊 詰 訪 號(名) 召 對(静)
答 呼(嘆) 喚 喧(静) 譁 嘖 贊 諷
諫 警 誨 譏 訐 謗 誚 譖
嘲 笑 哂 唱 吟 謳(名) 嘯 嘶
囀 叫 哭 唬 咨(嘆) 歎 訝 叱(静)
斥 罵 咒 諛 誘 誑(名) 謔 許(名)
勸 請 謝 訣(名) 述 記(名) 啟(名) 報(名)

譯名 讀名 誦名 詠名 吹名 含 呑 噬

啄 吐 嘗名狀 漱 欬名 嘔靜 拜 揖

拱 擯 扶 裒 援 挾 袒靜 承

擁 授 受 取 收名 執 操名 持

把 握 提 挈 攜靜 攘 奪 搶

拘靜 拏 搜 擒 捉 搏 拒名 擊

撞 撻 毆 打 拍 敲名 掠名 摧

揀 擇 揣 摩靜 搔 摹 按 捏

夾靜 揮 排 撐 拖 埽名 拂靜 挑

插名 拳 摘 牽名 引名 抽 舉靜 搖

掣 推 攝 播 拓 拔 張靜名 展

揚靜名 掩 玩名 弄名 披靜 探 謄 覓

投 擲 撤 釋 放 立(狀靜) 站(名) 企(名)

踐 躅 蹈 垂(名) 起 跪 登(靜) 陟

降 踰 躐 進 退 出 入 往(靜)

來(名) 歸 復(狀) 還(狀) 返 去 至(連介) 到

移(靜) 徙 遷 迎 迓 送 艮(名) 行(名)

步(名) 走(名) 趨 逃 竄 奔 違 避

逝 趁 追 逐(靜) 邀 遇 遭 逢

隨 侍 造 詣(名) 適(靜) 遵 運(名) 遞

涉 超(靜) 跳 跌(靜) 陷 距(名) 務(名狀) 作

為(連名介) 振 繼(靜) 擅 率(名靜) 改 變 仿(靜狀)

稽 肆 措 置 備(狀) 具(名靜) 存 發

敷(靜) 施 匡(名) 襄(名) 輔(名) 佐 薦(名) 選

徵名　謁　約名靜狀　致　保　嫁　婚名　娶
納　獻名　齎　贈　貽　賫　遺　求
貺　祈　乞　佑　巡　仗名　護　遣
伺　俟　尋名　催　促靜　寄　付　卸
試　驗　辦　供　給靜　需名　用名　費名
賴靜　蓄　裹名　捐　募　債　附　添
兼靜狀　貼　成名靜　勉　娛　得　失名　獎靜
廢靜　棄　停　止名靜　輟　妨　礙靜　欠
卻狀名　免名　冒狀　串　演　競　割　切靜
鬧　賸靜　鬭　罷靜　歇　了名靜　狀名　肖靜
略名　挺　悠靜　窒靜　益靜名　損靜名　盡靜　觸
裂靜　蔽名靜　括　循　藉　交　隔　脫連

奮狀 霞 翩靜 翻靜 斂 蓋名狀 惟狀 以介

有 無狀 并狀 更狀名 諒 況連 應 敢

當靜介 叨 忝 要靜 可狀 堪 罔狀

靜字類

凡實字以肖事物之形者曰靜字

靄 乾名 晴 朗 昭 霽 旱 明名

旭 暗 陰名 陽名 温 涼名 冷 煖

寒 今 昔名 昨 曩 早 晚 宴

昃 上動 下動 前 後名動 左動 右動 中動

央 正名 側 內 外 表名 裏 橫狀

高 低狀 東 西 南 北 大 清名

順動 直 遠名 徽名 章名 齊名 甘 肅

新 廣 貴 黔名 吉 黑 蒙 古

亞 美(動名) 安(動代) 希(動) 丹(名) 衆 秘 歧

隘 遠(動) 邇(動) 迂 遐(代) 近(動) 遥(狀) 險

夷(名動) 泰(狀) 華(名) 恆 滄(名) 溼 閒(動) 治(動)

冤(名) 究(動) 騷(動) 勇(名) 親(名動) 疏(名動) 鰥(名) 寡

孤(名) 霸(名) 善(動狀) 聖 賢(動) 哲 乂(動) 良(狀)

淑(動) 佳(動) 好(動) 懿(數) 篤 純(名) 敦(名狀) 仁(名)

孝 忠 貞 節(名) 廉(名) 儉 恭 敬

端(名) 莊(名) 誠 信(動名) 孚(動) 寬 雍(名) 敏

慧 謙 固(狀) 剛 介(動名) 毅 嚴(狀) 嘉(動)

康 榮(名) 壽(動) 昌 綏(名) 惡(動數狀) 陋 劣

癡 頑 愚(動) 拙 蠢(狀) 昧 悖 妄

謬 誤 僞 枉 狎(動) 忤(動) 驕(動) 傲

狂 狡 奢 侈 貪動 吝 淫 汙動
穢名 僻 奸 凶 刁名 乖 戾動 暴動
虐 刻動名 殘 忍 亂動 夭狀 副 元
秩名 賤 差動名 贓名 富 貧 博名 利名
輕名 淡 綠名 酸 強動 靜 重狀 斜
濃 凹 凸 幻 平 方 圜 橢
全 等動名 倍動 和動 偶名狀 奇 顰 痛狀
腫 痊 殤 冥 寢名 飢 餓 餒
饑 饉 饜 飽 荒 真 怪名 多狀
少 半 零名 單 一 二 三 四
五 六 七 八 九 十 百 千
萬名 億動 參 什名 廿 卅 兩名 次動

盈　餘　紅　白（動）　蒼　藍　赤　紫

朱（名）　皙　青　黃　玄　素（狀）　縞（名）　盧（名）

絳　紋　麗（動）　絢　黛　甜（動）　鹹　苦（名）

粹　旨（名）　褻（名）　黼（名）　黻（名）　香（名）　破（動）　敝

朽　爛　絕（狀）　嵌（名動）　彎（動）　轉（動）　深　淺

激（動）　濁　濫　沸（狀）　溢　流（動名）　浮（動）　凝（動）

涸　漫（狀）　沉（動）　沒（動）　渾　熟（狀）　焦（名）　熱

燥　熾　烈　茂　蔓（名）　菲　鬱　葆（名動）

蕪　萎　叢（名）　雌　雄　牝　牡　駢

駁（動）　孕（動）　生（動）　活　姿（名）　嬌　妍　婉

壯（名）　健　丰　偉　肥　瘠　瘦　弱

憔　悴　困（名動）　疲　嬾　潔（動）　皺　禿

裸 贅 舒 昂 遑狀 夢名 傾動 嬉
就動連 怡 悅 快狀 欣 幸動 願狀動 愜
憂名 哀動 愁動 慘狀 悼動名 悶 惻 慨
怕動 怯 懦 悚 慙 辱狀 赧 憤動
怒狀 忿 慍 慢動 怠 惰 懈 急名
惑動 私名 歉 懍 惕 耐名 虔 欽
寵動 懇動 慣 審動 慈 慎動 恕 忙
擾動 煩動 聰 聾 盼動 亮名動 瞽 盲
眇 瞎 辨動 喻動 囂狀 默動 訥 謹
夸名 調動 歡 儺動名 佞名 訛名 允動 吃動
渴狀 逆動 蹇 迷 宜動 肇 初 先狀
始 終 呈動 飭動 行 同動 咸名 共動連

懋動 協狀 亨動 徹動 勤動 勞動名 睦動 偏狀

曠動 乏動 窮動 窘 完動 畢名動 訖動 儼狀

長 短動 侔 厚 薄動 卑 巨 細

微 小動 藐動狀 渺 杳 邈 幽 寂

稀 密狀 闊狀 狹 精名 麤 詳動 卓

異 矯動 藹狀 兢 靖動 燦 穆名 赫

綽 裕 永 普 豐名 碩 隆 盛動名

彬 炳 熙 宏 崇動 巍 峻 洪名

溥 浩 汪名 渥 滔 蕩動 沖動 淨

滑 玲 瓏 團名 尖 扁 豎動 硬

堅 確 實名 鈍 銳 曲 缺動名 穩

妥 融動 均 勻 坦 整動 散動 紛

紜 迅狀 徐狀 緩狀 緊 迫動 艱 難

滯 雜 瑣 繁名 爽動 敞 贍 充動

暢 增 虧動 空名 竭動 隱動 顯 彰

透動 轟 延動 複 連動 互狀 勃 反動

偏 仄 柔 猛 勁 悍 酷狀 凋

矮 淒 森 豔 嫩 巧 妙 庸動名

舊 某代 此 尊動名 仲 凡 該名狀 獨狀

特名狀 抑動連 莫狀代 頗狀 概名 每狀 各 愈狀

庶狀 便狀 竟狀 殊狀 靡 是代 斯動代連 既狀

諸助 已狀助

狀字類

凡實字以貌動靜之容者曰狀字

曇 久動 暫靜 乍 極名 非動 緬 俄名

霍　曾（靜連）　桓（名靜）　弗　速　能　再　壹

貳　忽（名）　般（名）　疊　驟（靜）　甯（靜連）　努（靜）　專（名動）

唯（連）　諾　諄　否（靜名）　並（連）　遲（靜動）　跛（靜）　遽（動）

逍　預（動）　迭　宛　太（靜）　猝　突　劇（名）

且（連助）　亦　但（連）　徒（動名）　僅　毋　蔑（靜）　逮（連動靜）

綦　稍　漸（名靜）　纔（靜）　屢　頻（名）　悉（動）　尤（靜名動）

彌（動）　最（靜）　尚（動）　猶（名）　甚（靜）　遂（動名）　聊（動）　輒

的（名助）　恰（動）　仍（動靜）　然（動連）　如（動連）　殆（靜）　似　啻

苟（連）　不　勿　必　盍（動）　曷（動）　何（動代）　柰（名）

奚（代）　攸　常（名）　只（助）

介字類

凡虛字以聯實字相關之義者曰介字

際（名）　爰（動靜）　於（嘆）　屆（靜動）

連字類

凡虛字用以為提承展轉字句者曰連字

粵名　與動助　儻靜狀　豈動　詎　及動介　暨　又

即靜動　而名助代　乃　設動　若代狀　雖　或動代

助字類

凡虛字用以煞尾與句讀者曰助字

乎介　者代　也　耶　兮　矣　焉狀　哉狀

嘆字類

凡虛字以鳴人心中不平之聲者曰嘆字

嗟　噫　吁

孕　去

音膡。懷子曰孕。　孕育。　包孕。

以證切。孕子在包中也。引申為包孕之孕。

產　上

音剷。萬物資生之總名。　生產。　物產。

所簡切。从生彥省聲。生育也。泛言之為財產。恆產之產。專言之為生產物產之產。故產為萬物資生之總名。

生　平

音甥。死之對也。　生死。　生聚。

所庚切。陰陽和而後萬物生。物兼動植言。皆具生理者也。

育　入

音鬻。長養萬物曰育。　鞠育。　生育。

余六切。从𠫓。𠫓幼子也。凡撫之養之教之食之皆曰育。引申為化育樂育之育。

活　入

音栝。水流聲也。　活潑。　生活。

戶刮切。詩北流活活。言水之活潑也。引申之凡具生理者皆曰活。故講求動植物學者曰活物學家。

容　平

音融。有所盛受曰容。　寬容。　容貌。

餘封切。从宀从谷。猶言深藏若谷也。如含容包容是。段借為頌。如婦容容止之容是。

態 去

音貸。心所發而見於外者謂之態。體態。態度。

他代切。

姿 平

音咨。美態曰姿。丰姿。姿色。

津私切。姿資也。謂其天資之美。見於態度也。因申為姿才之姿。

嬌 平

音驕。憨癡曰嬌。嬌麗。嬌養。

居妖切。古作姣。所以形容美麗也。若嬌怯嬌小之嬌。則為形容憨態之詞。

媚 去

音郿。邀寵曰媚。嫵媚。狐媚。

明祕切。悅也。如思媚周姜。媚于天子之媚是。引申之求悅于人亦曰媚。如諂媚狐媚之媚是。

妍 平

音研。美麗也。妍媸。爭妍。

倪堅切。妍美恣容也。方言自關以西謂好為妍。

婉 上

音宛。委曲進言曰婉。婉約。婉轉。

鄔管切。順從也。凡言之曲而有體者。皆曰婉。引申為容體美好之偁。如婉孌清揚婉兮之婉是。

去

壯

莊去聲。年富力強曰壯。

壯夫。強壯。

側亮切。禮三十曰壯。言血氣方剛。悍然壯大也。因引申為壯勇之壯。今偁民間防衛之勇丁曰民壯。亦此意也。

去

健

乾去聲。彊有力者曰健。

強健。壯健。

渠建切。自強不息也。凡人之能自強者。必日有進步。因申為健捷之健。又申為武夫有力貌。如矯健。健兒之健是。

平

丰

音風。神采外見曰丰。

丰姿。

丰 敷容切。艸盛貌。引申為豐滿之偁。

上

偉

音韙。大也。又大之之詞也。

偉人。瑰偉。

于鬼切。

平

肥

音腓。肉豐也。

肥肉。肥瘦。

符非切。物之胖壯者曰肥。肥厚也。故滋味之純厚者亦曰肥。引申之。饒于仁義者曰身肥。饒于貨財者曰家肥。

入

瘠

音脊。肉不豐也。

瘠土。

秦昔切。瘠从疒从脊。人瘦則脊見。故瘦亦曰瘠。引申之土之墝埆者亦曰瘠。

瘦（去）

颼去聲。不肥曰瘦。瘦弱。

所救切。从疒从叟，叟老人也。老人多疒則肉不豐，因謂凡不肥者皆曰瘦。

弱（入）

音若。強之反也。孱弱。彊弱。

而勺切。从二弓从彡會意。彡初生羽也，初生之羽細而且脆，故引申謂瘦小為弱。又算術小數遞析，至微渺不盡者則曰弱。故又申之，凡由強盛而衰微者亦曰弱，如孱弱、積弱之弱是。

憔（平）

音樵。形容枯槁曰憔。憔悴。

昨焦切。憔古作顦，从面焦會意，憂之鬱於心而形於外者也。

悴（去）

音萃。隱憂曰悴。勞悴。

秦醉切。从心从卒會意，言憂鬱于心而無已時也。

困（去）

坤去聲。窮窘之委頓皆曰困。困窮。困勉。

苦悶切。故廬也。从木在囗中會意，故廬之木必朽敗，故引申之凡事之疲弊者皆曰困。志不得遂而為物所窘者亦曰困。

頓（去）

敦去聲。頭叩地曰頓。頓足。頓挫。

都困切。凡拜頭至地而不叩為䭫首，叩者為頓首。䭫首為吉禮之俯，頓首為請罪之詞，如秦漢上書俯頓首是也。又訓為鈍，如甲兵不頓是也。引申為頓挫抑揚之頓。

疲 平

音皮。困倦也。疲倦。

蒲麋切。心力勞悴也。故从疒从皮。言疾在皮毛間。而精氣苶然不振也。

嬾 上

闌上聲。不勤曰嬾。嬾惰。貪嬾。

洛旱切。嬾者。畏葸而不治事之義。

修 平

音羞。飾治曰修。修飾。裝修。

息流切。修从彡攸聲。文飾也。物之舊者則必加飾。故引申為修治之修。因之治身曰修身。治心曰修心。古多叚脩字為之。

潔 入

音結。修淨光澤曰潔。清潔。潔身。

古屑切。潔。清也。引申為潔身之潔。言治身使清潔也。

威 平

音蝛。可畏之儀曰威。使人畏我亦曰威。威儀。神威。

于非切。謚法。彊毅信正曰威。猛以剛果曰威。威。畏也。故人所畏與以威畏人。皆曰威。

勢 去

音世。氣燄曰勢。權勢。勢頭。

舒制切。从埶从力。謂埶植者之有大力。如有聲望者之必有權勢也。故申為勢力。勢燄之勢。叚為形勢地勢之勢。

去

皺

音縐。面目蹙摺曰皺。皺紋。

側救切。眉處則額皺。人老則面皺。故从芻从皮。芻艸也。言皮皺如艸絲之層疊也。

禿

入

退入聲。無髮曰禿。禿頭。筆禿。

禿他谷切。从人。上象禾粟之形。禾割穗則禿。故轉注謂無髮為禿。

上

裸

音卵。露身曰裸。裸裎。

魯果切。从衣从果。謂其不果衣也。

去

贅

音數。多而無用者曰贅。入贅。贅疣。

朱芮切。以物質錢曰贅。贅者。以無用之物。易有用之財也。故引申為贅疣。累贅之贅。皆有餘而無用之意。

入

沐

音木。去首垢曰沐。沐雨。休沐。

莫卜切。

入

浴

音欲。去身垢曰浴。浴盆。浴池。

余蜀切。

沐浴皆有涵濡之象。故引申為沐恩之沐。浴德之浴。及沐日浴月之沐浴。

入

滌

音狄。溉濯曰滌。蕩滌。滌滌。

亭歷切。洗也。洗衣曰澣。洗器曰滌。滌所以去垢穢。故引申為滌場之滌。滌滌則潔淨。故滌滌為淨盡無餘形容詞。

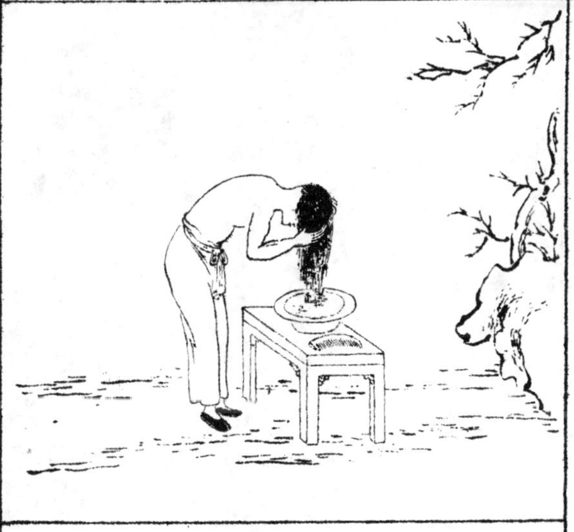

妝 平

音壯。梳洗曰妝。妝臺。宮妝。

側霜切。飾也。女子理容挽髻簪所以飾貌也。故謂之妝。引申之。所飾即曰妝。如古妝時世妝之妝是。俗作粧。

臆 入

音億。胷腹之間謂之臆。胸臆。臆說。

乙力切。臆。胷肉也。意所深藏之處。故引申之。凡事之未形而輒以意度人者。謂之臆度。言以胷臆度人也。

舒 平

音書。展曲曰舒。舒徐。

商魚切。从舍从予。予象手伸也。段借為紓。如舒緩之舒是。

佯 平

音羊。僞為也。佯狂。

移章切。僞也。亦作陽。如陽與之善而陰圖之。猶言貌與之善而心實謀害之也。凡佯狂佯若不知之佯。皆同此義。

昂 平

音卬。仰首不屈也。低昂。激昂。

五岡切。昂。馬行貌。馬疾行則仰其首也。引申之。凡物仰首而不肯稍屈者皆曰昂。如軒昂之昂是。

依 平

音衣。不相乖離謂之依。 依人。

於希切。兩相維繫曰依。引申之相從曰依。如依違之依是。又依依為形容詞。所以狀兩相依倚不忍決絕之意也。

倚 上

音輢。偏著也。 倚靠。 斜倚。

于綺切。有所附麗者曰倚。倚。憑也。引申為倚仗之倚。

憑 平

音凴。倚靠曰憑。 憑几。 憑據。

筆陵切。依也。如憑軾之憑是。憑有俯視一切之象。故引申為陵轢人曰憑陵。今通偁信券曰憑。亦謂可依以示信者也。

靠 去

音搞。相依曰靠。 靠船。 靠託。

口到切。相違也。今通作相依解。與古訓正相反。如刺船依岸曰靠船。依人而行曰靠傍是。

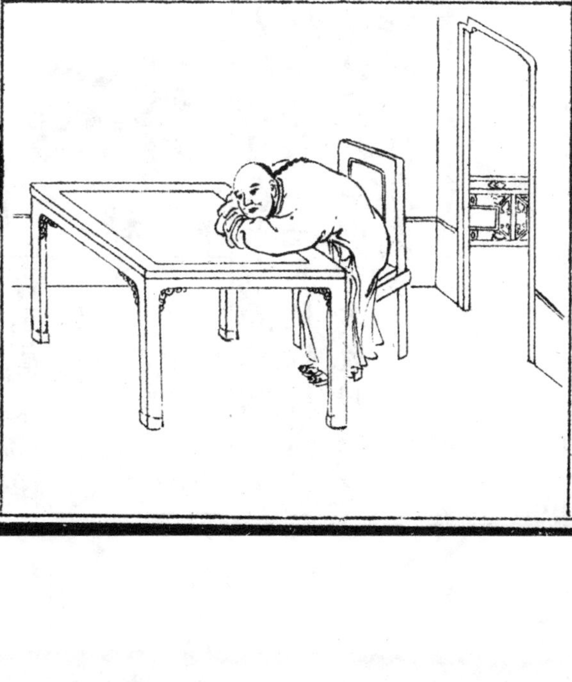

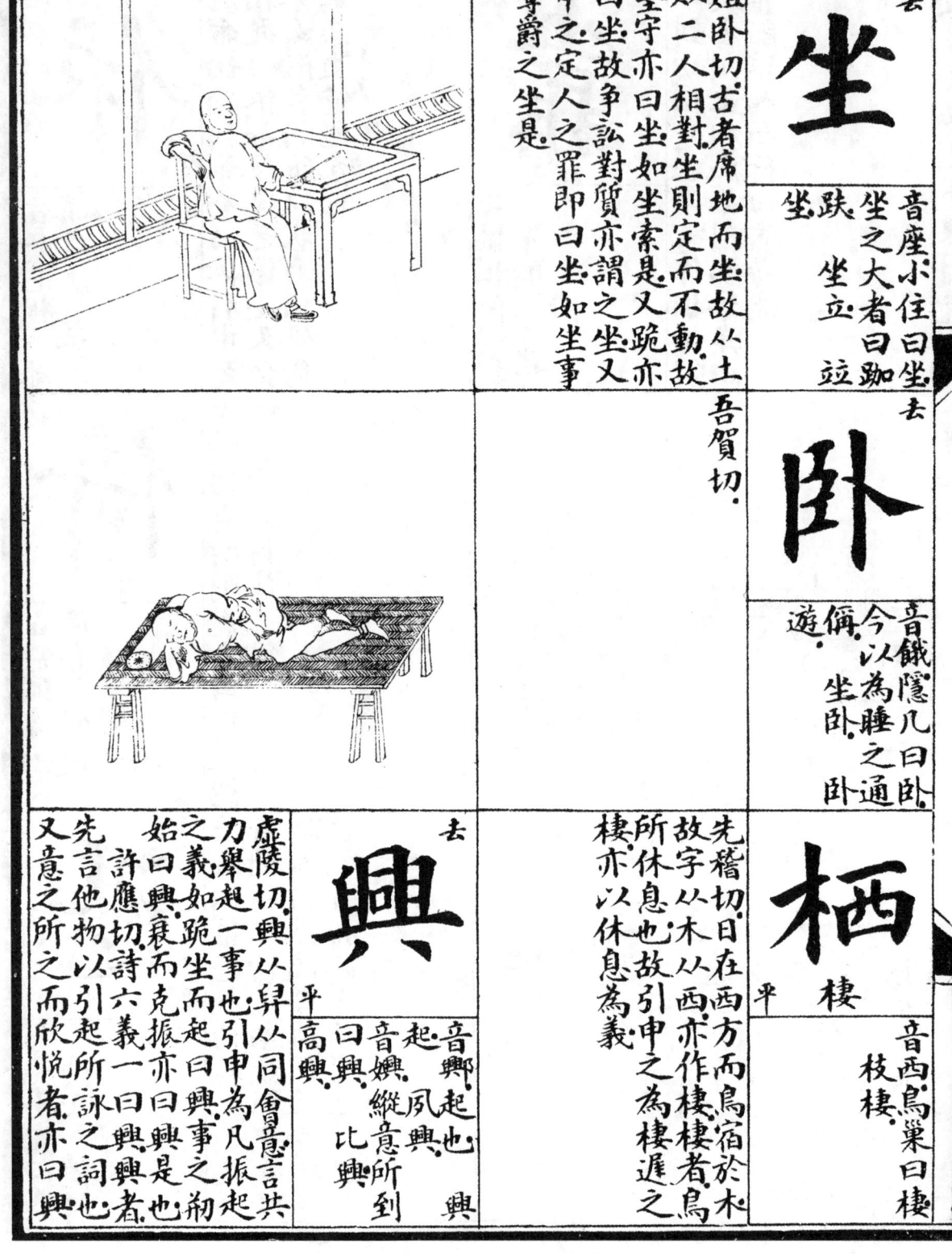

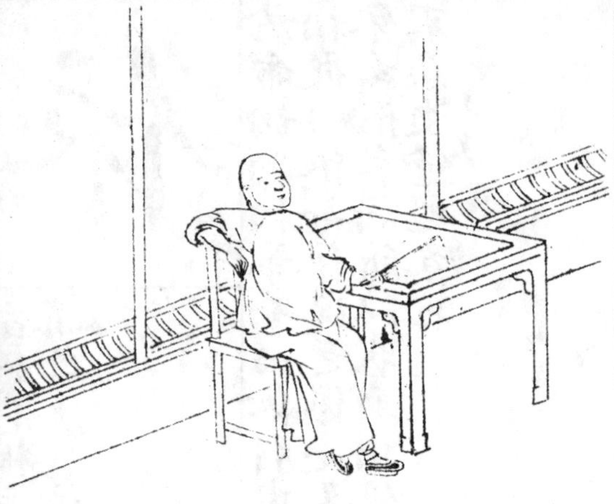

去

坐

音座。小住曰坐。坐之大者曰跏趺。坐立。竝坐。

徂卧切。古者席地而坐。故从土从二人相對。坐則定而不動。故堅守亦曰坐。如坐索是。又跪亦曰坐。故争訟對質亦謂之坐。又申之。定人之罪即曰坐。如坐事奪爵之坐是。

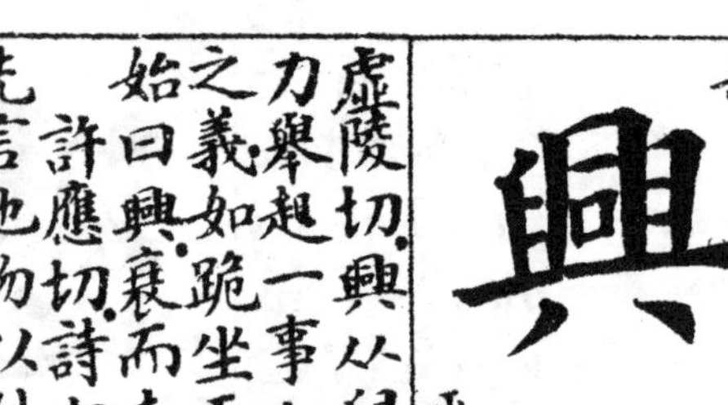

去

卧

音餓。隱几曰卧。今以為睡之通偁。坐卧。卧遊。

吾賀切。

栖

平　棲

音西。鳥巢曰棲。枝棲。

先稽切。日在西方而鳥宿於木。故字从木从西。亦作棲。棲者。鳥所休息也。故引申之為棲遲之棲。亦以休息為義。

去

興

平

音興。起也。興起。夙興。音嬹。縱意所到曰興。比興。高興。

虛陵切。興从舁从同。會意。言共力舉起一事也。引申為凡振起之義。如跪坐而起曰興。事之始曰興。衰而克振亦曰興是也。許應切。詩六義一曰興。興者。先言他物以引起所詠之詞也。又意之所之而欣悅者。亦曰興。

去 **定**

庭去聲。動而復靜曰定。堅定。定質。

徒徑切。安也。如安定、大定是。引申為定國、定天下之定。皆使之安之意。又申為定識、定力之定。皆安而不搖之意。又佛家以斂氣歸神為入定。

去 上 **在**

裁上聲。居也。所居之所亦曰在。行在。在位。音載義同。

盡亥切。止有其所曰在。引申謂存為在。言人生在世也。如現在、不在是。又昨代切。

去 **傍**

⿰忄旁去聲。依也。靠傍。倚傍。

蒲浪切。附於所近曰傍。从人从旁。言不居中而倚于兩旁也。

入 **逸**

音佚。脫走曰逸。奔逸。安逸。

夷質切。从兔从辵。兔謾訑善走也。故引申為逃逸之逸。逃逸者。有求安於危之意。故又申為安逸、無逸之逸。

平 **甯**

音憖。所願也。又佞平聲。安也。安甯。無甯。

乃定切。願詞也。與憖略同。如甯使甯固之甯是。又作豈字解。如甯有甯得之甯是。奴丁切。安也。安甯之甯。本作寍。今敬避宣廟諱作甯。亦作寕、寗、寧。古本通用。

平 **遑**

音黃。心暇也。不遑。

胡光切。事暇曰暇。心暇曰遑。故刻無甯晷者曰不遑。詩莫敢或遑。亦同此義。

去 **夢** 平

音蒙。不明也。蒙去聲。神之所交謂之夢。做夢。占夢。

木蒙切。夜不明曰夢。猶言昏昏。不可辨也。故不明事理者皆曰夢。因叚為寢夢之夢。周禮占夢。一正夢。二噩夢。三思夢。四寤夢。五喜夢。六愳夢。讀蒙弄切。

去 **寐**

音媚。閉目定神也。寤寐。假寐。

密二切。寢睡也。泛言之寢睡為寐之總名。析言之在牀曰寢。隱几曰臥。合目曰眠。眠而無知曰寐。坐寐曰睡。不脫冠帶而眠曰叚寐。寐謐也。謂靜謐無聲也。

去 **晤**

音悟。覿面謂之晤。會晤。晤談。

五故切。

去 **會**

為去聲。聚合曰會。聚會。社會。音儈。核算也。又地名。會計。

黃外切。合也。會之以合衆好也。故引申為和會。會同之會。會又以為交接之偁。如元會。交會之會。是交會者歲之一終也。凡聚合衆數而核之亦曰會。如歲會會計。是讀古外切。

偕 平

音皆。同伴曰偕。偕老。偕行。

居諧切。

陪 平

音裴。倍之為陪。陪敦。光陪。

蒲枚切。重阜也。陪貳。陪臣。陪賓之陪。皆以重為義。今通偁相伴曰陪。則由陪貳引申者也。

上

頫

俛 俯

音甫。仰之對也。俯仰。

音糶。諸侯合使卿聘于天子曰頫。殷頫。

匪父切。與俛同。古讀如勉。俯則形聲字也。俯必下其首。有就下之象。故引申為俛就之俯。他吊切。聘也。大夫衆來曰頫。寡來曰聘。與俯俛二字不通。

上

仰

音茚。上視曰仰。仰仗。仰望。

魚兩切。望也。人有所望則仰其首。俗以為以尊命卑之詞。如公文自上行下曰仰是也。

平

伸

音身。物曲而復直曰伸。屈伸。伸縮。

升人切。人志倦則欠。體倦則伸。伸直也。體直則舒。故引伸為伸冤之伸。凡字之新義。即由本義推衍者。謂之引伸義。盖謂其義初未盡展。故從而伸直之也。

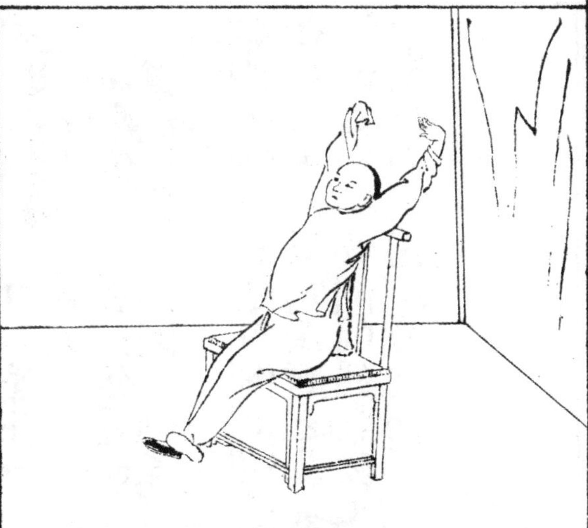

屈 入

音詘。撓物使曲曰屈。伸屈。屈抑。

區勿切。不伸也。物生本直，其不直者，必為人所屈也。故引申為屈抑，寃屈之屈。

顛 平

音巔。頂額也。顛倒。顛狂。

都年切。首之頂曰顛。顛，高絕處也。故表桿之頂曰表顛，山峯之頂曰山顛。因段為顛沛顛覆之顛。又迷惑之疾曰顛狂，言其顛倒失常也。

倒 去 上

刀上聲。仆也。跌倒。音到。錯置也。顛倒。倒置。

都皓切。仆而不起曰倒。倒塌，壞也。故引申為偃蹇困躓之義。如潦倒之倒，是物倒則錯亂。故又申為顛倒之倒。讀刀號切。

傾 平

音卿。偏側曰傾。傾側。傾覆。

去營切。首不正也。不正則側，故引申為傾欹之傾。欹側則覆，故又申為傾覆之傾。又佩服人曰傾倒，蓋猶五體投地之意。

偃 上

煙上聲。仰而仆也。偃蹇。

於幰切。伏而覆曰仆，仰而倒曰偃。引申為偃息之偃，猶言高卧無事也。又為偃蹇之偃，猶言顛蹶不振也。

息 入

音熄。一呼一吸謂之息。氣息。太息。

相即切。心氣竅于鼻也。方書以呼吸定息。人一日一夜，凡一萬三千五百息，周于身。故息者鼻息出入，循環不已也。如但呼而不吸者，謂之喘息。引申為休息，安息之息。

嬉 平

虛宜切

音僖 笑無常度曰嬉 嬉遊 荒嬉

暱 入 昵

尼質切 日近也 引申為暱燕狎暱之暱 皆以燕好親近為義 字亦作昵

音匿 親狎曰暱 親暱

遮 平

正奢切 从後遏也 如遮道遮止 是引申為遮掩之遮 則以从上遏之為義

音庶 扞使不行曰遮 遮蓋 遮攔

逼 入

彼側切 近也 近則不寬 故待人不寬假者曰逼 如促逼逼迫是

音偪 迫近曰逼 逼近 相逼

替 去

他計切 凋謝也 凋謝則衰 故引申為衰替之替 凡物有替必有代 故以此代彼亦曰替

音剃 相代曰替 替人

休 平

許尤切 唐法十日一休沐 休息也 西人以禮拜日為休沐之期 即其遺意 段借為喜 喜休一聲之轉 如休咎之休是也

朽平聲 息止曰休 又美也 休息 休譽

任 去 平

音壬。以恩相信曰任。任俠。壬去聲。以事為己責也。任重。任意。

如林切。任。信於友道也。如任恤任俠之任是。負擔亦曰任。如詩我任我輦。孟子門人治任之任是。引申為職任之任。謂以官守是之事為己任也。讀如鴆切。

戴 去

音對。以首任物曰戴。頂戴。愛戴。

昨代切。戴。載也。戴之於頭也。天覆乎上。為人所仰戴。故曰戴天。引申為尊奉之義。如愛戴之戴。

列 入

音裂。序次曰列。行列。列侯。

巨薛切。凡物各得其次者曰列。引申為陳列之列。

努 上

音弩。勉用其力曰努。努力。

奴古切。努。怒也。若有所怒則奮自用力也。

毓 入

音育。生物曰毓。孕毓。毓秀。

余六切。本古育字。今專用為生養艸木而言。

處

去 上

音杵。居也。出處。處暑。杵去聲。所居之地曰處。何處。處處。

昌與切。止而居之謂之處。故裁斷亦曰處。言身處其中而決之也。如處分處置皆是。引申之所處之地亦曰處。如軍機處侍衞處是也。讀昌據切。

住

去

音駐。息止曰住。住宅。小住。

廚遇切。人棲止之所曰住宅。引申之。凡止皆曰住。如住口且住之住是。

匿

入

音暱。深藏不露曰匿。匿怨。隱匿。

昵力切。凡物之隱藏於內。事之隱藏於心者。皆曰匿。故从匸从若。言如物之藏在匸中。隱而不可辨也。

就

去

音鷲。事成曰就。詣人之所亦曰就。成就。就近。

疾僦切。从京从尤。尤異於凡也。京高大也。物之高大而異凡庸者。非可驟幾。必漸造以底於成。故引申為造就。急就之就。皆以成為義。又為相就。就正之就。皆以造為義。又與即字同意。如就使就令之就是。

留

平

音流。挽使勿去曰留。挽留。留客。

力求切。止人曰留。自止亦曰留。引申為存留。留難之留。

接

入

音楫。兩相授手曰接。接見。接物。

即涉切。手交也。足交謂之交。手交謂之接。

去 **從** 从 平

俗平聲。隨行曰从。从違。侍從。俗去聲。從容。促平聲。從橫。音蹤。

疾容切。從古作从。隨行也。如相从聽从之从是。才用切。从人也。如陪从賓从之从。與从祖从父之从皆是。七恭切。舒緩不迫也。如從容之從是。又通為從橫之從。讀即容切。

去 **旋** 平

音璿。圓轉曰旋。周旋。斡旋。音漩。繞機而轉曰旋。旋絲。旋軸。

旬緣切。回旋也。象旌旗之指麾。回旋不已也。引申為周旋折旋之旋。言進退之閒。圓轉合度也。又申為輪軸旋動之義。如重學家旋軸螺旋之類皆是。讀辭戀切。

臨 平

音林。居高視下曰臨。照臨。臨下。

力尋切。隱几視下也。引申之。从上視下皆曰臨。如臨民臨淵之臨是。臨猶涖也。因引申為光臨駕臨之臨。

去 **導**

音盜。引之使通曰導。開導。引導。

杜到切。凡不通而引之使通者曰導。導。道也。導之以就正道也。今學中之官有訓導。言主教導學官弟子者也。

上 **伴**

盤上聲。相陪之人曰伴。伴侶。同伴。

蒲管切。

儔 平

音酬。匹偶曰儔。儔類。

直由切。同類相等之儔。

去

志

音誌。心之所之為志。志氣 立志

支義切。心所專注謂之志。專注則不忘，故引申為記識之識。如國志、縣志是。

去

意

音薏。心之所動謂之意。意思 願意

於戲切。志之發也。从心从音。以意不可見，察言而知意也。引申為意度之意。

平

思

音司。心有所念也。思慮 相思

恖 息茲切。思彙于腦，故从囟。古以腦之覺路為心，故从心。學以思為主，用之于真理則思進于實，如泰西格致之精、政治之肅，以思勝也；用之于空談則思廢于虛，如中國陰陽拘忌、神仙誕妄之類是矣。

上

想

音鯗。有所冀而思之曰想。想念 夢想

寫兩切。物未至而意之也。

入

憶

音抑。思念曰憶。記憶 憶遠

伊昔切。所思不見謂之憶。如已往之事、遠別之人，拳拳于心，皆是也。

去

念

音[illegible]。久思曰念。心念 記念

奴玷切。黏也。謂黏于心而不能忘也。

云

性

音姓。生而然者謂之性。

性情　德性

息正切。天命之謂性。孟子言性善，荀子言性惡，揚子言性善惡混，昌黎韓子非之，其原性一篇謂性有上中下三品，實與孔子性相近二章相合。泰西學者謂人性由于祖先遺傳，其說頗近韓氏。

情（平）

音晴。人欲謂之情。

性情　情理

慈盈切。情者，性之動也。性為情之體，情為性之用。其類有七，喜怒哀懼愛惡欲是也。

衷（平）

音中。内衣也。

衷懷　折衷

陟隆切。裏褻衣也。段借為中，如天誘其衷之衷是。

懷（平）

音槐。心有所念也。

懷抱　歸懷

乎乖切。念思也。思蘊于内，故段為懷抱之懷。懷有包絡之義，故又申為懷山襄陵之懷。

怡（平）

音飴。和悅之貌。

怡情　怡怡

延知切。安于中而悅乎外也。悅有欣動之色，怡則為和順之形。

悅（入）

音閱。喜色也。

大悅　悅樂

欲雪切。樂極而形于面也。古與說字通用，後人作悅字以別之。

去

慰

於胃切。

音尉。安之以愜其情曰慰。
安慰。慰勞。

去

快

音塊。足于心也。
快樂。爽快。

苦夬切。快之言暢也。世謂有疾曰不快。以其不暢于中也。今俗以作事敏疾為快。

平

欣 訢

音訢。喜悅之貌。
欣然。歡欣。

許斤切。古文作訢。

上

幸

音倖。非分而得謂之幸。
徼幸。幸哉。

下耿切。轉憂為喜曰幸。故凡佳遇皆偁為幸。引申之。天子所至曰幸。所親愛亦曰幸。謂車駕所涖。被其澤者以為僥倖也。又申之。謂非所當得而得。與不可免而獲免皆曰幸。如幸位幸生等是。

去

慕

音暮。係戀不忘謂之慕。
思慕。

莫故切。愛而習翫之曰慕。愛則生羨。故引申為羨慕之慕。

去

羨

音[illegible]。心所願欲曰羨。
羨慕。欣羨。

似面切。貪欲也。貪者必欲其有餘。故段借為羨餘之羨。

去

願

音愿。心愜曰願。如願。願意。

虞怨切。大頭也。叚借為發聲之辭。如詩願言思伯。願言則嚏。皆是。又叚為羨。如書敬修可願。禮國人偁願之願。皆以羨慕為義。

上

肯

音懇。可之之意。肯來。首肯。

苦等切。著骨之肉也。叚借為可。可者肯之轉音。

入

愜

音篋。快也。愜心。愜當。

乞協切。意滿之謂也。

平

憂

音優。愁也。憂愁。隱憂。

於尤切。鬱于心而不釋曰憂。引申之病亦謂之憂。以憂為心之疾也。更申之居喪亦曰憂。如宅憂丁憂皆是。

去

慮

音鑢。心有所圖曰慮。思慮。

良據切。深思為慮。軍前所持幡曰慮。無謂其可以慮有無也。叚借為慮因之慮。慮錄音近。慮因與錄因同。

平

哀

音唉。悲痛之意也。舉哀。哀傷。

於開切。哀者七情之一。樂之反也。又謚法恭仁短折曰哀。

傷 平

音商。創也。傷心。毀傷。

尸羊切。創之淺者曰傷。傷者損敗之意。故引申為毀傷之傷。叚借為悲傷之傷。

悲 平

音卑。傷痛之意。悲傷。

逋眉切。有聲無淚曰悲。內動字也。引申為外動字。如佛經慈悲之悲是。

愁 平

音湫。憂思不釋也。憂愁。愁懷。

鉏尤切。憂之蓄于心者為愁。愁字从秋。禮記秋之為言愁也。愁讀如揫。愁揫疊韻。

怨 去

音苑。德之反也。怨恨。多怨。

紆願切。仇人曰怨。即俗所謂怨家也。從而仇之即曰怨。如怨恨憤怨皆是。

恨 去

音艮。怨也。怨恨。恨事。

下艮切。怨之極也。怨人曰恨。自怨亦曰恨。故引申為悔恨之恨。

慘 上

音黲。毒也。慘酷。哀慘。

七感切。苛虐已甚曰慘。受虐者心必傷。故引申為慘傷。慘怛之慘。

悼 去

音導。心傷曰悼。傷悼。

杜到切。懼也。引申之，心所傷感曰悼。心所愛憐亦曰悼。禮七年曰悼。雖有罪不加刑，憐其無知而陷于罪也。又謚法中年早夭曰悼。

患 去

音宦。害也。患難。憂患。

胡慣切。禍害曰患。如患難之患。是臨禍而慮之亦曰患。如憂患之患是。

悶 去

音懣。懣也。憂悶。

莫困切。鬱而不舒曰悶。

悵 去

音暢。望恨也。惆悵。悵然。

丑亮切。

惻 入

音測。心有所傷謂之惻。惻隱。

察色切。見可憫而隱痛于心也。

感 上

甘上聲。動人心也。感通。興感。

古禫切。因動其心曰感。心理學家所謂神經統系，若腦若脊髓，若周身腦氣筋是也。凡耳目口鼻肌膚觸于外物，而腦筋為之變動者，皆曰感。引申為感恩、感化之感。

慨 去

音欬。感不絶于心也。感慨。慨然。

口溉切。忼慨。壯士不得志也。不得志則感歎生。故引申為感慨。慨歎之慨。

驚 平

音京。駭也。震驚。驚駭。

居驚切。馬駭謂之驚。引申之。凡有所駭皆曰驚。

恐 上

音[illegible]。怖動曰恐。恐懼。驚恐。

丘勇切。心虛而精氣并于腎則恐。恐者驚惶之意也。而與懼微異。懼在恐後。恐在懼先。

畏 去

音尉。懼極曰畏。畏服。可畏。

畏紆胃切。从由从虎省。鬼頭而虎爪。可畏也。凡人腎氣本虛而脾氣并之則畏。畏則不爭。故心服亦曰畏。叚借為隈。攷工記弓人恆當弓之畏。畏即隈也。

懼 去

音具。恐也。恐懼。

衢遇切。恐有驚惶之意。懼者恐之實也。

怕 去 入

音柏。靜也。音帕。心有所恐曰怕。怕懼。驚怕。

普伯切。無為也。古訓為澹怕之怕。與泊通。今專訓為懼。讀普駕切。但懼字較文。怕字略俗耳。

怯 入

音㹤。多畏也。膽怯。怯弱。

乞業切。勇之反也。不勇則不強，故引申為怯弱之怯。

懦 去 上 平

音耎。駑弱曰懦。懦夫。懦弱。音儒。音稬。義並同。

乳兗切。古音如暖。今讀如孥。懦者多所憚而氣不振也。又人朱切。奴卧切。

悚 上

音聳。恐懼之意也。悚懼。

息勇切。驚而心動曰悚。通作聳。

憚 去

音但。心有所忌曰憚。忌憚。憚煩。

杜晏切。憚。畏難也。

羞 平

音修。進獻之物曰羞。又恥心也。羞恥。膳羞。

思留切。致滋味為羞。引申之凡有滋味者皆曰羞。如周禮掌王之飲食膳羞是。叚借為羞辱羞愧之羞。

慚 平

音摲。愧也。慚愧。羞慚。

財甘切。愧之見于色者為慚。

辱　入

音蓐。受侮于人謂之辱。　屈辱。

儒欲切。辱者。榮之反也。又用作謙辭。辱貺。辱臨。皆以己浼人之意。

恥　上

褫上聲。自慙也。　羞恥。　恥辱。

丑里切。過而自愧曰恥。从心耳會意。人心慙則耳熱也。

赧　上

音難。面慙赤色也。　赧然。　赧赧。

乃版切。愧而上見謂之赧。周有赧王。言其坐失天下。當有愧色也。

憤　上

墳上聲。懣也。　憤怒。　發憤。

文吻切。憤。積也。怒積而不可遏也。怒人曰憤。自怒亦曰憤。如發憤忘食之憤是。

怒　去

奴去聲。恚甚而形于色也。　發怒。　怒詈。

奴故切。憤之發于外者曰怒。怒有不可遏之形。故引申為怒生怒放怒飛之怒。

憎　平

音增。心有所惡曰憎。　憎惡。　愛憎。

咨登切。愛之反也。

憾 去

含去聲。恨也。 無憾。 遺憾。

胡紺切。心有所缺而不平也。

忿 上

音鼢。恚也。 忿怒。

撫吻切。怒蓄于心也。

慍 去

音縕。含怒之意。 慍怒。 解慍。

紆問切。慍之言蘊也。謂蘊怒而猶未發也。

恣 去

資去聲。縱情自便曰恣。 放恣。 恣睢。

資四切。越禮橫行謂之恣。恣。縱也。謂縱其心而無所忌也。

慢 去

音縵。放肆曰慢。 怠慢。

莫綰切。慢之言漫。言其散漫無紀律也。故自放曰慢。侮人亦曰慢。

怠 上

音待。懈也。 懈怠。 怠心。

蕩亥切。先時不備謂之怠。引申之為怠忽。怠惰之怠。

惰

上

音墮。懈而不振之形。怠惰。惰慢。

杜果切。臨事不敬謂之惰。引申之為惰偷、惰游之惰。

懈

去

音解。筋節鬆散曰懈。懈怠。少懈。

居隘切。怠也。

嗜

去

音視。心之所喜謂之嗜。嗜欲。

時利切。嗜者所欲飲食也。故从口。引申之凡心所欲者皆謂之嗜。如嗜學、嗜殺是。

欲

入

音浴。心所貪愛曰欲。欲念。嗜欲。

余玉切。凡物欲、人欲皆謂之欲。俗作慾。欲之言續，為其貪而不已也。引申為願欲之欲，如論語我欲仁是。更申為將然之詞，如方欲、渾欲之欲是。

戀

去

音變。係慕曰戀。係戀。相戀。

龍眷切。迹去而心留者謂之戀。

忘

去

音亡。事不記憶曰忘。忘記。善忘。

平

音妄。遺忘也。

無方切。氣下而不上，則使人善忘。从心亡會意。心亡則不復記憶，故曰忘。又志不在曰忘。如左傳歃如忘是也。讀無放切。

急 入

音伋。迫也。緩急。急促。

訖立切。褊心曰急。急者，迫不及待之謂也。故引申為窘急之急。如禮記國無六年之蓄曰急是。又申為急難之急。如左傳宋人告急是。

猜 平

音偲。兩不相得曰猜。無猜。猜疑。

倉才切。恨也。恨則不相信。故引申為猜疑之猜。俗倆不知其事而懸度之謂之猜。

忌 去

音惎。相猜曰忌。忌諱。妒忌。

奇寄切。妒也。惡也。以色曰妒。以行曰忌。君薨之日謂之忌辰。惡其日之不祥也。忌則不忍言。故引申為忌諱之忌。又申為戒忌之忌。

疑 平

音宜。惑也。疑惑。無疑。

疑其切。疑不信也。不相信曰疑。不自信亦曰疑。

惑 入

音或。不了了也。疑惑。迷惑。

戶國切。迷其覺路謂之惑。終身不解謂之大惑。

又熒惑星名。

嬖 去

音閉。邪僻。取愛曰嬖。嬖人。嬖妾。

必計切。賤而得幸謂之嬖。故在小人曰嬖人。在賤婢曰嬖妾。

私

平

音司。公之對也。　公私。私心。

相咨切。禾也。叚借為公私之私。轉注謂所親愛者曰私。如左傳非其私暱。雜記大夫有私喪。是女子謂姊妹之夫曰私。亦取私暱之意。又俗偁小便為私。私溲一音之轉也。

歉

上

音嗛。欠缺也。　抱歉。

苦簟切。一穀不升曰歉。引申之不足皆曰歉。今書札謙詞動偁歉甚。歉然。皆不足于心之義也。

懍

上

音廩。敬畏之貌。　懍懍。懍然。

力錦切。敬也。而有戒懼之意。

惕

入

音剔。敬也。懼也。　怵惕。

他歷切。心有所怵曰惕。

戒

去

音介。備豫不虞曰戒。　戒備。警戒。

居拜切。警也。从廾持戈。以戒不虞也。故軍事有戒嚴。祭事有齋戒。均取先時戒備之意。

激

入

音擊。疾波也。又感動之意。　激切。激厲。

訖逆切。水礙而邪行。其波疾急謂之激。激者。急動也。故言論過直謂之激。激切。引申為激發感激之激。

去 **耐**

乃代切。古文作耏。後沿作耐。耏者鬚也。漢法罪不至于髡。完其耏鬢謂之耐。段借為忍耐之耐。

音奈。忍也。忍耐

去 上 **蘊**

委粉切。於問切。叢聚曰蘊。古文作薀。左傳芟夷薀崇之是也。今專用為蘊蓄之蘊。引申之為蘊結蘊藉之蘊。

音緼。善藏曰蘊。底蘊。蘊藉。音慍。義同。

平 **虔**

渠焉切。虎行貌。段借為擎。擎固也。固而讓者謂之敬。如詩韓奕虔共爾位是也。固而不讓謂之執。如書呂刑奪攘矯虔是也。又秦晉之北鄙謂賊為虔。故更申為虔劉之虔。

音乾。壹而不移謂之虔。虔誠。矯虔。

平 **欽**

祛音切。敬以行事曰欽。如尚書欽哉欽若是也。今御纂之書曰欽定。奉命出使曰欽命。詔書之末曰欽此。皆取尚書欽字之意。

音衾。敬也。欽差。欽命。

上 **寵**

丑勇切。尊居也。尊居必榮。故引申為榮寵之寵。又申為寵愛之寵。

沖上聲。光榮曰寵。光寵。寵辱。

上 **懇**

口很切。懇懇到也。有情文兼至之意。今俗以求人為懇。

音墾。款誠之意。誠懇。懇情。

恃 上

音市。賴也。依恃。自恃。

承矢切。有所憑依曰恃。

慣 去

音卝。習也。習慣。不慣。

古患切。習與性成謂之慣。古通作貫。

決 入

音玦。水潰曰決。能斷亦曰決。河決。決斷。

古穴切。導水使流曰決。水不循道而自行亦曰決。決者。直行無礙之意。故引申為決斷之決。更申之以齒斷物亦曰決。

擬 上

疑上聲。揣度曰擬。比擬。

偶起切。有所準以揣測之也。引申為比擬之擬。

料 去 平

音聊。量也。料量。音嫽。材質曰料。馬料。料頭。

連條切。輕重曰量。多少曰料。其文从斗。米在其中。言計數之也。引申為料理之料。又申為料度之料。力弔切。料者。人物材質之總名也。如飼畜者曰麩料。壅田者曰肥料。治屋者曰木料。皆隨其材質言之。

察 入

音刹。覆審也。觀察。察核。

初戛切。審及纖微謂之察。如考察。廉察是也。更申為苛察之察。

審 上

音嬸。詳悉曰審。會審。審案。

宷式荏切。从宀从釆。宀覆也。釆辨也。覆之而又能辨之也。故凡事之能詳其源悉其理者皆曰審。鞫獄亦曰審。所以辨人之曲直也。

知 去 平

智平聲。識也。知識。相知。又與智同。

珍而切。心徹為知。外界諸象屢感腦筋。而深印其象于腦海。則他日再遇。自能按因決果。是為知。且更事既多。即素所閱歷者。亦能比例得之。則知之進步也。知意切。

覺 去 入

音角。寤也。知也。發覺。覺路。音教。義同。

訖岳切。自寐而寤曰覺。覺有醒動之義。故引申為覺悟知覺之覺。段借為高大之偁。如詩有覺其楹是也。又讀居效切。

解 上

皆上聲。判也。支解。解散。

舉蠏切。从刀判牛角。言衆理解也。物解則無結力。故引申為解散解釋之解。又段為解怠之解。與懈同。

識 去 入

音式。知也。認識。識見。音志。記所知曰識。默識。

賞職切。識者知也。有分別是非之義。事經分別。必標誌之而後不混。故引申為表識之識。讀職吏切。三代鐘鼎文隱起而凸曰款。中陷而凹曰識。即表識之意也。

悟 去

音誤。覺也。覺悟。悟性。

五故切。迷之對也。無覺謂之迷。有覺謂之悟。

去 **悔** 工

音誨。恨也。改也。悔恨。改悔。音賄。咎也。悔吝。

呼對切。知不善而自恨之曰悔。如悔過之悔是。終于不善亦曰悔。如悔吝之悔是。讀虎猥切。

去 **趣**

音娶。心所向也。志趣。趣味。

七句切。遽疾之意也。叚借為趣向之趣。意之所向必有深味。故引申為趣味之趣。

平 **矜**

音槿。矛柄也。棘矜。音兢。憐也。哀矜。矜憐。

渠巾切。戟鋋之把謂之矜。如史記鉏櫌棘矜是也。叚借為矜憐之矜。又叚為矜式之矜。不矜人而妄自尊大亦謂之矜。如自矜矜誇皆是。讀居陵切。

入 **恤** 卹

音戌。憂也。又相憂也。憂恤。恤孤。

雪律切。自憂曰恤。如詩出則銜恤是。憂人之憂亦曰恤。如周禮以恤禮哀寇亂是。

平 **憐**

音蓮。相哀曰憐。相愛亦曰憐。憐愛。可憐。

靈年切。

入 **惜**

音昔。痛之愛之皆曰惜。可惜。惜物。

思積切。惜之言痛也。以之痛人則為憐惜之惜。以之痛物則又為吝惜之惜。

慈 平

音磁。愛也。慈父。慈母。

才資切。慈者愛出于心而恩被于物也。

慎 去

蜃去聲。謹靜曰慎。謹慎。慎思。

時刃切。慎以謹飭為義。如書慎乃在位是。又為禁戒之詞。如史記慎無反是。

恕 去

書去聲。推己及人為恕。忠恕。

商豫切。如心曰恕。言以己心度人心也。

專 平

音磚。誠一之意。專心。

朱緣切。六寸簿也。即古之笏。今謂之手版。段借為專一之專。專者。執而不易之謂。故引申為自專專擅之專。

忙 平

音茫。心迫也。慌忙。匆忙。

朚謨郎切。从明亡聲。言人晝夜作。無日用月。無月用火。常思明也。今字作忙。

擾 上

音繞。亂也。亦安亂之意。擾亂。

爾紹切。致亂曰擾。如書傲擾天紀是也。未亂而豫安之亦曰擾。如周禮司徒擾邦國是也。引申之為擾蓄之擾。言養而使之馴也。

煩

平

音樊。躁也。煩悶。煩簡。

符袁切。熱頭痛也。身熱則心煩。故引申為煩躁煩擾之煩。

惱

上

音腦。煩恨也。煩惱。懊惱。

乃老切。事物撓心曰惱。

聽

去 平

音侹。以耳受聲曰聽。視聽。音廳。義同。

他定切。聽之功效全在耳脈。因耳脈受外氣顛動。遞層傳遞達于腦筋。故腦筋感動而成聽也。聽與聞異。聞者聲自來而耳受之。聽則兼以耳求聲者言也。段為聽其自然之聽。聽猶任也。又他丁切。古多段為廳事之廳。

聞

去 平

音文。聲達於耳曰聞。傳聞。音問。聲譽遠達曰聞。聞望。聞達。

無分切。聲由空氣以傳於耳。而耳受之謂之聞。引申之為人所聞亦曰聞。如令聞聲聞是。讀亡運切。

聰

平

音驄。長於辨聲曰聰。耳聰。聰明。

倉紅切。耳徹曰聰。聰者言能聞聲而審其意也。

聾 平

音籠。耳不受聲曰聾。 耳聾。 聾聵。

盧紅切。聾。籠也。言如在蒙籠之內聽不察也。人耳內有小骨三。互相銜接。外連耳鼓。聲浪自空氣傳來。激動耳鼓。則三小骨遞傳而達于腦。腦覺之即謂之聞。耳鼓破則全不聞。小骨損則非大聲不聞。皆聾也。

響 上

音享。應聲曰響。 影響。 響應。

許兩切。實而精者曰聲。樸而浮者曰響。響。怳也。言怳怳不可辨也。故語言之恍惚不可辨者。曰影響之談。

韻 去

音運。音之員和者為韻。 詩韻。 韻事。

禹愠切。古作均。謂聲之均而相應也。魏李登以字分宮商角徵羽五音作聲類。為韻學之權輿。嗣是而後。代有增益。至我朝欽定佩文韻府。集韻學之大成。今詩韻是也。又景物之雋而有致者曰韻。

視 上

音嗜。以目察物曰視。 看視。 視聽。

時吏切。瞻也。叚借為示。如視民不恌之視是。

見 去

堅去聲。物形入目曰見。 看見。 見客。 賢去聲。呈露目前曰見。 發見。

經電切。視也。目與物接謂之視。目已接物謂之見。見則物無遁形。故凡由隱而顯。由微及著。皆曰見。讀形甸切。引申為見在之見。

看 平

音刊。平視曰看。 看管。 看待。 刊去聲。義同。

苦寒切。睎也。从手从目會意。凡有所望者。常以手加目上。障日聚光也。亦讀袪幹切。

窺 平

音魁。竊視曰窺。窺視。窺見。

跂規切。眇視也。凡蜀視側視。或乘隟而視皆曰窺。故申為窺探之窺。

顧 去

音故。迴首視物也。四顧。顧忌。

古慕切。還視曰顧。顧者。回首以視。後有眷眷不忘之義。故引申為眷顧。顧命之顧。又為轉語詞。所以回顧前文者也。通叚為雇。故以值傭人曰顧傭。

盼 去

攀去聲。美目流視之貌。顧盼。盼望。

匹襉切。目黑白分曰盼。黑白分則視物益明。故盼亦訓視。盼。流覽也。流覽必增媚態。故又為美人動目之貌。

覽 上

藍上聲。周視曰覽。觀覽。

魯敢切。

上

覩

睹

音睹。視物無所障曰覩。目覩。

董五切。與睹通。

去

瞬

音舜。目動曰瞬。轉瞬。瞬息。

舒閏切。目開闔數搖曰瞬。瞬者頃刻間事。故俄頃之間曰一瞬。亦曰瞬息。

去

相

平

襄去聲。省視也。相度。擯相。音襄。彼此感應之詞。相交。相就。

息亮切。凡有所視皆曰相。如相法相擇之相是。百僚之長曰宰相。謂佐天子以相視下民也。故引申為輔相擯相之相。段借為像。今西人攝影之法曰照相。又思將切。如相思相助之相是。

上

認

音刃。識別事物曰認。識認。認明。

而振切。辨也。言心有所主。而能分別不淆亂也。故臨事不惑曰認定。主意不改曰認真。

去

監

平

減平聲。亦讀去聲。躬蒞其事曰監。監臨。太監。

居銜切。古陷切。臨下也。古監軍監國。皆有鑒臨之意。故天監神監之監。均與鑒通。史記黃帝置左右監。後世因以寺官曰內監。蓋取左右監護之意。引申之囹圄亦曰監。言監察盜賊使不踰越也。

去

亮

音量。光明之貌。
明亮。　亮光。

力仗切。光發于外者曰亮。叚借為諒。諒，信也。如直亮、亮節之亮是。又助也。如時亮天工之亮是。

上

瞽

音古。目不見物
瞽者。　瞽
瞍也。

公戶切。目但有眹曰瞽。眹，目睛也。言有睛而無光也。瞽者耳必聰。古時命為樂官。今則多習星卜。西國多有教瞽學院以造就之。

平

盲

音䖟。目無牟子
曰盲。　青盲
盲瞽。

眉甍切。目不見黑白之色曰盲。盲，茫也。言茫茫無所見也。故引申為晦盲之盲。又月令偁疾風曰盲風。亦謂風起揚埃晦盲無見也。粵東有盲妓，尤慘虐無人理，似宜禁絕。

上

眇

音藐。偏盲曰眇。
眇視。　眇準。

弭沼切。一目也。从少从目，會意。引申之，目眶陷急亦曰眇。眇，小也。凡人凝視一物，或于高遠之處諦視微物，則必眇其目，故極微極遠之境皆曰眇。與渺通。

入

瞎

音劼。目不見物
曰瞎。　瞎眼。

許轄切。目盲也。盲者不能辨妍媸，故俗偁妄語為瞎話，言其不辨可否也。

去

睡

音瑞。坐寐曰睡。寢睡。 睡覺。

樹偽切。人睡有一定時刻。年漸長則漸減。幼時須睡十小時。由少而壯常須八小時。由壯而老常須七小時。

平

眠

瞑

麵平聲。閉目曰眠。安眠。 三眠。

莫賢切。本作瞑。

入

泣

音濇。哭之無聲曰泣。 涕泣。 飲泣。

去急切。凡胃中鬱結不解則泣。泣者哭之細也。

上

涕

音體。腦汁自鼻出者曰涕。又飲泣也。 鼻涕。 垂涕。

土禮切。腦滲也。又哭泣曰隕涕。涕謂淚也。大哭曰哭。小哭曰泣。無聲而泣曰涕。

去

淚

音類。目中之津液也。 揮淚。 眼淚。

力遂切。目之外眥上有淚核。內眥有淚管。向外出汁以潤眼。汁多則成淚。若眼內有火或煙氣熏灼。或心內感傷。則腦筋觸動。淚核受擠。故淚向外流。

言 平

甗平聲。以詞達意曰言。話言。言談。

去

魚軒切。語氣在口為言。言心聲也。心有所感則言發于外。古人以言為身之文。故發言最愼。

語 上

魚上聲。以詞意相答述曰語。言語。語氣。魚去聲。以言告人也。

去

魚許切。直言曰言。論難曰語。語者。以己意述諸人也。故引申為語告之語。讀魚據切。

詞 平

音祠。達意之言曰詞。言詞。詞意。

詳茲切。从言从司。意所司也。意所勿能道者。而言以足之。則謂之詞。如詞意詞氣之詞是。

云 平

音雲。發語詞。云爾。云云。

于分切。云古雲字。山川上騰氣也。後人加雨作云。而訓云為言。云發語詞也。引申為語助詞。如云耳云胡之云是。

曰 入

音越。發語之端也。子曰。或曰。

王伐切。篆文从口乚聲。象口出氣也。

説 去

入

音刷。道達詞意謂之説。論説。音稅。以詞動人曰説。説客。音閱。同悅。

輸爇切。輸芮切。欲雪切。

去 **謂**

音胃。有所指而言之曰謂。無謂。偁謂。

于貴切。論人曰謂。互相告語亦曰謂。

去 **話**

音畫。出言曰話。說話。話柄。

胡卦切。言之蓄于喉間者為音。言之發于舌端者為話。从言从舌會意。

平 **談**

音郯。對語曰談。談笑。長談。

徒藍切。談者。和悅而言也。談必兩人相對。故世以圍棋為手談。即取兩人相對之義。

上 **講**

音港。討論事理曰講。講書。講堂。

古項切。和解也。凡兩國相爭。彼此罷兵曰講。和言講解是非。以和平釋怨也。引申為講求講習之講。言講貫名理以釋疑義也。今官制有侍講及侍講學士。蓋即唐時之直講。職司講授經術者也。

去 **論** 平

音崘。評議臧否曰論。論說。論議。崘去聲。義同。

盧昆切。又盧困切。論與言有別。言無成見。論有定評也。昔孔子門人追記所聞于孔子者。謂之論語。

平 **謀**

音牟。事經商度曰謀。謀事。機謀。

迷浮切。心所運也。謂先事而籌之也。如謀道謀食之謀是。善用其計亦曰謀。如機謀之謀是。

去

計

音繼。會算曰計。算計。計策。計較。

吉詣切。較量物數謂之計。物有成數。故从十。會算者工于心計。因轉為計謀之計。今官吏三年一大計。所以較量人才也。

去

議

音義。定事之宜也。清議。議論。

宜寄切。从言義。會意。謂欲事合于義。必羣相論議也。因引申為風議。諫議之議。今中國有事上聞。輒歸部議。泰西各國則歸上下議院公議。

去

證

蒸去聲。言之足以徵信者曰證。證明。見證。

諸應切。證訓為告。謂言有可信則告諸人而人信之也。引申之凡事之有徵驗者曰證。通作徵。

去

辨

音辯。事理分明謂之辨。辨別。分辨。

皮莧切。判也。判則必分。故引申為辨別分辨之辨。蓋胷有成見。不為外物所淆亂也。

平

評

音平。平議曰評。評論。品評。

蒲明切。定人之是非也。定之之言即謂之評。

平

宣

音瑄。布露曰宣。宣明。宣詔。

息緣切。古者天子傳宣政令之所謂之宣室。頒詔以諭臣民謂之宣詔。宣布也。故引申為宣明宣示之宣。又謚法。聞善周達曰宣。聖善周聞曰宣。

去

譬

嚭去聲。以彼方此曰譬。 譬喻。 譬如。

匹智切。喻也。借端以解喻之也。羊戍切。

去

喻

音裕。明白事理曰喻。以事理曉人即曰喻。 譬喻。 曉喻。

去

誓

音逝。以言詞要信曰誓。 誓書。

時制切。古有軍旅之事。則宣號令以誓于眾。所以歸一眾志。共相約束。以為信也。尚書有甘誓湯誓泰誓牧誓費誓秦誓。皆取約信之義名篇。引申之。約信于神即謂之誓。

去

告

入

音誥。以事相關白曰告。 告訴。 予告。 音梏。義同。

古到切。牛角木也。从口从牛。會意。凡牛觸人則角著橫木。所以告人也。引申為告語之告。告誥也。上告下曰誥。下告上曰告。更申為謁請之詞。又姑沃切。如告朔之告是。

去

訴

音素。愬言其事曰訴。 泣訴。 告訴。

蘇故切。篆文作謝。一作愬。自初至尾。以述其言也。如控訴訴告是。

去

問

聞去聲。訊所不知謂之問。 詢問。 問人。

亡運切。訊也。凡言問者。多以彼此詢訪為義。故參兩人之見者曰問。難通兩姓之好曰聘問。持兩造之平曰鞫問。他若問疾問安之問。亦皆以此詢彼之意也。

去
訊
詢

音信。上問下曰訊。問訊。訊案。

思晉切。諮謀于衆謂之訊。訊問也。故凡以書問往來者曰問訊。引申謂鞫獄為訊。字亦作詢。詢亦讀平聲。

入
詰

音蛣。糾詧事物曰詰。詰問。

喫吉切。詧也。糾詧其事物以窮治之也。如詰奸詰寇之詰是。段借為昕。斤吉雙聲。如詰朝詰旦之詰是。

去
訪

妨去聲。諮謀于衆曰訪。訪問。察訪。

敷亮切。訪。汎謀也。言廣問于人也。有就正之意。故又申為訪道訪客之訪。

去　平
號

音豪。大呼曰號。號咷。號泣。音号。所以為標識者曰號。號令。店號。

乎刀切。从虎号聲。虎嘯也。引申為呼號。號泣之號。又轉為告。告令也。如號令。號召之號是。通段為号。所以標識事物也。如名號旗號。徽號等是。讀胡到切。

去
召

潮去聲。招來曰召。感召。召租。

直笑切。以手招人曰招。以言招人曰召。

去
對

音碓。答問曰對。對聯。相對。

都隊切。應也。應人之問曰對。古之使鄰國者。以應對為重。故曰專對。應對必相對。故引申為對面對待之對。更申為對偶。對數之對。

答 入

音溚。應人之問曰答。對答。答禮。

都合切。報人以言也。引申為報答之答。則報人以事之義。

唯 上 平

音惟。專指一事曰唯。唯獨。音違。聞命疾應曰唯。唯唯。

以追切。又愈水切。緩應曰諾。急應曰唯。禮父命呼唯而不諾。

諾 入

囊入聲。以言許人曰諾。唯諾。

奴各切。諾應聲也。疾應曰唯。緩應曰諾。引申為許諾然諾之諾。則以應人為義。

呼 平

音虍。發聲曰呼。呼喚。大呼。

荒胡切。外息也。入息為吸。出息為呼。以出息之有呼聲也。引申謂喚人曰呼。更申謂揚聲曰呼。均取發聲之義。又嗚呼。歎聲也。

喚 去

音煥。揚聲呼人曰喚。呼喚。

呼玩切。

喧 平

音萱。聲雜曰喧。喧鬧。喧嘩。

許元切。大語也。引申之。凡眾聲錯雜擾人意慮者曰喧。

譁 平

音花。讙呼曰譁。諠譁。

呼瓜切。

嘖 入

音賾。語言錯雜曰嘖。嘖嘖。

士革切。大呼也。引申為讙呶煩亂之意。

囂 平

音枵。衆口讙呶曰囂。囂塵。囂聲。

虛嬌切。讙聲曰囂。从頁。首也。从㗊。衆口也。又重言形況字。如詩讒口囂囂。衆多貌也。孟子人知之亦囂囂。自得無欲之貌也。

默 入

音墨。沈靜不言曰默。默書。默默。

密北切。犬不吠而逐人為默。引申之凡不語皆謂之默。故不語而記諸心曰默識。不語而書所記曰默寫。

訥 入

嫩入聲。出言遲鈍曰訥。訥口。

內骨切。訥言難也。出言明辯謂之辯。反辯則為訥。

謹 上

音卺。慎以持己曰謹。謹慎。嚴謹。

居隱切。敬也。敬以處事。敬以出言。皆曰謹。如謹稟。謹奏之謹是。以謹為德。即曰謹。如愨謹之謹是。

夸 平

音誇。矜張自大曰夸。 夸大。矜夸。

苦瓜切。奢縱之貌。奢縱者必無實行。故謚法以華言無實曰夸。段借為誇。大言不慚也。

贊 去 讚

音鄭。獎助曰贊。 贊禮。俌贊。

則旰切。佐也。參贊之贊。謂佐人成事也。贊美。贊成之贊。謂佐人以言也。傳贊之贊。則謂意有未盡而佐之以論斷之詞也。

譽 去

余去聲。美名曰譽。俌人之美亦曰譽。 毀譽。名譽。

羊茹切。譽者。毀之對也。言以言語獎勵人善也。故善之為人傳述者謂之譽。

諷 去

風去聲。託言感人曰諷。 諷誦。

方鳳切。諷訓為誦。而微與誦異。以聲節文謂之誦。託音感物謂之諷。諷者。微言緩詞之謂。故引申為諷諫之諷。

諫 去

音澗。規過曰諫。 諫諍。

居宴切。諫者。証也。正也。言証其是非。而以道正人也。惟下之正上者稱之。

警 上

音景。戒所不虞謂之警。 警察。警信。

舉影切。事前戒備也。故天子將出而辟除行人曰警蹕。凡警戒警衆之警。皆本此義。

諄 平

音肫。丁甯告語謂之諄。諄訖 諄諄。

朱倫切。諄者言之出於誠懇。而反覆不厭者也。于文足其詞以形誠懇之貌。則曰諄諄。

誨 去

音晦。以先覺覺後覺曰誨。教誨。誨人。

呼對切。教也。

譏 平

音機。託言微諷曰譏。譏刺。

居希切。譏有微言婉諷之意。如譏誚譏諫之譏是。又叚為譏察之譏。

訐 入

音揭。發人隱私曰訐。攻訐。

居謁切。

謗 去

牓去聲。斥人之非曰謗。謗毀。誹謗。

補浪切。謗與誣譖異。謗者斥人之實事。誣譖則憑虛以誣妄之也。

誚 去

樵去聲。以事相責讓曰誚。譏誚。訕誚。

在笑切。

讒 平 鋤咸切。

音饞。離間之言曰讒。讒口。讒人。

譖 去 側禁切。

譖去聲。毀人之行曰譖。譖人。

嘲 平 陟交切。

音趙。戲言調笑曰嘲。嘲笑。自嘲。

調 去 平 田遼切。凡聲使之協、色味使之和、皆曰調。調者、隨高下濃淡而變易者也。引申為音調之調。以和協為義。又申為遷調之調。以變易為義。皆讀徒弔切。

音迢。和合曰調。調和。迢去聲。聲調。遷調。

笑 去 仙妙切。喜形於貌曰歡。歡發為聲曰笑。引申之。鄙人所為而嘲諷之亦曰笑。

音肖。喜而解顏謂之笑。嬉笑。可笑。

哂 上 式忍切

音矧。微笑也。一哂。

歡 平

呼官切。喜樂之貌。喜蘊于內。歡發于外也。

音讙。心神和懌曰歡。歡喜。歡笑。

唱 去

尺亮切。

音廠。發歌曰唱。歌唱。唱戲。

吟 平

魚音切。身不適則呻。意不舒則吟。吟。歎之發于哀聲者也。引申為吟哦之吟。取抑揚詠歎之意。

音崟。歌之出于憂抑者曰吟。呻吟。吟詩。

謳 平

烏侯切。歌也。吳歌曰歈。楚歌曰豔。齊歌曰謳。

音歐。曼歌曰謳。謳歌。

諺 去

疑戰切。

音彥。俗語曰諺。諺語。俗諺。

謠 平

餘招切。徒歌曰謠。謠者。無章曲者也。故引申之。憑虛構詞。謂之謠。如謠詠。謠言是。

音遙。無稽之言也。歌謠。謠言

去 **嘯** 先弔切。

音熽。蹙口出聲曰嘯。 嘯歌。 長嘯。

平 **嘶** 先齊切。

音西。馬鳴曰嘶。 馬嘶。

去 **囀** 株戀切。从口从轉會意。謂其聲宛轉而和也。

轉去聲。聲之宛轉者曰囀。 鳥囀。

去 **叫** 古弔切。呼也。呼必揚聲。故俗以揚聲呼人曰叫。引申之凡動物發聲統曰叫。

音訐。急呼曰叫。 叫號。

入 **哭** 空谷切。細聲有涕曰泣。大聲曰哭。

音轂。哀發于聲謂之哭。 哭聲。 哭泣。

平 **嗁** 啼 田黎切。長號也。故鳥鳴曰嗁。人哭亦曰嗁。字亦作謕作啼。

音題。聲之近于號泣者曰嗁。 啼笑。 雞啼。 啼飢。

咨（平）

音資。事相諮度曰咨。 咨文。 咨嗟。

即夷切。就謀于人曰咨。如咨訪移咨之咨是。叚借為歎息之辭。如咨嗟之咨是。

嗟（平）

音罝。歎聲。 嗟歎。 嗟嗟。

咨邪切。嗟佐也。言不足以盡意。發聲以自佐也。用之于贊歎者。如詩吁嗟麟兮是。用之于傷歎者。如禮嗟來食是。用之于感歎者。如詩嗟我懷人是。

噫（平）

音醫。歎聲。

於其切。飲食息為噫。噫者。氣鬱而不舒也。故引申為嗟歎之聲。

歎（去）

音炭。氣不得其平則歎。 歎息。 贊歎。

他案切。歎有發于哀發于喜發于驚發于感者。凡歎之發。皆由于氣之不得其平。其用不同。其致一也。

吁（平）

音訏。吹氣聲也。 長吁。

匈于切。凡人意不舒則吁。故駭歎之聲曰吁。引申為吁嗟之吁。吁非常情也。故又為疑怪之辭。

訏（去）

音砑。驚諤之辭。 驚訏。 迎訏。

五駕切。亦作迓。故古者以迎賓為訏賓。如周禮訏士掌訏是也。今概引以為驚愕之辭。

叱 入

音鴟.忿聲訶人曰叱. 叱咤. 訶叱.

尺栗切.大訶為叱.如叱咤是.引申為呼叱之叱.則謂以言訶人也.

罵 去

音禡.惡言加人曰罵. 罵人. 笑罵.

莫駕切.迫也.以惡言逼迫人也.

斥 入

音尺.呵人使退曰斥. 斥退. 面斥.

昌石切.卻屋也.謂卻退其屋不居也.引申之凡卻退不用皆曰斥.斥人者必聲其罪.故又為斥言指斥之斥.叚借為澤.如斥鹵之斥是.又叚為逆.逆迎也.斥候之斥謂迎伺也.又叚為還.還見也.如充斥之斥是.

咒 去

音驟.怨詈曰咒. 詛咒. 罰咒.

職救切.

唾 上

音舵.口中之津液曰唾.吐唾亦曰唾. 饞唾. 唾罵.

吐臥切.口液也.由津核而出.潤物以達于胃者也.引申為唾面之唾.言以口液唾人面也.

讎 平

音酬.挾嫌負怨謂之讎. 讎敵.

除留切.與售通.積恨者兩相讎怨.猶售物者之兩相售易也.引申為校讎之讎.亦兩相比校之意.

佞　去

音甯。捷給多口才謂之佞。佞人。奸佞。

乃定切。才也。故自偁不才曰不佞。引申之。凡有口才者曰佞。更申之。凡巧諂人意而不顧是非者曰佞。

諛　去　平

音俞。阿意順旨曰諛。諂諛。面諛。俞去聲。義同。

雲俱切。又俞戍切。以語言承順人意也。故莊子以不擇是非而言曰諛。

誘　上

音酉。設法引人曰誘。引誘。誘賭。

以九切。誘者。引進之辭。引人以道曰誘。如誘掖之誘是。引人以非禮亦曰誘。如誑誘之誘是。

誑　去

音逛。飾說以欺人曰誑。誑騙。說誑。

古況切。从言。从狂。謂以狂妄之言悚人聽聞也。引申之。凡本無其事。而捏說欺人者。皆謂之誑。

謔　入

餉入聲。戲言曰謔。戲謔。

迄却切。

訛　平　譌

音囮。妖言惑聽曰訛。訛言。訛傳。

五禾切。亦作譌。偽言也。言偽則舛謬滋多。故世以妖言為訛言。別字為訛字。段借為化。如詩式訛爾心。書平秩南訛是。

否

上

音缶。意所不可則曰否。是否。否否。音痞。不通曰否。臧否。否塞。

俯九切。从口从不會意。心之所非則口不許也。引申為是否。然否之否。叚借為臧否之否。順成為臧。逆惡為否。易有否卦䷋。讀部鄙切。

許

上

虛上聲。應人以言曰許。許可。勿許。

虛呂切。从言从午。午。忤也。謂其言之無所忤逆也。故申為許可。許否之許。叚借為來許何許之許。

允

上

音尹。誠信曰允。應允。允洽。

余準切。信也。允恭之允。訓為誠信。允若茲之允。義同信。然。又應人之求曰應允。曰慨允。言所許者必可信也。

勸

去

音券。婉曲規人曰勸。苦勸。勸戒。

區願切。規戒也。引申之。使人相勸亦曰勸。如民有所勸之勸是。

請

上

清上聲。以言求人之詞。請問。請客。

七靜切。請有乞求之義。如請業請見之請是。俗謂問安曰請安。言請問尊者之安否也。引申之則為請客之請。

謝

去

音榭。所以表感激之情者曰謝。恭謝。花謝。

辭夜切。感詞也。故受人之物則謝。辭而不受亦曰謝。又更代曰謝。則以辭去為義也。

辭 平

音詞。分爭辨訟謂之辭。辭謝。措辭。

似茲切。理辜也。理辜者必平情以決其辭。禮所謂不得盡其辭。史記所謂其次不辱辭。皆指口供而言。因叚為言辭之辭。又叚為辭讓之辭。

訣 入

音玦。臨別贈言曰訣。訣別。秘訣。

古穴切。訣與辭異。暫離曰辭。長辭曰訣。故世謂與將死者辭為訣。言永無見期也。又秘受之詞曰訣。如丹訣歌訣訣竅等皆是。

敘 上

音序。有條不紊謂之敘。次敘。

象呂切。次第也。凡有次第皆曰敘。引申為敘述之敘。敘述者。言條舉一事必秩然有次敘也。故書策舉其綱要冠于篇首者謂之敘。亦作序。

述 入

音術。因已事而修明之也。述職。述作。

食律切。循也。言遵循作者之志。守其道而勿失也。故傳舊曰述。如述作之述是。纂人之言亦曰述。如偁述之述是。

記 去

音冀。事不遺忘曰記。記性。日記。

居吏切。識也。引申之則謂記事之書曰記。古者左史記言。右史記事。漢司馬遷為太史。故所著書曰史記。此為記事書之最大者。後之作史者多宗之。餘如記學問記園林記人記游。均記事之體裁也。

啟 上

音棨。通塞導閉曰啟。啟蒙。啟門。

祛禮切。開也。謂開啟靈明也。如佑啟啟迪等是。引申為啟戶之啟。則內外相通。故上書曰啟。所上之書即曰啟。今偁司箋牘者曰書啟。義本此。

報 去

保去聲。答人之施曰報。告人以事曰報。所以告人者即曰報。報答。報恩。

博號切。告也。引申之。人所藉以相告即謂之報。如京報。報紙等。是今泰西各國報館林立。門類有三。曰官報。時事報。專門學報。其出報則有按月按旬按星期按日之別。所以廣見聞增智識者。莫善于此。

誦 去

音頌。以聲節文曰誦。諷誦。誦讀。

似用切。臨文為誦。誦從也。言以口從其文也。誦必發之于聲。故聲言亦曰誦言。

譯 入

音繹。通四方之言曰譯。譯書。翻譯。

夷益切。傳也。謂以此國之文。傳他國之言也。故能通四方之言者曰譯。

詠 去

音泳。諷誦曰詠。歌詠。詠詩。

為命切。長言曰詠。从言从永。會意。詠歌也。歌他人之詞曰詠。己意所及而作詩以歌之。亦曰詠。

讀 去 入

音獨。誦書曰讀。讀書。音豆。未完之句曰讀。句讀。

杜谷切。誦也。大透切。凡文之斷處。意義完足者謂之句。語未完而略作停頓以便誦讀者謂之讀。

吹 去 平

音炊。以息噓物曰吹。吹噓。吹笙。音秋。吹物之聲曰吹。鼓吹。

樞為切。尺偽切。

含

平

音涵。以口銜物曰含。　含容。　包含。

胡男切。含，置物口中也。含有容物之象，故引申為含容、包含之含。喪禮以珠貝實死者口中，即謂之含。

吞

平

音⿰阝吞。咽物曰吞。　吞吐。　吞滅。

他根切。吞者，有包并無饜之象，故攘人之產業曰侵吞，攘人之土地曰并吞。

噬

去

音誓。以口嚙物曰噬。　噬人。

時制切。嚙物也。易有噬嗑卦䷔。引申為反噬之噬，謂以言傷人，猶以口傷物也。

啄

入

音涿。禽鳥食物謂之啄。　飲啄。

竹角切。

吐

上

音土。物在口而唾之曰吐。　吐棄。　吐哺。

他魯切。瀉也。揚豫以東謂瀉為吐。引申之，口棄物曰吐。吐必自口而出，故又為吐辭、吐音之吐。

咽

平

音燕。喉也。　咽喉。　音晏。物自喉入曰咽。　三咽。

因肩切。咽喉為食管、氣管所在，隘而彌要，故險要之地亦謂之咽喉。咽所以納物者也，引申之，納物于喉即曰咽。亦作嚥，讀伊甸切。

嘗 平

音常。辨味曰嘗。嘗試。嘗聞。

辰羊切。食也。將食而試辨其味謂之嘗。故引申為嘗試之嘗。古者以秋祭為嘗。言以七月嘗黍稷也。又為起語詞。如未嘗嘗聞之嘗。義同曾。嘗曾雙聲通段也。

吃 入 喫

音訖。不利于言曰吃。口吃。吃飯。

居乙切。言蹇難曰吃。謂欲言而訥訥如不出口者也。又喫物也。與喫同。

漱 去

音瘦。以水盪口曰漱。漱口。盥漱。

所救切。

欬 去

音慨。氣逆上湧為欬。欬吐。

苦溉切。因風致疾謂之欬疾。故今俗謂嗽為欬。引申為謦欬之欬。

嘔 平

音歐。口吐物也。嘔吐。嘔逆。

烏侯切。和悅之貌也。又同歐。因氣噎而吐曰嘔吐。吐不下食曰嘔逆。

渴 入

音磕。唾竭思飲曰渴。飢渴。解渴。

苦葛切。竭也。涸也。俗謂慕人曰渴想。謂如渴之待飲也。

去

拜

擺去聲。首至手曰拜。

拜跪。拜手。

布恠切。以首就手俯與心平曰拜。拜本專為拜手之偁。引申之則稽首頓首肅拜皆曰拜。故古人有九拜之名。今西人越七日一安息。以禮耶穌。謂之禮拜。

揖

入

伊入切。

音挹。拱手上下謂之揖。

長揖。揖讓。

上

拱

音鞏。斂手也。

拱手。

居竦切。沓手謂之拱。言右手在內左手在外以致敬。如子路拱而立是也。合手亦謂之拱。言合兩手以抱物。所以量物之大小。如孟子言拱把之桐梓是也。

去 **擯**

賓去聲。導賓曰擯。擯相。擯棄。

必刃切。與儐通。出接賓曰擯。入詔禮曰相。此擯與相之別。在主曰儐。在客曰介。此擯與介之別。叚借為擯斥之擯。

平 **扶**

音符。恐人顛仆而援以手也。扶杖。扶持。

逢夫切。顛而起之曰扶。引申為扶搖之扶。言風之搖曳。忽顛而忽起也。叚名為扶桑之扶。

上 **袌** 抱

袍上聲。兩手所圜曰抱。懷抱。

蒲皓切。袌懷也。置物于懷。必環護之以手。故引申為抱子抱孫之抱。又申為連抱合抱之抱。

去 平 **援**

音袁。引之以手曰援。援手。攀援。音院。助也。援救。

于元切。引也。引申之。凡攀引而上皆曰援。詩以爾鉤援。謂以鉤引而傳于城也。又申為救援之援。如魯語四鄰之援是。讀于眷切。

挾

入

音協。在腋曰挾。挾制。挾泰山。

胡頰切。挾以腋持物也。持則權在我。故引申為要挾之挾。又申為挾貴挾賢之挾。

袒

上

音但。脫衣見體也。袒裼。袒護。

蕩旱切。衣縫也。有縫而補綴之曰袒。未經補綴因而露體者亦曰袒。故去上衣曰肉袒。去左右衣曰左右袒。引申之凡有所偏助者皆曰左袒右袒。

承

平

音丞。奉之受之皆曰承。奉承。承恩。

辰陵切。下奉上謂之承。如詩承筐是將是也。上予而下受之亦曰承。如禮承天之祜是也。轉注為繼承之承。如書丕承哉。詩不承權輿是也。

擁

上

雍上聲。圍抱曰擁。擁抱。擁擠。

於隴切。抱也。抱所以護持之。故申為擁護之擁。亦所以屏蔽之。故申為擁蔽之擁。

授

去

承呪切。

壽去聲。以物與人曰授。授受 天授。

受

上

音壽。取其所與曰受。授受 受業

是酉切。本訓相付為受。人付而我得之亦為受。如受祜受侮之受是。相得則相容。故一物而能容他物者亦曰受。如禮甘受和白受采是也。

與

去 上 平 歟

音予。連類而及之曰與。取與 音豫。身廁其閒曰與。與聞 音余。疑問詞也。

弋渚切。本訓為黨與之與。論語惟我與爾。則有及義。與汝勿如。則有許義。與粟九百。則係取之對文。羊茹切。參與也。如與知與能是。雲俱切。通歟。論語求之與。疑詞也。其為仁之本與。語末詞也。君子人與。贊歎詞也。

取

上

娶上聲。與之對也。取與

七庾切。捕取也。从又从耳會意。周禮獲者取左耳。謂以俘之者取之也。引申之凡有所獲皆曰取。克邑不用師徒亦曰取。

收

平

音荍。斂物曰收。收成 收錢

尸周切。捕辠人也。叚借為收斂之收。因謂凡斂物者皆曰收。軫所以斂束其車也。故車軫曰收。冠所以斂束其髮也。故夏冠曰收。

執 入

音汁。持也。執業。收執。

之入切。捕辠人也。人被執則拘束不伸。故謂人之拘泥不化者曰固執。引申為執持之執。故專習之業曰執業。專司之事曰執事。

操 去 平

草平聲。持守之意。操刀。音糙。所持守者曰操。節操。

七刀切。執而不失曰操。如操業操修之操。是習而不輟。亦曰操。如操兵。體操之操。是因謂所執所習者曰操。讀七到切。如雅操節操。是雅而有節者。莫如琴。故琴曲亦曰琴操。

持 平

音治。在握曰持。持家。維持。

直之切。執也。執而不釋謂之持。如把持。護持之持。是堅執不讓亦謂之持。如支持。撐持。持是。

把 上

補瓦切。

巴上聲。一手所握也。拱把。把握。

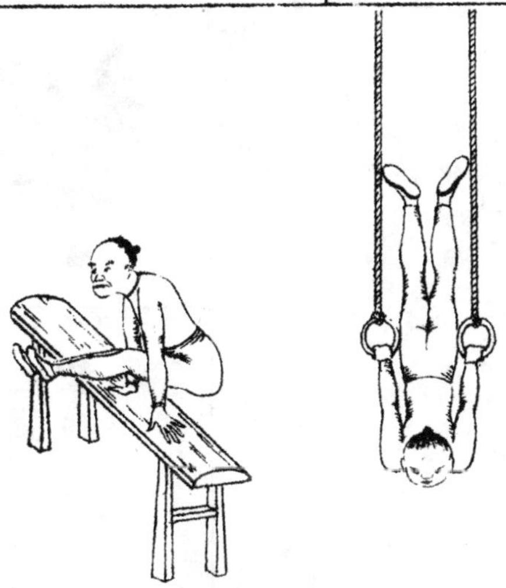

握 入

音渥。捲手曰握。握手。握拳。

烏角切。握以手持物也。在外為持。在內為握。禮宗廟之牛角握。謂其角小。秪一握也。

提

上 平

音題。懸而持之曰提。提拔。菩提。音底。擲也。音時。朱提。山名。

田黎切。以手舉物曰提。如提耳提壺。皆是。舉而擲之亦曰提。如國策。夏無且以藥囊提荊軻。史記。太后以冒絮提文帝。皆是。讀都禮切。又市之切。朱提之山出善銀。故謂銀曰朱提。

挈

入

契入聲。束而持之曰挈。提挈。挈瓶。

苦結切。

攜

平

音畦。平而持之曰攜。攜手。提攜。

户圭切。手與手相引曰攜。曲禮長者與之提攜是也。引申之。物在地上引之以手亦曰攜。物被引則離于地。故攜貳之攜訓為離。

攘

上 平

音穰。物自來而取曰攘。攘羊。攘袂。音壤。擾也。攘亂。

汝羊切。推手使前也。今人捋臂亦云攘臂。即借推手之義。又叚借為攘奪之攘。引申之有因而盜亦曰攘。攘則必亂。故又通為擾攘之攘。讀如兩切。

奪

入

音敓。强取曰奪。搶奪。定奪。

徒活切。本訓失物。叚借為强取之義。如大學爭民施奪是。又俗以斟酌事理為裁奪。即予奪之引申也。

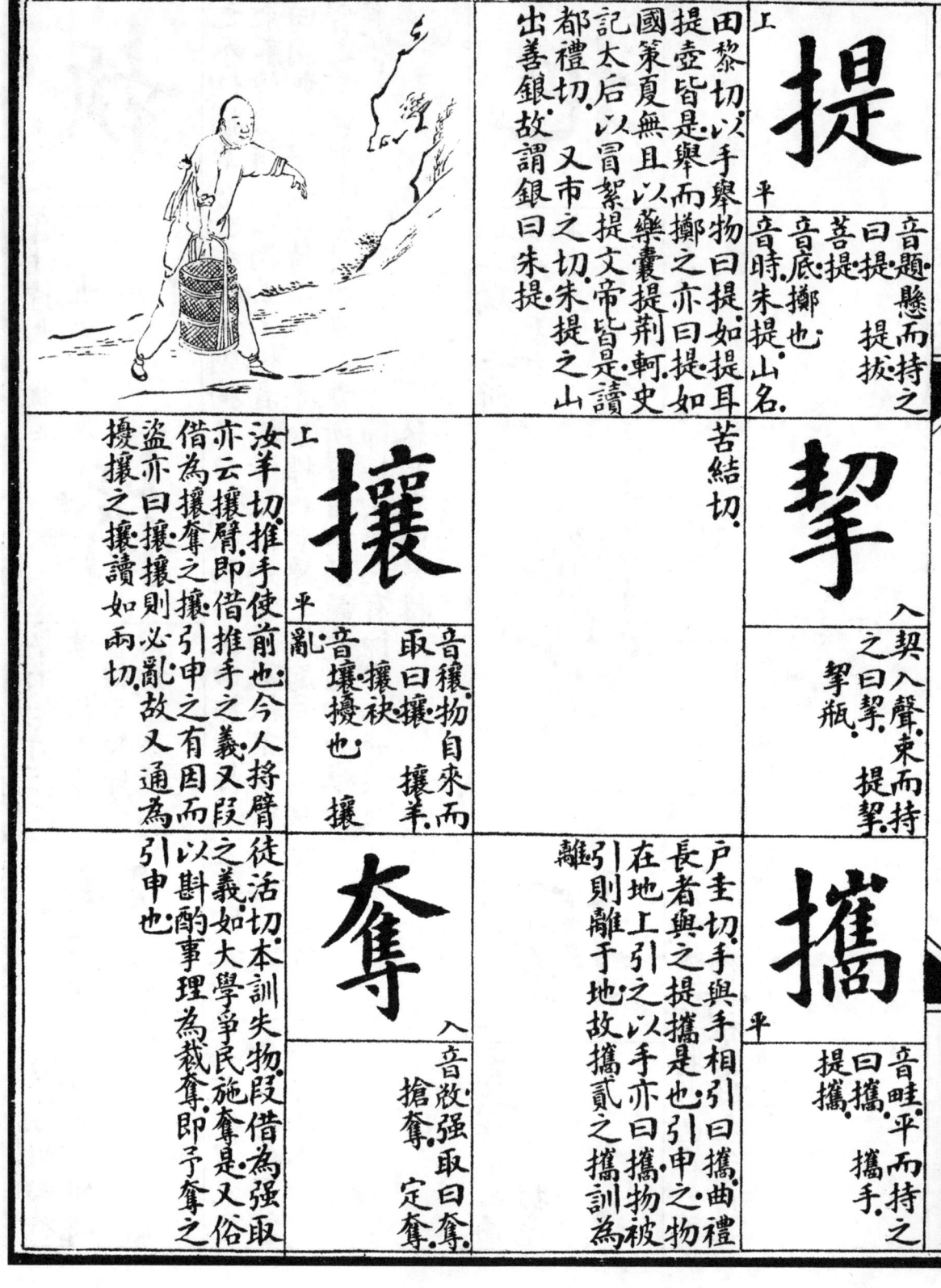

搶

上　平

鏘上聲。奪取財物曰搶。搶奪。搶犯。音鏘。義同。

七兩切。突也。以手奪物曰搶。謂其突然而取之也。引申之。以頭拒地亦曰搶。謂其突然而觸之也。讀七羊切。

拘

平

音駒。受束曰拘。拘攣。拘束。

舉朱切。止也。欲行而止之使不得行也。故受人束縛曰拘。拘則不適。因申為迂拘拘謹之拘。

拏（拿）

平

音呶。亂相持搏也。拏問。拏物。

女加切。牽引也。謂引而取之也。故取物曰拏。捕繫罪人亦曰拏。俗作拿。

搜

平

音蒐。檢索曰搜。搜檢。搜羅。

疏鳩切。略而求之也。于道曰略。就室曰搜。今以窮究文義曰搜討。覓求俊彥曰搜羅。皆引申之義也。

擒

平

音琴。捉也。擒敵。成擒。

巨今切。本作捦。急持衣衿也。又與禽通。言禽鳥力小。可捕而取之也。故凡捕物曰擒。引申之。搜捕盜賊亦曰擒。

捉

入

莊入聲。入握曰捉。捉髮。捉刀。

側角切。握也。引申之。擒物在握亦曰捉。如捕皐人曰捉之類。

搏 入

音博。捕也。擊也。搏獸。搏拊。

補各切。索持也。凡物欲取之先擊之。故人以手擊物曰搏。如搏執之搏是。鳥以翼擊物亦曰搏。如攫搏之搏是。

拒 上

音巨。手與手禦曰拒。拒敵。拒捕。

臼許切。本作歫。止也。止之使不得進。故有抗拒之義。引申為拒諫飾非之拒。又方陣名。左傳鄭子元請為左拒右拒。亦取抗敵之意也。

擊 入

音激。以物撞物曰擊。擊搏。擊磬。

古歷切。撲也。叩也。如擊柝擊鐘擊柱之擊。皆以叩之者撲之也。撲則必傷。故引申為擊刺擊殺之擊。段借為目擊之擊。

撞 去 平

音幢。物觸物曰撞。撞鐘。撞斗。幢去聲。義同。

宅江切。擊也。如禮記善待問者如撞鐘是。引申之。如俗以忿詞抵觸曰頂撞。虛言詭遇曰撞騙皆是。讀丈降切。

撻 入

音闥。扑以示罰曰撻。鞭撻。撻罰。

他達切。

毆 上

音嘔。重擊曰毆。毆傷。

烏后切。以杖擊物曰毆。引申為鬭毆之毆。

打 上

德馬切擊物曰打擊人亦曰打俗用為探字義曰打聽為忖字義曰打量

答上聲擊也 打仗 打鼓 相打

拍 入

普百切拊也以手拊其上也凡度曲必拊物以為節故節和則偁合拍今西人以器攝影曰拍像又西法售物不懸價令購者估價估如其數則拍物以示允謂之拍賣

音魄舒手撲物曰拍 拍手 拍賣

敲 平

口交切橫擊曰敲因謂擊物之具為敲如賈誼過秦論執敲撲以鞭笞天下敲短杖也

音骹從攴擊之也 敲門 敲冰

掠 入

力灼切奪人財物謂之掠笞人膚體亦謂之掠又書法長撇古謂之掠柳宗元曰掠左出而鋒欲輕是也

音略奪取也 抄掠 侵掠

摧 平

音漼。挫也。摧折。摧殘。

昨回切。折也。折有挫辱之義，故引申為室人摧我之摧。叚借為莝，斬芻也。如詩摧之秣之之摧是。

揀 上

音簡。別而簡之也。揀選。揀擇。

古限切。

擇 入

音宅。揀選曰擇。擇善。擇鄰。

直格切。

揣 上

椳上聲。心擬手摩曰揣。揣摩。

初委切。度高曰揣。引申之，凡儞量忖度皆曰揣。六書統以手求其耑為揣。蓋从手耑會意。

摩 平

音磨。研也。撫摩。摩頂。

莫婆切。物相切而磨謂之摩。摩肩摩壘之摩，有形之摩也；觀摩揣摩之摩，無形之摩也。物摩必損，故轉為消摩摩滅之摩。

搔 平

音騷。手爬也。搔首。搔癢。

蘇曹切。

摹 入

音模。有所規倣也。摹倣。摹寫。

摸 平

音莫。亦作摸。捫也。摸索。

莫胡切。規模曰摹。規之摹之即曰摹。又通作摸。以手捫索也。讀末各切。

按 去

音案。重撫曰按。力在手也。按劒。按轡。

烏旰切。抑也。言抑物使下也。引申為止抑之義。如按兵按事之按是。又驗也。據理以斷之與隨事而察之皆曰按。古之巡按。今之按察使。皆取按驗之意。

揑 入

音孽。重撚曰揑。力在指也。揑物。

魚列切。以指擠物曰揑。故揑泥以象人形謂之揑相。揑則形隨而變。故語之不根者曰揑造。

夾 入

音甲。左右相持謂之夾。夾道。夾衣。

古狎切。持也。从大挾二人會意。言物大非一手所勝。必須左右持之也。故物在兩旁者皆曰夾。如夾室夾輔之夾是。

揮 平

音輝。動也。揮毫。揮汗。

吁韋切。奮也。言奮而振動之也。故號令曰指揮。解釋曰發揮。

排 平

音牌。推也。排場。排班。

蒲皆切。擠也。引申為安排之排。謂依次序而列之也。如排闥排難之排是。又推也。

撐 平

音瞠。支也。支撐。撐頭。

抽庚切。距也。言以足距也。引申之。凡物欲斜而支之使直曰撐。船欲止而篙之使行亦曰撐。

拖 平

音佗。引也。拖鞋。拖帶。

託何切。曳也。物在後而自前曳之。如今人以大舟引小舟是也。物下垂亦曰拖。如拖紳之拖是。

埽 上

掃

音嫂。除穢也。洒埽。氾埽。

蘇老切。棄也。从土从帚會意。謂以帚卻土也。引申之為凡埽除更張之埽。又隄岸曰埽。法以竹木為枋。柳實其中。和土以捍水。河工所用也。

拂　入

音髴。拭也。拂面。拂袖。又與弼同。

敷勿切。擊也。言擊之使颺去其塵埃也。因名拂塵之物曰拂。如古人所持蠅拂是。段借為拂性之拂。以吁拂為義。又段為拂士之拂。以匡弼為義。讀薄密切。

挑　平

音祧。引也。挑動。挑鐙。

吐彫切。撓也。侮弄求戰曰挑戰。因引申為輕挑之挑。今荷物曰挑。如肩挑之挑是。選人亦曰挑。如大挑之挑是。

攀　平

盼平聲。自下引上也。攀躋。攀援。

普班切。引也。故凡援引而上者皆曰攀。今人亦以仰折花木為攀。

插　入

音鍤。刺入也。插秧。插花。

測洽切。刺肉曰插。引申之。凡刺入者均謂之插。

摘　入

音謫。摭果樹實也。摘瓜。摘花。

竹戹切。采也。古謂之采。今謂之摘。引申之。以指指之亦曰摘。如指而詈之曰指摘是也。

牽

平

音岍。以繩引物曰牽。牽動。牽繩。

輕烟切。引前也。故以索引牲曰牽。惟牲可牽。故轉名牲為牽。如餼牽牲牽之牽。是牲被牽則拘束不申。故又轉為拘牽之牽。又星名牽牛。

引

上

音蚓。伸也。牽引。導引。

余忍切。開弓也。所以導矢使之前也。故轉為引導。引申之引。又量名。十丈為一引。鹽法約以二百斤為一引。

舉

上

音莒。扛也。舉動。舉人。

居許切。本作擧。从手。與聲。對舉也。引申為凡動作之辭。如行事曰舉事。執物曰舉物。是又皆也。如孟子天下之民舉安是。

抽

平

音瘳。拔也。抽絲。

丑鳩切。引其端而出之曰抽。又西人有抽氣機。為抽出器內空氣之用。

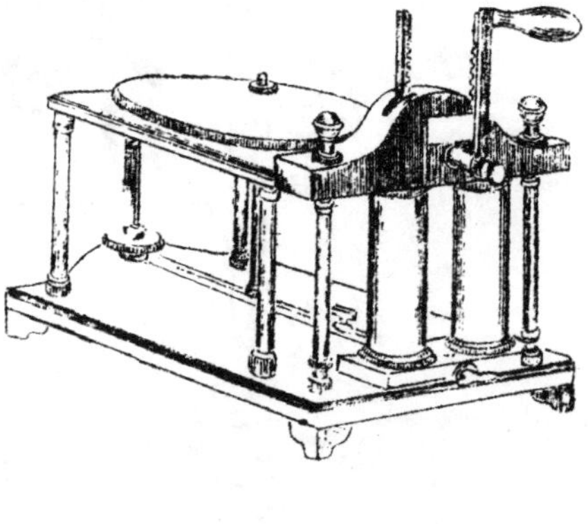

搖 平

音姚。擺動曰搖。 搖曳。 搖奪。

余招切。物靜而振之使動曰搖。搖則懸而無定。故心之無所附著者曰搖搖。故張聲勢以聳人觀聽者曰招搖。

掣 去 入

癡去聲。曳也。 掣肘。 雷掣。 滯入聲。義同。 掣籤。

尺制切。掣者。滯隔不進之謂。如易其牛掣是也。今部章分省分部選缺。均歸掣籤。固用掣取之義。亦所以杜胥吏之舞弊。使之有所間隔也。讀尺列切。

推 平

退平聲。自後進之也。 推車。 推託。

通回切。進之使前曰推。如推輓推步之推。是進之使上亦曰推。如推尊推重之推。是引申為推諉推讓之推。亦取推而遠之之意。

攝 入

音歙。引持曰攝。 攝齊。 攝位。

書涉切。攝以牽引為義。如攝齊升堂之攝。是相引則不相離。故地與日月。以向心離心二力。互相旋繞。謂之攝力。叚借為兼攝之攝。如代國君聽政者曰攝政。一人而兼數官曰攝官是也。

播 去

波去聲。散布曰播。 播百穀。 播棄。

補過切。種植曰播。播種者必分其種而散布之。今沿用播告之播。即布之義也。播遷之播。即散之義也。

拓

入

摭

音隻拾取也
音託推也　恢
拓

之石切與摭通　闥各切手承
物曰拓手推物亦曰拓拓地千
里之拓即取推而廣之之義
今人按紙碑面摹取字形謂之
拓碑　又複姓後魏拓拔氏

拔

入

辦入聲抽而起
之曰拔　提拔
拔貢

蒲八切抽出也如俗謂去草曰
拔草是擢賢人若拔茅茹故轉
為拔擢之拔今各府州縣每十
二年拔貢一人言拔之以貢于
成均也　又攻破城邑曰拔言
破城邑而取之若拔樹木然

張

平

帳平聲開也
張弓　張羅

中良切施弓弦也弦施則弓滿
故叚為張大之張　又計物之
數曰張

展

上

邅上聲舒也
開展

知輦切轉也與輾通單言之曰
展絫言之曰展轉言其忽屈忽
伸不舒而求舒之意也故轉為
舒展之展

揚

平

音陽顯也　發
揚　揚名

移章切飛舉也遠揚簸揚之揚
以飛為義明揚僱揚之揚以舉
為義　又眉之美者曰揚詩揚
且清揚皆言其美也故謂醜陋
者曰貌不揚　又鉞也詩干戈
戚揚

掩 上

淹上聲。遮也。掩藏 掩戶

衣檢切。小上曰掩。器之上小者。輒不見其中。故引申為遮掩之掩。

玩 去

音翫。習弄曰玩。玩好 玩物

五煥切。弄也。因以所弄之物曰玩。又習也。與翫通。

弄 去

籠去聲。撫玩曰弄。弄瓦 玩弄。

盧貢切。玩物也。如弄璋弄丸之屬是。引申之偷人曰弄。如漢書公卿在位朔皆敖弄是。又以樂器可弄。引申之謂曲曰弄。如三弄狻弄是。

披 平

音鈹。開也。披衣 披編

攀糜切。布而開之曰披。如披襟披堅之披是。又披有分散之意。如披靡紛披之披是。

探 平 去

音貪。刺取曰探。闞探 探花

音儋。義同。

他含切。取也。取物曰探。如探囊之探是。取物之情亦曰探。如探索之探是。有所探必先有所試。故嘗試亦曰探。如探湯探路之探是。上海租界。充偵探盜賊之役者名包探。讀他紺切。

謄 平

音騰。移寫之也。謄錄 謄黃

徒登切。

覓 入

銘入聲。求也 覓索。

莫狄切。本作覛。衺視也。轉注為尋覓之覔。俗作覔

投 平

音頭。拋棄曰投 投壺。 投袂。

徒侯切。

擲 入

音躑。重投曰擲。 擲地 擲果。

直隻切。

撤 入

音轍。除去也 撤樂。 裁撤。

直列切。已設而去之曰撤。

釋 入

音適。分解義理曰釋。 釋訓 釋詁。

施隻切。解也。从釆。取其分別物也。轉注為釋褐。釋囚之釋。以捨棄為義。又轉為氷釋。開釋之釋。以消散為義。又佛號釋迦。故佛教亦偁釋教

放 去 上

音舫。棄也 放逐。

音昉。則也 放效

甫妄切。逐也。罪大而徙之曰放。逐罪小而免之曰釋放。又分兩切。與倣同。效也。

立

入

音力。凝佇曰立。

坐立。　立方。

力入切。挺身也。从大立一之上。會意。大人也。一地也。引申為樹立。自立之立。言事之不藉人助。猶立之不藉人扶也。立能暫而不能久。故又申為立待立決之立。言不俟須臾也。又形學以六面方積為立方。

站

去

音佔。佇立不動曰站。

站班。　驛站。

陟陷切。久立也。今死刑有站籠。亦謂之立籠。所以治法不至死而情實可死之犯者也。

企

去

跂

音器。舉踵也。

企慕。　翹企。

去智切。从人止。會意。古文从人足。字亦作跂。舉足而起其踵之謂企。故引申謂鳥踵為企。又凡仰望者必企。故又申為企望之企。

並

上

竝

音併。平行曰並。

並立。　並驅。

蒲迥切。耦立也。从二立。會意。引申之凡平列者皆曰並。如並坐並耕是。或用為承接虛字。如並以並有之類。其所領起之語。必與上文平列者也。

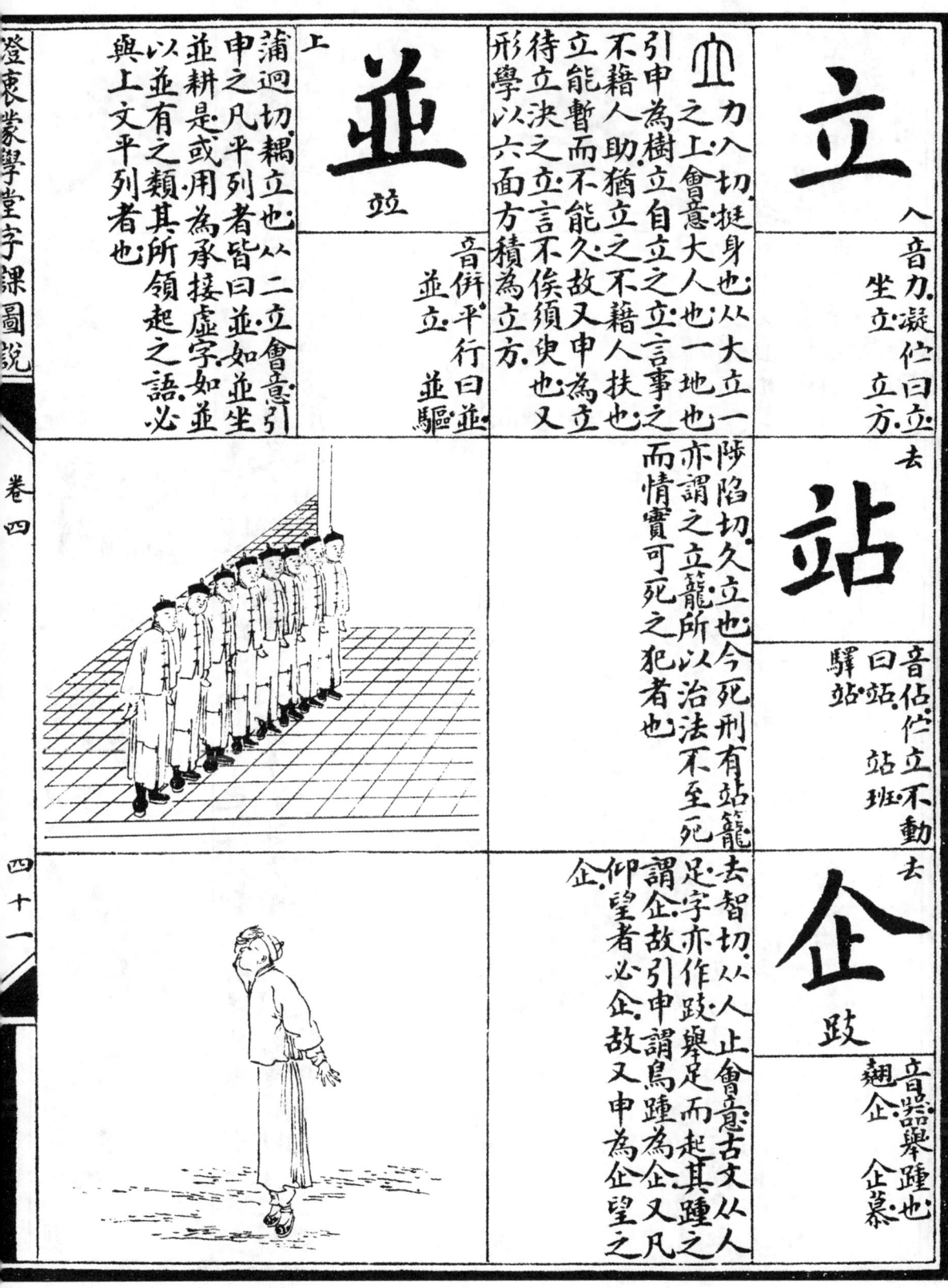

踐 上

音賤。以足履地也。踐履。踐形。

才線切。循跡而履之曰踐。論語所謂踐跡是也。引申之凡行能副言曰踐言。無忝所生曰踐形。皆有循而不越之意。

蹋 踏 入

音沓。足著地也。蹋青。蹋水。腳蹋車。

達合切。亦作踏。踐也。引申之凡足有所踐履者皆曰蹋。如蹋車蹋鞠之蹋是。

蹈 去

音道。踐也。舞蹈。蹈厲。

徒到切。頓足蹋地也。引申為蹈火蹈刃之蹈。皆懸擬所至之境言之。言猶足踐其境也。

垂 平

音甀。本在上而末下者謂之垂。垂紳。下垂。

是為切。物下䢃曰垂。謂根著於上而末向下也。物之垂者其重心必向地心。故其系必直。形學所謂垂綫是也。凡人立地面而望遠。則中高而四邊下。故謂四邊為四垂。垂者自上而及下者也。故引申為垂裕後昆之垂。

起 上

音杞。興也。起居。早起。

墟里切。起者由靜入動者也。凡由坐而立由卧而興皆謂之起。起則精神必振。故申為振作之義。凡為一事必有起點。故又申為發始之義。

上

跪

音垝。跽也。拜跪。

苦委切。兩膝隱地曰跪。古人席地而坐。坐與跪相似。故賓主之間常行跪禮。今祀神及行禮於尊長皆以跪為敬。且有一跪兩跪三跪之別。西人無跪禮。雖見君上。脫帽鞠躬而已。

平

登

等平聲。升也。登山。登樓。

都騰切。上車也。篆文从癶从豆。象登車形。引申為凡自下而上皆曰登。置物於上亦曰登。如拜登之登是。五穀登則自田中收以上場。故亦謂之登。因偁豐年曰豐登。凶年曰不登。

去 平

降

音絳。自上而下曰降。降階。音缸。屈服曰降。投降。

古巷切。下也。如降邱嶽降等是。下之亦曰降。如降級降服等是。降有屈下之意。故力不敵而降心以相從曰降。讀戶江切。

入

陟

音稙。上升曰陟。陟岡。黜陟。

竹力切。登也。从阜从步。會意。謂登阜也。引申之升謂之陟。如陟遐是。升之亦曰陟。如黜陟是。

平

踰

逾

音俞。越進曰踰。踰垣。踰分。

容朱切。與逾同義。超者躍而過。踰則過而不必躍者也。引申為越禮之偁。如踰分踰制之踰是。

躐 入

音獵。行不由序也。躐等。

良涉切。陵節而踐也。古人席必數重。登席不由序曰躐席。因引申謂學之不依級而進者曰躐等。

進 去

音晉。自外入曰進。先進。進學。

郎刃切。前行曰進。如進階是。使人得進亦曰進。如進賢是。

退 去

推去聲。卻行曰退。進退。退敵。

吐内切。往後行曰退。引申之抑之使不得進曰退。如斥退是。不急於進者曰退。如謙退、廉退、求也退之退是。

出 去 入

春入聲。自中而達於外曰出。出入。出門。推去聲。義同。

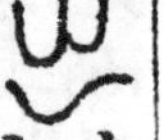赤律切。進也。象艸木出達之形。艸木之生。自下而達於上。故謂自内而至外者皆曰出。引申之所出者即曰出。使之出亦曰出。或讀去聲。蚩瑞切。

入 去 入

任入聲。自外至内曰入。出入。深入。

人執切。進也。引申之兵破人國而弗有其地者曰入。

往 上

王上聲。由此至彼曰往。來往。往返。

羽枉切。自内之外也。身之所向曰往。心有所慕而神向之者亦曰往。古人所謂鄉往是也。因其為來之對。故轉為往古、往昔之往。

來

去　平　徠

賴平聲。物自外至曰來。來往。來年。音賚。招致曰來。招徠。

落哀切。牟麥也。篆象芒刺之形。來牟，周所受瑞麥。天所來也。故轉為來往之來。引申之，招人使來亦曰來。通作徠。讀洛代切。

歸

平

音騩。外來曰歸。歸家。于歸。

舉韋切。嫁也。从止从婦省。會意。从𠂤聲。婦人謂嫁曰歸。自壻家言之則曰來。歸被出曰大歸。則謂歸母家也。引申之，物返所宅皆曰歸。叚借為饋。如歸孔子豚。齊人歸女樂是。

復

去　入

音伏。還歸曰復。往復。浮去聲。再至曰復。復來。

房六切。返也。反命曰復。招魂亦曰復。復者去而復返。有再來之義。故因仍前事者皆曰復。讀浮富切。

還

平

音環。去而復來曰還。歸還。還來。音旋。轉也。

戶關切。凡人物之歸於故處者皆曰還。轉為還須還將之還。與更字又字同意。而辭氣稍緩。叚借為旋。周旋、折旋皆以轉為義。讀似宣切。

返

上

音反。復歸曰返。旋返。返璧。

甫遠切。歸還也。歸之於人亦曰返。如受飧返璧是。

去

去　上

墟去聲。離之曰去。歸去。墟上聲。草除曰去。除去。

邱據切。人相違也。如來去相去之去是。叚借為祛。祛，除也。如去財去之之去。讀口舉切。

至（去）

音摯。足隨心到曰至。　遠至。客至。

支義切。到也。之為未然詞，至為已然詞。故身心之所止皆曰至。於文用為承接虛字，則以領起著題之語也。如至於、至若是。至者，所往之盡處也。夏至謂之日長至，冬至謂之日短至，言日之長短至此而極也。

到（去）

音倒。實至所欲至之處曰到。　到門。遠到。

都導切。至也。欲至其處曰之，已至其處曰到。故到為確定之詞。

移（平）

音匜。變易曰移。　移風。移易。

余支切。移秧也。故字從禾。凡種稻，先苗之後移之。移則從其故處，故轉為遷移之移。今平行職官相通之文曰移文，省曰移。

徙（上）

音璽。由此遷彼曰徙。　遷徙。

斯氏切。移也。遷者由下而上，徙則由此而彼，遷又泛為易其原處之詞，徙則實有所至之處者也。

遷（平）

音韆。易所曰遷。　遷都。升遷。

七然切。去下之高也。引申為凡易其所之偁。如移居曰遷居，除官曰遷，擢通有無曰懋遷，改過失曰遷善，皆是。

迎（去）（平）

音併。迓客曰迎。　迎送。　併去聲。遠迓也。　親迎。

語京切。客將至而迓之曰迎。昏禮壻先往婦家曰親迎。今人所謂迎娶是也。讀魚敬切。

迓　去

音訝。伺迎曰迓。迎迓。恭迓。

魚駕切。通作訝御。

逆　入

凝入聲。不順曰逆。逆行。橫逆。

宜戟切。迎也。迎逆本一聲之轉。故事未來而先意迎之曰逆。先意以迎則不順。因引申為叛逆之逆。

送　去

音送。贈別曰送。送往。迎送。

蘇弄切。贈也。人有事而將之以物曰送。今所謂送禮是也。親往致敬亦曰送。如送行送殯等是。蓋皆以致贈別之意者也。

遲　平　去

音墀。行緩曰遲。遲速。舒遲。

音稚。待也。

陳知切。徐行也。引申之凡事不速者皆曰遲。遲則速者須待。故又申為延待之義。讀直意切。

艮　去

根去聲。物有所限謂之艮。艮卦。

古恨切。本義很視曰艮。又訓為止。易艮為山。䷳蓋以山安重不遷。有合乎止之義也。

行 去 平

音衡。舉步前進曰行。行在。胻去聲。行事之迹曰行。德行。平 音杭。陳列也。

何庚切。凡物之運動事之措施皆曰行。中國謂金木水火土為五行。西人謂水火風土為四行。說以見于天道溯原為最備。下孟切。行迹也。施之于事曰行。行之于身曰行。寒罔切。列也。市肆雜列貨物。故俗偁行。

步 去

音捕。徒行曰步。舉步。步行。

蒲故切。一舉足謂之跬。倍跬謂之步。周尺六尺為步。今因而折衷之。定五尺為一步。三百六十步為一里。方積以二十五方尺為一方步。二十四方步為一分。二百四十方步為一畝。步所以推數。故謂測算為推步。

走 上

奏上聲。行也。奔走。走路。

子苟切。安步徐行曰走。疾趨而進亦曰走。古人自偁之詞曰牛馬走。亦曰下走。蓋謙言供奔走之役也。

趨 平

取平聲。疾行曰趨。步趨。趨進。

七逾切。趨疾行之有節文者。禮卑者過尊者之前則趨。趨朝趨庭皆是。

逃 平

音匋。亡走曰逃。逋逃。逃亡。

徒刀切。義當留而竊去謂之逃。古以逃為亡命。謂在逃者之民籍無可稽考也。

竄 去

音爨。逃匿也。竄匿。逃竄。

七亂切。匿也。从鼠在穴中會意。故有所畏而逃者曰鼠竄。引申為放逐之義。如書竄三苗於三危是。猶言使之竄也。

奔 平

本平聲。疾走也。奔走 狂奔。

逋昆切。趨事恐後曰奔。所以急赴之也。故聞親喪而歸者曰奔喪。男女會合不以禮者曰淫奔。

違 平

音幃。相背曰違。從違 違背。

羽非切。避而去之也。避則不復相從。故凡不相從者皆曰違。不從則不順。故引申為道與時違之違。

避 去

音鼻。掩匿曰避。迴避 避匿。

毗義切。从辟从辵。辟君也。天子出而辟除行人。則人避匿。故引申為逃避之避。

逝 去

音誓。往而不返曰逝。長逝。

時制切。一去不復來也。故引申為逝世。逝水之逝。

趁 去

音疢。逐物曰趁。趁便 趁船。

丑刃切。關西以逐物為趁。逐物者必因利乘便。故伺便而動曰趁。今俗謂附人之舟車者曰趁船。趁車。義本此。

追 平

音靁。趨隨人後曰追。追隨。追逐。

中葵切。逐也。隨而逐之也。逐者迫之使不得留。不必其相及。追則志在趨而及之。與迫之使去者正相反也。

逐 入

音軸。迫物使去曰逐。逐寇。追逐。

直六切。物已去而迫之使遠去曰逐。逐有益進之義。故歷數事物曰逐。如逐層逐步是。

邀 平

音腰。招人使來曰邀。相邀。邀客。

伊消切。遮也。遮之使不去也。不欲其去者必欲其來。故引申為相招之義。

遇 去

音寓。相遭曰遇。遇合。相遇。

牛具切。逢也。引申之所遇之境即曰遇。如境遇際遇之遇是。

遭 平

音糟。遇合曰遭。遭逢。遭際。

作曹切。遇也。引申之所遇之境即曰遭。如遭逢是。段借為遶。如周遭是。

逢 平

音逢。偶遇曰逢。遭逢。逢人。

符容切。遇也。約期相遇曰會。不期而遇曰逢。未來而先迎之亦曰逢。如逢迎是。所逢之境即曰逢。如遭逢是。

隨 平

音隋。從而不違曰隨。倡隨。隨處。

旬為切。順行也。引申之凡事順從皆曰隨。如追隨。詭隨。是隨在之隨。亦言順而至其所也。

侍 去

音嗜。卑在尊者之側為侍。侍側。侍從。

時吏切。近也。古侍人。侍中。今之侍衞。侍御。皆以近於天子為言。侍坐。侍奉等。則概偁諸卑之於尊也。

造 去 上

音慥。相就曰造。造門。

音早。創製曰造。造作。

七到切。就也。禮偁造士。詩偁小子有造。均謂其有所成就也。引申之。以我就人亦曰造。又造次。雙聲也。急遽之貌。昨早切。創也。創物者天。故謂天為大造。亦偁造物。引申為製造之造。

詣 去

音羿。進見曰詣。詣闕。造詣。

五計切。進也。造詣皆以我就人。而詣為敬詞。引申之所詣之境。即曰詣。如深詣。造詣等是。

適 入

音釋。由此往彼曰適。適人。安適。

音的。專主也。

施隻切。往也。凡女行於大夫以上曰嫁。行於士庶人曰適人。亦往之夫家之意。又和善也。如安適。適意。是又恰至其時也。如適然。適逢。是又段為嫡庶之嫡。讀丁歷切。

遵 平

音嶟。循道而行曰遵。遵循。

祖倫切。循行也。引申之凡循而不改者皆曰遵。如遵教。遵命是也。

運 去

音韻.動有恆者曰運.運行.轉運.

禹慍切.運即動也.動之行而不息常而不變者曰運.力學所謂平速力也.故日月旋繞.以成寒暑曰天運.舟車漕轉.循環不已者曰漕運.鹽運.又命運運祚之運.則以氣化流行為本.而決吉凶禍福者也.

遞 去

音悌.相代曰遞.遞變.馬遞.

徒禮切.更易也.古者因道遠難通.設為驛遞.使按程更替.故今寄送信物.多謂之遞.引申為凡互代而不已之偁.如遞運.遞嬗是.又路遠曰迢遞.亦隨至易地之意也.

涉 入

音緤.水行曰涉.跋涉.涉水.

時攝切.無舟而渡水深過膝以上者曰涉.涉者必入足於水.故引申為干涉.交涉之涉.言入身於諸事諸國之中.以干預之也.

超 平

音怊.躍而過也.超羣.高超.

癡宵切.躍也.躍必出前.故科舉之前列者曰超等.學校之前列者曰超班.皆言其出乎羣類也.

跳 平

音迢.蹶也.又躍也.跳梁.

徒聊切.顛蹶曰跳.段借為趒.雀行也.人躍似雀行.故以躍為訓.又段為逃避之逃.

跌 入

音耋。蹶也。跌倒。蹉跌。

從吉切。从足失會意。言足失據而至於仆也。引申為超越之義。如跌宕之跌是。

陷 去

音䐄。墜入穴中曰陷。陷阱。

乎韽切。从阜从臽會意。自高而入於下也。陷則入其中而不易出。故引申為陷溺誣陷之陷。

跛 上

音播。行不正也。偏跛。跛倚。

布火切。一足偏廢曰跛。引申謂立容不正曰跛。言其形如足廢也。

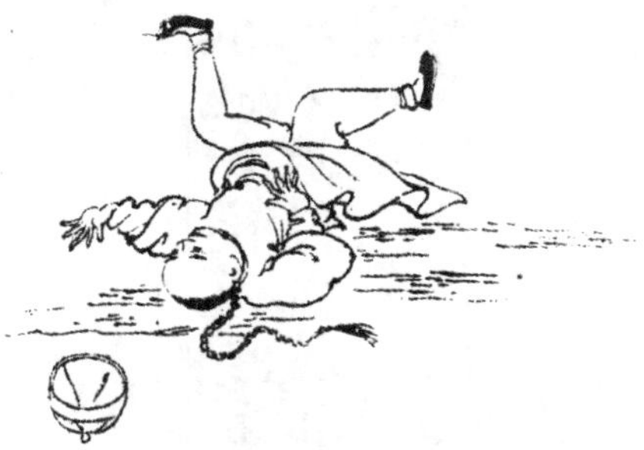

蹇 上

謇上聲。行不利也。蹇驢。驕蹇。

九件切。膝伸不屈曰蹇。蹇則脛直而行走難。故申為蹇直蹇難之蹇。又申為驕蹇之蹇。謂驕而不順于理。猶傲而不順于行也。

距 上

音巨。相持曰距。雞距。距離。

其呂切。介也。雞附足骨。所以刺物而拒人者。故段為抗拒之拒。又兩物間相去之數曰距。則以彼此相對。有抗拒之象也。

蹤 踪 平

音從。趾迹曰蹤。芳蹤。蹤迹。

即容切。從也。从足从從會意。謂人行而其形從也。故慕效古人曰追蹤。客子所在曰遊蹤。

迹 入

音積。足痕曰迹。遯迹。迹象。

資昔切。足蹑地則有迹。引申之凡事已過而有形象可攷者皆曰迹。

迷 平

音麛。不悟曰迷。迷離。昏迷。

莫衣切。失其所欲行之路而妄行之為迷。如迷津。迷途等是。引申為迷惑之迷。

遽 去

音詎。迅疾曰遽。急遽。

其據切。驛傳也。驛傳最速。故引申為急遽之遽。速。迅。疾。遽。皆為不遲之偁。析言之。則速但為遲之對詞。迅疾皆有加速之意。而出之以從容者。遽則有倉卒窘迫之態者也。

逍 平

音宵。遊行自在曰逍遙。

相邀切。

事　去

音侍。人為之總名也。　事業　正事

鉏吏切。大曰政，小曰事。即人日日所營之職業也。引申之，事其所事亦曰事。如事父事君之事是。

業　入

音鄴。可以成名而世守者曰業。　受業　事業

業　魚怯切。大版也。形如鋸齒，以懸鐘鼓。業字象之。古者書文于版，故執經問難曰請業。引申為學業、世業、功業之業。又事之已然者曰業，如業經、業已是。

務　去

音霧。事其事曰務。　務本　商務

亡遇切。專力于事曰務。如急務、公務之務是也。以事轉囑于人亦曰務。如務必、務懇之務是也。

宜　平

音儀。合乎事理之謂宜。　便宜　合宜

疑羈切。宜者，適相當也。凡宜室家、宜侯王之宜，皆有相當之意。相當者必合于義，故義亦作宜。如禮記宜次之是也。又天子舉事必依于義，故將出而有事乎社謂之宜。

作　入

臧入聲。興起曰作。舉事亦曰作。　作為　動作

則洛切。人起曰作。如論語舍瑟而作是。起而舉事亦曰作。如禮記後聖有作是。引申為製作、著作之作。

為　平

音溈。任事曰為。　作為
音偽。助事曰為。　因為

于嬀切。本義母猴也。叚借為凡動作皆曰為。　于偽切。作因字解，如孟子為其殺是童子而征之是。作助字解，如論語夫子為衛君乎是。作被字解，如漢書趙王武臣為其將所殺是。

肇 上

音趙。始事曰肇。肇基。

治小切。肇，始也。我 朝追崇始祖曰 肇祖原皇帝。為其肇基 王迹也。

初 平

楚平聲。託始曰初。初次。太初。

楚居切。裁衣之始也。故从刀从衣會意。引申之為凡託始之通名。

振 去

音震。奮發也。振作。振動。

之刃切。舉救也。凡振興振起之振。皆以舉為義。振貧窮振乏絶之振。皆以救為義。

先 去 平

霰平聲。在前曰先。後之對也。先後。先進。音霰。先事而為之曰先。

蘇前切。前進也。从儿从之。儿古人字。之往也。往居人上是先也。引申之先王先生先輩之屬。凡長于我者統謂之先。又導之使前曰先。讀先見切。

創 去 平

音瘡。傷也。受創。創痍。瘡去聲。始事曰創。創業。

初莊切。本作刅。言為刀所傷也。引申為懲創之創。言以威惕之也。讀初亮切。又業之初基曰開創。文之初藁曰艸創。皆據其始事而言。

繼 去

音計。踵而行之曰繼。繼志。出繼。

古詣切。反㡭為繼。言相續不絶也。故嗣君曰繼世。續婚曰繼室。自其子言之曰繼母。為人後者俗謂之承繼。

始 上

音[艹始]。事物之初曰始。始終。原始。

首止切。女之初也。引申之凡物起點皆曰始。如人類有始祖。事類有始基是也。

終 平

音螽。事物之盡曰終。始終。終日。

職戎切。本義絿絲也。絲有綿長之象。故轉訓為永。如終古。終天是也。絲有斷絕之時。故又訓為盡。如終喪。終事是也。

擅 上

音善。把持曰擅。專擅。

時戰切。專也。其不應專而專者亦曰擅。如擅權。擅命是也。

率 去 入

音蟀。總而統之遵而行之曰率。音律。約數也。音帥。即連帥。渠帥之帥。

率 朔律切。捕鳥畢也。象絲網。上下其竿柄也。網有收羅牽掣之義。故引申為率循。統率之率。網疏則漏。故又申為草率。輕率之率。又大率。大略也。劣戌切。算術有三率四率法。以馭比例。所類切。與帥同。

改 上

音輆。更張曰改。改變。改易。

古亥切。物敝更為之曰改。引申為人有過而決然更之者亦曰改。

變 去

鞭去聲。事之改常而出意外者皆謂之變。變化。變遷。

祕變切。更易曰變。反乎常也。引申為權變。機變之變。謂心無常在也。又申為大變。變故之變。謂事出非常也。

仿（上）

方上聲。比擬之詞。仿照。描仿。

妃雨切。相似也。引申為仿效之仿求其似也。似則非真。故又申為仿佛之仿。

效（去）

効

音校。確有功驗也。效法。收效。

胡教切。精心取法曰效。如仿效則傚是也。冥心赴事亦曰効。如効命効力及今通用報効等語是也。又效之而見功者亦曰效。如效驗明效是也。效傚効字通。

稽（上）（平）

音雞。遲留不進也。稽延。稽考。

音啟。叩首也。

堅溪切。留止也。引申為稽遲之稽。叚為稽核之稽。昔禹合諸侯大計于東治之山。因名會稽。古有會稽郡。今為縣。屬浙江紹興府。祛禮切。叩首至地曰稽首。觸地無容曰稽顙。

肄（去）

音易。專心務業曰肄。肄業。

以智切。習也。習則心勞。故引申為勞瘁之義。如詩既詒我肄。莫知我肄。皆是。

措（去）

音醋。求物以應用也。措置。

倉故切。弃置曰措。如舉直措枉是引申為安置。亦曰措。如民無所措手足是。叚借為措辦之措。

置（去）

音智。捨而去之曰置。廢置。

知意切。赦免也。从网從直會意网禁網也。有罪則繫。直則赦之與羅字意同。引申為放逐罪臣曰安置。又申為措置位置之置謂安之而得其當也。又為置郵之置。若今馬遞是。

去

備

音避預防曰備 防備 備辦

平秘切事未至而先具者曰備引申之無物不具亦曰備言足以應用而無缺也又申為盡字義如備悉備陳是

去

具

音懼事物備也 文具 具文

其遇切備物曰具所備之物即曰具如器具供具之具是引申為具臣具位之具言僅足備數也今公牘有具呈具稟之文交際有謹具拜具之式皆同義段為民具爾瞻之具則與俱通

平

存

音蹲亡之對曰存 生存 存貨

徂尊切恤問也如周禮大行人歲徧存是也存在雙聲同義故存亡之存作在字解

入

發

音髮機動曰發 高發 發財

方伐切矢出曰發引申之凡由收而放由黯而明皆曰發發明發揚之發指在人者言之也發洩發動之發指在物者言之也

平

敷

音孚廣被曰敷 敷陳 敷衍

芳無切分布也敷土之敷以分言敷奏敷治之敷以布言今俗以不足為不敷言其不堪分布也

去

施

平

音詩展而擴之曰施 施恩

音翅義同

音易延而及之曰施

申支切本義旗貌旗有展舒之致故引申為施展之施又申為施與施報之施亦讀申智切又以豉切艸木附攀而上也如詩施于松柏是

匡 平

音劻。救正曰匡。
匡救。一匡。

曲王切。竹器也。圜為筥。方為筐。故引申為方正之義。如詩既匡既敕是。又申之以正矯不正亦曰匡。如詩以匡王國是。

襄 平

音湘。助理曰襄。
襄理。贊襄。

息諒切。漢令解衣而耕曰襄。蓋以助農事也。引申為凡助事者皆曰襄。又謚法辟地有德曰襄。甲胄有勞曰襄。故我　朝功臣恒有文襄武襄勤襄之謚。

輔 上

音釜。夾助曰輔。
輔佐。畿輔。

扶雨切。人頰車曰輔。如輔車相依之輔是。木夾車亦曰輔。如無棄爾輔之輔是。皆取其相助也。因引申為輔助之輔。漢以京兆左馮翊右扶風為三輔。謂其夾輔王室也。

佐 去

左去聲。相助為理曰佐。
王佐。佐輔。

子賀切。輔也。本作左。今用佐字。而專以左為左右之左。

薦 去 荐

音廌。引之使進曰薦。
薦賢。自薦。

作甸切。从艸从廌。廌所食艸也。又細艸名。故俗名艸織之席亦曰薦。叚借為薦羞之薦。薦進也。故引申為推薦薦人之薦。與荐通。

選 去

音選。擇于衆中曰選。
選舉。揀選。

須兗切。散而遣之曰選。此選之本義也。今則以衆而擇之曰選。王制選士為選舉之最古者。累代因之。科目屢變。　國朝雖承科目之舊。而兼用保舉捐納。惟吏部文選司兵部武選司尚沿選字之名。

徵

上　平

陟平聲。召人曰徵。歛物亦曰徵。徵聘　徵糧　知上聲。五音之一也。

知陵切。召也。行微而聞達者即徵之。引申為徵收税則之徵。凡徵召徵收必有符信。故申為徵驗之徵。陟里切。發聲時齒合吻開謂徵。五音在角羽之間。

謁

入

音曷。請見曰謁。拜謁　謁見

於歇切。謁白事也。書姓名爵里並列事以投謁。如今之拜帖是也。又謁者漢官名。

約

入

音葯。預定期會曰約。失約　大約

乙却切。从糸从勺。謂以絲纏束之也。故有約束之義。引申為和約條約之約。言訂定以後各遵約束也。又為貧約窮約之約。言受困如受束然。又約略不繳細也。

致

去

音躓。推極也。致知　景致

陟利切。送詣也。如致政致賜是。因申為招致之致。如周禮致萬民是。言招之使詣己也。又為推致之致。如大學致知在格物是。今譯西文者。凡重熱聲光化電諸學。統謂之格致。用朱子即物窮理推及其知之義。

保

上

音寶。慎守勿失曰保。保全　保佑

呆補道切。本義為保母之保。故古文从子从八。象保抱之形。引申為保養保安保護之保。今世有保結以取信。有保險以防患。則又保護之引申也。

嫁

去

音駕。女子適人曰嫁。嫁娶。婚嫁。

居迓切。从女家聲。謂女有家也。引申為嫁禍之嫁。言禍在此而移于彼。有類嫁女者然。

娶

去

音趣。男子授室曰娶。娶妻。不娶。

七句切。娶从取女會意。經傳通作取。

婚

平

音昏。娶婦也。婚姻。

呼昆切。婦家也。从女从昏。禮娶婦以昏時。故又為婚嫁之婚。經傳通作昏。

納

入

音衲。物相收付曰納。容納。

奴答切。字从內。為由外而內之義。如出納收納之納是也。引申之由內而外亦曰納。如納幣納款之納是也。

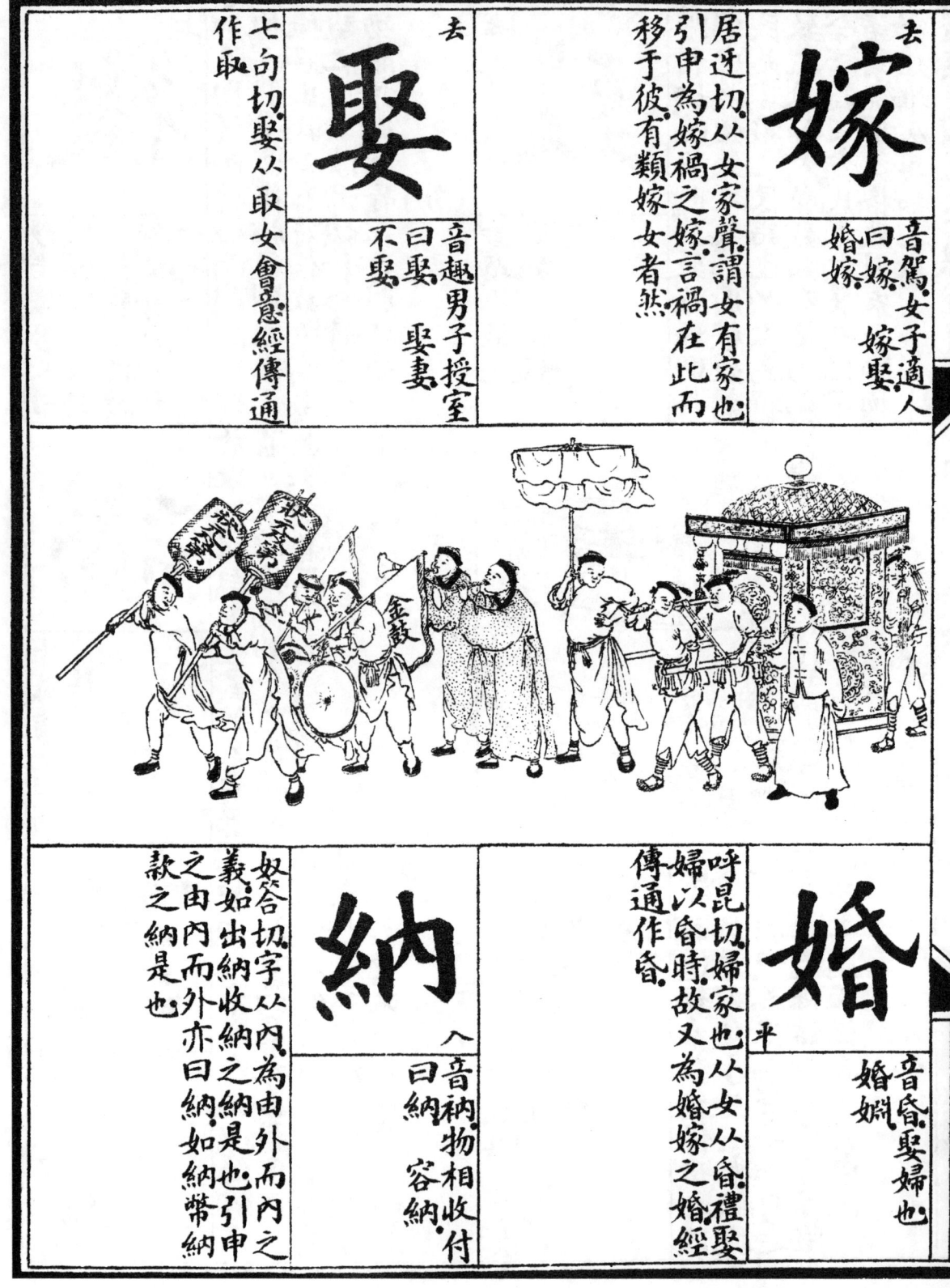

去 **獻**

音憲。將物致敬曰獻。貢獻。享獻。

許建切。犬名。羹獻謂以犬之肥者獻之。从犬从鬳會意。引申之凡呈物于尊者皆曰獻。段借為黎獻文獻之獻。訓賢也。

平 **齎**

音韲。進物于人曰齎。齎奏。齎志。

牋西切。與人物也。如齎皮馬齎盜糧是。引申之以物自隨亦曰齎。漢書行者齎。言以衣食之具自隨也。

去 平 **呈**

音程。表暴于外曰呈。音鄭。奉于尊者曰呈。呈閱。呈政。

駐平切。平也。段借為呈露之呈。引申為奉獻之義。如進呈書籍呈遞供狀之類是也。讀直正切。

去 **贈**

音𩵋。以物饋人曰贈。投贈。遺贈。

昨亙切。玩好相送曰贈。引申之凡送人不取值皆曰贈。又朝廷所給誥敕。于生前曰封。于身後曰贈。

平 **貽**

音飴。贈遺曰貽。詒謀。貽我。

延知切。遺也。如禮記貽父母令名。詩詒厥孫謀之貽是。引申為饋遺之義。如詩貽我彤管書公乃作詩以貽王之貽是。經傳通作詒。

賚 去

音睞。賞賜曰賚。大賚。

洛代切。

遺 去 平

音夷。失物曰遺。遺忘 遺囑 夷去聲。贈物曰遺。

以追切。凡事物有心置之曰棄。無意失之曰遺。遺則不屬已矣。故凡留于後人皆曰遺。如遺命遺言之遺是。又以物贈人亦曰遺。如餽遺投遺之遺是。讀以醉切。

求 平

音裘。向人乞取曰求。求討 拜求。

渠尤切。求本裘之古文。今專用為求請之求。

貺 去

音況。拜人嘉惠曰貺。厚貺 辱貺。

虛放切。益也。本作況。亦借況字為之。如拜貺嘉貺之類是。以與賜賞同義。故又从貝。惟賞賜為習用字。貺字又較文爾。

祈 平

音旂。婉求曰祈。祈禱。

渠希切。祈報皆祭名。祈者。謂有災變而號呼告神以求福也。引申之凡有求請皆曰祈。

求雨圖

乞

去 入

音芞。求也。乞兒。乞食。

乞 去

音器。與也。

去訖切。氣之本字也。段借為乞貸之乞。如乞言乞盟是也。引申之因人之乞而與之亦曰乞。如漢書吏卒更乞匄之是。讀去冀切。

際

去

音祭。適逢其會曰際。際可。際遇。

子例切。兩牆相合之縫曰際。故際有界合之義。今沿用天際無際之際。即界之義也。際會交際之際。即合之義也。

佑

上

音右。輔佐曰佑。佐佑。保佑。

云九切。助也。通作右。又與祐同。

恩

平

音蒽。惠也。施人曰惠。受施曰恩。恩德。感恩。

烏痕切。凡報施相抵曰直。所施逾常曰恩。如恩科恩詔。皆非常例也。

惠

去

音慧。分人以財謂之惠。恩惠。受惠。

胡桂切。从叀从心。會意。謂其心專于愛人也。謚法。愛民好與曰惠。柔質慈民曰惠。皆本此意。引申之。其所施之恩亦曰惠。

巡 平

音旬。周察曰巡。巡查。總巡。

詳倫切。行視也。古者天子巡守。以巡行方伯所守之地也。近代巡撫。巡道。巡檢等官。皆謂巡察其轄地。其執查街守門之役者曰巡捕。引申之一周曰一巡。以天子巡守必周行四方也。又行而趑趄卻退者曰逡巡。

仗 去 上

長上聲。憑勢曰仗。依仗。對仗。長去聲。義同。

直亮切。古作杖。言如杖之足倚也。引申之為仗力仗財之仗。謂仗之以為勢也。又申之為兵仗。儀仗之仗。謂仗之以為飾也。亦讀呈兩切。

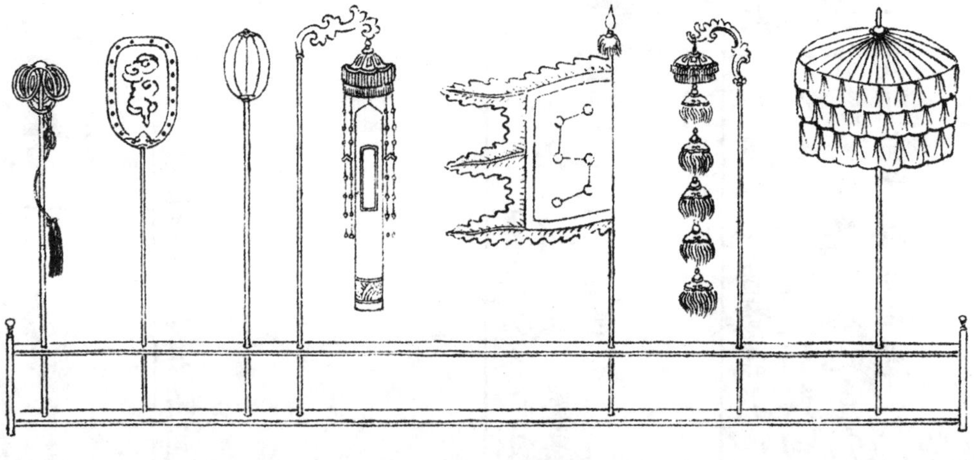

護 去

音瓠。保衛曰護。護衛。護封。

胡故切。守視也。日月相蝕。則伐鼓用幣以救護之。邊疆有警。則禦險設要以防護之。皆取守視之意。引申為監領之義。如秦漢護軍都護等官是。又申為兼管之義。如近制以卑官攝長官事者曰護理是也。

飭 入

音敕。整齊曰飭。謹飭。飭送。

畜力切。致堅曰飭。引申為堅守亦曰飭。如飭備之飭是。凡條誡詰令必堅詞使無遁飾。故通謂之飭。又申為戒飭申飭之飭。而使人亦謂之飭。

遣 上

音繾。縱之使去曰遣。遣戍。

驅演切。釋而縱之曰遣。如遣發之遣是。引申謂委而用之亦曰遣。如差遣之遣是。

伺 去

音四。窺人之隱曰伺。窺伺。覷伺。

相吏切。古通司。察視也。乘人之不覺而察其過失曰伺。伺察。引申謂因人之所需而待其左右曰伺候。

俟 上

音寺。守候曰俟。俟我。久俟。

牀史切。本義大也。叚借為竢。竢待也。經傳竢命竢罪之竢皆作俟。

尋 平

音潯。收索曰尋。尋事。尋仇。

徐心切。度名。八尺曰尋。尋所以度物。引申謂揣度以求失物曰尋。如招尋之尋是。又申謂窺度以求名理曰尋。如尋繹之尋是。

催（平）

音崔。促人成事曰催。催取。催租。

倉回切。字本作摧。如詩室人交徧摧我。言其逼迫不堪也。引申之。凡守候其事曰催。

促（入）

音趗。迫狹之狀。急促。

七玉切。催促也。經史以趣為之。如史記趣趙兵亟入關。漢書趣丞相急行封是。又促織。蟲名。古語促織鳴。嬾婦驚。亦其義也。事經催促則急遽。故引申為匆促之促。人因催促則不安。故又申為局促之促。

寄（去）

音記。有所依曰寄。寄記。寄生。

吉器切。託也。託足之地曰寄。如寄公寄寓之寄是。引申之。以事託人亦曰寄。如寄政寄命之寄是。又申為寄書郵之寄。

付（去）

音傅。以物畀人曰付。交付。收付。

方遇切。从人又持物對人。有給與之意也。

委（去）（上）（平）

音委。積聚為委。委吏。

音骫。任使曰委。差委。委員。

音逶。自得貌。

於偽切。委積。掌于周禮遺人。少曰委。多曰積。皆蓄聚之義。引申為原委之委。謂水流所聚也。又申為委用委棄之委。讀於詭切。

於為切。詩委蛇委蛇。委委佗佗。皆雍容自得之貌。又委隨。委曲。皆婉轉之意。

卸（去）

寫去聲。委而去之曰卸。交卸。

司夜切。舍車解馬也。引申為凡解脫之偁。如卸任卸罪之卸是。

去

試

詩去聲。用人以觀其能否曰試。嘗試。試驗。

式至切。用也。如明試以功之試是也。引申為考試之試。國朝取士。自歲科鄉會以至殿試。皆有定格定期。而士人出身之途。即以此為等級。

去

驗

黏去聲。證諸事實曰驗。試驗。查驗。

魚窆切。本馬名。段為考驗之驗。今有驗看月官之制。謂舉是月投選之人而考驗之。又為效驗之驗。謂考之而已著功效者也。

去

辦

音辨。治事曰辦。嚴辦。辦事。

備莧切。本作辨。辨。判也。故為裁判事理曰辦。如科罪曰懲辦。理事曰辦理是也。今官場管理庶務。有督辦總辦會辦幫辦之名。又洋行之經理者曰買辦。

平

供

音恭。備物以應人之求曰供。供給。供養。

居中切。

入

給

音急。與人以財曰給。分給。賞給。

居立切。相足也。如家給人足之給。言足于財用也。傳人口給之給。言足于辯才也。引申謂凡與人財物而使之贍足。亦曰給。如付給給發之給皆是。

平

需

音須。待用曰需。必需。需次。

相俞切。从雨而聲。而者。須也。遇雨不進。止有所需也。今通用急需需要之需。皆以須待為義。又易卦名䷄。

用 去

容去聲。操縱事權曰用。 合用。 用人。

余頌切。施行也。凡用人用物之用皆是。引申之。名其所用之物亦曰用。如財用器用之用皆是。又申為用能是用之用。則作以字解。

費 去

音沸。用之廣也。 費用。 旅費。
音秘。邑名。
音扉。姓也。

芳味切。散財物曰費。如論語惠而不費。及經費川費之費是。費之言用也。用心力于難處亦曰費。如費解費事之費是。又申為謝人之用心力者。如俗偁費神費心之費是。 兵媚切。魯邑名。 父沸切。費氏。紂臣費仲之後。

賴 去

音癩。足以相依曰賴。 託賴。

落蓋切。利也。有利則可恃。故引申為依賴之賴。又申謂人之不足恃者曰無賴。

預 去

音譽。籌于事前曰預。 預備。

羊茹切。凡事不應與而與者曰預。如干預之預是。引申謂未事而逆計者亦曰預。本作豫。

蓄 入

音矗。積聚曰蓄。 私蓄。 蓄意。

敕六切。積也。謂藏儲財物以備不虞也。引申謂含意未申亦曰蓄。如蓄疑蓄謀之蓄是。

裹 上

音果。纏于四周曰裹。 裹足。

古火切。包物曰裹。如詩乃裹餱糧之裹是。引申謂花萼之苞者亦曰裹。

捐 平

音沿棄物曰捐
賑捐　釐捐

與專切棄也以其糞除穢污也引申之凡有所棄皆曰捐如人棄世謂之捐館是也又申之因棄此而得彼者即名其所得為捐如近時捐官是也

募 去

音暮招而致之曰募　募化
募兵

莫故切求人曰募如荀子之募選及近日公牘之報募皆是引申之凡勸人以財力報効者皆曰募

賃 去

音任以財雇物曰賃　賃屋
召賃

女禁切傭也从貝从任言我出財而使人任事也引申之凡出財典物皆曰賃如賃房賃田之賃是

鋪 去　鋪 平　入

音稗著門鋪首也　鋪
音敷布也陳　鋪蓋
音怖店鋪之鋪

滂漠切鋪首以銅為之箸于大門所以啣環者古或作龜蛇之形今多作螺形　芳無切凡物直懸曰掛平設曰鋪　又俗作鋪市中鬻物者曰店鬻物而陳于外者曰鋪讀普故切

衍 上

音演散漫無收曰衍　敷衍
繁衍

以淺切水溢流也从水从行會意水滿則溢故衍文曼衍皆以溢為義水流必下故衍沃墳衍皆以下為義

附 去

音駙相依傍也
附勢　附生

符遇切附婁小土山也與坿同故有附益之義如詩如塗塗附是也引申之凡近而可依者皆曰附如國有附庸縣有附郭是也

添 平

音沾。以此物加彼物中曰添。加添。添補。

他兼切。本作沾。益也。俗以生子為添丁。本唐盧仝故事。

兼 平

音縑。不專于一曰兼。兼金。兼備。

兼 古嫌切。从又持秝。會意。持一禾者為秉。持二禾者為兼。引申為累數之義。如兼味兼人是也。又申為旁通之義。如兼差兼辦是也。

同 平

音桐。反異曰同。同人。同心。同治。

徒東切。會合也。亼口曰合。冂口曰同。會意。故凡事物之不相差異者皆曰同。引申之凡與人共事亦曰同。又申為會同之同。同人。易卦名也。䷌ 又近人以訂約簽字各執一紙者為合同。

咸 平

音諴。與衆共之曰咸。咸豐。咸宜。

胡喦切。僉同為咸。莊子周徧咸三者。異名同實。其指一也。又易卦名。䷞

共 去 平

蛩去聲。衆聚之偁。總共。共事。音恭。同恭。音供。同供。

共 渠用切。古文从兩廾。象多人共事之意。引申為統共共計之共。謂以散數合為總數也。段借為恭。如虔共共敬之共。是讀九容切。又段為供。如共給共億之共。是讀居用切。

迭 入

音絰。互代也。迭次。

杜結切。交相更替曰迭。如易迭用剛柔。孟子迭為賓主之迭是。

懋 去

音茂。美盛曰懋。懋哉。懋遷。

莫候切。懋从楙。有勉義。亦有盛大義。書德懋懋官。功懋懋賞。上懋字即廣大之義。下懋字即勉義也。

協 入

音挾。和衷共濟曰協。協揆。

胡頰切。和易也。引申為相助為理之義。如大學士之有協辦。總兵之有協鎮是也。

貼 入

音帖。黏不屬者而屬之曰貼。貼補。招貼。

他協切。以此物膠附彼物曰貼。引申謂財用不足而附益之者亦曰貼。如津貼幫貼之貼是也。

成 平

音城。終事有功者曰成。成功。成就。

時征切。功卒業就曰成。引申之。以名所成之事即曰成。如詩誰秉國成是也。又申為老成之成。言其練事久也。又成重一聲之轉。故邛一成。壇三成。臺九成之成。皆訓為重。

亨 平

音哼。通順曰亨。元亨。亨通。音烹。同烹。

虛庚切。與享字同。獻也。進孰物也。獻進所以通意。故引申為亨通之亨。段為亨飪之亨。讀鋪郎切。

徹 入

音轍。通達曰徹。徹底。

直列切。通也。亦作轍。軌依于道無不達。猶事依于理無不通也。引申為徹田為糧之徹。言取貢助兩法而通之。段借為芟除之義。如詩徹彼桑土。論語不徹薑食是。

勤 平

音芹。任事不倦曰勤。勤勞。辛勤。

渠斤切。勞也。無所愛其心力之謂。凡勤事必有利于人。故引申為恤難之義。如左傳齊方勤我之勤是。又申為與人親附之意。如漢書通殷勤是也。

勉 上

音免。強力而為曰勉。勉強。

美辯切。力不及而強之曰勉。引申之。欲人奮發亦曰勉。如勉勵勸勉之勉是。

勞 平 去

音牢。竭力赴事曰勞。勞碌。牢去聲。慰人之勞曰勞。勞來。

魯刀切。从力熒省會意。熒火燒冂用力者勞也。引申為賢勞勞苦之勞。皆以心力交瘁為義。近制因効力而得獎叙者曰勞績。同一勞績。又有尋常異常之分。因其勞而有以慰之曰勞。讀郎到切。

暇 去

音夏。無事之日曰暇。暇日。閒暇。

胡駕切。閒日也。引申之。躭閒亦曰暇。如自暇自逸之暇是。又休假請假之假。實暇字之叚借。

娛 平

音虞。賞心曰娛。歡娛。娛樂。

牛俱切。

睦 入

音牧。和順也。睦鄰。親睦。

莫六切。目順也。引申之。凡人順乎我。我順乎人。皆曰睦。反之則為不睦。

得（入）

音德。自我獲之曰得。　得所。　患得。

多則切。取也。取則為我有。故為得失之得。引申為宜字義。如相得之得是。又申為可字能字義。如無得不得之屬是。

失（入）

音室。自我棄之曰失。　失物。　失禮。

失　式質切。从手乙聲。謂物在手而奪去也。引申謂物無意置之曰失。如遺失之失是。遺棄則不能無過。故又申為過失之失。

徧（去）　遍

編去聲。周匝也。　周徧。　徧地。

卑見切。手所限之界無不及。謂之徧。以地言。如公羊傳不崇朝而雨徧天下是。以人言。如詩室人交徧摧我是。俗作遍。

獘（去）　弊

音敝。傾覆曰獘。　弊端。　利弊。

毗祭切。獘或作斃。顛仆也。如左傳與犬犬獘之獘是。顛仆則不振。故引申為覆敗之義。如獘政獘竇之獘是。今沿用作弊。

曠（去）

音壙。空廓曰曠。　曠功。　曠事。

苦謗切。明也。凡廣大之區必明且敞。故引申為曠野之曠。又申為空曠之曠。如曠安宅曠庶官是也。

廢（去）

音癈。反興為廢。言事不舉也。　廢事。　荒廢。

放吠切。屋頓也。屋傾圮則無用。故引申為廢材廢物之廢。無用則可棄。故又申為廢置廢撤之廢。

棄 去

音器 廢置曰棄 拋棄 棄人

去冀切。凡不適于用而置之曰棄，如棄物、棄材之棄是也。引申謂荒嬉而不盡其才者曰自棄。

停 平

音廷 止于其處曰停 停留 居停

特丁切。本作亭，行旅宿食之所也。宿食必少住，故亭亦有少住義，後加人旁作停。

止 上

音紙 停阻曰止 禁止

㞢 諸紙切。下基曰止，象艸木之出有址，故亦以止為足也。引申之，凡居其所而不動者曰止。以物理言之，凡動者不自止，止則必有阻之者，故又為阻止之止，又申為舉止、行止之止。

輟 入

音啜 事中止也 輟業 輟朝

陟劣切。本義車小缺復合也，故引申為暫止之意，如或作或輟之輟是。

妨 平

音芳 事有阻礙曰妨 妨害 無妨

敷房切。

礙 去

音碍 有所隔閡曰礙 關礙 礙事

牛代切。止也，止之使不能進也。引申之，凡事理有所牽制而不獲暢行者皆曰礙。

去

欠

謙去聲負人錢曰欠 虧欠 欠債

去劍切張口運氣曰欠如欠伸之欠是欠則氣不足故引申謂財物不足而負人者亦曰欠

入

乏

音伐資用不繼曰乏 窮乏 力乏

扶法切反正為乏正所以受矢故乏以避矢為本義段為貶損之義謂窘無資財也如乏絕匱乏之乏是引申為無窮字義如乏善乏術之乏是

平

窮

音竆事之極境之困也 固窮 窮人

渠弓切窮者至乎其極無以復加之意如禮記窮高極遠是也與窘音近故段為窮困窮乏之之

上

窘

君上聲為境所迫曰窘 枯窘 窘況

巨隕切迫狹不能自由曰窘故艱于行路曰窘步處于窮之曰窘景引申之凡為人所困辱者亦曰窘

入

卻

却

羌入聲退讓之意 推卻 卻之

乞約切从卩有節制之意卻聘卻幣之卻謂其節欲不安取也卻行卻坐之卻謂其節身不安進也段為白駒過卻之卻義與隙同俗作却

去 上

免

音勉舍而得脫曰免 幸免 免稅 音問喪服之輕者

美辨切本作俛亦作頫从頁从逃省會意故引申為舍縱之義如去冠曰免冠避席曰免席仕者革職曰免官婦人生子曰免身是也 文運切袒免喪服之殺者其制以布廣一寸从項中前交于額上又卻向後繞于髻

去
冒

音耄。託名曰冒。冒充。感冒。

莫報切。冒者蒙也。蒙其名以妄作。如招搖撞騙等類。均有不知分量之意。引申之為冒昧冒犯。皆狀其無知之態也。

去
串

音貫。狎習也。音釧。物相連貫曰串。錢串。串謀。

古患切。與慣通。習以為慣常也。引申謂相與暱近之人曰親串。樞絹切。本作毌。穿物持之也。引申之凡聯散為一者皆曰串。如倉庫收帖曰串子。聚衆合謀曰串通是也。

上
演

音衍。引而申之曰演。演劇。

以淺切。水流也。水流愈引而愈長。故申之為演義演說之演。言引長其辭義也。天演論為英士赫胥黎所著。其義主乎以人持天。自衞種族。近人已有譯本。

入
別

鞭入聲。相分曰別。區別。辨別。便入聲。相離曰別。分別。

必列切。字本作𠛬。本義為周禮傅別之別。大書一札中破別之。兩家各得一。如今合同聯單是也。引申為夫婦有別男女有別之別。謂不可混合也。別有離意。故又申為別離之別。讀避列切。

去
競

音倞。不屈于人曰競。爭競。競渡。

具映切。篆文从二人从誩。競凡以言相爭曰誩。故競有爭義。今譯天演論。以物競為進化之因。言萬物各爭生存。劣者亡而存者皆優矣。

入
割

音葛。裂取也。割雞。割烹。

居曷切。平分為切。少截為割。如割地割肉之割是。又算術八綫自圜心作斜綫至正切相交處為正割綫。而弧之餘割即餘弧之正割也。

切

入

音竊。斷堅曰切。切磋。切實。切要。切齒。

千結切。治骨角謂之切。引申為凡治堅物之偁。凡堅物質點相距最近。切之者離其相近之點。故又申為切近之切。更申為急切之切。又音學以子母二音合而成聲曰反切。算學八綫有正切餘切綫。

賸

去

音孕。物加送曰賸。音乘。物有餘曰賸。

以證切。以物與人而益以他物曰賸。猶以女嫁人而副以他女曰媵。實證切。物較少而益之曰增。物較多而有餘曰賸。俗作剩。非。

鬧

去

音淖。人聲嘈雜曰鬧。鬧事。吵鬧。

奴教切。本作譟。从言喿聲。羣鳴也。後乃沿用鬧字。从鬥从市。取市中煩囂之意。引申謂往來擾攘曰鬧。熱鬧。彼此執競曰争鬧。

鬭

去

兜去聲。兩相持曰鬭。鬭力。鬭智。械鬭。

丁候切。相接曰鬭。如木工鬭筍之鬭是。引申之以兵仗相接以心思相争皆曰鬭。則與鬥同義。

罷 上 平

音備。事停而不理曰罷。罷了。
音皮。勞瘁也。罷病。

部買切。从网从能。言賢能入罔即貰遣之也。故人臣去職曰罷。官罷則不預其事。故引申謂事止曰罷。又申謂勞頓不勝事者曰罷。與疲同義。讀蒲縻切。

歇 入

音蠍。休息曰歇。歇夏。

許竭切。力竭也。引申謂養力曰歇。如安歇之歇是。歇則無所事事。故又申為凡罷事皆曰歇。如俗所謂歇業。歇工是也。

了 上

聊上聲。終事曰了。未了。過了。

盧鳥切。手攣曰了。故从子無臂。段借為了然。了了之了。曉解也。又為了結。完了之了。事畢也。

完 平

音桓。物無虧缺曰完。完固。完人。

胡官切。完者全也。無所損失之謂也。引申謂因損失而整治之。亦曰完。如舜之完廩。是也。今俗以事畢為完事。亦取始終完全之意。

畢 入

音必。事之終也。禮畢。畢竟。

壁吉切。田網也。从田从華。象形。如詩畢之羅之是。段借為竟字義。如畢事畢業之畢是。亦作盡字義。如畢至畢來之畢是。

訖 入

音鮀。畢也。收訖。付訖。
迄 音汔。至也。迄今。迄此。

居乙切。事竟也。凡事以自始至終為竟。故引申之。自前至後自彼至此皆曰訖。或作迄。如詩以迄于今。書聲教訖于四海皆是。讀許乙切。

狀

去

音撞。貌其形曰狀。形狀。狀元。

助亮切。狀。犬形也。引申之為凡形物之偁。如狀貌。情狀之狀是。又申之以言語形容其狀。亦曰狀。如功狀。罪狀。告狀之狀是。

儼

上

嚴上聲。莊嚴之貌。儼然。

魚檢切。昂頭也。有肅敬之義。故論語望之儼然之儼訓為莊。至儼若儼有之儼。又儼然之義所引申也。

宛

上　平

音琬。酷肖其形曰宛然。宛宛。委宛。

音鴛。大宛。漢西域國名。

委遠切。屈艸自覆也。邛上有邛曰宛邛。亦取自覆之意。又狀物之儼然者曰宛。如詩宛在水中央是。　於袁切。漢大宛國。當今霍罕地。

肖

去

音笑。相似曰肖。酷肖。　肖子。

私妙切。骨肉相似也。引申之凡似者皆曰肖。凡不似者即曰不肖。如孟子丹朱之不肖。舜之子亦不肖是。

長

上　平

音場。短之對也。長短。　長安。

音掌。爵尊。齒高皆曰長。　長幼。長官。

仲良切。倍其丈尺為長。引申為長久。優長之長。　展兩切。年高曰長。長子之長。謂其年長于衆子也。家長之長。謂其長于一家也。至君長。長上之長。則以位之尊而長之。

短

上

端上聲。不長曰短。　日短。　短小。

都管切。橫用之器矢最短。豎用之器豆最短。故从矢从豆會意。引申之。凡不長者皆曰短。如短兵。短折之短是。短又少之之詞。故翹人之過。亦曰短。

侔 平

音謀 齊等之意 相侔 不侔

迷浮切

厚 上

候上聲 薄之對也 厚薄 寬厚

很口切 厚與𡌥同音異義 厚專指山陵之𡌥而言 今通用厚 又凡不薄者皆曰厚 如厚重 長厚之類是

薄 入

音泊 物質單者謂之薄 薄情 澆薄 音博 迫也

傍各切 艸叢生曰薄 轉為帷薄 蠶薄之薄 簾也 又段為厚薄之薄 迫各切 相逼迫也 如易雷風相薄 左傳薄而觀之 是 傍晚曰薄暮 亦言迫近于暮也

亢 平 去

音剛 人頸曰亢 搤亢 糠去聲 無所卑屈曰亢 高亢

古郎切 人頸也 从大省 象頸脈形 推之鳥嚨亦名為亢 苦浪切 高也 極也 亢志亢節之亢 以高為義 亢龍亢竈之亢 以極為義 又東方有四星名曰亢

卑 平

音盃 對尊而言曰卑 對高而言亦曰卑 卑職 卑下

逋眉切 卑賤也 用為凡謙遜之傭賤者必下 故下溼之地亦曰卑

巨 上

渠上聲 事物之大者曰巨 巨細 巨資

其呂切 矩之本字也 通訓為大 如巨川 巨室之巨是 萬萬曰巨萬 亦謂數之大者也

去

細

音壻。巨之反也。
粗細。細行。

蘇計切。微也。引申為精細、詳細、子細。謂其處事精詳不遺纖微也。更申之。行纖微之惠。即曰細人。伺纖微之事。即曰細作。

平

微

音薇。渺小曰微。
微細。微生物。

無非切。微細之微。本作散。今通用微。空氣中有微物焉。以顯微鏡照之。種類甚多。難以分晰。因總名為微生物。此物著于他物。他物即發酵腐敗。著于人身。人即病瘟疫肺癆瘋癲等症。泰西醫學家考之最精。

上

小

蕭上聲。凡不大者皆曰小。
小人。大小。

川 先了切。从八丨會意。八者分別也。物質愈分則愈小。故申為小大之小。因其小而小之亦曰小。

上

藐

音眇。貌之小者曰藐。藐小。藐視。
入 音邈。美也。

亡沼切。小也。凡小視人者通謂之藐。又叚為美盛之偁。如詩既成藐藐是。讀莫角切。

上

渺

音眇。曠遠之貌。
微渺。渺茫。

彌沼切。說文無渺字。大徐新附淼。大水也。从三水。或作渺。水大則浩瀚彌漫。一望無際。故引申為杳渺之渺。又申為傷遠之詞。如沿用之渺渺予懷是也。

上

杳

音窅。日將西匿曰杳。
杳然。杳杳。

烏皎切。冥也。从日在木下。言日晡則反景上照于桑榆也。又古言若木為日所升降。故日在木上為杲。日在木中為東。日在木下為杳。引申為深遠之意。如杳渺之杳是。

邈 入

音懇。曠遠之貌。幽邈。邈邈。

莫角切。

幽 平

音呦。隱曲之處曰幽。幽居。幽明。

于尤切。幽有深遠難明之意。故字从山从丝。與隱陰字从阜同意。幽人幽谷之幽。亦謂其隱晦也。

寂 入

音籍。虛無人聲曰寂。寂寞。鬧寂。

前歷切。本作宗。重文作誌。無人聲也。如寂寞之寂是。引申為空無人民之貌。如寂寥之寂是。

稀 平

音希。不密曰稀。稀疏。古稀。

香依切。疏也。與希通。

密 入

音蜜。深藏不露謂之密。秘密。密電。

覓筆切。山如堂者密。謂其隱曲而不露也。故幾密慎密之密。皆以不露為義。引申為稠密之密。如易密雲不雨是。更申為密近之密。如書密邇王室是

闊 入

音适。寬廣曰闊。闊大。疏闊。闊人。

苦活切。疏也。疏則寬而不密。故申為寬闊之闊。久不相見曰闊別。亦謂久別情疏也。

狭 入

音匣。不濶曰狭。狭窄。隘狭。

下甲切。隘也。人無色容之度曰量狭。途不能暢人之行曰路狭。又與狎通。暱也。狎暱亦作狭暱。

精 平

音晶。明潔曰精。精力。妖精。

子盈切。擇米曰精。引申之。凡擇之已純皆曰精。其屬於人身者為精神精氣之精。藏精有囊。在膀胱底與直腸中。精質分為三。一精液。無色通明。一精珠。四千箇長一寸。一蝌蚪生元。五百箇長一寸。

麤 粗 平

音粗。不精曰麤。麤厲。麤細。

倉胡切。行超遠也。謂二鹿逐一鹿之後。其行故超遠也。逐則步大而莽。故麤又有麤大麤鹵之偁。麤糲之麤。則為粗之叚借字。粗疏也。與麤別。今通用。

詳 平

音翔。不簡畧曰詳。詳細。上詳。

徐羊切。審議也。引申為反覆推求無少遺漏之偁。今州縣判牘定讞後。必詳其事於上吏。謂之詳文。

略 入

音掠。麤舉大端謂之略。略地。七略。

離灼切。从田各聲。亦會意字。謂經略土地。各正疆域也。引申之。凡有條理者皆曰略。如韜略方略是。反之為疏略忽略。言不以條理剖白之也。又奪於室曰搜。奪於道曰略。係掠字之叚借。

卓 入

音涿。特立不羣謂之卓。堅卓。卓絕。

側角切。卓从匕从早。為高遠異常之皃。故器度異常曰卓犖。政治異常曰卓異。又卓然卓爾。皆形容之詞。亦以其人之超越乎尋常也。

去

異

移去聲。翹然獨出曰異 異姓 異數

年吏切。不同曰異。如異名異趣。是反常亦曰異。如奇異妖異是。又為特别之義。如事之可貴者曰珍異。異物之超出乎凡庸者曰異等是。

上

挺

音艇。特出有力曰挺 挺拔 勁挺

待鼎切。挺从手言手持物而挺出之也。引申為挺身挺胷之挺。

上

矯

驕上聲。卓爾不羣曰矯 矯詐 矯然

居夭切。揉箭箝也。故正曲使直曰矯。引申為矯枉矯情矯飾之矯。更申為矯命矯制之矯。至中庸强哉矯。詩矯矯虎臣。皆蹻之叚借字。

去

藹

音靄。容止可親曰藹 藹然 和藹

于蓋切。樹木繁茂皃。引申為凡茂盛之稱。詩藹藹王多吉士。謂賢士之盛。有如林木也。又美言曰藹。如韓文仁義之人其言藹如是。

平

兢

音矜。戒懼曰兢 戰兢 兢兢

居陵切。兢之義取諸敬。言敬慎自持也。凡經傳所稱兢兢。皆戒謹恐懼之意。

上

靖

音穽。安定曰靖 靖共

疾郢切。安也。使之相安亦曰靖。如詩肆其靖之。傳君務靖亂之靖是。

去

燦

倉案切。通作粲。

音粲。爛然大備
曰燦　燦爛
燦燦

入

穆

莫卜切。禾也。叚借為昭穆之穆。宗廟主敬。故又訓為敬。如書我其為王穆卜是。又重言形況字。有以美言者。如穆穆文王。狀其容止之美也。有以多言者。如天子穆穆。狀其威儀之多也。

音目。淵然以深
曰穆　靜穆

入

赫

郝格切。赫。火赤貌。從二赤。謂赤之盛也。引申為炫赫。顯赫。赫赫。言聲勢發揚。如火之赤也。

音黑。聲勢大張
謂之赫　赫赫
赫然

入

綽

昌約切。寬然有餘曰綽。詞賦中綽態。綽約。亦言其美麗之有餘也。

音婥。有餘裕也
寬綽　綽綽

去

裕

俞戍切。衣物饒也。引申為凡寬饒之偁

音諭。綽有餘地
曰裕　寬裕
裕民

平

悠

以周切。憂思也。憂思則久而不輟。故引申為悠遠之悠

音由。深長思也
悠久　悠悠

永 上

音栐。遠且長者謂之永。永遠　永年。

于憬切。永為水長皃。如詩江之永矣。是永懷永賴永終之永。皆從長義引申。

普 上

音浦。大無不徧曰普。普天。普通學。

滂古切。本作暜。日無色也。日無色則遠近皆晦。故申為普徧之普。

太 去

音汰。過於尋常曰太。太平。太少。

他蓋切。古作大。亦段作泰。極至之詞。如太空太上之太。言空之至上之至也。俗語太好太多之太。言好之至多之至也。

豐 平

音酆。充盛曰豐。豐滿　豐收

敷戎切。豆之豐滿者也。从豆从山會意。山取其高大。丰象滿形。引申為凡充滿之偁。如草盛曰豐草。大有年曰豐年。皃肥滿曰豐盈之類。又卦名。䷶

碩 入

音石。大也。碩鼠　碩人

常隻切。頭大也。引申為凡大之偁。

隆 平

音癃。豐盛曰隆。隆冬　興隆

良中切。盛大也。

去 **盛** 平

音成。以器受物曰盛。 粢盛。 成去聲。氣象昌熾曰盛。 盛衰。

氏征切。受也。黍稷曰粢，在器曰盛。謂盛黍稷於器也。引申之，器能容物皆曰盛。 丞政切。盛者衰之對也。

彬 平 斌

音豳。文質適均曰彬。 彬彬。

悲巾切。說文作份，亦作斌。文質備也。謂其相雜成章，無畸輕畸重之弊也。

上 **炳**

音丙。明照曰炳。 烺炳 炳然。

兵永切。明也。从火，丙聲。如火之明光畢照也。

熙 平

音僖。光明盛大之皃。 康熙。 熙朝。

許其切。燥也。謂火之燥烈也。火烈則光明，故光明曰熙。如緝熙、純熙是。光明則廣大，故廣大曰熙。如庶績咸熙、熙帝之載是。衆人熙熙之熙，係嬰之叚借字。

宏 平

音紅。廣大曰宏。 宏大。 寬宏。

平萌切。屋深響也。深大之屋，放聲一呼，聲浪着壁傳回，如應響然，故字从宀，厷聲，亦會意也。引申之，凡聲之大者曰宏。如考工記嬴屬大聲而宏是也。又申為凡寬大之偁。 與竑閎洪通。

崇 平

音漴。高大曰崇。高之大之亦曰崇。 崇高。 崇德。

鉏中切。从山，宗聲。中岳為山之宗，故嵩山亦曰崇。高山引申為尊崇之崇。叚借為終。崇朝，終朝也。

巍 平

音嵬。山形高峻謂之巍。 崔巍 巍峩

語韋切。高也。重言形況字。如論語巍巍乎是。俗省作魏。又申爲獨立之皃。如莊子魏然而已是。

峻 去

音浚。峭高曰峻。 峻險 嚴峻

須閏切。高出地上謂之峻。言高峭非常也。峭則險厲可畏。故引申爲峻文峻法之峻。

洪 平

音紅。洚水曰洪。 洪大 洪鐘

胡公切。大水也。洪荒洪鈞之洪。皆引申大字之義。

溥 上

音普。廣大曰溥。 溥大 溥通

滂古切。溥水大也。引申爲大無不徧之偁。義與普通。

浩 上

音皓。大也。 浩蕩 浩浩

合老切。浩爲水流盛大之貌。與汪洋同意。亦作灝。引申爲凡盛大之偁。

汪 平

音尫。狀水之深廣也。 汪洋 汪汪

烏光切。水勢盛大謂之汪。水停不流亦謂之汪。左傳尸諸周氏之汪。謂池之汙濁者也。

渥 入

音握水厚漬也
優渥　渥赭

乙角切渥本義為水之漬漬浸潤也引申為寵渥之渥言恩澤之多如水之漸漬不已也

滔 平

音叨水流浩蕩之貌　滔天
滔滔

他刀切水漫漫大也引申為流而不返之意

蕩 去

音盪大也　浩蕩　放蕩

待朗切蕩者水流浩蕩也引申為廣遠之皃務為廣遠則不拘小節故又申為蕩檢踰閑之蕩

沖 平

音蟲水深動皃
沖動　沖齡

直弓切水從穴中震動也引申之凡震動者皆曰沖如素問惋則沖陰是沖又叚為幼小之偁如沖子沖人之沖是

淨 去

音穽無垢曰淨
潔淨　明淨

才性切潔淨之淨本作瀞今通用淨淨之本義為魯北門城池也其門曰淨門即因池水而名讀士耕切今其音義已晦

滑 入

音猾溜而不滯也　滑澤　路滑
音骨義同

户八切素問脉分大小滑濇浮沈滑者往來流利也引申之人之流利過甚者曰狡滑又言之流利過甚者曰滑稽讀古忽切滑古與猾同

玲 平

音靈。狀玉之聲也。

郎丁切。玉聲也。其聲泠泠然明且清也。引申之。凡人物明爽可喜者亦曰玲瓏。

瓏 平

音龍。玉聲也。玲瓏。

尤鍾切。禱旱玉也。从玉从龍會意。以雲从龍。雲行則雨也。引申為玉度鏗鏘之聲。

團 平

音摶。形之圓者曰團。團圞。團扇。

徒官切。團圓也。俗名瓜蔓為黃團。亦以其形之圓也。物之圓者必有結力。故引申為團結不解之團。今集衆以衞鄉里曰團練。有民團鄉團漁團等名。即此意也。

尖 平

音漸。物端銳者曰尖。尖頭。筆尖。

子廉切。本作殑。俗作尖。末銳而小之謂。

扁 上 平

音匾。器不圓也。扁額。

音篇。小舟曰扁舟。

補典切。从戶冊會意。署門戶之文也。叚借為不圓曰扁。如漢書三韓生兒欲其頭扁是也。紕延切。

豎 上

音裋。直立曰豎。建豎。童豎。

上主切。凡柱石峙立者謂之豎。使物峙立亦謂之豎。又訓為小。故童僕未冠者曰豎。內庭小臣亦曰豎。他如豎儒豎子亦皆小視人之稱。

硬 去

額去聲。質堅曰硬。 強硬。 硬弓。

五更切。从石。謂石之堅也。引申之。凡類石之堅者皆曰硬。

堅 平

音肩。牢不可破曰堅。 堅固。 堅利。

古賢切。剛勁也。堅定堅實之堅。以剛為義。中堅堅壁之堅。以勁為義。

確 入

音殼。堅不可移曰確。 的確。 確實。

苦角切。本作塙。亦作碻。確有堅實之意。故事之堅守不易者曰堅確。言之切實不移者曰確切。

實 入

音失。中質充滿曰實。 實缺。 虛實。

食質切。凡物充積於中者謂之實。故字从宀从貫。言貨貝相積而成富實也。實則確有可指。故凡不虛者皆曰實。如事實誠實之實是。引申為華實之實。花曰華。果曰實。

鈍 去

音遯。不利曰鈍。 頑鈍。 利鈍。

徒困切。从金屯聲。金主殺。取其鋒之利也。不利則鈍。故俗稱刀口無鋒謂之鈍。引申為遲鈍駑鈍之鈍。言人性不敏。如鋒之不利也。形學以大於九十度之角為鈍角。亦取不鋒利之意。

銳 去

音叡。鋒利曰銳。 英銳。 銳氣。

于芮切。銳芒也。謂物之有鋒芒者也。引申之。勇往直前亦曰銳。如銳進之銳是。形學以小於直角之角為銳角。謂其角尖鋒銳也。

曲 入

音促。不直曰曲。曲直。唱曲。

側角切。古文作乚。漢隸作𠃊。均象不方正之形也。曲士曲池皆取其義。引申之不直亦為曲。如委曲曲折之曲是。篆文作凵。則象蠶薄形。

缺 入

音闕。由盈而虧曰缺。補缺。缺貨。

苦穴切。瓦器破也。因謂凡破損者曰缺。引申為欠缺之缺。今實任官曰實缺。謂其官缺人而以之充補也。後遂有選缺調缺開缺出缺等名。

穩 上

溫上聲。安妥曰穩。穩當。安穩。

烏本切。

妥 上

音嶞。安置不頗曰妥。平妥。妥貼。

吐火切。

融 平

音瀜。鎔散曰融。融和。通融。

以中切。炊氣上出也。引申為朗如。左傳明而未融是。通訓為長如。詩昭明有融是。又重言形況字。融融和樂皃。又火正曰祝融亦從明朗之義引申。

均 平

音鈞。平徧曰均。均平。均分。

規倫切。从勻从土會意。周制以土均齊天下之政。而民得其平。故以平訓均。古者天子設四代之學曰成均。亦所以齊一天下也。即今國子監之制。

匀　平

音云。物平分謂之匀。　調匀。　匀稱。

羊倫切。匀與均同意。言調平周徧不使有多少之分也。

坦　上

灘上聲。寬平曰坦。　坦白。　平坦。

儻旱切。平直不頗謂之坦。如履道坦坦之坦。是引申之為坦白之坦。謂人耿直無私若大路之平坦也。今稱人壻亦謂之坦。本王羲之坦腹東牀故事。

整　上

征上聲。齊飭之貌。　整理。　整容。

之郢切。齊也。亂而齊之曰整頓。齊而不亂曰整齊。

散　去　上

音傘。漫無歸束曰散。　散學。　閒散。　音繖。義同。

蘇旱切。分離曰散。引申為聚散。放散。與丸散之散。又讀蘇旰切。

紛　平

音芬。繁亂曰紛。　紛紜。　紛繁。

府文切。馬尾韜也。馬尾散亂。韜以束之也。引申之亂而無所歸束者皆曰紛。

紜　平

音雲。猶紛也。　紛紜。

于分切。本作䞬。物數棼亂曰紛䞬。紛䞬疊韻連語詞也。

迅 去

音信，疾也。

迅速。 迅雷。

思晉切。从卂从辵，會意。疾行也。引申為凡疾之偁。

猝 入

音絀。怱遽曰猝。

倉猝。 猝然。

麤沒切。犬从艸暴出逐人也。有急不暇擇之意。經傳多以卒為之。

徐 平

序平聲。從容不迫曰徐。

徐行。 舒徐。

祥於切。徐為寬舒和緩之意。言其狀之自在流行也。

緩 上

音浣。故為寬假曰緩。

遲緩。 和緩。 緩步。

胡管切。綽也。寬綽則有舒遲之意。故又訓遲。如緩行、緩圖之類。

緊 上

音謹。急迫曰緊。

緊要。 加緊。

居忍切。从臤从絲省。會意。纏絲急也。引申之凡不寬者皆曰緊。

迫 入

音百。急促曰迫。

急迫。 逼迫。

博白切。迫有無可如何之意。人以事窘我謂之迫。我以事窘人亦謂之迫。

艱 平

音閒。難也。艱難。艱險。

居閑切。土難治也。引申為不易之偁。如艱窘艱澀艱苦之類是。今人親沒曰丁艱。謂當人生最難堪之境也。

去 **難** 平

音難。不易之偁也。難事。難易。

音難。患也。難經。患難。

那干切。古作鸛。鸛鳥也。叚為艱窘之義。如艱難之難。是引申之以難事窘人曰難。如問難之難是。為人所窘亦曰難。如禍難之難。是均讀乃旦切。

去 **滯**

音彘。不流通曰滯。拙滯。沾滯。

直例切。凝也。對流而言。

窒 入

音挃。阻隔曰窒。穹窒。

陟栗切。塞也。由此之彼而中有所阻則謂之窒。引申為凡有阻止者皆曰窒。如窒礙之窒是。

雜 襍 入

音雜。不純曰雜。雜貨。繁雜。

徂合切。古作襍。从衣集聲。駁彩也。言五彩相合成文也。引申之凡駁而不純者皆曰雜。

上 **瑣**

音𧴩。繁碎曰瑣。瑣屑。瑣碎。

蘇果切。从玉𧴩聲。玉聲之細碎者。故引申為凡細小之偁

繁 平

符袁切。本訓馬鬣飾也。古文作緐，从糸从每，會意。每者，草盛上出皃，鬣飾如之，故謂之緐。緐則雜而難理，故申為繁亂之繁。蒲官切。

音煩，衆多也。繁華 繁雜
音盤，馬腹帶也。繁纓

爽 上

疏兩切。明也。故天甫明曰昧爽。引申為地之高明者曰爽，如爽塏之爽。是德足以比明者亦曰爽，如競爽之爽。是又叚為過忒之義，故二三其德曰爽德。

音塽，明敞曰爽。清爽 爽氣

敞 上

昌兩切。平治高土，可以遠望也。寬敞、軒敞之敞，皆自此引申。

音廠，高平之地曰敞。宏敞 張敞

贍 去

時豔切。贍，足也。

苫去聲，饒富曰贍。贍家 典贍

充 平

昌中切。本義育子長大成人也。引申為充斥、充實之充。言物之充積於中，如人之由少而壯，精力充足也。充則必塞，故更申為充塞之充，如詩「褎如充耳」是。

踙平聲，盈滿曰充。充滿 充足

暢 去

丑亮切。無所留滯謂之暢。暢者，滿意之詞，故引申為暢快之暢。

音悵，條達曰暢。暢言 通暢

增 平

咨登切。增从土，以土相積也。積則漸高，故凡累加者皆曰增。

音曾。以物相積累曰增。增益。增廣。

益 入

☴伊昔切。加也。从水在皿上，會意。引申之，加於我者亦曰益。如有益、利益之類是。又易卦名。☳

嬰入聲。加多曰益。增益。損益。

虧 平

驅為切。虧，气損也。引申為損缺之偁。

音⿰土虧。由盈而缺曰虧。盈虧。虧本。

損 上

☶蘇本切。減也。引申為損益之損，更申為損傷之損。又易卦名。☱

孫上聲。物減少曰損。損益。損卦。

空 平 去

苦紅切。竅也。从穴工聲。經傳亦以孔為之。如空穴、空道之空是。孔必中空，故引申為空虛之空。天亦曰太空，言天本空洞無物也。又申為空乏之空，讀苦貢切。

音崆。中虛曰空。空氣。司空。音控。窮乏也。屢空。

虛 平

去魚切。邱也。如詩「升彼虛矣」是。字亦作墟。引申為空虛之虛，讀休居切。又星名，書「宵中星虛」是也。

音祛。大邱曰虛。邱虛。音噓。物中空謂之虛。虛心。

竭 入

音傑無餘曰竭 竭盡 川竭

渠列切盡也盡澤之水曰竭澤盡人之力曰竭力

盡 上

秦上聲空諸所有曰盡 盡興 盡性

慈忍切器中空也空則無餘故申為盡心盡力之盡又申為盡室偕行之盡

隱 上 去

音隱不顯曰隱 隱約 隱憂 隱
凡 音檼倚也

倚謹切蔽也蔽則深藏不可見故逃身僻地曰隱士引申之可隱其身即曰隱如傳諭隱而待之隱者短牆也又為隱痛之隱如孟子王若隱其無罪而就死地是 於靳切憑也如孟子隱凡而臥是

顯 上

音憲彰明易見謂之顯 顯達 顯微鏡

呼典切从頁从㬎會意言首飾之光明也引申為明顯之顯又申為貴顯之顯

彰 平

音樟表見於外曰彰 昭彰 彰著

諸良切彰从彡从章文章也引申為表彰之彰謂文章之見於外也

痕 平

音亨著跡曰痕 酒痕 苔痕

户恩切創瘢曰痕引申為凡痕跡之痕

觸 入

衝入聲。突與物遇曰觸。　感觸　觸機

樞玉切。觸从角。有角之獸多以角撞物。故謂之觸。引申為感觸之觸。如觸怒觸愁是。西國有觸牛之戲。謂以牛角兩相觸也。如中國鬭雞然。

透 去

偷去聲。通徹曰透。　透達

他候切。過也。過則無不通。故又訓為通。

裂 入

音列。整者破之曰裂。　決裂　裂縫

力薛切。繒餘也。从衣列會意。引申為衣裳綻裂之裂。又申為凡物破裂之裂。

轟 平

音橫。羣車聲也。　轟轟　轟擊

呼宏切。从三車會意。羣車齊行聲浪重疊傳遞。聲轟轟然也。雷聲與車聲相若。故又為狀雷聲之詞。引申之。凡有轟轟然之聲者。皆得以轟狀之。

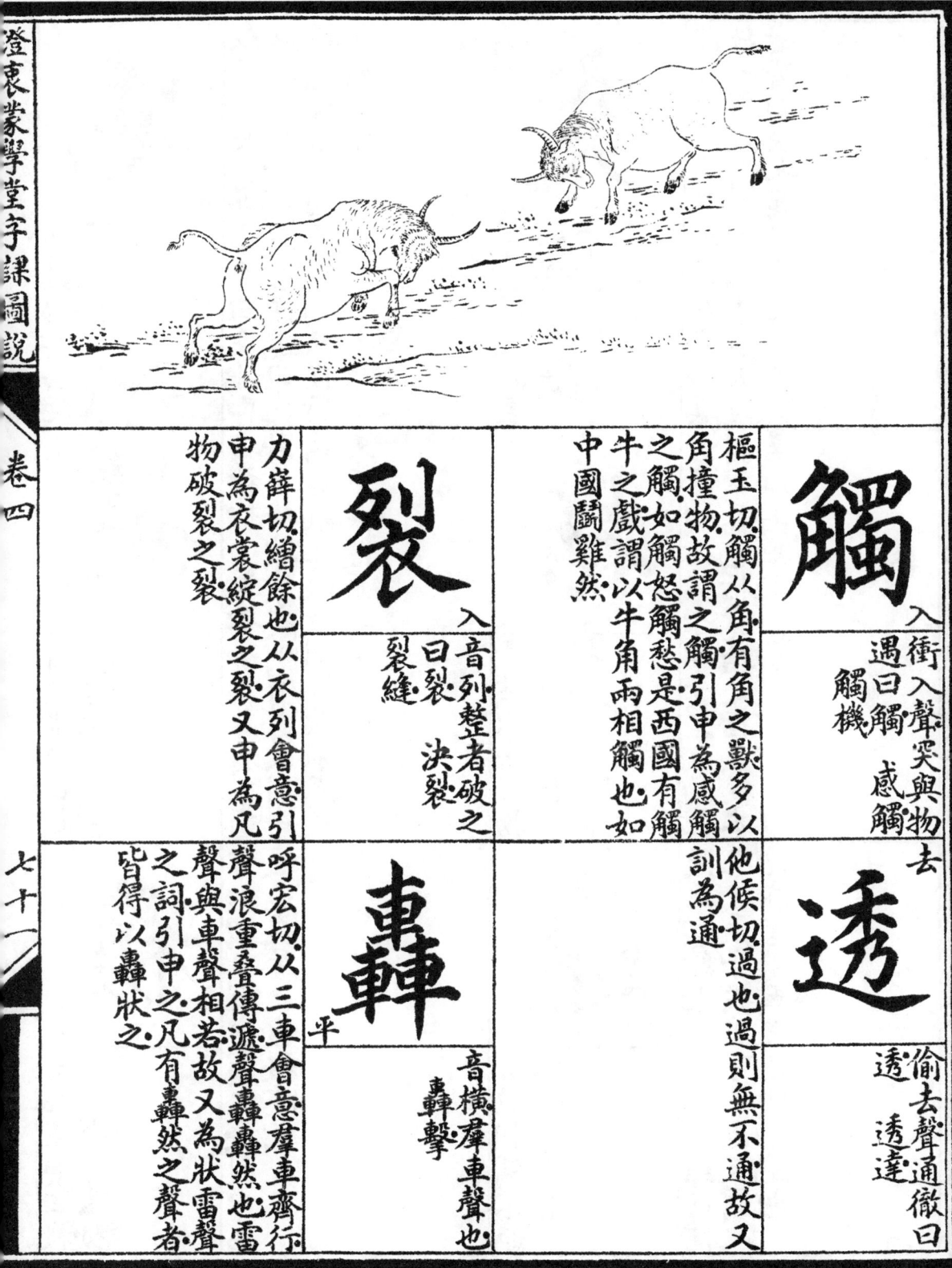

延 平

音綖。緜長曰延。 遲延 延壽

以言切。長行也。永年曰延年。即取延長之義。至引賢使進曰延。攬遲留不前曰遷延。則又從行字所引申也。

蔽 去

音閉。覆障曰蔽。 遮蔽 蔽塞

必袂切。小草也。小草雖材不適用。而掩映蒙蔽則有餘。故引申為遮蔽之蔽。蔽則視聽不真。故又申為闇蔽之蔽。

複 入

音福。重疊曰複。 複壁 重複

方六切。衣有裏謂之複。引申為複道複屋之複。複。重也。

突 入

音葖。猝然而至曰突。 突出 突然

陀骨切。从穴从犬。犬从穴出。其行必驟。故引申之凡驟然而至者皆曰突。如唐突突兀之突是。

括 入

音聒。以手取物曰括。 收括 括囊

古活切。括从手。以手挈取物也。引申為包括囊括之括。蓋從本義推而廣之。

連 平

音連。相續不絕曰連。 連合 流連

陵延切。續也。引申為連結。連衡之連。孟子從流下而忘反謂之連。亦言游興之連續不絕也。

循 平

音旬。遵道而行曰循。循理。持循。

詳倫切。執持而順行之也。引申之。奉公守法曰率循。安慰勞問曰撫循。又申為循環之循。謂如環之旋繞不息也。

藉 入

音躤。有所依仗曰藉。憑藉。藉口。音籍。繁亂之皃。

慈夜切。薦也。如易藉用白茅是。薦則借物以為憑而綽有餘地。故借詞以慰人曰慰藉。寬博有餘曰醖藉。秦昔切。狼藉。離披雜亂皃。引申之人言嘈雜亦曰藉藉。

交 平

音焦。兩相接曰交。論交。交代。

居肴切。交脛也。引申為交接交際之交。故朋友以氣誼聯合曰知交。商賈以貨物貿遷曰交易。

互 去

音護。彼此交通曰互。交互。互市。

互 胡誤切。互有糾繩意。象人手之推握也。推握則參差不齊。因引申為參互交互之互。今泰西諸國闤集中土。准其通商貿易。謂之互市。周禮鱉人。掌取互物。謂有甲龜鱉之屬。

隔 入

音膈。障蔽不通曰隔。阻隔。隔絕。

各額切。塞也。

脫 入

音奪。物失其維繫曰脫。灑脫。脫帽。

徒活切。脫本為肉去骨之義。謂使肉與骨相離也。引申之凡由合而離者皆謂之脫。如脫簡脫兔之脫。是由合而離。則化繁質為簡質。故又申為簡易之偁。如脫畧疏脫之脫。是又為或然之詞。漢書脫有不諱。脫有。設有也。

奮（去）

音僨。震動曰奮。奮飛。虎奮。

方問切。奮有羽翮張滿之意。謂其氣鼓激而不可遏也。奮勇奮發之奮。即由是而申。

勃（入）

音孛。驟不可遏曰勃。勃發。勃谿。

薄沒切。勃排也。排之以力也。引申為卒發之義。如勃然色變是。又兩相詬誶曰勃谿。

反（上、平）

音返。背常曰反。回還亦曰反。反正。反國。音幡。平反之反也。

甫遠切。反對正而言也。事相反必經覆定。故詳覆其詞曰反復。引申之復於其所亦曰反。又申為平反之反。言斷獄者理正幽枉反之使平也。讀孚艱切。

覆（去、入）

否去聲。從上掩之曰覆。覆幬。音蝠。反也。顛覆。

敷救切。蓋也。如詩鳥覆翼之。禮見若覆夏屋者矣。是覆物於上。其形必俯。故引申為反覆傾覆之覆。讀芳福切。

翩（平）

音篇。疾飛也。翩翩。翩然。

芳連切。羽毛輕舉也。引申為往來輕利之皃。如詩緝緝翩翩是。

翻（平）

音番。鳥高飛皃。翩翻。

符袁切。翻與翩同意。本聯屬成文。為鳥飛翱翔之貌。與幡反字均通。

偏 平

音篇中之四旁曰偏　偏枯　偏心

紕連切不中曰偏不全亦曰偏偏東偏西及偏袒之偏皆以不中為義偏安偏國及偏衣之偏皆以不全為義

仄 入

音汄通作側又平仄字聲也　狹仄

阻力切从厂从人人處厂下有傾側之象故謂之仄引申為凡狹隘之處皆曰仄如逼仄險仄是

柔 平

受平聲反乎剛者謂之柔　柔遠　剛柔

而由切木曲直也為草木初生之義物初生必弱故引申為柔弱之柔如優柔柔婉之柔皆是

猛 上

音蜢勇健莫當曰猛　猛獸　寬猛

莫杏切健犬也引申為凡健銳之偁如猛厲勇猛之類是

勁 去

頸去聲堅健有力曰勁　後勁　剛勁

居慶切勁勇也凡氣力剛銳者通謂之勁引申為勁敵之勁俗偁用力曰使勁亦以狀其奮勇也

悍 去

音翰性暴戾曰悍　強悍　悍婦

侯翰切

酷

入

音焅 過厲曰酷 酷慕 殘酷

苦沃切 酒味厚也 酒味厚則性尤烈 故凡烈者皆謂之酷 如酷吏 酷暑之酷 是引申為酷好之酷

凋

平

音貂 物敗落曰凋 凋零 榮凋

都聊切 凋傷也 謂物之搖落而變摧也 通作彫 如歲寒然後知松柏之後彫是

矮

上

隘上聲 形之短者曰矮 高矮 矮屋

烏蟹切 短人也 引申為凡短者之偁

淒

平

音妻 寒涼之意 淒楚 淒風

千西切 雲雨起皃 雨則景物蕭槭 觸目感懷 如詩秋日淒淒 風雨淒淒 皆狀景物淒涼之詞

森 平

音參。木衆多貌。蕭森 森森

疏簪切。森从木从林。木多成林之象也。引申為森嚴之森。

豔 去

以贍切。

豔去聲。色之美者曰豔。豔色 嬌豔

嫩 去

能去聲。少好貌。嫩筍 嬌嫩

乳袞切。嫩从女。言女體柔弱也。引申之凡柔脆之體皆曰嫩。如嫩枝嫩蘂之嫩皆是。

巧 上

敲上聲。技能精良曰巧。巧妙 湊巧

苦絞切。字从工。凡機之巧者莫如工。故謂之巧。引申之凡不拙者皆曰巧。

妙 去

音廟。精美曰妙。妙極。微妙

彌笑切。妙有美善之意。故境之佳者曰妙境。年之少者曰妙年。引申之又為神明不測之義。如道德高妙與妙萬物而為言之妙是也。

庸 平

音容。平常曰庸。中庸。庸愚

餘封切。庸用也。常也。以常道為用也。拘守常格則無穎異之性。故申為凡庸之庸。又民功曰庸。如書有能奮庸熙帝之載。孟子利之而不庸是。

底

上

音邸。物托曰底。底止。水底。

典禮切。止居也。凡有所止亦曰底。如詩靡所底止。伊於何底是。止者必在物下。故謂器臀曰底。如有底曰囊。無底曰橐。是文書稿亦曰底。文書以底稿為基址。猶器物以下層為基址也。

劇

入

音屐。甚也。繁劇。戲劇。

奇逆切。劇為已甚之詞。如漢書口吃不能劇談。劇秦美新之劇是。引申為繁劇之劇。又演戲者刻意形容。不嫌過甚。故亦曰演劇。

舊

去

音柩。不新曰舊。仍舊。舊交。

巨又切。舊者對新之偁。就世界言。今為新。古為舊。就器物言。歷年少者為新。歷年多者為舊。就人事言。則以宜今為新。宜古不宜今為舊。故凡不宜于今者。統謂之舊。

斂

上

音鐮。聚而藏之曰斂。聚斂。斂財。

良冉切。斂收也。藏也。斂取于人而收藏之也。引申之為斂怨斂愁之斂。與歛別。

人　平

音仁。萬物之靈曰人。　聖人。　人己。

儿　而鄰切。象臂脛之形。倮蟲三百六十，聖人為之長。

我　上

俄上聲。自偁之詞。我國。　爾我。

五可切。自身曰我。推之為我家、為我國，皆就身之所施者以為言也。

吾　平

音梧。自偁之詞。吾黨。　伊吾。

訛胡切。與余同，為自偁之詞。然余平而吾倨也。故謂人之遲疑而不即應者曰支吾。謂人之吟哦而不高唱者曰伊吾。又漢官名曰執金吾。掌宮外戒司非常水火之事，如今九門提督之職。

余　平

音餘。自偁之詞。余一人。　余小子。

雲居切。余，語之舒也。蓋自偁發聲之詞。引申之，四月謂之余月。通言四月萬物皆生，枝葉舒放也。

予　上　平

音余。自偁之詞。予心。

音與。以物賜人曰予。　賜予。

羊諸切。與余同。　演女切。與与同。

台　平　甫

音怡。自偁之詞。台小子。

音胎。星名。三台。　天台。　台

延知切。　湯來切。天柱曰三台。上台司命為太尉，中台司中為司徒，下台司祿為司空。三台亦偁三階。

朕 上

音眹。天子自偁曰朕。 朕躬。

直稔切。朕我也。古者貴賤皆自偁朕。秦始皇始定為天子之偁至今仍之。 又兆也。事機之形而未見者曰朕兆。

自 上

音字。指己而言曰自。 自强 何自。

疾二切。鼻也。象形。叚借謂𦣹己為自。又事之所從曰自。言從己身而推之者也

爾 上

音邇。對人而偁之之詞。又必然之詞。 爾等。 云爾。

兒氏切。本訓為爾汝之爾。又語助辭。此也。是也。其用于上一字者。如爾時。爾許。是其用于下一字者。如不爾。乃爾。是其殿于末一字者。如焉爾。云爾。是。又卓爾。衎爾。有然字義。爾其。爾乃。為更端發語辭。

你 上

泥。上聲。對人而偁之之詞。 你我。

乃里切。偁人之詞曰爾。女而若乃。皆一聲之轉。爾又為尒。俗加人旁為你字。

汝 上

音如。對人而偁之之詞。 爾汝 汝輩。

忍與切。水名。出今河南河南府嵩縣伏牛山至安徽潁州府南入淮。叚借為爾汝之汝。古用女字

彼 上

碑。上聲。外之之詞。 彼我。 彼人。

補委切。彼者。此之對也。俗語曰那箇曰那樣。皆彼之確詁。如詩嘒彼小星。瞻彼淇澳。此彼字猶云那箇也。如孟子如彼其專也如彼其久也。此彼字猶云那樣也

伊
平

音蛦。伊者發聲之詞。又彼也。伊川。

幺夷切。水名。出今河南河南府盧氏縣熊耳山。至偃師縣入洛。殷相伊尹。即以伊水為姓。又為發語詞。與繄通。如詩伊可怪也。伊誰云增。是又確有所指之詞。即代名字也。如詩所謂伊人是。

佗
平　他

音拖。泛指對己者之詞。他人。他處。

湯河切。與他它通。他與彼略同。惟彼者專指定而言之。他則但用為對我之詞。而不必實指其人其物也。

誰
平

音垂。不知其名而問之之詞。伊誰。誰家。

是推切。

某
上

謀上聲。泛指人物之詞。又諱人之名則曰某。某姓。某某。

莫後切。某古梅字。說文酸某果也。从口含一。會意。今皆用梅字。某叚為某人某事之某。

此
上

音佌。指定之詞。又彼之對也。如此。此類。

淺氏切。止也。引申為指定之詞。如禮如此乎禮之急也。是又為指物之詞。如左莊二十二年傳此其衰乎。是又作所字解。如大學此以沒世不忘也。是若大學有德此有人。後漢黃瓊傳此為志士。則作斯字乃字解。

名
平

音詺。所以標識者為名。姓名。名目。

眉兵切。名自命也。从口从夕會意。夕者冥也。冥不相見。故以口自名也。凡人名地名書名之類皆是。取其與他名相分別也。引申為名譽聲名之名。又凡定人物之名亦曰名。

甫 上

音斧。男子之美偁。 台甫 甫定

斐古切。古者男子二十冠而字之曰某甫。故甫為男子之美偁。冠畢始加以字。故引申之謂始為甫。與纔字同意

尊 平

音遵。卑之對也。以尊者之禮待人亦曰尊。 尊卑 酒尊。

𢍜 租昆切。尊。酒器也。即古罇字。从酋廾以奉之。周禮犧尊象尊著尊壺尊太尊山尊為六尊。以待祭祀賓客。尊為器之貴者。故引申為尊卑之尊。又申為尊敬之尊

仲 去

蟲去聲。次于伯者曰仲。 伯仲 仲氏

直衆切。弟之偁也。引申為仲春仲夏之仲。

主 上

音麈。客之對也。 主持 賓主

腫庾切。主者專正掌領之意。如主人木主。皆專正之意。君主家主主帥。皆專正掌領之意。引申之。凡以之為主亦曰主。按說文主。鐙中火主也。今叚借行而本義廢矣。 西國政體分三項。曰君主。曰民主。曰君民共主。

客 入

坑入聲。人非土著曰客。 賓客 客店

乞格切。寄也。故凡寄居于外及外至者皆謂之客。客小于賓。古者諸公相為賓。諸公之臣相為國客

輩 去

音背。相比曰輩。 一輩 前輩

邦妹切。軍發車百兩為輩。言其車相比而行也。故引申之。凡同類而相比者皆曰輩

且

上 平

音跙。事不求備曰且。且以、猶且。

音疽。語之餘聲。狂且、只且。

七野切。古俎字。今叚為苟且姑且聊且之且。又為未定之詞。如我且會且是。又為進步之詞。如況且且也是。又為推原之詞。如尚且是。又為發語詞。如且夫是。又為叚設詞。如論語且予公羊傳且如是。子余切。

凡

平

音帆。統包一切曰凡。大凡、凡是。

符咸切。凡者括其大概之謂。如詩凡今之人。左傳序發凡以起例。皆是。又庸常之人曰凡民。亦舉天下人之大概言之也。

蓋

去

音丐。覆物曰蓋。所以覆物者即曰蓋。雨蓋、蓋闕。

居太切。苫也。苫所以覆物者。引申之掩前人之愆亦謂之蓋。若論語蓋闕如也之蓋。疑詞也。蓋均無貧之蓋。綴詞也。均係叚借。

該

平

音垓。備也。又宜也。兼該、應該。

古哀切。軍中約也。該備之該本作晐。亦有以該為之。如穀梁傳此該之變而道之也是。今俗以為該當之該。謂事之應如此也。又為指事之詞。如官書中用該大臣該部該局。俗用該處是。

爰

平

音袁。於也。曰也。爰是、爰有。

于元切。爰為引起詞。如爰有爰及是也。爰為語助詞。如詩亦集爰止書土爰稼穡是也。又以文書易其口詞謂之爰。故宅曰爰宅田曰爰田書曰爰書要皆以文書所受之口詞為證也。

聿

入

音遹。所以書之器也。又發語詞。聿懷、聿來。

以律切。楚人謂筆為聿。筆所以代言者也。故聿亦通曰。如漢書引詩作聿為改歲是。又語助詞。如詩歲聿云莫是。又訓為自。如聿來胥宇是。至聿修厥德之聿。述也。謂述祖德而筆之于書也。

於 平

音迂。語詞也。於是。於此。音烏。於戲。歎美詞。

雲俱切。古烏字。經傳與于字通。用作發聲。如春秋於越是。用作語助。如常語至於是。用作承上。如左傳於是陳亂是。用作介字。如論語吾之於人也是。總之語詞也。 雲都切。

儻 上 倘

湯上聲。不敢必曰儻。儻然。

他曩切。儻者。倜儻不羈之謂。引申為未定之詞。如史記儻所謂天道是也。又為形況字。如莊子儻然儻乎是。俗作倘。

亦 入

音睪。牽連而及之詞。可代俗說也字。 亦然。亦可。

夷益切。亦者。人之臂亦也。今臂亦之亦別作腋。而以亦為旁及之詞。如詩亦有和羹是。又為承上之詞。如書亦不在小是。又為不必之詞。如易亦未繘井是。又為助語之詞。如常用不亦盍亦是。

豈 上

音豈。反說以見意曰豈。 豈非。

去幾切。豈義與非同而詞稍曲。如詩豈不爾思。豈伊異人。是又為未定之詞。如論語豈其然乎是。又作怎字解。如豈敢。是作何字解。如豈若是。作焉字解。如豈能是。然均非豈之本義。其本義即奏凱之凱。豈弟之豈。亦叚借。

詎 上

音巨。反說之婉者也。 詎知 詎能

臼許切。詎猶豈也。但詎較豈語氣略婉。如莊子庸詎知所謂天之非人乎是。又作苟字解。如國語詎非聖人是。又作那字解。如世說注詎是所長是。

惟 平

音維。心無旁及曰惟。 惟是。惟有

夷佳切。思也。今以从系之維為思維。而以惟為專注之詞。如書惟王不邇聲色是。又為發語。如惟元祀是。又為助語。如濟河惟兗州是。至視遠惟明。詩載謀載維之惟。則仍用惟之本義也。

獨 入

音犢。不羣曰獨。 獨立。 獨此。

杜谷切。獨者犬在羊羣也。引申為單隻之詞。故無子曰獨。無夫曰獨。偏刖曰獨。不與民同欲曰獨夫。不與衆為徒曰獨行。又以獨為將。如孟子獨如宋王何是。以獨為豈。如左傳夫獨無族姻乎是。

但 上

音誕。僅詞也。又轉捩之詞。 不但。 但是。

徒亶切。但古袒字。脫衣見體也。引申為空。如漢書但賒之是。又僅也。如非但廷尉問邪是。又作唯字解。如但聞悲風是。又轉語詞。如魏志汪但失愛于叔父是。

特 入

音棏。物無耦曰特。 特等。 非特。

敵得切。特一牛也。引申之凡一而不兩者皆曰特。如特豚特豕特舟特立特揖等皆是。又申為獨。如史記吾特其以雍齒故是。今常用特是字。猶獨是也。又事在常例之外者謂之特。例今考試有特科特班等名。

抑 入

音億。不揚曰抑。 抑亦。 抑且。

乙力切。抑者以手下按之謂。引申之凡不揚者皆謂之抑。故搔曰抑搔。鬱曰抑鬱。又為轉語詞。如論語抑末也是。為反語詞。如抑亦先覺者是。為發語詞。如孟子抑王興甲兵是。為亦然之詞。如抑為采色是。

徒 平

音塗。但詞也。 徒然。 徒有。

同都切。步行也。易舍車而徒。即其本義。步行人衆。故人衆亦曰徒。如司徒公徒吾徒門徒是。反之為空。如論語而豈徒哉是。又為但。如孟子徒善徒法是。

僅 去

音覲。纔能曰僅。 僅有。 僅僅。

具吝切。僅者已有而未足之詞。如公羊傳僅逮是月也。國語余一人僅亦守府。皆是。

故 去

音顧。有因而至曰故。又舊也。世故。故事。

古暮切。使為之也。引申為事故之故。如易又明于憂患與故是。段借為古。古者舊也。國曰故國。人曰故人。國變曰大故。人死曰物故。皆據今對古言之也。又用為承上起下之詞。如是故、故曰皆是。

所 上

數上聲。確指其處曰所。公所。所以。

爽阻切。伐木聲也。段借為處所之所。如論語居其所是。又引申為代名字。如孟子夫徐行者豈人所不能哉所不為也是。又為助字。如漢書去里所。復還里所。猶里許是。又誓詞也。如論語予所否者是。

以 上

怡上聲。有所依據之詞。又能左右之。東西之。亦曰以。所以。可以。

養里切。本作㠯。用也。如論語怨乎不以是。又為也。如論語視其所以是。又由也。如大戴禮距諫者慮之所以塞也是。又與也。如詩式穀以汝是。又語助詞。如書以親九族是。

有 上

音友。事物之已著。已得者曰有。未有。有無。

云九切。有者無之對。說文就日月之食言之。故云不宜有此。猶可之訓為不可。敢之訓為不敢也。段借為或字義。如易有隕自天是。或即域字。故詩九有作九域解。又通作又。如詩不日有曀是。又狀物詞。如詩有蕡其實是。

無 平 无

音巫。有之反也。有無。無乃。

武夫切。亡也。引申為不也。如書無偏無黨是。又未也。如荀子無之有也是。又非也。如禮苟無忠信之人是。又作轉語詞。如孟子無以無已是。又作抑詞。如漢書甯爵無刁是。

毋 平

音無。禁止之詞。毋是。得毋。

微夫切。止之也。如論語毋友不如己者是。又與無通。為疑而未決之詞。如晉書將毋同是。詩毋念爾祖。毋即無。亦之意。急言之也。

莫

去 入

暮

音慕。日將落曰暮。薄暮。音寞。無也。亦禁止詞。莫不。

茻 莫故切。日在艸中曰莫。今承用作暮。暮則日冥。冥則不可見。故引申為無。而音亦轉入末各切。如詩莫敢或遑是。又申為定。如民之莫矣是。又為禁止之詞。如莫學莫作等語是。

蔑

入

音篾。昏不見物曰蔑。蔑有。蔑然。

彌列切。勞目無精也。無精則無可見。故蔑亦訓為無。如左傳蔑不濟矣是。又削也。如易蔑貞凶是。又小也。如書文王蔑德是。又輕也。如詩國步蔑資是。

及

入

琴入聲。已至其地曰及。及時。不及。

忌立切。引也。亦訓至。詩燕及皇天。謂德至于天也。其旁及者。如覃及鬼方是。其連及者。如史記及岱宗是。其兼及者。如左傳凡師出與謀曰及是。其遞及者。如公羊傳注兄死弟繼曰及是。又為推逮詞。如常用及夫及其是。

暨

去

音既。遞及曰暨。暨乎。暨暨。

居氣切。日頗見也。頗見者有不全見之意。故引申為不及。反之即為及。亦猶不宜有之為有也。故暨又與逮及同訓為與。如書汝義暨和。即與也。吳志暨臻末年。即及也。今通用暨夫字。亦及字義。

逮

去

音代。遞下之詞。不逮。逮夫。音第。安和貌。

度耐切。及也。如易水火相逮是。其本義。引申為追也。如漢書逮繫長安是。又為僅足之詞。如漢書糴食逮給是。大計切。威儀逮逮。注。安和之貌。

綦

平

音其。至極曰綦。綦巾。綦盡。

渠之切。綦本蒼艾色。申為繫于踵者之名。踵。人體之極下處也。故綦又訓為極。如荀子綦大綦小。綦色綦聲皆是。

將
去 平

音醬。師師曰將。
將軍。
音將。可立而待
也。將來。
音鏘。請也。

子諒切。本將師字。今讀資良切。為且然而未必之詞。如易是以君子將有為也是。又作幾及之詞。如孟子將五十里是。又作抑詞。如詩將予就之是。又作語助詞。如管子其將誰也是。七羊切。將伯將子。皆請句之義

頗
上 平

音陂。不平也。
偏頗。
音叵。少也。頗
適。頗好

普禾切。頭偏也。今讀普火切。略也。如史記臣願頗采古禮是。又常語以差多為頗多。嫌詞也。以良久為頗久。歉詞也。以多有為頗有。謙詞也。但頗有二字。如指人而言。又為輕之之詞。

稍
去

音哨。不多之謂。
稍有。稍可。

所教切。出物有漸曰稍。如史記稍稍增輯至五百餘事。稍稍即漸漸也。至漢書吏稍侵辱之之稍。則為略字義。又小也。如周禮稍食稍事稍禮皆是。

漸
上 平

漸上聲。進退循
序曰漸。漸漸。
漸次。
音鑱。與巉通。高
也。

秦冉切。漸本水名。今借作物有變移徐而不速之詞。如易漸䷴卦是。又次也。如漢書以漸禁之是。又重言之曰漸漸。如魏志而其德漸漸小減是。至詩漸漸之石。係巉之通段。讀鋤銜切。

并
去 平 併

餅平聲。合一為
并。兼并。并
吞。
餅去聲。與併通。

補明切。并與兼同義。如史記余并論次擇其言尤雅者是。俗用并且。即兼且也。然有進一層意思。又皆也。如書朕卜并吉是。讀陂病切。與併通。

纔
平

音裁。時過不一
瞬謂之纔。纔
能。方纔

牆來切。淺色曰纔。引申為淺之通俑。又與才通。方才之纔也。亦淺之引申義。

屢

去

音慮 事不一次曰屢 屢次 屢屢

龍遇切屢本作婁訓空也為論語屢空字承用作屢義訓為數如屢憎于人億則屢中書屢省乃成詩屢豐年皆是

頻

平

音蠙 至再至三曰頻 頻仍

毗賓切頻本水厓詩不云自頻是其本義叚借為頻蹙之頻如易頻復頻巽是又屢也頻聞謂屢聞不一聞也頻至謂屢至不一至也

悉

入

音膝 無餘曰悉 悉數 悉如

息七切悉者詳而且盡之謂有單作盡字解者如史記悉舉貴戚及疏遠隱匿者是今俗用不悉字則本詳義謂不詳審也又用悉如字猶云皆如也又用已悉字猶云已知也皆引申義

皆

平

音街 無分彼此之詞 皆說 皆興

居諧切俱詞也

概

去

音溉 持平曰概 概見 一概

居代切概所以平量者禮正權概是其本義若異量即謂之異概概以麤略之木為之故謂麤略則曰梗概又以其平而無偏故在人曰節概氣概自平等言之則曰一概大概

每

上

音浼 不一之偁 每事 每每

莫痱切艸盛上出也引申為各故有人人之義如孟子每人而悅之是又訓為雖如詩每有良朋是又訓為常如吳志抗每不許是又括大凡之事曰每如論語每事問是

各 入

音閣。歷歷可數曰各。各處 各各

葛鶴切。異詞也。引申為各人之各。如論語盍各言爾志是。

愈 上

音庾。較勝曰愈。疾痊亦曰愈。病愈

勇主切。勝也。如論語女與回也孰愈是。又差也。如孟子今日愈是。又過也。如丹之治水也愈于禹是。又重言之。以見益甚之意。如詩憂心愈愈是。

尤 平

音郵。加甚曰尤。怨尤 尤妙

于求切。異也。俗偁尤佳尤勝謂其異于常也。異常則過。故人有過即謂之尤。如論語言寡尤之尤是。有過而為人所責亦謂之尤。如詩許人尤之之尤是。

更 去 平

音庚。變易曰更。紛更 更鼓

音亙。進一解曰更。更有

居行切。本義為更變更改之更。引申為更鼓更漏之更。亦謂其隨時而改也。又訓為再。讀古孟切。如左傳晉不更舉矣即謂其不再舉也。俗語如更有更好之更。亦均作再解。

彌 平

音迷。一望無竟曰彌。彌彰 彌補

民卑切。彌之本義。弓弛也。亦訓為終。如詩誕彌厥月是。又益也。如論語彌高彌堅是。又徧也。如易后以彌綸天地之道是。又補合也。如左傳敢拜吾子之彌縫敝邑是。

最 去

音醉。殊絕曰最。最好 報最

祖外切。犯而取也。字从冃。冃者小兒頭衣。在全體為最上。故最亦訓為第一。如後漢書常為邊最。及史記周勃攻槐里好時最皆謂第一也。至史記最從高帝之最則為都凡之詞。

尚 去

音上。冀詞也。又猶也。尚有。尚在。

時樣切。曾也。庶幾也。如書尚亦有利哉。即庶幾之義。詩不尚息焉。即曾義。又猶也。如尚有典型是。又貴也。如孟子尚志是。又與上通。如尚論古人之尚是。俗用尚然。尚且等字。亦猶也。

諒 去

良去聲。原情揣意之詞。諒不。鑑諒。

力仗切。衆信曰諒。如禮請肆簡諒是。詩諒不我知。亦信也。俗于尺牘中用諒能諒必。則若信若疑之詞。又與亮通。亮有明義。故又有鑒諒原諒等字。

況 去

音貺。以彼形此曰況。又進一解之詞。比況。況且。

許放切。況之本義。寒水也。今通用者與矧義略同。如孟子況于為之強戰是。又譬也。如莊子每下愈況是。又為滋益之詞。如詩亂況斯削是。俗作况。

猶 平

音由。比況之詞。又了不異人也。猶人。猶可。

夷周切。猶本玃屬。性善疑。故偁猶豫。引申為可止而不止之詞。如左傳猶三望是。又訓為若。如孟子猶緣木而求魚也是。又訓為同。如論語吾猶人也猶之與人也是。

又 去

音宥。重之為又。又有。不又。

爰救切。凡言又者。必有上下文。故穀梁傳曰。又有繼之詞也。詩疏云。又者。繫前之詞。又作更端語。如書又東至于菏之類是也。本義為手。象三指之形。

甚 去

音任。太過曰甚。甚哉。太甚。

時鴆切。本義尤安樂也。引申為勝。如論語甚于水火是。又大也。如孟子王之好樂甚是。又歎詞。如論語甚矣吾衰也是。又極也。如唯何甚是。常用甚至已甚等字。即極義。

庶 去

音恕。森然齊列曰庶。蕃庶。庶類。

商豫切。庶者屋下之眾。引申為凡眾之稱。故眾人曰庶人。眾物曰庶物。諸母諸子曰庶母庶子。皆謂其同于眾也。眾必相近。近則有冀幸之心。如論語回也其庶乎。庶有近義。詩庶幾夙夜。庶幾為冀幸之詞。

幾 上 平

音機。吉凶之先見曰幾。幾希。機上聲。幾何。

居希切。幾者動之微也。又訓為殆。如詩維其幾矣是。又訓為近。如易月幾望是。又冀也。如孟子王庶幾改之是。又舉豈切。為數問多少之詞。如幾多幾何無幾未幾皆是。

遂 去

音燧。相因而至曰遂。遂事。不遂。

徐醉切。遂者亡也。亡必于郊。故引申為郊遂之遂。又事成曰遂。如禮百事乃遂是。事未成而勢不容已亦曰遂。如論語遂事不說是。又為繼事之詞。如左傳遂伐楚是。

即 入

音稷。時不一瞬曰即。當即。即刻。

節力切。即食也。即食猶就食。故即有就義。春秋書即位。猶今贊言就位也。就則近。故即又訓為近。公羊傳不即人心。猶俗語不近人情也。史記之即日。則謂今日。即訓為今。見爾雅注。

聊 平

音膫。便詞也。又賴也。聊且。聊可。

連條切。耳鳴也。楚辭耳聊啾而戃慌。是其本義。段為姑且之詞。如詩聊與之謀是。又為語助。如詩椒聊之實是。又常語以無興會為無聊。

輒 入

音耴。專擅曰輒。動輒。

陟涉切。輒者車兩旁可倚之處。因謂有倚恃而妄作曰專輒。專輒是欲為即為之也。故輒又訓為即。如漢書盜賊不輒伏辜是。至常用輒左輒阻之輒。訓與即同。

應　去　平

音膺。報當其施曰應。應該。膺去聲。隨問隨答曰應。應對。

於陵切。當也。詩我應受之。是其本義。引申作受字解。如國語其叔父實應且憎。是又作料度詞如當語。應須。祇應等皆是。于證切。如易二氣感應以相與。是

叨　饕　平

音滔。謬託為知己之詞。叨光。叨承。

他刀切。叨本饕之或體。貪也。故莊子好經大事。變更易常。以挂功名。謂之叨。後漢書橫叨天功以為己力。亦謂貪也。俗因有叨光等語。又忝也。俗用叨承、叨在之叨。皆以忝為義

敢　上

音笴。能言能為曰敢。勇敢。豈敢。

古覽切。銳于進取謂之敢。引申為以卑觸尊冒昧之詞。如書敢昭告于上天神后。是又益稷篇誰敢不讓。敢不敬應。上一敢字為詰問之詞。下一敢字為豈敢之省。今俗詰問兒童尚有敢不敢之語

忝　上

音餂。愧不敢當曰忝。不忝。忝辱。

他點切。辱也。俗用忝在、即辱在也。引申之為自愧之詞。如書否德忝帝位。是

當　去　平

黨平聲。責無旁貸曰當。當仁。黨去聲。事能中理曰當。當鋪。

都郎切。田相值也。引申凡適然相值皆曰當。如孟子禹稷當平世之當是也。凡毅然敢任亦曰當。如論語當仁不讓于師之當是也。　丁浪切。以物押錢曰當如今之典當是也。引申為諦當的當之當

便　去　平

音卞。隨意所適曰便。方便。便宜。音駢。辯也。又肥滿貌。便便。

毗面切。人有不便更之則安。故凡處之而安適者皆曰便。如便殿便坐是也。反之即為不便。後以便為即。如俗說之便是是也。又蒲眠切。習熟也。如便辟便佞之便是

要 去 平

音邀。有挾而求也。要君。邀去聲。扼其大端曰要。 要害。緊要。

伊霄切。古腰脅之腰也。引申之凡用脅力皆曰要。如要君要盟等是。又總其大綱曰要。如要之大要之要是。刻不容緩亦曰要。如要犯要事之要是。均讀於笑切。俗謂欲之為要。乃憿之段借

的 入

丁入聲。確指其處曰的。 的確。的是。

丁歷切。本作旳。訓為明。段借為射的之的。如詩發彼有的是。的者準也。引申為的確的實之的。又助語。作底字。蓋的之轉音也。如俗偁小的。宋史遼史均作小底是。

恰 入

音掐。適可曰恰。恰好。 恰當。

乞洽切。用心也。段為適當之詞。如杜詩野航恰受兩三人是。又自在嬌鶯恰恰啼則重言以狀鳥之聲。

可 上

音坷。許之之詞。可否。 不可。

口我切。肯也。可不可。即俗說肯不肯也。有深許之詞。如孟子若曾子者可也是。有未足之詞。如論語可也簡是。又有反詰之詞。如左傳可不務乎是。又有約計之詞。如漢書去地可六丈是。

堪 平

音戡。可詞也。不堪。 堪輿。

苦含切。地之突起者為堪。經傳多用其通段義。如詩未堪家多難之堪。任也。論語人不堪其憂之堪。勝也。勝任則可。故堪又作可字解。如李義山詩黃金堪作屋是。又更堪則為那堪之省文。

仍 平

音芿。因循故事曰仍。 仍舊。頻仍。

如陵切。因也。如論語仍舊貫是。又數也。如國語晉仍無道是。又乃也。如史記仍父子再亡國是。又爾雅鼻孫之子為仍孫。仍重也。

因

平

音姻。緣之在前者曰因。 因緣。 因此

伊真切。本義為就。引申為依。如論語因不失其親是。又作襲字解。如殷因于夏禮是。又作託字解。如孟子時子因陳子是。至常用因由字。謂事之原始也。因而因此字。則承上起下之詞也。

竟

去

音敬。極盡曰竟。 究竟。 竟有。

居慶切。樂曲盡為竟。故竟有終義。如史記又不肯竟學及歲竟皆是。至俗用畢竟之竟。略具轉詞。與史記索兒竟無聲之竟相類。有初不料其如此而竟如此之意。

然

平

音燕。荅問之是者曰然。 自然。 不然。

如延切。燒也。如孟子若火之始然是。段為應詞。如荀子然否史記然諾是。又為包舉後文之詞。如孟子無若宋人然是。其坐實上文轉出下文者。如然而是。其坐實上文緊接下文者。如然則是。

而

平

音兒。小轉之詞。 既而。 而且。

如支切。頰毛也。如周禮作其鱗之而是。段為承上起下之詞。如論語本立而道生是。為絕句。如已而已而是。為轉語。如而謀動干戈于邦內是。為設詞。如孟子而主癰疽與寺人瘠環是。又汝也。如禮抑而強與是。

則

入

音側。立法為則。效法亦為則。 科則。 則可。

即德切。古从鼎作𠟭。鼎者法物。故凡有常法者皆謂之則。而法其可法者亦謂之則。段為助語。如詩匪雞則鳴是。為盡詞。如大戴禮鷹則為鳩是。為承上起下之詞。如論語則以學文是。

乃

上

柰上聲。轉詞之緩者。 若乃。 乃有。

囊亥切。乃者曳詞。用作緩詞。如周禮會乃致事是。用作急詞。如大戴禮乃瓜是。用作助語。如禮夫曰乃是。用作轉語。如書乃不可不殺是。作繼事之詞。如乃命羲和是。作別異之詞。如詩乃見狂且是。

設 入

扇入聲或然之想也 陳設 設或

式列切設即施設之設如設官設局是也若無所據而憑空擬之者則為叚設設使之設

如 平

音鴽想像之詞 不如 如此

人余切女子从父隨夫曰如引申為似如論語申申如也是又為及如弗如也是又往也如左傳御以如皋是又柰也如如丈夫何是又作設詞如論語如用之是又語已詞如易突如其來如是

殆 上

駘上聲舉其大概之詞 危殆

蕩亥切危也如書亦曰殆哉是又通借為怠如論語思而不學則殆是又似也如孟子殆于不可是又僅也如漢書此殆空言是又語助詞如史記殆非人也是

似 上

音巳酷肖曰似 不似 似乎

詳里切本義為象如論語屏氣似不息者是又作疑詞如世說似未肯劣是

殊 平

音殳絕異曰殊 殊非 殊有

尚朱切本義為誅誅非常刑也故殊亦訓異如易天下同歸而殊塗是又申為決絕之詞如漢書殊無梟俗語殊不可解是又語詞如詩殊異乎公路是

啻 去

音翅僅詞也

施智切啻與但義同如書不啻如自其口出不啻猶言不但也字亦作翅如孟子奚翅食重是

若

入 音弱。叚設之詞。如若。若能。

日灼切。擇菜也。叚借為順字義。如詩天子是若是。為如字義。如孟子指不若人是。又為確指之詞。如以若所為是。又為未定之詞。如儀禮若干純是。常用若干兩字即本此。

雖

平 音綏。轉詞之待商榷者。雖有。雖然。

宣隹切。雖本蟲名。似蜥蜴而大。承用作語助詞。如雖有善者雖有周親是。進一層意思。如雖曰未學。雖曰不要君是。退一層意思。又作發聲之詞。如禮雖請退可也是。

苟

上 音垢。艸率曰苟。苟有。苟完。

古厚切。苟本艸名。叚借為苟且之苟。如論語苟合矣是。又誠也。如苟志于仁矣是。又若也。如禮苟無其位是。又為未定之詞。如孟子苟得其養是。

或

入 音惑。不定其人其事之詞。或者。設或。

獲北切。或即邦域之域。訓為有。詩無不爾或承。或之言有也。又通作惑。如孟子無或乎王之不知也是。引申為代名詞。如論語或問或曰是。又為豫設之詞。如如或知爾是。

靡

上 音敉。不能振作曰靡。靡不。委靡。

平 音縻。分散也。靡爛。

毋彼切。披靡也。披靡為無力之狀。故引申為無。如詩靡日不思是也。無而飾以為有。亦謂之靡。如好衣曰靡麗。美色曰靡曼是。又讀忙皮切。靡費之靡也。

不

入 補入聲。否之之詞。不必。豈不。

上 音缶。與否同。

平 否平聲。問詞。

逋沒切。本義鳥飛翔而不下也。引申之義與弗略同。如常語不可不然是。又作反語。如書我生不有命在天。詩其麗不億是。又作疑詞。如左傳不尚取之是。又與可否之否通。讀俯九切。今韻書又收入尤韻。作問詞。

勿 入

音物。禁止詞。勿怕。勿許。

文拂切。州里所建旗。所以趣民者。引申為禁止之詞。如論語非禮勿視。勿施於人。皆是。　勿與弗異。弗者不之深。勿者禁之使不為也。唯論語雖欲勿用之勿。與弗略同。

罔 上

音網。無也。罔有。靡罔。

文紡切。罔本网之或體字。从亡。故訓為無。如書罔水行舟是。又罔違道以干百姓。乃係禁止之詞。亦無之引申也。至論語學而不思則罔之罔。係妄之叚借。不可罔也之罔。係誣罔義。

必 入

音畢。毅然決然之詞。必定。必是。

壁吉切。

厥 入

音蕨。與其字同用。厥陰。厥惟。

居月切。發石也。義與掘同。引申為病厥之厥。如素問厥論篇寒厥熱厥。俗有痰厥等。皆是。叚借為指事之詞。如詩貽厥孫謀是。又為發聲。如厥初生民是。又為助語。如史記序厥有國語是。

是 上

音似。反非為是。是非。如是。

上紙切。直也。直則是。故為是非之是。其冠于句首者。如論語是聞也。非達也是。然此是字。仍兼虛字語氣。又為指事之詞。如是以是故如是之類是。

斯 平

音私。此也。如斯。斯來。

相支切。析也。詩斧以斯之是也。又訓為此。如論語斯焉取斯是。叚為語助詞。如詩有兔斯首是。又語已詞。如禮二爵而言言斯是。又訓為則。如論語立之斯立是。又訓為乃。如斯出矣是。

其

去

音碁。指名代詞也。其然。何其。

平

音姬。助詞。

音寄。彼其。

渠宜切。其本箕之籀文。其豈音近。故叚為豈。如論語不其然乎是。又指事詞。如易其旨遠是。又語助。如詩誰其尸之是。又發聲如國語其叔父實應且憎是。又讀居之切。如詩夜如何其是。又居吏切。如彼其之子是。均語助

既

去

音暨。事過曰既。既極。亦既。

居氣切。小食也。叚借為少住之義。如論語既而曰是。又為已義如書九族既睦是。又為盡義。如春秋日有食之既是。又為語助詞。如詩既伯既禱是。

屆

去

音戒。已至其時其地曰屆。屆時。弗屆。

居隘切。行不便曰屆。謂其遠之極而不易至也。詩致天之屆。即用極義。書無遠弗屆。即用至義今俗用屆期屆時等字。亦謂至也。

由

繇 平

音猷。事之原也。因由。由來。

于求切。與繇通。從也。如論語小大由之之由。即訓為從。其虛用者。若何由。即何從也。又于也。如書別求聞由古哲先王是。又與猶通。如孟子王由足用為善是。又轉訓為爰。如孟子由是則生而有所不用也是。

盍

入

音合。何不也。盍各。盍亦。

盇胡閤切。盍象覆蓋形。引申為合。易朋盍簪之盍。即合也。又何也。如管子盍不出從乎是。又何不二字急言之。亦為盍如論語盍徹乎是。又疑詞。如史記盍往歸焉是。

曷

入

音褐。反詰之詞。曷敢。曷弗。

何葛切。何也。如易曷之用是。又作豈字解。如詩曷不肅雝是。至曷云能穀則莫我敢曷兩曷字係遏之叚借。

何 上平

賀上聲。擔于肩曰何。負何。賀平聲。詰問詞也。誰何。

下可切。儋也。經傳多段為誰孰之詞。讀寒歌切。如論語非諸侯而何是。又作焉字解。如左傳爾何知是。又詰難詞。如論語何哉是。又設問詞。如公羊傳元年者何是。

柰 去

奈

音嫊。無可如何之詞。柰何。無柰。

尼帶切。果名。段借為柰何之柰。柰何即那字長言之也。如書曷其柰何弗敬是。又有但用柰字者。如淮南子無可柰也是。俗作奈。

奚 平

音兮。何也。奚自。奚童。

徒雞切。大腹也。段借為何字解。如論語子奚不為政是。又用作絕句。如莊子汝以妄聽之奚是。孟子奚而不知。猶云何為而不知。但省文耳。至奚奴之奚。又㜎之段借。

孰 入

音淑。詰問代詞。疇孰。孰如。

神六切。食飪也。即熟字。段借作誰字解。如論語孰不可忍也是。又作何字解。如公羊傳孰為來哉是。

攸 平

音油。安行得所曰攸。攸行。攸敘。

夷周切。本義為行水。如孟子攸然而逝是也。攸然則得所。故攸亦訓所。如攸往攸宜皆是。詩為韓姞相攸。亦謂女之得所歸也。

常 平

音裳。平素曰常。常談。常事。

辰羊切。常本下帬。段為度數之名。如丈六尺為常是也。常非朝夕所可成。因申之為常久平常素常。而俗以尋常為容易之詞。且以常作動字用。如常見常聞常有等皆是。

只

上 入

音紙所餘不多曰只只有只想音質俗音也義同

掌氏切語已詞也如詩母也天只是其用于句中者如樂只君子是又有作耳字用者如左傳諸侯歸晉之德只是俗以事物之祇有此數者為只兼讀之日切

之

平

音枝代名詞又往也去之何之

真而切出也引申為往如論語之一邦是又作所字解如末之難矣是又作的字解如禮大學之道是又語助詞如詩葛之覃兮是又有所指之詞如禮博學之是浙江亦偁之江謂其江三折如之字形也

乎

平

音湖疑詞也又詠歎之詞者乎信乎

洪孤切語之餘也經傳用為疑詞如詩胡為乎是為語已詞如公羊傳橐栗云乎是為詰問詞如論語女得人焉耳乎是為詠歎詞如必也正名乎是為狀事詞如易確乎是又代于字用如禮所求乎臣是

者

上

音赭語已詞又有所指之詞又為起下之詞老者也者

止野切別事詞也經傳用為指名代字如者也者矣者焉者耳等皆是又為起下詞如易神也者之類是又語已詞如今官書所用須至申者須至移者皆是

也

上

音野詞之決也可也非也

以者切詞之終也用以結上文者如論語亦可宗也是起下文者如赤之適齊也是又為語助而用在句中者如其為人也孝弟是為語助而用于偁謂者如柴也愚是

耶

平

夜平聲詰問詞之婉者是耶非耶

于遮切即邪正之邪字用作語末疑詞亦有詠歎意如易乾坤其易之門邪是又代兮字用如國策松邪柏邪是又代也字用如莊子乃齊戒以言之邪是

諸 平

渚。平聲。統括之謂。又語助詞。諸事。諸凡。

專於切。辯也。引申為包舉之詞。如諸侯諸君諸大夫諸子等皆是。又語已詞。如詩日居月諸是。又語之餘聲。如論語其諸異乎是。

兮 平

音奚。歌之餘聲。瑟兮。僩兮。

弦雞切。語所稽也。字通作猗。如書斷斷猗禮作兮是。其用于句中者。如楚辭吉日兮辰良是。用于句末者。如詩終不可諼兮是。

矣 上

音矣。決已然之詞。可矣。者矣。

養里切。語已詞也。如論語吾必謂之學矣是。又為僅可詞。如忠矣是。又為起下詞。如甚矣吾衰也是。又為頓挫之詞。如詩展矣君子是。

已 上

音以。事畢曰已。無已。已往。

養里切。本作㠯。與以同。承用作止也。如論語已而已而是。又太也。如孟子是皆已甚是。又既也。如今乘輿已駕矣是。又發端歎詞。如書已予惟小子是。又語終詞。如論語可謂好學也已是。

焉 平

音嫣。語末平下之詞。焉爾。者焉。音嫣。何也。焉往。焉知。

尤虔切。焉本鳥名。黃色。出于江淮。承作虛字用。用以殿句。如易故偁龍焉是。為語助。如詩終焉允臧是。為狀事詞。如惄焉如擣是。至論語焉用佞之焉讀因肩切。訓為何。

哉 平

音栽。煞脚字。語氣大于乎而不如乎字之婉。異哉。

將來切。語詞。用于句中者。如論語大哉問。詩陳錫哉周是。用于句末者。如書欽哉欽哉。論語鄙哉鄙哉是。又與才通。始也。如書哉生魄之哉是。

图书在版编目（CIP）数据

澄衷蒙学堂字课图说：检索普及版 / (清) 刘树屏编撰；(清) 吴子城绘.
--北京：新星出版社，2017.4

ISBN 978-7-5133-2593-6

Ⅰ.①澄… Ⅱ.①刘… ②吴… Ⅲ.①汉字－字典－中国－清代 Ⅳ.①H163

中国版本图书馆CIP数据核字（2017）第059880号

编　撰：刘树屏
绘　图：吴子城
策　划：胡赳赳
责任编辑：高晓岩
责任印制：李珊珊
装帧设计：冷暖儿

ISBN 978-7-5133-2593-6

9 787513 325936

澄衷蒙學堂字課圖說（检索普及版）

出版发行：新星出版社
出 版 人：谢刚
社　址：北京市西城区车公庄大街丙3号楼　100044
网　址：www.newstarpress.com
电　话：010-88310888
传　真：010-65270449
法律顾问：北京市大成律师事务所

读者服务：010-88310811　service@newstarpress.com
邮购地址：北京市西城区车公庄大街丙3号楼　100044

印　刷：北京京都六环印刷厂
开　本：889mm×1194mm　1/16
印　张：51.25
字　数：600千字
版　次：2017年4月第一版　2017年4月第一次印刷
书　号：ISBN 978-7-5133-2593-6
定　价：128.00元（全六册）